Biblioteca de Derecho Administrativo

Luigi Garofalo
(Director)

Carlos Antonio Agurto Gonzáles
Sonia Lidia Quequejana Mamani
Benigno Choque Cuenca
(Coordinadores Generales)

COLECCIÓN
Dr. Allan Brewer-Carías

ALLAN R. BREWER-CARÍAS
Profesor emérito de la Universidad Central de Venezuela

RÉGIMEN JURÍDICO DE LA PROPIEDAD PRIVADA EN EL DERECHO ADMINISTRATIVO

ESTUDIOS

editorial jurídica venezolana

Ediciones Olejnik

Título: Régimen jurídico de la propiedad privada en el derecho administrativo

Primera Edición en Ediciones Olejnik: 2025.

Huérfanos 611, Santiago-Chile
E-mail: contacto@edicionesolejnik.com Web site: http://www.edicionesolejnik.co

ISBN: 978-956-407-605-8

Diseño de carátula: Ena Zuñiga

Diagramación: Hayden Méndez. hayden.mendezq@gmail.com

Esta reproducción en edición conjunta con Editorial Jurídica Venezolana International, fue impresa por: Lightning Source, an INGRAM Content company para Editorial Jurídica Venezolana International Inc.
Panamá, República de Panamá.

ÍNDICE

TERCERA PARTE

FORMAS DE ADQUISICIÓN DE LA PROPIEDAD PRIVADA POR PARTE DEL ESTADO

CUARTA PARTE
DOMINIO PÚBLICO Y PROPIEDAD

QUINTA PARTE
LA EXPROPIACIÓN COMO FORMA DE ADQUISICIÓN FORZOSA DE LA PROPIEDAD POR PARTE DEL ESTADO

SEXTA PARTE

LA REVERSIÓN EN LAS CONCESIONES COMO FORMA DE ADQUIRIR LA PROPIEDAD POR PARTE DEL ESTADO

SÉPTIMA PARTE

CESIONES OBLIGATORIAS DE PROPIEDAD INMUEBLE A LOS ENTES PÚBLICOS POR RAZONES DE URBANÍSMO

OCTAVA PARTE
LA CONFISCACIÓN DE LA PROPIEDAD PRIVADA

Colección Biblioteca Allan R. Brewer-Carías, Instituto de Investigaciones Jurídicas de la Universidad Católica Andrés Bello.

1. Allan R. Brewer-Carías (Editor), *Elecciones y democracia en América Latina: el desafío autoritario-populista. América Latina: debates sobre la democracia. 80 años de Dieter Nohlen,* Coloquio Iberoamericano No. 200, Max Planck Institute for Comparative Public Law and International Law, Heidelberg, 11 septiembre 2019, (Prólogo: Armin von Bogdandy), Max Planck Institute for Comparative Public Law and International Law - Instituto de Investigaciones Jurídicas de la Universidad Católica Andrés Bello, Editorial Jurídica Venezolana, 2020, pp. 322.
2. Luis Fraga Pittaluga, *Arbitraje tributario nacional e internacional (Prólogo: Allan R. Brewer-Carías),* Editorial Jurídica Venezolana, 2020, pp. 168.
3. Rafael Simón Jiménez Tapia y Emilio J. Urbina Mendoza, *El comiso autónomo y la extinción de dominio en la lucha contra la corrupción,* Editorial Jurídica Venezolana, 2020, pp. 262.
4. José Ignacio Hernández, *Aspectos jurídicos de la crisis humanitaria de migrantes y refugiados en Venezuela. Documentos fundamentales,* Editorial Jurídica Venezolana, 2021, pp. 220.
5. Carlos Reverón Boulton, *Derechos humanos en la literatura y cine venezolano,* Editorial Jurídica Venezolana Caracas 2021, 434 pp.
6. Allan R. Brewer-Carías, Reflexiones ante las Academias de América Latina. Sobre historia, *derecho y constitucionalismo,* Editorial Jurídica Venezolana, Caracas 2021, 378 pp.
7. Allan R. Brewer-Carías, *La demolición de la autonomía e independencia del Poder Judicial en Venezuela 1999-2021,* Editorial Jurídica Venezolana, Caracas 2021, 612 pp.
8. Allan R. Brewer-Carías, *Estudios sobre el Estado Comunal o Estado del Poder Popular,* Editorial Jurídica Venezolana, Caracas 2021, 528 pp.
9. Allan R. Brewer-Carías, *La muerte de una Constitución. La experiencia del proceso constituyente de Venezuela de 1999, desencadenado por unas sentencias de la Corte Suprema de Justicia del 19 de enero de 1999* (Con trabajos de Eduardo Jorge Prats, Alessandro Pace, Georges Liet-Vaux, y de Juan Manuel Raffalli, Ramón Guillermo Aveledo, Víctor Hernández Mendible, Carlos Luis Carrillo Artíles, Ricardo Antela Garrido, Lolymar Hernández Camargo, Michael Núñez Torres y Rafael Estrada Michel; Jaime

Grimaldo Lorent, Ricardo Combellas, Jesús María Casal H., Tulio A. Álvarez, Eduardo Piacenza, Carlos García Soto, Gustavo Grau Fortoul, José Ignacio Hernández y Miguel J. Mónaco), Caracas 2021, 690 pp.

10. Allan R. Brewer-Carías, *Reflexiones ante la Academia de Ciencias Políticas y Sociales. Sobre proceso político y constitucionalismo,* Editorial Jurídica Venezolana, Caracas 2021, 614 pp.
11. Allan R. Brewer-Carías, *Reflexiones ante las Academias españolas. Sobre de Ciencias Políticas y Sociales. Sobre historia y constitucionalismo,* (Presentaciones de Tomás Ramón Fernández y Enrique Viloria Vera), Editorial Jurídica Venezolana, Caracas 2021, 238 pp.
12. Allan R. Brewer-Carías, *Reflexiones ante la Academia de Ciencias Políticas y Sociales. Sobre derecho e historia,* Editorial Jurídica Venezolana, Caracas 2021, 444 pp.
13. Allan R. Brewer-Carías, *Constitución de plastilina y vandalismo constitucional. La ilegítima mutación de la Constitución por el Juez Constitucional al servicio del autoritarismo,* Editorial Jurídica Venezolana, Caracas 2022, 642 pp.
14. Allan R. Brewer-Carías, *Proyectos de Ley en materias de derecho Público,* Editorial Jurídica Venezolana, Caracas 2022, 1190 pp.
15. Eduardo García de Enterría, Roland Drago, Massimo Severo Giannini, Antonio Jiménez Blanco, José Guillermo Andueza, Allan R. Brewer-Carías, *La competencia como condición de validez de los actos administrativos* (El caso de las "acciones de tesorería" del Banco de Venezuela), Con un apéndice sobre El amparo cautelar contencioso administrativo, Caracas 2023, 242 pp.
16. Allan R. Brewer-Carías, *Arbitraje en el Sector Público y arbitraje internacional de inversión. Estudios* (Prólogo de J. Eloy Anzola y Presentación de Jaime Rodríguez Arana y Alejandro Canónico), Ius Publicum Innovatio, Spin-off Universidade da Coruña, Editorial Jurídica Venezolana, Caracas 2023, 560 pp.
17. Allan R. Brewer-Carías, *Mis estudios en la Revista de Administración Pública 1964-2022)* (Presentación de Tomás Ramón Fernández), Editorial Jurídica Venezolana, Caracas 2023, pp. 400.
18. Allan R. Brewer-Carías, *Régimen jurídico de la propiedad privada en el derecho administrativo,* (Pórtico por Antonio Canova González), Editorial Jurídica Venezolana, Caracas 2023, 820 pp.
19. Allan R. Brewer-Carías, *International Investment Arbitration And Venezuelan Law. Legal Opinions on State's Consent for Arbitration, Public Interest Contracts, Minning Concessions, Administrative Silence, Revocation of Administrative Acts, Reversion of Assets in Concessions and Expropriation Proceeding, No 19,* Editorial Jurídica Venezlana, Caracas 2023, 994 pp. Texto montado con portada. Y carátula

20. Allan R. Brewer-Carías, *Kakistocracia depredadora e Inhabilitaciones Políticas: El falso Estado de derecho en Venezuela, No 20,* Editorial Jurídica Venezolana, Caracas 2023, 474 pp

NOTA DEL AUTOR

La publicación de mi *Tratado de Derecho Administrativo,* (Editorial Civitas, Aranzadi, Thompson Madrid 2013), puede decirse que fue el inicio de un ambicioso proyecto de integrar, en varios volúmenes, debidamente sistematizados, todos los trabajos que conforman mi vasta obra publicada en el transcurso de las últimas seis décadas, producto de mis investigaciones en la materia. Pensé, y así lo expresé, que nadie mejor que yo podía acometer esa tarea, y en todo caso, resultaba mejor - mientras pudiera hacerlo - que yo lo hiciese, comparado con lo que pudiera hacer posteriormente - cuando ya yo no estuviera en estas avenidas de la vida - aún el más aventajado estudioso de mi obra. Y sí comencé con los seis Tomos del *Tratado,* habiendo quedado, sin embargo, mucha tarea pendiente.

Los tomos publicados configuraron lo que puede decirse que corresponde a lo que fue la clásica "Parte General" de nuestra disciplina, abarcando las siguientes materias: Tomo I: *El derecho Administrativo y sus Principios Fundamentales* (1120 pp.); Tomo II: *La Administración Pública* (1080 pp.); Tomo III: *Los Actos Administrativos y los Contratos Administrativos* (1064 pp.); Tomo IV: *El Procedimiento Administrativo* (972 pp.); Tomo V: *La Acción de la Administración: Poderes, Potestades y Relaciones con los Administrados* (1040 pp.); y Tomo VII: *La Jurisdicción Contencioso Administrativa* (1134 pp.).

Por ello, como con ese trabajo que, por supuesto, me tomó muchísimo tiempo completar, y consciente como estaba de que integrar para publicarlos entonces los otros volúmenes sobre otros aspectos especiales del derecho administrativo, me tomaría mucho más tiempo, retrasando la edición, decidí sacar aquellos seis volúmenes, pero sin renunciar a la idea de continuar con la preparación de los otros tomos con todos mis estudios referidos a temas específicos del derecho administrativo regulador, como son por ejemplo, los referidos al derecho administrativo de la propiedad privada y de la economía, sobre los cuales también he trabajado y publicado extensamente

Diez años han pasado, y por supuesto, teniendo en cuenta que nunca es tarde para acometer las tareas pendientes, he continuado con la sistematización de mis estudios, comenzando ahora con los trabajos referidos al *derecho administrativo de la propiedad privada,* tarea de la cual han resultado, no uno, sino dos volúmenes referidos al tema: uno específicamente sobre *El régimen jurídico de la propiedad privada en el derecho administrativo* que configura este volumen; y otro, sobre *El derecho de propiedad privada, la ordenación del territorio y la ordenación urbanística,* que saldrá próximamente.

Este volumen sobre el derecho administrativo y la propiedad privada, reúne todos mis trabajos sobre el tema sistematizado en las siguientes ocho partes:

La Primera Parte se refiere al tema de la evolución histórica del régimen de la propiedad privada, que recoge un estudio publicado en 1979.

La Segunda Parte de la obra se dedica al estudio del tema de la intervención del estado en la propiedad privada y el principio de la *publicatio* en el derecho público, en la cual he incorporado dos estudios distintos: uno sobre el *Derecho de propiedad e intervención del Estado. Nuevos y viejos problemas* publicado en 2021, y otro publicado en 2017 *sobre la "publicatio" en el derecho público y las nociones de "reserva al Estado," "utilidad pública," "interés social," "servicio público," "dominio público" y "orden público."*

La Tercera Parte del libro se refiere al tema de las *formas de adquisición forzosa de la propiedad privada por parte del Estado,* con referencia particular a la *expropiación, requisición, reversión, comiso, confiscación, cesiones obligatorias, declaración de dominio público y nacionalización,* que recoge un trabajo publicado en 1979 (parte de este trabajo desde el punto de vista de las potestades del Estado, se recogió en el Tomo V del *Tratado* (pp. 431-447).

La Cuarta Parte de la obra aborda el tema de la relación entre dominio público y propiedad privada, habiéndose incorporado a la misma los siguientes estudios: primero, sobre *el régimen jurídico sobre los bienes del estado en la Ley Orgánica de Bienes Públicos* publicado en 2013; segundo, sobre *el régimen de las aguas en Venezuela y los efectos de su declaratoria general y constitucional como bienes del dominio público,* publicado en 2007; tercero, sobre *el nuevo régimen de las zonas costeras, sus Inconstitucionalidades, el dominio público, las limitaciones a la propiedad privada y las insuficiencias normativas,* publicado en 2002; cuarto, sobre *la inalienabilidad e imprescriptibilidad en el régimen jurídico de las tierras baldías, con especial referencia a los baldíos playeros,* publicado en 1977; quinto, sobre el *régimen de las tierras baldías y la adquisición del derecho de propiedad privada sobre tierras rurales en Venezuela,* publicado en 2005; sexto, sobre *los bienes públicos y la presunción de las tierras que carecen de dueño, como bienes públicos,* publicado en 2015; y séptimo, sobre *La figura del rescate administrativo de tierras agrícolas de propiedad privada regulada en la reforma de Ley de tierras y desarrollo agrícola del 2010, su inconstitucionalidad, y el tema de la acreditación de la titularidad de la propiedad sobre tierras rurales,* publicado en 2014.

La Quinta Parte de este libro se refiere al tema de la *expropiación como forma de adquisición forzosa de la propiedad por parte del Estado,* en la cual se recogen los siguientes trabajos: primero, sobre *los principios de la expropiación en el derecho administrativo contemporáneo,* publicado en 2017; segundo, *sobre las expropiaciones urbanísticas,* publicado en 1979; tercero, *sobre el régimen de la expropiación en la Ley de expropiación por causa de utilidad pública o social de 2002*, publicado apenas la ley fue promulgada en 2002 (parte de este trabajo, desde el punto de vista de las potestades del Estado, se recogió en el Tomo V del *Tratado* (pp. 448-514); cuarto, sobre *la ocupación judicial de los bienes expropiados como garantía del derecho de propiedad y la ilegal práctica de decretar la "ocupación administrativa" de bienes en procedimientos expropiatorios aplicando la Ley Orgánica de Precios Justos, publicado en 2015;* quinto, sobre *las implicaciones de la aplicación en paralelo del procedimiento sancionatorio regulado en la Ley de Defensa para el acceso de las personas a bienes y servicios, y del procedimiento expropiatorio regulado en la Ley de Expropiación,* publicado en 2014.

La Sexta Parte de esta obra se refiere al tema de la *reversión en las concesiones como forma de adquirir la propiedad por parte del Estado, en la cual se recogen dos estudios:* primero, el que se refiere a *algunos principios sobre el régimen jurídico de la minería en Venezuela: la reserva, la concesión y la reversión,* publicado en 2022; y segundo, el referido al ***régimen de la reversión en las concesiones administrativas, publicado en 2015.***

La Séptima parte del libro recoge mi estudio sobre el tema de *las cesiones obligatorias de la propiedad privada a los entes públicos por razón de urbanismo, con especial referencia a las áreas verdes, áreas educacionales, y calles,* publicado en 1978.

La Octava Parte, se refiere al tema de la confiscación de la propiedad privada, y recoge tres estudios: primero sobre *la prohibición de la confiscación conforme a la Constitución de 1999,* publicado en 2000; segundo sobre *confiscación y comiso como sanción penal y la llamada "extinción del dominio,* publicado en 2023; tercero, en específico, *sobre la confiscación ocurrida con base en la "estatización" de la industria petrolera en 2006-2007 con la terminación unilateral y anticipada de los contratos operativos y de asociación respecto de las actividades primarias de hidrocarburos,* publicado en 2007 (parte de este trabajo desde el punto de vista de las potestades del Estado, se recogió en el Tomo V del *Tratado* (pp. 558-595); y cuarto, también específicamente sobre la *confiscación decretada de la propiedad privada en el caso de Radio Caracas TV, por el Juez Constitucional actuando como instrumento para aniquilar la libertad de expresión plural,* publicado en 2007.

El tratamiento del derecho administrativo de la propiedad privada, sin embargo, no concluye allí, sino que abarca también todo el régimen derivado de las regulaciones que tienen por objeto la *ordenación del territorio y la ordenación urbanística,* con incidencia en materia de propiedad inmobiliaria, y que, por su extensión, se ha sistematizado en otro volumen que como antes dije saldrá próximamente y que reúne todos mis trabajos sobre el tema sistematizados en las siguientes cuatro partes:

Primera Parte: sobre *propiedad privada y ordenación del territorio* con mis siguientes estudios: primero: *Introducción general al régimen jurídico de la ordenación del territorio,* publicado en 1984; segundo: *la propiedad privada y el régimen de los parques nacionales en Venezuela,* publicado en 2000; tercero, el *régimen particular de ordenamiento del Parque Nacional El Ávila y del uso de la propiedad privada situada en el mismo,* publicado en 2000; y cuarto: *el régimen jurídico del traslado de industrias, publicado en 1981.*

Segunda Parte, sobre urbanismo y propiedad privada que es el texto de mi libro presentado como trabajo de incorporación en la Academia de Ciencias Políticas y Sociales en 1978, y publicado en 1980.

Tercera parte, sobre *propiedad privada y ordenación urbanística, que recoge los siguientes estudios:* primero: *Urbanismo y propiedad privada,* que fue el texto de mi *Discurso de Incorporación a la Academia de Ciencias Políticas y Sociales,* publicado en 1978; y segundo: *El régimen de la ordenación urbanística de la propiedad privada en la Ley Orgánica de Ordenación Urbanística,* publicado en 1988.

Y Cuarta parte: sobre los intentos de reforma del régimen jurídico de la ordenación del territorio y del urbanismo, que se configura con mi estudio sobre las limitaciones administrativas a la propiedad por razones de ordenación territorial y ordenación urbanística en Venezuela, y el curioso caso de una ley sancionada que nunca entró en vigencia, publicado en 2008.

Ambos tomos abarcan todos los aspectos del régimen de la propiedad privada desde el punto de vista del derecho administrativo, es decir, de las limitaciones y restricciones al derecho de propiedad establecidos por razones de interés general o utilidad pública; régimen que complementa y condiciona el que se establece en el Código Civil y en otras normas de derecho privado.

Al concluir esta Nota quiero agradecer enormemente a mi querido alumno, el profesor Antonio Canova González, por haber aceptado redactar la Presentación de esta obra, lo que ha hecho en un muy sentido y generoso Pórtico en el cual ha plasmado unas muy sabias reflexiones sobre la relación entre el derecho administrativo y el derecho de propiedad y cómo el primero, en lugar de proteger al segundo a contribuido a su destrucción.

Los temas sobre los cuales Canova reflexiona en esas páginas, sin duda, tocan lo medular de la historia de la relación entre el Estado y la propiedad privada, que es una relación entre el derecho público y el derecho privado, pues es en este último donde está el fundamento regulador de la misma, en las propias normas del propio Código Civil.

Hay que recordar que es allí donde se encuentran normas como la del artículo 545, en la cual, al definirse el derecho de propiedad como "el derecho de usar, gozar y disponer de una cosa de manera exclusiva," se agrega que ello es así "con las restricciones y obligaciones establecidas por la Ley" (la Constitución luego agregará las "contribuciones," todas "que establezca la ley por razones de utilidad pública o interés general," art. 115); como la del artículo 644, que establece que la propiedad privada predial está sujeta a "limitaciones legales" que pueden tener "por objeto la utilidad pública," siendo estas, conforme al artículo 645, las que "se refieren a la conservación de los bosques, al curso de las aguas, al paso por las orillas de los ríos y canales navegables, a la navegación aérea, a la construcción y reparación de los caminos y otras obras públicas;" y como la del artículo 547, cuando afirma que "nadie puede ser obligado a ceder su propiedad, ni a permitir que otros hagan uso de ella, sino por causa de utilidad pública o social, mediante juicio contradictorio e indemnización previa" (la Constitución luego agregaría la necesidad de que dicho "pago de justa compensación" sea "oportuno," art. 115).

Esas previsiones, cuando se concibieron, fueron establecidas para que en la "batalla entre propiedad privada y Estado," como lo observa Canova, la ganara la propiedad, proceso en el cual, sin embargo, particularmente en las últimas décadas, lo que ocurrió fue que "la ganó el Estado" agregando que "el Derecho Administrativo que debía impedirlo, no lo logró. Ha quedado expuesto como insuficiente para hacer valer el Estado de Derecho. Peor aún: ha quedado en evidencia su perversión," con lo que se ha pasado a la situación actual de incluso haber pasado a ser "usado más bien como instrumento para el peor de los festines: el de las autoridades robando la propiedad de los ciudadanos."

Esa amarga experiencia nos confirma, como lo advierte Canova, que "sin propiedad privada la única ley es la del más fuerte, el Estado de naturaleza, la barbarie. Eso son las tiranías: los miembros más ruines y violentos de una sociedad se enfrentan entre ellos para apropiarse de los bienes ajenos. Son sistemas autoritarios con oligarquías extractivas. Sin propiedad privada, en fin, tampoco habrá democracia ni derechos humanos."

Estas reflexiones, y las demás que hace mi querido amigo Antonio Canova González y que nos consigna en su Pórtico, por mi parte justifican el esfuerzo de haber reunido estos trabajos, escritos en las últimas cinco décadas, en los cuales se muestra la evolución que hemos tenido en la materia, particularmente en las últimos veinte años, y que se presentan ahora en un solo volumen, con el deseo de que sirvan de motivo de reflexión de cara al futuro, como las que nos ha brindado Antonio Canova en su Pórtico, por el cual le quedo muy agradecido.

Nueva York, octubre 2023

PÓRTICO

Por: Antonio CANOVA

Mis alumnos saben que cuentan conmigo de un modo incondicional. Lo que no sabían es que con eso he buscado, siempre, parecerme al profesor Allan Brewer-Carías, mi hoy querido y admirado amigo Randy.

A principios de los noventa, y durante tres semestres, fui su alumno en la Especialización de Derecho Administrativo de la Universidad Central de Venezuela (UCV). Los martes a las siete de la mañana, junto a otros compañeros, estrenaba el día con el lujo de escuchar sus clases, más bien de conversar o debatir con él. Una de esas sesiones trató sobre las tendencias del contencioso administrativo en Venezuela y el mundo. La recuerdo con nitidez porque marcó mi carrera.

Mi primera publicación recogió los temas e inquietudes tratados en esas clases y las ideas, ideas, ideas, que surgían en mí después de leer, leer, leer, la ya descomunal obra de Brewer-Carías. En la Nota Preliminar de *Reflexiones para la reforma del sistema contencioso administrativo venezolano*, luego de otros agradecimientos previos, ofrendé el siguiente párrafo: "Y, en fin, a todos aquellos grandes maestros, aquí y en el exterior, como los profesores Allan Randolph Brewer-Carías y Eduardo García de Enterría, que han dedicado años de estudio e investigaciones para enseñar y escribir sobre el Derecho Público".

Sentí el deber de agradecer, como ciudadano, a quienes dedicaban su vida al estudio, y por quienes sentía, y sigo sintiendo, un movimiento del ánimo próximo a la compasión, acaso una necesidad de reconocer el sacrificio que conllevan estas existencias tan luminosas como abnegadas. La obra del profesor Brewer-Carías atestigua esa entrega que, en su caso, por lucir dichosa, compromete aún más en la gratitud y el aplauso.

Ese compromiso es el que me planta frente al teclado de la computadora y frente al suplicio de escribir, algo que me cuesta mucho. Paso días, noches, especialmente noches enteras, en una fatigosa, casi tortuosa, persecución de la ilación que habré de plasmar sobre el papel. Lo hago por obligación. Rara vez las musas atienden mis súplicas; en cambio los duendes llegan sin ser convocados. Sufro escribiendo. No lo disfruto. Lo padezco.

Pero sí me gusta leer lo que, al final, logro componer, y en eso, también, está la huella de Randy. Está en cada noche sin sueño concedida al pensamiento, en cada día de careo con la página y el vértigo de sus blancos, en cada pausa tras la palabra correcta, en cada inconformidad, en cada nueva revisión, y en cada idea que, por más feliz que me resulte, no equivale ni a una gota de agua comparada con el océano de conocimiento producido por Brewer-Carías. Quizá sea éste el mejor efecto que un profesor alcance a despertar en sus alumnos: motivarles con el ejemplo para que también se empeñen en la dura labor de enseñar.

Desde aquellas clases madrugadoras en la UCV, he tenido la fortuna de compartir espacio profesional y personal con Randy. Mi carrera quedó marcada de orgullo cuando su equipo de abogados me pidió participar en su defensa ante la Corte Interamericana de Derechos Humanos (Cidh) y frente a la tiranía que lo persiguió y expulsó de Venezuela. Me correspondió denunciar y demostrar, datos en mano, que el poder judicial era una farsa, un oprobioso instrumento al servicio de la revolución.

En mi memoria quedó impreso el sentimiento de ese magnífico grupo de abogados y expertos, venezolanos y latinoamericanos, coordinado por el gran Pedro Nikken. A todos ellos los unió el deber de enfrentar la persecución política contra el profesor Brewer-Carías, una de las más emblemáticas arbitrariedades de la dictadura. En estas décadas aciagas, pocas acciones han sido más ruines y crueles.

Cuán inspirador puede ser un buen profesor, cuánto puede señalar el andar de sus alumnos, cuán civilizador puede ser un hombre, decente, de leyes; cuánto daño puede hacer su pluma al mal, a los tiranos. Cuánto le debemos a Brewer-Carías.

Cuando Randy me escribió para que le prologase, o hiciera "una presentación, pórtico, o como lo queramos llamar", para este libro *Propiedad privada y Derecho Administrativo,* que recoge, en cerca de 800 páginas, todos sus estudios sobre el tema, yo estaba en clases, en la Universidad Católica Andrés Bello (UCAB). Le contesté con una foto del salón donde se ven varios de mis alumnos sentados en un círculo de conversación socrática. Sabía que una foto de un aula de Derecho en Venezuela, después de tantos años alejado forzosamente de su gente, le agradaría. "Saludos a los alumnos!!!", respondió, con tres signos de exclamación.

Al rato me envió un documento de 789 páginas: veintitrés trabajos ordenados cuidadosamente por materias, que recorren la relación entre propiedad privada y Derecho administrativo desde 1977 hasta el presente. Casi 800 páginas, casi medio siglo. Descomunal. No hay que buscar otra palabra.

Terminé pendientes urgentes y a la semana empecé a leer, o releer. "Ya estoy en la lectura, querido Randy, pronto lograré hacer algo digno de este honor que me haces", le comuniqué. Su respuesta confirmó la fascinación y el asombro por su consabida capacidad de escribir más rápido de lo que uno alcanza a leer: "Algo agregaré, en el interín, sobre la nueva Ley de Extinción de Dominio".

El fin de semana recibí un último capítulo como anexo para este libro que sobrepasa las 800 páginas. Se trata de un texto crítico acerca de uno de los más recientes instrumentos legales promulgados por el dictador Maduro, el 28 de abril de 2023, y que la Asamblea Nacional ilegítima, bajo el control absoluto de la dictadura, sancionó de forma intempestiva, en días, para justificar la apropiación de bienes mal habidos (valga el oxímoron), obtenidos por el nuevo grupo chavista caído en desgracia, hasta hace poco compinches de quienes siguen en el poder. ¡Cómo robaron! Miles de millones de dólares. Esta parte final del libro es, pues, sobre una ocurrencia más dictada para darle apariencia legal a unos ladrones robando a sus ex camaradas ladrones. Y también para perseguir y afianzarse por la fuerza.

Para mí, en tanto más presión, más apremio. Ya para entonces llevaba varios días insomne, pensando y pensando en como ordenar las ideas de este prólogo, "presentación, pórtico, o como lo queramos llamar". De ese rumiar mental se desprendió la idea de empezar por sugerir la mejor forma de leer este último trabajo de Brewer-Carías, sin ninguna duda el más esclarecedor, hijo de su entendimiento más completo sobre esta relación capital entre propiedad privada y Derecho Administrativo.

Mi consejo, atento lector, es que empieces por el final, por el capítulo acerca de la Ley de Extinción de Dominio. Sus dos líneas de cierre sintetizan, y a la vez abren, el camino -tal vez circular- hacia el resto de la obra: "... la Ley puede dar lugar a un ´festín´ de reparto de un ´botín´ mal habido como instrumento político de persecución".

La ley convertida en robo, la ley como herramienta en el festín de la corrupción.

Ya conocido el final, lee siguiendo el orden cronológico de cuando fueron escritos cada uno de los trabajos que vertebran el libro. Ten en cuenta que se trata de documentos legados por un testigo de excepción. Comienza por el artículo publicado en 1977 sobre la inalienabilidad e imprescriptibilidad en el régimen jurídico de las tierras baldías. Y sigue la línea del tiempo, hasta hoy.

De esa travesía, hecha con esta ruta propia, yo volví con cuatro reflexiones:

1. *El Derecho Administrativo está en constante evolución*

Hagamos un análisis cuantitativo, de los que tanto me gustan, de todos los capítulos de esta obra. Observaremos que los contentivos de críticas y denuncias por los excesos estatales son los más numerosos. Son menos los que describen las potestades públicas contra la propiedad privada o advierten a los gobernantes, jueces y operadores jurídicos que no están habilitados para su vulneración.

El transcurrir del tiempo, en esta realidad compleja, devela patrones. Esto me lleva a pensar en hacer a esta obra, y a la legislación venezolana del período abarcado por ella, un estudio cuantitativo con minado de texto y otras técnicas de análisis de datos. Contar las palabras del Derecho Administrativo e identificar las más repetidas en cada época, ordenarlas en su secuencia temporal, ver los respectivos contextos del país en aspectos económicos, sociales y políticos, aportaría data interesante: veríamos el cambio de las palabras, la aparición de algunas y la desaparición de otras y podríamos medir sus efectos.

El Derecho Administrativo en general, y en especial su relación con el derecho de propiedad, requiere ser estudiado según los principios de la complejidad y conforme al avance del tiempo. No es suficiente un análisis de un momento específico, para identificar si, por ejemplo, una nación se dirige a la paz o la guerra, a la justicia o a la arbitrariedad. Abordar el Derecho Administrativo como un proceso evolutivo abre el campo a nuevos conocimientos.

2. SIN PROPIEDAD PRIVADA NO HAY CIVILIZACIÓN

El recorrido por estos trabajos del Maestro Brewer-Carías muestra que la ley fue pervertida. Aquí termina el camino de la propiedad privada en su relación con el Estado en Venezuela. Ocurrió lo que ya a mediados del siglo XIX advertía Frédéric Bastiat, uno de los más influyentes pensadores liberales de todos los tiempos.

Este país, todo un caso de estudio, y gracias al afán del más honesto de los administrativistas con estas más de 800 páginas, es una muestra de lo que, con severidad, advirtió el referido economista francés. Cuando la ley no está para asegurar la propiedad, no es ley en realidad; es una excusa para dar apariencia de legalidad a las apetencias del amo.

No es un dato menor que este derrotero inicie en el año de la nacionalización petrolera. Ahí es cuando adquiere protagonismo el Derecho Administrativo, pues tiene oportunidad de lograr con sus normas los objetivos del Estado Social o de Bienestar. El ensayo de acción estatal comienza verdaderamente esos años y bien sabemos que este ordenamiento jurídico habría de fungir entre habilitador y contralor.

Disponemos, entonces, de una experiencia que confirma la tesis según la cual a la propiedad le ocurre lo mismo que a la democracia: degenera en el tiempo. Los gobiernos democráticos no tardan en transformarse en populismos y luego en despotismos. El proceso de destrucción de la propiedad privada es incluso más simple y justo por eso la catástrofe final es mucho peor.

Al derecho de propiedad privada no lo defiende nadie, de forma espontánea. Hay algo en la naturaleza humana que crece con facilidad: la envidia. Eso explica por qué los dictadores, desde pichones, atacan la propiedad y manipulan a la sociedad a través del resentimiento. Nadie se mueve a defenderla, en particular si la que está amenazada es la de otros. ¿Qué no?

Verifiquemos esto: hay correlaciones altas entre las violaciones estatales al derecho de propiedad privada y las violaciones estatales a los derechos políticos y de expresión. Son hechos, no opinión. Se manifiestan en combo: Perseguir a la oposición y a la prensa, manipular el lenguaje creando una neolengua oficial, para robar desde el poder, en paz, de manera legal. ¿Cuántas organizaciones de derechos humanos se dedican a la defensa de la propiedad privada? ¿Tantas como las de defensa de la democracia o de la libertad de expresión?

No se acaba de golpe con la propiedad privada. Su destrucción ocurre por fases: de derecho absoluto pasa a asignársele una función social y de allí deviene a botín de los políticos revolucionarios; de reconocimiento justo al mérito de cada uno, de contraprestación a los aportes que un individuo da voluntariamente a la sociedad, la propiedad privada se extinguió y quedó en manos de unos malhechores que son tales aun cuando, o precisamente porque, fueron elegidos democráticamente.

Al destruirse esta institución evolutiva que es la propiedad privada, creada por miles de generaciones mediante ensayo y error, y piedra angular de la civilización, solo queda la expoliación. Sin propiedad privada la única ley es la del más fuerte, el Estado de naturaliza, la barbarie. Eso son las tiranías: los miembros más ruines y violentos de una sociedad se enfrentan entre ellos para apropiarse de los bienes ajenos. Son sistemas autoritarios con oligarquías extractivas. Sin propiedad privada, en fin, tampoco habrá democracia ni derechos humanos.

3. *El Derecho Administrativo representa un sistema inestable*

"Desde el punto de vista histórico, el análisis del régimen constitucional y administrativo de la propiedad en Venezuela, nos muestra dos grandes etapas que, en términos generales, pueden distinguirse en toda América Latina: la primera, de 1811 a 1947, muestra a la propiedad como un derecho absoluto, aun cuando en las primeras décadas de este siglo se comienzan a admitir restricciones legalmente establecidas; y la segunda, de 1947 a la actualidad, nos muestra la propiedad como un derecho constitucionalmente sujeto a limitaciones que se engloban dentro de la noción amplia de la función social que la misma debe cumplir".

Este párrafo de introducción conclusiva se halla en el inicio del primer capítulo de este libro, datado en 1979.

El Derecho Administrativo parte de reconocer y garantizar la propiedad de cada uno, pero también, de vuelta, acepta-justifica la pretensión de los gobiernos de limitarla, no en provecho de particulares sino en beneficio de todos. Ese equilibrio virtuoso pero frágil, esa sinergia entre lo privado y lo público, es lo que pretende lograr el Derecho Administrativo.

Desde una perspectiva evolutiva y compleja, corresponde preguntarse: ¿Es estable ese equilibrio? ¿Cuánto tiempo es posible sostener los límites del Derecho Administrativo antes de que sucumban y queden solo las habilitaciones?

Está demostrado que, al menos en Venezuela, este balance no se mantuvo. Al leer el referido capítulo escrito en 1979 sobre la Adquisición de la propiedad privada por parte del Estado, se corrobora que desde entonces todas esas formas de destrucción de la propiedad privada han sido utilizadas, incluso desde antes del paso de la democracia populista al autoritarismo.

Para 1995, Venezuela era el segundo país con menor libertad económica de toda la región latinoamericana; es decir, era una de las naciones con mayores restricciones y limitaciones a la propiedad privada. Para 2009, el gobierno venezolano ya había tomado por la fuerza todo tipo de edificios, haciendas, empresas, e impuesto férreas medidas económicas, siempre bajo el amparo del Derecho Administrativo. En mi afán por contabilizar todo, conté más de 2 mil afectaciones que en lugar de expropiaciones habrían de calificarse como "vías de hecho".

Quizá suframos la maldición del petróleo, quizá se trate de querer ser ricos sin trabajar, quizá sea el incentivo negativo que lleva a los políticos a apoderarse del festín y repartirse el botín. Puede que obedezca al clima, a tanto calor, a tanta plaga en los cultivos. Aunque tal vez sea que nuestros gobernantes han actuado mal y los jueces no han sido los idóneos. ¿Está exento de culpa un Derecho que pretendía domar a un león suelto entre la gente?

Yo que me formé como administrativista convencido y defensor del Estado Social, terminé convertido en defensor de la propiedad y de las ideas de libertad. Nuestra tragedia demuestra que esos límites soñados a la administración pertenecen a la ficción. Los estudios empíricos de economistas, sociólogos, politólogos, entre otros, nos muestran que los gobernantes (poseedores del monopolio de las armas) no actuarán conforme a los límites del Derecho Administrativo, sino que, por el contrario, dominarán y pervertirán a la ley.

Al revisar el papel del Derecho Administrativo venezolano en estas épocas de ilusión y desengaño, resulta imposible reivindicarlo. No ha pasado el examen del tiempo. Caducó. Podría disgustarnos; pero es así. No es como yo lo creía y quería. Surgió con las mejores intenciones y como una buena idea, intentó mil veces corregirse, evolucionar, adaptarse. Los administrati-vistas decentes hicimos nuestro mayor esfuerzo; pero seguimos viendo como el Derecho Administrativo ha quedado como el andamiaje de una arcaica organización burocrática y como legitimador del expolio. Ha facilitado el saqueo.

Esta batalla entre propiedad privada y Estado la ganó el Estado. El Derecho Administrativo que debía impedirlo, no lo logró. Ha quedado expuesto como insuficiente para hacer valer el Estado de Derecho. Peor aún: ha quedado en evidencia su perversión.

4. *ES HORA DE UN CAMBIO DE METODOLOGÍA Y DE UN RECONOCIMIENTO PLENO DE LA PROPIEDAD. ESO SÍ SERÍA REVOLUCIONARIO*

Estamos con los pies en una cuarta etapa de esta relación entre propiedad privada y Derecho Administrativo. ¿Qué hacemos? Hay mucho por reflexionar. Podemos seguir insistiendo en las mismas ideas comprobadamente fallidas y confiar en que, ahora sí, se cumplirán los objetivos. Yo, ahora, como liberal formado en el Derecho Administrativo, prefiero que, aunque la gente se equivoque, vaya libre en la búsqueda de su felicidad en lugar de esperar que unos "buenos gobernantes" les provean esa dicha.

Desde el punto de vista de la filosofía liberal, es mejor ir de abajo hacia arriba, dejando a las personas organizarse y cooperar voluntariamente, sin pretender dirigirlas a través de la ley y de una administración cenital, de poder ilimitado, con la excusa del interés general. Esta es, en esencia, la "regla de oro" propuesta por Bruno Leoni para determinar cuando debe legislarse y dar potestades a las administraciones y cuando no.

Con esta nueva obra, el profesor Brewer Carías nos abre un foro extraordinario.

El Maestro nos relata, con sus pormenores, la historia de la conflictiva relación entre propiedad y Estado. Es de esa revisión que vemos como de un derecho absoluto (debe verificarse que tanto lo fue en la práctica) pasó a acreditársele una función social y, seguidamente, como los llamados al "deber ser", a respetar límites, fueron desoídos por los gobiernos. Paso a paso. Sin esas limitaciones nos estrellamos contra la realidad de un Derecho Administrativo usado más bien como instrumento para el peor de los festines: el de las autoridades robando la propiedad de los ciudadanos.

Más aun me pregunto si inevitablemente el final siempre es el mismo al que hemos asistido los venezolanos. Hasta donde sé, en países cercanos el Derecho Administrativo igual ha sido herramienta para el poder, no para limitarlo y favorecer a las personas. Los equilibrios son la excepción y cuando se miran bien lucen muy inestables. Los Estados crecen a la par de las leyes y éstas aumentan porque cada vez más se cede a los reclamos de más poder e intervención estatal para resolver los también crecientes problemas sociales. Parece una tendencia global. ¿Cómo saberlo con objetividad?

Una propuesta: Sometamos la nueva teoría administrativa a las evidencias empíricas, medibles. El Derecho Administrativo renacería, transformado de nuevo, ya no para habilitar y limitar al poder a la vez, sino para impedir, de forma tajante, que desde arriba se impongan decisiones de grupo, que admitamos una inversión en la carga de prueba.

Un cambio de metodología es camino para la actualización. Los conceptos tradicionales del Derecho Administrativo ameritan, ya, ser investigados a la luz de la complejidad y los sistemas sinérgicos, como un proceso evolutivo. Con un enfoque interdisciplinar, más bien transdisciplinar o consiliente, el marco sería diferente. Esto daría lugar a más investigaciones empíricas sobre los efectos de las normas en la práctica; sean cualitativas o cuantitativas, y siempre falsables.

Si siguiéramos los hechos, las evidencias, empezaríamos a encontrar, en el Derecho Administrativo, más disposiciones como: "La Administración tiene terminantemente prohibido..." y menos como: "La Administración podrá..." Me inclino a pensar que entre los administrativistas se irá formando el criterio de que la función social de la propiedad privada no implica para nada de habilitar la intervención estatal, sino, por el contrario, de "asegurar a su titular una esfera de libertad en el campo económico y de esa forma habilitarlo para conducir su vida con autonomía", como ha establecido el Tribunal Constitucional Federal alemán. Tal sería el papel de la propiedad privada en el Derecho.

Estas son las ideas que me hacen compañía en las largas noches de desvelo y que ahora, después del placer de leer a Randy, quizá también termine poniendo sobre el papel. Espero, si venzo mi confesa indisposición a la redacción, que la luz de Brewer-Carías, cuyas obras he leído durante horas y horas para aprender de Derecho Administrativo y además de escritura, me alumbre a través de las hojas en blanco.

Querido lector, colega administrativista, conciudadano del mundo: estás a las puertas de un documento de enorme valor, escrito por un formidable jurista, un gran amigo y el más extraordinario profesor. Sostienes en tus manos lo que Miguel de Cervantes, en el prólogo de Don Quijote de La Mancha, llamó bellamente libro hijo del entendimiento.

Caracas, 8 de mayo de 2023.

PRIMERA PARTE

EVOLUCIÓN HISTÓRICA DEL RÉGIMEN DE LA PROPIEDAD

SECCIÓN PRIMERA: *EL DERECHO DE PROPIEDAD. EVOLUCIÓN Y SITUACIÓN ACTUAL EN VENEZUELA* (1979)

LA PRIMERA PARTE DE ESTE TEXTO TIENE SU ORIGEN EN LA EXPOSICIÓN SOBRE EL DERECHO ADMINISTRATIVO DE LA PROPIEDAD Y DE LA LIBERTAD ECONÓMICA. EVOLUCIÓN Y SITUACIÓN ACTUAL EN VENEZUELA, QUE FORMULÉ EN EL COLOQUIO SOBRE 75 AÑOS DE EVOLUCIÓN JURÍDICA EN EL MUNDO, INSTITUTO DE INVESTIGACIONES JURÍDICAS DE LA UNAM, MÉXICO, 1976. EL TEXTO FUE PUBLICADO EN ESTUDIOS SOBRE LA CONSTITUCIÓN. LIBRO HOMENAJE A RAFAEL CALDERA, TOMO II, FACULTAD DE CIENCIAS JURÍDICAS Y POLÍTICAS, UNIVERSIDAD CENTRAL DE VENEZUELA, CARACAS 1979, PP. 1.139-1.246. PARA ESTA EDICIÓN, DICHO TEXTO SE HA COMPLETADO CON LA REFERENCIA A LAS PREVISIONES SOBRE LA MATERIA EN LA CONSTITUCIÓN DE 1999.

Desde el punto de vista histórico, el análisis del régimen constitucional y administrativo de la propiedad en Venezuela, nos muestra dos grandes etapas que, en términos generales, pueden distinguirse en toda América Latina: la primera, de 1811 a 1947, muestra a la propiedad como un derecho absoluto, aun cuando en las primeras décadas de este siglo se comienzan a admitir restricciones legalmente establecidas; y la segunda, de 1947 a la actualidad, nos muestra la propiedad como un derecho constitucionalmente sujeto a limitaciones que se engloban dentro de la noción amplia de la función social que la misma debe cumplir.

Intentaremos hacer una revisión de esta evolución, no sólo a través de los textos constitucionales, sino también de las regulaciones de los códigos civiles, subdividiendo esas dos grandes etapas en cuatro[1].

---

[1] Sobre esto véase Allan R. Brewer-Carías, "El derecho de propiedad Y la libertad económica. Evolución y situación actual en Venezuela" en: *Estudios sobre la Constitución., Libro Homenaje a Rafael Caldera,* UCV., Tomo II, Caracas 1979, p. 1.139 y ss.

I. LA PROPIEDAD ABSOLUTA: 1811-1864

Las primeras formulaciones constitucionales sobre la propiedad están en las Constituciones de 1811 y 1819, en términos absolutos, como "el derecho que cada uno tiene a *gozar y disponer de los bienes que haya adquirido con su trabajo e industria*"[2].

Particularmente, la Constitución de 1819 marca, sin duda, la orientación general de la propiedad como tal derecho absoluto, es decir, como derecho a gozar y disponer *libremente* de los bienes; pero como derecho que podía ser tomado por el Estado por razones legales de necesidad pública o utilidad pública, mediando justa indemnización[3]. En las Constituciones de 1821 y 1830 se admitió también la posibilidad de que la propiedad fuera tomada por el Estado, pero para aplicarla a *usos públicos,* mediando justa compensación, y por acto legislativo[4].

Debe destacarse, además, que la Constitución de 1830 estableció por primera vez la abolición de toda confiscación de bienes[5] con lo cual se puso término a las confiscaciones militares de bienes y propiedades que tuvieron lugar durante las guerras de independencia.

En la Constitución de 1857, la fórmula anterior fue ligeramente modificada; se declaró inviolable la propiedad y se admitió que sólo por causa de interés público podía el Congreso obligar a enajenar la propiedad, previa justa indemnización[6]. Esta Constitución de 1857 repitió, por otra parte, la prohibición de la confiscación de bienes[7] y recogió el principio de la abolición de la esclavitud que había sido decretada legalmente en 1854[8]. Una última innovación de importancia de esta Constitución de 1857, aun cuando su duración fue bastante efímera, fue la consagración de la propiedad intelectual e industrial[9].

La Constitución de 1858 volvió a la fórmula de la Constitución de 1830, ya señalada[10]. Sin embargo, recogió la fórmula de abolición de la esclavitud del texto de 1857, ampliándolo[11].

---

2 Artículo 155 de la Constitución de 1811 y artículo 12 del Título I de la Constitución de 1819.

3 Artículo 15.

4 Artículos 177 y 208.

5 Artículo 206.

6 Artículo 108.

7 Artículo 109.

8 Véanse las referencias a la Ley del 25 de marzo de 1854 en F. González Guinán, *Historia Contemporánea de Venezuela,* tomo V. Caracas 1954, pp. 338 y ss. y 353.

9 Artículo 123.

10 Artículo 206 de la Constitución de 1830.

11 Artículo 13.

En 1860, bajo la vigencia de la Constitución de 1858, se dictó por primera vez una ley "que determina los casos en que puede tomarse la propiedad particular para uso público"[12] siguiendo la terminología constitucional; y se precisó que ello procedería en los casos de necesidad o utilidad pública[13]. La necesidad pública sólo tenía lugar en tiempos de guerra, y la utilidad pública se podía estimar o apreciar por el Congreso. La indemnización al propietario procedía en todo caso, aun cuando necesariamente debía ser previa al uso público de la propiedad, en caso de utilidad pública. Esta ley fue reformada en 1863[14], y aun cuando siguió la misma orientación que la de 1860, precisó el procedimiento a seguir en cada caso.

Por último, puede decirse que el Código Civil de 1862, de vigencia efímera debido a las guerras federales, recogió toda la evolución anterior sobre el derecho de propiedad, al establecer lo siguiente: "El dominio (que se llama también propiedad), es el derecho real en una cosa corporal, para gozar y disponer de ella *arbitrariamente,* no siendo contra la ley o contra derecho ajeno"[15].

II. LA PROPIEDAD ABSOLUTA REGULADA: 1864-1914

A partir de la Constitución de 1864, se consagra expresamente a la propiedad como una de las *garantías constitucionales,* en los siguientes términos: *"La propiedad con todos sus derechos:* ésta sólo estará sujeta a las *contribuciones decretadas por la autoridad legislativa,* a la decisión judicial y a ser tomada para obras públicas, previa indemnización y juicio contra-dictorio"[16].

Hasta ese momento, las Constituciones consagraban un derecho absoluto, pero no formulaban una garantía constitucional como se hizo en 1864. En este texto, además, la garantía no era absoluta: se admitía por primera vez que la propiedad estaría sujeta a *contribuciones* decretadas por la autoridad legislativa y a las limitaciones que se establecieran en virtud de decisión judicial. Por otra parte, la posibilidad que tenía el Estado de tomar la propiedad se redujo en cuanto a la causa; para obras públicas, y no por razones de utilidad pública, usos públicos o interés público, como lo admitían los textos anteriores. Esto se justifica, porque es realmente a partir de esta época cuando el Estado asume como uno de sus fines la construcción de infraestructuras (vías de comunicación y edificaciones), lo que lo convierte en un típico Estado constructor y de fomento, variante del Estado liberal tradicional de la época, que concluye en 1864 con la instauración del Estado Federal.

---

12 Véanse las referencias a la Ley del 13 de julio de 1860, en el prólogo de E. Pérez Olivares a la obra de Allan R. Brewer-Carías, *La Expropiación por Causa de Utilidad Pública o Interés Social, Caracas 1966, p. 10.*

13 Artículo 1° de la Ley.

14 Véanse las referencias en el prólogo de E. Pérez Olivares, *loc. cit.,* p. 10.

15 Artículo l° del Título II, Ley 1.

16 Artículo 14, ordinal 2°.

Esta fórmula de la Constitución de 1864 permanecerá igual en la Constitución de 1874[17], y en la Constitución de 1881[18] sufrirá una ligera modificación, lo cual va a permanecer igual en los textos de 1891[19] y de 1893[20]. En la Constitución de 1901 se varió la consagración de la garantía constitucional, pues antes que garantizarse la propiedad, se garantizó la "efectividad" del derecho de propiedad[21], pero el texto continuó con la misma redacción que el de la Constitución de 1893. En las Constituciones de 1904[22]" y 1909[23] se siguió la misma consagración del derecho.

Paralelamente a las regulaciones constitucionales, el Código Civil trajo regulaciones similares, aun cuando con variaciones; el Código Civil de 1867 admitió la posibilidad de que la propiedad estuviese sometida a *limitaciones*[24], *y* el Código de 1873 consagró, al contrario, a la propiedad, como el derecho de gozar y disponer de las cosas de la manera más *absoluta,* eliminando la referencia a la posibilidad de limitaciones[25]. Los Códigos Civiles de 1880[26] 1896[27] y 1904[28] tuvieron una redacción similar al del de 1873.

A nivel legislativo, la limitación constitucional de que sólo podía ser tomada la propiedad para *obras públicas,* fue objeto de regulación en la ley de 1876, que "reglamenta la garantía constitucional de la propiedad en los casos de expropiación por utilidad pública"[29], donde se definió a las "obras públicas" como las que "tienen por objeto directo y permanente proporcionar a la Nación en general, o a uno o más Estados, cualesquiera usos de utilidad o beneficio común"[30]. Esta ley fue más precisa que las anteriores, y sentó las bases de la legislación vigente sobre expropiación por causa de utilidad pública y social. Entre otros aspectos, reguló la ocupación temporal de la propiedad, como limitación a la misma, derivada de la ejecución de obras públicas.[31] La

---

17 Artículo 14, ordinal 2°.

18 Artículo 14, ordinal 2°.

19 Artículo 14, ordinal 2°.

20 Artículo 14, ordinal 2°.

21 Artículo 17, ordinal 2°.

22 Artículo 17, ordinal 2°.

23 Artículo 23, ordinal 2°

24 Artículo 351.

25 Artículo 444.

26 Artículos 449 y 451.

27 Artículos 456 y 458.

28 Artículos 462 y 464.

29 Véanse las referencias a la Ley en el prólogo de Enrique Pérez Olivares, *loc. cit.*, p. 11.

30 Artículo 2°.

31 Artículos 11 y ss.

ley fue modificada en 1891, 1892, 1909, 1912, 1918 y 1942[32]. Sin embargo, es a partir de la Ley de Expropiación por causa de utilidad pública, del 2 de agosto de 1909[33], cuando esta legislación se desarrolla, hasta el punto de que la ley vigente de 1947 sigue su misma orientación general[34].

III. LA PROPIEDAD LIMITADA POR RAZONES DE ORDEN PÚBLICO: 1941 A 1947

Los dos períodos anteriores, en la regulación constitucional del derecho de propiedad, muestran, en general, la consagración absoluta de este derecho, sin admitir —salvo en el Código Civil— la posibilidad de limitaciones a la misma. Solamente se admitía la posibilidad del Estado, de expropiar bienes con fines de utilidad pública o para la construcción de obras públicas, mediando justa indemnización y juicio previo.

Es el Estatuto Provisional de 1914, y posteriormente, la Constitución del mismo año, el que por primera vez admite limitaciones a la propiedad. En efecto, este texto garantizó a los venezolanos:

> "La propiedad, con todos sus atributos, fueros y privilegios, sólo estará sujeta a las contribuciones decretadas por la Autoridad Legislativa, a la decisión judicial, *a medidas sanitarias conforme a la ley, y* a ser tomada *para obras de utilidad pública,* previo juicio contradictorio e indemnización como lo determina la ley"[35].

Esta norma, repetida en la Constitución de 1914[36] y en la Constitución de 1925[37] establece, por primera vez, la posibilidad constitucional de limitar la propiedad por razones administrativas de orden sanitario, con lo cual el entorno normal de la propiedad comienza a escapar del carácter absoluto de las regulaciones del siglo pasado y a estar condicionado por medidas administrativas.

El Código Civil de 1922, sin embargo, continuó la tradición de los códigos civiles posteriores al de 1873, al establecer la propiedad como "el derecho de gozar y disponer de las cosas *de la manera más absoluta,* con tal de que no se haga de ellas un uso prohibido por la Ley"[38].

La Constitución de 1925 amplió aún más el ámbito de las limitaciones a la propiedad, al agregar las que se refieren a la conservación de los recur-

---

32 Véanse las referencias que hace Enrique Pérez Olivares en el prólogo al libro de Allan R. Brewer-Carías, *loc. cit.*, pp. 9 y ss.

33 *Idem*, p. 11.

34 Véase en *G. O.* N° 22.458 del 6-11-47. [La Ley de 2002 sigue la misma orientación],

35 Artículo 16, ordinal 2°.

36 Artículo 22, ordinal 2°.

37 Artículo 22, ordinal 2°.

38 Artículo 532.

sos naturales renovables y otras semejanzas que establecieran las leyes en beneficio de la comunidad. Dicho texto, en efecto, garantizó a los venezolanos "La propiedad que sólo estará sujeta a las *contribuciones* legales y a ser tomada para *obras de utilidad pública,* previo juicio contradictorio e indemnización, como lo determine la ley. También estarán *obligados* los propietarios a observar las disposiciones *sobre* higiene pública, conservación de bosques y aguas y otras semejantes que establezcan las leyes en beneficio de la comunidad"[39].

Teniendo por fundamento esta Constitución de 1925, en 1928 se dicta una de las leyes de mayor importancia en el campo de las limitaciones a la propiedad, la Ley de Servidumbre de Conductores Eléctricos[40], la cual estableció una limitación a la propiedad "en beneficio de la comunidad"[41], que dio origen a múltiples conflictos jurisprudenciales.[42]

La norma de la Constitución de 1925 se repite, con igual contenido, en las Constituciones de 1928[43] de 1929[44] y de 1931[45].

En la Constitución de 1936 se produjo otro de los grandes cambios en la evolución del derecho de propiedad en el sistema venezolano, pues se agregó una nueva posibilidad de limitaciones a la misma, además de las que procedían por razones sanitarias y por la conservación de los recursos naturales renovables, y que afectó la adquisición y transferencia de determinadas clases de propiedad por su naturaleza, por su condición o por su situación en el territorio[46]. En virtud de esta norma, se estableció la prohibición, respecto de los extranjeros, de adquirir bienes inmuebles en las costas y zonas fronterizas, por razones de seguridad[47] norma que ha sido restablecida en 1976[48].

Debe destacarse, además, la prohibición a las confiscaciones que estableció la Constitución de 1936, pero con dos excepciones, las cuales materialmente fueron uno de los motivos que provocaron la reforma constitucional de ese año; represalias en caso de guerra internacional y confiscación de los

---

39 Artículo 32, ordinal 2°.

40 Véase en *G. O.* N° 19.382 del 4-10-37. Véase sobre esta Ley, Absara Mariani, "Comentarios sobre la Ley de Servidumbre de Conductores Eléctricos", en: *Revista de Derecho Público*, EJV, N° 4, Caracas, octubre-diciembre 1980.

41 Artículo 1°.

42 Véanse las sentencias de la Corte Federal y de Casación en Sala Político-Administrativa del 27-7-33, en *M.* 1934, pp. 74 y 75, y de 15-2-38 en *M,* 1939. pp. 452 y ss.

43 Artículo 32, ordinal 2°.

44 Artículo 32, ordinal 2°.

45 Artículo 32, ordinal 2°.

46 Artículo 32, ordinal 2°.

47 Véase el artículo 17 de la Ley de Expropiación por Causa de Utilidad Pública o Social, derogado por Decreto N° 184 del 25-4-58, en *G. O.* N° 25.642 del 25-4-58.

48 Véase el artículo 16 de la Ley Orgánica de Seguridad y Defensa, en *G. O.* N° 1.899 Extr. del 26-8-67.

bienes dejados por el general Juan Vicente Gómez, ex Presidente de los Estados Unidos de Venezuela, y de sus principales colaboradores[49].

Otro cambio de interés introducido por la Constitución de 1936, fue la procedencia de la expropiación, no sólo para *obras de utilidad pública,* sino más ampliamente, por causa de *utilidad pública o social,* lo cual va a ser recogido en las Constituciones posteriores[50]. Sin embargo, a nivel de la legislación, la Ley de Expropiación por causa de utilidad pública o social de 1942, siguió haciendo referencia a las obras de utilidad pública como causa expropiatoria fundamental.[51]

A pesar de que la Constitución de 1936, siguiendo la orientación de las Constituciones anteriores, admitía las limitaciones a la propiedad legalmente establecidas "en beneficio de la comunidad"[52] la jurisprudencia de la Corte Suprema de Justicia no fue consecuente con dichas normas[53].

El Código Civil de 1942, aún vigente, contribuyó al esclarecimiento del régimen de la propiedad como un derecho limitado y limitable legalmente, en los términos siguientes; "La propiedad es el derecho de usar, gozar y disponer de una cosa de manera exclusiva, con las restricciones y obligaciones establecidas por la ley"[54].

El mismo Código, por otra parte, estableció un Título destinado a regular las limitaciones a la propiedad, las cuales podían tener por objeto la utilidad pública[55]; y éstas "se refieren a la conservación de los bosques, al curso de las aguas, al paso por las orillas de los ríos y canales navegables, a la navegación aérea, a la construcción y reparación de los caminos y otras vías públicas"[56]. Además, admitió expresamente las limitaciones a la propiedad derivadas del transporte de energía eléctrica, mediante ley especial[57].

La regulación de la propiedad privada como un derecho absoluto, aun cuando con la previsión sucesiva de limitaciones, puede decirse que culmina con el texto constitucional de 1945. Este, aun cuando la declara inviolable, la sujeta a contribuciones, restricciones, obligaciones y prohibiciones

49 Artículo 32, ordinal 2°.

50 Véase E. Pérez Olivares; Allan R. Brewer-Carías; H. Rondón de Sansó y T. Polanco, en Andreas F. Lowenfeld (ed.), *Expropiation in the Americas. A comparative Law Study*. 1971, pp. 209 y 217.

51 *Idem.*

52 Artículo 32, ordinal 2°

53 Véase, por ejemplo, la sentencia de la Corte Federal y de Casación en Sala Político-Administrativa del 20-11-36, en *M.* 1937, pp. 226 y 227.

54 Artículo 545.

55 Artículo 644.

56 Artículo 645.

57 Artículo 683.

por razones de interés público o social. La Constitución de 1945, en efecto, garantizó el derecho en la siguiente forma:

> "La propiedad que es *inviolable,* estando sujeta a las contribuciones que establezca la ley por razones de interés público o social. Puede la ley, inclusive, establecer *prohibiciones especiales* para la adquisición, transferencia, uso y disfrute de determinadas clases de propiedad, sea por su naturaleza, por su condición o por su situación en el territorio nacional.
>
> De conformidad con la ley, sólo por causa de utilidad pública o social, mediante indemnización previa y juicio contradictorio, podrá ser declarada la expropiación de la propiedad o de algún derecho. No se decretarán ni se llevarán a cabo *confiscaciones* de bienes sino contra los extranjeros y únicamente en caso de conflicto internacional con su país"[58].

Esta norma tiene la importancia de haber agregado a las limitaciones que venían consagrando las Constituciones anteriores, el que la propiedad también podía estar sometida a *obligaciones* establecidas en la ley.

IV. LA FUNCIÓN SOCIAL DE LA PROPIEDAD: 1947 1961

Toda la evolución constitucional anterior, se consolida en la Constitución de 1947, al establecer expresamente que la propiedad tenía una *función social* que cumplir, y que en virtud de ella estaba sometida a las contribuciones, restricciones y obligaciones que estableciera la ley por razones de utilidad pública e interés social.

En efecto, los artículos 65 a 70 de la Constitución de 1947[59] establecieron lo siguiente:

> *Artículo 65.* La Nación garantiza el derecho de propiedad. En virtud de su *función social,* la propiedad estará sometida a las contribuciones, restricciones y obligaciones que establezca la ley con fines de utilidad pública o de interés general.
>
> Todo autor o inventor tiene la propiedad exclusiva de su obra o invención, y quien ideare una marca, el derecho de explotarla; todo ello, conforme a las modalidades que establezcan las leyes y los tratados.
>
> La ley podrá establecer *prohibiciones especiales* para la adquisición, transferencia, uso y disfrute de determinadas clases de propiedad, sea por su naturaleza, por su condición o por su situación en el territorio nacional.
>
> *Artículo 66.* El Estado atenderá a la defensa y conservación de los recursos naturales del territorio venezolano y reglamentará el uso, goce y aprovechamiento de aquéllos, de acuerdo con los fines anteriormente citados.

---

58 Artículo 32, ordinal 2°

59 Promulgada el 5 de julio de 1947.

Artículo 67. En conformidad con la ley, sólo por causa de utilidad pública o de interés social, mediante sentencia firme y pago del precio, podrá ser declarada la expropiación de cualquier clase de bienes.

Cuando se trate de expropiación de tierras destinadas a la realización de la Reforma Agraria, y de la expropiación de inmuebles con fines de ensanche y acondicionamiento de las poblaciones, el pago podrá ser diferido por tiempo determinado, previo otorgamiento de garantía suficiente, en conformidad con lo que establezca la ley. No se decretarán ni efectuarán confiscaciones de bienes en ningún caso, salvo lo previsto en el segundo aparte del artículo 21 de esta Constitución[60].

Artículo 68. El derecho de propiedad privada territorial está condicionado por las disposiciones precedentes y por la obligación de mantener las tierras y bosques, que son su objeto, en producción socialmente útil. La ley determinará los efectos de esta disposición y las condiciones de su obligación.

Artículo 69. El Estado realizará una acción planificada y sistemática, orientada a transformar la estructura agraria nacional.

Artículo 70. Las tierras adquiridas por nacionales o extranjeros en territorio venezolano, y destinadas a la explotación de concesiones mineras, comprendidas las de hidrocarburos y demás minerales combustibles, pasarán en plena propiedad al patrimonio de la Nación, sin indemnización alguna, al extinguirse por cualquier causa la respectiva concesión.

De estas normas de la Constitución de 1947, se deduce, claramente, que la propiedad no es un derecho absoluto, sino que, al contrario, está sometida a limitaciones, contribuciones, restricciones, obligaciones y prohibiciones con fines de utilidad pública o de interés social, con lo cual se consolida todo el proceso evolutivo anterior.

Por otra parte, en esta Constitución se establece, por primera vez, el principio de la reversión respecto de las tierras destinadas a la explotación de concesiones mineras, comprendidas las de hidrocarburos y demás minerales combustibles, las cuales pasarían en plena propiedad al patrimonio de la Nación, sin indemnización alguna, al extinguirse la respectiva concesión. Entonces, paralelamente a la expropiación —como forma de extinción de la propiedad privada, mediando indemnización— se le dio cabida en el texto constitucional a esta forma de extinción de la propiedad, pero sin indemnización, que es la reversión[61].

En cuanto a la legislación sobre expropiación, en 1947 se dictó la Ley de Expropiación por Causa de Utilidad Pública o Social, reformada posterior-

---

60 El artículo 21 de la Constitución de 1947 establecía que "La confiscación únicamente podrá ser impuesta a los extranjeros y sólo en caso de conflicto con su país".

61 Véase, Allan R. Brewer-Carías, "Adquisición de la propiedad privada por el Estado en el Derecho Venezolano", *Revista de Control Fiscal*, N° 94, Caracas 1979, p. 61 a 84.

mente en 1958[62]. Esta ley siguió, sin embargo, la orientación de las leyes anteriores, de regular básicamente las obras públicas como causa expropiatoria.

La Constitución de 1953[63] aun cuando en forma más escueta, recogió los principios de la Constitución de 1947, en los siguientes términos:

> *Artículo 35.* Se garantiza a los habitantes de Venezuela...
>
> 9° El derecho de propiedad. En virtud de su función social, la propiedad estará sometida a las contribuciones, restricciones y obligaciones que establezca la ley, de conformidad con la cual también podrá ser declarada la expropiación de cualquier clase de bienes mediante sentencia firme y pago del precio. La ley podrá establecer prohibiciones especiales para la adquisición, transferencia, uso y disfrute de determinadas clases de propiedad, por su naturaleza, condición o situación en el territorio nacional. Las tierras adquiridas y destinadas a explotación de concesiones mineras, de hidrocarburos y demás minerales combustibles, pasarán en plena propiedad a la Nación, sin indemnización alguna, al extinguirse por cualquier causa la concesión respectiva.

La culminación de todo este proceso evolutivo se sitúa en la Constitución de 1961, la cual incorporó a su texto los siguientes principios:

> *Artículo 99.* Se garantiza el derecho de propiedad. En virtud de su función social, la propiedad estará sometida a las contribuciones, restricciones y obligaciones que establezca la ley con fines de utilidad pública o de interés social.
>
> *Artículo 100.* Los derechos sobre obras científicas, literarias y artísticas, invenciones, denominaciones, marcas y lemas, gozarán de protección por el tiempo y en las condiciones que la ley señale.
>
> *Artículo 101.* Sólo por causa de utilidad pública o de interés social, mediante sentencia firme y pago de justa indemnización, podrá ser declarada la expropiación de cualquier clase de bienes. En la expropiación de inmuebles con fines de reforma agraria o de ensanche y mejoramiento de poblaciones, y en los casos que por graves razones de interés nacional determine la ley, podrá establecerse el diferimiento del pago por tiempo determinado o su cancelación parcial mediante la emisión de bonos de aceptación obligatoria, con garantía suficiente.
>
> *Artículo 102.* No se decretarán ni ejecutarán confiscaciones sino en los casos permitidos por el artículo 250. Quedan a salvo, respecto de extranjeros, las medidas aceptadas por el derecho internacional.
>
> *Artículo 103.* Las tierras adquiridas con destino a la explotación o exploración de concesiones mineras, comprendidas las de hidrocarburos

---

[62] Véase en *G. O.* N° 22.458 del 6-11-47.

[63] Promulgada el 15 de abril de 1953.

y demás minerales combustibles, pasarán en plena propiedad a la Nación, sin indemnización alguna, al extinguirse por cualquier causa la concesión respectiva.

Artículo 104. Los ferrocarriles, carreteras, oleoductos y otras vías de comunicaciones o de transporte construidos por empresas explotadoras de recursos naturales, estarán al servicio del público, en las condiciones y con las limitaciones que establece la ley.

Artículo 105. El régimen latifundista es contrario al interés social. La ley dispondrá lo conducente a su eliminación, y establecerá normas encaminadas a dotar de tierra a los campesinos y trabajadores rurales que carezcan de ella, así como a proveerlos de los medios necesarios para hacerlos producir.

Artículo 106. El Estado atenderá a la defensa y conservación de los recursos naturales de su territorio, y la explotación de los mismos estará dirigida primordialmente al beneficio colectivo de los venezolanos.

Artículo 133. Sólo el Estado puede poseer y usar armas de guerra. Todas las que existan, se fabriquen o se introduzcan en el país, pasarán a ser propiedad de la República, sin indemnización ni proceso. La fabricación, comercio, posesión y uso de otras armas serán reglamentados por la ley.

En relación a estas normas, debe señalarse la importancia del concepto constitucional de la función social de la propiedad, que tiene por objeto asegurar que "el derecho de propiedad no resulte incompatible con los intereses públicos", tal como lo ha señalado la Corte Suprema de Justicia[64].

Ahora bien, en base a esta función social de la propiedad, este derecho no es ya un derecho absoluto, eterno, inmutable, sino todo lo contrario, un derecho sometido a limitaciones de carácter legal. La garantía constitucional de la propiedad, por tanto, no se refiere a su carácter absoluto, sino a que su régimen sólo puede ser establecido por el legislador. Es decir, es la ley la que, en definitiva, fija el ámbito y régimen de la propiedad: autoriza a las autoridades judiciales para adoptar medidas limitativas de la propiedad, por ejemplo la prohibición de enajenar y gravar que establece el Código de Procedimiento Civil[65] y autoriza a las autoridades administrativas para hacer efectivas las limitaciones, contribuciones, obligaciones y restricciones a la propiedad, legalmente establecidas.

En todos estos casos, las limitaciones a la propiedad presuponen la existencia y ejercicio del derecho, pero lo limitan, gravan, obligan o restringen. Es de advertir, sin embargo, que no todos los bienes son susceptibles de propiedad privada, o en otras palabras, no todos los bienes son susceptibles de

---

64 Véase sentencia de la Sala Político-Administrativa del 3-12-74, en *G.O.* 1.718 Extra. del 20-1-75, p. 21.

65 Artículo 368, CPC.

apropiación, pues hay ciertos bienes que pueden ser excluidos del ámbito de la apropiabilidad por particulares. En estos casos, no se trataría de limitación a la propiedad sino, más bien, de limitaciones a la apropiabilidad de bienes, mediante su declaratoria como del dominio público[66].

Ahora bien, lo que caracteriza a los textos constitucionales posteriores al de 1947, en su regulación del régimen de la propiedad, es la consagración de la función social de este derecho, noción que, sin embargo, ya había sido manejada por la jurisprudencia con anterioridad.

V. EL RÉGIMEN DE LA PROPIEDAD EN LA CONSTITUCIÓN DE 1999

1. *El derecho de propiedad y la expropiación en la Constitución de 1999*

El artículo 115 de la Constitución de 1999 garantiza el derecho de propiedad, precisando que toda persona tiene derecho al uso, goce, disfrute y disposición de sus bienes. En esta forma, la Constitución constitucionalizó el tradicional enunciado sobre los atributos de la propiedad que estaban establecidos en el Código Civil.

La propiedad, sin embargo, está sometida a las contribuciones, restricciones y obligaciones que establezca la ley con fines de utilidad pública o de interés general. Por tanto "la garantía al derecho de propiedad solo queda limitada o alterada en base a disposiciones legales que así lo contemplen, por lo que las normas que establezcan estas limitaciones son de interpretación restrictiva, debido a que ellas resultan puntuales"[67].

Por otra parte, sólo por causa de utilidad pública o interés social, mediante sentencia firme y pago oportuno de justa indemnización, podrá ser declarada la expropiación de cualquier clase de bienes[68].

---

66 Véase Allan R. Brewer-Carías, "La declaratoria de todas las aguas como bienes del dominio público", en *Revista de la Facultad de Ciencias Jurídicas y Sociales,* N° 3-4, Montevideo, julio-dic. 1975, pp. 157 y ss.

67 Véase sentencia N° 296 de la Sala Constitucional (Caso: Argentina V. *Domínguez*), en *Revista de Derecho Público,* N° 82, (abril-junio), Editorial Jurídica Venezolana, Caracas, 2000, p. 359. Véase en general, José L. Villegas Moreno, "El derecho de propiedad en la Constitución de 1999", en *Estudios de Derecho Administrativo: Libro Homenaje a la Universidad Central de Venezuela,* Volumen II. Imprenta Nacional, Caracas, 2001, pp. 565-582; y Luciano Parejo Alfonso, "Algunas consideraciones sobre el derecho de propiedad a la luz de la jurisprudencia constitucional", en *Estudios de Derecho Administrativo: Libro Homenaje a la Universidad Central de Venezuela,* Volumen II. Imprenta Nacional, Caracas, 2001, pp. 267-311.

68 Véase la Ley de expropiación por causa de utilidad pública o social, *G.O.* N° 37.475 de 1° de julio de 2002. Véase Allan R. Brewer-Carías et al., *Ley de expropiación por causa de utilidad pública o social,* Caracas, 2003. Véase en general, Eduardo García de Enterría, "La garantía constitucional del patrimonio de los ciudadanos: expropiación forzosa y responsabilidad patrimonial del legislador en el derecho comparado", en *El Derecho Público a comienzos del siglo XXI. Estudios homenaje al Profesor Allan R. Brewer-Carías,* Tomo III, Instituto de Derecho Público, UCV, Civitas Ediciones, Madrid, 2003, pp. 3039-3056.

La norma sigue la orientación del constitucionalismo venezolano[69], aún cuando debe destacarse algunas variaciones en relación con su equivalente en la Constitución de 1961 (art. 99), que son las siguientes: *primero,* no se establece que la propiedad privada tiene una función social que cumplir, como lo indicaba la Constitución de 1961; *segundo,* como se dijo, en la nueva Constitución se enumeran los atributos del derecho de propiedad (uso, goce y disposición) lo que era materia de rango legal (art. 545 del Código Civil); y *tercero,* en cuanto a la expropiación, se exige en el nuevo texto constitucional que el pago de la justa indemnización sea "oportuno". En esa forma, en general, la norma garantiza con mayor fuerza el derecho de propiedad[70].

Deben agregarse, además, las normas constitucionales sobre derecho de autor y propiedad industrial, mal ubicadas en el Capítulo relativo a los derechos culturales (art. 98).

2. *La prohibición de la confiscación*

La Constitución prohíbe que se decreten o ejecuten confiscaciones de bienes salvo en los casos permitidos por la propia Constitución y, en particular, por vía de excepción, mediante sentencia firme, respecto de los bienes de personas naturales o jurídicas, nacionales o extranjeras, responsables de delitos cometidos contra el patrimonio público, los bienes de quienes se hayan enriquecido ilícitamente al amparo del Poder Público y los bienes provenientes de las actividades comerciales, financieras o cualesquiera otras vinculadas al tráfico ilícito de sustancias psicotrópicas y estupefacientes (art. 116 y 271).

Se amplían, en esta forma, considerablemente, los supuestos en los cuales procedería la confiscación, pero no se hace referencia a las medidas aceptadas por el derecho internacional público, como se especificaba en el artículo 102 de la Constitución de 1961.

3. *El régimen del latifundio y de la propiedad rural*

El artículo 307 de la Constitución declara al régimen latifundista como contrario al interés social, y remite al legislador para disponer lo conducente en materia tributaria para gravar las tierras ociosas y establecer las medidas necesarias para su transformación en unidades económicas productivas, res-

---

69 Véase Allan R. Brewer-Carías "El derecho de propiedad y libertad económica. Evolución y situación actual en Venezuela" en *Estudios sobre la Constitución. Libro Homenaje a Rafael Caldera,* Tomo II, Caracas, 1979, pp. 1139 a 1246.

70 Véase, además, los comentarios que formulamos sobre el régimen de la propiedad en Allan R. Brewer-Carías, *Debate Constituyente, (Aportes a la Asamblea Nacional Constituyente),* Tomo I, (8 agosto-8 Septiembre 1999), Fundación de Derecho Público-Editorial Jurídica Venezolana, Caracas, 1999, pp. 201 y ss.

catando igualmente las tierras de vocación agrícola. En tal sentido en 2001 se dictó el Decreto Nº 1.546 con Fuerza de Ley de Tierras y Desarrollo Agrario[71].

Por otra parte, la norma establece el derecho de los campesinos y demás productores y productoras agropecuarios a la propiedad de la tierra, en los casos y formas especificados por la ley respectiva. Esto implica el establecimiento de obligaciones constitucionales al Estado para proteger y promover las formas asociativas y particulares de propiedad para garantizar la producción agrícola, y para velar por la ordenación sustentable de las tierras de vocación agrícola con el objeto de asegurar su potencial agroalimentario.

Excepcionalmente, dispone el mismo artículo constitucional, que el legislador creará contribuciones parafiscales con el fin de facilitar fondos para financiamiento, investigación, asistencia técnica, transferencia tecnológica y otras actividades que promuevan la productividad y la competitividad del sector agrícola.

La norma, sin embargo, no reguló ni hizo referencia al latifundio público o del Estado, quizás el de mayor extensión, constituido por las tierras baldías afectadas a la reforma agraria y su necesaria utilización para el desarrollo agrícola[72].

4. *LAS DECLARATORIAS DE BIENES COMO DEL DOMINIO PÚBLICO*

Por último, debe mencionarse que la Constitución de 1999 trae un conjunto de disposiciones constitucionales, muchas novedosas, sobre el régimen de los bienes del Estado[73], que deben destacarse.

En primer lugar, las normas que declaran bienes como del dominio público y que, por tanto, en los términos del Código Civil (art. 543) son inalienables e imprescriptibles.

Entre ellas está la norma del artículo 12 de la Constitución, que declara como bienes del dominio público y, por tanto, inalienables e imprescriptibles, los yacimientos mineros y de hidrocarburos, cualquiera que sea su naturaleza, existentes en el territorio nacional, bajo el lecho del mar territorial, en la zona económica exclusiva y en la plataforma continental, que se indica, pertenecen a la República[74].

---

71 *G.O.* Nº 37.323 del 13 de noviembre de 2001.

72 Véase nuestro voto salvado sobre esto en Allan R, Brewer-Carías, *Debate Constituyente,* Tomo III, *op. cit.,* p. 215.

73 Véase en general, Armando Rodríguez García, "Comentarios sobre el régimen de los bienes públicos en la Constitución de 1999", en *Revista de Derecho Público,* Nº 84 (octubre-diciembre), Editorial Jurídica Venezolana, Caracas, 2000, pp. 63-68.

74 En esta forma se le da rango constitucional a lo ya previsto en la Ley de Minas (art. 2) (*Gaceta Oficial* Nº 5382 de 28-09-99) y en la Ley Orgánica de Hidrocarburos Gaseosos (art. 1º) (*Gaceta Oficial* Nº 36.793 de 23-9-99). Véase nuestra propuesta sobre esto en Allan R. Brewer-Carías, *Debate Constituyente,* Tomo II, *op. cit.,* pp. 35 y 39. Véase en general sobre

La misma norma del artículo 12 de la Constitución dispone que las costas marinas son bienes del dominio público; entendiéndose por tales costas, la parte de la ribera del mar que baña el mar, es decir, la playa o zona que está entre la alta y la baja marea, como lo ha establecido la jurisprudencia de la Corte Suprema[75].

En 2001, a los efectos de desarrollar esta norma constitucional, se dictó el Decreto N° 1.468 con Fuerza de Ley de Zonas Costeras[76].

El artículo 304 de la Constitución dispone que todas las aguas son bines del dominio público de la Nación, insustituibles para la vida y el desarrollo. Corresponde a la ley establecer las disposiciones necesarias a fin de garantizar su protección, aprovechamiento y recuperación, respetando las fases del ciclo hidrológico y los criterios de ordenación del territorio.

Se incorporó a la Constitución, en esta forma, el principio que se había definido y propuesto en los estudios de la Comisión Nacional de Aprovechamiento de los Recursos Hidráulicos, y en el proyecto de Ley de Agua elaborado en los años sesenta y setenta, sobre la declaratoria de las aguas como del dominio público[77].

5. *EL RÉGIMEN DE LAS TIERRAS BALDÍAS*

De acuerdo con el Código Civil, las tierras baldías son los bienes inmuebles que no tienen dueño (art. 542). Se consideran del dominio privado de la República si están ubicadas en las Dependencias Federales; y de los Estados, las ubicadas en sus respectivos territorios. La nueva Constitución atribuye, por ello, a los Estados, la "administración" de las tierras baldías de su jurisdicción" (art. 164, ord. 5), cambiando el régimen de la Constitución de 1961

el tema Isabel Boscán de Ruesta, "La propiedad de los yacimientos de los hidrocarburos. Evolución histórica", en *El Derecho Público a comienzos del siglo XXI. Estudios homenaje al Profesor Allan R. Brewer Carías*, Tomo III, Instituto de Derecho Público, UCV, Civitas Ediciones, Madrid, 2003, pp. 3061-3105.

75 Véase la sentencia de la Corte Suprema de Justicia en Sala Político Administrativa de 13-08-64 en *Gaceta Forense* N° 45, 1964, p. 235 a 237; y en Allan R. Brewer-Carías, *Jurisprudencia de la Corte Suprema 1930-1974 y Estudios de Derecho Administrativo*, Tomo II, Caracas, 1976, pp. 523 a 528

76 *G.O.* N° 37.349 del 19 de diciembre de 2001. Véase sobre esta Ley y las inconstitucionalidades que la afectaban antes de su "reimpresión" en la *Gaceta Oficial*, en Allan R. Brewer-Carías, "El nuevo régimen de las zonas costeras. Inconstitucionalidades, dominio público, limitaciones a la propiedad privada e insuficiencias normativas" en *Ley Habilitante del 13-11-2000 y sus Decretos Leyes*, Academia de Ciencias Políticas y Sociales, Serie Eventos N° 17, Caracas, 2002, pp. 245-294.

77 Véase Allan R. Brewer-Carías, "La declaratoria de todas las aguas como del dominio público en el derecho venezolano", en *Revista de la Facultad de Derecho y Ciencias Sociales*, N° 3-4, XXIII, Montevideo, 1975, pp. 157 a 167. Además, véase Allan R. Brewer-Carías *Derecho y Administración de las Aguas y otros Recursos Naturales Renovables*, Caracas, 1976, pp. 79 a 91.

que reservaba dicha administración de baldíos al Poder Nacional (art. 136, ord. 10).

Sin embargo, la Disposición Transitoria Décimoprimera estableció que hasta tanto se dicte la legislación nacional sobre el régimen de las tierras baldías, la administración de las mismas continuará siendo ejercida por el Poder Nacional, con lo cual la reforma quedó pospuesta.

En todo caso, en la Constitución se conservó la norma del artículo 136, ord. 10 de la Constitución de 1961, conforme al cual las tierras baldías existentes en las Dependencias Federales y en las islas fluviales o lacustres no podrán enajenarse, y su aprovechamiento sólo podrá concederse en forma que no implique, directa ni indirectamente, la transferencia de la propiedad de la tierra (art. 13).

Se resolvió, sin embargo, el escollo que derivaba de la Constitución de 1961 que al hacer referencia a los baldíos de las islas no excluía a las del Estado Nueva Esparta[78]. En la nueva redacción, para la restricción de enajenabilidad mencionada, sólo se mencionan las tierras baldías existentes en las islas que constituyen las Dependencias Federales.

6. *EL RÉGIMEN DE LOS EJIDOS*

En la Constitución de 1999 se repitió el dispositivo del artículo 32 de la Constitución de 1961, en el sentido de que:

> ***Artículo 181:*** Los ejidos son inalienables e imprescriptibles. Sólo podrán enajenarse previo cumplimiento de las formalidades previstas en las ordenanzas municipales y en los supuestos que las mismas señalen, conforme a esta Constitución y la legislación que se dicte para desarrollar sus principios.

A esta norma, sin embargo, se agregó una disposición novedosa que en forma similar a la definición de las tienen baldías en relación con los Estados, considera que los terrenos situados dentro del área de las poblaciones de los Municipios, carentes de dueño, se consideran terrenos ejidos, sin menoscabo de legítimos derechos de terceros, válidamente constituidos. Igualmente, el artículo 181 de la Constitución constituye en ejidos, las tierras baldías ubicadas en el área urbana, quedando sólo exceptuadas las tierras correspondientes a las comunidades y pueblos indígenas. Además, se establece que la ley debe determinar la conversión en ejidos de otras tierras públicas.

---

[78] Véase en Allan R. Brewer-Carías, "Estudio sobre la inalienabilidad e imprescriptibilidad en el régimen jurídico de las tierras baldías" en *Anuario de Derecho Ambiental 1977*, Consultoría Jurídica MARNR, Caracas, 1978, pp. 72 a 112.

SEGUNDA PARTE

SOBRE LA INTERVENCIÓN DEL ESTADO, LA PROPIEDAD PRIVADA Y LA *PUBLICATIO* EN EL DERECHO PÚBLICO

SECCIÓN SEGUNDA: *DERECHO DE PROPIEDAD E INTERVENCIÓN DEL ESTADO. NUEVOS Y VIEJOS PROBLEMAS* (2021)

PONENCIA DE CLAUSURA: EN LA *JORNADA ANUAL 2021. DERECHO DE PROPIEDAD E INTERVENCIÓN DEL ESTADO. NUEVOS Y VIEJOS PROBLEMAS*, ASOCIACIÓN VENEZOLANA DE DERECHO ADMINISTRATIVO, CARACAS VÍA ZOOM, 28 DE OCTUBRE DE 2021.

I. LA PROPIEDAD PRIVADA: UNO DE LOS PILARES DE LA CONSTITUCIÓN ECONÓMICA Y SUS GARANTÍAS

Además de la libertad económica, el segundo pilar de la Constitución Económica[1] tal como está regulada en la Constitución de 1999, siguiendo la tradición que se remonta a la Constitución de 1811, es el derecho de propiedad,[2] el cual se garantiza delineándose sus atributos que tradicional-mente estaban establecidos en el Código Civil, precisándose que "toda persona tiene derecho al uso, goce, disfrute y disposición de sus bienes" (art. 115).

La Constitución, además, respecto del derecho de propiedad establece el régimen de intervención del Estado respecto de la misma, declarando que puede estar sometida "a las contribuciones, restricciones y obligaciones que establezca la Ley con fines de utilidad pública o de interés general" (art. 115), configurándose así el marco de dicha intervención sujeta siempre a los siguientes principios y garantías:

En primer lugar, a la *garantía de la reserva legal*, en el sentido de que dichas limitaciones solo pueden ser establecidas y formuladas por el Legislador me-

---

1 Véase Allan R. Brewer-Carías, "Reflexiones sobre la Constitución económica" en *Estudios sobre la Constitución Española. Homenaje al Profesor Eduardo García* de Enterría, Editorial Civitas, Madrid, 1991, Tomo V, pp. 3.839-3.853.

2 Véase Allan R. Brewer-Carías, "El derecho de propiedad y la libertad económica. Evolución y situación actual en Venezuela" en *Estudios sobre la Constitución. Libro Homenaje a Rafael Caldera*, Tomo II, Facultad de Ciencias Jurídicas y Políticas, Universidad Central de Venezuela, Caracas 1979, pp. 1.139-1.246.

diante Ley formal (art. 202), o en los casos autorizados en la Constitución, por el Presidente de la República mediante Decretos-Leyes habilitados (art. 203). Este marco de la reserva legal, se reafirma en el mismo texto constitucional, en casos específicos al regularse en particular "la propiedad intelectual sobre las obras científicas, literarias y artísticas, invenciones, innovaciones, denominaciones, patentes, marcas y lemas" que el Estado "reconoce y protege", "de acuerdo con las condiciones y excepciones que establezcan la ley y los tratados internacionales suscritos y ratificados por la República en esta materia" (art. 98); e igualmente en materia de derecho de propiedad de la tierra por parte de los campesinos y demás productores agropecuarios "en los casos y formas especificados por la ley respectiva;;" siendo además, la ley, la que puede disponer "lo conducente en materia tributaria para gravar las tierras ociosas y establecer las medidas necesarias para su transformación en unidades económicas productivas, rescatando igualmente las tierras de vocación agrícola" (art. 307).

En segundo lugar, a la *garantía de la finalidad,* en el sentido de que las limitaciones a la propiedad que establezcan las leyes siempre deben responder a fines de utilidad pública o de interés social (art. 115); lo que se reafirma en el propio texto constitucional al prever respecto de la propiedad privada de inmuebles rurales, que "el régimen latifundista es contrario al interés social" (art. 307).

En tercer lugar, *la garantía de la razonabilidad,* que resulta de las garantías de la finalidad y de la reserva legal, en el sentido de que la concreción de los conceptos jurídicos indeterminados de utilidad pública o interés social, está siempre sujeta a los límites de razonabilidad, racionalidad, equidad, justicia y proporcionalidad para asegurar que las mismas no sean arbitrarias, y que dicha la *garantía de la razonabilidad* esté acompañada de la proscripción de la arbitrariedad,[3] incluso cuando la misma provenga del legislador, pues ello significaría una violación de la Constitución.

En cuarto lugar, a la *garantía de integridad,* en el sentido de que el derecho de propiedad no puede ser extinguido por el Estado, sino mediante el uso de la potestad expropiatoria, de la potestad confiscatoria en los casos establecidos en la Constitución, de la declaratoria como del dominio público de determinados bienes, y en los casos de cumplimiento forzoso de obligaciones establecidas en las leyes,[4] y siempre conforme a la garantía de la finalidad.

---

3 Véase Allan R. Brewer-Carías, "La técnica de los conceptos jurídicos indeterminados como mecanismo de control judicial de la actividad administrativa", en Germán Cisneros Farías, Jorge Fernández Ruiz y Miguel Alejandro López Olvera (Coordinadores), *Control de la administración pública. Segundo Congreso Iberoamericano de Derecho Administrativo,* Universidad Nacional Autónoma de México, México 2006, pp. 97-115.

4 Véase Allan R. Brewer-Carías, "Adquisición de la propiedad privada por parte del Estado en el Derecho Venezolano," publicado en *Revista de Control Fiscal,* N° 94, Contraloría General de la República, Caracas 1979, pp. 61–84

En cuanto a la expropiación,[5] dicha institución se establece en el texto fundamental, precisando que la misma puede ser declarada respecto de "cualquier clase de bienes" pero "sólo por causa de utilidad pública o de interés social, mediante sentencia firme y pago oportuno de justa indemnización" (art. 115).

En cuanto a la confiscación, la Constitución formula una garantía general prohibiéndola, al precisar que "no se decretarán ni ejecutarán confiscaciones de bienes sino en los casos permitidos por esta Constitución," (art. 116), disponiendo además el texto constitucional que "ningún tributo puede tener efecto confiscatorio" (art. 317).

Agrega sin embargo la Constitución, que "por vía de excepción podrán ser objeto de confiscación, mediante sentencia firme, los bienes de personas naturales o jurídicas, nacionales o extranjeras, responsables de delitos cometidos contra el patrimonio público, los bienes de quienes se hayan enriquecido ilícitamente al amparo del Poder Público y los bienes provenientes de las actividades comerciales, financieras o cualesquiera otras vinculadas al tráfico ilícito de sustancias psicotrópicas y estupefacientes" (art. 116).[6] Igualmente la Constitución luego de declarar que "no prescribirán las acciones judiciales dirigidas a sancionar los delitos contra los derechos humanos, o contra el patrimonio público o el tráfico de estupefacientes," reitera que "previa decisión judicial, serán confiscados los bienes provenientes de las actividades relacionadas con los delitos contra el patrimonio público o con el tráfico de estupefacientes" (art. 271)

En cuanto a la *publicatio* o declaratoria de determinados bienes como del dominio público, la Constitución la regula en general al disponer que el Estado se puede reservar "mediante la ley orgánica respectiva, y por razones de conveniencia nacional," es decir, con sujeción a las garantías de la reserva legal y de la finalidad, determinados "bienes de interés público y de carácter estratégico"(art. 302).

Por último, la integridad de la propiedad privada también cede con base en regulaciones legales sobre obligaciones a la propiedad, por la incautación o toma legal de la propiedad, lo que puede ocurrir en los siguientes casos:

---

5 Véase Allan R. Brewer-Carías, "Introducción General al régimen de la expropiación", en Allan R. Brewer-Carías (Coordinador y Editor), Gustavo Linares Benzo, Dolores Aguerrevere Valero y Caterina Balasso Tejera, *Ley de Expropiación por Causa de Utilidad Pública o Interés Social*, Colección Textos Legislativos, N° 26, 1ª edición, Editorial Jurídica Venezolana, Caracas 2002, pp. 7-100.

6 En la Constitución de 1999 no se recogió la otra excepción a la prohibición de la confiscación establecida en la Constitución de 1961, que permitía que el Congreso podría decretar "por acuerdo aprobado por la mayoría absoluta de sus miembros, la incautación de todos o parte de los bienes" de las personas responsables de actos de fuerza contra la vigencia de la Constitución y de los funcionarios de los gobiernos que se puedan organizar subsecuentemente, salvo que hayan contribuido a restablecer el imperio de la misma"(art. 250).

Primero, por comiso, es decir, en los casos de bienes objeto o provenientes de delito, conforme a las previsiones del Código Penal, los mismos pasan al Estado.

Segundo, por reversión, lo que ocurre en los casos de terminación de contratos públicos de concesión, en cuyo caso, conforme a la Ley o al texto del contrato, los bienes del concesionario afectos a la concesión pasan al Estado.

Tercero, por requisición, en casos de declaratoria de estados de excepción, cuando se restrinjan temporalmente las garantías de la propiedad consagradas en la Constitución (art. 337), respecto de bienes fungibles de propiedad privada conforme a la Ley sobre los Estados de Excepción y a la Ley Orgánica de la Fuerza Armada.

Cuarto, en los casos de cesiones obligatorias de la parte de la propiedad urbana por razón de urbanismo, como contribución en especie, en casos de ensanches de las vías.

Y quinto, en los casos de ejecución judicial de garantías sobre la propiedad, como la hipoteca o la prenda, por falta de pago de deudas, conforme a las previsiones de Código Civil.

Todas las ponencias presentadas en las Jornadas de la Asociación Venezolana de Derecho Administrativo, 2021, han analizado los aspectos fundamentales de estas garantías a la propiedad, y en algunos casos de sus violaciones o deformaciones, como se anunció en la *Ponencia Inaugural* a cargo de Gabriel Ruan Santos, sobre "La recurrente amenaza al derecho de propiedad," en la cual argumenta con precisión la situación general de dicha amenaza en estos últimos lustros, que han afectado todas las garantías a la misma.

Pero además, en la primera partre de las Jornadas, sobre *La protección internacional del derecho de propiedad como derecho humano,* se aborda esta temática, sin duda novedosa, de encuadrar el derecho de propiedad no solo como un derecho constitucional regulado en las Constituciones, sino como un derecho humano en el marco de la protección internacional, con las ponencias de Carlos Ayala Corao, sobre "La propiedad como derecho humano y su protección internacional," y de Helene Tigroudja sobre "la protección indirecta del derecho de propiedad a partir de su vinculación con otros derechos humanos."

En la segunda parte se aborda el tema del *Desdibujamiento de los atributos de la propiedad: algunos problemas actuales,* con Ponencias de Jacqueline Moreau, sobre "El caso de la propiedad intelectual", de jorge Kiriakidis, sobre "El caso de los arrendamientos" y de Roberto Hung, sobre "El caso de los registros y notarías," que son tres áreas en las cuales por excesos en las regulaciones legales o conductas administrativas, se han desdibujado los atributos del uso, goce, disfrute y disposición de la propiedad garantizados en la Constitución.

En la tercera parte de las Jornadas sobre el tema de la "*Propiedad rural y propiedad urbana. Algunos problemas actuales,*" se estudian los problemas que se han creado y los atentados que se han regulado respecto de la propiedad en los ámbitos urbano y rular, mediante la aprobación de leyes sucesivas, con las Ponencias presentadas por Román Duque Corredor sobre "Algunos problemas actuales sobre la propiedad rural," y Caterina Balasso Tejera, sobre "Algunos problemas actuales sobre régimen de la propiedad urbana,"

En la cuarta parte de las Jornadas, se abordó el tema específico de la expropiación, más precisamente con un *Balance y perspectivas de la política expropiatoria en venezuela,* con Ponencias de Samantha Sánchez sobre "La desviación de poder en materia expropiatoria como práctica sistemática," de Carlos García Soto sobre "Restitución de activos producto de la política expropiatoria en Venezuela: algunas posibles soluciones," y de Margarita Escudero, sobre "La expropiación en el marco de la protección de la inversión extranjera."

En la quinta parte de las Jornadas se trata al tema del "*Derecho de propiedad y tributación,*" con Ponencias de Luis Fraga Pittaluga sobre "Los tributos confiscatorios," y de Juan Domingo Alfonzo Paradisi sobre "El acuerdo de armonización y coordinación tributaria entre los diversos entes político-territoriales."

Y en la sexta parte de las Jornadas de AVEDA se trata al tema de los *Mecanismos de protección de la inversión extranjera,* con ponencia de José Gregorio Torrealba, sobre "Alternativas para la protección de inversiones en la coyuntura venezolana," y de José Ignacio Hernández, sobre "El arbitraje de inversiones en Venezuela. Estado actual en el contexto de la deuda pública venezolana," originada precisamente por los atentados a la propiedad que se han cometido en los últimos lustros.

En mi Ponencia o comentario final de las Jornadas, en particular, me quiero referir a dos aspectos no tratados específicamente en las Ponencias anteriores, sobre la distorsión de las garantías al derecho de propiedad que se han producido en los últimos lustros, en particular, en dos aspectos particulares: primero respecto de bienes de propiedad privada tomados indebidamente por el Estado, violando dichas garantías, en decir, confiscándolos, en el marco de la destrucción de la industria petrolera; y segundo, en el marco de la industria minera, refiriéndome a la figura de la reversión, cuya distorsión ha provocado la apropiación por parte del Estado, de bienes de propiedad privada de los concesionarios no sujetos a reversión.

II. ALGUNOS ASPECTOS SOBRE LA CONFISCACIÓN DE BIENES DECRETADA EN EL MARCO DE LA DESTRUCCIÓN DE LA INDUSTRIA PETROLERA EN 2007

1. *La apertura petrolera y los Convenios de Asociación en el marco de la Ley de Nacionalización*

Conforme al artículo 5 de la Ley que Reserva al Estado la Industria y el Comercio de los Hidrocarburos (en lo adelante Ley de Nacionalización),[7] con la cual se nacionalizó la industria y el comercio de los hidrocarburos, se estableció que "En casos especiales y cuando así convenga al interés público, el Ejecutivo Nacional o los referidos entes podrán, en el ejercicio de cualquiera de las señaladas actividades, celebrar convenios de asociación con entes privados, con una participación tal que garantice el control por parte del Estado y con una duración determinada."

Con base en esa previsión, luego de veinte años de vigencia de la Ley, se puso en ejecución la denominada política de "apertura petrolera" para cuya ejecución, el Ejecutivo Nacional presentó al Congreso en 1994 para su autorización previa como lo exigía dicha norma, un "Proyecto de Marco de Condiciones" a los fines de la celebración de "Convenios de Asociación para la Exploración a Riesgo de nuevas áreas y la producción de Hidrocarburos bajo el Esquema de Ganancias Compartidas," con el objeto de permitir la participación de capital privado en la exploración petrolera, y así hacer posible el descubrimiento de nuevas reservas de hidrocarburos, especialmente de crudos livianos y medianos. El Ejecutivo Nacional estimó que con ello se contribuiría a la consolidación y al crecimiento de la industria petrolera nacional,

Las Cámaras Legislativas mediante Acuerdo de 4 de julio de 1995, conforme a lo solicitado por el Ejecutivo, autorizaron la "celebración de los Convenios de Asociación para la *exploración a riesgo de nuevas áreas y la producción de hidrocarburos bajo el esquema de ganancias compartidas,"* [8] estableciéndose el Marco de Condiciones (art. 2), que el Ejecutivo Nacional debía determinar Áreas geográficas específicas en favor de una filial de Petróleos de Venezuela, S.A. "para realizar las actividades relacionadas con la exploración y explotación de yacimientos de hidrocarburos, con el transporte por vías especiales, almacenamiento y comercialización de la producción obtenida en las Áreas, y con las obras que su manejo requiera," de conformidad con la Ley de Nacionalización. A los efectos de la celebración de los Convenios de Asociación, se dispuso que la Filial debía llevar a cabo los procesos de licitación que fueran necesarios para seleccionar a las empresas inversionistas privadas con las cuales celebrarían los Convenios de Asociación para realizar de dichas en cada una de las Áreas correspondientes (Segunda, Tercera).

---

7 Véase en general, Allan R. Brewer-carías, *Estudios sobre PDVSA y la industria petrolera nacionalizada*, Editorial Jurídica Venezolana, Caracas 2021

8 *Gaceta Oficial* N° 35.754 de 17–07–95.

A los efectos de asegurar el control del Estado se dispuso, además, que antes de dar inicio a las actividades del Convenio, en cada uno de los Convenios debía constituirse un "Comité de Control", conformado por igual número de miembros designados por los Inversionistas y la Filial de PDVSA, que debía presidir un miembro designado por esta última (Cuarta).

A los efectos de implementar el Convenio de Asociación, se dispuso que los Inversionistas y la Filial, debían constituir antes de iniciar las actividades del Convenio, una sociedad anónima o Empresa Mixta en Venezuela, en la cual la Filial debía poseer el 35% del capital social y los Inversionistas el 65%. La Empresa Mixta tenía por finalidad dirigir, coordinar y supervisar las actividades exploratorias en el Área por su exclusiva cuenta y riesgo, y de exploración, producción, transporte y comercialización objeto del Convenio (Quinta).

La duración del Convenio debía incluir un lapso preestablecido para realizar el esfuerzo exploratorio, de 3 a 5 años, dependiendo de la complejidad del Área, y 20 años de operación comercial a partir de la aprobación del Plan de Desarrollo correspondiente a cada Área de Desarrollo. El plazo de la fase exploratoria podía ser extendido en conformidad con la Condición Sexta, por un lapso de entre 2 y 4 años. En ningún caso, sin embargo, el Convenio podía tener una duración que excediera el término de 39 años contados a partir de la entrada en vigencia del Convenio. (Décima primera).

Conforme al marco aprobado por las Cámaras Legislativas, en los años subsiguientes, entre 1993 y 1997 se celebraron varias rondas de negociaciones para la asignación y la creación de asociaciones, originándose lo que fueron los siguientes Convenios de Asociación:

En primer lugar, las denominadas Asociaciones Estratégicas para las operaciones en la Faja Petrolífera del Orinoco, que fueron las siguientes: Petrozuata, S.A., en asociación con *ConocoPhillips;* Sincrudos de Oriente, S.A. (Sincor, S.A.) en asociación con *Total* y *Statoil;* Petrolera Cerro Negro, S.A., en asociación con *Exxon Mobil* y *British Petroleum;* y Petrolera Hamaca, C.A. (Petrolera Ameriven) en asociación con *ConocoPhillips* y *Chevron.*

En segundo lugar, las asociaciones constituidas para proyectos de Exploración a Riesgo y Ganancias Compartidas que fueron las siguientes: en el Golfo de Paria Oeste en asociación con *ConocoPhillips, Eni Venezuela B.V* y *OPIC Karimun Corporation;* en el Golfo de Paria Este, en asociación con *ConocoPhillips, Inelectra, Eni y OPIC Karimun Corporation;* y en La Ceiba, en asociación con *Exxon Mobil* y *Petro-Canadá.*

Además debe mencionarse la Asociación Estratégica autorizada en 2001, para la producción de Bitúmen, diseño, construcción y operación de un módulo de producción y emulsificación de bitúmen natural para la elaboración de Orimulsión, que fue Orifuels Sinoven, S.A., (Sinovensa), en asociación con *China National Petroleum Corporation - CNPC Services de Venezuela* y *PetroChina Fuel Oil Company.*

Todas estas asociaciones se constituyeron conforme al marco del Acuerdo del Congreso, con el cual, como se dijo, se dio inicio a la denominada *apertura petrolera*. El mismo, sin embargo, fue impugnado por razones de inconstitucionalidad e ilegalidad por ante la Corte Suprema de Justicia en 1995, juicio que concluyó cuatro años después, el 17 de agosto de 1999, cuando la Corte Supremo dictó sentencia declarando sin lugar la acción de nulidad que se había intentado.[9]

En esta sentencia se precisaron diversos aspectos sustantivos del régimen jurídico aplicable a los Convenios de Asociación con inversionistas privados que habían sido autorizados por el Congreso, los cuales la Corte consideró como impregnados de las características propias de la "contratación administrativa." Entre las cláusulas declaradas constitucionales estuvo la que establecía el arbitraje internacional para la solución de las controversias que se presentaren entre las partes en la ejecución de los contratos.

2. *Los cambios introducidos con la Ley Orgánica de Hidrocarburos en el régimen de la participación del capital privado en la explotación petrolera*

La Ley Orgánica de Hidrocarburos de 2001 (LOH)[10] que derogó la Ley de Nacionalización Petrolera de 1975, en materia de explotación petrolera, redujo el ámbito de la nacionalización a las a las siguientes actividades: primero, a las actividades primarias; segundo, a las actividades realizadas en las refinerías que existían al momento de dictarse la Ley Orgánica de 2001; tercero, a las actividades de comercialización externa e interna de hidrocarburos naturales; y cuarto, a las actividades de comercialización externa e interna sobre los productos derivados cuya comercialización se reserve al Estado mediante Decreto que debe dictarse al efecto.

En cuanto a las actividades primarias en materia de hidrocarburos conforme a la definición de la Ley Orgánica de Hidrocarburos, comprenden "la exploración, la extracción de los hidrocarburos *en estado natural*, su recolección, transporte y almacenamiento inicial, así como, las relativas a las obras que su manejo requiera" (Art. 9), correspondiendo su desarrollo, sea directamente al Estado, a través del Ejecutivo Nacional, mediante empresas de la exclusiva propiedad del Estado (Empresas del Estado), o mediante empresas mixtas con capital del Estado en más del 50% del capital social (Arts. 22 y 27 al 32 LOH). Por esta última vía, en todo caso, se permite la participación del capital

---

9 Véase el texto de la sentencia en Allan R. Brewer-Carías, *Crónica de una destrucción. Concesión, Nacionalización, Apertura, Constitucionalización, Desnacionalización, Estatización, Entrega y Degradación de la Industria Petrolera*, Con un *apéndice* con los documentos del *Caso del Juicio de nulidad de la autorización parlamentaria* para los contratos de la "Apertura Petrolera" (1996-1999), Colección Centro de Estudios de Regulación Económica-Universidad Monteávila, N° 3, Universidad Monteávila, Editorial Jurídica Venezolana, Caracas, 2018, 730 pp.

10 *Gaceta Oficial* N° 37.323 de 13-11-2001; reformada parcialmente en 2006, *Gaceta Oficial* N° 38.493 del 4 de agosto de 2006.

privado en las actividades primarias, lo que no era permitido conforme a la Ley de Nacionalización de 1975.

En consecuencia, la Ley Orgánica estableció que las actividades primarias también pueden ser desarrolladas con participación del capital privado a través de empresas mixtas en las cuales el Estado debía mantener una participación mayor del 50% de su capital social (arts. 33 a 37 de la LOH). Se estableció así en la nueva Ley un porcentaje rígido de participación pública modificándose el sentido del control estatal sobre los Convenios de Asociación que regulaba la Ley de Nacionalización derogada, y que permitía que con un capital mayoritario privado, el Estado pudiera suscribir Convenios de Asociación manteniendo el control del mismo.

En todo caso, a los efectos de la constitución de dichas empresas mixtas para participar en actividades primarias de hidrocarburos, la Ley también exigió la aprobación previa de la Asamblea Nacional (Artículo 33 LOH); debiendo seleccionarse a las empresas operadoras, mediante procesos de concurrencia de diversas ofertas, pudiendo sin embargo realizarse una escogencia directa por razones de interés público o por circunstancias especiales de las actividades, previa aprobación del Consejo de Ministros. (Art. 37 LOH).

La duración máxima para la realización de la actividad económica concertada se fijó en 25 años, prorrogable por un lapso a ser acordado por las partes, no mayor de 15 años (Art. 34 LOH); y contrariamente a lo previsto en las condiciones de los Convenios de Asociación de la Apertura Petrolera sobre la admisión del arbitraje internacional, en este caso de las empresas mixtas a partir de 2001, se estableció que las dudas y controversias de cualquier naturaleza que pudieran suscitarse con motivo de la realización de actividades y que no pudieran ser resueltas amigablemente por las partes, incluido el arbitraje en los casos permitidos por la ley que rige la materia (la única era la Ley de Arbitraje Comercial), serían decididas por los Tribunales competentes de la República, de conformidad con sus leyes, sin que por ningún motivo ni causa pudieran dar origen a reclamaciones extranjeras.

3. *La situación de la participación del capital privado en la realización de actividades primarias mediante Convenios de asociación suscritos antes de la Ley Orgánica de 2001*

A pesar de que conforme a la Ley Orgánica de Hidrocarburos de 13 de noviembre de 2001 cuya fecha de entrada en vigencia se fijó el 1 de enero de 2002, y que fue dictada por el Ejecutivo Nacional mediante un decreto-ley habilitado, el régimen legal que permitía los Convenios de Asociación que regulaba el artículo 5 de la Ley de Nacionalización quedaba derogado y que por tanto a partir de esa fecha (1 de enero de 2002) no podían suscribirse nuevos Convenios de Asociación; el propio Ejecutivo Nacional cometió un fraude a la ley, sometiendo apresuradamente a la Asamblea Nacional durante la *vacatio legis* (del 13-11-2000 al 1-1-2002), una solicitud de autorización para la celebración de un Convenio de Asociación conforme a los términos de la derogada Ley de Nacionalización de 1975, y que la nueva Ley prohibía, con una empresa filial de la empresa estatal china, *China Nacional Oil and Gas Exploration and Development Corporation* como empresa filial de la empresa *China Nacional Petroleum Corporation* y la empresa Bitúmenes Orinoco (BITOR) filial de Petróleos de Venezuela S.A. PDVSA, para la producción de Bitúmen, diseño, construcción y operación de un módulo de producción y emulsificación de bitúmen natural para la elaboración de Orimulsión; en el cual la empresa BITOR sólo tenía el 30 % de participación en el capital social.[11]

En todo caso, el cambio de régimen de participación del capital privado en la nueva Ley Orgánica de Hidrocarburos de 2001, en virtud de la previsión del artículo 24 de la Constitución no podía tener efectos retroactivos, por lo que los Convenios de Asociación que se habían suscrito con anterioridad a su entrada en vigencia (incluyendo el fraudulento Convenio de Asociación de diciembre de 2001 para le empresa de bitumen), continuaron vigentes en los términos contractuales conforme a los cuales habían sido suscritos, de acuerdo con el Marco autorizado por las Cámaras Legislativas.

4. La terminación anticipada y unilateral de los Convenios de Asociación y de los Convenios de exploración a riesgo y ganancias compartidas y la posibilidad de su transformación en empresas mixtas

En febrero de 2007, la Asamblea Nacional dictó una nueva Ley Habilitante[12] autorizando al Presidente de la República para dictar normas que permitieran al Estado:

> "[...] asumir directamente, o mediante empresas de su exclusiva propiedad, el control de las actividades realizadas por las asociaciones que operan en la Faja Petrolífera del Orinoco, incluyendo mejoradores y las asignaciones de explotación a riesgo y ganancias compartidas, para regularizar y ajustar sus actividades dentro del marco legal que rige a la industria petrolera nacional, a través de la figura de empresas mixtas o de empresas de la exclusiva propiedad del Estado".

Con esta delegación legislativa se buscaba, en primer lugar, que el Estado asumiera "el control de las actividades realizadas por las asociaciones que operan en la Faja Petrolífera del Orinoco, incluyendo mejoradores y las asignaciones de explotación a riesgo y ganancias compartidas," lo que en sí mismo era innecesario, pues dicho control ya existía conforme al esquema de toma de decisiones regulado en los Convenios de Asociación; y en segundo lugar, que con la delegación legislativa el Presidente decretara lo que el Legis-

11 Véase el Acuerdo autorizatorio de la Asamblea Nacional en *Gaceta Oficial* N° 37.347 del 17 de diciembre de 2001.

12 *Gaceta Oficial* N° 38.617 de 01-02-2007.

lador ni hizo con la Ley Orgánica de Hidrocarburos de 2001 (pues no lo podía hacer), y que era atribuirle efectos retroactivos a la Ley de 2001, y aplicarla a los Contratos de Asociación que habían sido suscritos válidamente conforme a la Ley de 1975. Ello fue lo que se buscó con la habilitación legislativa para "regularizar y ajustar sus actividades dentro del marco legal que rige a la industria petrolera nacional, a través de la figura de empresas mixtas o de empresas de la exclusiva propiedad del Estado," lo que en definitiva condujo a la terminación anticipada de los convenios de asociación.[13].

Y en efecto, en ejecución de tal delegación legislativa, el 26 de febrero de 2007, mediante Decreto Ley 5.200, el Ejecutivo Nacional dictó la *Ley de Migración a Empresas Mixtas de los Convenios de Asociación de la Faja Petrolífera del Orinoco, así como de los Convenios de Exploración a Riesgo y Ganancias Compartidas* (en lo adelante Decreto Ley de Migración)[14], con la cual se dispuso la terminación unilateral y anticipada de los convenios de asociación suscritos entre 1993 y 2001, lo que implicaba aun cuando sin preverse en forma alguna en la Ley, que los derechos contractuales de los inversionistas contratistas que no acordaren los términos unilaterales fijados por el Estado, debían ser expropiados y justamente indemnizados por los daños y perjuicios causados por la ejecución de dicha Ley.

En dicho Decreto Ley de Migración, en efecto, se dispuso que:

> "[...] las asociaciones existentes entre filiales de Petróleos de Venezuela, S.A. y el sector privado que operan en la Faja Petrolífera del Orinoco, y en las denominadas de Exploración a Riesgo y Ganancias Compartidas, deberán ser ajustadas al marco legal que rige la industria petrolera nacional, debiendo transformarse en empresas mixtas en los términos establecidos en la Ley Orgánica de Hidrocarburos" (art. 1).

Esto significó, pura y simplemente, darle efectos retroactivos a la Ley Orgánica de Hidrocarburos de 2001, al imponer unilateralmente a los Convenios de Asociación suscritos conforme a la legislación anterior, la obligación de ajustarse a la nueva Ley.

A tal efecto, en esta Ley, se dispuso que:

> "[...] todas las actividades ejercidas por asociaciones estratégicas de la Faja Petrolífera del Orinoco, constituidas por las empresas Petrozuata, S.A.; Sincrudos de Oriente, S.A., Sincor, S.A., Petrolera Cerro Negro S.A y Petrolera Hamaca, C.A; los convenios de Exploración a Riesgo y Ga-

---

13 Véase en general sobre esto, Allan R. Brewer-Carías, "La estatización de los convenios de asociación que permitían la participación del capital privado en las actividades primarias de hidrocarburos sucritos antes de 2002, mediante su terminación anticipada y unilateral y la confiscación de los bienes afectos a los mismos," en Víctor Hernández Mendible (Coordinador), *Nacionalización, Libertad de Empresa y Asociaciones Mixtas*, Editorial Jurídica Venezolana, Caracas 2008, pp. 123-188

14 *Gaceta Oficial* N° 38.623 de 16–2–2007.

nancias Compartidas de Golfo de Paria Oeste, Golfo de Paria Este y la Ceiba, así como las empresas o consorcios que se hayan constituido en ejecución de los mismos; la empresa Orifuels Sinovensa, S.A, al igual que las filiales de estas empresas que realicen actividades comerciales en la Faja petrolífera del Orinoco, y en toda la cadena productiva, *serán transferidas* a las nuevas empresas mixtas".

Es decir, no sólo se decidió unilateralmente la terminación anticipada de los contratos, sino que se dispuso que en caso de que los inversionistas privados socios en los Convenios que se extinguían estuviesen de acuerdo con la transferencia de los mismos a las nuevas empresas mixtas, los mismos lo que podían era ser accionistas de las empresas mixtas con menos del 40% del capital social, teniendo como accionista por parte del Estado a la Corporación Venezolana del Petróleo, S.A. u otra filial de Petróleos de Venezuela, S.A., con una participación accionaria mínima del 60% del capital social (art. 2).

En caso de que el inversionista socio de un Convenio de asociación acordase ser accionista minoritario de la nueva empresa mixta, dispuso el artículo 6 de la Ley, que "tratarse de una circunstancia especial de interés público, y de conformidad con lo dispuesto en el único aparte del artículo 37 de la Ley Orgánica de Hidrocarburos, la escogencia de los socios minoritarios en el proceso de migración de las asociaciones será *directa*."

Para el caso de que las empresas accionistas de los Convenios de Asociación que se terminaban unilateral y anticipadamente mediante esta Ley de Migración, no acordaren con el Ejecutivo Nacional formar parte como accionistas de las nuevas empresas mixtas, el efecto debió ser la expropiación de sus derechos contractuales, teniendo las mismas, conforme al artículo 115 de la Constitución, derecho a ser justamente indemnizadas por los daños y perjuicios causados por la terminación unilateral y anticipada de los Contratos. El Decreto Ley, sin embargo, nada reguló al respecto.

En todo caso, la decisión legislativa de poner fin unilateral y anticipadamente a los contratos de asociación, implicó la necesidad de asegurar la inmediata asunción por parte del Estado, de la operación industrial concreta de cada Convenio de asociación, regulándose la necesidad de designar de inmediato, "una Comisión de Transición para cada asociación", disponiéndose que la misma se debía incorporar "a la actual directiva de la asociación respectiva, a fin de garantizar *la transferencia a la empresa estatal* del control de todas las actividades que las asociaciones realizan", en un proceso que culminó el 30 de abril de 2007 (art. 3).

El artículo 2 de la Ley, por otra parte, atribuyó al Ministerio del Poder Popular para la Energía y Petróleo la potestad de determinar unilateralmente, la valoración de la nueva empresa mixta a ser establecida para sustituir a cada Convenio de asociación; el porcentaje de participación accionaria que en cada empresa mixta sustitutiva de cada Convenio de asociación debía corresponder a la filial de PDVSA que fuese a ser accionista, que en ningún caso podía ser inferior al 60% del capital social; y "los ajustes económicos y financieros que fuere procedentes" (at. 2).

En ese marco legal que dispuso la transferencia inmediata de los Convenios de Asociación al Estado, y la consecuente asunción por la empresa estatal correspondiente de la operación de los Convenios, el artículo 4 de la Ley concedió a las empresas del sector privado que habían sido parte dichos extinguidos Convenios de asociación un lapso de cuatro (4) meses hasta el 26 de junio de 2007, "para acordar los términos y condiciones de su *posible participación* en las nuevas Empresas Mixtas", con posibilidad de dos meses más de prórroga. La consecuencia era que transcurrido dicho plazo "sin que se hubiera logrado acuerdo para la constitución y funcionamiento de las Empresas Mixtas", entonces, la República, a través de Petróleos de Venezuela, S.A. o cualquiera de sus filiales, como vía de hecho regularizada, debía *asumir directamente las actividades* ejercidas por las asociaciones a fin de preservar su continuidad, en razón de su carácter de utilidad pública e interés social (Art. 5).

Como se dijo, nada dispuso el Decreto Ley de Migración sobre los derechos a ser indemnizadas de las empresas privadas que no hubieran llegado a un acuerdo para continuar como socios de las nuevas empresas mixtas, a pesar de que la consecuencia de la aplicación retroactiva de la Ley de 2001 a los Convenios de Asociación suscritos válidamente con anterioridad a la misma, no era otra cosa que una expropiación por Ley de los derechos contractuales de los inversionistas contratantes en dichos Convenios, lo cual conforme al artículo 115 de la Constitución, les había originado el derecho a ser justamente indemnizados por los daños y perjuicios causados.

Se advierte que el artículo 13 del Decreto Ley de Migración dispuso que "todos los hechos y actividades vinculados al presente Decreto-Ley se regirán por la Ley Nacional, y las controversias que de los mismos deriven estarán sometidas a la jurisdicción venezolana, en la forma prevista en la Constitución de la República Bolivariana de Venezuela," lo que por supuesto en ningún caso podía implicar la anulación de las cláusulas que contenían los Convenios de Asociación que se extinguían, relativas a la sumisión de las controversias que derivasen de la ejecución, cumplimiento e incumplimiento de los Convenios de Asociación, a jurisdicción arbitral, incluso fuera de Venezuela. Por ello, los contratistas, ejercieron sus derechos al exigir que las controversias que se derivasen de la ejecución, cumplimiento, incumplimiento y terminación anticipada y unilateral de aquellos Contratos de asociación, fueran resueltas mediante arbitraje, lo que efectivamente ocurrió con grave perjuicio para PDVSA y sus empresas filiales.

5. LA CONFISCACIÓN DE LOS INTERESES, ACCIONES, PARTICIPACIONES Y DERECHOS DE LAS EMPRESAS QUE NO LLEGARON A UN ACUERDO CON EL ESTADO DE MIGRAR HACIA EMPRESAS MIXTAS

De acuerdo con lo antes expuesto, conforme al Decreto Ley 5200 de *Migración* de febrero de 2000, en relación con las actividades que ejercieron las antiguas asociaciones estratégicas de la Faja Petrolífera del Orinoco, constituidas por las empresas Petrozuata, S.A.; Sincrudos de Oriente, S.A., Sincor, S.A., Petrolera Cerro Negro S.A y Petrolera Hamaca, C.A; los convenios de Exploración a Riesgo y Ganancias Compartidas de Golfo de Paria Oeste, Golfo de Paria Este y la Ceiba, así como las empresas o consorcios que se hayan constituido en ejecución de los mismos: la empresa Orifuels Sinovensa, S.A, al igual que las filiales de estas empresas que realizaban actividades comerciales en la Faja petrolífera del Orinoco, y en toda la cadena productiva, que se ordenó que fueran transferidas a nuevas empresas mixtas; resultó la constitución de algunas de dichas empresas mixtas, en las cuales participó el capital privado.

En estos casos, y conforme a una nueva ley que se dictó, que fue la Ley sobre los Efectos del Proceso de Migración a Empresas Mixtas de los Convenios de Asociación de la Faja Petrolífera del Orinoco; así como de los Convenios de Exploración a Riesgo y Ganancias Compartidas de 5 de octubre de 2007,[15] los convenios que habían dado origen a las Asociaciones estratégicas de la Apertura Petrolera a las que se refirió el Decreto Ley de Migración, "quedaron extinguidos" a partir de su publicación (art. 1); y en cuanto a los convenios en los cuales, conforme al mismo Decreto Ley de Migración, ninguna de las empresas privadas que fueran parte en las asociaciones correspondientes, hubiera alcanzado un acuerdo de migración a empresa mixta dentro del plazo establecido, los mismos quedaron extinguidos "a partir de la fecha de publicación" de la nueva Ley (art. 1).

Como se dijo, el Decreto *Ley de Migración* (Decreto Ley 5.200) nada indicó sobre los derechos a indemnización y compensación de las empresas privadas que no hubieran llegado a un acuerdo para continuar como socios de las nuevas empresas mixtas, en virtud de la terminación anticipada y unilateral de los Convenios y Asociaciones; y que tenían de acuerdo con lo dispuesto en el artículo 115 de la Constitución. Sin duda, se trataba de una expropiación realizada por ley especial al margen de la Ley general de expropiación, que implicaba, de acuerdo con la Constitución, el derecho de las empresas privadas a ser indemnizadas.

Sin embargo, en lugar de procederse a ello, el Estado optó por definitivamente *confiscar* dichos derechos, en forma evidentemente inconstitucional, al declarar pura y simplemente extinguidos los convenios a partir de la publicación de la *Ley sobre los Efectos del Proceso de Migración* de 5 de octubre de 2007.

---

15 *Gaceta Oficial* N° 38.785 del 8 de octubre de 2007

6. *LA CONFISCACIÓN DE DERECHOS DE LAS EMPRESAS PRIVADAS QUE HABÍAN PARTICIPADO EN LOS CONVENIOS Y ASOCIACIONES MEDIANTE LA MANIPULACIÓN INDEBIDA DE LA FIGURA DE LA "REVERSIÓN"*

A los efectos de materializar o "encubrir" dicha inconstitucional confiscación, el artículo 2 de la *Ley sobre los Efectos del Proceso de Migración,* dispuso expresamente que "los intereses, acciones y participaciones" en las asociaciones referidas en el Artículo 1 del Decreto Ley de Migración en las sociedades constituidas para desarrollar los proyectos correspondientes, y en "los activos utilizados para la realización de las actividades de tales asociaciones, incluyendo derechos de propiedad, derechos contractuales y de otra naturaleza," que hasta el día 26 de junio de 2007 (conforme al plazo establecido en el Artículo 4 de la referida Ley), "correspondían a las empresas parte del sector privado con las cuales no se logró un acuerdo de migración a empresa mixta, *quedan transferidos, con base en el principio de reversión,* sin necesidad de acción o instrumento adicional, a las nuevas empresas mixtas constituidas como resultado de la migración de las asociaciones respectivas, salvo lo previsto en el Artículo 3 de la presente Ley."

Es decir, el Estado, mediante Ley, ordenó la trasferencia forzada de bienes de propiedad privada a las nuevas empresas mixtas constituidas sin indemnización ni proceso, es decir, confiscó dichos bienes en todos los casos en los cuales *algunas* de las otras empresas privadas del respectivo convenio o asociación hubieran acordado formar parte de las empresas mixtas. En el artículo 4 de la Ley se aclaró, que, en esos casos, "las transferencias de intereses, acciones, participaciones y derechos" en ella previstas, "no generarán obligaciones tributarias en la República Bolivariana de Venezuela para ninguna persona o entidad".

Por otra parte, conforme al artículo 3 de la *Ley sobre los Efectos del Proceso de Migración,* en los casos en que "*ninguna* de las empresas que constituían la parte privada del convenio de asociación hubiera alcanzado un acuerdo de migración a empresa mixta dentro del plazo establecido", "los intereses, acciones, participaciones y derechos" de las mismas se ordenó que debían mantenerse "*en propiedad de la filial* de Petróleos de Venezuela, S.A. que hubiera asumido las actividades de la asociación de que se trate, hasta que el Ejecutivo Nacional determine la filial que en definitiva deberá asumir tales actividades".

Se trató, en todo caso, como se dijo, de una transferencia forzada de bienes de propiedad privada al Estado decretada por el Legislador, sin indemnización ni proceso algunos, lo que se configura como una ***confiscación*** prohibida en el artículo 113 de la Constitución, y la cual en forma alguna puede justificarse recurriéndose o manipulándose el "principio de la reversión", figura que es totalmente inaplicable en esos casos, y que está esencialmente asociada a la figura de las "concesiones" administrativas que por lo visto el

Legislador ignoró que fueron extinguidas en 1975 y no existen en materia de hidrocarburos.

En efecto, uno de los principios más clásicos del derecho administrativo en relación con las concesiones de servicios públicos, de construcción y uso de obras públicas y de explotación de bienes del dominio público, ha sido el de la necesaria reversión de los bienes afectos al servicio o a la explotación de la obra construida a la Administración concedente una vez extinguida la concesión. Se trata de un principio que busca asegurar la continuidad en la prestación del servicio, del uso de una obra pública o de una explotación de bienes públicos, independientemente de la participación del concesionario, una vez extinguida la concesión.

Sin embargo, al tratarse de un medio de extinción de la propiedad privada del concesionario sobre los bienes afectos al servicio o de las obras construidas, la garantía de la propiedad y de la reserva legal imponen la necesidad de que el principio de la reversión tenga que estar establecido en texto legal expreso.[16] Por ello, en materia de concesiones de hidrocarburos, por ejemplo, el principio estaba establecido en la propia Constitución de 1961 (art. 103) y en la vieja Ley de Hidrocarburos (art. 80), conforme a las cuales, por ejemplo, se dictó la "Ley sobre bienes afectos a reversión en las concesiones de hidrocarburos" de 1971.[17] En ausencia de texto legal expreso, por tanto, la reversión sólo puede proceder si se la ha regulado expresamente en el contrato de concesión.[18]

Esta, por lo demás, es la orientación que se siguió en la Ley Orgánica sobre Promoción de la Inversión Privada bajo el régimen de Concesiones,[19] al disponer en el artículo 48 relativo a la "reversión de obras y servicios" que es el respectivo *contrato* el que debe establecer, entre otros elementos, "los bienes que por estar afectos a la obra o al servicio de que se trate revertirán al ente concedente, a menos que no hubieren podido ser totalmente amortizadas durante el mencionado plazo". A tal efecto, la norma también dispone que durante un período prudencial anterior a la terminación del contrato, el ente concedente debe adoptar las disposiciones encaminadas a que la entrega de los bienes a ser revertidos, se verifique en las *condiciones convenidas* en el contrato. Igualmente, dicha norma dispone que el contrato debe expresar "las

---

16 Incluso, en ese sentido, fue que la Constitución de 1961 estableció el principio de la concesión en materia de concesiones de hidrocarburos, en relación con las tierras (inmuebles) afectados a las mismas

17 Véase en *Gaceta Oficial* N° 29577 de 06–08–1971

18 Como lo han dicho E. García de Enterría y T.R. Fernández, la reversión, bajo esta perspectiva, "pierde su antiguo carácter de elemento esencial de toda concesión y pasa a ser considerada como un elemento accidental del negocio, esto es, procedente únicamente en caso de pacto expreso, como una pieza más, allí donde esté concebida de ese modo, de la fórmula económica en que toda concesión consiste", en su *Curso de Derecho Administrativo. I.*, Decimotercera Edición, Thomson-Civitas 2006, p. 763.

19 *Gaceta Oficial* N° 5394 Extra. De 25-10-1999,

obras, instalaciones o bienes que hubiere de realizar el concesionario *no sujetas* a reversión, las cuales, de considerarse de utilidad o interés público, podrán ser objeto de reversión previo pago de su precio al concesionario."

En consecuencia, si no hay una disposición legal que establezca la reversión de bienes en concesiones de servicios públicos, de obras públicas o de uso o explotación de bienes del dominio público, o si dicha reversión no está prevista en el contrato de concesión, al terminar la concesión, el concesionario no está obligado a revertir a la Administración ningún bien que se haya adquirido o construido o que haya estado afecto a la concesión, ni puede la Administración pretender apropiarse o tomar posesión de los mismos. Solo podría hacerlo mediante expropiación, conforme a la Constitución y la Ley.

De lo contrario se trataría de una confiscación prohibida en la Constitución, como es la que se decretó en la *Ley sobre los Efectos del Proceso de Migración*, la cual, por lo demás no se refiere a "concesiones de hidrocarburos", las cuales desaparecieron del ordenamiento jurídico desde hace décadas.[20]

La consecuencia de la confiscación que se produjo con el caso de la destrucción del proceso de Apertura Petrolera, en todo caso, fue la condena a PDVSA y sus empresas filiales por parte de Tribunales arbitrales que decidieron las demandas de los contratistas afectados, originando una ingente deuda que pesa sobre el Estado.[21]

20 En la sentencia de la antigua Corte Suprema de Justicia de 03-12-1974 (Caso: impugnación de la Ley de Bienes afectos a reversión en las concesiones petroleras), al referirse a la reversión establecida en el artículo 103 de la Constitución y 80 de la Ley de Hidrocarburos, la Corte dijo que "ambas leyes contemplan el traspaso de los bienes al Estado sin indemnización alguna al extinguirse la concesión, y es evidente también que tanto la confiscación por la cual se incautan determinados bienes de una persona sin indemnización alguna, como la expropiación, que supone un procedimiento especial mediante indemnización, son figuras distintas a la reversión, en virtud de la cual los bienes pertenecientes al concedente, como los del concesionario, afectos a la concesión, vuelven a manos de aquél cuando por cualquier causa la concesión llega a su fin". Véase en *Gaceta Oficial* N° 1.718 Extraordinaria, de 20-01-1975, pp. 22-23.

21 Véase sobre ello, y la relación de los procesos en los cuales fue condenada la república y PDVSA, en Allan R. Brewer-Carías, *Crónica de una destrucción. Concesión, Nacionalización, Apertura, Constitucionalización, Desnacionalización, Estatización, Entrega y Degradación de la Industria Petrolera*, Con un *apéndice* con los documentos del *Caso del Juicio de nulidad de la autorización parlamentaria* para los contratos de la "Apertura Petrolera" (1996-1999), Colección Centro de Estudios de Regulación Económica-Universidad Monteávila, N° 3, Universidad Monteávila, Editorial Jurídica Venezolana, Caracas, 2018.

III. ALGUNOS ASPECTOS SOBRE EL ÁMBITO DE LOS BIENES REVERSIBLES EN LAS CONCESIONES MINERAS

1. *LA INSTITUCIÓN DE LA REVERSIÓN EN RELACIÓN CON LAS CONCESIONES ADMINISTRATIVAS*

La institución de la reversión es una de las formas de extinción de la propiedad privada, vinculada a la figura de las concesiones administrativas, que se aplica a todo tipo de concesiones (de servicios públicos, de obra pública o de explotación de bienes del dominio público, por ejemplo), y que consiste en "la obligación del concesionario de entregar a la Administración la obra o servicio y todos los instrumentos necesarios: bienes, acciones y derechos para asegurar la continuidad de esa obra o servicio, una vez extinguida la concesión;"[22] en el entendido de que los bienes que revierten al Estado son solamente aquellos afectados a la realización de las actividades reservadas al Estado que constituyen el objeto de la concesión.[23]

Esta institución, como se ha observado en la doctrina nacional, siguiendo al profesor Eduardo García de Enterría, fue tradicionalmente considerada como una regla general en el derecho administrativo que incluso se consideraba que se encontraba "implícita en el contrato de concesión, al operarse su extinción por vencimiento del plazo, caducidad o rescate." [24]

Sin embargo, en el derecho administrativo contemporáneo esa tesis tradicional se considera como una "doctrina jurídica superada" estando en la actualidad la reversión regulada solo y expresamente, sea en las disposiciones legales sectoriales específicas, aplicables a determinadas concesiones, o sea en las propias cláusulas de los contratos de concesión.[25] Esta es, por lo demás, la orientación general de la doctrina del derecho administrativo contempo-ránea, expuesta por ejemplo en Latinoamérica por el profesor Juan Carlos Cassagne.[26]

---

22 Véase Carlos García Soto, "Reversión de bienes en el contrato de concesión," en la *Revista Derecho y Sociedad,* Revista de los estudiantes de la Universidad Monteávila, Caracas 2003, p. 95.

23 Véase en general Allan R. Brewer-Carías, "El régimen de la reversión en las concesiones administrativas en Venezuela, con especial referencia a las concesiones mineras," en *Revista de derecho tributario* No. 147, Julio-Septiembre 2015, Asociación Venezolana de Derecho Tributario, Legis, Caracas 2015, pp. 19-58.

24 Véase Eduardo García de Enterría, "El dogma de la reversión de las concesiones,", *en Dos Estudios sobre la Usucapión en Derecho Administrativo,* Tecnos, Madrid, 1974, pp. 14-78. Este autor escribió que "En la terminología propia de la dogmática del negocio jurídico la conclusión es que en el Derecho español la reversión no es un elemento esencial, ni siquiera natural de la concesión, sino simplemente accidental, es decir, procede únicamente en caso de pacto expreso (por supuesto, sin perjuicio de las especies de concesión cuya regulación general establece la regla de la reversión; en supuestos concretos)" pp. 73-74

25 Véase Carlos García Soto, "Reversión de bienes en el contrato de concesión," en la Revista *Derecho y Sociedad. Revista de los estudiantes de la Universidad Monteávila,* Caracas 2003, p. 95.

26 Dice Cassagne: "El origen de la reversión que se conectaba con el desarrollo de la figura contractual de la concesión de obra pública, donde constituía una cláusula política desti-

2. *EL ÁMBITO DE LOS BIENES REVERSIBLES EN LAS CONCESIONES ADMINIS-TRATIVAS*

Ahora, en cuanto al alcance y sentido de la reversión en las concesiones administrativas, debe indicarse que al terminar la concesión por expiración del lapso de duración convenido (y además, por cualquier otra causa), dos tipos de bienes deben revertir al Estado: primero, los bienes del dominio público o de propiedad del Estado que se afectaron al desarrollo del objeto de la concesión, que deben devolverse al Estado junto con el derecho concedido u otorgado al concesionario; y segundo, los bienes que éste haya incorporado al desarrollo de las actividades objeto de la concesión para ejecutar dicho derecho concedido,[27] que también deben transferirse al Estado.[28] En el primer

---

nada a resguardar la propiedad de la corona, ha sido actualmente superado sosteniéndose que, en definitiva, no es otra cosa que una cláusula económica. / En rigor, la reversión de los bienes del concesionario *no puede considerarse una cláusula implícita del contrato de concesión o licencia, ya que la voluntad de perder el dominio no se presume* (como en general la renuncia de derechos) y toda cláusula de renuncia al derecho de propiedad es de interpretación restrictiva." Véase Juan Carlos CASSAGNE, *Tratado de derecho administrativo,* Séptima edición actualizada, Lexis Nexis,Tomo II, Buenos Aires, p. 418. Consultado en: http://www.cubc.mx/biblioteca/libros/Cassagne,%20Juan%20C%20-%20Derecho %20Administrativo%20T%20II.pdf En el mismo sentido, véase Miguel S. Marienhof, *Tratado de Derecho Administrativo,* Tomo. III-B, Abeledo Perrot, Buenos Aires 1970, pág. 638.)

27 Sobre esta situación dual, Roberto Dromi ha expresado en relación con la figura de la reversión en el derecho administrativo argentino, que si bien "los bienes estatales deben ser restituidos al Estado concedente, salvo disposición en contrario," en cambio "los bienes particulares del concesionario afectados a la prestación del servicio, si las partes no estipulan cuál será el destino de ellos al extinguirse el contrato, seguirán perteneciendo al concesionario," agregando que "No obstante, generalmente se pacta que esos bienes, al extinguirse la concesión, pasarán al dominio del Estado concedente con o sin indemnización en favor del concesionario." Sobre esta figura, sin embargo, advierte Dromi que "es común que se denomine a esto "reversión" de cosas o bienes del contratista al Estado. Ahora bien, como los bienes aludidos nunca fueron del Estado, se presta a confusión decir que se revertirán a él. Por ello es más propio decir transferencia de bienes del contratante al Estado." Véase Roberto Dromi *Tratado de Derecho Administrativo,* consultado en http://uai derechoadministrativo.wikispaces.com/file/view/TRA-TADO+DE+DER+ADMIN+DROMI.pdf/419922716/TRATADO+DE+DER+ADMIN+DROMI.pdf

28 Es por ello que, Esteban Arimany Lamoglia indica que el fenómeno de la reversión se produce al extinguirse la concesión, con dos significados bien distintos: "a) Por un lado, dicho fenómeno designa la idea de vuelta a la Administración del derecho al ejercicio del servicio que hasta entonces había ostentado el gestor del mismo, consolidándolo de este modo con la titularidad última que, en todo momento, aquélla retuvo; es, en definitiva, lo que podríamos denominar la reversión del título habilitante para el desarrollo de la actividad concedida. b) Por otro lado, bajo el mismo concepto de reversión, se alude al fenómeno traslativo, desde el concesionario a la Administración, de los derechos que el primero ostentó, durante todo el período concesional, sobre los elementos materiales adscritos a la explotación." Véase Esteban Arimany Lamoglia, *La reversión de instalaciones en la concesión administrativa de servicio público,* Bosch Barcelona 1980, pp. 6-7. De la misma manera lo señala Ismael Mata, para quien el concepto de la reversión es utilizado para referirse a dos situaciones diferentes: "1° El regreso a la Administración de la explotación del servicio, es decir, el retorno del ejercicio, ya que la titularidad siempre estuvo en cabeza del Estado. 2° En segundo lugar, por reversión se entiende la transferencia al Estado

caso de bienes que siendo del Estado quedaron afectos al derecho concedido, es decir, a la concesión para ser utilizados por el concesionario, concluida la concesión, el Estado los recupera totalmente junto con la reversión del derecho concedido.[29]

En el segundo caso, según se establezca en la ley que regula la materia o en el contrato de concesión, también deben traspasarse al Estado concedente - esta vez en concepto de reversión *stricto sensu* - los bienes adquiridos o construidos y utilizados por el concesionario y que han estado afectados a la actividad objeto de la concesión (es decir, del derecho concedido y que el Estado recupera), a los efectos de que, como antes se dijo, pueda asegurarse, si es el caso, que la Administración del Estado pueda continuar realizando directa o indirectamente la actividad concedida.[30]

---

de los bienes afectados a la explotación, en oportunidad de la extinción del título." Véase Ismael Mata, "Régimen de los bienes en la concesión de servicios públicos," en *Contratos Administrativos*, Jornadas Organizadas por la Universidad Austral, Facultad de Derecho, Editorial Ciencias de la Administración, División de Estudios Administrativos, Buenos Aires, 1999, pp. 296. Para el autor, sin embargo, cuando se trata de bienes aportados por el concesionario, "...carece de sentido expresar que revierten al Estado porque nunca le pertenecieron; lo correcto es decir que debe operarse su transferencia o cesión a favor del Estado". En este mismo sentido se pronuncia Miguel Marienhoff en su *Tratado de Derecho Administrativo*, Tomo III-B, Abeledo-Perrot, Buenos Aires, 1970, pp. 632 y ss., para quien a pesar de que gramaticalmente se acepta la *reversión* para hablar también de las cosas o bienes del *cocontratante* que al finalizar la concesión han de pasar al dominio del Estado, lo propio es hablar de *transferencia*,

29 Véase por ejemplo lo indicado por Diego José Vera Jurado, "El régimen jurídico del patrimonio de destino en la concesión administrativa de servicio público, en *Revista de Administración Pública*, N° 109. Madrid, Enero-abril 1986, pp. 18 y sig. En relación con esto, en estricto sentido, como lo señaló Carretero Pérez: "Los bienes que la Administración afecta a la explotación, sean de dominio público o de propiedad privada de la Administración, estos bienes son de la Administración y no revierten, sino que cesa la posesión del concesionario, que debe devolverlos sin derecho a indemnizaciónestos." Véase Carretero Pérez, "La expropiación forzosa de concesiones," en *Revista de Derecho Administrativo y Fiscal*, N° 10, 1956, p 83.

30 Como también lo indica Gladis Vásquez Franco al referirse a la concesión de servicio público, "la reversión lleva consigo la obligación para el concesionario de entregar a la Administración concedente los bienes (obras instalaciones y demás elementos materiales) afectos al servicio, en las condiciones previstas en el clausulado concesional, de modo gratuito y en estado de conservación y funcionamiento adecuados, que permitan la continuidad del servicio. En el momento de la reversión la Administración ejerce el derecho de retorno y también el de recuperación, en relación con los bienes afectos al servicio concedido, que regresan a la esfera administrativa." Véase Gladis Vásquez Franco, *La Concesión administrativa de servicio público en el derecho español y colombiano*, Edit. Temis, Bogotá 1991, p. 130. Por su parte, sobre la reversión al Estado de los bienes afectos a la concesión de servicio público véase también Marçal Justen Filho, *Teoria Geral das concessiões de serviço público*, Dialética, Sao Paulo, 2003, p. 569; y sobre los bienes afectos a la concesión de bienes de dominio público, véase Rafael Fernández Acevedo, *Las concesiones administrativas de domino público*, Thomson Civitas, Madrid 2007, pp. 419-420; y sobre la reversión de los bienes afectos a la explotación de la obra pública en los casos de concesiones de obra pública véase: Alberto Ruiz Ojeda, *La Concesión de Obra Pública*, Thompson Civitas, 2006, p. 719.

La reversión, por tanto, solo opera sobre estos bienes afectos a la actividad objeto de la concesión (por ejemplo, la explotación de una obra pública, la prestación de un servicio público, o la explotación de un bien del dominio público), que son los que permiten al Estado, si es el caso, poder continuar realizando la actividad concedida,[31] y sin los cuales la misma no podría continuar realizándose.[32] Esos son los bienes reversibles en las concesiones administrativas, por lo que en consecuencia, la reversión no opera respecto de bienes del concesionario que se destinen a otras actividades distintas a las que son el objeto específico de la concesión, que son los bienes propios no reversibles en las concesiones administrativas.

Conforme a lo anterior, por ejemplo, en materia de concesiones mineras, la reversión no opera respecto de bienes destinados a todas las otras actividades que puede desarrollar el concesionario que sean distintas a las que se refieren a la exploración y explotación de los minerales concedidos, los cuales, por tanto, son bienes no reversibles pues no son necesarios para que - si es el caso -, el Estado pueda seguir realizando la actividad de exploración y explotación concedida. Entre estos bienes no reversibles por estar destinados a otras ac-

---

31 Como lo ha señalado Fernando Garrido Falla, esos bienes que revierten son aquellos es que "están de tal manera afectos a la concesión, que forman parte sustancial de ella" de tal forma, que "al finalizar el plazo por el que la concesión fue otorgada, tales bienes revierten a la "Administración concedente, precisamente por la misma razón de asegurar la continuidad del servicio, bien a cargo de la Administración (mediante explotación directa) o de nuevo concesionario." Véase Fernando Garrido Falla, "Efectos económicos de la caducidad de las concesiones administrativas," en *Revista de Administración Pública*, N° 45, Madrid 1964, pp. -235 - 237. Es la misma distinción que recoge Gladis Vásquez Franco, *La Concesión administrativa de servicio público en el derecho español y colombiano*, Edit. Temis, Bogotá 1991, p. 235.

32 En tal sentido la Procuraduría General de la República en Dictamen emitido en 1972 sostuvo que siendo que "...la finalidad que se persigue con el otorgamiento de las concesiones es la prestación de una actividad que corresponde a la Administración," de allí "la preocupación de que los bienes afectos a las concesiones [al terminar las mismas] pasen a propiedad del Estado, porque sin ellos no se podría continuar prestando el servicio." *Véase* Dictamen N° 324, A.E. de 8 de marzo de 1972 en *20 Años de Doctrina de la Procuraduría General de la República 1962-1981*, Tomo III, Vol. I, Caracas 1984, pp. 142 y ss. En el mismo sentido, Carlos García Soto ha señalado que con la reversión, por ejemplo, en las concesiones de servicio público, lo que se persigue es que al término del plazo de la concesión, el servicio "que el concesionario venía prestando siga operativo," para lo cual "es necesario que ciertos bienes afectos a la concesión no sean separados de ésta, sino que se mantengan a su servicio," por ser "indispensables para que la prestación sea viable," y para que la Administración pueda continuar explotándolo. Véase Carlos García Soto, "Reversión de bienes en el contrato de concesión," en la Revista *Derecho y Sociedad. Revista de los estudiantes de la Universidad Monteávila*, Caracas 2003, pp. 96, 99. En el mismo sentido puede consultarse a Manuel Rachadell, "Aspectos financieros de las concesiones," en Alfredo Romero Mendoza, (coordinador), *El régimen legal de las concesiones públicas. Aspectos jurídicos, financieros y técnicos*, EJV, Caracas 2000, p. 89; y Miguel Mónaco, "Destino de las Cláusulas de Reversión Incluidas en las Antiguas Concesiones para la Prestación de Servicios de Telecomunicación ante la Ley Orgánica de Telecomunicaciones," en la obra colectiva *Libro Homenaje a Gonzalo Pérez Luciani, Temas de Derecho Administrativo*, Vol. II, Colección Libros Homenaje del Tribunal Supremo de Justicia, N° 7, Caracas, 2002, pp. 127.

tividades distintas de las que son objeto de la concesión minera, estarían por ejemplo, los bienes destinados a las actividades de manufactura o transformación industrial del mineral extraído que pueda realizar el concesionario. Ello es así, por supuesto, siempre que dichas actividades no hayan sido específicamente declaradas como parte de las actividades reservadas al Estado, y por ello, que hayan sido objeto de la concesión.

Ahora bien, por lo que se refiere a los bienes reversibles, es decir, a los destinados a la realización de las actividades objeto de la concesión, y que el concesionario debe adquirir o construir, se estima que conforme al término de duración de la concesión que se establezca en el contrato de concesión, para el momento en que fenezca y se efectúe la reversión, el concesionario ya debe haber recuperado en forma total la inversión que tuvo que realizar. De lo contrario, en virtud del principio del equilibrio económico de los contratos administrativos o contratos del Estado,[33] ello podría generar para el concesionario, el derecho de solicitar se le indemnice por la parte no amortizada de los bienes en cuestión.[34]

Lo anterior puede considerarse como un principio bien arraigado en el derecho administrativo venezolano, el cual incluso ha sido recogido en el derecho positivo, en concreto, en la Ley Orgánica sobre Promoción de la Inversión Privada bajo el Régimen de Concesiones de Venezuela de 1999,[35] que excluye la aplicación del principio de la reversión de los bienes afectos por el concesionario a la obra o al servicio de que se trate, cuando los mismos "no hubieren podido ser totalmente amortizados" durante el plazo de la concesión (art. 48). En estos casos de bienes sujetos a reversión que no han sido completamente amortizados, en virtud del principio del equilibrio económico del contrato, para que ocurra su transferencia, el Estado tiene que cancelar al concesionario el monto equivalente a lo que faltase para la amortización.

Sobre esto, Manuel Rachadell ha observado, al analizar los aspectos financieros de las concesiones, que el tema del establecimiento del plazo de las concesiones está relacionado con el del tiempo de amortización de las inversiones que deba realizar el concesionario, particularmente en relación con los bienes afectos a la concesión y que están sujetos a reversión, de manera que cuando ésta opere al finalizar el plazo de la misma, las inversiones hayan sido debidamente amortizadas. Este principio que apunta hacia un beneficio del concesionario, observó Rachadell:

---

33 Véase sobre el principio, Allan R. Brewer-Carías, "Algunas reflexiones sobre el equilibrio financiero en los contratos administrativos y la aplicabilidad en Venezuela de la concepción amplia de la Teoría del Hecho del Príncipe", en *Revista Control Fiscal y Tecnificación Administrativa*, Año XIII, N° 65, Contraloría General de la República, Caracas 1972, pp. 86-93.

34 Véase en este sentido lo expresado por Miguel Marienhoff en su *Tratado de Derecho Administrativo*, Tomo III-B, Abeledo-Perrot, Buenos Aires, 1970, pp. 634 y ss.

35 *Gaceta Oficial* N° 5.394 Extra. del 25 de octubre de 1999.

"se pauta en el último aparte de la Disposición Transitoria Decimoctava [de la Constitución de 1999] al disponer que "La ley establecerá en las concesiones de servicios públicos, la utilidad para el concesionario o concesionaria y el financiamiento de las inversiones estrictamente vinculadas a la prestación del servicio, incluyendo las mejoras y ampliaciones que la autoridad competente considere razonables y apruebe en cada caso". Esta norma, que no tiene la naturaleza de disposición transitoria, lo que quiso decir es que la estructura de los precios o contraprestaciones que perciban los concesionarios de los usuarios o del ente concedente deben incluir tanto la utilidad como las sumas necesarias para la amortización de las inversiones que hagan aquéllos, las cuales deben limitarse estrictamente a las vinculadas a (con) la prestación del servicio, incluyendo las mejoras y ampliaciones de los servicios que se convengan."[36]

Agregó Rachadell en su comentario que "En definitiva, en la Disposición Transitoria se consagra, con menor amplitud, el mismo principio que aparecía en el artículo 38 del Decreto - Ley de 1994, y que fue suprimido en la reforma de 1999, conforme al cual: "El régimen económico financiero de la concesión debe permitir al concesionario la obtención de ingresos suficientes para que, en el plazo de la concesión, pueda cubrir los costos y obtener una remuneración justa y equitativa." [37]

En conclusión, al extinguirse una concesión administrativa, según se establezca en la ley o en las cláusulas del contrato, la reversión solo opera en relación con los bienes afectados específicamente al desarrollo de la actividad que es el objeto de la concesión, de manera que si es el caso, el Estado pueda continuar realizándola utilizando dichos bienes. Esos bienes, que son los bienes reversibles, son los que el concesionario debe transferir a la Administración libres de gravamen,[38] siempre que hubiesen sido amortizados por el concesionario. Todos los otros bienes del concesionario, en general, se consideran como bienes no reversibles.

3. *Los principios relativos a la distinción entre bienes reversibles y no reversibles*

De todo lo anteriormente expuesto resulta que el otorgamiento de una concesión administrativa a través de la cual se permite a un concesionario la realización de una actividad o explotación reservada al Estado implica, en princi-

---

[36] Véase Manuel Rachadell, "Aspectos financieros de las concesiones", en Alfredo Romero Mendoza (Coord.), *Régimen Legal de las Concesiones Públicas. Aspectos Jurídicos, Financieros y Técnicos*, Editorial Jurídica Venezolana, Caracas 2000, pp. 71-72.

[37] *Idem*, p. 72.

[38] Véase por ejemplo el trabajo antes citado: Allan R. Brewer-Carías, "Adquisición de la propiedad privada por parte del Estado en el derecho venezolano", en *Revista de Control Fiscal*, N° 94, Contraloría General de la República, Caracas 1979, pp. 61-84; y el libro: *Seminario Internacional sobre Derecho Urbano*, Asociación Colombiana de Ingeniería Sanitaria y Ambiental, Cali 1994, pp. 191-245.

pio, la necesidad de establecer la empresa que prestará el servicio o explotará el objeto de la concesión, a cuyo efecto debe proceder a instalar, organizar y poner en funcionamiento los medios materiales y técnicos precisos para ello. Ese conjunto de bienes que son esenciales para cumplir con el objeto de la concesión son como se ha dicho, los bienes sujetos a reversión en las concesiones administrativas.

Además de esos bienes, por supuesto, el concesionario puede adquirir y utilizar otros bienes distintos, destinados a actividades conexas, que no son el objeto de la concesión, y que por tanto, no están sujetos a reversión. En relación con esta distinción entre los diversos bienes que puede tener el concesionario, Carlos García Soto ha indicado que:

> "La reversión implica una entrega gratuita de bienes, libres de gravámenes, porque, mediante ella, sólo se entregarán aquellos que ya hayan sido amortizados y sean indispensables para la gestión del servicio; son los llamados de retorno. Los bienes propios del concesionario y no indispensables para la prestación de la obra o servicio, y por ello no afectos a la reversión no pueden pasar a manos de la Administración, y aquellos útiles a la reversión, más no indispensables, deben ser pagados mediante indemnización por parte de la Administración."[39]

En el régimen de las concesiones administrativas se distinguen, como se ha dicho, en general, dos tipos de bienes en posesión de los concesionarios: los bienes reversibles y los bienes no reversibles, teniendo en cuenta la afectación o no de los mismos a la realización del objeto de la concesión. Es en tal sentido que por ejemplo, Esteban Arimany Lamoglia ha distinguido los siguientes bienes generalmente involucrados en una concesión administrativa:

> "Primero, están una serie de bienes "necesarios para el desarrollo de la actividad concedida, que la Administración exige y el particular se compromete a aportar. Forman parte integrante de la concesión y están afectos al servicio público [o a la explotación del derecho concedido objeto de la concesión], siguiendo el régimen exorbitante propio de esta clase de bienes."
>
> Segundo, están los bienes que "el concesionario suele incorporar voluntariamente a la empresa por él creada, bienes que no son necesarios ni útiles para la prestación del servicio [o la explotación del derecho concedido] [...] aunque de algún modo pueden complementarlo." Este tipo de bienes "no forman parte integrante de la concesión, no pueden considerarse afectos a la misma, por lo cual su régimen será siempre el común. De igual modo, nunca están sujetos a reversión, la Administración - si está interesada en ellos - sólo puede adquirirlos mediando el consentimiento de su titular."

---

39 Véase Carlos García Soto, "Reversión de bienes en el contrato de concesión," en la Revista *Derecho y Sociedad. Revista de los estudiantes de la Universidad Monteávila,* Caracas 2003, p. 97.

Tercero, está un tercer grupo que está integrado por una serie de bienes, "útiles para la explotación, que el concesionario incorpora voluntariamente con vistas a la mejor prestación del servicio o [explotación del derecho concedido], excediéndose de sus obligaciones contractuales. [...] Es dudoso que este tipo de bienes deba considerarse como afecto a la concesión con el régimen privilegiado que tal situación comporta"[40].

De esta clasificación, Lamoglia concluyó considerando que entre los bienes utilizados "de algún modo en la explotación de un servicio concedido, se encuentra un grupo - sin duda el más importante - de incorporación obligatoria para el [concesionario] y afecto indefectiblemente a la concesión" que son los indicados en primer lugar, que son los bienes reversibles, en el sentido de que "sólo dentro del mismo se da la sujeción a reversión."[41] Se trata, en efecto, de los bienes afectos al objeto de la concesión, que son los necesarios, para la realización de las actividades inherentes a dicho objeto, como por ejemplo, la prestación del servicio público, la explotación de una obra pública, o a la explotación de un yacimiento minero.

En el mismo sentido fue que André de Laubadère estableció en materia de concesiones administrativas y en relación con el tema de la reversión, la clásica distinción entre los siguientes bienes: "1) *biens demeurant la propriété du concessionnaire*, 2) *biens de retour*, y 3) *biens de reprise*;"[42] la cual fue en general seguida por toda la doctrina francesa.[43]

De acuerdo con esta clasificación que, en todo caso, conforme a lo explicado por de Laubadère debe establecerse en las cláusulas del contrato (*cahier des charges*), los primeros (bienes propios) son los bienes no reversibles, que son

40 Véase Esteban Arimany Lamoglia, *La reversión de instalaciones en la concesión administrativa de servicio público*, Bosch Barcelona 1980, pp. 53-54.

41 *Idem*, p. 55.

42 Véase André de Laubadère, *Traité des contrats administrattifs*, Librairie Général de Droit et de Jurisprudence, Tomo III, Paris 1956, pp. 211-212.

43 Véase en el mismo sentido, más recientemente, lo expuesto por Jean-Marie Auby, Pierre Bon, Jean-Bernard Auby, Philippe Terneyre, siguiendo la misma distinción, así: "1° Bienes de retorno [*biens de retour*] son aquellos que, en virtud del pliego de condiciones [*Cahier de charges*], deben volver obligatoria y gratuitamente a la autoridad delegante al término del contrato.// En virtud de ese retorno obligatorio, estos bienes son considerados ab inicio como propiedad de la persona pública delegante. Tales bienes pueden formar parte del dominio público si cumplen las condiciones exigidas al *efecto*; si no, pasan a formar parte del dominio privado del delegante. // 2° Son *bienes de recuperación [biens de reprise*] aquellos con respecto a los cuales el contrato solo prevé una recuperación facultativa a la cual podrá proceder el delegante, si lo quiere, mediando indemnización. Mientras la recuperación no tenga lugar, esos bienes son propiedad del delegatario; no pueden pues formar parte del dominio público. // 3° Una última categoría consiste en los bienes propios del delegatario: los inmuebles que ha construido o adquirido con sus propios fondos. Estos bienes son de su propiedad: no forman parte del dominio público". Véase Jean-Marie Auby, Pierre Bon, Jean-Bernard Auby, Philippe Terneyre, *Droit administratif des biens*, 5ª edición, Col. Précis de Droit Public et Science Politique, Dalloz, Paris 2008, p.108.

los adquiridos por el concesionario, que "no son parte integral de la explotación," es decir, que no están afectados al objeto de la concesión. Los mismos permanecen en la propiedad del concesionario y solo podrían ser adquiridos por la autoridad concedente, mediando una indemnización. Los segundos (*biens de retour*) son los bienes reversibles, que son todos aquellos que son "parte integral de la concesión," generalmente de carácter inmobiliario, afectados por el concesionario a la realización del objeto de la misma, por ejemplo, para la prestación del servicio, para la explotación de la obra pública o para la explotación del bien del dominio público concedido, y que son los bienes necesarios o imprescindibles para la continuación de la actividad concedida. Estos bienes pasan a la Administración sin pago de indemnización alguna al finalizar la concesión; y ello precisamente, según lo explicado por de Laubadère, es lo que los distingue de la tercera categoría (*biens de reprise),* que son aquellos bienes de propiedad del concesionario, que por su utilidad relacionada con la actividad concedida, la Administración puede decidir adquirir, mediando una indemnización.[44]

La anterior clasificación fue adoptada en Venezuela por la Procuraduría General de la Republica, como órgano de asesoría jurídica de la Republica, indicando luego de admitir que la reversión en la concesiones, "puede ser total o parcial, esto es, del conjunto de bienes (obras, instalaciones y demás elementos materiales) afectados al servicio, o solamente de determinados bienes especificados en las cláusulas de la concesión,"[45] que para la determinación de

---

44 André de Laubadère, *Traité des contrats administrattifs*, Librairie Général de Droit et de Jurisprudence, Tomo III, *Paris* 1956, pp. 211-222. La distinción formulada por de Laubadère también influyó, por ejemplo, en la doctrina en la doctrina española. Así, por ejemplo, Fernando Garrido Falla distinguió entre "1. Bienes reversibles (*biens de retour*), es decir, aquellos que por estar afectados al objeto de la concesión deben pasar a ser propiedad de la Administración concedente una vez que expire el plazo concesional.; 2. Bienes accesorios o de reversión indemnizable (*biens de reprise*), aquellos que, por su utilidad para la explotación del servicio, son de reversión facultativa para la Administración, pero debiendo pagar su precio al concesionario [...].y 3. Bienes de propiedad del concesionario: aquellos que no forman parte de los dos grupos anteriores." Véase Fernando Garrido Falla, "Efectos económicos de la caducidad de las concesiones administrativas," en *Revista de Administración Pública*, N° 45, Madrid 1964, pp. 235-237. Es la misma distinción que recoge Gladis Vásquez Franco, *La Concesión administrativa de servicio público en el derecho español y colombiano*, Edit. Temis, Bogotá 1991, 143-144. Por su parte, Eduardo García de Enterría, aparte de los bienes que son del concesionario y son no reversibles, distinguió otras dos categorías de bienes: primero, "los bienes que por estar afectos al servicio deben ser entregados gratuitamente a la Administración concedente (*biens de retour*), salvo en el caso de que no hayan podido ser totalmente amortizados," y segundo, "aquellos otros que por su utilidad para el servicio puedan revertir a la Administración, previo pago de su precio al concesionario (*biens de reprise*)" Véase Eduardo García de Enterría y Tomás Ramón Fernández, *Curso de Derecho Administrativo*, Tomo I, Décimoquinta edición, Thompson Reuters-Civitas, Madrid 2011, p. 791

45 *Véase* Dictamen N° 325, de 22 de octubre de 1981 en *20 Años de Doctrina de la Procuraduría General de la República 1962-1981*, Tomo III, Vol. I, Caracas1984, pp. 164 y ss. En este mismo sentido véase Rafael Badell Madrid, *Régimen jurídico de las concesiones en Venezuela*, Caracas 2002, pp. 271.

los bienes reversibles "se requiere de una *cuidadosa distinción entre los diferentes bienes*" adoptando para ello, el mismo criterio seguido por la doctrina francesa, de bienes reversibles (*biens de retour*), que pasan al Estado sin compensación; y bienes no reversibles (*biens de reprise;* y *biens propres*) que solo pueden ser adquiridos por el Estado mediando indemnización, así:

> "1. Bienes reversibles (*biens de retour*), es decir aquellos que deben pasar a ser propiedad de la autoridad concedente una vez extinguida la concesión.
>
> Pertenecen a este grupo, en primer lugar, las obras e instalaciones que el concesionario se obligó a construir, los bienes aportados por el concesionario o adquiridos por cualquier título, de derecho público -expropiación- o de derecho privado (compraventa), necesarias o imprescindibles al funcionamiento del servicios público concedido.
>
> Otro grupo estará constituido, por aquellas dependencias del dominio del Estado que fueron puestas a disposición del concesionario; éstos, más que objeto de reversión propiamente dicha, son bienes en que simplemente cesa la ocupación del concesionario, por el carácter de accesoriedad y que, en consecuencia, deben revertirse a la autoridad concedente.
>
> 2. Bienes de rescate (*biens de reprise*), aquellos que, tratándose de una reversión total, a juicio de la autoridad concedente, son útiles para la explotación del servicio. En esta categoría, el elemento esencial y determinante es la idea de afectación al servicio público.
>
> En materia de reversión rigen, como señala Villar Palasi (ob. Cit. P. 758) el principio de la unidad pertenencial, según el cual las obras e instalaciones objeto de la reversión, se delimitan por su afectación al servicio público de que se trate, así como el principio de unidad reversional, por el cual todos esos bienes, revierten a favor del beneficiario, sin posible división.
>
> 3. Bienes propiedad del concesionario (*biens propes*): aquellos bienes que no forman parte de los dos grupos anteriores, es decir, los bienes adquiridos por el concesionario que no forman parte integrante -por adscripción o por destino- de la explotación del servicio público. Tales bienes podrá adquirirlos la autoridad concedente, mediando una indemnización."[46].

Conforme a lo antes expuesto, el signo común de todas las clasificaciones mencionadas, así como de la doctrina y jurisprudencia anotadas, es que los bienes reversibles en las concesiones administrativas son los bienes que al concluir el plazo de la concesión, están afectos al objeto de la misma, es decir, los bienes afectos a la ejecución de las actividades que constituyen el objeto del derecho concedido por la Administración al concesionario (que antes no tenía y que adquirió con la concesión), como por ejemplo, el derecho a explorar y explotar determinados yacimientos mineros, el derecho a prestar un de-

---

[46] *Idem*, pp. 164-165.

terminado servicio público, o a aprovechar un determinado bien del dominio público.

En este último caso de las concesiones mineras, el derecho concedido es, en efecto, la exploración y explotación de minerales, por lo que los bienes que revierten al Estado a título gratuito solo son aquellos que se encuentran afectados a dichas tareas de exploración y explotación de los yacimientos. En ningún caso, por tanto, la reversión puede abarcar bienes que no estén afectos al objeto de la concesión otorgada o que el concesionario, por ejemplo, haya adquirido o construido durante el plazo de la concesión pero para ser destinados a actividades distintas a las que son objeto de la concesión administrativa, los cuales sin embargo pueden ser adquiridos por el Estado pero siempre mediando el pago de una indemnización.

4. *LA INSTITUCIÓN DE LA REVERSIÓN EN LA LEY DE MINAS DE 1999*

Siguiendo la orientación de la Ley de Minas de 1945,[47] en la Ley de Minas de 1999 se reguló un solo tipo de concesión, expresando su artículo 25 que "las concesiones que otorgue el Ejecutivo Nacional conforme a esta Ley serán únicamente *de exploración y subsiguiente explotación*, y su duración no excederá de veinte (20) años, contados a partir de la fecha de publicación del Certificado de Explotación en la Gaceta Oficial."[48]

En relación a estas concesiones de exploración y subsiguiente explotación, la Ley de Minas de 1999 también reguló la figura de la reversión de los bienes adquiridos con destino a las actividades mineras concedidas, a cuyo efecto en el artículo 102 se dispuso lo siguiente:

> "Artículo 102. Las tierras, obras permanentes, incluyendo las instalaciones, accesorios y equipos que formen parte integral de ellas, así como cualesquiera otros bienes muebles o inmuebles, tangibles e intangibles, adquiridos con destino a las actividades mineras, deben ser mantenidos y conservados por el respectivo titular en comprobadas condiciones de buen funcionamiento, según los adelantos y principios técnicos aplicables, durante todo el término de duración de los derechos mineros y de su posible prórroga, y pasarán en plena propiedad a la República, libres de gravámenes y cargas, sin indemnización alguna, a la extinción de dichos derechos, cualquiera sea la causa de la misma."

Dicha norma se complementó con la del artículo 103 de la misma Ley que dispuso que:

---

47 Véase en *Gaceta Oficial* N° 121 Extra. de 18 de enero de 1945.

48 *Véase* en general Allan R. Brewer-Carías, "Algunos principios sobre el régimen jurídico de la minería en Venezuela: la reserva, la concesión y la reversión," en *Libro en Homenaje a Enrique Pérez Olivares*, Universidad Monteávila 2017.

"Artículo 103. El titular de derechos mineros deberá presentar al Ministerio de Energía y Minas un inventario detallado acerca de todos los bienes adquiridos, con destino a las actividades mineras que realice, afectos a ellas, bienes de los cuales no podrá disponer en forma alguna sin la previa autorización del Ministerio de Energía y Minas, dada por escrito".

Conforme a estas previsiones, por tanto, en las concesiones de exploración y explotación, que es el objeto de las mismas, la reversión de bienes procede sólo respecto de los bienes adquiridos por el concesionario "*con destino a las actividades mineras que realice.*" Todos los otros bienes adquiridos por el concesionario y no destinados a las actividades mineras otorgadas en la concesión, incluyendo las actividades auxiliares o conexas que no son parte del objeto de la concesión, no pueden considerarse como bienes que sean "reversibles."

Estas actividades auxiliares y conexas de la minería, que no forman parte del objeto de la concesión minera, se han regulado en el artículo 86 de la Ley de 1999, al establecerse el ámbito de la potestad de control del Estado (vigilar e inspeccionar) en relación con las actividades de los concesionarios mineros, que no son sólo las actividades mineras que sean objeto de una concesión, sino las actividades que puedan realizar los concesionarios que sean distintas a las actividades mineras concedidas, que se denominan en la Ley como actividades conexas o auxiliares de la minería y que son "el almacenamiento, la tenencia, el beneficio, el transporte, la circulación y el comercio de minerales. La norma en efecto, prevé lo siguiente:

"Artículo 86. El almacenamiento, tenencia, beneficio, transporte, circulación y comercio de los minerales regidos por esta Ley, estarán sujetos a la vigilancia e inspección por parte del Ejecutivo Nacional y a la reglamentación y demás disposiciones que el mismo tuviera por conveniente dictar, en defensa de los intereses de la República y de la actividad minera. Cuando así convenga al interés público, el Ejecutivo Nacional podrá reservarse mediante decreto cualquiera de dichas actividades con respecto a determinados minerales."

Esta distinción entre las actividades de explotación o extracción minera, y otras actividades conexas o auxiliares en materia minera, en las concesiones de explotación de minerales, deriva además de otras previsiones de la propia Ley de Minas, como por ejemplo, las relativas al régimen tributario, y en particular, las que se refieren al "impuesto de explotación," que grava o se causa precisamente solo por la "*extracción* del mineral," que es la explotación, exigiendo que se pague "dentro los primeros quince (15) días continuos del mes siguiente *al de la extracción que lo cause.*" En el caso de la explotación de minerales, por tanto, el artículo 90.2 (c) de la Ley precisa además, que el valor comercial de la mina sobre el cual debe aplicarse el porcentaje para el cálculo del impuesto, debe incluir "los costos en que se incurra *hasta el momento en que el mineral extraído, triturado o no, sea depositado en el vehículo que ha de transportarlo fuera de los límites del área otorgada o a una planta de beneficio o refinación, cualquiera sea el sitio donde ésta se localice."* Las actividades desarrolladas después de que el mineral extraído se deposite en los vehículos de transporte son actividades conexas o auxiliares distintas de la explotación, que es el único objeto de la concesión, y que pueden realizarse tanto por el concesionario como por otras personas, dentro o fuera del área de la concesión, incluso mediante plantas industriales de beneficio o refinación.

Lo importante de la distinción legal establecida en estas normas entre las actividades que pueden realizar los concesionarios como consecuencia del objeto de la concesión y que son las reservadas al Estado, y las actividades conexas o auxiliares que también pueden realizar los concesionarios, distintas a las que son el objeto de la concesión, es que es el fundamento de la distinción respecto de los diversos bienes del concesionario, y que son, por una parte, los afectados a la explotación minera (extracción del mineral) que son los bienes reversibles; y por la otra, los bienes destinados a otras actividades auxiliares y conexas, que son los bienes no reversibles.

La distinción que deriva de las normas antes citadas, entre las diversas actividades que pueden realizar los concesionarios, por supuesto, es sin perjuicio de que todas están sometidas a "la vigilancia e inspección" del Estado, lo cual también se encontraba previsto en la Ley de Minas de 1945. En todo caso, la disposición más precisa del artículo 86 de la Ley de Minas de 1999, al regular las potestades de control del Estado, y que por tanto es de orden público, comenzó a regir con la entrada en vigencia de sus disposiciones, incluso respecto de las concesiones otorgadas con anterioridad.

Lo importante de la misma es la distinción que también se derivaba de la Ley de Minas de 1945,[49] entre las actividades que pueden realizar los concesionarios como consecuencia del objeto de la concesión (exploración y explotación de un yacimiento) y que son las reservadas al Estado, de otras actividades conexas o auxiliares que también pueden realizar los concesionarios, distintas a las que son el objeto de la concesión (como son las actividades de almacenamiento, tenencia, beneficio, transporte, circulación y comercio de los minerales extraídos), y que pueden desarrollarse libremente aun cuando bajo "la vigilancia e inspección" del Estado mientras no se reserven al Estado. Por ello, esta previsión de orden público del artículo 86 de la Ley de Minas de 1999 es de importancia al momento de establecer la distinción entre los bienes reversibles de la concesión que son los afectos a objeto de la misma (explotación de mineral), y los bienes no reversibles, que permanecen en propiedad del

[49] En la Ley de Minas *de* 1945, por ejemplo, se distinguía en las actividades de "exploración y explotación" de minerales que eran el objeto de las concesiones, de las actividades de "beneficio y transporte" de los minerales, que no era el objeto de la concesión. Ley de Minas de 1945, artículo 94.1. En todo caso, a los efectos del ejercicio de sus potestades de control, los concesionarios estaban obligados a informar al Ministerio de Energía y Minas sobre todas las actividades que realizasen, sin distinción entre aquellas que eran el objeto de la concesión, y las que eran auxiliares y conexas. Véase, Ley de Minas de 1945, artículos 94.6; 94.7.

concesionario, que son aquellos que no están destinados al objeto de la concesión, pero que pueden estar destinados a otras actividades, como por ejemplo, al almacenamiento, la tenencia, el beneficio, el transporte, la circulación y el comercio de los minerales extraídos.

Sobre estos bienes no reversibles, por otra parte, debe observarse que en la Ley de 1999 se eliminó la previsión contenida en el artículo 61 de la Ley de 1945 en relación con la "presunción de abandono" respecto de bienes propiedad del concesionario no afectos a las actividades mineras objeto de la concesión, que sin embargo se consideraba que pasaban al dominio del Estado cuando no eran retirados oportunamente del perímetro de la concesión. En consecuencia, la posibilidad misma de que bienes no reversibles pudieran pasar a propiedad del Estado al término de las concesiones conforme a esa "presunción de abandono" no tiene aplicación alguna a partir de la entrada en vigencia de la Ley de 1999, aun cuando las concesiones hubiesen sido otorgadas con anterioridad.

Por otra parte, debe indicarse que la mencionada distinción en materia de concesiones mineras, entre las actividades mineras que debe realizar el concesionario en cumplimiento del objeto de la concesión, como sería el caso de la explotación o extracción de determinado mineral en las concesiones de exploración y explotación; y las que puede realizar el concesionario fuera del objeto de la concesión, como actividades auxiliares o conexas, como es el caso de las actividades de "almacenamiento, tenencia, beneficio, transporte, circulación y comercio de los minerales" reguladas en el antes mencionado artículo 86 de la Ley de Minas de 1999 (Título V: "De las actividades conexas o auxiliares de la minería"), y que es el fundamento de la distinción entre bienes reversibles, en el primer caso, y bienes no reversibles, en el segundo caso; también se encuentra en otras regulaciones sobre la explotación minera, como es el caso de la minería del oro, establecida con motivo de la nacionalización de la misma efectuada mediante el Decreto Ley No. 8.413 de 23 de agosto de 2011, en el cual se reservaron al Estado, tanto las "actividades primarias" como las "actividades conexas y auxiliares" al aprovechamiento del oro; y a cuyo efecto, se definieron como "actividades primarias, *la exploración y explotación de minas y yacimientos de oro,*" y como "actividades conexas y auxiliares, *el almacenamiento, tenencia, beneficio, transporte, circulación y comercialización interna y externa del oro,* en cuanto coadyuven al ejercicio de las actividades primarias" (artículo 2).[50]

50 *Gaceta Oficial* N° 39.759 del 16 de septiembre de 2011. La Ley fue reformada mediante Decreto Ley No. 1395, *Gaceta Oficial* No. 6150 Extra de 18 de noviembre de 2014.

5. *EL RÉGIMEN DE LA REVERSIÓN APLICABLE A LOS CONTRATOS DE CONCESIÓN MINERA*

De acuerdo tanto con la Ley de Minas de 1945 como la de 1999, lo que en general otorga el Ministerio de Energía y Minas[51] a las empresas concesionarias, son concesiones mineras para realizar actividades reservadas al Estado, consistentes en la "exploración y *explotación*" de determinados minerales en determinadas áreas (parcelas) o yacimientos. En cuanto a "concesiones de explotación" las mismas consisten en el otorgamiento del derecho de excavar y extraer del yacimiento el mineral concedido, asignándose además al concesionario en general, el derecho exclusivo "de extraer, dentro de los límites de la correspondiente parcela de explotación, el mineral concedido" (artículo 188 Ley de Minas de 1945) por el período indicado en las concesiones.

Pero además de las actividades de explotación concedidas, conforme a la texto que en general han tenido las concesiones y en cumplimiento de las Ventajas Especiales ofrecidas en general, los concesionarios también realizan operaciones distintas al objeto de las concesiones, como es el caso del procesamiento del material extraído y su comercialización, pudiendo incluso desarrollar complejos industriales para transformar el mineral en determinados subproductos.

Ahora, partiendo del principio de que las concesiones otorgadas por el Estado en materia minera son "concesiones de explotación" de determinados minerales, siendo su objeto la extracción del mismo del yacimiento, en general, en los títulos mineros siempre se ha garantizado al concesionario el derecho exclusivo de *extraer y aprovechar* el mineral, con lo que queda claro su derecho exclusivo con exclusión de cualquier otra persona o empresa de esa actividad.[52]

Además, en general en materia de reversión, en lo Títulos Mineros ha sido común la previsión de un entendido de que las obras y demás mejoras permanentes, además de *la maquinaria, útiles y materiales, incluyendo las instalaciones, accesorios y equipo y cualesquiera otros bienes utilizados con destino al objeto de la concesión y que formen parte integral de ella*, sea cual fuere el título de adquisición, deben pasar en plena propiedad a la Nación libres de gravámenes o cargas, sin indemnización alguna, al extinguirse por cualquier causa la concesión.

---

51 El Ministerio de Energía y Minas se creó en 1976 en sustitución del Ministerio de Minas e Hidrocarburos que había sido creado en 1950. En esta Opinión legal, utilizaremos la denominación común de "Ministerio de Energía y Minas" a pesar de que posteriormente, el Ministerio a cargo de la materia minera haya cambiado de denominación en 2005 (Ministerio de Industrias Básicas y Minería), en 2007 (Ministerio del Poder Popular para Industrias Básicas y Minería), y en 2014 (Ministerio del Poder Popular para Petróleo y Minería). Véase Allan R. Brewer-Carías et al., *Ley Orgánica de Administración Pública*, Editorial Jurídica Venezolana, Caracas 2015.

52 En este mismo sentido, por ejemplo, el artículo 24 de la Ley de Minas de 1999 dispone que "La concesión minera confiere a su titular el derecho exclusivo a la exploración y explotación de las sustancias minerales otorgadas que se encuentren dentro del ámbito espacial concedido." *Gaceta Oficial* N° 5.382 Extra. de 28 de septiembre de 1999.

Estipulaciones de este tipo que imponen que todos los bienes adquiridos por el concesionario y utilizados con destino al objeto de la concesión - que es la "explotación" del mineral especificado -, debían revertir al Estado, en todo caso, han respondido siempre a lo previsto en la Ley de Minas de 1999, antes referido, en el sentido de que la reversión solamente se refiere a los bienes "adquiridos con destino a las actividades mineras" que es lo que constituye el objeto de la concesión (explotación del mineral).

Como resultado de lo anterior, al extinguirse las concesiones mineras, solo los bienes adquiridos o utilizados por el concesionario para la realización de las actividades objeto de la concesión que es la explotación de determinado mineral, pueden considerarse como bienes reversibles. Al contrario, cualquier otro bien adquirido o utilizado por el concesionario para actividades distintas de la explotación del mineral concedido, como las auxiliares o conexas en los términos del artículo 86 de la Ley de Minas, debía considerarse como bien no reversible.

Entre esas otras actividades distintas al objeto de la concesión que es la explotación o extracción del mineral específico, en muchos casos, las Ventajas Especiales que se han estipulado en los contratos de concesión, han buscado por ejemplo, incorporar el valor agregado nacional para el beneficio o procesamiento del mineral, por ejemplo, mediante su refinación, manufactura o industrialización. En general, esas esas actividades no están o han estado reservadas al Estado, y por tanto, no solo no formaron parte del objeto de las concesiones mineras, sino que pueden ser desarrolladas libremente por el concesionario, y sin necesidad de requerimiento adicional excepto, por ejemplo, las autorizaciones administrativas que pudieran requerirse establecidas en la legislación sobre ordenación del territorio o conservación y protección del ambiente.

En cumplimiento de esas estipulaciones, por ejemplo, si el concesionario desarrolla un proceso industrial para la producción de determinados subproductos, construyendo por ejemplo, una planta de procesamiento de su exclusiva propiedad en el área de las concesiones, dicha instalación al igual que los bienes y la maquinaria adquirida y utilizada para la actividad industrial de procesamiento, no pueden ser consideradas como bienes reversibles, pues los mismos fueron adquiridos para un objeto distinto al objeto de las concesiones.

Adicionalmente, por ejemplo, los depósitos de los subproductos resultantes de la actividad industrial antes de la extinción de las concesiones, y que se encuentren en el sitio de las concesiones o en cualquier otro sitio, también son de la exclusiva propiedad del concesionario, y debe ser considerado como bienes no reversibles.

Sobre esto último, debe observarse que en general, en las cláusulas de los Títulos o concesiones mineras se han agregado, además de las obligaciones de explotación, es decir, de extracción del mineral, algunas obligaciones por ejemplo para la realización por el concesionario de actividades de beneficio del mineral mediante el establecimiento de alguna industria vinculada con la transformación del mineral objeto de la concesión, que por ejemplo impliquen la incorporación del valor agregado nacional por ejemplo, por metalurgia, refinación, manufactura o industrialización; o en otros casos a realizar actividades de aplicación industrial del mineral, mediante el aporte de la tecnología adecuada.

En esos casos, las actividades de desarrollo industrial así establecidas en los Títulos o concesiones, no constituyen el objeto de las concesiones mineras que es siempre la explotación del mineral específico otorgado, sino que se trata de actividades conexas o auxiliares que el concesionario tiene derecho a realizar en forma exclusiva, y que por ejemplo son equiparables a las actividades de "beneficio" del mineral extraído a que se refiere el artículo 86 de la Ley de Minas de 1999. Ese beneficio del mineral que por ejemplo se realice en alguna planta que el concesionaria establezca, es una típica actividad auxiliar o conexa al objeto de la concesión, por lo que no sólo el subproducto que se produzca es de la exclusiva propiedad del concesionario, pues ello no constituye el objeto de la concesión, sino que los bienes destinados y utilizados para la realización de dichas actividades conexas o auxiliares, deben considerarse como bienes que no están sujetos a reversión conforme a lo dispuesto en el artículo 102 de la Ley de Minas, siendo de la exclusiva propiedad del concesionario.

De todo lo antes expuesto, por tanto, se puede concluir que de acuerdo con las previsiones del artículo 102 de la Ley de Minas, al extinguirse las concesiones mineras, los bienes adquiridos por el concesionario con destino a la realización del objeto de la concesión, es decir, la explotación del mineral concedido, deben ser revertidos al Estado, libres de todo gravamen. Esos son, en los términos de la mencionada norma de la Ley de Minas, los bienes que pueden ser considerados como bienes reversibles en dichas concesiones de explotación.

De acuerdo con lo dispuesto en la misma norma de Ley de Minas, además, los concesionarios pueden realizar otras actividades distintas de las actividades concedidas, es decir, de las actividades de explotación del mineral, que se pueden considerar como actividades auxiliares o conexas con la minería. En este último caso, los bienes adquiridos por el concesionario para ser utilizados en la realización de estas otras actividades distintas de la explotación del mineral concedido, como son las actividades de "almacenamiento, tenencia, beneficio, transporte, circulación y comercio de los minerales" que enumera el artículo 86 de la Ley de Minas, los bienes afectos a las mismas son bienes no reversibles, por lo que, al extinguirse las concesiones, permanecen como propiedad del concesionario,

Lo mismo debe decirse respecto del mineral extraído del yacimiento respectivo en ejecución del objeto de las concesiones, que no ha sido procesado para el momento de la extinción de las concesiones, y además, de los productos y subproductos procesados por el concesionario, que también deben considerarse como bienes no reversibles, quedando como propiedad del concesionario conforme a lo regulado en el Código Civil.

New York septiembre de 2021

SECCIÓN TERCERA: *SOBRE LA "PUBLICATIO" EN EL DERECHO PÚBLICO Y LAS NOCIONES DE "RESERVA AL ESTADO," "UTILIDAD PÚBLICA," "INTERÉS SOCIAL," "SERVICIO PÚBLICO," "DOMINIO PÚBLICO" Y "ORDEN PÚBLICO"* (2017)

PONENCIA PRESENTADA EN EL *XVI FORO IBEROAMERICANO DE DERECHO ADMINISTRATIVO, SANTO DOMINGO, 1 Y 3 DE OCTUBRE DE 2017,* PUBLICADO EN JAIME RODRÍGUEZ ARANA MUÑOZ, CARLOS E. DELPIAZZO RODRÍGUEZ, OLIVO RODRÍGUEZ HUERTAS, SERVIO TULIO CASTAÑOS GUZMÁN Y MARIA DEL CARMEN RODRÍGUEZ MARTÍN-RETORTILLO (EDITORES), *BASES Y RETOS DE LA CONTRATACIÓN PÚBLICA EN EL ESCENARIO GLOBAL, ACTAS DEL XVI FORO IBEROAMERICANO DE DERECHO ADMINISTRATIVO, SANTO DOMINGO, 1 Y 3 DE OCTUBRE DE 2017,* FORO IBEROAMERICANO DE DERECHO ADMINISTRATIVO, ASOCIACIÓN DOMINICANA DE DERECHO ADMINISTRATIVO, FUNDACIÓN INSTITUCIONALIDAD Y JUSTICIA, FINJUS, EDITORIAL JURÍDICA VENEZOLANA INTERNATIONAL, SANTO DOMINGO, PP. 873-890.; Y EN EL LIBRO: MAURICIO RAFAEL PERNÍA REYES (COORDINADOR), *ESTUDIOS DE DERECHO ADMINISTRATIVO. LIBRO HOMENAJE A LA ESPECIALIZACIÓN EN DERECHO ADMINISTRATIVO DE LA UNIVERSIDAD CATÓLICA DEL TÁCHIRA,* CIDEP, UNIVERSIDAD CATÓLICA DEL TÁCHIRA, 2020, PP. 21-43.

I. SOBRE LA "*PUBLICATIO*" EN EL DERECHO PÚBLICO

Conforme al principio de la libertad económica que existe en los países democráticos occidentales, como por ejemplo lo garantiza el artículo 112 de la Constitución venezolana, todas las personas tienen el derecho de dedicarse libremente al ejercicio de la actividad económica de su preferencia, sin más limitaciones que las previstas en la Constitución y las que establezcan las leyes por razones de desarrollo humano, seguridad, sanidad, protección del ambiente u otras de interés social. Ello implica que si bien el principio general es el de la libertad económica, la misma siempre puede ser limitada o restringida por el Estado, pero sólo mediante leyes, es decir, mediante actos sancionados por la Asamblea Nacional actuando como legislador (reserva legal).

Ello no excluye, sin embargo, la posibilidad que tiene el Estado de reservarse determinadas actividades económicas, servicios, industrias o bienes para su exclusivo desarrollo, en cuyo caso se produce lo que se ha llamado una "*publicatio,*" en el sentido de que la actividad reservada se excluye del ámbito de las actividades que los particulares puedan ejercer libremente, pudiendo solo desarrollarlas cuando específicamente se les otorga el derecho de hacerlo, por ejemplo, mediante una concesión administrativa, que es uno de los contratos públicos (contrato administrativo) por excelencia.

En este contexto de actividades *reservadas al Estado* es, por tanto, donde puede decirse que se ha producido una "*publicatio;*" término que conforme lo reseñó José Ignacio Hernández respecto de la doctrina española, fue "acuñado inicialmente por Villar Palasí, y tiene su origen en el derecho romano, y que identificaba el acto por el cual se sustraía a un bien del tráfico jurídico entre los particulares. La ***publicatio*** de actividades económicas equivale, entonces, en consecuencia a su reserva al Estado."[1]

Por ello, conforme lo destacó el mismo José Ignacio Hernández:

> "las actividades económicas responden, en una ***summa divisio,*** a una distinción dual: hay actividades económicas que han sido reservadas al Estado; junto a ellas, hay también actividades que no han sido reservadas, pero cuya ordenación y limitación asume la Administración. No existen categorías intermedias: o una actividad está reservada al Estado o no lo está. Reserva entendida, en última instancia, como la técnica más drástica de intervención del Estado, a través de la cual éste asume, para sí, la *titularidad* de determinada actividad económica, excluyendo a los particulares (Martín-Retortillo Baquer; Brewer-Carías). En las actividades reservadas, los particulares no tienen derecho alguno a desplegar su iniciativa: ese derecho ha de ser *concedido* por la Administración, cuando así haya sido admitido en el marco de la Ley concreta de reserva."[2]

Para apreciar el sentido y efectos de la distinción, a la cual nos hemos referido en otras ocasiones,[3] puede acudirse por ejemplo al régimen legal de las actividades mineras que en Venezuela están reguladas en la Ley de

---

1 Véase José Ignacio Hernández, "Disciplina jurídico Administrativa de la Libertad Económica. La diatriba actual entre libertad económica y Estado Social," en *VII Jornadas Internacionales de Derecho Administrativo. Allan Randolph Brewer Carías. E principio de legalidad y el ordenamiento jurídico administrativo de la libertad económica*, FUNEDA, Tomo I, Caracas 2004, p. 200. p. 201

2 El mismo autor comenta que: "En las actividades reservadas al Estado, como puede anticiparse, hay una significativa atenuación de esa cobertura legal, pues la intervención opera en áreas del quehacer económico que han sido excluidas de la libre iniciativa privada. La jurisprudencia venezolana (sentencia de la Sala Político-Administrativa de 26 de marzo de 1993, caso *RCTV;* y de la entonces Corte Suprema de Justicia en Pleno de 13 de febrero de 1997, caso *Venevisión*) insistió sobre este punto, al sostener que la reserva destruye los derechos de los particulares, permitiendo a la Administración desplegar "potestades de intervención, notablemente más penetrantes que los que pudieran operar frente a un simple particular actuando en su condición ordinaria de ciudadano.". *Idem*, p. 200.

3 Véase Allan R. Brewer-Carías, "El derecho de propiedad y la libertad económica. Evolución y situación actual en Venezuela" en *Estudios sobre la Constitución. Libro Homenaje a Rafael Caldera*, Tomo II, Facultad de Ciencias Jurídicas y Políticas, Universidad Central de Venezuela, Caracas 1979, pp. 1.139-1.246; e "Introducción al Régimen Jurídico de las Nacionalizaciones en Venezuela", en *Archivo de Derecho Público y Ciencias de la Administración*, Vol. III, 19721979, Tomo I, Instituto de Derecho Público, Facultad de Ciencias Jurídicas y Políticas, Universidad Central de Venezuela, Caracas 1981, pp. 23-44.

Minas,[4] y en la cual se pueden distinguir dos tipos de actividades: en *primer lugar,* las actividades que el Estado se ha reservado y que se realizan directamente sobre bienes que han sido declarados como del dominio público, como es el caso de los yacimientos o minas, y que son las actividades de exploración y explotación mineras. Éstas, por estar reservadas al Estado, no pueden ser realizarlas por los particulares libremente, quienes sólo pueden desarrollarlas mediante la obtención de una concesión administrativa por parte del Estado. Es respecto de esas actividades que puede afirmarse que ha operado una *publicatio.*

En *segundo lugar,* en materia minera hay otras actividades conexas o auxiliares con la minería, que el Estado no se ha reservado, y que aun cuando están sometidas a un régimen de derecho público regulado en la Ley de Minas, para su realización sin embargo no se requiere concesión administrativa alguna que deba ser otorgada por el Estado, sino que se realizan solamente bajo el control y vigilancia del mismo.

En este caso, están las actividades de beneficio, almacenamiento, tenencia, circulación, transporte y comercialización, interna o externa, de las sustancias extraídas" de los yacimientos (art. 1, Ley de Minas) o, en otras palabras, las actividades de "almacenamiento, tenencia, beneficio, transporte, circulación y comercio de los minerales" (art. 86, Ley de Minas). Estas son actividades calificadas en la Ley como "conexas o auxiliares" de la minería, que solo están sujetas "a la vigilancia e inspección por parte del Ejecutivo Nacional y a la reglamentación" por el mismo, previendo la Ley, sin embargo, que las mismas, precisamente por no estar reservadas al Estado, "cuando así convenga al interés público, el Ejecutivo Nacional podrá reservarse mediante decreto" cualquiera de dichas actividades conexas o auxiliares con respecto a determinados minerales.

Si dicha reserva al Estado se produce, como sucedió en Venezuela, por ejemplo, en materia de la industria del hierro,[5] y del oro,[6] puede decirse entonces que respecto de las mismas se produjo una "*publicatio.*" De lo contrario, no estando reservadas al Estado, los particulares, incluidos los concesionarios mineros, pueden realizarlas en ejercicio de su libertad económica, por supuesto, sujetos a la vigilancia del Estado.

---

[4] Véase en *Gaceta Oficial* No. 5.382 Extra. de 8 de septiembre de 1999.

[5] Ley Orgánica de Ordenación de las Empresas que Desarrollan Actividades en el Sector Siderúrgico en la Región de Guayana, Decreto Ley N° 6.058, de 30 de abril de 2008, en *Gaceta Oficial* N° 38.928, de 12 de mayo de 2008.

[6] Ley Orgánica que Reserva al Estado las Actividades de Exploración y Explotación del Oro así como conexas y auxiliares a esta, Decreto Ley N° 8.413, de 23 de agosto de 2011, en *Gaceta Oficial* N° 39.759, de 16 de septiembre de 2011.

II. EL SIGNIFICADO DE LA DECLARATORIA LEGAL DE DETERMINADAS ACTIVIDADES COMO DE "UTILIDAD PÚBLICA O INTERÉS SOCIAL"

En contraste con la reserva de actividades al Estado, que originan la *publicatio* del régimen aplicable a las actividades o bienes reservados, con frecuencia se encuentran en las leyes la declaratoria de determinadas actividades o las materias que regulan como de "utilidad pública" o de "interés social," en cuyo caso no puede hablarse de que se haya producido una *publicatio.* El único propósito del legislador con tales declaratorias en esos casos, es facilitar y agilizar la eventual posibilidad de que el Estado pueda proceder a expropiar bienes de propiedad privada que sean necesarios para la realización de dichas actividades reguladas en las leyes respectivas.

Es decir, la declaratoria de actividades como de "utilidad pública" o de "interés social" no tiene ningún efecto general de *publicatio* de su régimen, sino solo de responder a la garantía constitucional de la propiedad privada, que conforme al artículo 115 de la Constitución venezolana le impone al Estado la condición de previa de que para poder decretar la expropiación de cualquier clase de bienes de propiedad privada, la actividad específica que motive dicha expropiación, debe haber sido declarada previa y formalmente en una ley como de utilidad pública o interés social.[7]

Así lo dispone expresamente, como se dijo, el artículo 115 de la Constitución venezolana al exigir que para que el Poder Ejecutivo pueda decretar la expropiación de bienes de propiedad privada, ello sólo puede hacerlo por "causa de utilidad pública y social"[8] declarada previamente en una ley, que es lo que puede motivar y justificar la expropiación. Lo mismo, conforme a la Constitución, se ha exigido tradicionalmente en la Ley de Expropiación por causa de utilidad pública o interés social (Arts. 7.1 y 13),[9] como condición previa para poder decretarse la expropiación.

---

7 Sobre la evolución histórica del régimen de la propiedad privada y de la libertad económica, véase Allan R. Brewer-Carías, "El Derecho de Propiedad y la Libertad Económica. Evolución y situación actual en Venezuela," en *Estudios sobre la Constitución* (Libro-homenaje a R. Caldera), Tomo II, Universidad Central de Venezuela, Caracas 1979, pp. 1140 ss.

8 Artículo 115 de la Constitución de la República Bolivariana de Venezuela: "Se garantiza el derecho de propiedad. Toda persona tiene derecho al uso, goce, disfrute y disposición de sus bienes. La propiedad estará sometida a las condiciones, restricciones y obligaciones que establezca la ley con fines de utilidad pública o de interés general. *Sólo por causa de utilidad pública o interés social,* mediante sentencia firme y pago oportuno de justa indemnización, podrá ser declarada la expropiación de cualquier clase de bienes."

9 Véase la Ley de Expropiación por causa de utilidad pública o interés social, en *Gaceta Oficial* N° 37.475 de 01-07-2002. Véanse los comentarios a dicha Ley en Allan R. Brewer-Carías, "Introducción general "Introducción General al régimen de la expropiación," en el libro: Allan R. Brewer-Carías, Gustavo Linares Benzo, Dolores Aguerrevere Valero y Caterina Balasso Tejera, *Ley de Expropiación por Causa de Utilidad Pública o Interés Social,* Colección Textos Legislativos, N° 26, 1ª edición, Editorial Jurídica Venezolana, Caracas 2002, pp. 7-100.

De hecho, para facilitar la expropiación de bienes, la propia Ley de Expropiación incluye en su artículo 14, una declaratoria general de una serie de actividades consideradas de antemano como de utilidad pública o interés social, a los efectos de exceptuarlas "de la formalidad de declaratoria previa de utilidad pública," que incluyen:

> "la construcciones de ferrocarriles, carreteras, autopistas, sistemas de transporte subterráneo o superficial, caminos, edificaciones educativas o deportivas, urbanizaciones obreras, cuarteles, hospitales, cementerios, aeropuertos, helipuertos, los terrenos necesarios para institutos de enseñanza agrícola y pecuaria, las construcciones o ensanche de estaciones inalámbricas o conductores telegráficos; así como los sitios para el establecimiento de los postes, torres y demás accesorios de las líneas conductoras de energía eléctrica; acueductos, canales y puertos; los sistemas de irrigación y conservación de bosques, aguas y cualquiera otra relativa al saneamiento, ensanche o reforma interior de las poblaciones; la colonización de terrenos incultos y la repoblación de yermos y montes."

Respecto de otras actividades no comprendidas en esta enumeración, el requisito de que por ley se las declare como de utilidad pública e interés social para que pueda decretarse la expropiación de bienes, la condición es la que se cumple a través de múltiples leyes especiales, de manera que sin necesidad de otra ulterior declaratoria de "interés social o utilidad pública" en relación con las actividades que regulan, se pueda proceder a iniciar el procedimiento expropiatorio.

Sólo para citar unos ejemplos, la declaratoria de "utilidad pública o interés social" se puede encontrar por ejemplo, en leyes de larga tradición como la Ley de Aguas[10] (art. 7), la Ley de Bosques[11] (arts. 4), la Ley de Minas[12] (art. 3), la Ley de Tierras y Desarrollo Agrario[13] (art. 68), la Ley del Sistema de Transporte Ferroviario Nacional[14] (art. 2), y la Ley Orgánica de Hidrocarburos[15] (art. 4).

Más recientemente, en otras leyes relativas a actividades más específicas, algunas incluso ya derogadas, igualmente se encuentra la declaratoria de utilidad pública a efectos expropiatorios, como es el caso de la Ley para la defensa de las personas en el acceso a los bienes y servicios, en la cual se

---

10 Véase en *Gaceta Oficial* N° 35.595, de 2 de enero de 2007.

11 Véase en *Gaceta Oficial* N° 40.222, de 6 de agosto de 2013.

12 Véase en *Gaceta Oficial* N° 40.222, de 6 de agosto de 2013.

13 Véase en *Gaceta Oficial* N° 5.991 Extraordinario, de 29 de julio de 2010.

14 Véase Decreto Ley N° 6.069 de 14-05-2008, en *Gaceta Oficial* N° 5.889 Extraordinario, de 31 de julio de 2008.

15 Véase Reforma Parcial del Decreto Ley Orgánica N° 1.510 de 02-11-2001, en *Gaceta Oficial* N° 38.493, de 4 de Agosto de 2006.

declararon como de utilidad pública e interés social, todos los bienes necesarios para desarrollar las actividades de producción, fabricación, importación, acopio, transporte, distribución y comercialización de alimentos, bienes y servicios declarados de primera necesidad;[16] la Ley de Salud Agrícola Integral en la cual se declaran de utilidad pública, interés nacional e interés social, los bienes y servicios propios de las actividades de salud agrícola integral, por lo que cuando medien motivos de seguridad, podrá sin mediar otra formalidad, decretarse la adquisición forzosa de la totalidad de un bien o de varios bienes necesarios para la ejecución de obras o el desarrollo de actividades de salud agrícola integral; [17] la Ley del Instituto Nacional de la Vivienda (INAVI), en la cual se declara de utilidad pública la construcción de viviendas de interés social cuya ejecución directa o indirecta corresponda al Instituto Nacional de la Vivienda[18]; y la Ley Orgánica de seguridad y soberanía agroalimentaria, en la cual se declaran de utilidad pública e interés social los bienes que aseguren la disponibilidad y acceso oportuno a los alimentos, así como las infraestructuras necesarias. [19]

En estos casos, así como en todos las demás leyes en las cuales se declaran ciertas actividades como de utilidad pública o interés social, tal declaratoria simplemente tiene el propósito de permitir y agilizar los procedimientos expropiatorios, no implicando que todo lo que corresponda ser realizado en el marco de su regulación esté sometido necesariamente un régimen de derecho público, y que esa sola declaratoria pueda transformar todo el régimen jurídico de una actividad, sometiéndola al derecho público.

Es decir, la declaratoria de una actividad como de utilidad pública o interés social a los efectos de permitir y aligerar los procesos de expropiación de bienes de propiedad privada, en el derecho venezolano no implica en forma alguna una *publicatio* de su régimen jurídico que excluya la actividad del ámbito de la libertad económica, pues con ello nada se reserva al Estado. Por ello, por ejemplo, la Sala Constitucional del Tribunal Supremo de Justicia ha considerado por ejemplo que "para que haya servicio público, incluso, la ley debe haber reservado al Estado la actividad económica, de manera que exista "*publicatio* de la misma que excluya la libre iniciativa económica en el sector (artículos 112 y 113 constitucionales)."[20]

---

16 Véase Decreto Ley N° 6.092 de 27-05-2008).

17 Véase Decreto Ley N° 6.129 de 03-06-2008).

18 Véase Decreto Ley N° 6.267 de 30-07-2008 en *Gaceta Oficial* N° 5.892 de-07-2008.

19 Véase Decreto Ley N° 6.071 de 14-05-2008, *Gaceta Oficial* N° 5.889 Extraordinaria de 31-07-2008).

20 Véase la sentencia No. 825 de la Sala Constitucional de 06-05-2004 (Caso: *Banco del Caribe C.A. Banco Universal vs. Superintendencia de Bancos y otras Instituciones Financieras*), en *Revista de Derecho Público*, No. 97-98, Editorial Jurídica Venezolana, Caracas 2004, pp. 273-274. Ratificada por sentencia de la Sala Constitucional No. 266 de 16-03-2005 (Caso: Impugnación de los artículos 10 y 16 de la Ordenanza sobre Tarifas del Servicio de Aseo

En consecuencia, el hecho de que por ejemplo, la misma la Ley de Minas (que es una ley que sin duda establece un régimen legal de derecho público), en su artículo 3 disponga que "Se declara de utilidad pública la materia regida por esta Ley," no significa que todas las actividades que regula y todos los bienes relativos a las mismas sean reservadas al Estado, y que respecto de la totalidad se haya producido alguna "*publicatio.*"

La *publicatio,* en realidad, en el derecho venezolano relativo a la minería sólo se produce respecto de bienes o actividades que el Estado se haya reservado, es decir, que haya excluido de las actividades que pueden realizar los particulares en ejercicio de su libertad económica, y ello no ocurre por la sola declaración de "utilidad pública" o de "interés social" de la materia que regula la Ley, sino como se ha dicho de otras expresas previsiones que en materia minera están en la propia Ley, como son la consideración de las minas o yacimientos de cualquier clase existentes en el territorio nacional como *bienes del dominio público,* que pertenecen a la República, y que son inalienables e imprescriptibles (art. 2); o la *reserva al Estado de las actividades de exploración y explotación* de las sustancias minerales, en particular de las ubicadas en las minas o yacimientos, las cuales solo pueden realizar los particulares mediante concesión administrativa otorgada por el Estado, a través de las cuales se "otorgan derechos e imponen obligaciones a los particulares para el aprovechamiento de los recursos minerales existentes en el territorio nacional" (art. 24).

III. SOBRE LA NOCIÓN DE "SERVICIO PÚBLICO" EN EL DERECHO ADMINISTRATIVO VENEZOLANO

Entre las actividades en relación con las cuales se puede producir la *publicatio* están aquellas que el Estado se reserva igualmente mediante ley, con el carácter de "servicios públicos," con la ***explícita** voluntad* de retirarlas del área del quehacer económico de la libertad de empresa.

La noción de "servicio público," en efecto, en el derecho venezolano se refiere solo a las actividades *destinadas a satisfacer necesidades colectivas,* conforme a la declaración y regulación expresa en una ley,[21] como sucede por ejemplo con la actividad de transporte ferroviario regulada como servicio público en la Ley del Sistema de Transporte Ferroviario Nacional,[22] o por ejemplo, las actividades a que se contraen los artículos 4 y 60 de la Ley Orgánica de

Urbano y Domiciliario en el Municipio Libertador del Distrito Federal), en *Revista de Derecho Público,* No. 101, Editorial Jurídica Venezolana, Caracas 2005, p. 156.

21 Véase Allan R. Brewer-Carías, *Administrative Law in Venezuela,* EJV International, 2015, pp. 209-212.

22 Véase *Gaceta Oficial* N° 37.313 de 30 de octubre de 2001

Hidrocarburos,[23] o los artículos 4 y 5 de la Ley Orgánica de Hidrocarburos Gaseosos.[24]

En el ámbito de estas dos últimas leyes, en las cuales se declara, en general, a las actividades que allí se regulan como de utilidad pública o interés social,[25] por ejemplo, solo se declaran como "servicio público" las actividades de suministro, almacenamiento, transporte, distribución y expendio de los productos derivados de hidrocarburos *para el consumo colectivo interno, por estar destinadas a satisfacer necesidades colectivas*, es decir, del público en general, a la colectividad en su conjunto, y que por tanto, requieren, por ello, de continuidad."[26]

Como textualmente lo indica el artículo 60 de la Ley de Hidrocarburos: "*constituyen un servicio público* las actividades de suministro, almacenamiento, transporte, distribución y expendio de los productos derivados de los hidrocarburos, señalados por el Ejecutivo Nacional (conforme al artículo 59), destinados al consumo colectivo interno."

Esa declaración legal implica, por ejemplo, que conforme al artículo 61 de la propia Ley Orgánica de Hidrocarburos, los precios de dichos productos deben ser fijados por el Ejecutivo Nacional por órgano del Ministerio de Energía y Minas. Dichos precios pueden fijarse mediante bandas o cualquier otro sistema que resulte adecuado, tomando en cuenta las inversiones y la rentabilidad de las mismas. Además, el Ministerio debe adoptar medidas para garantizar el suministro, la eficiencia del servicio y evitar su interrupción. Además, por tratarse de servicios públicos, las personas naturales o jurídicas que deseen ejercerlas deben obtener previamente permiso del Ministerio de Energía y Minas, y su cesión o traspaso requiere la autorización previa del Ministerio de Energía y Minas.

Disposiciones similares se encuentran incorporadas en la Ley Orgánica de Hidrocarburos Gaseosos de 1999, en la cual se declara, entre todas las actividades que regula, que sólo constituyen un "servicio público" aquellas relacionadas, directa o indirectamente, con el transporte y distribución de gases de hidrocarburos destinados al *consumo colectivo*. Por ello, también, la misma Ley establece que los almacenadores, transportistas y distribuidores de hidrocarburos gaseosos tienen la obligación de prestar el servicio en forma continua. Tratándose de servicios públicos, el artículo 12 de la LOHG

---

23 Véase *Gaceta Oficial* N° 37.323 del 13 de noviembre de 2001

24 Véase *Gaceta Oficial* N° 36.793 de 23 de septiembre de 1999

25 El artículo 4 de la Ley Orgánica de Hidrocarburos, y de la Ley Orgánica de Hidrocarburos Gaseosos establecen, con el mismo texto, que: "Las actividades a las cuales se refiere esta Ley, así como las obras que su realización requiera, se declaran de utilidad pública y de interés social."

26 Esto lo ha confirmado la Sala Político Administrativa del Tribunal Supremo en sentencia No. 255 de 09-02-2006 (caso *Estación San Luis Del Este II, C.A vs. Shell Venezuela Productos)*, en *Revista de Derecho Público*, No. 105, Editorial Jurídica Venezolana, Caracas 2005, p. 178.

también autoriza al Ministerio de Energía y Minas para determinar los precios de los hidrocarburos gaseosos desde los centros de producción y procesamiento, atendiendo principios de equidad. Además, los Ministerios de Energía y Minas y de la Producción y el Comercio, conjuntamente, deben fijar las tarifas que se aplicarán a los consumidores finales y a los servicios que se presten de conformidad con la Ley.

De lo anterior resulta, por tanto, conforme a esos ejemplos regulatorios, que por voluntad expresa del legislador, en las leyes respectivas el Estado se reserva determinadas actividades destinadas a *satisfacer necesidades colectivas* de la población en general, que además, las asume como obligación prestacional, y que por tanto, los particulares no pueden realizarlas sino en virtud de una concesión o permiso del propio Estado. Esas son las actividades que pueden ser consideradas como "servicio público," lo que, por tanto, siempre requiere de un texto legal expreso que las califique, estableciendo, además, el sentido de su reserva al Estado.

Es decir, "servicio público" en el derecho venezolano se refiere a las actividades prestacionales que debe asumir el Estado, *tendientes a satisfacer necesidades generales o colectivas, en cumplimiento de una obligación constitucional o legal* y en relación con las cuales, los particulares se encuentran limitados en cuanto a que no pueden desarrollarlas libremente, sea porque el Estado en algunos casos se las ha reservado, o sea porque el Estado las regula y ordena.[27] Por ello, cuando la Sala Político Administrativa del Tribunal Supremo de Justicia, ha buscado definir un contrato como "contrato administrativo"), exige que "el objeto del contrato esté vinculado a la *prestación de un servicio público* que *tiende a la satisfacción de un interés general, como lo es la educación,"*[28] en el sentido de *necesidad colectiva, que interesa a toda la colectividad.*

De esta definición sobre lo que en Venezuela es un "servicio público," resulta entonces lo siguiente: en *primer lugar,* que siempre se trata de una actividad, consistente en *dar o hacer algo a favor de otros,* colectivamente, en suma, de prestar. Se trata, por tanto, de una actividad prestacional; pero no de cualquier tipo de prestación sino de una que es de *interés público colectivo,* de toda la población, es decir, de la colectividad en general, por lo que los sujetos a

---

[27] Véase Allan R. Brewer-Carías, "Comentarios sobre la noción de servicio público como actividad prestacional del Estado y sus consecuencias," en *Revista de Derecho Público,* N° 6, EJV, Caracas, 1981, pp. 65-71; "El régimen constitucional de los servicios públicos," en *VI Jornadas Internacionales de Derecho Administrativo "Allan R. Brewer-Carías",* Fundación de Estudios de Derecho Administrativo, Tomo I, Caracas 2002; en *Estudios de Derecho Administrativo 2005-2007,* Editorial Jurídica Venezolana, Caracas 2007, pp. 528 ss.; y Allan R. Brewer-Carías, *Administrative Law in Venezuela,* EJV International, 2015, pp. 209-212. Véase también, José Ramón Parada, *"Los servicios públicos en España",* en *El derecho Público a comienzos del Siglo XXI. Estudios en Homenaje al Profesor Allan R. Brewer-Carías,* Madrid, 2003, pp. 1845-1869.

[28] Véase la sentencia de la Sala Político Administrativa del Tribunal Supremo No. 592 de 07-05-2009 (Caso: *Universidad de Carabobo vs. Ministerio de Salud*), en *Revista de Derecho Público,* No. 118, Editorial Jurídica Venezolana, Caracas 2009, p. 291.

los cuales se destina son todos, al público en general, como sería por ejemplo, el *servicio ferroviario de transporte, el servicio de correos, el servicio de protección a la salud, los servicios de transporte colectivo terrestre, los servicios de educación o el servicio de distribución de productos* derivados del petróleo o gas. Como lo ha dicho la Sala Político Administrativa del Tribunal Supremo de Justicia al referirse al servicio de agua potable y de saneamiento, los mismos "constituyen verdaderos servicios públicos, y como tales se encuentran dirigidos *a satisfacer necesidades de interés general o colectivo.*"[29]

En *segundo lugar,* esa actividad prestacional para ser considerada como "servicio público" por su vinculación al interés general, corresponde cumplirla *obligatoriamente* al Estado, es decir, a los entes públicos, por estar así establecido como *obligación en la Constitución o en las leyes,*[30] como la establecida en el artículo 60 de la Ley Orgánica de Hidrocarburos. Por tanto, no toda actividad prestacional de interés público que realicen los entes públicos puede considerarse como un "servicio público," pues hay prestaciones que no se imponen obligatoriamente al Estado, sino sólo aquellas que éstos asumen porque cumplen una obligación constitucional o legal. Por ello, precisamente es que los servicios públicos no pueden ser prestados libremente por los particulares, sino mediante concesión, licencia, permiso o autorización, como por ejemplo sucede con los servicios públicos domiciliarios y los servicios de policía, o los servicios de suministro de productos derivados en la industria petrolera, todos para satisfacer necesidades colectivas. Por ello, en las leyes que los regulan, como lo ha constatado la Sala Político Administrativa del Tribunal Supremo, se declara expresamente que tales servicios constituyen "servicios públicos" atribuyéndose al Estado su prestación.[31]

---

29 Véase sentencia de la Sala Político Administrativa No. 224 de 07-02-2007 (Caso: *Armando Casal Casal; Interpretación del Art. 86 de la Ley Orgánica para la Prestación de los Servicios de Agua Potable y de Saneamiento,* publicada en la *Gaceta Oficial* N° 5.568 de fecha 31-12-2001. Véase además, en *Revista de Derecho Público,* No. 109, Editorial Jurídica Venezolana, Caracas 2007, p. 135 ss. En esta sentencia, la Sala agregó que "Estos servicios públicos, pueden ser de dos tipos: i) "*uti universi*" o ii) "*uti singuli*". En el primer caso, los gastos de organización y funcionamiento son cubiertos, en principio, mediante impuesto (*vgr.* servicios de seguridad y defensa de la nación, policía de seguridad, etc), pues dichos servicios se encuentran directamente vinculados a la vida misma del Estado, siendo la comunidad el verdadero beneficiario. En el segundo de los casos, servicios "*uti singuli*", excepcionalmente, dichos gastos son pagados a través del impuesto. Por lo general, son pagados por el usuario en su totalidad (gas, teléfono, agua, transporte, etc.) o en parte (correos y telégrafos); pues, de lo contrario tales gastos, mediante el impuesto, recaerían sobre la totalidad de los habitantes en perjuicio de quienes no utilizan dichos servicios (*Ver.* Miguel Marienhoff. *Tratado de Derecho Administrativo.* Tomo II)." *Idem* p. 138.

30 Por ello, en relación con la noción de servicio público, algunos autores han concluido que solo las actividades expresamente calificadas como tales en las leyes pueden ser consideradas como servicios públicos. Véase José Peña Solís, *Manual de Derecho Administrativo,* Vol. 3, Caracas 2003, pp. 336 *ss.*

31 Véase en relación con el servicio público de electricidad, por ejemplo, la sentencia No. 846 de 31-05-2007 (Caso: *C.A. La Electricidad de Caracas vs. Ministro de Producción y el Comercio*

En *tercer lugar,* tratándose de una actividad prestacional que corresponde como obligación al Estado, de acuerdo al principio de alteridad, los usuarios, es decir, la colectividad o el público en general, tienen un correlativo derecho constitucional o legal a recibir la prestación, como sucede por ejemplo, con el derecho a la protección de la salud, que las personas incluso, pueden reclamar judicialmente. Por ello, el artículo 259 de la Constitución de 1999 le atribuye a la jurisdicción contencioso-administrativa competencia para resolver los "reclamos por la prestación de los servicios públicos" (Art. 259), lo que se regula en la Ley Orgánica de la Jurisdicción Contencioso Administrativa al considerar como sujetos a control "las entidades prestadoras de servicios públicos en su actividad prestacional" (Arts. 7.5; 9.5) estableciendo el procedimiento para conocer de "los reclamos por la omisión, demora o deficiente prestación de los servicios públicos"(Art. 65.1). Estos servicios públicos, por supuesto, no son cualquier prestación o actividad de interés general, sino las actividades prestacionales obligatorias impuestas al Estado respecto de las cuales los ciudadanos tienen derecho de percibirlos en forma regular y continua, teniendo el derecho además para reclamarlos judicialmente.

En *cuarto lugar,* desde el momento en el cual una actividad se configura legalmente como un servicio público a cargo de los entes públicos, la misma queda sustraída de las que pueden ser desarrolladas libremente por los particulares, en el sentido que esencialmente y conforme se establezca en las leyes (reserva legal), el Estado puede limitarlas y restringirlas, exigiendo por ejemplo, para que los particulares puedan desarrollarlas, una concesión, una autorización, un permiso, un registro o cualquier tipo de autorización o habilitación,[32] sometiéndose entonces la actividad a un régimen de derecho público.

En todo caso, la idea clave a los efectos de la conceptualización jurídica del servicio público, es la existencia de una obligación constitucional o legal a cargo del Estado para la realización de la actividad prestacional. Ello contribuye a deslindar los servicios públicos de las actividades prestacionales que el Estado asume y realiza como mero empresario pero que no se ejecutan en virtud del cumplimiento de una obligación constitucional o legal alguna, y respecto de las cuales también existe el derecho de los particulares a desarrollarlas libremente. Por ello, el servicio público así entendido, como obligación prestacional a cargo del Estado, sólo puede tener su origen directamente en la Constitución o en la ley,[33] como es el caso de las previsiones mencionadas, por ejemplo, de la Ley Orgánica de Hidrocarburos y de la Ley Orgánica de

(Ministro del Poder Popular para las Industrias Ligeras y el Comercio), en *Revista de Derecho Público,* No. 110, Editorial Jurídica Venezolana, Caracas 2007, p. 159-161.

32 Véase Allan R. Brewer-Carías, "Comentarios sobre la noción de servicio público como actividad prestacional del Estado y sus consecuencias" en *Revista de Derecho Público,* N° 6, Editorial Jurídica Venezolana, Caracas, 1981, pp. 68 *ss.*

33 Véase José Peña Solís, *Manual de Derecho Administrativo,* Vol. 3, Caracas 2003, pp. 336 *ss.*

Hidrocarburos Gaseosos, pues sólo en los textos legales, conforme al principio de reserva legal previsto en la propia Constitución (Art. 112), es que puede limitarse o restringirse la libertad económica.[34]

Esta noción de servicio público en su sentido propio, como la actividad prestacional obligatoria del Estado destinada a satisfacer necesidades colectivas, es la que se sigue en el derecho venezolano, tanto en la doctrina de derecho administrativo[35] como en la jurisprudencia;[36] y también en el derecho administrativo comparado, donde a pesar de las sucesivas crisis de la noción,[37]

---

34 Precisamente por ello, la Ley Orgánica de Hidrocarburos reserva la calificación como "servicio público" única y exclusivamente a las actividades de suministro, almacenamiento, transporte, distribución y expendio de los productos derivados de los hidrocarburos que señale el Ejecutivo Nacional, destinados al *consumo colectivo interno* (Arts. 59, 60); y la Ley Orgánica de Hidrocarburos Gaseosos también reserva la calificación como "servicio público" única y exclusivamente a las actividades relacionadas, directa o indirectamente, con el transporte y distribución de gases de hidrocarburos *destinados al consumo colectivo* (Art.5). En ambos casos, el elemento esencial es la actividad prestacional para la satisfacción de una necesidad colectiva o de consumo colectivo.

35 Véase Allan R. Brewer-Carías, "Comentarios sobre la noción del servicio público como actividad prestacional del Estado y sus consecuencias" en *Revista de Derecho Público*, N° 6, Editorial Jurídica Venezolana, Caracas 1981, pp. 65-71; "El régimen constitucional de los servicios públicos" en *VI Jornadas Internacionales de Derecho Administrativo Allan Randolph Brewer-Carías El nuevo servicio público. Actividades reservadas y regulación de actividades de interés general (electricidad, gas, telecomunicaciones y radiodifusión)*, Caracas 2002, Fundación de Estudios de Derecho Administrativo FUNEDA, Caracas 2003, pp. 19-49; José Araujo Juárez, *Derecho Administrativo General. Servicio Público*, Ediciones Paredes, Caracas 2010, 58-79; José Araujo Juárez, "Régimen Jurídico de los servicios económicos de interés general," en *El Derecho Público a comienzos del Siglo XXI: Estudios en Homenaje al Profesor Allan R. Brewer-Carías*, Ed. Civitas, Madrid, 2003, pp. 1.969-1.978; Eloy Lares Martínez, *Manual de Derecho Administrativo*, 12ª ed., Universidad Central de Venezuela, Caracas 2001, pp. 203-209; José Peña Solís, *Manual de Derecho Administrativo*, Vol. 3, Col. Estudios Jurídicos, Tribunal Supremo de Justicia, Caracas, 2003, pp. 325-345; José Ignacio Hernández G., "Un ensayo sobre el concepto de servicio público en el derecho venezolano," en *Revista de Derecho Público*, N° 89-92, Editorial Jurídica venezolana, Caracas, 2002, pp. 47-75.

36 Por ejemplo, en la sentencia de la Sala Político Administrativa del Tribunal Supremo de Justicia No. 1811 de 10-12-2011 (Caso: *Tadeo-Anzoátegui, C.A. vs. Municipio Turístico El Morro "Licenciado Diego Bautista Urbaneja" Del Estado Anzoátegui*), al considerar el servicio público de aseo consideró que en el mismo "priva el interés general de la comunidad sobre el particular de la contratista, tratándose de una necesidad básica de la población que comporta la protección de derechos humanos fundamentales, tales como: el derecho a la salud, a la vida digna de la sociedad y a la preservación del medio ambiente, consagrados en la Constitución de la República Bolivariana de Venezuela, en virtud de lo cual la autoridades deben actuar de manera célere y eficiente para garantizar la debida prestación del servicio." En *Revista de Derecho Público*, No. 120, Editorial Jurídica Venezolana, Caracas 2009 pp. 137-139.

37 Véase entre los más recientes ensayos en la materia: Jaime Orlando Santofimio, "Los servicios públicos: vicisitudes y fundamentos de un tema jurídico inconcluso e impreciso" en *El derecho Público a comienzos del Siglo XXI: Estudios en Homenaje al Profesor Allan R. Brewer-Carías*, Ed. Civitas, Madrid, 2003, pp. 1882-1956; Diego Zegarra Valdivia, *El servicio Público. Fundamentos*, Palestra, Lima 2005.

la misma no llega a ser identificada con cualquier actividad desarrollada por el Estado, pues carecería de todo sentido.

Al contrario se la vincula con una actividad prestacional para satisfacer necesidades colectivas que debe ser asegurada o asumida por el Estado; y este ha sido el sentido tradicional del término "*service publique*" en la doctrina francesa general de derecho administrativo,[38] incluso la más reciente influenciada por las exigencias del derecho comunitario europeo.[39] Igualmente ha sido el sentido tradicional en América Latina, por ejemplo, en la doctrina argentina.[40] Igual sucede con la doctrina del derecho administrativo anglosajón, donde la expresión "servicio público" tiene precisamente el particular significado relativo a "*public utility,*"[41] expresión que identifica a los servicios *prestados al público en general* por entidades o corporaciones

---

38 Véase en general Guy Braibant y Bernard Stirn, *Le droit administratif français,* 5e éd., Col. Amphithéâtre, Presses de Sciences-Po - Dalloz, Paris 1999, pp. 139-143; René Chapus, *Droit administratif général,* T. I, 9e éd., Col. Domat Droit Public, Montchrestien, Paris, 1995, pp. 513-525; Pierre Delvolvé, *Le droit administratif,* 3e éd., Coll. Connaissance su droit, Dalloz, Paris 2002, pp. 42-47; Jacques Moreau, *Droit administratif,* Coll. Droit fondamental - Droit administratif, PUF, Paris, pp. 311-316; Jean Waline, *Précis de Droit administratif,* 22e ed., Coll. Droit public - Science politique, Dalloz, Paris 2008, pp. 339-359.

39 Véase en general, Stéphane Braconnier, *Droit des services publics,* 2e éd., Col. Thémis droit, PUF, Paris, 2007, pp. 157-184; Claudie Boiteau, «Vers une définition du service public (À propos de l'arrêt du Conseil d'État, Section, 22 février 2007, Association du personnel relevant des établissements pour inadaptés - APREI),» en *Revue française de droit administratif,* 2007, N° 4, pp. 803-811; Sabine Boussard, «L'éclatement des catégories de service public et la résurgence du « service public par nature », en *Revue française de droit administratif,* 2008, N° 1, pp. 43-49; Laetitia Janicot, « L'identification du service public géré para une personne privée, » en *Revue française de droit administratif,* 2008, N° 1, pp. 67-79; Michaël Karpenschif, «Vers une définition communautaire du service public, » en *Revue française de droit administratif,* 2008, N° 1, pp. 58-66; Christophe Le Berre, «La logique économique dans la définition du service public, » en *Revue française de droit administratif,* 2008, N° 1, pp. 50-57; Marceau Long. «Service public et réalités économiques du XIX siècle au droit communautaire, » en *Revue française de droit administratif,* 2001, N° 6, pp. 1161-1168; François Séners, « L'identification des organismes privés chargés d'une mission de service public, » Concl. Sur CE, Sect., 6/4/2007, Ville d'Ais-en Provence, » en *Revue française de droit administratif,* 2007, N° 4, pp. 812-820. Note Jean-Claude Nouence, pp. 821-827.

40 Véase por ejemplo, Agustín Gordillo, *Tratado de Derecho Administrativo,* Tomo 2 La Defensa del Usuario y del Administrado, 4ta Edición, Buenos Aires 2000, pp. VI-33 ss.; Juan Francisco Linares. *Derecho Administrativo,* Buenos Aires, 1986, pp. 509 ss.; Benjanmín Villegas Basavilvaso, *Derecho Administrativo,* Vol. III (Primera Parte General, Instituciones Fundamentales), Buenos Aires, 1951. pp. 4 ss.

41 Véase, por ejemplo, Peter L Strauss et al., *Administrative Law. Cases and Comments,* University Casebooks Series, New York, 1995, pp. 339 *ss. Cf.* José Peña Solís, *Manual de Derecho Administrativo,* Vol. 3, Caracas 2003, p. 381. Conforme al *Black's Law Dictionary,* el término "*public service*" se aplica a las actividades o entidades "que especialmente satisfacen las necesidades del público en general o que conducen al confort y conveniencia de la comunidad entera, como las compañías de ferrocarriles, de gas, de agua o de luz eléctrica; y compañías que suministran transporte público." Si el servicio público es prestado por una empresa privada debe tener "una apropiada concesión del Estado para satisfacer la necesidad o conveniencia del público general, incapaz de ser satisfecha mediante a través

públicas o mediante concesión de estas. En consecuencia, también en el derecho anglosajón, no toda actividad de interés público puede ser considerada como servicio público, sino sólo aquellas que consisten en una actividad de prestación de interés público destinada a satisfacer las necesidades colectivas o del público en general o de confort y conveniencia de la comunidad entendida como globalidad, como por ejemplo son los servicios de ferrocarriles, de transporte, de teléfonos, de gas, de electricidad, de agua, pueden considerarse como "servicios públicos."

En consecuencia, por ejemplo, una actividad prestacional de un servicio de transporte por parte de una empresa privada a una empresa del Estado, para garantizarle el transporte a su personal mediante aviones ejecutivos, no se puede nunca calificar como un "servicio público," pues es una actividad prestacional, de carácter comercial, si, ciertamente, de un "servicio," pero no "público" sino en beneficio solo y exclusivamente de una empresa del Estado para la realización de sus actividades cualquiera que ellas sean.

El criterio anteriormente expuesto y la definición de "servicio público", es la misma que aquella establecida por la Sala Político Administrativa de la anterior Corte Suprema de Justicia, en sentencia de 5 de agosto de 2004 (caso *DHL Fletes Aéreos C.A.*), según lo indicado a continuación:

> "El servicio público puede ser definido como la actividad administra-tiva de naturaleza prestacional destinada a satisfacer necesidades colectivas de manera regular y continua, previamente calificada como tal por un instrumento legal, realizada directa o indirectamente por la Administración Pública y por tanto, sometido a un régimen de Derecho público. (José Peña Solís. "La Actividad Administrativa de Servicio Público: Aproximación a sus Lineamientos Generales", en *Temas de Derecho Administrativo. Libro Homenaje a Gonzalo Pérez Luciani*, Vol. I. Tribunal Supremo de Justicia. Colección Libros Homenaje Nº 7, Caracas 2002. Pág. 433).
>
> Los servicios públicos contienen una serie de elementos que los caracterizan, entre los que están la actividad prestacional, la satisfacción de necesidades colectivas (o la vinculación al principio de la universalidad del servicio), la regularidad y continuidad del servicio, la calificación por ley de la actividad como servicio público (*publicatio*), la gestión directa o indirecta de la Administración Pública, y su consecuencial régimen de Derecho público."[42]

En otra sentencia de la Sala Constitucional del Tribunal Supremo No. 825 de 6 de abril de 2004 (Caso: *Banco del Caribe C.A. Banco Universal vs. Superintendencia de Bancos y otras Instituciones Financieras*) al considerar que efectiva-

---

de empresas privadas en competencia." Véase Allan R. Brewer-Carías, *Administrative Law in Venezuela*, EJV International, 2015, p. 210.

42 Véase sentencia No. 1002 de la Sala Político Administrativa del Tribunal Supremo de Justicia de 05-08-2004 (Caso: *DHL Fletes Aéreos C.A. y otros*), en http://www. tsj.gov.ve/decisiones/spa/Agosto/01002-050804-1995-11546.htm

mente la actividad de intermediación financiera que realizan los bancos está "vinculada con la preservación de un interés general," sin embargo, dijo la Sala, "no constituye una actividad de prestación de servicio público, ya que, entre otros aspectos de derecho sustantivo, no existe en la mencionada ley o en la Constitución una reserva a favor del Estado de dicha actividad económica, es decir, no existe *publicatio* de la misma que excluya la libre iniciativa económica en el sector (artículos 112 y 113 constitu-cionales)."[43]

En el caso de la Ley de Minas, por ejemplo, en la misma no se ha declarado a actividad minera alguna como "servicio público, como en cambio sí ocurrió, por ejemplo, como se ha mencionado, en la Ley Orgánica de Hidrocarburos y en la Ley Orgánica de Hidrocarburos Gaseosos para actividades destinadas a satisfacer necesidades colectivas (servicio de gas por ejemplo). La Ley de Minas, en cambio, lo que estableció fue que para el caso de que alguna de las actividades conexas a la actividad minera (como por ejemplo podría ser el trasporte o almacenamiento), sea prestada por un particular "a terceros como actividad lucrativa," entonces la ley estableció, no que dicha actividad *sea* un servicio público, sino que "revisten el carácter de servicio público" a los efectos de la fijación de tarifas por el Estado, es decir, que por considerarse que "revisten el carácter de servicio público [...] en consecuencia, estarán sujetas al pago de las tarifas que establezca el Ministerio de Energía y Minas" (art. 87)

Es decir, en materia minera la *publiciatio* sólo ha operado respecto de las actividades de exploración y explotación mineras, y no respecto de las actividades auxiliares o conexas, las cuales además de no estar reservadas al Estado, tampoco han sido declaradas como servicio público reservado al Estado; lo cual, por lo demás, en ningún caso podría derivarse de lo que se establece en el artículo 87 de la Ley cuando dispone que cuando algunas de las actividades auxiliares o conexas (almacenamiento, tenencia, beneficio, transporte, circulación y comercio de los minerales):

> "sean prestadas a terceros como actividad lucrativa, *revisten el carácter de servicio público* y, en consecuencia, estarán sujetas al pago de las tarifas que establezca el Ministerio de Energía y Minas."

Esta previsión no declara a todas las actividades conexas o auxiliares a la minería como servicio público, sino sólo prevé que cuando alguna de ellas se realice por un particular, concesionario o no, "como actividad lucrativa," la

---

[43] Véase sentencia No 825 de la Sala Constitucional de 06-05-2004 (Caso: *Banco del Caribe C.A. Banco Universal vs. Superintendencia de Bancos y otras Instituciones Financieras*), en *Revista de Derecho Público*, No. 97-98, Editorial Jurídica Venezolana, Caracas 2004, pp. 273-274; ratificada por sentencia de la Sala Constitucional No. 266 de 16-03-2005 (Caso: *Impugnación de los artículos 10 y 16 de la Ordenanza sobre Tarifas del Servicio de Aseo Urbano y Domiciliario en el Municipio Libertador del Distrito Federal*), en *Revista de Derecho Público*, No. 101, Editorial Jurídica Venezolana, Caracas 2005, p. 156.

misma "reviste el carácter de servicio público" a los efectos de que estén "sujetas al pago de las tarifas" que establezca el Ministerio de Energía y Minas.

Ello, por supuesto, tiene un alcance limitado en el marco de las regulaciones económicas, que es el de considerar que ciertas actividades auxiliares o conexas que realicen los particulares (concesionarios o no) como actividad lucrativa "revisten el carácter de servicio público" a los efectos de sujetar su pago a una tarifa fijada por el Estado; lo que de ningún modo puede llevar a considerar que se trata de declaratoria general de todas las actividades conexas o auxiliares como "servicio público", pues ello implicaría la reserva de las mismas al Estado, lo que no está previsto en la ley.

IV. SOBRE LA "*PUBLICATIO*" EN MATERIA DE BIENES Y LA NOCIÓN DE DOMINIO PÚBLICO

Así como en materia de servicios públicos se produce una *publicatio* cuando el Estado se una actividad prestacional determinada; igualmente en materia de bienes, también se produce una *publicatio* cuando el Estado se reserva la propiedad o titularidad de dichos bienes al declararlos como del dominio público.

El Código Civil, en efecto, clasifica los bienes según las personas a quienes pertenecen, indicando que "pertenecen a la Nación, a los Estados, a las Municipalidades, a los establecimientos públicos y demás personas jurídicas y a los particulares" (art. 538).

Todos esos bienes, en general, de acuerdo con el Código Civil, se rigen por el régimen regulado en el mismo Código respecto de la propiedad privada, que incluso se aplica a los bienes del "dominio privado" del Estado (art. 544: "Las disposiciones de este Código se aplicarán también a los bienes del dominio privado, en cuanto no se opongan a las leyes especiales respectivas"), quedando exceptuados sin embargo, aquellos bienes pertenecientes a las entidades públicas, respecto de los cuales se haya producido una "*publicatio*" al haber sido reservados al Estado, al declráraselos como del dominio público, lo que implica que los mismos son inalienables e imprescriptibles (art. 543 CC.), encontrándose en consecuencia sometidos a un régimen de derecho público.

La enumeración clásica de bienes del dominio público en el Código Civil establecida desde finales del siglo XIX, que se refiere a "los caminos, los lagos, los ríos, las murallas, fosos, puentes de las plazas de guerra y demás bienes semejantes" (art. 539), se complementó durante el transcurso del siglo XX con nuevas regulaciones en leyes especiales, como la Ley Orgánica de Bienes Públicos de 2012, reformada en 2014[44] y con la previsiones constitucionales incorporadas en la Constitución de 1999, respecto de los yacimientos mine-

[44] Véase en *Gaceta Oficial* N° 6155, de 19 de noviembre de 2014. Véase también sobre esta Ley: Allan R. Brewer-Carías, *Código de Derecho Administrativo*, Editorial Jurídica Venezolana, Caracas 2013 páginas 115 ss.

ros que se declaran expresamente como bienes del dominio público. En esa misma línea, la Ley de Minas de 1999 estableció que "las *minas o yacimientos* minerales de cualquier clase existentes en el territorio nacional pertenecen a la República, son bienes del dominio público y por tanto inalienables e imprescriptibles."

Todos los bienes del dominio público, por tanto, están reservados al Estado, y los mismos se clasifican en el Código Civil, como de uso público o de uso privado de los entes públicos del Estado (art. 540). Los primeros abarcan aquellos bienes de uso común a los que el público en general puede acceder aun cuando existan regulaciones estatales para su ejercicio, por ejemplo, el poder circular en las vías públicas o navegar en las aguas.

Los bienes del dominio público de uso privado del Estado, por otra parte, son aquellos respecto de los cuales el Estado se ha reservado su uso y explotación, no teniendo las personas derecho de uso de los mismos, como es el caso, por ejemplo, del uso y explotación de los yacimientos mineros, salvo cuando el Estado le concede a los particulares el ejercicio exclusivo de esas actividades que se ha reservado, mediante el otorgamiento de una concesión, *creando* en cabeza del concesionario a través de esa figura jurídica el derecho que se le concede y que antes no tenía.

V. SOBRE LA NOCIÓN DE ORDEN PÚBLICO Y LOS CONTRATOS PÚBLICOS

Por último, otra noción fundamental en el cambo del derecho público o privado, particularmente relacionado también con la contratación pública, es la noción de "orden público" que en el ordenamiento jurídico venezolano se refiere a la condición que tienen determinadas previsiones legales que por su contenido y significación para el orden jurídico, son de aplicación inmediata, de carácter mandatorio e imperativo, incluso para contratos existentes, y que no pueden en forma alguna relajarse o modificarse por convenios entre particulares. De allí la previsión del artículo 6 del Código Civil, que dispone que "no pueden renunciarse ni relajarse por convenios particulares las leyes en cuya observancia están interesados el orden público o las buenas costumbres."

Este concepto de normas de orden público se aplica por tanto a disposiciones legales que conciernen al orden legal general e indispensable para la existencia de la propia comunidad, o que conforman la estructura básica de la sociedad, o que establecen limitaciones a la libertad económica como la propia libertad de contratar (lo que sólo puede hacerse mediante ley formal), como por ejemplo, en materia de derecho público general, son las que establecen competencias o atribuciones de los entes y órganos del Estado, entre ellas las competencias de los jueces, aquellas que conciernen, por ejemplo, a los poderes tributarios de las entidades públicas, al debido proceso de garantías legales o las que se refieren a la inalienabilidad de bienes del Estado, como son los del dominio público, todas las cuales son de aplicación obligatoria y ninguna de las cuales puede relajarse por convenios entre particulares[45]. En el campo del derecho privado, por otra parte, que fue donde se originó el concepto, se consideran como normas en las que está interesado el orden público, todas las relativas al estado de las personas, como por ejemplo, las relativas al matrimonio, la patria potestad, el divorcio o la adopción.[46]

Como lo explicó Joaquín Sánchez-Covisa:

> "Las *normas de orden público* son aquellas normas que encarnan en un momento dado el concepto objetivo de justicia que rige en una colectividad humana. Al establecer una norma de orden público, el Estado determina el "deber ser" forzoso e imperativo que exige en ese momento la conciencia jurídica colectiva. Es por eso que tales normas no pueden ser renunciadas ni relajadas por convenios entre particulares. En tal sentido, el deber de fidelidad entre los cónyuges, la indemnización de los accidentes profesionales o el pago de impuestos no pueden ser relajados por la voluntad de los particulares. Son normas de orden público y, en cuanto tales, representan la idea de lo objetivamente justo en una comunidad jurídica de nuestros días."[47]

Conforme a este concepto, el mismo Sánchez-Covisa argumentó que "la puesta en vigor de una norma de orden público significa que un nuevo concepto objetivo de justicia es exigencia imperiosa de la colectividad en un de-

---

45 Por ejemplo, en la Decisión No. 276 de la Sala de Casación del Tribunal Supremo de Justicia del 31 de Mayo de 2007, se considera como norma de orden público no es cualquiera, sino las de *orden público constitucional* en relación con la garantía del debido proceso y del derecho a la defensa que son las que con razón se consideran en la sentencia como de orden público, y respecto de las cuales en la misma se afirma que: "el concepto de orden público representa una noción que *cristaliza todas aquellas normas de interés público que exigen observancia incondicional,* y que no son derogables por disposición privada. La indicación de estos signos característicos del concepto de orden público, esto es, la necesidad de la observancia incondicional de sus normas, y su consiguiente indisponibilidad por los particulares, permite descubrir con razonable margen de acierto, cuándo se está o no en el caso de infracción de una norma de orden público" (Véase en http://historico.tsj.gob.ve/ decisiones/scc/mayo/RC-0276-310502-00959.HTM).

46 Véase Allan R. Brewer-Carías, *Contratos Administrativos,* en Allan R. Brewer-Carías, *Contratos Administrativos. Contratos Públicos. Contratos del Estado,* Editorial Jurídica Venezolana, Caracas 2013, pp. 316-323.

47 Véase Joaquín Sánchez-Covisa, *La vigencia temporal de la Ley en el ordenamiento jurídico venezolano,* Academia de Ciencias Políticas y Sociales, Caracas 2007, p.179. En este mismo sentido, Francisco López Herrera, citando a Henri Lepge (*Traité Élementaire de Droit Civil Belge,* Bruilant, Bruxelles, 1941-1949, Vol. I, o. 101), "declaró que "las disposiciones y leyes de orden público son las que se refieren a los intereses esenciales del Estado que afectan a la colectividad, o que fijan en el derecho privado el fundamento jurídico fundamental basado en el orden económico y moral de una sociedad determinada. Para determinar a una provisión como de orden público, es necesario analizar en cada caso, el espíritu de la institución y examinar qué y por qué tiene relación con las demandas esenciales de la colectividad o la base fundamental del derecho privado." Véase Francisco López Herrera, *La nulidad de los contratos en la legislación civil de Venezuela,* Caracas 1952, p. 96.

terminado sector de la vida social, o sea, que es un concepto definido del interés colectivo que rige en las materias afectadas por la norma en cuestión."[48]

Dentro de estas disposiciones de orden público se mencionan, por ejemplo, las que "regulan la duración de la jornada de trabajo, la tarifa de transporte o la participación del empleado en las utilidades de la empresa,"[49] siendo así la "naturaleza de la provisión" el único aspecto que permite calificar una disposición como de "orden público" y por lo tanto de aplicación obligatoria.[50] Entre esas normas de orden público, en el ámbito del derecho público, están, como antes se ha indicado, las disposiciones de las leyes en las cuales se atribuyen competencias a los órganos o entes de la Administración Pública, por lo que por ejemplo, el artículo 26 de la Ley Orgánica de la Administración Pública,[51] al regular el principio de la competencia dispone que:

> "Artículo 26. Toda competencia atribuida a los órganos y entes de la Administración Pública será de obligatorio cumplimiento y ejercida bajo las condiciones, límites y procedimientos establecidos; será irrenunciable, indelegable, improrrogable y *no podrá ser relajada por convención alguna,* salvo los casos expresamente previstos en las leyes y demás actos normativo".

Ahora bien, aplicando estos conceptos al ámbito de los contratos, incluyendo los contratos públicos, los mismos entonces se rigen fundamental-mente por lo acordado por las partes en sus cláusulas, siéndoles aplicable las normas del Código Civil y de las demás leyes que rigen por ejemplo determinados sectores de actividad, o en general a los contratos públicos, en forma supletoria, salvo que contengan disposiciones de orden público en cuyo caso las mismas son de aplicación obligatoria en los contratos sin que las partes puedan relajarlas mediante convención. Por ello, es obligación de las partes en los contratos, identificar las normas de orden público que puedan estar establecidas en los textos de las leyes que puedan ser aplicables a la relación contractual, y que no pueden comprometerse mediante cláusulas contractuales, siendo absolutamente excepcional el que la totalidad de las disposiciones de una Ley sean declaradas expresa y globalmente como de orden público.

Una excepción en Venezuela fue, por ejemplo, la Ley de Precios Justos se 2014[52], en cuyo artículo 2 se dispuso que "Las disposiciones de la presente Ley son de orden público e irrenunciables por las partes;" y de la Ley Orgánica que reserva al Estado bienes y servicios conexos a las actividades primarias de Hidrocarburos de 2009 en cuyo artículo 7 se estableció que "Las

48 *Idem,* p, 180.

49 *Idem,* p. 185.

50 *Idem,* p. 206.

51 Véase en *Gaceta Ofiical* No. 6147 de 17 de noviembre de 2014.

52 *Gaceta Oficial,* N° 40.340 de 23-01-2014

disposiciones de la presente Ley son de orden público y se aplicarán con preferencia a cualquier otra disposición legal vigente en la materia."[53]

En el caso del régimen de los contratos públicos, la Ley de Contrataciones Públicas de 2014,[54] como cuerpo normativo que se aplica a todos los contratos públicos que tienen por objeto la adquisición de bienes, la prestación de servicios y ejecución de obras (art. 1) celebrados por los entes públicos que se enumeran en la misma (art. 3), no contiene alguna declaración similar de carácter general que declare que todas sus disposiciones son de orden público, lo que no excluye por supuesto que la misma contenga algunas disposiciones que pueden considerarse como de orden público, como lo son las relativas a los procesos de selección de contratistas para adjudicación de contratos, o aquellas que por referirse a competencias del poder público atribuidas a los órganos o entes públicos, son de obligatoria aplicación.

Es decir, la Ley de Contrataciones Públicas en su globalidad no es una ley de orden público, ni así ha sido declarada en su texto, ni en el artículo 1° de la misma se ha declarado que todas sus normas sean de "obligatorio cumplimiento." La última frase del artículo 1°, que declara mandatorios los "procesos" regulados en la Ley, que se agregó en la reforma de la Ley sancionada en 2014, debe considerarse sólo como una ratificación de que las disposiciones de la ley que se refieren a los "procesos de adjudicación de contratos o selección de contratistas" si son obligatorias, y que se refiere al aspecto medular que dio origen a la Ley.

En efecto, desde la promulgación de la Ley de Licitaciones en 1990,[55] que fue sustituida por la Ley de Contrataciones Públicas dictada en 2008,[56] el propósito del legislador fue básicamente regular los procesos de selección de contratistas para la adjudicación de los contratos públicos, habiendo la nueva Ley continuado básicamente regulando dichos procesos, casi exclusivamente. Por ello, al comentar dicha Ley de Contrataciones Públicas de 2008, expresamos que:

> "a pesar de su nombre, la Ley ni regula todos los contratos estatales, ni regula la actividad de contratación pública en general de los entes públicos ni de las Administraciones Públicas (nacional, estadal y municipal). En realidad, sigue siendo, con alguna modificación, una Ley de limitado alcance, destinada básicamente a regular el procedimiento de selección de contratistas (licitación) y respecto de ciertos (no todos) los contratos públicos.

---

53 *Gaceta Oficial* N° 39.173 de 7 de mayo de 2009

54 Gaceta Oficial N° 6.154 Extra. de 19 de noviembre de 2014

55 *Gaceta Oficial*, N°39.181 del 19 de mayo de 2009

56 La última reforma fue publicada en *Gaceta Oficial*, N° 5.556 Extra. de 13 de noviembre de 2001

Por ello, la única Ley precedente que deroga expresamente esta nueva Ley es la vieja Ley de Licitaciones, por lo que en su parte medular, sigue siendo un cuerpo normativo destinado a regular el régimen de selección de contratistas (art. 36 a 92) en ciertos contratos públicos."[57]

La reforma de dicha Ley de 2014, como se expresó en la Exposición de Motivos de la misma que la precede en la publicación en la *Gaceta Oficial,* estuvo motivada por la preocupación sobre la persistencia de "algunas deficiencias significativas *en los procesos,*" y el propósito de reforzar los procesos de adjudicación de contratos y selección de contratistas de conformidad con las disposiciones de la Ley. Por ello, sin duda, el propósito de la introducción en el texto de la reforma de la Ley en 2014, de la última frase del artículo 1°, era ratificar el carácter de "obligatorio cumplimiento" de "los procesos referidos en la Ley" que no son otros que los destinados a la adjudicación de contratos y selección de contratistas (concurso abierto, concurso cerrado, contratación directa, contratación electrónica).

Esos procesos de selección de contratistas, y no la totalidad de los artículos y previsiones de la ley, son los que el legislador quiso reforzar en su imperatividad al ratificar que son de obligatorio cumplimiento. Los mencionados procesos fueron establecidos desde la promulgación de la *Ley de Licitaciones* de 1990 y luego, como se dijo, incorporados en el texto de la Ley de Contrataciones Públicas del 2008, indicando igualmente su carácter de obligatorio cumplimiento. Por lo tanto, la reforma de 2014, con el agregado de la mencionada última frase del artículo 1°, en realidad no innovó en nada, sino que ratificó el carácter de los procesos de selección de contratistas como de cumplimiento obligatorio.

Pero además de las previsiones de la Ley relativas a los procesos de selección de contratistas, en la Ley de Contrataciones Públicas también se han regulado expresamente diversas potestades de la Administración contratante en relación con todos los contratos públicos, como por ejemplo, las potestades de modificación unilateral de las condiciones de ejecución de las prestaciones objeto del contrato (arts. 130, 131); de sancionar las faltas del contratante (Art. 139), y de rescisión unilateral del contrato (Art. 127; arts. 152 ss.).[58] Dichas prerrogativas o poderes extraordinarios de la Administración contratante, deben considerarse como previsiones de orden público, in-

57 Véase Allan R. Brewer-Carías, "Ámbito de aplicación de la Ley de Contrataciones Públicas," en Allan R. Brewer-Carías *et al.*, *Ley de Contrataciones Públicas*, Editorial Jurídica Venezolana, Caracas 2008, pp. 11-12.

58 Véase Carlos García Soto, "Posición de la Administración en su actividad contractual. El caso de la ley de Contrataciones Públicas y su reglamento," en Allan R. Brewer-Carías et al., *Ley de Contrataciones Públicas,* Editorial Jurídica Venezolana, Caracas 2012, pp. 198 ss.; y José Ignacio Hernández, "El contrato administrativo en la Ley de Contrataciones Públicas venezolana," en Allan R. Brewer-Carías, et al., *Ley de Contrataciones Públicas,* Editorial Jurídica venezolana, Caracas 2012, pp. 184-186.

dependientemente de que puedan ser objeto de regulación en las cláusulas de los contratos públicos, como sucede con frecuencia.

Por último, debe precisarse que como solo en las leyes se pueden establecer previsiones de orden público, por tratarse de disposiciones limitativas a la libertad de contratar, que es manifestación de la libertad económica, las mismas en ningún caso podrían establecerse en reglamentos, como por ejemplo el Reglamento de la Ley de Contrataciones Públicas, a cuyas normas en ningún caso podría atribuírseles el carácter de orden público.

New York, julio 2017

TERCERA PARTE

FORMAS DE ADQUISICIÓN DE LA PROPIEDAD PRIVADA POR PARTE DEL ESTADO

SECCIÓN CUARTA: *ADQUISICIÓN FORZOSA DE LA PROPIEDAD PRIVADA POR PARTE DEL ESTADO: EXPROPIACIÓN, REQUISICIÓN, REVERSIÓN, COMISO, CONFISCACIÓN, CESIONES OBLIGATORIAS, DECLARACIÓN DE DOMINIO PÚBLICO, NACIONALIZACIÓN* (1979)

TEXTO DE LA CONFERENCIA DICTADA EN LAS JORNADAS VENEZOLANO-ARGENTINAS DE DERECHO COMPARADO, INSTITUTO DE DERECHO COMPARADO, UNIVERSIDAD DE CARABOBO, VALENCIA, 29/06/1979. Y EN EL *SEMINARIO INTERNACIONAL SOBRE DERECHO URBANO*, ASOCIACIÓN COLOMBIANA DE INGENIERÍA SANITARIA Y AMBIENTAL, CALI 1994, PP. 191-245. EL TEXTO FUE PUBLICADO EN *REVISTA DE CONTROL FISCAL*, N° 94, CONTRALORÍA GENERAL DE LA REPÚBLICA, CARACAS 1979, PP. 61-84.

INTRODUCCIÓN

Además de las formas de adquisición de la propiedad de bienes previstas en el Código Civil, el Estado puede utilizar, para efectuar esa adquisición, formas reguladas por el derecho público. Estas, además de establecer potestades y privilegios a favor del Estado, se configuran como restricciones a la titularidad del derecho de propiedad de los administrados.

En efecto, las formas de adquisición de propiedad por parte del Estado reguladas por el derecho público implican, en general, la extinción de la propiedad privada sobre determinados bienes, que su titular debe traspasar al Estado forzosamente, mediando generalmente indemnización, salvo que la transferencia se imponga como sanción o provenga de un proceso de reversión, esté prevista como una contribución en especie de la propiedad al Estado o sea el resultado de un proceso de declaratoria general de bienes como del dominio público.

Tradicionalmente se han identificado las restricciones a la titularidad del derecho de propiedad, con la institución de la expropiación forzosa; pero en realidad, en el ordenamiento jurídico venezolano en especial pueden distinguirse las siguientes instituciones, además de la expropiación: la requisición; la reversión; las medidas punitivas o sancionatorias: el comiso, la demolición de inmuebles, la confiscación; y las cesiones obligatorias de la propiedad a entes públicos, como contribución en especie.

Estas las estudiaremos en una primera parte bajo el calificativo general de restricciones a la titularidad del derecho de propiedad.

Además, el ordenamiento venezolano admitiría otra forma de adquisición de la propiedad privada por el Estado, y que resultaría de la declaratoria general de bienes como del dominio público, lo cual estudiaremos en una segunda parte.

Por último; en la tercera parte, analizaremos la figura de la nacionalización, como forma de adquisición de bienes por el Estado, con especial referencia a la nacionalización petrolera.

II. LAS ADQUISICIONES DE PROPIEDAD POR EL ESTADO QUE IMPLICAN RESTRICCIONES A LA TITULARIDAD DEL DERECHO DE PROPIEDAD PRIVADA.

1. LA EXPROPIACIÓN

La Corte Suprema de Justicia en sentencia del 24 de febrero de 1965, ha definido a la expropiación como "una institución de derecho público, mediante la cual la administración, para el cumplimiento de fines públicos, logra coactivamente la adquisición de bienes muebles o inmuebles, siguiendo un procedimiento determinado y pagando una justa indemnización ... Como presupuestos constitucionales de la expropiación se establecen: la existencia de causas de utilidad pública o de interés social; un procedimiento judicial determinado; y el pago de una justa indemnización. Tales formalidades revisten al instituto de las debidas garantías, y la diferencia plenamente de la confiscación, figura de naturaleza punitiva, prohibida expresamente por el artículo 102 de la Constitución."[1]

La legislación sobre la expropiación, cuya evolución ya fue mencionada, no sólo regula el ejercicio por el Estado de una potestad pública —la potestad expropiatoria—, sino además, y en vista de que el ejercicio de la misma incide sobre un derecho garantizado constitucionalmente, regula las garantías necesarias para que esa potestad no atropelle el derecho individual.

En esta regulación se pueden apreciar claramente los dos extremos entre los cuales se mueve el derecho administrativo: potestad pública, por una parte; y garantía de los derechos de los particulares.

En efecto, en primer lugar debe señalarse, en cuanto a la potestad pública o a la regulación del ejercicio de la misma por parte del Estado que la Ley de Expropiación consagra la posibilidad para el Estado de apoderarse de determinados bienes de los particulares, para determinados fines, en forma coactiva o forzosa, cuando exista alguna resistencia de parte de los particulares,

---

1 *V.* en *Gaceta Oficial* N° 27676 de 24-2-65.

en virtud de los diversos intereses que surgen con motivo de la realización de obras de utilidad pública o actividad de interés social que el Estado pretenda ejecutar. Esa expropiación o ese apoderamiento forzoso de los bienes por parte del Estado procede, tal como expresamente la jurisprudencia venezolana lo ha calificado, "por las buenas o por las malas."[2] Por ello, decretada la expropiación, es decir, ejercida la potestad expropiatoria por parte del Estado, los particulares no pueden discutir la expropiación misma, los particulares no pueden discutir si realmente el Estado necesita o no aquellos bienes. Lo único que pueden discutir y exigir es la garantía a ser debidamente compensados por la lesión que se produzca a sus derechos, y la discusión no puede incidir sobre el ejercicio mismo de la potestad expropiatoria, la cual, una vez que se ejerce, es irreversible. Lo único que puede discutirse en el juicio expropiatorio, por tanto, no es la procedencia o no de la expropiación, sino el monto de la compensación que por el derecho lesionado debe pagar el Estado al particular (Art. 101 de la Constitución, 547 del Código Civil y 3 de la Ley de Expropiación por causa de utilidad pública social).

Por otra parte, la regulación en una Ley de una potestad pública de tal importancia que permite al Estado lesionar uno de los derechos que la propia Constitución consagra, ha implicado generalmente que el Legislador, en las legislaciones sobre expropiación, haga intervenir para el correcto ejercicio de esta potestad por parte del Estado, a todos los poderes públicos. En efecto, en materia expropiatoria no sólo interviene el Poder Ejecutivo cuando decreta la expropiación de determinados bienes, sino que fundamentalmente la Ley exige la intervención previa del Poder Legislativo y posterior del Poder Judicial. La garantía del derecho de propiedad y la lesión producida a este derecho, hace que el Legislador exija que todas las instituciones y Poderes del Estado intervengan en el procedimiento. En primer lugar, el Poder Legislativo al declarar la utilidad pública o el interés social de la actividad que conlleva la expropiación, declaratoria que se reserva generalmente al legislador hasta el punto de que el Poder Ejecutivo no puede juzgar cuando hay utilidad pública o interés social en una actividad pública, sino que ésta solo puede ser declarada por la Ley (Arts. 3 y 10 y ss. de la Ley de Expropiación por causa de utilidad pública o social).

En segundo lugar, la intervención del Poder Ejecutivo, pues se exige que para que se ejecute la expropiación es necesario un acto de la autoridad ejecutiva, que determine cuáles bienes van a ser expropiados para alcanzar los fines de utilidad pública o interés social que la ley establece (Arts. 3 y 5). En tercer lugar, la intervención del Poder Judicial, lo que configura la garantía judicial necesaria, debido a la lesión del derecho del particular. En este sentido, cuando no hay posibilidad de llegar a un arreglo o convenio amigable con el particular, la autoridad administrativa no puede apoderarse

[2] *V.* sentencia de la Corte Federal y de Casación en Sala Federal de 14 de marzo de 1952, en *Gaceta Forense*, número 10, pp. 133 y 134.

simplemente de sus bienes, sino que necesariamente tiene que acudir a la vía judicial y solicitar por ante el Juez competente de Primera Instancia en lo Civil, la expropiación de la propiedad de determinados bienes del particular al Estado (Arts. 19 ss.).

Estos serían los aspectos resaltantes del primero de los elementos de una legislación sobre expropiación: el que regula el ejercicio de una potestad pública, en la cual intervienen todos los poderes del Estado y que implica que el ejercicio o esa potestad deba hacerse conforme a las normas que establece la Ley.

El segundo elemento de la expropiación, además de la potestad pública de expropiar, está constituido por la garantía del derecho de los particulares. En efecto, el hecho de que se otorguen al Estado determinadas potestades y el ejercicio de determinados poderes exorbitantes al derecho común que rige las relaciones entre particulares, no implica que éstos queden desasistidos frente al Estado. Al contrario, el legislador establece una serie de mecanismos para que el derecho del particular esté debidamente garantizado frente al ejercicio de esa potestad.

Ahora bien, esta garantía del derecho de los particulares que la legislación de expropiación establece, podemos clasificarla en tres grandes grupos: por una parte, una garantía jurídica; por otra parte, una garantía patrimonial; y en tercer lugar, una garantía de devolución. Las tres garantías están íntimamente conexas con la institución de expropiación.

En primer lugar, la garantía jurídica. El poder de expropiación, como ejercicio de una potestad pública, está circunscrito a una serie de normas legales. No es, por tanto, una vía de hecho.

No se trata del apoderamiento táctico de determinados bienes por parte del Estado, sino que se trata del apoderamiento de ciertos bienes particulares, pero conforme a una serie de normas de carácter jurídico que son el primer elemento de la garantía consagrada para los particulares. El despojo que se hace del bien particular, por tanto, no es un despojo ilegal, sino un despojo perfectamente legítimo dados los fines que tiene el Estado en un momento determinado y que, por tratarse de un despojo legítimo, debe cumplirse de acuerdo a una serie de normas legales (Art. 1).

En virtud de ello, al particular se le consagran, como protección de esa garantía, en primer lugar, la posibilidad de oponerse a esta expropiación (Art. 26). En este sentido, la principal causa de oposición a la expropiación es el alegato de que se haya producido una violación de ley, precisamente por la existencia de esta garantía jurídica. La otra causa de oposición se refiere, en particular, a la expropiación parcial, pero no incide ya directamente sobre la expropiación en sí misma. Por esto, la confirmación de esta garantía jurídica está en la oposición a la expropiación por violación de ley. Pero además debe destacarse que se otorgan al particular una serie de mecanismos para hacer efectiva esa garantía, hasta el punto de que se le dan posibilidades de ejercer acciones posesorias o petitorias en relación al despojo ilegítimo o ilegal que se haya hecho de sus bienes, declarándose además en la ley, como responsables, a los funcionarios y a los jueces que hayan intervenido en algún procedimiento expropiatorio en el cual no se hayan cumplido las normas legales. En esta forma se hace responsable no sólo al Estado, sino directamente a sus funcionarios (Arts. 4 y 55).

La segunda garantía, además de la garantía jurídica, es la garantía patrimonial. En efecto, si bien se otorga al Estado la posibilidad de apoderarse de determinados bienes particulares, esto no significa que los derechos del particular claudican totalmente ante el Estado, sino que en el lugar de su derecho de propiedad, que desaparece, surge un nuevo derecho, el derecho a ser indemnizado y, por tanto, a recibir una justa compensación. En torno a ello, la jurisprudencia en Venezuela reiteradamente ha considerado que este derecho sustitutivo debe ser, como su nombre lo indica, una justa compensación o indemnización, que no signifique ni enriquecimiento ni empobrecimiento para el expropiado, es decir, una indemnización que sustituya el derecho que ha sido lesionado por el ejercicio de la potestad expropiatoria.[3] La expropiación viene a ser entonces un mecanismo de conversión de derechos, del derecho patrimonial de carácter real por un derecho de crédito sobre una cantidad determinada de dinero, compensatoria de la situación anteriormente existente.

Pero las legislaciones de expropiación no sólo consagran estas dos garantías: la jurídica *y* la patrimonial, sino que también consagran una tercera garantía, que es consustancial a la finalidad que origina la expropiación y que es la llamada garantía de devolución.

En efecto, si la expropiación procede por causa de utilidad pública o de interés social, la legislación de expropiación, y ésta es la tendencia general en el derecho comparado, establece que cuando el bien que se expropia y del cual se despoja a un particular, no se destina por el Estado al fin de utilidad pública o de interés social que originó la expropiación, surge un derecho del particular a quien se le quitó su bien, de pedirle al Estado la devolución del bien que no ha sido utilizado para los autorizados fines de utilidad pública o de interés social.

En Venezuela, la legislación de expropiación tradicionalmente ha regulado, por una parte, la potestad expropiatoria y el ejercicio de ella por parte del Estado; y por la otra, las dos primeras garantías señaladas, la jurídica y la patrimonial: establece una serie de normas a las cuales debe ajustarse el ejercicio de la propiedad expropiatoria y establece las normas que buscan lograr la justa compensación o indemnización, es decir, la garantía patrimonial para el particular; pero la legislación de expropiación en Venezuela no ha re-

---

[3] *V.* sentencias de la Corte Federal y de Casación en Sala Federal de 12 de julio de 1943 y de 4 de mayo de 1948, en *Memoria 1944*, tomo I, p. 22 y en *Compilación Legislativa de Venezuela*, 1948 1949, anuario 1948, pp. 771 y 772).

cogido este tercer elemento que configura la garantía de devolución, pues no consagra un derecho preferente del particular a readquirir su bien cuando no ha sido destinado al fin para el cual el Estado ejecutó la expropiación, salvo cuando el Estado decida voluntariamente enajenarlo, en cuyo caso, el particular sólo tendría un derecho a readquirir prioritariamente la propiedad de ese bien en las nuevas condiciones de enajenación que existan en el momento en que ésta se produzca (Art. 46).

Además de las normas contenidas en la Ley de expropiación, algunas leyes especiales han establecido normas particulares: la Ley sobre Derecho de Autor, por ejemplo, en relación a la expropiación de creaciones del intelecto y la Ley de Propiedad Industrial, en relación a la expropiación de invenciones o signos distintivos; la Ley de Reforma Agraria de 1960, en relación a la expropiación agraria; y las leyes de reserva al Estado de la industria de la explotación del mineral de hierro de 1974, y de la industria y el comercio de los hidrocarburos de 1975, en relación a la nacionalización de las empresas mineras y de hidrocarburos.

2. La requisición

La requisición consiste en el apoderamiento por el Estado, por razones militares y de seguridad, de bienes muebles de los particulares, generalmente indeterminados y fungibles, mediando indemnización. Se distingue de la expropiación en que sólo procede respecto de bienes muebles, generalmente, sin identificación precisa, salvo su clase y en que no está previsto un procedimiento judicial previo. El motivo de la requisición siempre es de carácter urgente, por eso el procedimiento es meramente administrativo, y en general de orden militar.

En efecto, en Venezuela, la Ley Orgánica de las Fuerzas Armadas Nacionales establece expresamente que "en caso de guerra, el Ejecutivo Federal tendrá la facultad de requisicionar los elementos de propiedad particular que puedan ser utilizados en la defensa nacional "(Art. 450). La Ley, por otra parte, considera elementos requisables" aviones, armas, pólvora y explosivos, municiones; víveres, forrajes, reses y cuantos artículos sean necesarios para la alimentación de los hombres y ganado; automóviles, camiones y carruajes de toda clase; máquinas, elementos para alumbrado combustibles, herramientas, gasolina, petróleo y sus derivados; buques, animales de silla, de tiro y de cargar, monturas y aparejos; drogas, y en general, cuantos elementos sean necesarios a las FF.AA.NN. en Campaña, a juicio del Ejecutivo Nacional" (Art. 453).

Toda prestación derivada de una requisición militar da derecho a una indemnización del bien requisicionado, fijada por peritos y cancelada por el Estado (Art. 451).

Las previsiones anteriores han sido complementadas por la Ley Orgánica de Seguridad y Defensa de 1976, que permite al Presidente de la República, declarado el estado de emergencia, "ordenar la requisición de los bienes necesarios para la defensa nacional" (Art. 31). La Ley señala, en todo caso, que "terminado el estado de emergencia se restituirán los bienes requisados a sus legítimos propietarios, en el estado en que se encuentren, sin perjuicio de la indemnización debida por el uso o goce de los mismos. En los casos en que los bienes requisados no pudieren ser restituidos, o se trate de bienes fungibles o perecederos, se pagará el valor total de dichos bienes calculados combase en el precio que los mismos tenían en el momento de la requisición" (Art. 32).

En todo caso, debe señalarse que la institución de la requisición, en Venezuela, no ha sido prevista con claridad, sino en el orden militar.

La figura de las requisiciones civiles, consagradas en otras legislaciones en relación a bienes de primera necesidad que son objeto de acaparamiento y especulación, no se ha recogido en nuestro país.

En efecto, la Ley contra el acaparamiento y la especulación de 1947, al considerar esas acciones como delito, atribuye a los jueces penales "la ocupación de las mercaderías" y la facultad de disponer "su venta inmediata al precio regulado" por intermedio de las autoridades de protección al consumidor (Art. 6). No queda claro de esta regulación, la naturaleza jurídica del apoderamiento forzoso de los bienes: si el monto de la venta ingresa al Tesoro Nacional, como en efecto debe suceder, en realidad se trata de una medida punitiva, dado el origen penal de la misma, y en realidad se trataría de la figura del comiso que se verá más adelante; si el monto de la venta se abonara al infractor se trataría de una indemnización y la figura se asemejaría a la requisición.

3. La reversión

La tercera de las instituciones que permiten al Estado el apoderamiento forzoso de bienes de los particulares por razones de interés general, es la reversión, que se distingue de las anteriores en que no da derecho a indemnización a pesar de que no tiene carácter punitivo.

En efecto, es un principio general de las concesiones administrativas el hecho de que una vez terminada la concesión, el concesionario debe traspasar los bienes afectos a la concesión al Estado, sin indemnización; y el fundamento de esta institución se considera que está en la naturaleza misma de la concesión: mediante ella, el Estado traspasa al particular concesionario, un privilegio para realizar una actividad que aquél generalmente se ha reservado para sí, y la compensación por haber ejercido ese privilegio en base a un acto del Estado es que al concluir la concesión, reviertan a él todos los bienes afectos a la concesión.

En el ordenamiento jurídico venezolano, la figura de la reversión se acogió por primera vez en el orden constitucional, en el texto de 1947 respecto de las concesiones mineras y de hidrocarburos; y además, se consideró siempre como una institución vinculada a la concesión. El principio de la reversión se recoge también en la Constitución vigente de 1961, también en relación a las concesiones mineras y de hidrocarburos, aún cuando el texto constitucional, parece concentrar sus efectos, a "las tierras adquiridas con destino a la exploración o explotación" de dichas concesiones (Art. 103). A pesar de ello, la interpretación, que le ha dado la Corte Suprema a esta previsión constitucional de la reversión, ha sido de carácter amplio.

En efecto, sobre la reversión, la Corte Suprema de Justicia, en Sentencia de 3 de diciembre de 1974 dictada con motivo de la impugnación de la Ley sobre Bienes Afectos a reversión en las concesiones de Hidrocarburo", señaló lo siguiente:

> "Cuando los concesionarios se adhieren al estatuto legal, la ley que impone la reversión, están aceptando explícitamente e implícitamente que al extinguirse la concesión por cualquier causa, los bienes integrantes de la concesión pasarán al Estado sin indemnización alguna; de manera que, la cláusula de reversión llega a ser, por este medio, un complemento del estatuto legal del concesionario y así expresa un comentarista refiriéndose a la reversión: "es inherente a la figura de la concesión; en verdad no podemos concebir dentro de nuestro régimen legal imperante para los minerales e hidrocarburos, que la concesión no tenga un límite predeterminado y no se opere *ope legis* la reversión' . Por ello, no se explica la contradicción en que incurren los demandantes aceptando por una parte las disposiciones: artículo 103 de la Constitución Nacional y 80 de la Ley de Hidrocarburos, por las cuales queda establecida la reversión, e impugnando la Ley que la regimenta, cuando ambas leyes contemplan e! traspaso de los bienes al Estado sin indemnización alguna al extinguirse la concesión y es evidente también que tanto la confiscación por la cual se incautan determinados bienes de una persona sin indemnización alguna, como la expropiación, que supone un procedimiento especial mediante indemnización, son figuras distintas a la reversión, en virtud de la cual los bienes pertenecientes al concedente, como los del concesionario, afectos a la concesión vuelven a manos de aquél cuando por cualquier causa la concesión llega a su fin." [4]

En todo caso, debe señalarse que a nivel legislativo, el principio de la reversión en las concesiones ha sido tradicionalmente acogido. En efecto, en materia de hidrocarburos, en la Ley Hidrocarburos de 1943 y en todas sus reformas posteriores, se estableció expresamente que al vencimiento de las concesiones "la Nación readquirirá, sin pagar indemnización alguna, las parcelas concedidas y se hará propietaria, del mismo modo, de todas las obras permanentes que en ellas se hayan construido" (Art. 80). En 1971, mediante la ley sobre bienes afectos a reversión

---

4 V. *Gaceta Oficial* N° 1718 Extr. 20175, pp. 22 y 23.

en las concesiones de hidrocarburos (*Gaceta Oficial* Nº 29.577 de 6-8-71), próxima la fecha de vencimiento de las concesiones de hidrocarburos, se reguló la figura de la reversión.

Dicha ley, en efecto, determinó el ámbito de los bienes reversibles en los siguientes términos: "Tierras, obras permanentes, incluyendo instalaciones, accesorios y equipos que formen parte integral de ellas; y los otros bienes adquiridos con destino o afectos a los trabajos de exploración, explotación, manufactura, refinación o trasporte en las concesiones de hidrocarburos", y además, salvo prueba en contrario, "cualesquiera otros bienes corporales e incorporales adquiridos por los concesionarios" (Art. 1); y precisó que dichos bienes "pasan al patrimonio nacional, libres de gravámenes y cargas y sin indemnización alguna, al extinguirse por cualquier causa las concesiones respectivas" (Art. 2). Como consecuencia, la ley estableció una obligación a los concesionarios de conservarlos y mantenerlos en comprobadas condiciones de buen funcionamiento (Arts. 2 y 4), y atribuyó al Ejecutivo Nacional amplias facultades de inspección y control.

Posteriormente, la Ley que reserva al Estado la industria y el comercio de los Hidrocarburos de 1975, nacionalizó la industria, dando por terminadas, anticipadamente, las concesiones de hidrocarburos, con lo cual las normas de la Ley sobre bienes afectos a la reversión, en cuanto a tal, fueron inaplicables.

El principio de la reversión, en todo caso, ha sido acogido en otras leyes, como la Ley Forestal, de Suelos y Aguas desde 1965 respecto de las concesiones de aprovechamiento de aguas del dominio público (Art. 92); y en la Ley de Ferrocarriles de 1957, en la cual se precisó que "en el caso de concesiones extinguidas por vencimiento del término de su duración, según sus respectivos títulos, la Nación readquirirá sin pagar indemnización alguna, todos los derechos concedidos y se hará propietaria, del mismo modo, de todas las obras, material rodante, construcciones e instalaciones, efectuadas durante la concesión" (Art. 9).

4. Las medidas punitivas.

En todos los supuestos de extinción de la propiedad privada antes analizados, y que implican adquisición de la misma por el Estado, las medidas se adoptan por razones de utilidad o interés general, sin que estén motivadas por actividades ilegítimas o ilícitas de los propietarios afectados. Por otra parte, en la expropiación y la requisición, los propietarios tienen derecho a indemnización, lo cual no se plantea en la reversión, por tener ésta su fundamento en la Ley y en el contrato de concesión aceptado por el concesionario.

Pero no sólo el ordenamiento jurídico prevé las restricciones a la titularidad de la propiedad antes señaladas, sino que además establece algunas formas de extinción de la propiedad privada, sin indemnización, como consecuencia de una sanción que impone el Estado por las acciones ilegales de los propietarios. Entre estas restricciones se destacan el comiso, la demolición de inmuebles, y la confiscación. La primera y la última implican, en algunos casos la adquisición de la propiedad por parte del Estado.

A. *El comiso de bienes muebles*

El comiso es una forma de extinción de la propiedad privada sobre bienes muebles, que o pasan al patrimonio del Estado o son destruidos, por razones de orden público, y sin que medie indemnización alguna a favor de los propietarios afectados. Se trata, siempre, de una sanción administrativa, de una pena accesoria a la pena principal en materia penal o en sí, de una pena principal, aplicada con motivo de la comisión por parte del propietario, de una falta administrativa o de un delito. Sobre el comiso y su constitucionalidad la Corte Suprema de Justicia en Sala Político-Administrativa en Sentencia del 20 de diciembre de 1967 estableció lo siguiente:

> "El comiso es una sanción de carácter patrimonial aplicable con motivo de la realización de un acto ilícito; si el comiso implicara una expropiación practicada en forma distinta a la prevista por la ley, o a una confiscación de las prohibidas por la Constitución habría que llegar a la absurda conclusión, de que el comiso de los objetos con los cuales se perpetra un delito, o el objeto mismo del delito, como sucede en el contrabando, sería una medida inconstitucional." [5]

Diversas normas en el ordenamiento jurídico regulan el comiso. En primer lugar, como sanción de carácter administrativo, la Ley de Sanidad Nacional de 1938 autoriza al Ejecutivo Nacional a tomar "todas las medidas que crea necesarias" para prevenir o extinguir una enfermedad o combatir una epidemia, "incluso la ocupación temporal de la propiedad y hasta su destrucción" (Art. 17). En base a esta autorización legal, el Reglamento General de Alimentos de 1959 establece expresamente que "los alimentos que se ofrezcan al consumo infringiendo las disposiciones de este Reglamento serán decomisadas sin ninguna compensación" (Art. 44), y según los casos, podrán ser destruidos a costa del infractor (Art. 45).

Como pena accesoria a la pena principal, el Código Penal establece la "pérdida de los instrumentos o armas con que se cometió el hecho punible y de los efectos que de él provengan" (Arts. 10 y 33). En el caso de armas, estas "serán decomisadas" y pasadas al "Parque Nacional"; y los demás efectos también serán decomisadas y rematados para adjudicar su precio al Estado (Art, 33). Esto ha sido regulado con mayores precisiones de procedimientos en la Ley de bienes muebles recuperados por autoridades policiales de 8 de julio de 1966. En el primer caso, las disposiciones del Código Penal han sido complementadas con las de la Ley de Armas y Explosivos de 1939.

---

5 V. en *Gaceta Forense* N° 58, 1967 pp. 168 y 169.

Por último, como pena principal, el comiso ha sido establecido por infracción de leyes fiscales, conforme a lo previsto en la Ley Orgánica de la Hacienda Pública Nacional. Esta Ley precisa, en efecto, que "el comiso consiste en la pérdida de los efectos sujetos al pago de impuestos, de los vehículos en que se transporten, de los envases o recipientes que los contengan, y de las construcciones, instalaciones y equipos destinados especialmente para elaborar, recibir o depositar aquellos efectos, de acuerdo con la Ley especial que establezca la pena" (Art. 307), Conforme a estas previsiones, por ejemplo, el comiso, como pena no corporal, procede por el delito de contrabando previsto en la Ley de Aduanas (Art. 280 ss.).

B. *La Confiscación*

Por otra parte, dentro de las medidas restrictivas de la propiedad por razones de orden público, y que implican su transferencia forzosa al Estado, sin indemnización, está la figura de la confiscación. Se caracteriza por tratarse de una medida coactiva, que en general, afecta la totalidad o parte del patrimonio de una persona, sin distinción de que abarque bienes muebles o inmuebles.

Tradicionalmente prohibida en el ordenamiento constitucional venezolano (desde el. texto de 1830), en múltiples ocasiones se ha aplicado la confiscación por motivos militares, religiosos y políticos, y las mismas Constituciones han admitido excepciones a dicha prohibición.

El texto constitucional vigente de 1961, en este sentido si bien prohíbe que se decreten o ejecuten confiscaciones (Art. 102), prevé dos excepciones: respecto de los extranjeros, las medidas aceptadas por el derecho internacional; y respecto de las personas que se hayan enriquecido ilícitamente al amparo de la usurpación para resarcir a la República de los perjuicios que se le hayan causado (Art. 250).

5. Las cesiones obligatorias de la propiedad por razón de Urbanismo como contribución en especie

Además de todas las restricciones a la titularidad del derecho de propiedad que se han analizado anteriormente, el ordenamiento jurídico venezolano ha venido consagrando tradicionalmente otra, que consiste en cesiones obligatorias de parte de su propiedad, que un particular Urbanizador debe hacer a los entes públicos municipales, con el objeto de construir las calles y avenidas, y los parques, plazas y jardines públicos; así como a los entes nacionales de orden educacional, los inmuebles necesarios para escuelas. Es decir, se trata, siempre, de cesiones obligatorias y gratuitas de la propiedad de bienes que han de estar destinados o afectuados a un uso público.

En efecto, en las "Disposiciones generales sobre Urbanismo" de la Ordenanza sobre Arquitectura, Urbanismo y Construcciones en General del Distrito Federal, se establece expresamente que "Toda persona natural o jurídica, que se proponga urbanizar o parcelar debe fijar inicialmente un plazo máximo para la construcción de los servicios públicos y para la entrega a la Municipalidad de las avenidas, calles, plazas, ramales de cloacas, instalaciones de alumbrado público y demás construcciones que por su origen, naturaleza y destino no sean de propiedad particular sino que correspondan al uso público, así como también los acueductos y las fuentes que los alimentan, para que ella los administre como bienes del Municipio, sin que éste tenga que indemnizar nada al respecto".

Indudablemente que esta limitación de la propiedad particular, que afecta su misma titularidad, va más allá de las regulaciones y limitaciones al uso e inclusive de las obligaciones *non aedificandi*. Aquí se trata de una cesión obligatoria de parte de la propiedad privada a un ente público sin que medie el procedimiento expropiatorio —tradicional forma de cesión forzosa de la propiedad privada a los entes públicos de acuerdo a nuestra Constitución— y sin indemnización alguna. El fundamento de estas cesiones forzosas, que configuran una de estas restricciones a la propiedad previstas en la Constitución es indudable que debe situarse en una especie de contrapartida debida por el urbanizador, por el mayor valor que el proceso de urbanización o parcelamiento dará al suelo urbano; se trata, en definitiva, de una contribución en especie, mal regulada, como tal, en el ordenamiento urbanístico. Sin embargo, este fundamento es, indudablemente, la única forma de mantener una adecuación a la Constitución de dicha norma.

En efecto, al autorizarse la construcción de una urbanización o el desarrollo de un parcelamiento, es indudable que el valor del suelo urbano propiedad del urbanizador aumentará considerablemente, No existiendo en nuestra legislación urbanística contribuciones especiales por plusvalía —salvo la prevista en la Ley de Expropiación por causa de utilidad pública o interés social en los casos de expropiaciones para la construcción de obras públicas— una vía indirecta adoptada por el legislador municipal para hacer contribuir hacia fines públicos parte de dicho valor, es la imposición al propietario de la urbanización de dos obligaciones fundamentales: En primer lugar, la de correr con el costo de la urbanización, pues es el propietario urbanizador quien deberá construir, a sus expensas, todos los elementos esenciales de carácter público de la urbanización (por ejemplo, calles, avenidas, plazas, instalaciones para la distribución de aguas blancas y para la distribución de aguas blancas y para la recolección de aguas negras y de lluvia; e instalaciones para la prestación del servicio de alumbrado público, para la distribución de energía eléctrica y para el servicio de teléfonos); y en segundo lugar, la cesión obligatoria y gratuita a la Municipalidad, de los bienes del dominio público municipal (calles, avenidas, plazas y jardines públicos) o afectados a los servicios públicos (colectores de aguas negras y de lluvia, y de cables para los servicios de teléfonos y electricidad, por ejemplo).

Este principio de la cesión obligatoria de terrenos de propiedad particular al Municipio como mecanismo indirecto de contribución al interés público debido al mayor valor que el proceso de urbanización reporta al particular, sólo regulado parcialmente en el derecho venezolano, ha sido objeto de regulaciones precisas en recientes legislaciones urbanísticas como la contenida en la Ley de Régimen de Suelo Española. Dicha Ley expresamente señala que "los propietarios de fincas emplazadas en sectores que fueren objeto de urbanización deberán subvenir a la misma en justa compensación a los beneficios que su ejecución habrá de reportarles, mediante la cesión de terrenos libres de gravámenes y coceamiento de las obras; del modo y en la proporción establecidos al regular cada sistema de ejecución de los planes..."(Art. 114), aclarando, además, que "el terreno vial que los propietarios habrán de ceder gratuitamente será para cada manzana el correspondiente a la mitad de la anchura de la vía pública en todo el frente de su alienación" y que "el terreno destinado a parques y jardines públicos, de aportación obligatoria para los propietarios, será igual al que represente una décima parte de la superficie edificable del sector para cuyo servicio se establezca" (Art. 115).

En el sistema italiano también se regula la "cesión gratuita" de los terrenos necesarios para obras de urbanización primaria (vías residenciales, espacios para estacionamiento y aparcamiento, alcantarillado, red de suministro de agua, red de distribución de energía eléctrica y de gas, alumbrado público, zonas verdes), en la Ley Urbanística del 17 de agosto de 1942 modificada por la del 6 de agosto de 1967 en concordancia con la Ley del 29 de septiembre de 1964.

A diferencia del sistema de cesiones obligatorias de terrenos en el sistema español e italiano, como mecanismos para hacer que la plusvalía que adquieren los inmuebles con motivo de la urbanización revierta a la comunidad, el sistema francés no establece nada al respecto, rigiendo el mecanismo expropiatorio para los casos en que deban afectarse determinados inmuebles a vías de comunicación públicas o a espacios libres o áreas de carácter público, previstos en los planes de urbanismos.

Una última consideración respecto de la cesión obligatoria de inmuebles de propiedad particular a la Municipalidad para su destino a bienes del dominio público en el Derecho Venezolano, y es la de la constitucionalidad de dicha medida. Ciertamente que la Constitución, al garantizar el derecho de propiedad, señala que en virtud de su función social (en este caso, función urbanística), está sometida a las limitaciones, restricciones, contribuciones y obligaciones establecidas por la Ley (Art. 99). Sin embargo, prohibida como está la confiscación, toda la cesión obligatoria del derecho de propiedad a un ente público debe hacerse a través del procedimiento expropiatorio, o de los otros admitidos por la Constitución o la Ley, es decir, mediante sentencia firme y el pago de una justa indemnización, salvo en los casos de reversión o de medidas sancionatorias. Por tanto, toda cesión obligatoria y forzosa de propiedad privada al Estado o a los entes públicos sin que medie indemnización y sin que se siga el procedimiento expropiatorio, sería inconstitucional. Las cesiones obligatorias, sin indemnización, de propiedad privada a la Municipalidad para la apertura de calles, plazas y avenidas y para el establecimiento de áreas verdes públicas, en tal sentido, podrían ser consideradas como inconstitucionales, y por tanto, los artículos 101 y 112 de la Ordenanza sobre Arquitectura, Urbanismo y Construcciones en general podrían considerarse como violatorios de los artículos 99 y 101 de la Constitución. El único argumento que permitiría mantener la constitucionalidad de dichas normas tendría que basarse en la cesión obligatoria de terrenos particulares a los entes municipales, como una forma indirecta de contribución en especie para hacer revertir a la colectividad —uso público— el mayor valor (plusvalía) que adquiere la propiedad del urbanizador por el hecho de la urbanización autorizada, por el ente municipal.

En términos generales puede señalarse que la figura de las cesiones obligatorias de propiedad privada a los entes públicos por razones urbanísticas, dado que el urbanismo ha sido una materia que carece, en Venezuela, de una normativa nacional, generalmente ha sido un fenómeno local.

Normalmente es a nivel de las Ordenanzas Municipales, tal como se ha visto anteriormente, que se regula la cesión de la propiedad privada, forzosa y gratuita, para la formación de bienes del dominio público: calles y áreas verdes.

Sin embargo, a nivel nacional, la Ley de Educación, desde 1955, ha establecido una cesión obligatoria de inmuebles de propiedad privada a la República para el establecimiento de escuelas, es decir, con fines educacionales, pero también dentro de procesos urbanísticos.

En efecto, el artículo 16 de la vigente Ley de Educación establece lo siguiente: "Las personas privadas que se ocupen, por cuenta propia, en la construcción de barrios o urbanizaciones, donarán a la Nación terrenos suficientes y adecuados para la edificación de escuelas y parques de recreo, en proporción a su población escolar y de conformidad con las Ordenanzas Municipales respectivas.

Los Organismos Oficiales que realicen labores similares a las expresadas en este artículo, estarán obligados, además, a construir, a sus expensas, locales apropiados para escuelas en la proporción correspondiente y de acuerdo con las normas que previamente fije el Ministerio de Educación".

Esta norma consagra, sin duda, una cesión obligatoria de propiedad privada a la República por razones de urbanismo y confines educacionales. Respecto a esta figura jurídica se pueden replantear todos los problemas jurídicos a que hemos hecho referencia anteriormente en relación a la cesión obligatoria de propiedad privada a entes municipales.

En efecto, ante todo, a pesar de que la Ley de Educación utilice el término, no estamos en presencia de una "donación". De acuerdo a los artículos 1431 y siguientes del Código Civil, la donación es esencialmente voluntaria, como todo contrato, y exige la presencia de un *animus donandi*, lo cual está ausente en la obligación establecida en la Ley de Educación. Por tanto, esta Ley lo que establece es una cesión obligatoria de propiedad privada a la República por razón de Urbanismo. Aquí también, para compaginar esta obligación que implica la extinción de la propiedad, con los dispositivos constitucionales, hay que entender que, en realidad, lo que establece la Ley es una contribución en especie de la propiedad privada por concepto de los beneficios que el Urbanizador tendrá con motivo del permiso de urbanización. Si se tratase de una donación convenida y aceptada por el propietario, el problema constitucional no se plantaría.

III LAS ADQUISICIONES DE PROPIEDAD POR EL ESTADO DERIVADAS DE LAS LIMITACIONES A LA APROPIABILIDAD DE BIENES POR LOS PARTICULARES (DECLARATORIA DEL DOMINIO PÚBLICO).

Paralelamente a las limitaciones a la propiedad, es decir, a las limitaciones a su ejercicio, y a las restricciones, obligaciones o contribuciones a las que está sometida, pueden identificarse en el ordenamiento jurídico, limitaciones a la apropiabilidad de bienes. En el primer caso, todas las limitaciones a la propiedad presuponen la existencia del derecho y lo limitan; en el segundo caso, en cambio, de lo que se trata es de la imposibilidad misma de la propiedad.

En efecto, si bien la Constitución consagra el derecho de propiedad, es necesario convenir en que no todos los bienes son susceptibles de apropiabilidad. Hay ciertos bienes que el Estado se ha reservado o que los ha considerado como del dominio público, que no pueden ser objeto de propiedad. En estos casos, por tanto, no puede hablarse, realmente de limitaciones a la propiedad, sino de limitación a la apropiabilidad de bienes.

Estas limitaciones a la apropiabilidad pueden presentarse en el ordenamiento jurídico con carácter general, como sería la declaratoria de cierto género de bienes, como del dominio público; o con carácter específico, como exclusiones particulares de la apropiabilidad, por ejemplo, respecto de cierta categoría de personas (extranjeros). Las primeras implicarían, en ciertos casos, la adquisición de bienes por parte del Estado, y a ellas es que queremos referimos.

En efecto, una típica limitación a la apropiabilidad de ciertos bienes tiene su origen en su declaratoria, mediante Ley, como del dominio público.

En efecto, frente a la garantía de la propiedad, la pregunta que debemos formulamos es ¿sobre qué bienes puede existir propiedad privada? ; o en otras palabras ¿cuál es el ámbito de la propiedad privada? ¿Esta es irrestricta y eterna? ¿se ejerce siempre, sobre todos los bienes o cosas existentes?; o ¿La Ley, como lo dice la Constitución, puede establecer restricciones al ámbito de la propiedad por razones de interés general?

Indudablemente, es el legislador quien determina el ámbito de la propiedad, es decir, es quien puede determinar qué bienes son susceptibles de ser de propiedad privada y cuáles no lo son; y cuando realiza esa determinación está asignado o cambiando el régimen jurídico de ciertos bienes, al establecer que estos son del dominio público o por el contrario, son susceptibles de ser de propiedad privada (Art. 525 del Código Civil).

Esta calificación, sin embargo, ni es absoluta, ni eterna, ni inmutable. En efecto, conforme a nuestro ordenamiento jurídico, no existen bienes del dominio público o de propiedad privada, que lo sean "por naturaleza". La existencia de unos y otros depende única y exclusivamente de la voluntad del legislador; y tanto el dominio público como la propiedad son conceptos jurídicos. El legislador ha manejado estos conceptos y ha deslindado la clasificación básica de ambos tipos de dominio en el Código Civil, por lo que el ámbito de la propiedad privada no llega hasta los bienes que han sido declarados por el legislador como bienes del dominio público.

Ahora bien, el deslinde jurídico que hace el Código Civil entre bienes susceptibles de propiedad privada y bienes que no lo son (dominio público), no es una demarcación cerrada y eterna, que no admite modificaciones. Al contrario, las leyes se derogan y modifican por otras leyes, y en la Constitución, donde está el límite de la acción del Legislador, no se consagra el carácter absoluto e inmutable de la propiedad. Por otro lado, el Legislador, en un momento determinado, podría excluir ciertos bienes del ámbito de la propiedad privada, declarándolo del dominio público, lo cual no implicaría, en absoluto, una violación del derecho de propiedad.

Pensemos, por ejemplo, en otra garantía constitucional: la libertad de industria y comercio. El Estado, cuando se reserva determinadas industrias (Art. 97 de la Constitución), lo que hace es excluir ciertas actividades del ámbito de la libertad económica, y la reserva, en sí misma, no conlleva derecho alguno a indemnización por parte de los antiguos industriales, salvo que el Estado asuma las industrias particulares. Pues bien, algo similar sucede en materia de propiedad: cuando el Estado declara ciertos bienes como del dominio público por voluntad del Legislador, lo que hace en realidad, es excluir ciertos bienes del ámbito de la propiedad privada, y esta exclusión, en sí misma, no conlleva derecho alguno a indemnización por parte de los antiguos propietarios.

El principio señalado, por otra parte está recogido en la propia Constitución, en su artículo 133 que establece lo siguiente:

> "Sólo el Estado puede poseer y usar armas de guerra. Todas las que existan, se fabriquen o se introduzcan en el país pasarán a ser propiedad de la República, sin indemnización ni proceso".

Esta norma, ni más ni menos, es una declaratoria de cierta categoría de bienes como del dominio público (de uso privado) del Estado, y ella, por sí misma, no da derecho alguno a indemnización a favor de eventuales propietarios anteriores de tales armas.

En todo caso, la declaratoria de unos bienes como del dominio público no da derecho a indemnización, pues en estos casos falta la especialidad del sacrificio. Tal como lo ha señalado la Corte Suprema de Justicia en una Sentencia del 12 de agosto de 1968, "para que proceda la indemnización en derecho público, es necesario que se compruebe: a) la singularidad del daño; b) que lo afectado sea un verdadero derecho; y c) que el daño sea mensurable económicamente." [6]

En estos casos, el Legislador ni expropia unos derechos determinados ni los confisca; sólo establece que un género de bienes no puede ser susceptible de propiedad privada, es decir, que ésta no puede existir, y que la que existía, se extingue, por imposibilidad en el objeto.

Frente a una declaratoria de ciertos bienes como del dominio público, ante la cual se pueden alegar derechos adquiridos, sin duda que se puede plantear la problemática de la responsabilidad del Estado por acto legislativo. Sin embargo, frente a esto es necesario señalar, que la construcción jurídica de toda la responsabilidad del Estado legislador, se ha fundado en el supuesto de que para pretender una indemnización del Estado por una lesión a algún derecho derivado de una Ley, es necesaria la singularidad y especificidad del sacrificio o lesión. Si esta no existe, no surge el derecho a indemnización; o en otras palabras, si la nueva Ley afecta a todos por igual, es decir, si los efectos son realmente efectos generales, no surge obligación de indemnización. Por eso se insiste en que la declaratoria de ciertos bienes como del dominio público en realidad constituye un cambio de régimen jurídico de unos bienes, que se realiza con carácter general por el Legislador; y frente a estos cambios no hay derechos adquiridos.

En definitiva, por tanto, la declaratoria de ciertos bienes como del dominio público, al no lesionar especialmente el derecho de un propietario, sino a todos los habitantes por igual, y excluir dichos bienes del ámbito de los que pueden ser objeto de propiedad privada, no origina derecho alguno de indemnización.

Sin embargo, esto exige algunas precisiones, particularmente en el caso de las aguas y de las playas. En Venezuela, desde hace algunos años se ha venido proyectando la declaratoria de todas las aguas y de las playas como bienes del dominio público. Esto plantea algunas situaciones respecto de los derechos efectivamente lesionados, que es necesario precisar.

Por ejemplo, en el caso de las aguas, el sólo hecho de que las mismas se declaren como del dominio público, y por tanto, se cambie la situación que existe en la actualidad de ciertas aguas susceptibles de ser objeto de propiedad y otras aguas, que aún cuando sean públicas, pueden ser aprovechadas más o menos libremente, no da derecho alguno a indemnización por parte de los antiguos propietarios. Sin embargo, si para la realización de un apro-

---

6 *V.* en *Gaceta Forense*, N° 61,1968, p. 105 a 108.

vecha-miento de aguas permitido por la legislación anterior, se realizaron determi-nadas obras hidráulicas que, posteriormente, con ocasión a la declaratoria de las aguas como del dominio público, el Estado u otros particulares van a utilizar, el propietario de las mismas tendría derecho a indemnización. Lo mismo podría plantearse respecto de las playas. Si estas, por ejemplo, no son naturales y han sido construidas por el trabajo del hombre: el hecho de que se las declare como del dominio público de uso público, traería como consecuencia un derecho a indemnización por parte de los propietarios de las obras que hicieron posible la existencia de la playa.

Sin embargo, fuera de estos supuestos en los cuales la declaratoria del dominio público implica en realidad, la adquisición por el Estado o la afectación al uso público de bienes de propiedad privada, como serían las obras hidráulicas o los malecones, y que daría derecho a los propietarios a ser indemnizados, la sola declaratoria de las aguas o playas como del dominio público no daría derecho a indemnización.

IV. LA NACIONALIZACIÓN COMO FORMA DE ADQUISICIÓN DE BIENES POR EL ESTADO

1. *LA RESERVA DE ACTIVIDADES ECONÓMICAS POR EL ESTADO*

En la Constitución de 1961, como se dijo, siguiendo la orientación de la Constitución de 1947 se estableció expresamente la posibilidad que tiene el Estado de "reservarse determinadas industrias, explotaciones o servicios de interés público por razones de conveniencia nacional" (art. 97). Se abrió así la posibilidad, no sólo de que el Estado realice actividades empresariales, sino que las realice en forma exclusiva, reservada, excluyendo a los particulares del ámbito de las mismas. Esta reserva, sin duda, tiene por efecto fundamental establecer una limitación a la libertad económica de los individuos excluyéndola del sector reservado.

En efecto, la reserva de actividades económicas por parte del Estado conlleva básicamente una prohibición impuesta a los particulares de realizar actividades propias del sector reservado, lo que afecta tanto a aquellos particulares o empresas que venían realizando actividades en el sector, como a cualquier particular o empresa, que pretendiera, en el futuro, realizar dichas actividades. Después de la reserva, por tanto, los particulares o empresas que operaban en el sector, no pueden continuar realizando sus actividades y hacia el futuro, ningún otro particular puede realizar nuevas actividades en el sector. La libertad económica, en el mismo, ha sido excluida y es imposible ejercerla.

Como consecuencia de ello, el acto de reserva, per se, no conlleva derecho alguno de los particulares afectados a indemnización por parte del Estado. Aquellos, simplemente, cesan en sus actividades, y un deber de indemnización sólo surgiría si el Estado decide apropiarse de las instalaciones o de las empresas de los particulares que operaban en el área reservada, es decir, decide nacionalizar esas empresas.

Este principio, en nuestro criterio, se deduce de las normas de la Ley que reserva al Estado la industria del Gas Natural de 26 de agosto de 1970.[7] En efecto, esta Ley reservó al Estado la "industria del gas proveniente de yacimientos de hidrocarburos" (art. 1°), y estableció, por tanto, la obligación a los concesionarios de "entregar al Estado, en la oportunidad, medida y condiciones que determine el Ejecutivo Nacional, el gas que se produzca en sus operaciones" (art. 3°). Corría por cuenta del Estado el pago a los concesionarios de "los gastos de recolección, comprensión y entrega del gas" (art. 7). La reserva, per se, no daba ningún derecho a indemnización por parte de los concesionarios, y el Estado sólo pagaba los costos de la recolección, comprensión y entrega del gas. La Ley sólo previo una compensación "en el caso de que el Estado decida asumir las operaciones de recolección, comprensión y tratamiento en plantas que actualmente realizan los concesionarios" en cuyo caso, la misma equivaldría "a la parte no depreciada del costo de las instalaciones y equipos que requiere para esas operaciones o el valor de rescate de los mismos si éste fuere menor que aquél" (art. 8). De acuerdo a esto, la indemnización sólo procedía si el Estado decidía apropiarse de las instalaciones, y por esa apropiación; la reserva, en sí misma, en cambio, como prohibición impuesta a los concesionarios de seguir aprovechándose del gas natural, no dio derecho alguno a indemnización.

2. *La nacionalización*

La nacionalización de empresas, es decir, la obligatoriedad impuesta a todas las empresas que operan en ciertas áreas o sectores de la economía que el Estado se reserva por razones de conveniencia nacional, de transferirle a éste la propiedad de las mismas, mediando indemnización, es una institución que en Venezuela tiene fundamento constitucional en la ya señalada figura de la reserva al Estado de industrias o sectores económicos.

En electo, conforme al Artículo 97 de la Constitución, el Estado, al reservarse ciertas actividades productivas, servicios o sectores, establece un verdadero y auténtico monopolio de Derecho.[8] Puede decirse entonces que en Venezuela, el proceso nacionalizador de actividades económicas se inicia con la declaratoria de reserva señalada, lo que corresponde hacer a las Cámaras Legislativas mediante Ley.

Pero indudablemente, la reserva no es el único elemento del proceso de nacionalización. La reserva, en efecto, conlleva fundamentalmente una prohibición impuesta a los particulares de realizar actividades propias del sector

---

[7] *V.* en *Gaceta Oficial* N° 29.594 de 26 de agosto de 1971

[8] *V.* Vincenzo Spagnuolo Vigorita, "Las Empresas Nacionalizadas" en Evelio Verdera y Juells (ed), *La Empresa Pública*, Zaragoza, 1970, Tomo II, p. 1430.

reservado o nacionalizado, lo que afecta tanto a aquellos particulares o empresas que venían realizando actividades en el sector, como a cualquier otro particular o empresa, hacia el futuro. Después de la reserva, los particulares o empresas que operaban en el sector, no pueden continuar realizando sus actividades; y hacia el futuro ningún otro particular puede realizar nuevas actividades en el sector. Por ello, la nacionalización no se agota con la reserva, sino que requiere de actos complementarios mediante los cuales se asegure que la gestión de las empresas y bienes existentes afectados a los sectores nacionalizados, se transferirán al Estado, y que la actividad productiva o el servicio no se detendrá ni entorpecerá.

De allí que la reserva esté acompañada normalmente de la expropiación de las empresas que operan en los sectores nacionalizados, para asegurar el traspaso rápido de los bienes de los particulares al Estado.

Debe destacarse, además, que por el hecho de la reserva, es decir, de la prohibición impuesta por ella a los particulares de realizar actividades en el respectivo sector, desde el momento mismo en que se produce la reserva, esos particulares o empresas no pueden operar más. En el caso de la industria petrolera, por ejemplo, desde el momento en que se promulgó la Ley de Reserva, las empresas existentes tenían prohibición de operar, y sólo con motivo de asegurar la continuación de la industria hasta hacer efectiva la expropiación, es que se les permitió funcionar transitoriamente, sometidas a la fiscalización y control del Estado.

De lo señalado anteriormente resulta claro que una auténtica nacionalización de un sector económico se produce cuando se dan conjuntamente, la medida de reserva con la técnica expropiatoria. Esta última es el mecanismo para hacer efectiva la reserva.

En el caso de la industria petrolera, la modalidad de la expropiación efectuada, indudablemente que estaba condicionada por un objetivo fundamental: que la industria y las unidades económicas empresariales, continuaran funcionando a cabalidad, desde el momento mismo de la expropiación.

Para asegurar este objetivo fundamental, el proceso expropiatorio debía tender a versar sobre tas empresas petroleras, es decir, sobre las unidades económico productivas o de servicios que manejaban la industria petrolera, de manera que estas no se vieran afectadas, en su funcionamiento, con el cambio de titularidad a favor del Estado.

En este sentido, en un proceso nacionalizador de la industria petrolera, lo ideal hubiera sido que la expropiación hubiese versado sobre las empresas más que sobre bienes particularizados, mediante un simple traspaso de acciones de los particulares al Estado. Esta fué la modalidad utilizada, por ejemplo, en las nacionalizaciones efectuadas en Francia con posterioridad a la Liberación sobre las empresas bancarias, empresas de seguros y empresas de transportes aéreos.[9] En estos casos, se produjo la transferencia de las empresas con todo su patrimonio, al Estado, mediante una transferencia de acciones.

Sin embargo, una solución simple y rápida, como la anotada, hubiera exigido en el caso de la industria petrolera, la existencia, jurídicamente hablando, de sociedades anónimas constituidas en Venezuela, para que pudiera operarse el traspaso de acciones. La realidad, sin embargo, era otra: la casi totalidad de las empresas petroleras eran empresas extranjeras domiciliadas en Venezuela la conforme al Artículo 354 del Código Civil.

Por ello, al no estar constituidas en Venezuela, el patrimonio de tas mismas afectado a las actividades productivas o de servicios en el país, no estaba representado por títulos accionarios específicos.

La expropiación de las empresas petroleras en Venezuela, como resultado de la nacionalización de la industria, se refirió, por tanto, a los bienes afectos a los procesos productivos o de servicios. No podía, en general, expropiarse propiamente a las empresas, sino a los bienes que las formaban, y con ellos, el Estado constituyó las nuevas empresas.

Ahora bien, resumiendo lo señalado anteriormente, puede decirse que la reserva tiene como consecuencia dos efectos fundamentales: en primer lugar, establecer a favor del Estado, un monopolio de derecho; y en segundo lugar, establecer, como consecuencia, una prohibición para los particulares de realizar actividades en el sector reservado, en virtud de la exclusión de la libertad económica que implica. Por esta sola reserva, no tiene el Estado obligación alguna de indemnizar a los particulares excluidos. Pero si además de la reserva, esta se acompaña con la exigencia y obligación impuesta a los particulares y empresas afectadas, de transferir forzosamente al Estado las instalaciones con que operaban, estaremos en presencia de la figura de la nacionalización, que sí da derecho a indemnización.

En el ordenamiento jurídico venezolano, por tanto, la figura de la reserva junto con la expropiación, dan origen a una nueva institución: la nacionalización, sometida a sus propias normas indemnizatorias, de acuerdo a la interpretación que haga la Ley de la "justa indemnización" a que se refiere el artículo 101 de la Constitución.

En este sentido, por ejemplo, las normas para calcular la indemnización con motivo de las nacionalizaciones de las industrias del hierro y del petróleo, establecidas en el Decreto Ley que reserva al Estado la industria de la explotación de mineral de hierro,[10] y en la Ley Orgánica que reserva al Estado la industria y el comercio de los hidrocarburos de 29 de agosto de 1975,[11] son

---

9 *V.* Jean Rivero, *La Régimen des Nationalisations,* Extrait du Juris Classeur Civil Annezes, (2º cahier) París 1948, pp. 13 y 16).

10 *V.* Decreto Ley Nº 580 de 26-11-74 en *Gaceta Oficial* Nº 30.577 de 16-12-74.

11 *V.* en *Gaceta Oficial* Nº 1769 Extr. de 29-8-75.

distintas a las previstas en la Ley de Expropiación por causa de utilidad pública o social; y entre otros factores porque no se trataba de una expropiación pura y simplemente.

La expropiación de empresas, como se dijo, es una restricción a la propiedad de una determinada organización económica: no afecta, per se la libertad económica en un determinado sector, y el hecho de que se expropie una empresa no impide que otros particulares realicen actividades en ese mismo sector.

En cambio, en la nacionalización, la reserva afecta y excluye la actividad económica en el sector reservado, y la transferencia forzosa de las empresas se produce respecto de todas las que operan en el sector, con la prohibición para los particulares de seguir realizando o realizar en el futuro actividades en dicho sector. Aquí no hay una restricción a la libertad económica de un particular o grupo de ellos, sino la exclusión de la libertad económica respecto a un determinado sector. Por eso, los principios de la expropiación no pueden aplicarse, tal como están en la legislación tradicional, a la expropiación que acompaña a la reserva estatal pues en este caso, la nueva institución que surge, la nacionalización, condiciona el tratamiento del proceso.

CUARTA PARTE

DOMINIO PÚBLICO Y PROPIEDAD

SECCIÓN QUINTA: *SOBRE EL RRÉGIMEN JURÍDICO SOBRE LOS BIENES DEL ESTADO EN LA LEY ORGÁNICA DE BIENES PÚBLICOS (2013)*

TEXTO PUBLICADO EN EL LIBRO ALLAN R. BREWER-CARÍAS, *CÓDIGO DE DERECHO ADMINISTRATIVO*, EDITORIAL JURÍDICA VENEZOLANA, CARACAS **2013**, PP. **87-92**

Los bienes del Estado, que siendo parte de la administración financiera del mismo, habían estado regulados históricamente sólo por unas escuetas normas sobre "bienes nacionales" en la vieja Ley Orgánica de la Hacienda Pública Nacional, y por las clásicas normas del Código Civil que se refieren a los bienes según las personas a quienes pertenecen, donde se estableció la clásica clasificación de los bienes del Estado entre bienes del dominio público y bienes del dominio privado, según su afectación.

A esas normas, en tiempos más recientes se agregaron disposiciones aisladas contenidas en la Ley Orgánica que regula la Enajenación de Bienes del Sector Público no Afectos a las Industrias Básicas (publicada en *Gaceta Oficial* N° 3.951 Extraordinario, de 7 de enero de 1987); y en la Ley de Conservación y Mantenimiento de los Bienes Públicos (*Gaceta Oficial* N° 38.756, de 28 de agosto de 2007).

Ese régimen ha sido el que se ha sustituido por el contenido en la Ley Orgánica sobre Bienes Públicos,[1] que derogó las antes mencionadas leyes, sancionada con el objeto de regular el régimen básico de los mismos, y la organización, atribuciones y funcionamiento del Sistema de Bienes Públicos, como parte integrante del Sistema de Administración Financiera del Estado.

I. ÁMBITO DE APLICACIÓN DE LA LEY ORGÁNICA

De acuerdo con la ley, bienes públicos son los bienes del Estado, o en los términos del artículo 4 de la misma, son los bienes del sector público, que a los efectos de la ley se define como integrado por las siguientes personas jurídicas estatales: 1.- La República. 2.- Los Estados. 3.- El Distrito Capital. 4.-

1 *Gaceta Oficial* N° 39.952 del 26 de junio de 2012.

Los Distritos Metropolitanos. 5.- Los Distritos. 6.- Los Municipios. 7.- El Territorio Insular Francisco de Miranda. 8.- Los Institutos Autónomos e Institutos Públicos. 9.- Las personas jurídicas estatales de derecho público. 10.- Las sociedades mercantiles en las cuales la República o las demás personas antes mencionadas tengan participación igual o mayor al cincuenta por ciento (50%) del capital social; quedando comprendidas además, las sociedades de propiedad totalmente estatal, cuya función, a través de la posesión de acciones de otras sociedades, sea coordinar la gestión empresarial pública de un sector de la economía nacional. 11.- Las sociedades mercantiles en las cuales las personas a que se refiere el numeral anterior tengan participación igual o mayor al cincuenta por ciento (50%) del capital social. 12.- Las Empresas de Propiedad Social Indirecta Comunal. 13.- Las fundaciones, asociaciones civiles y demás instituciones constituidas con fondos públicos o dirigidas por algunas de las personas referidas en el presente artículo, cuando la totalidad de los aportes presupuestarios o contribuciones en un ejercicio efectuados por una o varias de las personas referidas en el presente artículo represente el cincuenta por ciento (50%) o más de su presupuesto. 14.- El Banco Central de Venezuela y el Sector Público Financiero en general; y 15.- Las Universidades Públicas.

Esos bienes públicos, que perteneces a las personas jurídico estatales antes mencionadas, son de acuerdo con el artículo 5 de la Ley Orgánica, en primer lugar, los bienes cuya titularidad está atribuida formalmente a los entes del sector público antes mencionados, y que son los "bienes muebles e inmuebles, títulos valores, acciones, cuotas o participaciones en sociedades y demás derechos, de dominio público o de dominio privado, que hayan adquirido o adquieran los órganos y entes que conforman el Sector Público, independien-temente del nivel de gobierno al que pertenezcan:"(art. 5.1).

En segundo lugar, también se consideran bienes públicos los bienes que carezcan de dueño, situación que se produce respecto de los siguientes bienes que enumera el artículo 5 de la Ley: 1. Los bienes, mercancías o efectos, que se encuentran en el territorio de la República y que no tienen dueño; 2. Los bienes muebles e inmuebles, títulos valores, acciones, cuotas o participaciones en sociedades y demás derechos provenientes de las herencias yacentes; 3. Las mercancías que se declaren abandonadas; y 4. Los bienes, mercancías o efectos que sean objeto de una medida de comiso firme mediante acto administrativo o sentencia definitiva, y los que mediante sentencia firme o procedimiento de Ley sean puestos a la orden del Tesoro Nacional.

En cambio, de acuerdo con el mismo artículo 5 de la Ley Orgánica, no son considerados como bienes públicos: 1.- Los productos que sean adquiridos, concebidos, extraídos o fabricados por las personas, órganos y entes sujetos a la Ley, de conformidad con su naturaleza, funciones, competencias, atribuciones o actividades comerciales, mercantiles, financieras o sociales, con destino a la venta; 2.- Los artículos calificados como materiales y suministros según el Clasificador Presupuestario dictado por la Oficina Nacional de Presupuesto;

3.- Los bienes adquiridos con la finalidad de ser donados de forma inmediata; y 4.- Los bienes adquiridos en ejecución de norma expresa, en cumplimiento de fines institucionales, con el fin de ser enajenados a terceros.

II. LA CLASIFICACIÓN DE LOS BIENES PÚBLICOS EN BIENES NACIONALES, ESTADALES, MUNICIPALES Y DISTRITALES

La Ley establece dos formas de clasificar los bienes públicos: según la titularidad de acuerdo con el sistema de distribución vertical del Poder Público; y según su afectación.

En cuanto a los bienes según su titularidad, el artículo 5 de la Ley distingue entre los bienes nacionales, los bienes estadales, los bienes municipales y los bienes distritales.

Los bienes nacionales, son los bienes públicos, de dominio público o privado propiedad de la República, de los institutos autónomos y de las empresas del Estado, de las demás personas en que los entes antes mencionados tengan una participación superior al 50% del capital social y de las consideradas fundaciones del Estado.

Los bienes estadales, son los bienes públicos, de dominio público o privado propiedad de los Estados, de los institutos autónomos y de las empresas estadales, de las demás personas en que los entes antes mencionados tengan una participación superior al 50% del capital social y de las consideradas fundaciones estadales.

Los bienes municipales, son los bienes públicos, de dominio público o privado propiedad de los municipios, de los institutos autónomos y de las empresas municipales, de las demás personas en que los entes antes mencionados tengan una participación superior al 50% del capital social y de las consideradas fundaciones municipales.

Y los bienes distritales, son los bienes públicos, de dominio público o privado propiedad de los distritos municipales o distritos metropolitanos, de los institutos autónomos y de las empresas distritales, de las demás personas en que los entes antes mencionados tengan una participación superior al 50% del capital social y de las consideradas fundaciones distritales.

III. LA CLASIFICACIÓN DE LOS BIENES PÚBLICOS ENTRE BIENES DEL DOMINIO PÚBLICO Y BIENES DEL DOMINIO PRIVADO

La segunda clasificación establecida en la Ley está en el artículo 6, en la cual se establece la distinción de los bienes públicos en bienes del dominio público y bienes del dominio privado, mediante el cual se ha reformado lo establecido en el Código Civil.

En efecto, conforme a lo que se había regulado en el Código Civil desde el siglo XIX, los bienes pertenecen "a la Nación, a los Estados, a las Municipalidades, a los establecimientos públicos y demás personas jurídicas y a los particulares" (art. 538); y en cuanto a los bienes de la Nación, de los Estados y de las Municipalidades, el Código los clasificó en bienes del dominio público o del dominio privado.

De acuerdo con el 539 del Código, "son bienes del dominio público, los caminos, los lagos, los ríos, las murallas, fosos, puentes de las plazas de guerra y demás bienes semejantes"; los cuales, de acuerdo con el artículo 540, pueden ser "de uso público o de uso privado de la Nación, de los Estados y de las Municipalidades." Estos bienes del dominio público son inalienables (art. 543), y por supuesto, están sometidos a un régimen de derecho público. Ese régimen sólo cambia cuando los bienes del dominio público dejen de estar destinados al uso público y a la defensa nacional, en los casos en los cuales ello sea posible, en cuyo caso pasan del dominio público al dominio privado de los entes públicos (art. 541).

En cuanto a los bienes del dominio privado los mismos de acuerdo con el Código Civil se rigen por sus disposiciones, en cuanto no se opongan a las leyes especiales respectivas (art. 544), y pueden enajenarse de conformidad con las leyes que les conciernen (art. 543). Entre esos bienes del dominio privado están las tierras que, estando situadas dentro de los límites territoriales del país, carecen de otro dueño, en cuyo caso, si su ubicación fuere en el Distrito Federal o en Territorios o Dependencias Federales se trata de bienes del dominio privado de la Nación, y son del dominio privado de los Estados, si estuviesen en el territorio de éstos.

Ahora bien, este régimen clásico del Código Civil se ha reformado en la Ley Orgánica de Bienes Públicos, en la cual aún conservando la misma clasificación de bienes del dominio público y del dominio privado ha establecido unas novedosas regulaciones.

Este régimen había sido complementado con las previsiones de la Constitución de 1999, en la cual, por primera vez en el constitucionalismo venezolano, se declaró como del dominio público una serie de bienes. En efecto, la Constitución declaró como bienes del dominio público a los yacimientos mineros y de hidrocarburos (Art. 12), declaratoria que, con anterioridad, ya la Ley de Minas de 1999 la había establecido (art. 2), al igual que la Ley Orgánica de Hidrocarburos Gaseosos de 1999 (art. 1).

La Constitución, por otra parte, también declaró que "las costas marinas son bienes del dominio público" (art. 12); lo cual se complementó a parir de la Ley de Conservación y Saneamiento de Playas de 2000 (art. 2). Por otra parte, en cuanto a las aguas, el artículo 304 de la Constitución estableció que "Todas las aguas son del dominio público de la Nación, insustituibles para la vida y el desarrollo..." lo cual se ha ratificado en la Ley de Aguas de 2005. Además, otras normas constitucionales también regulan bienes del dominio público, aun cuando sin utilizar este calificativo jurídico: se trata, por ejemplo, de las "armas de guerra" respecto de las cuales el artículo 324 declara que sólo el Estado puede poseerlas y usarlas, de manera que "todas las que existan, se fabriquen o se introduzcan en el país *pasarán a ser propiedad* de la República sin indemnización ni proceso" (art. 324). Por otra parte, el artículo 303 de la Constitución dispone que "por razones de soberanía económica, política y de estrategia nacional, el Estado *conservará* la totalidad de las acciones de Petróleos de Venezuela, S.A., o del ente creado para el manejo de la industria petrolera", lo que implica una declaratoria indirecta de dominio público de dichas acciones societarias, que son inalienables.

Ahora bien, en cuanto a este tema de los bienes públicos del dominio público, la Ley Orgánica de Bienes Públicos, siguiendo fundamentalmente lo dispuesto en la Constitución, considera que son tales:

1.- Los bienes destinados al uso público, como plazas, parques, infraestructura vial, vías férreas, caminos y otros.

2.- Los bienes que en razón de su configuración natural, construcción o adaptación especial, o bien por su importancia histórica, científica o artística sean necesarios para un servicio público o para dar satisfacción a una necesidad pública y que no puedan ser fácilmente reemplazados en esa función.

3. Los espacios lacustre y fluvial, mar territorial, áreas marinas interiores, históricas y vitales y las comprendidas dentro de las líneas de base recta que ha adoptado o adopte la República; las costas marinas; el suelo y subsuelo de éstos; el espacio aéreo continental, insular y marítimo y los recursos que en ellos se encuentran, incluidos los genéticos, los de las especies migratorias, sus productos derivados y los componentes intangibles que por causas naturales allí se hallen.

4.- Los yacimientos mineros y de hidrocarburos, cualquiera que sea su naturaleza, existentes en el territorio nacional, bajo el lecho del mar territorial, en la zona económica exclusiva y en la plataforma continental.

5.- Todos aquellos bienes a los que por ley se confiera tal cualidad.

Los bienes públicos del dominio privado, son aquellos bienes públicos no incluidos en las categorías de bienes mencionadas en la enumeración anterior, los cuales, siendo de propiedad del Estado o de algún ente público, no están destinados al uso público ni afectados a algún servicio público.

Por ello, el artículo 7 de la Ley Orgánica, regula la desafectación de bienes públicos de dominio público, estableciendo que los bienes públicos de dominio público que sean susceptibles de desafectación por no estar destinados al uso público o a los servicios públicos, o no ser requeridos para tales fines, se entienden incorporados al dominio privado de la República, una vez dictado por el Presidente de la República el respectivo Decreto, en Consejo de Ministros y previa autorización de la Asamblea Nacional. De igual forma, se debe proceder en los casos de deslinde del dominio público en que los inmuebles sobrantes pasen al dominio privado.

En cuanto a la afectación de un bien público de dominio privado al uso público o a los servicios públicos, en calidad de bien público del dominio público, sólo es posible mediante ley especial dictada por la Asamblea Nacional (art. 8).

De acuerdo con el artículo 9 del La Ley Orgánica, los bienes de dominio público son imprescriptibles, inembargables e inalienables y están exentos además, de contribuciones o gravámenes nacionales, estadales y/o municipales.

Además, conforme al artículo 10 de la ley Orgánica, los bienes, rentas, derechos o acciones que formen parte del patrimonio de la República, no están sujetos a embargos, secuestros, hipotecas, ejecuciones interdictales y en general, a ninguna medida preventiva o ejecutiva y están exentos además, de contribuciones o gravámenes nacionales, estadales y/o municipales.

IV. ALCANCE DEL RÉGIMEN LEGAL

La Ley Orgánica, además de precisar las distinciones y clasificaciones antes indicadas, establece un régimen legal destinado a regular, primero, el sistema administrativo de los bienes públicos, creando un nuevo órgano, la Superintendencia Nacional de Bienes Públicos; y segundo, las normas generales para la administración de los bienes públicos, y el régimen administrativo sancionatorio.

A tal efecto, y en cuanto a la aplicabilidad preferente o supletoria de las normas de la Ley Orgánica respecto de los bienes públicos, por una parte, el artículo 14 de la Ley Orgánica dispone que las normas contenidas en leyes especiales que regulen los bienes a que se refiere la Ley, se deben aplicar en tanto no contradigan las disposiciones establecidas en la Ley Orgánica. Por otra parte, de acuerdo con el artículo 15 de la Ley Orgánica, se rigen por sus respectivas leyes y sólo supletoriamente por lo establecido en la Ley Orgánica, los siguientes bienes:

1. Los yacimientos mineros y de hidrocarburos, cualquiera que sea su naturaleza, existentes en el territorio nacional, bajo el lecho del mar territorial, en la zona económica exclusiva y en la plataforma continental.
2. Los espacios lacustre y fluvial, mar territorial, áreas marinas interiores, históricas y vitales y las comprendidas dentro de las líneas de base recta que ha adoptado o adopte la República, las costas marinas; el suelo y subsuelo de éstos; el espacio aéreo continental, insular y marítimo y los recursos que en ellos se encuentran, incluidos los genéticos, los de las especies migratorias, sus productos derivados y los componentes intangibles que por causas naturales allí se hallen.
3. Los Bienes Públicos empleados directamente para la seguridad y defensa de bienes y personas.
4. El espectro radioeléctrico.
5. Las tierras baldías.

6. Las tierras propiedad del Instituto Nacional de Tierras y las que por ley le deban pertenecer.
7. Los Bienes Públicos empleados directamente por la Industrias Básicas Pesadas en poder del Estado, en las labores de aprovechamiento y/o transformación de los recursos naturales a su cargo.
8. Los Bienes Públicos enmarcados en procesos de privatizaciones.
9. Los estupefacientes y sustancias psicotrópicas, así como las sustancias químicas, precursoras y esenciales, susceptibles de ser desviadas a la fabricación ilícita de drogas.
10. Los haberes de los fondos públicos de prestaciones, pensiones y jubilaciones.
11. Los bienes de valor artístico e histórico propiedad de la República, los estados, los municipios o los distritos, sin perjuicio de que sean incluidos en los registros de bienes establecidos en esta Ley.

SECCIÓN SEXTA: *EL RÉGIMEN DE LAS AGUAS EN VENEZUELA. EFECTOS DE SU DECLARATORIA GENERAL Y CONSTITUCIONAL COMO BIENES DEL DOMINIO PÚBLICO* (2007)

TEXTO DEL "ESTUDIO SOBRE EL RÉGIMEN DE LAS AGUAS," PUBLICADO EN EL LIBRO: ALLAN R. BREWER-CARÍAS, *LEY DE AGUAS*. EDITORIAL JURÍDICA VENEZOLANA, CARACAS 2007. DICHO LIBRO LO DEDIQUÉ A *TODOS AQUELLOS INGENIEROS HIDRÁULICOS, CON QUIENES ME INICIÉ EN EL ESTUDIO DE LAS AGUAS EN VENEZUELA, Y A QUIENES POR SU PIONERO ESFUERZO Y APORTE SE DEBE, EN DEFINITIVA, LA PROMULGACIÓN DE LA LEY DE AGUAS. MIS AMIGOS PEDRO PABLO AZPÚRUA, FRANCISCO AGUERREVERE, JUAN JOSÉ BOLINAGA, LUIS FRANCHESQUI, AURELIO USECHE Y EDUARDO BUROZ*. EL TEXTO FUE PUBLICADO EN JORGE FERNÁNDEZ RUIZ Y JAVIER SANTIAGO SÁNCHEZ (COORD), *RÉGIMEN JURÍDICO DEL AGUA. CULTURAS Y SISTEMAS JURÍDICOS COMPARADOS, CONGRESO INTERNACIONAL DE DERECHO ADMINISTRATIVO*, INSTITUTO DE INVESTIGACIONES JURÍDICAS, UNIVERSIDAD NACIONAL AUTÓNOMA DE MÉXICO, MÉXICO 2007, PP. 33-86. EL ORIGEN REMOTO DE ESTE TRABAJO ESTÁ EN EL ESTUDIO SOBRE: "LA DECLARATORIA DE TODAS LAS AGUAS COMO DEL DOMINIO PÚBLICO EN EL DERECHO VENEZOLANO," PUBLICADO EN LA *REVISTA DE LA FACULTAD DE DERECHO Y CIENCIAS SOCIALES*, UNIVERSIDAD DE MONTEVIDEO, NOS. 34, AÑO XXIII, MONTEVIDEO 1975, PP. 157-169.

I. EL RÉGIMEN GENERAL DE LAS AGUAS COMO BIENES DEL DOMINIO PÚBLICO EN LA CONSTITUCIÓN DE 1999

El artículo 304 de la Constitución dispone que "todas las aguas son bienes del dominio público de la Nación, insustituibles para la vida y el desarrollo"[1], encomendando al Legislador el establecimiento de "las disposiciones necesarias a fin de garantizar su protección, aprovechamiento y recuperación, respetando las fases del ciclo hidrológico y los criterios de ordenación del territorio".

A tal efecto, la Asamblea Nacional en enero de 2007 sancionó la Ley de Aguas[2], estableciendo el régimen de la "gestión integral de las aguas, como elemento indispensable para la vida, el bienestar humano y el desarrollo sustentable del país, y es de carácter estratégico e interés de Estado" (art. 1), para "garantizar la conservación, con énfasis en la protección, aprovecha-miento sustentable y recuperación de las aguas tanto superficiales como subterráneas, a fin de satisfacer las necesidades humanas, ecológicas y la demanda generada por los procesos productivos del país" y "Prevenir y controlar los

---

1 Esto lo había resumido en una frase, con la finura del poeta, Carlos Augusto León, al señalar que en una gota de agua "está casi toda la vida", *V. En una nota de agua*, Caracas, 1975.

2 Véase en *Gaceta Oficial* N° 38.595 del 02-01-2007

posibles efectos negativos de las aguas sobre la población y sus bienes"(art. 4). Esa gestión integral de las aguas se enmarca dentro de los siguientes principios que se enumeran en el artículo 5:

1. El acceso al agua es un derecho humano fundamental.
2. El agua es insustituible para la vida, el bienestar humano, el desarrollo social y económico, constituyendo un recurso fundamental para la erradicación de la pobreza y debe ser manejada respetando la unidad del ciclo hidrológico.
3. El agua es un bien social. El Estado garantizará el acceso al agua a todas las comunidades urbanas, rurales e indígenas, según sus requerimientos.
4. La gestión integral del agua tiene como unidad territorial básica la cuenca hidrográfica.
5. La gestión integral del agua debe efectuarse en forma participativa.
6. El uso y aprovechamiento de las aguas debe ser eficiente, equitativo, óptimo y sostenible.
7. Los usuarios o usuarias de las aguas contribuirán solidariamente con la conservación de la cuenca, para garantizar en el tiempo la cantidad y calidad de las aguas.
8. Es una obligación fundamental del Estado, con la activa participación de la sociedad, garantizar la conservación de las fuentes de aguas, tanto superficiales como subterráneas.
9. En garantía de la soberanía y la seguridad nacional no podrá otorgarse el aprovechamiento del agua en ningún momento ni lugar, en cualquiera de sus fuentes, a empresas extranjeras que no tengan domicilio legal en el país.
10. Las aguas por ser bienes del dominio público no podrán formar parte del dominio privado de ninguna persona natural o jurídica.
11. La conservación del agua, en cualquiera de sus fuentes y estados físicos, prevalecerá sobre cualquier otro interés de carácter económico o social.
12. Las aguas, por ser parte del patrimonio natural y soberanía de los pueblos, representan un instrumento para la paz entre las naciones.

La Ley de Aguas, además, ratificó la declaratoria como del dominio público de la Nación, de "todas las aguas del territorio nacional, sean continentales, marinas e insulares, superficiales y subterráneas".

Esta declaración general de todas las aguas como del dominio público[3], sin duda, es de suma importancia, pues con ello se modificó sustancialmente

---

[3] Se incorporó a la Constitución, en esta forma, el principio que se había definido y propuesto en los estudios de la Comisión Nacional de Aprovechamiento de los Recursos Hidráulicos en los años setenta, y en el proyecto de Ley de Agua elaborado en la misma época. Véase Allan R. Brewer-Carías, "La declaratoria de todas las aguas como del dominio público en el derecho venezolano", en *Revista de la Facultad de Derecho y Ciencias Socia-*

el régimen anterior que conforme al Código Civil distinguía entre aguas del dominio público y aguas susceptibles de propiedad privada[4].

En el Código, en efecto, sólo había una declaratoria general de que los *ríos, lagos y demás bienes semejantes* son del dominio público, permitiendo tanto la existencia de aguas de propiedad privada como la apropiabilidad ex lege de aguas públicas. Con la Constitución de 1999, por tanto, se inició el proceso de reforma del régimen de las aguas en Venezuela, que se había venido planteando desde hacía varias décadas[5], la cual se materializa ahora con la Ley de Aguas de 2007.

Debe señalarse, además, en materia de aguas, que la Constitución reservó en forma exclusiva al Poder Nacional (federal) la competencia en materia de conservación, fomento y aprovechamiento de "los bosques, suelos, aguas y otras riquezas naturales del país"[6] (art. 156,16); y de políticas *nacionales* y le-

---

les, N° 3-4, XXIII, Montevideo, 1975, pp. 157 a 167. Además, véase Allan R. Brewer-Carías *Derecho y Administración de las Aguas y otros Recursos Naturales* Renovables, Universidad Central de Venezuela, Caracas, 1976, pp. 45 a 91 y 147 a 154.

4 Véase Allan R. Brewer-Carías, "El régimen de las aguas en Venezuela", Ponencia preparada para el *Congreso Internacional de Derecho Administrativo,* Instituto de Investigaciones Jurídicas, Universidad nacional Autónoma de México (UNAM), México, 7 de junio de 2006v.

5 La concepción de la reforma del régimen de las aguas en Venezuela no ha sido una tarea improvisada en Venezuela. Desde 1967, en un trabajo conjunto entre el Instituto de Derecho Público de la Facultad de Derecho de la Universidad Central de Venezuela y Comisión del Plan Nacional para el aprovechamiento de los recursos hidráulicos COPLANARH, se elaboraron las "Bases para un estudio sobre el régimen legal de las aguas en Venezuela", y como resultado de ese trabajo, se publicaron siete volúmenes de estudios relativos a dicho régimen, como antecedentes al Proyecto de Ley de Aguas. Véase Instituto de Derecho Público y Coplanarh: *Bases para un Estudio sobre el Régimen Legal de las Aguas en Venezuela,* Primera Parte, *Evolución Histórica,* (Publicación N° 11), 166 pp., sep. 1969; Segunda Parte, *Antecedentes Legislativos* (Publicación N° 13), 747 pp., dic. 1969; Tercera Parte, *Ordenación Sistemática de la Legislación Vigente,* Vol. I y Vol. II (Publicación N° 23), 666 pp., oct. 1970; Cuarta Parte, *Doctrina Administrativa y Jurisprudencia,* (Publicación N° 24), 178 pp., oct. 1970; Quinta Parte, *La Aplicación del Régimen Legal: Usos, costumbres, prácticas administrativas,* (Publicación N° 25), 114 pp., abril 1975; y Sexta Parte, *Bibliografía sobre Aspectos Jurídicos* (Publicación N° 26), 180 pp., nov. 1970.

6 Véase *Ley Forestal, de Suelos y Aguas,* 30-12-65. (*G.O.* Extra. N° 1.004 de 26-01-1966) cuyos artículos 17, 22, 23, 24, 25, 88, 89, 90, 91, 92, 93, 94, 95 y 122 han sido derogados por la Ley de Aguas de 2007; *Ley de Abonos y demás Agentes Susceptibles de Operar una Acción Beneficiosa en Plantas, Animales, Suelos o Aguas* de 15-07-1964. (*G.O.* N° 27.498 de 23-07-1964); *Ley de Vigilancia para impedir la Contaminación de las Aguas por el Petróleo,* (*G.O.* N° 19.426 de 25-11-1937); *Ley Aprobatoria del Protocolo de 1992 que Enmienda el Convenio Internacional Sobre Responsabilidad Civil Nacida de Daños Debidos a Contaminación por Hidrocarburos,* de 1969 (*G.O.* N° 36.457 de 20-05-1998); *Ley Aprobatoria del Convenio sobre Responsabilidad y daños por contaminación de Hidrocarburos* (*G.O.* N° 4.340 de 28-11-1991).

gislación en materia de ambiente[7], aguas[8], y ordenación del territorio[9]; lo que sin embargo no excluye la posibilidad de políticas estadales y municipales en la materia (Art. 156,23).

En cuanto a los Municipios, en materias relacionadas con las aguas el artículo 178,6 de la Constitución les atribuyó competencia en materia de dotación y prestación de los servicios públicos domiciliarios, en particular, los servicios de agua potable, alcantarillado, canalización y disposición de aguas servidas.

Ahora bien, uno de los postulados más importantes del artículo 304 de la Constitución, además de la declaratoria general del dominio público de todas las aguas, y del reconocimiento de la importancia del agua para la vida, es la incorporación en la Constitución de un principio cardinal en materia de aguas, y es el de la unidad del ciclo hidrológico, que recoge la Ley de Aguas definiéndolo como la "circulación de las masas de aguas en diferentes estados físicos interconvertibles entre sí, que se da entre el ambiente y los seres vivos motorizada por la fuerza de gravedad y la energía solar".

El agua toda en efecto, es una, de manera que sea cual fuere su procedencia, el estado en que se encuentre: sólido, líquido o gaseoso, o su ubicación, está en íntima relación e interacción. La precipitación, el escurrimiento, la infiltración, la evaporación y la evapotranspiración conforman una realidad que el ordenamiento jurídico no puede ignorar[10], y que fue recogida la Constitución y la Ley de Aguas.

Este principio constitucional y legal conlleva cuatro consecuencia centrales: en primer lugar, la necesidad de que en un Estado federal como el venezolano, la titularidad del dominio público corresponda a una de las entidades político territoriales, que debe ser la República; en segundo lugar, la necesidad de establecer una autoridad única de las aguas en el nivel nacional, la cual se regula la Ley de Aguas y que se atribuye al Ministerio con competencia en la materia, que es el Ministerio del Ambiente y de los Recursos Naturales Renovables; en tercer lugar, la necesidad de que jurídicamente no se diferencien las aguas según su estado, como ahora lo hace la ley de Aguas, sean superficiales, subterráneas, aptas o no para la navegación, dulces, salobres, saladas o mineralizadas, como tampoco las aguas termales y la de los

---

7 Véase *Ley Orgánica del Ambiente* (G.O. N° 31.004 de 16-06-1976); Ley de Diversidad Biológica, G.O. N° 5.468 Extraordinario de 24-05-2000.

8 Véase ahora la *Ley de Aguas* (G.O. N° 38.595 de 2-01-2007); *Ley de Abonos y demás agentes susceptibles de operar una Acción Beneficiosa en Plantas, Animales, Suelos o Aguas* de 15-07-1964. (G.O. N° 27.498 de 23-07-1964); *Ley de Vigilancia para impedir la Contaminación de las Aguas por el Petróleo,* (G.O. N° 19.426 de 25-11-1937).

9 *Ley Orgánica para la Ordenación del Territorio.* (G.O. N° Extra. 3.238 de 11-08-1983); *Ley de Geografía, Cartografía y Catastro Nacional,* G.O. N° 37.002 de 28-07-2000.

10 Como el mismo Carlos Augusto León lo ha resumido: "Una gota de agua que sube hasta las nubes y que vuelve a la tierra", *op. cit.,* p. IX.

manantiales; y en cuarto lugar, la necesidad de que haya un único régimen de aprovechamiento, protección y control, que es el que ahora se establece en la Ley de Aguas.

La base para ello está, en todo caso, con la declaratoria de las aguas como del dominio público, o en otras palabras, con la declaratoria de todas las aguas como bienes que pertenecen a la Nación (ni siquiera del Estado), se está precisando que las mismas, al ser de todos, no son susceptibles de propiedad privada[11]; que por tanto, están fuera del comercio, porque están afectadas al uso público, de todos, de la comunidad; y que, en consecuencia, son inalienables, imprescriptibles, inembargables, y de aprovechamiento regulado y controlado.

Como lo ha señalado la Sala Constitucional del Tribunal Supremo en la sentencia de interpretación del artículo 304 de la Constitución (No. 285 de 4 de febrero de 2004): "todas las aguas son bienes del dominio público de la Nación, por lo que se debe predicar respecto de ellas los caracteres de la inalienabilidad y la imprescriptibilidad"[12].

Ahora bien, la norma del artículo 304, al declarar todas las aguas como del dominio público, se las atribuye a la Nación, que es un concepto que per se, en el ordenamiento constitucional venezolano, no se puede identificar con el de República ni con el de Estado. La República es, básicamente, una de las personas jurídicas de derecho público político territoriales que derivan de la forma federal del Estado (distinta a los Estados y a los Municipios), el Estado es la personificación de la Nación y de todas las personas jurídicas político territoriales que la componen[13], y la nación es un concepto sociológico que se refiere a un pueblo, como uno de los tres elementos definidores del Estado (territorio, pueblo, gobierno). Sobre este tema, la Sala Constitucional del Tribunal Supremo en la citada sentencia No 285 del 4 de febrero de 2004, argumentó como sigue:

> En efecto, en Venezuela existe una división político-territorial a tres niveles -República, Estados y Municipios-, y los entes de cada uno de ellos gozan de personalidad jurídica (la República, que es una sola; 23 Estados y 335 Municipios). Aparte de esa triple personificación, el Derecho Político conoce dos términos adicionales de suma relevancia: Estado y Nación.

[11] Véase la Sentencia de la Corte Suprema de Justicia en Sala Político-Administrativa de 17-2-70 en *Gaceta Oficial*, N° 29.180, de 2-4-70, pp. 217-953. Véase también en Allan R. Brewer-Carías, *Jurisprudencia de la Corte Suprema de Justicia 1930-1974 y Estudios de Derecho Administrativo, Caracas 1976*, Tomo II, p. 513.

[12] Véase en *Revista de Derecho Público*, No. 97-98, Editorial Jurídica Venezolana, caracas 2004, pp. 277 y ss.

[13] Véase lo expuesto en Allan R. Brewer-Carías, *Derecho Administrativo*, Universidad externado de Colombia y Universidad Central de Venezuela, Bogotá, 2005, pp. 327 ss.

> El Estado, al menos entre nosotros, es visto como la personificación de la República a efectos internacionales (en el entendido de que sólo la República tiene poder para las relaciones exteriores) e incluso como la forma de englobar el conjunto de personas públicas a ciertos efectos nacionales (como sería el caso de asuntos atribuidos a todas las personas públicas, incluso no territoriales, por lo que no es necesario distinguir entre ellas y se les trata en común; tal es el supuesto del deber del Estado de procurar la salud o la educación de la población, que en ningún caso puede ser considerado como una obligación exclusiva de un ente).
>
> Nación es un vocablo de indudable interés jurídico, pero que tiene un sustrato sociológico: es una forma de referirse a un pueblo, entendido como tal aquél que la Teoría General del Derecho Público exige como uno de los tres elementos definidores del Estado: un conjunto de personas que, sin necesidad de vínculos concretos entre sí, tienen un sentimiento de cercanía que les une indefectiblemente. En Venezuela no existe dificultad en asimilar Nación y Estado, estimándose que la Nación es el pueblo que lo forma. En ciertos países, al contrario, se trata de un término que genera mayores problemas, pues a veces se da el caso de Estados plurinacionales, en los que existen varias Naciones (grupos de población con diferencias de importancia entre unos y otros).

Sin embargo, a los efectos de determinar la titularidad del dominio público sobre las aguas que se atribuye a la Nación, la sala Constitucional en la misma sentencia argumentó y concluyó que en esta materia Nación debe asimilarse a la República como persona jurídica territorial, en el sentido de que ni los Estados ni los municipios tienen titularidad alguna sobre el dominio público de las aguas. La Sala, en efecto, argumentó que en general la Constitución se asimila todo "lo nacional a la República", y que si bien, en normas concretas puede haber una excepción a ello en el sentido de que "la palabra Nación se emplea como sinónimo de pueblo… En el resto de los casos, Nación es República, de la misma forma en que nacional es lo que a esa República se concede o le interesa"; agregando:

> Además, ese significado del término Nación es ya tradicional en Venezuela, al menos en lo referente a la propiedad de los bienes y a la calificación de algunos como del dominio público. Baste citar el artículo 538 del Código Civil, según el cual los *"bienes pertenecen a la Nación, a los Estados, a las Municipalidades, a los establecimientos públicos y demás personas jurídicas y a los particulares". Por su parte, el artículo siguiente dispone que los "bienes de la Nación, de los Estados y de las Municipalidades, son del dominio público o del dominio privado"*. Aunque la Sala no interpreta las normas constitucionales con base en disposiciones legales, no puede relegarse al olvido el hecho de que una tradición consolidada ha dado un sentido a las palabras y no es banal el hecho de que precisamente ese

sentido se ve reflejado en uno de los textos más antiguos con que cuenta nuestro ordenamiento jurídico.

Por lo tanto, debe entenderse que el término Nación equivale a República en el artículo 304 de la Constitución"[14].

La conclusión de lo anterior, conforme a la doctrina de la Sala Constitucional, entonces es que "entendida Nación como sinónimo de República...las aguas le pertenecen a ella, como ente político-territorial, negándose entonces la titularidad de las mismas por parte de los estados y los municipios, y más aún por parte de los particulares, sin perjuicio de que, por mecanismos típicos del Derecho Público, personas distintas a la República puedan servirse de las aguas"[15].

Por supuesto, hablar de declaratoria general de las aguas como del dominio público de la República, en los términos antes indicados, exige señalar, para disipar dudas, que los bienes del dominio público no constituyen, en sentido estricto, una "propiedad" del Estado. Como lo dijo la antigua Corte Suprema de Justicia:

> "Tal dominio público está caracterizado por el uso público a que están destinados dichos bienes, por lo que el Estado (personificación de la Nación) no puede distraer dichos bienes de ese uso público, como pudiera hacerlo con los bienes de su dominio privado. Por lo tanto -concluye la Corte-, el Estado, atendiendo a ese dominio público, no puede pretender sobre los mencionados bienes, el derecho de propiedad que con todos sus atributos consagra el Derecho Civil sobre las cosas sujetas a la propiedad privada".[16]

Con base en ello, la misma Corte Suprema puntualizó que si algo caracteriza a los bienes del dominio público es que su "uso y disfrute deben, en principio, ser mantenidos al alcance de todos los individuos que integran la colectividad".[17] Sobre esto también se pronunció la Sala Constitucional del Tribunal Supremo de Justicia en la citada sentencia No. 285 del del 4 de febrero de 2004, en la cual argumentó como sigue:

Sin embargo, vale la pena mencionar la evolución que ha venido experimentando el concepto de "dominio público", al que modernamente se

---

14 Véase en *Revista de Derecho Público*, No. 97-98, Editorial Jurídica Venezolana, caracas 2004, pp. 277 y ss.

15 Idem

16 *Véase la* Sentencia de la antigua Corte Federal y de Casación en Sala Federal de 8-2-38 en *Memoria* 1939, pp. 431 a 435. *Véase* también en Allan R. Brewer- Carías, *Jurisprudencia de la Corte Suprema de Justicia 1930-1974 y Estudios de Derecho Administrativo, cit.*, Tomo II, p. 519.

17 *Véase la* Sentencia de la Corte Suprema de Justicia en Sala Político Administrativa de 19-10-64 en *Gaceta Forense*, N° 46, pp. 28 a 32. F. también en Allan- R. Brewer-Carías, *Jurisprudencia de la Corte Suprema de Justicia 1930-1974 y Estudios de Derecho Administrativo, cit.*, Tomo II, p. 527.

le ha desvinculado de la tradicional concepción patrimonialista, al partirse de la idea de que la mayoría de las veces los bienes sobre los cuales recae esa calificación son "*res comunes omnium*", es decir, cosas sobre las cuales no se ejerce, en sentido estricto, ningún derecho de propiedad particularizado. Se trataría de bienes del uso común de todos, por lo que se justifica la inalienabilidad y la imprescriptibilidad que les caracteriza.

Así lo reconoció, por ejemplo, el Tribunal Constitucional español, en sentencia de 29 de noviembre de 1988, dictada con ocasión de una demanda de nulidad por inconstitucionalidad de la Ley 29/1985 (Ley de Aguas). En ese fallo se lee que: "(...) la incorporación de un bien al dominio público supone *no tanto una forma específica de apropiación por parte de los poderes públicos, sino una técnica dirigida primordialmente a excluir el bien afectado del tráfico jurídico privado,* protegiéndolo de esta exclusión mediante una serie de reglas exorbitantes de las que son comunes en dicho tráfico *iure privato.* El bien de dominio público es así, ante todo, *res extra commercium* y su afectación, que tiene esa eficacia esencial, puede perseguir distintos fines" (citado en: García Pérez, Marta, *La utilización del dominio público marítimo-terrestre. Estudio especial de la concesión demanial,* Marcial Pons, Madrid, 1995).

Esta Sala, sin negar de todas formas que las aguas en Venezuela tienen dueño -la República, pues es lo que se desprende de nuestro Derecho positivo- considera a la vez acertada esta nueva concepción del dominio público, en vista de las evidentes diferencias entre algunos de los bienes que así son calificados -las aguas, en este caso- y los bienes que constituyen el dominio privado o que, sencillamente, están en manos particulares.

Por ello, no vacila la Sala en afirmar que la declaratoria constitucional hecha en el artículo 304 responde tanto a la técnica de sustraer las aguas del tráfico jurídico privado como al sentido patrimonialista del concepto "dominio público". Basta leer lo que sigue, en el artículo 304, a esa declaratoria de demanialidad: que las aguas son "*insustituibles para la vida y el desarrollo*". Esa expresa declaración, en la que se manifiesta la relevancia vital de las aguas, es lo que hace que incluso el titular del dominio -la República- se vea limitado en sus poderes. De esta manera, el Poder Nacional tiene atribuida, en el numeral 16 del artículo 156 de la Constitución, la competencia para regular la conservación, el aprovechamiento y el fomento de las aguas, pero debe ejercerla orientado por la idea de que su titularidad se dirige a la prestación al pueblo.

La Sala, al efecto, trae a colación la Exposición de Motivos del Proyecto de Ley de Aguas, aprobado por la Comisión Permanente de Ambiente, Recursos Naturales y Ordenación Territorial, el 8 de agosto de 2001, a los efectos de su segunda discusión por parte de la Plenaria de la Asamblea Nacional. En ella se lee que la declaratoria de las aguas como bienes del dominio público "*significa que las aguas no son susceptibles de apropiación privada, sino que es propiedad de la Nación pero su uso pertenece a todos*".

La Sala, en atención a lo expuesto, es del criterio de que las aguas son del dominio público de la República, sin perder de vista que ese carácter le exige aprovecharlas en beneficio colectivo, es decir en beneficio del Pueblo. Nación tiene entonces, en el artículo 304 de la Constitución, un doble sentido: propiedad de la República de unas aguas que deben servir a la población en su conjunto[18].

Por tanto, el sentido de una declaratoria general de las aguas como bienes del dominio público, de uso público, que trae la Constitución y la Ley, es el de situar a las aguas fuera del ámbito de los bienes susceptibles de propiedad privada, mediante su afectación legal al uso público; y no el de atribuir a la república una "propiedad" sobre las aguas en el sentido civilista. Esta declaratoria de las aguas como del dominio público, se insiste, no representa un simple cambio de titularidad de la propiedad de determinados bienes de los particulares en favor de la República, sino como lo ha resuelto la jurisprudencia, la afectación al uso público de las aguas, para asegurar que su explotación y aprovechamiento esté dirigido primordialmente al beneficio colectivo de los venezolanos.

Como lo dijo hace años Sebastián Martín Retortillo, esa declaratoria general de las aguas como del dominio público es "la única forma que, de modo absoluto, otorga al Estado título suficiente y bastante para intervenir de modo eficaz en su explotación".[19] Por lo demás, en cuanto a los derechos particulares que pueda afectar, en realidad como veremos, o tal afectación está dentro de las atribuciones normales de la Administración, como podrían ser las regularizaciones del uso de las aguas que ya son del dominio público; o no son tales afectaciones, pues aun cuando se hayan declarado como del dominio público aguas que venían siendo de propiedad privada, la legislación ha previsto la posibilidad de legitimación y consolidación de los aprovecha-mientos que se venían realizando, mediante la conversión de derechos adquiridos de uso y aprovechamiento en las concesiones o licencias previstas en la Ley de Aguas (Disposición Transitoria Primera).

Ahora bien, frente a la declaratoria constitucional de todas las aguas como bienes del dominio público, antes de analizar sus consecuencias e implicaciones, particularmente conforme a las regulaciones de la Ley de Aguas, estimamos necesario precisar los rasgos generales del régimen que estaba vigente hasta el 30 de diciembre de 1999, relativo a la titularidad de las aguas, y que

18 Véase en *Revista de Derecho Público*, No. 97-98, Editorial Jurídica Venezolana, Caracas 2004, pp. 277 y ss

19 *Véase* S. Martín Retortillo, "Sobre la reforma de la Ley de Aguas", en su libro, *Aguas Públicas y Obras Hidráulicas*, Madrid, 1966, p. 194.

antes de que se dictase la Ley de Aguas, quedó tácitamente derogado por la Constitución.

II. LOS RASGOS GENERALES DEL RÉGIMEN PRE-CONSTITUCIONAL DE PROPIEDAD DE LAS AGUAS HASTA 2000

1. *LA EVOLUCIÓN DEL RÉGIMEN DE LAS AGUAS EN VENEZUELA*

El Código Civil, en efecto, distingue dos tipos de aguas sometidas a distintos regímenes jurídicos: por una parte, aguas que son del dominio público; y por la otra, utilizando la expresión de la Corte Suprema, "aguas corrientes que pueden no ser del dominio público y por ende susceptibles del dominio privado".[20] Del análisis del Código Civil, por tanto, no había dudas en considerar que había tanto aguas públicas como aguas de propiedad privada.

Sin embargo, esta situación jurídica de dualidad de dominio, no siempre fue así.

Hasta el inicio de la legislación civil republicana, conforme al derecho español que nos rigió, las aguas eran del dominio público, lo que resulta de la *Recopilación de las Leyes de los Reynos de las Indias*, en las que se ordenaba que "los montes, pastos y aguas de los lugares y montes contenidos en las mercedes que estuvieren hechas, o hiciéramos de señoríos en las Indias, deben ser comunes a los españoles e indios".[21]

Nuestro primer y único tratadista sobre el régimen jurídico de las aguas en Venezuela, Francisco Meaño concluye, por otra parte, que "está, pues, fuera de duda, que en las Partidas se estableció la comunidad de los cursos de agua. Pero una comunidad sólo en el uso: las leyes que lo reglamentan hablan siempre de uso, nunca de señorío, ni de propiedad" y así mismo agrega, "los Reyes de España recabaron para ellos el dominio sobre las aguas, montes y pastos, por lo cual venían a constituirse en realengos".[22]

Esta domanialidad pública sobre las aguas fue recogida en nuestro primer Código Civil de 1862, que estableció sólo el carácter de los lagos y ríos como del dominio público, sin prever posibilidad alguna de propiedad privada sobre las aguas. Sin embargo, por el propio Código Civil de 1862, desapareció aquella vocación de todos al uso común,[23] al preverse derechos de propietarios a usar prioritariamente las aguas del dominio público.

---

20 *Véase la* Sentencia de la antigua Corte Federal y de Casación de 8-2-38 en *Memoria* 1939, pp. 431 a 435. *Véase* también en Allan-R. Brewer-Carías, *Jurisprudencia de la Corte Suprema de Justicia 1930-1974 y Estudios de Derecho Administrativo, cit.*, Tomo II, p. 519.

21 *Véase la referencia en* Pedro Pablo Azpúrua y otros, *Criterios y Principios para un reordenamiento jurídico de las aguas*, Coplanarh, Caracas, 1974, p. 6.

22 Véase Francisco Meaño, *Régimen Legal de las Aguas en Venezuela*, Madrid, 1957, p. 10. *Cfr.*, E. Arcila Farías, *Historia de la ingeniería en Venezuela*, Caracas, 1961, Tomo I, p. 212.

23 *Véase* Francisco Meaño, *op. cit.*, p. 37.

En los Códigos Civiles posteriores hasta el vigente, se ha conservado la enumeración de los lagos y ríos como aguas del dominio público, pero a partir del propio Código de 1867[24] se comenzó a cambiar el régimen del derecho español antiguo, al reconocerse derechos adquiridos sobre las aguas, hasta llegar a prever la existencia de aguas de propiedad privada.[25]

En efecto, en el Código Civil de 1867 se incorporó a nuestra legislación el principio del viejo aforismo medioeval que señalaba que quien es dueño del suelo lo es hasta el cielo y hasta los infiernos.[26] Así se establece que la propiedad del suelo lleva consigo la de la superficie y la de todo lo que se encuentra encima y debajo de la superficie.[27] Este principio, cuyo origen no romano sino medioeval se sitúa en la defensa a los terratenientes de la pretensión de los señores feudales a disfrutar de las riquezas mineras, que se querían incluir dentro de las regalías,[28] abrió el paso en nuestro país para que se consolidara una propiedad privada de las aguas superficiales y de las aguas subterráneas. La norma, sin embargo, provocó una antinomia en cuanto al subsuelo: las minas eran del dominio público, al igual que las aguas, en el derecho español antiguo; pero las minas, en Venezuela, tuvieron algo de que carecieron las aguas: el célebre Decreto dictado por el Libertador Simón Bolívar en Quito el 24 de octubre de 1829, mediante el cual dispuso que "las minas de cualesquiera clase, corresponden a la República".[29] Por ello, la antinomia fue salvada en el Código Civil de 1896 al agregarle al artículo 460 la expresión: "salvo lo dispuesto en las Leyes de Minas", con lo cual se armonizó el régimen de la propiedad del Código Civil con el principio del dominio público de las minas, lo que se ha extendido también en la Constitución de 1999 en relación con los "yacimientos mineros y de hidrocarburos" (art. 12).

Lamentablemente, sin embargo, en Venezuela ni tuvimos para las aguas un Decreto del Libertador similar al de Minas, ni tuvimos legislación de

---

24 El artículo 343,39, al enumerar los bienes de propiedad pública dice: "Los ríos, aunque no sean navegables, sus álveos y toda agua que corra perennemente dentro del territorio nacional, con las limitaciones contenidas en la Sección 3ª, Título V, de este libro". *Cfr.* Alfonso Mejía, "El Régimen Administrativo y Civil de las Aguas corrientes en la Legislación Venezolana", en *Revista de Derecho y Legislación*, Nos. 506-507, Caracas, 1953, p. 187.

25 A. Mejía sostenía que "el principio de este Código es que todas las aguas corrientes son públicas, y las limitaciones se refieren a los derechos adquiridos sobre las mismas por título o prescripción", *loc. cit.*, p. 193.

26 *Cutus est solum eius est usque ad sidera (aut ad coelum), usque ad inferos. Cfr.* Alejandro Nieto, "Aguas subterráneas: Subsuelo árido y subsuelo hídrico", en *Estudios de Derecho Administrativo Especial Canario* (Régimen de las aguas), Tenerife, 1968, p. 56.

27 *Véase* Arts. 354 del CC 1867; 448 del CC 1873; 453 del CC 1880; 460 del CC 1896; 466 del CC 1906; 527 del CC 1916; del CC 1922; y 549 del CC vigente (1942).

28 *Véase* Alejandro Nieto, "Aguas Subterráneas...", *loc. cit.*, p. 56, quien cita a Peter Liver, "*Usque ad sidera, usque ad inferos*", en *Mélanges Philippe Meylan*, vol. II, Lausanne, 1963, pp. 182 y ss.

29 Art. 1°, en R. González Miranda, *Estudios acerca del régimen legal del Petróleo en Venezuela*, Caracas, 1958, p. 50.

aguas. Sólo fue en el Código de 1942 que la salvedad respecto de la Ley de Minas se extendió a lo dispuesto en las leyes especiales, con lo cual se abrió la posibilidad que en la Ley especial de aguas pudiera excluir la apropiabilidad privada de las aguas subterráneas, lo que sin embargo nunca ocurrió. De esa ausencia normativa, derivó la propiedad privada de las aguas que se extendió a los manantiales, a ciertas aguas corrientes (arroyos), a las aguas pluviales y a las aguas subterráneas.

En efecto, el Código Civil de 1867, además de abandonar la declaratoria general de todas las aguas como del dominio público[30] estableció la propiedad de los manantiales como consecuencia de la propiedad del suelo; y en el mismo Código Civil se regularon ciertas aguas corrientes, fuera del dominio público y por tanto susceptibles de propiedad privada.[31] Por otra parte, a partir del Código de 1916, se consolidó, respecto de las aguas que permanecían como del dominio público, la apropiabilidad más o menos libre del agua de los ríos.[32]

A partir de 1921 se establecieron, además, en Venezuela, las primeras normas especiales sobre las aguas contenidas en la Ley de Montes y Aguas del 27 de junio de dicho año, con la que se consolidó la propiedad privada de las aguas: en cuanto a los manantiales la misma ratificó el principio de que seguían la condición del fundo donde nacían (art. 4); y fue excesivamente conservadora respecto a los derechos adquiridos en las tomas de aguas de los ríos (art. 4) En especial dicha Ley declaró expresamente que eran "aguas de propiedad particular" las desviadas por canales privados, de los ríos del dominio público; las de manantiales, pozos y ojos de aguas surgidos en terrenos de propiedad particular; y las lagunetas, estanques, aljibes y demás receptáculos naturales o artificiales de aguas pluviales en terrenos de propiedad particular (art. 6).

Además, se consagró el derecho de todo propietario para abrir libremente pozos, dándosele a éste, derecho sobre las aguas subterráneas, el cual no se perdía "aunque llegadas a la superficie se derramaran, saliendo del terreno de dicho propietario, cualquiera que sea la dirección en que corran o sigan" (arts. 72 y 73). Este derecho se consagró en un capítulo cuyo título era: "De las aguas de propiedad privada".

En el Código Civil de 1916 y en la Ley de Montes y Aguas de 1921 se consolidó en Venezuela un régimen jurídico de las aguas radicalmente distinto

---

30 *Cfr*. F. Meaño, *op. cit.*, p. 40 y A. Mejía, *loc. cit.*, pp. 192 y 193.

31 *Cfr*. F. Meaño, *op. cit.*, pp. 42 y 106; A. Mejía, *loc. cit.*, p. 203.

32 Art. 527 del CC 1,916: art. 527 del CC 1922 y art. 549 del CC vigente (1942). En la oportunidad de debatirse el régimen de las aguas en el Código Civil de 1916, el diputado Agustín Aguilera expresó que "Los indios sostenían que el dominio señorial de las aguas pertenecía a la Tribu, es decir, que los beneficios del agua y de la pesca eran para todos y no para los ribereños solamente" y concluía su exposición en que "las aguas son de todos". *Véase* en E. Arcila Farías, *Historia de la Ingeniería en Venezuela, cit.*, 1961, Tomo I, pp. 211-212.

al que rigió al inicio de la República, y que no sólo permitía la propiedad privada de ciertas aguas, sino que consagraba derechos adquiridos de apropiación de aguas del dominio público. De un régimen de domanialidad pública se había pasado al otro extremo de la gama reguladora.

Las disposiciones del Código Civil con posterioridad al de 1916 puede decirse que permanecieron más o menos inalteradas. En cuanto a la regulación de las aguas en la ley especial, las normas de la ley de 1921 sólo fueron modificadas en la Ley Forestal y de Aguas de 1942. En ella se eliminó la enumeración de las aguas de propiedad privada que repitieron las leyes de 1924, 1931 y 1936, pero se conservó la expresión "aguas de propiedad privada" respecto a las aguas subterráneas (art. 103). La Ley Forestal, de Suelos y Aguas, de 1955, aun cuando conservó la misma norma que permitía al propietario la apertura libre de pozos para el aprovechamiento de las aguas subterráneas, que se repitió en la aún vigente Ley de 1965, sin embargo eliminó el capítulo que las calificaba como "aguas de propiedad privada".

Ahora bien, como resultado de esta evolución, hasta el 30 de diciembre de 1999, las aguas, como bienes inmuebles,[33] se clasificaban en aguas del dominio público y aguas de propiedad privada. A continuación, analizaremos brevemente, el ámbito y regulación de las mismas.

2. *Las aguas del dominio público*

A. *Principio*

En cuanto a las aguas del dominio público, el Código Civil señala que estas son los lagos, los ríos y demás bienes semejantes (art. 539), sin hacer distinción alguna sobre si se trata de ríos navegables o no navegables.[34] Todos los ríos son del dominio público, y sólo la navegabilidad de los mismos tenía efectos en la determinación de la propiedad de los lechos, conforme a una norma que se había incorporado en el Código Civil de 1919, conforma a la cual el cauce de los ríos no navegables pertenecía a los ribereños según una línea que se supone seguía por el medio del curso del agua (art. 539).[35]

Las aguas del dominio público, por ser de uso público, admiten por supuesto el uso común, de todos, para las necesidades de la vida, sometido a

---

[33] Según el art. 527 del CC, las lagunas, estanques, manantiales, aljibes y las aguas corrientes son bienes inmuebles por naturaleza.

[34] *Véase* A. G. Spota, *Tratado de Derecho de Aguas,* Buenos Aires, 1941 Tomo I, p. 1.051.

[35] *Cfr.* Meaño, *op. cit.*, p. 79. Esta norma, según A. Mejía, entraña un retroceso legislativo, y se apartó de la más autorizada doctrina italiana para la época, de los precedentes del Código Civil italiano y de los principios de las antiguas leyes españolas, *loc. cit.*, pp. 194 y 195. En el Art. 569 del CC se encuentran referencias a la apropiación de cauces abandonados, sean los ríos o no de carácter navegable; y en el art. 566 del CC, se permite la apropiación de islas que surjan en ríos no navegables por los dueños de las riberas. Las islas en ríos o lagos navegables, en cambio, son del dominio público (art. 565 del CC).

las normas de policía administrativa. Todo otro aprovechamiento exclusivo e individualizado debe ser objeto de concesión administrativa, siendo ésta la elemental consecuencia del carácter público de las aguas.

Sin embargo, el Código Civil y las regulaciones de la Ley Forestal, de Suelos y Aguas, siguiendo la orientación de las regulaciones de 1916 y 1921, respectivamente, consagraron un derecho preferente a la apropiabilidad de las aguas de los ríos, es decir, a la apropiabilidad de las aguas del dominio público, lo cual, técnicamente, era contradictorio con el régimen del dominio público. Este, por ser los bienes de uso público, no admite derechos adquiridos al uso o aprovechamiento de los mismos, salvo por la vía de la concesión. Sin embargo, la Ley Forestal de Suelos y Aguas llegó al extremo de establecer que "en toda concesión de aguas del dominio público se hará constar que se dejan a salvo los derechos adquiridos por terceros" (art. 90. Esta norma ha sido expresamente derogada por la Ley de Aguas de enero de 2007 (Disposición Derogatoria Única); y en el Código Civil que ellas se otorgaban "sin lesionar los derechos anteriores adquiridos legítimamente" (art. 682).

En realidad, la forma legítima de adquisición del derecho al uso de aguas del dominio público debería haber sido la concesión; sin embargo, esos derechos adquiridos, a que se refería el Legislador, tenían su origen en la propia Ley, la cual consagraba tres supuestos de derechos al uso y aprovechamiento de las aguas del dominio público.

B. *Derechos a la apropiabilidad de las aguas del dominio público*

a. *La apropiación de las aguas del dominio público con fines agrícolas e industriales*

El primero de ellos, consagrado en el Código Civil, otorgaba al "propietario de un fundo" "derecho a sacar de los ríos y conducir a su predio, el agua necesaria para sus procedimientos agrícolas e industriales, abriendo al efecto el rasgo correspondiente" (art. 653), derecho que, inclusive, no podía ser perjudicado por una concesión administrativa conforme al artículo 90 de la ley Forestal, de Suelos y Aguas. Esta norma ha sido expresamente derogada por la Ley de Aguas de enero de 2007 (Disposición Derogatoria Única).

Este derecho generalmente se lo vinculaba a la riberaneidad,[36] pero sin embargo, si se analiza el Código Civil con detenimiento, había que concluir en que ese derecho no sólo lo tenían los ribereños. Si no fuera así, no hubieran tenido sentido las propias normas del Código sobre el "derecho de pase y de acueducto". Por ejemplo, cuando consagra que "todo propietario está obligado a dar paso por su fundo a las aguas de toda especie de que quie-

---

36 *Véase* Henrique Meier, "De las aguas como bienes (Código Civil) a las aguas como Recursos Naturales Renovables (Constitución Nacional, Leyes Especiales)", en *Revista de la Facultad de Derecho,* UCAB, N° 20, 1974-1955, p. 303.

ra servirse el que tenga, permanente o sólo temporalmente, derecho a ellas, para las necesidades de la vida o para usos agrícolas o industriales" (art. 666). Por tanto, el derecho no sólo lo tienen los ribereños, aun cuando estos tienen una situación particular que les facilita el ejercicio del derecho. Por ejemplo, así resulta del artículo 14 de la Ley de Minas que atribuye al beneficiario de derechos mineros el derecho al uso y aprovechamiento racional de las aguas del dominio público para el ejercicio de sus actividades mineras, sujeto al cumplimiento de las disposiciones ambientales que rigen la materia; y además, "el derecho a la expropiación o al establecimiento de servidumbres para el aprovechamiento y uso de las aguas del dominio privado en su actividad minera".[37]

En el ejercicio de este derecho, su titular se encontraba doblemente limitado: por una parte, no podría ejercerlo, si la cantidad de agua de los ríos no lo permitía, sin perjuicio de los que tuvieran derechos preferentes (art. 653 CC). Esta norma ha sido expresamente derogada por la Ley de Aguas de enero de 2007 (Disposición Derogatoria Única), y por la otra, no se podía usar el agua de los ríos de manera que se perjudicara la navegación, por lo que no se podía hacer en dichos aprovechamientos, obras que impidieran el paso de los barcos o balsas o el uso de otros medios de transporte fluvial (art. 654 CC.)[38]

En la primera limitación, el Código la regula sin perjuicio de los que tengan derechos preferentes; en la segunda, indica que no aprovecha la prescripción ni otro título.

Fuera de este derecho al uso de las aguas del dominio público, decía la Ley Forestal, de Suelos y Aguas, y de que existan derechos adquiridos al aprovechamiento, todo otro desvío de las aguas de su cauce natural requiere de una concesión (art. 89. Esta norma ha sido expresamente derogada por la Ley de Aguas de enero de 2007, Disposición Derogatoria Única). Sin embargo, era la misma Ley especial la que establecía otro derecho al aprovechamiento de las aguas del dominio público.

B. *El aprovechamiento de las aguas de los ríos que nazcan en un fundo, mientras lo atraviesen*

En efecto, el segundo derecho al aprovechamiento de las aguas de los ríos corresponde al propietario de un fundo respecto de los ríos que nazcan en su propiedad mientras la atraviesan, quien no puede ser impedido de disponer de ellas, mientras no lesionen derechos de terceros o constituyan un peligro para la salud pública. Así lo regulaba la Ley Forestal de Suelos y Aguas, agregando que en estos casos, en perjuicio de este derecho tampoco pueden otorgarse concesiones administrativas de aprovechamiento de los ríos (art.

---

37 *Gaceta Oficial* N° 5.382 Extraordinario del 28-09-1999.

38 Además, artículo 190 del Reglamento de la LFSA.

90). Esta norma ha sido expresamente derogada por la Ley de Aguas de enero de 2007 (Disposición Derogatoria Única).

c. EL APROVECHAMIENTO DE LOS RÍOS COMO CONSECUENCIA DE CONCESIONES MINERAS

El tercero de los derechos que consagra el ordenamiento jurídico al aprovechamiento de las aguas del dominio público está vinculado al otorgamiento de otras concesiones administrativas. Como se ha visto, conforme al artículo 14 de la Ley de Minas, el beneficiario de derechos mineros tiene derecho al uso y aprovechamiento racional de las aguas del dominio público para el ejercicio de sus actividades mineras, sujeto al cumplimiento de las disposiciones ambientales que rigen la materia.

C. APRECIACIÓN GENERAL

En todos estos casos, de aprovechamiento de las aguas del dominio público, se permite a quienes tengan los referidos derechos a "establecer un barraje apoyado sobre los bordes, a condición de indemnizar y de hacer conservar las obras que preserven de todo peligro los fundos". En todo caso, también, conforme al Código Civil, deberán "evitar todo perjuicio proveniente del estancamiento, rebosamiento o derivación de las aguas contra los fundos superiores o inferiores; y si dieren lugar a ellos, pagarán esos perjuicios y sufrirán las penas establecidas por los reglamentos de policía".[39]

El régimen del dominio público de las aguas que consagra nuestro ordenamiento jurídico es, pues, un régimen disminuido ya que su aprovecha-miento específico y particular, en lugar de configurar la excepción y depender del otorgamiento de una concesión administrativa, por los derechos de aprovechamiento que consagra el Código Civil y las leyes especiales, se ha configurado en la regla. Respecto de los ríos, por tanto, no sólo existe el uso común para las necesidades de la vida en forma libre, como el de beber, bañarse, pescar o navegar, con las limitaciones de policía administrativa necesarias, sino que el ordenamiento jurídico ha mixtificado los usos individualizados y los ha convertido también en libres. La excepción se ha convertido, entonces, en la regla, y el dominio público se ha desnaturalizado.

4. LAS AGUAS DE PROPIEDAD PRIVADA

Pero paralelamente a la regulación de derechos de aprovechamiento y uso, relativamente libres, de las aguas del dominio público, el ordenamiento jurídico conforme a la evolución señalada, había establecido que determinadas aguas eran susceptibles de propiedad privada, lo que ha sido derogado tácitamente por la disposición constitucional que ahora las declara del dominio público. En todo caso, esta propiedad privada sobre las aguas se refería a

[39] Además, artículo 190 del Reglamento de la Ley Forestal de Suelos y Aguas.

los manantiales, a los arroyos y a las aguas pluviales; y también se extendía a las aguas subterráneas.

A. LA PROPIEDAD PRIVADA DE LOS MANANTIALES

En cuanto a los manantiales, es decir, el agua que naturalmente brota de la tierra, el Código Civil establecía que quien los tuvieran en su predio podían "usar de él libremente" (art. 650 CC.). Esta norma ha sido expresamente derogada por la Ley de Aguas de enero de 2007 (Disposición Derogatoria Única).

Este derecho implicaba, por tanto, que el propietario del fundo podía "servirse de las aguas libremente" e, incluso, disponer de las mismas en favor de otros (art. 656 CC.). Esta norma también ha sido expresamente derogada por la Ley de Aguas de enero de 2007 (Disposición Derogatoria Única).

Esta regulación, clásica en el derecho civil, tuvo su origen en la antigua regla del derecho romano según la cual "el agua viva es considerada porción del campo... "[40] y que, por ignorancia del principio de la unidad del ciclo hidrológico había conducido a estimar que los manantiales formaban parte integrante del fundo donde nacían. Por tanto, los manantiales seguían la condición jurídica del fundo en que surgían: si éste era un bien del dominio del Estado, aquellos serían del dominio público o privado del Estado;[41] si los fundos eran de propiedad privada, los manantiales serían de propiedad privada; todo lo cual ahora ha sido derogado.

Este derecho de propiedad sobre los manantiales, sin embargo, estaba sometido a limitaciones: en primer lugar, el derecho lo consagraba el Código Civil dejando a "salvo el derecho que hubiere adquirido el propietario del predio inferior, en virtud de un título o de la prescripción".[42] Inclusive el título o la prescripción limitaban el derecho del propietario de las aguas a disponer de las mismas en favor de otros (art. 656 CC.), lo que incluso desvirtuaba el criterio tradicional de que la propiedad del manantial dependía de su ubicación en el fundo del propietario respectivo.[43] Como se ha dicho, esta norma ha sido expresamente derogada por la Ley de Aguas de enero de 2007 (Disposición Derogatoria Única).

---

[40] *Porfío enim agri videtur acqua viva. Dig libr.* XLIII, Tít, 24, Ley II, en B. Villegas Basabilbaso, *Derecho Administrativo,* Tomo IV, Buenos Aires, 1952, p. 563.

[41] Por eso la vieja Ley de Montes y Aguas de 1921 establecía que "se considerarán del dominio público los manantiales, fuentes y ojos de agua que se encuentren en los montes baldíos" inalienables (Arts. 3° y 4° de la Ley).

[42] El Art. 650 del CC., ahora derogado, establecía: "La prescripción en este caso no se cumple sino por la posesión de 10 años, si hubiere título, o de 20, si no lo hubiere, contados estos lapsos desde el día en que el propietario del predio inferior haya hecho y terminado en el fundo superior obras visibles y permanentes, destinadas a facilitar la caída y curso de las aguas en su propio predio, y que hayan servido a este fin". *Cfr.* Art. 656, también derogado.

[43] Véase. H. Meier, *loc. cit.*, pp. 303 y 304.

La segunda limitación al derecho de propiedad del manantial era que el propietario del mismo no podía "desviar su curso, cuando suministra a los habitantes de una población o caserío el agua que les es necesaria" (art. 651 CC.). Sin embargo, "si los habitantes no [habían] adquirido su uso o no lo [tenían] en virtud de la prescripción, el propietario [tenía] derecho a indemnización" (art. 651 CC.). Se consagraba así, una prioridad de uso para el abastecimiento de poblaciones, aun cuando se garantizaba al propietario su derecho a ser indemnizado. Esta norma del artículo 651 del Código Civil ha sido expresamente derogada por la Ley de Aguas de enero de 2007 (Disposición Derogatoria Única).

La tercera limitación al derecho del propietario de un manantial implicaba que éste, después de haberse servido de las aguas del mismo, no podía desviarlas de manera que se perdieran en perjuicio de los predios que pudieran aprovecharlas.

La tercera limitación al derecho del propietario de un manantial era que éste, al servirse de sus aguas, no podía causar perjuicio ni a los predios inferiores ni superiores. En cuanto a los predios inferiores, como se dijo, el Código Civil establecía que el propietario, después de haberse servido de las aguas, no podía desviarlas de manera que se perdieran en perjuicio de aquellos predios que pudieran aprovecharla; y en cuanto a los predios superiores, a pesar de la confusa redacción del Código Civil, la limitación al derecho del propietario del manantial implicaba que éste, al usar el agua, no debía ocasionar rebosamiento u otro perjuicio a los dueños de los predios superiores (art. 656 CC.)[44]. Esta norma ha sido expresamente derogada por la Ley de Aguas de enero de 2007 (Disposición Derogatoria Única).

B. La propiedad de los arroyos

Además de los manantiales, la legislación civil consagraba también la propiedad privada sobre los arroyos, en favor del propietario de un fundo que estuviera limitado o atravesado por este tipo de aguas corrientes, de curso natural, pero que según el Código Civil "no [eran] del dominio público", y siempre que sobre los mismos no tuviera derecho algún tercero (art. 652 CC.). Esta norma ha sido expresamente derogada por la Ley de Aguas de enero de 2007 (Disposición Derogatoria Única). No precisaba, sin embargo, el Código Civil, cuándo se estaba en presencia de un arroyo, es decir, cuándo un curso de agua corriente no era un río y por tanto, no era del dominio público.

El criterio de distinción generalmente estaba basado en la magnitud del caudal,[45] menor en el arroyo, pero sin duda, era precisamente en este cam-

---

44 *Cfr.* F. Meaño, *op. cit.*, p. 148.

45 *Véase* Miguel A. Marienhoff, *Régimen y Legislación de las aguas públicas y privadas*, Buenos Aires, 1939, pp. 276 a 278 *cit.*, por F. Meaño, *op. cit.*, p. 109. *Cfr.* A. Mejía, *loc. cit.*, p. 204; y A. Spota, *op. cit.*, p. 1.053.

po que cobraba todo su valor la apreciación de la Corte Suprema de que "para llegar el intérprete a fijar si determinadas aguas vivas, de curso natural, [eran] del dominio público o del dominio privado (es decir, [eran] ríos o arroyos) ha menester que entre a examinar ciertas circunstancias de hecho que caracterizarían su naturaleza".[46]

En todo caso, este derecho ahora derogado, se otorgaba al ribereño,[47] es decir, al propietario de un fundo limitado o atravesado por un arroyo; y se otorgaba sometido a limitaciones.

En primer lugar, en cuanto al destino del agua a utilizar: sólo podía destinarse para el riego de su propiedad o para el beneficio de su industria; en segundo lugar, se otorgaba el derecho con la condición de que se devolviera al curso ordinario lo que quedase del agua utilizada (art. 652 CC.); y en tercer lugar, el aprovechamiento no debía perjudicar ni a los fundos inferiores o superiores por causa de pérdida o rebosamiento, respectivamente (arts. 652 y 681 CC.).[48]

C. La propiedad de las aguas pluviales

En tercer lugar, además de la propiedad privada de los manantiales y de las aguas corrientes menores, es decir, de los arroyos, también podía sostenerse en el ordenamiento anterior a la Constitución de 1999, que existía la posibilidad de propiedad privada sobre las aguas pluviales, es decir, las que provenían de las lluvias, mientras conservaban tal carácter; de las que provenían naturalmente de fundos superiores; y de las que estaban estancadas natural o artificialmente.

---

46 *Véase* sentencia de la antigua Corte Federal y de Casación en Sala Federal 8-2-38, en *Memoria* 1939, pp. 431 a 435. *V.* además en Allan R. Brewer-Carías, *Jurisprudencia de la Corte Suprema de Justicia 1930-1974 y Estudios de Derecho Administrativo, cit.,* Tomo II, p. 519. Con la distinción entre aguas del dominio público (ríos) y aguas corrientes que no lo son (arroyos), con razón señala Spota que se ha creado un grave problema interpretativo, *op. cit.,* p. 1.053.

47 Esto lo confirmaba la vieja Ley de Minas al establecer en su Art. 72, que "el uso de las aguas que no son del dominio público es sólo en beneficio de los con cesionarios ribereños". Este derecho del ribereño lo calificó Mejías como un derecho real *sui generis, loe. cit.,* p. 204. La Ley de Minas de 1999 (*G.O.* Nº 5.382 Extraordinario del 28-09-1999), en su artículo 14 se limita ahora a señalar que "El beneficiario de derechos mineros tiene derecho al uso y aprovechamiento racional de las aguas del dominio público para el ejercicio de sus actividades mineras, sujeto al cumplimiento de las disposiciones ambientales que rigen la materia. Así mismo, el beneficiario tiene derecho a la expropiación o al establecimiento de servidumbres para el aprovechamiento y uso de las aguas del dominio privado en su actividad minera".

48 El artículo 681 del CC. señala expresamente que los propietarios con este derecho "deberán también evitar todo perjuicio proveniente de la estagnación, rebosamiento o derivación de las aguas contra los fundos superiores o inferiores; y si dieren lugar a ellos, pagarán esos perjuicios y sufrirán las penas establecidas por los reglamentos de policía".

La propiedad del suelo, hemos dicho, conforme al Código Civil, llevaba consigo la de todo cuanto se encontraba encima de la superficie (art. 549 CC.), por lo que, por accesión, las aguas pluviales pertenecían al propietario del fundo sobre el cual caían o se estancaban. Es más, el Código Civil obligaba al propietario a construir sus tejados de tal manera que las aguas pluviales caigan sobre su propio suelo o sobre la calle o sitio público, pero no puede hacerlas caer en otro terreno de propiedad privada (art. 708 CC.).

Sin embargo, las aguas pluviales que naturalmente y sin obra del hombre corren de fundos superiores, son de obligatorio recibo por los fundos inferiores, y los dueños de éstos, no pueden hacer obras que impidan el correr de las aguas (art. 647 CC.).

En estos casos, los propietarios de los fundos superiores tenían la propiedad de las aguas pluviales mientras corrían por ellos, y en ningún caso podían hacer más gravosa la recepción por los fundos inferiores de dichas aguas (art. 647). Los propietarios de los fundos inferiores, al recibir las aguas pluviales, por su parte, adquirían la propiedad de las mismas, mientras transcurrieran por ellos.

La propiedad de las aguas pluviales estancadas, sin embargo, no estaba expresamente reconocida en el ordenamiento jurídico. El Código Civil, ciertamente, hace referencia a las lagunas, estanques y aljibes calificándolas como bienes inmuebles distintas de los lagos que eran los declarados como bienes del dominio público (arts. 527 y 539 CC.), y la legislación especial contenida en la Ley de Montes y Aguas desde la de 1919 hasta la ley de 1936, había calificado expresamente a dichas lagunas, estanques y aljibes así como a "los demás receptáculos naturales o artificiales de aguas pluviales en terrenos de propiedad privada", como aguas de propiedad particular (art. 4,2). Aun cuando dicha norma desapareció de la ley en 1942, ello no obsta, en todo caso, para que conforme a las otras normas señaladas, se estimase la posibilidad de propiedad privada de las aguas pluviales. En cuanto a la diferencia entre los lagos y las lagunas, estanques y aljibes, también se trataba de un problema de magnitud, y por tanto de una cuestión de hecho.

En todo caso, al igual que en todos los otros casos señalados anteriormente de propiedad privada de aguas, ahora derogados, la disposición de éstas estaba sometida a limitaciones: estas aguas no podían aprovecharse de manera tal que se perjudicase a los fundos inferiores o superiores, mediante desvíos o rebosamiento en perjuicio de aquellos (art. 656 CC.). Como se ha dicho, esta norma ha sido expresamente derogada por la Ley de Aguas de enero de 2007 (Disposición Derogatoria Única).

D. *La cuestión de la propiedad de las aguas subterráneas*

Hemos hecho referencia a las previsiones del ordenamiento jurídico sobre las aguas del dominio público y sobre las aguas que antes de la entrada en vigencia de la Constitución de 1999 eran susceptibles de ser de propiedad privada. Entre ellas, debemos también hacer referencia a las aguas subterráneas, las cuales incluso presentaban algunos elementos peculiares.

En Venezuela, en efecto, desde siempre las minas e hidrocarburos han sido del dominio público, como ahora lo regula la Constitución de 1999 al referirse a los yacimientos mineros y los hidrocarburos. En esta forma, desde el derecho español antiguo y posteriormente con el Decreto del Libertador de 1829, las minas siempre fueron consideradas como del dominio público. La pretendida propiedad de lo que está por debajo del suelo que consagró el Código Civil en 1867 se armonizó con la legislación de minas a partir del Código de 1896 en la cual se dejó a salvo lo dispuesto en la Ley de Minas; y sólo fue en el Código Civil de 1942 que se amplió la salvedad a lo dispuesto en leyes especiales.

En esta forma el artículo 549 del Código Civil establece que "la propiedad del suelo lleva consigo la de la superficie y de todo cuanto se encuentra encima o debajo de ella, salvo lo dispuesto en las leyes especiales". Las leyes especiales en materia de aguas, sin embargo, lejos de establecer una salvedad similar a la de la legislación minera, lo que hicieron fue consolidar una propiedad privada sobre las aguas subterráneas, ahora desaparecida con la Constitución de 1999.

En efecto, la Ley de Montes y Aguas de 1921 no sólo consagró el derecho de todo propietario a abrir libremente pozos para sacar agua dentro de sus fincas, sino que consagró indirectamente el derecho de propiedad sobre las aguas subterráneas al aclarar que "cuando se lograre el alumbramiento de aguas subterráneas por medio de pozos artesianos, por socavones o galerías o sondeos, el propietario no pierde el derecho de ellas, aunque llegadas a la superficie se derramen, saliendo del terreno de dicho propietario, cualquiera que sea la dirección en que corran o sigan, a menos que él las dejase abandonadas a su curso natural sin construir acueductos para recogerlas" (arts. 72 y 73). Si este derecho perduraba después del alumbramiento de las aguas, la Ley, sin duda, partía de la presunción de que el derecho existía antes de que fuesen extraídas las aguas.

Esta norma fue eliminada en la Ley de 1942, y como consecuencia, en la vigente Ley Forestal, de Suelos y Aguas de 1965, se establecía el derecho de todo propietario a "abrir libremente pozos y construir zanjas o galerías dentro de sus fincas" (art. 94). Esta norma ha sido ahora expresamente derogada por la Ley de Aguas de enero de 2007 (Disposición Derogatoria Única).

Ahora bien, este derecho, ante todo conforme a la Ley era un derecho de "abrir libremente pozos", es decir, en realidad era un derecho a perforar el suelo, por lo que en nuestro país, aún el régimen de las aguas subterráneas estaba ligado al régimen del suelo.

El propietario también tenía derecho a "construir zanjas o galerías", lo que no es más que una ratificación de lo previsto en el Código Civil: "El propietario -reza el artículo 554- puede hacer en su suelo o debajo de él toda construcción... o excavación y sacar por medio de ellas todos los productos posibles, salvo...lo que dispongan leyes especiales y los reglamentos de policía".

La consagración de un derecho de perforar el suelo, de construir pozos, zanjas o galerías, y de extraer y apropiarse de las aguas, no podía, por tanto, ser más clara en nuestro ordenamiento preconstitucional; derecho sometido a lo que dispusieran leyes especiales y reglamentos de policía.

En esta forma, entonces, sólo el propietario del suelo tenía derecho a perforarlo; y a él correspondía la propiedad de las aguas subterráneas una vez alumbradas. Sin embargo, la duda quedaba sobre si podría admitirse que existía una propiedad privada sobre las aguas subterráneas no alumbradas

Aquí entraba en juego la previsión del Código Civil sobre la extensión de la propiedad del suelo hacia arriba y hacia abajo (art. 549), como rezaba el aforismo medieval citado, "sobre todo lo que está encima del suelo hasta los cielos, y todo lo que está debajo del mismo, hasta los infiernos". Y con base en ello, y en ausencia de una ley especial de aguas que excluyera la propiedad privada de las aguas subterráneas, podía admitirse dicha propiedad aun respecto de las aguas no alumbradas, entre otros factores, por no responder el ordenamiento jurídico al principio de la unidad del ciclo hidrológico.

Podía argumentarse que en tanto el trabajo del hombre no hubiera logrado perforar el subsuelo hasta alcanzar la masa líquida, esas aguas subterráneas no eran apropiables, es decir, conforme al Código Civil, no eran bienes, o sea "cosas que pueden ser objeto de propiedad pública o privada" (art. 525), por lo que se las podían considerar como *res nullius*,[49] sujetas a ocupación. Sin embargo, esta argumentación no podía admitirse en el ordenamiento jurídico venezolano, no sólo porque el propio Código Civil determina cuáles bienes eran objeto de adquisición por ocupación, figura referida, en particular, a bienes muebles (art. 797 CC.), sino que se consagra expresamente en la legislación especial el derecho a perforar en favor del propietario del suelo, por lo que otra persona distinta al propietario, al no tener derecho a perforar el suelo, no podía apropiarse de dichas aguas subterráneas.

Ahora bien, también este derecho del propietario a abrir pozos y a apropiarse del agua subterránea estaba sometido a limitaciones.

La primera de ellas se refería a la necesidad de un perímetro de protección de los pozos, de manera que los que se abrieran guardasen entre ellos una distancia que no interfiriera en la producción de los pozos que existieran en los terrenos vecinos, distancia que no podía ser menor de 400 metros en los casos de los pozos que surtieran acueductos.[50] Por otra parte, en cuanto a las distancias a guardar, debía tenerse presente también lo previsto en el artículo

---

49 *Véase* Alejandro Nieto, "Aguas Subterráneas...", *loc. cit.*, p. 80.

50 Art. 94 de la LFSA. *Cfr.* La Ordenanza de Acueducto del Distrito Sucre del Estado Miranda (Art. 11).

701 del Código Civil en el sentido de que no se podía "construir cerca de una pared ajena o medianera, aljibes, pozos, cloacas, letrinas, acueductos... sin guardar las distancias exigidas por los Reglamentos y usos del lugar, o sin construir las obras de resguardo necesarias...".

La segunda limitación al aprovechamiento de las aguas subterráneas exigía a los propietarios de pozos, en los cuales el agua surgía naturalmente de la superficie del terreno (pozos artesianos), tomar las medidas adecuadas para regular su producción con el objeto de conservar la riqueza de la capa acuífera (art. 94). Esta norma ha sido expresamente derogada por la Ley de Aguas de enero de 2007 (Disposición Derogatoria Única).

En tercer lugar, la Ley Forestal, de Suelos y Aguas, remitía al Reglamento a los efectos de la determinación de los requisitos técnicos para la perforación de pozos, zanjas o galerías, y de las medidas necesarias para evitar la contaminación química y orgánica de las aguas subterráneas (art. 95). Esta norma ha sido expresamente derogada por la Ley de Aguas de enero de 2007 (Disposición Derogatoria Única). Sin embargo, el Reglamento no preveía normas especiales de importancia sino que remitía a las disposiciones que dictase la autoridad sanitaria en relación a la protección de la salud y al control de la contaminación.[51]

En cuarto lugar, la apertura de pozos para el aprovechamiento de aguas subterráneas estaba limitada por las normas locales de policía, tal como lo autoriza el Código Civil (art. 554), con base en lo cual, por ejemplo, las Ordenanzas municipales de Acueductos exigen la necesidad de un permiso previo del Municipio para perforar pozos o extraer agua del subsuelo.[52]

III. EFECTOS JURÍDICOS DE LA DECLARATORIA DE TODAS LAS AGUAS COMO DEL DOMINIO PÚBLICO EN LA CONSTITUCIÓN DE 1999

1. LA UNIDAD DEL CICLO HIDROLÓGICO Y LA UNIDAD DEL RÉGIMEN JURÍDICO DE LAS AGUAS

Del análisis que anteriormente se ha hecho sobre el régimen jurídico vigente hasta el 30 de diciembre de 1999 sobre la propiedad de las aguas en Venezuela surge, ante todo, la constatación de que no existía un régimen jurídico unitario y uniforme referido a los recursos hidráulicos. Al contrario, había aguas del dominio público de uso público; pero aguas cuyo aprovechamiento no dependía ni siquiera del otorgamiento de una concesión administrativa, sino que se consagraban en la Ley determinados derechos a

51 Art. 192, Parágrafos 1°, 2° y 3° del Reglamento. Con base en esto, por ejemplo, mediante Resolución conjunta del Ministerio de Obras Públicas y el Ministerio de Sanidad y Asistencia Social por 90 y 16, respectivamente, de 28-8-1969 se ordenó la clausura de los pozos privados de abastecimiento en el Área Metropolitana de Caracas. *Véase* en Coplanarh IDP, *Bases para un Estudio sobre el Régimen Legal de las Aguas en Venezuela*, Tercera parte, Vol. II, Caracas, 1970, p. 577.

52 *Véase* la referencia en Coplanarh, Instituto de Derecho Público, *Bases para un Estudio... cit.*, Tercera parte, Vol. II, p. 572.

su aprovechamiento. De manera que ni siquiera el régimen de las aguas del dominio público era uniforme.

Por otra parte, se regulaban aguas de propiedad privada, sobre manantiales, arroyos, aguas pluviales y aguas subterráneas, de aprovechamiento sujeto a limitaciones disímiles y variadas.

En la determinación de estas aguas, la Ley ni siquiera era clara, y por tanto, debía ser siempre una cuestión de hecho la determinación de cuándo un curso de agua comenzaba a ser un río o un arroyo, y cuándo un cuerpo de agua estancada comenzaba a ser un lago o una laguna. Los lagos formados por las grandes presas de aprovechamiento de las aguas, eran por ejemplo, del dominio público, pero podía haber la duda respecto de los grandes estanques.

Frente a esta disparidad de régimen jurídico, sin embargo, se imponía el principio natural de la unidad del ciclo hidrológico, que recogió la Constitución y ahora regula la Ley de Aguas, lo que exige que se considere al agua como sólo una, de manera que es la misma sea cual fuere el estado y el lugar donde se encuentre; y siempre está en circulación. La que hoy es estancada o corriente, mañana es subterránea o evaporada o en proceso de evapotranspiración, y luego es la misma la que se precipita como lluvia, granizo o nieve.[53] Esa unidad real, sin duda, era incompatible con tratamientos jurídicos disímiles.

Siguiendo a Alejandro Nieto podemos señalar, que así como es un absurdo físico considerar, como lo hacía nuestra legislación, que el agua es accesoria del fundo y que por tanto, el propietario de éste la poseía en propiedad, cuando el agua cambiaba de situación y estado, y por tanto, de fundo y ubicación; asimismo, es un absurdo jurídico considerar que las aguas corrientes superficiales puedan variar de régimen jurídico según su magnitud o ubicación, y que ellas pueden tener un régimen diferente a las mismas aguas corrientes subterráneas.[54] El legislador del siglo XIX, por ignorancia geológica, sometió a las aguas superficiales a un régimen distinto de las subterráneas; por ello el legislador contemporáneo debía corregir esa situación para no pasar por negligente.

La unidad del ciclo hidrológico postula, por tanto, la necesidad del establecimiento de un régimen jurídico único y uniforme para el aprovechamiento y la propiedad de las aguas, que ahora regula la Ley de Aguas, dispuesto

---

[53] Por ello ha señalado Jean Barade: "Es sorprendente que una misma materia, en razón de su movimiento perpetuo, pueda cambiar sucesivamente de propietario y de régimen jurídico; es la misma agua la que primero cae a la tierra en forma de lluvia, como *resnullius,* luego se convierte en propiedad de varios ocupantes privados para terminar siendo pública al desembocar en un río a través de la alcantarilla y, en fin *res communis* en el mar. No existen masas de agua perfectamente delimitadas que puedan ser objeto de un verdadero derecho de propiedad". *Véase* en "Le régime juridique de l'eau, richesse nationale", *Revue de Droit Public,* 1965, p. 613, *cit.* por A. Nieto, *loc. cit.,* p. 82.

[54] *V.* Alejandro Nieto, "Aguas Subterráneas...", *loc. cit.,* p. 94.

primordialmente al beneficio colectivo de los venezolanos, que es precisamente el que deriva del régimen del dominio público que la Constitución impuso. Por ello, ese postulado esencial es el que ha guiado la reforma del régimen legal de las aguas en Venezuela, conforme a lo cual, como se ha dicho, todas las aguas, sea cual fuere su origen, estado físico o ubicación, son bienes del dominio público de uso público de la Nación , cuya titularidad conforme lo precisado por el Tribunal Supremo de Justicia corresponde a la República.

2. LAS IMPLICACIONES DE LA DECLARATORIA DE TODAS LAS AGUAS COMO DEL DOMINIO PÚBLICO

La Constitución entró en vigencia el 30 de diciembre de 1999, y sólo fue el 2 de enero de 2007 que se publicó la legislación correspondiente para aplicar efectivamente la declaratoria del dominio público de las aguas. Con la declaratoria constitucional, sin embargo, buena parte de la legislación nacional, que ahora deroga expresamente la Ley de Aguas (Disposición Derogatoria Única), había quedado tácitamente derogada.

Por una parte, no hay duda en considerar que la declaratoria general de las aguas como del dominio público implicó desde 2000 la exclusión de las aguas del ámbito de aquellos bienes que conforme al Código Civil eran susceptibles de ser de la propiedad privada, por lo que a partir de 2000 en Venezuela no pudo haber más derechos de propiedad particular sobre ciertas aguas.

Pero además, tal declaratoria general de rango constitucional implicó la derogación de las normas del ordenamiento jurídico que establecían derechos adquiridos al aprovechamiento de las aguas del dominio público, el cual sólo puede realizarse mediante concesión o licencia. Veamos separadamente estas implicaciones.

A. LA CESACIÓN DE LOS DERECHOS DE PROPIEDAD PRIVADA SOBRE LAS AGUAS

a. LA EXCLUSIÓN DE LAS AGUAS DEL ÁMBITO DE LA PROPIEDAD PRIVADA

En primer lugar, la declaración constitucional de todas las aguas como del dominio público en la Constitución de 1999 implicó automáticamente la cesación de los derechos al aprovechamiento de las aguas, y entre ellos, los derechos de propiedad sobre ciertas aguas que admitía el ordenamiento jurídico[55].

Conforme a ello, la declaratoria general constitucional de todas aguas como del dominio público implicó excluir del ámbito de la propiedad privada, el agua de los manantiales, de los arroyos, las pluviales y las subterráneas. Por supuesto, estamos hablando de que estas aguas quedan excluidas del ámbito de los bienes que pueden ser objeto de propiedad privada conforme al Código Civil, lo cual no implica que dichas aguas no puedan ser usadas. Los usos comunes siempre son libres, dentro de las prescripciones de policía, y los usos especiales están sometidos a limitaciones administrativas.

b. LA EXTINCIÓN DE DERECHOS ADQUIRIDOS AL APROVECHAMIENTO DE AGUAS DEL DOMINIO PÚBLICO

Pero hemos visto que la legislación venezolana, además de establecer derechos de propiedad sobre ciertas aguas, consagraba una serie de derechos adquiridos al aprovechamiento de las aguas en favor de los propietarios de fundos para sus usos agrícolas e industriales; a favor de los propietarios de fundos donde nacieran las aguas mientras los atravesaban; y a favor de los concesionarios mineros.

Entre estos derechos, el primero de ellos, sin duda el más importante y el que ha dado origen al mayor aprovechamiento de aguas del dominio público en nuestro país, se consagró en nuestra legislación desde el Código Civil de 1873[56], en su artículo 653, el cual para la época no tenía precedentes ni en los Códigos anteriores, ni en el Código Civil italiano ni en el francés; y el derecho que concedía se fundamentaba en la prioridad que se reconocía a los primeros propietarios prediales que usaban el agua de los ríos, sobre los

---

55 Debemos señalar que ponemos fuera de toda discusión la consagración en la legislación pre-constitucional de derechos de propiedad sobre ciertas aguas, a pesar de los esfuerzos que se habían hecho en vista de la importancia de los recursos hidráulicos, de buscan sostener que nuestro ordenamiento no consagraba un verdadero derecho de propiedad sobre las aguas sino de uso, y que éstas, como recursos naturales, "no pertenecía a nadie en particular, sino a todos los venezolanos" y no eran apropiables. *V.* H. Meier, *loc. cit.*, p. 309.

56 *Cfr.* A. Mejía, *loc. cit.*, p. 208.

posteriores.[57] Esta norma, como se ha dicho, ha sido expresamente derogada por la Ley de Aguas de enero de 2007 (Disposición Derogatoria Única).

Es decir, la declaratoria general de las aguas como del dominio público, implicó la derogación de las normas que regulaban estos derechos adquiridos y preferentes al aprovechamiento de las aguas del dominio público, lo cual no implica la imposibilidad de aprovechamiento. En este caso, también, los usos comunes son libres, pero los usos especiales deben someterse a las limitaciones administrativas, y entre ellas, a la obtención de una concesión o licencia.

B. La regulación de los usos y aprovechamientos

En efecto, la extinción de los derechos de propiedad sobre las aguas o de los derechos adquiridos al aprovechamiento que derivan de la declaratoria de todas las aguas como del dominio público, no implican, en absoluto, imposibilidad de aprovechamiento.

En la Ley de Aguas han quedado consolidados los usos comunes, propios de la vida doméstica, para abrevar ganado, para pescar y para la navegación menor (art. 73), los cuales pueden ser realizados por todos, sin necesidad de autorización, pero sometidos a las regulaciones y limitaciones de policía administrativa sobre navegación, ambiente, sanidad o pesca.

Por otra parte, se ha consagrado el derecho de todos a utilizar y almacenar las aguas pluviales que se precipiten en sus predios (art. 73), salvo las regulaciones de policía.

En esta forma, el derecho de propiedad privada que el Código Civil establecía por ejemplo sobre las aguas pluviales, en realidad, en la legislación se ha transformado en un derecho de uso común sometido a las regulaciones administrativas necesarias. No se aplica lo mismo, sin embargo, a las aguas subterráneas, las cuales con la declaratoria del dominio público han quedado excluidas del ámbito de la propiedad privada, quedando su aprovechamiento al igual que el de las superficiales, a la obtención de una concesión o licencia de aprovechamiento.

---

57 En relación a esta norma, Nicomedes Zuloaga, en su *Código Civil concordado* dice "que el derecho de sacar agua de los ríos, concedido de manera expresa por el legislador del 73, a su parecer, proviene de la Real Cédula sobre Aguas, de 1785, conocida con el nombre de Cédula de San Ildefonso, por la cual el Rey de España concedió en la Provincia de Venezuela, facultad y permiso a todos los hacendados para que puedan extraer libremente, aunque sea por fundos ajenos, siempre que abonen a los dueños de ellos el valor de las tierras que ocupe la caja de la acequia, lo que en ellas estuviere plantado, y cuando se les sigan por dicha causa, y que con las nuevas extracciones de las aguas no se perjudique a los dueños de las acequias que en la actualidad están rasgadas, ni se les disminuya la posesión de las aguas necesaria para sus fundos en que se hallen", cit. por A. Mejía, loc. cit., p. 207.

3. LOS EFECTOS DE LA DECLARATORIA DE TODAS LAS AGUAS COMO DEL DOMINIO PÚBLICO

Pero, sin lugar a dudas, los problemas de mayor controversia que surgieron a partir de 2000 con declaratoria constitucional de todas las aguas como del dominio público, se refieren a los efectos generales de la misma, particularmente en relación con los anteriores titulares de derechos preferentes de aprovechamiento de aguas del dominio público, o de derechos de propiedad sobre las aguas. Para dilucidar este tema, es necesario determinar la verdadera naturaleza jurídica de aquellos derechos, y precisar si una declaratoria general de las aguas como del dominio público como la que hizo la Constitución de 1999, podría originar algún derecho de indemnización.

El problema se presentó distinto según se tratase de los antiguos derechos al aprovechamiento de aguas del dominio público o de derechos de propiedad privada de las aguas.

Analicemos el problema, entonces, separadamente, antes de estudiar el régimen establecido en la Ley de Aguas de 2007.

A. *EFECTOS DE LA DECLARATORIA DE LAS AGUAS COMO DEL DOMINIO PÚBLICO SOBRE LOS DERECHOS AL APROVECHAMIENTO DE AGUAS DEL DOMINIO PÚBLICO*

En primer lugar, la declaratoria de todas las aguas como bienes del dominio público, implica que los aprovechamientos de las mismas sólo pueden realizarse mediante la obtención de una concesión o licencia, por lo que dicha declaratoria conllevó la extinción de los derechos preferentes o "adquiridos" de ciertos propietarios.

En efecto, si bien el Código Civil habla de derechos adquiridos, ese carácter sólo era oponible frente a actos individuales, por lo que por ejemplo el propio Código señala que las concesiones de aprovechamiento de aguas del dominio público no pueden darse en perjuicio de dichos derechos adquiridos.[58] Sin embargo, en relación con el Legislador, cuando los derechos preferentes tienen origen directamente en la propia Ley, no podría hablarse propiamente de "derechos adquiridos".

Lo contrario implicaría una limitación inconcebible a la soberanía legislativa y un desconocimiento del poder soberano del Estado. En eso, la jurisprudencia de la antigua Corte Suprema de Justicia fue reiterada[59], y en una de sus sentencias, señaló que los derechos adquiridos "únicamente pueden hacerse valer en materia contractual, o contra las disposiciones del Poder Público que no constituyen actos de autoridad, sino actos de gestión, en los

[58] Art. 682 del CC. y Art. 90 LFSA.

[59] *Véase* la sentencia de la Corte Suprema de Justicia en Sala Político-Administrativa de 16-11-65 en *Gaceta Forense*, N° 50, p. 72. Contrariamente véase la sentencia de la Corte Federal y de Casación en Sala Federal Accidental de 18-1-37 en *Memoria* 1938, pp. 428 y 429. Véase también en Allan R. Brewer-Carías, *Jurisprudencia de la Corte Suprema de Justicia 1930-1974 y Estudios de Derecho Administrativo, cit.*, Tomo I, Caracas, 1975, pp. 247 y 248.

cuales el Estado se asimila a los particulares, sean estos personas naturales o jurídicas".[60] Por ello, en otra decisión, dentro de la misma línea de pensamiento, señaló que hay "derechos adquiridos", por ejemplo, con motivo del otorgamiento de una concesión.[61] Por tanto, estimamos que no hay duda en considerar que los derechos al aprovechamiento de las aguas del dominio público que se consagraba en el ordenamiento jurídico, eran derechos preferentes o adquiridos conforme a ese ordenamiento, frente a otros usuarios, pero no podían tener nunca ese carácter de "derechos adquiridos" frente al Legislador mismo y menos frente al Constituyente. El derecho es creación del Estado, y éste puede modificarlo, sin que nadie pueda deducir "derechos adquiridos" frente a situaciones jurídicas generales para alegar su inmutabilidad.

Por tanto, la extinción de estos derechos preferentes con motivo de la declaratoria de todas las aguas como del dominio público, no dan, en ningún caso, derecho a indemnización por parte de sus antiguos titulares. Estos, lo que tienen derecho es a solicitar la conversión de sus antiguos derechos de uso en una concesión o licencia conforme a la legislación de la materia.

En todo caso, para el supuesto negado de que se pudiera considerar que estos derechos preferentes al aprovechamiento de aguas del dominio público, como conllevaban la "apropiabilidad" de las aguas conforme al Código Civil (art. 539, ahora derogado) eran derechos dominicales, la transformación de los mismos se ha garantizado en la nueva legislación en derechos de uso y aprovechamiento, mediante su reconocimiento, previa comprobación del usuario, por parte de la Administración y el otorgamiento de la respectiva concesión o licencia.

B. *EFECTOS DE LA DECLARACIÓN DE LAS AGUAS COMO DEL DOMINIO PÚBLICO EN RELACIÓN CON LOS ANTIGUOS DERECHOS DE PROPIEDAD DE LAS AGUAS*

Pero la declaratoria general de todas las aguas como bienes del dominio público no sólo ha afectado a quienes tenían derechos preferentes de aprovechar dichas aguas, los cuales, como se dijo, se han extinguido; sino que también afectó a los titulares de antiguos derechos de propiedad sobre las aguas.

En este caso, el efecto de la declaratoria de las aguas como del dominio público fue que estos derechos de propiedad privada quedaron extinguidos. Sin embargo es necesario determinar la naturaleza de esta extinción, y precisar si se está en presencia de una confiscación, ya que no se decretó expropiación alguna de la propiedad, conforme lo indica la misma Constitución (art. 115).

---

60 *Véase* Sentencia de la Corte Federal y de Casación en Sala Político-Administrativa de 30-4-41 en *Memoria* 1942, p. 199.

61 *Véase* Sentencia de la antigua Corte Federal y de Casación en Sala Federal Accidental de 16-11-33 en *Memoria* 1934, pp. 198 y 199. *Cfr.* Miguel S. Marienhoff, *Dominio Público... cit.* p. 98.

Estimamos que en este caso no estamos en presencia de una confiscación, sino de un cambio, respecto de determinados bienes, de un régimen jurídico por otro, lo cual no implica violación de la garantía constitucional de la propiedad, pues no hay privación singular de la misma en cuyo caso si podría haber lugar a indemnización. Esto, sin duda, exige aclaraciones.

Ciertamente que la Constitución garantiza el derecho de propiedad (art. 115); pero sobre la misma lo que hay que comenzar por determinar es sobre qué bienes puede existir propiedad privada; o en otras palabras, determinar el ámbito de la propiedad privada en el sentido de establecer si es irrestricta y eterna y si se ejerce siempre, sobre todos los bienes o cosas existentes en un momento determinado; en definitiva, se trata de establecer, como lo dice la Constitución, si puede haber restricciones legales al ámbito de la propiedad por razones de interés general

Indudablemente, es el Constituyente y el Legislador quien determina el ámbito de la propiedad, es decir, es quien puede determinar qué bienes son susceptibles de ser de propiedad privada y cuáles no lo son; y cuando realiza esa determinación está asignando o cambiando el régimen jurídico de determinados bienes, al establecer que estos son del dominio público o por el contrario, son susceptibles de ser de propiedad privada (art. 525 Código Civil).

Esta calificación tradicionalmente establecida en el Código Civil, y a partir de la Constitución de 1999 en el propio texto constitucional, sin embargo, ni es absoluta, ni eterna, ni inmutable. Conforme a nuestro ordenamiento jurídico, no existen bienes del dominio público o de propiedad privada, que lo sean "por naturaleza". La existencia de unos y otros depende única y exclusivamente de la voluntad del Legislador[62] o del Constituyente; por lo que tanto el dominio público como la propiedad privada son conceptos jurídicos. El Legislador tradicionalmente ha manejado estos conceptos y ha deslindado la clasificación básica de ambos tipos de dominio en el Código Civil, por lo que el ámbito de la propiedad privada no llega hasta los bienes que han sido declarados por el Legislador, y ahora por el Constituyente, como bienes del dominio público.

Ahora bien, el deslinde jurídico que tradicionalmente ha hecho el Código Civil entre bienes susceptibles de propiedad privada y bienes que no lo son (dominio público), no es ni ha sido una demarcación cerrada y eterna, que no admita modificaciones. Al contrario, las leyes se derogan y modifican por otras leyes, y en la Constitución, donde está el límite de la acción del Legislador, no se consagra el carácter absoluto e inmutable de la propiedad privada y en cambio, ahora se declaran determinados bienes como del dominio público. Por otro lado, el Legislador, en un momento determinado, podría excluir ciertos bienes del ámbito de la propiedad privada, declarándolos del

---

62 *Cfr.* Miguel S. Marienhoff, *Tratado del Dominio Público,* Buenos Aires. 1960, pp. 43, 47 y 119 y ss.

dominio público, como ha sucedido en la Constitución de 1999, lo cual no implicaría, en absoluto, una violación del derecho de propiedad.

El legislador, por tanto, puede declarar ciertos bienes como del dominio Público. Por ello, no sólo el mismo Código Civil al hablar de los bienes del dominio público deja a la interpretación la expresión "y demás semejantes" (Art. 539), sino que como se dijo, el Código Civil, como toda ley, es modificable por otra ley de la misma jerarquía. En un sistema federal como el venezolano, por ejemplo, la cuestión de determinar qué bienes son del dominio público y, por tanto, no susceptibles de ser de propiedad privada, es una cuestión civil que, como tal, está reservada al legislador nacional (art. 156, 32 de la Constitución) Por tanto, no podrían los Estados ni los Municipios agregar a la enumeración del Código Civil, otros bienes del dominio público.

Pero dejando a un lado esta limitación derivada de la estructura federal, es evidente que el legislador nacional podría modificar la enumeración que hace de los bienes del dominio público el Código Civil, sea mediante la reforma del Código, o mediante otra ley. Esto ha sucedido, por ejemplo, en las sucesivas reformas del Código Civil y por ejemplo en la Ley que en su momento creó el Instituto Autónomo del Aeropuerto Internacional de Maiquetía de 1971, en cuyo artículo 9 declaró como "bienes del dominio público aeronáutico" los siguientes:

1. Las zonas aéreas de acceso al aeropuerto dentro de los límites que fije el Ejecutivo Nacional;
2. Las aéreas de información de vuelo en sus distintas alturas correspondientes al aeropuerto;
3. Las aerovías en los trayectos que señale el Ejecutivo Nacional;
4. Las instalaciones y dispositivos para la protección de los vuelos y demás operaciones de seguridad aérea, así como los espacios donde se alojaren, que señale el Ejecutivo Nacional, situados o no en el área de funcionamiento del aeropuerto;
5. Las pistas de despegue y aterrizaje y todas las otras áreas que formen parte del dominio público terrestre determinadas por el Ejecutivo Nacional.

No puede ponerse en duda, en ningún caso, la procedencia de cualquier modificación legal o constitucional a la enumeración de los bienes del dominio público que establece el Código Civil. Ello no sería otra cosa que la modificación de normas de derecho objetivo por otras normas.

Recientemente ha ocurrido incluso, respecto de bienes (tierras rurales) del dominio privado del Estado que en 2001 con la Ley de Tierras y Desarrollo Agrario[63], se han declarado como del dominio público, cambiándole su sta-

[63] Véase Decreto-Ley N° 1.546 publicado en *Gaceta Oficial* N° 37.323 de 13-11-2001

tus jurídico. El artículo 99 de dicha ley dispuso, que a partir de su entrada en vigencia:

> Las tierras propiedad de la República, los Estados, los Municipios y demás entidades, órganos y entes de la Administración Pública descentra-lizados funcionalmente, conservan y serán siempre del dominio público e igualmente, conservan y mantendrán siempre su carácter de impres-criptibles[64].

Esta norma, sin duda, también constituyó una novedad en el ordenamiento jurídico venezolano, pues a partir de su entrada en vigencia (2001) se produjo un cambio radical en el régimen jurídico de los bienes inmuebles patrimoniales del Estado, que fueron objeto de una declaratoria general como bienes del dominio público y, por tanto, inalienables e imprescriptibles.

Entre esos bienes inmuebles o tierras propiedad de los entes territoriales están los de carácter rural, que a los fines de la reforma agraria estaban adscritos al antiguo Instituto Agrario Nacional, entre los cuales estaban evidentemente las denominadas tierras baldías. Respecto de ellas, el cambio de régimen jurídico implicó que de haber sido desde tiempo inmemorial bienes del dominio privado o bienes patrimoniales del Estado, han pasado a ser bienes del dominio público; cambiándose así lo que se había venido regulando tanto en el Código Civil y la vieja Ley de Tierras Baldías y Ejidos de 1936, como en la Ley Orgánica de Hacienda Pública Nacional. Además, conforme a la Disposición Final Segunda de la Ley, se ha transferido la propiedad y posesión de la totalidad de las tierras rurales del antiguo Instituto Agrario Nacional al Instituto Nacional de Tierras.

Por otra parte, los mismos cambios de régimen jurídico pueden ocurrir respecto de otras garantías constitucionales como la libertad económica. El Estado, cuando se reserva determinadas industrias (art. 302 de la Constitución), lo que hace es excluir ciertas actividades del ámbito de la libertad económica, y la reserva, en sí misma, no conlleva derecho alguno a indemnización por parte de los antiguos industriales, salvo que el Estado asuma las industrias que eran de los particulares.[65] Pues bien, algo similar sucede en materia de propiedad: cuando el Estado declara ciertos bienes como del dominio público por voluntad del Constituyente o del Legislador,[66] lo que hace en realidad, es excluir ciertos bienes del ámbito de la propiedad privada, y esta exclusión, en sí misma, no conlleva derecho alguno a indemnización por

---

64 El texto del artículo ha permanecido igual (art. 95), en la reforma de la *Ley de Tierras y Desarrollo Agrario* publicada en *Gaceta Oficial* N° 5.771 Extraordinario del 18-05-2005.

65 *Cfr.* Opinión del Contralor General de la República sobre el Articulado del Proyecto de Ley Orgánica que reserva al Estado la industria y el comercio de los hidrocarburos, en *Revista de Control Fiscal,* N° 77 Caracas 1975 p. 36.

66 Sobre la competencia legislativa para ello no hay lugar a dudas. *Cfr.* Miguel S. Marienhoff, *Tratado del Dominio Público, cit.,* p. 132; Benjamín Villegas Basabilbaso, *op. cit.,* Tomo IV, pp. 92 y 313.

parte de los antiguos propietarios, pues aquí falta el requisito de la especificidad del sacrificio.[67]

En estos casos, el Constituyente o el Legislador ni expropia unos derechos determinados ni los confisca; sólo establece que un género de bienes no pueden ser susceptibles de propiedad privada, es decir, que ésta no puede existir, y que la que existía, se extingue, por imposibilidad en el objeto.[68]

Pero tratándose de la calificación general de un bien como del dominio público, el problema se plantea, sin duda, cuando el cambio de la condición jurídica de un bien afecta a quienes hasta el momento de la declaratoria ejercían un derecho de propiedad sobre el referido bien. Tal como lo planteó Marienhoff:

> "Puede ocurrir que el legislador, mediante una norma de alcance general, declare que toda una categoría de bienes que hasta entonces era propiedad privada de los habitantes, en lo sucesivo ostente calidad de bien *público.*
>
> Hay ahí un cambio del derecho objetivo que produce como efecto principal la transferencia de dominio de toda una categoría de bienes, que del patrimonio privado de sus titulares pasa a integrar el *dominio público* del Estado.
>
> No es posible poner en duda la procedencia legal de tal procedimiento, siempre que éste lo efectúe la autoridad competente para disponer ese cambio en la condición jurídica de las cosas. Pero sí es pertinente preguntar si ello genera o no consecuencias de carácter económico a cargo del Estado, o, más claramente, si para lograr ese traspaso de bienes privados al dominio público, el Estado debe o no indemnizar a los propietarios que en lo sucesivo se verán privados de lo suyo.
>
> Guicciardi no ve obstáculo alguno para que el derecho del individuo ceda ante el derecho del Estado, siempre que ello se lo efectúe con carácter "general", o sea, en modo igual para todos los ciudadanos, median-

---

67 Véase R. Alessi, *Instituciones de Derecho Administrativo,* Barcelona 1970, Tomo II, pp. 419 y 420. *Cfr.* Annibale Quilardoni, *Acque pubbliché e impianti elettrici,* Roma, 1935, Tomo I, p. 158, N° 189, *cit.,* por Alberto Spota, *Tratado de Derecho de Aguas,* Tomo I, Buenos Aires, 1941, p. 21, Nota N° 30. En contra véase Miguel S. Marienhoff, *Tratado del Dominio Público, cit.,* p. 132 y 133.

68 En este sentido, Pedro Pablo Azpúrua, Amelio Useche, Eduardo Buroz, Cecilia Sosa de Mendoza, Allan R. Brewer-Carías, y Sebastián Martín Retortillo sostienen que: "La declaratoria general del carácter público de todos los recursos hidráulicos, no ocasionaría para el Estado obligación alguna de indemnizar en relación con aquellas aguas y cauces que hasta el presente hubiesen sido del dominio privado. Y ello por la elemental razón de que no estamos frente a un supuesto de expropiación forzosa, sino de un cambio de régimen jurídico de unos bienes, que realiza con carácter general el Poder Legislativo. Una situación frente a la que evidentemente no hay derechos adquiridos", en *Criterios y Principios para un reordenamiento jurídico de las Aguas,* Caracas, 1974, p. 17.

te una modificación del derecho vigente; Alessi piensa en igual forma, agregando que en tales supuestos no procede indemnización alguna; lo mismo opina Zanobini".[69]

En efecto, R. Alessi, en sus *Instituciones de Derecho Administrativo,* sostiene lo siguiente:

"Para el dominio público necesario al problema del comienzo de la dominialidad es un problema de unidades específicas, en cuanto que afectando la dominialidad necesariamente a todo un género de bienes, independientemente de su previa pertenencia al Estado, la iniciación de la dominialidad debe buscarse en un momento común a todo el género, es decir, en la promulgación de la norma que extiende la dominialidad al género.

En consecuencia, la Administración no puede, mediante una declaración especial de voluntad, extender la dominialidad a un bien determinado si dicha dominialidad no se ha establecido por la norma para todo el género; por el contrario, una vez establecida la dominialidad con carácter general, no se requiere una especial afectación de cada uno de los bienes mediante acuerdos especiales. *Por otra parte, si antes de la extensión de la dominialidad a todo el género, algunos de los bienes concretos del mismo fueran de propiedad privada, la promulgación de la Ley que establece la dominialidad seria causa de pase automático de la propiedad de cada uno de los bienes al Estado, sin que ello pudiera dar motivo a indemnización, al faltar el requisito de la especialidad del sacrificio del derecho privado.* (Lo que sucede, por ejemplo, después del texto refundido de 11 de diciembre de 1933, Nº 1.775 que extendió la dominialidad a las aguas subterráneas)".[70]

Con la tesis de la ausencia de presunto derecho a indemnización de los propietarios afectados en los casos de declaratoria general de cierto género de bienes como del dominio público, sin embargo, disintió el propio Marienhoff con base en el siguiente argumento:

"En el caso de referencia no se trata de una simple *restricción* al dominio en interés público, sino de una *privación* total del derecho de propiedad, cosa que, constitucionalmente, entre nosotros sólo puede ocurrir mediante expropiación y previa indemnización: único procedimiento jurídico mediante el cual los habitantes del país pueden ser privados de su propiedad.

De manera que el traspaso al dominio público de toda una categoría de bienes hasta entonces de propiedad *privada* de los habitantes, sólo será lícito en tanto no se afecten derechos de índole patrimonial, pues éstos hállanse protegidos por la garantía constitucional de inviolabilidad de

69 *Op. cit.,* p. 132.

70 *Véase* R. Alessi, *Instituciones de Derecho Administrativo,* Tomo II, pp. 419 y 420.

la propiedad. El dominio es *perpetuo*, y, no contando con el asentimiento del interesado, sólo puede desaparecer mediante expropiación".[71]

En realidad, la argumentación de Marienhoff tuviera fundamento, si se tratase del sacrificio de determinados propietarios que serían afectados, y no del sacrificio de la propiedad (género) en sí misma. La propiedad no es, en absoluto, perpetua; su existencia depende del legislador y éste puede determinar que ciertas categorías de bienes no serán susceptibles de apropiación privada. En estos casos, como se ha dicho, no se trata de "expropiar" unos derechos determinados; se trata de establecer que sobre un género de bienes no se puede ejercer la propiedad privada, es decir, que ésta no puede existir y que la que existía se extingue por imposibilidad en el objeto de la misma. No puede hablarse, por tanto, de "confiscación", por lo demás prohibida en nuestro ordenamiento constitucional.

Es indudable, y así lo ha determinado toda la construcción jurídica de la responsabilidad del Estado por acto del legislador, que el elemento básico para pretender una indemnización del Estado por una lesión a algún derecho producido por una ley, es el de la singularidad y especificidad del sacrificio o lesión causada. Si ésta no existe no surge el derecho a indemnización.

En materia de aguas, por otra parte, esta es la tendencia en el derecho comparado. En Francia, por ejemplo, sólo se reconoce derecho a indemnización cuando de acuerdo al Código Fluvial se ubica en el dominio público *un* curso de agua, *una* sección de un curso de agua o *un* lago, es decir, un bien individualizado.[72]

El problema, por supuesto, en algunos sistemas podría ser controvertido en torno a la eventual procedencia de la indemnización.[73]

En efecto, para el supuesto de que frente a una ley que declare un género de bienes como del dominio público, ante la cual no se podría alegar derechos adquiridos,[74] se podría pretender reclamar indemnización del Estado por la eventual lesión de un derecho de propiedad, lo que significaría exigir la responsabilidad del Estado por acto legislativo.

Sin embargo, frente a esto es necesario decir, de una vez, que la construcción jurídica de toda la responsabilidad del Estado legislador, se ha fundado en el supuesto de que para pretender una indemnización del Estado por una lesión a algún derecho derivado de una ley, es necesaria la singularidad y especificidad del sacrificio o lesión.

---

[71] *Véase* Miguel Marienhoff, *op. cit.*, pp. 132 y 133

[72] *Véase* J. Lamarque, *Droit de la Protection de la Nature et de l´environement*, París, 1973, p. 285

[73] *Véanse* los comentarios sobre la legislación del Estado de Florida, U. S. A., en National Water Commission, *A Summary Digest of State Water Laws*. pp. 19, 221 y 222.

[74] *Cfr.* Ramón Martín Mateo, "La determinación del contenido de la propiedad inmobiliaria", en *Perspectivas del Derecho Público en la segunda mitad del siglo XX, Homenaje al profesor Enrique Sayagués-Laso*, Madrid, 1969, Tomo V, pp. 169 y 170.

Si esta no existe, no surge el derecho a indemnización; o en otras palabras, si la nueva Ley afecta a todos por igual, es decir, si los efectos son realmente efectos generales, no surge obligación de indemnizar.[75]

En otras palabras, frente a la pregunta de si el Estado podría estar obligado a indemnizar en virtud del ejercicio de su potestad normativa, se ha dicho lo siguiente:

> "La respuesta a este interrogante es unánimemente positiva, *si bien condicionada a la existencia de un auténtico y verdadero sacrificio especial...* Esta respuesta se basa en dos principios: uno de carácter teórico o ético, aplicación estricta del principio de justicia distributiva, en virtud del cual los daños que resultan necesarios para la producción de una utilidad colectiva no deben recaer sobre un miembro solo de la comunidad, sino que deben ser distribuidos entre todos".[76]

Lo anterior, no hay duda, no es más que la confirmación de que toda la teoría de la responsabilidad del Estado por acto legislativo está fundamentada en el "principio de la igualdad ante las cargas públicas";[77] por lo que si no se ha violado dicho principio no procedería indemnización frente al sacrificio legal y no hay duda, una norma que contenga la declaratoria de un género de bienes como del dominio público, no lesiona *especialmente* el derecho de un propietario, sino a todos los habitantes por igual, al excluir dichos bienes del ámbito de los que puedan ser de propiedad privada.

En definitiva, por tanto, la declaratoria de todas las aguas como bienes del dominio público, al no lesionar especialmente el derecho de un propietario, sino a todos los habitantes por igual, y excluir dichos bienes del ámbito de los que pueden ser objeto de propiedad privada, no origina derecho alguno de indemnización.

Pero el problema en realidad es menos grave de lo que pudiera parecer, porque los derechos de propiedad que hasta diciembre de 1999 existían sobre los manantiales, los arroyos y las aguas pluviales y que son los afectados por la declaratoria constitucional, como se dijo, se pueden transformar en un derecho de uso individualizado, conforme a la Ley de Aguas, por lo que los antiguos propietarios no perderían su derecho de aprovecharse de dichas aguas.

---

75 *Cfr.* Enrique Sayagués-Laso, *Tratado de Derecho Administrativo,* Tomo I, Montevideo, 1953, p. 610; Enrique Sayagués-Laso, "Responsabilité de l'Etat en raison des actes Législatives", en *Le Conseil d'Etat, Livre Jubilaire,* París 1952, p. 622; Juan Alfonso Santamaría Pastor, "La Teoría de la Responsabilidad del Estado Legislador", en *Revista de Administración Pública,* N° 68, Madrid 1972, p. 132.

76 *Véase* Juan Alfonso Santamaría Pastor, "La Teoría de la Responsabilidad del Estado Legislador", en *Revista de Administración Pública,* N° 68, Madrid, 1972, p. 132.

77 *Véase* Pierre Délvolvé, *Le principe d'égalité devant les charges publiques,* París, 1969, p. 240.

La principal incidencia de la declaratoria general de todas las aguas como del dominio público, sin dura, fue en relación con las aguas subterráneas, las cuales, conforme a la remisión que el propio Código Civil hacía a las leyes especiales para excluir a lo que esté debajo de la superficie del suelo del ámbito de la propiedad privada (art. 549), las mismas estarían sometidas a un régimen similar al de los hidrocarburos. En la Ley de Aguas, sin embargo, respecto de estos derechos afectados, se ha previsto la posibilidad de su transformación en derechos de uso y aprovechamiento, para lo cual, a los antiguos titulares, previa demostración de su derecho, se le puede reconocer mediante el otorgamiento de la correspondiente concesión o licencia.

En esta forma, a los que tenían algún derecho de propiedad sobre las aguas, la declaratoria de todas las aguas como del dominio público en la Constitución de 1999, en realidad, no les afectaría sustancialmente, pues la Ley de Aguas ha previsto la conversión de su antiguo derecho de propiedad en un derecho de uso individualizado o en un derecho especial mediante concesión o licencia.

IV. EFECTOS JURÍDICOS DE LA DECLARATORIA DE TODAS LAS AGUAS COMO DEL DOMINIO PÚBLICO EN LA LEY DE AGUAS DE 2007

1. RATIFICACIÓN DE LA DECLARATORIA DE LAS AGUAS COMO DEL DOMINIO PÚBLICO Y LA DECLARATORIA COMO DEL DOMINIO PÚBLICO DE LAS ÁREAS RIBEREÑAS A LOS RÍOS

El agua, como lo dispone la Constitución, como elemento esencial para el desarrollo económico y social del país, es patrimonio inalienable e imprescriptible de la Nación. A tal efecto, en el artículo 6,1 de la Ley de Aguas se ratifica la declaración de la Constitución de las aguas como del dominio público de la Nación, haciéndose referencia a "las aguas del territorio nacional, sean continentales, marinas e insulares, superficiales y subterráneas", es decir, en todas sus formas: las aguas marítimas e interiores sean pluviales, superficiales o subterráneas, corrientes o estancadas, fósiles, termales, confinadas, minerales, reconociéndose expresamente el principio de la unidad del ciclo hidrológico.

Pero, además, en el articulo 6,2 de la Ley de Aguas, se declaró también como bienes del dominio público de la Nación, determinadas áreas del territorio ubicadas en las riberas de los ríos, así:

> Todas las áreas comprendidas dentro de una franja de ochenta metros (80 mts.) a ambas márgenes de los ríos no navegables o intermitentes y cien metros (100 mts.) a ambas márgenes de los ríos navegables, medidos a partir del borde del área ocupada por las crecidas, correspondientes a un período de retorno de dos coma treinta y tres (2,33) años. Quedan a salvo, en los términos que establece esta Ley, los derechos adquiridos por los particulares con anterioridad a la entrada en vigencia de la misma.

En la Ley no se incluyó declaración alguna de los cauces o lechos como bienes del dominio público, pero en el artículo 2, al definirse las aguas superficiales, se dispuso que ellas son los "cuerpos de aguas naturales y artificiales que incluyen los cauces de corrientes naturales continuos y discontinuos, así como los lechos de los lagos, lagunas y embalses". En consecuencia, los lechos de lagos, lagunas y embalses son bienes del dominio público.

2. EL RECONOCIMIENTO DE LOS DERECHOS DE USO Y DE PROPIEDAD SOBRE LAS AGUAS, ADQUIRIDOS CONFORME A LA LEGISLACIÓN ANTERIOR Y SU ADAPTACIÓN AL RÉGIMEN DE LA LEY DE AGUAS

La Ley de Aguas, en las Disposición Transitoria Primera, "reconoció *los derechos de uso* de las fuentes de las aguas, legítimamente adquiridos y en ejercicio para el momento de la promulgación de la Ley, *en las mismas condiciones* en que se venían efectuando, sin perjuicio de las limitaciones que deban establecerse para garantizar la conservación y uso sustentable del recurso según lo previsto en la Ley.

A estos efectos, dispuso que el Ministerio del Ambiente y de los Recursos Naturales Renovables debe otorgar a los titulares de los derechos, las correspondientes concesiones o licencias, en un plazo que no debe ser superior a dos años contados a partir de la fecha de inscripción del derecho en el Registro Nacional de Usuarios y Usuarias de las Fuentes de Aguas.

En cuanto a las concesiones y asignaciones de aprovechamiento de aguas otorgadas antes de la entrada en vigor de la Ley, en la misma Disposición Transitoria Primera de la ley se dispuso que mantenían su vigencia en los mismos términos en que fueron otorgadas.

En cuanto a las autorizaciones para el aprovechamiento de aguas otorgadas con anterioridad a la fecha de publicación de la Ley, en la misma Disposición Transitoria Primera se previó que el Ministerio del Ambiente y de los Recursos Naturales Renovables debía sustituirlas por las concesiones o licencias, según corresponda, en las condiciones establecidas en la Ley.

En cuanto a los titulares de derechos de aguas que eran calificados o reconocidos en el Código Civil como privadas y que pasaron a ser del dominio público a partir de la publicación de la Constitución de 1999, que habían sido legítimamente adquiridos y en ejercicio para el momento de la promulgación de la Ley, la Disposición Transitoria Segunda dispuso que los mismos gozan de una exención de la contraprestación por aprovechamiento que establece el artículo 94 de la Ley, por un plazo de hasta 20 años, contados a partir de la fecha del otorgamiento de la concesión o licencia, *como compensación por el derecho de propiedad extinguido.* La exención no se aplica para las modificaciones a las condiciones de uso que impliquen incrementos del caudal aprovechado.

A los efectos del reconocimiento de los derechos adquiridos previstos en las antes indicadas Disposiciones Transitorias Primera y Segunda, la Disposición Transitoria Tercera dispuso que los responsables de los usos con fines de aprovechamiento debían inscribirse en el Registro Nacional de Usuarios y Usuarias de las Fuentes de las Aguas, durante un plazo de 3 años, contados a partir de la fecha de instrumentación del Registro, a cuyo vencimiento operaría la caducidad para la inscripción.

V. EL RÉGIMEN DEL USO Y APROVECHAMIENTO DE LAS AGUAS

1. DISPOSICIONES GENERALES

Tal como lo establece el artículo 60 de la Ley, el uso de las aguas debe adecuarse a la disponibilidad del recurso, a las necesidades reales de la actividad a la que se pretende destinar, al interés público y a las previsiones de los planes de gestión integral de las aguas (art. 60).

Además, conforme al artículo 11 de la Ley, para asegurar la protección y recuperación de las aguas, el uso de las mismas se debe ajustar a los siguientes criterios: 1. La realización de extracciones ajustadas al balance de disponibilidades y demandas de la fuente de que se trate, correspondiendo al reglamento de la Ley establecer los criterios y procedimientos para la elaboración del balance disponibilidad-demanda de las fuentes de aguas superficiales y subterráneas; 2. El uso eficiente del recurso; 3. La reutilización de aguas residuales; 4. La conservación de las cuencas hidrográficas, y 5. El manejo integral de las fuentes de aguas superficiales y subterráneas.

En cuanto al uso de los cuerpos de agua continentales y marinos, como cuerpos receptores de efluentes líquidos, el mismo está sujeto al cumplimiento de la normativa ambiental en la materia (art. 82).

En todo caso, el Ministerio del Ambiente y de los Recursos Naturales renovables puede reservar ciertos caudales para fines específicos o para ulterior asignación o concesión a entes públicos, y autorizar el uso temporal de los mismos cuando los planes de gestión integral de las aguas no establezcan su utilización inmediata (art. 63).

2. LOS USOS COMUNES Y ESPECIALES

A los efectos de la Ley de Aguas, se entiende por usuario de las fuentes de agua, toda persona natural o jurídica que realice un aprovechamiento lícito directamente en la fuente, entendida ésta como el curso de agua natural, acuíferos, lagos, lagunas o embalses, para abastecimiento de agua a las poblaciones, riego, generación de energía hidroeléctrica, uso industrial y uso comercial (art. 59).

La Ley distingue dos tipos de usos de las aguas: los usos comunes y los usos especiales, a cuyo efecto el artículo 61 de la Ley, a los efectos de la aplicación de los controles administrativos establecidos en la ella, clasifica el uso de las aguas en sus fuentes superficiales y subterráneas en, por una parte, los *usos no sujetos al cumplimiento de formalidades especiales*, conforme con la

Ley, tales como, los domésticos, para abrevar ganado y para la navegación; y por la otra, los usos con fines de aprovechamiento *sujetos a la tramitación de concesiones, asignaciones y licencias*, tales como abastecimiento a poblaciones, agrícolas, actividades industriales, generación de energía hidroeléctrica y comerciales. El artículo 80 de la Ley incluye también entre estos usos especiales a los "recreacionales sin fines de lucro".

A. Los usos comunes

El régimen de los usos comunes de las aguas, sin necesidad de concesión, asignación o licencia, está establecido en el artículo 73 de la Ley, así:

Todos pueden usar las aguas mientras discurren por sus cauces naturales, para bañarse y otros usos domésticos, así como para abrevar el ganado y para la navegación. Ello incluye el derecho de pesca.

Además, todos tienen derecho a usar y almacenar las aguas pluviales que precipiten en sus predios.

Estos usos se deben llevar a cabo sin detener ni cambiar el curso de las aguas, deteriorar su calidad o afectar su caudal, ni excluir a otros usuarios del ejercicio de sus derechos, cumpliendo con la legislación ambiental, sanitaria, pesquera y de navegación.

En cuanto al uso de las aguas marinas, el artículo 74 de la Ley establece podrán extraerse sin necesidad de concesión, asignación o licencia, aún cuando dispone que "deberá hacerse el estudio de impacto ambiental y sociocultural". Sin embargo, los proyectos vinculados a dicho uso, tales como, la instalación de plantas desalinizadoras, deben cumplir con la tramitación de las autorizaciones y aprobaciones ambientales establecidas en las normas vigentes sobre la materia.

B. Los usos especiales mediante concesión u asignación

En cuanto a los usos especiales de las aguas mediante la obtención de una concesión que debe otorgar el Ministerio del Ambiente y Recursos naturales renovables (arts. 62 y 24,12), conforme al artículo 75 de la Ley son los que se realicen con fines de aprovechamiento de aguas para generación hidroeléctrica; actividades industriales y comerciales.

La Ley distingue dos tipos de actos estatales para el otorgamiento de estos usos especiales: la concesión que se otorga a usuarios particulares y la asignación que se otorga en los casos en que los usuarios sean entes públicos. Ambos actos estatales, las concesiones y las asignaciones de aprovechamiento de aguas, se definidos como "actos contractuales mediante los cuales se otorgan derechos e imponen obligaciones para el uso del recurso con fines de aprovechamiento" (art. 76).

En cuanto a las concesiones de aprovechamiento de aguas su plazo máximo es de 20 años, prorrogable (art. 77), pero en todo caso, el plazo que se fije no puede ser inferior "al que justificadamente se requiera para depreciar el valor de las obras construidas o amortizar el valor de las inversiones realizadas para el desarrollo de las actividades a las que se destine el recurso" (art. 77).

En cuanto a las asignaciones, el artículo 78 de la Ley dispone que se confieren a los órganos y entes de la Administración Pública Nacional, para otorgarles "derechos preferentes sobre los volúmenes de agua necesarios para el cumplimiento de sus atribuciones".

Las mismas deben tramitarse en términos similares a los establecidos para las concesiones y licencias, a cuyos regímenes generales se equiparan, según corresponda, de acuerdo con el uso de las aguas (art. 79).

C. *Los usos especiales mediante licencia*

Tal como lo prevé el artículo 80 de la Ley, los usos de aguas en sus fuentes superficiales y subterráneas, con fines de abastecimiento a poblaciones, agrícolas y recreacionales sin fines de lucro, están sujetos a la obtención de una licencia de aprovechamiento de aguas que debe otorgar el Ministerio del Ambiente y de los Recursos Naturales.

La Ley también regula en el artículo 82 el uso de los cuerpos de agua continentales y marinos, como cuerpos receptores de efluentes líquidos, estableciendo que solamente que está sujeto al cumplimiento de la normativa ambiental en la materia. En los artículos 65 y 69 de la Ley, sin embargo, se hace referencia a las licencias de vertido, lo que hace presumir que se trata de un uso especial sujeto a licencia. En estos casos, la licencia de aprovechamiento de aguas se define como un acto administrativo que establece las condiciones bajo las cuales se aprovechará el recurso (art. 81).

D. *Régimen común a las concesiones, asignaciones y licencias*

El procedimiento y los requisitos a cumplir para la tramitación de las concesiones, asignaciones y licencias de aprovechamiento de aguas y de vertidos, así como los criterios para la determinación del contenido de los correspondientes instrumentos de control previo, conforme al artículo 69 de la ley, deben ser establecidos en la reglamentación de la misma. La ley, sin embargo, establece alunas disposiciones comunes respecto del régimen de las concesiones, asignaciones y licencias.

a. Causales de oposición al otorgamiento

En el procedimiento de otorgamiento de concesiones, asignaciones y licencias de aprovechamiento de aguas y licencias de vertido, se debe asegurar un lapso de oposición, a cuyo efecto el artículo 65 de la Ley otorga la posibilidad de de oponerse al otorgamiento de las mismas a toda persona que se crea con derecho o causa justificada para ello, a cuyo efecto prevé las siguientes causales fundamentales para la oposición:

1. La existencia de mejor derecho.
2. La posibilidad de lesiones a derechos preexistentes.
3. La existencia de impedimentos técnicos, debidamente funda-mentados.
4. Afectación al ambiente y generación de impactos ambientales y socio-culturales irreversibles.
5. Estar en contraposición con los planes de ordenación territorial.

B. DERECHO A OCUPACIÓN TEMPORAL PREVIA

El artículo 68 de la Ley dispone que los solicitantes de concesiones, asignaciones y licencias tienen derecho a ocupar temporalmente terrenos de propiedad pública o privada, necesarios para realizar los estudios requeridos para el ejercicio de las concesiones, asignaciones y licencias, sin perjuicio del pago de las indemnizaciones por el daño emergente que la ocupación pueda ocasionar a terceros. En caso de desacuerdo en cuanto al monto de la indemnización, éste debe ser fijado por el Juez de Primera Instancia en lo Civil de la jurisdicción donde estén ubicados los bienes.

Esta ocupación temporal debe ser autorizada previamente por el Ministerio del Ambiente y de los Recursos Naturales Renovables y tendrá un plazo de duración igual al tiempo requerido, sin exceder de 6 meses.

C. EL OTORGAMIENTO Y LA OBLIGACIÓN DE REGISTRO

El otorgamiento de los actos administrativos previstos en la Ley causa el pago de las tasas siguientes: por la expedición del título de concesiones, seis unidades tributarias (6 U.T.); y por la expedición de licencias de aprovechamiento, dos unidades tributarias (2 U.T.). Estas tasas se causan y se hacen exigibles simultáneamente con la expedición del acto administrativo

Todos los usos sujetos a la tramitación de concesiones, asignaciones y licencias deben inscribirse obligatoriamente en el Registro Nacional de Usuarios de las Fuentes de las Aguas; en el cual se deben asentar, demás, los cambios autorizados que se produzcan en las características y condiciones de las concesiones, asignaciones y licencias otorgadas (art. 86).

Dicho Registro Nacional de Usuarios y Usuarias de las Fuentes de las Aguas, se crea en la ley, como un sistema automatizado de cobertura nacional para el manejo de datos e información de los distintos usos de las aguas continentales superficiales y subterráneas, marinas e insulares (art. 84), con el objetivo general de servir de instrumento de apoyo para el control administrativo de los usos del recurso y los planes de gestión integral de las aguas, así como para la protección de los derechos de los usuarios y usuarias (art. 85).

El Registro Nacional de Usuarios y Usuarias de las Fuentes de las Aguas, además, es de carácter público y constituye un medio de prueba de la existencia de los derechos de uso del recurso (art. 87). El Ministerio del Ambiente y de los Recursos Naturales Renovables debe extender las constancias de inscripción correspondientes.

D. CONTRAPRESTACIÓN POR APROVECHAMIENTO

De acuerdo con lo dispuesto en el artículo 94 de la Ley de Aguas, los beneficiarios de concesiones, asignaciones y licencias de aprovechamiento de aguas deben aportar una contraprestación a los fines de la conservación de la cuenca, la cual esta conformada por:

1. El aporte que deben realizar las empresas hidroeléctricas y las de abastecimiento de agua potable.
2. El aporte que deben realizar los otros usuarios u otras usuarias distintos o distintas de las empresas hidrológicas e hidroeléctricas.

En el último caso, el aporte se debe calcular tomando en cuenta el costo del Plan de Gestión Integral de Aguas, el aporte de los gobiernos, empresas hidroeléctricas y las de abastecimiento de agua potable, el volumen anual aprovechado y el factor de uso industrial, comercial y agrícola.

E. DERECHO A SERVIDUMBRES

Las concesiones, asignaciones y licencias que se otorguen de conformidad con la Ley, confieren a sus titulares el derecho a ocupar mediante el régimen de servidumbre los terrenos necesarios para la ejecución de las obras y para la realización de las actividades propias del uso, sean éstos del dominio público o privado de la Nación, de los estados o de los municipios, o propiedad de particulares (art. 66).

Sin embargo, cuando se trate de tierras y hábitat indígenas, esta ocupación de terrenos en servidumbre se rige por lo establecido en la Ley Orgánica de Pueblos y Comunidades Indígenas.

En cuanto a las servidumbres sobre bienes del dominio público el artículo 67 de la Ley dispone que las mismas serán a título gratuito, respetando los derechos legalmente adquiridos por terceros. En el caso de que el predio sirviente sea de propiedad privada, la indemnización correspondiente se debe fijar de común acuerdo entre el propietario y el concesionario o licenciatario. Si no hubiere acuerdo, se debe proceder con arreglo a lo previsto en el Código Civil sobre la materia de servidumbres.

F. POSIBILIDAD DE SUSPENSIÓN TEMPORAL Y MODIFICACIÓN

El Ministerio del Ambiente y de los Recursos Naturales Renovables, conforme lo autoriza el artículo 64 de la ley, puede suspender temporalmente las concesiones, asignaciones y licencias de aprovechamiento o modificar sus condiciones, en situaciones de emergencia que provoquen conflictos por escasez temporal o permanente de las aguas. Asimismo, los beneficiarios de concesiones, asignaciones y licencias pueden solicitar la revisión del alcance y contenido de las mismas por causas que pudieran sobrevenir.

G. POSIBILIDAD DE REASIGNACIÓN

En el caso de venta de propiedad de bienes donde hubieren sido otorgadas concesiones, asignaciones y licencias, conforme al artículo 72 de la ley, éstas pueden ser reasignadas, previa solicitud por el Ministerio del Ambiente y de los recursos Naturales renovables, a cuyo efecto se remite al reglamento para desarrollar lo relativo a los criterios, trámites y requisitos para la reasignación.

H. PROHIBICIONES

El artículo 70 de la ley prohíbe a los titulares de concesiones, asignaciones y licencias, el poder cederlas o transferirlas a terceros, total o parcialmente.

Y en cuanto a las empresas extranjeras que no tengan domicilio legal en el país, el artículo 71 prohíbe el otorgamiento a las mismas de cualquier acto administrativo autorizatorio para el aprovechamiento de aguas, en cualesquiera de sus fuentes, en garantía de la soberanía y la seguridad nacional.

I. LAS NULIDADES

Las concesiones, licencias, asignaciones, aprobaciones y demás actos que impliquen el aprovechamiento del agua y que sean contrarias a la ley o a los planes previstos en la misma, conforme a los artículos 83 y 106 de la Ley, "serán nulos y no generarán derechos e intereses para los particulares". En todo caso, ello no releva la responsabilidad personal del funcionario o de la funcionaria que haya otorgado el acto ilegal (arts. 83 y 107).

3. LAS LIMITACIONES AL APROVECHAMIENTO

El régimen legal fundamental que establece limitaciones a los aprovechamientos de las aguas está conformado por la configuración de las Áreas Bajo Régimen de Administración Especial para la gestión integral de las aguas, que comprenden las siguientes conforme al artículo 53 de la Ley: 1. Las zonas protectoras de cuerpos de agua; 2. Las reservas hidráulicas; y 3. Los Parques Nacionales, Monumentos Naturales, Refugios de Fauna Silvestre y Reservas Forestales, entre otras figuras jurídicas que constituyan Reservorios tanto de aguas superficiales como subterráneas.

En cuanto a las zonas protectoras de cuerpos de agua las mismas conforme lo dispone el artículo 54 de la ley, tienen como objetivo fundamental "proteger áreas sensibles de las cuales depende la permanencia y calidad del recurso y la flora y fauna silvestre asociada", a cuya efecto, declaran como tales zonas protectoras de cuerpos de agua, las siguientes:

1. La superficie definida por la circunferencia de trescientos metros de radio en proyección horizontal con centro en la naciente de cualquier cuerpo de agua.
2. La superficie definida por una franja de trescientos metros a ambas márgenes de los ríos, medida a partir del borde del área ocupada por las crecidas correspondientes a un período de retorno de dos coma treinta y tres (2,33) años.
3. La zona en contorno a lagos y lagunas naturales, y a embalses construidos por el Estado, dentro de los límites que indique la reglamentación de esta Ley.

Estos espacios pueden ser ampliados por el Ejecutivo Nacional mediante Decreto, hasta el límite máximo que se estime necesario, de conformidad con los planes de gestión integral de las aguas (art. 56).

Por su parte, las reservas hidráulicas están compuestas por los territorios en los cuales estén ubicados cuerpos de agua naturales o artificiales que por su naturaleza, situación o importancia justifiquen su sometimiento a un régimen de administración especial (art. 55).

El artículo 56 de la Ley dispone que la declaratoria de Áreas Bajo Régimen de Administración Especial para la gestión integral de las aguas, debe ser realizada por el Ejecutivo Nacional, mediante Decreto, de conformidad con lo establecido en la legislación sobre planificación y gestión de la ordenación del territorio, y de pueblos y comunidades indígenas.

Corresponde a los planes de ordenamiento y reglamentos de uso de esas Áreas Bajo Régimen de Administración Especial para la gestión integral de las aguas previstas en la Ley, orientar las disposiciones de los planes de gestión integral de las aguas (art. 57).

4. El régimen y manejo de los cuerpos de agua

El control y manejo de los cuerpos de agua, conforme al artículo 12 de la Ley, se debe realizar mediante:

1. La clasificación de los cuerpos de agua o sectores de éstos, atendiendo a su calidad y usos actuales y potenciales.
2. El establecimiento de rangos y límites máximos de elementos contaminantes en los efluentes líquidos generados por fuentes puntuales.
3. El establecimiento de condiciones y medidas para controlar el uso de agroquímicos y otras fuentes de contaminación no puntuales.

4. La elaboración y ejecución de programas maestros de control y manejo de los cuerpos de agua, donde se determinen las relaciones causa-efecto entre fuentes contaminantes y problemas de calidad de aguas, las alternativas para el control de los efluentes existentes y futuros, y las condiciones en que se permitirán sus vertidos, incluyendo los límites de descargas másicas para cada fuente contaminante y las normas técnicas complementarias que se estimen necesarias para el control y manejo de los cuerpos de aguas. A los efectos de la Ley, se entiende por vertido líquido, toda descarga de agua que se realice directa o indirectamente a los cuerpos de agua mediante canales, desagües o drenajes de agua, descarga directa sobre el suelo o inyección en el subsuelo, descarga a redes cloacales, descarga al medio marino costero y descargas submarinas (art. 2)

La clasificación de los cuerpos de agua y la aprobación de los programas maestros de control y manejo de los mismos, se pueden realizar conjunta o separadamente con los planes de gestión integral de las aguas en el ámbito de las cuencas hidrográficas.

Los generadores de efluentes líquidos conforme al artículo 13 de la ley, deben adoptar las medidas necesarias para minimizar la cantidad y mejorar la calidad de sus descargas, de conformidad con las disposiciones establecidas de la Ley y demás normativa que la desarrolle.

En cuanto a la prevención y control de los posibles efectos negativos de las aguas sobre la población y sus bienes, el mismo se debe efectuar conforme lo indica el artículo 14 de la Ley, a través de:

1. Los planes de gestión integral de las aguas, así como en los planes de ordenación del territorio y de ordenación urbanística, insertándose los elementos y análisis involucrados en la gestión integral de riesgos, como proceso social e institucional de carácter permanente, concebidos de manera consciente, concertados y planificados para reducir los riesgos socio naturales y cronológicos en la sociedad.
2. La construcción, operación y mantenimiento de las obras e instalaciones necesarias.

En cuanto al análisis de riesgos, el mismo, de acuerdo con lo dispuesto en el artículo 15 de la Ley, está orientado a la prevención y control de inundaciones, inestabilidad de laderas, movimientos de masa, flujos torrenciales, sequías, subsidencia y otros eventos físicos que pudieran ocasionarse por efecto de las aguas.

Asimismo, el análisis de riesgos debe considerar la prevención y control de las enfermedades producidas por contacto con el agua y las transmitidas por vectores de hábitat acuático.

Por último, en cuanto a los trasvases de aguas, es decir, la operación mediante la cual se transfiere parte de los recursos hídricos desde una cuenca a otra, sin que las mismas necesariamente sean contiguas, con fines de aprovechamiento agrícola, industrial, hidroeléctrico o de abastecimiento a poblaciones (art. 2), conforme al artículo 52 de la ley, los mismos se pueden autorizar cuando se conozcan y evalúen las disponibilidades y demandas presentes y futuras en las regiones y cuencas hidrográficas suministradoras y receptoras, y se cumpla con las estrategias y directrices de los planes de gestión integral de las aguas. En los trasvases se debe evitar, en lo posible, afectar la satisfacción de las demandas de agua de las regiones o cuencas hidrográficas suministradoras, así como el traslado de problemas de calidad de aguas a las regiones o cuencas hidrográficas receptoras.

VI. RÉGIMEN ORGANIZATIVO PARA LA GESTIÓN DE LAS AGUAS

La Ley de Aguas establece una organización institucional para la gestión de las aguas que conforme al artículo 20 debe atender a los principios de:

1. Desconcentración, descentralización, eficiencia y eficacia administrativa.
2. Participación ciudadana.
3. Corresponsabilidad en la toma de decisiones.
4. Cooperación interinstitucional.
5. Flexibilidad para adaptarse a las particularidades y necesidades regionales y locales.

Esa organización institucional para la gestión de las aguas comprende, tal como se enumera en el artículo 21 de la Ley:

1. El ministerio con competencia en la materia, el cual debe ejercer la Autoridad Nacional de las Aguas, es decir, en la actualidad, el Ministerio del Ambiente y de los Recursos Naturales Renovables.
2. El Consejo Nacional de las Aguas.
3. Los Consejos de Región Hidrográfica.
4. Los Consejos de Cuencas Hidrográficas.
5. Los usuarios o las usuarias institucionales.
6. Los Consejos Comunales, las Mesas Técnicas y Comités de Riego.
7. El Instituto Nacional de Pueblos Indígenas.
8. El Ministerio de la Defensa, a través del componente correspondiente.
9. Los Consejos Estadales de Planificación y Coordinación de Políticas Públicas.
10. Los Consejos Locales de Planificación Pública.

Tal como lo dispone el artículo 22 de la Ley, los estados, los municipios, los Consejos Estadales de Planificación y Coordinación de Políticas Públicas y los Consejos Locales de Planificación Pública, deben ejercer las competencias que en materia atinente a la gestión de las aguas, les han sido asignadas en la Constitución y demás leyes aplicables, sin menoscabo de las funciones que le sean transferidas, delegadas o encomendadas por el Ministerio del Ambiente, de conformidad con la ley, y deben participar en la toma de decisiones del Ministerio a través de su incorporación en los Consejos previstos en la Ley.

Por otra parte, para la organización institucional y el manejo de las aguas superficiales y subterráneas, las unidades espaciales de referencia para su configuración son las regiones hidrográficas, las cuencas hidrográficas, las provincias y las cuencas hidrogeológicas (art. 16).

1. LA AUTORIDAD NACIONAL DE LAS AGUAS

La Ley enumera en el artículo 24 las siguientes competencias del Ministerio del Ambiente y de los recursos Naturales Renovables en su carácter de Autoridad Nacional de las Aguas:

1. Definir las políticas y estrategias para lograr la gestión integral de las aguas.
2. Crear el Subsistema de Información de las Aguas dentro del Sistema de Información Ambiental y el Registró Nacional de Usuarios de las Aguas en la fuente.
3. Elaborar, evaluar y ejecutar estudios y proyectos de importancia nacional vinculados con la gestión integral de las aguas.
4. Promover la construcción de las obras e instalaciones de importancia nacional necesarias para el cumplimiento de los objetivos de la gestión integral de las aguas y velar por su adecuada operación y mantenimiento.
5. Elaborar las normas técnicas para la conservación y uso sustentable de las aguas y presentarlas para su aprobación por el Presidente o Presidenta de la República, en Consejo de Ministros y Ministras.
6. Elaborar el Plan Nacional de Gestión Integral de las Aguas y presentarlo para su aprobación por el Presidente o Presidenta de la República, en Consejo de Ministros y Ministras.
7. Elevar a consideración del Presidente o Presidenta de la República la creación de los Consejos de Cuenca.
8. Controlar la ejecución de los planes de gestión integral de las aguas.
9. Coordinar la actuación de otros organismos públicos en el marco de los planes de gestión integral de las aguas.
10. Recaudar, invertir y distribuir los recursos del Fondo Nacional para la Gestión Integral de las Aguas, de conformidad con lo previsto en la Ley y su Reglamento.
11. Ejercer el control jerárquico de los actos administrativos de efectos particulares que emitan los organismos a los que se atribuyan funciones administrativas como secretarías ejecutivas de región y cuenca hidrográfica, conforme a lo establecido en lta Ley y su Reglamento.

12. Tramitar y otorgar las concesiones, licencias y asignaciones para el uso, con fines de aprovechamiento, de aguas conforme a lo establecido en el Plan Nacional de Gestión Integral de las Aguas y en los planes de gestión integral de las aguas de las regiones y cuencas hidrográficas.
13. Autorizar los trasvases entre regiones y cuencas hidrográficas, previa opinión del Consejo Nacional de las Aguas y los consejos de región y cuenca hidrográfica, según corresponda.
14. Garantizar la participación protagónica de los pueblos y comunidades indígenas en las diferentes instancias de gestión de las aguas, demás usuarios y usuarias, y de la comunidad organizada.
15. Ejercer la máxima autoridad en materia de vigilancia y control y aplicar sanciones administrativas en los casos de violaciones asociadas a las funciones que tiene atribuidas, de conformidad con lo establecido en esta Ley.
16. Cualquier otra establecida en la Ley y demás disposiciones que la desarrollen.

2. El Consejo Nacional de las Aguas

El Artículo 25 de la Ley crea el Consejo Nacional de las Aguas, como instancia de consulta y concertación, integrado por representantes designados por los respectivos Ministerios con competencia en materia de ambiente quien lo presidirá; de planificación y desarrollo; de agricultura y tierras; de participación y desarrollo social; de economía popular; de la defensa, a través del componente correspondiente; de minas e industrias básicas; y de ciencia y tecnología. Además, el Consejo estará integrado por representantes de los sectores siguientes: un representante de cada uno de los Consejos de Región Hidrográfica; un representante de la Asamblea Nacional, integrante de la Comisión Permanente de Ambiente, Recursos Naturales y Ordenación Territorial; un representante de los usuarios o usuarias institucionales de las aguas; y un representante del Instituto Nacional de Pueblos Indígenas.

Este Consejo tiene las siguientes funciones que enumera el artículo 26 de la Ley:

1. Asesorar en materia de políticas y estrategias para la conservación y uso sustentable de las aguas, que elabore el ministerio que ejerza la Autoridad Nacional de las Aguas.
2. Asesorar al ministerio que ejerza la Autoridad Nacional de las Aguas en la elaboración de la propuesta del Plan Nacional de Gestión Integral de las Aguas.
3. Participar en la elaboración de las normas técnicas para la conservación y uso sustentable de las aguas, antes de ser sometidas por el ministerio que ejerza la Autoridad Nacional de las Aguas a su aprobación por el Presidente o Presidenta de la República, en Consejo de Ministros.

4. Emitir opinión sobre el Plan Nacional de Gestión Integral de las Aguas antes de ser sometida por el Ministerio que ejerza la Autoridad Nacional de las Aguas a la consideración del Presidente de la República, en Consejo de Ministros.
5. Emitir opinión sobre la procedencia de los trasvases entre regiones hidrográficas y cuencas transfronterizas.
6. Emitir opinión sobre la propuesta de organización y funcionamiento del Fondo Nacional para la Gestión Integral de las Aguas, así como los presupuestos de gastos de sus recursos que no le corresponda aprobar a los consejos de región y cuenca hidrográfica.
7. Emitir opinión sobre cualquier otro asunto que someta a su consideración el ministerio que ejerza la Autoridad Nacional de las Aguas.
8. Aprobar su propio Reglamento de organización y funcionamiento.

3. LOS CONSEJOS DE REGIÓN HIDROGRÁFICA

El artículo 27 de la ley crea los Consejos de Región Hidrográfica en cada una de las 16 regiones hidrográficas del país que se definen en el artículo 17 de la Ley (Lago de Maracaibo y Golfo de Venezuela; Falconiana; Centro Occidental; Lago de Valencia; Central; Centro Oriental: Oriental; Llanos Centrales; Llanos Centro Occidentales; Alto Apure; Bajo Apure; Amazonas; Caura; Caroní; Cuyuní, y Delta), como instancias de consulta, concertación y toma de decisiones. Dichos Consejos de Región Hidrográfica se crean como entes plurales, deliberantes, analíticos y proponentes, teniendo como objetivo general propender a la mejor gestión del agua. A tales efectos, deben ser entes de coordinación entre el Gobierno Nacional y los gobiernos estadales y municipales y, al mismo tiempo, de concertación con las comunidades y grupos vecinales organizados.

Los Consejos de Región Hidrográfica conforme se establece en el artículo 28 están integrados por representantes de los siguientes Ministerios: el del ambiente, quien lo presidirá a través de la Secretaría Ejecutiva; de planificación y desarrollo; de agricultura y tierras; de participación y desarrollo social; de economía popular; de ciencia y tecnología; de la defensa, a través del componente correspondiente; de industrias básicas y minería; y de salud. Además, los Consejos de Región están integrado por:

1. Los gobernadores de los estados que integran la correspondiente región hidrográfica.
2. Los alcaldes de los municipios de los estados que integren la región hidrográfica.
3. Los usuarios institucionales de las aguas.
4. Los Consejos Comunales.

5. Las universidades e institutos de investigación de las regiones hidrográficas.
6. Los pueblos y comunidades indígenas; si los hubiere.
7. Los Consejos Estadales de Planificación y Coordinación de Políticas Públicas de la región hidrográfica.
8. Los Consejos Locales de Planificación Pública de la región hidrográfica.
9. Los Consejos de región

Los Consejos de Región Hidrográfica, tal como se enumera en el artículo 29 de la Ley, tienen las siguientes funciones:

1. Establecer las estrategias y normas particulares para la gestión integral de las aguas en la respectiva región hidrográfica.
2. Evaluar para aprobar o improbar la propuesta del Plan de Gestión Integral de las Aguas de la Región Hidrográfica, para ser sometida por el Ministerio que ejerza la Autoridad Nacional de las Aguas a la consideración del Presidente o Presidenta de la República, en Consejo de Ministros y Ministras.
3. Coordinar e incentivar la participación de sus miembros en la ejecución del Plan de Gestión Integral de las Aguas de la Región Hidrográfica.
4. Aprobar la procedencia de los trasvases entre cuencas hidrográficas de una región hidrográfica.
5. Evaluar para aprobar o improbar el presupuesto de gastos de los recursos del Fondo Nacional para la Gestión Integral de las Aguas, que le correspondan a la respectiva región hidrográfica.
6. Recomendar la creación de los Consejos de Cuenca Hidrográfica.
7. Emitir su opinión sobre cualquier asunto que someta a su consideración el ministerio que ejerza la Autoridad Nacional de las Aguas u otros organismos involucrados en la gestión de las aguas.
8. Supervisar el cumplimiento de los planes de gestión integral de las aguas de las regiones hidrográficas.
9. Promover la participación de la sociedad en la gestión integral de las aguas.
10. Elaborar y aprobar su propio reglamento de organización y funcionamiento.

4. Los Consejos de Cuenca Hidrográfica

En aquellas cuencas cuya complejidad, importancia relativa u otra situación particular así lo justifique, pueden crearse Consejos de Cuenca Hidrográfica. La creación se realizará por el Presidente de la República, en Consejo de Ministros, mediante Decreto, por recomendación de los Consejos de Región Hidrográfica y el aval del Consejo Nacional de las Aguas (art. 31). Dichos Consejos tienen funciones referentes a la elaboración, aprobación, ejecución y supervisión de la propuesta del Plan de Gestión Integral de las Aguas de la respectiva Cuenca Hidrográfica; así como las correspondientes, a los Consejos de Región Hidrográfica que le sean atribuidas en el Decreto de creación (art. 34)

Estos Consejos de Cuenca Hidrográfica deben estar integrados, conforme al artículo 32 de la Ley, por el ministerio que ejerza la Autoridad Nacional de las Aguas, quien lo preside; las gobernaciones y alcaldías, los organismos que formen parte del Consejo de Región Hidrográfica que tengan presencia en la cuenca, los usuarios y las usuarias de las aguas, los Consejos Comunales y los pueblos y comunidades indígenas, donde los hubiere.

5. EL FONDO NACIONAL PARA LA GESTIÓN INTEGRAL DE LAS AGUAS

El artículo 96 de la ley, creó el Fondo Nacional para la Gestión Integral de las Aguas, como servicio autónomo sin personalidad jurídica, con autonomía administrativa, financiera y de gestión de sus recursos físicos, presupuestarios y de personal; cuyo objetivo es contribuir administrativa y financieramente con la gestión integral de las aguas, en los términos establecidos en la Ley (art. 97).

El tal sentido, conforme al artículo 105 de la ley, el Fondo Nacional para la Gestión Integral de las Aguas tiene las siguientes fuentes de ingreso:

1. Los recursos provenientes de las contraprestaciones, el cobro de las tasas y la aplicación de sanciones establecidas en la Ley.
2. Los recursos provenientes de los préstamos de organismos nacionales e internacionales.
3. Los ingresos previstos en las programaciones de cooperación técnica, cuya administración le sea encomendada.
4. Los recursos que le asignen al Fondo el Ejecutivo Nacional, los gobiernos estadales o municipales y los aportes de instituciones públicas o privadas.
5. Los beneficios que obtenga como producto de sus operaciones financieras y de la colocación de recursos, de conformidad con lo previsto en esta Ley.
6. Cualesquiera otros recursos que le sean asignados, previa aprobación del Directorio Ejecutivo del Fondo.

Conforme al artículo 102 de la Ley, los recursos del Fondo Nacional para la Gestión Integral de las Aguas se deben destinar al financiamiento de los gastos siguientes:

1. Formulación y ejecución de los planes de gestión integral de las aguas de las regiones hidrográficas.
2. Formulación y ejecución de los planes de gestión integral de las aguas de las cuencas hidrográficas.

3. Gastos para cubrir situaciones de emergencia o implementar decisiones de los Consejos de Regiones y de Cuencas Hidrográficas que no estén previstas en los planes de gestión integral de las aguas, previa aprobación del ministerio que ejerza la Autoridad Nacional de las Aguas.
4. Desarrollo y mantenimiento del Subsistema de Información de las Aguas.
5. Desarrollo y mantenimiento del Registro Nacional de Usuarios o Usuarias de las Fuentes de las Aguas.
6. Gastos de solidaridad para la formulación y ejecución de los planes de gestión integral de las aguas de las regiones hidrográficas y cuencas hidrográficas que no generan recursos suficientes.
7. Gastos de funcionamiento del Fondo.

VII. LOS INSTRUMENTOS DE GESTIÓN DE LAS AGUAS

A los efectos de la gestión integral de las aguas, que conforme al artículo 4 de la Ley tiene como principales objetivos garantizar la conservación, a fin de satisfacer las necesidades humanas, ecológicas y la demanda generada por los procesos productivos del país, y prevenir y controlar los posibles efectos negativos de las aguas sobre la población y sus bienes; el artículo 41 enumera los siguientes instrumentos para la gestión integral de las aguas:

1. El Subsistema de Información de las Aguas.
2. Los planes de gestión integral de las aguas.
3. El control administrativo previo, para el uso de las aguas.
4. El Registro Nacional de Usuarios y Usuarias de las Fuentes de las Aguas.
5. El Sistema Económico Financiero.

El Subsistema de Información de las Aguas, que forma parte del Sistema de Información Ambiental, bajo la coordinación de la Autoridad Nacional de las Aguas, conforme a los artículos 42 y 43 de la Ley, debe comprender las actividades de recolección, procesamiento, sistematización, almacenamiento y divulgación de datos e información de tipo hidrometeorológico, hidro-geológico, fisiográfico, morfométrico y de calidad de aguas; entre otros, provenientes de los sectores público y privado.

En cuanto a los planes de gestión integral de las aguas, los mismos, conforme al artículo 44 de la Ley, comprenden un plan nacional y los planes en el ámbito de regiones hidrográficas y de cuencas hidrográficas, y deben ser públicos y de obligatorio cumplimiento (art. 44).

Estos planes deben formar parte del Sistema Nacional de Planificación y deben estar en concordancia con los lineamientos del Plan Nacional de Desarrollo Económico y Social, y de los Planes Nacionales del Ambiente y de Ordenación del Territorio (art. 45).

La elaboración, aprobación y control de los planes de gestión integral de las aguas se debe regir por las disposiciones establecidas a tales efectos en la Ley, en la legislación sobre planificación, en la legislación sobre ordenación del territorio, en la legislación orgánica del ambiente, así como en la legislación en materia indígena y en las demás leyes aplicables; y deben elaborarse y ejecutarse mediante un proceso de coordinación interinstitu-cional, multidisciplinario y permanente, que debe incluir los medios de consulta y participación protagónica previstos en la ley (art. 46).

En particular, la Ley regula el Plan nacional (art. 48), los Planes de región Hidrográfica (art. 49) y los Planes de Cuenca Hidrográfica (art. 50). Todos deben orientar la gestión integral de las aguas y constituirán instrumentos flexibles, dinámicos, prospectivos y transversales que permitirán prever y enfrentar situaciones cambiantes del entorno que directa o indirectamente afecten el recurso (art. 47).

VIII. EL RÉGIMEN SANCIONATORIO

1. LAS SANCIONES DE MULTA

La Ley de Aguas establece un régimen sancionatorio que básicamente consiste en la posibilidad de imposición de multas por parte del Ministerio del Ambiente por las infracciones administrativas establecidas en la ley, las cuales deben ser aplicadas previa evaluación de la naturaleza de la actividad realizada y el daño generado, debiéndolas aplicar en proporción a la gravedad de la falta (art. 108).

Los fondos que se recaden por tales multas deben ingresar al Fondo Nacional para la Gestión Integral de las Aguas que se crea en la Ley como servicio autónomo sin personalidad jurídica (arts. 96 a 105) y deben ser utilizados para los gastos de solidaridad para la formulación y ejecución de los planes de gestión integral de las aguas de las regiones y cuencas hidrográficas, preferentemente en las que no generen recursos suficientes (art. 109).

En todo caso, cuando la infracción cometida sea constitutiva de delito, conforme con las disposiciones establecidas en la Ley Penal del Ambiente y demás leyes de la República, el artículo 116 de la ley de Aguas dispone que los responsables serán sancionados de acuerdo con lo previsto en dichas leyes, independientemente de las sanciones administrativas que corresponda aplicar al Ministerio del Ambiente conforme a lo dispuesto en la Ley de Aguas. En estos casos, el Ministerio debe remitir las actuaciones realizadas al organismo competente de la jurisdicción penal.

En el caso de que la infracción sea cometida por un funcionario público o funcionaria pública, la sanción penal es autónoma e independiente de la responsabilidad disciplinaria y administrativa.

2. Las medidas preventivas y correctivas

Pero además de las multas, el artículo 110 de la ley establece la posibilidad de que el Ministerio del Ambiente y Recursos Naturales Rentables pueda ordenar las medidas necesarias para prevenir, mitigar o corregir el daño o peligro, así como las consecuencias perjudiciales que pudieran derivarse de los hechos legalmente sancionables, las cuales pueden aplicarse en el curso del correspondiente procedimiento administrativo sancionatorio o conjuntamente con la aplicación de la multa respectiva. Dichas medidas pueden consistir en la:

1. Ocupación temporal, total o parcial, de las fuentes contaminantes hasta tanto se corrija o elimine la causa degradante o se obtengan las autorizaciones correspondientes.
2. Clausura temporal o definitiva de las instalaciones o estableci-mientos.
3. Prohibición temporal o definitiva de las actividades.
4. Recolección, almacenamiento en condiciones de seguridad, neutralización o destrucción de los agentes contaminantes, contaminados o peligrosos, a costa del infractor.
5. Remisión al medio natural de los recursos o elementos extraídos, si es posible y conveniente.
6. Efectiva reparación del daño causado, a costa del infractor o infractora.
7. Cualquier otra medida tendiente a corregir y reparar los daños y evitar la continuación de los actos perjudiciales a la calidad de las aguas.

Estas medidas preventivas, mitigantes o correctivas deben ser impuestas por el Ministerio, manteniendo la debida proporcionalidad y adecuación con el supuesto de hecho y con el fin perseguido, cumpliendo con los trámites, requisitos y formalidades necesarios para la validez y eficacia de los actos administrativos y respetando el legítimo derecho a la defensa (art. 111).

3. Las infracciones

La Ley de Aguas establece las siguientes infracciones que son sancionables con multas:

1. La degradación del medio físico o biológico: En estos casos se sanciona a toda persona natural o jurídica, pública o privada, que realice acciones sobre el medio físico o biológico relacionado al agua que ocasionen o puedan ocasionar su degradación, en violación de los planes de gestión integral de las aguas y las normas técnicas sobre la materia. La multa, de acuerdo con el artículo 119, debe ser de 50 a 5.000 unidades tributarias (U.T.).
2. Uso sin concesión, asignación o licencia: En estos casos se sanciona a toda persona natural o jurídica, pública o privada, que realice un uso de las aguas con fines de aprovechamiento sin contar con las concesiones,

asignaciones y licencias establecidas en la ley. La multa, de acuerdo con el artículo 120, debe ser de 50 a 5.000 unidades tributarias (U.T.).

3. Violación de condiciones de aprovechamiento: En estos casos, se sanciona a toda persona natural o jurídica, pública o privada, que extraiga de las fuentes de agua caudales o volúmenes que sobrepasen los límites establecidos en las concesiones, asignaciones o licencias. La multa, de acuerdo con el artículo 121, debe ser de 50 a 5.000 unidades tributarias (U.T.).
4. Actividades prohibidas en zonas protectoras: En estos casos, se sanciona a toda persona natural o jurídica, pública o privada, que realice actividades prohibidas dentro de las zonas protectoras de cuerpos de agua, de conformidad con las disposiciones establecidas en la Ley, sus reglamentos y en los respectivos planes de ordenamiento y reglamento de uso. La multa, de acuerdo con el artículo 122, debe ser de 50 a 5.000 unidades tributarias (U.T.).
5. Perforación no autorizada de pozos: En estos casos, se sanciona a toda persona natural o jurídica, pública o privada, que perfore un pozo sin ser titular o beneficiario de concesiones, asignaciones y licencias previstas en la Ley. La multa, de acuerdo con el artículo 123, debe ser de 50 a 1.000 unidades tributarias (U.T.).
6. Violación de condiciones de vertido: En estos casos, se sanciona a toda persona natural o jurídica, pública o privada, que en contravención a lo dispuesto en la Ley, su reglamento, en las normas técnicas sobre la materia, realiza cualquiera de las siguientes actividades:
   1. Establezca o mantenga en funcionamiento una instalación o realice una actividad capaz de degradar la calidad de las aguas, sin cumplir con los límites de calidad de vertidos.
   2. Descargue, infiltre o inyecte en el suelo o subsuelo vertidos líquidos contaminantes.
   3. Use sistemas de drenajes de aguas pluviales para la disposición de afluentes líquidos contaminantes.
   4. Descargue residuos o material sólido a cuerpos de agua y a redes cloacales.
   5. Disuelva afluentes con agua a objeto de cumplir con los parámetros establecidos.
   6. Efectúe descargas submarinas de vertidos incumpliendo las normativas técnicas.

   La multa, de acuerdo con el artículo 124, debe ser de 50 a 5.000 unidades tributarias (U.T.).

   7. Incumplimiento de controles de calidad de aguas: En estos casos, se sanciona a toda persona natural o jurídica, pública o privada, que no cumpla con los controles administrativos que se establezcan en

las normas técnicas para el control y manejo de calidad de aguas. La multa, de acuerdo con el artículo 125, debe ser de 25 a 2.500 unidades tributarias (U.T.).

8. Fallas en la notificación o control de vertidos: En estos casos, se sanciona a toda persona natural o jurídica, pública o privada, que omita notificar al Ministerio del Ambiente, de conformidad con las previsiones establecidas en el Reglamento de la Ley, la ocurrencia de vertidos imprevistos o producidos en situaciones de emergencia. La multa, de acuerdo con el artículo 126 de la Ley, debe ser de 25 a 2.500 unidades tributarias (U.T.).
9. La Ley de Aguas, además, estableció que, en caso de cualquier otra violación a las disposiciones contenidas en las concesiones, asignaciones y licencias distintas a las establecidas en la Ley, conforme al artículo 127, deben ser sancionadas con multa de 25 a 2.500 unidades tributarias (U.T.).

4. LAS VARIACIONES EN LAS SANCIONES PECUNIARIAS

El artículo 112 de la Ley reguló, además, los casos de reincidencia en la comisión de las infracciones, disponiendo que debe ser sancionada con multa aumentada en un 50% de la originalmente aplicada y, dependiendo de la gravedad de la falta, con la suspensión temporal o definitiva de la actividad origen de la contaminación.

Por otra parte, conforme al artículo 113 de la Ley, las sanciones de multa se deben aumentar al doble en los casos de:

1. Agotamiento de cualquier fuente de agua por sobreexplotación.
2. Contaminación de acuíferos o de fuentes superficiales.
3. Contaminación por vertido de sustancias, materiales o desechos peligrosos.
4. Usos que afecten o pongan en riesgo el suministro de agua a poblaciones.
5. Suministro de información falsa.

Por otra parte, cuando no sea posible la reparación del daño, el artículo 114 de la ley dispone que la autoridad administrativa debe establecer una multa equivalente al doble del valor de la multa que originalmente corresponda; y en los casos en que la infracción cometida esté subsumida en varios de los supuestos para el aumento de las sanciones antes indicadas establecidos en los artículos 113, 114 y 115 de la Ley, conforme al artículo 115, los aumentos se deben aplicar "acumulativamente por cada uno de los supuestos, calculados sobre el monto que originalmente corresponda a la infracción, que en caso de los funcionarios o las funcionarias públicos queda a salvo la responsabilidad disciplinaria a la que ellos están sujetos".

5. La prescripción

La Ley de Aguas establece expresamente en el artículo 117 que no prescriben las acciones administrativas para la persecución de los infractores y la imposición de las sanciones previstas en la Ley; y que, además, tampoco prescriben la ejecución de los actos administrativos donde se impongan las sanciones y medidas previstas en la misma (art. 118).

SECCIÓN SÉPTIMA: *EL NUEVO RÉGIMEN DE LAS ZONAS COSTERAS. INCONSTITUCIONALIDADES, DOMINIO PÚBLICO, LIMITACIONES A LA PROPIEDAD PRIVADA E INSUFICIENCIAS NORMATIVAS* (2002)

TEXTO PUBLICADO EN EL LIBRO: *LEY HABILITANTE DEL 13-11-2000 Y SUS DECRETOS LEYES*, ACADEMIA DE CIENCIAS POLÍTICAS Y SOCIALES, SERIE EVENTOS N° 17, CARACAS 2002, PP. 245-294.

I. EL DECRETO-LEY N° 1468 DE 27-09-01 DE LEY DE ZONAS COSTERAS Y LAS RAZONES DE SU INCONSTITUCIONA-LIDAD GENERAL

El Presidente de la República, en Consejo de Ministros, en ejecución de la "Ley que autoriza al Presidente de la República para dictar decretos con fuerza de Ley en las materias que se delegan" de 13-11-2000 (*G.O.* N° 37.076 de 13-11-00), dictó el Decreto-Ley N° 1468 de 27-09-01 contentivo de la Ley de Zonas Costeras (*G.O.* N° 37.319 de 07-11-01; reimpreso por error material en *G.O.* N° 37.349 de 19-12-01).

Dicho Decreto-Ley, como aparece indicado en su encabezamiento, fue dictado en ejecución del artículo 1, numeral 3, literal c de la mencionada Ley habilitante, que precisa la siguiente "materia" delegada al Presidente de la República en Consejo de Ministros:

> c) Dictar medidas que adecuen la legislación nacional a los principios constitucionales referentes a los espacios acuáticos, respetando los tratados y acuerdos internacionales celebrados por la República. Regular la acción de los organismos públicos y privados en los espacios acuáticos de la República y las funciones del Estado y los particulares en materia de seguridad y defensa, salvaguarda, pesca y cultivos acuáticos, salvamento y seguridad de la vida en el mar, ayudas y control de la navegación, protección del ambiente, exploración y explotación de los recursos naturales renovables o no renovables, extracción de restos y protección del patrimonio arqueológico de la Nación, investigación, desarrollo, construcción y reparaciones navales, navegación marítima, fluvial y lacustre, política naviera del Estado, estructura portuaria, servicios de hidrografía, meteorología, cartografía náutica, pilotaje y canales de navegación.

Ahora bien, en ejecución de esta materia delegada, el Presidente de la República, en Consejo de Ministros dictó diversos Decretos-Leyes y entre ellos, el Decreto-Ley N° 1437 de 30-08-01 de *Ley Orgánica de los Espacios Acuáticos e Insulares* (*G.O.* Nº 37.290 de 25-09-01, reimpreso por error material en *G.O.* Nº 37.330 de 22-10-01); el Decreto-Ley Nº 1436 de 30-08-01 de *Ley General de Puertos* (*G.O.* Nº 37.292 de 27-09-01, reimpreso por error material en *G.O.* Nº 37.331 de 23-11-01); el Decreto-Ley Nº 1380 de 30-08-2001 de *Ley General de Marinas y Actividades Conexas* (*G.O.* Nº 37.321 de 09-11-01); el Decreto-Ley Nº 1551 de 12-11-01 de *Ley de Procedimiento Marítimo* (*G.O.* Nº 5554 Extraordinario de 13-11-01); y el Decreto-Ley Nº 1506 de 30-10-01 de *Ley de Comercio Marítimo* (*G.O.* Nº 5551 Extraordinario de 09-11-01). Todos estos Decretos-Leyes, puede decirse que por su contenido, se ajustan en general, a la materia delegada.

Sin embargo, en cuanto al Decreto-Ley Nº 1468 de 27-09-01 de Ley de Zonas Costeras, basta leer su contenido y el texto antes transcrito, del literal c, del numeral 3 del artículo 1 de la Ley Habilitante, para constatar que el Presidente de la República en Consejo de Ministros no fue habilitado, en forma alguna para regular las zonas costeras, para declarar determinados bienes como del dominio público de la República, para extinguir la propiedad privada, ni la propiedad pública de los Estados (tierras baldías) o de los Municipios (ejidos), ni para restringir las actividades de los entes públicos y de los ciudadanos en las zonas costeras.

En consecuencia, la primera apreciación general que puede hacerse respecto del Decreto-Ley Nº 1468 de 27-09-01 de Ley de Zonas Costeras, es que es inconstitucional, por violación de los artículos 203 y 236,8 de la Constitución, por haber regulado con fuerza de Ley una materia que no le fue delegada, violando además, la propia Ley Habilitante de 13-11-00. En consecuencia, el Presidente de la República tampoco podía derogar la Ley de Conservación y Saneamiento de Playas de 20-06-2000 (*G.O.* Nº 36.976 de 20-06-2000), como lo hizo en el mencionado Decreto-Ley (Disposición derogatoria), para lo cual no tenía delegación legislativa, violando, además, el artículo 218 de la Constitución que dispone que "las leyes sólo se derogan por otras leyes".

El Decreto-Ley Nº 1468 de 27-09-01 de Ley de Zonas Costeras, en consecuencia, es inconstitucional por usurpación de la función legislativa por parte del Presidente de la República y, en consecuencia, ineficaz y nulo en los términos del artículo 138 de la Constitución.

Pero además, también en términos generales, el Decreto-Ley Nº 1468 de 27-09-01 es inconstitucional por violación del derecho constitucional a la participación ciudadana en la gestión de los asuntos públicos que garantizan los artículos 62 y 70 de la Constitución y que se concreta, en materia de elaboración de textos legales, con la obligación de consulta pública a los órganos del Estado, a los ciudadanos y a la sociedad organizada que se impone a la Asamblea Nacional en el artículo 211 de la Constitución, y que debe cumplirse durante el procedimiento de formación de las leyes, obligación que, evidentemente, con la delegación legislativa, se traslada al Presidente de la República.

El artículo 206 de la Constitución también impone a la Asamblea Nacional la obligación de consultar a los Estados de la Federación, a través de sus Consejos Legislativos, los proyectos legales que se refieran a materias relativas a los mismos. Esta obligación también se transfiere al Presidente de República cuando se le delega la potestad legislativa mediante una ley habilitante.

En el proceso de elaboración del Decreto-Ley N° 1468 de 27-09-01, sin embargo, no se garantizó el derecho a la participación ciudadana que regulan las normas constitucionales antes mencionadas, por lo que se violó el derecho constitucional a la participación que garantizan esos artículos 62, 70, 206 y 211 de la Constitución. La consecuencia de ello es que el Decreto-Ley mencionado debe considerarse nulo en los términos del artículo 25 de la Constitución, el cual además, hace responsables penal, civil y administrativa-mente a los funcionarios que ordenen o ejecuten ese Decreto-Ley, sin que les sirva de excusa órdenes superiores.

En todo caso, a continuación, analizaremos detalladamente el contenido del Decreto-Ley de Ley de Zonas Costeras, el cual, además, en algunas de sus normas, ha incurrido en inconstitucionalidades adicionales, por los efectos confiscatorios que implica.

II. EL RÉGIMEN GENERAL DE LAS ZONAS COSTERAS

1. EL OBJETO DE LA LEY Y EL ÁMBITO DE LAS ZONAS COSTERAS

La Ley de Zonas Costeras dictada por el mencionado Decreto-Ley N° 1468 de 27-9-2001 tiene por objeto establecer el régimen de administración, uso y manejo de las zonas costeras, "a objeto de su conservación y aprovechamiento sustentable, como parte integrante del espacio geográfico venezolano" (art. 1).

A tal efecto, en la ley se entiende por *zonas costeras,* "la unidad geográfica de ancho variable conformada por una *franja terrestre, el espacio acuático adyacente* y sus *recursos,* en el cual se interrelacionan los diversos ecosiste-mas, procesos y usos presentes en el espacio continental e insular" (art. 2).

Las zonas costeras, por tanto, constituyen un ámbito geográfico de ancho variable, conformado por los siguientes espacios que forman "parte integral" de las mismas, enumeradas en el artículo 3:

1. Elementos como arrecifes coralinos, praderas de fanerógamas marinas, manglares, estuarios, deltas, lagunas costeras, humedales costeros, salinas, playas, dunas, restingas, acantilados, terrazas marinas, costas rocosas, ensenadas, bahías, golfos, penínsulas, cabos y puntas.
2. Los terrenos invadidos por el mar, que por cualquier causa pasen a formar parte de su lecho en forma permanente.
3. Los terrenos ganados al mar por causas naturales o por acción del hombre.

2. DETERMINACIÓN GEOGRÁFICA DE LAS ZONAS COSTERAS

Tratándose de áreas geográficas de ancho variable, los límites de las zonas costeras se deben establecer en el Plan de Ordenación y Gestión Integrada de las Zonas Costeras, tomando en consideración:

1. Los criterios político-administrativos nacionales, estadales y municipales.
2. Las características físico-naturales.
3. Las variables ambientales, socioeconómicas y culturales.

Sin embargo, la Ley ha determinado una anchura mínima de las zonas costeras configurada por la franja terrestre y el espacio acuático adyacente en las costas de mar, en la siguiente forma:

A. LA FRANJA TERRESTRE DE LAS ZONAS COSTERAS MARÍTIMAS E INSULARES

En cuanto a la *franja terrestre*, el artículo 4 de la Ley distingue dos supuestos según se trate, por una parte, de las zonas costeras en el ámbito continental y en el Estado Nueva Esparta, y por la otra, de las zonas costeras en el ámbito insular.

a. LA ZONA COSTERA EN TIERRA FIRME Y EN EL ESTADO NUEVA ESPARTA: 500 METROS

El primer supuesto se refiere a la franja terrestre de la zona costera, en el continente y en las islas del Estado Nueva Esparta, la cual se establece así:

La franja terrestre de las zonas costeras tendrá un ancho no menor de quinientos metros (500 m) medidos perpendicularmente desde la proyección vertical de la línea de más alta marea, hacia la costa (art. 4).

La norma, por supuesto, está mal redactada conteniendo su texto un error evidente: los 500 mts. no pueden contarse desde la línea de más alta marea "hacia la costa" pues esa línea está precisamente en la costa, sino hacia tierra adentro, lo que aparentemente fue lo que quiso regularse; sólo que debió decir "hacia tierra", como lo dice el artículo 9, y no "hacia la costa".

b. LA ZONA COSTERA EN LAS DEPENDENCIAS FEDERALES Y EN LAS ISLAS FLUVIALES Y LACUSTRES

El segundo supuesto se refiere a la franja terrestre de la zona costera en el ámbito insular (excluido el Estado Nueva Esparta), la cual se establece así:

> "En las dependencias federales e islas fluviales y lacustres, se considera como franja terrestre toda la superficie emergida de las mismas" (art. 4).

Es decir, conforme a esta norma, en las dependencias federales y en las islas fluviales y lacustres, la totalidad de la superficie de las mimas se considera como zona costera.

Como es sabido, la Constitución define como "dependencias federales las islas marítimas no integradas en el territorio de un Estado" (art. 17), enumerándolas todas, (estén o no integradas al territorio de un Estado) en el artículo 11, como formando el "espacio insular" de la República.

B. LA FRANJA ACUÁTICA DE LAS ZONAS COSTERAS MARÍTIMAS

En cuanto a la *franja acuática* o espacio acuático que forman las zonas costeras del mar, la misma tiene un ancho no menor de 3 millas náuticas y en ningún caso puede exceder los límites del mar territorial, el cual, conforme a la Ley Orgánica de los Espacios Acuáticos e Insulares (Decreto-Ley Nº 1437 de 30-08-01 (*G.O.* Nº 37.290 de 25-09-01) tiene una anchura de 12 millas náuticas a lo largo de las costas continentales e insulares de la República, medidas ordinariamente a partir de la línea de más baja marea (art. 11).

C. LA CONTRADICCIÓN LEGAL EN CUANTO A LA DELIMITACIÓN DE LAS ZONAS COSTERAS MARÍTIMAS

En todo caso, las franjas tanto terrestre como acuática de las zonas costeras del mar, conforme al artículo 4 de la Ley,

> "...deben ser determinadas por la ley y desarrolladas en el Plan de Ordenación y Gestión Integrada de las Zonas Costeras" (art. 4).

Ello, sin duda, es contradictorio en la propia norma. En efecto, los límites de los espacios acuáticos o terrestres de las zonas costeras o deben considerarse establecidos, como lo están, directamente en la propia ley, debiendo desarrollarse en el Plan de Ordenación y Gestión Integrada de las Zonas Costeras, como lo dice el artículo 4 de la Ley en su encabezamiento; o deben ser determinados "por la ley (¿cuál ley? ¿otra ley?) y desarrolladas en el Plan de Ordenación y Gestión Integrada de las Zonas Costeras" como lo dice el mismo artículo, en su último párrafo.

D. LAS FRANJAS DE LAS ZONAS COSTERAS DE LAGOS Y RÍOS

En cuanto a la franja terrestre y acuática de las zonas costeras de los lagos y de los ríos, conforme al artículo 4 de la Ley, ambas franjas deben ser "determinadas en la ley, y desarrolladas en un Plan de Ordenación y Gestión Integrada de las Zonas Costeras, tomando en cuenta las características particulares de éstos" (art. 4).

3. LAS ZONAS COSTERAS Y EL RÉGIMEN DE PROPIEDAD

Las zonas costeras, como unidad geográfica de ancho variable, puede estar integrada por inmuebles con un régimen de dominio público o con régimen de propiedad privada, cuyo uso, por ello, se encuentra limitado.

Por tanto, no todo el ámbito geográfico de las zonas costeras constituye dominio público de la República; y, en todo caso, las propiedades particulares que se encuentren en la franja terrestre de las zonas costeras están sujetas a limitaciones y restricciones a la propiedad, que derivan del objeto de la Ley. Por ello, incluso, el artículo 8 de la Ley declara como "de utilidad pública e interés social la conservación y aprovechamiento sustentable de las zonas costeras", lo que conduce al establecimiento de las mencionadas limitaciones y restricciones e, incluso abre la vía de la expropiación.

III. EL DOMINIO PÚBLICO EN LAS ZONAS COSTERAS

1. TITULARIDAD Y ÁMBITO DEL DOMINIO PÚBLICO

Por supuesto, no todo el ámbito que se define en la Ley como zonas costeras es del dominio público; por ello, conforme al artículo 9 de la Ley, sólo se declaran como del *dominio público de la República* (es decir, ni de los Estados, ni de los Municipios, sino de la República) las áreas acuáticas y terrestres y los elementos integrados a las zonas costeras que se indican en el artículo 9 de la Ley.

Por su importancia y por la "reforma" que se le introdujo a la Ley mediante una "reimpresión por error material" en la *Gaceta Oficial,* conviene transcribir dicha norma.

En su versión inicial publicada en la *Gaceta Oficial* N° 37.319 de 07-11-01, el artículo 9 tenía la siguiente redacción:

> Art. 9. Son del dominio público de la República todo el espacio acuático adyacente a las zonas costeras y la franja terrestre comprendida desde la línea más alta marea hasta una distancia no menor de 80 metros, medidos perpendicularmente desde la proyección vertical de esa línea hacia tierra, en el caso de las costas marinas.

En la irregular "reforma" que se hizo con la reimpresión de la ley por error material en la *Gaceta Oficial* N° 37.349 de 19-12-01, se le agregó a la norma la frase *sin perjuicio de los derechos legalmente adquiridos por los particulares,* con lo que se eliminó el carácter absolutamente confiscatorio que tenía la versión inicial de la ley al declarar como dominio público toda la franja terrestre de 80 metros antes señalada, aún cuando en la misma hubiera habido inmuebles de propiedad privada.

Por supuesto, la salvedad del agregado se aplica tanto al espacio acuático como a la franja terrestre, donde entonces quedan a salvo los derechos legalmente adquiridos por los particulares, los cuales no quedan afectados por la declaratoria de dominio público, la cual, en realidad, sólo termina afectando a las propiedades públicas ubicadas en dichas zonas, sean tierras baldías o ejidos.

A. Áreas declaradas como del dominio público de la República

Como resulta del citado artículo 9 de la Ley, se declara como del dominio público ("son del dominio público de la República...", dice la norma), sin perjuicio de los derechos legalmente adquiridos por los particulares, dos espacios geográficos determinados dentro del ámbito geográfico de las zonas costeras, uno acuático y una franja terrestre.

a. Dominio público acuático

En cuanto al espacio acuático del dominio público de las zonas costeras, se considera como dominio público de la República, "sin perjuicio de los derechos legalmente adquiridos por los particulares, todo el espacio acuático adyacente a las zonas costeras" y dicho espacio no puede ser otro que el del mar territorial que, como se señaló tiene una anchura de 12 millas náuticas. Por supuesto, en este dominio público acuático se incluye la "franja acuática" de las zonas costeras antes indicada, cuyo ancho no puede ser menor a 3 millas náuticas ni puede exceder los límites del mar territorial.

Además, se consideran también como bienes del dominio público los elementos de los puertos (rada, fondeadero, canal de acceso y dársena) ubicados en el espacio acuático de los puertos (arts. 6 y 7 de la Ley General de Puertos dictada por Decreto-Ley Nº 1436 de 30-08-01, *G.O.* Nº 37.292 de 27-09-01).

b. Dominio público terrestre

En cuanto a la franja terrestre que se declara como del dominio público de la República, sin perjuicio de los derechos legalmente adquiridos por los particulares, es el área terrestre adyacente a las costas marinas,

> *Comprendida desde la línea de más alta marea hasta una distancia no menor de ochenta metros (80 m), medidos perpendicularmente desde la proyección vertical de esa línea, hacia tierra* (art. 9).

Conforme al mismo artículo 9, sin embargo,

> En los *lagos y ríos,* la franja terrestre sobre la cual *se ejerce el dominio público,* la determinará la ley y la desarrollará el Plan de Ordenación y Gestión Integrada de las Zonas Costeras y *en ningún caso será menor de ochenta metros* (80m).

De nuevo, la Ley parece remitir a "otra ley", que no se sabe cuál podría ser, para "determinar" la franja terrestre sobre la cual se ejerce el dominio público dentro de las zonas costeras de los lagos y los ríos, pero determinando, que en ningún caso puede ser menor de 80 m.

B. *ELEMENTOS INCORPORADOS AL DOMINIO PÚBLICO DE LAS ZONAS COSTERAS*

De acuerdo con el mismo artículo 9 de la Ley, además del espacio acuático y de la franja terrestre antes mencionada, en todo caso, también forman parte del *dominio público de las zonas costeras*, es decir, del dominio público de la República, en los *límites* que se fijen en el Plan de Ordenación y Gestión Integrada de las Zonas Costeras, otros elementos naturales que puedan encontrarse en el área marítimo-terrestre, independientemente de que estén o no dentro de la franja terrestre de los 80 mts. de dominio público, integrados por los ecosistemas y elementos geomorfológicos, y sin que en este caso se hayan dejado a salvo los derechos legalmente adquiridos por particulares, tales como:

– arrecifes coralinos,
– praderas de fanerógamas marinas,
– manglares,
– estuarios,
– deltas,
– lagunas costeras,
– humedales costeros,
– playas,
– dunas,
– restingas,
– acantilados,
– costas rocosas,
– ensenadas,
– cabos,
– puntas; y
– los terrenos ganados al mar.

De nuevo, en relación con los lagos y ríos, la ley indica que los ecosistemas y elementos geomorfológicos que forman parte del dominio público de las zonas costeras de los mismos, los debe determinar la ley y desarrollar el Plan de Ordenación y Gestión Integrada de las Zonas Costeras; sin que, de nuevo, se sepa a cuál ley se refiere la norma.

Debe destacarse, en todo caso, que dentro de los "elementos" que se incorporan al dominio público, por la referencia a las playas o acantilados, está la zona marítimo terrestre que tradicionalmente se ha considerado como del dominio público, y es la que baña el mar entre la línea de más alta marea y la línea de más baja marea. Esa zona marítimo-terrestre, en efecto, no está en la franja acuática adyacente a la zona costera que conforma el dominio público acuático, y que está en el mar territorial, cuya anchura se cuenta a partir de la línea de *más baja marea* (art. 11 Ley Orgánica de los Espacios Acuáticos e

Insulares); ni está en la franja terrestre del dominio público que se cuenta desde la línea de *más alta marea* hacia tierra (art. 9, Ley de Zonas Costeras).

Precisamente, entre esas dos líneas, la de la alta marea y la de la baja marea, está el elemento natural que siempre se ha considerado como del dominio público y que la Ley de Zonas Costeras no precisa expresamente, salvo por la referencia a las playas, razón por la cual puede considerarse legalmente a estas zonas marítimo-terrestres como del dominio público.

C. LA INCONGRUENCIA DE LA FORMA DE DELIMITACIÓN DEL DOMINIO PÚBLICO COSTERO

Como se puede observar del contenido del artículo 9 de la Ley, la delimitación del dominio público de las zonas costeras deriva de una mezcla de criterios naturales y artificiales, que presentan una incongruencia, particularmente en el área terrestre.

En efecto, ante todo debe señalarse que en términos históricos y conceptuales, el dominio público marítimo y costero siempre ha estado determinado por criterios naturales. El mar y el agua, en efecto, siempre se han considerado como dominio público por su afectación natural al uso público, sin necesidad de que se lo haya indicado expresamente en la ley. En cuanto a la costa o playa, desde el derecho romano y conforme al antiguo derecho español que rigió en nuestro país hasta la segunda mitad del siglo XIX, se ha considerado como dominio público a la franja de terreno que baña el mar. En tal sentido, por ejemplo, al distinguir el dominio público costero, del área de jurisdicción de la policía marítima (50 metros de acuerdo a la antigua Ley de Navegación, art. 4), y para demarcar la extensión de la zona de la costa marítima perteneciente al dominio público, la antigua Corte Suprema de Justicia en Sala Político Administrativa recurrió a los principios generalmente admitidos y, en sentencia de 13-8-1964, señaló lo siguiente:

> Así, ya en la *Ley de Partidas* (Partida 3, Título 28, Ley 4) se fijaba el límite de la ribera del mar en la línea resultante de la altura de las aguas cuando más crecen en el año. Por consiguiente, es natural que ese espacio de la costa cubierto por el mar en época de crecida, sea considerado como límite del dominio público de las costas; y por tanto hay que concluir que tal zona es la formada por la franja de terreno situado a lo largo de la orilla del mar, comprendida entre el nivel de la más alta y de la más baja marea (Véase en *Gaceta Forense* Nº 45, 1964, pp. 235-237); en sentido similar, la misma Sala resolvió en sentencia de 19-10-64, *Gaceta Forense,* Nº 46, 1967, pp. 28-32.

Incluso, ésta es la determinación de la zona marítimo-terrestre, por ejemplo, que establece la Ley 22/1988 (Ley de Costas) de España, que al definirla como dominio público integra en ella la porción de tierra comprendida entre la línea de bajamar escorada o máxima viva equinoccial (límite exterior), y la línea donde alcanzan las olas en los mayores temporales conocidos o cuando lo supere la línea de pleamar máxima viva equinoccial (límite interior), la cual incluso se extiende hasta el lugar donde, por inundación, aflore el agua marina. En términos contemporáneos era lo que en el derecho romano se consideraba como dominio común de todos, que alcanzaba una franja comprendida entre la línea terrestre a la que llegara el agua de mar en los momentos de máximo oleaje (límite interior) (*quosque maximum fluctus a mari perventi*, según el *Digesto*, Libro 50, Título 16), siendo el propio mar, el límite exterior (véase en general, Antonio Moreno Cánoves, *Régimen Jurídico del Litoral*, Madrid 1990).

En todo caso, en nuestro país, la Sala Político Administrativa, en las sentencias antes citadas, estableció que "se reconoce que las playas son, *por naturaleza*, bienes cuyo uso y disfrute debe, en principio, ser mantenido al alcance de todos los individuos de la colectividad, o sea que son bienes del dominio público" (*Idem*). Es decir, es la afectación al *uso público* lo que permite su calificación como bienes del dominio público como ocurre, en general, en todas las legislaciones modernas (España, Italia, Francia, por ejemplo).

En el mismo sentido, la Ley de Conservación y Saneamiento de Playas de 2000 (*Gaceta Oficial* N° 36.976 de 20-6-2000), la cual ha sido expresamente derogada por la Ley de Zonas Costeras, definía a las playas como bienes del dominio público, definiéndolas como las áreas:

> Constituidas por cuerpos de agua, arena y otros materiales depositados por la acción del mar, el viento marino u otras causas naturales o artificiales en las riberas de las costas continental e insular (art. 2).

En esta forma, la delimitación del dominio público se había efectuado, ampliándola, partiendo de elementos naturales, como el agua, la arena y otros materiales depositados por causas naturales o artificiales, más allá del área que baña la alta y baja marea. Ello justificaba el uso público consagrado en el artículo 5 de dicha Ley al señalar que "todas las personas tienen derecho a disfrutar de las playas...".

Ahora bien, en la nueva Ley de Zonas Costeras se ha pretendido delimitar el dominio público de las zonas costeras, no sólo acudiendo a los elementos naturales que identifican los bienes del dominio público por su naturaleza, sino a elementos artificiales completamente arbitrarios, como la medición lineal de un número de metros.

En efecto, ante todo se destacan los elementos naturales que conducen, por su naturaleza, a la afectación al uso público, y que se han tomado en cuenta en la identificación de la franja acuática del dominio público costero (el mar o el agua) y en la determinación de los ecosistemas y elementos geomorfo-lógicos, los cuales, tanto en el mar como en la costa, por su naturaleza, constituyen dominio público de las zonas costeras, por ejemplo, los arrecifes, los manglares, los estuarios, los deltas, las lagunas costeras, los humedales costeros, las salinas, las playas, las dunas, las restingas, los acantilados, las costas rocosas, las ensenadas, los cabos, las puntas y los terrenos ganados al mar.

Pero además de esta delimitación del dominio público de las zonas costeras caracterizada por sus elementos naturales, los cuales los han hecho inapropiables por los particulares, la Ley ha acudido a un elemento totalmente artificial y arbitrario para determinar una extensión del dominio público terrestre de la República, estableciendo una franja terrestre de no menor de 80 metros de ancho, la cual se cuenta desde la línea de más alta marea medidos perpendicularmente desde la proyección vertical de esa línea, hacia tierra, es decir, tierra adentro.

Esta franja terrestre que se declara en la Ley, como dominio público, no responde a ningún criterio natural, por lo que además de comprender elementos naturales del dominio público, convierte directamente como tal dominio público a inmuebles de propiedad pública de los Estados y Municipios y a bienes de los Estados (salinas) existentes en esa franja desde tiempo inmemorial, extinguiendo dicha propiedad pública.

2. EL RÉGIMEN RESTRICTIVO DEL USO DEL DOMINIO PÚBLICO EN LAS ZONAS COSTERAS

A. ACTIVIDADES Y USOS PROHIBIDOS

La propia Ley de Zonas Costeras establece un régimen general de prohibiciones y restricciones de actividades en el dominio público de las zonas costeras.

En efecto, en cuanto a las prohibiciones, el artículo 20 de la Ley dispone que en las *zonas costeras de dominio público* queda prohibido:

1. La disposición final o temporal de escombros, residuos y desechos de cualquier naturaleza.
2. La colocación de vallas publicitarias.
3. La extracción de arena y otros minerales en las playas y dunas de las costas marinas.
4. Las demás actividades que prevea la ley

B. ACTIVIDADES Y USOS RESTRINGIDOS

En cuanto a las restricciones legales, el artículo 19 de la Ley dispone que en el dominio público de la franja terrestre de las zonas costeras quedan restringidas las siguientes actividades:

1. La construcción de instalaciones e infraestructuras que disminuyan el valor paisajístico de la zona.
2. El aparcamiento y circulación de automóviles, camiones, motocicletas y demás vehículos de motor, salvo en las áreas de estacionamiento o circulación establecidas a tal fin, y las excepciones eventuales por razones de mantenimiento, ejecución de obras, prestación de servidos turísticos,

comunitarios, de seguridad, atención de emergencias u otras que señale la ley.

3. La generación de ruidos emitidos por fuentes fijas o móviles capaces de generar molestias a las personas en las playas o balnearios, salvo aquellos generados con motivo de situaciones de emergencia, seguridad y defensa nacional.
4. La extracción de arena y otros minerales, así como las labores de dragado y alteración de los fondos acuáticos.
5. Otras que se prevean en la ley y en el Plan de Ordenación y Gestión Integrada de las Zonas Costeras.

C. *OTRAS RESTRICCIONES*

La Ley de Zonas Costeras además, atribuye, en general, a "las autoridades competentes" la potestad de restringir actividades en las áreas de dominio público de las zonas costeras (Art. 10).

Ante todo, debe observarse que la Ley no determina con claridad cuáles son esas autoridades competentes, es decir, si es sólo el Ministerio del Ambiente y de los Recursos Naturales (art. 33) o son todos los organismos públicos del Poder Público Nacional, Estadal y Municipal, los cuales son responsables de la aplicación y consecución de los objetivos de la ley en el ámbito de sus respectivas competencias (art. 22). Estimamos que si la Ley declara esas zonas como del dominio publico de la República, la potestad restrictiva debería corresponder sólo a los órganos nacionales competentes.

Ahora bien, esa potestad asignada a las "autoridades competentes" en relación con el dominio público de las zonas costeras, faculta para:

> Restringir el acceso y uso al dominio público de las zonas costeras, por razones sanitarias, de conservación, de seguridad y defensa nacional, de seguridad de los usuarios ante la inminencia de determinados fenómenos naturales, así como por cualquier otra de interés público. En este último caso, será necesaria la opinión de la comunidad mediante la consulta y participación pública previstas en la ley (art.10).

3. EL RÉGIMEN LEGAL DEL DOMINIO PÚBLICO APLICABLE AL DE LAS ZONAS COSTERAS

A. *EL RÉGIMEN GENERAL DEL CÓDIGO CIVIL*

El Código Civil destina los artículos 538 y siguientes a regular los bienes en relación con las personas a quienes pertenecen, estableciendo que "los bienes pertenecen a la Nación (la República), a los Estados, a las Municipalidades (Municipios y demás entidades locales), a los establecimientos públicos (personas jurídicas de derecho público) y demás personas jurídicas y a los particulares".

En cuanto a los bienes de los entes públicos (la República, de los Estados y de los Municipios), el artículo 539 los clasifica en dos categorías: del dominio público o del dominio privado. Los del dominio público son *inalienables e imprescriptibles* (art. 543); en cambio, los del dominio privado se rigen por las disposiciones sobre propiedad del Código Civil en cuanto no se opongan a lo establecido en leyes especiales, como la Ley de Tierras Baldías y Ejidos (arts. 543 y 544).

En cuanto a los bienes del dominio público, el Código Civil los enumera enunciativamente, aún cuando con una terminología arcaica, por su afectación, así:

> Los caminos, los lagos, los ríos, las murallas, fosos, puentes de las plazas de guerra y demás bienes semejantes.

Esta enumeración apunta a espacios que por su afectación al uso público son del dominio público, como las carreteras y autopistas, incluso por su afectación natural, como los ríos y lagos. Igualmente, aquellos afectados al servicio propio de los entes públicos como los edificios públicos, (por ejemplo, cuarteles y áreas militares).

En todo caso, entre los "bienes semejantes", se encuentran el mar, las playas (zona bañada por el mar entre la alta y baja marea) y el aire y lluvia. A esta enumeración del Código Civil se agrega lo declarado como del dominio público en la Constitución: los yacimientos mineros, las costas marinas (art. 12) y las aguas (art. 304). En cuanto a los yacimientos mineros, también la Ley de Minas, la Ley de Hidrocarburos y la Ley de Hidrocarburos Gaseosos, los declaran como del dominio público.

En todo caso, conforme al Código Civil, los bienes del dominio público, según su afectación, son de *uso público* o de *uso privado* de los entes públicos (art. 540). Son de uso público, por supuesto, las calles; los ríos; el mar; las playas; el aire y las aguas en general. Son de uso privado de los entes públicos, por ejemplo, los edificios públicos y los yacimientos mineros.

En cuanto a las costas marinas, son del dominio público por su afectación al uso público, considerándose por tales al menos las playas, es decir, la ribera del mar que baña entre los niveles de la más alta y de la más baja marea.

La afectación al uso público de un bien del dominio público, si se trata de una afectación natural, es inmutable, como sucede con el mar o un lago. En los casos de afectación artificial, por ejemplo, como sucede con una carretera, si la misma deja de ser tal carretera y deja de estar afectada al uso público, entonces deja de ser un bien del dominio público y pasa a ser del dominio privado del ente público respectivo. Igual ocurre con una edificación del dominio público de un ente público: si deja de tener la afectación al uso privado del ente público, pasa del dominio público al dominio privado del mismo (art. 541).

B. *EL RÉGIMEN ESPECÍFICO DEL DOMINIO PÚBLICO RESPECTO DE LAS COSTAS MARINAS*

Ahora bien, como se ha dicho, la Constitución declara como del dominio público las "costas marinas", indicando una realidad natural, pero sin indicar a cuál de los entes político territoriales corresponde, si a la República, a los Estados o a los Municipios (art. 12).

En todo caso, tratándose de un bien del dominio público que se define por su afectación natural al uso público, conforme a la Constitución, al sancionarse la Constitución, habría que entender por tales "costas marinas", el área territorial que baña el mar, entre la alta y baja marea (playa), como se había entendido desde tiempo inmemorial.

La Ley de Zonas Costeras, sin embargo, ha ampliado la calificación como bien del dominio público, a otras áreas distintas a las playas, tanto en el mar adyacente a las costas, en muchos casos, como se ha visto, respetando la justificación del uso público por la afectación natural de los elementos que la componen (dunas, lagunas costeras, acantilados, arrecifes, manglares, por ejemplo); en otros casos, sin afectación natural alguna al uso público, completamente arbitraria y, por tanto, inconstitucional, como ha sucedido con el área declarada como dominio público en la franja de tierra adyacente al mar de 80 metros.

En efecto, como se ha dicho, el artículo 9 de dicha Ley dispone que "son del dominio público de la República" (y sin perjuicio de los derechos legalmente adquiridos por particulares) "la franja terrestre comprendida desde la línea de más alta marea hasta una distancia no menor de ochenta metros (80 m) medidos perpendicularmente desde la proyección vertical de esa línea, *hacia tierra,* en el caso de las costas marinas", sin que ello tenga justificación alguna en la afectación natural de los bienes al uso público. Además, declara que también se ejerce el dominio público en una franja terrestre que "en ningún caso será menor de 80 metros" que determinará la ley, desde la ribera de los lagos y ríos.

En estas normas, no se han declarado como dominio público bienes que por su naturaleza están afectados al uso público (el mar, por ejemplo) o al uso privado de los entes públicos (los yacimientos mineros, por ejemplos) y que, por tanto, no son susceptibles de apropiabilidad. En el caso de la Ley de Zonas Costeras se declaró como del dominio público una franja de terreno en los cuales pueden existir inmuebles que desde tiempo inmemorial sean de propiedad pública, por ejemplo, de un Municipio (ejido), y por su naturaleza, no tienen afectación alguna al uso público, confiscándoselos o nacionalizándoselos.

4. *EFECTOS DE LA DECLARATORIA DE DOMINIO PÚBLICO DE DETERMINADOS BIENES*

Ahora bien, como se ha dicho, declarar como de dominio público de la República determinados bienes o áreas del territorio nacional implica precisa y claramente eso, considerarlas como propiedad pública de la República, inalienables e imprescriptibles de acuerdo con lo establecido en el artículo 543 del Código Civil.

Ello implica, en consecuencia, la exclusión de los mismos del ámbito de los bienes susceptibles de ser de propiedad privada; es decir, excluye dichos bienes del ámbito de la apropiabilidad, por lo que no podría haber más derechos de propiedad privada sobre los bienes declarados como del dominio público que, por ello, adquieren la condición de inalienables e impres-criptibles.

Pero además, tal declaratoria del dominio público sobre determinados bienes implica la extinción de la propiedad que pudiese existir en relación con los mismos hasta el momento de tal declaratoria.

A. *LA EXTINCIÓN DE LA PROPIEDAD*

En efecto, tal declaratoria implica, por supuesto, y no podría ser de otro modo, la extinción de toda forma de propiedad que pudiera existir hasta ese momento sobre ellos. Por ello la crítica que se formuló al artículo 9 de la Ley de Zonas Costeras, en su versión original, que materialmente confiscaba toda propiedad privada que pudiese existir en la franja terrestre de 80 metros del dominio público de las zonas costeras (Véase, en particular, en el diario de circulación nacional: *El Nacional*, Caracas, 21-12-01, p. D-1); y de allí la "reforma" que se le hizo al artículo mediante la introducción, al mismo, de la frase "sin perjuicio de los derechos legalmente adquiridos por los particulares", por supuesto error material de copia.

Por tanto, a partir de la mencionada "reforma", los inmuebles de propiedad privada que existan en dicha franja no han sido afectados por la declaratoria de dominio público. En cambio, con tal declaratoria los inmuebles ubicados en la zona declarada como del dominio público de la República, si eran del dominio privado (tierras baldías) de la República o de los Estados, cesan en tal condición, y pasan a ser del dominio público de la República; y si eran ejidos, es decir, propiedad pública de los Municipios, también cesan en tal condición y pasan a ser del dominio público de la República.

Pero si bien la franja terrestre o el espacio acuático del dominio público se ha establecido "sin perjuicio de los derechos legalmente adquiridos por los particulares", esta salvedad no se ha hecho en la ley respecto de los elementos que se han incorporado al dominio público de las zonas costeras, como los cabos, puntas y terrenos ganados al mar.

En consecuencia, en estos casos, la declaratoria de esos elementos como del dominio público implica la extinción de la propiedad privada que hubiera podido existir en esas zonas de playa o acantilados, cuando el lindero de los títulos haya hecho mención, por ejemplo, al "Mar Caribe".

Esta extinción de la propiedad mediante la declaratoria de los inmuebles como dominio público de la República, sin que se prevea la correspondiente indemnización (expropiación) sin duda, constituye una confiscación; es decir, la extinción de la propiedad por acto de la República, sin compensación o indemnización, figura jurídica que está expresamente prohibida en la Constitución; y sólo excepcionalmente aceptada, como sanción impuesta por decisión judicial.

En efecto, el artículo 116 de la Constitución establece expresamente que "no se decretarán ni ejecutarán confiscaciones de bienes sino en los casos permitidos por esta Constitución", siendo el único caso permitido en la Constitución, "por vía de excepción", el supuesto en el cual pueden:

> ...ser objeto de confiscación, mediante sentencia firme, los bienes de personas naturales o jurídicas, nacionales o extranjeras, responsables de delitos cometidos contra el patrimonio público, los bienes de quienes se hayan enriquecido ilícitamente al amparo del Poder Público y los bienes provenientes de las actividades comerciales, financieras o cualesquiera otras vinculadas al tráfico de sustancias psicotrópicas y estupefacientes (art. 116; en concordancia con art. 271).

B. Implicaciones respecto de la propiedad privada de la declaratoria de dominio público de la República en las zonas costeras

Por otra parte, los efectos de la declaratoria de determinados bienes como del dominio público, particularmente en relación con la propiedad privada, por supuesto, varían en relación con la naturaleza de dichos bienes y su afectación natural al uso público. Esto tiene especial relevancia en materia de zonas costeras, respecto de las cuales la Ley de Zonas Costeras, por ejemplo, ha declarado como bienes del dominio público, bienes de diversa naturaleza y afectación. Por ejemplo, ha declarado como bienes del dominio público, por una parte, el espacio acuático adyacente a las zonas costeras, es decir, el mar, el cual por su naturaleza y afectación al uso público nunca ha sido susceptible de apropiabilidad. Nadie, por tanto, podría decir que es o ha sido propietario de parte alguna del mar. Por tanto, la declaratoria de la Ley no tiene efecto alguno en relación con la propiedad privada.

En otros casos, la Ley ha declarado como del dominio público, por ejemplo, las playas, restingas o costas rocosas, las cuales por estar ubicadas en la zona marítimo-terrestre, es decir, que baña el agua del mar entre la línea de la más alta marea y la de la más baja marea, nunca han sido susceptibles de apropiabilidad privada, pues por su naturaleza han estado afectados al uso público. La declaratoria en la ley de esta zona como dominio público, por tanto, tampoco afecta en modo alguno a los propietarios de inmuebles en la costa. Incluso, respecto de las propiedades costeras, cuando los documentos establecen como límite "el mar caribe" debe entenderse siempre que el límite corresponde al área del dominio público de uso público: playa, costa rocosa, restinga, dunas, manglares, lagunas costeras, salinas, acantilados.

En estos casos antes mencionados, la declaratoria de esas áreas como del dominio público no afecta a propietario alguno que pudiera alegar tal propiedad privada sobre un bien que por su naturaleza no es susceptible de apropiabilidad.

Un supuesto distinto vinculado a la playa o zona marítimo costera se da en relación a los cabos, puntas y con aquellos desarrollos que por iniciativa privada han dado origen a terrenos ganados al mar. Estos son los terrenos ganados al mar, no por causas naturales sino por acción del nombre, según lo expresado en el artículo 3 de la Ley de Zonas Costeras.

De acuerdo con el Código Civil el propietario ribereño del mar, cuando el agua abandona terrenos porque se retira insensiblemente de la ribera, es decir, por causas naturales, no puede reclamar propiedad por aluvión (art. 562) como en cambio, sí puede, cuando se trate de terrenos abandonados por lagos y ríos. En estos casos, por tanto, siendo terrenos ganados al mar por causas naturales, los mismos no son susceptibles de apropiabilidad, por lo que al declarar la Ley de Zonas Costeras, como dominio público a "los terrenos ganados al mar" (art. 9), si se trata de los ganados al mar por causas naturales, tal declaratoria no tiene efecto jurídico alguno, dado la situación de inapropiabilidad privada de los mismos.

La situación es distinta, sin embargo, respecto de los terrenos ganados al mar "por acción del hombre" en cuyo caso sí opera la accesión por aluvión y, por tanto, su carácter de propiedad privada. En estos supuestos de terrenos ganados al mar por acción del hombre, excluyendo la zona de playa que pueda haber (la que baña el mar entre el bajamar y el pleamar), la declaratoria en la Ley de Zonas Costeras como del dominio público de una franja terrestre de al menos 80 metros contados desde la línea del pleamar, constituye una extinción de la propiedad privada y, por tanto, una confiscación prohibida en la constitución.

Lo mismo puede decirse, por supuesto, respecto de todas las propiedades inmuebles que puedan encontrarse en los cabos, puntas y ensenadas. La declaratoria como del dominio público de la República de esas áreas, implica no sólo la extinción *ex lege* de la propiedad privada que pudiera haber existido respecto de bienes ubicados en las mismas, lo que constituye una confiscación, sino la imposibilidad futura de apropiabilidad respecto de inmuebles situados en ellas.

Ahora bien, como lo hemos indicado en otro lugar al referirnos a "la declaratoria de todas las aguas como del dominio público" (como ahora lo ha hecho el artículo 304 de la Constitución de 1999), partiendo del supuesto evidente de que el agua, por su naturaleza y por la unidad del ciclo hidrológico, en su estado natural, no es susceptible de apropiabilidad; decíamos lo siguiente en relación a la afectación a los titulares de derecho de propiedad sobre las aguas que regulaba el Código Civil:

> Ahora bien, ¿qué efectos produce esta declaratoria? La propiedad privada en estos casos, se extingue, pero ¿se trata de una confiscación, ya que no se expropia la propiedad? Ciertamente que no; de lo que se trata es del cambio, respecto de determinados bienes, de un régimen jurídico por otro, lo cual no implica violación de la garantía constitucional de la propiedad privada, ni privación singular de la misma, de manera que pudiera dar origen a indemnización. Esto, sin duda, exige aclaraciones.
>
> Ciertamente que la Constitución garantiza el derecho de propiedad; sin embargo, frente a esta norma, la pregunta que nos debemos formular es ¿sobre qué bienes puede existir propiedad privada?; o en otras palabras ¿cuál es el ámbito de la propiedad privada? ¿Esta es irrestricta y eterna? ¿se ejerce siempre, sobre todos los bienes o cosas existentes?; o ¿ la ley, como lo dice la Constitución puede establecer restricciones al ámbito de la propiedad por razones de interés general?.
>
> Indudablemente, es el legislador quien determina el ámbito de la propiedad, es decir, es quien puede determinar qué bienes son susceptibles de ser de propiedad privada y cuáles no lo son; y cuando realiza esa determinación está asignando o cambiando el régimen jurídico de determinados bienes, al establecer que éstos son del dominio público o por el contrario son susceptibles de ser propiedad privada. (Art. 525)
>
> Esta calificación, sin embargo, ni es absoluta ni eterna, ni inmutable. En efecto, conforme a nuestro ordenamiento jurídico, no existen bienes del dominio público o de propiedad privada, que lo sean siempre "por naturaleza". La existencia de unos y otros depende única y exclusivamente de la voluntad del legislador (o del Constituyente); y tanto el dominio público como la propiedad privada son conceptos jurídicos. El legislador ha manejado estos conceptos y ha deslindado la clasificación básica de ambos tipos de dominio en el Código Civil, por lo que el ámbito de la propiedad privada no llega hasta los bienes que han sido declarados por el legislador (o el Constituyente) como bienes del dominio público.
>
> Ahora bien, el deslinde jurídico que hace el Código Civil entre bienes susceptibles de propiedad privada y bienes que no lo son (dominio público) no es una demarcación cerrada y eterna, que no admite modificaciones. Al contrario, las leyes se derogan y modifican por otras leyes, y en la Constitución, donde está el límite de la acción del legislador, en un momento determinado, podría excluir ciertos bienes del ámbito, lo cual no implicaría, en absoluto (en sí mismo), una violación del derecho de propiedad...

Frente a una reforma de esta naturaleza sin embargo, sin duda que se puede plantear la problemática de la responsabilidad del Estado por acto legislativo. Sin embargo, frente a esto es necesario señalar que la construcción jurídica de toda la responsabilidad del Estado legislador, se ha fundado en el supuesto de que para pretender una indemnización del Estado por una lesión a algún derecho derivado de una ley, es necesaria la singularidad y especificidad del sacrificio o lesión. Si ésta no existe, no surge el derecho a indemnización; o en otras palabras, si la nueva ley afecta a todos por igual, es decir, si los efectos son realmente efectos generales, no surge obligación de indemnizar (Véase Allan R. Brewer-Carías, Derecho y Administración de las Aguas y otros Recursos Naturales Renovables, Caracas 1976, pp. 87 a 90).

Al contrario, si la declaratoria legal de determinados bienes como del dominio público afecta específica y singularmente a propietarios privados de bienes *que por su naturaleza no están afectados al uso público*, sin duda que surge derecho a indemnización. Como también lo hemos señalado en otro lugar, igualmente respecto de las aguas y las playas:

"Por ejemplo, en el caso de las aguas, el solo hecho de que las mismas se declaren como del dominio público y, por tanto, de que se cambie la situación que existe en la actualidad de ciertas aguas susceptibles de ser objeto de propiedad y otras aguas, que aun cuando sean públicas, pueden ser aprovechadas más o menos libremente, no da derecho alguno a indemnización por parte de los antiguos propietarios. Sin embargo, si para la realización de un aprovechamiento de aguas permitido por la legislación anterior, se realizaron determinadas obras hidráulicas que, posteriormente, con ocasión a la declaratoria de las aguas como del dominio público, el Estado u otros particulares van a utilizar, el propietario de las mismas tendría a derecho a indemnización.

Lo mismo podría plantearse respecto de las playas. Si éstas, por ejemplo, no son naturales y han sido construidas por el propietario del inmueble que colinda con la playa. Si la declaratoria de dominio público las convierte de uso público, ello traería como consecuencia un derecho a indemnización por parte de los propietarios de las obras que hicieron posible la existencia de la playa. Sin embargo, fuera de estos supuestos en los cuales la declaratoria de dominio público implica, en realidad, la adquisición del Estado o la afectación al uso público de bienes de propiedad privada, como serían las obras hidráulicas o los malecones, y que daría derecho a los propietarios a ser indemnizados; la sola declaratoria de las aguas o playas como del dominio público no daría derecho a indemnización" (Véase Allan R. Brewer-Carías, *Evolución histórica del Estado, Instituciones Políticas y Constitucionales*, Tomo I, Caracas 1996, p. 659).

Ahora bien, en el caso precisamente de la declaratoria como del dominio público de áreas terrestres, como los cabos, puntas, ensenadas y terrenos ganados al mar por causa del hombre, sin consideración alguna a su afectación natural al uso público, tal declaratoria conllevaría la extinción de las propiedades ubicadas en los mismos, originándose un daño singular, individualizable y cuantificable respecto de cada propietario, lo que origina derecho a indemnización. Por ello, la Ley de Zonas Costeras al no haber regulado nada en esta materia, se configura como un acto confiscatorio, violatorio del artículo 116 de la Constitución que prohíbe expresamente la confiscación.

Pero a pesar de la inconstitucionalidad de la ley, su entrada en vigencia al publicarse en *Gaceta Oficial,* sin duda, ha comenzado a producir efectos jurídicos inmediatos: el propietario del suelo ha dejado de ser propietario, y habiéndose convertido el suelo en dominio público, por ejemplo, no podría registrarse documento alguno relativo a la enajenación o gravamen de la antigua propiedad, pues el dominio público es inalienable, imprescriptible e inembargable.

Por otra parte, conforme al Código Civil "la propiedad del suelo lleva consigo la de la superficie y de todo cuanto se encuentre encima" (art. 549), por lo que con la declaratoria del dominio público de la República de los cabos y puntas, por ejemplo, todas las edificaciones que existan en los inmuebles comprendidos en dicha franja, también pasan a ser del dominio público de la República.

La ocupación por privados de dichas edificaciones, por otra parte, pasa a ser precaria, sin título alguno, respecto de lo cual no podrían establecerse ni tendrían validez títulos supletorios ni de propiedad de bienhechurías, como nadie lo puede hacer, por ejemplo, respecto de parapetos construidos en la vía pública.

Los antiguos propietarios, en realidad, lo que podrían aspirar es a la obtención de una concesión o autorización de uso del dominio público, como las que regula la ley (art. 29) para la instalación de infraestructuras de cualquier clase y la realización de actividades comerciales o de cualquier otra índole. Sin embargo, la ley no regula derecho preferente alguno de los antiguos propietarios, por lo que tratándose de dominio público de uso público, todos los ciudadanos, en condiciones de igualdad, tendrían derecho a obtener la autorización o concesión.

C. IMPLICACIONES RESPECTO DE LA PROPIEDAD PÚBLICA DE ESTADOS Y MUNICIPIOS DE LA DECLARATORIA DEL DOMINIO PÚBLICO DE LA REPÚBLICA EN LAS ZONAS COSTERAS

Hemos señalado que con la "reforma" del artículo 9 de la Ley, en el cual, al declararse como del dominio público de la República los inmuebles ubicados en la franja terrestre de 80 metros paralela al mar y establecerse que tal declaratoria es "sin perjuicio de los derechos legalmente adquiridos por los particulares", en realidad lo que se ha afectado con tal declaratoria es la propiedad pública.

En efecto, conforme al artículo 538 del Código Civil, al regularse "los bienes con relación a las personas a quienes pertenecen", se establece que "los bienes pertenecen a la Nación (la República), a los Estados, a las Municipalidades (Municipios), a los establecimientos públicos y demás personas jurídicas y a los particulares".

Por tanto, al excluir el artículo 9 de la Ley de la declaratoria del dominio público en la franja terrestre de 80 metros, a los inmuebles propiedad de particulares, es decir, de personas naturales o personas jurídicas no estatales (de particulares), en realidad, con la norma lo que se afectó y declaró como del dominio público fueron los bienes situados en esa franja que eran de propiedad pública de los Estados y Municipios o de propiedad privada de otras personas jurídicas estatales (establecimientos públicos) como las empresas del Estado.

En *primer lugar,* están las tierras baldías que podían encontrarse en la franja de 80 metros. Estas tierras baldías, conforme al artículo 542 del Código Civil son aquellas que carecen de dueño y que de estar situadas en territorio continental o en las islas del Estado Nueva Esparta, pertenecen al dominio privado de los respectivos Estados en los que se encuentren, dominio que se rige por las disposiciones del Código Civil (art. 544).

Los Estados, por tanto, son titulares de una propiedad pública sobre las tierras baldías y por ello, conforme al artículo 164, ordinal 5 de la Constitución, su administración es una competencia *exclusiva* de los Estados. La República no tiene potestad alguna, conforme a la Constitución, para nacionalizar las tierras baldías costeras y despojar a los Estados de su propiedad sin indemnización, lo que constituye una confiscación. Por ello, la declaratoria como del dominio público de la República de las tierras baldías de los Estados ubicadas en la franja terrestre de 80 metros antes mencionada, es inconstitucional por confiscatoria y, por tanto, violatoria tanto del artículo 116 como del artículo 164,5 de la Constitución. La República, para declarar como dominio público de la República un bien patrimonial de un Estado, como las tierras baldías, tendría que expropiarlos, pagando la justa compensación correspondiente (Véase por ejemplo, lo resuelto en este sentido por la antigua Corte Federal en sentencia de 31-05-55, *Gaceta Forense,* 2ª Etapa, N° 8 pp. 279 y 280).

Lo mismo puede decirse respecto de los ejidos, los cuales son propiedad pública de los Municipios, definiéndose incluso como tales, en el artículo 181 de la Constitución, a "los terrenos situados dentro del área urbana de las poblaciones del Municipio, carentes de dueño" y a "las tierras baldías ubicadas en el área urbana". Corresponde a los Municipios en forma exclusiva la propiedad pública sobre los ejidos, por lo que la declaratoria como dominio público de la zona de franja terrestre de 80 metros a lo largo de la costa, implica la extinción de dicha propiedad pública municipal, constituyéndose en una confiscación prohibida en la Constitución. La República, aquí también, puede expropiar los ejidos municipales, pero no puede nacionalizarlos.

Por último, otro supuesto de inconstitucionalidad con la declaratoria del dominio público de la República se refiere a las salinas, las cuales se considera en el artículo 9 de la Ley de Zonas Costeras como uno de los elementos que se integran al dominio público de la República. Ello, de nuevo, implica una violación de lo establecido en el artículo 164,5 de la Constitución que atribuye en forma exclusiva a los Estados "las salinas". Por tanto, si las salinas corresponden exclusivamente a los Estados no es posible, constitucional-mente, que se las declare como dominio público de la República, sin compensación. Ello implica una nacionalización de las salinas sin indemnización, no autorizada en la Constitución.

IV. LAS LIMITACIONES A LA PROPIEDAD PRIVADA EN LAS ÁREAS TERRITORIALES DE LAS ZONAS COSTERAS NO CONSIDERADAS COMO DEL DOMINIO PÚBLICO

Aparte de la "extinción" de la propiedad privada y pública que con la Ley de Zonas Costeras se ha pretendido producir respecto de las propiedades que han existido en algunos elementos declarados como dominio público de la República; la ley define además, una franja terrestre de las zonas costeras con un ancho no menor de 500 metros, como área de protección o de jurisdicción de la policía de ordenación territorial o marítima, que da origen a limitaciones legales a la propiedad privada que se encuentre ubicada en dicha zona.

1. *RÉGIMEN ANTERIOR A LA LEY*

Antes de la publicación de esta Ley de Zonas Costeras, en esta materia regían, por una parte, las normas de policía marítima y de defensa, y por la otra, las de ordenación territorial.

En cuanto a las normas establecidas por causa de policía marítima y de defensa, la propia Sala Político Administrativa de la antigua Corte Suprema de Justicia, al distinguir la playa como bien del dominio público de la franja de protección de terreno costero, sometida a la jurisdicción de la policía marítima conforme a la vieja Ley de Navegación, señaló en las sentencias antes citadas, lo siguiente

> Dentro de la permanente controversia que existe, así en la doctrina como en la jurisprudencia, sobre la naturaleza y el alcance del derecho de dominio que ejerce la Nación sobre las costas del mar, prevalece un consenso general acerca de dos aspectos de la cuestión, que son fundamentales: En primer lugar, se reconoce que las playas son, por naturaleza, bienes cuyo uso y disfrute debe, en principio, ser mantenido al alcance de todos los individuos de la colectividad, o sea, que son bienes del dominio público. Por otra parte, se está igualmente de acuerdo en que, por razones de indiscutible interés público, así en lo que concierne a la defensa del Territorio Nacional en caso de conflicto armado, como también para los fines de la seguridad en la navegación marítima, tanto militar como civil, labores de salvamento, represión del contrabando, control administrativo de la industria pesquera y del aprovechamiento de los productos naturales del mar, y otras funciones análogas, el Estado requiere, a fin de poder cumplir tales funciones, estar investido de una especial jurisdicción sobre las costas del mar, que ejerce por medio de los organismos competentes, en la forma y medidas que son necesarias para los fines anteriormente señalados.
>
> Tales principios están contenidos en disposiciones expresadas de nuestro ordenamiento legal. En efecto, según el artículo 69 de la Ley de Navegación: "La autoridad marítima tendrá especialmente a su cargo la policía, vigilancia y control de las aguas tanto territoriales como interiores, *con sus costas, puertos y servicios*". En el mismo sentido, el artículo 113 *ejusdem* dispone que "El establecimiento y modificación de muelles, malecones, embarcaderos, diques secos, varaderos, astilleros y de cualesquiera otras construcciones o servicios, así como las instalaciones para almacenar petróleo u otro producto liquido o gaseoso, cuyas tuberías lleguen a la línea de la costa o arranque de ella, ubicados dentro de la zona a que se refiere el artículo 3°, *necesitarán de la autorización previa del Ministerio de Guerra y Marina (hoy de Defensa) quien podrá otorgarla o negarla* según los intereses de la navegación o de la defensa y seguridad nacionales". Por último, según el artículo 114 de la misma Ley de Navegación "No podrán practicarse sondeos *ni hacerse levantamientos de planos de las costas*, puertos, bahías, canales, ríos o lagos de la República sin un permiso previo del Ministerio de Guerra y Marina".
>
> De la misma manera, el artículo 44 de la Ley de Navegación establece que las aguas territoriales o internas y sus riberas, así como los terrenos situados a orillas del mar, lagos, ríos y demás porciones navegables, en una extensión hasta de cincuenta metros medida desde la más baja marea hacia adentro, están sometidas a la jurisdicción del Ministerio de la Defensa en todo lo referente a dicha Ley.

Es indudable pues, que, por las razones de interés público determinadas en los párrafos precedentes, las costas del mar están sujetas a un régimen jurídico que difiere sustancialmente del que rige para el resto del Territorio Nacional, en cuanto otorga al estado una jurisdicción especial sobre ellas, en la medida en que lo requieran los objetivos de interés nacional tantas veces aludido.

De acuerdo con los principios establecidos, la circunstancia de que en las citadas disposiciones de la Ley de Navegación, se señale la existencia de una franja de cincuenta metros a contar desde la línea de más baja marea hacia adentro, sobre la cual el Despacho de Defensa ha de ejercer la correspondiente jurisdicción en los casos señalados en dicha Ley, no debe ser interpretada en el sentido de que la expresada extensión de terreno próximo al mar, lagos o ríos navegables, necesariamente sea propiedad nacional o bien de dominio público. La doctrina sostiene al respecto, que los referidos preceptos no expresan tal idea, pues ellos no se refieren a que tal zona sea propiedad de la Nación o del dominio público, sino que sólo confieren a las autoridades militares facultad de ejercer en ella funciones de policía, vigilancia y control (*loc. cit*).

En cuanto a las normas sobre ordenación territorial, conforme la Ley Orgánica para la Ordenación Territorial y a la Ley Forestal, de Suelos y Aguas, por otra parte, mediante Decreto N° 623 de 07-12-89 (*Gaceta Oficial* N° 4158 Extraordinario de 25-01-90), se había declarado como:

> Zona protectora al espacio territorial, próximo a la costa y paralela al mar conformando un ancho de ochenta (80) metros, medidos en proyección horizontal a partir de la línea de la marea más alta, tanto en el territorio continental como en el territorio insular venezolano (art. 1).

La consecuencia de ello fue el sometimiento del uso de las propiedades privadas ubicadas en esta zona protectora a lo que se estableciera en el Plan de Ordenación Territorial y Reglamento Especial de Uso de la Zona (art. 2), cuya administración correspondía al Ministerio del Ambiente y de los Recursos Naturales (art. 3).

En esta zona protectora, en todo caso, se estableció que los usos y actividades que pretendieran efectuar las personas naturales y jurídicas, públicas o privadas, que implicasen ocupación del territorio o afectación de los ecosistemas existentes en la zona protectora declarada, debían contar con las autorizaciones y aprobaciones administrativas que otorgase el Ministerio (art. 3). Por su parte, el Decreto dispuso que los organismos centralizados y descentralizados de la Administración Pública, así como los Estados y Municipalidades, debían ajustar el régimen de autorizaciones y demás procedimientos administrativos, a los lineamientos y directrices establecidos en el Decreto hasta tanto se dictasen los planes de Ordenación y los reglamentos de uso de las mismas (art. 4).

Por último, el Decreto prohibió, en general, tanto al sector público como al privado, la instalación de infraestructuras marino-costeras, tales como puertos, marinas, astilleros, muelles, varaderos, malecones, espigones, rompeolas, diques, canales y rellenos, que puedan modificar el régimen natural de los costas venezolanas, hasta tanto no se demostrasen, de acuerdo a estudios técnicos, la conveniencia de las mismas (art. 4), agregando que mientras no se efectuasen los planes y reglamentos previstos en el Decreto, el Ministerio del Ambiente y de los Recursos Naturales debía seguir las pautas señaladas en el artículo 76 de la Ley Orgánica para la Ordenación del Territorio (art. 5).

En todo caso, la mencionada zona protectora también había sido establecida en la derogada Ley de Conservación y Saneamiento de Playas, de 2000, como área adyacente a las playas, comprendiendo el

> Espacio territorial próximo a la costa y paralela al mar conformada por una franja de 80 metros de ancho medidos en proyección horizontal a partir de la línea de marea más alta tanto en el territorio continental como insular venezolano (art. 2,2).

Ahora bien, tanto el Decreto Nº 623 de 1982 como la mencionada Ley de Conservación y Saneamiento de Playas fueron expresamente derogados por la Ley de Zonas Costeras (Disposición Derogatoria Segunda), la cual convirtió los 80 metros de la antigua zona protectora, sin perjuicio de los derechos legalmente adquiridos por particulares, en un bien del dominio público de la República, y a la vez extendió la zona protectora de 80 a 500 metros contados a partir de la línea de la más alta marea, calificándola como franja terrestre de las zonas costeras.

2. RÉGIMEN RESTRICTIVO AL USO DE INMUEBLES DE PROPIEDAD PRIVADA EN LA FRANJA TERRESTRE DE LAS ZONAS COSTERAS

A. COMPETENCIAS Y CONSECUENCIAS DE LA GESTIÓN INTEGRADA DE LAS ZONAS COSTERAS

El artículo 5 de la Ley establece, en general, que la administración, uso y manejo de las zonas costeras se debe realizar a través de un proceso dinámico de gestión integrada, con el propósito de fortalecer la capacidad institucional, la optimización de la planificación y coordinación de competencias concurrentes entre los órganos del Poder Público, con la activa participación de la comunidad organizada, a fin de lograr la mayor eficiencia en el ejercicio de las responsabilidades que cada uno tiene encomendadas para la conservación y desarrollo sustentable de dicho espacio.

Esta gestión integrada de las zonas costeras, conforme al artículo 6 de la Ley, se debe regir por los siguientes lineamientos y directrices en relación con cada una de las actividades y usos posibles en las zonas:

1. Actividades recreacionales. Se garantizará la accesibilidad y la igualdad de oportunidades recreativas, y se protegerán aquellos recursos y elementos con características únicas para el desarrollo de tales actividades.
2. Uso turístico. Se garantizará que el aprovechamiento del potencial turístico se realice sobre la base de la determinación de las capacidades de carga, entendida ésta como la máxima utilización de un espacio o recurso para un uso en particular, estimada con base en la intensidad del uso que para el mismo se determine, la dotación de infraestructuras adecuadas y la conservación ambiental.
3. Recursos históricos y arqueológicos. Se protegerán, conservarán y restaurarán los recursos históricos o prehistóricos, naturales o antrópicos y el patrimonio arqueológico subacuático.
4. Recursos paisajísticos. Se protegerán y conservarán los espacios naturales y sitios de valor paisajístico.
5. Áreas protegidas. Se garantizará el cumplimiento de los objetivos para cuya consecución se hayan establecido las áreas naturales protegidas, tomando en cuenta los ecosistemas y elementos de importancia objeto de protección.
6. Infraestructuras de servicios. Se garantizará que las nuevas infraestructuras y la ampliación o modificación de las ya existentes, se localicen, diseñen o construyan de acuerdo con las especificaciones técnicas exigidas por la ley y en total apego a los principios del desarrollo sustentable.
7. Riesgos naturales. Se establecerán planes que contemplen acciones apropiadas para mitigar el efecto de los fenómenos naturales.
8. Desarrollo urbano. Se asegurará que el desarrollo urbano se realice mediante una adecuada planificación y coordinación interinstitucional.
9. Participación pública. Se estimulará la toma de conciencia ciudadana y se garantizará la participación ciudadana en la toma de decisiones, mediante los mecanismos que establezca la ley.
10. Protección de playas. Se protegerán y conservarán las playas para garantizar su aprovechamiento sustentable y el disfrute público de las mismas.
11. Recursos naturales. Se garantizará la protección, conservación y el aprovechamiento sustentable de los recursos naturales.
12. Hidrocarburos. Se garantizará que la exploración, extracción, transporte, comercialización, uso y disposición final de los hidrocarburos y sus derivados, se realicen de manera ambientalmente segura y sustentable.
13. Investigación científica. Se estimulará, orientará y promoverá la investigación científica y tecnológica dirigida a la administración de los recursos naturales y el desarrollo sustentable de las zonas costeras.

14. Manejo de cuencas. Se garantizará que su manejo, protección, conservación y aprovechamiento sustentable, se orienten a controlar y mitigar los efectos de la erosión; así como controlar el aporte de sedimentos, nutrientes y contaminantes a las zonas costeras.
15. Supervisión ambiental. Se asegurará el control y vigilancia permanente en materia ambiental y sanitaria.
16. Recursos socio-culturales. Se protegerán, conservarán y fomentarán las expresiones socio-culturales, propias de las poblaciones costeras.
17. Actividades socio-económicas. Se orientará que el desarrollo de las actividades socio-económicas tradicionales, atienda a las políticas y normas de conservación y desarrollo sustentable.
18. Navegación. Se orientará la implementación de políticas y planes que promuevan el desarrollo de esta actividad en todas sus modalidades, en especial la navegación a vela, así como aquellas destinadas al desarrollo de puertos, marinas y la prestación de los servicios náuticos afines con ellas, y que éstas se realicen de manera ambientalmente segura y sustentable.
19. Coordinación interinstitucional. Se establecerán mecanismos de coordinación interinstitucional como estrategia fundamental para la gestión Integrada de las zonas costeras.

En todo caso, la Ley impone a las personas naturales o jurídicas responsables de las actividades que *impliquen riesgos de contaminación* o cualquier otra forma de degradar el ambiente y los recursos de las zonas costeras, la obligación de disponer de los medios, sistemas y procedimientos necesarios para su prevención, tratamiento y eliminación (art. 11).

B. Régimen para la conservación y aprovechamiento sustentable de las zonas costeras

Conforme a la ley, la conservación y el aprovechamiento sustentable de las zonas costeras comprende:

1. La protección de los procesos geomorfológicos que permiten su formación, regeneración y equilibrio.
2. La protección de la diversidad biológica.
3. La protección de los topónimos geográficos originales de sus elementos.
4. La ordenación de las zonas costeras.
5. La determinación de las capacidades de uso y de carga de las zonas costeras, incluidas las capacidades de carga industrial, habitacional, turística, recreacional y los esfuerzos de pesca, entre otras.
6. El control, corrección y mitigación de las causas generadoras de contaminación, provenientes tanto de fuentes terrestres como acuáticas.

7. La vigilancia y control de las actividades capaces de degradar el ambiente.
8. El tratamiento adecuado de las aguas servidas y efluentes, y la inversión pública o privada destinada a garantizar su calidad.
9. La promoción de la investigación y el uso de tecnologías apropiadas para la conservación y el saneamiento ambiental.
10. El manejo de las cuencas hidrográficas que drenen hacia las zonas costeras, el control de la calidad de sus aguas y el aporte de sedimentos.
11. La recuperación y reordenación de los espacios ocupados por actividades y usos no conformes.
12. La educación ambiental formal y no formal.
13. La incorporación de los valores paisajísticos de las zonas costeras en los planes y proyectos de desarrollo.
14. La valoración económica de los recursos naturales.
15. La protección y conservación de los recursos históricos, culturales, arqueológicos y paleontológicos, incluido el patrimonio arqueológico subacuático.
16. Cualquier otra medida dirigida al cumplimiento del objeto del presente Decreto-Ley.

Por su parte, el artículo 21 de la Ley, evidentemente redundante, reitera que "la ley regulará la conservación y el aprovechamiento sustentable de los recursos naturales de las zonas costeras", pero sin que se sepa, en este caso, cuál será esa ley.

C. El régimen de planificación territorial

Conforme al artículo 13 de la Ley, la administración, uso y manejo de las zonas costeras se debe desarrollar con arreglo al *Plan de Ordenación y Gestión Integrada de las Zonas Costeras*, el cual se debe revisar, en los primeros seis (6) meses de cada período constitucional, de conformidad con los lineamientos y directrices establecidos en la Ley. Este Plan de Ordenación y Gestión Integrada de Zonas Costeras está sujeto a las normas que rijan la *planificación y ordenación del territorio* (art. 14), es decir, a las establecidas en la Ley Orgánica para la Ordenación del Territorio (1983) y en la Ley Orgánica de Planificación (2001).

El Plan es de carácter vinculante, por lo que los organismos del Poder Público Nacional, Estadal y Municipal, así como los particulares, deben ajustar su actuación al mismo (art. 14). Además, los planes estadales y municipales de ordenación del territorio y de ordenación urbanística, deben ajustarse a lo establecido en la Ley y en el Plan de Ordenación y Gestión Integrada de las Zonas Costeras (art. 18).

El *Plan de Ordenación y Gestión Integrada de las Zonas Costeras* conforme se indica en el artículo 16, debe establecer el *marco de referencia* en materia de conservación, uso y aprovechamiento sustentable de las zonas costeras, a cuyo efecto, debe contener:

1. La delimitación de las zonas costeras con arreglo a lo establecido en este Decreto-Ley.
2. La zonificación o sectorización de los espacios que conforman las zonas costeras en atención a sus condiciones socio-económicas y ambientales, incluyendo los caladeros de pesca y los asentamientos y comunidades de pescadores artesanales.
3. La identificación de los usos a que deben destinarse las diferentes áreas de las zonas costeras.
4. Los criterios para la localización de las actividades asociadas a los usos presentes y propuestos.
5. El señalamiento y la previsión de los espacios sujetos a un régimen de conservación, protección, manejo sustentable y recuperación ambiental.
6. Los mecanismos de coordinación interinstitucional necesarios para implementar la ejecución del Plan de Ordenación y Gestión Integrada de las Zonas Costeras.
7. La política de incentivos para mejorar la capacidad institucional, garantizar la gestión integrada y la participación ciudadana.
8. La identificación de las áreas sujetas a riesgo por fenómenos naturales o por causas de origen humano, así como los mecanismos adecuados para disminuir su vulnerabilidad.
9. Cualquier otra medida dirigida al cumplimiento del objetivo de este Decreto-Ley.

Además, el Plan debe delimitar tanto el espacio acuático como la franja terrestre del dominio público de las zonas costeras, así como los elementos geomorfológicos y los ecosistemas que también se incorporen al dominio público de la República. Igualmente, el Plan debe delimitar las zonas costeras respecto de los ríos y lagos (art. 9).

La elaboración de este Plan de Ordenación y Gestión Integrada de las Zonas Costeras, en todo caso, debe realizarse mediante un *proceso de coordinación interinstitucional, multidisciplinario y permanente*, que incluya a los medios de *consulta y participación pública* previstos en la ley (art. 17). En todo caso, de acuerdo con la Disposición Transitoria Primera de la Ley, el *Ministerio del Ambiente y de los Recursos Naturales* debe presentar a consideración del Consejo de Ministros, en un plazo de dos (2) años, contados a partir de su publicación (07-11-01), el *proyecto del Plan de Ordenación* y Gestión Integrada de las Zonas Costeras, oída la opinión de los órganos de participación y consulta previstos en la ley.

D. *EL RÉGIMEN DE LAS AUTORIZACIONES Y CONCESIONES*

De acuerdo con lo establecido en el artículo 29 de la Ley, "la instalación de infraestructuras y la realización de actividades comerciales o de otra índole en las zonas costeras", es decir, de la delimitada dentro de los 500 metros contados de la línea de la pleamar (art. 4). En consecuencia, cualquier actividad que sea, que se realice en las zonas costeras, está sujeta a la tramitación de una concesión o autorización, según sea el caso, otorgada por el organismo competente, que es el Ministerio del Ambiente y de los Recursos Naturales. Los organismos públicos quedan igualmente sujetos al cumplimiento de estas normas (art. 32).

Estas autorizaciones y concesiones, se insiste, son necesarias en todos los inmuebles que estén ubicados en las zonas costeras, no sólo los declarados como del dominio público (franja terrestre de 80 metros contados a partir de la línea de pleamar) sino los ubicados en la zona de protección de 500 metros también contados a partir de la línea de pleamar, que configuran la zona costera (art. 4); independiente de las otras autorizaciones que deriven de la ordenación urbanística o del régimen.

En todo caso, para el otorgamiento de las concesiones y autorizaciones se requiere la *evaluación ambiental y socio-cultural de toda actividad* a desarrollar dentro de las zonas costeras conforme a las disposiciones establecidas en la ley (art. 30).

En cuanto a los *espectáculos públicos* en las zonas costeras, para el otorgamiento de las autorizaciones, la autoridad competente debe requerir la constitución de *fianza* proporcional a la actividad a realizar, emitida por una institución bancaria o empresa de seguro de reconocida solvencia.

En cuanto a las *concesiones o autorizaciones* legítimamente otorgadas en la zona costera antes de la publicación de la Ley, conforme a la Disposición Transitoria Sexta, las mismas deben adecuarse en el plazo de seis (6) meses a las condiciones que se establezcan en el Plan de Ordenación de Gestión Integrada de las Zonas Costeras. Se entiende que este plazo se debe contar a partir de la entrada en vigencia del Plan.

Por otra parte, conforme a la Disposición Transitoria Séptima de la Ley, en un lapso de *dos (2) años*, contados a partir de la publicación de la Ley (07-11-01), las personas naturales o jurídicas responsables de las actividades *que impliquen riesgos* de contaminación y *otras formas de degradar el ambiente* y los recursos de las zonas costeras, deben contar con medios, sistemas y procedimientos para la prevención, tratamiento y eliminación de cualquier elemento contaminante que pueda afectar a dicha zona; sin perjuicio de las demás disposiciones previstas en la ley referidas a la responsabilidad derivada de daños causados por contaminación o degradación del ambiente.

V. EL RÉGIMEN ADMINISTRATIVO PARA LA APLICACIÓN DE LA LEY

La Ley de Zonas Costeras asigna a todos los organismos de la República (Poder Nacional), de los Estados (Poder Estadal) y de los Municipios (Poder Municipal), en el ámbito de sus respectivas competencias, la responsabilidad de la aplicación de la Ley y de la consecución de los objetivos de la misma (art. 22).

Además, en particular, distribuye competencias en la materia de cada uno de los niveles territoriales del Poder Público.

1. COMPETENCIAS DEL PODER PÚBLICO NACIONAL

El artículo 23 de la Ley atribuye a los órganos de la República, en materia de zonas costeras, las siguientes competencias:

1. Formular las políticas de conservación y desarrollo sustentable.
2. Elaborar y controlar la ejecución del Plan de Ordenación y Gestión Integrada de las Zonas Costeras.
3. Establecer los mecanismos de coordinación interinstitucional.
4. Cooperar con los estados y municipios en la gestión integrada de las zonas costeras.
5. Definir y declarar las áreas que deban someter a un régimen de administración especial, una vez oída la opinión conforme a los mecanismos de consulta y participación pública previstos en la ley.
6. Elaborar los planes de ordenamiento y reglamentos de uso de las Áreas bajo Régimen de Administración Especial, oída la opinión conforme a los mecanismos de consulta y participación pública previstos en la ley.
7. Cooperar con los estados y municipios en la dotación de servicios y el saneamiento ambiental.
8. Cooperar a través de sus órganos de policía en la vigilancia y control de las actividades que en ella se desarrollen.
9. Las demás que le atribuya la ley y tengan incidencia en su administración y manejo.

En cuanto a las políticas nacionales de conservación y desarrollo sustentable de las zonas costeras (ord. 1), la Disposición Transitoria Tercera de la ley obliga al MARN a presentarlas en un plazo de un año contado a partir de la publicación de la Ley (07-11-01) a la consideración del Consejo de Ministros, oída la opinión de los órganos de participación y consulta previstos en la Ley.

Por su parte, en cuanto a los mecanismos de coordinación interinstitucional para la Ordenación y Gestión Integrada de las Zonas Costeras (ord. 3), el MARN debe elaborarlos en el plazo de un año contado a partir de la publicación de la Ley (07-11-01), oída la opinión de los Ejecutivos Regionales y Municipales (Disposición Transitoria Cuarta).

Además, en el ámbito nacional, el artículo 27 de la Ley atribuye específicamente al Ministerio del Ambiente y de los Recursos Naturales la competencia de asesorar y apoyar a los organismos públicos nacionales, estadales y municipales en el cumplimiento e implementación de las disposiciones establecidas en la Ley. A tales efectos, el Ministerio debe:

1. Promover mecanismos institucionales para el desarrollo de la gestión integrada de las zonas costeras.
2. Promover permanentemente programas de investigación y monitoreo de las zonas costeras.
3. Desarrollar metodologías y procedimientos para la valoración económica de los recursos naturales.
4. Desarrollar metodologías para el adecuado manejo de las zonas costeras.
5. Mantener una base de datos actualizada con la información disponible sobre las zonas costeras.
6. Coordinar conjuntamente con el Ministerio de Salud y Desarrollo Social y las autoridades estadales y municipales, los programas de saneamiento ambiental de las playas. Se establecerá un mecanismo expedito de revisión anual o cuando las circunstancias así lo exijan, que defina aquellas playas aptas para el uso público, que incluya la participación de los medios de consulta y participación pública previstos en la ley.
7. Elaborar conjuntamente con los demás órganos competentes del Estado, el proyecto del Plan de Ordenación y Gestión Integrada de las Zonas Costeras, y una vez oída la opinión de los medios de consulta y participación pública previstos en la ley, lo elevará al Presidente de la República Bolivariana de Venezuela para su aprobación en Consejo de Ministros.
8. Elaborar conjuntamente con los demás órganos competentes del Estado, un informe anual con los resultados nacionales y regionales de la gestión desarrollada en materia de manejo de las zonas costeras, que incluya las recomendaciones para solventar los problemas más relevantes que se hayan detectado.

Por otra parte, la Ley crea directamente una Unidad Técnica de las Zonas Costeras, dependiente del Ministerio del Ambiente y de los Recursos Naturales, con el fin de cumplir con lo señalado en el artículo 27, antes indicado. Dicha Unidad, además, tiene como función entre otras, el servir como ente coordinador del Comité de Asesoramiento y Participación de Costas del Consejo Nacional de los Espacios Acuáticos.

De acuerdo con la Disposición Transitoria Segunda de la Ley, en un plazo de *seis (6) meses*, contados a partir de su publicación (07-11-01), el Ministerio del Ambiente y de los Recursos Naturales debe presentar a consideración del Consejo de Ministros, el *proyecto de Reglamento* de la Unidad Técnica de las Zonas Costeras.

2. COMPETENCIAS DEL PODER PÚBLICO ESTADAL

Conforme al artículo 24 de la Ley, en las zonas costeras, los órganos que ejercen el Poder Público Estadal tienen competencia para:

1. Adecuar el Plan Estadal de Ordenación del Territorio a lo previsto en este Decreto-Ley.
2. Coadyuvar con la gestión integrada de las zonas costeras en los municipios.
3. Establecer el régimen de aprovechamiento de los minerales no metálicos, no reservados al Poder Nacional, las salinas y los ostrales en su jurisdicción, de conformidad con la ley.
4. Recomendar al Poder Público Nacional, una vez oída la opinión conforme a los medio de consulta y participación pública previstos en la ley, las áreas y recursos que deban someterse a un régimen de administración especial.
5. Colaborar en la implementación de programas de saneamiento ambiental, incluyendo la caracterización y señalización de las playas aptas o no, involucrando a los medios de consulta y participación pública previstos en la ley.
6. Cooperar con los municipios en la dotación de servicios y el saneamiento ambiental.
7. Establecer los mecanismos de coordinación interinstitucional estadal.
8. Cooperar a través de sus órganos de policía en la vigilancia de las actividades que en ella se desarrollen.

3. COMPETENCIAS DEL PODER PÚBLICO MUNICIPAL

En las zonas costeras, conforme al artículo 25 de la Ley, los órganos que ejercen el Poder Público Municipal, tiene la competencia para:

1. Adecuar el Plan de Ordenación Urbanística a lo previsto en este Decreto-Ley.
2. Recomendar al Poder Público Nacional, una vez oída la opinión conforme a los medios de consulta y participación pública previsto en la ley, las áreas y recursos que deban someterse a un régimen de administración especial.
3. Colaborar en la implementación de programas de saneamiento ambiental, incluyendo la caracterización y señalización de las playas aptas o no, conforme a los medios de consulta y participación pública previstos en la ley.
4. Garantizar el mantenimiento de las condiciones de limpieza, higiene y salubridad pública en las playas y balnearios, así como coadyuvar en la

observancia de las normas e instrucciones sobre salvamento y seguridad de las vidas humanas.

5. Prever los recursos presupuestarios para la dotación de servicios y el saneamiento ambiental.
6. Cooperar, a través de sus órganos de policía, en la vigilancia y control de las actividades que en ella se desarrollen.
7. Establecer los mecanismos de coordinación interinstitucional municipal.

4. ORIENTACIONES NACIONALES PARA LA LEGISLACIÓN ESTADAL Y MUNICIPAL

El artículo 26 de la Ley establece que los Estados y los Municipios deben dictar sus respectivas leyes y ordenanzas de desarrollo de la Ley, de acuerdo con los siguientes lineamientos:

1. Las políticas de Estado que regulen lo referente a la ordenación del espacio geográfico nacional.
2. Política de Estado de protección, conservación y aprovechamiento de los recursos naturales.
3. Política de Estado sobre las actividades a desarrollarse en las zonas costeras.
4. El Plan de Ordenación y Gestión Integrada de las Zonas Costeras.
5. Política socio-económica del Estado.
6. Participación efectiva de los diferentes medios de consulta y participación pública previstos en la ley.

En tal sentido, la Ley de Zonas Costeras debe considerarse como una ley desarrollo de materias de competencia concurrente, en los términos del artículo 165 de la Constitución, cuyo contenido, por tanto, conforme al artículo 206 de la propia Constitución debió previamente a su publicación, ser consultado con los Estados a través de sus Consejos Legislativos.

E En todo caso, en cuanto a las zonas costeras, la Disposición Transitoria Quinta de la Ley exige a los Ejecutivos Regionales y Municipales que adecuen el contenido de los Planes Estadales de Ordenación del Territorio y de Ordenación Urbanística a los requisitos previstos en la Ley, en un plazo de un (1) año contado a partir de la publicación de la Ley (07-11-01).

VI. EL RÉGIMEN SANCIONATORIO REGULADO EN LA LEY

1. LA INCONSTITUCIONAL INDETERMINACIÓN DEL RÉGIMEN DE LAS INFRACCIONES ADMINISTRATIVAS

El artículo 33 de la Ley atribuye al Ministerio del Ambiente y de los Recursos Naturales el ejercicio de la potestad sancionatoria prevista en la Ley, asignándole, en el ámbito de sus competencias, la potestad de ordenar al infractor de la Ley la recuperación del ambiente o *restitución de éste a su estado original*, y adicionalmente la imposición de *sanciones* "por la violación a las disposiciones de la Ley", en proporción a la gravedad de la infracción y del daño causado, con alguna o algunas de las siguientes sanciones administrativas: multas; suspensión revocatoria o rescisión de autorizaciones y concesiones; inhabilitación parcial e indemnización.

La Ley de Zonas Costeras, en este aspecto del régimen sancionatorio, es completamente insuficiente, dejando un campo inadmisible a la arbitrariedad.

En efecto, puede decirse que la ley no prevé infracciones como tipos de ilícitos administrativos que pudieran dar origen a la imposición de sanciones. La ley se limita en efecto, a señalar que las sanciones se pueden imponer "por la violación a las disposiciones de la ley" y nada más, dejándose por lo visto, en manos del funcionario competente la determinación de la "violación" y luego la imposición de cualquiera o cualesquiera de las sanciones, sin límite alguno. Esto es contrario al principio de la reserva legal en materia sancionatoria.

La Ley de Conservación y Saneamiento de Playas de 2000, que se derogó con la Ley de Zonas Costeras, al contrario, establecía regulaciones sancionatorias más acordes con los principios de la reserva legal, al identificar con precisión infracciones variadas y precisas y en cada caso, las sanciones que correspondían, incluso, con indicación variada de las sanciones pecuniarias en unidades tributarias.

2. LAS DIVERSAS SANCIONES ADMINISTRATIVAS

La Ley de Zonas Costeras, a pesar de la indeterminación de los tipos de infracciones administrativas, definió cuatro tipos de sanciones administrativas que la indeterminación anterior hace completamente inaplicables. Esas sanciones son las siguientes:

A. LAS MULTAS Y SU INCONSTITUCIONAL INDETERMINACIÓN

En *primer lugar*, la Ley se refiere a las multas, las cuales deben ser determinadas en unidades tributarias y deben ingresar al Tesoro Nacional (art. 34).

Sin embargo, la Ley no determina, en forma alguna, el monto de las multas, por lo que la sanción pecuniaria prevista en la misma no podría aplicarse, siendo además, inconstitucional, por indeterminación de la sanción en el texto de la ley.

La incongruencia derivada de la indeterminación de los montos de las multas, resulta además del artículo 35, que precisa que en los casos de "reincidencia" en la comisión de infracciones a la Ley, a los infractores se los debe sancionar con multas equivalentes a la que "originalmente" les haya sido impuesta, más un recargo del ciento por ciento (100%) de la misma. El recargo, por supuesto, es inaplicable, porque la Ley no determina monto mínimo o máximo alguno de la sanción pecuniaria que pueda imponerse "originariamente".

Además, como no hay determinación del monto de la sanción, también resulta inaplicable lo previsto en el artículo 37 de la Ley que dispone que se pueden "incrementar" las sanciones pecuniarias "previstas en la ley", entre cien (100) y cinco mil (5000) unidades tributarias, cuando la comisión de las infracciones contempladas en ellas, causen daños ambientales a las zonas costeras. Como no se han establecidos los montos mínimo y máximo de las sanciones, no es posible establecer el incremento regulado.

B. La suspensión, revocación o rescisión de autorizaciones y concesiones

En *segundo lugar*, el artículo 33 prevé como sanción administrativa la *suspensión, revocatoria o rescisión de las autorizaciones y de las concesiones*, según sea el caso. En estos supuesto, conforme al artículo 35, los suspendidos no pueden solicitar otra concesión o autorización hasta transcurrido un año de haberse agotado el procedimiento administrativo.

C. La inhabilitación

En *tercer lugar*, se prevé, como sanción, la *inhabilitación parcial hasta por un período de dos (2) años* para obtener las *concesiones o las autorizaciones* previstas en la ley. En particular, conforme al artículo 36, esta declaratoria de inhabilitación procede en los siguientes casos:

1. Cuando el infractor suministre datos falsos.
2. Cuando el infractor no presente a la autoridad competente, dentro de los treinta (30) días siguientes a su notificación, la constancia de pago de la multa ya impuesta.
3. Cuando el infractor no demuestre que ha recuperado o restituido el ambiente a su estado original de acuerdo a lo previsto en la sanción.

D. La obligación de indemnizar

En *cuarto lugar*, se establece, como "sanción", la indemnización de los daños irreparables por cuantía igual al valor estimado de los recursos afectados.

En realidad, esto no es propiamente una "sanción" sino una consecuencia de la responsabilidad civil que corresponde a quien provoque daños irreparables a los recursos naturales. La determinación de la indemnización, en todo caso, debe corresponder a la autoridad judicial. Dejar la determinación a la autoridad administrativa, convertiría este régimen indemnizatorio en una sanción pecuniaria, repetitiva de las multas y contraria al principio *non bis in idem* que garantiza como parte del debido proceso el artículo 49,7 de la Constitución.

3. El procedimiento sancionatorio

A. *Inicio*

A pesar de la insuficiencia normativa, la Ley regula el procedimiento para sustanciar la comisión de las infracciones a su normativa, el cual, conforme al artículo 38, puede iniciarse:

Primero, de oficio, cuando el funcionario del órgano competente, por cualquier medio, *tenga conocimiento de la presunta comisión de una infracción;* o cuando se sorprenda a una persona o personas en la comisión de una infracción estipulada en la Ley. Como se ha dicho, no hay definición de "infracciones" en la Ley, como ilícitos administrativos, que pudieran dar origen a la aplicación de sanciones específicas. Sólo se indica que las sanciones son por "violación de la ley" (art. 33).

Segundo, por denuncia, cuando cualquier persona natural o jurídica, se dirija a la *autoridad competente,* a los efectos *de notificar que tiene conocí-miento* de la *presunta comisión de una infracción.* Esta puede presentarse de manera oral o escrita, caso en el cual, se debe levantar acta en presencia del denunciante junto con el funcionario correspondiente, o a través de su apoderado con facultades para hacerlo.

B. *Formalidades para la iniciación: el acta de inicio*

El inicio de un procedimiento por la presunta comisión de una infracción a la Ley, tiene lugar mediante el levantamiento de un acta por parte de *la autoridad competente,* la cual, conforme al artículo 41, debe contener la siguiente información:

1. La identificación del denunciante, su domicilio o residencia, en caso de denuncia.
2. Identificación de los presuntos infractores, su domicilio o residencia.
3. Ubicación geográfica del lugar en que presuntamente se cometió la infracción.
4. Narración de los hechos.
5. Señalamiento de los testigos presentes durante la presunta comisión del hecho, si los hay.
6. Existencia, vigencia o condición de las concesiones o autoriza-ciones otorgadas por la autoridad competente.

C. *Citación del presunto infractor*

Una vez levantada el acta que inicia el procedimiento, el órgano competente debe expedir la respectiva citación al presunto infractor para que comparezca por ante la autoridad competente, a objeto de sustanciar el expediente.

En dicha citación debe constar el plazo de comparecencia, el cual se establece en tres (3) días hábiles, contados a partir de haber sido practicada la misma.

D. *Sustanciación*

La autoridad competente debe practicar todas las diligencias tendientes a investigar y a hacer constar la presunta comisión de la infracción, con todas las circunstancias que puedan influir en su calificación y en la responsabilidad del presunto infractor, así como al aseguramiento de los objetos relacionados con la presunta comisión del hecho, teniendo un lapso de hasta quince (15) días continuos para su realización, contados a partir del conocimiento del hecho. Excepcionalmente, este lapso puede extenderse por causas plenamente justificadas a criterio de la autoridad competente, de lo cual debe quedar constancia en el expediente (art. 39).

E. *Medidas administrativas y preventivas*

Los funcionarios del órgano competente que sorprendan en forma flagrante a personas naturales o jurídicas, públicas o privadas, en ejercicio de actividades contrarias a la Ley, deben ordenar la inmediata suspensión de dichas actividades, y pueden dictar las medidas preventivas administrativas prudenciales para evitar que se produzca algún daño (art. 40).

En particular, los bienes involucrados en la presunta comisión de una infracción, deben quedar a la orden y bajo la custodia de la autoridad competente, quien debe impedir su disposición hasta que se produzca la respectiva decisión (art. 42).

F. *Comparecencia del presunto infractor*

Al momento en que el presunto infractor comparezca ante la autoridad competente, el artículo 44 de la Ley exige que se le debe informar lo siguiente:

1. El hecho que se le atribuye, con las circunstancias de comisión.
2. Las disposiciones legales que resulten aplicables.
3. Los datos provenientes de la investigación.
4. Que dispone de diez (10) días hábiles contados a partir de su comparecencia para hacer sus alegatos de hecho y de derecho, consignar las pruebas y solicitar la práctica de las diligencias que considere necesarias.

G. *Pruebas*

La autoridad competente, previo estudio y análisis del expediente administrativo debidamente sustanciado, debe proceder a valorar aquellas actuaciones que consten en el mismo, y puede hacer evacuar u ordenar cualquier otra actuación que considere necesaria, para lo cual contará con un plazo no mayor de veinte (20) días hábiles, contados a partir de la última actuación que conste en el expediente (art. 45).

H. Decisión y sus efectos

La autoridad competente debe adoptar la decisión dentro de los quince (15) días hábiles siguientes, contados a partir de la terminación de la sustanciación del expediente. Excepcionalmente, este lapso puede extenderse hasta por un máximo de tres (3) días hábiles, cuando la complejidad del caso así lo amerite, de lo cual debe quedar constancia motivada en el expediente (art. 46).

Una vez adoptada la decisión, la autoridad competente debe notificarla al administrado, indicándole expresamente los recursos que proceden contra la misma (art. 47).

En cuanto a los recursos minerales que hayan podido haber sido obtenidos sin la autorización correspondiente, ello "no da derecho al infractor" (art. 48); se presume, que la norma se refiere a indemnización alguna.

Además, los titulares de las concesiones o autorizaciones señaladas la Ley, que hayan sido objeto la imposición de sanciones por infracciones al mismo, no pueden continuar ejerciendo la actividad para la cual han sido concesionados o autorizados, hasta tanto no se agote el procedimiento administrativo (art. 49).

VII. CONCLUSIÓN

De todo lo anteriormente expuesto se puede concluir que la Ley de Zonas Costeras dictada por Decreto-Ley N° 1468 de 27-09-01 es inconstitucional, y por tanto, nula de nulidad absoluta, por las siguientes razones:

1. En *primer lugar*, por estar viciada de usurpación de funciones por haber sido dictada por el Presidente de la República sin haber sido habilitado para ello mediante la delegación legislativa contenida en la Ley Habilitante de 13-11-00.

   En efecto, el numeral 3, literal c, del artículo 1° de dicha Ley Habilitante no autorizó, en forma alguna, al Presidente de la República en Consejo de Ministros para dictar medidas regulatorias con rango y fuerza de Ley en relación con las zonas terrestres de las costas de mar, ríos y lagos y menos aún para declarar como del dominio público de la República determinados bienes y extinguir la propiedad pública y privada.

   Por tanto, al emitir el mencionado Decreto-Ley, el Presidente de la República violó no sólo los artículos 203 y 236,8 de la Constitución que regulan la delegación legislativa, sino la propia Ley Habilitante invocada como base legal, usurpando, en consecuencia, la función legislativa que corresponde a la Asamblea Nacional. Ello vicia el Decreto-Ley de usurpación de funciones, lo que conforme al artículo 138 de la Constitución lo hace nulo e ineficaz.

El Decreto-Ley, en consecuencia, también es inconstitucional por violación del artículo 218 de la Constitución, al derogar en sus Disposiciones Derogatorias, la Ley de Conservación y Aprovechamiento de Playas de 2000, la cual sólo podría ser derogada por otra Ley; y nunca por un Decreto dictado fuera del marco de una Ley Habilitante.

2. En *segundo lugar*, la emisión del Decreto-Ley N° 1468 de 27-09-01 se hizo en violación del derecho constitucional a la participación ciudadana en la gestión de los asuntos públicos que consagran los artículos 62 y 70 de la Constitución y garantizan los artículos 206 y 211 de la misma Constitución.

   Estas normas imponen la obligación a la Asamblea Nacional, la cual se traslada al Presidente de la República con la delegación legislativa cuando la hay, de consultar a los ciudadanos, a los órganos del Estado y a la sociedad organizada para oír su opinión, los proyectos de leyes o decretos leyes, y además, de consultar a los Consejos Legislativos estadales, los proyectos de leyes o decretos leyes que regulen materias relativas a los Estados de la República.

   El Presidente de la República en Consejo de Ministros, incumplió esta obligación constitucional de asegurar la participación ciudadana, por lo que violó abiertamente el derecho constitucional a la participación garantizado en los mencionados artículos 62, 70, 202 y 211 de la Constitución.

   El Decreto-Ley N° 1468 de 27-09-01, en consecuencia, es inconstitucional y conforme al artículo 25 de la Constitución, al menoscabar un derecho constitucional garantizado en la Constitución, es nulo y los funcionarios públicos que lo ordenaron y lo ejecuten incurren en responsabilidad penal, civil y administrativa, según los casos, sin que les sirvan de excusa Órdenes superiores.

3. El Decreto-Ley N° 1468 de 27-09-01, además, es inconstitucional por violación de la reserva legal que, como garantía al derecho de propiedad, establece el artículo 115 de la Constitución.

   En efecto, la delegación legislativa que regulan los artículos 203 y 236,8 de la Constitución en ningún caso podría permitir la emisión de normas restrictivas o limitativas de derechos constitucionales y menos aún, extintivas de los mismos; lo que sólo puede hacerse conforme al régimen constitucional venezolano mediante ley emanada de la Asamblea Nacional actuando como cuerpo legislador (art. 202).

   En el caso del Decreto-Ley N° 1468 de 27-09-91, el Presidente de la República no sólo no estaba habilitado para dictar la normativa relativa a las zonas costeras ni para regular el derecho de propiedad, menos aún para restringirlo o extinguirlo confiscatoriamente; sino que en ningún caso podría constitucionalmente hacerlo por prohibirlo la garantía constitucional de la reserva legal. Al haberlo hecho, conforme al artículo 25 de la Constitución, antes señalado, al Decreto-Ley debe considerarse nulo.

4. El Decreto-Ley N° 1468 de 27-09-91, también es inconstitucional, por haber convertido en dominio público de la República tierras baldías de los Estados y ejidos municipales así como las salinas que pertenecen a los Estados, violando la autonomía de los Estados y Municipios garantizada en los artículos 159 y 168 de la Constitución, y violando los artículos 164,5 y 181 de la propia Constitución que atribuyen competencia exclusiva a los Estados y Municipios sobre dichos bienes. Su nacionalización mediante su declaración como del dominio público de la República, constituye un despojo patrimonial de los Estados y Municipios, de carácter confiscatorio y contrario al artículo 116 de la Constitución.

5. El Presidente de la República en Consejo de Ministros, al dictar el Decreto-Ley N° 1468 de 27-09-01, además, violó el artículo 4° de la Ley Habilitante y, en consecuencia, de nuevo, el derecho a la participación ciudadana en la gestión de los asuntos públicos, al haber incumplido la obligación que le imponía dicha norma, de informar a la Asamblea Nacional con 10 días de antelación por lo menos a la publicación en la Gaceta Oficial del contenido del mencionado Decreto-Ley.

   Ello no sólo hace ilegal el Decreto-Ley, sino inconstitucional, por violación del artículo 203 de la Constitución que obligaba al Presidente de la República a someterse a las directrices que establecía la Ley Habilitante.

6. Por último, el Decreto-Ley N° 1468 de 27-09-01 también es inconstitucional por haber extinguido la propiedad privada que podía existir en algunas áreas como cabos, puntas o terrenos ganados al mar por obra del hombre, en violación de los artículos 115 y 116 de la Constitución que garantizan el derecho de propiedad privada y prohíben la confiscación.

   Al violar un derecho garantizado en la Constitución, y confiscar la propiedad, como se ha dicho, el Decreto-Ley es nulo en los términos del artículo 25 de la Constitución, y los funcionarios públicos que lo ordenaron y los que lo ejecuten incurren en la responsabilidad antes señalada.

   Tratándose de un acto estatal nulo por inconstitucional y por tanto ineficaz, salvo que sea derogado por la Asamblea Nacional, el Decreto-Ley N° 1468 de 27-09-01 puede impugnarse mediante una acción popular por ante la Sala Constitucional del Tribunal Supremo de Justicia (art. 334).

SECCIÓN OCTAVA: *ESTUDIO SOBRE LA INALIENABILIDAD E IMPRESCRIPTIBILIDAD EN EL RÉGIMEN JURÍDICO DE LAS TIERRAS BALDÍAS, CON ESPECIAL REFERENCIA A LOS BALDÍOS PLAYEROS* (1977)

TEXTO PUBLICADO EN *ANUARIO DE DERECHO AMBIENTAL* 1977, MINISTERIO DEL AMBIENTE Y DE LOS RECURSOS NATURALES RENOVABLES, CARACAS 1978, PP. 72-112.

I. EL RÉGIMEN DE LAS TIERRAS BALDÍAS

1. LOS BIENES DEL ESTADO

Ha sido tradicional en nuestro ordenamiento jurídico la clasificación de los bienes del Estado en bienes del dominio público y bienes del dominio privado. Los primeros se califican, como tales, por su afectación a un uso público o privado del ente público en cuestión (artículo 539 CC), y esa afectación es la que provoca la consecuencia fundamental de su calificación: su inalienabilidad (artículo 543 CC) e imprescriptibilidad, conforme a las previsiones del Código Civil, por considerarse que están fuera del comercio (artículo 1.959 CC) mientras dure esa afectación. Cuando un bien del dominio público deja de estar afectado al uso público o al uso privado del ente público titular del mismo, pasa, en cuanto a su régimen jurídico, del dominio público al dominio privado (artículo 541 CC).

En cambio, los bienes del dominio privado del Estado son los que tienen carácter patrimonial, y que, como tales, supletoriamente están sometidos a las reglas generales de propiedad que establece el Código Civil, pudiendo ser enajenados conforme a lo establecido en las leyes especiales que los regulen (artículos 543 y 544 CC).

2. LAS TIERRAS BALDÍAS COMO BIENES DEL DOMINIO PRIVADO DEL ESTADO

Dentro de los bienes del dominio privado del Estado, de carácter inmueble, se han ubicado tradicionalmente las tierras que no tienen o carecen de dueño (artículo 542 CC). Estas tierras, denominadas baldías, han sido consideradas tradicionalmente como bienes patrimoniales o del dominio privado del Estado (artículo 2 de la Ley de Tierras Baldías y Ejidos), y como tales sometidas a un régimen jurídico específico establecido en el Código Civil, en las leyes de Hacienda y en las leyes especiales.

En particular, debe señalarse que desde el Código de Hacienda de 1873, se estableció que las tierras baldías eran bienes nacionales, y se consideraba como tales a "las tierras no apropiadas con título legítimo" (artículo 1 de la Ley II). A partir de la Ley de Hacienda Nacional de 1918, hasta la Ley vigente, se califican como bienes nacionales a los "inmuebles que se encuentren en el territorio de la República y que no tengan dueño" (artículo 17 de las leyes de 1918, 1926, 1928 y 1934, y artículo 19 de las leyes de 1938, 1947 y de la vigente de 1975).

3. EL ORDENAMIENTO APLICABLE A LAS TIERRAS BALDÍAS

De acuerdo al artículo 544 del Código Civil, "las disposiciones de este Código se aplicarán también a los bienes del dominio privado, *en cuanto no se opongan a las leyes especiales respectivas*". Por tanto, conforme al propio texto del Código Civil, el régimen relativo a las tierras baldías es el establecido en las leyes especiales y las normas del Código tienen carácter supletorio, pues se aplican, sólo, en cuanto no se opongan a las leyes especiales que los rigen.

Esto lo ratifica, en general, el artículo 14 del Código Civil al establecer que: "Las disposiciones contenidas en los códigos y leyes nacionales especiales, se aplicarán con preferencia a las de este Código en las materias que constituyan la especialidad".

Esa regulación del Código Civil vigente ha sido tradicional en Venezuela desde 1873.

En efecto, de acuerdo al Código Civil de 1867, el régimen de las tierras baldías estaba determinado así:

> "*Articulo 347.* La administración y enajenación de los bienes que pertenecen a la República, a los Municipios o a los establecimientos públicos, se rigen por leyes especiales; pero están sujetos a prescripción según lo determinado en el Título de la materia".

En el lapso de vigencia del Código Civil de 1867 (hasta 1873), por tanto, si bien su normativa también podría considerarse de aplicación supletoria respecto de las leyes especiales que regulasen el régimen de las tierras baldías, era evidente la aplicación directa de las normas sobre prescripción previstas en el mismo a las tierras baldías. Por ello, el régimen de prescriptibilidad de las tierras baldías es característico durante el lapso de 1867 a 1873.

A partir del Código Civil de 1873, se adopta el sistema de distribución normativa del régimen de las tierras baldías que todavía está consagrado en el Código Civil vigente:

a. Se declara que los bienes patrimoniales o del dominio privado, donde se ubican las tierras baldías, pueden ser enajenados sólo de conformidad con las leyes especiales que les conciernen (artículos 422, CC 1873; artículo 447, CC 1880; artículo 454, CC 1896; artículo 460, CC 1904; artículo 521, CC 1922; y artículo 543, CC 1942).
b. Se establece que las disposiciones del Código Civil se aplican a las tierras baldías sólo "en cuanto no se opongan a las leyes especiales que les

conciernen" (artículo 423, CC 1873; artículo 448, CC 1880; artículo 455, CC 1896; artículo 461, CC 1904; artículo 522, CC 1922; y artículo 545, CC 1942).

c. Y se indica, además, "que el Estado por sus bienes patrimoniales, y todas las personas jurídicas están sujetos a prescripción, como los particulares" (artículo 1.888, CC 1873; artículo 1.889, CC 1880; artículo 1.936, CC 1896; artículo 1.944, CC 1904; artículo 2.032, CC 1916; artículo 2.032, CC 1922; y artículo 1.960, CC 1942) por supuesto, conforme al régimen especial que establezcan las leyes que les conciernen. En el Código. Civil de 1867 esta norma establecía que el Estado estaba sujeto "a la prescripción en cuanto a sus bienes o derechos susceptibles de propiedad privada" (artículo 1.815).

Como puede observarse, contrariamente a lo que se estableció en el Código Civil de 1867, desde 1873, la institución de la prescripción no se puede aplicar a las tierras baldías directamente, sino en tanto no se oponga a las normas de las leyes especiales que han regulado a las tierras baldías. Es decir, si las leyes especiales han excluido la institución de la prescripción de sus normas, no es posible recurrir a lo previsto en el Código Civil, para alegar la prescriptibilidad de los baldíos y si las leyes han establecido normas especiales sobre prescripción de baldíos, deben, éstas tener aplicación preferente a las del Código Civil. Por otra parte, y en cuanto al régimen general, es de destacar que desde 1918, con motivo de la reforma del sistema hacendístico venezolano, en la Ley de Hacienda Nacional se estableció una norma que, invariablemente, ha permanecido en vigencia hasta la actual Ley Orgánica de la Hacienda Pública Nacional, que establece que "la propiedad y derechos reales sobre bienes nacionales pueden ser adquiridos por prescripción", siendo el tiempo necesario para prescribir, veinte (20) años cuando existan justo título y buena fe, y cincuenta (50) años, cuando falten estos requisitos (artículo 25 de la ley de 1918; artículo 28 de las leyes de 1926, 1928 y 1934; artículo 28 de las leyes de 1938, 1947 y de la ley vigente de 1975).

La propia Ley Orgánica de la Hacienda Pública Nacional, al regular el régimen aplicable a los bienes nacionales, incluidos las tierras baldías, ha señalado tradicionalmente que "la administración de los bienes nacionales se rige por esta ley y por las leyes y reglamentos concernientes a algunos de ellos" (artículo 18 de las leyes de 1918, 1926, 1928 y 1934; y artículo 21 de las leyes de 1938, 1947 y de la ley vigente de 1975).

4. LA INALIENABILIDAD E IMPRESCRIPTIBILIDAD DE LAS TIERRAS BALDÍAS

El Código Civil, tal como se dijo, estableció tradicionalmente que las tierras baldías "no pueden ser enajenadas sino de conformidad con las leyes que les conciernen" (artículo 442, CC 1873; artículo 447, CC 1880; artículo 454, CC 1896; artículo 460, CC 1904; artículo 521, CC 1916; artículo 521, CC

1922); redacción negativa que, sin que se le haya cambiado de sentido, ha sido formulada en positivo en el Código Civil vigente en la siguiente forma:

> "*Artículo* ,543. Los bienes del dominio público son inalienables; los del dominio privado pueden enajenarse de conformidad con las leyes que les conciernen".

Conforme a esto, las tierras baldías son enajenables en principio, de acuerdo a lo que prevean las leyes especiales que les conciernen. Precisa-mente, conforme a estas leyes especiales, tal como se verá, la inalienabilidad ha sido la regla para ciertos baldíos, entre ellos, los baldíos situados en la orilla o costa del mar (baldíos playeros) y los baldíos situados en islas marítimas, fluviales y lacustres. En cuanto a la prescriptibilidad de los baldíos, salvo el señalamiento expreso en el Código Civil de 1867, a partir del Código de 1873 queda sometida a lo previsto en las leyes especiales, y éstas, hasta 1909, como se verá, excluyen la prescriptibilidad de los baldíos en general. Es sólo a partir de 1909 que las leyes especiales comienzan a regular la prescripción de baldíos, pero sometidos a limitaciones previstas en ese ordenamiento especial.

El objeto de estas notas es estudiar, precisamente, la evolución histórica y situación actual del régimen de las tierras baldías en cuanto a su inalie-nabilidad e imprescriptibilidad, con especial referencia a los baldíos playeros y a los situados en islas.

II. LA EVOLUCIÓN HISTÓRICA DE LA CONDICIÓN JURÍDICA DE LOS BALDÍOS: LA IMPRESCRIPTIBILIDAD Y LA INALIE-NABILIDAD

1. EL RÉGIMEN DE 1848

De acuerdo a lo establecido en la Constitución de 1830, correspondía al Congreso "decretar lo concerniente para la administración, conservación y enajenación de los bienes nacionales" (artículo 87, ordinal 13), y en tal virtud, el Congreso dictó la ley de 10 de abril de 1848 sobre averiguación de tierras baldías, su deslinde, mensura, justiprecio y enajenación.

Mediante esta ley, el Congreso tuvo la intención de regularizar la titularidad, tanto del Estado como de los particulares, respecto de las tierras baldías, y a tal efecto estableció lo siguiente:

1. Que los arrendatarios u ocupantes de tierras baldías al tiempo de la publicación de la ley, podrían hacerse "legítimos propietarios" de dichas tierras *solicitando formalmente la compra de la misma,* la cual podrá acordarse sin subasta (artículo 12).
2. Que los que poseían tierras baldías por tiempo inmemorial y no hubiesen sacado los títulos de propiedad conforme a la ley de 13 de octubre de 1821, *debían hacerlo en el término de un año* contado desde la publicación de la ley (artículo 16) con prórrogas sucesivas. *Vencidos dichos*

lapsos, sin que se sacasen dichos títulos, la ley de 1848 establecía que *los terrenos se considerarían propiedad de la República* (artículo 17).

3. Que las tierras baldías podrían venderse mediante subasta pública (artículo 7), conforme a las normas de la ley y del Decreto reglamentario de 16 de marzo de 1849 sobre tierras baldías.

En esta forma, legalmente quedaba delimitada, en el tiempo, la posibilidad de que los particulares adquiriesen la titularidad, como propietarios, de tierras baldías, circunscrita a *actos formales del Estado: venta acordada* en pública subasta o acordada a los arrendatarios u ocupantes; y *títulos otorgados* a los poseedores por tiempo inmemorial dentro de los lapsos previstos en la Ley.

Esta ley tiene que tomarse, sin duda, como el punto de partida efectivo para el estudio del régimen jurídico relativo a las tierras baldías y para la precisión de la titularidad sobre las mismas.

El Estado, mediante ella, reconoció a los poseedores por tiempo inmemorial su derecho a adquirir la propiedad de la tierra, pero el ejercicio de este derecho lo sometió a unos plazos de caducidad, vencidos los cuales sin que se ejerciese ese derecho, los terrenos en cuestión se considerarían propiedad del Estado.

Después de la ley de 1848 y de los lapsos en ella previstos, por tanto, la titularidad de la propiedad de la tierra o correspondía por así haberse acordado a los poseedores por tiempo inmemorial que lo hubieren solicitado, o correspondía al Estado. Este, después, podía vender las tierras.

2. El régimen desde 1865 a 1909

A. El régimen de 1865

a. La definición de las tierras baldías

En el Decreto de 30 de junio de 1865 sobre tierras baldías se definieron por primera vez, en la legislación especial, qué bienes se consideraban como tierras baldías (artículo 1):

1. "Las tierras que estando situadas dentro de los límites territoriales *carecen de otro dueño,* es decir, que no pertenecen a ejidos, a antiguos resguardos de indígenas, a corporaciones, ni a personas particulares".

2. "Los realengos ocupados sin título; *título que sólo puede suplirse por la justificación* que debieron hacer los tenedores de dichos realengos, de haberlos poseído desde antes del año de 1700, según el capítulo 4? de la Real Instrucción comunicada a los que fueron dominios de España en Cédula de 15 de octubre de 1754, y que fue publicada en la Gaceta de Venezuela número 865".

B. LA IMPRESCRIPTIBILIDAD DE LOS BALDÍOS

Conforme a esta norma, por tanto, se estableció claramente que el Estado *no reconocía otro título de propiedad de baldíos* que los justificativos de posesión desde antes de 1700, hechos por los respectivos tenedores antes de la vigencia del Decreto. Cualquier otra prescripción adquisitiva quedaba legalmente desconocida, y los que tuviesen posesión de baldíos, aun de carácter inmemorial, sólo podían *adquirirlos mediante compra,* en la cual se establecían las debidas preferencias (artículo 10).

En esta forma, la ley especial desconocía la usucapión como modo de adquirir la propiedad de las tierras baldías, por lo que indirectamente, consagraba la imprescriptibilidad de las mismas.

Este régimen de imprescriptibilidad de los baldíos, sin embargo fue modificado por el Código Civil de 1867 que estuvo en vigencia hasta 1873. El Código de 1867, en efecto, estableció que "la administración y la enajenación de los bienes que pertenecen a la República, a los Municipios o a los establecimientos públicos, se rigen por leyes especiales; *pero están sujetos a prescripción según lo determinado en el Título de la materia*" (artículo 347). En esta forma, entre 1867 y 1873 podrían adquirirse por prescripción los bienes del Estado (artículo 1.815) que hubiesen estado poseídos por 30 años (artículo 1.840).

A partir del Código Civil de 1873, en todo caso, se eliminó la mención de que los bienes patrimoniales del Estado estaban sujetos a la prescripción prevista en el ordenamiento civil, a pesar de que su régimen general estuviese previsto en leyes especiales, por lo que de nuevo rigió el principio de la imprescriptibilidad de los baldíos por el desconocimiento expreso de la ley de otra forma de adquirir la propiedad de los mismos distinta a la prevista en esa ley especial.

En ello, el Código de 1873 fue terminante:

> "*Artículo* 443. Las disposiciones de este Código se aplicarán también a los bienes patrimoniales (del Estado) *en cuanto no se opongan a las leyes especiales que les conciernan*".

Esta norma, invariablemente se ha repetido en todos los Códigos Civiles posteriores: 1880 (artículo 447); 1896 (artículo 450); 1904 (artículo 461); 1916 (artículo 522); 1922 (artículo 522), y 1942 (artículo 544).

Es conforme a esta norma que debe interpretarse, correlativamente, la establecida en el Código Civil de 1873 (artículo 1888) sobre prescripción de bienes patrimoniales del Estado y repetida en los códigos posteriores hasta el vigente (artículo 1960).

c. *La enajenación de baldíos*

El Decreto de 1865 estableció la posibilidad de enajenación de los baldíos (artículo 2) sometida a diversas condiciones. Entre ellas la siguiente derivada de la proximidad al dominio marítimo:

> ...Que si se tomaren las tierras a orillas del mar, o de lagos o ríos navegables por botes de remo, vela o vapor, cada porción habrá de tener una extensión diez veces mayor hacia el interior, o de fondo, que la que tenga en la costa o ribera".

En el Decreto se daba *preferencia para la compra* de los baldíos al arrendatario y al ocupante; y al poseedor por tiempo inmemorial que no hubiere sacado el título de las tierras con anterioridad (artículo 10).

En todo caso, la posibilidad de enajenación de los baldíos se previó en el Código Civil a partir de 1873 (artículo 442) conforme a lo previsto en las leyes especiales; norma que se ha repetido invariablemente en los Códigos posteriores de 1880 (artículo 447); 1896 (artículo 454); 1904 (artículo 460); 1916 (artículo 521); 1922 (artículo 521); y 1942 (artículo 543).

d. *La inalienabilidad de baldíos situados en la costa del mar*

Sin embargo, en este Decreto de 1865 aparece por primera vez la inalienabilidad de los baldíos playeros, en los siguientes términos (artículo 3):

> "No se admitirá solicitud de compra por tierras que disten de una salina menos de una legua de 6.666 $^{2}/_{3}$ varas por cada viento; *menos de trescientas varas de la costa del mar;* menos de ciento de las riberas de los lagos o ríos navegables; y menos de veinticinco de los ríos pequeños".

En estos casos, los baldíos no se podían vender, ni aun cuando fueran poseídos por tiempo inmemorial; y sólo podían esas tierras ser de propiedad privada, si estaban amparadas por títulos justificativos de posesión desde antes de 1700, expedidos con anterioridad a dicho Decreto.

B. *El régimen de 1882 y 1894*

a. *La definición de los baldíos*

La ley del 2 de junio de 1882 sobre Tierras Baldías siguió, en general, la orientación del Decreto de 1865.

En tal sentido, ante todo, definió los baldíos en la siguiente forma (artículo 1):

> 1. "Los que estando situados dentro de los límites de la Nación, carecen de legítimo dueño, es decir, que no pertenecen a ejidos o a corporaciones, ni a personas particulares".

2. "Los realengos ocupados sin legítimo título, o con documento cuyo origen sea vicioso o ilegítimo, *los que sólo pueden remplazarse con el título supletorio evacuado con las formalidades legales,* y con la posesión del inmueble desde antes del año de 1700, de conformidad con el artículo 4° de la Real Instrucción, comunicada a los que fueron Dominios de España, en Cédula de 15 de octubre de 1754, publicada en la Gaceta de Venezuela, número 865, siempre que tales títulos supletorios aparezcan protocolizados en la Oficina de Registro en donde está situado el inmueble de cuya propiedad se trata"; y

3. "Los que reivindique la Nación conforme a las disposiciones contenidas en la presente ley".

En cuanto a los baldíos definidos en el ordinal 1°, la ley, en realidad, ratificaba lo que hasta ese momento habían regulado los Códigos Civiles de 1867 (artículo 344, ordinal 5?); 1873 (artículo 441) y 1880 (artículo 446) y lo que señalaba el Código de Hacienda de 1873 (artículo 1°, Ley II).

B. *LA IMPRESCRIPTIBILIDAD DE LOS BALDÍOS*

De acuerdo a esta definición legal, como se dijo, la ley ratificó el *desconocimiento de cualquier otra forma de adquisición de propiedad de tierras baldías* que no fuera por compra (artículo 7 y ss.) o por la posesión inmemorial desde antes de 1700 amparada por título supletorio debidamente protocolizado antes de la entrada en vigencia de la ley (1882). No otro puede ser el sentido del artículo 1°, ordinal 2° citado.

Esta regulación legal, por otra parte, era perfectamente compatible con el régimen previsto en el Código Civil desde 1873 al señalar, como se dijo, que sus disposiciones se aplicarían también a los bienes patrimoniales "en cuanto no se opongan a las leyes especiales que les conciernan".

Por tanto, *desconociéndose en la ley de 1882 la posibilidad de adquisición de propiedad de terrenos baldíos, por prescripción,* las normas relativas a la prescripción del Código Civil resultaban inaplicables.

C. *LA ENAJENACIÓN DE BALDÍOS*

Las tierras baldías conforme a la ley de 1882 podían adjudicarse en propiedad (artículo 6), estableciéndose normas que regulaban el destino que debían tener (artículo 4) y las condiciones para la venta (arts. 7 y ss.)

D. *LA INALIENABILIDAD DE LOS BALDÍOS PLAYEROS*

En la ley de 1882 se ratificó la inalienabilidad de los baldíos playeros prevista en la ley de 1865, pero precisándose la medida en metros. El artículo 7 de la ley, al regular la venta de tierras baldías, estableció en efecto, la siguiente condición:

> 4. "Que no pueden concederse tierras baldías que disten de una salina menos de cinco kilómetros por cada viento; *menos de quinientos metros de la costa del mar;* menos de doscientos de las riberas de los lagos o ríos navegables; y menos de cincuenta de los ríos pequeños".

E. *El régimen de 1894*

La Ley de Tierras Baldías, de 24 de agosto de 1894, en términos generales, siguió la misma orientación normativa de la ley de 1882, antes comentada.

C. *El régimen de 1896 y 1900*

La Ley de Tierras Baldías, de 20 de mayo de 1896, en términos generales, estableció el mismo régimen comentado de la ley de 1882, seguido por la ley de 1894. Sin embargo, reguló un procedimiento de adjudicación de tierras baldías a los poseedores de buena fe y de ratificación de propiedad a quienes poseyeran con justo título.

En efecto, el artículo 5 de la ley estableció lo siguiente:

> "Artículo 5. Una vez levantado el plano de una porción de tierra denunciada como realenga, podrá el Ejecutivo Nacional ordenar que se expidan títulos de propiedad definitiva a los que la estén ocupando, como poseedores de buena fe, debiendo ratificar la propiedad del terreno ocupado en aquellos que resulten poseedores con justo título; y como comprobantes, así de los dominios o derechos que se reconozcan en los particulares, como de los que correspondan a la Nación, se consignará una copia del plano levantado, en la Oficina de Registro. ..".

Esta norma fue reglamentada por Decreto de 1° de junio de 1896 en la siguiente forma:

> "*Artículo* 7. Los ocupantes y poseedores de buena fé de tierras realengas, sin legítimo título, procederán cuanto antes a llenar las formalidades legales *para la adquisición* a título gratuito de su propiedad en la parte de tierra que tengan cultivada, en conformidad con lo dispuesto en el artículo 5° de la Ley de Tierras Baldías vigente".

Esta normativa confirmaba, en el ordenamiento de 1896, la impres-criptibilidad de los baldíos: los poseedores de buena fe tenían derecho a obtener la propiedad de la tierra a título gratuito por parte del Estado, quien podría dárselas o no; y a los poseedores con justo título se les debía ratificar la propiedad del terreno por parte del Estado, mediante *el registro* de planos respectivos.

En esta forma, se reconocía el derecho a los poseedores, pero no para adquirir la propiedad por prescripción, sino para que el Estado por acto formal que debía registrarse, reconociera dicha propiedad.

El Decreto de 20 de julio de 1900, sobre Tierras Baldías, siguió en términos generales el mismo régimen de la ley de 1882, con la modificación señalada en la ley de 1896.

D. *EL RÉGIMEN DE 1904*

a. *LA DEFINICIÓN DE LOS BALDÍOS*

La Ley de Tierras Baldías, del 18 de abril de 1904, estableció una definición de baldíos más escueta que la prevista en leyes anteriores, pero el régimen de imprescriptibilidad, enajenación e inalienabilidad de los baldíos playeros quedó inalterado.

En efecto, el artículo 1 de la ley definió como baldíos, los siguientes:

> 1. "Los que estando situados dentro de los límites de la Nación, carecen de legítimo dueño, es decir, que no pertenecen a ejidos o a corporaciones ni a personas particulares; y
>
> 2. "Los que reivindique la Nación conforme a derechos y a las disposiciones especiales contenidas en la presente ley".

b. *LA IMPRESCRIPTIBILIDAD DE LOS BALDÍOS*

En contraste con las leyes anteriores, que consagraron la imprescriptibilidad indirecta de los baldíos, esta ley de 1904 fue terminante en excluir la posibilidad de adquirir la propiedad de tierras baldías por prescripción adquisitiva. En efecto, en su artículo 28 estableció lo siguiente:

> "*Articulo 28.* Fuera de los especiales y precisos casos determinados en la presente ley, *la propiedad de las tierras baldías sólo podrá adquirirse en virtud de compra* y al Ejecutivo Federal corresponde expedir a los compradores, por órgano del Ministerio de Fomento, los respectivos títulos de adjudicación, previas las formalidades establecidas en esta ley".

Por tanto, la inaplicabilidad de las normas relativas a la adquisición de inmuebles por prescripción previstas en el Código Civil, era evidente; máxime cuando el propio Código Civil desde 1873, como se dijo, remitía a la Legislación especial el régimen de los baldíos.

En el Código Civil de 1904, vigente para el momento de aplicación de la ley, en efecto, se estableció lo siguiente:

> "*Artículo 461.* Las disposiciones de este Código se aplicarán también a los bienes patrimoniales en cuanto no se opongan a las leyes especiales que les conciernan".

c. *La enajenación de los baldíos*

La ley de 1904 reguló la forma y modalidades de la enajenación de baldíos por venta (arts. 28 y ss.) y por adjudicación gratuita (arts. 35 y ss.).

En relación a esta última modalidad se atribuyó al "ocupante de tierras baldías que posea en ellas cultivadas por lo menos dos hectáreas con casa de habitación", el "*derecho* de que se le conceda gratuitamente el dominio y la propiedad de cinco hectáreas y de que se le expida el título correspondiente" (art. 35).

d. *El saneamiento respecto de las adquisiciones de baldíos*

La ley de 1904, en todo caso, saneó la situación de los adquirentes *legítimos* de tierras baldías hasta la fecha de su promulgación en los términos siguientes:

> "*Artículo 44.* La propiedad de tierras baldías *adquiridas legítimamente* hasta la fecha de la publicación de la presente ley, queda firme y ratificada; y no puede ser objeto de reclamaciones por parte de la Nación y de los Estados.

Por supuesto, esta disposición amparó, *sólo, a la propiedad de tierras baldías adquiridas legítimamente,* es decir, conforme a los títulos que autorizaba la legislación hasta esa fecha, lo que excluía toda posibilidad de legitimar adquisiciones por prescripción que se hubiesen podido efectuar hasta 1904, salvo las que hubiesen podido registrarse entre 1867 y 1873.

De resto, la adquisición legítima de la propiedad de tierras baldías hasta 1904, sólo podía resultar de los siguientes títulos:

1. La compra efectuada por arrendatarios u ocupantes y las adjudicaciones a los poseedores de buena fe efectuadas conforme a las leyes de 1896 y 1900; conforme al artículo 12 de la ley de 1848.
2. Las ventas o adjudicaciones formales efectuadas conforme a lo previsto en las leyes de 1865, 1882, 1894, 1896 y 1900.
3. La adquisición mediante título otorgado a los poseedores por tiempo inmemorial en el lapso de un año, con las prórrogas previstas, contados a partir de la publicación de la ley de 1848 (artículos 16 y 17).
4. La compra en pública subasta de tierras baldías, conforme al artículo 7 de la ley de 1848.

5. La adquisición mediante justificación o título supletorio de posesión que datara de antes del año 1700, conforme a las leyes de 1865, 1882, 1894, 1896 y 1900.

e. *La inalienabilidad de los baldíos playeros*

La ley de 1904 ratificó la inalienabilidad de los baldíos playeros (art. 43), en una extensión de 500 metros de la costa del mar, establecida desde 1865.

3. El régimen desde 1909 a 1919

El régimen jurídico de las tierras baldías a partir de 1909 cambió de forma sustancial, particularmente en cuanto a la imprescriptibilidad tradicional de los baldíos.

Este régimen cambió básicamente, por las previsiones de la ley de 1909, que se siguieron en las leyes posteriores hasta la de 1918.

A. *El régimen de 1909*

a. *La definición de los baldíos*

De acuerdo a lo establecido en el artículo 1° de la Ley de Tierras Baldías y Ejidos, de 13 de agosto de 1909:

> "*Artículo 1*. Se consideran baldías las tierras que estando dentro de los límites de la Nación no sean ejidos o hayan sido *adquiridas legítimamente por particulares o personas jurídicas* capaces de obtener propiedades en el país y las que reivindique la Nación conforme a la Ley".

Esta definición varió la tradicional de las leyes especiales anteriores. Sin embargo, quedaba complementada con la establecida en el Código Civil de 1904:

> "*Artículo 459*. Todas las tierras que estando situadas dentro de los límites territoriales, carecen de otro dueño, pertenecen al dominio privado de la Nación".

b. *El establecimiento de la prescriptibilidad de los baldíos*

En la ley de 1909 se eliminaron todas las normas que podían excluir la posibilidad, para los particulares, de adquirir por prescripción las tierras baldías. Al contrario, se estableció casi expresamente esta posibilidad, no sólo al señalarse en el artículo 1°, como se dijo, que no eran tierras baldías las "adquiridas legítimamente por particulares" (y uno de los modos de adquirir la propiedad según el Código Civil de 1904 era la usucapión), sino por señalarse expresamente que la Nación no iniciaría juicios de reivindicación, en caso de que se hubiese adquirido por prescripción la propiedad.

En efecto, el artículo 8 de la ley de 1909, estableció:

> "*Articulo* 8. El Ministro de Fomento, a fin de no ordenar la iniciación de procesos contrarios al objeto de la presente ley, consultará en cada caso al gobierno del respectivo Estado y tendrá en consideración:
>
> 1. *La autoridad de la prescripción, como causa legítima de dominio según el Código Civil.*
> 2. Que es de interés general la estabilidad de las empresas agrícolas o pecuarias que estuvieren ya fundadas".

En esta forma, la ley de 1909 expresamente reconoció y admitió la prescriptibilidad de las tierras baldías, cambiando la tradición jurídica existente desde 1873.

En 1909, la prescripción estaba regulada en el Código Civil de 1904, y en él se establecía que "para adquirir por prescripción se necesita posesión legítima" (art. 1937), señalándose, además, que: "El Estado por sus bienes patrimoniales y todas las personas jurídicas están sujetas a la prescripción, como los particulares" (art. 1.944)

El propio Código Civil se encargaba de definir cuándo la posesión era legítima al indicar, en forma negativa, que "la posesión no es legítima cuando no es continua, no interrumpida, pacífica, pública, no equívoca y con intención de tener la cosa como suya propia" (art. 672).

De acuerdo a estas normas, por tanto, la ley de 1909 admitió la posibilidad general de que las tierras baldías fuesen objeto de "posesión legítima"; y ello surge con evidencia de las normas relativas a las oposiciones que podían formularse respecto de las solicitudes de venta de tierras baldías. Entre las causales de oposición estaba la siguiente: "Por alegar el opositor que está *en posesión legítima de todo o parte del terreno que como baldío* se ha denunciado" (artículo 63, ordinal 1), norma que se ha repetido en todas las leyes posteriores hasta la vigente de 1936.

En este caso, la oposición daba origen a un procedimiento judicial que podía culminar en una sentencia declarativa de "*la posesión legítima,* de que habla el artículo 671 del Código Civil" (art. 69), en cuyo caso se reservaba a la Nación la posibilidad de intentar el respectivo juicio de reivindicación (art. 72).

Estas normas se han repetido, casi invariablemente, en las leyes posteriores hasta la vigente ley de 1936.

c. *La enajenación de los baldíos*

La Constitución de 1909, por primera vez en el texto constitucional, estableció expresamente la posibilidad de "enajenación de los baldíos" (artículo 13, ordinal 30), pues sólo excepcionalmente la Constitución de 1901 había establecido la posibilidad de que los mismos pudieran ser "adjudicados" (artículo 6, ordinal 29).

Conforme a la orientación constitucional, la ley de 1909 reguló ampliamente la venta de tierras baldías (artículo 16 y sigts.), así como su adjudicación gratuita (artículos 41 y sigts.) con las debidas preferencias (artículos 60 y sigts.).

La ley recogió el mismo principio de saneamiento respecto de "la propiedad de tierras baldías *adquirida legítimamente* hasta la fecha de la publicación de la presente ley" (artículo 81), prevista en la ley anterior de 1904.

Sin embargo, limitó la posibilidad de intentar la acción correspondiente por diferencias de cabida, por prescripción de la misma, conforme a lo establecido en el artículo 1.447 del Código Civil de 1904.

d. *La reducción de la inalienabilidad de ciertos baldíos*

La ley de 1909 trajo, por otra parte, otra innovación de gran importancia: eliminó el carácter inalienable de los baldíos playeros (eliminación que sólo tuvo una vigencia de diez meses, pues se restableció en la ley de 1910) tradicionalmente establecida desde 1865, y limitó los casos de inalienabilidad de baldíos a los siguientes supuestos:

> "*Articulo 12. No son enajenables*:
>
> 1° Los terrenos baldíos cuya conservación sea conveniente por razones de *utilidad pública,* especialmente, con el objeto de conservar o aumentar las fuentes y manantiales, los cuales se regirán por leyes especiales.
>
> 2° Los que se determinen para Ejidos Municipales por esta misma ley.
>
> 3° Los que el Ejecutivo Federal resolviere dejar para la colonización por medio de inmigrantes extranjeros o para la reducción de indígenas en los Estados y Territorios en donde aún los hay incivilizados, adjudican-doles gratuitamente a cada familia que se establezca, cinco hectáreas con sólo el hecho de la Resolución respectiva que le servirá de título de propiedad.
>
> 4° Las tierras baldías que estén a inmediaciones de las *salinas hasta dos y medio kilómetros."*

En estos casos de baldíos inalienables, no se deducía de la ley de 1909 norma alguna que también excluyera la imprescriptibilidad respecto de ellos.

Sin embargo, si conforme al C.C. de 1904, no producía "efecto jurídico la posesión de las cosas cuya propiedad no puede adquirirse" (artículo 677), es evidente que estos baldíos declarados inalienables no podían adquirirse por prescripción, pues la propiedad de ellos no podía adquirirse.

B. El régimen de 1910 a 1919

Las leyes de 27 de junio de 1910, de 11 de julio de 1911, 4 de julio de 1912, 30 de junio de 1915 y 24 de junio de 1918 siguieron, en términos generales, la misma orientación de la ley de 1909. Durante este período, sin embargo, se dictaron diversas normas de interés en cuanto a la inalienabilidad de ciertos baldíos.

a. El restablecimiento de la inalienabilidad de los baldíos playeros en 1910

La ley de 1910, al definir los baldíos no enajenables, estableció el siguiente caso (artículo 12):

> "*Ordinal 4.* Las tierras que estén a inmediaciones de las salinas hasta dos y medio kilómetros, *a las orillas del mar hasta quinientos metros,* a las riberas de los lagos o ríos navegables de primero y segundo orden hasta doscientos metros y de los otros no navegables de orden inferior hasta veinticinco metros de distancia."

Esta norma, con variaciones menores, ha sido mantenida en la Legislación de Tierras Baldías hasta la ley vigente de 1936. En todo caso, ha permanecido invariable la referencia a la inalienabilidad de *los baldíos en las orillas del mar hasta quinientos metros.*

b. La inalienabilidad e imprescriptibilidad de las tierras baldías situadas en isla

Por decreto de 22 de octubre de 1913 se dispuso lo siguiente:

> "*Articulo 1.* Los terrenos baldíos existentes en las islas marítimas, fluviales y lacustres pertenecientes a la República, *no podrán ser enajenados en ninguna forma.*"

Esta norma adquirió rango legal a partir de la Ley de Tierras Baldías y Ejidos, de 30 de junio de 1915, agregándose a la inalienabilidad, la imprescriptibilidad. En efecto, el artículo 11, ordinal 5, al declarar que no son enajenables dichos baldíos, estableció lo siguiente:

> "*Ordinal 5.* Las tierras baldías existentes en las islas marítimas, fluviales y lacustres, cuyo aprovechamiento hará el Ejecutivo Federal en forma que *no envuelva directa ni indirectamente el transferimiento del dominio ni de la propiedad de la tierra*".

Esta norma no sólo declaró la inalienabilidad de las tierras baldías situadas en islas, sino que precisó que su aprovechamiento sólo lo podía hacer el Ejecutivo Nacional en forma que "no envuelva *directa ni indirectamente el transferimiento del dominio ni de la propiedad de la tierra"*, lo que equivale a desconocer la prescripción como forma de adquirir la propiedad de estas tierras baldías.

Esta norma se repitió con esa misma redacción en las leyes posteriores hasta la de 24 de junio de 1918.

Por otra parte, en la Constitución de 1914 la norma adquirió rango constitucional al establecerse en el parágrafo único del ordinal 28 del artículo 19, lo siguiente:

> *"Las tierras baldías podrán ser enajenadas conforme a la Ley; se exceptúan los baldíos existentes en las islas marítimas, fluviales y lacustres, cuyo aprovechamiento hará el Ejecutivo Nacional en forma que no envuelva directa ni indirectamente el transferimiento del dominio ni de la propiedad de la tierra."*

Esta norma constitucional, recogida, como se dijo, en las leyes de 1915 a 1918, le dio rango constitucional tanto a la inalienabilidad como a la imprescriptibilidad de las tierras baldías situadas en islas, al prohibir todo aprovechamiento que implicase, directa o indirectamente, el transferimiento del dominio de la propiedad de la tierra. Con ello se establecía constitucio-nalmente que los terrenos baldíos situados en islas no podían salir del patrimonio del Estado, por lo que, por supuesto no podían ser adquiridos por prescripción por los particulares.

Esta norma constitucional ha sido invariablemente establecida en *todos* los textos constitucionales posteriores: 1922 (único del ordinal 28, artículo 19); 1925 (artículo 15, ordinal 18); 1928 (artículo 15, ordinal 18); 1929 (artículo 15, ordinal 18); 1931 (artículo 15, ordinal 18); 1936 (artículo 15, ordinal 18); 1945 (artículo 15, ordinal 18); 1947 (artículo 137, ordinal 12); 1953 (artículo 60, ordinal 17) y 1961 (artículo 136, ordinal 10).

En esta forma, frente a la prescriptibilidad general de las tierras baldías establecida a partir de la ley de 1909, la Constitución de 1914 (y todos los textos constitucionales posteriores) y la ley de 1915, hasta el texto de 1918, adoptaron expresamente el principio de la inalienabilidad e imprescriptibilidad de las tierras baldías situadas en las islas marítimas, lacustres y fluviales.

Por supuesto, no existe la menor duda en considerar dentro de esta prohibición constitucional a los baldíos existentes en las islas que forman el Estado Nueva Esparta (Margarita, Coche y Cubagua). La idea de isla marítima a los efectos de la prohibición constitucional se opone sólo al territorio continental, por lo que los baldíos de las islas del Estado Nueva Esparta, a pesar de ser del dominio privado del Estado, desde 1913, son inalienables.

c. *El saneamiento de las adquisiciones de tierras baldías excluyendo la usucapión*

La ley de 1912, siguiendo el principio de las leyes anteriores, estableció lo siguiente:

> "*Articulo 109.* Las concesiones de Tierras Baldías, *adquiridas legítimamente* hasta la fecha de la publicación de la presente Ley, *con la aprobación del Gobierno Nacional,* quedan firmes y ratificadas, y no podrán ser objeto de reclamación por parte de la Nación ni de los Estados".

Este saneamiento, tal como surge del propio texto, al contrario de las normas de la ley de 1904, se limitó exclusivamente a las adquisiciones legítimas efectuadas *con la aprobación del Gobierno Nacional,* por lo que la norma no abarcó a las eventuales adquisiciones, efectuadas sin la aprobación del Gobierno Nacional, tal como podría serlo una usucapión.

Las adquisiciones de tierras baldías reconocidas y ratificadas se limitaron a aquellas otorgadas en venta o adjudicación gratuita por el Ejecutivo Nacional.

Esta norma de saneamiento legal va a permanecer con esta redacción en las leyes posteriores de 1915, 1918, 1919, 1924, 1925, 1931 y en la ley vigente de 1936 (artículo 177). En tal sentido, aun cuando a partir de la ley de 1909 se admitió, con limitaciones, la prescriptibilidad de las tierras baldías, en 1912, tres años después, el legislador no reconoció ni ratificó las adquisiciones por prescripción que hubiesen podido efectuarse en ese breve lapso (1909 a 1912).

4. EL RÉGIMEN DESDE 1919 A 1936

La ley de 27 de junio de 1919, introdujo una serie de innovaciones a la regulación sobre tierras baldías, reforzando, entre otros aspectos a la vez, la posibilidad de prescriptibilidad de los baldíos y la imprescriptibilidad de algunos de ellos.

A. EL RÉGIMEN DE 1919

a. LA DEFINICIÓN DE LOS BALDÍOS

El artículo 1° de la ley de 1919, recogiendo la noción del Código Civil se limitó a señalar lo siguiente:

> "*Artículo 1.* Son baldíos todos los terrenos que estando dentro de los límites de la República no sean propiedad particular, ni ejidos, ni pertenezcan legítimamente a corporaciones o personas jurídicas."

La norma de la ley de 1919 eliminó la expresión tradicional establecida en las leyes de 1909, 1910, 1911, 1912, 1915 y 1918, y que excluía de la calificación de baldíos los terrenos "adquiridos *legítimamente* por particulares o personas jurídicas capaces de obtener propiedades en el país". En la ley de 1919, no se calificó la adquisición de la propiedad por los particulares para la definición de baldíos, sino pura y simplemente se estableció que eran baldíos los terrenos que "no sean propiedad particular".

B. *LA TITULARIDAD DE LOS BALDÍOS*

Los terrenos baldíos, como bienes del dominio privado, corresponden, en titularidad a los Estados o a la Nación respecto de los Territorios Federales, según lo dispuesto en las leyes anteriores desde la de 1882, hasta la de 1918.

Sin embargo, legalmente no se había aclarado la situación de los baldíos situados en las islas del mar de las Antillas, fuesen o no Dependencias Federales.

En la ley de 1919 se aclaró definitivamente la situación, particularmente respecto de los baldíos situados en las islas del mar de las Antillas, en la siguiente forma:

> "*Articulo* 2. Los terrenos baldíos de los Estados son del dominio privado de ellos y los del Distrito Federal, los de los Territorios Federales y los de las islas del mar de las Antillas son del dominio privado de la Nación.".

Esta norma se reprodujo invariablemente en todas las leyes posteriores hasta la vigente de 1936.

Es de destacar, en todo caso, que la expresión "islas del mar de las Antillas" de este artículo no abarca, por supuesto, a las islas que forman el Estado Nueva Esparta (Margarita, Cubagua y Coche); no porque no sean islas, sino porque formando parte de un Estado, la titularidad de los baldíos situados en ellas corresponde al Estado Nueva Esparta y no a la Nación.

Por supuesto, esta exclusión de las islas de Margarita, Coche y Cubagua de la expresión "islas del mar de las Antillas" del artículo 2° de la ley a los efectos de determinar la titularidad del dominio privado sobre los baldíos existentes en ellas, no implica, en absoluto, que no estén dichos baldíos incluidos en la causal de inalienabilidad prevista en la propia ley de 1919 (artículo 12, ordinal 2) y las leyes posteriores, respecto de los situados en las "islas marítimas", y en las Constituciones, a partir de 1914.

En esta expresión de "islas marítimas," a los efectos de la inalienabilidad de los baldíos, se incluyen todas las porciones del territorio nacional que no formen parte del continente (incluyendo las islas de Margarita, Coche y Cubagua); en cambio, en la expresión "islas del mar de las Antillas" del artículo 2°, no se incluyen dichas islas de Margarita, Coche y Cubagua, pues, formando parte de un Estado de la Federación tiene, el Estado Nueva Esparta, la titularidad de los baldíos situados en estas islas, y no corresponde dicha titularidad a la Nación.

c. *La prescriptibilidad de los baldíos*

La ley de 1919 fue más precisa que las leyes posteriores a la de 1909 en admitir y regular la prescriptibilidad de baldíos. El régimen en esta materia, quedó regulado como sigue:

a'. *La prescriptibilidad general de los bienes inmuebles nacionales*

La Ley Orgánica de la Hacienda Nacional de 1918 (artículo 25), estableció expresamente que la propiedad y derechos reales sobre bienes nacionales podían ser adquiridos por prescripción. El tiempo necesario para prescribir era de veinte años, cuando existieran justo título y buena fe, y de cincuenta años, cuando faltaren estos requisitos.

Esta norma ha sido mantenida invariablemente en todas las Leyes posteriores hasta la vigente.

b'. *La aparente consagración de la prescripción por posesión desde antes de 1848*

La ley de 1919 expresamente estableció que el Ejecutivo Nacional no podía intentar las acciones de reivindicación (art. 10):

> "contra los poseedores de tierras que por sí o sus causantes hayan estado gozándolas *con carácter de propietarios* desde antes de la ley de 10 de abril de 1848".

En estos casos, agregaba la ley, el poseedor podía alegar la prescripción que le favorezca (art. 10).

Sin embargo, poseer una tierra y gozarla "con carácter de propietario" desde antes de 1848, no era posible respecto de los que *no hubiesen* adquirido formalmente la propiedad de dichas tierras conforme a las normas de los artículos 16 y 17 de la ley de 1848, en los lapsos allí previstos, vencidos los cuales, expresamente se consideraron los terrenos ocupados y poseídos como *propiedad de la República.* Y si esto fue así, mal podía un poseedor seguir poseyendo la tierra "con carácter de propietario".

Por ello, la primera parte del artículo 10 de la ley de 1919, repetida en todas las leyes posteriores hasta la vigente de 1936 (art. 11), aparentemente no podría aplicarse, por ser imposible el supuesto que contempló.

Si un poseedor había adquirido la propiedad de la tierra baldía conforme a la ley de 1848, el bien había dejado de ser baldío desde esa fecha, y el particular podía ser considerado como legítimo propietario "con la aprobación del Gobierno Nacional", caso en el cual no tendría sentido hablar de la posibilidad de la acción reivindicatoría. Si la intención del legislador de 1919, y de las leyes posteriores, fue sanear definitivamente las adquisiciones de tierras baldías efectuadas conforme a la ley de 1848, ello era innecesario.

Pero si la intención de la ley fue la de reconocer la posibilidad de que algún poseedor de tierras baldías, que no se hubiese acogido a las previsiones de la ley de 1848, que le permitía convertirse en propietario, hubiese podido gozar de la propiedad "con carácter de propietario desde antes de la ley de 10 de abril de 1848", ello sería contradictorio con todo el ordenamiento anterior a 1919 (y posterior a 1848), que había establecido que las tierras que no hubiesen sido adquiridas conforme a la ley de 1848, se consideraban propiedad de la República; y si esto es así, mal hubiera podido alguien gozarla "con carácter de propietario".

c'. *LA PRESCRIPCIÓN GENERAL DE BALDÍOS Y SU LIMITACIÓN LEGAL*

La ley de 1919 estableció, además, como principio general, lo siguiente (art. 10):

> "En todos los casos, el poseedor aun cuando su posesión datare de la fecha posterior a la de dicha ley (1848), puede alegar la prescripción *que le favorezca,* y no se ordenará la iniciación de ningún juicio de reivindicación cuando sea evidente que prosperaría la excepción de prescripción".

En esta forma se estableció en la ley la posibilidad general de prescripción de los baldíos, lo cual se repitió invariablemente en las leyes posteriores hasta la ley vigente de 1936 (art. 11).

Sin embargo, para que la posesión surtiera efectos a los fines de la prescripción, las tierras baldías sobre las cuales podía alegarse usucapión tenían que ser sólo *aquellas que podían ser adquiridas en propiedad mediante enajenación.* Esto surgía, en 1919, y en la legislación actual, por la concatenación de las normas, tanto de la Ley de Tierras Baldías, como del Código Civil.

La ley de 1919, en efecto, paralelamente al reconocimiento general de la usucapión de los baldíos, como contrapartida, introdujo una norma de gran interés, y fue la del artículo 52:

> "*Artículo* 52. Es lícita la ocupación de terrenos baldíos cuando no sean de los inalienables que se enumeran en el artículo 12".

Esta norma se repitió en todas las leyes posteriores y en la vigente de 1936 (art. 145).

Mediante ella se estableció *que la ocupación de baldíos declarados como inalienables se consideraba ilícita.*

Por otra parte, de acuerdo con lo previsto en el artículo 766 del Código Civil de 1916,

> "*Artículo 766.* No produce efecto jurídico la posesión de las cosas cuya propiedad no puede adquirirse".

Este artículo se repitió en los Códigos Civiles posteriores de 1922 (Art. 766) y 1942, vigente (Art. 778).

Por tanto, si la ocupación de terrenos baldíos inalienables *es legalmente ilícita,* y la posesión no produce efectos jurídicos cuando se refiere a "cosas cuya propiedad no puede adquirirse", es evidente que la posesión sobre tierras baldías inalienables no sólo no surte efectos, sino que es ilícita. Y si ello es así, por supuesto que la posesión ineficaz e ilícita no puede dar lugar a la usucapión.

Ahora bien, la prescripción, tal como lo precisa el Código Civil, es un medio de adquirir un derecho por el tiempo (Art. 2.024 del CC 1916; Art. 2.024 del CC 1922, y Art. 1.952 del CC vigente de 1942); y "para adquirir por prescripción se necesita posesión legítima" (Art. 2.025 del CC 1916, Art. 2.025 del CC 1922; Art. 1.953 del CC vigente de 1942).

Sin embargo, una posesión ilícita e ineficaz como la que puede ejercerse sobre terrenos baldíos inalienables, no debería llegar a ser posesión legítima y nunca debería dar origen a la usucapión.

Por ello, precisamente fue que las propias leyes de Tierras Baldías, desde la de 1919 hasta la de 1931, establecieron que "la ocupación (aun la lícita) *no constituye título de propiedad ni le atribuye al ocupante el carácter de poseedor legítimo del terreno,* pero sí produce en su favor los efectos que indica esta ley y los que establezcan otras leyes especiales" (Art. 53); entre ellos la defensa de las bienhechurías y la preferencia en la adjudicación gratuita.

A partir de la ley de 1931, y en la ley vigente, la Ley de Tierras Baldías eliminó la expresión general de que la ocupación de tierras baldías no constituía "posesión legítima" y se limitó a prever que los efectos de la ocupación de tierras baldías eran sólo los establecidos en la propia Ley y en las otras leyes especiales (Art. 86 de la ley de 1931, y Art. 146 de la ley de 1936 vigente).

Por último, debe también recordarse que el Código Civil expresamente establece que "la prescripción no tiene efecto respecto de las cosas que no están en el comercio" (Art. 2.031 del CC 1916; Art. 2.031 del CC 1922 y Art. 1.959 del CC 1942).

Entre las cosas que están fuera del comercio, están aquellas cuya propiedad no puede transmitirse en forma alguna. Estos serían, por ejemplo, los bienes del dominio público que se declaran inalienables (Art. 543 CC), y cualesquiera otros bienes declarados constitucional o legalmente como inalienables. Por ejemplo, las tierras baldías situadas en islas, conforme al Art. 136, ordinal 10 de la Constitución (norma que tiene rango constitucional desde el texto de 1914), pueden aprovecharse con autorización pública, siempre que ella "no envuelva, *directa ni indirectamente, la transferencia de la propiedad de la tierra*". Con ello se está señalando que los baldíos situados en islas, son inalienables, y su propiedad no podrá transferirse en forma alguna, del Estado a otro sujeto de derecho. Esta inalienabilidad implica, sin duda, imprescriptibilidad.

D. *LA INALIENABILIDAD E IMPRESCRIPTIBILIDAD DE LOS BALDÍOS PLAYEROS Y SITUADOS EN ISLAS*

La ley de 1919 ratificó el carácter inalienable de las tierras baldías situadas "a las orillas del mar hasta quinientos metros" (Art. 12, ordinal 2°), y de "las tierras baldías existentes en las islas marítimas y fluviales de la República" (Art. 12, ordinal 3°).

En este último aspecto es de señalar que si bien la ley de 1919, y todas las leyes posteriores hasta la vigente de 1936 (Art. 13, ordinal 4), eliminaron la mención respecto a las islas lacustres, los baldíos situados en éstas continuaron siendo inalienables conforme a la norma constitucional ya comentada establecida a partir de la Constitución de 1914 hasta la vigente (Art. 136, ordinal 10).

Por otra parte, también debe señalarse que dichas tierras baldías situadas en las islas marítimas, fluviales y lacustres, no sólo son inalienables conforme a la Ley de Tierras Baldías según lo expresado en todos los textos desde 1915 hasta el vigente, sino que también son imprescriptibles. En efecto, a pesar de que la ley de 1919 eliminó la mención de que el aprovechamiento de dichas tierras sólo podía hacerse de manera que no implicase, *directa o indirectamente, el transferimiento del dominio ni de la propiedad de la tierra* (tal como se estableció en las leyes de 1915 a 1918) lo que abarcaba la usucapión, esa expresión ha continuado invariablemente en la norma constitucional establecida desde el texto de 1914 hasta el vigente (Art. 136, ordinal 10).

Debe señalarse, en todo caso, que el legislador de 1919, al declarar la inalienabilidad de los baldíos playeros y de los situados en islas, reguló las ocupaciones "lícitas" de los mismos:

a) En cuanto a los baldíos playeros señaló que no podían ser materia ni aun de contratos de arrendamientos, previéndose sólo la concesión de *permisos* para levantar construcciones en ellos, "sin que tales *permisos envuelvan la enajenación del suelo*" (Art. 15).

b) En cuanto a los baldíos situados en islas "separados los que se encuentren a las orillas del mar y de los ríos", podrán ser materia de contratos especiales de arrendamiento, excepto los de aquellas islas en que el Ejecutivo Federal resolviese no hacer contrato alguno. En los arrendamientos que de tales terrenos se celebraren se estipulará que *en ningún tiempo podrá alegar derecho el arrendatario a adquirir la propiedad o dominio del terreno*" (Art. 15).

B. *El régimen desde 1924 a 1936*

El régimen de las leyes de 1924, 1925, 1931 y el vigente de 1936, siguieron la misma orientación del texto de 1919, con algunas variaciones de interés que se destacan a continuación:

a. *El régimen de los baldíos playeros en la ley de 1924*

La ley de 1924, al igual que las anteriores, declaró inalienables los baldíos situados "a orillas del mar, hasta quinientos metros" (Art. 12, ordinal 2º), y respecto de ellos, al igual que la ley de 1919, no permitió su arrendamiento, sino permisos para levantar construcciones "sin que tales permisos envuelvan la enajenación del suelo" (Art. 17). El interés de la norma, en todo caso, radica en la aclaratoria que hace de que ésta limitación respecto al aprovechamiento de estos baldíos abarca a todos los playeros "ya se encuentren en el *territorio continental de la República* o bien en el de las islas fluviales y marítimas de la misma" (Art. 17), con lo cual la ley (tal como lo repitió la ley de 1925) hace una distinción entre el continente y las islas, y en estas últimas, sin duda, están también las islas de Margarita, Coche y Cubagua, las cuales no son parte del "territorio continental" por más que constituyan un Estado, conforme a la división político-territorial de la República. (Estado Nueva Esparta).

b. *El régimen de los baldíos playeros en las leyes de 1925 y 1931*

En las leyes de 1925 y 1931, siguiendo la orientación tradicional, se estableció también que los terrenos baldíos situados "a las orillas del mar, hasta quinientos metros" son inalienables (Art. 12, ordinal 2º).

Sin embargo, esta inalienabilidad tradicionalmente absoluta, se modificó permitiéndose que dichos terrenos *"sólo podrán enajenarse* para destinarlos al ensanche de las poblaciones o de los puertos nacionales, debiendo en todo caso quedar libre una faja de veinte metros" (Art. 12, ordinal 2º).

En estas leyes de 1925 y 1931, se estableció, además, que el Ejecutivo Nacional no podía dar en arrendamiento estos baldíos playeros, y sólo podía conceder permisos para levantar construcciones, "sin que tales permisos envuelvan la enajenación del suelo" (Art. 17).

Agregaban, además, dichas leyes, lo siguiente (Art. 17):

> "Al conceder los expresados permisos, el Ejecutivo Federal se reserva siempre la facultad de pedir la desocupación de los terrenos dentro del plazo que para ello acordare, cuando la mejor administración de los mismos, o cualesquiera otras normas de interés público, hagan necesaria tal medida; y el que hubiere obtenido el permiso *no tendrá derecho a indemnización* alguna por causa de las construcciones y demás obras que se viere obligado a dejar en los terrenos, cuando no pudiere llevárselas, al desocupar éstas".

5. *EL RÉGIMEN DE 1936 (VIGENTE)*

La Ley de Tierras Baldías y Ejidos, de 19 de agosto de 1936, responde, en su contenido general y concepción, a la evolución anteriormente reseñada.

A. LA DEFINICIÓN DE LOS BALDÍOS Y SU TITULARIDAD

De acuerdo con el artículo 1 de la ley:

> "Son baldíos todos los terrenos que, estando dentro de los límites de la República, no sean ejidos ni propiedad particular ni pertenezcan legítimamente a corporaciones o personas jurídicas".

Esta disposición está en conformidad con lo que establecía el Art. 520 del Código Civil de 1922 y con lo previsto en el Código Civil de 1942:

> "*Artículo 542*. Todas las tierras que, estando situadas dentro de los límites territoriales, carecen de otro dueño, pertenecen al dominio privado de la Nación, si su ubicación fuere en el Distrito Federal o en Territorios o Dependencias Federales; y al dominio privado de los Estados si fuere en éstos".

Las Dependencias Federales, conforme a la Ley Orgánica respectiva del 12 de julio de 1938, son las siguientes:

> "*Artículo 1*. Son Dependencias Federales las islas venezolanas del mar de las Antillas, excepto las de Margarita y Coche, que constituyen el Estado Nueva Esparta o cualesquiera otras que se le incorpore constitucionalmente".

En la Constitución de 1947 (Art. 9º), se incorporó al Estado Nueva Esparta la isla de Cubagua, por lo que fue excluida de las Dependencias Federales.

Conforme a estas normas, por tanto, debe interpretarse el Art. 2º de la ley de 1936, que regula la titularidad de las tierras baldías:

> "*Artículo 2º*. Los terrenos baldíos de los Estados son del dominio privado de ellos, y los existentes en el Distrito Federal, en los Territorios Federales y en las islas del mar de las Antillas, son del dominio privado de la Nación...".

Por supuesto, se excluye de la expresión "islas del mar de las Antillas" las islas de Margarita, Coche y Cubagua, que configuran el Estado Nueva Esparta, a quien corresponde la titularidad de los baldíos que se encuentren en ellas.

B. LA PRESCRIPTIBILIDAD DE LOS BALDÍOS Y SUS LIMITACIONES

La ley de 1936 recogió las normas de las leyes anteriores establecidas desde la ley de 1919, sobre la prescripción de baldíos.

En primer lugar, estableció (Art. 11) que "no podrán intentarse las acciones a que se refiere el artículo anterior (reivindicación de baldíos) contra los poseedores de tierras que por sí o por sus causantes hayan estado gozándolas *con cualidad de propietarios* desde antes de la ley de 10 de abril de 1848 (Art. 11); supuesto que no puede tener aplicación real, pues los poseedores que venían poseyendo por tiempo inmemorial desde antes de 1848, para adquirir la propiedad de las tierras, debían haberse acogido a lo previsto en dicha ley, en los lapsos prescritos, vencidos los cuales los inmuebles se considerarían "propiedad de la República"; y sucedido esto, mal podría, con posterioridad, poseerse dichos inmuebles "gozándolos con calidad de propietario".

En segundo lugar, la ley de 1936 señaló que "en todos los casos el poseedor, aunque su posesión datare de fecha posterior a la dicha ley (1848), puede alegar la prescripción que le favorezca, y no se ordenará la iniciación de ningún proceso de reivindicación cuando haya evidencia de que si se invocara la excepción de prescripción, ésta prosperaría" (Art. 11). Por supuesto, la prescripción, en estos casos, podía invocarse respecto de los baldíos cuya propiedad podía adquirirse.

Tal como lo señalaba el Art. 766 del CC de 1922:

> "*Artículo 766.* No produce efecto jurídico la posesión de las cosas cuya propiedad no puede adquirirse".

Por tanto, respecto de los baldíos declarados como inalienables en la Ley y en la Constitución, como es el caso de los baldíos playeros y los baldíos existentes en las islas, y cuya propiedad no podía adquirirse por particulares, o en otras palabras, cuya propiedad no podía salir de los entes públicos titulares de la misma, no podía alegarse la prescripción adquisitiva, pues respecto de ellos, la posesión no surte efectos.

Por otra parte, la propia ley de 1936, siguiendo la orientación de las leyes anteriores, establecía que sólo era "lícita la ocupación de terrenos baldíos cuando no sean de los inalienables que se enumeran en el Art. 13" (Art. 145); y que en los casos de ocupación lícita, ésta "produce en favor del ocupante los efectos que indica *esta ley, y los que establezcan las otras leyes especiales*" (Art. 146), por lo que ni aun en estos casos, la ocupación lícita podía realmente servir de base para la prescripción prevista en el Código Civil, pues conforme a éste (Art. 522 del CC de 1922 y Art. 544 del CC de 1942), "las disposiciones de este Código se aplicarán también (a los bienes patrimoniales) a los bienes del dominio privado, *en cuanto no se opongan a las leyes especiales que les conciernen*" y sería oponerse a lo previsto en la ley especial darle a la ocupación y subsiguiente posesión de tierras baldías y un efecto distinto al específico y terminantemente previsto en la ley especial y otras leyes especiales (Art. 146).

Sin duda, en todo caso, resulta una incongruencia con lo anteriormente señalado, la supervivencia en la ley de 1936, de las normas relativas a la oposición a la adjudicación en venta de tierras baldías basadas en el alegato de la "posesión legítima" (Art. 152, ordinal 1°), que provienen de las disposiciones de la ley de 1909, congruentes, sin embargo, con el sentido general de esta ley en cuanto a la consagración de la prescriptibilidad de los baldíos, tal como se señaló.

C. La inalienabilidad e imprescriptibilidad de los baldíos playeros y de los situados en islas

En la ley de 1936 se estableció la inalienabilidad de los siguientes terrenos baldíos:

"1° Los que se encuentren cubiertos de bosques cuya conservación sea de interés público para evitar que se aminoren las fuentes; los que contengan maderas preciosas en cantidad apreciable; los que estén cubiertos de árboles de caucho, purguo, sarrapia, pendare u otros árboles que suministren aceite, gomas, resinas y demás productos naturales explotables".

"2° Los terrenos que estén a inmediaciones de las salinas, hasta dos y medio kilómetros; *a las orillas del mar hasta quinientos metros;* a las riberas de los lagos que tengan comunicación con el mar y de los ríos navegables, hasta doscientos metros".

"3° Los que se encuentran en las cabeceras de los ríos, riachuelos, manantiales y demás fuentes cuando de tales aguas se surta alguna población o vecindario o empresa de interés público; así como también los que estuvieren hasta la distancia de doscientos metros de dichas aguas".

"4° Los baldíos existentes en las *islas marítimas y fluviales* de la República".

En cuanto a los baldíos playeros (ordinal 2°), la ley de 1936, siguiendo la orientación, ya apuntada, de las leyes de 1925 y 1931, estableció frente a la declaratoria de inalienabilidad que sólo podrán enajenarse "para destinarlos al ensanche o fundación de poblaciones o de puertos nacionales, debiendo en todo caso quedar libre una faja de veinte metros".

En estos baldíos playeros, tanto los situados en islas como en territorio continental, la ley estableció, además, la posibilidad de que se concediesen permisos para levantar construcciones, sin que tales permisos envuelvan la enajenación del suelo (Art. 18).

En cuanto a los baldíos existentes en las islas marítimas y fluviales, la ley de 1936 estableció que podían ser arrendados por el Ejecutivo Nacional, siempre que no se tratase de baldíos situados en la "zona de quinientos metros a orilla del mar"... "los cuales han de quedar siempre libres" (Art. 17).

Todos estos baldíos, al ser declarados como inalienables, no sólo en el artículo 13 de la ley sino en otras normas de la misma (Arts. 18, 47, 48), son bienes que, por tanto, no pueden ser adquiridos en propiedad, y conforme al Código Civil, "no produce efecto jurídico la posesión de las cosas cuya propiedad no puede adquirirse" (Art. 778). Por lo tanto, la posesión de estos bienes no puede surtir efectos jurídicos destinada a permitir la usucapión de los mismos (Art. 1.952).

Por otra parte, es claro que de acuerdo a la ley de 1936, la ocupación, y subsecuente posesión de los baldíos inalienables es ilícita (Art. 145), por lo que tampoco puede surtir efectos jurídicos; e inclusive la ocupación lícita de baldíos enajenables no puede surtir otros efectos jurídicos que los expresamente señalados en la ley especial.

Tal como lo establece el artículo 146 de la ley:

> "*Artículo 146.* La ocupación produce a favor del ocupante los efectos que indica esta ley, *y los que establezcan las otras leyes especiales*".

Conforme a esta norma, y en virtud de que es el propio Código Civil el que dispone que a las tierras baldías se aplicarán las normas del Código Civil (incluyendo las relativas a la prescripción), sólo "en cuanto no se opongan a las leyes especiales respectivas" (Art. 544), es evidente que a la posesión regulada en el Código Civil no se le puede dar otros efectos que los previstos en la ley especial, y menos el efecto de servir para la adquisición por usucapión de las tierras baldías.

D. El saneamiento respecto de las adquisiciones de baldíos

La ley de 1936, siguiendo la orientación de las leyes anteriores, reconoció que "quedarán firmes y ratificadas y no podrán ser objeto de reclamaciones por parte de la Nación y de los Estados", "las concesiones de Tierras Baldías *adquiridas legítimamente* hasta la fecha de la publicación de la presente ley, *con la aprobación del Gobierno Nacional*" (Art. 177).

Este saneamiento abarcaba, por supuesto, sólo las adquisiciones de propiedad de tierras baldías mediante compra o adjudicación gratuita, efectuada legítimamente, con la aprobación del Ejecutivo Nacional. No se reconocían legalmente, por tanto, pretendidas usucapiones de tierras baldías.

III. LA INALIENABILIDAD E IMPRESCRIPTIBILIDAD DE LOS BALDÍOS PLAYEROS Y DE LOS SITUADOS EN ISLAS

1. La inalienabilidad de bienes

Jurídicamente, sin duda, tanto la inalienabilidad como la imprescrip-tibilidad, son nociones jurídicas diferentes.

La inalienabilidad es la condición jurídica de ciertos bienes de no poder enajenarse. Se trata de una condición establecida expresamente en el Código Civil respecto de los bienes del dominio público (artículo 543), y en la Legislación de Tierras Baldías respecto de ciertos baldíos (p.e. los baldíos playeros y los baldíos situados en islas).

Otros bienes inalienables de acuerdo al Código Ovil serían, por ejemplo, los derechos sobre la sucesión de una persona viva, aun con su consentimiento (artículos 1.022, 1.156 y 1.484).

La inalienabilidad, por tanto, implica prohibición de enajenar o prohibición de trasmitir la propiedad por acto voluntario, y por tanto, la inalienabilidad no implica necesariamente y por sí sola, que las cosas inalienables estén fuera del comercio ni que no sean imprescriptibles.

En cuanto al dominio público, por ejemplo, los bienes que lo componen son inalienables, pero ello es sólo en principio, mientras estén afectados al uso público o al uso privado del ente público respectivo. La inalienabilidad del dominio público, por la afectación, implica, por supuesto, imprescriptibilidad, pues la inalienabilidad aquí, implica no sólo la no posibilidad de enajenación, sino la imposibilidad de que alguien adquiera la propiedad privada de dichos bienes en cualquier forma.

Los bienes del dominio público, por la afectación, están fuera del comercio y la posesión de ellos no surte efecto jurídico alguno. Pero una vez que estos bienes están desafectados, ellos pueden ser enajenados y adquiridos, en principio, por prescripción. Esto, sin embargo, no se aplica a todos los bienes del dominio público, pues hay algunos de ellos que lo son, en virtud de la Ley, "por naturaleza", *y* nunca podrán quedar desafectados del uso público: las aguas marítimas, por ejemplo.

En cuanto a otros bienes declarados inalienables en virtud de la Constitución y de la Ley, como son, por ejemplo, las tierras baldías situadas en islas o los baldíos playeros, la sola inalienabilidad no implica, *per se,* su imprescriptibilidad, sino que ello depende de la formulación legal.

Tal como se verá, en general, en toda nuestra Legislación especial relativa a las tierras baldías inalienables, la inalienabilidad ha implicado la imprescriptibilidad.

Por otra parte, en general, debe señalarse que la inalienabilidad de los bienes públicos, tanto los del dominio público como los del dominio privado (como las tierras baldías playeras o situadas en islas), además de implicar su no enajenación voluntaria y la imposibilidad, en general, de que un particular adquiera su propiedad, también implica la imposibilidad de su adquisición forzosa mediante expropiación. Tal como lo señala la Ley de Expropiación por Causa de Utilidad Pública y Social (artículo 5):

> "En ningún caso procede la expropiación sobre bienes pertenecientes a la Nación, a los Estados o a los Municipios, que según las respectivas leyes nacionales, de los Estados o Municipalidades, no pueden ser enajenados."

Por tanto, no hay duda de que la inalienabilidad, como signo de la condición jurídica de ciertos bienes públicos, va mucho más allá que la sola prohibición impuesta al ente público de enajenar voluntariamente el bien, pues también implica que dichos bienes no pueden ser expropiados por otros entes públicos, es decir, que su propiedad (titularidad) no puede cambiarse.

Estas consecuencias de la inalienabilidad, en todo caso, varían según que se trate de bienes del dominio público o bienes del dominio privado. En cuanto a la inalienabilidad de los bienes del dominio público, tal como se dijo, ella es consecuencia de la afectación a un fin público (uso público o uso privado del ente público), y en tal virtud, implica, precisamente por esa afectación, que mientras ella dure, el bien no puede ser adquirido en propiedad, en ninguna forma, por los particulares. Sin embargo, la titularidad de los bienes podría ser traspasada, por ley, de un ente público a otro (las llamadas mutaciones demaniales), lo que no implicaría atentar contra la afectación ni contra el sentido de la inalienabilidad, y es que los mismos no puedan ser susceptibles de apropiación privada, mientras dure la afectación. Pero en este caso de los bienes del dominio público, la inalienabilidad, como signo de su condición jurídica, cesa al cesar la afectación, y en esa forma los bienes que han sido desafectados formalmente o de hecho, se harían susceptibles de apropiación privada.

En el caso de los bienes del dominio privado declarados inalienables por la Constitución o la Ley, la inalienabilidad tiene signos distintos: no depende de la afectación del bien a un uso público o a un uso privado de un ente público, sino que depende de una calificación legal. Mientras la Constitución establezca que los baldíos situados en islas son inalienables y mientras la Ley disponga que los bienes situados en la costa del mar son inalienables, esa condición jurídica es invariable. En este caso se trata de una inalienabilidad más permanente, que no depende de una afectación (en último término, una condición fáctica) sino de una condición legal o constitucional.

La inalienabilidad, en estos casos, no sólo implica que el ente público respectivo no puede vender o adjudicar gratuitamente el bien, sino que no puede perder la titularidad del mismo, al no admitirse la expropiación por otro ente público. Es evidente que, por supuesto, también conlleva la imposibilidad de que, mientras la condición legal subsista, un particular se apropie, en cualquier forma de dicho bien como propietario. En definitiva, mientras dure la calificación legal, esos bienes no son susceptibles de propiedad privada, y ésta no podría adquirirse por usucapión.

2. La imprescriptibilidad de bienes

En cuanto a la imprescriptibilidad, ésta es una condición jurídica de ciertos bienes que implica la imposibilidad de que sean adquiridos por usucapión. En efecto, de acuerdo a lo establecido en el Código Civil, "la prescripción no tiene efecto respecto de las cosas que no están en el comercio" (artículo 1.959), por lo que éstas no pueden ser objeto de usucapión. Los bienes del dominio público, por ejemplo, mientras dure la afectación, no sólo no son enajenables, sino que también son imprescriptibles.

Por otra parte, de acuerdo al mismo Código Civil, "no produce efecto jurídico la posesión de las cosas cuya propiedad no puede adquirirse" (artículo 778), por lo que no puede adquirirse la propiedad por usucapión de bienes cuya propiedad no puede legalmente adquirirse, o que no puede transmitirse, enajenarse o salir de la titularidad de un ente público. Por ello, si se analiza la legislación positiva, aun cuando la inalienabilidad y la imprescriptibilidad de bienes sean condiciones jurídicas diferentes, generalmente la inalienabilidad implica la imprescriptibilidad. Ello, sin embargo, no es absoluto: históricamente es claro que las tierras baldías, en ciertos momentos, podían ser enajenadas, pero la prescriptibilidad de las mismas estaba excluida legalmente, al no reconocer el legislador otra forma de adquirir la propiedad de ellas, que no fuera por acto formal del Estado, y al limitar los efectos de la ocupación de las mismas.

Por tanto, la imprescriptibilidad es una condición legal de ciertos bienes que si bien, en general, está ligada a la inalienabilidad de ellos, se puede establecer independientemente.

3. LA INALIENABILIDAD Y LA IMPRESCRIPTIBILIDAD DE LOS BALDÍOS PLAYEROS

A. *LA SITUACIÓN ENTRE 1848 Y 1909*

Los baldíos playeros, durante el lapso comprendido entre 1848 y 1909, no podían ser adquiridos por prescripción, pues conforme a la ley de 1865, todos los baldíos eran imprescriptibles.

En efecto, tal como se ha señalado, a partir de 1848, el legislador regularizó la situación de los baldíos, reconociendo a aquellos que ejercían la posesión de los mismos y que podían alegar respecto de ellos, la usucapión, el derecho a convertirse en propietarios legítimos de las tierras. La ley de 1848 otorgó un lapso a los ocupantes y poseedores para hacer valer sus derechos, y estableció que vencido dicho lapso sin que se ejercieran los derechos que ella otorgaba, los terrenos se considerarían propiedad de la República.

En esta forma, la ley de 1848 estableció la forma de adquirir la propiedad de baldíos por particulares, circunscrita a actos formales del Estado de otorgamiento de títulos o venta. Conforme a esa ley y durante su vigencia (1848 a 1865), no cabía la usucapión de baldíos, incluyendo los baldíos playeros, ni aun como resultado de la posesión inmemorial.

Las leyes de 1865, 1882 y 1894, al definir a los baldíos, establecieron las formas de adquirir la propiedad de los mismos y precisaron que la adquisición por virtud de la posesión sólo la reconocía el Estado a los particulares que los hubiesen poseído desde antes de 1700, y hubiesen obtenido el correspondiente justificativo. En esta forma, quedaba excluida en virtud de las leyes de 1865, 1882 y 1894, la usucapión de todos los baldíos incluyendo los baldíos playeros.

Este régimen de imprescriptibilidad de los baldíos vigente desde 1848 hasta 1909, se modificó temporalmente por el Código Civil de 1867, al señalar expresamente que a pesar del Régimen de la Ley especial, los baldíos estaban sujetos a prescripción. Esta posibilidad de usucapión de los baldíos, en general, estuvo vigente entre 1867 y 1873. Sin embargo, en la ley de 1865 se estableció por primera vez la inalienabilidad de los baldíos playeros (300 varas de la costa de mar), lo cual invariablemente se ha mantenido en todas las leyes posteriores, salvo la de 1909 (que sólo tuvo 10 meses de vigencia), en una extensión de 500 metros.

Esta situación entre 1848 y 1909, nos lleva a la siguiente conclusión: el régimen legal de los baldíos precisó las formas de adquirir la propiedad de los mismos por los particulares y excluyó la usucapión de entre las mismas. Esta sólo pudo admitirse entre 1867 y 1873.

Sin embargo, en cuanto a los baldíos playeros, desde antes de la vigencia del Código Civil, habían sido declarados inalienables, por lo que puede sostenerse que, aun cuando los baldíos en general pudieran usucapirse entre 1867 y 1873, la prescripción no era posible alegarla respecto de los baldíos playeros, dado que no podía adquirirse propiedad sobre los mismos, y en tales casos, la posesión respecto de ellos no surtía efecto jurídico alguno.

En todo caso, si se llegara a admitir la usucapión de los baldíos playeros, ello sólo pudo tener lugar, durante el siglo pasado, si hubiese sido alegada y registrado el título respectivo entre 1867 y 1873.

En las leyes de 1896 y 1900 se ratificó el régimen anterior sobre imprescriptibilidad de los baldíos, y se reguló la forma cómo los poseedores ib buena fe podían adquirir la propiedad, y cómo, a los poseedores con justo título debía ratificárseles la propiedad por documento registrado.

En esta forma se reconocían los derechos de los poseedores, pero no a usucapir la propiedad, sino a obtener del Estado los títulos respectivos o a que el Estado les reconociera la propiedad.

La imprescriptibilidad de los baldíos en general fue establecida expresamente en la ley de 1904, al prever las formas precisas y especiales cíe adquirirse la propiedad de los baldíos, con exclusión de cualquier otra, incluso de la usucapión. En esa ley se reconocieron las adquisiciones de baldíos efectuadas con anterioridad por particulares, reconocimiento que sólo se refirió a las adquisiciones legítimas, es decir, hechas conforme a la Ley, y en esas no estaba la usucapión, salvo las hechas valer durante el lapso de 1867 a 1873, y que en principio no podían referirse a los baldíos playeros declarados inalienables a partir de 1865.

B. La situación entre 1909 y 1910

La ley de 1909, tal como se señaló, reconoció expresamente la posibilidad de adquirir la propiedad de los baldíos por prescripción, y además, eliminó la inalienabilidad de los baldíos playeros. En esta forma, durante la vigencia de la ley de 1909, desde el 13 de agosto de 1909 hasta el 27 de junio de 1910, es decir, durante un lapso de 10 meses, los baldíos playeros pudieron ser objeto de adquisición por prescripción.

C. La situación con posterioridad a 1910

En la ley de 1910 se restableció la inalienabilidad de los baldíos playeros, con lo cual se planteó también su imprescriptibilidad, por no surtir efecto jurídico alguno la posesión de bienes cuya propiedad no puede adquirirse; a partir de la ley de 1912, el reconocimiento y ratificación de adquisiciones legítimas de propiedad de tierras baldías efectuadas con anterioridad que hizo el legislador, se limitó a las adquisiciones efectuadas "con la aprobación del Gobierno Nacional", lo que excluyó el reconocimiento de la usucapión.

En la ley de 1919 se ratificó la posibilidad general de prescriptibilidad de los baldíos, pero se indicó expresamente que la ocupación de los baldíos inalienables, entre los cuales se encuentran los baldíos playeros, no era lícita; y además se señaló que la ocupación de baldíos no atribuía a la posesión carácter de posesión legítima, con lo cual no podía admitirse la usucapión de los baldíos al ser requisito de ésta tal posesión legítima.

En todo caso, las leyes posteriores limitaron los efectos de la ocupación de baldíos a los previstos en la propia ley y en otras leyes especiales, con lo que se excluyeron otros efectos jurídicos eventuales de la ocupación, como la posesión subsecuente a fines de usucapión.

Por otra parte, era evidente que la posesión de baldíos inalienables, cuya propiedad no podía adquirirse, no producía efectos; y una posesión ilícita e ineficaz no podía dar origen a usucapión.

4. La inalienabilidad y la imprescriptibilidad de los baldíos situados en islas

A. La situación entre 1848 y 1909

En el caso de los baldíos situados en islas, al igual que todos los baldíos, durante el lapso comprendido entre 1848 y 1909, no podían ser adquiridos por prescripción, tal como resultaba del texto de la ley de 1865.

En este caso y durante este período podemos utilizar la misma argumentación señalada anteriormente respecto de los baldíos playeros. En efecto, a partir de 1848, el legislador regularizó la situación de los baldíos, reconociendo a aquellos que ejercían la posesión de los mismos y que podían alegar respecto de ellos la usucapión, el derecho a convertirse en propietarios legítimos de las tierras. La ley de 1848 otorgó un lapso a los ocupantes y poseedores para hacer valer sus derechos, y estableció que vencido dicho lapso sin que se ejercieran los derechos que ella otorgaba, los terrenos se considerarían propiedad de la República.

En esta forma, la ley de 1848 estableció la forma de adquirir la propiedad de los baldíos por particulares, circunscrita a actos formales del Estado de otorgamiento de títulos o venta. Conforme a esa ley, y durante su vigencia (1848 a 1865), no cabía la usucapión de baldíos, incluyendo los situados en islas, ni aun como resultado de la posesión inmemorial.

Las leyes de 1865, 1882 y 1894, al definir los baldíos establecieron las formas de adquirir la propiedad de los mismos, y precisaron que la adquisición por virtud de la posesión sólo la reconocía el Estado a los particulares que los hubiesen poseído desde antes de 1700 y hubiesen obtenido el correspondiente justificativo. En esta forma, quedaba excluida en virtud de las leyes de 1865, 1882 y 1894 la usucapión de todos los baldíos, incluyendo los baldíos situados en islas.

Este régimen de imprescriptibilidad de los baldíos vigente desde 1848 hasta 1909, se modificó temporalmente por el Código Civil de 1867, al señalar expresamente que a pesar del régimen de la ley especial, los baldíos estaban sujetos a prescripción. Esta posibilidad de usucapión de los baldíos en general, estuvo vigente entre 1867 y 1873.

Entre 1848 y 1909, por tanto, la situación era la siguiente: el régimen legal de los baldíos precisó las formas de adquirir la propiedad de los mismos por los particulares, y excluyó la usucapión de entre las mismas. Esta sólo pudo admitirse entre 1867 y 1873.

En las leyes de 1896 y 1900, se ratificó el régimen anterior sobre imprescriptibilidad de los baldíos, y se reguló la forma cómo los poseedores de buena fe podían adquirir la propiedad, y cómo a los poseedores con justo título debía ratificárseles la propiedad por documento registrado.

En esta forma se reconocían los derechos de los poseedores, pero no a usucapir la propiedad, sino a obtener del Estado los títulos respectivos o a que el Estado les reconociera la propiedad.

La imprescriptibilidad de los baldíos en general fue establecida expresamente en la ley de 1904, al determinar las formas precisas y especiales de adquirirse la propiedad de los baldíos, con exclusión de cualquier otra, incluso de la usucapión. En esa ley se reconocieron las adquisiciones de baldíos efectuadas con anterioridad por particulares, reconocimiento que sólo se refirió a las adquisiciones legítimas, es decir, hechas conforme a la Ley, y en esas no estaba la usucapión, salvo las hechas valer durante el lapso 1867 a 1873.

B. La situación entre 1909 y 1913

La ley de 1909, tal como se señaló, reconoció expresamente la posibilidad de adquirir la propiedad de los baldíos por prescripción. En esta forma, a partir de la vigencia de la ley de 1909 (13 de agosto), los baldíos situados en islas pudieron ser objeto de adquisición por prescripción, hasta 1913 cuando estos baldíos fueron declarados inalienables. Por tanto, toda usucapión alegada y registrada en ese lapso surtió los efectos legales de traslado del dominio.

C. LA SITUACIÓN A PARTIR DE 1913

A partir del Decreto de 22 de octubre de 1913, se declaró la inalienabilidad de los baldíos situados en islas marítimas, fluviales y lacustres. Esta prohibición, vigente desde entonces, por supuesto abarca no sólo a los baldíos situados en las islas que forman las Dependencias Federales, sino a los situados en las islas que forman el Estado Nueva Esparta (Margarita, Coche y Cubagua).

Esta inalienabilidad de los baldíos fue elevada a rango constitucional desde el texto de 1914, en el cual se aclaró que el aprovechamiento de los baldíos situados en islas, no podía implicar directa ni indirectamente el transferimiento del dominio ni de la propiedad de la tierra.

Por tanto, más que una inalienabilidad se estableció la prohibición de que la propiedad de dichos bienes saliese del patrimonio del Estado en forma alguna, con lo que también se consagró su imprescriptibilidad.

En efecto, conforme a esta norma constitucional, establecida en todos los textos hasta el vigente de 1961, se prohibió toda forma de transferencia del dominio sobre los baldíos situados en islas, por lo que la propiedad de los mismos no puede adquirirse.

La inalienabilidad de los baldíos situados en islas se incorporó, además, a la ley especial desde 1915 y ha permanecido en las leyes posteriores.

Por tanto, la posesión de los baldíos situados en islas, no produce efectos jurídicos, y además, la ocupación de los mismos, por ser inalienables, fue declarada, desde 1919, como ilícita. Por supuesto, una ocupación ilícita y una posesión ineficaz no podía ni puede dar origen a la usucapión. Por otra parte, las propias leyes de Tierras Baldías limitaron los efectos de la ocupación a lo previsto en ellas y en otras leyes especiales, con lo cual se excluía todo otro efecto jurídico de ella, y de la subsecuente posesión, a fines de usucapión.

En todo caso, desde 1912 el legislador sólo ha reconocido y ratificado las adquisiciones de propiedad de baldíos, no sólo de carácter legítimo, sino efectuadas con la aprobación del Gobierno Nacional, lo que en virtud de la prohibición constitucional y legal, nunca pudo realizarse respecto de baldíos situados en islas.

IV. CONCLUSIÓN

Del estudio efectuado anteriormente podemos sacar las siguientes conclusiones respecto de la condición jurídica de las tierras baldías, particularmente en cuanto a la inalienabilidad e imprescriptibilidad de los baldíos playeros y los situados en islas.

1. Las tierras baldías situadas en islas (y por supuesto, comprendidos los baldíos playeros situados en las islas), y cuya propiedad no fue reconocida por el Estado al promulgarse la ley de 1848, han sido imprescriptibles desde esa fecha, con excepción de dos cortos períodos: 1867 a 1873 y 1909 a 1913, durante los cuales pudo adquirirse la propiedad de las mismas por prescripción alegada y registrada en esos lapsos.

A partir de 1913, los baldíos situados en las islas, además, han sido declarados inalienables y no puede admitirse respecto de ellos forma alguna de transferencia de dominio del Estado a particulares.

Por otra parte, la Ley no le ha reconocido a la ocupación y subsecuente posesión de ellos otro efecto jurídico que el establecido en la ley especial, del cual se excluye la prescripción.

2. Los baldíos playeros, cuya propiedad no fue reconocida por el Estado al promulgarse la ley de 1848, han sido imprescriptibles desde esa fecha, con excepción de dos breves períodos: 1867-1873 y 1909 a 1910, durante los cuales pudo adquirirse la propiedad de las mismas por prescripción alegada y registrada en esos lapsos.

A partir de 1865, además, los baldíos playeros, con excepción del lapso comprendido entre 1909 y 1910, han sido declarados inalienables, no reconociéndosele a la ocupación y subsecuente posesión de ellos, efecto jurídico alguno distinto al previsto en las leyes especiales, del cual se excluye la prescripción.

Caracas, 1° de noviembre de 1977.

Sección Novena: *El régimen de las tierras baldías y la adquisición del derecho de propiedad privada sobre tierras rurales en Venezuela* (2005)

Estudio elaborado en 2005 que había permanecido inédito.

Introducción

El 13 de noviembre de 2001 se promulgó la *Ley de Tierras y Desarrollo Agrario*[1], en cuyo artículo 99 se dispuso, que a partir de esa fecha:

> Las tierras propiedad de la República, los Estados, los Municipios y demás entidades, órganos y entes de la Administración Pública descentralizados funcionalmente, conservan y serán siempre del dominio público e igualmente, conservan y mantendrán siempre su carácter de imprescriptibles[2].

Esta norma, sin duda, constituye una novedad en el ordenamiento jurídico venezolano, pues a partir de la entrada en vigencia de la Ley (2001) se produjo un cambio radical en el régimen jurídico de los bienes inmuebles patrimoniales del Estado, es decir de las personas jurídicas estatales (de la República, los Estados, los Municipios y las entidades estatales descentralizadas funcional-mente). En efecto, cualquiera que hubiese sido su naturaleza precedente, legalmente han sido objeto de una declaratoria general como bienes del dominio público, habiendo adquirido a partir del 13 de noviembre de 2001, la categoría de bienes inalienables e imprescriptibles.

Entre esos bienes inmuebles o tierras propiedad de los entes territoriales están los de carácter rural, que a los fines de la reforma agraria estaban adscritos al antiguo Instituto Agrario Nacional, entre los cuales están evidentemente las denominadas tierras baldías. Respecto de ellas, el cambio de régimen jurídico implica que de haber sido desde tiempo inmemorial, bienes del dominio privado o bienes patrimoniales del Estado, han pasado a ser bienes del dominio público; cambiándose así lo que se había venido regulando tanto en el Código Civil y la vieja Ley de Tierras Baldías y Ejidos de 1936, como en la Ley Orgánica de Hacienda Pública Nacional. Además, conforme a la Disposición Final Segunda de la Ley, se ha transferido la propiedad y posesión

1 Véase Decreto-Ley N° 1.546 publicado en *Gaceta Oficial* N° 37.323 de 13-11-2001

2 El texto del artículo ha permanecido igual (art. 95), en la reforma de la *Ley de Tierras y Desarrollo Agrario* publicada en *Gaceta Oficial* N° 5.771 Extraordinario del 18-05-2005

de la totalidad de las tierras rurales del antiguo Instituto Agrario Nacional al Instituto Nacional de Tierras.

Con anterioridad a esa fecha (2001), las tierras baldías siempre fueron consideradas como bienes patrimoniales o del dominio privado de los Estados, susceptibles por tanto de enajenación y, en general, también susceptibles de ser adquiridos por prescripción con diversas excepciones legales. La disposición del artículo 95 de la Ley de Tierras y Desarrollo Agrario, por tanto, cambió el régimen general de dichas tierras baldías, el cual tiene aplicación, obviamente, sólo hacia el futuro respecto de las tierras que para el momento de entrar en vigencia la Ley (13 de noviembre de 2001) eran efectivamente de propiedad de la República, los Estados, los Municipios y demás entidades, órganos y entes de la Administración Pública descentralizados funcional-mente; y en el caso de las tierras baldías, respecto de las que para esa fecha efectivamente tenían tal categoría. Esas tierras de propiedad pública son las que conforme a la ley, "conservan y serán siempre del dominio público e igualmente, conservan y mantendrán siempre su carácter de imprescriptibles".

Tal regulación, como es obvio, no se puede aplicar respecto de las tierras que habiendo podido haber sido en el pasado tierras baldías, hubieran dejado de serlo antes de entrar en vigencia la Ley, por haber sido adquiridas por personas naturales o jurídicas mediante cualquiera de los modos de adquirir la propiedad regulados en el Código Civil o en la ley, incluso por prescripción.

Las tierras baldías, ahora del dominio público del Estado, que tenían tal condición de baldías al momento de entrar en vigencia la Ley (2001), son, por tanto, las que si llegasen a ser ilegalmente ocupadas, podrían por ejemplo ser rescatadas mediante el procedimiento administrativo regulado en la Ley (que responde al principio de la recuperabilidad de oficio de los bienes del dominio público); procedimiento que, en cambio, es completamente inaplicable en los casos de tierras que para el momento de la entrada en vigencia de la Ley (2001) ya hubieran pasado a ser de propiedad privada amparada mediante cualquier título jurídico. Respecto de estas, si el Estado tuviese alguna pretensión de que son tierras baldías, tendría que probar y demandar su reivindicación en vía judicial.

De acuerdo con la Ley, en todo caso, la propiedad privada se prueba conforme al derecho común, con el título de propiedad debidamente protocolizado en la oficina de registro subalterno, como lo exige el Código Civil y lo regula la Ley de Registro Público. Ese título, sin duda, es el "título suficiente" a que se refiere la propia Ley de Tierras y Desarrollo Agrícola en varias de sus normas, y que, a los efectos de dicha Ley, los propietarios están obligados a presentar ante los entes públicos en los diversos supuestos que ella regula.

En efecto, conforme al artículo 27.1 de la Ley, a los efectos de la inscripción de las propiedades rurales en la oficina de "registro agrario" dependiente del

Instituto Nacional de Tierras, y que tiene por objeto el control e inventario de todas las tierras con vocación de uso agrario, en el mismo debe consignarse, como "información jurídica", los respectivos "títulos suficientes" de las tierras con vocación de uso agrario.

Por otra parte, de acuerdo con el artículo 41 de la Ley, a los efectos de las solicitudes de certificados de finca productiva que formulen ante el Instituto Nacional de Tierras, los propietarios u ocupantes de tierras con vocación de uso agrario que se encuentren en producción, ajustada a los planes de seguridad alimentaria establecidos por los organismos competentes, los mismos deben acompañar (art. 42.5) "copia certificada de los documentos o títulos suficientes que acrediten la propiedad o la ocupación".

En cuanto a las solicitudes de certificados de finca mejorable que se formulen ante el mismo Instituto, por los propietarios u ocupantes de tierras con vocación de uso agrario que no se encuentren productivas o se encuentren infrautilizadas, conforme a los artículos 29 y 30.3 de la Ley, entre otros requisitos, deben anexar "copia certificada de los documentos o títulos suficientes que acrediten la propiedad o la ocupación".

Conforme a los artículos 71 y 74 de la Ley, en los casos de fundos objeto de expropiación, una vez que el Instituto Nacional de Tierras proceda a emplazar por edicto a todos los ciudadanos que pretendan algún derecho sobre el mismo, en la comparecencia estos deben presentar un expediente particular conformado, entre otros documentos, por el "título suficiente de propiedad".

En los casos en los que el Instituto Nacional de Tierras, conforme a los artículos 89 y 91 de la Ley, ejerza su derecho a rescatar las tierras de su propiedad que se encuentren ocupadas ilegal o ilícitamente, en el auto que ordene la apertura del procedimiento, se debe ordenar publicar en la *Gaceta Oficial Agraria* un cartel mediante el cual se notifique a los ocupantes de las tierras, para que comparezcan y expongan las razones que les asistan, y "presenten los documentos o títulos suficientes que demuestren sus derechos".

Esos "títulos suficientes", por tanto, son los que, conforme a las prescripciones expresas de la Ley, en su caso acreditan la propiedad, no estando los comparecientes obligados legalmente en forma alguna a demostrar ninguna tradición precedente de su propiedad. Por tanto, no tiene asidero legal alguno, la exigencia que ha venido haciendo el Instituto Nacional de Tierras de que las personas citadas ante el mismo en cualquier procedimiento administrativo, deben consignar, además del título de propiedad de los predios, o sea, además del "título suficiente" a que se refiere la Ley y que acredite la propiedad, la "cadena titulativa certificada desde 1848", es decir, la tradición legal de la propiedad por más de 150 años. Esta exigencia no está regulada en la Ley, por lo que no tiene asidero legal y más bien es contraria a las normas del Código Civil, ya que, en particular respecto de las tierras rurales que pudieron ser originalmente baldías, la cadena titulativa de la propiedad privada sobre ellas pudo legítimamente originarse antes de 1960, salvo situaciones excepcionales que se analizan más adelante.

Por lo demás, se observa que la fecha de 1848 coincide con la de la promulgación de la primera Ley de Tierras Baldías del Estado de Venezuela, adoptada 13 años después de que se constituyera, conforme a la Constitución de 1830, como Estado separado de la República de Colombia.

Esa exigencia que se hace a los propietarios de fincas rurales en cuanto a la presentación de la tradición legal de la propiedad desde 1848, parecería derivarse de la incorrecta asunción de que las tierras baldías supuestamente habrían sido bienes inalienables e imprescriptibles (es decir, materialmente del dominio público) desde esa fecha de 1848, lo cual no es cierto. Sin embargo, sólo partiendo de esa asunción es que podría entenderse la exigencia de presentación de la larga tradición de la propiedad rural, pues de no tenerse, supuestamente se presumiría que el origen de las tierras habría sido baldías. Tal presunción, sin embargo, tendría que estar expresamente prevista en la ley. Sin embargo, no lo está, razón por la cual no tiene carácter de presunción legal (art. 1395 C.C.).

Las tierras baldías, con la sola excepción de los baldíos playeros y los situados en islas que desde el Siglo XIX fueron declarados inalienables, siempre han podido ser enajenadas por el Estado de acuerdo con la legislación especial sobre las mismas, los Códigos Civiles y las leyes de hacienda pública en relación con los bienes nacionales. Es decir, desde siempre y en particular desde 1848 en adelante, las tierras baldías pudieron ser adquiridas en propiedad por los particulares, por lo que el origen de la tradición legal de la propiedad privada de tierras rurales puede legalmente fijarse en cualquier año después de 1848 hasta 1960. A partir de esa fecha, con motivo de la entrada en vigencia de la Ley de Reforma Agraria de 1960[3], se estableció que no podían enajenarse, gravarse ni arrendarse las tierras afectadas a la reforma agraria, entre las cuales estaban las tierras baldías; limitación que, sin embargo, incluso no fue absoluta pues quedaba a salvo el "que el Ejecutivo Nacional lo [autorizase] por ser necesarias para otros fines de utilidad pública o social" (art. 15).

En consecuencia, hasta 1960 las tierras baldías podían ser enajenadas por el Estado y adquiridas por los particulares, por lo que el origen de la propiedad rural y de la titulación podría ser cualquier año antes de 1960.

Por otra parte, la prescripción adquisitiva de las tierras baldías estaba regulada en la misma Ley de 1848 por posesión inmemorial conforme al viejo derecho castellano que rigió en la Colonia y en el inicio de la República, y se estableció expresamente en el Código Civil desde 1867. Si bien no se reguló en forma específica la usucapibilidad de las tierras baldías en la legislación especial sobre ellas del Siglo XIX, lo que podía conducir a la interpretación de

3 Véase en *Gaceta Oficial* No. 611 Extra. de 19-03-1960

que durante unas décadas (1848-1909), las mismas podían considerarse como imprescriptibles al no estar regulada expresamente en la legislación especial de tierras baldías la posibilidad de que fueran adquiridas por prescripción[4], la usucapibilidad de las tierras baldías se regulaba en el Código Civil y fue establecida expresamente en la Ley especial de tierras baldías desde 1909 y en la Ley Orgánica de Hacienda Pública desde 1918, razón por la cual el origen de la propiedad privada rural pudo estar en la usucapión efectuada con anterioridad a 1960, con la sola excepción general de la que pudo haber ocurrido entre los años 1904 y 1909, única época durante la cual la Ley de Tierras Baldías excluyó expresamente la posibilidad de adquisición por prescripción de las tierras baldías. En todo caso, la posibilidad de la usucapibilidad de los baldíos a partir de 1909 quedó fuera de toda duda, por regulación legal expresa.

En todo caso, para tratar de entender la situación de la enajenabilidad de las tierras baldías antes de 1960, y de su prescriptibilidad con anterioridad a su declaratoria general como bienes del dominio público por la Ley de Tierras y Desarrollo Agrícola, estimamos indispensable realizar el estudio histórico del régimen de los baldíos, a los efectos de determinar que los mismos no sólo siempre fueron esencialmente enajenables, sino que podían también ser adquiridos por prescripción, aún cuando con litaciones.

I. EL RÉGIMEN GENERAL DE LOS BIENES DEL ESTADO

1. LOS BIENES DEL ESTADO: DOMINIO PÚBLICO Y DOMINIO PRIVADO

Los bienes se clasifican según las personas a quienes pertenecen. Así lo dispone el Código Civil al establecer en su artículo 538, que "los bienes pertenecen a la Nación, a los Estados, a las Municipalidades, a los establecimientos públicos y demás personas jurídicas y a los particulares".

En cuanto a los bienes del Estado, es decir, de los diversos entes públicos o personas jurídicas estatales, ha sido tradicional en nuestro ordenamiento jurídico su clasificación en bienes del dominio público y bienes del dominio privado, tal como lo regula el artículo 539 del mismo Código Civil.

Los primeros se califican como tales por su afectación a un uso público o a un uso privado de un ente público o persona estatal (art. 540 CC), y esa

[4] Véase Allan R. Brewer-Carías, "Estudio sobre la inalienabilidad e imprescriptibilidad en el régimen jurídico de las tierras baldías", *Anuario de Derecho Ambiental 1977*, Ministerio del Ambiente y de los Recursos Naturales Renovables, Consultoría Jurídica, Caracas 1978, pp. 74 y ss. Nos apartamos, en consecuencia, de la apreciación que formulamos en dicho trabajo, escrito hace casi tres décadas, donde argumentábamos que la no regulación expresa en la legislación especial de la usucapibilidad de las tierras baldías conducía a su imprescritibilidad. La ausencia de regulación especial de la materia, en realizad, lo que hacía provocaba era la aplicabilidad del derecho común en la materia, conforme al Código Civil y luego, conforme a la Ley especial de Hacienda Pública, donde se admitía la usucapibilidad de las tierras baldías.

afectación es la que provoca la consecuencia fundamental de su calificación como tales bienes del dominio público, que es su inalienablienabilidad (art. 543 CC). Por su afectación al uso público o al uso privado de personas estatales, los bienes del dominio público pueden considerarse que están fuera del comercio, por lo que no pueden enajenarse y además, por ello, también serían imprescriptibles (art. 1.959 CC), mientras dure tal afectación. Esta, por supuesto, puede decirse que nunca cesa cuando se trata de una afectación natural al uso público, como ocurre con el agua del mar o de los ríos. Las aguas, además, a todo evento, a partir de la Constitución de 1999 también han sido objeto de una declaratoria general como bienes del dominio público (art. 304), al igual que los yacimientos mineros y de hidrocarburos (art. 11).

Pero salvo estas declaraciones generales, cuando un bien del dominio público deja de estar afectado al uso público o al uso privado del ente público titular del mismo, pasa del dominio público al dominio privado del Estado (art. 541 CC), y cambia por tanto de régimen jurídico, pues pasa de estar regulado preponderantemente por disposiciones de derecho público a estar sujeto preponderantemente al Código Civil.

En efecto, los bienes del dominio privado del Estado son los que tienen carácter patrimonial, los cuales se rigen por las disposiciones del Código Civil "en cuanto *no se opongan* a las leyes especiales respectivas" (art. 544). Por tanto, los mismos pueden enajenarse de conformidad con las leyes que les conciernen" (art. 543), pudiendo además ser adquiridos por los particulares por prescripción (usucapión) (art. 1960), salvo que se excluya expresamente en las leyes especiales.

Entre los bienes patrimoniales del Estado siempre se habían considerado como tales, a las tierras baldías, es decir, las que "estando situadas dentro de los límites territoriales, carecen de otro dueño" (art. 542 CC), las cuales por tanto podían ser enajenadas y podían ser adquiridas por prescripción, salvo las excepciones legales expresas. Esta condición de las tierras baldías como bienes patrimoniales del Estado, precisamente es la que ha cambiado radicalmente a partir de 2001, al haber sido declaradas por la Ley de Tierras y Desarrollo Agrario como del dominio público[5].

Interesa por tanto referirnos al tema de las tierras baldías con anterioridad a 2001 y, particularmente, a su enajenabilidad o en ciertos casos, a su inalienabilidad, así como a su prescriptibilidad (usucapibilidad) o en algunos casos, a su imprescriptibilidad, pues en definitiva toda la propiedad privada rural en Venezuela, históricamente tiene su origen en lo que en algún momento fueron tierras baldías, originalmente de la Corona española y después de la Independencia, de la República y de los Estados de la Federación.

[5] *Gaceta Oficial* N° 37.323 de 13-11-2001

2. SOBRE LA INALIENABILIDAD Y LA IMPRESCRIPTIBILIDAD DE LOS BIENES

A. LA ENAJENACIÓN Y LA INALIENABILIDAD DE BIENES

La enajenación es la condición de los bienes cuya propiedad puede ser trasferida o trasladada mediante negocios jurídicos entre vivos. La inalienabilidad, en cambio, es la condición jurídica de ciertos bienes de no poder enajenarse. En cuanto a los bienes del dominio público del Estado, como se ha dicho, la inalienabilidad es una condición establecida expresamente en la Constitución y el Código Civil (art. 543), y por ejemplo, en la legislación de tierras baldías era una condición establecida respecto de ciertos baldíos (p.e. los baldíos playeros y los baldíos situados en islas). Otros bienes inalienables de acuerdo al Código Civil serían, por ejemplo, los derechos sobre la sucesión de una persona viva, aun con su consentimiento (arts. 1.022, 1.156 y 1.484).

La inalienabilidad, por tanto, implica la prohibición de enajenar o prohibición de trasladar la propiedad por acto contractual voluntario entre vivos. Esta inalienabilidad, sin embrago, no implica necesariamente y por sí sola, que las cosas inalienables estén fuera del comercio ni que no sean prescriptibles.

En cuanto al dominio público, por ejemplo, los bienes que lo componen son inalienables, pero ello es sólo en principio, mientras estén afectados al uso público o al uso privado del ente público respectivo. La inalienabilidad del dominio público por la afectación, implica, por supuesto, imprescriptibilidad, pues la inalienabilidad aquí conlleva no sólo la no posibilidad de enajenación, sino la imposibilidad de que alguien adquiera la propiedad privada de dichos bienes en cualquier otra forma.

Los bienes del dominio público, por la afectación al uso público o al uso privado de un ente público están fuera del comercio y la posesión de ellos no surte efecto jurídico alguno. Pero una vez que estos bienes hayan sido desafectados, los mismos, en principio, podrían ser enajenados y adquiridos por prescripción. Esto, sin embargo, no se aplica a todos los bienes del dominio público, pues como se ha dicho, hay algunos que lo son en virtud de la Ley o por naturaleza. En el último caso nunca podrían quedar desafectados del uso público, como sucede con las aguas marítimas, y en el primer caso, mientras no se cambie la ley.

En cuanto a otros bienes que habían sido declarados inalienables en virtud de la Constitución y de la Ley, como eran, por ejemplo, las tierras baldías situadas en islas o los baldíos playeros, la sola inalienabilidad no implicaba, *per se,* su imprescriptibilidad, salvo excepciones legales expresas.

Por otra parte, debe señalarse en general, que la inalienabilidad de los bienes públicos, tanto los del dominio público como los del dominio privado (como las tierras baldías playeras o situadas en islas), además de implicar su no enajenación voluntaria y la imposibilidad, en general, de que un particular pudiera adquirir su propiedad, también implicaba la imposibilidad de su adquisición forzosa mediante expropiación. Tal como lo señala el artículo 9 de la Ley de Expropiación por Causa de Utilidad Pública y Social:

> En ningún caso procede la expropiación sobre bienes pertenecientes a la República, los estados, el Distrito Capital o los municipios que, según las respectivas leyes nacionales de éstos, no puedan ser enajenados.

Por tanto, no hay duda de que la inalienabilidad, como signo de la condición jurídica de ciertos bienes públicos, va mucho más allá que la sola prohibición impuesta al ente público de enajenar voluntariamente el bien, pues también implica que dichos bienes no pueden ser expropiados por otros entes públicos, es decir, que su propiedad (titularidad) no puede cambiarse.

Estas consecuencias de la inalienabilidad, en todo caso, varían según que se trate de bienes del dominio público o bienes del dominio privado. En cuanto a la inalienabilidad de los bienes del dominio público, tal como se dijo, ella es consecuencia de la afectación a un fin público (uso público o uso privado del ente público), y en tal virtud, implica precisamente por esa afectación, que mientras ella dure, el bien no puede ser adquirido en propiedad, en ninguna forma, por los particulares. Sin embargo, la titularidad de los bienes podría ser traspasada por ley, de un ente público a otro (las llamadas mutaciones demaniales), lo que no implicaría atentar contra la afectación ni contra el sentido de la inalienabilidad que es que los mismos no puedan ser susceptibles de apropiación privada mientras dure la afectación.

En el caso de los bienes del dominio privado declarados inalienables por la Constitución o la Ley, la inalienabilidad tiene signos distintos: no depende de la afectación del bien a un uso público o a un uso privado de un ente público, sino que depende de una calificación legal. Mientras la Constitución establecía que los baldíos situados en islas eran inalienables y mientras la Ley dispusiera que las tierras baldías situadas en la costa del mar también eran inalienables, esa condición jurídica era invariable. En este caso se trataba de una inalienabilidad que no dependía de una afectación (en último término, una condición fáctica) sino de una condición legal o constitucional. La inalienabilidad, en estos casos, no sólo implicaba que el ente público respectivo no podía vender o adjudicar gratuitamente el bien, sino que no podía perder la titularidad del mismo, al no admitirse la expropiación por otro ente público.

B. La usucapibilidad y la imprescriptibilidad de los bienes

La prescripción en relación con los bienes (usucapión), es un medio de adquirir la propiedad sobre los mismos, por el transcurso del tiempo, mediando posesión legítima (arts. 1.952 y 1.953). La imprescriptibilidad, al contrario, es la condición jurídica de ciertos bienes que implica la imposibilidad de que sean adquiridos por usucapión.

Por ejemplo, de acuerdo a lo establecido en el Código Civil, "la prescripción no tiene efecto respecto de las cosas que no están en el comercio" (art.

1.959), por lo que éstas no pueden ser objeto de usucapión. Los bienes del dominio público, por ejemplo, mientras dure la afectación, no sólo no son enajenables, sino que también son imprescriptibles.

Por otra parte, de acuerdo al mismo Código Civil, "no produce efecto jurídico la posesión de las cosas cuya propiedad no puede adquirirse" (art. 778), por lo que no puede adquirirse la propiedad por usucapión de bienes cuya propiedad no pueda legalmente adquirirse, o que no pueda transmitirse, enajenarse o salir de la titularidad de un ente público. Por ello, si se analiza la legislación positiva, aun cuando la inalienabilidad y la imprescriptibilidad de bienes sean condiciones jurídicas diferentes, en muchos casos la inalienabilidad implica la imprescriptibilidad.

Por tanto, la imprescriptibilidad es una condición legal de ciertos bienes que si bien en general está ligada a la inalienabilidad de ellos, se puede establecer independientemente.

II. LAS TIERRAS BALDÍAS HISTÓRICAMENTE CONSIDERADAS COMO BIENES DEL DOMINIO PRIVADO DEL ESTADO

1. RÉGIMEN GENERAL HISTÓRICO DE LAS TIERRAS BALDÍAS

Dentro de los bienes inmuebles del dominio privado del Estado se habían ubicado tradicionalmente a las tierras que no tienen o carecen de dueño a que se refiere el artículo 542 del Código Civil (CC). Estas tierras, denominadas en la época colonial como "realengos" y en la época republicana como "tierras baldías" han sido consideradas tradicionalmente como bienes patrimoniales o del dominio privado del Estado conforme lo indica el artículo 2 de la Ley de Tierras Baldías y Ejidos de 1936[6], las cuales como tales, habían estado sometidas a un régimen jurídico específico establecido en el Código Civil, en las leyes que han regulado los bienes nacionales como integrantes de la Hacienda Pública y en las leyes especiales.

Ahora bien, tradicionalmente, de acuerdo al artículo 544 del Código Civil, "las disposiciones de este Código se aplicarán también a los bienes del dominio privado, *en cuanto no se opongan a las leyes especiales respectivas*". Por tanto, conforme al propio texto del Código Civil, el régimen relativo a las tierras baldías era el establecido en las leyes especiales, habiendo tenido las normas del Código carácter supletorio, pues se aplicaban sólo en cuanto no se opusieran a las leyes especiales que los regían. Esto lo ratificó, en general, el artículo 14 del Código Civil al establecer que: "Las disposiciones contenidas en los códigos y leyes nacionales especiales, se aplicarán con preferencia a las de este Código en las materias que constituyan la especialidad". Esa regulación del Código Civil vigente ha sido tradicional en Venezuela desde 1873.

---

6 Ley de Tierras Baldías y Ejidos, *Gaceta Oficial* Extra. s/n de 03-09-1936.

En cuanto al Código Civil de 1867, el régimen de las tierras baldías se estableció así:

> *Articulo 347.* La administración y enajenación de los bienes que pertenecen a la República, a los Municipios o a los establecimientos públicos, se rigen por leyes especiales; pero están sujetos a prescripción según lo determinado en el Título de la materia.

Puede decirse, entonces, que conforme a dicho Código, si bien su normativa era de aplicación supletoria respecto de las leyes especiales que regulasen el régimen de las tierras baldías, en cuanto a la prescripción era evidente su aplicación directa a las tierras baldías.

En todo caso, a partir del Código Civil de 1873 se adoptó el sistema de distribución normativa del régimen de las tierras baldías que todavía está consagrado en el Código Civil vigente, en la forma siguiente:

Por una parte, se declaró que los bienes patrimoniales o del dominio privado del Estado, donde se ubicaban a las tierras baldías, podían ser enajenados "de conformidad con las leyes especiales que les concernieran" (arts. 422, CC 1873; art. 447, CC 1880; art. 454, CC 1896; art. 460, CC 1904; art. 521, CC 1922; y art. 543, CC 1942). Es decir, la enajenabilidad de las tierras baldías se admitía expresamente, pero las enajenaciones debían realizarse de acuerdo con lo que se estableciera en las leyes que les concernieran (leyes relativas a las tierras baldías y a los bienes nacionales en general, es decir, a la hacienda pública).

Por la otra, se estableció que las disposiciones del Código Civil se aplicaban a las tierras baldías sólo "en cuanto no se opongan a las leyes especiales que les conciernen" (art. 423, CC 1873; art. 448, CC 1880; art. 455, CC 1896; art. 461, CC 1904; art. 522, CC 1922; y art. 544, CC 1942). Por tanto, si en las leyes especiales mencionadas (de tierras baldías o de hacienda pública) se establecían regulaciones particulares que se opusieran o fueran contrarias a las del Código Civil, las mismas se aplicaban con preferencia a lo establecido en el Código.

Y por último, además, se indicó, "que el Estado por sus bienes patrimoniales, y todas las personas jurídicas están sujetos a prescripción, como los particulares" (art. 1.888, CC 1873; art. 1.889, CC 1880; art. 1.936, CC 1896; art. 1.944, CC 1904; art. 2.032, CC 1916; art. 2.032, CC 1922; y art. 1.960, CC 1942), pudiendo, por supuesto, establecerse excepciones en las leyes especiales, como ocurrió respecto de los llamados baldíos playeros e insulares.

Como puede observarse, en los Códigos Civiles, la institución de la prescripción se podía aplicar a las tierras baldías siempre que no se opusiera a las normas de las leyes especiales que han regulado a las tierras baldías. Es decir, si las leyes especiales *excluían expresamente* la institución de la prescripción de sus normas, no era posible recurrir a lo previsto en el Código Civil para alegar la prescriptibilidad de los baldíos y si las leyes habían establecido normas especiales sobre prescripción de baldíos, éstas debían tener aplicación preferente a las del Código Civil[7].

Por otra parte, debe señalarse que desde el Código de Hacienda de 1873, dictado en paralelo a la regulación del Código Civil, la identificación de los bienes nacionales inmuebles coincidió con la que se hacía respecto de las tierras baldías, pues se consideraba como tales bienes nacionales, a "las tierras no apropiadas con título legítimo" (art. 1 de la Ley II). A partir de la Ley de Hacienda Nacional de 1918, que reformó el sistema hacendístico nacional, además de identificarse como bienes nacionales a los "inmuebles que se encuentren en el territorio de la República y que no tengan dueño" (art. 17 de las leyes de 1918, 1926, 1928 y 1934, y artículo 19 de las leyes de 1938, 1947 y de la vigente de 1975)[8], se incorporó otra norma que ha permanecido en vigencia hasta la actual Ley Orgánica de la Hacienda Pública Nacional, que establece que "la propiedad y derechos reales sobre bienes nacionales pueden ser adquiridos por prescripción", siendo el tiempo necesario para prescribir, veinte (20) años cuando existan justo título y buena fe, y cincuenta (50) años, cuando falten estos requisitos (art. 25 de la ley de 1918; art. 28 de las leyes de 1926, 1928 y 1934; art. 28 de las leyes de 1938, 1947 y de la ley vigente de 1975).

La propia Ley Orgánica de la Hacienda Pública Nacional, al regular el régimen aplicable a los bienes nacionales, incluidos las tierras baldías, ha señalado tradicionalmente que "la administración de los bienes nacionales se rige por esta ley y por las leyes y reglamentos concernientes a algunos de ellos" (art. 18 de las leyes de 1918, 1926, 1928 y 1934; y art. 21 de las leyes de 1938, 1947 y de la ley vigente de 1975).

De lo anterior deriva que el régimen de prescripctibilidad de los bienes nacionales patrimoniales (incluyendo las tierras baldías) se estableció en forma general en el Código Civil desde 1867, y a partir de 1918 en la Ley Orgánica de Hacienda Pública Nacional, cuyo texto, por su especialidad hacendística respecto a los bienes nacionales y por su carácter orgánico, podría incluso considerarse que privaba en esta materia sobre lo dispuesto a otras leyes especiales en cuanto a la institución de la prescriptibilidad de los baldíos.

---

7 Cfr. con la salvedad indicada en la notas 4 y 9 de este estudio, Allan R. Brewer-Carías, "Estudio sobre la inalienabilidad e imprescriptibilidad en el régimen jurídico de las tierras baldías", cit., p. 74

8 Los artículos relativos a los bienes nacionales en la Ley Orgánica de Hacienda continúan vigentes, a pesar de la múltiple derogatoria de artículos de que ha sido objeto, por las viejas Leyes de régimen presupuestario y de Crédito Público, y por la Ley Orgánica de Administración Financiera del Sector Público, *Gaceta Oficial* .

2. SOBRE LA ENAJENABILIDAD Y LA PRESCRIPTIBILIDAD DE LAS TIERRAS BALDÍAS

El Código Civil, tal como se dijo, había establecido tradicionalmente que los bienes patrimoniales del Estado (incluyendo las tierras baldías) "no pueden ser enajenadas sino de conformidad con las leyes que les conciernen" (art. 442, CC 1873; art. 447, CC 1880; art. 454, CC 1896; art. 460, CC 1904; art. 521, CC 1916; art. 521, CC 1922); redacción negativa que fue formulada en positivo en el Código Civil de 1942 al disponer el artículo 543 que "los del dominio privado pueden enajenarse de conformidad con las leyes que les conciernen".

Conforme a estas normas, las tierras baldías eran enajenables de acuerdo a lo que establecieran las leyes especiales que les concernían. En tal sentido, conforme a la Ley de Tierras Baldías y Ejidos, a ciertos baldíos se los había calificado como inalienables, entre ellos, los baldíos situados en la orilla o costa del mar (baldíos playeros) y los baldíos situados en islas marítimas, fluviales y lacustres (baldíos insulares); por lo que salvo esas excepciones legales, de resto, el principio había sido el de la enajenabilidad de los baldíos interiores.

En cuanto a la posibilidad de adquirir por prescripción la propiedad sobre baldíos, en las leyes de tierras baldías no se excluyó expresamente y en forma general la prescriptibilidad de los baldíos, aún cuando se regularon aspectos específicos de prescripción inmemorial[9]; habiéndose regulado, sin embargo, en el Código Civil y en la legislación hacendística.

En realidad, en legislación especial sobre los baldíos, sólo fue en la Ley de Tierras Baldías de 1904 y durante el lapso de su vigencia hasta 1909, donde se prohibió expresamente la prescripción (usucapibilidad) de las tierras baldíos, lo que implicaba que en esos precisos cinco años nadie pudo alegar el derecho a usucapir.

Posteriormente, fue precisamente a partir de 1909 cuando la Ley de Tierras Baldías y Ejidos, como ley especial, comenzó a regular expresamente la posibilidad de prescripción de baldíos, pero sometidos a limitaciones previstas en ese ordenamiento especial; usucapibilidad que, como se dijo, no sólo estaba regulada en el Código Civil sino que luego se establecería en forma general a partir de la Ley de Hacienda Pública Nacional de 1918, también ley especial en cuanto a todos los bienes nacionales y la administración de los baldíos.

---

[9] Insistimos en que en 1977, al estudiar particularmente el régimen de los baldíos playeros e insulares, que habían sido declarados inalienables en la Constitución y la ley especial de baldíos, dedujimos que por no haberse establecido en la legislación especial relativa a las tierras baldías la expresa posibilidad de la prescripción de los baldíos interiores, la prescripción respecto de ellas también habría quedado excluida entre 1873 y 1909; apreciación de la cual nos apartamos ahora, pues la sola regulación de formas específicas de enajenación o prescripción de los baldíos y la falta de regulación expresa de la prescripción en la legislación particular relativa a los baldíos como forma de adquirir su propiedad, en realidad no puede conducir a excluir su aplicabilidad conforme al Código Civil y a la legislación hacendística. Véase Allan R. Brewer-Carías, "Estudio sobre la inalienabilidad e imprescriptibi-lidad en el régimen jurídico de las tierras baldías", cit. p. 76.

III. EL RÉGIMEN DE LAS TIERRAS REALENGAS DURANTE LA ÉPOCA COLONIAL Y DE LAS TIERRAS BALDÍAS AL INICIO DE LA REPÚBLICA

1. EL RÉGIMEN DE LOS REALENGOS DURANTE LA COLONIA

El origen de la propiedad privada de las tierras en el mundo americano, sin duda proviene del dominio inicial de la Corona española sobre todas las tierras del nuevo Continente, que la Corona concedía a los particulares o reconocía como de ellos. Por ello, si las tierras no habían sido concedidas, privaba el régimen general de titularidad real respecto de los "valdíos, suelos y tierras que no estuviesen concedidos" por los reyes. Así lo dispuso, además, la Real Cédula de 1° de noviembre de 1591, con normas provenientes del viejo derecho castellano que en cuanto a su aplicación en América fue recogido en la *Recopilación de las Leyes de los Reynos de Indias* publicadas por Carlos III en 1680.

Por tanto, la propiedad privada sobre las tierras americanas derivó de la posibilidad que tenía la Corona de enajenar las tierras realengas (*real*engas: las que eran de la *real* Corona), denominación destinada a identificar las tierras que no tenían dueño y que, por tanto, eran de la Corona, excepción hecha de las que hubieran sido concedidas a las "ciudades, villas y lugares" o a comunidades indígenas.

Las tierras realengas que eran de la Corona fueron, así., en la época colonial, primero repartidas por los Adelantados a medida que ocurría el poblamiento y luego, sucesiva y progresivamente, fueron adjudicadas a los particulares a medida que avanzaba la ocupación del territorio. Las tierras que aún eran realengas, a partir de la Independencia, pasaron a ser del nuevo Estado independiente (denominándoselas entonces tierras baldías), habiendo sido objeto de regulación para, precisamente, poder ser enajenadas a los particulares con el objeto de promover la ocupación de los vastos territorios de América y de fomentar la actividad productiva, particularmente en el campo.

El régimen de las tierras realengas, particularmente en cuanto concierne a su enajenación en tanto que bienes patrimoniales de la Corona, al momento de declararse la Independencia estaba establecido en la Real Instrucción de 15 de octubre de 1754 destinada a regular lo que debía observarse en "las mercedes, ventas y composiciones de bienes realengos, sitios y baldíos hechas al presente, y que se hicieren en adelante[10], regulación que corroboraba, precisamente, el destino fundamental de los baldíos que no era otro que su enajenabilidad para el desarrollo rural.

---

[10] El texto fue publicado en la *Gaceta de Venezuela*, No. 865 de 13-06-1847. Puede consultarse además, en Enrique Lagrange, *Notas sobre Enajenación y Usucapión de Tierras Baldías*, Ediciones Magón, Caracas 1980, pp. 63-68. En relación con dicha Instrucción se encuentran referencias en las siguientes leyes republicanas: artículo 3 de la Ley de 11 de octubre de 1821; y artículo 1, Ley 30 de junio de 1865 sobre Tierras Baldías

Esta Instrucción, en efecto, tuvo fundamentalmente un contenido ordenador en relación con la situación de las tierras realengas y de las que eran de propiedad privada, buscándose en la misma, regularizar la situación de la tenencia de las tierras, para lo cual se dispuso que se reconocería la propiedad de los particulares que las tuvieran desde antes de 1700 "a título de antigua posesión, como título de justa prescripción" (Nos. 3 y 4). Se trataba de reconocer el efecto de la posesión inmemorial que en ese instrumento se calculó por un tiempo de más de 54 años (1700 a 1754). Las personas en esa situación, aunque los títulos que tuvieran no estuvieran conformes con la Corona, se dispuso que no serían molestados ni inquietados ni denunciados "ahora ni en tiempo alguno".

La Instrucción también dispuso que las personas que tuvieran tierras por títulos de venta o composición desde fecha posterior a 1700, debían acudir ante la autoridad colonial para mostrar sus títulos y despachos en cuya virtud los poseyeran, con la indicación de que si no acudían serían despojados de las tierras, las cuales podían ser adjudicadas a otras personas. La Instrucción, sin embargo, nada regulaba sobre la usucapiblidad temporal de los realengos que conforme lo ha interpretado Pedro Manuel Arcaya, era posible y se regía por el derecho castellano antiguo[11].

La posibilidad de adquirir por prescripción la propiedad, en efecto, se regía por el derecho castellano, conforme a la Ley de las Siete Partidas que era aplicable de acuerdo con la *Recopilación de las Leyes de los Reinos de Indias*, y que establecía lapsos de 10 y 20 años en casos de posesión de buena fe y de 30 años en caso de posesión de mala fe; y en cuanto a los denominados bienes propios (de la ciudad o villa) se establecía un lapso de prescripción de 40 años. Por ello, mediante Instrucción del 20 de noviembre de 1578, la Corona, al disponer que se quitasen las tierras a los ocupantes que no tuviesen títulos del Virrey, Audiencia o Cabildo de ciudad que se las pudiesen haber dado, o que se les cargasen por un precio las que hubieran ocupado demasía, estableció:

> Con que si los poseedores de tales tierras los hubieren tenido por tiempo en que, conforme a derecho las hayan prescrito, aunque no conste de título de Virrey, Audiencia ni cabildo no les sean quitadas[12].

Quedaban sin embargo excluidos de usucapión las cosas públicas, tanto las pertenecientes a todos los hombres (agua, mar y su ribera en lo que cu-

---

11 Véase Pedro Manuel Arcaya, En defensa de la propiedad territorial, Coro 1904, pp. 130 y ss.; citado por Enrique Lagrange, *Notas sobre Enajenación y Usucapión de Tierras Baldías*, Ediciones Magón, Caracas 1980, pp. 88 y ss.

12 Véase el Libro Octavo, Titulo V, ley 31, en Antonio de León Pinedo, *Recopilación de las Indias* (1635), tomo III, edición de 1992, México, p. 2.075

bría la alta mar) como los bienes de uso comunalmente del pueblo de alguna ciudad o villa (bienes comunes)[13].

2. El régimen de los baldíos en la Primera República: confiscación y reparto

Al momento de la Independencia, el anterior era el régimen jurídico aplicable a los bienes públicos, conforme al cual era normal la disposición de los realengos, así como la posibilidad de que fueran adquiridos por usucapión conforme al viejo derecho castellano. Por ello, incluso, la "Advertencia" que el Ministro de Estado Miguel José Sanz hacía en 1811, al definir la política de enajenación de baldíos, para lo cual luego de constatar "la inmensidad de terrenos que hay en la Provincia de Caracas [y] la abundancia de aguas perennes que los fertilizan" y destacar, entre otros factores, "la benignidad del clima y una perpetua primavera [que] convidan al hombre a fijarse en la Provincia de Caracas como agricultor, artesano o comerciante", declaraba que "El Gobierno, interesado en proteger a todos, *dará tierras al que quiera cultivarlas* y asegurará a sus respectivas profesiones a los que se dediquen al comercio, a la industria y a las artes"[14]

La guerra de independencia, sin embargo, antes que a la enajenación de tierras públicas, a lo que condujeron inicialmente, fue al acrecentamiento de los bienes patrimoniales del Estado, como consecuencia de la Ley de 3 de septiembre de 1817, que declaró secuestrados y confiscados a favor de la República los bienes muebles e inmuebles pertenecientes al gobierno español, a sus vasallos de origen europeo o a los americanos realistas[15]. Esta confisca-ción, generalizada, luego, condujo al reparto de los bienes confiscados, proceso que se inició con la Ley de 10 de octubre de 1817 sobre repartimiento de bienes nacionales entre los militares, la cual dispuso que las propiedades de españoles que no se pudieren enajenar a beneficio del erario público, sería repartidas y adjudicadas a los del ejército en cantidades proporcionales[16]

Tres años después, luego de sancionada la Constitución de Angostura de 1819, se dictó por el mismo Congreso de Angostura la Ley de 6 de enero de 1820 sobre repartimiento de bienes nacionales entre los servidores de la patria, en la cual se previó como recompensas extraordinarias, las adjudicaciones en bienes nacionales a quienes habían servido durante la guerra de independencia[17].

---

[13] Véase las referencias en Enrique Lagrange, *Notas sobre Enajenación y Usucapión de Tierras Baldías, cit*, p. 74

[14] Véase en el libro, *La Constitución Federal de Venezuela de 1811 y documentos afines*, Biblioteca de la Academia Nacional de la Historia, vol 6, Caracas 1959, p. 103.

[15] Véase en José Gil Fortoul, *Historia Constitucional de Venezuela*, Berlín, 1907, Tomo I, p. 264.

[16] Véase la referencia a esta ley en el encabezamiento de la Ley de 6 de enero de 1820, y en el art. el art. 1 de la Ley de 28 de septiembre de 1821.

[17] Véase len el libro *Actas del Congreso de Angostura*, Instituto de Derecho Público, Universidad Central de Venezuela, Caracas 1969, pp. 383 y ss. Referencia a esta Ley se encuentra

Posteriormente, el Congreso de Angostura resolvió la unión de los pueblos de Colombia (Cundinamarca, Venezuela y Ecuador), lo que condujo a la sanción de la Constitución de Colombia de 1821, en la cual se declaró "en su fuerza y vigor las leyes que hasta aquí han regido en todas las materias y puntos, que directa o indirectamente no se opongan á esta Constitución, ni a los decretos que expidiere el Congreso" (art. 188)[18], con lo que se le dio pleno vigor tanto a las leyes de la Primera República como a las que rigieron en la época colonial.

3. LAS LEYES DE REPARTO Y DE REGULARIZACIÓN DE LOS BALDÍOS EN EL PERÍODO DE LA REPÚBLICA DE COLOMBIA

Las llamadas leyes de reparto de bienes confiscados siguieron aprobándose, esta vez por el Congreso de la Villa del Rosario de Cúcuta, y así se sancionó la Ley de 28 de septiembre de 1821, mediante la cual se hicieron asignaciones de bienes nacionales a los que sirvieron a la República. En esta Ley, en efecto, en primer lugar se confirmaron las anteriores asignaciones hechas a los militares tanto por la Ley de 6 de enero de 1820 decretada por el Congreso de Venezuela, como por la Ley de 10 de octubre de 1817 (art. 1) que había sido dictada por el antiguo Consejo de Estado que había creado el Libertador; y en segundo lugar, se precisó que para el pago de las asignaciones que correspondían a los militares, se destinaban:

1. Todos los bienes raíces que se hayan confiscado y que se confiscaren con arreglo a las leyes existentes, o que se expidieren en lo venidero, y que no hayan sido enagenados hasta la fecha de la publicación de esta ley.
2 Si estos no alcanzaren podrán también hacerse concesiones de terrenos baldíos por el precio que generalmente se fijare a la fanegada.
3. Quedan también afectados al pago cualesquiera otros bienes nacionales, muebles o inmuebles que se puedan enajenar.

Además, se autorizaba "bastantemente al Poder Ejecutivo para que satisfaga á los militares su haber con los bienes nacionales, observando en lo posible la igualdad y proporción que demanda la justicia" (art. 7).

Lo importante a destacar de esta Ley, es la especial referencia que se hizo a las tierras baldías como objeto de repartimiento[19].

A la normativa de reparto de bienes nacionales a los militares, la siguió un mes después, la Ley de 11 de octubre de 1821, la cual vino a ser, hasta cierto punto, la primera regulación general republicana sobre enajenación de

---

en el art. 1 de la Ley de 28 de septiembre de 1821.

18 Véase Allan R. Brewer-Carías, *Las Constituciones de Venezuela,* Academia de Ciencias Políticas y Sociales, Caracas 1997, p. 393

19 Véase en *Cuerpo de Leyes de la República de Colombia 1821-1827,* Consejo de Desarrollo Científico y Humanístico, Universidad Central de Venezuela, Caracas 1961, p. 71

tierras baldías y creación de las oficinas de agrimensuría. La Ley, por tanto, derogó "el método de composición establecido particularmente por la Instrucción de 15 de octubre de 1754", y cualesquiera otras leyes para la enajenación de las tierras baldías, disponiendo que esta enajenación debía en lo sucesivo verificarse por los precios y con las formalidades que se detallaban en la ley (art. 3).

En efecto, la Ley que fue dictada por el Congreso General de Colombia, se basó en los siguientes considerandos que tenían que ver con el fomento a la agricultura y la obtención de ingresos fiscales por la venta de baldíos:

> 1. Que uno de sus primeros deberes es fomentar la agricultura por cuantos medios estén a su alcance; 2. Que la enagenación de tierras baldías a precios cómodos y equitativo, debe contribuir poderosamente a tan importantes objeto; 3 Que los productos de esta enagenación son necesarios para cubrir los inmensos gastos y erogaciones a que están sujetas las rentas públicas.

Con fundamento en esta política general de enajenación de baldíos, la Ley dispuso con carácter general, que podían "enagenarse en lo sucesivo así en las provincias marítimas como en las del interior, las tierras baldías que no han sido antes concedidas a persona alguna, ó que habiéndolo sido por composición, han vuelto al dominio de la República según lo dispuesto en leyes anteriores" (art 1). La única excepción a esta regla de enajenabilidad la constituían "las tierras de comunidades de indios y de los pastos y egidos de villas y ciudades sobre las que continuarán observándose las que rigen en particular" (art. 2).

El precio de venta, en todo caso, variaba si se trataba de baldíos situados en provincias marítimas o en el interior: dos pesos la fanegada de tierras en las provincias marítimas, y un peso en las del interior (art. 6).

Por otra parte, en esta Ley se consiguen las primeras normas republicanas (post coloniales) tendientes a regular la enajenabilidad de los baldíos y a regularizar la tenencia y propiedad de la tierra. Se buscaba conocer cuáles eran las tierras que continuaban siendo baldías, pero garantizándose a todas las personas que se hallaban en ese momento "en posesión de las tierras baldías con casas y labranzas en ellas, sin título alguno de propiedad", que serían "preferidos en las ventas, siempre que en concurrencia de otros se allanan a pagar el mismo precio que se ofrece por ellas" (art 4).

Por otra parte, la Ley reconoció la propiedad de quienes poseyeran tierras baldías por tiempo inmemorial o a título de justa prescripción, al disponer que en esos casos esas personas "deberán concurrir en el término perentorio de un año á sacar sus títulos de propiedad, debiendo si no lo hicieren, volver al dominio de la República las expresadas tierras aunque estén pobladas ó cultivadas" (art. 5). Nada se estableció respecto del tiempo necesario para considerar una posesión inmemorial (usualmente más de 40 años), y nada se reguló la ley sobre usucapibilidad temporánea de las tierras baldías, lo que se continuaba regulando por el derecho común.

En cuanto a las personas que querían "comprar tierras baldías ocurrirán á los gobernadores de las provincias en que se hallen situadas las expresadas tierras, manifestando su localidad, ríos y aguas que las bañan, y que no pertenecen en dominio y propiedad a ninguna otra persona"(art. 9); en cuyo caso, el gobernador debía pasar "entonces orden al agrimensor de la provincia, y no habiendo agrimensor á los peritos que tenga por conveniente nombrar, para que midan las tierras y levanten un plan topográfico tan exacto como sea posible"(art. 10); de manera que practicada las diligencias mencionadas, se debía agregar el plano indicado, pasándole el gobernador el expediente "al intendente del departamento para que se declare la propiedad a favor del postulante, comunicando aviso á la tesorería respectiva para el cobro de su valor por cuartas partes en los cuatro años sucesivos"(art. 11).

Por otra parte, la Ley exigía con carácter general, que dentro de los cuatro años contados desde la publicación de la ley, "todos los ciudadanos y extranjeros residentes en Colombia deberán registrar sus propiedades rurales en las oficinas particulares de cada provincia, y desde este tiempo ningún juez ni escribano podrá autorizar contratos de compra y venta de dichas propiedades, sin que se acompañe un certificado del agrimensor de haberlo así verificado" (art. 13). Si luego de "pasados los cuatro años los propietarios no cumplieren con el registro prevenido, sus tierras si fueren adquiridas por merced o composiciones reincorporarán al dominio de la República, y si fueren adquiridas por compras sucesivas ú otros títulos, el Gobierno hará practicar los registros á expensas de los propietarios" (art. 14).

Por último, la Ley autorizó "al Poder Ejecutivo para que pueda enagenar tierras baldías por las dos terceras partes del valor que asigna la ley, siempre que los compradores lo satisfagan inmediatamente en las tesorerías nacionales" (art. 20)[20]

Con base en estas Leyes, el Congreso dictó el Decreto de 11 de junio de 1823 autorizando al Poder Ejecutivo para promover eficazmente la inmigración de extranjeros europeos y norte americanos en el territorio de la República, por lo que tomando en cuenta la existencia de "dilatadas tierras baldías" ordenaba que para "este objeto podrá disponer de hasta 3 millones de fanegadas de tierras propias del Estado", incluso de forma que no estaba sujeto a las disposiciones de la Ley de 11 de octubre de 1821[21]. Posteriormente, por Decreto de 1 de mayo de 1826 se dispuso que a tal fin, se agregaba un millón más de fanegadas de tierras baldías[22].

---

20 Véase en *Cuerpo de Leyes de la República de Colombia 1821-1827*, cit., pp. 97 y 98

21 Véase en *Cuerpo de Leyes de la República de Colombia 1821-1827*, cit., p. 128

22 Véase en *Cuerpo de Leyes de la República de Colombia 1821-1827*, cit., p. 461

Por último, también debe hacerse mención al Decreto de 26 de julio de 1823, sobre repartimiento de tierras a militares en la provincia de Apure y Casanare, conforme Ley de 28 de septiembre de 1821, en la cual se dispuso que "Los que quieran el total de la asignación de sus haberes en tierras baldías, les serán adjudicadas del modo que previene la citada ley; pero necesariamente se les adjudicará una parte de su haber en dichas tierras" (art. 3)[23].

En términos generales, el anterior fue el régimen legal de las tierras baldías que estaba en vigencia en Venezuela para el momento en el cual se reconstituye como Estado de Venezuela separado de la República de Colombia en 1830; régimen que se sustituyó por las disposiciones de Ley sobre averiguación de tierras baldías, su deslinde, mensura, justiprecio y enajenación dictada por el Congreso de Venezuela en 1848.

Debe señalarse, sin embargo, que un año antes, y a los solos efectos de regularizar el otorgamiento de justificativos judiciales de posesión sobre tierras en la provincia de Apure, la Secretaría del Interior por Resolución de 12 de junio de 1847, ordenó publicar en la *Gaceta Oficial de Venezuela*[24], la Real Instrucción de 15 de octubre de 1754, la cual por lo demás ya había sido expresamente derogada por la antes mencionada Ley de 13 de octubre de 1821, que era ley de la República.

V. La regularización del régimen de tenencia y enajenabilidad de las tierras baldías en la Ley de 13 de octubre de 1848

1. La regularización legal de las tierras baldías en 1848

De acuerdo a lo establecido en la Constitución del Estado de Venezuela de 1830, correspondía al Congreso "decretar lo concerniente para la administración, conservación y enajenación de los bienes nacionales" (art. 87, ordinal 13), y en tal virtud se sancionó la Ley de 10 de abril de 1848 sobre averiguación de tierras baldías, su deslinde, mensura, justiprecio y enajenación, cuyo contenido siguió la misma línea reguladora que tenía la Ley de 13 de octubre de 1821 de la República de Colombia, antes referida.

Mediante esta Ley de 1848, el Congreso también buscó regularizar la titularidad y tenencia de la tierra, tanto del Estado como de los particulares, y respecto de las tierras baldías dispuso:

1. Que los arrendatarios u ocupantes de tierras baldías al tiempo de la publicación de la ley, podrían hacerse "legítimos propietarios" de dichas tierras *solicitando formalmente la compra de la misma,* la cual podrá acordarse sin subasta (art. 12).
2. Que los que poseían tierras baldías por tiempo inmemorial y no hubiesen sacado los títulos de propiedad conforme a la ley de 13 de octubre

[23] Véase en *Cuerpo de Leyes de la República de Colombia 1821-1827*, cit., p. 152

[24] Véase en *Gaceta de Venezuela* No. 865 de 13-07-1847

de 1821, *debían hacerlo en el término de un año* contado desde la publicación de la ley (art. 16) con prórrogas sucesivas. *Vencidos dichos lapsos,* sin que se sacasen dichos títulos, la ley de 1848 establecía que *los terrenos se considerarían propiedad de la República* (art. 17).

3. Que las tierras baldías podrían venderse mediante subasta pública (art. 7), conforme a las normas de la ley y del Decreto reglamentario de 16 de marzo de 1849 sobre tierras baldías.

En esta forma, legalmente quedaba delimitada en el tiempo, la posibilidad de que se reconociese o traspasase a los particulares la propiedad de antiguos baldíos, exigiéndose *actos formales del Estado, como la venta acordada* en pública subasta o acordada a los arrendatarios u ocupantes; y los *títulos otorgados* a los poseedores por tiempo inmemorial dentro de los lapsos previstos en la Ley.

Esta ley vino por tanto a continuar con la línea reguladora de las décadas precedentes a su sanción, en relación con el régimen jurídico relativo a las tierras baldías y para la precisión de la titularidad sobre las mismas.

El Estado, mediante ella, reconoció a los poseedores por tiempo inmemorial su derecho a adquirir la propiedad de la tierra, incluso si no habían hecho las gestiones que establecía la Ley de 1821, pero el ejercicio de este derecho lo sometió de nuevo a unos plazos de caducidad, vencidos los cuales sin que se ejerciese ese derecho, los terrenos en cuestión se considerarían propiedad del Estado. Después de la Ley de octubre de 1821 y de esta Ley de 1848, conforme a los lapsos en ella previstos, por tanto, la titularidad de la propiedad de la tierra o correspondía por así haberse acordado a los poseedores por tiempo inmemorial que lo hubieren solicitado, o correspondía al Estado. Este, después, podía vender las tierras, y conforme a la Ley los particulares podían adquirir la propiedad de las mismas.

2. EL RÉGIMEN DEL DECRETO REGLAMENTARIO SOBRE TIERRAS BALDÍAS DE 30 DE JUNIO DE 1865 SOBRE RECOMPENSAS MILITARES

Durante la vigencia de la Ley de 1848, la política de Estado de enajenar baldíos y adjudicarlos en propiedad a los militares continuó, esta vez como consecuencia de las guerras federales, conforme a las recompensas que había acordado la Asamblea Constituyente en marzo de 1864 a favor del ejército federal triunfante. Por ello, mediante la Ley de crédito público de 16 de junio de 1865, todos los terrenos baldíos de la Nación quedaron "especialmente hipotecados al pago de la deuda de recompensas militares" a cuyo efecto, se autorizó al Ejecutivo a reglamentar" clara y sencillamente" el modo de obtener dichos terrenos en pago de recompensas, facilitando las diligencias de adjudicación, mensura y deslinde hasta la adjudicación que debía declarar el Ejecutivo Nacional "quien ha de expedir el título de propiedad"(art. 1).

El Decreto que se dictó sobre tierras baldías de 30 de junio de 1865, sin embargo, fue más allá en su regulación en la materia que lo que se había autorizado en la Ley que lo originó, pero por supuesto con efectos sólo en lo que perseguía la Ley de crédito público de 1865 que no era otra que la recompensa a militares mediante la adjudicación de baldíos.

En efecto, en primer lugar, estableció por primera vez, en el ordenamiento jurídico una enumeración de los bienes que se consideraban como tierras baldías (art. 1):

1. Las tierras que estando situadas dentro de los límites territoriales *carecen de otro dueño,* es decir, que no pertenecen a ejidos, a antiguos resguardos de indígenas, a corporaciones, ni a personas particulares.
2. Los realengos ocupados sin título; *título que sólo puede suplirse por la justificación* que debieron hacer los tenedores de dichos realengos, de haberlos poseído desde antes del año de 1700, según el capítulo 4 de la Real Instrucción comunicada a los que fueron dominios de España en Cédula de 15 de octubre de 1754, y que fue publicada en la Gaceta de Venezuela número 865.

De acuerdo con el segundo supuesto de la norma, que pretendía establecer un lapso de prescripción inmemorial de 165 años al pretender "revivir" la Instrucción de 1754 que había sido derogada desde 1821, se podría concluir que el Ejecutivo pretendía que el Estado *no debía reconocer otro título de propiedad de baldíos* que no fueran los justificativos de posesión desde antes de 1700, que debían haber hecho los respectivos ocupantes o tenedores antes de la vigencia del Decreto. Podría deducirse entonces, que se buscaba desconocer cualquier otra prescripción adquisitiva, y los que tuviesen posesión de baldíos, aun de carácter inmemorial, sólo podían *adquirirlos mediante compra,* en la cual se establecían las debidas preferencias (art. 10).

Esta disposición podía conducir a la interpretación de que la norma del Decreto buscaba establecer la imprescriptibilidad de los baldíos[25]; sin embargo, hay que convenir que, por el carácter reglamentario del mismo, dicha regulación al contrariar el texto de la Ley de 1848, no tenía valor jurídico, pues los reglamentos no podían ni pueden modificar las leyes.

En todo caso, el decreto de 1865 también estableció la posibilidad de enajenación de los baldíos (art. 2), sometida a diversas condiciones, entre algunas derivadas de la proximidad de las tierras al dominio marítimo (situadas a orillas del mar, o de lagos o ríos navegables por botes de remo, vela o vapor).

En el decreto se daba *preferencia para la compra* de los baldíos al arrendatario y al ocupante; y al poseedor por tiempo inmemorial que no hubiere sacado el título de las tierras con anterioridad (art. 10).

Por último, debe señalarse que en este decreto de 1865 apareció por primera vez en el ordenamiento el principio de que el Estado no aceptaría solicitu-

---

25 Véase, con la salvedad indicada en las notas 4 y 9 de este estudio, Allan R. Brewer-Carías, "Estudio sobre la inalienabilidad e imprescriptibilidad en el régimen jurídico de las tierras baldías", cit. pp. 78 y ss.

des de compras, aunque por supuesto sólo a los efectos de la Ley de crédito público de 1865, de tierras "que disten de una salina menos de una legua de 6.666 $^{2}/_{3}$ varas por cada viento; *menos de trescientas varas de la costa del mar;* menos de ciento de las riberas de los lagos o ríos navegables; y menos de veinticinco de los ríos pequeños" (art. 3).

V. EL RÉGIMEN DE LOS BALDÍOS A PARTIR DEL CÓDIGO CIVIL DE 1867 HASTA 1904

1. EL RÉGIMEN DE LOS BIENES PATRIMONIALES DEL ESTADO EN LOS CÓDIGOS CIVILES

Como se dijo, dos años después de dictado el decreto de 1865, a partir del primer Código Civil de 1867, se estableció la definición de los bienes inmuebles del Estado incluyendo los baldíos como las tierras que carecían de dueño, regulándose además, la posibilidad de prescripción de los baldíos.

En cuanto a la definición de los baldíos, así se dispuso en los Códigos Civiles de 1867 (art. 344.5); 1873 (art. 441) y 1880 (art. 446), así como en el Código de Hacienda de 1873 (art. 1°, Ley II); y en cuanto a la usucapibilidad de los bienes patrimoniales del Estado, en art. 347 dispuso que "están sujetos a prescripción según lo determinado en el Título de la materia".

Por tanto, las dudas sobre la posibilidad de prescriptibilidad de las tierras baldías puede decirse que pudieron considerarse disipadas 2 años después, por la previsión expresa del Código Civil de 1867, en el sentido de que "la administración y la enajenación de los bienes que pertenecen a la República, a los Municipios o a los establecimientos públicos, se rigen por leyes especiales; *pero están sujetos a prescripción según lo determinado en el Título de la materia*" (art. 347). En esta forma, conforme al Código Civil de 1867, podría adquirirse por prescripción los bienes patrimoniales del Estado (art. 1.815) incluyendo los baldíos, que hubiesen estado poseídos por 30 años (art. 1.840).

Además, la posibilidad de enajenación de los baldíos también se previo en el Código Civil a partir de 1873 (art. 442) conforme a lo previsto en las leyes especiales; norma que se ha repetido invariablemente en los Códigos posteriores de 1880 (art. 447); 1896 (art. 454); 1904 (art. 460); 1916 (art. 521); 1922 (art. 521); y 1942 (art. 543).

A partir del Código Civil de 1873 se dispuso que "Las disposiciones de este Código se aplicarán también a los bienes patrimoniales (del Estado) en cuanto no se opongan a las leyes especiales que les conciernan" (art. 443); norma que invariablemente se ha repetido en todos los Códigos Civiles posteriores: 1880 (art. 447); 1896 (art. 450); 1904 (art. 461); 1916 (art. 522); 1922 (art. 522), y 1942 (arts. 544). De ello puede decirse que derivaba la posibilidad de usucapibilidad de baldíos, ya que la Ley especial sobre baldíos de 1848, nada había regulado sobre ello.

2. El régimen legal de las tierras baldías durante el Siglo XIX

La Ley de Tierras Baldías de 2 de junio de 1882 derogó tanto la Ley de 1848 como el decreto de 1865, pero su contenido puede decirse que se guió por las normas del mencionado decreto.

En efecto, al definir los baldíos, siguió la línea de regulación del decreto, disponiendo, que eran baldíos los siguientes (art. 1):

1. Los que estando situados dentro de los límites de la Nación, carecen de legítimo dueño, es decir, que no pertenecen a ejidos o a corporaciones, ni a personas particulares.
2. Los realengos ocupados sin legítimo título, o con documento cuyo origen sea vicioso o ilegítimo, *los que sólo pueden remplazarse con el título supletorio evacuado con las formalidades legales*, y con la posesión del inmueble desde antes del año de 1700, de conformidad con el artículo 4° de la Real Instrucción, comunicada a los que fueron Dominios de España, en Cédula de 15 de octubre de 1754, publicada en la Gaceta de Venezuela, número 865, siempre que tales títulos supletorios aparezcan protocolizados en la Oficina de Registro en donde está situado el inmueble de cuya propiedad se trata; y
3. Los que reivindique la Nación conforme a las disposiciones contenidas en la presente ley.

   De acuerdo a esta definición legal, puede decirse que la ley desconoció cualquiera adquisición fundamentada en documentos viciosos o ilegítimos, así como cualquier adquisición de propiedad de tierras baldías que no fuera por compra (art. 7 y ss.) o legítimo título; o por la posesión inmemorial desde antes de 1700, es decir, en este caso, de 182 años, lo que era absurdo amparada por título supletorio que debía estar debidamente protocolizado antes de la entrada en vigencia de la ley (1882). Esta regulación también podía conducir a la interpretación de que la Ley de 1882 desconocía la posibilidad de adquirir baldíos por prescripción[26].

La Ley de 1882, sin embargo, reguló expresamente la posibilidad de que las tierras baldías pudieran adjudicarse en propiedad (art. 6), estableciéndose normas que regulaban el destino que debían tener (art. 4) y las condiciones para la venta (arts. 7 y ss.). En consecuencia, durante la vigencia de esta Ley, los particulares podían adquirir en propiedad tierras baldías. La única excepción en la materia conforme a la Ley de 1882, era la inalienabilidad de los baldíos playeros prevista en el Decreto de 1865, pero precisándose la medida en metros. El artículo 7 de la ley, al regular la venta de tierras baldías, estableció en efecto, la siguiente condición:

---

[26] Con la salvedad indicada en las notas 4 y 9 de este estudio, véase Allan R. Brewer-Carías, "Estudio sobre la inalienabilidad e imprescriptibilidad en el régimen jurídico de las tierras baldías", cit. p. 81.

4. "Que no pueden concederse tierras baldías que disten de una salina menos de cinco kilómetros por cada viento; *menos de quinientos metros de la costa del mar;* menos de doscientos de las riberas de los lagos o ríos navegables; y menos de cincuenta de los ríos pequeños".

Debe indicarse, por último, que la Ley de 1882, en su artículo 2 declaró "nulas y de ningún valor ni efecto las enajenaciones de tierras baldías" que se hubiesen hecho con posterioridad a la promulgación de la Constitución de 1864, es decir, las que se hubieran efectuado conforme al Decreto de 1865; lo cual era evidentemente inconstitucional, tal como incluso lo declaró la Alta Corte de Justicia en 1891[27]

La Ley de 1882 fue sustituida por la Ley de Tierras Baldías de 24 de agosto de 1894, cuya normativa, en términos generales, siguió la misma orientación de la anterior. Igualmente sucedió con la Ley de Tierras Baldías de 20 de mayo de 1896 y el Decreto de 20 de julio de 1900.

En esta última, sin embargo, se reguló un procedimiento de adjudicación de tierras baldías a los poseedores de buena fe y de ratificación de propiedad a quienes poseyeran con justo título. En efecto, el artículo 5 de la Ley estableció lo siguiente:

> Una vez levantado el plano de una porción de tierra denunciada como realenga, *podrá el Ejecutivo Nacional ordenar que se expidan títulos de propiedad definitiva a los que la estén ocupando, como poseedores de buena fe, debiendo ratificar la propiedad del terreno ocupado en aquellos que resulten poseedores con justo título;* y como comprobantes, así de los dominios o derechos que se reconozcan en los particulares, como de los que correspondan a la Nación, se consignará una copia del plano levantado, en la Oficina de Registro. ...

Esta norma fue reglamentada por decreto de 1° de junio de 1896 en la siguiente forma:

> *Artículo* 7. Los ocupantes y poseedores de buena fe de tierras realengas, sin legítimo título, procederán cuanto antes a llenar las formalidades legales *para la adquisición* a título gratuito de su propiedad en la parte de tierra que tengan cultivada, en conformidad con lo dispuesto en el artículo 5° de la Ley de Tierras Baldías vigente.

La norma podía considerarse que indirectamente regulaba la imprescriptibilidad de los baldíos, al prescribir que los poseedores de buena fe sin título legítimo, a lo que tenían derecho era a obtener la propiedad de la tierra a título gratuito por parte del Estado, quien podría dárselas o no[28]. Sin em-

---

27 Véase la referencia en Lagrange, p. 120 (Memoria 1891, p. 433)

28 Con la salvedad indicada en las notas 4 y 9 de este estudio, véase Allan R. Brewer-Carías, "Estudio sobre la inalienabilidad e imprescriptibilidad en el régimen jurídico de las tierras baldías", cit. p. 82

bargo, al establecer que los poseedores con justo título se les *debía ratificar la propiedad* del terreno por parte del Estado, mediante el registro de los planos respectivos, también podía considerarse que se reconocía la existencia de la usucapibilidad por posesión con justo título.

VI. EL RÉGIMEN DE LAS TIERRAS BALDÍAS ENTRE 1904 Y 1909: LA IMPRESCRIPTIBILIDAD

La Ley de Tierras Baldías, del 18 de abril de 1904, estableció una definición de baldíos más escueta que la prevista en leyes anteriores, al eliminarse toda referencia a los antiguos realengos y a la prescripción inmemorial extendida hasta 1700, precisando en el artículo 1 que se consideraban como baldíos, los siguientes:

1. Los que estando situados dentro de los límites de la Nación, carecen de legítimo dueño, es decir, que no pertenecen a ejidos o a corporaciones ni a personas particulares; y
2. Los que reivindique la Nación conforme a derechos y a las disposiciones especiales contenidas en la presente ley.

Esta Ley, por otra parte, fue la única de las leyes especiales sobre tierras baldías que, en contraste con las leyes anteriores, excluyó expresamente la posibilidad de adquirir la propiedad de tierras baldías por prescripción adquisitiva.

En efecto, en su artículo 28 estableció lo siguiente:

> *Articulo 28.* Fuera de los especiales y precisos casos determinados en la presente ley, *la propiedad de las tierras baldías sólo podrá adquirirse en virtud de compra* y al Ejecutivo Federal corresponde expedir a los compradores, por órgano del Ministerio de Fomento, los respectivos títulos de adjudicación, previas las formalidades establecidas en esta ley.

Con esta disposición puede decirse que se estableció por primera vez en el ordenamiento jurídico, en forma expresa, la inaplicabilidad de las normas relativas a la adquisición de inmuebles por prescripción previstas en el Código Civil, y en las leyes de hacienda Pública; por lo que incluso en el Código Civil del mismo año 1904, vigente para el momento de aplicación de la ley, se estableció lo siguiente:

> *Artículo 461.* Las disposiciones de este Código se aplicarán también a los bienes patrimoniales en cuanto no se opongan a las leyes especiales que les conciernan.

La Ley de 1904, por otra parte, también ratificó la inalienabilidad de los baldíos playeros (art. 43), en una extensión de 500 metros de la costa del mar, establecida desde 1865.

Sin embargo, en cuanto a la posibilidad de enajenación de tierras baldías a particulares, la Ley de 1904 reguló la forma y modalidades de la enajenación de baldíos por venta (arts. 28 y ss.) y por adjudicación gratuita (arts. 35 y ss.). En relación a esta última modalidad se atribuyó al "ocupante de tierras baldías que posea en ellas cultivadas por lo menos dos hectáreas con casa de habitación", el "*derecho* de que se le conceda gratuitamente el dominio y la propiedad de cinco hectáreas y de que se le expida el título correspondiente" (art. 35).

La ley de 1904, en todo caso, saneó la situación de los adquirentes *legítimos* de tierras baldías hasta la fecha de su promulgación en los términos siguientes:

> *Artículo 44.* La propiedad de tierras baldías *adquiridas legítimamente* hasta la fecha de la publicación de la presente ley, queda firme y ratificada; y no puede ser objeto de reclamaciones por parte de la Nación y de los Estados.

La Ley de 1904, por tanto, a pesar de haber excluido la prescripción adquisitiva de baldíos, reconoció la propiedad privada sobre de antiguos baldíos adquirida legítimamente por lo medios autorizados en el ordenamiento jurídico, entre los cuales incluso debe considerarse que estaba la prescripción regulada en el Código Civil, en los casos en los que fuera aplicable[29]. De resto, la adquisición legítima de la propiedad de tierras baldías hasta 1904, sólo podía resultar de los siguientes títulos:

1. La compra efectuada por arrendatarios u ocupantes y las adjudicaciones a los poseedores de buena fe efectuadas conforme a las leyes de 1896 y 1900; conforme al artículo 12 de la ley de 1848.
2. Las ventas o adjudicaciones formales efectuadas conforme a lo previsto en las leyes de 1865, 1882, 1894, 1896 y 1900.
3. La adquisición mediante título otorgado a los poseedores por tiempo inmemorial en el lapso de un año, con las prórrogas previstas, contados a partir de la publicación de la ley de 1848 (arts. 16 y 17).
4. La compra en pública subasta de tierras baldías, conforme al artículo 7 de la ley de 1848.
5. La adquisición mediante justificación o título supletorio de posesión que datara de antes del año 1700, conforme a las leyes de 1865, 1882, 1894, 1896 y 1900.

En todo caso, el régimen de proscripción de la usucapibilidad de tierras baldías en la Ley de 1904, estuvo vigente sólo durante cinco años, hasta 1909, lo que significó sólo que durante esos precisos cinco años, entre 1904 y 1909 nadie pudo alegar la prescripción de baldíos.

---

29 Allan R. Brewer-Carías, "Estudio sobre la inalienabilidad e imprescriptibilidad en el régimen jurídico de las tierras baldías", cit. p. 84

VII. EL RÉGIMEN DE LAS TIERRAS BALDÍAS A PARTIR DE 1909: ENAJENABILIDAD Y PRESCRIPTIBILIDAD

El régimen jurídico de las tierras baldías puede decirse que cambió en forma sustancial a partir de 1909, particularmente en cuanto a la posibilidad de adquirir por prescripción las tierras baldías, al sancionarse la Ley de Tierras Baldías y Ejidos de 13 de agosto de 1909, cuyas normas se siguieron en las leyes posteriores hasta la de 1918.

En efecto, de acuerdo con lo establecido en el artículo 1° de la Ley de dicha Ley:

> *Artículo 1.* Se consideran baldías las tierras que estando dentro de los límites de la Nación no sean ejidos o hayan sido *adquiridas legítimamente por particulares o personas jurídicas* capaces de obtener propiedades en el país y las que reivindique la Nación conforme a la Ley.

Esta definición, que varió la tradicional de las leyes especiales anteriores, se completó con lo previsto en el Código Civil del año 1904, en el cual se dispuso que "todas las tierras que estando situadas dentro de los límites territoriales, carecen de otro dueño, pertenecen al dominio privado de la Nación" (art. 459)

En la Ley de 1909, por otra parte, se eliminaron todas las normas que podían conducir a interpretar la exclusión de la posibilidad para los particulares de adquirir por prescripción las tierras baldías. Al contrario, se estableció expresamente esta posibilidad, no sólo al señalarse en el artículo 1", como se dijo, que no eran tierras baldías las "adquiridas legítimamente por particulares" (y uno de los modos de adquirir la propiedad según el Código Civil de 1904 era la usucapión), sino al indicarse expresamente que la Nación no iniciaría juicios de reivindicación en caso de que se hubiese adquirido la propiedad de las tierras por prescripción.

En efecto, el artículo 8 de la Ley de 1909, estableció:

> *Articulo* 8. El Ministro de Fomento, a fin de no ordenar la iniciación de procesos contrarios al objeto de la presente ley, consultará en cada caso al gobierno del respectivo Estado y tendrá en consideración:
>
> 1. La autoridad de la prescripción, como causa legítima de dominio según el Código Civil.
>
> 2. Que es de interés general la estabilidad de las empresas agrícolas o pecuarias que estuvieren ya fundadas.

En esta forma, la Ley de 1909 expresamente reconoció y admitió la prescriptibilidad de las tierras baldías, cambiando la prohibición de 1904 y regulando expresamente en la ley especial lo que en la legislación anterior solo estaba regulado en el Código Civil.

En efecto, en 1909, la prescripción estaba regulada en el Código Civil de 1904, y en él se establecía que "para adquirir por prescripción se necesita posesión legítima" (art. 1.937), señalándose además, que: "El Estado, por sus bienes patrimoniales y todas las personas jurídicas, están sujetas a la prescripción, como los particulares" (art. 1.944)

El propio Código Civil, por otra parte, se encargó de definir cuándo la posesión era legítima al indicar, en forma negativa, que "la posesión no es legítima cuando no es continua, no interrumpida, pacífica, pública, no equívoca y con intención de tener la cosa como suya propia" (art. 672).

De acuerdo con estas normas, por tanto, la Ley de 1909 reguló expresamente la posibilidad general de que las tierras baldías podían ser objeto de "posesión legítima"; lo que se corroboraba de las propias normas relativas a las oposiciones que podían formularse respecto de las solicitudes de venta de tierras baldías. Entre las causales de oposición que se podían alegar, en efecto, estaba que el "opositor que [estuviera] *en posesión legítima de todo o parte del terreno que como baldío* se ha denunciado" (art. 63.1), norma que se repitió posteriormente en todas las leyes posteriores, hasta la vigente de 1936.

En este caso, la oposición daba origen a un procedimiento judicial que podía culminar en una sentencia declarativa de "*la posesión legítima,* de que habla el artículo 671 del Código Civil" (art. 69), en cuyo caso se reservaba a la Nación la posibilidad de intentar el respectivo juicio de reivindicación (art. 72). Todas estas normas se repitieron, casi invariablemente, en las leyes posteriores hasta la de 1936.

La Constitución de 1909, por otra parte, por primera vez estableció a nivel constitucional en forma expresa la posibilidad de la "enajenación de los baldíos" (art. 13.30), ya que antes, sólo excepcionalmente en la Constitución de 1901 se había establecido la posibilidad de que los mismos pudieran ser "adjudicados" (art. 6.29). Por tanto, conforme a dicha orientación constitucional, la Ley de 1909 reguló ampliamente la venta de tierras baldías (art. 16 y ss.), así como su adjudicación gratuita (arts. 41 y ss.) con las debidas preferencias (arts. 60 y ss.).

La Ley recogió el mismo principio antes mencionado, de saneamiento respecto de "la propiedad de tierras baldías *adquirida legítimamente* hasta la fecha de la publicación de la presente ley" (art. 81), y que había sido prevista también en la Ley anterior de 1904. Sin embargo, limitó la posibilidad de intentar la acción correspondiente por diferencias de cabida, por prescripción de la misma, conforme a lo establecido en el artículo 1.447 del Código Civil de 1904.

La Ley de 1909, por otra parte, agregó otra innovación de gran importancia al régimen de los baldíos, al eliminar el carácter inalienable de los baldíos playeros (eliminación que sólo tuvo una vigencia de diez meses, pues se restableció en la Ley de 1910) que tradicionalmente se había establecido desde el decreto de 1865, y limitó los casos de inalienabilidad de baldíos sólo a los siguientes supuestos (art. 12):

1° Los terrenos baldíos cuya conservación sea conveniente por razones de *utilidad pública,* especialmente, con el objeto de conservar o aumentar las fuentes y manantiales, los cuales se regirán por leyes especiales.

2° Los que se determinen para Ejidos Municipales por esta misma ley.

3° Los que el Ejecutivo Federal resolviere dejar para la colonización por medio de inmigrantes extranjeros o para la reducción de indígenas en los Estados y Territorios en donde aún los hay incivilizados, adjudican-doles gratuitamente a cada familia que se establezca, cinco hectáreas con sólo el hecho de la Resolución respectiva que le servirá de título de propiedad.

4 Las tierras baldías que estén a inmediaciones de las *salinas hasta dos y medio kilómetros."*

En estos casos de baldíos declarados como inalienables, podía concluirse en que ello implicaba su imprescriptibilidad. En efecto, si conforme al Código Civil de 1904, no producía "efecto jurídico la posesión de las cosas cuya propiedad no puede adquirirse" (art. 677), era evidente que estos baldíos declarados inalienables no podían adquirirse por prescripción, pues la propiedad de ellos no podía adquirirse.

Las leyes de 27 de junio de 1910, de 11 de julio de 1911, 4 de julio de 1912, 30 de junio de 1915 y 24 de junio de 1918 siguieron, en términos generales, la misma orientación de la Ley de 1909. Durante este período, sin embargo, se dictaron diversas normas de interés en cuanto a la inalienabilidad de ciertos baldíos.

La Ley de 1910, al definir los baldíos no enajenables, agregó el siguiente caso (art. 12):

4. Las tierras que estén a inmediaciones de las salinas hasta dos y medio kilómetros, *a las orillas del mar hasta quinientos metros,* a las riberas de los lagos o ríos navegables de primero y segundo orden hasta doscientos metros y de los otros no navegables de orden inferior hasta veinticinco metros de distancia."

Esta norma, con variaciones menores, fue mantenida en la legislación de Tierras Baldías hasta la ley de 1936; permaneciendo invariable la referencia a la inalienabilidad de *los baldíos situados en las orillas del mar hasta quinientos metros.*

Por decreto de 22 de octubre de 1913, además, se dispuso que "los terrenos baldíos existentes en las islas marítimas, fluviales y lacustres pertenecientes a la República, *no podrán ser enajenados en ninguna forma"* (art. 1); norma que adquirió rango legal a partir de la Ley de Tierras Baldías y Ejidos, de 30 de junio de 1915, agregándose en ese caso a la inalienabilidad, la impres-criptibilidad. En efecto, el artículo 11.5, al declarar que dichos baldíos no eran enajenables, estableció lo siguiente:

5. Las tierras baldías existentes en las islas marítimas, fluviales y lacustres, cuyo aprovechamiento hará el Ejecutivo Federal en forma que *no envuelva directa ni indirectamente el transferimiento del dominio ni de la propiedad de la tierra*".

Esta norma no sólo declaró la inalienabilidad de las tierras baldías situadas en islas, sino que precisó que su aprovechamiento sólo lo podía hacer el Ejecutivo Nacional en forma que "no envuelva *directa ni indirectamente el transferimiento del dominio ni de la propiedad de la tierra*", lo que equivale a desconocer la prescripción como forma de adquirir la propiedad de estas tierras baldías. Esta norma se repitió con esa misma redacción en las leyes posteriores hasta la de 24 de junio de 1918.

Por otra parte, en la Constitución de 1914 la norma adquirió rango constitucional al establecerse en el parágrafo único del artículo 19.28, lo siguiente:

> Las tierras baldías podrán ser enajenadas conforme a la Ley; *se exceptúan los baldíos existentes en las islas marítimas, fluviales y lacustres, cuyo aprovechamiento hará el Ejecutivo Nacional en forma que no envuelva directa ni indirectamente el transferimiento del dominio ni de la propiedad de la tierra.*

Esta norma constitucional, recogida, como se dijo, en las leyes de 1915 a 1918, le dio rango constitucional tanto a la inalienabilidad como a la imprescriptibilidad de las tierras baldías situadas en islas, al prohibir todo aprovechamiento que directa o indirectamente implicase el transferimiento del dominio de la propiedad de la tierra. Con ello se estableció constitucionalmente que los terrenos baldíos situados en islas no podían salir del patrimonio del Estado, por lo que, por supuesto no podían ser adquiridos por prescripción por los particulares.

Esta norma constitucional fue invariablemente establecida en *todos* los textos constitucionales posteriores: 1922 (único del art. 19.28); 1925 (art. 15.18); 1928 (art. 15.18); 1929 (art. 15.18); 1931 (art. 15.18); 1936 (art. 15.18); 1945 (art. 15.18); 1947 (art. 137.12); 1953 (art. 60.17); 1961 (art. 136.10), y 1999 (art. 13).

En esta forma, frente a la prescriptibilidad general de las tierras baldías establecida en forma expresa en la legislación especial a partir de la Ley de 1909, la Constitución de 1914 (y todos los textos constitucionales posteriores) así como la Ley de 1915 hasta el texto de 1918, adoptaron expresamente el principio de la inalienabilidad e imprescriptibilidad sólo de las tierras baldías situadas en las islas marítimas, lacustres y fluviales.

La ley de 1912, siguiendo el principio de las leyes anteriores, estableció lo siguiente:

> *Articulo 109.* Las concesiones de tierras baldías, *adquiridas legítimamente* hasta la fecha de la publicación de la presente Ley, *con la aprobación del Gobierno Nacional,* quedan firmes y ratificadas, y no podrán ser objeto de reclamación por parte de la Nación ni de los Estados.

Este saneamiento, tal como surge del propio texto, al contrario de las normas de la ley de 1904, se limitó exclusivamente a las adquisiciones legítimas efectuadas *con la aprobación del Gobierno Nacional,* por lo que podía interpretarse que las adquisiciones de tierras baldías reconocidas y ratificadas por el mismo, eran las otorgadas en venta o adjudicación gratuita por el Ejecutivo Nacional.

Esta norma de saneamiento legal permaneció con esta redacción en las leyes posteriores de 1915, 1918, 1919, 1924, 1925, 1931 y en la Ley vigente de 1936 (art. 177). En tal sentido, aun cuando a partir de la Ley de 1909 se había admitió expresamente, en general, la prescriptibilidad de las tierras baldías, tres años después, en 1912 el legislador no reconoció ni ratificó expresamente las adquisiciones por prescripción que hubiesen podido efectuarse en ese breve lapso (1909 a 1912).

La ley de 27 de junio de 1919, por otra parte, introdujo una serie de innovaciones en la regulación sobre tierras baldías, reforzando entre otros aspectos a la vez, la posibilidad de prescriptibilidad de los baldíos y la imprescriptibilidad de algunos de ellos.

El artículo 1° de la Ley de 1919, recogiendo la noción del Código Civil, en efecto, se limitó a señalar que:

> *Artículo 1.* Son baldíos todos los terrenos que estando dentro de los límites de la República no sean propiedad particular, ni ejidos, ni pertenezcan legítimamente a corporaciones o personas jurídicas."

La norma de la Ley de 1919 eliminó la expresión tradicional establecida en las leyes anteriores (de 1909, 1910, 1911, 1912, 1915 y 1918), y que excluía de la calificación de baldíos, los terrenos que habían sido "adquiridos *legítimamente* por particulares o personas jurídicas capaces de obtener propiedades en el país". En la Ley de 1919 no se calificó la adquisición de la propiedad por los particulares para la definición de baldíos, sino pura y simplemente se estableció que eran baldíos los terrenos que "no sean propiedad particular".

La Ley de 1919, por otra parte, fue aún más precisa que las leyes posteriores a la de 1909 en admitir y regular la posibilidad de adquisición por prescripción de las tierras baldías. El régimen en esta materia, quedó regulado como sigue:

La Ley Orgánica de la Hacienda Nacional de 1918 (art. 25), había establecido expresamente que la propiedad y derechos reales sobre bienes nacionales podían ser adquiridos por prescripción. El tiempo necesario para prescribir era de *20 años cuando existieran justo título y buena fe, y de 50 años cuando faltaren estos requisitos.* Esta norma se mantuvo invariablemente en todas las leyes posteriores hasta la vigente.

Por otra parte, la Ley de 1919 expresamente estableció que el Ejecutivo Nacional no podía intentar las acciones de reivindicación (art. 10) "contra los poseedores de tierras que por sí o sus causantes hayan estado gozándolas *con carácter de propietarios* desde antes de la ley de 10 de abril de 1848". En estos casos, agregaba la ley, el poseedor podía alegar la prescripción que le favoreciera (art. 10).

La norma pretendía establecer un supuesto de posesión inmemorial (71 años) respecto de quienes estuviesen poseyendo tierras desde antes de 1848, con carácter de propietarios. La norma, sin embargo, no era congruente pues poseer una tierra y gozarla "con carácter de propietario" desde antes de 1848, sólo podía ser posible con posterioridad a dicha ley para los que hubiesen adquirido formalmente la propiedad de las tierras conforme a las normas de los artículos 16 y 17 de la Ley de 1848, en los lapsos allí previstos, vencidos los cuales, expresamente se consideraba a los terrenos ocupados y poseídos como *propiedad de la República.* Y si esto fue así, mal podía un poseedor seguir poseyendo la tierra "con carácter de propietario".

Por ello, la primera parte del artículo 10 de la Ley de 1919, repetida en todas las leyes posteriores hasta la vigente de 1936 (art. 11), aparentemente no podría aplicarse, por ser imposible el supuesto que contempló. Si un poseedor había adquirido la propiedad de la tierra baldía conforme a la ley de 1848, el bien había dejado de ser baldío desde esa fecha y el particular podía ser considerado como legítimo propietario "con la aprobación del Gobierno Nacional", en cuyo caso no tenía sentido hablar de la posibilidad de la acción reivindicatoria. Por otra parte, si la intención del legislador de 1919, y de las leyes posteriores, fue sanear definitivamente las adquisiciones de tierras baldías efectuadas conforme a la ley de 1848, ello era innecesario.

La ley de 1919 estableció, además, como principio general, que en todo caso, el poseedor, aun cuando su posesión datare de fecha posterior a la de dicha ley de 1848), podía "alegar la prescripción *que le favorezca,* y no se ordenará la iniciación de ningún juicio de reivindicación cuando sea evidente que prosperaría la excepción de prescripción" (art. 10). En esta forma se estableció de nuevo en la Ley, la posibilidad general de prescripción de las tierras baldías, lo cual se repitió invariablemente en todas las leyes posteriores hasta la ley vigente de 1936 (art. 11).

Sin embargo, para que la posesión surtiera efectos a los fines de la prescripción, las tierras baldías sobre las cuales podía alegarse usucapión tenían que ser sólo *aquellas que podían ser adquiridas en propiedad mediante enajenación* (se excluía de ello, por tanto, a los baldíos playeros y de islas). Esto surgía, en 1919, y en la legislación actual, por la concatenación de las normas, tanto de la Ley de Tierras Baldías, como del Código Civil.

La ley de 1919, en efecto, paralelamente al reconocimiento general de la posibilidad de usucapión de los baldíos, como contrapartida, introdujo una norma de gran interés, y fue la del artículo 52, en la cual se dispuso que "es lícita la ocupación de terrenos baldíos cuando no sean de los inalienables que se enumeran en el artículo 12"; norma que se repitió en todas las leyes posteriores y en la vigente de 1936 (art. 145). Mediante ella se estableció *que la ocupación de baldíos declarados como inalienables se consideraba ilícita.*

Por otra parte, de acuerdo con lo previsto en el artículo 766 del Código Civil de 1916, no producía "efecto jurídico la posesión de las cosas cuya propiedad no puede adquirirse"; norma que se repitió en los Códigos Civiles posteriores de 1922 (art. 766) y de 1942 (art. 778).

Por tanto, si la ocupación de terrenos baldíos inalienables *era legalmente ilícita,* y la posesión no producía efectos jurídicos cuando se refería a "cosas cuya propiedad no puede adquirirse", era evidente que la posesión sobre tierras baldías inalienables no sólo no surtía efectos, sino que era ilícita. Y si ello es así, por supuesto que la posesión ineficaz e ilícita no podía dar lugar a la usucapión.

Ahora bien, la prescripción, tal como lo precisa el Código Civil, es un medio de adquirir un derecho por el tiempo (art. 2.024 del CC 1916; art. 2.024 del CC 1922, y art. 1.952 del CC de 1942); y "para adquirir por prescripción se necesita posesión legítima" (art. 2.025 del CC 1916, art. 2.025 del CC 1922; art. 1.953 del CC de 1942). En cambio, una posesión ilícita e ineficaz como la que podía ejercerse sobre terrenos baldíos inalienables, no podía llegar a ser posesión legítima y nunca debía dar origen a la usucapión. Por ello, precisamente, fue que las propias leyes de tierras baldías, desde la de 1919 hasta la de 1931, establecieron que la sola "ocupación *no constituye título de propiedad ni le atribuye al ocupante el carácter de poseedor legítimo del terreno,* pero sí produce en su favor los efectos que indica esta ley y los que establezcan otras leyes especiales" (Art. 53); entre los cuales estaba la defensa de las bienhechurías y la preferencia en la adjudicación gratuita.

A partir de la ley de 1931, y en la ley vigente, la Ley de Tierras Baldías eliminó la expresión general de que la ocupación de tierras baldías no constituía "posesión legítima" y al contrario se limitó a prever que los efectos de la ocupación de tierras baldías eran sólo los establecidos en la propia ley y en las otras leyes especiales (art. 86 de la Ley de 1931, y art. 146 de la Ley de 1936).

Por último, debe también recordarse que el Código Civil expresamente establece que "la prescripción no tiene efecto respecto de las cosas que no están en el comercio" (Art. 2.031 del CC 1916; Art. 2.031 del CC 1922 y Art. 1.959 del CC 1942); y entre las cosas que están fuera del comercio, están aquellas cuya propiedad no puede transmitirse en forma alguna. Estos serían, por ejemplo, los bienes del dominio público que se declaran inalienables (Art. 543 CC), y cualesquiera otros bienes declarados constitucional o legalmente como inalienables. Por ejemplo, las tierras baldías situadas en islas, conforme al Art. 136.10 de la Constitución de 1961 y artículo 13 de la Constitución de 1999), podían aprovecharse con autorización pública, siempre que ello "no envuelva, *directa ni indirectamente, la transferencia de la propiedad de la tierra*".

Con ello se está señalando que los baldíos situados en islas son inalienables, y su propiedad no puede transferirse en forma alguna del Estado a otro sujeto de derecho. Esta inalienabilidad implica, sin duda, imprescriptibilidad.

El régimen establecido en las leyes de 1924, 1925, 1931 y en la vigente de 1936, siguió la misma orientación del texto de 1919, con algunas variaciones en materia de inalienabilidad de los baldíos playeros y de islas.

VIII. EL RÉGIMEN DE LAS TIERRAS BALDÍAS EN LA LEY DE 1936

En cuanto a la Ley de Tierras Baldías y Ejidos de 19 de agosto de 1936 (aún vigente pero parcialmente derogada), su contenido general y concepción responde a la evolución anteriormente reseñada.

1. La definición de los baldíos y su titularidad

De acuerdo con el artículo 1 de la ley

> Son baldíos todos los terrenos que, estando dentro de los límites de la República, no sean ejidos ni propiedad particular ni pertenezcan legítimamente a corporaciones o personas jurídicas.

Esta disposición está en conformidad con lo que establecía el Art. 520 del Código Civil de 1922 y con lo previsto en el Código Civil de 1942:

> *Artículo 542.* Todas las tierras que, estando situadas dentro de los límites territoriales, carecen de otro dueño, pertenecen al dominio privado de la Nación, si su ubicación fuere en el Distrito Federal o en Territorios o Dependencias Federales; y al dominio privado de los Estados si fuere en éstos.

Esta norma se repitió en el artículo 2 de la Ley de 1936.

2. La prescriptibilidad de los baldíos y sus limitaciones

La Ley de 1936, por otra parte, recogió las normas de las leyes anteriores establecidas desde la ley de 1919, sobre la posibilidad de adquisición por prescripción de las tierras baldías.

En primer lugar, estableció (art. 11) que "no podrán intentarse las acciones a que se refiere el artículo anterior (reivindicación de baldíos) contra los poseedores de tierras que por sí o por sus causantes hayan estado gozándolas *con cualidad de propietarios* desde antes de la ley de 10 de abril de 1848 (Art. 11). Este supuesto, evidentemente que no podía tener aplicación real, pues si los poseedores que venían poseyendo por tiempo inmemorial las tierras desde antes de 1848, no tenían título de propiedad antes de esa fecha, para adquirir la propiedad de las tierras baldías debían haberse acogido a lo previsto en dicha ley en los lapsos prescritos, vencidos los cuales los inmuebles se considerarían "propiedad de la República"; y sucedido esto, mal podría entonces, con posterioridad, poseerse dichos inmuebles "gozándolos con calidad de propietario".

En segundo lugar, la Ley de 1936 señaló que "en todos los casos el poseedor, aunque su posesión datare de fecha posterior a la dicha ley (1848), puede alegar la prescripción que le favorezca, y no se ordenará la iniciación de ningún proceso de reivindicación cuando haya evidencia de que si se invocara la excepción de prescripción, ésta prosperaría" (Art. 11).

Por supuesto, la prescripción, en estos casos, sólo podía invocarse respecto de los baldíos cuya propiedad podía adquirirse, tal como lo señalaba el Art. 766 del CC de 1922 "no produce efecto jurídico la posesión de las cosas cuya propiedad no puede adquirirse". Por tanto, respecto de los baldíos declarados como inalienables en la Ley y en la Constitución, como es el caso de los baldíos playeros y los baldíos existentes en las islas, y cuya propiedad no podía adquirirse por particulares, o en otras palabras, cuya propiedad no podía salir de los entes públicos titulares de la misma, no podía alegarse la prescripción adquisitiva, pues respecto de ellos, la posesión no surtía efectos.

Por otra parte, la propia Ley de 1936, siguiendo la orientación de las leyes anteriores, establecía que sólo era "lícita la ocupación de terrenos baldíos cuando no sean de los inalienables que se enumeran en el Art. 13" (Art. 145); y que en los casos de ocupación lícita, ésta "produce en favor del ocupante los efectos que indica *esta ley, y los que establezcan las otras leyes especiales"* (Art. 146). La ocupación lícita originaba la prescripción excepto que se tratase de baldíos inalienables, respecto de los cuales, la ocupación lícita no podía realmente servir de base para la prescripción prevista en el Código Civil, pues conforme a éste (Art. 522 del CC de 1922 y Art. 544 del CC de 1942), "las disposiciones de este Código se aplicarán también (a los bienes patrimoniales) a los bienes del dominio privado, *en cuanto no se opongan a las leyes especiales que les conciernen"* y sería oponerse a lo previsto en la ley especial darle a la ocupación y subsiguiente posesión de tierras baldías playeras o isleñas un efecto distinto al específico y terminantemente previsto en la ley especial y otras leyes especiales (Art. 146).

3. LA ENAJENABILIDAD DE LAS TIERRAS BALDÍAS

Con excepción de los baldíos que la ley declaró como inalienables (básicamente los playeros y los situados en las islas), conforme a la orientación constitucional y de toda la legislación anterior, la Ley de 1936 estableció la posibilidad general de que las tierras baldías eran susceptibles de enajenación, venta y adjudicación de acuerdo con las previsiones de la ley (arts. 16 y ss.), así como su adjudicación gratuita (arts. 78 y ss.).

4. EL SANEAMIENTO RESPECTO DE LAS ADQUISICIONES DE BALDÍOS

La Ley de 1936, siguiendo la orientación de las leyes anteriores, también reconoció que "quedarán firmes y ratificadas y no podrán ser objeto de reclamaciones por parte de la Nación y de los Estados", "las concesiones de tierras baldías *adquiridas legítimamente* hasta la fecha de la publicación de la presente ley, *con la aprobación del Gobierno Nacional*" (Art. 177).

Este saneamiento abarcaba, por supuesto, sólo las adquisiciones de propiedad de tierras baldías mediante compra o adjudicación gratuita, efectuada legítimamente, con la aprobación del Ejecutivo Nacional. No se reconocían en la norma las usucapiones de tierras baldías.

APRECIACIÓN FINAL

De todo lo anteriormente expuesto, resulta que desde los tiempos de la colonia, los bienes que pertenecía a la Corona, como bienes realengos, eran esencialmente enajenables y prescriptibles, y ese régimen pasó a la época republicana cuando se dictaron las primeras leyes en la materia desde 1821, y luego cuando se sancionó la primera regulación propiamente venezolana en materia de tierras baldías, contenida en la Ley de Tierras Baldías de 1848.

Con esta Ley de 1848 puede decirse que se regularizó la situación de los baldíos, reconociendo el derecho de aquellos particulares que ejercían la posesión de los mismos y que podían alegar respecto de ellos la usucapión, mediante la cual podían convertirse en propietarios legítimos de las tierras. La ley de 1848 otorgó un lapso a los ocupantes y poseedores para hacer valer sus derechos, y estableció que vencido dichos lapsos sin que se ejercieran los derechos que ella otorgaba, los terrenos se considerarían propiedad de la República.

La Ley de 1848, por otra parte, estableció el régimen de enajenabilidad de los baldíos, al regular la forma de adquirir la propiedad de los mismos por particulares, circunscrita a actos formales del Estado de otorgamiento de títulos o venta. La ley no hizo referencia alguna expresa pero tampoco excluyó expresamente la posibilidad de adquisición por prescripción de baldíos. Si bien de esta ausencia de regulación se podía interpretar que no cabía la usucapión de baldíos[30], sin embargo, la posibilidad de la adquisición de las tierras baldías por prescripción se estableció expresamente en el Código Civil de 1867.

Antes de esa fecha, en todo caso, la posibilidad de adquirir la propiedad de tierras baldías por usucapión estaba admitida por el derecho común vigente para la época que continuaba siendo el que provenía de la época colonial conforme al derecho castellano.

---

30 Véase con las salvedades indicadas en las notas 4 y 9 de este estudio, Allan R. Brewer-Carías, "Estudio sobre la inalienabilidad e imprescriptibilidad en el régimen jurídico de las tierras baldías", cit. p. 107

Las leyes posteriores de 1882, 1894, 1896 y 1900 continuaron regulando la posibilidad de enajenación de baldíos a los particulares y, asimismo, continuaron sin regular expresamente la posibilidad de prescriptibilidad de los baldíos; es decir, no establecieron en la materia régimen alguno contrario al del derecho común. Las leyes, sin embargo, si regularon la forma cómo los poseedores de buena fe podían adquirir la propiedad de las tierras baldías, y cómo a los poseedores con justo título debía ratificárseles la propiedad por documento registrado. En esta forma se reconocieron los derechos de los poseedores a obtener del Estado los títulos respectivos o a que el Estado les reconociera la propiedad.

La imprescriptibilidad expresa de las tierras baldías, en realidad, sólo fue establecida en general en la Ley de 1904, al preverse las formas precisas y especiales de adquirirse la propiedad de los baldíos, con exclusión de cualquier otra, incluso de la usucapión. En esa Ley, sin embargo, se reconocieron las adquisiciones de baldíos efectuadas con anterioridad por particulares, reconocimiento que sólo se refirió a las adquisiciones legítimas, es decir, hechas conforme a la ley; las cuales no procedían respecto de baldíos inalienables, como los playeros.

Puede decirse entonces, en forma indubitable, que sólo fue durante cinco años en el período 1904 a 1909, que la legislación especial declaró la imprescriptibilidad de las tierras baldías, lo que implicó que durante esos escasos años nadie pudo legítimamente alegar la usucapión de baldíos.

En consecuencia, con excepción de esa declaratoria general, desde 1865 sólo se estableció la inalienabilidad de los baldíos playeros y luego de los baldíos insulares, lo que conllevaba a su imprescriptibilidad.

La ley de 1909, tal como se señaló, además de regular ampliamente la posibilidad de la adquisición de baldíos por venta o adjudicación, en cambio, reconoció expresamente la posibilidad de adquirir la propiedad de los baldíos por prescripción, y además, eliminó el régimen de la inalienabilidad de los baldíos playeros, lo que se restableció posteriormente en 1913.

El régimen de la Ley de 1909 se recogió básicamente en las leyes posteriores, incluyendo la de 1936, en la cual, además, se reguló a los ejidos; régimen que se había completado con las regulaciones de la Ley Orgánica de Hacienda a partir de 1918, en la que se admitió la posibilidad de adquisición por prescripción de los bienes patrimoniales del Estado, incluyendo los baldíos.

Por tanto, las tierras baldías, con la sola excepción de los baldíos playeros, de los situados en islas y otros específicos vinculados al tema de los recursos naturales forestales y de aguas que desde el Siglo XIX fueron declarados inalienables, puede decirse que siempre (hasta 1960) pudieron ser enajenadas por el Estado de acuerdo con las previsiones establecidas tanto en la legislación especial sobre las mismas, como en los Códigos Civiles y las leyes de hacienda pública (régimen de los bienes nacionales).

Es decir, desde siempre, desde la época colonial y, en particular, desde la primera regulación legal en la materia de Venezuela establecida en la Ley de Tierras baldías de 1848 en adelante hasta 1960 (Ley de Reforma Agraria), las tierras baldías pudieron ser enajenadas a particulares y adquiridas en propiedad por estos, por lo que el origen de la tradición legal de la propiedad privada de tierras rurales en Venezuela puede legal y legítimamente fijarse en cualquier año hasta 1960.

A partir de esa fecha, como se dijo, la Ley de Reforma Agraria estableció que no podían enajenarse, gravarse ni arrendarse las tierras afectadas a la reforma agraria, entre las cuales estaban las tierras baldías; limitación que, sin embargo, no fue absoluta, pues quedaba a salvo el "que el Ejecutivo Nacional lo [autorizase] por ser necesarias para otros fines de utilidad pública o social" (art. 15).

En consecuencia, hasta 1960, las tierras baldías (con las excepciones mencionadas de baldíos playeros, insulares y otros) podían ser enajenadas por el Estado y adquiridas por los particulares, por lo que el origen de la propiedad rural y de la titulación podría ser cualquier año antes de 1960.

En cuanto a la posibilidad de adquisición por prescripción de tierras baldías, a pesar de su no regulación expresa en la Ley de Tierras baldías de 1848 y de las interpretaciones que ello podía originar, dicha posibilidad se estableció en las regulaciones del Código Civil desde 1867 y en las regulaciones relativas a los bienes nacionales en la Ley Orgánica de Hacienda desde 1918 respecto de los bienes patrimoniales del Estado, y luego, expresamente, a partir de la Ley de Tierras Baldías de 1909. Sólo fue durante la vigencia de la Ley de Tierras Baldías de 1904, y durante cinco años (1904-1909) que en la legislación venezolana se estableció la imprescriptibilidad de baldíos, lo que significó sólo que durante esos precisos años nadie pudo alegar la usucapión y adquirir legítimamente la propiedad de tierras baldías.

Por tanto, la exigencia que el Instituto Nacional de Tierras ha venido haciendo a los propietarios de fincas rurales sobre la necesidad de presentación de una tradición legal de la propiedad privada desde antes de 1848, no tiene asidero jurídico alguno. Esa exigencia parecería derivarse de la incorrecta asunción de que las tierras baldías supuestamente habrían sido siempre bienes inalienables e imprescriptibles (es decir, materialmente del dominio público) desde esa fecha de 1848, lo cual no es cierto.

No existe en el ordenamiento jurídico venezolano presunción legal (art. 1.395 C.C.) alguna que establezca que todas las tierras rurales son tierras baldías siempre que no se demuestre una tradición legal de la propiedad privada desde de antes de 1848.

En realidad, la presunción legal que existe en el ordenamiento civil venezolano es que se presume propietario de un inmueble a quien tenga título de propiedad registrado sobre el mismo (el "título suficiente" a que se refiere la Ley de Tierras y Desarrollo Agrícola), de manera que quien pretenda derechos sobre el mismo, incluyendo el Estado, debe demandar su reivindicación probando la propiedad.

En consecuencia, quien tenga título de adquisición de propiedad privada sobre tierras rurales, aún cuando en el pasado hubieran sido tierras baldías, que tenga su origen mediante compra o adjudicación en títulos registrados en cualquier fecha antes de 1960, o que tenga su origen en cualquier título que esté registrado como consecuencia de usucapión (excepto de los que pudieran haber sido registrados entre 1904 y 1909) en cualquier fecha antes de 1960, conforme al ordenamiento jurídico venezolano, debe ser tenido indubitable-mente como propietario.

Su título de propiedad no es otro que el registrado, por lo que conforme al ordenamiento jurídico venezolano, no está obligado a demostrar ninguna "cadena titulativa certificada desde 1848" de su propiedad.

30 de septiembre de 2005.

SECCIÓN DÉCIMA: *UN TEMA SOBRE BIENES PÚBLICOS: LA PRESUNCIÓN DE LAS TIERRAS QUE CARECEN DE DUEÑO, COMO BIENES PÚBLICOS* (2015)

Trabajo escrito en 2015 que había permanecido inédito.

En la tradición legislativa venezolana, las "tierras baldías" como históricamente se han denominado a los bienes inmuebles (rurales) que carecen de dueño, siempre fueron consideradas como bienes del dominio privado de los entes púbicos, en particular de los Estados de la federación o de la República, a la cual se le atribuyó la competencia de administrarlas.

A tal efecto, con fundamento en previsiones constitucionales, desde el siglo XIX las tierras baldías se regularon en leyes especiales, que en todo caso fueron dictadas en paralelo a las previsiones del Código Civil, donde se estableció, en la clasificación de los bienes según las personas a quienes perteneces, la distinción básica entre bienes del dominio público y bienes del dominio privado de los entes públicos, lo cual a partir de 2012 también se ha regulado en la Ley Orgánica sobre Bienes Públicos.

Las notas que siguen tienen por objeto analizar el tratamiento legislativo tradicionalmente dado a dichas tierras baldías, como tales bienes públicos, inicialmente como bienes del dominio privado y en la actualidad como bienes del dominio público, con especial referencia a la presunción legal establecida de tal condición, respecto de los inmuebles que no tienen dueño.

I. EL ARTÍCULO 1° DE LA LEY DE TIERRAS BALDÍAS Y EJIDOS DE 1936

La mencionada presunción se establece en la aún vigente Ley de Tierras Baldías y Ejidos de 19 de agosto de 1936, en la cual se dispone, en su artículo primero, lo siguiente:

> Artículo 1°. Son baldíos todos los terrenos que, estando dentro de los límites de la República, no sean ejidos ni propiedad particular ni pertenezcan legítimamente a corporaciones o personas jurídicas.
>
> § Único. Se consideran también como baldíos, y la Nación entra desde luego a poseerlos, los terrenos ejidos que han quedado abandonados por la extinción, comprobada oficialmente, del dominio que en ellos ejercía el Municipio.

Para entender el exacto significado de dicha norma, la misma no puede leerse aisladamente, sino que debe atenderse al contenido del artículo 2 de la misma Ley, que la complementa, y que establece lo siguiente:

> Artículo 2°. Los terrenos baldíos de los Estados son del dominio privado de ellos, y los existentes en el Distrito Federal, en los Territorios Federales y en las islas del Mar de las Antillas, son del dominio privado de la Nación; pero como a ésta le está constitucionalmente encomendada la administración de los terrenos baldíos de los Estados, las disposiciones de la presente Ley regirán todos los que están situados dentro de los límites de la República.
>
> § Único. No quedan sujetos a esta Ley los terrenos que con fines determinados haya adquirido la Nación y estén clasificados en la categoría de los Bienes Nacionales, que se regirán por la Ley Orgánica de la Hacienda Nacional.

Y además, debe también atenerse al contenido de los artículos 10 y 11 de la misma Ley que disponen:

> Artículo 10.- Caso de aparecer que se detentan como de propiedad particular terrenos baldíos, el Ejecutivo Federal dispondrá que se inicie el juicio civil a que haya lugar por ante los Tribunales competentes, de conformidad con presente Ley.
>
> Artículo 11.- No podrán intentarse las acciones a que se refiere el artículo anterior contra los poseedores de tierras que por si o por sus causantes hayan estado gozándolas con la cualidad de propietarios desde antes de la Ley de 10 abril de 1848.

De estas normas se deriva entonces lo siguiente:

En primer lugar, se establece que los terrenos baldíos que se describen en el artículo 1° (que carecen de dueño) son bienes del dominio privado de la Nación (la República) y de los Estados de la Federación, según los casos, conforme se especifica en la norma;

En segundo lugar, se establece la presunción de propiedad a favor de dichos entes públicos respecto de todas las dichas tierras baldías, que son las situadas en el territorio nacional que carezcan de dueño, es decir, que no sean terrenos ejidos, que no sean de la titularidad de los Municipios, que no sean de propiedad particular, y que no pertenezcan legítimamente a corporaciones o personas jurídicas.

En tercer lugar, en caso de que determinadas tierras que están detentadas como de propiedad particular pero que se consideren que son tierras baldías, ni la República ni los Estados pueden en forma alguna tomar posesión de ellas, sino que mediante un juicio de reivindicación que debe iniciarse a través del Ejecutivo Nacional,[1] por ante los tribunales civiles competentes,

---

[1] La competencia para reivindicar es del Ejecutivo Nacional, aun cuando la presunción de propiedad de las tierras baldías sea a favor de los Estados, en virtud de la previsión constitucional tradicional que asignaba al Poder federal la "administración" de las tierras baldías (Art. 15.18 de la Constitución de 1936; artículo 138.12 de la Constitución de 1947;

que es el juicio que corresponde para tales efectos conforme al artículo 548 del Código Civil.[2] De lo contrario, en materia de propiedad, incluso frente a los entes públicos, el principio, es el establecido en el artículo 547 del Código Civil, según el cual

"Nadie puede ser obligado a ceder su propiedad, ni a permitir que otros hagan uso de ella, sino por causa de utilidad pública o social, mediante juicio contradictorio e indemnización previa. Las reglas relativas a la expropiación por causa de utilidad pública o social se determinan por leyes especiales."

Dicha norma, por lo demás, tiene además rango constitucional, al disponer el artículo 115 de la Constitución que:

Artículo 115. Se garantiza el derecho de propiedad. Toda persona tiene derecho al uso, goce, disfrute y disposición de sus bienes. La propiedad estará sometida a las contribuciones, restricciones y obligaciones que establezca la ley con fines de utilidad pública o de interés general. Sólo por causa de utilidad pública o interés social, mediante sentencia firme y pago oportuno de justa indemnización, podrá ser declarada la expropiación de cualquier clase de bienes.[3]

II. ORIGEN Y ANTECEDENTES DE LA PRESUNCIÓN LEGAL DEL ARTÍCULO 1° DE LA LEY DE TIERRAS BALDÍAS Y EJIDOS

La presunción establecida en la Ley de Tierras Baldías y Ejidos de 1936 y sus normas complementarias, tiene su origen en las previsiones de la Ley de Tierras Baldías y Ejidos de 2 de junio de 1882, en la cual se estableció inicialmente, sin duda como consecuencia de la previsión que previamente se había incorporado desde el Código Civil, cuando al regular los bienes que eran del dominio de los entes públicos, se distinguió entre los bienes del dominio público y los bienes del dominio privado.

Ello, en efecto se había previsto en el primer Código Civil de 28 de octubre 1862, al establecer en la "Ley única, Libro segundo" el siguiente artículo:

---

artículo 60.17 de la Constitución de 1953; artículo 136.10 de la Constitución de 1961; artículo 156.16 de la Constitución de 1999).

2 Dicha norma dispone que "El propietario de una cosa tiene el derecho de reivindicarla de cualquier poseedor o detentador, salvo las excepciones establecidas por las leyes." Sin embargo, ese derecho no lo puede ejercer el Ejecutivo Nacional, y la acción correspondiente para iniciar el juicio de reivindicación no puede intentarse, conforme al artículo 11 de la misma Ley de Tierras Baldía y Ejidos de 1936, "contra los poseedores de tierras que por sí o por sus causantes hayan estado gozándolas con la cualidad de propietarios desde antes de la Ley de 10 abril de 1848."

3 Véase la Ley de Expropiación por causa de utilidad pública o social, *G.O.* N° 37.475 de 01-07-2002. Véase los comentarios en Allan R. Brewer-Carías et al., *Ley de Expropiación por causa de utilidad pública o social,* Editorial Jurídica Venezolana, Caracas 2002.

Art. 19: Son bienes de la Nación todas las tierras que, estando situadas dentro de los límites territoriales, carecen de otro dueño."

En el mismo sentido, también se dispuso en el Código Civil de 21 de mayo de 1867, lo siguiente:

"Art. 344. Pertenecen a la Nación: 5º Los bienes que no tienen dueño, o que no le tienen conocido."

Igualmente, en el Código Civil de 20 de febrero de 1873, se dispuso:

Art. 441. Todas las tierras que, estando situadas dentro de los límites territoriales, carecen de otro dueño, pertenecen al dominio privado de la Nación."

Y finalmente en la reforma del Código Civil de 10 de diciembre de 1880, que precedió la incorporación del mencionado artículo 1º de la Ley de Tierras Baldías y Ejidos de 1882, se dispuso:

"Art. 446.- Todas las tierras que, estando situadas dentro de los límites territoriales, carecen de otro dueño, pertenecen al dominio privado de la Nación."

Este texto estuvo en vigencia hasta la reforma del Código Civil de 1942, cuando la norma se adaptó a lo dispuesto en el artículo 2 de la Ley de Tierras Baldías y Ejidos de 1936 en cuanto a la titularidad de las tierras por parte de la República (la Nación) o los Estados de la federación, disponiendo que:

Artículo 542. Todas las tierras que, estando situadas dentro de los límites territoriales, carecen de otro dueño, pertenecen al dominio privado de la Nación, si su ubicación fuere en el Distrito Federal o en Territorios o Dependencias Federales, y al dominio privado de los Estados si fuere en éstos.

De lo anterior resulta, por tanto, que la presunción prevista en el artículo 1º de la Ley de Tierras Baldías y Ejidos de 1936, tiene sus antecedentes en el Código Civil de 1862, estableciéndose desde la primera en la Ley de Tierras Baldías y Ejidos de 2 de junio de 1882,[4] que es su antecedente remoto, en la cual se dispuso conforme a la presunción ya establecida en el Código Civil en 1880, lo siguiente:

Artículo 1º. Son terrenos baldíos: 1º. Los que, estando situados dentro de los límites de la Nación, carecen de legítimo dueño, es decir, que no

[4] La primera ley de Tierras baldías y ejidos, que fue la de 10 de abril de 1848, no estableció presunción alguna den la materia, de manera que su artículo 1º lo que estableció fue que: "Artículo 1º – Se procederá a la averiguación formal de todas las tierras baldías que haya en las Provincias de la República; a su deslinde de las correspondientes a ejidos, antiguos resguardos de indígenas, corporaciones y personas particulares; y a la mensura, formación de planos y justiprecio de ellas, en los términos de la presente Ley."

> pertenecen a ejidos o a corporaciones ni a personas particulares. [...] 3. Los que reivindique la Nación conforme a las disposiciones contenidas en la presente Ley

En la Ley de Tierras baldías y Ejidos de 24 de agosto de 1894, y en su reforma del 20 de mayo de 1896, se conservó la misma redacción de la presunción, pero agregando el artículo 2° para precisar la titularidad del ente público al cual pertenecían, así:

> Artículo 1°. Son terrenos baldíos: 1° Los que estando situados dentro de los límites de la Nación, carecen de legítimo dueño, es decir, que no pertenecen a ejidos o a corporaciones ni a personas particulares. [...] 3° Los que reivindique la Nación conforme a las disposiciones contenidas en la presente Ley.
>
> Artículo 2°. Las tierras baldías, conforme a la Constitución, pertenecen en dominio y propiedad de los Estados de la Unión, determinándose lo que a cada uno de éstos corresponde por la Ley de 28 de abril de 1856, que fijó la última división territorial

En la Ley de Tierras Baldías y Ejidos de 18 de abril de 1904, dictada después de las reformas constitucionales de 1901 y 1904 que se caracterizaron por centralizar competencias en el nivel nacional, en desmedro de las que antes correspondían a los Estados de la federación, se dispuso lo siguiente, eliminándose la referencia a la pertenencia de tierras baldías a los Estados de la Unión:

> Artículo 1°. Son terrenos baldíos: 1° Los que, estando situados dentro de los límites de la Nación, carecen de legítimo dueño, es decir, que no pertenecen a ejidos o a corporaciones ni a personas particulares; y 2° Los que reivindique la Nación conforme a las disposiciones contenidas en la presente Ley.
>
> Artículo 2°. El Ejecutivo Federal hará formar el catastro de las Tierra Baldías, y, a tal efecto, dictará todas las reglas que han de seguirse en su formación y designará las comisiones que deban levantarlo, para lo cual atenderá a la división territorial que tenga la República.

Posteriormente, en la reforma de la Ley de Tierras Baldías y Ejidos de 13 de agosto de 1909, se simplificó la redacción de la norma en la forma siguiente, la cual se conservó en las reformas de 27 de junio de 1910, 11 de julio de 1911, 04 de julio de 1912, 30 de junio de 1915 y 24 de junio de 1918:

> Artículo 1° Se consideran baldías las tierras que estando dentro de los límites de la Nación no sean ejidos ni hayan sido adquiridas legítimamente por particulares o personas jurídicas capaces de obtener propiedades en el país, y las que reivindique la Nación, conforme a la Ley.

La Ley se reformó el 27 de junio de 1919, estableciéndose en la misma el texto de los artículos 1° y 2° con la redacción que tiene la Ley vigente de 1936, el cual no se modificó a pesar de que la Ley se reformó varias veces en ese período entre 1919 y 1936 (reformas de 20 de junio de 1924, 24 de julio de 1925 y 19 de agosto de 1931).

De todo lo anterior resulta, por tanto, que fueron las previsiones establecidas en el Código Civil las que establecieron la clasificación de los bienes según las personas a quienes pertenecen, y con tal motivo, identificaron los bienes que pertenecen a la Nación (la República), a los Estados y a los Municipios, disponiendo la clasificación general de dichos bienes, entre bienes del dominio público y bienes del dominio privado de los entes públicos; estableciendo la presunción de que eran bienes del dominio privado las tierras que carecen de dueño, complementadas con las previsiones de la Ley de Tierras Baldías y Ejidos que precisaron, en cuanto a las tierras baldías como bienes del dominio privado, que sólo el Ejecutivo Nacional podría alegar dicha presunción contra quienes detentan como de propiedad particular dichos terrenos baldíos, mediante juicio civil de reivindicación intentado ante los Tribunales competentes conforme a las disposiciones del Código Civil.

III. SENTIDO DE LA PRESUNCIÓN LEGAL DE TIERRAS BALDÍAS Y LA INVERSIÓN DE LA CARGA DE LA PRUEBA EN LA LEY DE TIERRAS BALDÍAS Y EJIDOS DE 1936

La Ley de Tierras Baldías y Ejidos, por tanto, sin duda estableció una presunción legal en los términos de los artículos 1.394 ("Las presunciones son las consecuencias que la Ley o el Juez sacan de un hecho conocido para establecer uno desconocido") y 1.395.[2] ("La presunción legal es la que una disposición especial de la Ley atribuye a ciertos actos o a ciertos hechos" tales como "los casos en que la Ley declara que la propiedad [...] resulta de algunas circunstancias determinadas") del Código Civil, al declarar que todas las tierras ubicadas en el territorio nacional que carezcan de dueño, es decir, que no sean ejidos, ni de propiedad particular, ni pertenezcan legítimamente a corporaciones o personas jurídicas, se consideran como tierras baldías, pero con la característica de que el Ejecutivo Nacional sólo puede alegar dicha presunción mediante juicio de reivindicación intentado ante los tribunales civiles. Este es el único medio conforme a dicha Ley para que el Ejecutivo Nacional pueda reclamar tierras que considera baldías.

Se trata, en efecto, de una presunción legal, que si bien, conforme al artículo 1.397 del Código Civil "dispensa de toda prueba a quien la tiene en su favor," es decir, a la República, es de carácter *juris tantum*, que admite prueba en contrario por parte de la persona demandada en el juicio de reivindicación.

Ello significa que en dichos juicios, por la presunción que los origina, la carga de la prueba de la propiedad se invierte, en el sentido de que no corresponde al Ejecutivo Nacional demandante sino a la persona demandada que alegue ser la propietaria de la tierra, quien debe probar su propiedad, sea que se trate de un Municipio alegando que se trata de ejidos, de particulares que aleguen ser propietario de las mismas, o de corporaciones y personas jurídicas que aleguen que las tierras que se reivindican les pertenecen legítimamente.

Esto fue así resuelto por el supremo tribunal en su jurisprudencia. Por ejemplo, en sentencia de 15 de diciembre de 1933, la antigua Corte Federal y de Casación, en materia de demandas de reivindicación de tierras baldías intentadas por el Ejecutivo Nacional, en cuanto a la carga de la prueba, dejó establecida la doctrina de que cuando éste

> "reclama a alguien como baldíos, tierras que éste posee o considera propios, está amparado por la presunción legítima, la de que tales tierras son patrimonio del respectivo Estado dentro de cuya jurisdicción se encuentran, y sujetas a la administración del Poder Ejecutivo Nacional.

Es aquél, a quien toca conocer y demostrar la pertenencia particular que excluye tal declaratoria de baldíos."[5]

Como lo afirmó la Sala Político Administrativa de la antigua Corte Suprema de Justicia, en sentencia del 3 de marzo de 1976 "esta jurisprudencia ha sido reiterada en varias sentencias (12-3-1948) (11-8-66) y tiene su fundamento en el artículo primero de la Ley de la materia," conforme al cual:

> "la nación, ha dicho la Corte, y en esta oportunidad lo reitera, se encuentra protegida por una presunción legal de propiedad, por todo lo cual considera la Sala y así lo declara, que es a la parte demandada, en esta materia especial, a quien corresponde probar sus derechos de propiedad, a fin de enervar la presunción legal a la cual se ha hecho referencia."[6]

En la sentencia mencionada del 11 de agosto de 1966, la Sala Político Administrativa de la Corte Suprema, en efecto, resumió toda esta doctrina indicando que conforme al artículo 1 de la Ley de Tierras Baldías y Ejidos:

> "la Nación se encuentra protegida en su derecho por una presunción especial de la Ley que supone baldías las tierras comprendidas en las circunstancias que ella misma determina, hallándose por consiguiente, relevada de la obligación de probar ya que la presunción legal dispensa de toda prueba a quien la tiene a su favor de conformidad con los artículos 1.895, ordinal 2, y 1.397 del Código Civil, aplicables al caso.
>
> De conformidad con lo expuesto, la parte a la cual se opone una presunción, no puede limitarse a afirmar lo contrario, sino que debe destruir la presunción misma conuna clara prueba de los hechos en que se funda su impugnación. En consecuencia, correspondía a las demandadas

---

5 Véase la sentencia de 15 de diciembre de 1933 citada en sentencia de la Sala Político Administrativa de la Corte Suprema de Justicia, de 3 de marzo de 1976, dictada en juicio de reivindicación intentado por el Ejecutivo nacional, en *Jurisprudencia Venezolana, Ramírez & Garay*, Tomo LI, 1976, Primer Trimestre 1976, Caracas, No. 215-76, pp. 654 y 657.

6 Idem., p. 657

aportar las pruebas de las defensas y excepciones alegadas por ellas frente a la referida presunción."[7]

En consecuencia, a diferencia de lo que ocurre en las demandas de reivindicación entre particulares, en las cuales quien demanda tiene la carga de la prueba, conforme al principio general de que la carga de la prueba recae sobre quien afirma el hecho que establece el artículo 1.354 del Código Civil; en materia de demandas de reivindicación de tierras baldías intentadas por el Ejecutivo nacional con base en la presunción legal establecida en el artículo 1 de la Ley de Tierras Baldías y Ejidos, para hacerla valer, la acción se debe intentar por ante los Tribunales civiles competentes, contra cualquiera que "detente como de propiedad particular terrenos baldíos" (art. 10), cualquiera que sea el título que pueda tener, y no sólo contra los poseedores de las tierras. En este último caso, sin embargo, la Ley establece una limitación para hacer valer la presunción legal mediante juicio de reivindicación, al establecer que la acción reivindicatoria no puede intentarse por el Ejecutivo Nacional "contra los poseedores de tierras que por sí o por sus causantes hayan estado gozándolas con la cualidad de propietarios desde antes de la Ley de 10 abril de 1848" (art. 11).

Ello, incluso puede considerarse como una presunción legal en sentido contrario, de considerar como propietarios legítimos a los poseedores de tierras que por sí o por sus causantes hayan estado gozándolas con la cualidad de propietarios desde antes de la Ley de 10 abril de 1848. En estos casos, la demostración por parte quienes hubieran estado gozando esas tierras en calidad de propietarios, de una cadena de títulos de propiedad hasta fechas anteriores a 1848, lo que implica es la prohibición para el Ejecutivo Nacional de iniciar cualquier juicio de reivindicación, configurándose ello como una presunción *juris et de jures* de la propiedad privada sobre las tierras a favor de sus poseedores.

Por otra parte, conforme a la presunción establecida en el artículo 1 de la Ley de Tierras Baldías y Ejidos, y en virtud de la inversión de la carga de la prueba, intentado un juicio de reivindicación por el Ejecutivo Nacional, la forma que tienen los demandados (personas o corporaciones) ante la pretensión que alegue el Ejecutivo Nacional, de probar su propiedad privada sobre las tierras, es mediante el documento registrado o protocolizado, es decir, el título de propiedad inmobiliaria, mediante el cual se acredite la adquisición de la propiedad,[8] en el cual, conforme a los términos establecidos en el Códi-

---

7 Véase la sentencia de la Sala Político Administrativa de la antigua Corte Suprema de Justicia de 11 de agosto de 1966 en *Gaceta Oficial* N. 1061 Extra de 24 de noviembre de 1966, p. 9

8 Véase por ejemplo, lo decidido sobre el título de propiedad registrado o protocolizado, en sentencia del Juzgado Superior Quinto Civil y mercantil de la Circunscripción Judicial del Distrito Federal y Estado Miranda de fecha 26 de abril de 1979, en juicio de reivindicación intentado por la República, en *Jurisprudencia Venezolana, Ramírez & Garay*, Tomo LXV, 1979, Segundo Trimestre 1979, Caracas, No. 154-79, pp. 60, 61.

go Civil y en la Ley de Registro Público, sólo se debe especificar el título inmediato de adquisición, sin que en ley alguna se exija prueba de una cadena titulativa que demuestre la propiedad hasta 1848.

La indicación sobre la existencia de dicha cadena titulativa en la Ley de Tierras Baldías y Ejidos es solo para establecer una presunción legal *juris et de jures* de propiedad a favor de los poseedores de tierras que por sí o por sus causantes hayan estado gozándolas con la cualidad de propietarios desde antes de la Ley de 10 abril de 1848, lo que en definitiva es una garantía de que la acción reivindicatoria por parte del Estado, alegando la presunción de tierras baldías, no podría siquiera intentarse en esos casos.

IV. LA PRUEBA DE LA PROPIEDAD

En efecto, intentada una acción de reivindicación por parte del Ejecutivo Nacional en los términos de la Ley de Tierras Baldías y Ejidos de 1936, conforme al artículo 548 del Código Civil, contra quienes estén en posesión de determinadas tierras que el Estado considere que se presumen como tierras baldías, corresponde los demandados, como se ha dicho, desvirtuar la referida presunción mediante la prueba de su propiedad.

Conforme al ordenamiento civil venezolano, en materia de propiedad de inmuebles, la misma se prueba con el título de propiedad registrado de la misma, como lo ha reconocido la Sala Político Administrativa de la antigua Corte Suprema de Justicia en sentencia de 11 de febrero de 1969, señalando que "el documento registrado por el cual se adquiere la propiedad" de un inmueble, del cual resulta "ordinariamente el tracto sucesivo," es una "prueba documental suficiente, a juicio de la Sala, para demostrar el mejor derecho de los propietarios del terreno sobre el detentador del mismo;"[9]; agregando la misma Sala en sentencia de 12 de julio de 1973, que el "valor probatorio" de los documentos de propiedad registrados a favor del demandado (en ese caso, en juicio de reivindicación intentado por e Ejecutivo Nacional) son "de por sí suficientes para acreditar los derechos de propiedad del demandado sobre el fundo" razón por la cual declaró "improcedente la acción de reivindicación contra él intentada por la Procuraduría General de la República."[10]

De lo anterior se deriva que se presume que es propietario de un inmueble quien tenga el título de adquisición del mismo debidamente registrado, con la indicación del título inmediato de adquisición; ello con base en la previsión del artículo 1.488 del Código Civil según la cual, en materia de bienes inmuebles, el vendedor cumple con la obligación de hacer la tradición de los

9 Véase sentencia de 11 de febrero de 1969, en juicio de reivindicación contra la Nación, en *Jurisprudencia Venezolana, Ramírez & Garay*, Tomo XX, 1969, Primer Trimestre 1969, Caracas, No. 133-69, pp. 411, 412

10 Véase sentencia 12 de julio de 1973, en juicio de reivindicación intentado por la Procuraduría General de la República, en *Jurisprudencia Venezolana, Ramírez & Garay*, Tomo XL, 1973, Tercer Trimestre 1973, Caracas, No. 471-73, pp. 435.

mismos "con el otorgamiento del instrumento de propiedad," que no es otro que el documento protocolizado.[11]

En efecto, respecto de los inmuebles, de acuerdo con lo dispuesto en el artículo 1.920 del Código Civil, ese otorgamiento del instrumento de propiedad es de los actos jurídicos que obligatoriamente deben registrarse en las Oficinas de Registro Público, para lo cual la norma dispone que ello es obligatorio respecto de "todo acto entre vivos, sea a título gratuito, sea a título oneroso, *traslativo de propiedad de inmuebles*," incluyendo "los actos de adjudicación judicial de inmuebles."

Ese registro, por otra parte, sólo puede realizarse mediante documento público otorgado ante el Registrador quien tiene la competencia para darle fe pública (art. 1.357), pudiendo registrarse sin embargo mediante documentos privados solo si las firmas de los contratantes "han sido autenticadas o comprobadas judicialmente" (art. 1.923). Sobre la fe pública, debe agregarse que la Ley de Registros y del Notariado de 2001, reformada en 2006 y 2014, agrega, que la fe pública registral, que es la que dan los Registradores, "protege la verosimilitud y certeza jurídica que muestran los asientos) (art. 9), de manera que "los asientos e información registrales y emanados oficialmente del sistema registral surtirán todos los efectos jurídicos correspondientes a los documentos públicos" (art. 28). Con anterioridad, las Leyes de Registro Público disponían que "los Registradores merecen fe pública en todos los actos que con tal carácter autoricen."

Ahora bien, una vez registrado el documento de adquisición de la propiedad, el mismo "hace plena fe, así entre las partes como respecto de terceros, mientras no sea declarado falso" (artículos 1.359 y 1.360). Es decir, en términos del artículo 1.924 del mismo Código, tienen "efectos contra terceros," siendo la prueba de la propiedad, al punto de que el mismo artículo 1.924 del Código Civil agrega que; "cuando la Ley exige un título registrado para hacer valer un derecho, no puede suplirse aquél con otra clase de prueba, salvo disposiciones especiales."

Por lo anterior, incluso, el Código Civil dispone expresamente en su artículo 1.979, al regular la usucapión, que la prescripción de la propiedad sobre un inmueble, a favor de quien lo ha adquirido de buena fe, *en virtud de un título debidamente registrado y que no sea nulo por defecto de forma*, ocurre luego de "diez años, *a contar de la fecha del registro del título*."

De lo anterior resulta, por tanto, que conforme al ordenamiento civil venezolano, la propiedad inmobiliaria se prueba con el título de propiedad registrado con las formalidades legales en las Oficinas de Registro Público, presumiéndose propietario quien aparezca en el mismos como tal; teniendo dicho

---

11 De resto, si no se trata de inmuebles, rige el principio general establecido en el artículo 1.487 del Código Civil que establece que la tradición de las cosas se verifica poniendo la cosa vendida en posesión del comprador (art. 1.487).

título, de acuerdo con el artículo 429 del Código de Procedimiento Civil, todo su valor probatorio, si no fuese impugnado.

En este marco jurídico establecido en el Código Civil, fue que se sancionaron en Venezuela las Leyes de Registro Público, en las cuales para asegurar la traslación de la propiedad se dispuso, entre las obligaciones del Registrador, el exigir que en los documentos traslativos de la propiedad de inmuebles o de derechos reales sobre bienes muebles, y en los documentos en que se impongan gravámenes o limitaciones sobre los mismos bienes, se debía además expresar el *título inmediato de adquisición de la propiedad* o derecho que se trasladaba, se gravaba, o se limitaba, prohibiéndose a los Registradores "protocolizar los documentos que no contengan esta mención, hasta que los interesados no presenten la *prueba de la adquisición* en la forma dicha, lo que se hará constar detalladamente en la nota de registro al pie del original y en la de los protocolos." Así lo disponía, por ejemplo, el artículo 28 de la Ley de Registro Civil de 1915.

Una norma similar estuvo incorporada en todas las Leyes de Registro Público posteriores, como se estableció, por ejemplo, en la Ley de Registro Público de 1993,[12] y cuyo artículo 89 estableció que:

> "En los documentos y demás actos traslativos de propiedad inmueble o de derechos reales sobre inmuebles, y en los documentos en que se impongan gravámenes o limitaciones sobre los mismos bienes, se deberá expresar, en todo caso, el título inmediato de adquisición de la propiedad o derecho que se traslada se grava o se limita, el cual deberá ser registrado o registrable y presentarse simultáneamente para su protocolización con inmediata anterioridad."

Sobre esta norma, por ejemplo, la Sala Político Administrativa del Tribunal Supremo de Justicia, en sentencia N° 170 del 3 de marzo de 2004[13] destacó que en la misma, al establecerse la exigencia de que el título inmediato de adquisición se encuentre registrado o sea registrable, "consagra el principio del tracto sucesivo, de conformidad con el cual debe reflejarse en el registro, de manera ordenada, la sucesión de derechos que recaigan sobre un mismo bien," agregando que:

> "La previsión legal de este principio tiene por finalidad, otorgar certeza jurídica *erga omnes* de lo que se trasmite, así como, en cuanto a su titularidad, naturaleza, situación, linderos y medidas, o cuando menos parte del bien descrito en el título de adquisición, impidiendo que a través del Registro puedan alterarse, a voluntad de los particulares, los elementos y características del inmueble que identifican.

12 *Gaceta Oficial* N° 4.665 Extra. de 30 de diciembre de 1993

13 Disponible en: http://historico.tsj.gob.ve/decisiones/spa/marzo/00170-030304-2000-0037.HTM

De esta forma, la aplicación de la mencionada disposición implica que una vez presentado el título inmediato anterior, el funcionario registral debe verificar la correspondiente identidad lógica que debe existir entre éste y el título que se pretende registrar, pues sólo así puede asegurarse el tracto sucesivo de los derechos que se enajenan sobre el respectivo inmueble."

En sentencia posterior No. 649 de 15 de marzo de 2006, de la misma Sala Político Administrativa, al ratificar la sentencia anterior, incluso agregó respecto de la previsión del artículo 89 citado de la Ley de Registro Público de 1993, lo que ya se había decidido en sentencias de 14 de agosto de 1989 y 4 de julio de 2000, en el sentido de que

> *"...la calificación hecha por el Registrador debe recaer exclusiva-mente sobre el documento presentado para su registro y sobre su relación con el título anterior de adquisición. En cambio, no está el Registrador autorizado por la Ley para remontarse más allá de éste con el fin de indagar, a su vez, sobre su validez; cuando este título fue presentado para su protocolización, debió sufrir el correspondiente examen por parte del Registrador; una vez inscrito su validez y corrección se presumen. Es por ello que el artículo 77 (89, en el presente caso) sólo exige, literalmente, el registro de ese título, pues con ello se garantiza la continuidad registral."* [14]

Debe mencionarse, además, que el tema de la identificación del título inmediato de adquisición en materia de registro inmobiliario también se recogió en el artículo 48 de la Ley de Registros y del Notariado de 2001, reformada en 2006 y 2014, al exigir que toda inscripción que se haga en el Registro Inmobiliario relativa a un inmueble o derecho real debe contener además de la indicación de la naturaleza del negocio jurídico e identificación de las personas que intervienen, la "descripción del inmueble, con señalamiento de su ubicación física, medidas, linderos y número catastral" (art. 48) de manera que en las siguientes inscripciones relativas a mismo inmueble no se deben repetir dichos datos, sino sólo "las modificaciones que indique el nuevo título y del asiento en que se encuentre la inscripción" (art. 49) que no es otra cosa que, en materia de compra venta de inmuebles, que el título inmediato de adquisición.

V. EL CAMBIO DE STATUS DE LAS TIERRAS BALDÍAS: DE BIENES DEL DOMINIO PRIVADO A BIENES DEL DOMINIO PÚBLICO

Con ocasión de la sanción de la Ley de Tierras y Desarrollo Agrícola de 2001,[15] el status de las tierras baldías en Venezuela se cambió radicalmente,

---

14 Disponible en: http://historico.tsj.gob.ve/decisiones/spa/marzo/00649-150306-1997-14164.HTM.

15 Véase Decreto-Ley N° 1.546 publicado en *Gaceta Oficial* N° 37.323 de 13 de noviembre de 2001. El texto del artículo permaneció igual (art. 95), en las reformas de la *Ley de Tierras y Desa-*

de manera que de ser bienes del dominio privado de los Estados de la federación y en algunos casos, de la República, pasaron a ser declaradas todas, en forma general, como bienes del dominio público.

A tal efecto, el artículo 99 de dicha Ley de Tierras y Desarrollo Agrario de 2001, dispuso lo siguiente:

> Artículo 99. Las tierras propiedad de la República, los Estados, los Municipios y demás entidades, órganos y entes de la Administración Pública descentralizados funcionalmente, conservan y serán siempre del dominio público e igualmente, conservan y mantendrán siempre su carácter de imprescriptibles".

Esta previsión, por supuesto, declarando como del dominio público todas las tierras de los entes públicos, no sólo abarcó las tierras baldías de la República y los ejidos de los Municipios sino, en particular, las tierras baldías de los Estados, con lo que se confirmó que con anterioridad, las mismas eran bienes patrimoniales del Estado (dominio privado del Estado), lo que implicaba que podían enajenarse y adquirirse por prescripción. Es decir, hasta 2001, las tierras baldías, con la sola excepción de los baldíos playeros y situados en islas que desde el Siglo XIX fueron declarados inalienables, siempre pudieron haber sido enajenadas por el Estado de acuerdo con la legislación especial sobre las mismas, los Códigos Civiles y las leyes de Hacienda Pública en sus previsiones sobre los "bienes nacionales".[16]

La Ley de Tierras y Desarrollo Agrícola de 2001, por supuesto, como toda ley, como lo dispone el artículo 24 de la Constitución, no podía aplicarse a situaciones jurídicas pasadas y consolidadas, lo que implicó que las tierras baldías que pasaron a ser del dominio público a partir de la entrada de su vigencia, fueron solo las tierras que para ese momento eran tierras baldías, es decir, aquellas que para ese momento eran de propiedad del Estado o que no tenían dueño, y que por tanto gozaban de la presunción legal de ser baldías.

Con posterioridad se dictó la Ley Orgánica de Bienes Públicos de 2012,[17] reformada en 2014,[18] y en la misma, además de clasificar a los bienes públicos, siguiendo las previsiones del Código Civil, en bienes del dominio público o del dominio privado, estableció la misma presunción legal prevista en el Código Civil y en la Ley de Tierras Baldías pero en general declarando como "bienes públicos" a los bienes "que se encuentran en el territorio de la Repú-

---

rrollo Agrario publicadas en *Gaceta Oficial* N° 5.771 Extraordinario del 18 de mayo de 2005, y en *Gaceta Oficial* No. 591 Extra del 29 de julio de 2010.

16 Véase Allan R. Brewer-Carías, "Estudio sobre la inalienabilidad e imprescrip-tibilidad en el régimen jurídico de las tierras baldías" en *Anuario de Derecho Ambiental 1977*, Ministerio del Ambiente y de los Recursos Naturales Renovables, Caracas 1978, pp. 72-112.

17 Véase en *Gaceta Oficial* N° 39.952 de 26 de junio de 2012.

18 Véase en *Gaceta Oficial* N° 6.155 Extra de 19 de noviembre de 2014.

blica y que no tienen dueño"(art. 5.2), entre los cuales están, por supuesto, los bienes inmuebles, y entre ellos, las tierras baldías.

La Ley Orgánica, por otra parte, dispuso en general un mecanismo de "incorporación al patrimonio de la República" de los bienes muebles e inmuebles que se encuentren en el territorio de la República y que no tengan dueño" estableciendo que para ello:

> "el Superintendente de Bienes Públicos, solicitará la posesión real de ellos al Juez de Primera Instancia en lo Civil de la Circunscripción Judicial correspondiente, quien la otorgará en forma ordinaria."

Esta norma, sin embargo, no es aplicable para ese proceso de "incorporación al patrimonio de la República" de las tierras baldías, pues a pesar de que el artículo 14 de la Ley Orgánica, disponga que "las normas contenidas en leyes especiales, que regulen los bienes a que se refiere este Título, se aplicarán en tanto no contradigan las disposiciones establecidas," en la misma Ley Orgánica, por lo que se refiere a específicamente a las tierras baldías, el artículo 15 relativo a la "supletoriedad de la ley," indica expresamente que las mismas se rigen por su ley específica, que es la Ley de Tierras baldías y Ejidos de 1936, "y sólo supletoriamente por lo establecido" en la Ley Orgánica.

Ello implica que como consecuencia de la declaratoria de presunción legal de las tierras que no tienen dueño como tierras baldías, cuando aparezca que las mismas "se detentan como de propiedad particular" por personas privadas, las mismas solo puedan ser incorporadas al patrimonio de la República, mediante juicio de reivindicación intentado por el Ejecutivo Nacional conforme al régimen ya estudiado, establecido en la Ley de Tierras Baldías y Ejidos de 1936.

SECCIÓN DÉCIMA PRIMERA: *LA FIGURA DEL RESCATE ADMINISTRATIVO DE TIERRAS AGRÍCOLAS DE PROPIEDAD PRIVADA REGULADA EN LA REFORMA DE LEY DE TIERRAS Y DESARROLLO AGRÍCOLA DEL 2010, SU INCONSTITUCIONALIDAD, Y EL TEMA DE LA ACREDITACIÓN DE LA TITULARIDAD DE LA PROPIEDAD SOBRE TIERRAS RURALES* (2014)

TEXTO PUBLICADO EN LAURA LOUZAS (COORD.), *LA PROPIEDAD PRIVADA EN VENEZUELA SITUACIÓN Y PERSPECTIVAS. ACCESO A LA JUSTICIA.* COLECCIÓN ESTADO DE DERECHO, FUNDACIÓN ESTUDIOS DE DERECHO ADMINISTRATIVO, UNIVERSIDAD METROPOLITANA, CEDICE, CARACAS 2016, PP. 115 SS FUNEDA, SAN CRISTÓBAL 2015, P. 109-140; Y EN *REVISTA DE DERECHO PÚBLICO*, NO 137 (PRIMER TRIMESTRE 2014, EDITORIAL JURÍDICA VENEZOLANA, CARACAS 2014, PP. 190- 206.

En una reciente sentencia No. 42 del 14 de enero de 2014, dictada por el Juzgado de Primera Instancia Agrario de Caracas, al decidir un juicio de reivindicación sobre tierras rurales entre particulares (Caso: *Manuel Pero de Ponte et al.*, vs. *Ismenia Angelina Izturiz*),[1] el tribunal decidió en forma general, sobre la titularidad de los bienes de propiedad rural, estableciendo el criterio de que:

> "en el supuesto de aparecer una propiedad como privada, pero que no tenga un legítimo causante proveniente de la colonia, de haberes militares, de reparticiones de bienes por la nación, una adjudicación o venta de baldío por el Estado, la prescripción o en virtud de la ley, su título debe ser anterior al diez (10) de abril de 1848, para reconocer la *suficiencia de título,* que acredite propiedad privada" (pág. 20 de 28).

Esto significa que en criterio del Juzgado Agrario, para que a un propietario privado de tierras rurales se le reconozca que tiene título suficiente de propiedad, - se deduce, que en los términos de la Ley de Tierras Baldías y Desarrollo Agrícola de 2010,[2] que es la que analiza el Juzgado - debe acreditar que su título de propiedad proviene de un causante:

(i) con titulación desde la colonia;

(ii) o que tiene su origen en alguna de las leyes de repartos dictadas durante las guerras de independencia;

(iii) o que proviene de algún acto del Estado de repartición de tierras a particulares;

---

1 Véase en http://tribunales-primera-instancia.vlex.com.ve/did/manuel-ponte-ismenia-angelina-isturiz-486273922

2 Véase en *Gaceta Oficial* No. 591 Extra del 29 de julio de 2010.

(iv) o que tiene su origen en un acto del Estado de adjudicación o venta de un terreno baldío a un particular;

(v) o que deriva de la adquisición de la propiedad por usucapión;

(vi) o que deriva directamente de alguna ley;

o de lo contrario, debe tener un título "anterior al diez (10) de abril de 1848," siendo esta última fecha, sin duda, la de la Ley sobre averiguación de Tierras Baldías, su deslinde, mensura, justiprecio y enajenación de 1848,[3] mediante la cual se regularizó por primera vez en la República el régimen y titularidad de la propiedad rural, estableciéndose los criterios para determinar aquellas que eran del dominio privado del Estado (tierras baldías) y las que eran de propiedad privada.

Dicha Ley de Tierras Baldías y Ejidos, desde su promulgación y posteriormente con su reforma en 1936, fue el instrumento fundamental de regulación del dominio privado del Estado sobre bienes inmuebles, lo que se relaciona con una de las partes medulares del derecho administrativo de la cual nos hemos ocupado en otras oportunidades,[4] y que después de haber estado tradicionalmente regulada en Código Civil al establecer el régimen de los bienes según las personas a quienes pertenecen y determinar los principios básicos relativos a los bienes del dominio Público y del dominio privado (art. 538), a partir de 2012 ha sido regulado en la nueva Ley Orgánica de Bienes Públicos.[5]

La sentencia del Juzgado Agrario antes mencionada, al establecer los criterios señalados sobre la suficiencia de títulos para acreditar la propiedad privada de inmuebles rurales, sin duda incide en aspectos fundamentales del tema de los bienes públicos, y de su recuperación, rescate o reivindicación, que ameritan algunos comentarios, partiendo del cambio de régimen de los mismos establecido en la Ley de Tierras y Desarrollo Agrícola de 2001.[6]

---

3 Véase en *Leyes y Decretos reglamentarios de los Estados Unidos de Venezuela, Tomo XXVII, Caracas 1944*, pp. 567-569.

4 Véase por ejemplo: Allan R. Brewer-Carías, "Estudio sobre la inalienabilidad e imprescriptibilidad en el régimen jurídico de las tierras baldías" en *Anuario de Derecho Ambiental 1977*, Ministerio del Ambiente y de los Recursos Naturales Renovables, Caracas 1978, pp. 72-112; y "El régimen de las tierras baldías y la adquisición del derecho de propiedad privada sobre tierras rurales en Venezuela," en *Estudios de Derecho Administrativo 2005-2007*, Colección Estudios Jurídicos, No.86, Editorial Jurídica Venezolana, Caracas 2007, pp. 327-374.

5 Véase en *Gaceta Oficial* No. 39952 de 26 de junio de 2012.

6 Véase Decreto-Ley Nº 1.546 publicado en *Gaceta Oficial* Nº 37.323 de 13 de noviembre de 2001. El texto del artículo permaneció igual (art. 95), en las reformas de la *Ley de Tierras y Desarrollo Agrario* publicadas en *Gaceta Oficial* Nº 5.771 Extraordinario del 18 de mayo de 2005, y en *Gaceta Oficial* No. 591 Extra del 29 de julio de 2010.

I. LA DECLARATORIA DE LAS TIERRAS BALDÍAS COMO DEL DOMINIO PÚBLICO Y SUS EFECTOS

En efecto, las tierras baldías reguladas en la vieja Ley de Tierras Baldías y Ejidos de 1936, que sustituyó las que a su vez habían sustituido a la de 1848, siempre se consideraron bienes patrimoniales del Estado que, por tanto, formaban parte del dominio privado del Estado, hasta que todas fueron declaradas, en forma general, como bienes del dominio público en el artículo 99 de la Ley de Tierras y Desarrollo Agrario de 2001.

En esa forma, a partir de 2001 se cambió radicalmente el status jurídico de las tierras baldías, que eran bienes patrimoniales del Estado, pasando a ser, a partir de esa fecha, bienes del dominio público, inalienables e imprescriptibles.

Dicha norma, en efecto estableció:

> "Artículo 99. Las tierras propiedad de la República, los Estados, los Municipios y demás entidades, órganos y entes de la Administración Pública descentralizados funcionalmente, conservan y serán siempre del dominio público e igualmente, conservan y mantendrán siempre su carácter de imprescriptibles."

La Ley de Tierras y Desarrollo Agrícola de 2001, por supuesto, como toda ley, como lo dispone el artículo 24 de la Constitución, no podía aplicarse a situaciones jurídicas pasadas y consolidadas, lo que implicó que las tierras que pasaron a ser del dominio público a partir de la entrada de su vigencia, fueron solo las tierras que para ese momento eran tierras baldías, es decir, aquellas que para ese momento eran de propiedad del Estado o que no tenían dueño.

La consecuencia de ello fue que la Ley de Tierras y Desarrollo Agrícola de 2001 no pudo ser aplicada a las tierras que para el momento de su entrada en vigencia tenían el status de bienes de propiedad privada, por haber sido adquiridas por personas jurídicas con anterioridad a través de cualquiera de los medios de adquisición de propiedad privada de inmuebles previstos en el ordenamiento jurídico (compra, donación, herencia, adquisición por prescripción, por ejemplo), todos los cuales son el "título suficiente" al cual se refiere la Ley de Tierras y desarrollo Agrícola, independientemente de si en el pasado pudieron haber sido tierras baldías..

Por otra parte, la propia disposición del artículo 99 de la Ley de Tierras y Desarrollo Agrícola de 2001, declarando todas las tierras baldías como del dominio público, confirma que con anterioridad las mismas eran bienes patrimoniales del Estado (dominio privado del Estado), lo que implicaba que podían enajenarse y adquirirse por prescripción.

Es decir, hasta 2001, las tierras baldías, con la sola excepción de los baldíos playeros y situados en islas que desde el Siglo XIX fueron declarados inalienables, siempre pudieron haber sido enajenadas por el Estado de acuerdo con la legislación especial sobre las mismas, los Códigos Civiles y las leyes de Hacienda Pública en sus previsiones sobre los "bienes nacionales." [7]

Es decir, desde siempre y en particular desde cuando se sancionó la mencionada Ley de averiguación de Tierras Baldías [...] de 1848 hasta 2001, las tierras baldías pudieron ser adquiridas en propiedad por los particulares. Ello implica que el origen de la tradición legal de la propiedad privada de tierras rurales (que antes pudieron haber sido tierras baldías) podía legalmente fijarse en cualquier año después de 1848 hasta 2001. Incluso después de la Ley de Reforma Agraria de 1960[8], que si bien estableció que no podían enajenarse, gravarse ni arrendarse las tierras afectadas a la reforma agraria, entre las cuales estaban las tierras baldías, se previó sin embargo que quedaba a salvo el "que el Ejecutivo Nacional lo [autorizase] por ser necesarias para otros fines de utilidad pública o social" (art. 15).

II. EL "TÍTULO SUFICIENTE" O EL TÍTULO DEBIDAMENTE REGISTRADO, COMO ACREDITATIVO DE PROPIEDAD PRIVADA SOBRE TIERRAS AGRÍCOLAS

En consecuencia, antes de 2001, habiendo podido adquirirse la propiedad privada sobre tierras que antes pudieron ser baldías, el "título suficiente" para acreditar dicha propiedad en los términos de la propia Ley de Tierras y Desarrollo Agrícola de 2001, que conforme a varias de sus normas, los propietarios privados de tierras agrícolas están obligados a presentar ante los entes públicos en los diversos supuestos que ella regula, es el "título de propiedad privada" sobre los inmuebles debidamente protocolizados en la Oficina de Registro Público tal como lo exige el Código Civil y la Ley de Registros y del Notariado.

Dichos títulos de propiedad de inmuebles, es claro que no sólo tienen un propósito informativo de la ocurrencia de tal registro, y si bien el sólo registro en si mismo no es prueba de que el título registrado es "válido," el mismo hace fe publica y por tanto, se debe tener como válido, salvo que se demuestre lo contrario, en juicio, mediante por ejemplo la tacha de falsedad del documento, o su nulidad.

Este "principio de título suficiente" como lo destacó el mismo Juzgado de Primera Instancia Agrario de Caracas en la sentencia citada No. 42 de fecha 14 de enero de 2014,[9] "es reconocido por la doctrina del más alto Tribunal de la República" haciendo referencia a la sentencia de la Sala Constitucional

---

7 Véase Allan R. Brewer-Carías, "Estudio sobre la inalienabilidad e imprescripti-bilidad en el régimen jurídico de las tierras baldías" en *Anuario de Derecho Ambiental 1977*, Ministerio del Ambiente y de los Recursos Naturales Renovables, Caracas 1978, pp. 72-112.

8 Véase en *Gaceta Oficial* No. 611 Extra. de 19-03-1960

9 Véase en http://tribunales-primera-instancia.vlex.com.ve/did/manuel-ponte-ismenia-angelina-isturiz-486273922

de 4 de noviembre de 2003 (Caso: *Agropecuaria Doble R CA, y Agropecuaria Peñitas CA*), a los efectos de "probar no sólo que las tierras ocupadas están en producción, sino también la *suficiencia de los títulos que demuestren sus derechos, como sería el de adquisición de propiedad de las tierras*" (p. 18 de 28).

En consecuencia, sobre el "título suficiente" de propiedad, en la Ley de Tierras y Desarrollo Agrario de 2001, el mismo es el título de propiedad registrado que conforme con lo afirmó el mismo Juzgado de Primera Instancia Agrario de Caracas en la sentencia comentada, es el que "hace plena fe, así entre las partes como respecto de terceros. Así se declara" (p. 8 de 28).

Sobre dicho "título suficiente," en efecto, la propia Ley de Tierras y Desarrollo Agrario, desde 2001, hace referencia en diversos artículos. Por ejemplo, en su artículo 27.1, a los efectos de la inscripción de las propiedades rurales en la oficina de "registro agrario" dependiente del Instituto Nacional de Tierras, y que tiene por objeto el control e inventario de todas las tierras con vocación de uso agrario, exige que deben consignarse como "información jurídica", los respectivos "*títulos suficientes*" de las tierras con vocación de uso agrario.

Por otra parte, de acuerdo con el artículo 41 de la Ley, a los efectos de las solicitudes de certificados de finca productiva que formulen ante el Instituto Nacional de Tierras, los propietarios u ocupantes de tierras con vocación de uso agrario que se encuentren en producción, ajustada a los planes de seguridad alimentaria establecidos por los organismos competentes, los mismos deben acompañar (art. 42.5) "copia certificada de los documentos o *títulos suficientes que acrediten la propiedad o la ocupación*".

En cuanto a las solicitudes de certificados de finca mejorable que se formulen ante el mismo Instituto, por los propietarios u ocupantes de tierras con vocación de uso agrario que no se encuentren productivas o se encuentren infrautilizadas, conforme a los artículos 29 y 30.3 de la Ley, entre otros requisitos, deben anexar "copia certificada de los documentos o *títulos suficientes que acrediten la propiedad o la ocupación.*"

Conforme a los artículos 71 y 74 de la Ley, en los casos de fundos objeto de expropiación, una vez que el Instituto Nacional de Tierras proceda a emplazar por edicto a todos los ciudadanos que pretendan algún derecho sobre el mismo, en la comparecencia estos deben presentar un expediente particular conformado, entre otros documentos, por el "título suficiente de propiedad". Por otra parte, en los casos en los que el Instituto Nacional de Tierras, conforme a los artículos 89 y 91 de la Ley, ejerza su derecho a rescatar las tierras de su propiedad que se encuentren ocupadas ilegal o ilícitamente, en el auto que ordene la apertura del procedimiento, se debe ordenar publicar en la *Gaceta Oficial Agraria* un cartel mediante el cual se notifique a los ocupantes de las tierras, para que comparezcan y expongan las razones que les asistan, y "presenten los documentos o *títulos suficientes que demuestren sus derechos*".

Esos "títulos suficientes", por tanto, son los que conforme a las prescripciones expresas de la Ley, en su caso acreditan la propiedad, no teniendo obligación alguna los propietarios de fundos rurales de demostrar ninguna tradición especial precedente de su propiedad, excepto el título inmediato de adquisición.

III. LA ILEGAL EXIGENCIA, DE HECHO, DE UNA CADENA CENTENARIA DE TÍTULOS PARA PROBAR LA PROPIEDAD RURAL A PARTIR DE LA ENTRADA EN VIGENCIA DE LA LEY DE TIERRAS Y DESARROLLO AGRÍCOLA DE 2001

Debe mencionarse, sin embargo, que de hecho y sin asidero legal alguno, después de sancionada la Ley de Tierras y Desarrollo Agrícola de 2001, la Administración a través de los funcionarios del Instituto Nacional de Tierras, comenzó a exigir en los procedimientos de acreditación de propiedad con motivo de procedimientos de "rescate" de tierras supuestamente públicas, que además de los "títulos suficientes" de propiedad de los predios, las personas citadas ante el mismo, debían además, consignar, una "cadena titulativa certificada desde 1848", es decir, la tradición legal de la propiedad por más de 150 años, siendo esa fecha, de nuevo, sin duda, la de la Ley sobre averiguación de Tierras Baldías, su deslinde, mensura, justiprecio y enajenación de ese año, antes mencionada .

Esa exigencia, como lo argumentamos en su momento,[10] no tenía asidero legal alguno y más bien era contraria a lo establecido en el ordenamiento civil y registral respecto en los casos de compraventa de inmuebles, que limita la obligación impuesta a los interesados en materia de tradición adquisitiva, a indicar única y exclusivamente el título inmediato de adquisición de inmueble, y que obliga al Registrador a exigir que se presente ese documento únicamente, sin que estuviese establecida ninguna obligación de demostrar una cadena sucesiva de adquisiciones anteriores y menos hasta antes de 1848.

Dicha pretensión, en efecto, es contraria a lo dispuesto en el artículo 1.495 del Código Civil, en el cual se dispone como obligación del vendedor al entregar la cosa vendida, de "entregar los *títulos y documentos concernientes a la propiedad* y uso de la cosa vendida," es decir, los documentos que acreditan la propiedad que no es otro que *el inmediato de adquisición*; lo que se ratifica en el artículo 1.926 del mismo Código Civil, que impone al Registrador cuando se registre un instrumento en el cual "se ceda o traspase algún derecho," a poner "en el instrumento dónde se había declarado o creado el mismo derecho," "una nota marginal en la cual se expresen dichas circunstancias, la fecha y la Oficina en que se ha efectuado el registro," lo que en materia de

---

10 Véase lo que expusimos en Allan R. Brewer-Carías, "El régimen de las tierras baldías y la adquisición del derecho de propiedad privada sobre tierras rurales en Venezuela," en *Estudios de Derecho Administrativo 2005-2007*, Colección Estudios Jurídicos, No. 86, Editorial Jurídica Venezolana, Caracas 2007, pp. 327-374.

traslación del derecho de propiedad se refiere al *título inmediato de adquisición*. Es en éste en el cual en materia de venta de inmuebles debe ponerse dicha nota marginal, sin que los interesados tuvieran obligación legal de armar cadena de títulos precedentes. Fue a partir de la sanción de la nueva Ley de Registros y del Notariado en 2001 (reformada posteriormente en 2006 y 2014), cuando se estableció en el registro inmobiliario el sistema denominado del "folio real" para comenzar a armar en la propia oficina de registro dicha cadena titulativa, de manera que permita "de manera clara y precisa establecer la tradición legal del inmueble (art. 34).[11]

Además, la exigencia que se hacía, de hecho, de que el propietario de un inmueble tenía que acreditar su propiedad sólo mostrando una cadena más que centenaria de títulos precedentes, ignoraba también lo previsto en el Código Civil en relación con el "poseedor de buena fe" en relación con la propiedad de inmuebles, donde basta que haya un título inmediato de adquisición; a cuyo efecto, el Código define el poseedor de buena fe, como aquél que "posee como propietario en fuerza de justo título, es decir, de un título capaz de transferir el dominio, aunque sea vicioso, con tal que el vicio sea ignorado por el poseedor" (art. 788). Sobre ese "justo título" de adquisición del poseedor de buena fe, el artículo 789 del mismo Código dispone, como presunción *juris tantum*, que "la buena fe se presume siempre; y quien alegue la mala, deberá probarla. Bastará que la buena fe haya existido en el momento de la adquisición."

Por último, la exigencia que de hecho desarrollaron los funcionarios del Instituto Nacional de Tierras a partir de 2001 de exigir que la propiedad sobre inmuebles con vocación agraria solo podía probarse con una cadena de títulos hasta antes de 1848, contradecía el régimen que en la materia siempre se había establecido la legislación de registro público, de acuerdo con lo pautado en el Código Civil, antes mencionado. Por ejemplo, el artículo 28 de la Ley de Registro Civil de 1915 disponía entre las obligaciones del Registrador, exigir que en los documentos traslativos de la propiedad de inmuebles o de derechos reales sobre bienes muebles, y en los documentos en que se impongan gravámenes o limitaciones sobre los mismos bienes, se expresará el *título inmediato de adquisición de la propiedad* o derecho que se traslada, se grava, o se limita" estándole prohibido a Registradores "protocolizar los documentos que no contengan esta mención, hasta que los interesados no presenten la *prueba de la adquisición* en la forma dicha, lo que se hará constar detalladamente en la nota de registro al pie del original y en la de los protocolos".

Una norma similar estuvo incorporada en todas las Leyes de Registro Público posteriores, e incluso su contenido relativo a la identificación del título inmediato de adquisición en materia de registro inmobiliario se encuentra

---

11 Véase en *Gaceta Oficial* No. 5.833 de 22 de diciembre de 2006. Artículo 35 en la reforma d 2014. Véase Decreto Ley No. 1.422 de 17 de noviembre de 2014, en *Gaceta Oficial* No. 6.156 Extra. De 19 de noviembre de 2010.

en el artículo 48 de la Ley de Registros y del Notariado de 2001, reformada en 2006 y 2014, al exigir que toda inscripción que se haga en el Registro Inmobiliario relativa a un inmueble o derecho real debe contener además de la indicación de la naturaleza del negocio jurídico e identificación de las personas que intervienen, la "descripción del inmueble, con señalamiento de su ubicación física, medidas, linderos y número catastral" (art. 48) de manera que en las siguientes inscripciones relativas a mismo inmueble no se deben repetir dichos datos, sino sólo "las modificaciones que indique el nuevo título y del asiento en que se encuentre la inscripción" (art. 49) que no es otra cosa que, en materia de compra venta de inmuebles, que el título inmediato de adquisición.

En tal sentido, respecto de la previsión que estaba en el artículo 77 de la Ley de Registro Público vigente en 1961, la Sala Político Administrativa de la antigua Corte Suprema de Justicia, en sentencia de 14 de agosto de 1961 (Caso: *Antonio Cardozo Blanco*, Exp. 5781), indicó con toda precisión al referirse al *título inmediato de adquisición,* que "para que se garantice el principio del tracto sucesivo regulado en el artículo 77 de la Ley de Registro Público es necesario que exista una "correspondencia lógica" entre el título inmediato de adquisición y el que se pretende registrarse. En otras palabras, que el documento causa se baste para declarar lo relativo al origen e identificación de lo que constituye el objeto de la traslación; y que además, y ello sería la "correspondencia jurídica", que el título inmediato de adquisición sea en verdad un acto "susceptible de producir válidamente la transferencia o gravamen del derecho." Dicha doctrina de la Sala Político Administrativa de la antigua Corte Suprema fue ratificada, además, en la sentencia No. 649 de la misma Sala de 15 de marzo de 2006.[12]

De lo anterior resulta, por tanto, que la mencionada exigencia que administrativamente y de hecho establecieron los funcionarios del Instituto Nacional de Tierras a partir de la entrada en vigencia de la Ley de Tierras y Desarrollo Agrícola de 2001, de exigir que a los propietarios para poder oponerse al "rescate" de tierras con vocación agraria que debían acreditar una cadena de títulos hasta antes de 1848, no tenía asidero legal. La Ley de Tierras y Desarrollo Agrícola de 2001 en realidad, en su artículo 86 o en alguna otra norma, nada reguló sobre ello, como tampoco ocurrió en la reforma de la Ley de 2005.

En realidad, la incorporación en la legislación relativa al desarrollo agrícola de la exigencia de la acreditación de una cadena ininterrumpida de títulos de propiedad hasta cuando el Estado se desprendió de la misma, *sólo para poder evitar el "rescate" administrativo de tierras* por parte del Instituto Nacional de Tierras, ocurrió con la reforma de la Ley de Tierras y Desarrollo Agrícola

---

12 Casos citados en sentencia No. 42 de 14 de enero de 2014, del Juzgado de Primera Instancia Agrario de Caracas Caso: *Manuel Pero de Ponte et al.*, vs. *Ismenia Angelina Izturiz,*, en http://tribunales-primera-instancia.vlex.com.ve/did/manuel-ponte-ismenia-angelina-isturiz-486273922.

de 2010 (art. 82), en la cual sin embargo, no se estableció nada en relación con la cadena de títulos desde antes de 1848.

IV. LA ACREDITACIÓN LEGAL DE LA PROPIEDAD DE INMUEBLES EN LOS TÉRMINOS DEL CÓDIGO CIVIL Y DE LA LEY DE REGISTROS Y DEL NOTARIADO

La política de los funcionarios del Instituto Nacional de Tierras a partir de 2001, de exigir a los propietarios de tierras con vocación agrícola acreditar una cadena titulativa ininterrumpida des u propiedad hasta el año 1848, como se ha visto, no tenía asidero legal alguno, y al contrario, de acuerdo con el Código Civil, cuyas normas generales de acreditación de la propiedad sobre los inmuebles, como las tierras o fundos, no fueron modificadas por la Ley de Tierras y Desarrollo Agrícola, el principio general en materia de tradición de cosas, es que dicha tradición se verifica poniendo la cosa vendida en posesión del comprador (art. 1.487), pero tratándose de bienes inmuebles, el vendedor cumple con la obligación de hacer la tradición de los mismos "con el otorgamiento del instrumento de propiedad" (art. 1.488).

A ello agrega el 1.920.1 del mismo Código Civil, como prueba de la tradición en la compra-venta de inmuebles, que todos los "actos entre vivos, a título gratuito, o a título oneroso, traslativos de propiedad de inmuebles," como la compraventa, "están sometidos a la formalidad del registro," es decir, deben registrarse en la Oficina de Registro Público competente, conforme a las previsiones de la Ley de Registros y del Notariado.

Por otra parte, de acuerdo con el artículo 1.924 del mismo Código Civil, los actos que el Código sujeta a las formalidades del registro, como la compraventa de inmuebles, sólo es después de registrarse que tienen efectos contra terceros. Por tanto, si no han sido anteriormente registrados, es que el Código Civil dispone que a pesar de que sean válidos y efectivos entre las partes no tienen ningún efecto contra los terceros que por cualquier título hayan adquirido y conservado legalmente derechos sobre el inmueble.

En todo caso, el documento registrado, si ha sido levantado por un funcionario que haya dado fe publica del acto que contiene, es un instrumento público o auténtico, que es "el que ha sido autorizado con las solemnidades legales por un Registrador, por un Juez u otro funcionario o empleado público que tenga facultad para darle fe pública, en el lugar donde el instrumento se haya autorizado" (Art. 1357).

Dicho documento público, conforme a los artículos 1.359 y 1360 del mismo Código, hace plena fe, así entre las partes como respecto de terceros, mientras no sea declarado falso, de los hechos jurídicos que el funcionario público declara haber efectuado, si tenía facultad para efectuarlos; de los hechos jurídicos que el funcionario público declara haber visto u oído, siempre que este facultado para hacerlos constar; y además, de la verdad de las declaraciones formuladas por los otorgantes acerca de la realización del hecho jurídico a que el instrumento se contrae, salvo que en los casos y con los medios permitidos por la ley se demuestre la simulación. La Ley de Registros y del Notariado de 2001, reformada en 2006 y 2014, agrega, que la fe pública registral, que es la que dan los Registradores "protege la verosimilitud y certeza jurídica que muestran los asientos) (art. 9), de manera que "los asientos e información registrales y emanados oficialmente del sistema registral surtirán todos los efectos jurídicos correspondientes a los documentos públicos" (art. 28). Con anterioridad, las Leyes de Registro Público disponían que "los Registradores merecen fe pública en todos los actos que con tal carácter autoricen."

Las anteriores disposiciones legales rigen en materia de prueba de la propiedad sobre inmuebles, de manera que en todo caso, incluida la propiedad de bienes con vocación agrícola, la propiedad se prueba con el documento de propiedad debidamente registrado ante la Oficina de Registro Público correspondiente. Quien pretenda desvirtuar dicha propiedad y cuestionar el registro, no tiene otra opción que no sea solicitar la declaratoria de falsedad del documento registrado o demandar la reivindicación de la propiedad del inmueble conforme al artículo 548 del Código Civil, para lo cual quien demanda tiene enteramente la carga de la prueba, la cual no puede invertirse, pues sería violatorio del derecho al debido proceso que garantiza el artículo 49 de la Constitución.

Por ello, el Juzgado de Primera Instancia Agrario de Caracas en la mencionada sentencia No. 42 de 14 de enero de 2014, después de considerar que "el procedimiento de reivindicación constituye el mecanismo procesal por excelencia para la defensa del derecho de propiedad agraria," afirma que "siendo esencial al procedimiento de reivindicación la demostración del derecho de propiedad agraria del demandante, recae sobre el actor la carga de la prueba del derecho de propiedad agraria, y faltando la demostración de tal derecho de propiedad agraria, el actor sucumbirá en el juicio aunque el demandado no pruebe de manera clara e indubitable su derecho en apoyo a la situación en que se encuentra."(pág. 9 de 28). En definitiva, como lo indica la misma sentencia "no es el demandado quien tiene que probar el dominio. Es el actor a quien compete la prueba," (pág 10 de 28), sea quien sea el demandante en reivindicación.

En términos de la Ley de Registros y del Notarías de 2001, reformada en 2006 y 2014 los asientos registrales incluso en los que consten actos o negocios jurídicos inscritos que sean nulos o anulables, "solamente podrán ser anulados por sentencia definitivamente firme" (art. 44) dictada en juicio en el cual, evidentemente la carga de la prueba corresponde a quien alega la nulidad.

Por tanto, no hay duda que en el derecho venezolano el título de propiedad registrado con las formalidades de ley es el título suficiente que exige a Ley de Tierras y Desarrollo Agrícola para probar la propiedad de un inmueble, correspondiendo a quien alegare propiedad sobre el mismo inmueble, demostrar su pretendida titularidad en un juicio de reivindicación que tenía que concluir con la nulidad del registro precedente.

De todo lo anteriormente expuesto, por tanto, es claro que sólo una decisión judicial puede anular un título de propiedad registrado, sea por vicios de nulidad conforme a la Ley de Registro Público o mediante un juicio de reivindicación de la propiedad que el Juzgado de Primera Instancia Agrario de Caracas en la antes mencionada sentencia No. 42 de 14 de enero de 2014, lo ha considerado que "constituye el mecanismo procesal por excelencia para la defensa del derecho de propiedad agraria" (pág 9 de 28).

En consecuencia, en materia agraria, la única forma de enervar la titularidad de la propiedad de tierras, además de tachar de falsedad el documento de propiedad, es demandando la reivindicación de la propiedad conforme al artículo 548 del Código Civil, conforme al cual, quien demanda tiene enteramente la carga de la prueba, la cual no puede invertirse, pues sería violatorio del derecho al debido proceso que garantiza el artículo 49 de la Constitución.

En esta materia de reivindicación, por tanto, como lo reconoció y declaró la sentencia citada del Juzgado de Primera Instancia Agrario de Caracas afirmó en la sentencia No. 42 de 14 de enero de 2014, sigue rigiendo el Código Civil y la Ley de Registros y del Notariado, pues además, la Ley de Tierras y Desarrollo Agrícola nada establece en la materia.

V. SOBRE EL TEMA DE LA PRESCRIPCIÓN ADQUISITIVA DE PROPIEDAD EN MATERIA AGRARIA.

Vinculado con el tema de la titularidad en materia de propiedad agraria, sin duda está el tema de la prescripción adquisitiva, institución que como uno de los medios de adquirir la propiedad está prevista en el artículo 796 del Código Civil, lo cual ratifica el artículo 1.952 del mismo Código Civil al considerar la prescripción como "un medio de adquirir un derecho o de libertarse de una obligación, por el tiempo y bajo las demás condiciones determinadas por la Ley."

Conforme a esas normas, para que se pueda "adquirir por prescripción" es indispensable que exista "posesión legítima" (art. 1.953), de manera que: *primero,* conforme al mismo Código Civil, existe la "posesión," cuando hay "la tenencia de una cosa, o el goce de un derecho que ejercemos por nosotros mismos o por medio de otra persona que detiene la cosa o ejerce el derecho en nuestro nombre (art. 771), presumiéndose en todo caso, siempre, que "una persona posee por sí misma y a título de propiedad, cuando no se prueba que ha empezado a poseer en nombre de otra. (art. 773); y *segundo,* esa posesión es "legítima," cuando "es continua, no interrumpida, pacífica, pública, no equívoca y con intención de tener la cosa como suya propia" (art. 772).

Conforme a esas normas, sin duda, un propietario de tierras agrícolas, aún sin tener la cadena de títulos centenaria que se deriva de la norma del artículo 82 de la Ley de Tierras y Desarrollo Agrícola, podría legítimamente alegar como excepción la prescripción adquisitiva de todos los fundos de su propiedad, *si acaso la República iniciara un juicio de reivindicación de las tierras* conforme a lo establecido en el artículo 10 de la Ley de Tierras Baldías de 1936. Es decir, para que pueda alegarse la prescripción en esos casos, es indispensable que la República haya iniciado un juicio de reivindicación ante el tribunal competente, que es la única instancia ante la cual se podría hacer valer la excepción de la prescripción adquisitiva.

En cambio, si lo que se inicia por el Instituto Nacional de Tierras es el inconstitucional procedimiento administrativo de "rescate" de tierras, que sólo se podía aplicar en los casos en que se tratase de tierras propiedad del Instituto Nacional de Tierras, en él lo que el propietario puede alegar es simplemente que es legítimo propietario de las tierras como resulta de los títulos suficientes de adquisición registrados que debe consignar.

Por tanto, si la República siguiese el procedimiento legal que corresponde en caso de que cuestione la propiedad privada sobre tierras, que es el demandar por reivindicación la propiedad so las mismas, el propietario, entonces si es el caso, podría alegar en el juicio respectivo la prescripción adquisitiva, la cual además, está legalmente amparada en el mismo Código Civil, al proteger aún más a las personas que adquieren la propiedad de bienes inmuebles mediante documento registrado. A tal efecto, el Código Civil dispone expresamente en su artículo 1.979, que "quien *adquiere de buena fe un inmueble* o un derecho real sobre un inmueble, *en virtud de un título debidamente registrado y que no sea nulo por defecto de forma,* prescribe la propiedad o el derecho real por diez años, a contar de la fecha del registro del título."

En virtud de que esta norma lo que se busca es proteger al adquirente de buena fe, luego de una década de posesión del inmueble como propietario frente a la eventual ausencia de un efectivo título inmediato de adquisición en las operaciones de compra de los inmuebles, el cual por ello no debe tener duda alguna de su propiedad, no estando el propietario obligado a iniciar un procedimiento judicial declarativo de la prescripción adquisitiva que está regulado en el artículo 690 del Código de Procedimiento Civil. Esta norma dispone que "cuando se pretenda la declaración de propiedad por prescripción adquisitiva según la ley, o la declaración de cualquier otro derecho real susceptible de prescripción adquisitiva, el interesado presentará demanda en forma ante el Juez de Primera Instancia en lo Civil del lugar de situación del inmueble, la cual se sustanciará y resolverá" con arreglo a lo dispuesto en dicho Código; siendo esencial en el procedimiento, como lo indica el artículo 691, que "la demanda tenga obligatoriamente que "proponerse contra todas aquellas personas que aparezcan en la respectiva Oficina de Registro como propietarias o titulares de cualquier derecho real sobre el inmueble."

Ello, por supuesto, en ningún caso es posible respecto de las propiedades de un propietario particular, cuando en las Oficinas de Registro quien aparece como propietario de los inmuebles es la misma persona propietaria y nadie más, en cuyo caso, la misma no tiene necesidad alguna de buscar declaratoria alguna de propiedad por prescripción de los inmuebles que son de su propiedad, ya que dicha propiedad estaba declarada y amparada por títulos registrados en los cuales se había especificado los títulos inmediatos de adquisición conforme al Código Civil y a la Ley de Registros y del Notariado.

VI. LA FIGURA DEL "RESCATE" ADMINISTRATIVO DE TIERRAS CON VOCACIÓN AGRÍCOLA POR PARTE DEL ESTADO, COMO CONSECUENCIA DE LA DECLARATORIA DE LAS TIERRAS BALDÍAS COMO DEL DOMINIO PÚBLICO EN 2001

Ahora bien, una de las consecuencias inmediatas de la declaratoria de las tierras baldías como bienes del dominio público, de acuerdo con el principio general del derecho administrativo de la recuperabilidad de oficio de los bienes del dominio público, fue la previsión en la propia Ley de la figura denominada como la "recuperación" o "rescate" de tierras, que sólo puede aplicarse respecto de bienes que *siendo tierras baldías al momento de publicación de la Ley, estaban ocupadas ilegalmente.* En esos casos, el Estado podía "recuperarlas" o "rescatarlas" mediante un procedimiento administrativo regulado en la propia Ley.

Esa figura del rescate incluso podría tener su fundamento en la previsión del artículo 307 de la Constitución, cuando al referirse al régimen latifundista como contrario al interés social, remite a la Ley para establecer medidas que permitan la lucha contra el latifundio "rescatando igualmente las tierras de vocación agrícola"; rescate que sólo *podría referirse a las tierras que son propiedad del Estado,* en el sentido de rescatar o recuperar lo que es propio.

Por eso la regulación precisa del artículo 86 de la Ley de Tierras y Desarrollo Agrícola de 2001 al regular el "derecho" del Instituto Nacional de Tierras (al cual en la Disposición Final Segunda de la Ley, se le transfirió la propiedad y posesión de la totalidad de las tierras rurales del antiguo Instituto Agrario Nacional al Instituto Nacional de Tierras) "a rescatar las *tierras de su propiedad* que se encuentren ocupadas ilegal o ilícitamente."

A esos fines que son sólo los de recuperar o rescatar las tierras que para el momento de entrada en vigencia de la Ley de Tierras y Desarrollo Agrícola eran indubitablemente tierras de propiedad del Estado, pero que estaban ocupadas ilegal e ilegítimamente por otros, fue que se autorizó al Instituto Nacional de Tierras para iniciar "de oficio o por denuncia, el procedimiento de rescate correspondiente," sin perjuicio de las garantías establecidas en los artículos 17, 18 y 20 de la Ley de Tierras y Desarrollo Agrícola.

Dicho procedimiento, por tanto, por esencia, es completamente inaplicable: *primero,* en los casos de tierras que aún con vocación agrícola para el momento de la entrada en vigencia de la Ley de Tierras y Desarrollo Agrícola, ya *eran de propiedad privada,* así hubieran sido en el pasado tierras baldías, pero que hubieran pasado a ser de propiedad privada amparada mediante cualquier título jurídico legal y legítimo; y *segundo,* en los casos de tierras que para el momento de la entrada en vigencia de la Ley de Tierras y Desarrollo Agrícola, aún siendo tierras baldías, *estuviesen ocupadas legal y lícitamente* conforme al ordenamiento jurídico aplicable.

Respecto de las tierras que en el pasado pudieron haber sido tierras baldías que hubieran pasado a ser de propiedad privada amparada mediante cualquier título jurídico, si el Estado tuviese alguna pretensión de que podrían seguir siendo tierras baldías, no podría en forma alguna iniciar procedimiento de "rescate," sino que tendría que demandar su reivindicación en vía judicial, como antes se ha destacado, probando el carácter de tierra baldía del bien determinado, como lo exige el artículo 10 de la Ley de Tierras baldías y Ejidos de 1936.

VII. LA REFORMA DE LA LEY DE TIERRAS Y DESARROLLO AGRÍCOLA DE 2010 EN MATERIA DE "RESCATE" DE TIERRAS Y SU IRRETROACTIVIDAD

La Ley de Tierras y Desarrollo Agrícola de 2001, reformada ya en 2005, fue de nuevo reformada en 2010, en particular, precisamente, en materia de "rescate" de tierras por parte del Instituto Nacional de Tierras, al agregarse al antiguo artículo 86 de la Ley (ahora artículo 82), un nuevo párrafo aparte con la previsión de que el Instituto Nacional de Tierras:

"podrá rescatar las tierras aun en los casos en que la propiedad sea atribuida a particulares, cuando al efectuar el análisis documental de los títulos suficientes que fueran requeridos a aquél que se atribuye el derecho de propiedad, éste no lograre demostrar una perfecta secuencia y encadenamiento de las titularidades del dominio y demás derechos alegados, desde el desprendimiento válidamente otorgado por la Nación venezolana, hasta el título debidamente protocolizado de adquisición por parte de quien alega propiedad."

En relación con esta norma, que por supuesto, solo podría sea aplicada a adquisiciones de propiedad privada por particulares realizadas a partir de la entrada en vigencia de la reforma, es decir, a partir del 29 de julio de 2010, debe decirse, de entrada, que la misma sólo se refiere a una potestad de "rescate" administrativo de las tierras que el Instituto Nacional de Tierras considere de su propiedad a pesar de que sean de la legítima propiedad de particulares conforme a documentos legalmente registrados, Con la norma incorporada, lo que el Legislador pretendió fue, en definitiva, sustituir el procedimiento judicial de reivindicación por parte del Estado de tierras en manos de particulares, cuando pudiera considerar que eran públicas, por un pretendido procedimiento de "rescate" administrativo de tierras de propiedad privada aún cuando no estuviesen "ocupadas ilegal o ilícitamente"; y todo por el sólo hecho de que el propietario "no lograre demostrar una perfecta secuencia y encadenamiento de las titularidades del dominio y demás derechos alegados, desde el desprendimiento válidamente otorgado por la

Nación venezolana, hasta el título debidamente protocolizado de adquisición por parte de quien alega propiedad.".

Esta regulación, aparte de ser una inconstitucional invasión sobre el derecho de propiedad que garantiza el artículo 115 de la Constitución, establece una inversión de la carga de la prueba de la propiedad que implica violación de la garantía del debido proceso y del derecho a la defensa que rige también en materia administrativa (art. 49 de la Constitución), y que en todo caso es contraria a las normas del Código Civil y de la Ley de Registros y del Notariado que en esa materia no se han reformado, conforme a las cuales en los casos de cuestionamiento del derecho de propiedad, este sólo podría realizarse mediante un juicio de reivindicación en el cual sólo el demandante es el que debe probar su alegato.

Para ello, la reforma de la Ley pretendió configurar una especie de "presunción" de que el Instituto Nacional de Tierras supuestamente es propietario de todas las tierras con vocación agrícola aún cuando estuviesen ocupadas legal y legítimamente por particulares, amparadas con títulos de propiedad, por el sólo hecho de que cuando el Instituto requiriera del propietario la presentación de los títulos suficientes de su propiedad, del análisis documental que efectuase el Instituto, sus funcionarios considerasen que el propietario no habría logrado "demostrar una perfecta secuencia y encadenamiento de las titularidades del dominio y demás derechos alegados, desde el desprendimiento válidamente otorgado por la Nación venezolana, hasta el título debidamente protocolizado de adquisición por parte de quien alega propiedad."

Ahora, en cuanto a la exigencia en si misma, al establecer la referida norma, frente al Estado, un nuevo requisito de prueba documental en relación con la propiedad privada de tierras que no existía anteriormente, en el sentido de que los propietarios para probar su propiedad ante el Estado tienen que estar provistos de la cadena de títulos traslativos de la propiedad para "demostrar una perfecta secuencia y encadenamiento de las titularidades del dominio y demás derechos alegados, desde el desprendimiento válidamente otorgado por la Nación venezolana, hasta el título debidamente protocolizado de adquisición por parte de quien alega propiedad", y no sólo de su título de propiedad registrado con la sola especificación del título inmediato de adquisición de la propiedad; como se dijo, esa exigencia sólo se puede aplicar hacia futuro, es decir a quienes adquieran propiedad de tierras a partir del 29 de julio de 2010, de manera que en virtud de la garantía de irretroactividad de las leyes que establece el artículo 24 de la Constitución, nunca podría ser aplicado a los propietarios de tierra quienes las adquirieron antes de la entrada en vigencia de la reforma.

En otras palabras, solo los propietarios de tierras agrícolas que adquieran su propiedad a partir de esa fecha del 29 de julio de 2010 están sujetos a dicha posibilidad de "rescate" de las mismas por parte del Instituto Nacional de Tierras; la cual por lo demás se ha previsto inconstitucionalmente, pues conforme a su texto, aún habiendo adquirido su propiedad legítimamente, los propietarios están sujetos al procedimiento administrativo de rescate si no logran probar ante el Instituto Nacional de Tierras una perfecta secuencia y encadenamiento de las titularidades del dominio y demás derechos alegados, "desde el desprendimiento válidamente otorgado por la Nación venezolana, hasta el título debidamente protocolizado de adquisición por parte de quien alega propiedad."

Sobre este principio de la irretroactividad de la ley, debe recordarse lo que Joaquín Sánchez Coviza explicó en su conocido libro *La Vigencia Temporal de la Ley en el Ordenamiento Jurídico Venezolano*, aplicable a lo antes mencionado, al señalar:

> "... los contratos celebrados antes de la vigencia de la nueva ley se regirán por la ley anterior, en lo que se refiere a sus condiciones extrínsecas e intrínsecas de validez, a sus requisitos probatorios - como veremos de nuevo más adelante -, a los efectos futuros, cuando estos últimos no choquen abiertamente con una disposición de orden público. La nueva ley cuando sea de orden público y tenga voluntad de aplicarse a los contratos en curso, regirá los efectos futuros de tales contratos - en cuanto crea un estatuto legal obligatorio para la relación contractual en cuestión - mas no podrá afectar, en ningún caso, a los efectos pasados, ni a las condiciones de validez de los propios contratos.
>
> Si la nueva ley suprime una figura contractual - si, por ejemplo, suprime a los contratos de juego permitidos por una ley anterior - no hace sino privarla de efectos futuros, sin que retroactúe, como puede parecer equivocadamente, sobre sus condiciones de validez, ya que ha de dejar intactos los efectos pasados que tienen como apoyo y punto de arranque la validez mencionada."[13]

En sentido similar, la Sala Constitucional del Tribunal Supremo de Justicia en sentencia No. 15 del 5 de febrero de 2005 (Caso: *Impugnación del Artículo 50, letra d), in fine, de la Ordenanza del Cuerpo de Bomberos del Distrito Metropolitano de Caracas*), también estableció el siguiente criterio:

> "Asunto por demás complejo es la determinación de en qué casos una norma jurídica es retroactiva y, en consecuencia, cuándo lesiona un derecho adquirido. Para ello, la autorizada doctrina que se citó [Joaquín Sánchez Coviza] delimita cuatro supuestos hipotéticos: (i) cuando la nueva Ley afecta la existencia misma de un supuesto de hecho verificado antes de su entrada en vigencia, y afecta también las consecuencias jurídicas subsiguientes de tal supuesto; (ii) cuando la nueva ley afecta la existencia misma de un supuesto de hecho que se verificó antes de su entrada en vigencia; (iii) cuando la nueva ley afecta las consecuencias jurídicas pasadas de un supuesto jurídico que se consolidó antes de su

---

13 Caracas 1956, pp. 230-231.

entrada en vigencia; y (iv) cuando la nueva ley sólo afecta o regula las consecuencias jurídicas futuras de un supuesto de hecho que se produjo antes de su vigencia.

En los tres primeros supuestos, no hay duda de que la nueva Ley tendrá auténticos efectos retroactivos, pues afecta la existencia misma de supuestos de hecho (Actos, hechos o negocios jurídicos) o bien las consecuencias jurídicas ya consolidadas de tales supuestos de hecho que se verificaron antes de la vigencia de esa nueva Ley, en contradicción con el principio "*tempus regit actum*" y, en consecuencia, con el precepto del artículo 24 constitucional. En el caso de la cuarta hipótesis, la solución no es tan fácil, ante lo cual Sánchez-Covisa propone -postura que comparte esta Sala- que habrá de analizarse el carácter de orden público o no de la norma jurídica que recién sea dictada, para determinar si su aplicación no puede renunciarse o relajarse por voluntad de las partes (Ob. cit., pp. 166 y ss.) y, en caso afirmativo, la nueva legislación puede válidamente y sin ser retroactiva regular las consecuencias futuras de las relaciones existentes, siempre que se respeten los hechos y efectos pasados." [14]

Dicha sentencia No. 15 de 2005 hizo mención también a las sentencias anteriores de la Sala Constitucional sobre el tema de la irretroactividad de la ley No 1760 de 2001; No. 2482 de 2001, No. 104 de 2002 y No. 1507 de 2003, indicando que:

> "La garantía del principio de irretroactividad de las leyes está así vinculada, en un primer plano, con la seguridad de que las normas futuras no modificarán situaciones jurídicas surgidas bajo el amparo de una norma vigente en un momento determinado, es decir, con la incolumidad de las ventajas, beneficios o situaciones concebidas bajo un régimen previo a aquél que innove respecto a un determinado supuesto o trate un caso similar de modo distinto. En un segundo plano, la irretroactividad de la ley no es más que una técnica conforme a la cual el Derecho se afirma como un instrumento de ordenación de la vida en sociedad. Por lo que, si las normas fuesen de aplicación temporal irrestricta en cuanto a los sucesos que ordenan, el Derecho, en tanto medio institucionalizado a través del cual son impuestos modelos de conducta conforme a pautas de comportamiento perdería buena parte de su hálito formal, institucional y coactivo, ya que ninguna situación, decisión o estado jurídico se consolidaría. Dejaría, en definitiva, de ser un orden."[15]

En consecuencia, conforme a esta doctrina jurisprudencial, en el caso de las tierras propiedad particular adquiridas mediante títulos de propiedad registrados con anterioridad a la reforma del artículo 82 de la Ley de Tierras

---

14 Véase en *Revista de Derecho Público* No. 101, Caracas 2005, p. 85.

15 Véase en *Revista de Derecho Público* No. 101, Caracas 2005, p. 85.

y Desarrollo Agrícola de 2010, la previsión del segundo párrafo de dicha norma no les puede ser aplicable, pues conforme a la garantía de la irretroactividad de las leyes establecida en el artículo 24 de la Constitución, esa nueva norma no puede modificar situaciones jurídicas surgidas bajo el amparo de una las normas vigente en el momento e la adquisición y registro de la propiedad, "con la incolumidad de las ventajas, beneficios o situaciones concebidas bajo un régimen previo a aquél que innove respecto a un determinado supuesto" como es la previsión del aparte del artículo 82 de la Ley de 2010.

VIII. LA INCONSTITUCIONAL REGULACIÓN DE UNA "EXPROPIACIÓN SIN COMPENSACIÓN" ENCUBIERTA COMO "RESCATE ADMINISTRATIVO" DE TIERRAS

Pero en cuanto a la regulación en si misma de la exigencia antes mencionada prevista en el artículo 82 de la reforma de la Ley de Tierras y Desarrollo Agrícola de 2010, de que un propietario, frente al Estado, para que éste le reconozca su propiedad debe presentar "una perfecta secuencia y encadenamiento de las titularidades del dominio y demás derechos alegados, desde el desprendimiento válidamente otorgado por la Nación venezolana, hasta el título debidamente protocolizado de adquisición por parte de quien alega propiedad," o de lo contrario está sujeto a un "rescate administrativo," dicha previsión en realidad no es propiamente una regulación de procedimiento alguno de "rescate" de tierras baldías *que sean propiedad del Estado*, que es el procedimiento que deriva de la declaratoria general de las tierras baldías como bienes del dominio público a partir de 2001, y que sólo se puede aplicar conforme a la primera parte de la misma norma del artículo 82 de la Ley, a bienes que *son del dominio público, es decir, que son del Estado, es decir, del dominio público, y que están ocupados ilegal o ilegítimamente por particulares* (sólo se puede rescatar lo que es propio, no lo que es ajeno), sino lo que estableció fue más bien un inconstitucional procedimiento de "expropiación" sin compensación, que afecta tierras de propiedad privada.

En otros términos, lo que el párrafo agregado al artículo 82 en la reforma de la Ley de Tierras de 2010 reguló, aún cuando utilizando indebidamente la figura del "rescate" (que sólo se puede aplicar a bienes del dominio público ocupados ilegal o legítimamente), ha sido una inconstitucional modalidad de apoderamiento de tierras de propiedad privada por parte del Estado, pero sin compensación; es decir, en violación del artículo 115 de la Constitución, se ha establecido un "procedimiento administrativo" de "expropiación" sin compensación de bienes de propiedad privada, que en todo caso, conforme a la Ley, solo sería aplicable en aquellos casos en los cuales el Instituto Nacional de Tierras, al requerir de un propietario la presentación de los documentos o los títulos suficientes que le atribuyan el derecho de propiedad de tierras con vocación agrícola, una vez efectuado el análisis documental de los mismos, el propietario "no lograre demostrar una perfecta secuencia y encadenamiento de las titularidades del dominio y demás derechos alegados, desde el desprendimiento válidamente otorgado por la Nación venezolana, hasta el título debidamente protocolizado de adquisición por parte de quien alega propiedad."

Como se dijo, este "procedimiento administrativo" de apoderamiento por el Estado de bienes de propiedad privada es inconstitucional, porque la expropiación de bienes de propiedad privada en Venezuela sólo puede realizarse, conforme lo garantiza el artículo 115 de la Constitución, para el caso de que no haya habido un arreglo amigable con el propietario, mediante un procedimiento judicial que ha de concluir mediante "sentencia firme y pago de justa indemnización," el cual por lo demás, está regulado en la Ley de Expropiación por causa de utilidad pública y social de 2002.

La figura del "rescate" administrativo, en cambio, sólo podría aplicarse respecto de bienes del dominio público, para recuperarlos, y jamás respecto de bienes de propiedad privada. Por ello, la aplicación del procedimiento administrativo de "rescate" a tierras que son de propiedad privada previsto en el artículo 82 de la Ley de Tierras y Desarrollo Agrícola, cualquiera que fuese la modalidad de su aplicación, es en todo caso inconstitucional, y el resultado sería siempre una confiscación ("expropiación sin compensación) que está prohibida en el artículo 116 de la Constitución.

IX. LA ILEGAL "INTERPRETACIÓN" JURISPRUDENCIAL DEL ARTÍCULO 82 DE LA LEY DE TIERRAS MÁS ALLÁ DE "RESCATE" ALGUNO DE TIERRAS.

La norma del segundo párrafo artículo 82 de la Ley de Tierras y Desarrollo Agrícola, como se ha dicho, en todo caso, está vinculada, aún cuando indebidamente, al procedimiento de "rescate" administrativo de tierras que es lo que regula la norma (aún inconstitucionalmente), y se aplica solo en la relación que se pueda establecer entre el Estado y un propietario, autorizándose al Instituto Nacional de Tierras a proceder a "rescatar" tierras de propiedad privada, cuando no se cumpla la exigencia de titulación prevista.

La norma, por tanto, no ha establecido una "nueva" modalidad general de acreditación de la propiedad privada sobre tierras agrícolas que todo propietario debe cumplir aún en relación con otros propietarios, que haya cambiado las normas antes mencionadas del Código Civil y de la Ley de Registros y del Notariado.

Sin embargo, a pesar de que ello sea claro en el texto de la Ley, el Juzgado Superior Agrario en la citada sentencia de enero de 2014 ha llegado a la conclusión opuesta, habiendo "interpretado" como consecuencia de la norma del artículo 82 la Ley de Tierras y Desarrollo Agrícola, que supuestamente, como consecuencia de la misma, todo propietario de tierras rurales, para acreditar su propiedad privada sobre la tierra, tendría la obligación de probar que tiene "un legítimo causante proveniente de la colonia, de haberes militares, de reparticiones de bienes por la nación, una adjudicación o venta de baldío por el Estado, la prescripción o en virtud de la ley," y si ello no lo puede acreditar, entonces debe probar que su título es "anterior al diez (10) de abril de 1848, para reconocer la *suficiencia de título*, que acredite propiedad privada".

Eso, en efecto, fue lo que decidió el Juzgado de Primera Instancia Agrario de Caracas, al resolver un juicio de reivindicación de la propiedad de tierras rurales entre particulares (Caso: *Manuel Pero de Ponte et al.*, vs. *Ismenia Angelina Izturiz*), en la sentencia antes citada sentencia No. 42 del 14 de enero de 2014,[16] al declarar sin lugar una acción de reivindicación intentada entre ellos, en un proceso en el cual no estuvo involucrada pretensión alguna del Estado, ni determinación alguna sobre la titularidad del Estado sobre tierras baldías, ni por supuesto, "rescate" alguno de tierras, pero en el cual el tribunal sin embargo consideró en forma general como se dijo al inicio, que:

> "en el supuesto de aparecer una propiedad como privada, pero que no tenga un legítimo causante proveniente de la colonia, de haberes militares, de reparticiones de bienes por la nación, una adjudicación o venta de baldío por el Estado, la prescripción o en virtud de la ley, su título debe ser anterior al diez (10) de abril de 1848, para reconocer la *suficiencia de título*, que acredite propiedad privada" (p. 20 de 28).

Con esta decisión, en definitiva, el juez superior agrario, en un conflicto judicial entre particulares donde se pretendía la reivindicación de la propiedad de tierras agrícolas, decidió que no bastaba para el propietario para acreditar su propiedad el título registrado con indicación de título inmediato de adquisición, sino que era necesario tener un legítimo causante derivado de un acto formal por el cual el Estado, mediante el cual hubiera cedido o traspasado una determinada tierra que debió haber sido baldía, o de lo contrario, acreditar una cadena de títulos traslativos de la propiedad hasta llegar a 1848.

La sentencia, sin duda, aún cuando en forma incorrecta, al decidir un juicio entre particulares, en el cual no estuvo involucrada pretensión alguna del Estado ni determinación en forma alguna de tierras como baldías ni de la titularidad de tierras baldías, se basó en lo dispuesto en el segundo párrafo del artículo 82 de la Ley de Tierras y Desarrollo Agrícola agregado en la reforma de 2010, donde lo que se reguló, como se ha dicho, fue un irregular procedimiento administrativo de "rescate" de tierras de propiedad privada por parte del Instituto Nacional de Tierras; derivando de la misma norma una supuesta obligación general impuesta a los propietarios de tierras rurales, de acreditar su derecho de propiedad en forma distinta a como se establece en la legislación general.

---

16 Véase en http://tribunales-primera-instancia.vlex.com.ve/did/manuel-ponte-ismenia-angelina-isturiz-486273922

Sin embargo, a pesar de ello, la sentencia elaboró sobre el tema de la exigencia a los propietarios de tierras agrícolas de acreditar su propiedad mediante actos de causantes con cesión o desprendimiento de las tierras por parte del Estado o con una cadena de títulos traslativos de la misma desde antes de 1848, para lo cual el Juzgado Agrario aplicó, de manera incorrecta, la reforma del artículo 82 de la Ley de 2010. El Juzgado, en su decisión, en efecto, identificó lo que la Ley de Tierras y Desarrollo Agrícola en diversos artículos califica como "título suficiente" de propiedad (y que son los títulos debidamente registrados con indicación del título inmediato de adquisición), con la acreditación documental de tener un "legítimo causante proveniente de la colonia, de haberes militares, de reparticiones de bienes por la nación, una adjudicación o venta de baldío por el Estado, la prescripción o en virtud de la ley," o en su defecto, probando que su título es "anterior al diez (10) de abril de 1848"; todo ello, para poder "reconocer la *suficiencia de título*, que acredite propiedad privada."

Lo resuelto en la decisión, en definitiva, partió del supuesto de que después de la reforma del artículo 82 de la Ley de 2010, se habría previsto una especie de "presunción" de que todas las tierras agrícolas serían de propiedad del Estado, salvo que el poseedor pueda demostrar que tiene una propiedad derivada de un causante desde que fueron transferidas por el Estado, o a través de una perfecta cadena de títulos desde antes de 1848. La norma, sin embargo, no establece en forma alguna una "presunción" de ese tipo, y en todo caso, si se hubiese establecido, sus efectos sólo se podrían aplicar a las adquisiciones de propiedades de tierras efectuadas con posterioridad a la entrada en vigencia de la reforma de 2010.

Por otra parte, la exigencia de presentación de una cadena de títulos que no estaba en ninguna norma del ordenamiento hasta que se ha establecido en la Ley de Tierras y Desarrollo Agrícola de 2010, parecería más bien derivarse de otra especie de "presunción," que tampoco nunca ha existido en el ordenamiento venezolano, de que las tierras baldías desde 1848, supuestamente habrían sido siempre bienes públicos inalienables e imprescriptibles (es decir, materialmente del dominio público), lo cual no es cierto. No existe en el ordenamiento jurídico venezolano, "presunción" legal alguna que establezca que todas las tierras rurales serían baldías siempre que no se demuestre una tradición legal de la propiedad privada desde que el Estado formalmente se desprendió de las mismas o desde antes de 1848; así como no existe en el ordenamiento una "presunción" legal de que todas las tierras agrícolas son del Estado mientras no se demuestre dicha tradición legal de la propiedad privada desde que el Estado se desprendió de la propiedad de las mismas, o desde de antes de 1848.

En realidad, la presunción legal que existe en el ordenamiento civil venezolano es que se presume que es propietario de un inmueble, quien tenga título de propiedad registrado sobre el mismo, que es el "título suficiente" al cual se refieren los artículos citados de la Ley de Tierras y Desarrollo Agrícola, de manera que quien pretenda derechos sobre el mismo, incluyendo el Estado, no tiene otra vía jurídica que no sea demandar su reivindicación probando la propiedad.

Y es sólo en el curso de un juicio de reivindicación que tiene que haber sido intentado previamente por el Estado reclamando la propiedad de baldíos, que en algunas decisiones judiciales se ha hecho referencia a que en el juicio "el Estado está amparado por una presunción legítima, la de que tales tierras son del patrimonio del respectivo *Estado dentro de cuya jurisdicción se encuentran*", y ello porque como es sabido, las tierras baldías en el sistema constitucional de Venezuela siempre fueron de los Estados de la Federación y no del Estado Nacional.[17] Pero de esa decisión no se puede deducir en forma alguna que la antigua Corte Suprema hubiera establecido alguna "presunción" de que todas las tierras agrícola son del Estado, y que este sin reivindicarla puede apropiarse de las mismas.

Por otra parte, debe observarse que la referencia a títulos anteriores a 1848 para demostrar la propiedad sobre tierras que en algún momento precedente a la adquisición de la propiedad privada sobre ellas pudieron haber sido tierras baldías, solo apareció en la legislación venezolana en la Ley de Tierras Baldías y Ejidos de 1936, exclusivamente como una excepción en beneficio de los propietarios de tierras, los cuales podían oponerla a cualquier pretensión del Estado de reivindicar tierras que habían sido baldías y que estaban detentadas por particulares. En los artículos 10 y 11 de la Ley de 1936, en efecto, se estableció lo siguiente:

Primero, que cuando aparezca que se "detentan como de propiedad particular terrenos baldíos" o que se consideren como tales, el Estado puede disponer "que se inicie el juicio civil a que haya lugar por ante los Tribunales competentes, de conformidad con la presente Ley"; juicio civil que no es otro que el de "reivindicación" previsto en el artículo 548 del Código Civil cuando dispone que "el propietario de una cosa tiene el derecho de reivindicarla de cualquier poseedor o detentador, salvo las excepciones establecidas en las leyes" siendo la prevista en la mencionada previsión del artículo 11 de la Ley de Tierras Baldías y Ejidos, una de dichas excepciones. Es decir, el supuesto para que pueda iniciarse un juicio de reivindicación es que se trate efectivamente de tierras baldías o eso es lo que considere el Estado, y que las mismas estén "detentadas" como si fueran de propiedad particular por particulares.

Segundo, que en ningún caso dicho juicio de reivindicación por parte del Estado podría iniciarse, por más que se considerase que las tierras detentadas como de propiedad privada fueran tierras baldías, cuando "los poseedores" de las tierras "por sí o por sus causantes hayan estado gozándolas con la cualidad de propietarios desde antes de la Ley de 10 abril de 1848." En estos casos, la demostración por parte quienes hubieran estado gozando las tierras

---

17 Véase por ejemplo la sentencia de 12 de agosto de 2013), de la antigua Corte Suprema de Justicia, de 28 de mayo de 1991.

en calidad de propietarios, de una cadena de títulos de propiedad hasta fechas anteriores a 1848, lo que implica es la prohibición para el Estado de iniciar cualquier juicio de reivindicación, configurándose como una presunción *juris et de jures* de la propiedad privada sobre las tierras.

Tercero, en aquellos casos en los cuales los poseedores no pudieran demostrar una cadena de títulos de propiedad o que demostraren la posesión con fecha anterior a 1848, sino con fecha posterior a dicho año de entrada en vigencia de la Ley, quienes han gozado de las tierras como propietarios o sus poseedores, en todo caso tienen el derecho de poder "alegar la prescripción que le favorezca," como excepción a las pretensiones reivindicatorias del Estado," en cuyo caso, de acuerdo con la misma norma del artículo 11 de la Ley de 1936, "no se ordenará la iniciación de ningún proceso de reivindicación cuando haya evidencia de que si se invocara la excepción de prescripción, ésta prosperaría."

El anterior es el sentido, y no otro, de la Ley de Tierras Baldías y Ejidos de 1936, por lo que no es correcto considerar que en dicha Ley o en cualquier otra se hubiese establecido en Venezuela que para acreditar la propiedad privada de tierras, con o sin vocación agrícola, sea necesario que el propietario, en lugar de su título de propiedad registrado con la indicación del título inmediato de adquisición, que es el "título suficiente" al cual se refieren los artículos citados de la Ley de Tierras y Desarrollo Agrícola, tenga que establecer alguna otra cadena de títulos.

Nueva York, enero de 2014

QUINTA PARTE

LA EXPROPIACIÓN COMO FORMA DE ADQUISICIÓN FORZOSA DE LA PROPIEDAD POR PARTE DEL ESTADO

SECCIÓN DÉCIMA SEGUNDA: *SOBRE LOS PRINCIPIOS DE LA EXPRO-PIACIÓN EN EL DERECHO ADMINISTRATIVO CONTEMPORÁNEO*

PARTE DEL TEXTO ESCRITO PARA LA PRESENTACIÓN AL LIBRO DE JULIÁN PIMIENTO ECHEVERRI Y HÉCTOR SANTAELLA QUINTERO (EDITORES), *LA EXPROPIACIÓN FORZOSA EN AMÉRICA Y EUROPA*, UNIVERSIDAD EXTERNADO BOGOTÁ, 2017, PP. 15-27

El régimen de la expropiación es un buen ejemplo de la convergencia que se ha producido en el mundo contemporáneo de los principios que rigen las instituciones del derecho administrativo, mostrando rasgos comunes en las mismas, en este caso a la vez, una potestad del Estado, y una garantía al derecho de propiedad de los particulares. [1]

En esa doble vertiente, se trata, en consecuencia, de una de las instituciones del derecho administrativo que muestra más claramente el equilibrio que caracteriza nuestra disciplina en el marco del Estado de derecho, precisamente entre las potestades y prerrogativas del Estado y los derechos y garantías de los administrados. Y ese es el sentido general que se aprecia en todos los regímenes jurídicos contemporáneos, el cual se resume en la regu-

---

1 Sobre la cual nos hemos ocupado desde hace décadas. Véase específicamente: Allan R. Brewer-Carías, *La Expropiación por causa de utilidad pública o interés social (Jurisprudencia, Doctrina Administrativa, Legislación)*,(con Prólogo de Enrique Pérez Olivares y Presentación de Sebastián Martín Retortillo), Colección de Publicaciones del Instituto de Derecho Público, Vol. 2, Facultad de Derecho, Universidad Central de Venezuela, Caracas 1966, 416 pp.; *Jurisprudencia de la Corte Suprema 19301974 y estudios de derecho administrativo, Tomo VI: La propiedad y la expropiación por causa de utilidad pública e interés social*, Ediciones del Instituto de Derecho Público, Facultad de Derecho, Universidad Central de Venezuela, Caracas 1979, 690 pp.; e "Introducción General al régimen de la expropiación", en Allan R. Brewer-Carías (Coordinador y Editor), Gustavo Linares Benzo, Dolores Aguerrevere Valero y Caterina Balasso Tejera, *Ley de Expropiación por Causa de Utilidad Pública o Interés Social*, Colección Textos Legislativos, N° 26, 1ª edición, Editorial Jurídica Venezolana, Caracas 2002, pp. 7-100. Véase también el trabajo elaborado en colaboración con Enrique Pérez Olivares, Tomás Polanco e Hildegard Rondón de Sansó: "Expropriation in Venezuela," en libro de A. Lowenfeld (ed.), *Expropriation in the America A. Comparative Legal Study*, New York 1971, pp. 199-240.

lación contenida en el artículo 21.2 de la Convención Americana de Derechos Humanos, cuando al garantizar el derecho de propiedad privada, dispone que "*ninguna persona puede ser privada de sus bienes, excepto mediante el pago de una indemnización justa, por razones de utilidad pública o de interés social y en los casos y según las formas establecidas por la ley.*"

La expropiación por tanto, es una potestad del Estado mediante la cual bienes que son de propiedad privada se transforman en bienes públicos, cuando forzosamente se transfieren al Estado, produciéndose respecto de los mismos una *publicatio* específica, que solo puede materializarse cuando la misma se efectúa con motivo de una causa de utilidad pública o interés social que tiene que estar declarada en la ley dictada por el órgano legislativo de representación popular, mediante el pago al antiguo propietario de un justa compensación, y conforme a un procedimiento que garantice el debido proceso.

La expropiación por tanto, es una figura específica de la *publicatio*, que para que proceda se requiere una causa *expropiandi* declarada en la ley; institución que por tanto es completamente diferente a la *publicatio* general de actividades o bienes, cuando los mismos también mediante ley se reservan al Estado.

En efecto, la *publicatio* en el derecho administrativo contemporáneo puede ocurrir de dos formas: por una parte, mediante la reserva general que el Estado hace a favor de los entes públicos respecto de determinadas actividades económicas o de bienes; o mediante la expropiación de bienes específicos que solo afectan la titularidad de los mismos.

En efecto, el principio general en el Estado de derecho contemporáneo, es el de la garantía de la libertad económica y de la propiedad privada, sin más limitaciones que las previstas en la Constitución y las que establezcan las leyes por razones de interés social, lo que implica el principio de que solo el legislador puede dictar las leyes limitativas (reserva legal).

Con base en ellas, el Estado puede expropiar determinados bienes con fines de utilidad pública o social, y puede además, reservarse determinadas actividades económicas, servicios, industrias o bienes para su exclusivo desarrollo. En ambos casos se produce lo que se ha llamado una "*publicatio*," que puede ser *específica*, en el sentido de que el bien expropiado pasa de ser de propiedad privada a ser propiedad pública; o puede ser *general*, en el sentido de que cuando de lo que se trata es de la reserva al Estado de una actividad económica o de bienes, ello implica su exclusión del ámbito de la libertad económica o de la propiedad privada de bienes cuando por ejemplo se declaran como del dominio público, lo que los excluye del ámbito de la apropiabilidad por los particulares. En esos casos de *publciatio* general, los particulares en general solo pueden realizar actividades respecto de las actividades o bienes reservados, mediante concesión otorgada por el Estado.

Es en ese contexto de las actividades *reservadas al Estado,* por tanto, es que puede hablarse de "*publicatio*" general, término que conforme lo reseñó José Ignacio Hernández fue "acuñado inicialmente por Villar Palasí, y tiene su origen en el Derecho Romano, y que identificaba el acto por el cual se sustraía a un bien del tráfico jurídico entre los particulares. La ***publicatio*** de actividades económicas equivale, entonces, en consecuencia, a su reserva al Estado"[2] en contraste con las otras actividades que entran dentro del libre ejercicio de la garantía de la libertad económica.

Esa distinción se aprecia en todos los ordenamientos jurídicos. Apelando al régimen legal venezolano, la distinción se puede apreciar por ejemplo en el régimen legal de las actividades mineras, respecto de las cuales, conforme a la Ley de Minas de 1999, se distinguen, dos grandes tipos de actividades. Por una parte, están las actividades que se han reservado al Estado porque se realizan directamente sobre bienes declarados del dominio público como son los yacimientos o minas, que son las actividades de exploración y explotación mineras, las cuales, por estar reservadas al Estado, los particulares solo pueden ser realizadas mediante concesión; en cuyo caso puede decirse que se ha operado una *publicatio* general. Y por la otra, están las otras actividades conexas o auxiliares con la minería, que no están reservadas al Estado, y que aun cuando están sometidas al régimen de la Ley, que es de derecho público, para su realización sin embargo no se requiere concesión de parte del Estado, sino que se realizan solamente bajo la vigilancia del mismo.

---

2 Véase José Ignacio Hernández, "Disciplina jurídico Administrativa de la Libertad Económica. La diatriba actual entre libertad económica y Estado Social," en *VII Jornadas Internacionales de Derecho Administrativo. Allan Randilph Brewer Carías. E principio de legalidad y el ordenamiento jurídico administrativo de la libertad económica,* FUNEDA, Tomo I, Caracas 2004, p. 200. p. 201. Conforme lo ha expresado José Ignacio Hernández:"las actividades económicas responden, en una ***summa divisio,*** a una distinción dual: hay actividades económicas que han sido reservadas al Estado; junto a ellas, hay también actividades que no han sido reservadas, pero cuya ordenación y limitación asume la Administración. No existen categorías intermedias: o una actividad está reservada al Estado o no lo está. Reserva entendida, en última instancia, como la técnica más drástica de intervención del Estado, a través de la cual éste asume, para sí, la ***titularidad*** de determinada actividad económica, excluyendo a los particulares (Martín-Retortillo Baquer; Brewer-Carías). En las actividades reservadas, los particulares no tienen derecho alguno a desplegar su iniciativa: ese derecho ha de ser ***concedido*** por la Administración, cuando así haya sido admitido en el marco de la Ley concreta de reserva." El mismo autor comenta que: "En las actividades reservadas al Estado, como puede anticiparse, hay una significativa atenuación de esa cobertura legal, pues la intervención opera en áreas del quehacer económico que han sido excluidas de la libre iniciativa privada. La jurisprudencia venezolana (sentencia de la Sala Político-Administrativa de 26 de marzo de 1993, caso *RCTV* y de la entonces Corte Suprema de Justicia en Pleno de de 13 de febrero de 1997, caso ***Venevisión***) insistió sobre este punto, al sostener que la reserva destruye los derechos de los particulares, permitiendo a la Administración desplegar "potestades de intervención, notablemente más penetrantes que los que pudieran operar frente a un simple particular actuando en su condición ordinaria de ciudadano.". *Idem,* p. 200

En este último caso se trata de las actividades de beneficio, almacenamiento, tenencia, circulación, transporte y comercialización, interna o externa, de las sustancias extraídas" (art. 1, Ley de Minas) o, en otras palabras, las actividades de "almacenamiento, tenencia, beneficio, transporte, circulación y comercio de los minerales" (art. 86, Ley de Minas), que son actividades calificadas en la Ley como conexas o auxiliares de la minería, que solo están sujetas "a la vigilancia e inspección por parte del Ejecutivo Nacional y a la reglamentación" por el mismo, previendo la Ley sin embargo, que las mismas, por no estar reservadas al Estado, "cuando así convenga al interés público, el Ejecutivo Nacional podrá reservarse mediante decreto" cualquiera de dichas actividades conexas o auxiliares con respecto a determinados minerales.

Si dicha reserva al Estado se produce, como sucedió recientemente en Venezuela, por ejemplo, en materia de la industria del hierro[3]. y de la industria del cemento,[4] puede decirse entonces que respecto de las mismas se produjo una "*publicatio*" general, con la obligación, para quienes operaban en el sector antes de la reserva, de traspasar al Estado mediante expropiación forzosa, sus bienes o activos, produciéndose entonces una nacionalización.

Así, cuando se produce una reserva por ejemplo de actividades económicas al Estado, ello tiene como consecuencia dos efectos fundamen-tales: en primer lugar, establecer a favor del Estado un monopolio de derecho; y en segundo lugar, establecer, como consecuencia, una prohibición para los particulares de realizar actividades en el sector reservado, en virtud de la exclusión de la libertad económica que implica. Pero mediante la sola reserva el Estado en principio no tiene obligación alguna de indemnizar a los particulares excluidos, salvo cuando la reserva, la decisión política esté acompañada con la exigencia y obligación que se impone a los particulares y empresas afectadas, de transferir forzosamente al Estado las instalaciones y bienes con que operaban en el ámbito reservado, para lo cual el Estado tiene que expropiar dichas instalaciones y bienes, en cuyo caso, se está en presencia de la figura de la nacionalización.

Es decir, y en referencia al ordenamiento jurídico venezolano, la figura de la reserva o *publicatio* general junto con la expropiación, dan origen a la institución de la nacionalización,[5] lo cual se materializó por primera vez bajo la vigencia de la Constitución de 1961 con la emisión del Decreto-Ley N° 580

---

3 Ley Orgánica de Ordenación de las Empresas que Desarrollan Actividades en el Sector Siderúrgico en la Región de Guayana, Decreto Ley N° 6.058, de 30 de abril de 2008, en Gaceta Oficial N° 38.928, de 12 de mayo de 2008.

4 Ley Orgánica que Ordenación de las Empresas de Cemento, Decreto Ley No.6.091 27 de mayo de 2008, en Gaceta Oficial N° 5.886 Extra de 18 de junio de 2018

5 Véase sobre la nacionalización en el derecho administrativo en Allan R. Brewer-Carías, "Introducción al Régimen Jurídico de las Nacionalizaciones en Venezuela", en *Archivo de Derecho Público y Ciencias de la Administración*, Vol. III, 19721979, Tomo I, Instituto de Derecho Público, Facultad de Ciencias Jurídicas y Políticas, Universidad Central de Venezuela, Caracas 1981, pp. 23-44.

de 26 de noviembre de 1974[6] de la Ley que reserva al Estado la industria de la explotación de mineral de hierro y la sanción de la Ley Orgánica que reserva al Estado la industria y el comercio de los hidrocarburos de 29 de agosto de 1975.[7]

Ahora, en contraste con la reserva de actividades al Estado, que originan la *publicatio* general del régimen aplicable a determinadas actividades o bienes reservados al Estado, a los efectos de permitir la *publicatio* específica mediante expropiación, los ordenamientos jurídicos en general, y ello resulta evidente de los estudios que conforman este volumen, establecen la necesidad de que la *causa expropiandi* esté específicamente declarada en la ley, en el sentido de que en la legislación se declare expresamente que las actividades o las materia que justifican las expropiación de bienes son de "utilidad pública" o de "interés social."

Esta declaratoria general, como *causa expropiandi*, por supuesto, no produce *publicatio* general alguna y no tiene otro sentido que no sea única y exclusivamente, que la de permitir y, además, facilitar y acelerar la eventual posibilidad de que el Estado pueda proceder a expropiar bienes de propiedad privada que sean necesarios para la realización de dichas actividades reguladas en las leyes respectivas, y por tanto para que pueda producirse la *publicatio* específica respecto de determinados bienes expropiados.

Es decir, la declaratoria de actividades como de "utilidad pública" o de "interés social," no tiene ningún efecto general de *publicatio* del régimen de las mismas, siendo solo una manifestación de la garantía constitucional de la propiedad privada, que le impone al Estado la condición de previa de que para poder decretar la expropiación de cualquier clase de bienes de propiedad privada, la actividad específica que motive dicha expropiación, debe haber sido declarada previa y formalmente en una ley como de utilidad pública o interés social.[8]

Así lo dispone la Convención Americana de Derechos Humanos, en la norma antes mencionada y en general así se dispone en todas las constituciones al garantizarse el derecho de propiedad en el derecho interno. En el caso de Venezuela, así se establece expresamente el artículo 115 de la Constitución de 1999 al exigir que para que el Poder Ejecutivo pueda decretar la expropiación de cualquier clase de bienes de propiedad privada, ello sólo puede hacerlo por "causa de utilidad pública y social"[9] que debe haber sido decla-

---

6 Véase en *Gaceta Oficial* N° 30.577 de 16 de diciembre de 1974

7 Véase en *Gaceta Oficial* N° 1.769 Extar. de 29 de agosto de 1975

8 Sobre la evolución histórica del régimen de la propiedad privada y de la libertad económica, véase Allan R. Brewer-Carías, "El Derecho de Propiedad y la Libertad Económica. Evolución y situación actual en Venezuela," en *Estudios sobre la Constitución* (Libro-homenaje a R. Caldera), Tomo II, Universidad Central de Venezuela, Caracas 1979, pp. 1140 ss.

9 Artículo 115 de la Constitución: "Se garantiza el derecho de propiedad. Toda persona tiene derecho al uso, goce, disfrute y disposición de sus bienes. La propiedad estará so-

rada previamente en una ley, como acto legislativo emanado de la Asamblea Nacional actuando como cuerpo legislador (art. 202 de la Constitución), que es lo que puede motivar y justificar la expropiación. Lo mismo, conforme a la Constitución, se ha establecido tradicionalmente en la Ley de Expropiación por causa de utilidad pública o interés social (Arts. 7.1 y 13),[10] como condición previa para poder decretarse la expropiación.

Por ello, la propia Ley de Expropiación, para facilitar la expropiación de bienes, incluye en su artículo 14, una *declaratoria general* de una serie de actividades consideradas de antemano como de utilidad pública o interés social, a los efectos de exceptuarlas de la necesidad de que haya una declaración específica de la *causa expropiandi*, es decir, "de la formalidad de declaratoria previa de utilidad pública," que incluyen:

> "la construcciones de ferrocarriles, carreteras, autopistas, sistemas de transporte subterráneo o superficial, caminos, edificaciones educativas o deportivas, urbanizaciones obreras, cuarteles, hospitales, cementerios, aeropuertos, helipuertos, los terrenos necesarios para institutos de enseñanza agrícola y pecuaria, las construcciones o ensanche de estaciones inalámbricas o conductores telegráficos; así como los sitios para el establecimiento de los postes, torres y demás accesorios de las líneas conductoras de energía eléctrica; acueductos, canales y puertos; los sistemas de irrigación y conservación de bosques, aguas y cualquiera otra relativa al saneamiento, ensanche o reforma interior de las poblaciones; la colonización de terrenos incultos y la repoblación de yermos y montes."

Respecto de otras actividades no comprendidas en esta enumeración, el requisito de que por ley se las declare como de utilidad pública y social para que pueda decretarse la expropiación de bienes, se cumple a través de múltiples leyes especiales que contienen tal declaratoria, de manera que sin necesidad de otra ulterior declaratoria de "interés social o utilidad pública," en relación con las actividades que regulan, se pueda proceder a iniciar el procedimiento expropiatorio.

Sólo para citar unos ejemplos, la declaración de "utilidad pública o interés social" se puede encontrar por ejemplo en Venezuela, en leyes de larga tra-

---

metida a las condiciones, restricciones y obligaciones que establezca la ley con fines de utilidad pública o de interés general. *Sólo por causa de utilidad pública o interés social*, mediante sentencia firme y pago oportuno de justa indemnización, podrá ser declarada la expropiación de cualquier clase de bienes."

10 Véase la Ley de Expropiación por causa de utilidad pública o interés social, en *Gaceta Oficial* N° 37.475 de 01-07-2002. Véanse sobre la Ley los comentarios en Allan R. Brewer-Carías, Gustavo Linares Benzo, Dolores Aguerrevere Valero y Caterina Balasso Tejera, *Ley de Expropiación por Causa de Utilidad Pública o Interés Social*, Colección Textos Legislativos, N° 26, 1ª edición, Editorial Jurídica Venezolana, Caracas 2002, pp. 7-100.

dición como la Ley de Aguas[11] (art. 7), la Ley de Bosques[12] (arts. 4), la Ley de Minas[13] (art. 3), la Ley de Tierras y Desarrollo Agrario[14] (art. 68), la Ley del Sistema de Transporte Ferroviario Nacional[15] (art. 2), y la Ley Orgánica de Hidrocarburos[16] (art. 4).

Más recientemente, en otras leyes relativas a actividades más específicas, algunas incluso ya derogadas, igualmente se encuentra la declaratoria de utilidad pública a efectos expropiatorios, como es el caso de la Ley para la defensa de las personas en el acceso a los bienes y servicios, en la cual se declararon como de utilidad pública e interés social, todos los bienes necesarios para desarrollar las actividades de producción, fabricación, importación, acopio, transporte, distribución y comercialización de alimentos, bienes y servicios declarados de primera necesidad;[17] la Ley de salud agrícola integral en la cual se declaran de utilidad pública, interés nacional e interés social, los bienes y servicios propios de las actividades de salud agrícola integral, por lo que cuando medien motivos de seguridad, podrá sin mediar otra formalidad, decretarse la adquisición forzosa de la totalidad de un bien o de varios bienes necesarios para la ejecución de obras o el desarrollo de actividades de salud agrícola integral; [18] la Ley del Instituto Nacional de la Vivienda (INAVI), en la cual se declara de utilidad pública la construcción de viviendas de interés social cuya ejecución directa o indirecta corresponda al Instituto Nacional de la Vivienda[19]; y la Ley Orgánica de seguridad y soberanía agroalimentaria, en la cual se declaran de utilidad pública e interés social los bienes que aseguren la disponibilidad y acceso oportuno a los alimentos, así como las infraestructuras necesarias. [20]

En todos estos casos, así como en todos las demás leyes en las cuales se declare ciertas actividades como de utilidad pública o interés social, tal declaratoria simplemente tiene el propósito de permitir y agilizar los procedimientos expropiatorios, no implicando ninguna *publicatio* general y que todo lo que corresponda ser realizado en el marco de su regulación esté sometido necesariamente un régimen de derecho público, y que esa sola declaratoria

11 Véase en *Gaceta Oficial* N° 35.595, de 2 de enero de 2007

12 Véase en *Gaceta Oficial* N° 40.222, de 6 de agosto de 2013

13 Véase en *Gaceta Oficial* N° 40.222, de 6 de agosto de 2013

14 Véase en *Gaceta Oficial* N° 5.991 Extraordinario, de 29 de julio de 2010

15 Véase Decreto Ley N° 6.069 de 14-05-2008, en *Gaceta Oficial* N° 5.889 Extraordinario, de 31 de julio de 2008

16 Véase Reforma Parcial del Decreto Ley Orgánica N° 1.510 de 02-11-2001, en *Gaceta Oficial* N° 38.493, de 4 de Agosto de 2006.

17 Véase Decreto Ley N° 6.092 de 27-05-2008)

18 Véase Decreto Ley N° 6.129 de 03-06-2008),

19 Véase Decreto Ley N° 6.267 de 30-07-2008 en *Gaceta Oficial* N° 5.892 de-07-2008

20 Véase Decreto Ley N° 6.071 de 14-05-2008, *Gaceta Oficial* N° 5.889 Extraordinaria de 31-07-2008).

pueda transformar todo el régimen jurídico de una actividad, sometiéndola al derecho público.

Es decir, la declaratoria de una actividad como de utilidad pública o interés social como *causa expropiandi*, a los efectos de permitir y aligerar los procesos de expropiación de bienes de propiedad privada, para su *publicatio* específica, en el derecho venezolano no implica en forma alguna una *publicatio* general de su régimen jurídico que excluya alguna actividad o la globalidad de determinados bienes del ámbito de la libertad económica o de la propiedad privada, pues con ello nada se reserva al Estado.[21]

En consecuencia, el hecho de que por ejemplo en la Ley de Minas de Venezuela, que es una ley que sin duda establece un régimen legal de derecho público para las actividades mineras, en su artículo 3 disponga que "se declara de utilidad pública la materia regida por esta Ley," no significa que respecto de las actividades que regula y todos los bienes relativos a las mismas se haya producido una reservada al Estado, y que respecto de todos y todas se haya producido alguna "*publicatio*" general.

Ésta, la *publicatio* general, en realidad, en el derecho venezolano, sólo se produce respecto de bienes o actividades que el Estado *se haya reservado*, es decir, que haya excluido de las actividades que pueden realizar los particulares en ejercicio de su libertad económica o su derecho de propiedad, y ello no ocurre por la sola declaratoria de "utilidad pública" o de "interés social" de la materia que regula de la Ley, que solo establece la *causa expropiandi* para la *publicatio* específica de determinados bienes.

La *publicatio* general en materia de minería, en realidad resulta de otras previsiones de la ley de Minas distintas a la declaratoria de "utilidad pública" o de "interés social" de la materia que regula, y específicamente, de las que declaran a las minas o yacimientos de cualquier clase existentes en el territorio nacional como *bienes del dominio público*, que por tanto pertenecen a la República, y que son inalienables e imprescriptibles (art. 2); y de las que establecen la *reserva al Estado de las actividades de exploración y explotación* de las sustancias minerales, en particular de las ubicadas en las minas o yacimientos, las cuales solo pueden realizar los particulares mediante concesión otorgada por el Estado, que "otorgan derechos e imponen obligaciones a los

21 Por ello, por ejemplo, la Sala Constitucional del Tribunal Supremo de Justicia de Venezuela ha considerado por ejemplo que "para que haya servicio público, incluso, la ley debe haber reservado al Estado la actividad económica, de manera que exista "*publicatio* de la misma que excluya la libre iniciativa económica en el sector (artículos 112 y 113 constitucionales)." Véase la sentencia No 825 de la Sala Constitucional de 06-05-2004 (Caso: *Banco del Caribe C.A. Banco Universal .vs. Superintendencia de Bancos y otras Instituciones Financieras*), en *Revista de Derecho Público*, No. 97-98, Editorial Jurídica Venezolana, Caracas 2004, pp. 273-274. Ratificada por sentencia de la Sala Constitucional No. 266 de 16-03-2005 (Caso: Impugnación de los artículos 10 y 16 de la Ordenanza sobre Tarifas del Servicio de Aseo Urbano y Domiciliario en el Municipio Libertador del Distrito Federal), en *Revista de Derecho Público*, No. 101, Editorial Jurídica Venezolana, Caracas 2005, p. 156.

particulares para el aprovechamiento de los recursos minerales existentes en el territorio nacional" (art. 24).

En conclusión, la institución de la expropiación, como forma de *publicatio* específica, solo puede ejercerse que como potestad del Estado mediante la previa declaratoria mediante ley de la *causa expropiandi,* es decir, de la utilidad pública o interés de la actividad que motiva la expropiación.

En ese contexto, la institución de la expropiación debe diferenciarse de los supuestos de *publicatio* general que se puedan producir sobre determinadas actividades cuando se reservan al Estado o respecto de determinada clase de bienes cuando se declaran como del dominio público, en cuyo caso, si la reserva se acompaña de medidas expropiatorias de los bienes e instalaciones destinados por los particulares a la actividad reservada, entonces se configura la institución de la nacionalización.

New York, febrero de 2017.

SECCIÓN DÉCIMA TERCERA: *LAS EXPROPIACIONES URBANÍSTICAS* (1979)

ESTE TEXTO SU PUBLICÓ INICIALMENTE EN EL LIBRO: ALLAN R. BREWER-CARÍAS, *JURISPRUDENCIA DE LA CORTE SUPREMA 1999-74 Y ESTUDIOS DE DERECHO ADMINISTRATIVO, TOMO VI, PROPIEDAD Y EXPROPIACIÓN,* INSTITUTO DE DERECHO PÚBLICO, UNIVERSIDAD CENTRAL DE VENEZUELA, CARACAS 1979, PP. 47-135.

I. INTRODUCCIÓN

1. LOS DIVERSOS MEDIOS DE EJECUCIÓN DEL URBANISMO

La ejecución de los planes de urbanismo, y entre ellos de los Planos o Mapas de zonificación, se realiza normalmente por la adaptación que los particulares hacen de los usos de su propiedad inmueble a los usos permitidos por la Ordenanza y zonificación respectivas[1].

Sin embargo, en muchos casos, la ejecución de un Plano o Mapa de Zonificación, al afectar determinadas áreas de propiedad privada, al uso público, por ejemplo, para la construcción de calles o para el establecimiento de áreas verdes públicas, exige que la autoridad pública adquiera la referida área de propiedad privada mediante los medios que permite el ordenamiento jurídico. Entre esos medios, dejando aparte los que son propios del derecho privado (compra-venta, donación, etc.), están los medios establecidos por el derecho público; y entre éstos, fundamentalmente, tienen vigencia en materia urbanística la expropiación por causa de utilidad pública o interés social y las cesiones obligatorias y gratuitas de parte de la propiedad privada a entes públicos, por razón de urbanismo, en los procesos de urbanización.

Estos dos medios de ejecución del urbanismo se analizarán separadamente, partiendo del supuesto de que el primero es el medio jurídico-público de uso normal en materia de urbanismo, en tanto que el segundo es un medio jurídico-público de uso excepcional, en los casos de parcelamientos o urbanizaciones nuevas.

En el presente Capítulo estudiaremos las expropiaciones urbanísticas.

---

1 En general, sobre la ejecución del urbanismo, véase Gustavo Urdaneta T., *La Ejecución del Urbanismo,* EJV, Caracas 1980.

2. EL RÉGIMEN DE LA EXPROPIACIÓN Y SUS CARACTERÍSTICAS

A. *SU CARÁCTER DE ORDEN PÚBLICO*

De acuerdo con lo previsto en la Constitución Nacional, la consecuencia de la garantía de la propiedad privada está prevista en el artículo 101, en la siguiente forma:

> *Artículo 101.* Sólo por causa de utilidad pública o de interés social, mediante sentencia firme y pago de justa indemnización, podrá ser declarada la expropiación de cualquier clase de bienes. En la expropiación de inmuebles con fines de reforma agraria o de *ensanche y mejoramiento de poblaciones,* y en los casos que por graves razones de interés nacional determine la Ley, podrá establecerse el diferimiento del pago por tiempo determinado a su cancelación parcial mediante la emisión de bonos de aceptación obligatoria, con garantía suficiente.

Este principio constitucional se encuentra reproducido en el Código Civil en su artículo 547, que establece que "nadie puede ser obligado a ceder su propiedad ni a permitir que otros hagan uso de ella, sino por causa de utilidad pública o social, mediante juicio contradictorio e indemnización previa".

La única diferencia entre la norma constitucional y la del Código Civil es que este incluye la necesidad de "un juicio contradictorio" para poder expropiar, y la Constitución sólo habla de "sentencia firme". En todo caso, tanto el juicio contradictorio como la sentencia firme son necesarios sólo cuando no se logre el traslado del dominio amigablemente, y el propietario se oponga al procedimiento.

La normativa que regula a la expropiación en Venezuela, está contenida en la Ley de Expropiación por Causa de Utilidad Pública o Social del 4 de noviembre de 1947[2], modificada por Decreto-Ley N° 184 de 25 de abril de 1958[3], y es allí donde están reguladas las expropiaciones urbanísticas.

Aparte de esta Ley, diversas leyes especiales han venido consagrando normas particulares en materia de expropiación, tales como la Ley de Reforma Agraria, de 5 de marzo de 1960; la Ley de Inmigración y Colonización, de 11 de julio de 1966; la Ley de Minas, de 28 de diciembre de 1944; la Ley de Hidrocarburos, de 6 de agosto de 1967; la Ley Forestal, de Suelos y Aguas, de 30 de diciembre de 1965; la Ley sobre Derecho de Autor, de 12 de diciembre de 1962; la Ley de Propiedad Industrial, de 2 de septiembre de 1955; el Decreto-Ley del Instituto Nacional de la Vivienda, de 13 de mayo de 1975; el Decreto de creación del Instituto Nacional de Obras Sanitarias, de 16 de julio de 1943; el Decreto Reglamentario de las Obras Públicas, de 14 de abril de

---

2 Véase en *G. O.* N° 22.458 del 6-11-47.

3 Véase en *G. O.* N° 25.642 del 25-4-58.

1909; la Ley de Aviación Civil, de 12 de abril de 1955; la Ley de Ferrocarriles, de 2 de agosto de 1957; etc.[4].

Todas estas disposiciones son de orden público, pues la potestad estatal que regulan constituye una limitación a un derecho constitucional garantizado a los habitantes del país, como es el derecho de propiedad. La consecuencia de este carácter de orden público, es que el quebrantamiento de cualesquiera de estas disposiciones no puede subsanarse ni con el consentimiento de las partes, y su nulidad puede y debe ser declarada de oficio por el Tribunal, o bien cualesquiera de las partes puede alegar la norma violada. El Tribunal puede anular lo actuado y retrotraer el juicio al estado en que se subsane el vicio que tiene.

Ahora bien, el régimen legal relativo a la expropiación está estructurado en Venezuela, no sólo para regular el ejercicio de una potestad pública por parte del Estado, sino además, y en vista de que el ejercicio de esa potestad incide sobre un derecho garantizado constitucionalmente, para asegurar que ese poder sea ejercido correctamente, de manera que no se menoscaben totalmente los derechos de los particulares.

Estos dos supuestos, por una parte, la potestad pública y el ejercicio de la misma por el Estado, y por la otra, la garantía de los derechos de los particulares, son los dos ejes sobre los cuales gira toda la legislación en materia de expropiación por causa de utilidad pública o interés social.

B. La regulación de la potestad expropiatoria

En efecto, en primer lugar debe señalarse, en cuanto a la potestad pública o a la regulación del ejercicio de la misma por parte del Estado, que la Ley de Expropiación consagra la posibilidad, para el Estado, de apoderarse de bienes de los particulares para determinados fines, en forma coactiva o forzosa cuando exista alguna resistencia de parte de los particulares, con motivo de la realización de obras de utilidad pública o actividades de interés social que el Estado pretenda ejecutar. Esa expropiación o ese apoderamiento forzoso de los bienes por parte del Estado, tal como expresamente lo ha calificado la jurisprudencia, procede "por las buenas o por las malas"[5]. Por ello, decretada la expropiación, es decir, ejercida la potestad expropiatoria por parte del Estado, los particulares no pueden discutir si realmente el Estado necesita o no aquellos bienes. Lo único que pueden discutir y exigir es la garantía a ser debidamente compensados por la lesión que se produzca a sus derechos. Por

4 *Véase Allan R. Brewer-Carías, La expropiación por causa de utilidad pública o social, Caracas 1966.*

5 Sentencia de la Corte Federal y de Casación en Sala Federal del 14-3-52, en *Gaceta Forense* N° 10, 1952, pp. 133-134.

tanto, la discusión no puede incidir sobre el ejercicio mismo de la potestad expropiatoria, la cual, una vez que se ejerce, es irreversible[6].

Por otra parte, la regulación de una potestad pública de tal importancia, que permite al Estado lesionar uno de los derechos que la propia Constitución consagra, ha implicado generalmente que, en las legislaciones sobre expropiación, se haga intervenir, para el correcto ejercicio de esta potestad por parte del Estado, a todos los órganos del Poder Público. En efecto, en materia expropiatoria no sólo interviene el Poder Ejecutivo cuando decreta la expropiación de una obra, sino que, fundamentalmente, la Ley exige la intervención previa del Poder Legislativo y posterior del Poder Judicial. La garantía del derecho de propiedad y la lesión producida a este derecho, hace que el legislador exija que todas las instituciones y poderes del Estado intervengan en el procedimiento.

En efecto, en primer lugar interviene el Poder Legislativo, al declarar la utilidad pública o el interés social de la actividad que conlleva la expropiación, declaratoria que se reserva generalmente al legislador, hasta el punto de que el Poder Ejecutivo no puede juzgar cuándo hay utilidad pública o interés social en una actividad pública, sino que ésta sólo puede ser declarada por ley[7].

En segundo lugar, interviene el Poder Ejecutivo, pues se exige que para que se ejecute la expropiación es necesario un acto de la autoridad ejecutiva, el Decreto de Expropiación, que determine cuáles bienes van a ser expropiados para alcanzar los fines de utilidad pública o interés social que la ley establece[8].

En tercer lugar, interviene el Poder Judicial, como garantía judicial necesaria frente a la lesión del derecho del particular. En este sentido, cuando no hay posibilidad de llegar a un arreglo o convenio amigable con el particular, la autoridad administrativa no puede apoderarse simplemente de sus bienes, sino que necesariamente tiene que acudir a la vía judicial, por ante el Juez competente, para solicitar la expropiación o traslado forzoso de la propiedad de determinados bienes del particular al Estado[9].

Estos serían los aspectos resaltantes del primero de los elementos de una legislación sobre expropiación, el que regula el ejercicio de una potestad pública, en la cual intervienen todos los poderes del Estado y que implica que el ejercicio de esa potestad deba hacerse conforme a las normas que establece la Ley.

---

6 *Idem.*

7 Artículos 3°, 10 y ss. de la Ley de Expropiación por Causa de Utilidad Pública.

8 Artículos 3° y 4°, *idem.*

9 Artículos 3° y 19, *idem.*

C. *La regulación de la garantía de los particulares*

El segundo elemento de la expropiación, además de la potestad pública de expropiar, está constituido por la garantía del derecho de los particulares. En efecto, el hecho de que se otorguen al Estado determinadas potestades y el ejercicio de determinados poderes exorbitantes al derecho común que rige las relaciones entre particulares, no implica que éstos queden desasistidos. Al contrario, el legislador establece una serie de mecanismos para que el derecho del particular este debidamente garantizado frente al ejercido de esa potestad pública, Ahora bien, esta garantía del derecho de los particulares que la legislación de expropiación establece, podemos clasificarla en tres grandes grupos: por una parte, una garantía jurídica; por otra parte, una garantía patrimonial; y en tercer lugar, una garantía de devolución. Las tres garantías están íntimamente conexas con la institución de la expropiación.

A. *La garantía jurídica*

En primer lugar, la garantía jurídica. El poder de expropiación, todo ejercicio de una potestad pública, está circunscrito a una serie de normas legales. No es, por tanto, una vía de hecho. No se trata del apoderamiento láctico de determinados bienes por parte del Estado, sino que se trata de la apropiación de ciertos bienes particulares, pero conforme a una serie de normas de carácter jurídico que son el primer elemento de la garantía consagrada para los particulares. El despojo que se hace del bien particular, por tanto, no es un despojo ilegal, sino un despojo perfectamente legítimo dados los fines que tiene el Estado en un momento determinado y que, por tratarse de un despojo legítimo, debe cumplirse de acuerdo a una serie de normas legales[10].

En virtud de ello, al particular se le consagra, como protección de esa garantía, en primer lugar la posibilidad de oponerse a esta expropiación[11]. En este sentido, la principal causa de oposición a la expropiación es el alegato de que se haya producido una violación de ley, precisamente por la existencia de esta garantía jurídica. La otra causa de oposición se refiere, en particular, a la expropiación parcial, pero no incide ya directamente sobre la expropiación en sí misma. Por eso, la confirmación de esta garantía jurídica está en la oposición a la expropiación por violación de ley.

Pero debo destacarse, además, que se otorgan al particular una serie de mecanismos para hacer efectiva esa garantía, hasta el punto de que se le dan posibilidades de ejercer acciones posesorias o petitorias en relación al despojo ilegítimo o ilegal que se haya hecho de sus bienes, declarándose además en la ley, como responsables, a los funcionarios y a los jueces que hayan intervenido en algún procedimiento expropiatorio en el cual no se hayan cumplido

10 Artículo 1° de la Ley.

11 Artículo 26.

las normas legales. En esta forma se hace responsable no sólo al Estado, sino directamente a los funcionarios[12].

B. LA GARANTÍA PATRIMONIAL

La segunda garantía, además de la garantía jurídica, es la garantía patrimonial. En efecto, si bien se otorga al Estado la posibilidad de apoderarse de determinados bienes particulares, esto no significa que los derechos del particular claudican totalmente ante el Estado, sino que en el lugar de su derecho de propiedad, que desaparece, surge un nuevo derecho, el derecho a ser indemnizado y, por tanto, a recibir una justa compensación. En torno a ello, la jurisprudencia en Venezuela, reiteradamente, ha considerado que este derecho sustitutivo debe ser, como su nombre lo indica, una justa compensación o indemnización, que no signifique ni enriquecimiento ni empobrecimiento para el expropiado, es decir, una indemnización que sustituya el derecho que ha sido lesionado por el ejercicio de la potestad expropiatoria[13]. La expropiación viene a ser, entonces, un mecanismo de conversión del derecho patrimonial de carácter real por un derecho de crédito sobre una cantidad determinada de dinero, compensatoria de la situación anteriormente existente.

C. LA GARANTÍA DE DEVOLUCIÓN

Pero las legislaciones de expropiación no sólo consagran estas dos garantías: la jurídica y la patrimonial, sino que también consagran una tercera garantía que es sustancial a la finalidad que origina la expropiación y que es la llamada garantía de devolución.

En efecto, si la expropiación procede por causa de utilidad pública o de interés social, la legislación de expropiación, y ésta es la tendencia general en el derecho comparado, debería establecer que cuando el bien que se expropia y del cual se despoja a un particular, no se destina por el Estado al fin de utilidad pública o de interés social que originó la expropiación, tendría que surgir un derecho del particular a quien se le quitó su bien, de pedirle al Estado la devolución del bien que no ha sido utilizado para los autorizados fines de utilidad pública o de interés social.

En Venezuela, la legislación de expropiación tradicionalmente ha regulado, por una parte, la potestad expropiatoria y el ejercicio de ella por parte del Estado; y por la otra, las dos primeras garantías señaladas, la jurídica y la patrimonial: establece una serie de normas a las cuales debe ajustarse el ejer-

---

12 Artículos 4° y ss.

13 Véanse sentencias de la antigua Corte Federal y de Casación del 12-7-43 y del 4-5-48, en *Memoria 1944*, tomo 1, p. 22, y en *Compilación Legislativa de Venezuela 1948-1949*, Anuario 1948, pp. 771 y 772.

cicio de la propiedad expropiatoria y establecer las normas que buscan lograr la justa compensación o indemnización, es decir, la garantía patrimonial para el particular. Sin embargo, la legislación de expropiación en Venezuela, no ha recogido este tercer elemento que configura la garantía de devolución, pues no consagra el derecho del particular a readquirir su bien cuando no ha sido destinado al fin para el cual el Estado ejecutó la expropiación, salvo cuando el Estado decida voluntariamente enajenarlo, en cuyo caso, el particular sólo tendría un derecho a readquirir prioritariamente la propiedad de ese bien en las nuevas condiciones de enajenación que existan en el momento en que ésta se produzca[14].

En nuestro ordenamiento administrativo, en esta materia, sólo se ha dictado la Circular N° 21 de 27 de octubre de 1977 del Ministro de la Secretaría de la Presidencia, en cuyo numeral 4° se establece que: "Los inmuebles adquirido por vía de expropiación, ya sea mediante sentencia judicial o arreglo amigable, sólo podrán ser destinados al cumplimiento de los fines específicos señalados en el Decreto correspondiente". Con ella se ha insistido en la necesidad de respetar los fines de utilidad pública o social que motivan la expropiación, pero no se garantiza al propietario la devolución correspondiente en caso de incumplimiento de esa obligación.

3. Concepto y naturaleza de la expropiación

La Corte Suprema de Justicia ha definido la expropiación como "una institución de derecho público mediante la cual la Administración, para el cumplimiento de fines públicos, logra coactivamente la adquisición de bienes muebles o inmuebles, siguiendo un procedimiento determinado y pagando una justa compensación"[15].

Dos elementos surgen de este concepto: la transferencia coactiva y obligatoria de la propiedad, y el pago de una justa indemnización, mediando, por supuesto, en caso de conflicto, juicio contradictorio.

En relación al primer elemento, la jurisprudencia ha establecido que la expropiación reviste el carácter de una enajenación obligatoria. En una sentencia de la antigua Corte Federal y de Casación de 14-3-52, se estableció que no puede decirse, en materia de expropiación, aun cuando haya arreglo amigable, que se trata de una venta perfectamente voluntaria, es decir, de un consentimiento totalmente libre. La expropiación, dijo la Corte, se verifica "por las buenas o por las malas", de manera que, prácticamente, es una venta o enajenación obligada a la cual hay que llegar aun cuando el propietario no lo quiera. Por ejemplo, una vez que se declara de utilidad pública una obra y una vez que la Administración dicta un decreto de expropiación de determinados inmuebles para construir esa obra, el particular no puede impedir

14 Artículo 46 de la Ley.

15 Sentencia de la Sala Político-Administrativa del 24-2-65, en *G. O.* N° 27.676 del 24-2-65.

su realización. El conflicto se podrá presentar en cuanto a la mayor o menor cuantía de la indemnización, pero siempre tendrá el particular que transferir su propiedad al Estado.

La Corte Federal y de Casación en la referida sentencia de 14 de marzo de 1952 señaló, en efecto, lo siguiente:

> "Ahora bien, no puede decirse que en materia expropiatoria cuando hay arreglo amigable se trata de una venta perfectamente voluntaria, de un consentimiento totalmente libre; la expropiación se verifica por las buenas o por las malas; de manera que prácticamente es una venta obligada, a la cual hay que llegar aun cuando el propietario no quiera; lo único que se logra con el arreglo amigable es evitar parcialmente el proceso eligiendo de común acuerdo uno o tres peritos que avalúen la propiedad; practicado éste, queda el asunto o negocio en la situación que contempla el artículo 40 de la Ley de Expropiación por Causa de Utilidad Pública o Social, el cual expresa que avenidas las partes en cuanto al precio de la cosa sobre que versa la expropiación o firme el justiprecio, antes de proceder a la ocupación definitiva del inmueble, el expropiante consignará el precio ante la autoridad que conoce el negocio para que sea entregado al propietario, a menos que se haga constar que éste ya recibió el pago"[16].

Sin embargo, a pesar de que la Corte haya señalado que la expropiación "prácticamente es una venta obligada", esta institución, que es de derecho público, tiene netas diferencias con la compra-venta, institución de derecho privado.

En otra decisión, de 31 de mayo de 1955, la antigua Corte Federal, al señalar que la expropiación procedía respecto de toda clase de bienes, aun cuando pudieran pertenecer a personas incapaces, señaló lo siguiente:

> "La expropiación se llevará a efecto aun sobre bienes pertenecientes a personas que para enajenarlos o cederlos necesitan de autorización judicial, bien ellas mismas o sus representantes legales, pues en este caso quedan autorizados sin necesidad de otra formalidad.

Trátase, pues, de que entre los sedicentes dueños hubiere algún menor, algún demente o un entredicho o cualesquiera otro expropiado que no tenga la libre disponibilidad de sus derechos, el bien expropiado es adquirido por el expropiante libre de todo peligro actual y futuro.

Esta es, precisamente, una de las diferencias esenciales entre la expropiación —que es una institución de Derecho Público— y el contrato de compra-venta, regido por el Derecho común. "En la primera, el adquiriente o expropiante queda libre de toda impugnación futura, derivada de cualesquiera deficiencias que pudieran enervar los títulos de uno cualquiera de los

[16] Véase en *Gaceta Forense* N° 10, 1952, pp., 133 y 134.

anteriores propietarios; en tanto que, quien adquiere el dominio de una cosa mediante la mera convención de compra-venta está expuesto a ser llevado a juicio por quienquiera que con razón o sin ella, pretenda derechos sobre el objeto transferido, y, desde luego, queda sujeto a las rémoras de las medidas cautelares que pudieren practicarse y a las contingencias definitivas del litigio, lo cual no puede ocurrir jamás cuando la cosa se ha adquirido mediante expropiación, porque esta institución tiene la particularidad —como lo enseña la doctrina y lo consagra la ley— de desviar el derecho de los particulares sobre las cosas que caen bajo el imperio de la medida, para hacerlo incidir sobre la indemnización que por la cosa expropiada se acuerda.

El caso de la acción reivindicatoria de un tercero es el que mejor pone de relieve, desde el punto de vista del Derecho Privado, la transformación del derecho real (propiedad) en un derecho personal (la indemnización); pues el tercero reivindicante no puede hacer incidir su acción sobre la propiedad del terreno, sino que ésta se reduce a la obtención del precio o valor del bien expropiado, es decir, a la indemnización"[17].

El segundo elemento de la noción de expropiación es la necesaria existencia del pago de una justa indemnización que debe recibir el expropiado. Esta justa indemnización hace diferenciar esta institución jurídica de otras como la confiscación y el comiso, en las cuales también se trata de una transferencia coactiva de la propiedad de la Nación, pero sin indemnización. Se producen, sobre todo, como sanciones: si se trata de una confiscación, recae sobre todo el patrimonio de una persona, y sobre determinados bienes muebles, si se trata de un comiso[18].

Es esta indemnización, precisamente, la que confirma la garantía de la propiedad y que implica que, ante el necesario sacrificio del derecho individual frente al interés público, al propietario debe compensársele su pérdida patrimonial en forma justa, de manera que la consecuencia de la expropiación no lo enriquezca ni lo empobrezca.

4. LA REGULACIÓN DE LAS EXPROPIACIONES CON FINES URBANÍSTICOS

No existe en Venezuela una normativa especial aplicable a las expropiaciones con fines urbanísticos, por lo que las normas que la rigen son las generales previstas en la Ley de Expropiación por Causa de Utilidad Pública o Social. Aún no se han dictado normas específicas que la regulen, tal como, por ejemplo, ha sucedido con las expropiaciones agrarias reguladas, en especial, en la Ley de Reforma Agraria.

---

17 Véase en *Gaceta Forense* N° 8, 1955, pp. 280 y 281.

18 Véase lo expuesto en Allan R. Brewer-Carías, "Adquisición de la propiedad privada por parte del Estado en el Derecho Venezolano", en *Revista de Control Fiscal,* N° 94, Caracas, 1979, págs. 61 a 84.

En las notas que siguen, sin embargo, intentaremos sistematizar las normas que rigen la expropiación en Venezuela, en su aplicación particular al proceso de desarrollo urbanístico.

II. LOS ELEMENTOS DE LA EXPROPIACIÓN

1. LA LEGITIMACIÓN

A. LA LEGITIMACIÓN ACTIVA

La legitimación activa en la expropiación, en principio, corresponde al Estado, y en forma concreta a la Administración Pública en su esfera territorial; la República, los Estados y los Municipios, o en su esfera no territorial: los establecimientos públicos y, dentro de éstos, los Institutos Autónomos. Por tanto, sólo puede expropiar la Administración territorial y la Administración autónoma[19].

La expropiación puede también ser realizada por empresas concesionarias de alguna actividad estatal. Al efecto, el artículo 9° de la Ley de Expropiación, señala que el concesionario contratante de obras públicas, así como las compañías o empresas debidamente autorizadas por la Administración, se subrogarán en todas las obligaciones y derechos que corresponden a ésta por la Ley.

Existen también normas especiales que confieren a los concesionarios esta facultad expropiatoria; por ejemplo, respecto a los concesionarios de Obras Públicas, el Reglamento de Obras Públicas señala, en su artículo 89, la posibilidad para estas empresas o contratistas de obras públicas, de expropiar[20].

Sin embargo, el hecho de que la Ley haya permitido a los concesionarios la potestad expropiatoria no impide que el Estado ejerza esa potestad cada vez que el concesionario no actúe.

En tal sentido, la antigua Corte Federal y de Casación, en sentencia de 1943, señaló, al referirse a los concesionarios de hidrocarburos, lo siguiente:

> "Cuando la Ley de Hidrocarburos da a los concesionarios el derecho de expropiar al propietario del suelo, en manera alguna ha querido el legislador desposeer al Estado de esa tutela, mediante un traspaso de derechos en el sentido de perderlos el Estado mismo. No pudo haber sido la mente del legislador, al otorgar ese derecho de expropiación, enajenar esa tutela inalienable del interés público, sino facilitar su ejercicio, por las ventajas de orden público que hay en que sea el concesio-

---

19 Por ejemplo, el Instituto Nacional de la Vivienda (INAVI), de acuerdo al artículo 49 de la Ley del INAVI.

20 Ejemplo, el caso de la C. A. Obras de la Avenida Bolívar y del ente que la sustituyó, el Centro Simón Bolívar C. A., cuando actúa como agente de renovación urbana y como concesionario de obras públicas municipales.

nario quien se entienda primero amigablemente con el propietario y que, a falta de avenimiento, siga el juicio de expropiación. Pero, frente a ese derecho no exclusivo de los concesionarios, porque tal exclusividad carecería de equivalente y por tanto de fundamento, se alza el interés y el derecho del Estado de afrontarse él mismo por medio de sus representantes legales, al ejercicio del derecho de expropiación, cada vez que el concesionario, por cualquier motivo, no hubiere querido o podido actuar, poniendo con esta omisión en peligro de ser destruidas o desmejoradas sus explotaciones mineras" (*Memoria* 1944, Tomo 1°, páginas 25 y 26). "La exclusividad del concesionario, en el ejercicio de tal derecho, no se comprendería sino en el caso de haber él iniciado el procedimiento de expropiación, pero no cuando por cruzarse de brazos peligran esos intereses vitales del país. El expuesto es el único sentido que puede tener la facultad de expropiar dada por el artículo 45 de la Ley de Expropiación. En el concesionario existe en potencia el derecho de expropiar, y sólo cuando se ha decidido a hacerlo y ha iniciado el juicio, puede decirse que le favorece o lo perjudica la subrogación"[21].

Ahora bien, no hay duda que esta "legitimación activa" para expropiar que permite la Ley respecto de los concesionarios, plantea una situación totalmente irregular, y es la de que el ejercicio de una potestad de carácter público, como la potestad expropiatoria, pueda corresponder a particulares, lo que origina situaciones de desigualdad y de posible lesión indebida de intereses de otros particulares expropiados.

En nuestro criterio, debería eliminarse totalmente de la legislación de expropiación la posibilidad de que ella sea ejercida por entidades de carácter privado, y reservarse el ejercicio de la potestad expropiatoria a quien sólo tiene esta potestad pública, esto es, al Estado y sus entes territoriales, y crearse, en su lugar, la figura que en otros sistemas se conoce con el nombre de beneficiario en la expropiación, los cuales podrían ser perfectamente los concesionarios de obras o de servicios, o determinados usuarios.

En doctrina, esta figura surge en aquellos sistemas en donde se reserva la potestad expropiatoria *exclusivamente al Estado*. En nuestro Derecho no existe expresamente esta figura del beneficiario de la expropiación, que se presenta cuando una determinada entidad *pública* solicita la expropiación de un bien o de un derecho a favor de una tercera persona *(pública o no)*, que no está investida de la facultad expropiatoria, y la cual vendría a *beneficiarse de la expropiación*.

Ya dijimos que en Venezuela no está regulada, en la Ley, esta figura de tercera persona que pueda ser beneficiaria de la expropiación sin ser entidad expropiante. Normalmente *coincide* el legitimado activo con el beneficiario, y cuando el expropiante es un *concesionario estatal*, en definitiva, el *beneficiario*

[21] *Memoria 1944*, tomo I, p. 26.

es el Estado mismo, conforme al artículo 103 de la Constitución, en virtud de la figura de la reversión.

Sin embargo, tanto en materia agraria como en el campo de la acción estatal respecto de la vivienda, podría identificarse una figura similar a la del beneficiario de la expropiación. En efecto, en la expropiación agraria no es el campesino beneficiario de la dotación quien expropia, sino que la expropiación la hace el Instituto Agrario Nacional, pero la hace con el fin de dotar de tierra a los campesinos que la trabajan[22]. En este sentido, no sería lógico pensar que debería ser el campesino quien directamente fuera a expropiar. La misma figura señalada puede decirse que existe en cuanto a la actuación del Instituto Nacional de la Vivienda. El INAVI cuando expropia para construir viviendas, lo hace en algunos casos, teniendo como objetivo que el beneficiario último del proceso será el particular que adquirirá una vivienda del Instituto[23].

B. La legitimación pasiva

Sólo puede ser expropiado el propietario del bien que se va a expropiar. La Corte ha señalado, en sentencia de 14 de marzo de 1952, que es indiscutiblemente ilegal seguir el juicio de expropiación a quien no es propietario[24]. Por tanto, la legitimación pasiva siempre estará en el propietario del inmueble y sólo éste puede ser demandado en un juicio de expropiación.

Pero, por supuesto, no sólo puede ser legitimado pasivo el propietario hábil para vender, sino también las personas que para enajenar o vender un bien necesitar en de autorización judicial[25]. Esta legitimación pasiva del propietario indica que sólo el propietario puede reclamar contra la expropiación ilegal. El artículo 4° de la Ley de Expropiación señala que todo propietario y sólo a quien se prive del goce de la propiedad sin llenar las formalidades del decreto, es quien puede ejercer todas las acciones que prevé la Ley.

Al hablar del legitimado pasivo, debe plantearse el problema que surge con los cambios de titularidad del derecho de propiedad durante el juicio de expropiación. La Ley, en su artículo 6°, señala que la traslación del dominio a cualquier título durante el juicio de expropiación, título que puede ser la prescripción, no suspende el juicio, pues el nuevo dueño queda, de derecho, subrogado en todas las obligaciones y derechos del anterior.

Sin embargo, el identificar al legitimado pasivo con el propietario no implica que los poseedores, arrendatarios o acreedores hipotecarios no tengan derecho a ser indemnizados en el proceso expropiatorio. Al contrario, pue-

---

22 Artículo 27 de la Ley de Reforma Agraria.

23 Artículo 41 de la Ley del INAVI.

24 Véase en *Gaceta Forense* N° 10, 1952, p. 133.

25 Artículo 5° de la Ley de Expropiación.

den hacerse parte en el juicio, ya que deben ser emplazados formalmente[26], y tienen derecho a que se les entregue parte del precio, al ser consignado[27].

2. EL OBJETO EXPROPIADO

A. *BIENES DE PROPIEDAD PRIVADA*

Pueden ser objeto de expropiación cualquier clase de bienes susceptibles de propiedad privada. La Constitución, en su artículo 101, señala expresamente esta circunstancia, por lo que la expropiación procede sobre bienes muebles e inmuebles, y derechos inmateriales.[28]

La Ley de Expropiación, sin embargo, solamente regula, desde el punto de vista adjetivo, la expropiación de bienes inmuebles, y en definitiva, todas sus disposiciones se refieren a la expropiación de inmuebles. Por tanto, en Venezuela no existe, en la actualidad, un procedimiento destinado específicamente a la expropiación de bienes muebles y por lo que las normas de la Ley de Expropiación se aplican, realmente, por analogía.

B. *BIENES PATRIMONIALES DEL ESTADO*

Puede darse el caso de expropiación sobre bienes patrimoniales del Estado que puedan ser enajenados. Ello se desprende del artículo 5° de la Ley de Expropiación, que establece que en ningún caso procederá la expropiación sobre bienes pertenecientes a la Nación, a los Estados o a los Municipios que, por sus respectivas leyes, no puedan ser enajenados.

De aquí se desprende que los bienes del dominio público no pueden ser expropiados, pues son esencialmente inalienables. Tampoco procede respecto de los otros bienes que, sin ser del dominio público, sean inalienables, como sucede con ciertas tierras baldías[29] y con los ejidos municipales[30]. Al contrario, del artículo 5° de la Ley se deduce que sí puede ser declarada la expropiación de bienes patrimoniales del Estado, cuando éstos puedan ser enajenados.

Esta posibilidad, por otra parte, ha sido confirmada por la antigua Corte Federal, en sentencia del 31 de mayo de 1955, en la cual se declaró que los bienes pertenecientes a la Nación y demás entes públicos que si podían ser enajenados, como son, por ejemplo, los bienes patrimoniales regidos por

---

26 Artículo 20.

27 Artículos 43 y 44.

28 Por ejemplo, la Ley sobre Derechos de Autor, en su artículo 1° consagra la expropiación sobre derechos de autor.

29 Artículo 136, ordinal 10, de la Constitución.

30 Artículo 32 de la Constitución.

el derecho común, estaban sujetos al procedimiento extraordinario de la expropiación.

En dicha sentencia, la antigua Corte Federal estableció lo siguiente:

> "Por otra parte, la impugnación relativa a la llamada 'auto-expropiación', según la cual la Nación no puede expropiar la faja de terreno cuestionada, por habérsele donado ya a las empresas petroleras, carece de fundamento. Tanto la doctrina universal cómo el derecho legislado, aceptan y autorizan que los entes públicos expropien todos aquellos bienes indispensables para determinada finalidad que cede en beneficio común. 'Todos los bienes inmuebles existentes en el país pueden ser objeto de expropiación por causa de utilidad pública, sea que pertenezcan al mismo Estado (bienes patrimoniales). Someter a expropiación estos últimos bienes, encontró cierta objeción en algún viejo escritor, para quien parecía absurda la idea de dirigir contra el Estado un poder que es la expresión de su mismo derecho de soberanía; pero de este prejuicio se ha apartado la doctrina moderna. El Estado, como titular del derecho de propiedad, se comporta como cualquier sujeto de derecho privado y no puede sustraerse, por consiguiente, al imperio de las normas que limitan el ejercicio de aquel derecho por lo que respecta a sus bienes patrimoniales. En un ordenamiento jurídico que permite también la reintegración del derecho lesionado frente a la Administración Pública y que, por tanto, somete la misma Administración a los poderes jurisdiccionales ordinarios, no puede haber repugnancia en considerar a la Administración del Estado como sujeto pasivo del procedimiento de expropiación' (Pascuale Carugno, *L'Espropiazione per Publica Utilitá,* 2ª Edición, 1946, páginas 38 y 39).
>
> En Venezuela carece de sentido la impugnación de que se trata, es decir, la llamada 'autoexpropiación' por el doctor Adrián La Rosa, en atención a los derechos que sobre la zona cuestionada ha adquirido ya la Nación venezolana por la donación que se le ha hecho. En la propia Ley de Expropiación por Causa de Utilidad Pública o Social encuentra el argumento la merecida réplica: el Parágrafo Unico del artículo 5° de esa Ley estatuye; "En ningún caso procede la expropiación sobre bienes pertenecientes a la Nación, a los Estados o a los Municipios, que según las respectivas leyes nacionales, de los Estados o Municipios, *no pueden ser enajenados.* Por donde se ve que los bienes pertenecientes a la Nación y demás entes públicos, que sí puedan ser enajenados, como son los bienes patrimoniales, regidos por el derecho común, están sujetos al procedimiento de la expropiación pautado en la Ley especial de la materia"[31].

---

[31] Véase en *Gaceta Forense* N° 8, 1955, pp. 279 y 280.

3. La finalidad perseguida: la utilidad pública o el interés social

Sólo pueden expropiarse bienes, cuando se persigue una finalidad de utilidad pública o de interés social en la obra o actividad que la motiva. Ahora bien, tanto la noción de "utilidad pública" como la de "interés social", configuran conceptos jurídicos indeterminados que pueden comprender todo lo que el legislador estime que en un momento determinado es ventajoso para el interés general o social de la colectividad. En este campo, sin duda, opera la soberanía del legislador en apreciar cuándo una actividad o una obra son de utilidad pública o de interés social.

La consecuencia de esto es que la finalidad de utilidad pública o de interés social debe ser previamente declarada por el legislador. Así lo exigen expresamente el artículo 101 de la Constitución y el artículo 3° de la Ley de Expropiación.

En efecto, este artículo 3° de la Ley señala que "no podrá llevarse a efecto la expropiación de bienes inmuebles sino mediante los requisitos siguientes: 1) Disposición formal que declare la utilidad pública; 2) Declaración ele que su ejecución exige indispensablemente que se ceda o enajene el todo o parte de la propiedad; 3) justiprecio de lo que haya de cederse o enajenarse, y 4) Pago del precio que representa la indemnización".

En cuanto a la declaratoria de utilidad pública, de acuerdo a lo establecido en el artículo 10 de la Ley, corresponde al Congreso Nacional declararla, siempre que en todo o en parte la obra o actividad hayan de ejecutarse con fondos nacionales, o se le considere de utilidad nacional. De igual manera procederán las Asambleas Legislativas de los Estados, y en su receso, y en casos urgentes, el Poder Ejecutivo de los mismos, cuando se trate de obras que correspondan a la Administración de éstos. En las Municipalidades, la declaratoria de utilidad pública o social es siempre atribución del respectivo Concejo Municipal.

El Ejecutivo Nacional, sin embargo, queda facultado para decretar de utilidad pública la posesión por el Estado de aquellos terrenos y construcciones que considere esenciales para la seguridad o defensa de la Nación.

Ahora bien, la declaratoria de utilidad pública realizada por el órgano legislativo, puede ser general o especial.

A. La declaratoria general de utilidad pública

La declaratoria general de utilidad pública está establecida en la propia Ley de Expropiación, cuyo artículo 11 establece lo siguiente:

> *Artículo 11.* Se exceptúan de la formalidad de la declaratoria previa de utilidad pública, por ser evidentemente de esta naturaleza, las construcciones de ferrocarriles, carreteras, caminos, edificios para escuelas, urbanizaciones obreras, cuarteles, fortalezas, hospitales, cementerios,

estadios y aeródromos; los terrenos necesarios para institutos de enseñanza agrícola y pecuaria; las construcciones o ensancho de estaciones inalámbricas o conductores telegráficos, así como los sitios para el establecimiento de los postes, torres y demás accesorios de las líneas conductoras de energía eléctrica; acueductos, canales y puertos; y los sistemas de irrigación y conservación de bosques y aguas, y cualquiera otra relativa al saneamiento, ensanche o reforma interior de las poblaciones; la colonización de terrenos incultos y la repoblación de yermos y montes. Asimismo, las caídas de agua para la instalación de plantas hidroeléctricas y construcciones anexas, únicamente en beneficio de la Nación, de los Estados, de los Territorios Federales y de las Municipalidades, con el fin de proveer de fuerzas y de alumbrado eléctrico a alguna o algunas de sus poblaciones.

En estos casos, basta para proceder a la expropiación, el Decreto de expropiación o ejecución por la autoridad administrativa correspondiente, por lo que no es necesaria una declaratoria legislativa adicional de utilidad pública. Tal como lo ha señalado la antigua Corte Federal en sentencia del 31 de mayo de 1955:

> "Si, pues, conforme a la Ley de Expropiación y a la de Hidrocarburos, cuando se trata de *Carreteras, Aeropuertos* y demás obras enunciadas por la primera, y al transporte de petróleo de que habla la segunda, no se requiere la declaratoria previa de utilidad pública exigida en principio por el artículo 3°, ordinal 1° del Estatuto Fundamental en el punto, sino que en tales casos 'basta el Decreto de la autoridad competente' acordando la expropiación, es irrevocable a duda que no existe aquí el vicio apuntado por el expropiando, *y* consiguientemente, no puede haberse violado la Ley al seguirse un procedimiento tal como ella de modo singular lo autoriza. El carácter de 'utilidad pública' lo tienen las carreteras independientemente de toda declaratoria por parte del expropiante, porque, como ya se ha dicho y se repite, es el propio legislador, es la propia Ley, es la propia Constitución que se lo ha discernido, cuando en el inciso 9° de su artículo 35 dispone que 'en virtud de su función social, la propiedad estará sometida a las obligaciones que establezca la Ley' y que la expropiación se llevará a cabo *de conformidad con la misma Ley,* y puesto que conforme a ésta —a la ley de la materia— no se requiere la declaratoria previa de utilidad pública en los casos como el presente —*Carreteras*— sino que 'basta el Decreto de autoridad competente', es concluyente que la declaratoria previa pretendida por el demandado habría constituido una redundancia insólita, reñida con la índole de la institución"[32].

---

32 Véase en *Gaceta Forense* N° 8, 1955, p. 284.

B. La declaratoria especial de utilidad pública

En innumerables leyes especiales se han venido declarando de utilidad pública determinadas actividades, con lo que se ha abierto la vía de la expropiación: así se observa, por ejemplo, en la Ley de Hidrocarburos, la Ley Forestal de Suelos y Aguas, la Ley de Aviación Civil, etc.

En particular, y por su interés en materia urbanística es de destacar lo establecido en el artículo 46 de la Ley del Instituto Nacional de la Vivienda:

> *Artículo 46.* A los efectos de la expropiación, se declaran de utilidad pública la construcción de viviendas, la urbanización de terrenos, la renovación o remodelación de áreas urbanas que emprenda y realice el instituto Nacional de la Vivienda.

Por supuesto que esta declaratoria de utilidad pública de la actividad urbanística, sólo beneficia a las actividades que realice el Instituto Nacional de la Vivienda, pero no a otros entes públicos.

C. La declaratoria nacional y local de utilidad pública en materia de urbanismo

Sin embargo, de acuerdo a lo previsto en el artículo 11 de la Ley de Expropiación:

> "Tampoco se requiere la declaración previa de utilidad pública para las obras comprendidas en el Plano Regulador de la ciudad de Caracas, o en los planes de acondicionamiento o modernización de otras ciudades o agrupaciones urbanas, siempre que se elaboren y aprueben previamente por las autoridades competentes".

Es decir, conforme a esta norma, se declaran directamente en la propia Ley como de utilidad pública, la ejecución de los planes de urbanismo, y en esta expresión, sin duda, a los efectos de la Ley, se incluyen los Mapas de Zonificación, los Planos Reguladores de Zonificación o los planes de desarrollo urbano local, que hayan sido previamente aprobados por los Concejos Municipales.

En estos casos, para proceder a la expropiación basta sólo el Decreto de expropiación, afectación o ejecución.

Una orientación similar ha sido seguida en la Ordenanza sobre Urbanismo, Arquitectura y Construcciones en general del Distrito Sucre del Estado Miranda, de 1978, cuyo artículo 107 establece lo siguiente:

> *Artículo 107.* De conformidad con lo dispuesto en la Ley de Expropiación por Causa de Utilidad Pública o Social, corresponde al Concejo Municipal del Distrito Sucre dictar los Acuerdos relativos a las obras contempladas en esta Ordenanza y que por su naturaleza evidente, no requieran la declaratoria previa de utilidad pública.

D. *EFECTOS DE LA DE DECLARATORIA*

El efecto fundamental de la declaratoria de utilidad pública o interés social, es que tal calificación no puede ser discutida por los particulares; nadie puede impugnar, atacar u oponerse a la declaratoria de utilidad pública, porque considere que la obra o actividad concreta no es de utilidad pública. Los jueces, en este sentido, no podrían entrar a juzgar el criterio del legislador al haber apreciado que una obra o actividad es de utilidad pública o interés social.

En tal sentido, la antigua Corte Federal y de Casación, en sentencia de 8 de mayo de 1945, sostuvo lo siguiente:

> "La primera defensa, invocada como punto previo, puede sintetizarse así: que hubo de parte de la Asamblea Legislativa abuso de poder, porque consideró obra de utilidad pública lo que no es obra ni de pública utilidad y que, por ello, declarase la nulidad del Decreto.
>
> El mayor o menor alcance de las facultades de esta Corte con relación a las oposiciones a la expropiación hay que buscarlo en la Ley especial de la materia. En cada país estas leyes suelen o bien definir el concepto de utilidad pública, o bien dejar esto a cargo del intérprete, o también combinan un concepto general más o menos amplio, para las obras consideradas de utilidad pública, porque no requieren declaración formal en cada caso. Por nuestra Ley de Expropiación últimamente derogada, las oposiciones podrían basarse, entre otras cosas, en los vicios de que adoleciese la declaratoria de utilidad pública, y en el exceso de poder al decretarse esa utilidad; esto autorizaba a los jueces a examinar la legalidad del decreto mismo, sin distingo entre sus condiciones extrínsecas y su concepto de utilidad pública o social.
>
> Pero es muy significativo que la Ley que entró a regir desde mil novecientos cuarenta y dos, haya suprimido con motivo de la oposición las expresiones 'vicios de que adolezca la declaratoria de utilidad pública' y 'exceso de poder'. Esta Corte entiende tal reforma en el sentido de que se quiso dejar a la soberana apreciación de las autoridades ejecutivas o administrativas, el concepto de utilidad pública o social, sin posible revisión por el Poder Judicial, limitando la actuación de éste a examinar si hubo incompetencia de la autoridad y violación de la Ley, aparte de otros motivos de oposición que no hay para qué consignarlos aquí, por no venir al caso en esta litis.
>
> No está, pues, en las atribuciones de esta Corte, según la actual Ley aplicable, decidir si fue o no acertado el criterio de la Asamblea Legislativa en cuanto a su concepto de Utilidad Pública, al dictar el Decreto objeto de esta controversia. Así se ha situado nuestro legislador dentro de la doctrina y de la jurisprudencia extranjera, al menos la francesa y la italiana, en las cuales está de muy largo tiempo establecido que sólo corresponde a la autoridad administrativa o ejecutiva apreciar en cada

caso si hay o no ciertamente utilidad pública en la obra propuesta, no pudiendo este problema plantearse ante los jueces por no estar dentro de los límites de su función propia, y porque en esa materia sólo les incumbe examinar si se aplicaron los preceptos legales (G. Baudry, *L'Expropiation...* año de 1937, págs. 5 y 6, número 5; Ricci, *Derecho Civil,* edición italiana de 1907, tomo 2, número 58, pág. 101).

A mayor abundamiento se observa, como puede observarse en las más versadas fuentes, que el concepto de utilidad pública ha ido evolucionando progresivamente y haciéndose cada vez más amplio; el carácter de público se ha extendido hasta lo meramente social, por tanto, no se requiere conexión ninguna con servicios públicos determinados, y se considera que basta para la expropiación que el interés social se manifieste en la conservación de cosas o reliquias históricas, o dentro de la órbita de lo meramente estético o artístico. En síntesis, basta que la expropiación tenga en miras 'un interés general de orden material o moral para una colectividad de ciudadanos' "[33].

4. LA INDEMNIZACIÓN

Tal como lo precisa el artículo 101 de la Constitución, la expropiación, al implicar la extinción de la titularidad de un derecho de un propietario individualizado, conlleva la obligación para el Estado de indemnizar al propietario. Tal como lo ha señalado la Corte Suprema de Justicia, en sentencia reciente del 10 de agosto de 1977:

"Sin embargo, el poder de restringir la propiedad tiene también un límite, más allá del cual las obligaciones de hacer, de no hacer o de dejar de hacer en que consisten las restricciones constitucionales antes citadas, pueden afectar en sus elementos esenciales el derecho de propiedad y constituir para el propietario no una limitación razonable sino un intolerable sacrificio del interés individual al colectivo, cuya reparación exige, por mandato del constituyente, una justa indemnización.

La indemnización es el medio que el derecho ha creado para resolver, sin perjuicio de nadie, los conflictos entre el individuo y la sociedad, cuando se requiera que aquél ceda algún derecho en aras de un interés público o social. La garantía constitucional del derecho de propiedad exige que el Estado pague una justa indemnización al propietario, no sólo en caso de expropiación propiamente dicha, o sea, cuando coactivamente se le obligue a ceder su propiedad, sino también cada vez que se le prive de una utilidad, queden gravados sus bienes con una servidumbre o sufra un daño permanente que derive de ´la pérdida o disminución de sus derechos´. Así lo disponen expresamente los artícu-

33 Véase en *Memoria 1945,* tomo 1°, pp. 224 y 225.

los 101 de la Constitución y 36 y 37 de la Ley de Expropiación por Causa de Utilidad Pública o Social"[34].

Ahora bien, esta indemnización, en materia expropiatoria, debe tener un carácter "justo", es decir, debe tender a establecer un equilibrio económico en el patrimonio del expropiado, entre el perjuicio que se le causa con la expropiación y la indemnización a pagar, de manera que la expropiación no signifique ni un enriquecimiento ni un empobrecimiento del expropiado.

Tal como lo ha señalado la antigua Corte Federal en sentencia del 5 de agosto de 1959:

"Esa amplia libertad que en todas partes deja la Ley a los peritos para tomar en cuenta ciertos elementos no determinados por aquélla, pero que a juicio de los tasadores debieran apreciarse para determinar el justiprecio, ha permitido a la jurisprudencia y a la doctrina internacionales precisar el contenido y alcance de diversos elementos o factores, en relación con la cosa expropiada y la indemnización. Por considerar que ellas se ajustan a las disposiciones legales de la República y a los dictados de la equidad, se acogen aquí algunas de esas decisiones judiciales extranjeras. La expropiación no puede ser para el expropiado una fuente de ganancias, pues su esencia es la compensación justa del valor de lo que se expropia y la reparación del perjuicio que pueda ocasionarse y que sea apreciable en dinero (Cámara de Apelación, Sala 3ª, de Rosario, Argentina, 15-3-1946). 'El justo precio ha de referirse en el juicio de expropiación a lo que el inmueble vale en el estado y forma de explotación en que es tomado por el expropiante. Quedan excluidas todas las hipótesis relativas a ganancias hipotéticas y todo lo relacionado con gravamen o perjuicios que no son consecuencia directa de la expropiación' (Cámara Federal de Bahía Blanca, Argentina, 20-12-1946). 'Las posibilidades de un fracciona-miento, a objeto de determinar la indemnización, sólo pueden considerarse cuando el proyecto de subdivisión responde a un propósito efectivo de realizarlo' (Corte Suprema Nacional Argentina, 7-5- 1948)"[35].

Este criterio fue ratificado en sentencia de la Corte Suprema de Justicia del 24 de febrero de 1965, al señalar lo siguiente sobre la naturaleza jurídica de la expropiación:

"Así pues, la expropiación *no configura una compra-venta,* ni la cantidad que percibe el expropiado *es propiamente un precio,* aunque así se le denomine en la Ley especial. Cuando la entidad estatal expropia, ejerce un poder jurídico que la Constitución consagra, pero como el ejercicio de ese poder supone un *sacrificio en el derecho del propietario,* es preciso

[34] Consultada en original.

[35] Véase en *Gaceta Forense* 25, pp. 124 y 125.

que se le compense o indemnice por la privación de su propiedad. Por tanto, *la suma a pagar debe cubrir exactamente* el daño que se irroga al expropiado, sin que éste *se empobrezca ni enriquezca,* en la medida que tal resultado puede razonablemente alcanzarse. Sólo así quedará cumplido el mandato constitucional que ordena pagar una justa *indemnización...*

Hay que tener en cuenta, finalmente, que, como ya se ha señalado, la *expropiación no es una compra-venta, ni una negociación especulativa capaz de ocasionar utilidad o ganancia, ya que el expropiado no debe experimentar ni una pérdida ni un incremento de su patrimonio.* Al contrario, la expropiación supone una privación coactiva del dominio, un sacrificio del derecho de propiedad; y por ello, *la indemnización debe coincidir en lo posible con el daño que ocasiona"*[36].

III. EL PROCEDIMIENTO ADMINISTRATIVO EN LA EXPROPIA-CION

1. EL DECRETO DE EXPROPIACIÓN, EJECUCIÓN O AFECTACIÓN

A. *CARACTERÍSTICAS*

Dentro del procedimiento expropiatorio, y en particular en su fase administrativa, sin duda, el Decreto de Expropiación, Decreto de Ejecución o Decreto de Afectación, como indistintamente se lo llama, es uno de los actos de mayor importancia. Mediante él, la autoridad administrativa nacional, estadal o municipal, decide ejecutar o realizar la obra previamente declarada de utilidad pública, indicando la necesidad de utilizar determinados bienes para dicha ejecución.

Los efectos esenciales del Decreto de ejecución de la obra o actividad son los siguientes: con él se individualizan los bienes expropiados; y una vez dictado el decreto de ejecución, los particulares están obligados a transmitir, *ipso facto,* los bienes del Estado.

Tal como lo ha señalado la antigua Corte Federal y de Casación, en sentencia del 14 de marzo de 1952: "Decretada una obra y declarada su utilidad pública quedan obligados *ipso facto* los propietarios a transmitir al Estado los bienes, generalmente inmuebles, indispensables para la realización de aquélla. No pueden, pues, negarse a esa transmisión de propiedad, la cual, de consiguiente, en principio es siempre forzosa para el dueño y necesaria para la Nación"[37].

Los bienes que pueden ser afectados por el Decreto de Expropiación sólo pueden ser aquellos necesarios para cumplir la actividad, para realizar la obra o el servicio, y ello se desprende de lo dispuesto en el artículo 3° de la Ley de Expropiación.

---

36 Véase en G. O. 27.676 del 24-2-65.

37 Véase en *Gaceta Forense* N° 10, 1952, p. 125.

Este es, por otra parte, el criterio oficial del Ejecutivo Nacional expresado en la Circular N° 21, de 27 de octubre de 1977, emanada del Ministro de la Secretaría de la Presidencia, en los siguientes términos:

> "1°) Las expropiaciones que en lo sucesivo sean decretadas por el Ejecutivo Nacional, tendrán por objeto exclusivo declarar la necesidad de que sean expropiados bienes determinados para la realización de una obra pública o para el desempeño de una actividad de utilidad pública".

Sin embargo, en materia urbanística, conforme al artículo 12 de la Ley, "cuando se trate de la apertura o ensanche de calles, avenidas, plazas o jardines, el Decreto podrá autorizar la expropiación, además de lo indispensable para la obra, de una faja circundante hasta de sesenta metros de fondo limitada por una línea paralela a la del contorno de la calle, avenida, jardín o plaza".

Conforme a esta norma, por tanto, además de expropiarse lo indispensable, el legislador autoriza la expropiación de los inmuebles que van a permitir ejercer el llamado "derecho de vía" por la Administración. Sin embargo, en dichas áreas pueden estar comprendidos inmuebles destinados a desarrollos urbanísticos particulares en relación a la obra que va a ejecutarse. En efecto, el artículo 13 de la Ley establece que las referidas áreas de la faja circundante se deben destinar a formar la base económica u ornamental de la respectiva obra mediante su enajenación, únicamente para ser destinadas a la construcción de edificios, cuyo estilo, ubicación y altura, deberán estar en armonía con la avenida o sitio público de que se trate, de acuerdo con lo que se disponga en las Ordenanzas sobre la materia. La enajenación o venta señalada debe hacerse, por disposición de la Ley, en remate, sobre la base de un precio mínimo que debe señalarse al efecto. El expropiado que haya recibido el precio en bonos de expropiación tendrá preferencia para la adquisición de dichos muebles en el precio establecido, en cuyo caso, el bien de que se trate quedará exceptuado de la subasta. En los demás casos, en igualdad de circunstancias, se dará preferencia a los postulantes que ofrezcan el pago de la mayor parte del precio del remate en bonos de expropiación[38].

De la práctica administrativa que puede observarse en la Administración venezolana, particularmente en materia urbanística pueden distinguirse, aparte de la afectación normal de un determinado inmueble, a los efectos de una ejecución concreta en la cual no había problema inmediato, tres formas de afectación que plantean problemas y que deben estudiarse. Esas formas podríamos clasificarlas así: en primer lugar, las afectaciones eternas; en segundo lugar, las afectaciones masivas, y en tercer lugar, las afectaciones tácitas, derivadas de los planes de urbanismo y de los Mapas de Zonificación.

Analizaremos separadamente a estas figuras de la afectación a efectos expropiatorios.

---

38 Artículo 14 de la Ley.

B. Las Afectaciones Eternas

a. La finalidad del Decreto de expropiación: expropiar

Bien es sabido que la expropiación es una potestad pública, y como toda potestad pública, tiene una finalidad; por tanto, el uso de esta potestad debe estar condicionada por la finalidad perseguida por el legislador cuando ella se otorga al Estado. La autoridad expropiante concretiza esta potestad a través de un decreto de expropiación, de ejecución o de afectación. Mediante este acto, individualiza un bien y señala la voluntad del Estado de adquirir ese bien. En esta forma, si puede identificarse una finalidad fundamental y específica del Decreto de Expropiación, ésa es la adquisición de un bien por parte del Estado en forma forzosa. Este es el fin del Decreto: la transferencia última del dominio de un particular al Estado.

Ahora bien, para que este fin se logre, si se racionaliza la actividad administrativa, deberían al menos cumplirse dos requisitos: por una parte, que exista un plan o programa para la realización de determinadas obras, y por la otra, que existan los medios financieros para ejecutar la expropiación.

En efecto, si se van a afectar unas propiedades con motivo del decreto de ejecución de una autopista o de una edificación pública, lo menos que el Estado debe tener es el plan y el proyecto de la obra para realizarla. A los efectos de que la expropiación pueda tener concordancia con la finalidad de transferir el bien al Estado, debe tenerse en cuenta que, ante todo, el bien debe transferirse para realizar una actividad y ella debe estar programada. Por ejemplo, la declaratoria de utilidad pública en materia de urbanismo a los efectos de ensanche y mejora de poblaciones, no puede implicar el que se puedan afectar diversas propiedades urbanas, sin que se sepa exactamente qué es lo que se va a hacer. Ello, al menos, debe indicarse en un plano de zonificación, pero éste debe existir. Por tanto, este primer requisito implica que el Estado, para decretar la expropiación (o la afectación) debe tener determinado qué es lo que va a hacer y cómo lo va a hacer.

Esto implica, por otra parte, un segundo requisito que habría que cumplirse para que se pueda decretar la expropiación (o afectación) y es que el Estado tenga los medios económicos dispuestos a los efectos de que la expropiación se realice. No podría decirse que se está realmente cumpliendo la finalidad de la expropiación, que es "expropiar" un bien, cuando no sólo se afecta una determinada área a los efectos expropiatorios sin saberse qué se va a realizar, ni exactamente para qué se va a destinar aquel bien, sino que tampoco se cumpliría la finalidad, es decir, transferir el dominio, expropiar, pasar forzosamente la propiedad privada al ente público, si el Estado no tiene los recursos financieros necesarios a los efectos de la expropiación.

B. *LA DESVIACIÓN DE PODER EN LAS AFECTACIONES ETERNAS*

La consideración de estos requisitos de la finalidad perseguida en la expropiación nos conduce a un problema real y normal en Venezuela: en un gran porcentaje, los decretos de expropiación, afectación o ejecución no se han dictado a los efectos de que los mismos, realmente, sean ejecutados en un lapso determinado; se han dictado, al contrario, con una finalidad distinta y real: congelar los precios, ya que, como se verá, tradicionalmente se había interpretado que la indemnización a pagar se determinaba, de acuerdo a la Ley y a la jurisprudencia, tomando en cuenta los valores existentes antes del Decreto de expropiación, aun cuando ésta se realizase efectivamente muchos años después de haberse dictado ese Decreto.

En estos casos, no hay duda, cuando la finalidad real y efectiva del Decreto es congelar los precios a los efectos expropiatorios posteriores, sin que el ente público tenga claro qué es lo que va a hacer, ni tenga dispuestos los recursos necesarios, indudablemente que está incumpliendo la finalidad establecida en la ley y que permite al Estado utilizar la potestad expropiatoria.

Esta finalidad, como se dijo, no puedo ser otra que expropiar; no puede dictarse un Decreto para no expropiar y congelar los precios a los efectos de un eventual avalúo posterior. Al contrario, si se dicta un Decreto es para expropiar efectivamente.

Esto parecería ocioso afirmarlo, pero lamentablemente eso no es lo que sucede normalmente. Esta situación plantea un problema de carácter jurídico, pues los Decretos así dictados podrían ser impugnados por desviación de poder. No ha sido frecuente intentar esta vía, pero sería bastante factible poder impugnar ante la Corte Suprema de Justicia, por vicios en la finalidad, un Decreto de expropiación cuando no se haya dictado a los efectos de cumplir la finalidad expropiatoria, que no es otra que expropiar. En este sentido, hay un antecedente de suma importancia, en un caso resuelto por la Corte Suprema de Justicia mediante sentencia del 8 de enero de 1970, dictado con motivo de una expropiación iniciada por el Centro Simón Bolívar C.A, de terrenos situados en Caracas, ocupados por urbanizaciones realizadas por el propio ente expropiante. La situación planteada fue, en términos generales, la siguiente: el Centro Simón Bolívar C.A. invadió y ocupó ilegalmente unos terrenos y construyó en ellos diversos edificios para vivienda. Con posterioridad a esto, el Centro Simón Bolívar C.A. logró que el Ejecutivo Nacional dictara un Decreto expropiatorio a los efectos de expropiar aquellos inmuebles, en los cuales ya se habían construido, años atrás, una serie de edificios de apartamentos. Se siguió el procedimiento y en el momento de la consignación del precio, después de haberse hecho el avalúo y estando éste firme, el Centro Simón Bolívar C.A. obtuvo del Ejecutivo Nacional la revocación del Decreto de afectación inicial. Es decir, logró desafectar los inmuebles que habían ocupado y construido, y el mismo día, con un Decreto que tiene la numeración siguiente, afectó de nuevo los inmuebles. En este caso, aun cuando es distinto al que hemos venido refiriendo respecto de las afectaciones eternas, la Corte Suprema de Justicia declaró la nulidad del Decreto de desafectación que fue seguido de otro Decreto de afectación nuevo, en base al argumento de que el nuevo Decreto se dictó sólo para poder iniciar un nuevo procedimiento y tener la oportunidad de lograrse un precio más conveniente para el Estado, con lo cual se ponía de manifiesto el verdadero fin del Decreto de desafectación, el cual no era poner fin a la expropiación, sino solamente el obtener un precio más conveniente para la Nación, con lo cual se utilizaba una potestad pública, como la potestad expropiatoria, para un fin distinto para el cual se le otorga al Estado.

Esta decisión de la Corte se dictó con el dictamen favorable de la Procuraduría General de la República, porque en este caso fue tan burda la utilización para fines distintos del Poder Público, que la propia Procuraduría General de la República, en su dictamen, planteó que había indudablemente una desviación de poder y opinó en forma positiva respecto a la declaratoria de nulidad.

La parte pertinente de la sentencia de la Corte Suprema, establece, en efecto, lo siguiente:

> "Establecido lo anterior, es decir, que sobre el lote de terreno construyó la Nación, a través de organismos oficiales, las edificaciones a que se ha hecho referencia, corresponde analizar el Decreto N° 310, dictado por el Ejecutivo Nacional, con fecha 13 de abril de 1965 y publicado en la Gacela Oficial 27.715 de la misma fecha, por el cual se ordenó la expropiación de los bienes de propiedad particular que sean requeridos para la ejecución de los trabajos de acondicionamiento, remodelación y reconstrucción de los barrios 'Pinto Salinas', 'Párate Bueno' y 'Moramia'.
>
> En dicho Decreto se declaró zona afectada por la ejecución de la mencionada obra, los terrenos comprendidos dentro de los siguientes linderos: Norte, línea en forma irregular que constituye el pie del talud sur del Terminal del Teleférico en la subestación de Maripérez; Sur, línea recta en prolongación del borde Sur de la Calle 6ª transversal de Maripérez, y fondo de las parcelas que dan su frente a la 7ª Avenida de Maripérez; Este, línea en forma irregular que constituye el fondo de las parcelas que dan su frente a la Avenida Principal de Maripérez; y Oeste, línea que constituye el borde de la Avenida Principal de la Urbanización 'Simón Rodríguez'; área aproximada: 76.720 m^2. Asimismo, autorizó al Centro Simón Bolívar C.A, para que efectuara las expropiaciones quedando dicha empresa subrogada en todos los derechos y obligaciones que correspondan a la Nación venezolana a los fines mencionados, y encargado de la ejecución del Decreto el Ministro de Obras Públicas.
>
> En cumplimiento del Decreto anterior, el Centro Simón Bolívar C.A. intentó juicio de expropiación contra la empresa Nelson C.A., propietaria de los terrenos afectados por la medida del Ejecutivo Nacional y la

empresa demandada convino en la expropiación, convenimiento que, a juicio de la Sala, ciertamente se imponía, como lo asevera la empresa expropiada, ya que el lote de terreno se encontraba materialmente ocupado por el Centro Simón Bolívar C.A. y en él se habían construido obras permanentes, de evidente utilidad pública, como son los treinta y seis bloques de apartamentos que integran la Urbanización Pinto Salinas Este.

El tribunal de la causa (Juzgado Segundo de Primera Instancia en lo Civil, de la Circunscripción Judicial del Distrito Federal y Estado Miranda) dictó sentencia el 8 de agosto de 1966, declarando consumado el convenimiento y formulando pronunciamiento expreso acerca de los siguientes puntos: 1) 'que con arreglo a los linderos expresados por la entidad expropiante en su solicitud, la superficie total del lote a expropiarse es de ochenta y un mil seiscientos ochenta y tres metros cuadrados con veinte decímetros (81.683,20 m^2) y sus linderos son los que se determinan en el informe rendido por los peritos en la articulación abierta al efecto, linderos que ya se dejaron indicados anteriormente. En consecuencia, no es dicha superficie de setenta y seis mil setecientos veinte metros cuadrados (76.720 m^2), como se dice en la solicitud de expropiación', y 2) 'que la expropiación parcial según el dictamen de los mismos expertos deja inutilizada una porción o lote, aislada dentro de la porción expropiada, de una superficie de nueve mil ciento cincuenta y ocho metros cuadrados (9.158 m^2).

A juicio de la Sala, con el Decreto expropiatorio (N° 310) y con la sentencia que declaró consumado el convenimiento de la empresa expropiada se normalizó el procedimiento que se venía cumpliendo en torno a las obras realizadas por el Centro Simón Bolívar C. A. en terrenos de propiedad particular y en relación con los cuales no se habían cumplido los requisitos que establece el artículo 3° de la Ley de Expropiación por Causa de Utilidad Pública o Social.

E1 Decreto de la Presidencia de la República 791, cuya nulidad se pide, fue dictado el día 6 de abril de 1967, un día antes de la fecha señalada para la cancelación de la cantidad fijada como indemnización. En virtud de dicho Decreto se deroga el N° 310, por el cual se ordenó proceder a la expropiación, y en él, se dispone desafectar los terrenos: en la misma fecha, la Presidencia dicta el Decreto N° 792, cuya nulidad también ha sido solicitada, y dispone proceder a la adquisición de los terrenos sobre los cuales está construida la Urbanización Pinto Salinas o la expropiación de los mismos, si fuere necesario. "En cumplimiento del Decreto 791, el Centro Simón Bolívar C. A. desistió del procedimiento expropiatorio, el cual fue considerado improcedente por el tribunal de la causa, de cuya decisión apeló la expropiante, y por virtud de ella subieron los autos a esta Suprema Corte en donde la mencionada apelación se encuentra pendiente de sentencia.

En opinión de la Sala, ha quedado debidamente comprobado que en los terrenos de propiedad de la demandante, situados al norte de la Plaza Andrés Bello y dentro de los linderos ya señalados, se realizaron trabajos de reconstrucción en los barrios que allí se encontraban, que en los mismos terrenos se construyeron, por el Centro Simón Bolívar, treinta y seis bloques de apartamentos y que, posteriormente, con fecha 13 de abril de 1965, el Ejecutivo Nacional ordenó la expropiación de los terrenos en cuestión, procedimiento éste que culminó con el convenimiento de la expropiada y la correspondiente homologación por parte del tribunal de la causa.

"La Ley de Expropiación por Causa de Utilidad Pública o Social dispone, en su artículo 2°, que 'se considerarán como obras de utilidad pública o social, las que tengan por objeto directo proporcionar a la Nación en general, a uno o más Estados o Territorios, a uno o más pueblos o regiones, cualesquiera usos o mejoras que cedan en beneficio común, bien sean ejecutadas por cuenta del Gobierno de la Unión, de los Estados o las Municipalidades, los Instituto Autónomos, o de particulares o empresas debidamente autorizados', y el artículo 11 *ejusdem* establece que 'se exceptúan de la formalidad de declaratoria previa de utilidad pública, por ser evidentemente de esta naturaleza, las construcciones de... urbanizaciones obreras...'. En todos estos casos, dispone el aparte único del mismo artículo, que bastará el Decreto de la autoridad a cuya jurisdicción corresponda la obra respectiva.

Comprobado como ha sido, que antes de dictarse el Decreto expropiatorio N° 310, ya se habían construido en el lote de terreno, por gestión del Gobierno Nacional, los treinta y seis bloques de apartamentos que integran la urbanización obrera 'Pinto Salinas', es evidente que ante la imposibilidad de que dichos terrenos fueran reivindicados por su propietario, por existir en ellos una obra permanente de utilidad pública, sólo correspondía el pago de lo expropiado.

En sentencia reciente, de fecha 11 de febrero de 1969, la Sala, ratificando su jurisprudencia, estableció que las disposiciones pertinentes de la Ley de Expropiación por Causa de Utilidad Pública o Social, no pueden referirse, simplemente, a las obras por hacer, sino también a las ya hechas, ya que 'sería absurdo sostener que la obra es de utilidad pública cuando aún no se ha construido y pierde tal carácter una vez que ha concluido su construcción'.

A la luz de estos principios, es pertinente señalar que el Decreto N° 791, en virtud del cual se deroga el N° 310 —que ordenó la expropiación— desconoce el hecho de que ya la obra estaba concluida y habitada, y el N° 792, que ordena 'de nuevo' la expropiación de los mismos terrenos aun cuando con una cabida menor, también desconoce que el lote ya estaba ocupado y había sido objeto de una sentencia de expropiación.

La Sala comparte el criterio expuesto por la Procuraduría General de la República, de calificar como 'un caso típico de desviación de poder' los Decretos impugnados, ya que a través de ellos se ha tratado de obtener beneficios para la Administración, utilizando procedimientos que 'no encajan exactamente dentro de la finalidad estricta de los poderes que se utilizaron'. "En efecto, la finalidad perseguida por el Decreto N° 791 no fue la de prescindir del procedimiento expropiatorio, ya que con la misma fecha se dictó el Decreto N° 792, que afecta la misma cosa expropiada, aun cuando en una cabida menor; la verdadera finalidad, como lo expresa el dictamen de la Procuraduría General de la República, fue la de iniciar de nuevo el procedimiento y tener otra oportunidad de establecer un precio más conveniente a los intereses de la Nación y tales procedimientos contribuyen, indudablemente, a desnaturalizar el juicio expropiatorio.

Más aun, no existía justificación alguna para dictar los Decretos impugnados, ya que los terrenos en cuestión habían quedado expropiados de hecho y de derecho en virtud de los diversos actos ejecutados por la Administración, por lo cual aquellos Decretos carecían totalmente de objeto cuando fueron dictados. 'Por tales razones, la Corte Suprema de Justicia, en Sala Político- Administrativa, administrando justicia, en nombre de la República y por autoridad de la Ley, declara con lugar la demanda de nulidad de los actos administrativos contenidos en los Decretos Ejecutivos números 791 y 792 de fecha 6 de abril de 1967, publicados en la edición N° 28.299 de la Gaceta Oficial de fecha 6 de abril de 1967"[39]

Este antecedente jurisprudencial es de suma importancia, primero, por la aplicación en sí del principio de la desviación de poder a un acto del Presidente de la República, y luego, por la aplicación del principio de la desviación de poder en el campo expropiatorio.

En los casos en que se dicte un Decreto de afectación para obtener precios más convenientes a la República, no hay duda en que los mismos argumentos podrían hacerse valer con bastantes posibilidades de éxito en la impugnación de estos Decretos de afectación eterna que son tan comunes en Venezuela,

En la legislación venezolana, en todo caso, no hay ninguna solución expresa respecto a los perjuicios que se causan a los particulares en un procedimiento de esta naturaleza de afectaciones eternas. La Ley actual autoriza la afectación, pero no obliga, en ninguna forma, al Estado, a iniciar el procedimiento expropiatorio en un determinado lapso, a los efectos de establecer, al menos, una presunción de que existe la finalidad.

---

[39] Véase sentencia de la Corte Suprema de Justicia en Sala Político-Administrativa del 8-1-70, en *G. O.* N° 29.122 del 16-1-70.

c. *LOS PROYECTOS DE SOLUCIÓN DEL PROBLEMA*

En el proyecto de reforma de la Ley de Expropiación que discutió el Senado en 1970, se incorporó una norma que no estaba en el proyecto original del Ejecutivo del año 1965 y a la cual no se hace mención en ninguna discusión de las Comisiones Legislativas, y que apareció por primera vez en uno de los informes de la Comisión respectiva del Senado. Esta norma es aquella que pretendía establecer una vigencia del Decreto de Expropiación de dos (2) años. Mediante ella, sin duda, se buscaba solucionar esta figura de las expropiaciones eternas por el establecimiento de un lapso de vigencia del Decreto de Expropiación de dos (2) años, de manera que si no se utilizaba en dicho lapso la potestad concretizada en el Decreto, y no se ejecutaba la expropiación, el Decreto perdía eficacia. En nuestro criterio, esta solución, en lugar de resolver el problema, en realidad provocaría consecuencias muchísimo más graves, desde el punto de vista jurídico y desde el punto de vista del aumento del valor del suelo urbano a los efectos expropiatorios, pues al extinguirse el Decreto de Expropiación, en caso de que se fuera a dictar uno nuevo, los valores que pudieran derivarse del solo hecho de haberse dictado el Decreto inicial de expropiación, se incorporarían a nuevos precios a los efectos de los avalúos.

En este sentido, debe siempre tenerse en cuenta que el derecho administrativo se mueve siempre en un equilibrio entre potestades públicas y derechos de los particulares: en un Estado cada vez más intervencionista, y con razón, a los efectos del desarrollo económico y social, si bien planteamos que debe tener cada vez más poderes, a la vez debemos, paralelamente, velar por el establecimiento de debidas garantías a los particulares. Por tanto así como consideramos que constituye un atentado a los intereses particulares la modalidad de las afectaciones eternas, asimismo también estimamos que sería un atentado al sector público y a la necesidad de establecer justos precios en el momento de realización de los avalúos, el hecho de que se establezca una vigencia de sólo dos (2) años del Decreto, pues con ello podría caerse en la incorporación al precio expropiatorio, de mayores valores artificialmente creados por el propio Decreto de expropiación, una vez que éste, si no es ejecutado, pierde su vigencia[40].

En la Comisión que elaboró, en 1975, un nuevo proyecto de Ley de Expropiación, se discutió una fórmula que podría ser una solución para los dos aspectos del equilibrio señalado. Esta consiste, en primer lugar, en establecer un lapso para que el ente público ejecute la expropiación, partiendo del principio de que la finalidad del Decreto de Expropiación es expropiar, es transferir al Estado forzosamente la propiedad privada. Por ello, se pensó obligar al Estado a adoptar esta acción en un lapso determinada, que podría ser de un año o dos años, pero que implica en todo caso, el establecimiento

---

40 *Véase nuestro estudio: Comentarios al proyecto de reforma parcial de la Ley de Expropiación por Causa de Utilidad Pública o Interés Social, SOTAVE, Caracas 1971.*

de un lapso durante el cual el ente público debía, necesariamente, intentar el juicio expropiatorio o iniciar el procedimiento administrativo a través del arreglo amigable. Todo el tiempo que transcurriera con posterioridad a dicho lapso sin que la expropiación se hubiera ejecutado, daría lugar a una indemnización para el particular, calculada en un porcentaje sobre la base de la indemnización que en definitiva se estableciera. En esta forma, si el Estado estimaba que debían transcurrir diez (10) años desde el momento en que dictó el Decreto de Expropiación hasta el momento en que decidiera ejecutar aquel Decreto e iniciar los procedimientos, perfectamente el Estado podría hacerlo, y tenía todos los poderes para ello, pero no a costa del particular expropiado, quien debía ser indemnizado mediante la aplicación de un determinado porcentaje en relación a lo que debía pagársele en definitiva, como indemnización derivada de la expropiación. En esta forma se buscaba ordenar la irregularidad de las afectaciones eternas, y garantizar a los particulares el derecho, si el Estado estimaba conveniente dejar transcurrir el lapso que juzgase necesario, a ser compensado por los daños que provinieran del retardo; y por otra parte, se buscaba garantizar al Estado que, en todo caso, el avalúo se haría con referencia al original Decreto de Expropiación, aun cuando con la obligación de pagarle al propietario la indemnización por la demora.

En todo caso, y aun en ausencia de una regulación sobre los efectos de las expropiaciones eternas, podría pensarse en la posibilidad de recurrir a la vía judicial ordinaria contra el ente expropiante, por retardo perjudicial, al no ejecutar una expropiación una vez decretada, partiendo del mismo supuesto de que la expropiación se decreta para ser ejecutada.

D. *LAS RECIENTES SOLUCIONES JURISPRUDENCIALES*

En tal sentido, y con motivo de la impugnación del Decreto número 1312 de 13 de julio de 1973, mediante el cual se afectó, a efectos expropiatorios, una gran extensión de terrenos ubicados en el valle Guarenas-Guatire, a los efectos del desarrollo de Ciudad Fajardo, Decreto al cual se ha hecho referencia, y que fue impugnado en base a los argumentos antes señalados, la Corte Suprema de Justicia, en sentencia de 24 de julio de 1978, aun cuando declaró sin lugar el recurso, hizo las siguientes "consideraciones finales" en relación a los efectos de las que hemos denominado expropiaciones eternas, las cuales coinciden con nuestros planteamientos:

> "Es criterio de la Corte que la situación así planteada no puede ser mantenida por el Estado indefinidamente, puesto que cuando el Ejecutivo Nacional u otra autoridad competente, según los casos, dicta un Decreto de expropiación, la ejecución del mismo debe tener lugar dentro de un lapso razonable, pasado el cual las personas afectadas por el acto pueden ocurrir a los tribunales a hacer valer sus derechos, bien para que se les expropie o para que se les declare excluidas de la expropiación, cuando esto último sea posible en conformidad con las

disposiciones del Decreto, tal como ocurre precisamente en el caso que es objeto de examen en esta decisión.

En ninguna de las leyes que rigen la materia se establece un plazo para proceder a la expropiación una vez que ésta sea decretada, porque quizás el legislador supone que, tan pronto se dicte el respectivo Decreto, el organismo encargado de su ejecución debe iniciar de manera formal las gestiones amigables a que se refiere el parágrafo único del artículo 3° de la Ley de Expropiación por Causa de Utilidad Pública o Social, y de no lograr el objeto de ellas, instaurar los correspondientes juicios y proseguirlos diligentemente hasta sentencia definitiva. "Debiendo ser actual la necesidad de que el propietario ceda al expropiante, en su totalidad o en parte, un bien que le pertenece, es ilógico que, después de publicado el Decreto correspondiente, la misma autoridad que lo dictó o la que debe velar por su ejecución no dé cumplimiento a sus disposiciones y mantenga en la incertidumbre a quienes tienen derecho a esperar del Estado la máxima certeza y seguridad jurídica en sus relaciones con ellos, dada la garantía constitucional que ampara el derecho de propiedad.

La expropiación es la manera justa de resolver el conflicto que surge entre los derechos del propietario y el interés colectivo, cuando por fundadas razones de utilidad pública o social, este último exige que aquél ceda, total o parcialmente, alguno de sus derechos sobre determinado bien. Si ello no implica daño o grave incomodidad para el propietario, éste no puede pretender compensación alguna. Pero, por mandato del constituyente y del legislador ordinario, una justa indemnización es debida al propietario, no sólo en caso de expropiación propiamente dicha, es decir, cuando coactivamente se le obligue a ceder su propiedad, sino también cuando se le prive de una utilidad, queden gravados sus bienes por una servidumbre o sufra un daño permanente que se derive de la pérdida o disminución de sus derechos. Tales son los principios establecidos en el artículo 101 de la Constitución, en concordancia con los artículos 36 y 37 de la Ley de Expropiación por Causa de Utilidad Pública o Social.

Para que la indemnización sea justa, se requiere que ella constituya la más exacta y completa reparación del perjuicio inmediata y directamente experimentado por el propietario, a consecuencia de la expropiación, en el momento en que el bien expropiado pase del patrimonio de éste al del expropiante.

La expropiación, ha dicho este Supremo Tribunal en otras decisiones, no puede perjudicar ni beneficiar a nadie; el expropiado debe recibir, en dinero o en bonos según los casos, exactamente el valor de lo que cede; y el expropiante no ha de pagar más cantidad que la requerida para reparar íntegramente el daño que cause al expropiado; es necesario que después de la expropiación, el patrimonio de uno y otro no experimenten mengua ni incremento alguno a consecuencia de ella. "Tal *desideratum* sería, empero, imposible si no se concibiera la expropiación como un proceso integral, entre cuyas sucesivas etapas no debe haber solución de continuidad, estando subordinado el justiprecio, como en efecto lo está en nuestra legislación, al valor establecido en los actos de transmisión realizados por lo menos seis meses antes del Decreto de expropiación y los precios medios a que se hayan vendido en los últimos doce meses inmuebles similares. El legislador presume que entre la fecha del Decreto y la de entrega de la indemnización correspondiente al propietario, el lapso que transcurra nunca será lo bastante largo para que durante el mismo se puedan alterar los términos de la ecuación económica que forzosamente debe existir entre las recíprocas prestaciones de ambas partes, en conformidad con el precepto constitucional que exige el pago de una justa indemnización, y es por ello y sólo por ello que la Ley tomó como punto de referencia, a los fines antes indicados, la fecha del Decreto expropiatorio.

Pero, si por negligencia del expropiante aquel lapso se prolonga por mayor tiempo que el previsto, es probable que al practicar el avalúo en conformidad con dichas normas legales, resulten injustamente lesionados los derechos del propietario y, por ende, violado el artículo 101 de la Constitución, debido a que por muy leve que sea la depreciación de la moneda, el valor de un bien puede modificarse sustancialmente en el curso de pocos años. En semejante caso se produce en el campo del derecho público, una situación parecida a la que, en el dominio del derecho privado, ha dado nacimiento a la figura del retardo perjudicial, en la cual quien debiera ser demandado toma la iniciativa para obligar al actor a deducir sus acciones dentro del término que el juez señale, so pena de no poder hacerlo sino cuando no sufra el promovente el perjuicio que tema.

Por tanto, aun cuando por las razones antes dichas no es procedente en el caso *sub-judice* el recurso contencioso de anulación, la Corte considera necesario admitir expresamente en este fallo que existen otras vías a través de las cuales pueden hacer valer sus derechos los particulares afectados por un Decreto de expropiación que, no obstante reunir todos los requisitos de fondo y de forma indispensables para su validez, pueda lesionar derechos subjetivos o intereses jurídicamente protegidos, por injustificado retardo en su ejecución"[41].

Ahora bien, esta sentencia de la Corte Suprema de Justicia tuvo una gran repercusión jurisprudencial, pues significó el abandono de los criterios tradicionales de la Corte, favorables a los efectos congelatorios de precios de las expropiaciones eternas, y el comienzo de una nueva doctrina favorable a la actualización de los valores del justiprecio expropiatorio para el momento en el cual se realiza el avalúo.

---

41 Consultada en original.

Así por ejemplo, en una significativa sentencia del 19 de junio de 1979 la Corte Suprema de Justicia en Sala Político-Administrativa fue particular-mente clara en los siguientes términos:

> "Ahora bien, dispone textualmente el artículo 35 de la Ley de Expropiación por Causa de Utilidad Pública o Social, lo siguiente: "Entre los elementos del avalúo se tomarán en cuenta el valor fiscal del inmueble declarado o aceptado por el propietario; el valor establecido en los actos de transmisión realizados por lo menos 6 meses antes del decreto de expropiación y los precios medios a que se hayan vendido en los últimos doce meses inmuebles similares...".

Por otra parte, esta Corte en numerosos fallos ha establecido que "...la indemnización que ha de pagarse al expropiado está destinada a compensar el perjuicio económico sufrido como consecuencia de la expropiación. Esa indemnización o justiprecio debe corresponder al valor actual del precio, ya que, como lo tiene establecido la Corte en anterior decisión, 'el ideal en lo que se refiere a la indemnización por causa de expropiación es que el propietario no quede más pobre, ni tampoco más rico de lo que era antes de la expropiación'".

Hasta ahora la Corte, en varios fallos, había venido interpretando el artículo 35, parcialmente transcrito, en el sentido de que "los precios medios a que se hayan vendido en los últimos doce meses inmuebles similares" debían contarse a partir de la fecha del decreto de expropiación hacia atrás, es decir, los precios medios de los doce meses anteriores al decreto de expropiación. Sin embargo, como la economía venezolana ha adquirido un vertiginoso ritmo expansivo, a tal punto que en dos o tres años un inmueble aumenta su valor en un cincuenta, un ochenta y hasta en un cien por ciento, de continuarse sosteniendo la interpretación antes expuesta, se podría quebrantar el principio de "...pago de justa indemnización" consagrado por nuestra Carta Fundamental en su artículo 101, ocasionando ello, por el lapso, a veces exageradamente largo, que transcurre entre la fecha del decreto expropiatorio y el momento en que se efectúa definitivo, a finales del procedimiento de expropiación. Es por esto que la Corte, en sentencia publicada el 26 de julio de 1978, comenzó a separarse de la anterior jurisprudencia y al efecto dejó establecido en dicho fallo, lo siguiente; "...Para que la indemnización sea justa se requiere que ella constituya la más exacta y completa reparación del perjuicio inmediata y directamente experimentado por el propietario, a consecuencia de la expropiación, en el momento en que el bien expropiado pase del patrimonio de éste al del expropiante. La expropiación, ha dicho este Supremo Tribunal en otras decisiones, no puede perjudicar ni beneficiar a nadie; el propietario debe recibir, en dinero o en bonos, según los casos, exactamente el valor de lo que cede; y el expropiante no ha de pagar más cantidad que la requerida para reparar íntegramente el daño que canse al expropiado; es necesario que después de la expropiación, el patrimonio de uno y de otro no experimenten mengua ni incremento alguno a consecuencia de ella. Tal *desiderátum* sería, empero, imposible si no se concibiera la expropiación como un proceso integral, entre cuyas sucesivas etapas no debe haber solución de continuidad, estando subordinado el justiprecio, como en efecto, lo está en nuestra legislación, al valor establecido en los actos de transmisión realizados por lo menos seis meses antes del decreto de expropiación y los precios medios a que se hayan vendido en los últimos doce meses inmuebles similares. El Legislador presume que entre la fecha del decreto y la de entrega de la indemnización correspondiente al propietario, el lapso que transcurra nunca será lo bastante largo para que durante el mismo se puedan alterar los términos de la ecuación económica, que forzosamente, debe existir entre las recíprocas prestaciones de ambas partes, en conformidad con el precepto constitucional que exige el pago de una justa indemnización, y es por ello y sólo por ello, que la Ley tomó como punto de referencia a los fines antes indicados, la fecha del decreto expropiatorio. Pero, si por negligencia del expropiante, aquel lapso se prolonga por mayor tiempo que el previsto, es probable, que al practicar el avalúo en conformidad con dichas normas legales, resulten injustamente lesionados los derechos del propietario y, por ende, violado el artículo 101 de la Constitución, debido a que por muy leve que sea la depreciación de la moneda, el valor de un bien puede modificarse sustancialmente en el curso de pocos años. En semejante caso, se produce en el campo del derecho público, una situación parecida a la que, en el dominio del derecho privado, ha dado nacimiento a la figura del retardo perjudicial, en la cual quien debiera ser demandado toma la iniciativa para obligar al actor a deducir sus acciones dentro del término que el Juez señale, so pena de no poder hacerlo sino cuando no sufra el promovente el perjuicio que tema. Por tanto, aun cuando por las razones antes dichas no es procedente en el caso *sub-judice* el recurso contencioso de anulación, la Corte considera necesario admitir expresamente en este fallo que existen otras vías a través de las cuales pueden hacer valer sus derechos los particulares afectados por un decreto de expropiación que, no obstante reunir todos los requisitos de fondo y de forma indispensables para su validez, puede lesionar derechos subjetivos o intereses jurídicamente protegidos, por injustificado retardo en su ejecución".

Además, la jurisprudencia que desde esta última fecha señalada comenzó abandonar la Corte, está motivada por la ambigua redacción del mencionado artículo 35, que al incluir la copulativa "y" en su redacción, arriba transcrita, impulsa al intérprete de ella a relacionar la fecha del decreto expropiatorio como base para retrotraer tanto el lapso de más de seis meses anteriores para fijar el valor establecido en los actos de transacción del inmueble, como el lapso de los doce meses anteriores para determinar el precio medio de los inmuebles similares. Pero, como ya hemos visto, la aplicación de esta tesis en la práctica puede dar lugar a determinaciones francamente reñidas con el precepto constitucional consagrado en el artículo 101 de nuestra Carta Fundamental[42].

E. *La solución de la Circular Ejecutiva de 1977*

Frente a la grave irregularidad que venía significando la práctica administrativa reiterada de acudir a las afectaciones eternas en las cuales nunca o con mucho retraso se ejecuta la expropiación, la Presidencia de la República emitió la Circular N° 21, de 27 de octubre de 1977, suscrita por el Ministro de la Secretaría de la Presidencia y dirigida a todos los Ministros del Despacho, en la cual se pauta el procedimiento a seguirse en las afectaciones de inmuebles con fines expropiatorios. El texto de dicha Circular es el siguiente:

"Siguiendo instrucciones del ciudadano Presidente de la República y tomando en consideración la necesidad de encauzar el ejercicio de la facultad *expropiatoria* del Estado, *en el sentido de que persiga como finalidad exclusiva la inmediata adquisición de inmuebles considerados indispensables para la realización de obras o para el desempeño de actividades de utilidad pública e,* igualmente, evitar compromisos que afecten considerablemente la responsabilidad patrimonial de la República y demás entes de la Administración Pública Nacional, hago de su conocimiento el procedimiento que deberá adoptarse en lo adelante en lo que respecta a la expropiación de inmuebles:

1°) Las expropiaciones que en lo sucesivo sean decretadas por el Ejecutivo Nacional, *tendrán por objeto exclusivo* declarar la necesidad de que sean expropiados bienes *determinados de propiedad particular que deban considerarse indispensables para la realización* de una obra pública o para el desempeño de una actividad de utilidad pública.

2°) *No se acordará expropiación alguna sin que el organismo proponente del proyecto de decreto respectivo demuestre: a) que se han elaborado los estudios requeridos para el desarrollo de la obra; b) la previsión presupuestaria o de financiamiento necesarios para su ejecución; c) la causa que hace indispensable adquirir el todo o parte de la propiedad de los inmuebles; d) que se han efectuado las consultas debidas a los organismos a los cuales corresponda intervenir en el procedimiento.*

3°) A los fines de lo dispuesto en el numeral anterior, el organismo proponente del decreto de expropiación deberá acompañar el proyecto respectivo de un *informe acerca de los hechos mencionados,* de todo lo cual se hará un expediente que será presentado en cuenta al Presidente de la República y conservado posteriormente en los archivos del organismo competente. "4°) Los inmuebles adquiridos por vía de expropiación, ya sea mediante sentencia judicial o arreglo amigable, sólo podrán ser des-

---

42 Consultada en original.

tinados al cumplimiento de los fines específicos señalados en el Decreto correspondiente.

5°) Los fondos destinados para la adquisición de inmuebles cuya expropiación haya sido decretada, no podrán ser utilizados para el pago de adquisiciones relativas a otras obras.

6°) *Deberán evitarse los retardos injustificados en la cancelación de los montos de indemnización que correspondan legalmente a los expropiados* y demás propietarios perjudicados por causa de una obra o actividad de utilidad pública o social. "Se advierte a las autoridades encargadas de cumplir y hacer cumplir los principios expuestos en esta Circular, que cualquier infracción deberá ser considerada como falta grave a los efectos de la responsabilidad de los funcionarios o empleados infractores".

El solo texto de esta Circular, muestra, con elocuencia, la grave situación que existía hasta esa fecha y que perdura hasta el presente, respecto de Decretos de afectación dictados hace muchos años y que no han sido aún ejecutados por las autoridades administrativas,

F. LA CONSECUENCIA DE LAS AFECTACIONES ETERNAS: LA CONGELACIÓN URBANÍSTICA DE LA PROPIEDAD

Ahora bien, una de las consecuencias graves de las afectaciones eternas se produce, en materia urbanística, con la limitación tácita y fáctica del uso de la propiedad en relación a las construcciones. Normalmente, las autoridades municipales, no conceden los permisos de construcción en inmuebles afectados, con los consecuentes perjuicios a los propietarios, pues si se realizan construcciones, éstas tendrían que ser indemnizadas cuando se ejecute la expropiación. La Ley sólo establece que no serán apreciadas por los peritos las mejoras que hicieren los propietarios de la cosa que se expropia "durante el juicio de expropiación"[43], por lo que todas las mejoras y construcciones que se hiciesen después del Decreto de Expropiación y antes del inicio del juicio expropiatorio, tendrían que ser apreciadas por los peritos, e indemnizadas, salvo que se trate de una expropiación que ejecute un plan de urbanismo debidamente sancionado por la autoridad local.

En estos casos, la propia Ley de Expropiación establece que los peritos no apreciarán "las mejoras que efectúe el propietario de la cosa que se expropia después de la aprobación y publicación del plan general de acondicionamiento o modernización de una ciudad o agrupación urbana a que se refiere el artículo 11"[44].

Para remediar en parte esta situación fáctica que perjudique enormemente a los propietarios en las afectaciones eternas, la Ordenanza sobre Orde-

---

43 Artículo 38.

44 Artículo 38.

nación Urbana del Área Metropolitana de Caracas y su Zona de Influencia establece expresamente, al regular los "usos no conformes" con el plan, lo siguiente;

> *Artículo 42.* Único: Sin embargo, cuando la expropiación no estuviese prevista para efectuarse en los próximos cinco (5) años, la Oficina Metropolitana de Planeamiento Urbano, previa opinión de la Comisión Metropolitana de Urbanismo, podrá autorizar determinadas obras provisionales en edificios, instalaciones y solares, siempre que se enmarquen dentro de los objetivos generales del Plan General de Desarrollo Urbano y no encarezcan la expropiación futura".

En todo caso, esta situación se ha querido remediar en la nueva Ley Orgánica de Régimen Municipal, de 18 de agosto de 1978, al establecer un lapso de cuatro años para la ejecución de las expropiaciones que deban resultar de la sanción de un Plano de Desarrollo Urbano Local, vencido el cual sin que éstas se ejecuten, cesan los efectos de la afectación y, por tanto, de la congelación tácita del uso de la propiedad inmueble urbana.

La Ley, en efecto, ha establecido lo siguiente:

> *Artículo 85.* Cuando con la promulgación de un Plano de Desarrollo Urbano Local se afecten terrenos de propiedad privada para usos recreacionales o deportivos, asistenciales, educacionales o para cualquier uso público, se indicará el plazo dentro del cual el Municipio deberá adquirir esos terrenos. Este plazo en ningún caso podrá exceder de cuatro (4) años, vencido el cual sin que el Municipio haya adquirido esos bienes se considerará sin efecto dicha afectación.

Esta disposición no es aplicable cuando la afectación resulte de un plano de parcelamiento o de urbanismo.

C. *LAS AFECTACIONES MASIVAS*

El segundo problema que se presenta con los Decretos de expropiación o afectación, se refiere a las "afectaciones masivas" de grandes extensiones de terreno, a los efectos de desarrollos urbanísticos, lo cual ha sido muy utilizado en Venezuela, contrariándose también el espíritu de la Ley de Expropiación. Esta, en principio, permite la afectación de inmuebles determinados que se consideren necesarios para realizar una actividad o construir una obra declarada como de utilidad pública, y no admite estas afectaciones masivas de grandes extensiones que no van a expropiarse efectivamente[45].

Para remediar esta situación, la ya mencionada Circular N° 21 de 27 de octubre de 1977 de la Secretaría de la Presidencia de la República, estableció que "las expropiaciones que en los sucesivo sean decretadas por el Ejecutivo

---

45 Cfr. Gustavo Urdaneta T. *La Ejecución del Urbanismo, cit.,* pág. 121.

Nacional, tendrán por *objeto exclusivo* declarar la necesidad de que sean expropiados *bienes determinados* de propiedad particular que deban considerarse *indispensables* para la realización de una obra pública o para el desempeño de una actividad de utilidad pública".

Ahora bien, la situación normativa en este supuesto, en todo caso, ha variado a partir de 1976, al dictarse la Instrucción Presidencial N° 22 sobre Normas destinadas a regular la incorporación de áreas suburbanas y rurales a las actividades urbanas[46], con lo cual se ha pretendido corregir las deficiencias anteriores.

A. LAS AFECTACIONES MASIVAS ANTES DE LA INSTRUCCIÓN 22 DE 1975

A'. EL OBJETIVO DE LAS AFECTACIONES MASIVAS

Antes de la emisión de la Instrucción Presidencial N° 22, la cual se estudiará más adelante, fue muy frecuente la utilización de las afectaciones masivas por parte del Ejecutivo Nacional de grandes extensiones de terreno con fines urbanísticos. Tales fueron los casos, por ejemplo, de las afectaciones de inmuebles destinados al desarrollo de las nuevas ciudades satélites de Caracas, Ciudad Fajardo y Ciudad Diego de Losada, que han afectado, a los efectos de expropiación, a grandes extensiones de terreno[47]. Decretos similares se han dictado en el área urbana de Caracas, recientemente, por ejemplo, el de San Agustín del Norte, que establece también la afectación de una parte considerable del centro de Caracas[48]. Otra afectación masiva de gran importancia en los últimos años fue la afectación de un millón de hectáreas en el Sur de Venezuela, a los efectos de la implementación de los Módulos de Apure.

En todos estos casos, se trata de Decretos de afectación, no ya de un inmueble para construir un edificio o determinados inmuebles para construir una línea de ferrocarriles o una carretera, sino de grandes superficies de terreno a los efectos de desarrollos generales de carácter agrícola o de carácter urbano.

El problema se plantea al analizar este tipo de afectaciones masivas: ¿cuál es, realmente, la política detrás del Decreto de afectación? ¿Es realmente expropiar íntegra y absolutamente los inmuebles comprendidos en el polígono de expropiación? En general, la intención parece que no ha sido expropiar todo lo afectado, pues ello aumentaría considerablemente los costos. En el caso, por ejemplo, del área de Ciudad Fajardo en Guarenas-Guatire, aparentemente lo perseguido es expropiar parcialmente y buscar para el desarrollo urbanístico querido, la colaboración y consorcio con los particulares, y sólo

---

46 Véase en *G.O.* 30.962 del 13-4-76.

47 Véanse los Decretos N° 359 del 4-9-58; N° 1.010 del 21-6-72; N° 1.039 del 12-7-72 y N° 1-312 del 13-6-73.

48 Véase el Decreto N° 792 del 11-5-75 en *G. O.* N° 30.692 del 14-5-75.

eventual-mente, expropiar áreas determinadas a los efectos de desarrollos públicos concretos.

Sin embargo, esto no se ha determinado claramente, pues al dictarse el Decreto de afectación no se tenía aprobado el Plan de Desarrollo Urbano de Ciudad Fajardo. Esto ha producido que, en la realidad, dicha afectación no sólo es una afectación masiva sino eterna, pues ya está adquiriendo características de permanencia al haberse dictado hace varios años y aún no se conoce, con exactitud jurídica, que se va a hacer en esa área. Se ha elaborado, por la agencia nacional, un Plan Maestro de desarrollo urbano, pero en realidad ese Plan es inexistente, porque un Plan Maestro de desarrollo urbano requiere la sanción de los Concejos Municipales de la zona, y éstos aún no han adoptado como suyo dicho Plan.

Una apreciación parece evidente respecto a este tipo de afectación masiva, y es la determinación de la intención última del ente público que decreta la afectación; ésta no puede ser otra que lograr que se destinen a determinados desarrollos urbanísticos o uso del suelo urbano, determinadas zonas, y que ello se realice conforme a los planes de desarrollo urbanístico que se adopten por los entes públicos. Esta parece ser la intención en los casos señalados, pues expropiar todo el valle de Guarenas y Guatire, o toda la zona de los Valles del Tuy, significa que el Estado tendría que realizar directamente los desarrollos urbanísticos, lo que no parece tener sentido.

El Estado, sin necesidad de expropiar totalmente un área de terreno en la cual se va a realizar un desarrollo urbanístico importante, puede lograr que éste se ejecute conforme a sus programas, sea expropiando sólo parcialmente o incorporando a los propietarios a los desarrollados urbanísticos de acuerdo a un Plan. Si un propietario está dispuesto a realizar la ejecución urbanística que le interese al ente público, lo que debe es establecer las bases para que, en efecto, esa propiedad se destine a esos fines de vivienda o industriales o de cualquier otra naturaleza, para lo cual el Estado no necesita expropiar todos los inmuebles.

B'. LAS DESAFECTACIONES

De ahí que surja un mecanismo nuevo en el ordenamiento venezolano, y es el de las desafectaciones en estos casos de afectaciones masivas.

Este mecanismo se ha previsto en el ordenamiento, en el Decreto N° 1312 de 1973 de afectación de Ciudad Fajardo: en este Decreto se establece una afectación masiva y, como contrapartida, se prevé la posibilidad de desafectar determinados inmuebles de esas grandes áreas afectadas, a los efectos de que los particulares puedan realizar las actividades urbanísticas de acuerdo al plan debidamente aprobado, en los términos en que se convenga con el ente expropiante. En este sentido, en el proyecto de Ley de Ordenación Urbanística se ha previsto la inclusión de mecanismos de desafectación de esta naturaleza, a los efectos de que en los casos de afectaciones masivas, pueda incorporarse a los particulares al desarrollo urbanístico deseado, de acuerdo a los planes que se aprueben. En todo caso, frente a la figura de la desafectación, deberían preverse mecanismos más ágiles de lograrla, hasta ahora no precisados: en el caso de Ciudad Fajardo, por ejemplo, se prevé la posibilidad de desafectar, y nos podemos preguntar ¿quién desafecta? ¿Acaso desafecta directamente el INAVI, es decir el ente expropiante, o es necesario un Decreto del Ejecutivo que, a los efectos de determinada parte de la zona totalmente afectada, deba desafectarla y permitir una utilización libre por el particular?

Aquí surge un primer problema, cuya solución está en la previsión de mecanismos de desafección más ágiles. En el Decreto de afectación de San Agustín del Norte[49], la norma que prevé las desafectaciones fue un poco más allá y estableció que así como el Centro Simón Bolívar C. A. se subrogaba para este tipo de expropiación a todos los derechos de la República, quo también se subrogaba a los efectos de determinar los inmuebles que podían eventualmente ser desafectados.

c'. *Las cooperaciones urbanísticas mediante desafectaciones*

En estos dos Decretos de afectación de Ciudad Fajardo y de San Agustín del Norte, se prevé otro mecanismo en la desafectación, y es la figura de un convenio a establecerse entre el ente público y el particular para el desarrollo programado.

El Decreto N° 1312 de 15 de junio de 1973, relativo a la afectación del valle de Guarenas-Guatire para el desarrollo de Ciudad Fajardo, en este sentido estableció lo siguiente:

> *Artículo* 5° El Ejecutivo Nacional podrá desafectar determinadas zonas del área delimitada en el artículo 1° cuando sus propietarios demuestren interés en desarrollarlas, se ajusten a las directrices establecidas en los planes de desarrollo urbano previstos para el área en referencia, y convengan con el Banco Obrero (ahora el INAVI), las condiciones que regirán la construcción del desarrollo propuesto.

Se prevé, así, una figura de cooperación en las ejecuciones urbanísticas, muy utilizada en la legislación comparada, partiendo del supuesto de que la ejecución urbanística no es exclusiva del sector público, sino que puede estar compartida por los particulares a través de mecanismos de cooperación.

Esta figura de la cooperación urbanística de los particulares en forma forzosa a través de un convenio, prevista en un Decreto y sin consagración legal plantea, sin duda, una cuestión de constitucionalidad. En efecto, las desafectaciones, como hemos señalado, son mecanismos útiles en los casos

[49] Véase Decreto N° 792 del 11-5-75, en *G. O.* N° 30.692 del 14-5-75.

de expropiaciones masivas, partiendo del supuesto de que al Estado, al afectar, en realidad no le interesa expropiar toda el área afectada, sino que lo que le interesa es que una propiedad determinada se destine a un fin de carácter urbanístico, establecido a la condición de suscripción de un convenio entre el ente expropiante y el particular cuya propiedad se desafecta, para regular el uso de la propiedad. Sin embargo, no estando prevista esta figura en un texto legal, surge, sin duda, el problema de su inconstitucionalidad[50].

En Venezuela, en efecto, de acuerdo a la Constitución, la propiedad tiene una función social que cumplir, para cuyo cumplimiento el legislador la somete a una serie de obligaciones, contribuciones, limitaciones y restricciones. En esta forma, el legislador no tiene límites en el establecimiento de estas limitaciones, contribuciones, restricciones y obligaciones. Sin embargo, ellas tienen que estar previstas en una ley, por lo que no se pueden establecer obligaciones adicionales a la propiedad, que no tienen carácter legal, por la vía de un Decreto. Frente a las desafectaciones y los convenios señalados, que sin duda son mecanismos de cooperación urbanística racionales y útiles, sin embargo, se plantea la duda sobre su constitucionalidad y sobre su violación a la garantía de la propiedad, al configurar una limitación a la misma no prevista legalmente. En efecto, un mecanismo de cooperación urbanística como el que se pretende establecer a través de estas desafectaciones, tendría que estar previsto en una Ley Nacional de Ordenación Urbanística pero no en un Decreto.

En otras palabras, tanto el artículo 101 de la Constitución como la Ley de Expropiación por Causa de Utilidad Pública e Interés Social prevén la posibilidad para el Estado de expropiar las propiedades particulares. Pero las normas de la Constitución y la Ley vigente, sólo autorizan a los entes públicos a expropiar, o sea, a apropiarse forzosamente de la propiedad particular previa sentencia y pago de justa indemnización; es decir, conforme a esta habilitación constitucional y legal, el Estado puede expropiar o no un inmueble, es decir, el Estado puede decidir la expropiación o decidir que no expropiará. Sin embargo, lo que no puede es decidir que no expropiará y, sin embargo, someter al propietario a limitaciones no previstas ni autorizadas en la Ley.

De acuerdo a la Ley de Expropiación vigente, el Ejecutivo Nacional, con posterioridad a la emisión de un Decreto de Expropiación, puede perfectamente revocar total o parcialmente ese Decreto, ordenando la desafectación de un inmueble. Sin embargo, ni la Ley de Expropiación, ni ley alguna autoriza a desafectar y someter a las propiedades privadas desafectadas a limitaciones en su uso, goce y disfrute, tal como lo establece el artículo 5° del Decreto señalado.

Una propiedad desafectada de una expropiación estará sometida a las limitaciones legales previstas en la Ley y Ordenanzas Municipales sobre ur-

---

50 En contra, véase Gustavo Urdaneta T., *La Ejecución del Urbanismo, cit.*, p. 134

banismo, pero nunca podrá, lícita ni legítimamente, estar sometida a limitaciones y restricciones no autorizadas por el legislador y que se prevén en un Decreto del Ejecutivo Nacional. Por tanto, al establecer el Decreto N° 1312, en su artículo 5° limitaciones a la propiedad privada no autorizadas en la Ley, con dicho Decreto se ha violado el artículo 99 de la Constitución.

B. *LAS AFECTACIONES DE ÁREAS SUBURBANAS Y RURALES COMO CONSECUENCIA DE LA ADOPCIÓN DE PLANES DE ORDENACIÓN URBANÍSTICA*

A'. EL SENTIDO GENERAL DE LA INSTRUCCIÓN 22

Mediante Instrucción N° 22 de 30 de diciembre de 1975, el Presidente de la República dictó las "Normas que regirán para la política de incorporación de áreas suburbanas y rurales a las actividades urbanas, cónsonas con el programa único de inversiones de infraestructura y equipamiento"[51], como pare de las Políticas de Desarrollo Urbano y Ordenamiento del Territorio.

Mediante esta Instrucción N° 22 se establecieron normas que "definen las acciones de los órganos de la Administración Pública competentes, así como sus relaciones con la iniciativa privada, en virtud de la función social que la propiedad debe cumplir". Las normas, sin embargo, no sólo regulan la actuación de los organismos públicos, sino que regulan directamente la actuación de los particulares propietarios de las áreas afectadas por planes de urbanismo. Esto plantea una primera observación respecto a la constituciona-lidad de ese documento. Las Instrucciones son, realmente, órdenes destinadas únicamente a regular los servicios públicos y la actuación de los funcionarios públicos; es decir, sus destinatarios sólo pueden ser los funcionarios. En cambio, el establecimiento de normas de conducta destinadas a los particulares, no puede hacerse por el Presidente de la República, sino por vía de Reglamento, con el necesario refrendo ministerial que exige la Constitución[52]. Al haber incorporado en una Instrucción normas destinadas a regular la conducta de particulares, no sólo se ha utilizado inadecuadamente esta figura jurídica, sino que se ha incurrido en una inconstitucionalidad al no llevar el refrendo ministerial, y sólo la firma del Presidente.

Pero dejando aparte esta observación de carácter formal, esta Instrucción regula básicamente el "modo de incorporar las áreas suburbanas y rurales al desarrollo urbano con la participación de los diferentes sectores", como consecuencia de los Planes de Urbanismo. A tal fin se señala expresamente que: "La incorporación de nuevas áreas a las actividades urbanas, se realizará con el concurso de diferentes sectores que pongan al servicio de la comunidad su experiencia, capacidad de trabajo, organización, recursos financieros y demás factores que permiten el cumplimiento de las metas pro-

---

51 Véase en *G. O.* N° 30.962 del 13-3-76.

52 Artículo 190, ordinal 10 y último aparte.

gramadas. En tal sentido, las modalidades de participación previstas serán las siguientes: *El Estado* en sus diferentes niveles, central, regional y local, independientemente o conjuntamente; *Programas Mixtos,* promovidos por el Sector Público, con la participación de cooperativas de propietarios de tierras, propietarios particulares y empresas urbanizadoras, y *Programas Particulares* a través de propietarios en forma individual o cooperativas, y empresas urbanizadoras"[53].

b'. La planificación urbanística previa como base de la afectación

Para lograr la incorporación de las áreas suburbanas y rurales a las actividades urbanas, el Estado tiene que planificar "el aprovechamiento del recurso suelo con el objeto de determinar las áreas realmente requeridas para la expansión de los centros urbanos", lo que "requerirá de una afectación de la tierra"[54]. Por ello, se señala expresamente que "se utilizan como instrumentos los *Planes Rectores de Ordenación Urbanística,* los *Planes de Desarrollo Urbanístico y* los *Programas Conventos* entre el Ejecutivo Nacional, con las Municipalidades y con los particulares".[55] Es decir, la Instrucción presupone, para su aplicación, la adopción de Planes de Ordenación o Desarrollo Urbanístico mediante los cuales se afecten las áreas suburbanas o rurales a urbanizar.

En efecto, "los Planes Rectores de Ordenamiento Urbanístico determinarán los límites de las áreas urbanas actuales y de las zonas de incorporación futura", y estos Planes Rectores constituyen "el esquema básico bajo el cual se precisen las normas y directrices necesarias para la elaboración de los Planes de Desarrollo Urbanístico[56]". En todo caso, *"las áreas determinadas en los Planes Rectores y en los Planes de Desa*rrollo Urbanístico quedarán afectadas mediante los Decretos que a tal efecto dictará el Ejecutivo Nacional"[57].

De esto se deduce, como es lo racional, que la afectación masiva con fines expropiatorios de áreas suburbanas o rurales para su incorporación a actividades urbanas, sólo puede realizarse una vez que se han adoptado los Planes respectivos; en primer lugar, los Planes Rectores de Ordenamiento Urbanístico que deben ser formulados por el Ministerio de Desarrollo Urbano[58], para ser propuestos a las Municipalidades, y que "servirán de marco de referencia para la elaboración de los Planes de Desarrollo Urbanístico" por aquellas o por el Ministerio de Desarrollo Urbano por encargo de las mismas[59]; y en

---

53 Véase el N° 10 de la Instrucción.

54 Véase el N° 8 de la Instrucción.

55 Véase el N° 1 de la Instrucción.

56 Véase el N° 12 de la Instrucción.

57 Véase el N° 12 de la Instrucción.

58 Véase el N° 12 de la Instrucción.

59 Véase el N° 14 de la Instrucción.

segundo lugar, estos Planes de Desarrollo Urbano local que deberán ser sancionados por las Municipalidades, previa aprobación por el Ministerio de Desarrollo Urbano"[60].

Por tanto, una vez establecida la ordenación prevista en los Planes Rectores, se podrán dictar los Decretos de afectación o expropiación respectivos, además de las "medidas necesarias para evitar la especulación con los precios de los terrenos, garantizando de esta forma el uso que les asignará en los Planes de Desarrollo Urbanístico"[61].

Esto, sin embargo, no está en un todo conforme con lo establecido en la Ley de Expropiación a los efectos de las expropiaciones urbanísticas. En efecto, el artículo 11 de la Ley de Expropiación por Causa de Utilidad Pública o Social, al regular la necesaria declaratoria previa de utilidad pública de orden legislativo, señala lo siguiente:

> "Tampoco se requiere la declaración previa de utilidad pública para las obras comprendidas en el Plan Regulador de la ciudad de Caracas, o en los planes de acondicionamiento o modernización de otras ciudades o agrupaciones urbanas, siempre que se elaboren y aprueben previamente por las autoridades competentes".

De acuerdo a estas normas, una expropiación urbanística no requiere de declaratoria legal previa de utilidad pública si hay un plan de ordenación urbanística aprobado formalmente por la autoridad municipal, única competente para tomar esas decisiones, tal como se analizó anteriormente. En cambio, si dichos planes no han sido sancionados por las Municipalidades, para procederse a una expropiación urbanística tendría que haber una declaratoria previa de utilidad pública por vía legislativa.

Por tanto, no basta que se aprueben a nivel nacional los llamados Planes Rectores de Ordenación Urbanística, a que se refiere la Instrucción N° 22, para que puedan dictarse los Decretos de afectación o expropiación. Antes, es necesario, si no se han sancionado los Planes Municipales de Desarrollo Urbanístico, una declaratoria especial de utilidad pública. Como consecuencia, no existiendo esta declaratoria respecto de las expropiaciones urbanísticas que pueda realizar la República a través del Ministerio de Desarrollo Urbano, éste no podría ejecutar la expropiación.

Por otra parte, la Instrucción N° 22, a los efectos de las expropiaciones, sólo podría ser ejecutada por el Instituto Nacional de la Vivienda, pues la Ley que lo regula expresamente prevé la declaratoria de utilidad pública de las actividades urbanísticas que realice, en la siguiente forma:

---

60 Véase artículo 7°, ordinal 3°, de la Ley Orgánica de Régimen Municipal.

61 Véase el N° 15 de la Instrucción

A los efectos de la expropiación, se declaran de utilidad pública la construcción de viviendas, la urbanización de terrenos, la renovación o remodelación de áreas urbanas que emprenda y realice el Instituto Nacional de la Vivienda.

c'. Los efectos de la afectación de las Áreas de incorporación urbana

Una vez dictados los Decretos de afectación de las áreas rurales o suburbanas a incorporar a actividades urbanísticas previstas en los Planes de ordenación urbanística señalados, los particulares cuyas propiedades resulten afectadas deberán manifestar, en el término de cinco años a partir del Decreto de afectación, su decisión de participar o no en el desarrollo urbano del área de incorporación inmediata[62]. Si la decisión es positiva, los propietarios tendrían que comprometerse al desarrollo de los inmuebles afectados de acuerdo a las Normas de la Instrucción N° 22 y a los Planes urbanísticos señalados, y sólo así se autorizaría la ejecución de las obras privadas[63]. Este compromiso se materializa en los Contratos de Participación para urbanización o contrato de participación previsto en la Instrucción N° 22, cuyo objeto es, precisamente, "desarrollar las propiedades afectadas de los particulares... en un todo de acuerdo con el Plan Rector respectivo o con el Plan de Desarrollo Urbanístico, si éste estuviera aprobado"[64].

Si la decisión de los propietarios es negativa, es decir, que en el término de los cinco años siguientes al Decreto de afectación, no manifiestan su decisión de participar en el desarrollo urbano del área afectada, la Autoridad Nacional respectiva[65] "podrá proceder a la correspondiente expropiación para así dar cumplimiento al Plan Rector"[66]. Sin embargo, por supuesto, "la Autoridad Nacional podrá gestionar la expropiación de esas áreas antes del lapso indicado, cuando a su juicio existan razones o circunstancias que así lo aconsejen"[67].

d'. La desafectación y los Contratos de Participación

Tal como se señaló, la manifestación de los particulares cuyas propiedades han quedado afectadas mediante los correspondientes Decretos de Expropiación, de participar en el desarrollo urbano previsto para las áreas afectadas en los Planes aprobados nacional y localmente, implica la posibilidad de que se les autorice a realizar las obras respectivas, sometidos a la suscripción de

---

62 Véase el N° 25 de la Instrucción.

63 Véase el N° 15 de la Instrucción.

64 Véase el N° 24 de la Instrucción.

65 El Ministerio de Desarrollo Urbano o el Instituto Nacional de la Vivienda, según el N° 23 de la Instrucción.

66 Véase el N° 25 de la Instrucción.

67 Véase el N° 25 de la Instrucción.

un Contrato de Participación con el Ministerio de Desarrollo Urbano o con el Instituto Nacional de la Vivienda, cuando el primero lo acordase. Esta autorización y la suscripción del convenio son, sin duda, manifestaciones de un acto de desafectación no regulado expresamente en las Normas de la Instrucción N° 22, pero que se regulan en los Decretos de expropiación respectivos, como el que se aplica al área de Ciudad Fajardo.

En relación a este convenio o Contrato de participación, sin duda, debe decirse que constituye una limitación a la propiedad no prevista legalmente, por lo que su regulación en la Instrucción N° 22 es evidentemente inconstitucional.

En efecto, mediante la fórmula institucionalizada en la Instrucción N° 22, se aprueba un Plan Rector de Ordenación Urbana por la autoridad nacional, se decreta la expropiación de un área enorme de terreno y se afectan propiedades particulares. La finalidad del Decreto de expropiación no es, ciertamente, expropiar, sino, por una parte, "evitar la especulación con los precios de los terrenos", y por la otra, constreñir a los propietarios mediante una desafectación, a suscribir un convenio con el Estado para el desarrollo proyectado, que implica una limitación a la propiedad, no autorizada legalmente.

Este convenio o Contrato de Participación, al cual necesariamente deben someterse los propietarios para poder desarrollar sus propiedades, debe elaborarse de acuerdo a las siguientes bases:

"a) Que los particulares, si se trata de terrenos de propiedad privada, demuestren fehacientemente su derecho de propiedad con planos y documentos debidamente legalizados.

b) Que el proyecto de desarrollo que se presente esté en un todo de acuerdo, en cuanto a los usos y la población a incorporar, con las alternativas y prioridades establecidas en el Plan respectivo, para la totalidad del área afectada, incluyendo las previsiones para las áreas suburbanas o de incorporación futura a las actividades urbanas.

c) Que los particulares indiquen el modo de su realización y acrediten las disponibilidades financieras necesarias para ello, de acuerdo con el plan de inversiones propuesto.

d) Que los particulares se obliguen a realizar las obras de servicio público; acueductos, cloacas, alcantarillados, teléfonos, gas, vialidad, zonas verdes y otros servicios comunales y metropolitanos, si fuesen necesarios estos últimos, en un todo de acuerdo a lo previsto en el Plan respectivo.

e) Debe quedar establecido, asimismo, el plan de inversiones para el desarrollo, donde se establezca el calendario para el itinerario de la construcción y una demostración del origen de los fondos para la realización de las obras.

Si por razones de fuerza mayor o por imposibilidad de vender los terrenos ya urbanizados, se varían las condiciones del plan de inversiones, se sometará este último a la Autoridad Nacional para la aprobación de las modificaciones.

f) Los particulares deben comprometerse a aceptar la inspección y fiscalización de la ejecución de las obras por parte de la Autoridad Nacional o *a* quien ésta delegue dichas funciones, para constatar el fiel cumplimiento del plan de inversiones, la realización de la infraestructura y los servicios del respectivo Proyecto.

g) En el Contrato de participación se otorgará al Estado una opción de compra para que pueda adquirir una parte de los terrenos urbanizados en un precio que estará basado en el costo real del terreno urbanizable para el momento del convenio y el cual no deberá incluir la revalorización generada por las acciones del Sector Público.

Los precios serán fijados periódicamente cada cinco años para considerar los aumentos de los costos de las obras de urbanismo, así como los gastos ocurridos no previstos, especialmente aquellos ocasionados por el pago de intereses debido a la falta de venta de tierras urbanizadas por razones de exceso de oferta o por causa de fuerza mayor,

h) Sobre la base del precio de compra establecido en el literal precedente, el Ejecutivo Nacional podrá seleccionar y comprar hasta un treinta por ciento (30%) del terreno urbanizado, con el objeto de mantener un fondo de tierras para evitar la especulación en áreas incorporadas a las actividades urbanas o para emprender directamente acciones que considere prioritarias.

El Ejecutivo Nacional podrá ceder a terceros esta prioridad cuando las tierras hubiesen sido sometidas a una medida administrativa con fines de ordenación urbanística o cuando fuesen necesarias para programas conjuntos del Ejecutivo Nacional y las Municipalidades respectivas, para zonas de residencia de grupos económicos de ingresos medios bajos y bajos, pero con la obligación de no vender el terreno a un precio inferior al establecido en el literal anterior

i) En todo caso, los particulares se obligarán a entregar a la Municipalidad un área equivalente al cincuenta por ciento (50%) del área urbanizable para vialidad, zonas verdes, demás servicios públicos y comunales, y, en especial, edificaciones escolares y parques de recreo de la población escolar, de conformidad con lo establecido en las ordenanzas municipales y en el Decreto N° 347 del 20 de agosto de 1974.

j) Cuando las exigencias del Plan Rector respectivo requieran más del cincuenta por ciento (50%) del terreno urbanizable, el exceso será pagado por el Estado de acuerdo a lo establecido en el literal g) de este numeral, referente al terreno brillo urbanizable, o ser motivo de convenio especial aprobado por la Autoridad Nacional.

k) En los Contratos de Participación se establecerán las medidas que se convenga aplicar a los particulares que incumplieren sus estipulaciones"[68].

D. *LAS AFECTACIONES TÁCITAS EN LOS CAMBIOS DE ZONIFICACIÓN URBANA*

Un tercer tipo de problema que se plantea respecto a la afectación en la expropiación, se refiere a lo que podríamos denominar afectaciones tácitas de la propiedad.

En efecto, una de las finalidades de la expropiación es el cumplimiento de actividades urbanísticas, por lo que la expropiación es un instrumento fundamental para la ordenación urbana. Ahora bien, cuando un Concejo Municipal dicta una Ordenanza de Zonificación o establece un plan de desarrollo urbanístico y señala en esos instrumentos de zonificación, por ejemplo, una nueva "área verde" o una calle, en inmuebles que anteriormente tenían otro uso urbanístico, en realidad, aun en ausencia de un Decreto expreso de expropiación, estaríamos en presencia de una afectación tácita de la propiedad a efectos expropiatorios, en el sentido de que la Ordenanza en sí misma, implica una restricción a la propiedad, en el sentido de que para que esa Ordenanza se cumpla, ha de efectuarse una expropiación.

En efecto, de acuerdo a las Ordenanzas de zonificación, todo inmueble destinado a un uso diferente al permitido por los planos de zonificación, es considerado como "uso no conforme"[69], y en tal virtud, no se pueden autorizar nuevas construcciones ni alteraciones ni ampliaciones en el inmueble, sino sólo obras de reparación o conservación, siempre que ello no implique aumento del valor original de la estructura[70].

Ahora bien, si el cambio de zonificación significó que una propiedad privada, de acuerdo al nuevo Plano, quedó afectada a la construcción de una avenida, calle o área verde, ello implica una limitación intolerable de la propiedad cuando no hay un plan de urbanismo que establezca la forma y oportunidad en que se realizará la expropiación. En estos casos se está en presencia de una afectación tácita, sin Decreto de expropiación, pues la zonificación aprobada, o los planes urbanísticos sancionados, en sí mismos, afectan determinados bienes a fines de utilidad pública, lo que conlleva que esas propiedades privadas deban ser expropiadas.

Sin embargo, en estos casos se plantearía el mismo problema de las afectaciones eternas, pues podrían dejarse pasar años sin que se ejecute el Plan y se establezcan las avenidas o áreas verdes previstas, es decir, sin que se expro-

---

68 Véase el N° 24 de la Instrucción.

69 Véase, por ejemplo, el artículo 209 de la Ordenanza de Zonificación del Distrito Sucre del Estado Miranda.

70 Artículo 211 *idem*.

pien efectivamente las propiedades afectadas, lo que limitaría desproporcionadamente los derechos de los propietarios en tanto a lisos no conformes.

Por otra parte, no hay que olvidar que en casos de expropiaciones urbanísticas en ejecución de un plan de desarrollo urbano debidamente sancionado por la autoridad municipal, los peritos no podrán tomar en cuenta, a los efectos del justiprecio, "las mejoras que efectúe el propietario de la cosa que se expropia después de la aprobación y publicación del plan general de acondicionamiento o mejoramiento de una ciudad o agrupación urbana"[71], por lo que la sola aprobación y publicación del plan congela el uso de la propiedad.

Para remediar en parte esta situación es que, por ejemplo, la Ordenanza de Ordenamiento Urbano del Área Metropolitana de Caracas establece que si la ejecución de la expropiación estuviese prevista para efectuarse en un lapso de 5 años, se podrán autorizar determinadas obras provisionales, que no contraviniesen los objetivos generales del Flan y no encarezcan u obstaculicen la expropiación[72].

Con la reciente Ley Orgánica de Régimen Municipal, se ha buscado reglar estas afectaciones tácitas de la propiedad, estableciéndose un lapso máximo de duración a las mismas, vencido el cual quedan sin efecto. Así, el artículo 85 de la Ley señala lo siguiente:

> *Artículo 85.* Cuando con la promulgación de un plano de Desarrollo Urbano local so afecten terrenos de propiedad privada para usos recreacionales o deportivos, asistenciales, educacionales o para cual-quier uso público, se indicará el plazo dentro del cual el Ministerio deberá adquirir esos terrenos. Este plazo, en ningún caso, podrá excederse de cuatro (4) años, vencido el cual sin que el Municipio haya adquirido esos bienes, se considerará sin efecto dicha afectación.

Esta disposición no es aplicable cuando la afectación resulte de un plano de parcelamiento o de urbanismo.

Esta solución se estableció, sin duda, con el objeto de conciliar el interés del propietario con el interés público. De lo contrario, estas expropiaciones tácitas configurarían una congelación también tácita de la propiedad privada, al considerarse el uso de la misma como no conforme, limitando desproporcio-nadamente los derechos del propietario. De allí que, por ejemplo, la Corte Suprema de Justicia en Sala Político Administrativa en la sentencia de 10 de agosto de 1977 varias veces citada, haya declarado la nulidad parcial de la Ordenanza de rezonificación de El Paraíso, al afectar unos inmuebles de propiedad privada a un uso de "área verde", sin prever los mecanismos de expropiación correspondientes[73].

---

[71] Artículo 38.

[72] Artículo 42.

[73] Consultada en original.

Esto ha sido ratificado por la Corte Suprema de Justicia en su comentada sentencia del 16 de junio de 1980 en la cual insistió en que constituye una inconstitucionalidad la afectación de propiedades privadas a usos públicos por ordenanzas de zonificación, si no se establece la adquisición, por expropiación de esos bienes por la Municipalidad respectiva.

Esta sentencia de la Corte Suprema, recogiendo criterios sentados en sentencia anterior del 10 de agosto de 1977, estableció lo siguiente:

> "Es cierto, como ya se ha dicho, que el constituyente faculta a las autoridades municipales para establecer limitaciones a la propiedad mediante actos normativos generales como son las ordenanzas, y para afectar bienes de propiedad particular a fines de utilidad pública o social en los correspondientes decretos de expropiación, pero no hay en nuestro derecho norma alguna que atribuya a las Municipalidades el poder de destinar a uso público determinado terreno en un sector ya urbanizado de la ciudad, sin antes haberlo adquirido del propietario por alguno de los medios ordinarios que establece al efecto el Código Civil o siguiendo el procedimiento extraordinario regulado en la Ley de la materia para lograr su expropiación.
>
> En tal virtud, no se puede aplicar la disposición contenida en el Artículo 10 de la Ordenanza impugnada, al lote de terreno especificado en el expediente porque ello entraña un sacrificio para sus propietarios, que excede de los límites de una restricción no indemnizable y les crea —como se ha dicho— una indefinida situación de incertidumbre incompatible con la seguridad jurídica que debe gozar todo individuo en relación con la disposición, uso y disfrute de sus bienes; y solamente mediante justa indemnización podrá variarse tan radicalmente el uso de los terrenos, la cual, como se dice en el Informe de la Fiscalía General de la República: "...debe ser acordada de manera previa pues lo contrario significaría aceptar una vulneración crasa y abierta de la Carta Fundamental, ya que en virtud del cambio de zonificación acordado se deja a una propiedad particular prácticamente fuera del comercio y el propietario queda sometido a la buena voluntad de la municipalidad que lo ha acordado para que expropie en el futuro el bien afectado. Esta práctica (ya sumamente conocida) debe ser sancionada por ese Supremo Tribunal con la nulidad por inconstitucionalidad de los actos que en este sentido sean adoptados". "En consecuencia, el Concejo Municipal del Distrito Sucre del Estado Miranda incurrió en extralimitación de atribuciones y violó los artículos 101 y 102 de la Constitución, 1° y 3° de la Ley de Expropiación por Causa de Utilidad Pública o Social y 547 del Código Civil al destinar a Zona AE/1 los terrenos de la actora, sin haberlos adquirido previamente por compra o expropiación legal"[74].

---

[74] Véase en Mary Ramos Fernández, "Jurisprudencia Administrativa y Constitucional" en *Revista de Derecho Público*, EJV, N 3, Caracas, julio-septiembre, 1980.

2. *EL ARREGLO AMIGABLE*

Conforme a lo establecido en el aparte único del Artículo 3° de la Ley de Expropiación por causa de utilidad pública o social, "antes de procederse a la expropiación se gestionará un arreglo amigable con los propietarios; pero en todo caso el avalúo se sujetará a las normas previstas en este Decreto". Con esta obligación impuesta al ente expropiante, se busca evitar entrar en un proceso judicial de expropiación, si el propietario no tiene oposición al procedimiento.

Sobre el alcance de este arreglo amigable, la antigua Corte Federal y de Casación, en sentencia del 14 de marzo de 1952, ha señalado lo siguiente:

> "El Parágrafo Único, Artículo 3° de la Ley de Expropiación, dispone que antes de procederse a la expropiación se gestione un arreglo amigable con los propietarios. De manera que no es una simple facultad de procurar un acuerdo amistoso, sino una obligación que se impone al encargado de solicitar la expropiación: de consiguiente, quien esté autorizado para demandar ésta con el fin de que la Nación adquiera el inmueble necesario para la construcción de una obra, lo está también para lograr la misma finalidad obligada, para evitar el juicio por medio de gestiones amistosas. Quien puede lo más, puede lo menos.
>
> *Las gestiones amigables con los propietarios de que habla el parágrafo citado se limitan, en síntesis, a entenderse respecto al perito o peritos que han de fijar el precio, pues no permite la citada disposición que las partes lo fijen directamente. Esa es razón bastante para que se supriman ciertas formalidades fiscales que pugnarían con la Ley de Expropiación aplicable sobro cualquier otra materia de expropiación.*
>
> Ahora bien, es conocida regla de interpretación que las leyes deben entenderse en el sentido que produzcan algún efecto y no en el que carezcan de finalidad jurídica o práctica. De manera, pues, que las gestiones de arreglo amigable a que se contrae el parágrafo citado, no pueden limitarse a simples divagaciones, a cambios de opinión, sino a *realización de actos que eviten el juicio de expropiación,* es decir, que produzcan la transmisión de la propiedad por medio de convenios privados.
>
> Por mandato de la Ley, este arreglo amigable, este convenio privado, se reduce a entenderse; 1° sobre si el avalúo es practicado por uno o por tres peritos; 2° sobre el experto o expertos a quien se les encomienda practicarlo. Avenidos sobre esos extremos y cumplido por los expertos su encargo, fijado el precio de transmisión, o sea, la indemnización a que se refiere la ley, nada más hay que hacer; la convención se ha perfeccionado, no hay necesidad de proceder a la expropiación tanto conforme a las disposiciones pertinentes del Código Civil, como a las previsiones de la Ley de Expropiación.

"Se corre el riesgo con tal procedimiento de que los peritos se equivoquen y fijen un precio exagerado o exiguo con perjuicio de comprador o vendedor. Tal posible error no cambia la naturaleza o eficacia jurídica del acto; para evitarlo está la previsión de las partes ya en cuanto a la capacidad y honradez de los expertos, o ya realizando actos preliminares o estipulando condiciones que las pongan a cubierto de sorpresas"[75].

Esta interpretación jurisprudencial, que sin duda fija claramente cuál es el ámbito del arreglo amigable, debería recogerse en una disposición legal. En esta materia, sin duda, la ley actual adolece de grandes fallas, por falta de regulación, habiendo dado origen a innumerables conflictos judiciales, muchos de los cuales han sido resueltos por la jurisprudencia. En esta forma, en una reforma a la Ley de Expropiación, habría que establecer claramente la citada jurisprudencia de la Corle Suprema de Justicia, de que no se permita el arreglo amigable en relación a la fijación del precio libremente por el expropiado y por el expropiante, sino exigir que, en todo caso, el precio se fije mediante peritos.

Hay que indicar que la Ley consagra el arreglo amigable en una forma muy general, por lo que habría que aclararse en el sentido de que se permitiera excluir la solicitud de arreglo amigable en casos urgentes o de expropiación urgente, que impliquen generalmente ocupación previa.

Por otra parte, la Ley habla de que el arreglo amigable debe gestionarse con los propietarios, pero no hace ninguna mención a los otros interesados en un procedimiento expropiatorio y que pueden tener derechos sobre la indemnización que pueda pagar el Estado. En esta forma, la Ley no regula la situación del arrendatario, del poseedor o de cualquier otro que eventualmente se encuentre afectado por la expropiación, y que también podría ser parte de este arreglo amigable.

En una reforma de la Ley de Expropiación, debería ampliarse este ámbito de acción del arreglo amigable y referirse no sólo a los particulares propietarios, sino a las otras personas interesadas en el bien expropiado.

3. La ocupación temporal de la propiedad

Una vez que se ha decretado por vía administrativa la expropiación de determinados bienes, ello produce una consecuencia fundamental en beneficio de la Administración expropiante y en perjuicio de los propietarios de inmuebles afectados por el Decreto de Expropiación o que, aun cuando no vayan a ser expropiados, deban ocuparse temporalmente, para la ejecución de la obra o actividad en cuestión.

Esta limitación a la propiedad, consecuencia del Decreto de Expropiación, está establecida en el artículo 47 de la Ley de Expropiación, que establece que

75 Véase en *Gaceta Forense* N° 10, 1952, pp. 125 y 126.

toda obra declarada de utilidad pública lleva consigo la potestad de ocupación temporal de las propiedades ajenas por parte del que las ejecute. Ello se produce en los casos siguientes: en primer lugar, con el objeto de hacer estudios o practicar operaciones facultativas de corta duración que tengan por objeto recoger datos para la formación del proyecto o para el replanteo de la obra; y en segundo lugar, para el establecimiento de estaciones y caminos provisionales, talleres, almacenes o depósitos de materiales, también provisionales, y cualquiera otra más que requiera la obra para su construcción o reparación.

La ocupación durará tan sólo el tiempo absolutamente indispensable, no debiendo, en ningún caso, concederse por un término mayor de seis meses. Puede, sin embargo, prorrogarse por igual término, y por una sola vez, por causa debidamente justificada.

Las formalidades necesarias para llevar a cabo la ocupación temporal son las siguientes: debe estar acordada mediante una orden escrita del Gobernador del Distrito Federal, del Estado o del Territorio Federal, en que se ejecute la obra; dicha orden debe ser registrada en el Registro Subalterno que corresponda, en previsión de que se efectúe una traslación de dominio sobre el inmueble, y los adquirientes puedan estar advertidos; y antes de acordarse la ocupación temporal se le debe dar al propietario un aviso, por lo menos con 10 días de anticipación.

Esta ocupación temporal, por ser una limitación al derecho de propiedad, trae consigo el derecho de los propietarios afectados a una indemnización por los perjuicios que se les cause, establecida a justa regulación de expertos.

IV. EL PROCEDIMIENTO JUDICIAL EXPROPIATORIO

1. INICIO DEL PROCEDIMIENTO

La tercera fase del procedimiento expropiatorio, luego de la intervención del Poder Legislativo y de cumplido el procedimiento administrativo, es el procedimiento judicial. Este debe iniciarse, necesariamente, en tres casos: cuando *el* expropiado no esté de acuerdo en llegar a un acuerdo amigable; cuando se ignore quiénes son los propietarios de los inmuebles a expropiar; y en todo caso en que la Administración expropiante, por ser de urgente realización la obra o actividad, necesite proceder a la ocupación previa de los inmuebles a expropiar.

La autoridad judicial competente en materia de expropiación varía según quien sea la entidad expropiante: si se trata de la República, directamente, quien intenta el juicio de expropiación, corresponde su conocimiento, en primera instancia, a la Corte Primera de lo Contencioso Administrativo, creada en las Disposiciones Transitorias de la Ley Orgánica de la Corte Suprema de

Justicia[76]; y en los casos en que el juicio se intente por cualquier otra entidad expropiante, el conocimiento en primera instancia corresponde a los jueces que tengan competencia en primera instancia en lo Civil, en el lugar de ubicación de los inmuebles a expropiar[77]. En todo caso, corresponde a la Corte Suprema de Justicia, en Sala Político Administrativa, conocer en apelación de dichos juicios, según lo establecido en el artículo 42, ordinal 19° de la Ley Orgánica de la Corte Suprema de Justicia.

Los juicios de expropiación se inician con una solicitud presentada ante el juez competente por la entidad expropiante, en la cual, además de las indicaciones usuales en los libelos de demanda que exigen las normas del procedimiento civil, debe indicarse: a) La cosa objeto de ella y los elementos que contribuyen a su identificación; b) El nombre y apellido del propietario o propietarios, poseedores o arrendatarios, si fueren conocidos, y c) La indicación de si el inmueble objeto de la expropiación tiene gravámenes[78].

En caso de no haberse acompañado a la solicitud todos los datos concernientes a la propiedad y gravámenes relativos al inmueble que se pretende expropiar, la autoridad judicial ante quien se introduzca la solicitud, y dentro del tercer día de su presentación, pedirá a la Oficina de Registro respectiva, tales datos[79].

2. LA OCUPACIÓN PREVIA DE LOS INMUEBLES A EXPROPIAR

Cuando la ejecución de la obra o actividad que motiva la expropiación se considere de urgente realización, la entidad expropiante puede solicitar en la demanda respectiva, al Tribunal a quien corresponda conocer del juicio de expropiación, que acuerde la ocupación previa de los inmuebles a expropiar por parte de la entidad expropiante.

Para que se acuerde esta ocupación previa, conforme a lo establecido en el artículo 51 de la Ley, deben cumplirse los siguientes requisitos:

1. La obra o actividad que motiva la expropiación tiene que ser de aquellas declaradas como de utilidad pública o interés social, en forma general, en el Artículo 11 de la Ley de Expropiación. Sin embargo, la jurisprudencia de la Corte ha admitido que también procede la ocupación previa respecto de otras actividades u obras declaradas como de utilidad

---

76 Artículo 185, ordinal 5°

77 Artículo 19 de la Ley. Si se trata de expropiaciones agrarias, la competencia en primera instancia corresponde exclusivamente a los Juzgados de Tierras, Bosques y Aguas. Véase sobre esto, la sentencia de la Corte Suprema de Justicia en Sala Político-Administrativa de 31-1-80 en Mary Ramos Fernández. "Jurisprudencia Administrativa y Constitucional", en *Revista de Derecho Público,* EJV, N° 1, Caracas, enero-marzo 1980, p. 156 y sigs.

78 Artículos 20 y 21 de la Ley.

79 Artículo 21 de la Ley.

pública o de interés social en Leyes especiales, como es el caso de las expropiaciones con motivo de la reforma agraria[80].

2. La entidad expropiante debe hacer valorar unilateralmente el inmueble por una Comisión de Avalúos constituida por tres miembros, designados, uno por la entidad expropiante, otro por el Juez de Primera Instancia en lo Civil de la jurisdicción, y el tercero nombrado de común acuerdo por los anteriores. En el Distrito Federal, dice el artículo 16 de la Ley, el tercero de dichos miembros será nombrado por el Colegio de Ingenieros de Venezuela.
3. La entidad expropiante debe consignar, con la solicitud de expropiación, la cantidad en que hubiere sido justipreciado el inmueble. Si el propietario se conformare con el avalúo realizado y no hubiere otra oposición justificada, el juicio se dará por concluido.
4. Antes de precederse a la ocupación previa, conforme a lo establecido en el artículo 51 de la Ley, el Juez correspondiente debe dar aviso al propietario y al ocupante, y acordará, de oficio, que un Juez de la jurisdicción, asistido de un práctico y previa notificación del propietario que se le hará conjuntamente con dicho aviso, lleve a cabo una inspección ocular para dejar constancia de todas las circunstancias de hecho que deben tenerse en cuenta para justipreciar total o parcialmente el inmueble de que se trate, y las cuales pueden desaparecer o cambiar de situación o estado por el hecho de la ocupación.

En el curso de la inspección, puede el propietario hacer las observaciones que juzgue necesarias, y las que haga, por más extensas y minuciosas que sean, se harán constar en el acta respectiva. Una copia de las actuaciones de la inspección se debe enviar a la mayor brevedad posible, y por la vía más rápida, a la Corte Primera o Tribunal que esté conociendo de la solicitud de expropiación, a fin de que se agregue a sus antecedentes y de que su contenido sea tenido en cuenta para la fijación del justo valor de la cosa.

Sobre estas normas relativas a la ocupación previa, pueden formularse algunas observaciones, tanto en relación a la garantía de los particulares como sobre el ejercicio de la potestad expropiatoria. La Ley actual no es clara, y plantea muchos inconvenientes para la realización efectiva de esta ocupación.

En efecto, en primer lugar, en cuanto al avalúo previo y a la consignación de un precio determinado para que se pueda autorizar la ocupación previa, no sólo la disposición de la Ley es inconveniente, sino que por la composición de la Comisión de Avalúo prevista, en realidad, para el problema de la valoración de la plusvalía y la determinación de la contribución por mejoras, el ente expropiante no tiene una intervención decisiva para la valoración del

80 Sentencia de la antigua Corte Federal de 12 de enero de 1961, en *Gaceta Forense,* N° 31, pp. 17 y 18.

inmueble a los efectos de dicha ocupación. Al analizar este aspecto, quizás habría que preguntarse sobre cuál es el objetivo de la expropiación e insistir en lo que anteriormente señalamos: se trata de un mecanismo de apoderamiento, por parte del Estado, de bienes que pertenecen a ciertos particulares, sin que pueda haber oposición a la expropiación considerada en sí misma, salvo cuando haya violación de ley como parte de la garantía jurídica. De resto, la expropiación, en sí misma, no puede ser discutida, pues el particular no le puede discutir al Estado que una obra sea o no de utilidad pública, o que una obra deba o no construirse. En vista de ello, es decir, que la expropiación, una vez decretada, salvo los casos de ilegalidad, procede a todo evento, la ocupación previa no viene a ser, en realidad, sino el anticipo de esa expropiación forzosa. Por eso, en nuestro criterio, habría que agilizar el procedimiento de ocupación previa para la realización de determinadas actividades de interés general y utilidad pública consideradas de urgencia, y que permita al ente expropiante valorar unilateralmente la propiedad y consignar el precio ante el Tribunal, dejando abiertas, por supuesto, todas las garantías de inspecciones oculares y de valoraciones para que durante el juicio se discuta el precio que, por lo demás, es la base de discusión del juicio expropiatorio.

Por otra parte, en ese mismo sentido, debería eliminarse la necesidad de gestionar el arreglo amigable en los casos de expropiaciones urgentes que impliquen ocupación previa, y permitirse la consignación del precio resultante del avalúo provisional, parcial o totalmente, según los casos, en títulos valores y no sólo en efectivo, inclusive, con el objeto de que la cantidad se consigne previamente en la proporción de títulos de la deuda pública y efectivo que, en definitiva, va a resultar de la aplicación de las normas específicas de cada caso.

En todo caso, deben tenerse en cuenta las netas diferencias que existen entre la ocupación temporal a que nos referimos anteriormente y esta ocupación previa, y que se evidencian, entre otros, de los siguientes aspectos: a) Respecto al bien ocupado: en la ocupación previa, es objeto de esta ocupación el mismo bien que se expropia, y en la temporal, son los inmuebles colindantes; b) Por la finalidad: se ocupa previamente un inmueble cuando hay que realizar urgente e inmediatamente la obra; se efectúa la ocupación temporal para hacer estudios a fin de recoger datos para la elaboración del proyecto, replanteo de la obra, etc.; c) Respecto al tiempo de ocupación: la ocupación previa es permanente y la temporal es sólo por seis meses; d) Por la autoridad pública que autorice la ocupación; en la ocupación previa, conoce de ésta el Juez que va a conocer del juicio de la expropiación; en la ocupación temporal, es el Gobernador del Estado, Territorio Federal o Distrito Federal respectivo; e) Por el plazo: en la ocupación previa no existe plazo determinado para proceder a la ocupación; en la temporal, existe un plazo de diez días por lo menos; f) Por el objeto: en la ocupación previa es evitar retardos en la ejecución de la obra; en la ocupación temporal es evitar la expropiación de inmuebles colindantes; g) Por las consecuencias: la ocupación temporal lleva consigo un derecho a indemnización para el propietario del inmueble, y en la previa no existe este derecho por el hecho de la ocupación.

3. La participación de los interesados

A. El emplazamiento

a. Personas que deben emplazarse

Una vez que el juez ha recibido los datos del Registro respecto de los inmuebles objeto de la solicitud de expropiación, se emplazará a los dueños, poseedores, arrendatarios, acreedores y, en general, a todo el que tenga algún derecho en la finca que se pretende expropiar[81].

El propietario, como se dijo, es el que tiene la plena legitimación pasiva en el procedimiento expropiatorio, pues, como se verá, sólo los propietarios son los que pueden "contestar" la demanda y oponerse judicialmente a la expropiación. Sin embargo, el emplazamiento se extiende a todos los que puedan tener interés en los resultados del juicio, por tener derecho a ser indemnizados, pues sus derechos sólo pueden hacerse valer sobre el precio una vez dictada la sentencia[82]. En particular, conforme al artículo 28 de la Ley, el poseedor tiene derecho a hacerse parte en el juicio de expropiación a fin de que saque del precio la cuota que le corresponda por el valor de sus mejoras y por los perjuicios que se le causen.

b. Forma

Este emplazamiento no es una citación propiamente dicha, pues no se hace directamente a la persona, sino que el auto de emplazamiento se debe publicar en un periódico de los de mayor circulación en la ciudad de Caracas y en alguno de la localidad, si lo hubiere, por tres veces durante un mes, con intervalos de diez días.

Por otra parte, la autoridad judicial debe remitir al Registro respectivo, tres ejemplares de los periódicos que contengan la primera publicación, para que sean fijadas la solicitud y el emplazamiento en la puerta de su Oficina; esto es para advertir a los posibles adquirientes de la propiedad o de algún otro derecho sobre el inmueble, sobre la expropiación en curso[83].

81 Artículo 22 de la Ley.

82 Artículo 8°.

83 Artículo 22 de la Ley.

c. *La comparecencia*

Los interesados deberán comparecer ante el Tribunal, dentro de los diez días siguientes a la fecha de la última publicación de los carteles, por sí o por medio de apoderados, a los efectos de darse por citados. A los que no comparecieren en dicho término, vencido el mismo se les nombrará defensor, con quien se entenderá la citación[84].

B. *La contestación a la solicitud*

a. *Oportunidad*

La contestación a la solicitud de expropiación se debe verificar en la tercera audiencia siguiente al vencimiento del lapso fijado para la comparecencia de los emplazados. En esa oportunidad, todos los emplazados que se hayan dado por citados podrán hacer valer sus derechos a indemnización.

En caso de que se convenga en la expropiación porque no haya oposición, el Juez debe dictar sentencia y debe procederse a la determinación de la indemnización[85].

b. *La oposición*

El propietario del inmueble objeto de la expropiación, o cualquier persona que tuviere un derecho real sobre el mismo, puede, en el momento de la contestación a la solicitud de expropiación[86], oponerse al juicio expro-piatorio[87]. Ningún otro emplazado o interesado podrá oponerse al juicio.

En todo caso, para poder hacerse la oposición, es necesario que quien la realice aduzca la prueba de su derecho a la cosa sobre la cual versa la expropiación, sin cuyo requisito no se podrá hacer uso de defensa alguna[88].

Por supuesto, esta necesidad de aducir pruebas sobre la propiedad o los derechos reales, no es necesaria si dichos derechos constan por anticipado en los autos[89].

En caso de oposición, el Tribunal deberá abrir un lapso de 15 días para promover y evacuar las pruebas que fueren pertinentes.

---

84 Artículo 23 de la Ley.

85 Véase sentencia de la Corte Federal y de Casación en Sala Federal, del 29-10-48, en *Compilación Legislativa de Venezuela 1948-1949*. Anuario 1948, p. 789.

86 Artículo 25.

87 Artículo 27.

88 Artículo 26, parágrafo único.

89 Véase sentencia de la Corte Federal y de Casación en Sala Federal, del 16-11-43, en *Compilación Legislativa de Venezuela,* Anuario 1943, p. 1.558.

La oposición a la solicitud de expropiación sólo podrá fundarse en dos causales expresas[90]

En primer lugar "violación de Ley", pero, por supuesto, no de cualquier Ley, 'sino de aquella o aquellas que se refieren concretamente a las disposiciones que regulan el proceso mismo de expropiación[91].

Las denuncias de violación de Ley, por otra parte, tienen que ser de carácter específico, no siendo admisible una denuncia genérica.

En segundo lugar, también puede hacerse oposición al juicio expropiatorio, cuando el oponente estime que la expropiación de su inmueble debo ser total, porque la solicitada parcialmente inutiliza el inmueble o lo hace impropio para el uso a que está destinado, lo cual debe ser aprobado por el oponente y apreciado por el Tribunal.

c. La improcedencia de alegatos concernientes a la propiedad

No pueden ser motivo de la contestación a la solicitud de expropiación ni de oposición, los alegatos de los interesados sobre los derechos de propiedad de los inmuebles cuya expropiación se ha demandado; estos asuntos no pueden ser decididos por el Tribunal en el juicio de expropiación, sino en juicio separado ante el mismo Tribunal o el que sea competente[92].

4. La sentencia

A. La relación e informes

En la audiencia siguiente al vencimiento del lapso probatorio, el Juez debe comenzar, necesariamente, la relación de la causa, la cual continuará sin interrupción hasta su terminación. Es el lapso en el cual el Tribunal se ocupará de estudiar el expediente.

El mismo día en que termine la relación, el Tribunal fijará la segunda audiencia para oír los informes de las partes, los que continuarán, si fuere el caso, en audiencias sucesivas hasta su fin[93].

B. La decisión del juicio

Dentro de la tercera audiencia siguiente a la realización del acto de informes, el Tribunal debe dictar sentencia[94]. Esta decisión del juicio tiene como

---

90 Artículo 26.

91 Véase sentencia de la Corte Federal del 30-3-60, en *Gaceta Forense*, N° 27, p. 158.

92 Véase, entre otras, sentencia de la Corte Federal del 30-3-60, en *Gaceta Forense* N° 27, p. 168.

93 Artículo 29.

94 Artículo 29 de la Ley.

contenido, por una parte, la declaración de la necesidad de expropiar determinados bienes objeto del procedimiento; y por la otra, la estimación o desestimación de las oposiciones formuladas.

Por tanto, en las expropiaciones urbanísticas, la sentencia no contiene apreciación alguna sobre el justiprecio de los inmuebles a expropiar. En efecto, en la legislación sobre expropiación general, la oportunidad del justiprecio está desvinculada de la sentencia, pues, en realidad, se trata, como se verá, de un acto complementario de la decisión del Tribunal. No sucede lo mismo en materia agraria, donde el justiprecio forma parte integrante de la decisión judicial, de manera que el Juez no sólo declara la necesidad de adquirir determinados bienes, sino que establece, además, el monto de la indemnización a pagar[95]. En nuestro criterio, esta misma solución debería acogerse en la expropiación general y urbanística, lográndose que la autoridad judicial interviniese más en el proceso de valoración, para adoptar un criterio definitivo sobre el precio a pagar en la expropiación, no como acto complementario del fallo, sino como parte integrante del fallo mismo.

C. *EFECTOS*

El efecto fundamental de la sentencia, tal como lo señala el artículo 8° de la Ley de Expropiación, es que "no podrá intentarse ninguna acción sobre la cosa que se expropia, después que haya sido dictada la sentencia que acuerda la expropiación. Como consecuencia, "los acreedores sólo podrán hacer valer sus derechos sobre el precio".

Por otra parte, debe destacarse que la sentencia, en el juicio de expropiación, no tiene efectos traslativos del dominio del expropiado a la entidad expropiante, sino que, como se verá, esta traslación sólo se produce con el pago de la indemnización. Como consecuencia, la sentencia en el juicio expropiatorio tiene carácter mero declarativo en relación a si procede o no la expropiación, esto es, declara con o sin lugar las oposiciones intentadas contra ella. No es una sentencia constitutiva del traslado del dominio a la entidad expropiante. El traslado referido se produce posteriormente, con el pago de la indemnización al propietario.

Por tanto, en el lapso que media entre la sentencia y el pago de la indemnización, el bien sigue siendo plenamente de su dueño. Sin embargo, a pesar de ello, la Ley dispone, en su artículo 8° que no podrá intentarse ningún tipo de acciones después de dictada la sentencia y que "los acreedores sólo podrán hacer valer sus derechos sobre el precio".

---

95 Véase el artículo 36, ordinal 7°, de la Ley de Reforma Agraria.

5. El avenimiento

Una vez declarada en la sentencia la necesidad de adquirir el todo o parte de la propiedad o algún otro derecho, según lo alegado y probado en autos, y firme la decisión, se debe señalar día y hora para que las partes concurran a fin de lograr un avenimiento sobre el precio de la cosa objeto de la expropiación,

Para tal avenimiento es necesario que el expropiado tenga capacidad para transigir o enajenar, de lo contrario, debe nombrar un representante. Los defensores de los no presentes y los mandatarios que no tengan poder para ejecutar actos de disposición o para transigir, carecen de facultad para este avenimiento[96].

Si las partes llegan a un avenimiento sobre el monto de la indemnización, deberá levantarse un acta donde deben especificarse las razones que justifiquen el avalúo convenido[97]. En cambio, si no se logra el avenimiento, el Juez debe proceder y designar los peritos que habrán de efectuar el justiprecio de los inmuebles a expropiar, conforme a las normas que se señalan más adelante.

6. El pago de la indemnización

A. *Oportunidad*

Sea que el monto de la indemnización se determine en el avenimiento logrado por las partes, sea que se establezca mediante justiprecio conforme a las previsiones de la ley según se verá más adelante, y una vez que éste quede firme, es decir, una vez vencidos los cinco días para la impugnación, antes de procederse a la ocupación definitiva del inmueble, el ente expropiante debe consignar ante la autoridad judicial que conoce del juicio, el precio de la indemnización para que sea entregado al propietario o a quienes tengan derecho a ella, a menos que se haga constar que éstos ya recibieron el pago[98].

B. *Forma de pago*

El principio general es que la indemnización debe ser consignada en moneda de curso legal en dinero efectivo. Sin embargo, la propia Constitución establece la posibilidad de que se efectúe el pago a término en casos de expropiaciones urbanísticas. La Constitución, en efecto, en su Artículo 101 establece lo siguiente:

---

96 Artículo 32.

97 Artículo 32.

98 Artículo 40 de la Ley.

"Artículo 101: ...En la expropiación de inmuebles, con fines de reforma agraria o de *ensanche y mejoramiento de poblaciones,* y en los casos que por graves razones de interés nacional determine la ley, podrá establecerse el diferimiento del pago por tiempo determinado o su cancelación parcial mediante la emisión de bonos de aceptación obligatoria, con garantía suficiente".

El mismo principio lo recoge la Ley de Expropiación, al establecer en su artículo 40, parágrafo único, lo siguiente;

"...Cuando se trate de la expropiación de inmuebles con fines de *ensanche y acondicionamiento de las poblaciones,* el pago podrá hacerse a término dentro de un plazo que no excederá de diez años, con el interés, ventajas, exoneraciones y condiciones que determine en cada caso el Ejecutivo Nacional, y previo el otorgamiento de las garantías reales o personales que se constituyan, a cuyo efecto queda aquél expresamente autorizado para otorgarlas. Sin embargo, mientras el propietario expropiado continuase en posesión material o disfrute del inmueble por no haberse efectuado la ocupación efectiva del mismo, los títulos que represente el precio no devengarán intereses".

En estos casos, señala la Ley de Expropiación[99] que en la propia sentencia se expresará la forma de pago según lo reglamente el Ejecutivo Nacional y se hará constar la garantía constituida que responda al propietario por el valor de su inmueble. Si el expropiado debiere recibir de contado una parte del precio, o bonos, títulos o certificados representativos de su acreencia, la autoridad no ordenará expedir copia de la sentencia, mientras no haya sido consignado el dinero o los valores respectivos, o no tenga constancia de haberlos recibido directamente el expropiado.

En caso de que se trate del pago mediante la emisión de bonos de la deuda pública, estas operaciones se consideran como operaciones de Crédito Público sometidas, por tanto, a las previsiones de la Ley Orgánica de Crédito Público de 30 de julio de 1976[100] y a la autorización de las Cámaras Legislativas mediante Ley[101].

C. EFECTOS DE LA CONSIGNACIÓN DEL PRECIO

Es sólo una vez que se ha consignarlo ante el Tribunal la suma correspondiente a la indemnización, los títulos o certificados que representan la acreencia o la constancia de que el pago se ha realizado, cuando el Juez pue-

---

99 Artículo 41.

100 Artículos 3°, 4° *y* 22.

101 Artículos 18, 44 y 50.

de ordenar que se expida copia de la sentencia que declara la expropiación al ente expropiante, para su registro en la Oficina Subalterna[102].

Esto significa que es con la consignación o pago del precio cuando se produce el traslado del dominio del bien expropiado al ente expropiante; y sólo después de esta consignación es que se puede obtener copia de la sentencia expropiatoria, que es el título formal de traslado del dominio que habrá de registrarse, y es que el Juez ordenará a la autoridad política del lugar, que se haga entrega formal de la cosa expropiada al expropiante[103].

Por tanto, el traslado del dominio no se produce ni con el posible convenimiento del expropiado en el juicio expropiatorio, ni con la sentencia, que es mero declarativa. Esta doctrina ha sido mantenida por la jurisprudencia de la Corte Suprema de Justicia desde 1949.

En efecto, en sentencia del 9 de mayo de 1949, la antigua Corte Federal y de Casación sostuvo lo siguiente:

> "Caracterizado el pago de la indemnización, jurídicamente, como el hecho que determina la transferencia de la propiedad, es cuando ésta se verifica, que se perfecciona el procedimiento expropiatorio.
>
> La sentencia dictada en el juicio expropiatorio no es más que declarativa, llegando sólo a materializarse la expropiación al ser cumplida la condición esencial de 'indemnización previa' exigida en el precepto constitucional que rige la materia. En esta tesis que resulta acogida por nuestra Ley de Expropiación por Causa de Utilidad Pública y Social, al estatuir el artículo 41 de la propia Ley que 'consignada la suma, la autoridad que conoce del asunto ordenará se dé copia de la sentencia que declara la expropiación al que ha promovido, para su registro en la oficina respectiva y además ordenará a la autoridad política del lugar que haga formal entrega de la cosa al litigante".[104]

En una sentencia de la Corte Suprema de Justicia de 12 de diciembre de 1963 se sostuvo, también, lo siguiente:

> "En verdad, conforme a lo dispuesto en el artículo 205 del Código de Procedimiento Civil, en cualquier estado del juicio puede el demandado convenir en la demanda y su convenimiento es irrevocable, de modo que el Juez lo dará por consumado, sin necesidad de consentimiento de la parte contraria, y se procederá como en sentencia pasada en autoridad de cosa juzgada.
>
> Sin embargo, el hecho de que en el procedimiento expropiatorio se aplique, supletoriamente, el Código de Procedimiento Civil, no autoriza a confundir uno y otros procedimientos, el conducente a la expro-

---

102 Artículo 41.

103 Artículo 41.

104 Véase en *Gaceta Forense*, N° 2, pp. 28 y 29.

piación y aquel mediante el cual se conducen los juicios entre particulares, disciplinado por el Código de Procedimiento Civil: tanto por su naturaleza como por su objeto, entre otros motivos, uno y otro son sustancialmente distintos. Y de ahí que la doble circunstancia de que los derecho-habientes sobre las cosas objeto de la expropiación no se opongan a ésta sino que, al contrario, convengan expresamente en ella, y de que su convenimiento sea irrevocable, no puede inferirse, como lo pretenden los interesados en el caso de autos, que la propiedad de tales cosas se traslada al expropiante por el hecho mismo del convenimiento y en el propio momento de su ocurrencia. Ello es manifiestamente erróneo.

En efecto: el artículo 101 de la Constitución dispone que 'sólo por causa de utilidad pública o de interés social, mediante sentencia firme y pago de justa indemnización, podrá ser declarada la expropiación de cualquier clase de bienes'; el artículo 547 del Código Civil previene que 'nadie puede ser obligado a ceder su propiedad, ni a permitir que otros hagan uso de ella, sino por causa de utilidad pública o social, mediante juicio contradictorio e indemnización previa', y el artículo 32 de la Ley de Expropiación por Causa de Utilidad Pública o Social establece que 'declarada por la autoridad judicial la necesidad de adquirir el todo o parte de la propiedad o algún otro derecho, según lo alegado y probado en autos, y firme la decisión, se señalará día y hora para que las partes concurran a fin de lograr un avenimiento sobre el precio de la cosa objeto de la expropiación'. Por manera que, de acuerdo con la interpretación sistemática de los preceptos transcritos, la propiedad de los bienes, a que la expropiación se contraiga, no se traslada al expropiante ni aun con la sentencia que favorable a este recaiga en el respectivo procedimiento; pues ello se ha de limitar, exclusivamente, a establecer la procedencia, en virtud de su propia legalidad, de la expropiación solicitada; 'la necesidad de adquirir el todo o parte de la propiedad o algún otro derecho', dice impropiamente la Ley de la materia pero sí lo suficientemente claro para permitir entender que por la sentencia misma no se traslada el dominio, haya habido convenimiento u oposición a la solicitud de la expropiación. La propiedad se traslada, en la opinión de la Sala conforme a la interpretación expuesta de aquellos mismos preceptos, en el acto en que el expropiante consigna el monto de la indemnización. Entretanto, el propietario conserva sus derechos, aunque limitados o restringidos en su ejercicio y disponibilidad: una de las varias 'restricciones' a que la Constitución somete la propiedad en razón de su función social"[105].

Más recientemente, en sentencia de la misma Corte Suprema de Justicia de 24 de febrero de 1965, se admitió que el desistimiento en los juicios de ex-

105 Véase en *G. O.* N° 905 Extra. del 4-5-64.

propiación podía producirse aun después de dictada sentencia, pero siempre que fuera antes de la consignación del precio, pues se entiende que es en este momento que concluye realmente el procedimiento expropiatorio. En dicha sentencia, la Corte señaló lo siguiente:

"...la expropiación se desenvuelve a través de un procedimiento especial, cuyo objeto esencial es llegar a la transferencia de dominio del bien expropiado.

Ahora bien, para obtener ese resultado y estimar definitivamente consumada la expropiación, se requiere el cumplimiento de todos los requisitos procesales legalmente establecidos. Esas formalidades están consagradas en la Ley de Expropiación por Causa de Utilidad Pública o Social, y pueden sintetizarse así:

A) *Fase inicial:* que comprende la consignación de la solicitud ante el órgano jurisdiccional competente (artículos 19 y 20); solicitud de datos al Registro (artículo 21); emplazamiento de los interesados (artículos 22 y 23); contestación de la solicitud (artículo 24); oposición y pruebas (artículos 25, 26, 27 y 28); relación, informes y sentencias (artículo 29); apelación (artículo 30).

B) *Fase intermedia:* se comprenden en esta etapa del procedi-miento, el avenimiento y el justiprecio. En efecto, dispone el artículo 32 de la citada Ley, que 'declarada por la autoridad judicial la necesidad de adquirir todo o parte de la propiedad o algún otro derecho, según lo alegado y probado en autos, y firme la decisión, se señalará día y hora para que las partes concurran a fin de lograr un avenimiento sobre el precio de la cosa objeto de la expropiación.

No lográndose el avenimiento —dice el artículo 33— el Juez, designará una hora de la tercera audiencia siguiente para el nombramiento de peritos que han de hacer el justiprecio, observándose las reglas del Código de Procedimiento Civil".

Los artículos 34 y 33 estatuyen, respectivamente, la forma de nombramiento de los peritos y las normas a las cuales ellos han de someterse para realizar el avalúo.

C) *Fase Final:* Concluye definitivamente el procedimiento judicial expropiatorio, con el pago del precio y la entrega de la cosa al solicitante. En efecto, dice el artículo 40 de la Ley: avenidas las partes en cuanto al precio de la cosa sobre que versa la expropiación, o firme el justiprecio, antes de proceder a la ocupación definitiva del inmueble, el expropiante consignará el precio ante la autoridad que conoce del negocio *(sic)*, para que sea entregado al propietario, a menos que se haga constar que ya se recibió el precio...".

El artículo 41 *ejusdem* dispone: 'Consignada la suma o constancia de haberse realizado el pago, la autoridad que conoce del asunto ordenará que se de copia de la sentencia que declara la expropiación al que la ha promovido, para su registro en la Oficina respectiva, y además ordenará a la autoridad política del lugar que se haga formal entrega de la cosa al solicitante'.

> "Finalmente, 'el Tribunal, si no hubiere oposición de terceros, ordenará entregar al propietario, el mismo día de la consignación, el precio respectivo, o la cuota inicial, si fuere el caso, o los bonos certificados o títulos que representen su acreencia. Si notificado a tal efecto, no concurriere, o no fuere hallado, se depositará el dinero y valores en un instituto bancario o casa de comercio de reconocida solvencia'. Así lo dispone el artículo 42"[106].

De acuerdo con lo expuesto, el procedimiento judicial expropiatorio no está debidamente concluido mientras no se haya dado cabal cumplimiento a todos los requisitos indicados en cada una de las tres fases que se han analizado, y se llegue, en definitiva, a la transferencia de dominio del bien expropiado, previo el pago de la respectiva indemnización, que, según se ha dicho, es el objeto de este singular proceso.

Por último, debe señalarse que otro de los efectos de la consignación del precio es que los créditos privilegiados o hipotecarios que existan sobre los inmuebles expropiados, se trasladarán al respectivo precio, en las mismas condiciones en que lo reciba el expropiado, pero con la obligación, para éste, de pagar al acreedor el equivalente de los intereses de esas obligaciones, mientras se encuentren en posición material o disfrute del inmueble, a cuyo efecto el Juez debe tomar las precauciones necesarias en defensa de los derechos de dichos acreedores[107].

En todo caso, como se dijo, después de dictada la sentencia no pueden intentarse acciones de ninguna clase sobre la cosa que se expropia, y los acreedores sólo pueden hacer valer sus derechos sobre el precio una vez que éste es consignado[108].

D. *La entrega del precio*

a. *Oportunidad*

Una vez consignado el precio, y si no hubiere oposición de tercero, el Tribunal ordenará entregarle al propietario el mismo día de la consignación, todo o la cuota inicial, si fuere el caso, o los bonos certificados o título que representen su acreencia. Si notificado a tal efecto el propietario no concu-

---

106 Véase en *G. O.* N" 27.676 del 24-2-65.

107 Artículo 40 de la Ley.

108 Artículo 8° de la Ley.

rriese, o si no fuere hallado, se depositarán el dinero y valores en un instituto bancario o casa de comercio de reconocida solvencia[109].

B. *La oposición a la entrega*

Toda persona que se creyere con derecho y acompañe prueba fehaciente de su pretensión, puede oponerse a la entrega del precio consignado como valor de la cosa expropiada, pidiendo que se deposite. El Tribunal, con vista de las pruebas aducidas, podrá acordar o negar el depósito, pidiendo abrir una articulación por ocho días si alguna de las partes lo pidiera[110].

C. *Las deducciones a la indemnización*

Cuando la expropiación comprenda mejoras o plantaciones que no pertenezcan al propietario del inmueble, su precio, conforme esté determinado en la experticia, se entregará a su dueño, deduciéndose del monto total consignado, siempre que no hubiere oposición de terceros[111].

Cuando para asegurar los derechos de terceros fuere suficiente sólo una parte del precio, el depósito se limitará a éste; lo mismo se hará cuando la finca estuviere gravada y bastare una parte del precio para cancelar el gravamen[112].

7. El desistimiento en el juicio expropiatorio

Tal como se señaló, y por cuanto el traslado del dominio en el juicio expropiatorio se verifica con la consignación del precio, la entidad expropiante puede desistir del procedimiento aun después de dictada sentencia y antes de que se produzca dicha consignación. Esta ha sido la doctrina de la Jurisprudencia de la Corte Suprema de Justicia desde 1963.

En efecto, en sentencia de 24 de febrero de 1965, la Corte sostuvo lo siguiente:

> "Dice el Código de Procedimiento Civil, en el artículo 205, que 'en cualquier estado del juicio puede el demandante desistir de su acción y el demandado convenir en la demanda'; y que en tal caso, 'el Juez dará por consumado el acto y se procederá como en sentencia basada en autoridad de cosa juzgada, sin necesidad de consentimiento de la parte contraria'.
>
> Como aparece en la citada norma, el único requisito que se exige para que el demandante pueda válidamente desistir de su acción, o el de-

109 Artículo 42 de la Ley.

110 Artículo 45.

111 Artículo 42.

112 Artículo 44.

mandado convenir en ella, es que el juicio se encuentre en 'cualquier estado', o sea, que no haya concluido. "Ahora bien, el procedimiento judicial expropiatorio consta de las tres fases que han sido determinadas. Por consiguiente, mientras no se han agotado esas etapas, el juicio no ha concluido; o sea, se encuentra en un estado determinado; y en tal caso, son procedentes el desistimiento o el convenimiento previstos en el artículo 206 del Código de Procedimiento Civil"[113].

V. EL JUSTIPRECIO

1. OPORTUNIDAD

Las normas relativas al justiprecio consagradas en la Ley de Expropiación deben seguirse en caso de arreglo amigable, fuera del juicio expropiatorio, o en el curso del procedimiento judicial, cuando, después de dictada sentencia, no se logre un avenimiento entre las partes.

En este caso, el Juez designará una hora de la tercera audiencia siguiente a la oportunidad señalada para el avenimiento, para el nombramiento de los peritos que han de hacer el justiprecio, de acuerdo a lo establecido en el Código de Procedimiento Civil.[114]

El nombramiento de peritos es el mismo del juicio ordinario; éstos serán uno o tres y su nombramiento se hará por las partes. Cuando una de ellas no concurriese o no pudiere avenirse en el nombramiento del tercero, el Juez hará el nombramiento del que le corresponda a la parte y del tercero, o de éste solamente, en sus casos[115].

2. ELEMENTOS DEL PERITAJE

Tres tipos de elementos deben considerar los peritos en el justiprecio de los inmuebles, a los efectos de determinar la indemnización que corresponde al propietario; elementos generales, elementos obligatorios y elementos especiales. Estos elementos deberán también tomarse en cuenta en cuanto sean aplicables, respecto del justiprecio de las mejoras y perjuicios del poseedor[116].

A. ELEMENTOS DE CARÁCTER GENERAL

En general, en el justiprecio de todo inmueble que se trate de expropiar total o parcialmente, se especificará su clase, calidad, situación, dimensiones aproximadas, su probable producción y todas aquellas circunstancias que

113 Véase en *G. O.* N° 27.676 del 24-2-65.

114 Artículo 33.

115 Artículo 34 de la Ley.

116 Parágrafo único del artículo 35 de la Ley.

influyan en las operaciones y cálculos que se hayan hecho para fijar su justo valor[117].

Los peritos, por tanto, tienen una amplia facultad de apreciación para determinar el justiprecio. Tal como lo ha señalado la Corte Federal en sentencia del 5 de agosto de 1959:

> "La Corte observa: en el campo del procedimiento civil o penal podría haber indefensión cuando se priva de defensa a una parte; y esta privación ocurre generalmente cuando se le niega ilegalmente la admisión de una prueba, o cuando admitida, y pudiendo producir efectos decisivos sobre la decisión, el Juez no la aprecia sin causa justificada, pero cuando se trata de pruebas aportadas por una de las partes durante una operación de peritaje judicial, no podría decirse igual cosa, porque los peritos, aun sobre aquellos elementos que prescribe la Ley de Expropiación en su artículo 35 que han de ser tomados en cuenta, tienen amplia facultad de apreciación en cuanto se refiere a sus efectos en el justiprecio y, así, pueden desechar las que aparezcan viciadas por insinceras en cuanto al precio, a la extensión del inmueble o por cualquier otra causa que pueda influir sobre el resultado del avalúo, que en éstos no determinaría el justo precio. Además, y por lo que se refiere al caso de autos, el citado artículo 35 de la Ley de Expropiación ordena a los peritos tomar en cuenta 'los precios medios a que hayan vendido en los últimos doce meses inmuebles similares'. Son pues, los peritos los que han de decidir, según su amplia facultad de apreciación, cuáles de esos inmuebles vendidos son similares al que han de avaluar. Esa amplia facultad de apreciación de los hechos, que por lógica implica la selección de los que juzgan adecuados al objeto de sus actividades, es tan indispensable como múltiples, disimiles y variadas son las situaciones en que han de actuar.
>
> "En efecto, la extinguida Corte Federal y de Casación, en Sala Federal, ha dictaminado, conforme lo que se deja expuesto, que 'debe tenerse presente que cuando el legislador ordena a los peritos tomar en cuenta determinados factores o elementos para fijar el valor de una cosa, ha querido, sin duda, que en su imparcial facultad de apreciación, dispongan de una orientación para llegar a un avalúo justo, es decir, que tengan presentes los diversos datos, elementos o circunstancias que puedan conducirlos a una exacta fijación del valor o precio, pero en manera alguna les está imponiendo la obligación de fijar como monto de ese precio, el valor que en cualquier forma esté expresado en los aludidos datos; ni tampoco la obligación de hacer constar en forma expresa y categórica el hecho de haber tomado en cuenta tales elementos; para concluir que éstos no fueron considerados, sería preciso que los peritos lo expresaren, o que del examen del justiprecio o avalúo se encontrare en manera clara que los dichos peritos ignoraron, desecharon,

---

117 Artículo 35 de la Ley.

pusieron de lado o no tomaron en cuenta los elementos que manda la Ley tener en cuenta' (sentencia de 29 de junio de 1952). Y en otra ocasión dejó establecido que 'bien pueden utilizar (los expertos) los elementos que existen en el proceso, pero ninguna Ley les impide que obtengan nuevos datos, que practiquen mensuras en el propio terreno, hagan u obtengan copias de planos, para llenar a cabalidad su cometido; y las pruebas que aporten en respaldo de sus conclusiones no son extrañas a los autos sino, al contrario, precisos y oportunos elementos de convicción en la incidencia especial'[118]".

B. ELEMENTOS OBLIGATORIOS

Pero además de los elementos de carácter general, por disposición expresa del artículo 35 de la Ley de Expropiación:

> "Entre los elementos del avalúo se tomarán en cuenta el valor fiscal del inmueble declarado o aceptado por el propietario; el valor establecido en los actos de trasmisión realizados por lo menos 6 meses antes del Decreto de expropiación y los precios medios a que se hayan vendido en los últimos doce meses inmuebles similares".

Conforme a esto, los peritos, por tanto, deben tomar en cuenta necesariamente los siguientes valores: el valor fiscal, el valor comercial y los valores medios.

a. El valor fiscal

El valor fiscal se determina por aquellos valores que hayan sido declarados o aceptados por el propietario, a efectos fiscales; por ejemplo, el valor declarado en una declaración de impuesto de sucesiones o el valor aceptado en la fijación de los impuestos municipales sobre inmuebles urbanos (derecho de frente).

Sobre la necesidad de estimar el valor fiscal, la Corte Federal, en sentencia de 28 de abril de 1960, señaló que en el justiprecio de inmuebles debe siempre determinarse, y en caso de no poderlo hacer, debe declararse la imposibilidad para ello. Si se omite este valor fiscal o las razones por las que no se toma en cuenta, el peritaje está viciado de nulidad[119].

b. El valor comercial

La doctrina tradicional de la Corte Suprema de Justicia había sido que el valor comercial se determinaba por los precios establecidos en los actos de

---

118 *Sentencia* de 12-8-52, en *Gaceta Forense,* N° 25. pp. 120 a 122.

119 Véase en *Gaceta Forense,* N° 28, p. 32.

transmisión realizados respecto del inmueble que se expropia, antes de los seis meses que anteceden al Decreto de expropiación[120]. Por ello en ningún caso los peritos pueden tomar en cuenta el mayor valor de los inmuebles por razón de su proximidad a las obras en proyecto[121].

Sin embargo, como quedó dicho, tal doctrina ha sido abandonada por la propia Corte Suprema de Justicia en su sentencia del 19 de junio de 1979, al destacar la ambigüedad de la redacción del Artículo 35 de la Ley, "que al incluir la copulativa "y" en su redacción, impulsa al intérprete de ella a relacionar la fecha del decreto expropiatorio como base para retrotraer tanto el lapso de más de seis meses anteriores para fijar el valor establecido en los actos de transacción del inmueble, como el lapso de los doce meses anteriores para determinar el precio medio de los inmuebles similares. Pero, como ya hemos visto, la aplicación de esta tesis en la práctica puede dar lugar a determinaciones francamente reñidas con el precepto constitucional consagrado en el artículo 101 de nuestra Carta Fundamental"[122].

Por otra parte, de acuerdo con sentencia de la Corte de 5 de agosto de 1959, los peritos deben tomar en cuenta sólo las traslaciones de la propiedad realizadas por medio del registro y no las que existan por documento privado que no ha sido registrado[123].

c. El valor medio

En el caso del valor medio, también había sido criterio tradicional de la Corte que el mismo se debía establecer por los precios medios a que se hubiesen vendido inmuebles similares al que se expropia, durante los últimos doce meses anteriores al decreto de expropiación. En sentencia de la Corte de 28 de abril de 1960, se declaró nulo un peritaje porque más de la mitad de los datos de que se valieron los peritos para determinar el valor medio del inmueble, no se habían realizado en el referido término de doce meses[124].

En todo caso, en otra sentencia de 5 de agosto de 1959, la Corte estableció que los doce meses eran los anteriores al decreto de expropiación y no los que preceden al avalúo[125].

Esta doctrina, sin embargo, como se señaló anteriormente, ha sido abandonada por la Corte Suprema de Justicia en Sala Político-Administrativa en su sentencia del 19 de junio de 1979, ya citada, en la cual, al constatarse que un

---

120 Véase sentencia de la Corte Suprema de Justicia del 7-4-65, en *G. O,* N° 27.734 del 12-2-65.

121 Artículo 35 de la Ley.

122 Consultada en original.

123 Véase en *Gaceta Forense* N° 25, pp. 138 a 141.

124 Véase en *Gaceta Forense* N° 28, pp. 30 a 32.

125 Véase en *Gaceta Forense* N° 25, pp. 133 a 137.

Decreto de expropiación había sido publicado en 1973 y el avalúo practicado en 1976, señaló lo siguiente:

> "Es público y notorio que en ese lapso el valor de los inmuebles en toda la República fue afectado por una súbita alza como hasta ahora no había ocurrido en la historia económica del país, y por lo tanto, resultaba una manifiesta injusticia aplicar al avalúo del inmueble expropiado, los precios de inmuebles similares, determinados por los precios existentes doce meses antes del decreto de expropiación"[126].

C. *Elementos de carácter particular*

Además de los elementos generales y obligatorios, la Ley de Expropiación regula elementos especiales, en la expropiación parcial y en caso de indemnizaciones particulares.

a. *En la expropiación parcial*

En efecto, el artículo 35 de la Ley que establece que cuando el justiprecio verse sobre parte de una finca o derecho, los peritos formarán un capítulo en el cual estimarán la cantidad en que se calcule el perjuicio sufrido por el propietario con la expropiación parcial, teniendo en cuenta el beneficio inmediato y permanente que la construcción de la obra que da lugar a la expropiación, reporte al resto de la finca o derecho de que se trate. Si la estimación del beneficio excediere de la del perjuicio, el exceso se imputará al valor de la parte expropiada. En todo caso, si el exceso fuere mayor de un cuarto de la indemnización debida al propietario, puede éste optar por la expropiación total declarando que acepta el justiprecio precedentemente efectuado[127].

b. *En las indemnizaciones particulares*

Conforme al artículo 36 de la Ley de Expropiación, hay lugar a indemnización, y ella debe ser estimada por los peritos, cuando a los propietarios se les prive de una utilidad, queden gravados con una servidumbre o sufran un daño permanente que se derive de la pérdida o de la disminución de sus derechos.

---

126 Consultada en original.

127 Artículo 38.

3. PROHIBICIONES A LOS PERITOS

Los peritos, tal como se señaló, no podrán tomar en cuenta en el avalúo de los inmuebles a expropiar, el mayor valor que pueden tener debido a su proximidad a las obras en proyecto y que motivan la expropiación[128].

Por otra parte, conforme a lo previsto en el artículo 38 de la Ley, las mejoras que durante el juicio de expropiación hiciere el propietario de la cosa que se expropia, no serán apreciadas por los peritos. Sin embargo, el dueño podrá llevarse los materiales y destruir las construcciones en cuanto no perjudique al expropiante.

En los casos de expropiaciones urbanísticas, tampoco serán apreciadas las mejoras que efectúe el propietario de la cosa que se expropia después de la aprobación y publicación del plan general de acondicionamiento o modernización de una ciudad o agrupación urbana[129].

Precisamente por ello, y para evitar que se sigan causando graves perjuicios a los particulares por las afectaciones eternas de inmuebles urbanos, es que la Ley Orgánica de Régimen Municipal estableció, en su artículo 85, como antes se dijo, lo siguiente:

> *Artículo* 85. Cuando con la promulgación de un plano de Desarrollo Urbano local se afecten terrenos de propiedad privada para usos recreacionales o deportivos, asistenciales, educacionales o para cualquier uso público, se indicará el plazo dentro del cual el Municipio deberá adquirir esos terrenos. Este plazo en ningún caso podrá exceder de cuatro (4) años, vencido el cual sin que el Municipio haya adquirido esos bienes, se considerará sin efecto dicha afectación.

Esta disposición no es aplicable cuando la afectación resulte de un plano de parcelamiento o de urbanismo.

Conforme a esta norma, transcurridos los cuatro años, al quedar sin efecto la afectación, en una eventual expropiación posterior, se tendrían que tomar en cuenta las mejoras efectuadas hasta tanto se dicte de nuevo un Decreto de expropiación especial.

4. LA IMPUGNACIÓN DEL JUSTIPRECIO

La Ley de Expropiación no regula en particular la posibilidad de impugnación del justiprecio. Sin embargo, la jurisprudencia de la Corte Federal ha admitido la posibilidad de dicha impugnación, dentro de un lapso de 5 días a contar de la consignación del mismo en el Tribunal[130].

---

128 Artículo 35.

129 Artículos 11 y 38.

130 Sentencias del 21-2-52 en *Gaceta Forense,* N° 10, pp. 103 a 108, y del 29-10-59 en *Gaceta Forense,* N° 26, pp. 74 a 76.

Una vez vencido dicho lapso, se estima que el justiprecio queda firme, en cuyo caso debe procederse a la consignación del precio[131].

Debe señalarse, sin embargo, que esta impugnación del avalúo ante el órgano jurisdiccional, parece lógica cuando el mismo se ha realizado en un procedimiento judicial expropiatorio. Por ello, estimamos que no debería proceder en los casos en los cuales el avalúo se ha hecho con motivo de un arreglo amigable previo al juicio expropiatorio. En estos casos, las partes han convenido fijar el precio mediante peritaje, y a su contenido deben atenerse. Sólo si el mismo adolece de vicios de ilegalidad, podría impugnarse por vía contencioso-administrativa de anulación, como acto administrativo emanado de funcionarios públicos accidentales[132].

131 Artículo 40.

132 En este sentido véase lo expresado por la Procuraduría General de la República en *Doctrina 1964*, Caracas 1965, pág. 143.

SECCIÓN DÉCIMA CUARTA: *INTRODUCCIÓN GENERAL AL RÉGIMEN DE LA LEY DE EXPROPIACIÓN POR CAUSE DE UTILIDAD PÚBLICA O INTERÉS SOCIAL* (2002)

TEXTO PUBLICADO EN EL LIBRO: ALLAN R. BREWER-CARÍAS (COORDINADOR Y EDITOR), GUSTAVO LINARES BENZO, DOLORES *AGUERREVERE* VALERO Y CATERINA BALASSO TEJERA, *LEY DE EXPROPIACIÓN POR CAUSA DE UTILIDAD PÚBLICA O INTERÉS SOCIAL*, COLECCIÓN TEXTOS LEGISLATIVOS, N° 26, 1ª EDICIÓN, EDITORIAL JURÍDICA VENEZOLANA, CARACAS 2002, PP. 7-100. *ESTE TRABAJO LO DEDIQUÉ A LA MEMORIA DE SEBASTIÁN MARTÍN RETORTILLO BAQUER, EXCELENTE CATEDRÁTICO Y MEJOR AMIGO, QUIEN FUE EL RESPONSABLE DE MI INTERÉS POR ESTA MATERIA. EN 1964, CON OCASIÓN DE SU ESTADÍA EN CARACAS INVITADO POR LA FACULTAD DE DERECHO DE LA UNIVERSIDAD CENTRAL DE VENEZUELA, DICTÓ UN SEMINARIO PARA LOS INVESTIGADORES DEL INSTITUTO DE DERECHO PÚBLICO, SOBRE "EXPROPIACIÓN FORZOSA", EN EL CUAL TUVE EL PRIVILEGIO DE HABER SIDO SU ALUMNO. DEL MISMO, ADEMÁS DE ADQUIRIR LOS CONOCIMIENTOS QUE SÓLO ÉL PODÍA TRASMITIRNOS, SURGIÓ UNA ENTRAÑABLE AMISTAD QUE SE ACRECENTÓ CON LOS AÑOS. EL DERECHO ADMINISTRATIVO, SIN DUDA, HA PERDIDO A UNO DE SUS MÁS DESTACADOS EXPONENTES EN EL MUNDO LATINO, CUYA OBRA SIN EMBARGO PERDURARÁ PARA BENEFICIO DE LOS ESTUDIOSOS DEL DERECHO PÚBLICO. PARA SUS AMIGOS, CHANO NOS HARÁ MUCHA FALTA.*

I. INTRODUCCIÓN

1. EL CONCEPTO DE EXPROPIACIÓN

Tal como la define el artículo 2 de la Ley de Expropiación por causa de utilidad pública o interés social de 21 de mayo de 2002[1]

La expropiación es una institución de derecho público, mediante la cual el Estado actúa en beneficio de una causa de utilidad pública o de interés social, con la finalidad de obtener la transferencia forzosa del derecho de propiedad o algún otro derecho de los particulares, a su patrimonio, mediante sentencia firme y pago oportuno de justa indemnización.

---

1 Véase en *G.O.* N° 37.475 de 01-07-02. Esta Ley se ha dictado para regular la expropiación forzosa por causa de utilidad pública o de interés social, de los derechos y bienes pertenecientes a los particulares, necesarios para lograr la satisfacción del bien común (art. 1). La Ley deroga la Ley de Expropiación por causa de utilidad pública o social de 04-11-46 (*G.O.* N° 22.458 de 06-11-47), modificada por Decreto-Ley N° 184 de 25-04-58 (*G.O.* N° 25.642 de 25-04-58).

En las notas siguientes utilizamos las siguientes abreviaturas: *CF*: Corte Federal; *CFC*: Corte Federal y de Casación; *CPCA*: Corte Primera de lo Contencioso Administrativo; *Memoria*: Memoria de la Corte Federal y de Casación; *CSJ:* Corte Suprema de Justicia; *SF:* Sala Federal; *SPA*: Sala Político Administrativa; *TSJ:* Tribunal Supremo de Justicia; *RDP:* Revista de Derecho Público; *G.F.*: Gaceta Forense; *G.O.*: Gaceta Oficial.

Esta definición sigue la adoptada desde hace años por la jurisprudencia del Tribunal Supremo[2], y se refiere a la institución que utiliza el Estado cuando, para la ejecución de actividades de interés general, como por ejemplo, la ejecución de un plano de urbanismo o zonificación, al afectar determinadas áreas (de propiedad privada) al uso público, por ejemplo, para la construcción de calles o para el establecimiento de áreas verdes públicas, exige que la autoridad pública adquiera la referida área de propiedad privada, sin acudir a los medios propios del derecho privado que permite el ordenamiento jurídico, como la compra-venta, la donación, etc. Aparte de éstos, están los medios establecidos por el derecho público y, entre éstos, precisamente, la expropiación por causa de utilidad pública o interés social[3].

Esta institución de la expropiación, con base en la regulación de la Ley de 1946 y durante las décadas de su vigencia, fue objeto de un amplio tratamiento jurisprudencial[4]. La Ley de 2002, en realidad, reformó muy poco las regulaciones de la Ley de 1946, y en las escasísimas reformas que introdujo, en realidad, lo que se recogieron fueron las interpretaciones jurisprudenciales. No hay, por tanto, en la Ley de 2002 ninguna gran innovación respecto del régimen anterior.

2. EL RÉGIMEN DE LA EXPROPIACIÓN Y SUS CARACTERÍSTICAS

A. SU CARÁCTER DE ORDEN PÚBLICO

De acuerdo con lo previsto en el artículo 115 de la Constitución, la consecuencia de la garantía de la propiedad privada está prevista en la siguiente forma:

Sólo por causa de utilidad pública o de interés social, mediante sentencia firme y pago oportuno de justa indemnización, podrá ser declarada la expropiación de cualquier clase de bienes.

---

2 Véase las sentencias: CFC-SF, 14-03-51, *G.F.* Nº 10, p. 133-134; CSJ-SPA, 24-02-65, *G.O.* Nº 27.676, 24-02-65; CSJ-SPA, 12-11-91, *RDP* Nº 48, pp. 178-180 y CSJ-SPA, 20-07-93, *RDP* Nº 55-56, p. 530.

3 Véase en general sobre la expropiación: Allan R. Brewer-Carías, *Urbanismo y propiedad privada*, Caracas, 1980, pp. 409 a 493; y "Las Expropiaciones Urbanísticas" en Allan R. Brewer-Carías, *Jurisprudencia de la Corte Suprema 1930-1975 y Estudios de Derecho Administrativos*, Tomo VI, Caracas, 1979, pp. 47 a 139.

4 La jurisprudencia en materia expropiatoria puede consultarse en: *Período 1940-1996:* Allan R. Brewer-Carías, *La Expropiación por causa de utilidad pública o social*, Instituto de Derecho Público, UCV, Caracas 1966, pp. 25 a 239. *Período 1930-1974:* Allan R. Brewer-Carías, *Jurisprudencia de la Corte Suprema 1930-1974* y *Estudios de derecho administrativo*, Tomo VI, *Propiedad y Expropiación*, Instituto de Derecho Público, UCV, Caracas 1978, pp. 271 a 575. *Período 1980-1987:* Mary Ramos Fernández, *Jurisprudencia de Expropiación (1980-1987)*, Editorial Jurídica Venezolana, Caracas 1989. *A partir de 1980: Revista de Derecho Público*, Editorial Jurídica Venezolana, Caracas.

Este principio constitucional se encuentra reproducido en el Código Civil, en su artículo 547, que establece que:

Nadie puede ser obligado a ceder su propiedad ni a permitir que otros hagan uso de ella, sino por causa de utilidad pública o social, mediante juicio contradictorio e indemnización previa.

La diferencia entre la norma constitucional y la del Código Civil es que éste incluye la necesidad de "un juicio contradictorio" para poder expropiar, y la Constitución sólo habla de "sentencia firme"; y en cuanto a la indemnización la Constitución habla de "pago oportuno de justa indemnización" y el Código Civil, de "indemnización previa".

En todo caso, tanto el juicio contradictorio como la sentencia firme son necesarios sólo cuando no se logre el traslado del dominio amigablemente, y el propietario se oponga al procedimiento.

La normativa que regula a la expropiación en Venezuela, como se ha señalado, está contenida en la Ley de Expropiación por Causa de Utilidad Pública o Social de 21 de mayo de 2002. Sin embargo, aparte de esta Ley general, debe tenerse en cuenta que en diversas leyes especiales se han venido consagrando normas particulares en materia de expropiación, tales como la Ley de Tierras y Desarrollo Rural, de 9 de noviembre de 2001; la Ley de Inmigración y Colonización, de 11 de julio de 1966; la Ley de Minas de 5 de noviembre de 2001; la Ley Orgánica de Hidrocarburos de 2 de noviembre de 2001; la Ley Forestal, de Suelos y Aguas, de 30 de diciembre de 1965; la Ley sobre Derecho de Autor de 1 de octubre de 1993; la Ley de Propiedad Industrial, de 2 de septiembre de 1955; o la Ley del Sistema de Transporte Ferroviario de 30 de octubre de 2001.

Por ello, el artículo 4 de la Ley de Expropiación dispone que la expropiación forzosa sólo puede llevarse a efecto con arreglo a la Ley, salvo lo dispuesto en las leyes especiales (art. 4). Sin embargo, en lo concerniente a "la reforma interior y al ensanche de las poblaciones" el mismo artículo 4 dispone que "prevalecerán las disposiciones de esta Ley".

En todo caso, todas las disposiciones que regulan la expropiación son de orden público[5], pues la potestad estatal que regulan constituye una limitación a un derecho constitucional garantizado a los habitantes del país, como es el derecho de propiedad. La consecuencia de este carácter de orden público, es que el quebrantamiento de cualesquiera de las disposiciones de la Ley, no puede subsanarse ni con el consentimiento de las partes, y su nulidad puede y debe ser declarada de oficio por el tribunal competente, o bien cualesquiera de las partes puede alegar la norma violada. El tribunal puede anular lo actuado y retrotraer el juicio al estado en que se subsane el vicio que tiene.

Ahora bien, el régimen legal relativo a la expropiación está estructurado en Venezuela, no sólo para regular el ejercicio de una potestad pública por

5 Sentencia CSJ-SPA, 09-12-80, *RDP* N° 5, p. 152

parte del Estado sino, además, y en vista de que el ejercicio de esa potestad incide sobre un derecho garantizado constitucionalmente, para asegurar que ese poder sea ejercido correctamente, de manera que no se menoscaben totalmente los derechos de los particulares.

Estos dos extremos, por una parte, la potestad pública y el ejercicio de la misma por el Estado, y por la otra, la garantía de los derechos de los particulares, son los dos ejes sobre los cuales gira toda la legislación en materia de expropiación por causa de utilidad pública o interés social.

B. La regulación de la potestad expropiatoria

En efecto, en primer lugar debe señalarse en cuanto a la potestad pública cuyo ejercicio se atribuye al Estado, que la Ley de Expropiación consagra la posibilidad para éste, de apoderarse de bienes de los particulares para determinados fines, en forma coactiva o forzosa, cuando exista alguna resistencia de parte de los particulares, con motivo de la realización de obras de utilidad pública o actividades de interés social que el Estado pretenda ejecutar. Esa expropiación o ese apoderamiento forzoso de los bienes por parte del Estado, tal como expresamente lo ha calificado la jurisprudencia, procede "por las buenas o por las malas"[6]. Por ello, decretada la expropiación, es decir, ejercida la potestad expropiatoria por parte del Estado, los particulares no pueden discutir si realmente el Estado necesita o no aquellos bienes. Lo único que pueden discutir y exigir es la garantía a ser debidamente compensados por la lesión que se produzca a sus derechos. Por tanto, la discusión no puede incidir sobre el ejercicio mismo de la potestad expropiatoria, la cual, una vez que se ejerce, es irreversible[7].

Por otra parte, la regulación de una potestad pública de tal importancia que permite al Estado lesionar uno de los derechos que la propia Constitución garantiza, ha implicado, generalmente, que en las legislaciones sobre expropiación, se haga intervenir, para el correcto ejercicio de esta potestad por parte del Estado, a todos los órganos del Poder Público. En efecto, en materia expropiatoria no sólo interviene el Poder Ejecutivo cuando decreta la expropiación de una obra, sino que, fundamentalmente, la Ley exige la intervención previa del Poder Legislativo y posterior del Poder Judicial[8]. La garantía del derecho de propiedad y la lesión producida a este derecho, hace que el legislador exija que todas las instituciones y poderes del Estado intervengan en el procedimiento.

En efecto, en *primer lugar*, interviene el Poder Legislativo al declarar la utilidad pública ó el interés social de la actividad que conlleva la expropiación,

---

6 Sentencia de la CFC, SF, 14-03-52, en *G.F.* N° 10, 1952, pp. 133-134

7 Sentencia CPCA, 15-08-88, *RDP* N° 36, pp. 156-157.

8 Sentencias CSJ-SPA, 12-11-91, *RDP* N° 48, pp. 178-150; CSJ-SPA, 18-04-96, *RDP* N° 55-56, p. 444

declaratoria que se reserva generalmente al legislador, hasta el punto de que el Poder Ejecutivo no puede juzgar cuándo hay utilidad pública o interés social en una actividad pública, sino que ésta sólo puede ser declarada por ley (art. 3 y 13). Excepcionalmente, sin embargo, la Ley permite al Ejecutivo Nacional determinar la utilidad pública en materia de seguridad y defensa de la Nación (art. 13).

En *segundo lugar*, interviene el Poder Ejecutivo, pues se exige que para que se ejecute la expropiación es necesario un acto de la autoridad ejecutiva, el Decreto de Expropiación, que determine cuáles bienes van a ser expropiados para alcanzar los fines de utilidad pública o interés social que la ley establece (art. 3 y 5).

En *tercer lugar*, interviene el Poder Judicial, como garantía judicial necesaria frente a la lesión del derecho del particular. En este sentido, cuando no hay posibilidad de llegar a un arreglo o convenio amigable con el particular expropiado, la autoridad administrativa no puede apoderarse simplemente de sus bienes, sino que necesariamente tiene que acudir a la vía judicial, por ante el juez competente, para solicitar la expropiación o traslado forzoso de la propiedad de determinados bienes del particular al Estado (art. 3 y 23).

Estos son los aspectos resaltantes del primero de los elementos de la legislación sobre expropiación, el que regula el ejercicio de una potestad pública, en la cual intervienen todos los poderes del Estado y que implica que el ejercicio de esa potestad deba hacerse conforme a las normas que establece la Ley.

C. *La regulación de la garantía de los particulares*

El segundo elemento de la expropiación, además de la potestad pública de expropiar, está constituido por la garantía del derecho de los particulares. En efecto, el hecho de que se otorguen al Estado determinadas potestades y el ejercicio de determinados poderes exorbitantes al derecho común que rige las relaciones entre particulares, no implica que éstos queden desasistidos. Al contrario, el legislador establece una serie de mecanismos para que el derecho del particular esté debidamente garantizado frente al ejercicio de esa potestad pública.

Esta garantía del derecho de los particulares que establece la legislación de expropiación, podemos clasificarla en tres grandes: por una parte, una garantía jurídica; por otra parte, una garantía patrimonial; y en tercer lugar, una garantía de devolución; las cuales están íntimamente conexas.

A. *La garantía jurídica*

En primer lugar, está la garantía jurídica, que implica que el poder de expropiación, como ejercicio de una potestad pública, está circunscrito a una serie de normas legales (art. 4 y 7). No es, por tanto, una vía de hecho. No se trata del apoderamiento fáctico de determinados bienes por parte del Estado, sino que se trata de la apropiación de ciertos bienes particulares, pero conforme a una serie de normas de carácter jurídico que conforman el primer elemento de la garantía consagrada para los particulares. El despojo que se hace del bien de un particular, por tanto, no es un despojo ilegal, sino un despojo perfectamente legítimo, dados los fines que tiene el Estado en un momento determinado y que, por tratarse de un despojo legítimo, debe cumplirse de acuerdo a una serie de normas legales.

En virtud de ello, al particular se le consagra, como protección de esa garantía, en primer lugar, la posibilidad de oponerse a está expropiación (art. 30). En este sentido, la principal causa de oposición a la expropiación es el alegato de que se haya producido una violación de ley, precisamente por la existencia de esta garantía jurídica. La otra causa de oposición se refiere, en particular, a la expropiación parcial, pero no incide ya directamente sobre la expropiación en sí misma. Por eso, la confirmación de esta garantía jurídica está en la oposición a la expropiación por violación de ley.

Pero debe destacarse, además, que al particular se le otorgan una serie de mecanismos para hacer efectiva esa garantía, hasta el punto de que se le dan posibilidades de ejercer acciones posesorias o petitorias en relación al despojo ilegítimo o ilegal que se haya hecho de sus bienes, es decir, contra las ocupaciones ilegítimas de la propiedad (vías de hecho)[9], a los efectos de que se le mantenga en el uso, goce y disfrute de su propiedad (art. 8). Por ello, la Ley de Expropiación declara como responsables, a los funcionarios y a los jueces que hayan intervenido en algún procedimiento expropiatorio en el cual no se hayan cumplido las normas legales (art. 65). En esta forma, además de quedar comprometida la responsabilidad del Estado (art. 140 de la Constitución), por violaciones a la propiedad que cometan sus funcionarios, también estos son responsables personalmente.

B. *La garantía patrimonial*

La segunda garantía, además de la garantía jurídica, es la garantía patrimonial. En efecto, si bien se otorga al Estado la posibilidad de apoderarse de determinados bienes de particulares, esto no significa que los derechos del particular claudican totalmente ante el Estado, sino que en el lugar de su derecho de propiedad, que desaparece, surge un nuevo derecho, el derecho a ser indemnizado y, por tanto, a recibir una justa compensación. En torno

---

[9] Sentencia CSJ-SPA, 03-10-90; *RDP* N° 44, p. 214-216.

a ello, la jurisprudencia en Venezuela, reiteradamente, ha considerado que este derecho sustitutivo debe ser, como su nombre lo indica, una justa compensación o indemnización, que no signifique ni enriquecimiento ni empobrecimiento para el expropiado, es decir, una indemnización que sustituya el derecho que ha sido lesionado por el ejercicio de la potestad expropiatoria[10]. La expropiación viene a ser, entonces, un mecanismo de conversión del derecho patrimonial de carácter real por un derecho de crédito sobre una cantidad determinada de dinero, compensatoria de la situación anteriormente existente.

c. La garantía de devolución (la retrocesión)

Pero las legislaciones de expropiación no sólo consagran estas dos garantías: la jurídica y la patrimonial, sino que también consagran una tercera garantía que es sustancial a la finalidad que origina la expropiación y que es la llamada garantía de devolución.

En efecto, si la expropiación procede por causa de utilidad pública o de interés social, la legislación de expropiación, y ésta es la tendencia general en el derecho comparado, establece que cuando el bien que se expropia y del cual se despoja a un particular, no se destina por el Estado al fin de utilidad pública o de interés social que originó la expropiación, surge un derecho del particular a quien se le quitó su bien, de pedirle al Estado la devolución del mismo cuando no ha sido utilizado para los autorizados fines de utilidad pública o de interés social.

En Venezuela, la legislación de expropiación tradicionalmente había regulado, por una parte, la potestad expropiatoria y el ejercicio de ella por parte del Estado; y por la otra, las dos primeras garantías señaladas, la jurídica y la patrimonial; es decir, había establecido una serie de normas a las cuales debía ajustarse el ejercicio de la propiedad expropiadora y establecido las normas que buscan lograr la justa compensación o indemnización, es decir, la garantía patrimonial para el particular. Sin embargo, la legislación de expropiación en Venezuela no había recogido completamente este tercer elemento que configura la garantía de devolución, consagrando solamente, como lo repite la Ley vigente, el derecho del particular a readquirir el bien que había sido de su propiedad, cuando no ha sido destinado al fin para el cual el Estado ejecutó la expropiación, cuando el Estado, en casos específicos de áreas excedentes, decida voluntariamente enajenarlo, en cuyo caso, el particular sólo tiene un derecho a readquirir prioritariamente la propiedad de ese bien

---

10 Sentencias CFC, 12-07-43 y 04-05-48, *Memoria 1944*, Tomo I, p. 22, y *Compilación Legislativa de Venezuela 1948-1949*, *Anuario 1948*, pp. 771 y 772; CSJ-SPA, 09-12-80 y 16-12-80, *RDP* Nº 5, pp. 154-156; CPCA, 17-07-86, *RDP* Nº 27, pp. 143-144; CSJ-SPA, 20-11-86, *RDP* Nº 28 p. 163; CPCA, 02-08-90, *RDP* Nº 43, pp. 153-154; CSJ-SPA, 24-03-94, *RDP* Nº 57-58, p. 435 y CPCA, 16-03-00, *RDP* Nº 81, pp. 553-554.

en las nuevas condiciones de enajenación que existan en el momento en que ésta se produzca (art. 16 y 51).

Sin embargo, aún en ausencia de una regulación legal expresa, la jurisprudencia, siguiendo sin duda lo expresado por la doctrina[11], había sentado los principios de la retrocesión en la expropiación. En efecto, en una sentencia de la Corte Suprema de Justicia en Sala Político Administrativa de 08-12-88, al referirse al artículo 3 de la Ley de 1946 (igual al artículo 7 de la Ley vigente) señaló que:

De las previsiones transcritas resulta claro que no le es posible a la Administración hacer uso libre de la potestad que a tales fines se le reconoce. En efecto, la potestad expropiatoria aparece como mecanismo de obtención de fines públicos determinados, esto es, los fines propios de la causa *expropiandi* que fundamentan el ejercicio de tal potestad. Conforme a las normas constitucionales y legales que la rigen, la expropiación está dirigida a un fin de utilidad pública o social, predeterminado por la Ley (artículos 2°, 10, 11 de la Ley de Expropiación) que requiere o exige que cada expropiación, singularmente considerada, sirva a dicho fin específico para que se entienda legitimada en su causa legal.

Cabe notar al respecto que lo importante en materia de expropiación no es la privación del derecho que ella envuelve *sino más bien el destino posterior al cual se afectará el bien objeto de la misma.* Por ello la expropiación se presenta, al decir de la doctrina, como un instrumento y no como un fin, como un elemento dentro de una operación de poder público que la supera y trasciende. Toda expropiación singular ha de servir a esa finalidad instrumental, sin lo cual carecerá de causa (E. García de Enterría. *Curso de Derecho Administrativo* - Tomo II, pp. 211- Civitas 1981). Por ello, la causa *expropiandi* genéricamente justificada en los conceptos de utilidad pública o interés social, se inserta con carácter permanente en el proceso expropiatorio (sin que pueda argüirse que ella aparece sólo al inicio o apertura del ejercicio de la potestad expropiatoria), para particularizarse o individualizarse en la afectación que detalla el decreto de ejecución de la misma. La expropiación queda así unida, vinculada, al destino invocado como causa expropiatoria, de modo que el beneficiario de la expropiación (que a veces no coincide con el ente expropiante -artículo 2° y 19 de la Ley de Expropiación-) queda *gravado con la carga de realizar ese destino específico de cuya realización pende la validez de la expropiación misma.* La expropiación ha de justificarse en una finalidad legal de utilidad pública o de interés social, sin lo cual no cabe siquiera iniciarla; pero ha de legitimarse, una vez consumada, en el servicio efectivo de esa finalidad legal, que es lo que se llama técnicamente causa y, que supone una transformación ulterior del bien expropiado, material o jurídica, en el sentido postulado por esa finalidad, sin lo cual, la expropiación aún no realizada no puede mantenerse (*op. cit.* p. 212).

---

[11] Véase José A. Muci Borjas, *La retrocesión en la expropiación*, Caracas, 1988.

De lo expuesto deriva el derecho que aparece consagrado en la Ley Orgánica para la Ordenación del Territorio, cuyos artículos 64 y 69 prevén una serie de medidas para garantizar los derechos de los propietarios afectados por planes de ordenación del territorio que impliquen la extinción del derecho de propiedad, así como en materia urbanística la figura de la retrocesión en la expropiación en los casos en los cuales se pretenda modificar la afectación de determinados bienes expropiados.

En este orden de ideas expresa el dispositivo del artículo 69 *ejusdem* que:

Los terrenos de cualquier clase que se expropien por razones urbanísticas, deberán ser destinados al fin específico establecido en el plan correspondiente. Si se pretende modificar su afectación o se agotara la vigencia del plan sin haber cumplido el destino a que se afectaron, procederá la retrocesión de los terrenos con arreglo a lo que disponga la legislación de la materia.

Consagra así la novedosa Ley una última protección al derecho de propiedad, al reconocer al expropiado el derecho a recobrar el bien objeto de la expropiación si se varía la afectación inicial o se agota la vigencia del plan respectivo, esto es, una vez que se ha comprobado que el bien objeto de la misma no ha sido afectado por el beneficiario al fin originalmente impuesto por la causa *expropiandi.*

Esta especificidad de la "causa expropiandi" impide a la Adminis-tración apartarse del ámbito singular que conforme a la Ley aparece concretado en el Decreto de expropiación, como acto de ejecución que es de aquella, y que envuelve además un acto de reconocimiento singular de la operación expropiatoria, que realiza el Presidente de la República.

El decreto es en efecto, un acto mediante el cual la acción pública, en ejercicio de la autoridad que le confiere la Ley, puede afectar a un uso determinado y pretender así la propiedad de un bien, mediante el cual manifiesta su voluntad de utilizar y en consecuencia, proceder al acto respectivo, para fines de Utilidad Pública o Social, con lo cual no ha producido traslado de derecho de propiedad o de otra índole, ha señalado con tal Decreto la Utilidad el bien y ha puesto en marcha los medios idóneos jurídicamente previstos para la adquisición forzosa de los respectivos inmuebles. Acto de Potestad Pública dirigido en este caso a particulares a los que afecta, en consecuencia, voluntad administrativa susceptible de ser controlada en cuanto a su legalidad, ya que como Acto del Poder Público, no está excluido de la revisión que por vía de lo Contencioso-Administrativo prevé la propia Constitución. (Sentencia del 12-06-86, Corte Primera de lo Contencioso Administrativo).

En el caso de autos, pendiente la expropiación acordada por el Decreto N° 807 publicado en *Gaceta* el 3 de mayo de 1972, ya que no ha habido acuerdo sobre el monto del avalúo con el que debe culminar el arreglo amigable, el Ejecutivo Nacional ha decidido formalmente no dar cumplimiento a dicho Decreto, *al modificar no sólo la afectación específica contemplada en el Decreto N° 807, sino también el beneficiario mismo de la expropiación.* Por consiguiente, debe concluir forzosamente esta Sala en que se ha dado inicio a un nuevo procedimiento expropiatorio, *sujeto por ende desde su comienzo a los requisitos legales que aseguran la garantía constitucional que ampara el derecho de propiedad, y así se declara*[12].

Con fundamento en esta doctrina jurisprudencial, sin duda, la nueva Ley de Expropiación de 2002 ha regulado expresamente la retrocesión como garantía de devolución, al agregar, en el artículo 51, lo siguiente:

El propietario del bien expropiado, que no fuere utilizado para la obra de utilidad pública o interés social que motivó su expropiación, tendrá derecho a readquirirlo por el mismo precio por el cual se lo adquirió el ente expropiante, sin perjuicio de las acciones que pudieran correspon-derle al expropiado por los daños y perjuicios que la expropiación injustificada le ocasionó. En consecuencia, bastará la simple comprobación mediante inspección judicial, de que el bien expropiado no esté siendo destinado para la obra de utilidad pública o interés social que motivó su expropiación. En estos casos, el derecho de retrocesión se ejercerá en sede administrativa ante el ente expropiante respectivo, sin perjuicio del ejercicio de las acciones judiciales a que hubiere lugar.

3. NATURALEZA DE LA EXPROPIACIÓN

Como hemos señalado, la Corte Suprema de Justicia había definido la expropiación como "una institución de derecho público mediante la cual la Administración, para el cumplimiento de fines públicos, logra coactivamente la adquisición de bienes muebles o inmuebles, siguiendo un procedimiento determinado y pagando una justa compensación[13]; definición que, en términos generales, es la que está en el antes mencionado artículo 2 de la Ley.

Dos elementos surgen de este concepto: por una parte, la transferencia coactiva y obligatoria de la propiedad, y por la otra el pago de una justa indemnización, mediando, por supuesto, en caso de conflicto, juicio contradictorio.

En relación con el primer elemento, la jurisprudencia ha establecido que la expropiación reviste el carácter de una enajenación obligatoria. En una sentencia de la antigua Corte Federal y de Casación de 14-3-52, se estableció que no puede decirse, en materia de expropiación, aun cuando haya arreglo amigable, que se trata de una venta perfectamente voluntaria, es decir, de un consentimiento totalmente libre. La expropiación, dijo la Corte, se verifica "por las buenas o por las malas", de manera que, prácticamente, es una venta o enajenación obligada a la cual hay que llegar aun cuando el propietario no

---

12 Sentencia CSJ-SPA, 08-12-88, *RDP* N° 37, pp. 123-125. Sobre esta sentencia véase lo expuesto por José Antonio Muci, "El derecho a la retrocesión en la expropiación y la sentencia dictada por la Corte Suprema de Justicia de fecha 08 de diciembre de 1988", *RDP* N° 37, pp. 155-162.

13 Sentencia de la CSJ-SPA, 24-2-65, en *G.O.* N° 27.676 del 24-2-65.

lo quiera. Por ejemplo, una vez que se declara de utilidad pública una obra y una vez que la Administración dicta un decreto de expropiación de determinados inmuebles para construir esa obra, el particular no puede impedir su realización. El conflicto se podrá presentar en cuanto a la mayor o menor cuantía de la indemnización, pero siempre tendrá el particular que transferir su propiedad al Estado.

La Corte Federal y de Casación en la referida sentencia de 14 de marzo de 1952 señaló, en efecto, lo siguiente:

> Ahora bien, no puede decirse que en materia expropiatoria cuando hay arreglo amigable se trata de una venta perfectamente voluntaria, de un consentimiento totalmente libre; la expropiación se verifica por las buenas o por las malas; de manera que prácticamente es una venta obligada, a la cual hay que llegar aun cuando el propietario no quiera; lo único que se logra con el arreglo amigable es evitar parcialmente el proceso eligiendo de común acuerdo uno o tres peritos que avalúen la propiedad; practicado éste, queda el asunto o negocio en la situación que contempla el artículo 40 de la Ley de Expropiación por Causa de Utilidad Pública o Social, el cual expresa que avenidas las partes en cuanto al precio de la cosa sobre que versa la expropiación o firme el justiprecio, antes de proceder a la ocupación definitiva del inmueble, el expropiante consignará el precio ante la autoridad que conoce el negocio para que sea entregado al propietario, a menos que se haga constar que éste ya recibió el pago[14].

Sin embargo, a pesar de que la Corte haya señalado que la expropiación "prácticamente es una venta obligada", dicha institución, que es de derecho público, tiene netas diferencias con la compraventa, que es una institución de derecho privado. En efecto, en otra decisión, de 31 de mayo de 1955, la antigua Corte Federal, al señalar que la expropiación procedía respecto de toda clase de bienes, aun cuando pudieran pertenecer a personas incapaces, señaló lo siguiente:

> La expropiación se llevará a efecto aun sobre bienes pertenecientes a personas que para enajenarlos o cederlos necesitan de autorización judicial, bien ellas mismas o sus representantes legales, pues en este caso quedan autorizados sin necesidad de otra formalidad.
>
> Trátese, pues, de que entre los sedicentes dueños hubiere algún menor, algún demente o un entredicho o cualesquiera otro expropiado que no tenga la libre disponibilidad de sus derechos, el bien expropiado es adquirido por el expropiante libre de todo peligro actual y futuro.

Esta es, precisamente, una de las diferencias esenciales entre la expropiación que es una institución de Derecho Público y el contrato de compraventa,

---

14 Véase en *G.F.* Nº 10, 1952, pp. 133 y 134. Véase además, sentencia CSJ-SPA, 12-10-86, *RDP* Nº 28, p. 159.

regido por el Derecho común. En la primera, el adquiriente o expropiante queda libre de toda impugnación futura, derivada de cualesquiera deficiencias que pudieran enervar los títulos de uno cualquiera de los anteriores propietarios; en tanto que, quien adquiere el dominio de una cosa mediante la mera convención de compra-venta está expuesto a ser llevado a juicio por quienquiera que con razón o sin ella, pretenda derechos sobre el objeto transferido, y, desde luego, queda sujeto a las rémoras de las medidas cautelares que pudieren practicarse y a las contingencias definitivas del litigio, lo cual no puede ocurrir jamás cuando la cosa se ha adquirido mediante expropiación, porque esta institución tiene la particularidad como lo enseña la doctrina y lo consagra la ley de desviar el derecho de los particulares sobre las cosas que caen bajo el imperio de la medida, para hacerlo incidir sobre la indemnización que por la cosa expropiada se acuerda.

El caso de la acción reivindicatoria de un tercero es el que mejor pone de relieve, desde el punto de vista del Derecho. Privado, la transformación del derecho real (propiedad) en un derecho personal (la indemnización); pues el tercero reivindicante no puede hacer incidir su acción sobre la propiedad del terreno, sino que ésta se reduce a la obtención del precio o valor del bien expropiado, es decir, a la indemnización[15].

El segundo elemento de la noción de expropiación es la necesaria existencia del pago de una justa indemnización que debe recibir el expropiado. Esta justa indemnización hace diferenciar esta institución jurídica de otras, como la confiscación y el comiso, en las cuales también se trata de una transferencia coactiva de la propiedad al Estado, pero sin indemnización. Se producen, sobre todo, como sanciones: si se trata de una confiscación, recae sobre todo el patrimonio de una persona, y sobre determinados bienes muebles, si se trata de un comiso.[16]

Es esta indemnización, precisamente, la que confirma la garantía de la propiedad y que implica que, ante el necesario sacrificio del derecho individual frente al interés público, al propietario debe compensársele su pérdida patrimonial en forma justa, de manera que la consecuencia de la expropiación no lo enriquezca ni lo empobrezca.

---

15 Véase en *G.F.* N° 8, 1955, pp. 280 y 281.

16 Véase lo expuesto en Allan R. Brewer-Carías, "Adquisición de la propiedad privada por parte del Estado en el Derecho Venezolano", en *Revista de Control Fiscal*, N° 94, Caracas, 1979, pp. 61-84.

II. LOS ELEMENTOS DE LA EXPROPIACIóN

1. LA LEGITIMACIÓN

A. LA LEGITIMACIÓN ACTIVA

De acuerdo con el artículo 6 de la Ley, se consideran legitimados activos en el proceso expropiatorio los entes señalados en el artículo 3, es decir, la República, los Estados, el Distrito Capital, los Municipios, los institutos autónomos, y los particulares o empresas debidamente autorizadas; entes que en general, quedan comprendidos en la expresión "Estado".

En consecuencia, pueden actuar como entes expropiantes las personas jurídicas estatales y, además, excepcionalmente, aquellas personas jurídicas no estatales debidamente autorizadas, como los concesionarios o contratistas de obras, actividades o servicios públicos.

a. LAS PERSONAS JURÍDICAS ESTATALES

La legitimación activa en la expropiación, por tanto, en principio, corresponde al Estado (art. 2), personificado en el ámbito interno, conforme a la división territorial, en la República, los Estados y los Municipios, o en su esfera no territorial: los establecimientos públicos y, dentro de éstos, los Institutos Autónomos. Por tanto, sólo pueden expropiar las personas jurídicas estatales[17].

b. LAS EMPRESAS CONCESIONARIAS O CONTRATISTAS DEL ESTADO

La expropiación puede también ser realizada por empresas concesionarias o contratantes de alguna actividad estatal. Al efecto, el artículo 12° de la Ley de Expropiación señala que el concesionario o contratante de obras públicas, así como las compañías o empresas debidamente autorizadas por la Administración Pública, se subrogarán en todas las obligaciones y derechos que corresponden a ésta por la Ley. Otras normas especiales también confieren a los concesionarios un rol determinante en el ejercicio de la facultad expropiatoria; por ejemplo, respecto a los concesionarios de obras y servicios públicos, la Ley Orgánica sobre promoción de la inversión privada bajo el régimen de concesiones de 1999[18] destina el Título VI a regular "el uso de bienes de dominio público, expropiaciones y servidumbres", precisando en su artículo 59, lo siguiente:

> *Artículo 59. Facultad expropiatoria.* El ente concedente tendrá a su cargo la obligación de adquirir los terrenos y demás bienes necesarios para la ejecución o gestión de la obra o del servicio público otorgado en concesión mediante el procedimiento expropiatorio, a cuyo efecto podrá

---

17 Véase Allan R. Brewer-Carías, "El régimen de las personas jurídicas estatales político territoriales en la Constitución de 1999", en *Libro Homenaje a Gustavo Planchart Manrique*, Caracas, 2002.

18 Decreto Ley N° 318 de 17-09-99, *G.O.* N° 5.394 Extra. de 25-10-99

acudir de ser necesario a las medidas de ocupación previa o de urgencia previstas en la legislación que rige la materia. El pliego de condiciones de toda licitación establecerá la forma y los plazos conforme a los cuales el ente concedente ejercerá esta facultad.

No obstante, también los concesionarios podrán tratar directamente con los particulares, y negociar con éstos la adquisición de los terrenos y demás bienes necesarios para la ejecución del contrato, en conformidad con la normativa aplicable, reconociéndosele como precio al valor máximo que se hubiere estipulado en el pliego de condiciones o en el contrato.

Sin embargo, el hecho de que la Ley haya permitido a los concesionarios la posibilidad de participar en el ejercicio de la potestad expropiatoria, no impide que el Estado ejerza esa potestad cada vez que el concesionario no actúe.

En tal sentido, la antigua Corte Federal y de Casación, en sentencia de 16-11-43, al referirse a los concesionarios de hidrocarburos, señaló lo siguiente:

> Cuando la Ley de Hidrocarburos da a los concesionarios el derecho de expropiar al propietario del suelo, en manera alguna ha querido el legislador desposeer al Estado de esa tutela, mediante un traspaso de derechos en el sentido de perderlos el Estado mismo. No pudo haber sido la mente del legislador, al otorgar ese derecho de expropiación, enajenar esa tutela inalienable del interés público, sino facilitar su ejercicio, por las ventajas de orden público que hay en que sea el concesionario quien se entienda primero amigablemente con el propietario y que, a falta de avenimiento, siga el juicio de expropiación. Pero, frente a ese derecho no exclusivo de los concesionarios porque tal exclusividad carecería de equivalente y por tanto de fundamento, se alza el interés y el derecho del Estado de afrontarse él mismo por medio de sus representantes legales, al ejercicio del derecho de expropiación, cada vez que el concesionario, por cualquier motivo, no hubiere querido o podido actuar, poniendo con esta omisión en peligro de ser destruidas o desmejoradas sus explotaciones mineras (Memoria 1944, Tomo 1°, páginas 25 y 26). La exclusividad del concesionario, en el ejercicio de tal derecho, no se comprendería sino en el caso de haber él iniciado el procedimiento de expropiación, pero no cuando por cruzarse de brazos peligran esos intereses vitales del país. El expuesto es el único sentido que puede tener la facultad de expropiar dada por el artículo 45 de la Ley de Expropiación. En el concesionario existe en potencia el derecho de expropiar, y sólo cuando se ha decidido a hacerlo y ha iniciado el juicio, puede decirse que le favorece o lo perjudica la subrogación[19].

19 *Memoria 1944*, Tomo I, pp. 25-26.

c. *La figura del "beneficiario" de la expropiación*

Ahora bien, no hay duda que esta "legitimación activa" para expropiar que permite la Ley respecto de los concesionarios, plantea una situación totalmente irregular, y es la de que el ejercicio de una potestad de carácter público, como la potestad expropiatoria, pueda corresponder a particulares, lo que origina situaciones de desigualdad y de posible lesión indebida de intereses de otros particulares expropiados.

Tal es el caso, por ejemplo, de la Ley de Minas de 1999[20], que precisa que "el beneficiario de derechos mineros para ejercer las actividades reguladas por esta ley, *podrá solicitar* la constitución de servidumbres, la ocupación temporal y *la expropiación de bienes*" (art. 11), regulando al efecto, sólo el procedimiento judicial para la constitución de servidumbres. En materia de ocupación temporal y de expropiación la norma sólo indica que "se aplicarán las disposiciones pertinentes de la legislación de expropiación por causa de utilidad pública e interés social" (art. 11). Una regulación similar se establece en los artículos 16 y 19 de la Ley Orgánica de Hidrocarburos Gaseosos de 1999[21] y en los artículos 38 y 39 de la Ley Orgánica de Hidrocarburos de 2001[22].

En nuestro criterio, la posibilidad de que la expropiación sea ejercida exclusivamente por entidades de carácter privado debería eliminarse totalmente de la legislación y reservarse el ejercicio de la potestad expropiatoria sólo a quien tiene esta potestad pública, esto es, a las personas jurídicas estatales y crearse, en su lugar, la figura que en otros sistemas se conoce con el nombre de "beneficiario en la expropiación", los cuales podrían ser perfectamente los concesionarios de obras, actividades o servicios públicos.

Esta figura, en efecto, surge en aquellos sistemas donde se reserva la potestad expropiatoria exclusivamente al Estado, y se presenta cuando una determinada persona jurídica estatal solicita la expropiación de un bien o de un derecho a favor de una tercera persona (de derecho público o privado), que no está investida de la facultad expropiatoria, y la cual vendría a beneficiarse de la expropiación.

Ya dijimos que en Venezuela no está regulada, en la Ley, esta figura de tercera persona que pueda ser beneficiaria de la expropiación sin ser entidad expropiante. Normalmente coincide el legitimado activo con el beneficiario, y cuando el expropiante es un concesionario estatal, en definitiva, el beneficiario sería el Estado mismo, en virtud de la figura de la reversión.

Sin embargo, en materia de desarrollo agrario podría identificarse una figura similar a la del beneficiario de la expropiación. En efecto, en la expropiación agraria no es el campesino beneficiario de la adjudicación quien

---

20 Decreto Ley N° 295 de 05-09-99 *G.O.* N° 5.382 Extra. de 28-09-99

21 Decreto Ley N° 310 de 12-09-99, *G.O.* N° 36.793 de 23-09-99

22 Decreto Ley N° 1510 de 02-11-01, *G.O.* N° 37.723 de 13-11-01

expropia, sino que la expropiación la hace el Instituto Nacional de Tierras, con el fin de adjudicar de tierras a los campesinos que la trabajan[23]. En este sentido, no sería lógico pensar que debería ser el campesino quien directamente fuera a expropiar.

B. La legitimación pasiva

Sólo puede ser expropiado el propietario del bien que se va a expropiar. Por ello, el artículo 6 de la Ley dispone que son legitimados pasivos, en el proceso expropiatorio, todas aquellas personas naturales o jurídicas propietarias de los bienes sobre las cuales recaiga el decreto de afectación.

La jurisprudencia ha señalado que es indiscutiblemente ilegal seguir el juicio de expropiación a quien no es propietario[24]. Por tanto, la legitimación pasiva siempre estará en el propietario del inmueble o bien expropiado y sólo éste puede actuar como demandado en un juicio de expropiación[25]. Por supuesto, no sólo el propietario hábil para vender, puede ser legitimado pasivo, sino también las personas que para enajenar o vender un bien necesitaren de autorización judicial (art. 9).

Esta legitimación pasiva del propietario indica que sólo este puede reclamar contra la expropiación ilegal. Por ello, el artículo 8° de la Ley de Expropiación señala que todo propietario y sólo a quien se prive del goce de la propiedad sin llenar las formalidades del decreto, es quien puede ejercer todas las acciones posesorias o petitorias que prevé la Ley.

Al hablar del legitimado pasivo, debe plantearse el problema que surge con los cambios de titularidad del derecho de propiedad durante el juicio de expropiación. La Ley, en su artículo 10°, señala que la transferencia del dominio por cualquier título durante el juicio de expropiación, título que puede ser la prescripción, no lo suspende, pues el nuevo propietario queda, de derecho, subrogado en todas las obligaciones y derechos del anterior.

Sin embargo, el identificar al legitimado pasivo con el propietario no implica que los poseedores, arrendatarios o acreedores hipotecarios no tengan derecho a ser indemnizados en el proceso expropiatorio. Al contrario, pueden hacerse parte en el juicio[26], ya que deben ser emplazados formalmente (art. 24), y tienen derecho a que se les entregue parte del precio, al ser éste consignado (arts. 48 y 49).

---

23 Artículos 71 y ss. de la Ley de Tierras y Desarrollo Rural, Decreto Ley N° 1546 de 09-11-01, *G.O.* N° 37.323 de 13-11-01

24 Véase CFC-SF, 14-03-52 en *G.F.* N° 10, 1952, p. 133.

25 Sentencias CSJ-SPA, 24-02-83; *RDP* N° 14, pp. 193-194; CSJ-SPA, 14-08-85, *RDP* N° 20, p. 188.

26 Sentencias CSJ-SPA, 15-06-82, *RDP* N° 11, pp. 209-210; CPCA, 29-03-84, *RDP* N° 18, pp. 193-194.

2. EL OBJETO EXPROPIADO

A. *BIENES DE PROPIEDAD PRIVADA*

Pueden ser objeto de expropiación cualquier clase de bienes susceptibles de propiedad privada. La Constitución, en su artículo 115, señala expresamente esta circunstancia, por lo que la expropiación procede sobre bienes muebles e inmuebles, y derechos inmateriales[27]. Por ello la nueva Ley regula expresamente[28] la expropiación de bienes de cualquier naturaleza (art. 7). Por ello, incluso el artículo 60 de la Ley, regula la posibilidad de la expropiación de bienes con valor artístico, histórico, arquitectónico o arqueológico, la cual se debe efectuar de acuerdo con lo dispuesto en la propia Ley.

Los bienes objeto de la expropiación, por otra parte, deben ser sólo los que se consideren "indispensables" para la ejecución de la actividad, obra o servicio declarados de utilidad pública o interés social. Sin embargo, la ley autoriza en materia de urbanismo, que:

La Autoridad a cuya jurisdicción corresponda la obra respectiva, cuando se trate exclusivamente de la apertura o ensanche de calles, avenidas, plazas o jardines, podrá autorizar en el mismo decreto la expropiación de una faja circundante hasta de sesenta (60) metros de fondo limitada por una línea paralela a la del contorno de la calle, avenida, jardín o plaza, además de lo indispensable para la obra.

Las áreas de la faja circundante a que se contrae este artículo se destinarán a formar la base económica u ornamental de la respectiva obra, mediante su enajenación de la manera que se indica en el artículo siguiente, únicamente para ser destinadas a construcción de edificios cuyo estilo, ubicación y altura, deberán estar en armonía con la avenida o sitio público de que se trate, de acuerdo con lo que se disponga en las ordenanzas sobre la materia (art. 15).

Conforme al artículo 16, la enajenación a que se refiere esta norma debe hacerse en remate, sobre la base del precio mínimo que se señale al efecto. En estos casos, el expropiado tiene preferencia para la adquisición del bien sobre esa base, en cuyo caso, el bien de que se trate, queda exceptuado de la subasta. En los demás casos, en igualdad de circunstancias, se debe dar preferencia a los postulantes que ofrezcan el pago de la mayor parte del precio del remate en bonos de la Deuda Pública Nacional.

En el caso de la expropiación de bienes con valor artístico, histórico, arquitectónico o arqueológico, esta también puede extenderse a los bienes adyacentes o vecinos que impidan la vista o contemplación de monumentos artísticos, históricos, arquitectónicos o arqueológicos, que constituyan causa

---

27 Por ejemplo, la Ley sobre Derechos de Autor, en su artículo 23, consagra la expropiación sobre derechos de autor.

28 Al contrario de las Ley anterior, que sólo regulaba la expropiación de inmuebles.

de riesgo o de cualquier perjuicio para los mismos, o que puedan destruir o arruinar su belleza individual (art. 62).

B. *Bienes patrimoniales del Estado*

Aún cuando el artículo 2 de la Ley, al definir la expropiación, se refiere al "derecho de propiedad o algún derecho *de los particulares*"; podría darse el caso de que se efectúe una expropiación sobre bienes patrimoniales del Estado, es decir, que pueden ser enajenados. Ello se desprende del artículo 9° de la Ley de Expropiación, que establece que en ningún caso procede la expropiación sobre bienes pertenecientes a la República, a los Estados o a los Municipios que, según las respectivas leyes nacionales, no puedan ser enajenados.

En consecuencia, los bienes del dominio público no pueden ser expropiados, pues son esencialmente inalienables. Tampoco procedería la expropiación respecto de los otros bienes de los entes públicos que, sin ser del dominio público, sean inalienables, como sucede con ciertas tierras baldías[29] y con los ejidos municipales[30]. Al contrario, del artículo 9° de la Ley se deduce que sí puede ser decretada la expropiación de bienes patrimoniales del Estado, cuando éstos puedan ser enajenados.

Esta posibilidad, por otra parte, fue confirmada por la antigua Corte Federal, en sentencia del 31 de mayo de 1955, en la cual se declaró que los bienes pertenecientes a la República y demás entes públicos que si podían ser enajenados, como son, por ejemplo, los bienes patrimoniales regidos por el derecho común, estaban sujetos al procedimiento expropiatorio.

En dicha sentencia, la antigua Corte Federal estableció lo siguiente:

Por otra parte, la impugnación relativa a la llamada "autoexpro-piación", según la cual la Nación no puede expropiar la faja de terreno cuestionada, por habérsele donado ya a las empresas petroleras, carece de fundamento. Tanto la doctrina universal como el derecho legislado, aceptan y autorizan que los entes públicos expropien todos aquellos bienes indispensables para determinada finalidad que cede en beneficio común. "Todos los bienes inmuebles existentes en el país pueden ser objeto de expropiación por causa de utilidad pública, sea que pertenezcan al mismo Estado (bienes patrimoniales). Someter a expropiación estos últimos bienes, encontró cierta objeción en algún viejo escritor, para quien parecía absurda la idea de dirigir contra el Estado un poder que es la expresión de su mismo derecho de soberanía; pero de este prejuicio se ha apartado la doctrina moderna. El Estado, como titular del derecho de propiedad, se comporta como cualquier sujeto de derecho privado y no puede sustraerse, por consiguiente, al imperio de las normas que

29 Artículo 13 de la Constitución

30 Artículo 181 de la Constitución

limitan el ejercicio de aquel derecho por lo que respecta a sus bienes patrimoniales. En un ordenamiento jurídico que permite también la reintegración del derecho lesionado frente a la Administración Pública y que, por tanto, somete la misma Administración a los poderes jurisdiccionales, ordinarios, no puede haber repugnancia en considerar a la Administración del Estado como sujeto pasivo del procedimiento de expropiación" (Pascuale Carugno, *L'Espropiazione per Publica Utilitá*, 2ª Edición, 1946, páginas 38 y 39).

En Venezuela carece de sentido la impugnación de que se trata, es decir, la llamada "autoexpropiación" por el doctor Adrián La Rosa, en atención a los derechos que sobre la zona cuestionada ha adquirido ya la Nación venezolana por la donación que se le ha hecho. En la propia Ley de Expropiación por Causa de Utilidad Pública o Social encuentra el argumento la merecida réplica: el Parágrafo Único del artículo 5° de esa Ley estatuye:

En ningún caso procede la expropiación sobre bienes pertenecientes a la Nación, a los Estados o a los Municipios, que según las respectivas leyes nacionales, de los Estados o Municipios, no pueden ser enajenados. Por donde se ve que los bienes pertenecientes a la Nación y demás entes públicos, que sí puedan ser enajenados, como son los bienes patrimoniales, regidos por el derecho común, están sujetos al procedimiento de la expropiación pautado en la Ley especial de la materia[31].

3. LA FINALIDAD PERSEGUIDA: LA UTILIDAD PÚBLICA O EL INTERÉS SOCIAL

Conforme al artículo 3 de la Ley:

Se considerarán como obras de utilidad pública, las que tengan por objeto directo proporcionar a la República en general, a uno o más Estados o Territorios, a uno o más municipios, cualesquiera usos o mejoras que procuren el beneficio común, bien sean ejecutadas por cuenta de la República, de los Estados, del Distrito Capital, de los Municipios, Institutos Autónomos, particulares o empresas debidamente autorizadas.

Por tanto, sólo pueden expropiarse bienes, cuando se persigue una finalidad de utilidad pública o de interés social en la obra, actividad o el servicio que la motiva (art. 2)[32]. Ahora bien, tanto la noción de "utilidad pública" como la de "interés social", configuran conceptos jurídicos inde-terminados que pueden comprender todo lo que el legislador estime que en un momento determinado es ventajoso para el interés general o social de la colectividad. En este campo, sin duda, opera la soberanía del legislador en apreciar cuándo una actividad, un servicio o una obra son de utilidad pública o de interés social.

---

31 Véase en *G.F.* N° 8, 1955, pp. 279 y 280.

32 Sentencia CF, 13-05-58, *G.F.* N° 20, pp. 65-66

La consecuencia de esto es que la finalidad de utilidad pública o de interés social debe ser previamente declarada por el legislador[33]. Así lo exigen expresamente tanto el artículo 115 de la Constitución como el artículo 13 de la Ley de Expropiación. En particular, el artículo 7° de la Ley señala que solamente podrá llevarse a efecto la expropiación de cualquier clase de bienes mediante el cumplimiento de los requisitos siguientes:

1) Disposición formal que declare la utilidad pública;
2) Declaración de que su ejecución exige indispensablemente la transferencia total o parcial de la propiedad o derecho;
3) Justiprecio del bien objeto de la expropiación, y
4) Pago oportuno y en dinero efectivo de justa indemnización[34].

En cuanto a la declaratoria de utilidad pública, de acuerdo a lo establecido en el artículo 13 de la Ley, corresponde declararla a la Asamblea Nacional, siempre que en todo o en parte la obra o actividad hayan de ejecutarse con fondos nacionales. De igual manera deben proceder los Consejos Legislativos de los Estados.

En los Municipios, la declaratoria de utilidad pública o social es siempre atribución del respectivo Concejo Municipal[35].

El Ejecutivo Nacional, sin embargo, como se ha dicho, excepcionalmente, queda facultado para decretar de utilidad pública la posesión de aquellos terrenos y construcciones que considere esenciales para la seguridad o defensa de la Nación.

Ahora bien, la declaratoria de utilidad pública realizada por el órgano legislativo, puede ser general o especial.

A. LA DECLARATORIA GENERAL DE UTILIDAD PÚBLICA

La declaratoria general de utilidad pública está establecida en la propia Ley de Expropiación, cuyo artículo 14 establece lo siguiente:

Artículo 14.- Se exceptúan de la formalidad de declaratoria previa de utilidad pública las construcciones de ferrocarriles, carreteras, autopistas, sistemas de transporte subterráneo o superficial, caminos, edificaciones educativas o deportivas, urbanizaciones obreras, cuarteles, hospitales, cementerios, aeropuertos, helipuertos, los terrenos necesarios para institutos de enseñanza agrícola y pecuaria, las construcciones o ensanche de estaciones inalámbricas o conductores telegráficos; así como los sitios para el establecimiento de los postes, torres y demás accesorios de las líneas conductoras de energía

33 Sentencia CPCA, 15-08-88, *RDP* N° 36, pp. 155-156.

34 Sobre el alcance de esta norma, sentencias CSJ-SPA, 14-08-80, *RDP* N° 4, p. 163; CSJ-SPA, 04-08-86, *RDP* N° 28, pp. 160-161.

35 Sentencia CSJ-SPA, 08-05-80; *RDP* N° 3, p. 170

eléctrica; acueductos, canales y puertos; los sistemas de irrigación y conservación de bosques, aguas y cualquiera otra relativa al saneamiento, ensanche o reforma interior de las poblaciones; la colonización de terrenos incultos y la repoblación de yermos y montes. Asimismo, las caídas de agua para instalación de plantas hidroeléctricas y construcciones anexas, únicamente en beneficio de la Republica, de los estados, del Distrito Capital, de los territorios federales y los municipios, con el fin de proveer de fuerza y de alumbrado eléctrico a sus poblaciones.

En todos estos casos bastará el decreto de la autoridad a cuya jurisdicción corresponda la obra respectiva.

En estos casos, basta para proceder a la expropiación, el Decreto de expropiación o ejecución por la autoridad administrativa correspondiente, por lo que no es necesaria una declaratoria legislativa adicional de utilidad pública. Tal como lo señaló la antigua Corte Federal en sentencia del 31 de mayo de 1955:

Si, pues, conforme a la Ley de Expropiación y a la de Hidrocarburos, cuando se trata de Carreteras, Aeropuertos y demás obras enunciadas por la primera, y al transporte de petróleo de que habla la segunda, no se requiere la declaratoria previa de utilidad pública exigida en principio por el artículo 39, ordinal 19 del Estatuto Fundamental en el punto, sino que en tales casos "basta el Decreto de la autoridad competente" acordando la expropiación, es irrevocable a duda que no existe aquí el vicio apuntado por el expropiando, y consiguientemente, no puede haberse violado la Ley al seguirse un procedimiento tal como ella de modo singular lo autoriza. El carácter, de "utilidad pública" lo tienen las carreteras independien-temente de toda declaratoria por parte del expropiante, porque, como ya se ha dicho y se repite, es el propio legislador, es la propia Ley, es la propia Constitución que se lo ha discernido, cuando en el inciso 99 de su artículo 35 dispone que "en virtud de su función social, la propiedad estará sometida a las obligaciones que establezca la Ley" y que la expropiación se llevará a cabo de conformidad con la misma Ley, y puesto que conforme a ésta -a la ley de la materia- no se requiere la declaratoria previa de utilidad pública en los casos como el presente -Carreteras- sino que "basta el Decreto de autoridad competente", es concluyente que la declaratoria previa pretendida por el demandado habría constituido una redundancia insólita, reñida con la índole de la institución[36].

B. La declaratoria especial de utilidad pública

Por otra parte, en innumerables leyes especiales se han venido declarando de utilidad pública, determinadas actividades, a los efectos de la expropiación como sucede, por ejemplo, en la Ley de Minas, en la Ley Orgánica de

36 Véase en *G.F.* N° 8, 1955, p. 284.

Hidrocarburos, la Ley Forestal de Suelos y Aguas, en la Ley de Tierras y Desarrollo Agrícola.

En este sentido se puede mencionar, como ejemplo, la Ley Orgánica de Promoción de la Inversión Privada bajo el Régimen de Concesiones[37], que establece:

> *Artículo 58. Declaratoria de utilidad pública.* Se declaran de utilidad pública las obras o servicios públicos a ser otorgados mediante concesión, a los efectos de la Constitución de Servidumbres y la expropiación de los bienes necesarios para la construcción de las obras, o los servicios anexos o complementarios a éstas y para la prestación de los servicios.

Los alcances de esta declaratoria de utilidad pública serán precisadas por el ente concedente para cada obra o servicio que se licite, atendiendo a las dimensiones y características de cada proyecto y considerando las obras principales, complementarias y de servicios que demandará su ejecución y posterior explotación.

C. LA DECLARATORIA NACIONAL Y LOCAL DE UTILIDAD PÚBLICA EN MATERIA DE URBANISMO

Sin embargo, de acuerdo a lo previsto en el artículo 14 de la Ley de Expropiación, se exceptúan de la declaración previa de utilidad pública las obras comprendidas en los planes reguladores de los Estados, del Distrito Capital y las obras comprendidas en los planes de acondicionamiento o modernización de otras ciudades o agrupaciones urbanas, siempre que se elaboren y aprueben previamente por las autoridades competentes, limitándose las afectaciones a lo estrictamente necesario, salvo lo dispuesto en el artículo 15 de la Ley, antes mencionado.

En todos estos casos basta el decreto de la autoridad a cuya jurisdicción corresponda la obra respectiva.

En particular, y por su interés en materia urbanística, es de destacar lo establecido en la Ley Orgánica de Ordenación Urbanística de 1987[38]:

> *Artículo 4.* Se declara de interés nacional la ordenación urbanística y, en consecuencia, corresponde al Poder Nacional la tutela del interés general en materia urbanística.
>
> *Artículo 5.* Se declara de utilidad pública y de interés social todo lo concerniente a la ejecución de los planes de ordenación urbanística

Estos planes conforme al artículo 16 de la Ley Orgánica para la Ordenación Urbanística, son el plan nacional de ordenación del territorio, los planes regionales de ordenación del territorio, los planes de ordenación urbanística y los planes de desarrollo urbano local.

---

37 Decreto Ley N° 318 de 17-09-99 en *G.O.* N° 5394 Extra. de 25-10-99.

38 Véase en *G.O.* N° 33.868 de 16-12-82

Una orientación similar, por ejemplo, fue seguida en la Ordenanza sobre Urbanismo, Arquitectura y Construcciones en General del Distrito Sucre del Estado Miranda de 1978, cuyo artículo 107 establece lo siguiente:

> *Artículo 107.* De conformidad con lo dispuesto en la Ley de Expropiación por Causa de Utilidad Pública o Social, corresponde al Concejo Municipal del Distrito Sucre dictar los Acuerdos relativos a las obras contempladas en esta Ordenanza y que por su naturaleza evidente, no requieran la declaratoria previa de utilidad pública.

D. EFECTOS DE LA DECLARATORIA

El efecto fundamental de la declaratoria de utilidad pública o interés social, es que, en principio, tal calificación no podría ser discutida por los particulares porque se considere que la obra o actividad concreta no es de utilidad pública. Los jueces de instancia, en este sentido, no podrían entrar a juzgar el criterio del legislador al haber apreciado que una obra o actividad es de utilidad pública o interés social.

En tal sentido, la antigua Corte Federal y de Casación, en sentencia del 8 de mayo de 1945, sostuvo lo siguiente:

> La primera defensa, invocada como punto previo, puede sintetizarse así: que hubo de parte de la Asamblea Legislativa abuso de poder, porque consideró obra de utilidad pública lo que no es obra ni de pública utilidad y que, por ello, declarase la nulidad del Decreto.
>
> El mayor o menor alcance de las facultades de esta Corte con relación a las oposiciones a la expropiación hay que buscarlo en la Ley especial de la materia. En cada país estas leyes suelen o bien definir el concepto de utilidad publica, o bien dejar esto a cargo del intérprete, o también combinan un concepto general más o menos amplio, para las obras consideradas de utilidad pública, porque no requieren declaración formal en cada caso. Por nuestra Ley de Expropiación últimamente derogada, las oposiciones podrían basarse, entre otras cosas, en los vicios de que adoleciese la declaratoria de utilidad pública, y en el exceso de poder al decretarse esa utilidad; esto autorizaba a los jueces a examinar la legalidad del decreto mismo, sin distingo entre sus condiciones extrínsecas y su concepto de utilidad pública o social.
>
> Pero es muy significativo que la Ley que entró a regir desde mil novecientos cuarenta y dos, haya suprimido con motivo de la oposición las expresiones "vicios de que adolezca la declaratoria de utilidad pública" y "exceso de poder". Esta Corte entiende tal reforma en el sentido de que se quiso dejar a la soberana apreciación de las autoridades ejecutivas o administrativas, el concepto de utilidad pública o social, sin posible revisión por el Poder Judicial, limitando la actuación de éste a examinar si hubo incompetencia de la autoridad y violación de la Ley,

aparte de otros motivos de oposición que no hay para qué consignarlos aquí, por no venir al caso en esta litis.

No está, pues, en las atribuciones de esta Corte, según la actual Ley aplicable, decidir si fue o no acertado el criterio de la Asamblea Legislativa en cuanto a su concepto de Utilidad Pública, al dictar el Decreto objeto de esta controversia. Así se ha situado nuestro legislador dentro de la doctrina y de la jurisprudencia extranjera, al menos la francesa y la italiana, en las cuales está de muy largo tiempo establecido que sólo corresponde a la autoridad administrativa o ejecutiva apreciar en cada caso si hay o no ciertamente utilidad pública en la obra propuesta, no pudiendo este problema plantearse ante los jueces por no estar dentro de los límites de su función, propia, y porque en esa materia sólo les incumbe examinar si se aplicaron los preceptos legales (G. Baudry, *L'Expropiation* año de 1937, p. 5 y 6, número 5; Ricci, *Derecho Civil,* edición italiana de 1907, tomo 2, número 58, p. 101).

A mayor abundamiento se observa, como puede observarse en las más versadas fuentes, que el concepto de utilidad pública ha ido evolucionando progresivamente y haciéndose cada vez más amplio; el carácter de público se ha extendido hasta lo meramente social, por tanto, no se requiere conexión ninguna con servicios públicos determinados, y se considera que basta para la expropiación que el interés social se manifieste en la conservación de cosas o reliquias históricas, o dentro de la órbita de lo meramente estético o artístico. En síntesis, basta que la expropiación tenga en miras "un interés general de orden material o moral para una colectividad de ciudadanos"[39].

Quedaría a salvo, sin embargo, el control de la constitucionalidad de la Ley respectiva, por razones de razonabilidad o logicidad, que correspondería a la Jurisdicción Constitucional, es decir, a la Sala Constitucional del Tribunal Supremo de Justicia.

4. LA INDEMNIZACIÓN

Tal como lo precisa el artículo 115 de la Constitución, la expropiación, al implicar la extinción de la titularidad de un derecho de un propietario individualizado, conlleva la obligación para el Estado de indemnizarlo oportunamente. Tal como lo señaló la Corte Suprema de Justicia, en sentencia del 10 de agosto de 1977:

Sin embargo, el poder de restringir la propiedad tiene también un limite, más allá del cual las obligaciones de hacer, de no hacer o de dejar de hacer en que consisten las restricciones constitucionales antes citadas, pueden afectar en sus elementos esenciales el derecho de propiedad y constituir para el propietario no una limitación razonable sino un intolerable sacrificio del interés individual al colectivo, cuya reparación exige, por mandato del constituyente, una justa indemnización.

---

39 Véase en *Memoria 1945*, Tomo 1°, pp. 224 y 225.

La indemnización es el medio que el derecho ha creado para resolver, sin perjuicio de nadie, los conflictos entre el individuo y la sociedad, cuando se requiera que aquél ceda algún derecho en aras de un interés público o social. La garantía constitucional del derecho de propiedad exige que el Estado pague una justa indemnización al propietario, no sólo en caso de expropiación propiamente dicha, o sea, cuando coactivamente se le obligue a ceder su propiedad, sino también cada vez que se le prive de una utilidad, queden gravados sus bienes con una servidumbre o sufra un daño permanente que derive de "la pérdida o disminución de sus derechos". Así lo disponen expresamente los artículos 101 de la Constitución y 36 y 37 de la Ley de Expropiación por Causa de Utilidad Pública o Social[40].

Ahora bien, esta indemnización, en materia expropiatoria, conforme al artículo 115 de la Constitución, debe tener un carácter "justo", es decir, debe tender a establecer un equilibrio económico en el patrimonio del expropiado, entre el perjuicio que se le causa con la expropiación y la indemnización a pagar, de manera que la expropiación no signifique ni un enriquecimiento ni un empobrecimiento del expropiado.

Tal como lo señaló la antigua Corte Federal en sentencia del 5 de agosto de 1959:

> Esa amplia libertad que en todas partes deja la Ley a los peritos para tomar en cuenta ciertos elementos no determinados por aquélla, pero que a juicio de los tasadores debieran apreciarse para determinar el justiprecio, ha permitido a la jurisprudencia y a la doctrina internacionales precisar el contenido y alcance de diversos elementos o factores, en relación con la cosa expropiada y la indemnización. Por considerar que ellas se ajustan a las disposiciones legales de la República y a los dictados de la equidad, se acogen aquí algunas de esas decisiones judiciales extranjeras. La expropiación no puede ser para el expropiado una fuente de ganancias, pues su esencia es la compensación justa del valor de lo que se expropia y la reparación del perjuicio que pueda ocasionarse y que sea apreciable en dinero (Cámara de Apelación, Sala 3ª de Rosario, Argentina, 153-1946). "El justo precio ha de referirse en el juicio de expropiación a lo que el inmueble vale en el estado y forma de explotación en que es tomado por el expropiante. Quedan excluidas todas las hipótesis relativas a ganancias hipotéticas y todo lo relacionado con gravamen o perjuicios que no son consecuencia directa de la expropiación" (Cámara Federal de Bahía Blanca, Argentina, 20-12-1946). "Las posibilidades de un fraccionamiento, a objeto de determinar la indemnización, sólo pueden considerarse cuando el proyecto de subdivisión responde a un

[40] Consultada en original

propósito efectivo de realizarlo" (Corte Suprema Nacional Argentina, 07-05-1948)[41]

Este criterio fue ratificado en sentencia de la Corte Suprema de Justicia del 24 de febrero de 1965, al señalar lo siguiente sobre la naturaleza jurídica de la expropiación:

Así pues, la expropiación no configura una compraventa, ni la cantidad que percibe el expropiado es propiamente un precio, aunque así se le denomine en la Ley especial. Cuando la entidad estatal expropia, ejerce un poder jurídico que la Constitución consagra, pero como el ejercicio de ese poder supone un sacrificio en el derecho del propietario, es preciso que se le compense o indemnice por la privación de su propiedad. Por tanto, la suma a pagar debe cubrir exactamente el daño que se irroga al expropiado, sin que éste se empobrezca ni enriquezca, en la medida que tal resultado puede razonablemente alcanzarse. Sólo así quedará cumplido el mandato constitucional, que ordena pagar una justa indemnización....

Hay que tener en cuenta, finalmente, que, como ya se ha señalado, la expropiación no es una compraventa, ni una negociación especulativa capaz de ocasionar utilidad o ganancia, ya que el expropiado no debe experimentar ni una pérdida ni un incremento de su patrimonio. Al contrario, la expropiación supone una privación coactiva del dominio, un sacrificio del derecho de propiedad; y por ello, la indemnización debe coincidir en lo posible con el daño que ocasionó [42]

La indemnización, además, conforme lo indica la Constitución debe ser oportuna (art. 115), y debe ser pagada en dinero efectivo, conforme al artículo 7,4 de la Ley.

III. EL DECRETO DE EXPROPIACIÓN, EJECUCIÓN O AFECTACIÓN

1. CARACTERÍSTICAS

Dentro del procedimiento expropiatorio y, en particular, en su fase administrativa, sin duda, el Decreto de Expropiación, Decreto de Ejecución o Decreto de Afectación, como indistintamente se lo llama, es uno de los actos de mayor importancia, pues inicia el procedimiento[43]. Mediante dicho acto, que es un acto administrativo de efectos particulares[44], la autoridad administrativa nacional, estadal o municipal, decide ejecutar o realizar la obra o actividad previamente declarada de utilidad pública, indicando la necesidad de utilizar determinados bienes para dicha ejecución.

---

41 Véase en *G.F.* N° 25, pp. 124 y 125.

42 Véase en *G.O.* N° 27.676 del 24265

43 Sentencia CSJ-SPA, 02-10-86, *RDP* N° 28, p. 160.

44 Sentencias CSJ-SPA, 13-07-95, *RDP* N° 63-64, pp. 487-489; CSJ-SPA, 20-07-00, *RDP* N° 83, pp. 462-466.

Dicho Decreto se define en el artículo 5 de la Ley, así:

El Decreto de Expropiación consiste en la declaración de que la ejecución de una obra requiere la adquisición forzosa de la totalidad de un bien o varios bienes, o de parte de los mismos. Dicha declaración le corresponderá en el orden nacional, al Presidente de la República, en el orden estadal al Gobernador, y en los municipios a los Alcaldes.

El Decreto de Expropiación requerirá la previa declaratoria de utilidad pública de conformidad con lo establecido en los artículos 13 y 14 de esta Ley

Por otra parte, antes de la emisión del decreto, en los casos de proyectos que impliquen la expropiación de bienes con valor artístico, histórico, arquitectónico o arqueológico, los mismos deben ser evaluados y conformados por las instituciones nacionales, estadales, regionales y municipales que tengan por objeto velar por la defensa, conservación y mantenimiento de los mismos (art. 61).

Ahora bien, los efectos esenciales del Decreto de ejecución de la obra o actividad son los siguientes: con él se individualizan los bienes a expropiar; y una vez dictado el decreto de ejecución, los particulares están obligados a transmitir, *ipso facto*, los bienes del Estado. Tal como lo señaló la antigua Corte Federal y de Casación, en sentencia del 14 de marzo de 1952:

Decretada una obra y declarada su utilidad pública quedan obligados *ipso facto* los propietarios a transmitir al Estado los bienes, generalmente inmuebles, indispensables para la realización de aquélla. No pueden, pues, negarse a esa transmisión de propiedad, la cual, de consiguiente, en principio es siempre forzosa para el dueño y necesaria para la Nación[45].

Los bienes que pueden ser afectados por el decreto de expropiación como se indicó, sólo pueden ser aquellos necesarios para cumplir la actividad, para realizar la obra o el servicio, lo que se desprende de lo dispuesto en el artículo 3° de la Ley de Expropiación.

2. EL PROBLEMA DE LAS AFECTACIONES ETERNAS

A. *LA FINALIDAD DEL DECRETO DE EXPROPIACIÓN: EXPROPIAR*

Bien es sabido que la expropiación es una potestad pública y, como toda potestad pública, tiene una finalidad; por tanto, el uso de esta potestad debe estar condicionada por la finalidad perseguida por el legislador cuando ella se otorgó al Estado. La autoridad expropiante concretiza esta potestad a través de un decreto de expropiación, de ejecución o de afectación. Mediante este acto, individualiza un bien y señala la voluntad del Estado de adquirir ese bien. En esta forma, si puede identificarse una finalidad fundamental y especifica del decreto de expropiación, esa es la adquisición de un bien por

45 Véase en *G.F.* N° 10, 1952, p. 125.

parte del Estado en forma forzosa. Este es el fin del decreto: la transferencia última del dominio de un particular al Estado.

Ahora bien, para que este fin se logre, si se racionaliza la actividad administrativa, deberían al menos cumplirse dos requisitos: por una parte, que exista un plan o programa para la realización de determinadas obras o actividades, y por la otra, que existan los medios financieros para ejecutar la expropiación.

En efecto, por ejemplo, si se van a afectar unas propiedades con motivo del decreto de ejecución de una autopista o de una edificación pública, lo menos que el Estado debe tener es el plan y el proyecto de la obra para realizarla. A los efectos de que la expropiación pueda tener concordancia con la finalidad de transferir el bien al Estado, debe tenerse en cuenta que, ante todo, el bien debe transferirse para realizar una actividad y ella debe estar programada. Por ejemplo, la declaratoria de utilidad pública en materia de urbanismo a los efectos de ensanche y mejora de poblaciones, no puede implicar que se puedan afectar diversas propiedades urbanas, sin que se sepa exactamente qué es lo que se va a hacer. Ello, al menos, debe indicarse en un plano de zonificación, pero éste debe existir. Por tanto, este primer requisito implica que el Estado, para decretar la expropiación (o la afectación), debe tener determinado qué es lo que va a hacer y cómo lo va a hacer.

Esto implica, por otra parte, un segundo requisito que habría que cumplirse para que se pueda decretar la expropiación (o afectación), y es que el Estado tenga los medios económicos dispuestos a los efectos de que la expropiación se realice. No podría decirse que se está realmente cumpliendo la finalidad de la expropiación, que es "expropiar" un bien, para una finalidad de utilidad pública, cuando no sólo se afecta una determinada área a los efectos expropiatorios sin saberse qué se va a realizar, ni exactamente para qué se va a destinar aquél bien, sino que tampoco se cumpliría la finalidad, es decir, transferir el dominio, expropiar, pasar forzosamente la propiedad privada al ente público, si el Estado no tiene los recursos financieros necesarios a los efectos de la expropiación.

B. La desviación de poder en las afectaciones eternas

La consideración de estos requisitos de la finalidad perseguida en la expropiación nos conduce a un problema real y normal en Venezuela: en un gran porcentaje, los decretos de expropiación, afectación o ejecución no se han dictado a los efectos de que los mismos, realmente, sean ejecutados en un lapso determinado; se han dictado, al contrario, con una finalidad distinta y real, por ejemplo, congelar los precios, ya que, como se verá, tradicionalmente se había interpretado que la indemnización a pagar se determinaba, de acuerdo a la Ley y a la jurisprudencia, tomando en cuenta los valores existentes antes del decreto de expropiación, aun cuando ésta se realizase efectivamente muchos años después de haberse dictado ese decreto.

En estos casos, no hay duda, cuando la finalidad real y efectiva del decreto es congelar los precios a los efectos expropiatorios posteriores, sin que el ente público tenga claro qué es lo que va a hacer, ni tenga dispuestos los recursos necesarios, indudablemente que está incumpliendo la finalidad establecida en la Ley y que permite al Estado utilizar la potestad expropiatoria.

Esta finalidad, como se dijo, no puede ser otra que expropiar; no puede dictarse un decreto para no expropiar y congelar los precios a los efectos de un eventual avalúo posterior. Al contrario, si se dicta un decreto es para expropiar efectivamente.

Esto parecería ocioso afirmarlo, pero lamentablemente, ha sido lo que ha sucedido normalmente. Esta situación plantea un problema de carácter jurídico, pues los decretos así dictados podrían ser impugnados por desviación de poder. No ha sido frecuente intentar esta vía, pero sería bastante factible poder impugnar ante el Tribunal Supremo de Justicia, por vicios en la finalidad, un decreto de expropiación cuando no se haya dictado a los efectos de cumplir la finalidad expropiatoria, que no es otra que expropiar. En este sentido, hay un antecedente de suma importancia, en un caso resuelto por la Corte Suprema de Justicia mediante sentencia del 8 de enero de 1970, dictada con motivo de una expropiación iniciada por el Centro Simón Bolívar C.A. de terrenos situados en Caracas, ocupados por urbanizaciones realizadas por el propio ente expropiante. La situación planteada fue, en términos generales, la siguiente: el Centro Simón Bolívar C.A. invadió y ocupó ilegalmente unos terrenos y construyó en ellos diversos edificios para vivienda. Con posterioridad a esto, el Centro Simón Bolívar C.A. logró que el Ejecutivo Nacional dictara un decreto expropiatorio a los efectos de expropiar aquellos inmuebles, en los cuales ya se habían construido, años atrás, una serie de edificios de vivienda. Se siguió el procedimiento y en el momento de la consignación del precio, después de haberse hecho el avalúo y estando éste firme, el Centro Simón Bolívar C.A. obtuvo del Ejecutivo Nacional la revocación del decreto de afectación inicial. Es decir, logró desafectar los inmuebles que habían ocupado y construido, y el mismo día, con un decreto que tenía la numeración siguiente, afectó de nuevo los inmuebles. En este caso, aun cuando es distinto al que hemos venido refiriendo respecto de las afectaciones eternas, la Corte Suprema de Justicia declaró la nulidad del decreto de desafectación que fue seguido de otro decreto de afectación nuevo, con base en el argumento de que el nuevo decreto se dictó sólo para poder iniciar un nuevo procedimiento y tener la oportunidad de lograrse un precio más conveniente para el Estado, con lo cual se ponía de manifiesto el verdadero fin del decreto de desafectación, el cual no era poner fin a la expropiación, sino, solamente, el obtener un precio más conveniente para el Estado, con lo cual se utilizaba una potestad pública, como la potestad expropiatoria, para un fin distinto para el cual se le otorga al Estado. Esta decisión de la Corte se dictó con el dictamen favorable de la Procuraduría General de la República, porque en este caso fue tan burda la utilización para fines distintos del Poder Público, que la propia

Procuraduría General de la República, en su dictamen, planteó que había indudablemente una desviación de poder y opinó en forma positiva respecto a la declaratoria de nulidad.

La parte pertinente de la sentencia de la Corte Suprema, estableció, en efecto, lo siguiente:

> Establecido lo anterior, es decir, que sobre el lote de terreno construyó la Nación, a través de organismos oficiales, las edificaciones a que se ha hecho referencia, corresponde analizar el Decreto N° 310, dictado por el Ejecutivo Nacional, con fecha 13 de abril de 1965 y publicado en la Gaceta Oficial N° 27.715 de la misma fecha, por el cual se ordenó la expropiación de los bienes de propiedad particular que sean requeridos para la ejecución de los trabajos de acondicionamiento, remodelación y reconstrucción de los barrios "Pinto Salinas", "Párate Bueno" y "Moramia".

En dicho Decreto se declaró zona afectada por la ejecución de la mencionada obra, los terrenos comprendidos dentro de los siguientes linderos: Norte, línea en forma irregular que constituye el pie del talud sur del Terminal del Teleférico en la subestación de Maripérez; Sur, línea recta en prolongación del borde Sur de la Calle 61 transversal de Maripérez, y fondo de las parcelas que dan su frente a la 7° Avenida de Maripérez; Este, línea en forma irregular que constituye el fondo de las parcelas que dan su frente a la Avenida Principal de Maripérez; y Oeste, línea que constituye el borde de la Avenida Principal de la Urbanización "Simón Rodríguez"; área aproximada: 76.720 m2. Asimismo, autorizó al Centro Simón Bolívar C.A. para que efectuara las expropiaciones quedando dicha empresa subrogada en todos los derechos y obligaciones que correspondan a la Nación venezolana a los fines mencionados, y encargado de la ejecución del Decreto el Ministro de Obras Públicas.

En cumplimiento del Decreto anterior, el Centro Simón Bolívar C.A. intentó juicio de expropiación contra la empresa Nelson C.A., propietaria de los terrenos afectados por la medida del Ejecutivo Nacional y la empresa demandada convino en la expropiación, convenimiento que, a juicio de la Sala, ciertamente se imponía, como lo asevera la empresa expropiada, ya que el lote de terreno se encontraba materialmente ocupado por el Centro Simón Bolívar C.A. y en él se habían construido obras permanentes, de evidente utilidad pública, como son los treinta y seis bloques de apartamentos que integran la Urbanización Pinto Salinas Este.

El tribunal de la causa (Juzgado Segundo de Primera Instancia en lo Civil, de la Circunscripción Judicial del Distrito Federal y Estado Miranda) dictó sentencia el 8 de agosto de 1966, declarando consumado el convenimiento y formulando pronunciamiento expreso acerca de los siguientes puntos: 1) "que con arreglo a los linderos expresados por la entidad expropiante" en su solicitud, la superficie total del lote a expropiarse es de ochenta y un mil seiscientas ochenta y tres metros cuadrados con veinte decímetros (81.683,20 m2) y sus linderos son los que se determinan en el informe rendido por los peritos en la articulación abierta al efecto; linderos que ya se dejaron indicados anteriormente. En consecuencia, no es dicha superficie de setenta y seis mil setecientos veinte metros cuadrados (76.720 m2) como se dice en la solicitud de expropiación", y 2) "que la expropiación parcial según el dictamen de los mismos expertos deja inutilizada una porción o lote, aislada dentro de la porción expropiada, de una superficie de nueve mil ciento cincuenta y ocho metros cuadrados (9.158 m2).

A juicio de la Sala, con el Decreto expropiatorio (N° 310) y con la sentencia que declaró consumado el convenimiento de la empresa expropiada se normalizó el procedimiento que se venía cumpliendo en torno a las obras realizadas por el Centro Simón Bolívar C. A. en terrenos de propiedad particular y en relación con los cuales no se habían cumplido los requisitos que establece el artículo 3° de la Ley de Expropiación por Causa de Utilidad Pública o Social.

El Decreto de la Presidencia de la República N° 791, cuya nulidad se pide, fue dictado el día 6 de abril de 1967, un día antes de la fecha señalada para la cancelación de la cantidad fijada como indemnización. En virtud de dicho Decreto se deroga el N° 310, por el cual se ordenó proceder a la expropiación, y en él, se dispone desafectar los terrenos: en la misma fecha, la Presidencia dicta el Decreto N° 792, cuya nulidad también ha sido solicitada, y dispone proceder a la adquisición de los terrenos sobre los cuales está construida la Urbanización Pinto Salinas o la expropiación de los mismos, si fuere necesario. En cumplimiento del Decreto 791, el Centro Simón Bolívar C. A. desistió del procedimiento expropiatorio, el cual fue considerado improcedente por el tribunal de la causa, de cuya decisión apeló la expropiante, y por virtud de ella subieron los autos a esta Suprema Corte en donde la mencionada apelación se encuentra pendiente de sentencia.

En opinión de la Sala, ha quedado debidamente comprobado que en los terrenos de propiedad de la demandante, situados al norte de la Plaza Andrés Bello y dentro de los linderos ya señalados, se realizaron trabajos de reconstrucción en los barrios que allí se encontraban, que en los mismos terrenos se construyeron, por el Centro Simón Bolívar, treinta y seis bloques de apartamentos y que, posteriormente, con fecha 13 de abril de 1965, el Ejecutivo Nacional ordenó la expropiación de los terrenos en cuestión, procedimiento éste que culminó con el convenimiento de la expropiada y la correspondiente homologación por parte del tribunal de la causa.

La Ley de Expropiación por Causa de Utilidad Pública o Social dispone, en su artículo 2°, que "se considerarán como obras de utilidad pública o social, las que tengan por objeto directo proporcionar a la Nación en general, a uno o más Estados o Territorios, a uno o más pueblos o regiones, cualesquiera usos o mejoras que cedan en beneficio común, bien sean ejecutadas por cuenta del Gobierno de la Unión, de los Estados o las Municipalidades, los Instituto Autónomos, o de particulares o empresas debidamente autorizados", y el artículo 11 *ejusdem* establece que "se exceptúan de la formalidad de declaratoria previa de utilidad pública, por ser evidentemente de esta naturaleza, las construcciones de... urbanizaciones obreras..."

En todos estos casos, "dispone el aparte único del mismo artículo, que bastará el Decreto de la autoridad a cuya jurisdicción corresponda la obra respectiva".

Comprobado como ha sido, que antes de dictarse el Decreto expropiatorio N° 310, ya se habían construido en el lote de terreno, por gestión del Gobierno Nacional, los treinta y seis bloques de apartamentos que integran la urbanización obrera "Pinto Salinas", es evidente que ante la imposibilidad de que dichos terrenos fueran reivindicados por su propietario, por existir en ellos una obra permanente de utilidad pública, sólo correspondía el pago de lo expropiado.

En sentencia reciente, de fecha 11 de febrero de 1969, la Sala, ratificando su jurisprudencia, estableció que las disposiciones pertinentes de la Ley de Expropiación por Causa de Utilidad Pública o Social, no pueden referirse, simplemente, a las obras por hacer, sino también a las ya hechas, ya que "sería absurdo sostener que la obra es de utilidad pública cuando aún no se ha construido y pierde tal carácter una vez que ha concluido su construcción".

A la luz de estos principios, es pertinente señalar que el Decreto N° 791, en virtud del cual se deroga el N° 310 -que ordenó la expropiación- desconoce el hecho de que ya la obra estaba concluida y habitada, y el N° 792, que ordena "de nuevo" la expropiación de los mismos terrenos aun cuando con una cabida menor, también desconoce que el lote ya estaba ocupado y había sido objeto de una sentencia de expropiación.

La Sala comparte el criterio expuesto por la Procuraduría General de la República, de calificar como "un caso típico de desviación de poder" los Decretos impugnados, ya que a través de ellos se ha tratado de obtener beneficios para la Administración, utilizando procedimientos que "no encajan exactamente dentro de la finalidad estricta de los poderes que se utilizaron". En efecto, la finalidad perseguida por el Decreto N° 791 no fue la de prescindir del procedimiento expropiatorio, ya que con la misma fecha se dictó el Decreto N° 792, que afecta la misma cosa expropiada, aun cuando en una cabida menor; la verdadera finalidad, como lo expresa el dictamen de la Procuraduría General de la República, fue la de iniciar de nuevo el procedimiento y tener otra oportunidad de establecer un precio más conveniente a los intereses de la Nación y tales procedimientos contribuyen, indudablemente, a desnaturalizar el juicio expropiatorio.

Más aun, no existía justificación alguna para dictar los Decretos impugnados, ya que los terrenos en cuestión habían quedado expropiados de hecho y de derecho en virtud de los diversos actos ejecutados por la Administración, por lo cual aquellos Decretos carecían totalmente de objeto cuando fueron dictados. Por tales razones, la Corte Suprema de justicia, en Sala Político-Administrativa, administrando justicia, en nombre de la República y por autoridad de la Ley, declara con lugar la demanda de nulidad de los actos administrativos contenidos en los Decretos Ejecutivos números 791 y 792 de fecha 6 de abril de 1967, publicados en la edición N° 28.299 de la Gaceta Oficial de fecha 6 de abril de 1967[46].

Este antecedente jurisprudencial es de suma importancia, primero, por la aplicación en sí del principio de la desviación de poder a un acto administrativo dictado por el Presidente de la República, y luego, por la aplicación, del principio de la desviación de poder en el campo expropiatorio.

En los casos en que se dicte un decreto de afectación para obtener precios más convenientes a la República, no hay duda en que los mismos argumentos podrían hacerse valer en la impugnación de estos decretos de afectación eterna que han sido tan comunes en Venezuela.

En la legislación venezolana, en todo caso, antes de 1978 no había alguna solución expresa respecto a los perjuicios que se causan a los particulares en un procedimiento de esta naturaleza de afectaciones eternas. La Ley de Expropiación autoriza la afectación, pero no obliga, en ninguna forma, al Estado, a iniciar el procedimiento expropiatorio en un determinado lapso, que debe ser razonable, a los efectos de establecer, al menos, una presunción de que existe la finalidad.

C. Los proyectos legislativos para la solución del problema

En el proyecto de reforma de la Ley de Expropiación que discutió el Senado en 1970, se incorporó una norma que no estaba en el proyecto original del Ejecutivo del año 1965 y a la cual no se hace mención en ninguna discusión de las Comisiones Legislativas, y que apareció por primera vez en uno de los informes de la Comisión respectiva del Senado. Esta norma es aquella que buscaba establecer una vigencia del decreto de expropiación de dos (2) años. Mediante ella, sin duda, se buscaba solucionar esta figura de las expropiaciones eternas por el establecimiento de un lapso de vigencia del decreto de expropiación de dos (2) años, de manera que si no se utilizaba en dicho lapso la potestad concretizada en el decreto, y no se ejecutaba la expropiación, el decreto perdía eficacia[47].

En la Comisión que elaboró, en 1975, un nuevo proyecto de Ley de Expropiación, se discutió otra fórmula para la solución de este problema consistente en primer lugar, en establecer un lapso para que el ente público ejecutara la expropiación, partiendo del principio de que la finalidad del decreto de Expropiación es expropiar, es transferir al Estado forzosamente la propiedad

46 Sentencia de la CSJ-SPA, 08-01-70, en *G.O.* N° 29.122 del 16-01-70; y en *G.F.* N° 67, pp. 16-18.

47 Véase Allan R. Brewer-Carías, *Comentarios al Proyecto de reforma parcial de la Ley de Expropiación por Causa de Utilidad Pública o Interés Social*, SOTAVE, Caracas 1971.

privada. Por ello, se pensó obligar al Estado a adoptar esta acción en un lapso determinado, que podría ser de un año o dos años, pero que implicaba en todo caso, el establecimiento de un lapso durante el cual el ente público debía, necesariamente, intentar el juicio expropiatorio o iniciar el procedimiento administrativo a través del arreglo amigable. Todo el tiempo que transcurriera con posterioridad a dicho lapso, sin que la expropiación se hubiera ejecutado, daría lugar a una indemnización para el particular, calculada en un porcentaje sobre la base de la indemnización que en definitiva se estableciera. En esta forma, si el Estado estimaba que debían transcurrir diez (10) años desde el momento en que dictó el decreto de expropiación hasta el momento en que decidiera ejecutar aquel decreto e iniciar los procedimientos, perfectamente el Estado podría hacerlo, y tenía todos los poderes para ello, pero no a costa del particular expropiado, quien debía ser indemnizado mediante la aplicación de un determinado porcentaje en relación a lo que debía pagársele en definitiva, como indemnización derivada de la expropiación. En esta forma se buscaba ordenar la irregularidad de las afectaciones eternas, y garantizar a los particulares el derecho, si el Estado estimaba conveniente dejar transcurrir el lapso que juzgase necesario, a ser compensado por los daños que provinieran del retardo; y por otra parte, se buscaba garantizar al Estado que, en todo caso, el avalúo se haría con referencia al original decreto de expropiación, aun cuando con la obligación de pagarle al propietario la indemnización por la demora.

En todo caso, y aun en ausencia de una regulación sobre los efectos de las expropiaciones eternas, podría pensarse en la posibilidad de recurrir a la vía judicial ordinaria contra el ente expropiante, por retardo perjudicial, al no ejecutar una expropiación una vez decretada, partiendo del mismo supuesto de que la expropiación se decreta para ser ejecutada.

D. ALGUNAS SOLUCIONES JURISPRUDENCIALES

En tal sentido, y con motivo de la impugnación del Decreto número 1312 de 13 de julio de 1973, mediante el cual se afectó, a efectos expropiatorios, una gran extensión de terrenos ubicados en el valle GuarenasGuatire, a los efectos del desarrollo de Ciudad Fajardo, y que fue impugnado en base a los argumentos antes señalados, la Corte Suprema de Justicia, en sentencia de 24 de julio de 1978, aun cuando declaró sin lugar el recurso, hizo las siguientes "consideraciones finales" en relación a los efectos de las que hemos denominado expropiaciones eternas, las cuales coinciden con nuestros planteamientos:

Es criterio de la Corte que la situación así planteada no puede ser mantenida por el Estado indefinidamente, puesto que cuando el Ejecutivo Nacional u otra autoridad competente, según los casos, dicta un Decreto de expropiación, la ejecución del mismo debe tener lugar dentro de un lapso razonable, pasado el cual las personas afectadas por el acto pueden ocurrir a los tribunales a hacer valer sus derechos, bien para que se les expropie o para que se les declare excluidas de la expropiación, cuando esto último sea posible en conformidad con las disposiciones del Decreto, tal como ocurre precisamente en el caso que es objeto de examen en esta decisión.

En ninguna de las leyes que rigen la materia se establece un plazo para proceder a la expropiación una vez que esta sea decretada, porque quizás el legislador supone que, tan pronto se dicte el respectivo Decreto, el organismo encargado de su ejecución debe iniciar de manera formal las gestiones amigables a que se refiere el parágrafo único del artículo 3° de la Ley de Expropiación por Causa de Utilidad Pública o Social, y de no lograr el objeto de ellas, instaurar los correspondientes juicios y proseguirlos diligentemente hasta sentencia definitiva. Debiendo ser actual la necesidad de que el propietario ceda al expropiante, en su totalidad o en parte, un bien que le pertenece, es ilógico que, después de publicado el Decreto correspondiente, la misma autoridad que lo dictó o la que debe velar por su ejecución no dé cumplimiento a sus disposiciones y mantenga en la incertidumbre a quienes tienen derecho a esperar del Estado la máxima certeza y seguridad jurídica en sus relaciones con ellos, dada la garantía constitucional que ampara el derecho de propiedad.

La expropiación es la manera justa de resolver el conflicto que surge entre los derechos del propietario y el interés colectivo, cuando por fundadas razones de utilidad pública o social, este último exige que aquél ceda, total o parcialmente, alguno de sus derechos sobre determinado bien. Si ello no implica daño o grave incomodidad para el propietario, éste no puede pretender compensación alguna. Pero, por mandato del constituyente y del legislador ordinario, una justa indemnización es debida al propietario, no sólo en caso de expropiación propiamente dicha, es decir, cuando coactivamente se le obligue a ceder su propiedad, sino también cuando se le prive de una utilidad, queden gravados sus bienes por una servidumbre o sufra un daño permanente que se derive de la pérdida o disminución de sus derechos. Tales son los principios establecidos en el artículo 101 de la Constitución, en concordancia con los artículos 36 y 37 de, la Ley de Expropiación por Causa de Utilidad Pública o Social.

Para que la indemnización sea justa, se requiere que ella constituya la más exacta y completa reparación del perjuicio inmediata y directamente experimentado por el propietario, a consecuencia de la expropiación, en el momento en que el bien expropiado pase del patrimonio de éste al del expropiante.

La expropiación, ha dicho este Supremo Tribunal en otras decisiones, no puede perjudicar ni beneficiar a nadie; el expropiado debe recibir, en dinero o en bonos según los casos, exactamente el valor de lo que cede; y el expropiante no ha de pagar más cantidad que la requerida para reparar íntegramente el daño que cause al expropiado; es necesario que después de la expropiación, el patrimonio de uno y otro no experimente mengua ni incremento alguno a consecuencia de ella. Tal *desideratum* sería, empero, imposible si no se concibiera la expropiación como un proceso integral, entre cuyas sucesivas etapas no debe haber solución de continuidad, estando subordinado el justiprecio, como en efecto lo está en nuestra legislación, al valor establecido en los actos de transmisión realizados por lo menos seis meses antes del Decreto de expropiación y los precios medios a que se hayan vendido en los últimos doce meses inmuebles similares. El legislador presume que entre la fecha del Decreto y la de entrega de la indemnización correspondiente al propietario, el lapso que transcurra nunca será lo bastante largo para que durante èl mismo se puedan alterar los términos de la ecuación económica que forzosamente debe existir entre las recíprocas prestaciones de ambas partes, en conformidad con el precepto constitucional que exige el pago de una justa indemnización, y es por ello y sólo por ello que la Ley tomó como punto de referencia, a los fines antes indicados, la fecha del Decreto expropiatorio.

Pero, si por negligencia del expropiante aquel lapso se prolonga por mayor tiempo que el previsto, es probable que al practicar el avalúo en conformidad con dichas normas legales, resulten injustamente lesionados los derechos del propietario y, por ende, violado el artículo 101 de la Constitución, debido a que por muy leve que sea la depreciación de la moneda, el valor de un bien puede modificarse sustancialmente en el curso de pocos años. En semejante caso se produce en el campo del derecho público, una situación parecida a la que, en el dominio del derecho privado, ha dado nacimiento a la figura del retardo perjudicial, en la cual quien debiera ser demandado toma la iniciativa para obligar al actor a deducir sus acciones dentro del término que el juez señale, so pena de no poder hacerlo sino cuando no sufra el promovente el perjuicio que tema.

Por tanto, aun cuando por las razones antes dichas no es procedente en el caso subjudice el recurso contencioso de anulación, la Corte considera necesario admitir expresamente en este fallo que existen otras vías a través de las cuales pueden hacer valer sus derechos los particulares afectados por un Decreto de expropiación que, no obstante reunir todos los requisitos de fonda y de forma indispensables para su validez, pueda lesionar derechos subjetivos o intereses jurídicamente protegidos por injustificado retardo en su ejecución[48].

Ahora bien, esta sentencia de la Corte Suprema de Justicia tuvo una gran repercusión jurisprudencial, pues significó el abandono de los criterios tradicionales de la Corte, favorables a los efectos congelatorios de precios de las expropiaciones eternas, y el comienzo de una nueva doctrina favorable a la actualización de los valores del justiprecio expropiatorio para el momento en el cual se realiza el avalúo[49].

---

48 Consultada en original.

49 Véase Beatriz Leal de Brewer, "Recientes cambios jurisprudenciales en relación al justiprecio expropiatorio" en *Derecho Urbanístico*, Archivo de Derecho Público y Ciencias de la Administración, Vol. V, 1982, Instituto de Derecho Público, UCV, Caracas 1983, pp. 473 a 483.

Así por ejemplo, en una significativa sentencia del 19 de junio de 1979 la Corte Suprema de Justicia en Sala PolíticoAdministrativa fue particularmente clara en los siguientes términos:

Ahora bien, dispone textualmente el artículo 35 de la Ley de Expropiación por Causa de Utilidad Pública o Social, lo siguiente: Entre los elementos del avalúo se tomarán en cuenta el valor fiscal del inmueble declarado o aceptado por el propietario; el valor establecido en los actos de transmisión realizados por lo menos 6 meses antes del decreto de expropiación y los precios medios a que se hayan vendido en los últimos doce meses inmuebles similares.

Por otra parte, esta Corte en numerosos fallos ha establecido que "...la indemnización que ha de pagarse al expropiado está destinada a compensar el perjuicio económico sufrido como consecuencia de la expropiación. Esa indemnización o justiprecio debe corresponder al valor actual del precio, ya que, como lo tiene establecido la Corte en anterior decisión, "el ideal en lo que se refiere a la indemnización por causa de expropiación es que el propietario no quede más pobre, ni tampoco más rico de lo que era antes de la expropiación".

Hasta ahora la Corte, en varios fallos, había venido interpretando el artículo 35, parcialmente trascrito, en el sentido de que los precios medios a que se hayan vendido en los últimos doce meses inmuebles similares debían contarse a partir de la fecha del decreto de expropiación hacia atrás, es decir, los precios medios de los doce meses anteriores al decreto de expropiación. Sin embargo, como la economía venezolana ha adquirido un vertiginoso ritmo expansivo, a tal punto que en dos o tres años un inmueble aumenta su valor en un cincuenta, un ochenta y hasta en un cien por ciento, de continuarse sosteniendo la interpretación antes expuesta, se podría quebrantar el principio de "...pago de justa indemnización" consagrado por nuestra Carta Fundamental en su artículo 101, ocasionando ello, por el lapso, a veces exageradamente largo, que transcurre entre la fecha del decreto expropiatorio y el momento en que se efectúa definitivo, a finales del procedimiento de expropiación. Es por esto que la Corte, en sentencia publicada el 26 de julio de 1978, comenzó a separarse de la anterior jurisprudencia y al efecto dejó establecido en dicho fallo, lo siguiente:... "Para que la indemnización sea justa se requiere que ella constituya la más exacta y completa reparación del perjuicio inmediata y directamente experimentado por el propietario, a consecuencia de la expropiación, en el momento en que el bien expropiado pase del patrimonio de éste al del expropiante". La expropiación, ha dicho este Supremo Tribunal en otras decisiones, no puede perjudicar ni beneficiar a nadie; el propietario debe recibir, en dinero o en bonos, según los casos, exactamente el valor de lo que cede; y el expropiante no ha de pagar más cantidad que la requerida para reparar íntegramente el daño que cause al expropiado; es necesario que después de la expropiación, el patrimonio de uno y de otro no experimenten mengua ni incremento alguno a consecuencia de ella. Tal *desideratum* sería, empero, imposible si no se concibiera la expropiación como un proceso integral, entre cuyas sucesivas etapas no debe haber solución de continuidad, estando subordinado el justiprecio, como en efecto, lo está en nuestra legislación, al valor establecido en los actos de transmisión realizados por lo menos seis meses antes del decreto de expropiación y los precios medios a que se hayan vendido en los últimos doce meses inmuebles similares. El Legislador presume que entre la fecha del decreto y la de entrega de la indemnización correspondiente al propietario, el lapso que transcurra nunca será lo bastante largo para que durante el mismo se puedan alterar los términos de la ecuación económica, que forzosamente, debe existir entre las recíprocas prestaciones de ambas partes, en conformidad con el precepto constitucional que exige el pago de una justa indemnización, y es por ello y sólo por ello, que la Ley tomó como punto de referencia a los fines antes indicados, la fecha del decreto expropiatorio. Pero, si por negligencia del expropiante, aquel lapso se prolonga por mayor tiempo que el previsto, es probable, que al practicar el avalúo en conformidad con dichas normas legales, resulten injustamente lesionados los derechos del propietario y, por ende, violado el artículo 101 de la Constitución, debido a que por muy leve que sea la depreciación de la moneda, el valor de un bien puede modificarse sustancialmente en el curso de pocos años. En semejante caso, se produce en el campo del derecho público, una situación parecida a la que, en el dominio del derecho privado, ha dado nacimiento a la figura del retardo perjudicial, en la cual quien debiera ser demandado toma la iniciativa para obligar al actor a deducir sus acciones dentro del término que el juez señale, so pena de no poder hacerlo sino cuándo no sufra el promovente el perjuicio que tema. Por tanto, aun cuando por las razones antes dichas no es procedente en el caso subjudice el recurso contencioso de anulación, la Corte considera necesario admitir expresamente en este fallo que existen otras vías a través de las cuales pueden hacer valer sus derechos los particulares afectados por un decreto de expropiación que, no obstante reunir todos los requisitos de fondo y de forma indispensables para su validez, puede lesionar derechos subjetivos o intereses jurídicamente protegidos, por injustificado retardo en su ejecución.

Además, la jurisprudencia que desde esta última fecha señalada comenzó abandonar la Corte, está motivada por la ambigua redacción del mencionado artículo 35, que al incluir la copulativa "y" en, su redacción, arriba transcrita, impulsa al intérprete de ella a relacionar la fecha del decreto expropiatorio como base para retrotraer tanto el lapso de más de seis meses anteriores para fijar el valor establecido en los actos de transacción del inmueble, como el lapso de los doce meses anteriores para determinar el precio medio de los inmuebles similares.

Pero, como ya hemos visto, la aplicación de esta tesis en la práctica puede dar lugar a determinaciones francamente reñidas con el precepto constitucional consagrado en el artículo 101 de nuestra Carta Fundamental[50].

E. Algunas soluciones normativas

Frente a la grave irregularidad que venía significando la práctica administrativa reiterada de acudir a las afectaciones eternas en las cuales nunca o con mucho retraso se ejecutaba la expropiación, la Presidencia de la República emitió la Circular N° 21, de 27 de octubre de 1977, suscrita por el Ministro de la Secretaría de la Presidencia y dirigida a todos los Ministros del Despacho, en la cual se pautó el procedimiento que debía seguirse en las afectaciones de inmuebles con fines expropiatorios. El texto de dicha Circular era el siguiente:

Siguiendo instrucciones del ciudadano Presidente de la República y tomando en consideración la necesidad de encauzar el ejercicio de la facultad expropiatoria del Estado, en el sentido de que persiga como finalidad exclusiva la inmediata adquisición de inmuebles considerados indispensables para la realización de obras o para el desempeño de actividades de utilidad pública e, igualmente, evitar compromisos que afecten considerablemente la responsabilidad patrimonial de la República y demás entes de la Administración Pública Nacional, hago de su conocimiento el procedimiento que deberá adoptarse en lo adelante en lo que respecta a la expropiación de inmuebles:

1°) Las expropiaciones que en lo sucesivo sean decretadas por el Ejecutivo Nacional, tendrán por objeto exclusivo declarar la necesidad de que sean expropiados bienes determinados de propiedad particular que deban considerarse indispensables para la realización de una obra pública o para el desempeño de una actividad de utilidad pública.

2°) No se acordará expropiación alguna sin que el organismo proponente del proyecto de decreto respectivo demuestre: a) que se han elaborado los estudios requeridos para el desarrollo de la obra; b) la previsión presupuestaria o de financiamiento necesarios para su ejecución; c) la causa que hace indispensable adquirir el todo o parte de la propiedad de los inmuebles; d) que se han efectuado las consultas debidas a los organismos a los cuales corresponda intervenir en el procedimiento.

3°) A los fines de lo dispuesto en el numeral anterior, el organismo proponente del decreto de expropiación deberá acompañar el proyecto respectivo de un informe acerca de los hechos mencionados, de todo lo cual se hará un expediente que será presentado en cuenta al Presidente de la República y conservado posteriormente en los archivos del organismo competente.

---

[50] Consultada en original.

4°) Los inmuebles adquiridos por vía de expropiación, ya sea mediante sentencia judicial y arreglo amigable, sólo podrán ser destinados al cumplimiento de los fines específicos señalados en el Decreto correspondiente.

5°) Los fondos destinados para la adquisición de inmuebles cuya expropiación haya sido decretada, no podrán ser utilizados para el pago de adquisiciones relativas a otras obras.

6°) Deberán evitarse los retardos injustificados en la cancelación de los montos de indemnización que correspondan legalmente a los expropiados y demás propietarios perjudicados por causa de una obra o actividad de utilidad pública o social. Se advierte a las autoridades encargadas de cumplir y hacer cumplir los principios expuestos en esta Circular, que cualquier infracción deberá ser considerada como falta grave a los efectos de la responsabilidad de los funcionarios o empleados infractores.

El solo texto de esta Circular, muestra, con elocuencia, la grave situación que existía hasta esa fecha respecto de decretos de afectación dictados hace muchos años y que no han sido aún ejecutados por las autoridades administrativas.

Ahora bien, una de las consecuencias graves de las afectaciones eternas se produce, en materia urbanística, con la limitación tácita y fáctica del uso de la propiedad en relación a las construcciones. Normalmente, las autoridades municipales no conceden los permisos de construcción en inmuebles afectados, con los consecuentes perjuicios a los propietarios, pues si se realizan construcciones, éstas tendrían que ser indemnizadas cuando se ejecute la expropiación. La Ley sólo establece que no serán apreciadas por los peritos las mejoras que hicieren los propietarios de la cosa que se expropia "durante el juicio de expropiación"[51], por lo que todas las mejoras y construcciones que se hiciesen después del decreto de expropiación y antes del inicio del juicio expropiatorio, tendrían que ser apreciadas por los peritos, e indemnizadas, salvo que se trate de una expropiación que ejecute un plan de urbanismo debidamente sancionado por la autoridad local.

En estos casos, la propia Ley de Expropiación establece que los peritos no apreciarán "las mejoras que efectúe el propietario de la cosa que se expropia después de la aprobación y publicación del plan general de acondicionamiento o modernización de una ciudad o agrupación urbana a que se refiere el artículo 11"[52].

Para remediar en parte esta situación fáctica que perjudica enormemente a los propietarios en las afectaciones eternas, la Ordenanza sobre Ordenación Urbana del Área Metropolitana de Caracas y su Zona de Influencia estableció expresamente, al regular los "usos no conformes" con el plan, lo siguiente:

---

[51] Artículo 38.

[52] Artículo 38.

> *Artículo 42.* Único: Sin embargo, cuando la expropiación no estuviese prevista para efectuarse en los próximos cinco (5) años, la Oficina Metropolitana de Planeamiento Urbano, previa opinión de la Comisión Metropolitana de Urbanismo, podrá autorizar determinadas obras provisionales en edificios, instalaciones y solares, siempre que se enmarquen dentro de los objetivos generales del Plan General de Desarrollo Urbano y no encarezcan la expropiación futura.

Por otra parte, esta situación se quiso remediar en la Ley Orgánica de Régimen Municipal, de 18 de agosto de 1978[53], al establecer un lapso de 4 años para la ejecución de las expropiaciones que debían resultar de la sanción de un plano de desarrollo urbano local, vencido el cual sin que éstas se ejecutasen, cesaban los efectos de la afectación y, por tanto, de la congelación tácita del uso de la propiedad inmueble urbana.

La Ley, en efecto, estableció lo siguiente:

> *Artículo 85.* Cuando con la promulgación de un Plano de Desarrollo Urbano Local se afecten terrenos de propiedad privada para usos recreacionales o deportivos, asistenciales, educacionales o para cualquier uso público, se indicará el plazo dentro del cual el Municipio deberá adquirir esos terrenos. Este plazo en ningún caso podrá exceder de cuatro (4) años, vencido el cual sin que el Municipio haya adquirido esos bienes se considerará sin efecto dicha afectación.

Esta disposición no es aplicable cuando la afectación resulte de un plano de parcelamiento o de urbanismo.

En esta forma, a partir de la promulgación de esta Ley Orgánica de Régimen Municipal en 1978, las afectaciones tácitas de terrenos de propiedad privada derivadas de planos urbanísticos obligaban a la autoridad municipal a expropiar dichas áreas so pena de perder la asignación del uso público necesario para el cumplimiento de sus fines.

Con la promulgación de la Ley Orgánica para la Ordenación del Territorio en 1984 y la modificación de la Ley Orgánica de Régimen Municipal en 1989[54], el régimen siguió estando fundamentado en el mismo principio de la prohibición de afectar la propiedad privada sin límite de tiempo alguno. En efecto, de acuerdo al artículo 108 de la Ley de Régimen Municipal de 1989:

Cuando con la promulgación de un Plan de Desarrollo Urbano local se afecten terrenos de propiedad privada para uso recreacional, deportivo, asistencial, educacional o para cualquier uso público que implique la extinción del derecho de propiedad, el Municipio o Distrito deberá proceder de conformidad con la ley respectiva.

---

53 *G.O.* N° 2297 Extra. de 18-08-78.

54 *G.O.* N° 4409 Extra. de 15-06-89

El Decreto establecerá un plazo para la ejecución de la expropiación, que en ningún caso excederá al establecido en la Ley Orgánica de Ordenación del Territorio, vencido el cual, sin que se hubiere procedido en consecuencia, se considerará sin efecto dicha afectación y el Municipio o Distrito deberá indemnizar a los propietarios por los daños y perjuicios debidamente demostrados por las limitaciones al uso de sus propiedades, regulando para éstas un uso compatible con el Plan de Desarrollo respectivo.

Esta disposición no es aplicable cuando la afectación resulte de un Plan de Parcelamiento o de Urbanismo.

La Ley Orgánica para la Ordenación del Territorio, a los efectos de evitar, también, las situaciones abusivas que se han originado respecto de la propiedad por las afectaciones eternas de la misma a los efectos de expropiaciones nunca ejecutadas, establece una serie de correcciones, en el artículo 64, que pueden resumirse así:

En *primer lugar*, exige que se proceda a decretar la expropiación en todo caso que la ejecución de los planes de ordenación del territorio impliquen la extinción del derecho de propiedad.

En *segundo lugar*, el plan respectivo de ordenación del territorio debe prever, siempre, un lapso para la ejecución de la expropiación, que debe ser cónsono con la naturaleza y alcance de la actividad a realizar. Este lapso y la expropiación deben establecerse formalmente en un decreto de afectación. No establece la Ley término máximo alguno a dicho lapso, por lo que la exigencia se limita a obligar a la autoridad administrativa a prever en el plan los lapsos, cualquiera que ellos sean, para la ejecución de la expropiación.

En todo caso, y a los efectos de garantizar los derechos de los propietarios cuyos inmuebles resulten afectados por un plan y una expropiación a ser ejecutada en un lapso relativamente largo, el artículo 64 de la Ley precisa que si ese lapso es superior a 3 años, la autoridad competente está obligada a establecer un régimen transitorio de uso efectivo de la propiedad afectada.

En *tercer lugar*, la Ley prevé que vencido el lapso de ejecución de la expropiación previsto en el Decreto respectivo sin que los entes públicos competentes hubieren procedido consecuentemente, se debe indemnizar al propietario por las limitaciones al uso de su propiedad y debe reglamentarse un uso compatible con los fines establecidos en el plan respectivo. Se buscó, así, proteger al propietario frente a las expropiaciones eternas no ejecutadas, permitiéndose un uso de la propiedad compatible con los planes, sin que estos pierdan sus efectos.

En el ámbito urbano debe señalarse, además, que la Ley prevé la figura de la retrocesión en la expropiación, en los casos en los cuales se pretenda modificar la afectación de determinados bienes expropiados, al fin legalmente establecido (art. 69).

En esta forma, la Ley Orgánica para la Ordenación del Territorio no estableció claramente el límite máximo de ejecución de la expropiación como lo señalaba la Ley de Régimen Municipal de 1978. Sin embargo, sí estableció claramente que en caso de que el término señalado en el decreto de afectación sea mayor a 3 años, la autoridad municipal debe regular un régimen transitorio de uso efectivo de la propiedad afectada.

F. La solución jurisprudencial de 1993

En una sentencia de la Corte Suprema de Justicia de 10 de agosto de 1993 puede decirse que se le dio una solución definitiva a este problema de las afectaciones eternas, en la siguiente forma:

> En el caso de autos, el propietario actor, no obstante haber realizado el trámite administrativo correspondiente ante el Ministerio del Ambiente y de los Recursos Naturales Renovables, con la finalidad de que dicho ente se pronunciara sobre la solicitud de desafectación, fundamentada en la no ejecución en doce (12) años de la obra a la que alude el Decreto, y en la consecuente lesión que tal omisión ha causado según alega a su derecho de propiedad, no pareciera haber obtenido respuesta alguna, lo que motivó su planteamiento ante esta Sala. En dicha oportunidad sostuvo que no debían continuar afectados los referidos inmuebles, como ha señalado la Sala en anteriores oportunidades, si la Administración no está en condiciones de ejecutar la obra.

La facultad expropiatoria que ha sido concedida al Estado para la adquisición, en forma coactiva, de bienes propiedad de los particulares, tiene por objeto dar cumplimiento a fines de interés colectivo, e implica necesariamente, una lesión al derecho de propiedad, lesión que encuentra justificación en el beneficio colectivo que supone la obra. Al declararse la realización de una obra o actividad como de utilidad pública, y afectarse determinado bien para su ejecución, se encuentra el afectado ante la obligación mediata de ceder o enajenarlo en favor del Estado a cambio de una justa indemnización, por lo que tal afectación constituye, de cierto modo, una limitación de su derecho de propiedad.

Si bien es cierto que ese particular, dueño del bien afectado y sobre el cual recae el decreto de expropiación, sigue siendo el titular del derecho de propiedad mientras no sea decidida en forma definitiva la expropiación, con el señalamiento en sentencia judicial, del correspondiente monto del justiprecio, de conformidad con las disposiciones que sobre avalúo establece la Ley de la materia, ni consignado por el ente expropiante el pago del mismo, y por tanto puede ejercer salvo el supuesto de ocupación previa las facultades de uso, goce y disposición inherentes a su derecho real de propiedad, tal como se desprende del artículo 6° de la Ley Expropiación por Causa de Utilidad Pública o Social, no es menos cierto que desde el momento en que se decreta la expropiación se causa una lesión al derecho de ese propietario quien, como se dijo, deberá ceder o enajenar el bien afectado.

Ahora bien, tal cesión o enajenación tendría que necesariamente cumplirse en un tiempo razonable puesto que no responde al concepto de justicia social enfrentar al particular a la ausencia de seguridad jurídica, como lo ha reconocido la Sala al señalar que éste no debe estar sometido indefinidamente a la situación de incertidumbre que se le causa una vez dictado el decreto expropiatorio y hasta la definitiva ejecución del mismo. (Caso: Alberto Baumeister T., decisión del 19978). Por el contrario debe existir cierta continuidad que, además, responda a la necesidad de la colectividad, que es justamente lo que hace que una obra sea considerada como de utilidad pública, es decir, debe evitarse la excesiva dilación en su ejecución y proceder a hacer efectiva la expropiación en un lapso *razonable*, que dependerá, entre otras cosas, de la naturaleza de la obra a ejecutar y de los bienes que se vean afectados de expropiación.

Sin embargo, la Ley de Expropiación por Causa de Utilidad Pública o Social no establece un lapso en el cual deba el ente encargado de la ejecución del decreto de expropiación comenzar las negociaciones y expropiaciones.

Se plantea entonces la necesidad de recurrir a las otras fuentes internas de derecho positivo previstas en el artículo 4 del Código Civil, el cual en su primer aparte señala la posibilidad de recurrir a disposiciones que regulen casos semejantes o materias análogas cuando no hubiere norma precisa de la Ley aplicable al supuesto de hecho, fuente de derecho cuya importancia ha sido además reconocida por este Alto Tribunal (SPA, casos: Roberto Enrique Carrasquero y Alí Madrid Guzmán, decisiones de fechas 21182 y 91090, respectivamente).

Ahora bien, la figura del decaimiento de la afectación, no prevista en la Ley de Expropiación por Causa de Utilidad Pública o Social, aparece, sin embargo, acogida en el artículo 108 de la Ley Orgánica de Régimen Municipal que reza textualmente:

> Cuando por la promulgación de un Plan de Desarrollo Urbano local se afecten terrenos de propiedad privada para uso recreacional, deportivo, asistencial, educación o cualquier uso público que implique la extinción del derecho de propiedad, el Municipio o Distrito deberá proceder de conformidad con la Ley respectiva.
>
> El Decreto establecerá un plazo para la ejecución de la expropiación, que en ningún caso excederá al establecido en la Ley Orgánica para la Ordenación del Territorio, vencido el cual, sin que se hubiere procedido en consecuencia, se considerará sin efecto dicha afectación y el Municipio o Distrito deberá indemnizar a los propietarios por los daños y perjuicios debidamente demostrados por las limitaciones al uso de sus propiedades, regulando para éstas un uso compatible con el Plan de Desarrollo respectivo.

Esta disposición no es aplicable cuando la afectación resulte de un Plan de Parcelamiento o de Urbanismo.

El supuesto de hecho previsto en la norma transcrita se relaciona con los casos de expropiación en los que el ente expropiante es el Municipio o el Distrito, pero las consecuencias jurídicas allí expresadas son aplicables, por vía analógica, a los demás casos de expropiación, es decir, aquellos en los cuales el ente expropiante es persona jurídica distinta a los Municipios o los Distritos.

No obstante, el referido artículo 108 no señala el plazo perentorio para la ejecución de la expropiación (como sí lo hacía la Ley derogada en su artículo 85, que establecía un máximo de 4 años) sino que remite a la Ley Orgánica para la Ordenación del Territorio del 11 de agosto de 1983, Ley que contiene disposiciones que regulan supuestos en los cuales debe procederse a decretar la expropiación, y que prevé la obligatoriedad del plazo para la ejecución de la misma, cualquiera sea el ente expropiante (República, empresas del Estado, Municipio o Distrito).

Así, en su artículo 64 señala lo siguiente:

> Cuando la ejecución de los planes de ordenación del territorio implique la extinción del derecho de propiedad, las autoridades respectivas competentes deberán proceder a decretar la expropiación, conforme a la Ley especial.
>
> A tal efecto, en el Plan respectivo de Ordenación del Territorio se *deberá establecer un lapso para la ejecución de la Expropiación correspondiente,* cónsono con la naturaleza y alcance de la actividad a realizar. Cuando el lapso sea superior a tres años, la autoridad competente deberá establecer un régimen transitorio de uso efectivo de la propiedad afectada....

Pero, si el decreto de expropiación no establece el plazo para la ejecución de lo ordenado en ese acto ¿cuál ha de entenderse como el máximo a tal fin, conforme al dispositivo legal antes trascrito, si en el mismo no aparece contemplado dicho plazo en forma expresa?

La intención del Legislador al imponer el señalamiento del referido plazo responde a la necesaria continuidad que el proceso expropiatorio demanda, debido, en primer lugar, a que constituye una limitación al derecho de un particular que encuentra su justificación en el interés colectivo, sin que pueda por ello la afectación prolongarse de manera indefinida en el tiempo por ausencia de tramitación de la expropiación misma, puesto que debe respetarse el principio conforme al cual en materia expropiatoria debe procurarse la menor afectación posible a la esfera de derechos del expropiado, pagando en todo caso la justa indemnización.

En segundo lugar, la continuidad de la expropiación es demandada igualmente por la colectividad que se verá favorecida con la ejecución de la obra cuya utilidad pública y social ha sido ya declarada, por lo que en el orden lógico, a todo decreto de afectación y expropiación debe seguir su ejecución.

Ahora bien, partiendo de la premisa conforme a la cual debe siempre existir un lapso para la ejecución de las expropiaciones, y tomando en cuenta que, según lo dispuesto en el artículo 64 de la Ley Orgánica para la Ordenación del Territorio sólo para aquellas expropiaciones cuyo lapso de ejecución sea superior a tres años, *debe establecer* la autoridad competente un régimen transitorio de uso efectivo de la propiedad afectada, puede inferirse que a partir de la entrada en vigencia de la mencionada Ley, para aquellos casos en los que no se indique régimen transitorio se entenderá que la ejecución de la expropiación debe tener lugar dentro de los tres años siguientes a la fecha de la entrada en vigencia del Decreto en el que se ordena la misma.

En el presente caso, se observa que la afectación por causa de utilidad pública y social del inmueble propiedad del actor, fue declarada en fecha 23 de junio de 1975, mediante Decreto N° 993, ordenándose en el mismo que se procediera a la tramitación de las expropiaciones correspondientes (artículo 2°), sin que se fijara plazo para la realización de las mismas; con posterioridad, el 7 de septiembre de 1976, mediante el Decreto N° 1.763, se dispuso la construcción en el área afectada del Parque Recreacional "Joaquín Maneiro"; sin embargo, para el mes de mayo de 1990, los propietarios de los terrenos afectados por el Decreto N° 993, no habían logrado todavía que la Administración hiciera efectivas las negociaciones correspondientes.

Ahora bien, ¿qué ocurre cuando la entrada en vigencia del Decreto de expropiación es anterior a la Ley Orgánica para la Ordenación del Territorio en la que se exige con carácter obligatorio el establecimiento del plazo de ejecución, ¿Podría hablarse entonces de la posibilidad de afectaciones eternas?

Ello, además de crear desigualdad entre los administrados cuyos derechos han sido afectados, resulta incongruente con los elementales principios de justicia, certidumbre y seguridad jurídica, que deben estar presentes en todo proceso expropiatorio, por lo que debía la Administración, en el presente caso, ajustar su conducta a la nueva normativa aplicable.

Así, siendo una obligación de la Administración el señalamiento del lapso para la ejecución de la expropiación a partir de la vigencia de la Ley Orgánica para la Ordenación del Territorio, es forzoso concluir que debió aquélla actuar en consecuencia, traduciéndose su omisión en la aceptación del lapso máximo de tres años, el cual, en el caso concreto, ha transcurrido sobradamente.

En tal virtud, esta Sala PolíticoAdministrativa declara sin efectos legales los Decretos Presidenciales Nos. 993 de fecha 27 de junio de 1975 contentivo de la afectación y orden de expropiación y N° 1.763 del 7 de septiembre de 1976, por lo que respecta al inmueble del ciudadano Jesús Antonio Silva, situado al Nor-Oeste de una mayor extensión que se encuentra al este de la ciudad de Porlamar, Sector Genovés, con una superficie de nueve mil novecientos sesenta metros cuadrados (9.960 m^2) y cuyos linderos son: Norte, en ciento veinte metros (120 mts) con la Avenida Aeropuerto N° 1, de por medio zona de retiro y ornato; Sur, en ciento veinte metros (120 mts), con terrenos que son o fueron del ciudadano Rafael Villarroel; Este, en ochenta y tres metros (83 mts) con terrenos que son o fueron de Alexis Manuel Quijada, y Oeste, en ochenta y tres metros (83 mts) con triángulo que se forma en el lindero Nor-Oeste[55].

Lamentablemente, en todo caso, la Ley de Expropiación de 2002 no reguló expresamente solución expresa alguna a esta problemática.

3. El problema de las afectaciones masivas

El segundo problema que se ha presentado con los decretos de expropiación o afectación se refiere a las "afectaciones masivas" de grandes extensiones de terreno, a los efectos de desarrollos urbanísticos, lo cual ha sido muy utilizado en Venezuela, contrariándose también el espíritu de la Ley de Expropiación. Esta, en principio, permite la afectación de inmuebles determinados que se consideren necesarios para realizar una actividad o construir una obra declarada como de utilidad pública, y no admite estas afectaciones masivas de grandes extensiones que no van a expropiarse efectivamente[56].

Para remediar esta situación, la ya mencionada Circular N° 21 de 27 de octubre de 1977 de la Secretaría de la Presidencia de la República, estableció que "las expropiaciones que en los sucesivo sean decretadas por el Ejecutivo Nacional, tendrán por objeto exclusivo declarar la necesidad de que sean expropiados *bienes determinados* de propiedad particular que deban considerarse *indispensables* para la realización de una obra pública o para el desempeño de una actividad de utilidad pública".

Ahora bien, la situación normativa en este supuesto, en todo caso, varió a partir de 1976, al dictarse la Instrucción Presidencial N° 22 sobre Normas destinadas a regular la incorporación de áreas suburbanas y rurales a las actividades urbanas[57], con lo cual se pretendió corregir las deficiencias.

Antes de la emisión de la Instrucción Presidencial N° 22, fue muy frecuente la utilización de las afectaciones masivas por parte del Ejecutivo Nacional de grandes extensiones de terreno con fines urbanísticos. Tales fueron los casos, por ejemplo, de las afectaciones de inmuebles destinados al desarrollo de las nuevas ciudades satélites de Caracas, Ciudad Fajardo y Ciudad Diego de Losada, que afectaron, a los efectos de expropiación, o grandes extensiones de terreno[58]. Decretos similares se dictaron en el área urbana de Caracas,

55 Véase *RDP*, N° 55-56, pp. 537 a 540

56 *Cfr.* Gustavo Urdaneta T. *La Ejecución del Urbanismo, cit.*, p. 121.

57 Véase en *G.O.* N° 30.962 del 13-4-76

58 Véase los Decretos N° 359 del 04-09-58; N° 1.010 del 21-06-72; N° 1.039 del 12-07-72 y N° 1.312 del 13-06-73

por ejemplo, en San Agustín del Norte, cuyo decreto estableció también la afectación de una parte considerable del centro de la ciudad[59]. Otra afectación masiva de gran importancia fue la de un millón de hectáreas en el Sur de Venezuela, en los años setenta a los efectos de la implementación de los denominados Módulos de Apure.

En todos estos casos, se trató de decretos de afectación, no ya de un inmueble para construir un edificio, o determinados inmuebles para construir una línea de ferrocarriles o una carretera, sino de grandes superficies de terreno a los efectos de desarrollos generales de carácter agrícola o de carácter urbano.

El problema se planteaba al analizar este tipo de afectaciones masivas, en determinar si la finalidad era realmente expropiar íntegra y absolutamente los inmuebles comprendidos en el polígono de expropiación. En general, la intención parecía que no era expropiar todo lo afectado. En el caso, por ejemplo, del área de Ciudad Fajardo en Guarenas-Guatire, aparentemente lo que se perseguía era expropiar parcialmente y buscar para el desarrollo urbanístico querido, la colaboración y consorcio con los particulares, y sólo eventualmente, expropiar áreas determinadas a los efectos de desarrollos públicos concretos.

Sin embargo, esto no se determinó claramente, pues al dictarse el Decreto de afectación no se tenía aprobado el Plan de Desarrollo Urbano de Ciudad Fajardo. Esto produjo que, en la realidad, dicha afectación no sólo era una afectación masiva sino eterna. Se llegó a elaborar, por la agencia nacional, un Plan Maestro de desarrollo urbano, pero en realidad ese Plan durante muchos años fue inexistente, porque requería la sanción de los Concejos Municipales de la zona.

Una apreciación parece evidente respecto a este tipo de afectación masiva, y es la determinación de la intención última del ente público que decreta la afectación; ésta no puede ser otra que lograr que se destinen a determinados desarrollos urbanísticos o uso del suelo urbano, determinadas zonas, y que ello se realice conforme a los planes de desarrollo urbanístico que se adopten por los entes públicos.

Esta parecía ser la intención en los casos señalados, pues expropiar todo el valle de Guarenas y Guatire, o toda la zona de los Valles del Tuy, significa que el Estado hubiera tenido qué realizar directamente los desarrollos urbanísticos, lo que no parecía tener sentido.

El Estado, sin necesidad de expropiar totalmente un área de terreno en la cual se va a realizar un desarrollo urbanístico importante, puede lograr que éste se ejecute conforme a sus programas, sea expropiando sólo parcialmente o incorporando a los propietarios a los desarrollados urbanísticos de acuerdo a un plan. Si un propietario está dispuesto a realizar la ejecución urbanística que le interese al ente público, lo que debe es establecer las bases para que, en

---

59 Véase el Decreto N° 792 del 11-05-75 en *G.O.* N° 30.692 del 14-05-75.

efecto, esa propiedad se destine a esos fines de vivienda o industriales o de cualquier otra naturaleza, para lo cual el Estado no necesita expropiar todos los inmuebles.

De ahí que también surgiera un mecanismo nuevo en el ordenamiento venezolano, y es el de las desafectaciones en estos casos de afectaciones masivas.

Este mecanismo se previó en el ordenamiento, en el Decreto Nº 1312 de 1973 de afectación de Ciudad Fajardo: en este Decreto se estableció una afectación masiva y, como contrapartida, se previó la posibilidad de desafectar determinados inmuebles de esas grandes áreas afectadas, a los efectos de que los particulares pudieran realizar las actividades urbanísticas de acuerdo al plan debidamente aprobado, en los términos en que se conviniera con el ente expropiante. En todo caso, frente a la figura de la desafectación, debían haberse previsto mecanismos más ágiles de lograrla.

Aquí surgía un primer problema, cuya solución estaba en la previsión de mecanismos de desafección más ágiles. En el Decreto de afectación de San Agustín del Norte[60], la norma que previó las desafectaciones fue un poco más allá y estableció que así como el Centro Simón Bolívar C. A. se subrogaba para este tipo de expropiación a todos los derechos de la República, también se subrogaba a los efectos de determinar los inmuebles que podían eventualmente ser desafectados.

En estos dos Decretos de afectación de Ciudad Fajardo y de San Agustín del Norte, además se previó otro mecanismo en la desafectación, y fue la figura de un convenio a establecerse entre el ente público y el particular para el desarrollo programado. Se previó, así, una figura de cooperación en las ejecuciones urbanísticas, muy utilizada en la legislación comparada, partiendo del supuesto de que la ejecución urbanística no es exclusiva del sector público, sino que puede estar compartida por los particulares a través de mecanismos de cooperación[61].

En todo caso, de acuerdo con la Ley de Expropiación, el Ejecutivo Nacional, con posterioridad a la emisión de un decreto de expropiación, puede perfectamente revocar total o parcialmente ese Decreto, ordenando la desafectación de inmuebles. Sin embargo, ni la Ley de Expropiación, ni ley alguna autorizan a desafectar y someter a las propiedades privadas desafectadas a limitaciones en su uso, goce y disfrute.

Una propiedad desafectada de una expropiación estará sometida a las limitaciones legales previstas en la Ley y Ordenanzas Municipales sobre urbanismo, pero nunca podrá, lícita ni legítimamente, estar sometida a limitaciones y restricciones no autorizadas por el legislador.

---

60 Véase Decreto Nº 792 del 11-05-75, en *G.O.* Nº 30.692 del 14-05-75.

61 En contra, véase, Gustavo Urdaneta T., *La Ejecución del Urbanismo, cit.*, p. 134.

Como se dijo mediante Instrucción N° 22 de 30 de diciembre de 1975, el Presidente de la República dictó las "Normas que regirán para la política de incorporación de áreas suburbanas y rurales a las actividades urbanas, cónsonas con el programa único de inversiones de infraestructura y equipamiento"[62] como parte de las Políticas de Desarrollo Urbano y Ordenamiento del Territorio. Mediante esta Instrucción se establecieron normas que "definen las acciones de los órganos de la Administración Pública competentes, así como sus relaciones con la iniciativa privada, en virtud de la función social que la propiedad debe cumplir". Las normas, sin embargo, no sólo regularon la actuación de los organismos públicos, sino que regularon directamente la actuación de los particulares propietarios de las áreas afectadas por planes de urbanismo.

Esta Instrucción para lograr la incorporación de las áreas suburbanas y rurales a las actividades urbanas, dispone que el Estado tiene que planificar "el aprovechamiento del recurso suelo con el objeto de determinar las áreas realmente requeridas para la expansión de los centros urbanos", lo que "requerirá de una afectación de la tierra"[63]. Por ello, se señala expresamente que "se utilizan como instrumentos los Planes Rectores de Ordenación Urbanística, los Planes de Desarrollo Urbanístico y los Programas Convenios entre el Ejecutivo Nacional, con las Municipalidades y con los particulares"[64]. Es decir, la Instrucción presuponía, para su aplicación, la adopción de planes de ordenación de desarrollo urbanístico mediante los cuales se afectasen las áreas suburbanas o rurales a urbanizar.

En efecto, estableció que "los Planes Rectores de Ordenamiento Urbanístico determinarán los límites de las áreas urbanas actuales y de las zonas de incorporación futura", y estos Planes Rectores constituían "el esquema básico bajo el cual se precisen las normas y directrices necesarias para la elaboración de los Planes de Desarrollo Urbanístico"[65]. En todo caso, *"las áreas determinadas en los Planes Rectores y en los Planes de Desarrollo Urbanístico quedarán afectadas mediante los Decretos que a tal efecto dictará el Ejecutivo Nacional"*[66].

De esto se deduce, como es lo racional, que la afectación masiva con fines expropiatorios de áreas suburbanas o rurales para su incorporación a actividades urbanas, sólo podría realizarse una vez que se hubieren adoptado los planes respectivos: en primer, lugar, los Planes Rectores de Ordenamiento Urbanístico que debían ser formulados por el Ministerio de Desarrollo Urbano[67], para ser propuestos a las Municipalidades, y que "servirán de marco

---

62 Véase en *G.O.* N° 30.962 del 13376.

63 Véase el N° 8 de la Instrucción.

64 Véase el N° 1 de la Instrucción.

65 Véase el N° 12 de la Instrucción.

66 Véase el N° 12 de la Instrucción.

67 Véase el N° 12 de la Instrucción.

de referencia para la elaboración de los Planes de Desarrollo Urbanístico" por aquéllas o por el Ministerio de Desarrollo Urbano por encargo de las mismas[68]; y en segundo lugar, estos Planes de Desarrollo Urbano local que debían ser sancionados por las Municipalidades, previa aprobación por el Ministerio de Desarrollo Urbano[69].

Por tanto, una vez establecida la ordenación prevista en los Planes Rectores, se podían dictar los decretos de afectación o expropiación respectivos, además de las "medidas necesarias para evitar la especulación con los precios de los terrenos, garantizando de esta forma el uso que les asignará en los Planes de Desarrollo Urbanístico"[70].

Conforme a la Instrucción una vez dictados los Decretos de afectación de las áreas rurales o suburbanas a incorporar a actividades urbanísticas previstas en los Planes de ordenación urbanística señalados, los particulares cuyas propiedades resultaren afectadas debían manifestar, en el término de cinco años a partir del Decreto de afectación, su decisión de participar o no en el desarrollo urbano del área de incorporación inmediata[71]. Si la decisión era positiva, los propietarios tenían que comprometerse al desarrollo de los inmuebles afectados de acuerdo a las Normas de la Instrucción N° 22 y a los Planes urbanísticos señalados, y sólo así se podía autorizar la ejecución de las obras privadas[72]. Este compromiso se materializaba en los Contratos de Participación para urbanización o contrato de participación previsto en la Instrucción N° 22, cuyo objeto era, precisamente, "desarrollar las propiedades afectadas de los particulares... en un todo de acuerdo con el Plan Rector respectivo o con el Plan de Desarrollo Urbanístico, si éste estuviera aprobado"[73].

Si la decisión de los propietarios era negativa, es decir, que en el término de los cinco años siguientes al Decreto de afectación, no manifestaran su decisión de participar en el desarrollo urbano del área afectada, la Autoridad Nacional respectiva[74] "podrá proceder a la correspondiente expropiación para así dar cumplimiento al Plan Rector"[75]. Sin embargo, por supuesto, "la Autoridad Nacional podrá gestionar la expropiación de esas áreas antes del lapso indicado, cuando a su juicio existan razones o circunstancias que así lo aconsejen"[76].

[68] Véase el N° 14 de la Instrucción.

[69] Véase artículo 7°, ordinal 39, de la Ley Orgánica de Régimen Municipal.

[70] Véase el N° 15 de la Instrucción.

[71] Véase el N° 25 de la Instrucción.

[72] Véase el N° 15 de la Instrucción.

[73] Véase el N° 24 de la Instrucción.

[74] El Ministerio de Desarrollo Urbano o el Instituto Nacional de la Vivienda, según el N° 23 de la Instrucción.

[75] Véase el N° 25 de la Instrucción.

[76] Véase el N° 25 de la Instrucción.

4. LA AFECTACIÓN DE LA PROPIEDAD EN LOS PLANES DE ORDENACIÓN TERRITORIAL Y URBANÍSTICA (LAS AFECTACIONES TÁCITAS)

Ahora bien, toda esta problemática fue regulada posteriormente en la Ley Orgánica para la Ordenación del Territorio y en la Ley Orgánica de Ordenación Urbanística, particularmente en lo que concierne a la afectación tácita de la propiedad urbanística mediante los planes de ordenación del territorio y de ordenación urbanística.

En efecto, la Ley Orgánica de Ordenación del Territorio de 1983[77] establece el principio general de que "los usos regulados y permitidos en los planes de ordenación del territorio", básicamente en el nacional y regional, "se consideran limitaciones legales a la propiedad y, en consecuencia, no originan, por sí solos, derecho a indemnización" (art. 63), con lo cual se regula el principio general que ya venía siendo establecido en la Ley Forestal de Suelos y Aguas, y en la Ley Orgánica del Ambiente[78].

La Ley Orgánica, sin embargo, agrega, que la indemnización, "sólo podrá ser reclamada por los propietarios en los casos de limitaciones que *desnaturalicen* las facultades del derecho de propiedad", como lo venía señalando la jurisprudencia de la Corte Suprema de Justicia, y "siempre que se produzca un daño cierto, efectivo, individualizado, actual y cuantificable económicamente" (art. 63). Por tanto, el solo hecho de la regulación del uso de la propiedad en un plan de ordenación al territorio, nacional o regional, no da derecho a indemnización como principio; y en los casos en los cuales ésta proceda deben seguirse los criterios establecidos en la Ley de Expropiación.

La Ley Orgánica también establece, en general, el principio de la expropiación como un medio necesario para la ejecución de los planes y a tal efecto señala, que "cuando la ejecución de los planes de ordenación del territorio impliquen la extinción del derecho de propiedad", debe procederse a decretar la expropiación por la autoridad territorial competente (art. 64). Por tanto, como principio general, se dispone que no puede regularse la propiedad hasta el punto de implicar extinguirla, y si ello sucede, debe procederse a la expropiación.

Por otra parte, como se ha dicho, la Ley establece como un remedio a las denominadas afectaciones eternas en la expropiación, que todo plan de ordenación del territorio cuya ejecución implica extinguir la propiedad, debe establecer un lapso para la ejecución de la expropiación correspondiente, cónsono con la naturaleza y alcance de la actividad a realizarse (art. 64). Como hemos mencionado, en la Ley no se establece un lapso predeterminado para la ejecución de la expropiación, pues hay ocupaciones territoriales públicas

---

77 Véase en *G.O.* N° 3.238 Extra. de 11-08-93

78 Véase Allan R. Brewer-Carías, "El régimen de urbanismo en la Ley Orgánica de Ordenación del Territorio", en *Ley Orgánica de Ordenación del Territorio,* EJV, Caracas, 1988, pp. 99 y sig.

que exigen una ejecución a largo plazo; sin embargo, lo que la Ley establece es que el plan debe indicar un lapso, cualquiera que sea. Por tanto, no puede haber un plan cuya ejecución implique la extinción de la propiedad, que no prevea el lapso preciso en el cual deba ejecutarse la misma; en todo caso, si es mayor a 3 años exige que se establezca un régimen transitorio de uso efectivo de la propiedad.

Ahora bien, vencido este lapso de ejecución sin que el ente público hubiere procedido consecuentemente, debe indemnizarse al propietario por las limitaciones al uso de su propiedad derivadas de esa afectación, y se obliga al ente público a reglamentar un uso compatible de la propiedad con los fines establecidos en el plan respectivo (art. 54). En efecto, si la Ley establece un sistema imperativo de planes de ordenación del territorio sobre la propiedad, y se prevé un sistema de control en los términos señalados, también deben establecerse, por otra parte, las debidas garantías de los particulares frente a la acción administrativa. En esta forma, se busca limitar las congelaciones eternas de la propiedad y que han dado origen a tantos usos y ocupaciones de hecho ilegales, de la propiedad.

Pero aparte de estas normas genéricas relativas al régimen de la propiedad derivado de la ordenación del territorio, la Ley establece una regulación específica sobre el régimen urbanístico de la propiedad privada, previendo algunos principios generales que luego se desarrollaron en la Ley Orgánica de Ordenación Urbanística.

En primer lugar, se establece un principio fundamental, que se justifica a nivel urbano y no así a nivel nacional o regional en materia de propiedad, según el cual "los planes de ordenación urbanística delimitan el contenido del derecho de propiedad, quedando éste vinculado al destino fijado por los mismos" (art. 66). Es decir, en materia urbana, cambió la regulación tradicional de la limitación legal a la propiedad privada derivada de un plan: el uso asignado a la propiedad en un plan de desarrollo urbano local no es una limitación legal a la propiedad, sino que es el contenido mismo del derecho de propiedad. No es que a nivel urbano exista un contenido que se limita, sino que el contenido, en sí, es el que prevé el plan, por lo que el uso de la propiedad urbana queda vinculado al destino fijado por el plan.

Por supuesto, consecuencia de lo anterior es que las actuaciones que se realicen en suelo urbano con fines urbanísticos, requieren de la previa adopción de un plan. Por tanto, necesariamente, para poder realizarse cualquier actividad privada en un área urbana, tiene que haber un plan de desarrollo urbano conforme a lo que se establezca en la ley nacional y en las Ordenanzas Municipales, que definan el uso y el régimen correspondiente a ese uso, así como la fijación de volúmenes, densidades y demás procedimientos técnicos. Por ello, la Ley expresamente establece que no podrán otorgarse autorizaciones municipales al uso del suelo en ausencia de planes (art. 66). Por tanto, de acuerdo a esta norma, la propiedad y su uso queda vinculada al plan, por lo que sin plan no hay uso, y no puede ni debe haber autorización para desarrollarlo.

Siguiendo la orientación establecida en el antes mencionado artículo 66 de la Ley Orgánica de Ordenación del Territorio, el artículo 52 de la Ley Orgánica de Ordenación Urbanística de 1987[79] establece que la propiedad "estará sometida a las contribuciones, restricciones y obligaciones establecidas en esa Ley y en cualesquiera otras que se refieran a la materia urbanística, y en los *reglamentos, planes y normas complementarias que dicten las autoridades urbanísticas competentes*".

Adicionalmente, el artículo 53 de la Ley Orgánica de Ordenación Urbanística establece que:

Los planes de ordenación urbanística y de desarrollo urbano local delimitan el contenido del derecho de propiedad, quedando éste vinculado al destino fijado por dichos planes.

Agrega además esta norma que:

> Las contribuciones, restricciones y obligaciones establecidas por leyes, reglamentos, planes y ordenanzas urbanísticas se consideran limitaciones legales al derecho de propiedad, y en consecuencia no dan, por sí solas, derecho a indemnización. Esta sólo podrá ser acordada en los casos de limitaciones que desnaturalicen el derecho de propiedad y produzcan un daño directo, cierto, actual, individualizado, y cuantificable económicamente.
>
> En estos casos, a los efectos de determinar la indemnización, se seguirán los criterios establecidos en la presente ley y en la Ley de Expropiación por causa de Utilidad Pública o Social.

Ahora bien, la afectación de la propiedad urbana mediante planes urbanísticos, puede conducir a la necesidad de la expropiación, cuando los planes establecen un uso público en áreas de propiedad privada.

En efecto, una de las finalidades de la expropiación es el cumplimiento de actividades urbanísticas, por lo que la expropiación es un instrumento fundamental para la ordenación urbana. Ahora bien, cuando un Concejo Municipal dicta una Ordenanza de Zonificación o establece un plan de desarrollo urbanístico y señala en esos instrumentos de zonificación, por ejemplo, una nueva "área verde" o una calle, en inmuebles que anteriormente tenían otro uso urbanístico, en realidad, aun en ausencia de un decreto expreso de expropiación, se estaría en presencia de una afectación tácita de la propiedad a efectos expropiatorios, en el sentido de que la Ordenanza en sí misma, implica una restricción a la propiedad, en el sentido de que para que esa Ordenanza se cumpla, ha de efectuarse una expropiación.

---

[79] Véase en *G.O.* N° 33.868 de 01-06-87. Véase Allan R. Brewer-Carías y otros, *Ley Orgánica de Ordenación Urbanística*, EJV, Caracas 1988, pp. 7 a 88.

En efecto, de acuerdo a las Ordenanzas de zonificación, todo inmueble destinado a un uso diferente al permitido por los planos de zonificación, es considerado como "uso no conforme"[80] y en tal virtud, no se pueden autorizar nuevas construcciones ni alteraciones ni ampliaciones en el inmueble, sino sólo obras de reparación o conservación, siempre que ello no implique aumento del valor original de la estructura[81].

Ahora bien, si el cambio de zonificación significó que una propiedad privada, de acuerdo al nuevo Plano, quedó afectada a la construcción de una avenida, calle o área verde, ello implica una limitación intolerable de la propiedad cuando no hay un plan de urbanismo que establezca la forma y oportunidad en que se realizará la expropiación. En estos casos se está en presencia de una afectación tácita, sin decreto de expropiación, pues la zonificación aprobada o los planes urbanísticos sancionados, en sí mismos, afectan determinados bienes a fines de utilidad pública, lo que conlleva que esas propiedades privadas deban ser expropiadas.

Sin embargo, en estos casos se plantearía el mismo problema antes mencionado de las afectaciones eternas, pues podrían dejarse pasar años sin que se ejecute el Plan y se establezcan las avenidas o áreas verdes previstas, es decir, sin que se expropien efectivamente las propiedades afectadas, lo que limitaría desproporcionadamente los derechos de los propietarios en tanto a usos no conformes.

Precisamente por ello, a partir de 1977, la Corte Suprema de Justicia en Sala Político Administrativa, en sentencia de 10 de agosto de 1977 declaró la nulidad parcial de una Ordenanza de rezonificación, al afectar unos inmuebles de propiedad privada a un uso de "área verde", sin prever los mecanismos de expropiación correspondientes[82]. Esa doctrina fue ratificada por la Corte Suprema de Justicia en su sentencia del 16 de junio de 1980 en la cual insistió en que constituye una inconstitucionalidad la afectación de propiedades privadas a usos públicos por ordenanzas de zonificación, si no se establece la adquisición, por expropiación de esos bienes por la Municipalidad respectiva; estableciendo lo siguiente:

> Es cierto, como ya se ha dicho, que el constituyente faculta a las autoridades municipales para establecer limitaciones a la propiedad mediante actos normativos generales como son las ordenanzas, y para afectar bienes de propiedad particular a fines de utilidad pública o social en los correspondientes decretos de expropiación, pero no hay, en nuestro derecho norma alguna que atribuya a las Municipalidades el poder de destinar a uso público determinado terreno en un sector ya urbanizado

80 Véase, por ejemplo, el artículo 209 de la Ordenanza de Zonificación del Distrito Sucre del Estado Miranda.

81 Artículo 211 *idem*.

82 Véase en Allan R. Brewer-Carías, *Urbanismo y Propiedad Privada*, EJV, Caracas, 1980, pp. 64, 66, 143, 234, 253, 345, 374, 377, 382, 400, 429, 465, 498, 514, 519 y 533.

de la ciudad, sin antes haberlo adquirido del propietario por alguno de los medios ordinarios que establece al efecto el Código Civil o siguiendo el procedimiento extraordinario regulado en la Ley de la materia para lograr su expropiación.

En tal virtud, no se puede aplicar la disposición contenida en el Artículo 10 de la Ordenanza impugnada, al lote de terreno especificado en el expediente porque ello entraña un sacrificio para sus propietarios, que excede de los límites de una restricción no indemnizable y les crea -como se ha dicho una indefinida situación de incertidumbre incompatible con la seguridad jurídica que debe gozar todo individuo en relación con la disposición, uso y disfrute de sus bienes; y solamente mediante justa indemnización podrá variarse tan radicalmente el uso de los terrenos, la cual, como se dice en el Informe de la Fiscalía General de la República: debe ser acordada de manera previa pues lo contrario significaría aceptar una vulneración crasa y abierta de la Carta Fundamental, ya que en virtud del cambio de zonificación acordado se deja a una propiedad particular prácticamente fuera del comercio y el propietario queda sometido a la buena voluntad de la municipalidad que lo ha acordado para que expropie en el futuro el bien afectado. Esta práctica (ya sumamente conocida) debe ser sancionada por ese Supremo Tribunal con la nulidad por inconstitu-cionalidad de los actos que en este sentido sean adoptados. En consecuencia, el Concejo Municipal del Distrito Sucre del Estado Miranda incurrió en extralimitación de atribuciones y violó los artículos 101 y 102 de la Constitución, 1° y 3° de la Ley de Expropiación por Causa de Utilidad Pública o Social y 547 del Código Civil al destinar a Zona AE/1 los terrenos de la actora, sin haberlos adquirido previamente por compra o expropiación legal[83].

IV. EL ARREGLO AMIGABLE

Conforme a lo establecido en el aparte único del artículo 22 de la Ley de Expropiación el ente expropiante, una vez publicado el decreto de expropiación, debe proceder a iniciar el trámite de adquisición del bien afectado por vía del arreglo amigable y, a tales efectos, lo hará valorar por la Comisión de Avalúo integrada por peritos designados de conformidad con los artículos 19 y 20 de la Ley.

Para la designación de los peritos se debe notificar a los propietarios, poseedores y, en general, a todo el que tenga algún derecho sobre el bien afectado, lo que se debe hacer mediante la publicación de un aviso de prensa, publicado por una sola vez, en un diario de los de mayor circulación nacional y en alguno de la localidad donde se encuentre el bien, si lo hubiere, para que

83 Véase en *RDP*, N° 3, pp. 168 a 170. Véase además, sentencia CSJ-SPA, 16-12-81, *RDP* N° 9, pp. 151.

dentro de los treinta (30) días continuos siguientes contados a partir de su publicación, concurran ante la entidad expropiante.

El justiprecio del bien a expropiar que efectúe la Comisión se debe notificar por escrito a los propietarios o sus representantes legales, quienes deben manifestar en el acto de la notificación o dentro de los cinco (5) días hábiles siguientes por escrito, si aceptan o no la tasación practicada.

En caso de no concurrir ningún interesado o en caso de no aceptación por alguna de las partes del justiprecio practicado, se debe dar por agotado el arreglo amigable y el ente expropiante puede acudir a la vía judicial para solicitar la expropiación del bien afectado (art. 22).

En consecuencia, la gestión del arreglo amigable constituye una obligación impuesta al ente expropiante[84], que busca evitar entrar en un proceso judicial de expropiación[85], si el propietario no tiene oposición al procedimiento.

Sobre el alcance de este arreglo amigable, la antigua Corte Federal y de Casación, en sentencia del 14 de marzo de 1952, señaló que no se trata de:

> Una simple facultad de procurar un acuerdo amistoso, sino una obligación que se impone al encargado de solicitar la expropiación: de consiguiente, quien esté autorizado para demandar ésta con el fin de que la Nación adquiera el inmueble necesario para la construcción de una obra, lo está también para lograr la misma finalidad obligada, para evitar el juicio por medio de gestiones amistosas. Quien puede lo más, puede lo menos.

La Corte Primera de lo Contencioso-Administrativo ha precisado la naturaleza y alcance del arreglo amigable, indicando lo siguiente:

> El mismo constituye una etapa administrativa previa a la fase judicial, que tiene como consecuencia lógica e inmediata, en caso de realizarse satisfactoriamente, el de evitar precisamente el procedimiento jurisdic-cional y lograr en sede administrativa el avenimiento a la expropiación. No obstante, la importancia que representa esta gestión amigable, fundamentalmente por su utilidad práctica, en modo alguno puede estimarse que constituye un pre-requisito procesal a la solicitud de expropiación que se formula por ante la Jurisdicción Conten-ciosoAdministrativa. Por tanto, la no realización de los trámites a que alude el parágrafo único del Título III de la Ley de Expropiación, no puede servir de fundamento para oponerse a la expropiación, por violación de Ley, pues la Administración tiene plena discrecionalidad para considerar en que casos es conveniente insistir en las gestiones amigables y cuando no (Sentencias de esta Corte de fechas 220187, 150888).

---

84 Sentencia CFC-SF, 14-03-52, *G.F.* N° 10, pp. 125-126.

85 Sentencias CSJ-SPA, 21-04-65, *G.O.* N° 27.724 de 29-04-65; CSJ-SPA, 20-08-82, *RDP* N° 11, p. 208; CPCA, 16-07-87, *RDP* N° 31, pp. 146-147; CPCA 26-04-95, *RDP* N° 61-62, p. 443;

> Se ha afirmado también que el arreglo amigable tiene una naturaleza negocial o convencional regida principalmente por normas de derecho público, por el cual el propietario celebra un contrato con la finalidad de transferir su propiedad voluntariamente. La finalidad del arreglo amigable es mas que todo de tipo práctico, a saber, suprimir la fase judicial contenida en los artículos 19 y siguientes de la Ley de Expropiación por Causa de Utilidad Pública o Social.
>
> Acerca de los efectos del arreglo amigable, esta Corte ha determinado que los mismos son importantes, pues el expropiante puede adquirir de inmediato y por vía convencional la propiedad del bien que pretende hacer suyo y entrar en posesión del mismo sin más trámites que el acuerdo entre las partes; el expropiado conviene en la expropiación y, consecuencial-mente, renuncia al derecho a oponerse a ella; y la función del tribunal se limita a conocer de la impugnación del avalúo, disponer que se practique uno nuevo o fijar el monto de la indemnización, cuando una a otra decisión fueren procedentes. (Sentencia de esta Corte del 260495).
>
> Ahora bien, si bien es cierto que se le ha reconocido una naturaleza convencional al arreglo amigable en materia de expropiación, no quiere decir que las partes puedan fijar voluntariamente el precio del inmueble cuya necesidad de expropiación haya sido previamente requerida, por el contrario, a juicio de esta Corte, del Párrafo Único del artículo 3 de la Ley de Expropiación por Causa de Utilidad Pública o Social, artículo antes parcialmente trascrito, se puede concluir que, serían aplicables al avalúo en fase de arreglo amigable de un procedimiento expropiatorio, las mismas formalidades exigidas por los artículos 33, 34 y 35 *ejusdem*, para la práctica de un avalúo en sede jurisdiccional[86].

En definitiva, por tanto, las gestiones amigables con los propietarios se limitan, en síntesis, a entenderse respecto a la designación de la Comisión de Avalúos, para fijar el precio, pues no permite la citada disposición que las partes lo fijen directamente. Efectuado el avalúo por la Comisión de Avalúos, si el propietario acepta el monto de la indemnización, como lo dijo la antigua Corte en la citada sentencia de 1952:

> Nada más hay que hacer: la convención se ha perfeccionado, no hay necesidad de proceder a la expropiación tanto conforme a las disposiciones pertinentes del Código Civil, como a las previsiones de la Ley de Expropiación.
>
> Se corre el riesgo con tal procedimiento de que los peritos se equivoquen y fijen un precio exagerado o exiguo con perjuicio de comprador o vendedor. Tal posible error no cambia la naturaleza o eficacia jurídica del acto; para evitarlo está la previsión de las partes ya en cuanto a la

86 Sentencia CPCA. 11-04-00, *RDP* N° 82, pp. 758-759.

capacidad y honradez de los expertos; o ya realizando actos preliminares o estipulando condiciones que las pongan a cubierto de sorpresas[87].

El avalúo, en todo caso, puede ser objeto de impugnación[88]

Debe precisarse, por último, que conforme a la Ley, el arreglo amigable debe gestionarse no sólo con los propietarios, sino también con los otros interesados en un procedimiento expropiatorio y que pueden tener derechos sobre la indemnización que pueda pagar el Estado. Por ello, la convocatoria al procedimiento de arreglo amigable se debe hacer al propietario, al arrendatario, al poseedor y a quien pueda tener derechos sobre el bien afectado.

V. EL PROCEDIMIENTO JUDICIAL EXPROPIATORIO

1. INICIO DEL PROCEDIMIENTO

La tercera fase del procedimiento expropiatorio, luego de la intervención del Poder Legislativo con la declaratoria de utilidad pública o interés social y de cumplido el procedimiento administrativo, con el decreto de expropiación y el arreglo amigable, es el procedimiento judicial[89]. Este debe iniciarse, necesariamente, en tres casos: cuando el expropiado no haya aceptado el monto del avalúo fijado en el procedimiento del acuerdo amigable; cuando se ignore quiénes son los propietarios y demás titulares de derechos sobre los inmuebles a expropiar; y en todo caso en que la Administración expropiante, por ser de urgente realización la obra o actividad, necesite proceder a la ocupación previa de los inmuebles a expropiar.

2. COMPETENCIA JUDICIAL

La autoridad judicial competente en materia de expropiación varía según quien sea la entidad expropiante: si se trata de la República, directamente, lo que intenta el juicio de expropiación, corresponde su conocimiento, en primera instancia, a la Corte Primera de lo Contencioso Administrativo, creada en las Disposiciones Transitorias de la Ley Orgánica de la Corte Suprema de Justicia[90] y en los casos en que el juicio se intente por cualquier otra entidad expropiante, el conocimiento en primera instancia corresponde a los jueces que tengan competencia en primera instancia en lo Civil, en el lugar de ubicación de los bienes a expropiar.

En todo caso, corresponde a la Corte Suprema de Justicia, en Sala Político Administrativa, conocer en apelación de dichos juicios, según lo establecido

87 Véase en *G.F.* N° 10, 1952, pp. 125 y 126.

88 Sentencia CPCA, 17-02-81, *RDP* N° 6, pp. 180-181.

89 Las fases del procedimiento han sido descritas con precisión en la sentencia CSJ-SPA, 24-02-65, *G.O.* N° 27.676 de 24-02-65

90 Artículo 185, ordinal 59

en el artículo 42, ordinal 19° de la Ley Orgánica de la Corte Suprema de justicia[91].

Estos principios tradicionales los precisa el artículo 23 de la Ley, así:

> Artículo 23. El Juez de Primera Instancia en lo Civil de la jurisdicción de la ubicación del bien, conocerá de los juicios de expropiación; y de las apelaciones y recursos contra sus decisiones conocerá, en segunda instancia, el Tribunal Supremo de Justicia en Sala Político Administrativa.
>
> Cuando la República sea quien solicite la expropiación, el juicio se intentará directamente ante la Corte Primera de lo Contencioso Administrativo, y de las apelaciones y recursos contra sus decisiones conocerá, en segunda instancia, el Tribunal Supremo de Justicia en Sala Político Administrativa.

3. SOLICITUD O DEMANDA DE EXPROPIACIÓN

Los juicios de expropiación se inician con una solicitud presentada ante el juez competente por la entidad expropiante, en la cual, además de las indicaciones usuales en los libelos de demanda que exigen las normas del procedimiento civil, debe indicarse: a) El bien objeto de ella y los elementos que contribuyen a su identificación[92]; que debe coincidir con el indicado en el decreto de expropiación[93]; b) El nombre y apellido del propietario o propietarios, poseedores o arrendatarios, si fueren conocidos[94], y c) La indicación de si el inmueble objeto de la expropiación tiene gravámenes. (art. 24 y 25).

A. ADMISIÓN DE LA SOLICITUD

El tribunal competente debe admitir la solicitud dentro de los 3 días de la presentación de la misma[95]. Ello se deduce de lo previsto en el artículo 25 de la Ley que regula el primer acto judicial que el juez debe cumplir, que es la solicitud de los datos de la propiedad y de los gravámenes.

Asimismo, cuando proceda, debe acordarse la notificación al Procurador General de la República,[96]

---

[91] Sentencia CSJ-SPA, 30-01-86, *RDP* N° 25, pp. 154-155

[92] Sentencia CPCA, 10-05-84, *RDP* N° 19, p. 180; CPCA, 21-11-91, *RDP* N° 48, pp. 180-181; CSJ-SPA, 18-04-96; *RDP* N° 65-66, pp. 445-446

[93] Sentencia CSJ-SPA, 02-05-83, *RDP* N° 15, p. 200.

[94] Sentencias CSJ-SPA, 08-05-80, *RDP* N° 3, p. 171; CSJ-SPA, 14-02-91, *RDP* N° 45, pp. 177-178

[95] Sentencia CSJ-SPA, 01-03-85, *RDP* N° 21, pp. 183-184 donde se indica que el auto de admisión no es apelable.

[96] Sentencia CSJ-SPA, 06-08-62, *G.F.* N° 36, pp. 148-150

B. La solicitud de datos de la propiedad y la información de gravámenes

En efecto, en caso de no haberse acompañado a la solicitud todos los datos concernientes a la propiedad y gravámenes relativos al bien que se pretende expropiar, la autoridad judicial ante quien se introduzca la solicitud, y dentro del tercer día de su presentación, pedirá a la Oficina de Registro respectiva, tales datos, los cuales deben ser remitidos a la autoridad judicial "a la brevedad posible" (art. 25).

C. El emplazamiento de los interesados

a. Personas que deben emplazarse

Una vez que el juez ha recibido los datos del Registro respecto de los inmuebles objeto de la solicitud de expropiación, dentro de los 3 días de despacho siguientes, debe emplazar a los presuntos propietarios, poseedores, arrendatarios, acreedores y, en general, a todo el que tenga algún derecho en el bien que se pretende expropiar (art. 26)[97].

El propietario, como se dijo, es el que tiene la plena legitimación pasiva en el procedimiento expropiatorio, pues, como se verá, sólo los propietarios son los que pueden "contestar" la demanda y oponerse judicialmente a la expropiación[98].

Sin embargo, el emplazamiento se extiende a todos los que puedan tener interés en los resultados del juicio, por tener derechos sobre la indemnización, pues sus derechos sólo pueden hacerse valer sobre el precio una vez dictada la sentencia (art. 11 y 50).

En particular, conforme al artículo 31 de la Ley, el poseedor tiene derecho a hacerse parte en el juicio de expropiación, a fin de solicitar del precio del bien expropiado la cuota que le corresponda por el valor de sus mejoras y por los perjuicios que se le causen.

b. Forma

Este emplazamiento no es una citación propiamente dicha, pues no se hace directamente a la persona, sino que el auto de emplazamiento junto con la solicitud de expropiación y la certificación de gravámenes se deben publicar en un diario de los de mayor circulación nacional y en alguno de la

---

97 Por ello, se ha señalado que el juicio expropiatorio es un juicio universal: Sentencia CPCA, 10-05-84, *RDP* N° 19, pp. 178-180.

98 Sentencias CSJ-SPA, 09-11-89, *RDP* N° 40, pp. 143-146; CSJ-SPA, 29-11-90, *RDP* N° 44, p. 204-206.

localidad donde se encuentre ubicado el bien, por 3 veces durante un mes, con intervalos de 10 días entre una y otra publicación[99].

Por otra parte, la autoridad judicial debe remitir al Registro respectivo, tres ejemplares de los diarios que contengan la primera publicación, para que sean, fijados con la solicitud de expropiación, la certificación y el emplazamiento, en la cartelera o puerta del Despacho; esto es para advertir a los posibles adquirientes de la propiedad o de algún otro derecho sobre el bien, sobre la expropiación en curso (art. 26).

4. LA OCUPACIÓN PREVIA DE LOS INMUEBLES A EXPROPIAR

Cuando la autoridad expropiante considera que la ejecución de la obra o actividad que motiva la expropiación sea de urgente realización, la entidad expropiante puede solicitar en la demanda respectiva, al Tribunal a quien corresponda conocer del juicio de expropiación, que acuerde la ocupación previa de los inmuebles a expropiar por parte de la entidad expropiante.

Para que se acuerde esta ocupación previa, conforme a lo establecido en el artículo 56 de la Ley, deben cumplirse los siguientes requisitos:[100]

1. La obra o actividad que motiva la expropiación tiene que ser de aquellas declaradas como de utilidad pública o interés social, en forma general, en el Artículo 14 de la Ley de Expropiación. Sin embargo, la jurisprudencia de la Corte ha admitido que también procede la ocupación previa respecto de otras actividades u obras declaradas como de utilidad pública o de interés social en Leyes especiales, como es el caso de las expropiaciones con motivo de la reforma agraria[101].
2. La entidad expropiante debe hacer valorar previamente el bien por la Comisión de Avalúos designada conforme se indica en el artículo 19 de la ley, integrada por 3 miembros, designados uno por la entidad expropiante, otro por el propietario y el tercero nombrado de común acuerdo por los anteriores. Este avalúo tiene características diferentes al avalúo definitivo del juicio de expropiación[102].

   En esta forma, la reforma de 2002 varió en forma considerable las regulaciones que traía la ley anterior en la materia, conforme a la cual esta valoración del bien expropiado a los efectos expropiatorios, se determi-

---

99 Sentencia CSJ-SPA, 19-02-63, *G.F.* Nº 39, pp. 94-95; CSJ-SPA, 04-02-70, *G.F.* Nº 67, pp. 209-210.

100 Sentencias CPCA, 13-02-92, *RDP* Nº 49, pp. 161-162; CPCA, 08-08-96, *RDP* Nº 67-68, pp. 415-417; CSJ-SPA, 17-05-84, *RDP* Nº 19, p. 182.

101 Sentencia de la antigua Corte Federal de 12 de enero de 1961, en *G.F.* Nº 31, pp. 17 y 18; además, sentencia del Tribunal Supremo de Justicia en Sala Político Administrativa, 06-07-00, *RDP* Nº 83, pp. 466-468.

102 Sentencias CSJ-SPA, 27-05-93, *RDP* Nº 53-54, pp. 408-409; CPCA, 31-05-93, *RDP* Nº 53-54, pp. 409-410.

naba por una Comisión de Avalúos en la cual no participaba en forma alguna el propietario del bien a expropiar (art. 16 y 51).

En la nueva Ley, en cambio, la fijación del avalúo a los efectos de la ocupación previa, necesariamente exige la participación del propietario en la designación de la Comisión de Avalúos, con lo que se garantiza más el derecho de propiedad.

3. La entidad expropiante debe consignar, con la solicitud de expropiación, la cantidad en que hubiere sido justipreciado el bien[103]. Dispone el artículo 56 que el resultado de esa valoración no puede ser impugnable por ninguna de las partes[104], y sólo servirá para que el tribunal de la causa decrete la ocupación previa del bien y se garantice el pago al expropiado.
4. Antes de procederse a la ocupación previa, el Juez de la causa, debe efectuar la correspondiente notificación al propietario y a los ocupantes, si los hubiere. Vencido el lapso de comparecencia previsto en el artículo 27 de la Ley, sin que se hubiese formulado oposición justificada, el propietario puede convenir con el avalúo realizado. El Juez dará por consumado el acto, y se procederá como sentencia pasada en autoridad de cosa juzgada. El acto por el cual el propietario conviene en el avalúo es irrevocable, aún antes de la homologación del tribunal.
5. Antes de proceder a decretar la ocupación previa del bien, conforme a lo establecido en el artículo 57 de la Ley, el juez correspondiente debe notificar al propietario y a los ocupantes, si los hubiere a fin de practicar una inspección judicial, para dejar constancia de todas las circunstancias de hecho que deben tenerse en cuenta para fijar el monto de la justa indemnización del bien de que se trate, las cuales puedan desaparecer o cambiar de situación o estado por el hecho de la ocupación. A tales efectos, el Juez de la causa puede acordar que un Juez de la jurisdicción de la ubicación del bien a expropiar, asistido de un práctico, efectúe la inspección[105].

En el curso de la inspección el propietario o los ocupantes, pueden hacer las observaciones que tuvieren a bien, y las que hagan, por más extensas y minuciosas que sean, se deben hacer constar en el acta respectiva. Una copia de las resultas de la inspección se debe enviar con la mayor brevedad posible y por la vía más rápida al Tribunal que esté conociendo de la solicitud de expropiación, a fin de que se agregue a los autos del expediente y las mismas sean apreciadas para la fijación de la justa indemnización.

---

103 Sentencias CSJ-SPA, 05-02-62, *G.F.* N° 35, pp. 70-72; CSJ-SPA, 01-09-81, *RDP* N° 8, pp. 142-145.

104 Sentencias CSJ-SPA, 08-12-80, *RDP* N° 5, p. 170; CSJ-SPA, 29-09-81, *RDP* N° 8, pp. 145-147; CPCA, 27-06-95, *RDP* N° 63-64, p. 491

105 Sentencia CSJ-SPA, 07-02-90, *RDP* N° 41, pp. 148-150.

La jurisprudencia de la Corte Suprema de Justicia ha recomendado esperar la contestación de la solicitud de expropiación, para decretar la ocupación previa[106]. En todo caso, la decisión que acuerde la ocupación previa es apelable, a un solo efecto.[107]

5. LA COMPARECENCIA

A. *OPORTUNIDAD DE LA COMPARENCIA Y LOS DEFENSORES DE OFICIO*

Las personas emplazadas en la forma indicada en el artículo 26, deben comparecer ante el Tribunal dentro de los 10 días siguientes a la fecha de la última publicación, por sí o por medio de apoderados, a los efectos de darse por citados (art. 27)[108], y deben presentar prueba por escrito que acredite sus derechos[109].

Conforme al artículo 27 de la Ley, a los que no comparecieren en dicho término, vencido el mismo, se les nombrará defensor de oficio, con quien se debe entender la citación. Se tendrá por no aceptado el nombramiento del defensor de oficio, cuando no compareciere a juramentarse el primer día de despacho después de notificado. En estos casos, el Juez debe proceder inmediatamente a nombrar un nuevo defensor de oficio.

B. *LA CONTESTACIÓN A LA SOLICITUD*

a. *OPORTUNIDAD*

La contestación a la solicitud de expropiación se debe verificar en el tercer día de despacho siguiente al vencimiento del lapso fijado para la comparecencia de los emplazados. En esa oportunidad, todos los emplazados que se hayan dado por citados pueden hacer valer sus derechos a indemnización.

En caso de nombrarse defensor de oficio, los tres (3) días de despacho comenzarán a contarse desde la fecha de aceptación y juramento de éste.

Tal como lo ha señalado la jurisprudencia, en caso de que se convenga en la expropiación porque no haya oposición, el juez debe dictar sentencia y debe procederse a la determinación de la indemnización[110].

---

106 Sentencia CSJ-SPA, 12-11-81, *RDP* N° 8, pp. 142-143.

107 Sentencias CF, 28-02-61, *G.F.* N° 31, pp. 42-44; CSJ-SPA, 12-05-69, *G.F.* N° 64, pp. 157-158; CSJ-SPA, 02-06-83, *RDP* N° 15, pp. 207-208.

108 Sentencia CF, 11-05-59, *G.F.* N° 24, pp. 157-158. La CPCA a considerado la comparecencia anticipada como no válida, sentencia CPCA, 13-10-85, *RDP* N° 24, pp. 189-190.

109 Sentencias CSJ-SPA, 06-04-89, *RDP* N° 38, p. 155; CSJ-SPA, 15-11-90, *RDP* N° 44, pp. 203-204; CSJ-SPA 11-11-92, *RDP* N° 52, pp. 245-246; CSJ-SPA, 18-11-93, *RDP* N° 55-56, pp. 540-542.

110 Sentencia de la CFC-SF, 291048, en *Compilación Legislativa de Venezuela 19481949*, Anuario 1948, p. 789. Véase además Sentencias CFC-SF 26-03-45, *Memoria 1946*, Tomo I, p. 185; CSJ-SPA, 22-02-68, *G.F.* N° 59, p. 105.

B. *LA OPOSICIÓN*

El propietario del bien objeto de la expropiación, o cualquier persona que tuviere algún derecho real sobre el mismo (art. 30), puede, en el momento de la contestación a la solicitud de expropiación (art. 29), oponerse al juicio expropiatorio. Ningún otro emplazado o interesado que no tenga un derecho real sobre el bien expropiado podrá oponerse al juicio.

En todo caso, para poder hacerse la oposición, es necesario que quien la intente aduzca la prueba de su derecho al bien sobre la cual versa la expropiación, sin cuyo requisito no se puede hacer uso de defensa alguna (art. 30)[111]. Por supuesto, esta necesidad de aducir pruebas sobre la propiedad o los derechos reales, no es necesaria si dichos derechos constan por anticipado en los autos[112].

En caso de oposición, el Tribunal debe abrir un lapso de 15 días para promover y evacuar las pruebas que fueren pertinentes (art. 29).

Conforme al artículo 30 de la Ley, la oposición a la solicitud de expropiación sólo podrá fundarse en dos causales expresas[113]:

En primer lugar violación de las disposiciones contenidas en la Ley de Expropiación, por tanto, no se trata de violaciones a cualquier ley sino de aquella que se refiere concretamente a las disposiciones que regulan el proceso mismo de expropiación[114]. Las denuncias de violación de la Ley, por otra parte, tienen que ser de carácter específico, no siendo admisible una denuncia genérica.

En segundo lugar, también puede hacerse oposición al juicio expropiatorio, cuando el oponente estime que la expropiación del bien debe ser total, porque la solicitada parcialmente inutiliza el bien o lo hace impropio para el uso al cual está destinado[115]. Por supuesto, esto debe ser probado por el oponente y apreciado por el Tribunal.

---

111 Sentencias CFC-SF, 28-02-35, *Memoria 1936*, pp. 172-175; CSJ-SPA, 12-12-63, *G.O.* N° 905 Extra. de 04-05-64; CSJ-SPA, 17-03-81, *RDP* N° 6 pp. 178-179; CSJ-SPA, 03-03-94, *RDP* N° 57-58, p. 432.

112 Sentencia de la CFC-SF, 16-11-43, en *Compilación Legislativa de Venezuela,* Anuario 1943, p. 1.558.

113 Sentencias CSJ-SPA, 03-12-69, *G.O.* N° 1.443 Ext. de 15-12-70; CSJ-SPA, 03-12-74, *G.O.* N° 30.601 de 18-01-75; CSJ-SPA, 18-03-85, *RDP* N° 22, p. 281; CSJ-SPA, 24-05-94, *RDP* N° 57-58, 15-12-70, p. 433.

114 Sentencia de la CF, 30-03-60, en *G.F.* N° 27, p. 158.

115 Sentencias CSJ-SPA, 12-12-63, *G.O.* N° 905 Extra. de 04-05-64; CSJ-SPA, 24-04-65, *G.O.* N° 27.738 de 17-05-65; CPCA, 03-02-81, *RDP* N° 5, p. 167.

C. *La improcedencia de alegatos concernientes a la titularidad de la propiedad*

No pueden ser motivo de la contestación a la solicitud de expropiación ni de oposición, los alegatos de los interesados sobre los derechos de propiedad de los bienes cuya expropiación se ha demandado; estos asuntos no pueden ser decididos por el Tribunal en el juicio de expropiación, sino en juicio separado ante el mismo Tribunal o el que sea competente[116].

6. La relación e informes

El día de despacho siguiente al vencimiento del lapso probatorio, el Juez debe fijar el inicio de la relación de la causa, la cual no debe exceder de sesenta (60) días continuos.

El mismo día en que termine la relación, el tribunal debe fijar el segundo día de despacho siguiente para la presentación de los informes de las partes.

7. Sentencia

A. *La decisión del juicio*

Dentro de los 30 días siguientes a la realización del acto de informes, el Tribunal debe dictar sentencia (art. 32). Esta decisión del juicio tiene como contenido, por una parte, la declaración de la necesidad de expropiar determinados bienes objeto del procedimiento; y por la otra, la estimación o desestimación de las oposiciones formuladas.

Por tanto, en el procedimiento expropiatorio, la sentencia no contiene apreciación alguna sobre el justiprecio de los inmuebles a expropiar, salvo cuando ha habido acuerdo sobre el justiprecio consignado a los efectos de la ocupación previa del bien.

En la legislación general sobre expropiación, en efecto, la oportunidad de realización del justiprecio está desvinculada de la sentencia, pues, en realidad, se trata de un acto complementario de la decisión del Tribunal[117].

B. *Efectos*

Debe destacarse, que la sentencia, en el juicio de expropiación, no tiene efectos traslativos del dominio del expropiado a la entidad expropiante[118], sino que, como se verá, esta traslación sólo se produce con el pago de la indemnización. Como consecuencia, la sentencia en el juicio expropiatorio

---

116 Sentencias de la CF, 30-03-60, en *G.F.* N° 27, p. 168. Véase además Sentencias CSJ-SPA, 10-06-63, *G.F.* N° 40, pp. 340-343; CSJ-SPA, 26-04-65, *G.O.* N° 27.738 de 17-05-65; CSJ-SPA, 07-10-80, *RDP* N° 4, p. 166; CSJ-SPA, 04-12-80, *RDP* N° 5, p. 170

117 Sentencia CSJ-SPA, 15-12-83, *RDP* N° 17, pp. 212-213.

118 Sentencia CFC-SF, 09-05-49, *G.F.* N° 2, pp. 28-29.

tiene carácter mero declarativo en relación a si procede o no la expropiación, esto es, declara con o sin lugar las oposiciones intentadas contra ella[119]. No es un sentencia constitutiva del traslado del dominio a la entidad expropiante. El traslado referido se produce posteriormente, con el pago de la indemnización al propietario.

Así se establece expresamente en el artículo 11 de la nueva ley cuando dispone que el pago o la constancia de consignación del monto de la justa indemnización del bien, es lo que deja sin efecto cualesquiera medidas judiciales, preventiva o ejecutiva que pesen sobre el bien expropiado y es cuando éste pasa libre de gravamen o limitación al patrimonio del ente expropiante (art. 11).

Por tanto, en el lapso que media entre la sentencia y el pago de la indemnización, el bien sigue siendo plenamente de su dueño. Sin embargo, a pesar de ello, la Ley dispone, que no puede intentar ningún tipo de acciones después de dictada la sentencia. En efecto, uno de los efectos fundamentales de la sentencia, tal como lo señala el artículo 11 de la Ley de Expropiación, es que "no podrá intentarse ninguna acción sobre el bien que se expropia, después que haya sido dictada la sentencia que acuerda la expropiación". Como consecuencia, "los acreedores sólo podrán hacer valer sus derechos sobre el monto que alcance la justa indemnización".

C. *Apelación*

Conforme al artículo 33 de la Ley, el término para apelar de las decisiones de primera instancia es de 5 días.

8. El avenimiento respecto de precio

A. *Primer avalúo*

Una vez declarada en la sentencia la necesidad de adquirir el todo o parte de la propiedad o algún otro derecho, según lo alegado y probado en autos; y una vez firme la decisión, se debe señalar día y hora para que las partes concurran a fin de lograr un avenimiento sobre el precio del bien objeto de la expropiación, tomando siempre como base el valor establecido por la Comisión de Avalúos designada conforme al artículo 19 de la Ley.

Los defensores de oficio de los no presentes y mandatarios que no tengan poder para ejecutar actos de disposición o para transigir, carecen de facultad para este avenimiento (art. 34).

En todo caso, si las partes llegan a un avenimiento sobre el monto de la indemnización, deberá levantarse un acta donde deben especificarse las razones que justifiquen el avalúo convenido (art. 34).

---

119 Sentencia CPCA, 12-12-96, *RDP* N° 67-68, pp. 420-421.

B. *Segundo avalúo*

En cambio, si no se logra el avenimiento, el juez debe convocar a una hora del tercer día de despacho siguiente para el nombramiento de lo que entendemos debe ser una nueva Comisión de Avalúos designada según lo establecido en el artículo 19 de esta Ley, que efectuará el justiprecio del bien, observándose las reglas del Código de Procedimiento Civil.

9. El pago de la indemnización

A. *Oportunidad*

Sea que el monto de la indemnización se determine por la Comisión de Avalúos nombrada con ocasión del avenimiento entre las partes, sea que se establezca por la Comisión de Avalúos nombrada cuando no se logra el avenimiento, y una vez que éste quede firme, es decir, una vez vencidos los cinco días para la impugnación, antes de procederse a la ocupación definitiva del inmueble, el ente expropiante debe consignar ante la autoridad judicial que conoce del juicio, el precio de la indemnización para que sea entregado al propietario o a quienes tengan derecho a ella, a menos que se haga constar que éstos ya recibieron el pago (art. 45).

B. *Forma de pago*

La indemnización debe ser consignada en moneda de curso legal en dinero efectivo (art. 7,4). Se eliminó, así, del ordenamiento jurídico venezolano la posibilidad de que se efectuase el pago a término.

Así lo establecía la Constitución, de 1961 establecía que, en la expropiación de inmuebles, con fines de reforma agraria o de ensanche y mejoramiento de poblaciones, y en los casos que por graves razones de interés nacional determine la ley, podía, establecerse el diferimiento del pago por tiempo determinado o su cancelación parcial mediante la emisión de bonos de aceptación obligatoria, con garantía suficiente" (art. 101).

El mismo principio lo recogía la vieja Ley de Expropiación (artículo 40, parágrafo único).

C. *Efectos de la consignación del precio*

Es sólo una vez que se ha consignado ante el Tribunal la suma correspondiente a la indemnización, o la constancia de que el pago se ha realizado, cuando el juez puede ordenar que se expida copia de la sentencia que declara la expropiación al ente expropiante, para su registro en la Oficina Subalterna (art. 146).

Esto significa que es con la consignación o pago del precio cuando se produce el traslado del dominio del bien expropiado al ente expropiante; y sólo después de esta consignación es que se puede obtener copia de la sentencia expropiatoria, que es el título formal de traslado del dominio que habrá de registrarse; y es cuando el juez debe ordenar a la autoridad política del lugar, que se haga entrega formal del bien expropiado al expropiante (art. 46).

Por tanto, el traslado del dominio no se produce ni con el posible convenimiento del expropiado en el juicio expropiatorio, ni con la sentencia, que es mero declarativa. Esta doctrina ha sido mantenida por la jurisprudencia de la Corte Suprema desde 1949. En efecto, en sentencia del 9 de mayo de 1949, la antigua Corte Federal y de Casación sostuvo lo siguiente:

> Caracterizado el pago de la indemnización, jurídicamente, como el hecho que determina la transferencia de la propiedad, es cuando ésta se verifica, que se perfecciona el procedimiento expropiatorio.
>
> La sentencia dictada en el juicio expropiatorio no es más que declarativa, llegando sólo a materializarse la expropiación al ser cumplida la condición esencial de "indemnización previa" exigida en el precepto constitucional que rige la materia. En esta tesis que resulta acogida por nuestra Ley de Expropiación por Causa de Utilidad Pública y Social, al estatuir el artículo 41 de la propia Ley que consignada la suma, la autoridad que conoce del asunto ordenará se dé copia de la sentencia que declara la expropiación al que ha promovido, para su registro en la oficina respectiva y además ordenará a la autoridad política del lugar que haga formal entrega de la cosa al litigante.[120]

En una sentencia de la Corte Suprema de Justicia de 12 de diciembre de 1963 se sostuvo, también, lo siguiente:

> En verdad, conforme a lo dispuesto en el artículo 205 del Código de Procedimiento Civil, en cualquier estado del juicio puede el demandado convenir en la demanda y su convenimiento es irrevocable, de modo que el juez lo dará por consumado, sin necesidad de consentimiento de la parte contraria, y se procederá como en sentencia pasada en autoridad de cosa juzgada.
>
> Sin embargo, el hecho de que en el procedimiento expropiatorio se aplique, supletoriamente, el Código de Procedimiento Civil, no autoriza a confundir uno y otro procedimientos, el conducente a la expropiación y aquel mediante el cual se conducen los juicios entre particulares, disciplinado por el Código de Procedimiento Civil: tanto por su naturaleza como por su objeto, entre otros motivos, uno y otro son sustancialmente distintos. Y de ahí que la doble circunstancia de que los derechohabientes sobre las cosas objeto de la expropiación no se opongan a ésta sino que, al contrario, convengan expresamente en ella, y de que su conveni-

120 Véase en *Gaceta Forense*, N° 2, pp. 28 y 29.

miento sea irrevocable, no puede inferirse, como lo pretenden los interesados en el caso de autos, que la propiedad de tales cosas se traslada al expropiante por el hecho mismo del convenimiento y en el propio momento de su ocurrencia. Ello es manifiestamente erróneo.

En efecto: el artículo 101 de la Constitución dispone que "sólo por causa de utilidad pública o de interés social, mediante sentencia firme y pago de justa indemnización, podrá ser declarada la expropiación de cualquier clase de bienes"; el artículo 547 del Código Civil previene que "nadie puede ser obligado a ceder su propiedad, ni a permitir que otros hagan uso de ella, sino por causa de utilidad pública o social, mediante juicio contradictorio e indemnización previa", y el artículo 32 de la Ley de Expropiación por Causa de Utilidad Pública o Social establece que "declarada por la autoridad judicial la necesidad de adquirir el todo o parte de la propiedad o algún otro derecho, según lo alegado y probado en autos, y firme la decisión, se señalará día y hora para que las partes concurran a fin de lograr un avenimiento sobre el precio de la cosa objeto de la expropiación". Por manera que, de acuerdo con la interpretación sistemática de los preceptos transcritos, la propiedad de los bienes, a que la expropiación se contraiga, no se traslada al expropiante ni aun con la sentencia que favorable a éste recaiga en el respectivo procedimiento; pues ello se ha de limitar, exclusivamente, a establecer la procedencia, en virtud de su propia legalidad, de la expropiación solicitada: "la necesidad de adquirir el todo o parte de la propiedad o algún otro derecho", dice impropiamente la Ley de la materia pero sí lo suficientemente claro para permitir entender que por la sentencia misma no se traslada el dominio, haya habido convenimiento u oposición a la solicitud de la expropiación. La propiedad se traslada, en la opinión de la Sala conforme a la interpretación expuesta de aquellos mismos preceptos, en el acto en que el expropiante consigna el monto de la indemnización. Entretanto, el propietario conserva sus derechos, aunque limitados o restringidos en su ejercicio y disponibilidad: una de las varias "restricciones" a que la Constitución somete la propiedad en razón de su función social[121].

En sentencia de la misma Corte Suprema de Justicia de 24 de febrero de 1965, se admitió que el desistimiento en los juicios de expropiación podía producirse aun después de dictada sentencia, pero siempre que fuera antes de la consignación del precio, pues se entiende que es en este momento que concluye realmente el procedimiento expropiatorio. En dicha sentencia, la Corte señaló lo siguiente:

---

121 Véase en *G.O.* N° 905 Extra. del 04-05-64. Véase además sentencias CSJ-SPA, 08-01-80, *RDP* N° 1, p. 160; CSJ-SPA, 15-09-92, *RDP* N° 51, pp. 240-242.

La expropiación se desenvuelve a través de un procedimiento especial, cuyo objeto esencial es llegar a la transferencia de dominio del bien expropiado.

Ahora bien, para obtener ese resultado y estimar definitivamente consumada la expropiación, se requiere el cumplimiento de todos los requisitos procesales legalmente establecidos. Esas formalidades están consagradas en la Ley de Expropiación por Causa de Utilidad Pública o Social, y pueden sintetizarse así:

A) Fase inicial: que comprende la consignación de la solicitud ante el órgano jurisdiccional competente (artículos 19 y 20); solicitud de datos al Registro (artículo 21); emplazamiento de los interesados (artículos 22 y 23); contestación de la solicitud (artículo 24); oposición y pruebas (artículos 25, 26, 27 y 28); relación, informes y sentencias (artículo 29); apelación (artículo 30).

B) *Fase intermedia:* se comprenden en esta etapa del procedimiento, el avenimiento y el justiprecio. En efecto, dispone el artículo 32 de la citada Ley, que "declarada por la autoridad judicial la necesidad de adquirir todo o parte de la propiedad o algún otro derecho, según lo alegado y probado en autos, y firme la decisión, se señalará día y hora para que las partes concurran a fin de lograr un avenimiento sobre el precio de la cosa objeto de la expropiación.

No lográndose el avenimiento dice el artículo 33 el juez, designará una hora de la tercera audiencia siguiente para el nombramiento de peritos que han de hacer el justiprecio, observándose las reglas del Código de Procedimiento Civil.

Los artículos 34 y 35 estatuyen, respectivamente, la forma de nombramiento de los peritos y las normas a las cuales ellos han de someterse para realizar el avalúo.

C) *Fase Final*: Concluye definitivamente el procedimiento judicial expropiatorio, con el pago del precio y la entrega de la cosa al solicitante. En efecto, dice el artículo 40 de la Ley: avenidas las partes en cuanto al precio de la cosa sobre que versa la expropiación, o firme el justiprecio, antes de proceder a la ocupación definitiva del inmueble, el expropiante consignará el precio ante la autoridad que conoce del negocio (sic), para que sea entregado al propietario, a menos que se haga constar que ya se recibió el precio....

El artículo 41 *ejusdem* dispone: "Consignada la suma o la constancia de haberse realizado el pago, la autoridad que conoce del asunto ordenará que se dé copia de la sentencia que declara la expropiación al que la ha promovido, para su registro en la Oficina respectiva, y además ordenará a la autoridad política del lugar que se haga formal entrega de la cosa al solicitante".

Finalmente, "el Tribunal, si no hubiere oposición de terceros, ordenará entregar al propietario, el mismo día de la consignación, el precio respectivo; o la cuota inicial, si fuere el caso, o los bonos certificados o títulos que representen su acreencia. Si notificado a tal efecto, no concurriere, o no fuere hallado, se depositará el dinero y valores en un instituto bancario o casa de comercio de reconocida solvencia". Así lo dispone el artículo 42[122].

De acuerdo con lo expuesto, el procedimiento judicial expropiatorio no está debidamente concluido mientras no se haya dado cabal cumplimiento a todos los requisitos indicados en cada una de las tres fases que se han analizado, y se llegue, en definitiva, a la transferencia de dominio del bien expropiado, previo el pago oportuno de la respectiva indemnización, que, según se ha dicho, es el objeto de este proceso especial.

Por último, debe señalarse que otro de los efectos de la consignación del precio es que los créditos privilegiados o hipotecarios que puedan existir sobre los bienes expropiados, se trasladarán al respectivo monto de la indemni-zación, en las mismas condiciones en que lo reciba el expropiado, pero con la obligación, para éste, de pagar al acreedor el equivalente de los intereses de esas obligaciones, mientras se encuentren en posición material o disfrute del inmueble, a cuyo efecto, el juez debe tomar las precauciones necesarias en defensa de los derechos de dichos acreedores (art. 45).

En todo caso, como se dijo, después de dictada la sentencia no pueden intentarse acciones de ninguna clase sobre la cosa que se expropia, y los acreedores sólo pueden hacer valer sus derechos sobre el precio una vez que éste es consignado (art. 11).

D. LA ENTREGA DEL PRECIO

A. *OPORTUNIDAD*

Una vez consignado el precio, y si no hubiere oposición de terceros comparecientes, el Tribunal ordenará entregárselo al propietario, el mismo día de la consignación. Si notificado, a tal efecto, no concurriese, o no fuere localizado, el Juez depositará el dinero en una institución bancaria designada al efecto (art. 47).

B. *LA OPOSICIÓN A LA ENTREGA*

Toda persona que se creyere con derecho y acompañe prueba fehaciente de su pretensión, puede oponerse a la entrega del precio consignado como valor del bien expropiado, pidiendo que se deposite[123]. El tribunal de la cau-

122 Véase en *G.O.* N° 27.676 del 24-2-65.

123 Sentencia CSJ-SPA, 23-02-84, *RDP* N° 17, pp. 214-215.

sa, con vista de las pruebas aducidas, puede acordar o negar el depósito, pudiendo abrir una articulación por 8 días si alguna de las partes lo pidiera (art. 50).

c. *Las deducciones a la indemnización*

Cuando la expropiación comprenda mejoras o plantaciones que no pertenezcan al propietario del bien, su precio, conforme esté determinado en avalúo analizado, se debe entregar a su propietario, deduciéndose del monto total consignado, siempre que no hubiere oposición de terceros (art. 48).

Cuando para asegurar los derechos de terceros fuere suficiente sólo una parte del precio, el depósito se limitará a éste; lo mismo se hará cuando el bien estuviere gravado y bastare una parte del precio para cancelar el gravamen (art. 49).

d. *Las correcciones al precio*

Debe señalarse, por último, que la jurisprudencia ha admitido, progresivamente, la necesidad de introducir correcciones al precio, para el momento del pago, exigiendo no sólo correcciones monetarias[124] al monto de la indemnización, sino el reconocimiento de intereses moratorios por demora en el pago[125].

10. La paralización y suspensión del juicio y la improcedencia de la perención

Dispone el artículo 58 que si se paralizare el juicio de expropiación por causa imputable al ente expropiante, el propietario puede oponerse a que continúe la ejecución de la obra, sin perjuicio de intentar las acciones a que hubiere lugar conforme a la ley.

En todo caso, aclara el artículo 10, que la transferencia del dominio por cualquier título durante el juicio de expropiación no lo suspende, pues el nuevo propietario queda de derecho subrogado en todas las obligaciones y derechos del anterior, agregando que las acciones reales que se intenten sobre el bien que se trate de expropiar, no interrumpirán el juicio de expropiación ni podrán impedir sus efectos.

---

124 Sentencias CPCA, 07-11-88 y 13-10-88, *RDP* Nº 36, pp. 164-165; CPCA, 26-01-05, *RDP* Nº 69-70, pp. 406-407; CSJ-SPA 22-05-97, *RDP* Nº 69-70, pp. 106-107; CPCA, 24-05-00, *RDP* Nº 82, pp. 760-761.

125 Sentencias CSJ-SPA, 07-08-80, *RDP* Nº 4, p. 167; CSJ-SPA, 08-10-87, *RDP* Nº 32, pp. 144-145; CSJ-SPA, 14-03-89 y 20-04-89, *RDP* Nº 38, pp. 157-160.

El juicio expropiatorio, en todo caso, conforme lo ha establecido la jurisprudencia, no se suspende[126]; y en el mismo no procede la perención[127].

11. EL DESISTIMIENTO EN EL JUICIO EXPROPIATORIO

Tal como se señaló, y por cuanto el traslado del dominio en el juicio expropiatorio se verifica con la consignación del precio, la entidad expropiante puede desistir del procedimiento aun después de dictada sentencia y antes de que se produzca dicha consignación. Esta ha sido la doctrina de la jurisprudencia de la Corte Suprema de Justicia desde 1963. En efecto, en sentencia de 24 de febrero de 1965, la Corte sostuvo lo siguiente:

> Dice el Código de Procedimiento Civil, en el artículo 205, que "en cualquier estado del juicio puede el demandante desistir de su acción y el demandado convenir en la demanda"; y que en tal caso, "el juez dará por consumado el acto y se procederá como en sentencia basada en autoridad de cosa juzgada, sin necesidad de consentimiento de la parte contraria".
>
> Como aparece en la citada norma, el único requisito que se exige para que el demandante pueda válidamente desistir de su acción, o el demandado convenir en ella, es que el juicio se encuentre en "cualquier estado", o sea, que no haya concluido.
>
> Ahora bien, el procedimiento judicial expropiatorio consta de las tres fases que han sido determinadas. Por consiguiente, mientras no se han agotado esas etapas, el juicio no ha concluido; o sea, se encuentra en un estado determinado; y en tal caso, son procedentes el desistimiento o el convenimiento previstos en el artículo 206 del Código de Procedimiento Civil[128].

12. LOS GASTOS DEL PROCESO

El artículo 44 de la Ley establece expresamente que "todos los gastos derivados del proceso expropiatorio serán sufragados por el ente expropiante".

---

126 Sentencia CF, 13-05-58, *G.F.* Nº 20, pp. 66-67; CPCA, 24-05-00, *RDP* Nº 82, pp. 757-759.

127 Sentencia CSJ-SPA, 04-10-91, *RDP* Nº 48, pp. 182-186; CSJ-SPA, 12-11-91, *RDP* Nº 48, pp. 182-186; CPCA, 25-01-96, *RDP* Nº 65-66, p. 447. La CPCA, sin embargo, ha admitido la perención en sentencia CPCA, 01-02-84, *RDP* Nº 37, p. 125.

128 Véase en *G.O.* Nº 27.676 del 24-02-65. Sentencias CSJ-SPA, 27-06-63, *G.F.* Nº 41, pp. 33-34; CSJ-SPA, 24-02-65, GO Nº 27.674 de 24-02-65; CSJ-SPA, 12-08-71, *G.F.* Nº 73, pp. 177-178; CSJ-SPA, 13-08-81, *RDP* Nº 8, p. 150; CPCA, 15-06-82, *RDP* Nº 11, pp. 217-218; CPCA, 04-11-93 y 12-12-93, *RDP* Nº 55-56, pp. 547-548; CPCA, 01-10-96, *RDP* Nº 67-68, pp. 428-429.

VI. EL JUSTIPRECIO

1. La Comisión de Avalúos

En todo caso, en el procedimiento expropiatorio, sea en el arreglo amigable, cuando se solicite la ocupación previa, en la etapa del avenimiento, después de dictada la sentencia o cuando no haya avenimiento, la determinación del justiprecio, conforme al artículo 19 de la Ley corresponde a una Comisión de Avalúos constituida por tres (3) peritos, designados: uno por el ente expropiante, uno por el propietario y uno nombrado de común acuerdo por las partes. Cuando una de ellas no concurriese o no pudiere avenirse en el nombramiento del tercer miembro, el Juez de Primera Instancia en lo Civil, de la jurisdicción respectiva, debe hacer el nombramiento del que le corresponde a la parte, y del tercer miembro, o de éste solamente, según el caso.

Los peritos avaluadores tienen carácter de funcionarios accidentales[129], y para ser perito avaluador en materia de expropiación, miembro de la Comisión de Avalúos, el artículo 20 de la Ley requiere de la persona:

1. Haber egresado de un instituto de enseñanza superior que acredite conocimientos básicos en materia valuatoria, y haber ejercido la profesión durante dos (2) años, por lo menos.
2. Las personas que, con anterioridad a la entrada en vigencia de la Ley, (01-07-02), hayan realizado en forma habitual y por más de tres (3) años tasaciones en materia expropiatoria, podrán igualmente tenérselas como peritos, a los fines de la Ley.

Para la realización de avalúos de inmuebles se requiere, además, tener conocimientos básicos en materia topográfica y catastral.

En todo caso, quien aspire ser designado perito debe presentar, a requerimiento del Juez de la causa, los documentos que acrediten el cumplimiento de los requisitos antes mencionados.

Conforme al artículo 21, la autoridad respectiva puede suspender del cargo de perito a:

1. Los que hayan sido sancionados por una autoridad administrativa o judicial por falta de probidad en la función pericial.
2. Los que hayan sido sancionados por delitos contra la cosa pública o contra la propiedad.
3. Los que hayan incurrido en negligencia o en cualquier otra falta grave.

Dispone el mismo artículo que los peritos que presentaren en fecha extemporánea el informe de avalúo, no tienen derecho a remuneración alguna y pueden ser suspendidos en caso de reincidencia.

---

[129] Sentencia CSJ-SPA, 15-11-88, *RDP* N° 36, p. 160.

2. ELEMENTOS DEL PERITAJE

Tres tipos de elementos deben considerar los peritos en el justiprecio o avalúos de los bienes a expropiar, a los efectos de determinar la indemnización que corresponde al propietario: elementos generales, elementos obligatorios y elementos especiales[130].

A. ELEMENTOS DE CARÁCTER GENERAL

En general, los peritos tienen, conforme a la Ley, una amplia libertad de apreciación para establecer el justiprecio[131]. Por ello, en el justiprecio de todo bien o derecho que se trate de expropiar, total o parcialmente, los peritos deben especificar su clase, calidad, situación, dimensiones aproximadas, su probable producción[132] y todas las otras circunstancias que influyan en las operaciones y cálculos que se hayan hecho para fijar su justo valor (art. 36).

Igualmente, conforme al artículo 38 de la Ley en el justiprecio de bienes muebles que sean objeto de expropiación, se especificará su clase, calidad, dimensiones, marcas, tipo, modelo, vida útil, estado de conservación y demás características que contribuyan a su plena identificación.

Ahora bien, esta amplia facultad de apreciación para determinar el justiprecio, tiene por finalidad como lo exige el artículo 36 de la Ley, lograr que el mismo, "represente el valor equivalente que corresponda al bien expropiado". Tal como lo señaló la antigua Corte Federal en sentencia del 5 de agosto de 1959:

> La Corte observa: en el campo del procedimiento civil o penal podría haber indefensión cuando se priva de defensa a una parte; y esta privación ocurre generalmente cuando se le niega ilegalmente la admisión de una prueba, o cuando admitida, y pudiendo producir efectos decisivos sobre la decisión, el juez no la aprecia sin causa justificada. Pero cuando se trata de pruebas aportadas por una de las partes durante una operación de peritaje judicial, no podría decirse igual cosa, porque los peritos, aun sobre aquellos elementos que prescribe la Ley de Expropiación en su artículo 35 que han de ser tomados en cuenta, tienen amplia facultad de apreciación en cuanto se refiere a sus efectos en el justiprecio y, así, pueden desechar las que aparezcan viciadas por insinceras en cuanto al precio, a la extensión del inmueble o por cualquier otra causa que

---

130 Véase en general, Enrique Lagrange, "Contribución al estudio de los modos de fijación de la indemnización en materia expropiatoria", *RDP* N° 23, Caracas, 1985, pp. 5-32; Nelson Rodríguez Q., "Comentarios sobre criterios de valoración expropiatoria", *RDP* N° 1, 1980, pp. 185-186.

131 Sentencias CF, 05-08-57, *G.F.* N° 25, pp. 124-125; CF, 29-10-59, *G.F.* N° 26, pp. 76-80; CSJ-SPA, 29-06-81, *RDP* N° 7, p. 180; CSJ-SPA, 17-11-81, *RDP* N° 8, p. 149.

132 Sobre el tema de la probable producción sentencias CSJ-SPA, 20-04-82, *RDP* N° 10, pp. 187-188; CSJ-SPA, 11-08-83, *RDP* N° 16, p. 205.

pueda influir sobre el resultado del avalúo, que en éstos no determinaría el justo precio. Además, y por lo que se refiere al caso de autos, el citado artículo 35 de la Ley de Expropiación ordena a los peritos tomar en cuenta "los precios medios a que hayan vendido en los últimos doce meses inmuebles similares". Son pues, los peritos los que han de decidir, según su amplia facultad de apreciación, cuáles de esos inmuebles vendidos son similares al que han de avaluar. Esa amplia facultad de apreciación de los hechos, que por lógica implica la selección de los que juzgan adecuados al objeto de sus actividades, es tan indispensable como múltiples, disímiles y variadas son las situaciones en que han de actuar.

En efecto, la extinguida Corte Federal y de Casación, en Sala Federal, ha dictaminado, conforme lo que se deja expuesto, que "debe tenerse presente que cuando el legislador ordena a los peritos tomar en cuenta determinados factores o elementos para fijar el valor de una cosa, ha querido, sin duda, que en su imparcial facultad de apreciación, dispongan de una orientación para llegar a un avalúo justo, es decir, que tengan presentes los diversos datos, elementos o circunstancias que puedan conducirlos a una exacta fijación del valor o precio, pero en manera alguna les está imponiendo la obligación de fijar como monto de ese precio, el valor que en cualquier forma esté expresado en los aludidos datos; ni tampoco la obligación de hacer constar en forma expresa y categórica el hecho de haber tomado en cuenta tales elementos; para concluir que éstos no fueron considerados, sería preciso que los peritos lo expresaren, o que del examen del justiprecio o avalúo se encontrare en manera clara que los dichos peritos ignoraron, desecharon, pusieron de lado o no tomaron en cuenta los elementos que manda la Ley tener en cuenta" (sentencia de 29 de junio de 1952). Y en otra ocasión dejó establecido que bien pueden utilizar (los expertos) los elementos que existen en el proceso, pero ninguna Ley les impide que obtengan nuevos datos, que practiquen mensuras en el propio terreno, hagan u obtengan copias de planos, para llenar a cabalidad su cometido; y las pruebas que aporten en respaldo de sus conclusiones no son extrañas a los autos sino, al contrario; precisos y oportunos elementos de convicción en la incidencia especial.[133]

Por otra parte, además, ese valor equivalente que corresponda al bien expropiado y que la Comisión de Avalúos debe determinar, debe corresponder al valor actual del bien[134]

133 Sentencia CF, 12-0852, en *G.F.* N° 25, pp. 120 a 122.

134 Sentencias CSJ-SPA, 07-04-65, *G.O.* N° 27.734 de 12-05-65; CPCA, 18-04-85 y 21-03-85, *RDP* N° 22, pp. 201-203.

B. ELEMENTOS OBLIGATORIOS

a. *EXPROPIACIÓN DE INMUEBLES*

Pero además de los elementos de carácter general, por disposición expresa del artículo 36 de la Ley de Expropiación, cuando se trate de inmuebles, entre los elementos del avalúo, se debe tomar en cuenta obligatoriamente:

1. El valor fiscal del inmueble declarado o aceptado tácitamente, por el propietario.
2. El valor establecido en los actos de transmisión, realizados por lo menos seis (6) meses antes del decreto de expropiación.
3. Los precios medios a que se hayan vendido inmuebles similares, en los últimos doce (12) meses contados a partir de la fecha de elaboración del avalúo.

Conforme a esto, los peritos, por tanto, deben tomar en cuenta necesariamente los siguientes valores: el valor fiscal, el valor comercial y los valores medios[135]; y en caso de ausencia de cualquiera de estos elementos de obligatoria apreciación, los peritos deberán razonarlo expresamente en el informe de avalúo.

a'. *EL VALOR FISCAL*

El valor fiscal se determina por aquellos valores que hayan sido declarados o aceptados expresa o tácitamente por el propietario, a efectos fiscales, antes decreto de expropiación[136]: por ejemplo, el valor declarado en una declaración de impuesto de sucesiones o el valor aceptado en la fijación de los impuestos municipales sobre inmuebles urbanos (derecho de frente).

Sobre la necesidad de estimar el valor fiscal, la jurisprudencia ha establecido el principio de que en el justiprecio de inmuebles debe siempre determinarse, y en caso de no poderlo hacer, debe declararse la imposibilidad para ello. Si se omite este valor fiscal o las razones por las que no se toma en cuenta, el peritaje está viciado de nulidad[137].

---

135 Sentencias CF, 28-04-60, *G.F.* N° 28, pp. 33-34; CSJ-SPA, 20-04-82, *RDP* N° 10, pp. 180-181; CPCA, 09-12-83, *RDP* N° 16, pp. 202-203.

136 Sentencia CPCA, 13-03-92, *RDP* N° 49, pp. 163-164.

137 Sentencias CF, 28-04-60, *G.F.* N° 28, p. 32; CSJ-SPA, 09-12-80, *RDP* N° 5, pp. 164-165; CSJ-SPA, 20-04-82, *RDP* N° 10, pp. 181-182; CSJ-SPA, 22-03-83, *RDP* N° 5, pp. 198-199; CSJ-SPA, 24-10-90, *RDP* N° 44, p. 207; CSJ-SPA, 02-12-93, *RDP* N° 55-56, pp. 542-544; CSJ-SPA, 24-03-94, *RDP* N° 57-58, p. 434; CSJ-SPA, 23-11-95, *RDP* N° 63-64, p. 495; CSJ-SPA, 22-05-97, *RDP* N° 69-70, pp. 405-406.

b'. El valor comercial

El valor comercial de los inmuebles se determina, como lo ha interpretado la jurisprudencia, por los precios establecidos en los actos de transmisión realizados, respecto del inmueble que se expropia, antes de los seis meses que anteceden al decreto de expropiación[138]. Sin embargo, la Ley precisa que en ningún caso los peritos pueden tomar en cuenta el mayor valor de los inmuebles por razón de su proximidad a las obras en proyecto (art 36).

Por otra parte, a los efectos de la determinación de este valor comercial, los peritos deben tomar en cuenta sólo las traslaciones de la propiedad realizadas por medio del registro; y no las que existan por documento privado que no ha sido registrado[139].

c'. El valor medio

En el caso del valor medio, el mismo se debe establecer por los precios medios a que se hubiesen vendido inmuebles similares al que se expropia en los últimos doce (12) meses contados a partir de la fecha de elaboración del avalúo (art. 36,3).

La inclusión de esta precisión en la Ley de 2002, de que las operaciones a tener en cuenta para determinar el valor medio son las realizadas durante los 12 meses *anteriores al avalúo*, sin duda, significa un cambio radical respecto de la interpretación jurisprudencial tradicional que se había dado a la imprecisión normativa de la Ley de 1946, que había conducido a exigir que el referido lapso se contara a partir del decreto de expropiación[140], lo que producía situaciones totalmente injustas, sobre todo en los casos de las llamadas afectaciones eternas.

La nueva Ley, en todo caso, puede decirse que adoptó la doctrina establecida por la Corte Suprema de Justicia en Sala PolíticoAdministrativa en su sentencia del 19 de junio de 1979, en la cual, al constatarse que un Decreto de expropiación había sido publicado en 1973 y el avalúo practicado en 1976, señaló lo siguiente:

Es público y notorio que en ese lapso el valor "de los inmuebles en toda la República fue afectado por una súbita alza como hasta ahora no" había ocurrido en la historia económica del país, y por lo tanto, resultaba una manifiesta injusticia aplicar al avalúo del inmueble expropiado, los precios de

---

138 Sentencia CSJ-SPA, 07-04-65, *G.O.* N° 27.734 de 12-05-65; CSJ-SPA, 20-04-82, *RDP* N° 10, pp. 182-183; CSJ-SPA, 13-12-84, *RDP* N° 20, pp. 189-190; CSJ-SPA, 24-10-90, *RDP* N° 44, p. 208.

139 Sentencia CF, 05-08-59, *G.F.* N° 25, pp. 138-141.

140 Sentencia CSJ-SPA, 25-11-80, *RDP* N° 5, pp. 165-166; CSJ-SPA, 26-11-87, *RDP* N° 32, pp. 143-144.

inmuebles similares, determinados por los precios existentes doce meses antes del decreto de expropiación[141]

B. *Expropiación de inmuebles donde existan industrias y fondos de comercio*

Conforme al artículo 39, cuando en el inmueble objeto de expropiación exista un establecimiento industrial, comercial, mercantil o fondo de comercio se debe indemnizar a su propietario por los daños causados con motivo del cese de actividades, y el traslado para su reinstalación en la nueva sede, derivados de la expropiación.

En estos casos, los daños indemnizables, conforme al artículo 40 de la Ley, deben ser determinados por la Comisión de Avalúos, tomando obligatoriamente en consideración:

1. Los gastos por concepto de desinstalación, transporte y reinstalación de materiales y equipos a la nueva sede.
2. La declaración de Impuesto sobre la Renta, que demuestre la utilidad neta declarada de los tres (3) últimos ejercicios fiscales anteriores, contados desde el momento de elaboración del informe de avalúo.
3. Cualesquiera otros gastos debidamente comprobados, que sean consecuencia directa e inmediata de la expropiación.

La determinación del tiempo máximo necesario para la reinstalación y puesta en funcionamiento, en iguales condiciones para la fecha de la expropiación, debe ser suficientemente razonada por los peritos (art. 40).

c. *Expropiación de bienes muebles*

En caso de expropiación de bienes muebles, conforme al artículo 38 de la Ley, los peritos deben tomar obligatoriamente en cuenta el valor de adquisición; el valor actualizado, atendiendo al valor de reposición y a la depreciación normalmente aplicable; los precios medios del mercado para bienes muebles similares, y cualesquiera otras circunstancias que influyan en los análisis y cálculos necesarios para realizar el avalúo.

C. *Elementos de carácter particular*

Además de los elementos generales y obligatorios, la Ley de Expropiación regula elementos especiales, a ser tomados en cuenta en la expropiación parcial y en caso de indemnizaciones particulares.

141 Consultada en original.

A. *EN LA EXPROPIACIÓN PARCIAL*

En efecto, el artículo 37 de la Ley que establece que cuando el justiprecio verse sobre parte de un bien o derecho, debe formar capítulo separado del informe de avalúo, la cantidad en que se estime el perjuicio sufrido por el propietario con la expropiación parcial, teniendo en cuenta el beneficio inmediato y permanente que la construcción de la obra, que da lugar a la expropiación, respecto al resto del bien o derecho de que se trate.

Si la estimación del beneficio excediere de la del perjuicio, el exceso se debe imputar al valor de la parte expropiada. En todo caso, si el exceso fuere mayor de un cuarto (1/4) de la indemnización debida al propietario, éste puede optar por la expropiación total declarando que acepta el justiprecio precedentemente efectuado (art. 37).

B. *EN LAS INDEMNIZACIONES POR DAÑOS*

Conforme al artículo 41 de la Ley de Expropiación, hay lugar a la indemnización cuando a los propietarios se les prive de una utilidad debidamente comprobada, resultaren gravados con una servidumbre o sufran un daño permanente que se derive de la pérdida o de la disminución de sus derechos.

En tal sentido, debe señalarse que la jurisprudencia ha establecido la necesidad de indemnización al propietario, por los daños causados por la ocupación del inmueble por la autoridad expropiante, durante el procedimiento[142].

En todo caso, conforme al artículo 42, las servidumbres sin daño o sin grave incomodidad para el propietario, no dan derecho a la indemnización. Los peritos designados, conforme al artículo 19 de esta Ley, deben calcular solamente los gastos necesarios para establecer la servidumbre, siempre que quien promueva la expropiación no prefiera ejecutarlos él mismo.

3. PROHIBICIONES A LOS PERITOS

Los peritos, tal como se señaló, no pueden tomar en cuenta en el avalúo de los inmuebles a expropiar, el mayor valor que pueden tener debido a su proximidad a las obras en proyecto y que motivan la expropiación (art. 36).

Por otra parte, conforme a lo previsto en el artículo 43 de la Ley, las mejoras que durante el juicio de expropiación hiciere el propietario del bien que se expropia, no deben ser apreciadas por los peritos. Sin embargo, el propietario puede llevarse los materiales y destruir las construcciones en cuanto no perjudique al expropiante.

---

142 Sentencias CSJ-SPA, 07-08-80, *RDP* Nº 4, p. 167; CSJ-SPA, 08-07-82, *RDP* Nº 11, pp. 213-214; CPCA, 13-03-89, *RDP* Nº 38, pp. 158-159; CSJ-SPA, 03-10-90, *RDP* Nº 44, pp. 210-214; CPCA, 02-21-92, *RDP* Nº 52, p. 248; CSJ-SPA, 22-05-98, *RDP* Nº 69-70, p. 407.

4. LA IMPUGNACIÓN DEL JUSTIPRECIO

La Ley de Expropiación no regula, en particular, la posibilidad de impugnación del justiprecio. Sin embargo, la jurisprudencia ha admitido la posibilidad de dicha impugnación, dentro de un lapso de 5 días a contar de la consignación del mismo en el Tribunal[143].

Una vez vencido dicho lapso, se estima que el justiprecio queda firme, en cuyo caso debe procederse a la consignación del precio (art. 45).

Debe señalarse, sin embargo, que esta impugnación del avalúo ante el órgano jurisdiccional, parece lógica cuando el mismo se ha realizado en un procedimiento judicial expropiatorio. Por ello, estimamos que no debería proceder en los casos en los cuales el avalúo se ha hecho con motivo de un arreglo amigable previo al juicio expropiatorio.

En estos casos, las partes han convenido fijar el precio mediante peritaje, y a su contenido deben atenerse. Sólo si el mismo adolece de vicios de ilegalidad, podría impugnarse por vía contenciosoadministrativa de anulación, como acto administrativo emanado de funcionarios públicos accidentales.[144]

VII. LOS EFECTOS DE LA EXPROPIACIÓN: LA OCUPACIÓN TEMPORAL DE LA PROPIEDAD

1. LA OCUPACIÓN TEMPORAL

Uno de los efectos jurídicos de la expropiación, es la posibilidad por parte de los entes públicos o sus concesionarios, de ocupar temporalmente de otros bienes distintos al expropiado.

En efecto, el artículo 52 de la Ley dispone que toda obra declarada de utilidad pública lleva consigo el derecho a la ocupación temporal de las propiedades ajenas por parte del que las ejecute, en los casos siguientes:

1. Hacer estudios o practicar operaciones facultativas, de corta duración, que tengan por objeto recoger datos para la formación del proyecto o para el replanteo de la obra.
2. Para el establecimiento provisional de estaciones de trabajo, caminos, talleres, almacenes o depósitos de materiales, y cualquiera otra que requiera la obra para su construcción o reparación.

En estos casos, la ocupación debe durar tan sólo el tiempo absolutamente indispensable, no debiendo, en ningún caso, concederse por un término ma-

---

143 Sentencias CF, 21-2-52 *G.F.* N° 10, pp. 103 a 108; CF, 29-10-59 en *G.F.* N° 26, pp. 74 a 76. Sentencias CSJ-SPA, 29-09-81, *RDP* N° 8, p. 145-147; CPCA, 28-01-82, *RDP* N° 9, pp. 153-154; CSJ-SPA, 03-05-84, *RDP* N° 19, pp. 183-184; CSJ-SPA, 14-02-90, *RDP* N° 41, pp. 151-155.

144 En este sentido véase lo expresado por la Procuraduría General de la República en *Doctrina 1964,* Caracas 1965, p. 143.

yor de seis (6) meses. Sin embargo, puede prorrogarse por igual término, y por una sola vez, por causa debidamente justificada[145].

Ahora bien, para proceder a la ocupación temporal se requiere una resolución suficientemente motivada, por escrito, del Gobernador del Estado, del Territorio Federal, y de los Alcaldes de los Municipios respectivos de la jurisdicción donde se ejecute la obra, la cual se debe protocolizar en la correspondiente Oficina de Registro correspondiente (art. 53).

En todo caso, para que pueda acordarse la ocupación temporal se debe haber efectuado la correspondiente notificación, por escrito, al propietario u ocupantes si los hubiere, por lo menos con diez (10) días de anticipación.

En lo que se refiere a la expropiación de bienes con valor artístico, histórico, arquitectónico o arqueológico, la ocupación temporal también debe realizarse conforme a lo indicado en el artículo 52 (art. 62); en cuyo caso, el Juez de Primera Instancia en lo Civil de la jurisdicción correspondiente, previa solicitud motivada del ente expropiante, puede acordarla por un lapso superior al límite previsto en el artículo 52 de esta Ley. En este caso, la solicitud la ocupación temporal se debe intentar directamente ante la Corte Primera de lo Contencioso Administrativo, cuando la República sea quien la requiera (art. 64).

Además, en estos casos de expropiación de bienes con valor artístico, histórico, arquitectónico o arqueológico, el artículo 63 de la Ley autoriza a la Administración Pública para adoptar las medidas necesarias para no alterar las condiciones del bien que se pretende expropiar.

Estas medidas deben ser ejecutadas en forma oportuna por el ente expropiante, previa notificación por escrito a las instituciones nacionales, estadales, regionales y municipales que tengan por finalidad velar por el patrimonio artístico, histórico, arquitectónico, arqueológico o cultural de la Nación (art. 63).

2. La indemnización por la ocupación temporal

El artículo 55 de la Ley precisa que quien ocupa temporalmente una propiedad ajena, debe indemnizar al propietario de los perjuicios que le causen, a justa regulación de los peritos designados, conforme a lo dispuesto en el artículo 19 de la presente Ley.

3. Diferencias entre la ocupación temporal y la ocupación previa

En todo caso, deben tenerse en cuenta las netas diferencias que existen entre la ocupación temporal y la ocupación previa, y que se evidencian, entre otros, de los siguientes aspectos: a) Respecto al bien ocupado: en la ocupación previa, es objeto de esta ocupación el mismo bien que se expropia, y en

---

145 Sentencia CFC-SF, 31-01-47, *Memoria 1948*, pp. 156-157.

la temporal, son los inmuebles colindantes; b) Por la finalidad: se ocupa previamente un inmueble cuando hay que realizar urgente e inmediatamente la obra; se efectúa la ocupación temporal para hacer estudios a fin de recoger datos para la elaboración del proyecto, replanteo de la obra, etc..; c) Respecto al tiempo de ocupación la ocupación previa es permanente y la temporal es sólo por seis meses; d) Por la autoridad pública que autorice la ocupación: en la ocupación previa, conoce de ésta el juez que va a conocer del juicio de la expropiación; en la ocupación temporal, es el Gobernador del Estado, Territorio Federal o Distrito Federal respectivo; e) Por el plazo: en la ocupación previa no existe plazo determinado para proceder a la ocupación; en la temporal, existe un plazo de diez días por lo menos; f) Por el objeto: en la ocupación previa es evitar retardos en la ejecución de la obra; en la ocupación temporal es evitar la expropiación de inmuebles colindantes; g) Por las consecuencias: la ocupación temporal lleva consigo un derecho a indemnización para el propietario del inmueble, y en la previa no existe este derecho por el hecho de la ocupación.

4. LAS OCUPACIONES TEMPORALES DE LA PROPIEDAD EN CASOS DE FUERZA MAYOR

Por último, debe señalarse que la Ley de Expropiación contiene una norma destinada a la ocupación temporal por causa de fuerza mayor, desvinculada al tema expropiación, que autoriza a la primera autoridad del Estado o Municipio, en los casos de fuerza mayor o de necesidad absoluta como incendio, inundación, terremoto, hechos calificados como catastróficos o semejantes, a proceder a la ocupación temporal de la propiedad ajena, sin perjuicio de la indemnización al propietario, si a ello hubiere lugar, tomando en cuenta las circunstancias (art. 59).

VIII. EL TRATAMIENTO DE LAS CONTRIBUCIONES DE MEJORAS POR PLUSVALÍAS

1. LAS CONTRIBUCIONES NACIONAL Y MUNICIPAL DE MEJORAS POR PLUSVALÍAS CON MOTIVO DE LA CONSTRUCCIÓN DE OBRAS PÚBLICAS

El artículo 17 de la Ley de Expropiación establece que los inmuebles que con motivo de la construcción de obras públicas, como la apertura o ensanche de calles, avenidas, plazas, parques o jardines, caminos, carreteras, autopistas, sistemas de transporte subterráneo o superficial, edificaciones educativas o deportivas, aeropuertos, helipuertos, obras de riego o de saneamiento, adquieran por ese concepto un mayor valor que exceda del diez por ciento (10%), debido a su situación inmediata o cercana a las mencionadas obras, quedan sujetos al pago de una cuarta parte (1/4) de ese mayor valor, que la entidad pública en cuya jurisdicción se hubieren ejecutado los trabajos, debe cobrar de conformidad con lo dispuesto por la Ley.

Esta contribución de mejoras debe ser pagada en una sola cuota al contado o en diez (10) cuotas anuales y consecutivas, en cuyo caso el valor de la contribución debe ser aumentado en un veinticinco por ciento (25%). Las zonas afectadas por la contribución de mejoras deben ser determinadas expresamente por la autoridad competente.

El crédito de la contribución de mejoras goza del privilegio que tienen los créditos fiscales.

A los efectos de la fijación del mayor valor, el artículo 18 de la ley, dispone que la Administración Pública debe hacer levantar un plano parcelario de las propiedades colindantes o inmediatas a la obra de que se trate, y antes de la ejecución de ésta, debe hacer tasar los inmuebles que según dichos planos sean susceptibles de la aplicación de aquella contribución.

La tasación que resulte debe ser notificada por escrito a los propietarios o a sus representantes legales, quienes deben manifestar en el acto de la notificación o dentro de los cinco (5) días hábiles siguientes, por escrito, si aceptan o no la tasación practicada. Su silencio se tendrá como aceptación.

Después de ejecutada la obra o la parte de ella que causa directamente la plusvalía, se debe hacer una nueva tasación, que debe ser notificada por escrito a los propietarios o a sus representantes legales, quienes deben manifestar por escrito dentro de los cinco (5) días hábiles siguientes su conformidad o disconformidad; también en este caso, el silencio del propietario se tendrá como aceptación.

Aceptada expresa o tácitamente la segunda tasación, se debe fijar el importe de la contribución notificándosela a los propietarios, a los efectos del artículo 17 de la presente Ley. Si la primera o segunda tasación no fuere aceptada o fuere objetada por el propietario, y la Administración no se conformare con las observaciones planteadas, o si no fuere posible notificar al propietario por ausencia u otra causa, el valor de los inmuebles, en cada caso, será fijado sin apelación por una Comisión de Avalúos, que debe regirse por las normas establecidas en la Ley (art. 19 y ss.)

Por su parte, la Ley Orgánica de Régimen Municipal de 1989 establece en su artículo 113, una contribución de mejoras sobre los inmuebles urbanos que directa o indirectamente se beneficien con la construcción de obras o el establecimiento de servicios por el Municipio y que sean de evidente interés para la comunidad, de acuerdo a lo que determine la ley nacional de la materia y las ordenanzas respectivas. El monto total de esta contribución de mejoras municipal, no puede exceder del señalado en la ley nacional y, en su defecto, del sesenta por ciento (60%) del costo de las obras o de la instalación del servicio, según presupuesto aprobado y verificado por la Contraloría General de la República.

Salvo disposición en contrario de la ley nacional respectiva, el monto de la contribución de mejoras se debe calcular en relación al valor real de las propiedades afectadas, pero no puede ser, para cada propiedad, mayor del cinco por ciento (5%) del valor de dicha propiedad, por cada obra, conjunto de obras o instalación de servicios que se efectúe en una misma oportunidad.

Dispone el mismo artículo 113 de la Ley Orgánica de Régimen Municipal que igual porcentaje corresponde al Municipio por los mayores valores que adquieran las propiedades en virtud de los cambios de uso o de intensidad de aprovechamiento con que se vean favorecidas por planes de ordenación urbanística, observándose al respecto lo establecido en la Ley Orgánica para la Ordenación del Territorio.

2. LA CONTRIBUCIÓN MUNICIPAL DE MEJORAS POR PLUSVALÍAS CON MOTIVO DE LOS USOS DE LA PROPIEDAD

En efecto, la Constitución, en su artículo 179,2 establece como ingresos de los Municipios, "la contribución especial sobre plusvalías de las propiedades generadas por cambios de uso o de intensidad de aprovechamiento con que se vean favorecidas por los planes de ordenación urbanística".

Respondiendo a esta orientación, la Ley Orgánica para la Ordenación del Territorio establece la contribución de mejoras por plusvalía, que se autoriza a los Municipios a establecer en las Ordenanzas respectivas. Conforme al artículo 68 de la Ley los mayores valores que adquieran las propiedades en virtud de los cambios de uso o de intensidad de aprovechamiento con que se vean favorecidos por los planes de ordenación urbanística, deben ser recuperados por los Municipios en la forma que establezcan las Ordenanzas que deben dictar a tal efecto, en las cuales deben seguirse los lineamientos y principios previstos en el Código Orgánico Tributario.

La Ley Orgánica establece, en todo caso, que la contribución especial que creen los Municipios conforme a la autorización prevista en ella no puede ser mayor al 5% del valor resultante de la propiedad del inmueble respectivo, en cuya determinación se debe garantizar en las Ordenanzas respectivas, la participación de los propietarios y los correspondientes recursos jurídicos de protección de sus derechos. En todo caso, exige la Ley que el producto de esta contribución especial se debe aplicar a la realización de las obras y servicios urbanos que se determinen en las Ordenanzas.

SECCIÓN DÉCIMA QUINTA: *LA OCUPACIÓN JUDICIAL DE LOS BIENES EXPROPIADOS COMO GARANTÍA DEL DERECHO DE PROPIEDAD Y LA ILEGAL PRÁCTICA DE DECRETAR LA "OCUPACIÓN ADMINIS-TRATIVA" DE BIENES EN PROCEDIMIENTOS EXPROPIATORIOS APLICANDO LA LEY ORGÁNICA DE PRECIOS JUSTOS* (2015)

TEXTO PUBLICADO EN *REVISTA DE DERECHO PÚBLICO, NO. 141*, PRIMER SEMESTRE 2015, EDITORIAL JURÍDICA VENEZOLANA, CARACAS 2015, PP. 61-87.

Es bien sabido que el artículo 115 de la Constitución[1] establece la garantía del derecho de propiedad, disponiendo que solo "por causa de utilidad pública o interés social, mediante sentencia firme y pago oportuno de justa indemnización, podrá ser declarada la expropiación de cualquier clase de bienes."

Para asegurar en la práctica estatal la vigencia de dicha garantía, es que la Ley de Expropiación por causa de utilidad pública y social,[2] precisa que la expropiación es un medio extraordinario de adquisición de la propiedad privada por parte del Estado, concebida como una institución de derecho público, "sometida por el legislador al cumplimiento de formalidades específicas"[3] mediante la cual el Estado actúa en beneficio de una casusa de utilidad pública o de interés social, "con la finalidad de obtener la transferencia

---

1 Constitución 1999: Artículo 115. "Se garantiza el derecho de propiedad. [...]. Sólo por causa de utilidad pública o interés social, mediante sentencia firme y pago oportuno de justa indemnización, podrá ser declarada la expropiación de cualquier clase de bienes."

2 Ley de Expropiación por Causa de Utilidad Pública o Social, de 2002, en *Gaceta Oficial* No. 37.475 de 1 de julio de 2002. La Ley reformó la anterior de 1947 publicada en *Gaceta Oficial* N° 22.458 de 6 de noviembre de 1947, que había sido modificada parcialmente por decreto ley N° 184 de 25 de abril de 1958, *Gaceta Oficial* N° 25.642 de 25 de abril de 1958.

3 Como lo precisó la antigua Corte Federal y de Casación ya en 1948, recién adoptada la Ley: "La expropiación es un medio extraordinario de adquirir, sometido por el Legislador al cumplimiento de determinadas formalidades; ella es una institución de derecho público en el cual no tienen aplicación los principios del derecho común [...] "dada la naturaleza extraordinaria del derecho a expropiar, es de fundamental interés público el que se verifique la expropiación con estricta sujeción a las disposiciones de la ley que la reglamenta" y que con el procedimiento el Tribunal declare "la necesidad de adquirir el todo o parte de la propiedad." Sentencia de la Corte federal y de Casación de 29 de Octubre de 1948, en *Compilación Legislativa 1948-1949*, Anuario 1948, p, 789. Véase en Allan R. Brewer-Carías, *Jurisprudencia de la Corte Suprema 1930-1974 y Estudios de Derecho Administrativo, Volumen VI, La Propiedad y la Expropiación por causa de utilidad pública e interés social*, Ediciones del Instituto de Derecho Público, Facultad de Derecho, Universidad Central de Venezuela, Caracas 1979, pp. 394-395) (en lo adelante: *Jurisprudencia de la Corte Suprema, T. VI*).

forzosa del derecho de propiedad o algún otro derecho de los particulares, a su patrimonio, mediante sentencia firme y pago oportuno de justa indemnización." (art. 2 Ley).

Ello significa que para que el Estado pueda ejecutar la expropiación de bienes de propiedad privada, como lo estableció la antigua Corte Suprema en 1965, la misma debe desenvolverse "a través de un procedimiento especial cuyo objeto esencial es llegar a la transferencia de dominio del bien expropiado"[4]. La propia Corte Suprema posteriormente confirmó que "toda expropiación supone justa compensación," de manera que en consecuencia, en la expropiación, "la función del Juez se limita a la declaratoria de la necesidad de adquirir el todo o parte de la propiedad, o algún otro derecho, al correspondiente avalúo, y al pago, puesto que toda expropiación supone una justa compensación"[5].

La garantía de la propiedad, conforme a la Ley de Expropiación, por tanto, exige que el Estado deba pagar la justa compensación debida por la expropiación, no sólo para materializar la trasferencia de la propiedad privada al Estado (art. 46), sino incluso para que el Estado pueda tomar posesión u ocupar los bienes a expropiar, al establecer como único mecanismo para poder efectuar la ocupación de los mismos mientras dura el juicio de expropiación, la denominada "ocupación previa" que debe siempre debe ser decretada por el juez competente, mediando el previo avalúo del inmueble para establecer la justa compensación por una Comisión de Avalúos designada con la participación del expropiado (art. 19), cuyo monto debe necesariamente depositarse en el tribunal competente y ser puesto a disposición del expropiado, quien tiene el derecho de aceptar el monto como el pago de la justa compensación (art. 56).

Pues bien, esta exigencia de la garantía de la propiedad desarrollada en la Ley de Expropiación ha pretendido ser violada por el Estado, al haber procedido en varios casos a decretar y ejecutar la expropiación de bienes, y a "ocupar administrativamente" bienes expropiados sin intervención judicial, sin realizar el avalúo del bien expropiado y sin pagar o depositar en el tribunal correspondiente y a la orden del expropiado el monto de la compensación, aplicando ilegal e ilegítimamente, y con desviación de poder, disposiciones contenidas por ejemplo en la Ley de Defensa para el acceso de personas a bienes y servicios de 2010,[6] sustituida, junto con la Ley de Costos y Precios

---

4 Sentencia de la Sala Político Administrativa de la Corte Suprema de Justicia de 24 de febrero de 1965, en *Gaceta Oficial* No. 27676 de 24 de febrero de 1965, p. 205.971 (Véase también en *Jurisprudencia de la Corte Suprema, T. VI*, pp. 348-350).

5 Véase sentencia de la Sala Político Administrativa de la antigua Corte Suprema de Justicia de 10 de junio de 1968, en *Gaceta Forense* No. 60, 1968, pp. 173-174 (p. 374). En igual sentido, sentencia de la misma Sala de 29 de abril de 1969, en *Gaceta Forense* No. 64, 1969, pp. 133-134 (Véase también en *Jurisprudencia de la Corte Suprema, T. VI*, p. 427).

6 Véase en *Gaceta Oficial* N° 39.358 de 1 de febrero de 2010.

Justos de 2011,[7] por la Ley Orgánica de Precios Justos,[8] en la cual sin embargo se conservaron las mismas disposiciones sobre ocupación administrativa de la propiedad en medio de un procedimiento administrativo de fiscalización y sancionatorio.

I. PRINCIPIOS CONSTITUCIONALES QUE RIGEN LA GARAN-TÍA DE LA PROPIEDAD: EL RÉGIMEN DE LA EXPROPIACIÓN Y EL RÉGIMEN DE LA OCUPACIÓN PREVIA DE LOS BIENES EXPROPIADOS

El procedimiento expropiatorio, en efecto, está regulado en la Ley de Expropiación, cuyas disposiciones en materia expropiatoria, constituyen la normativa general que se aplica en todos los procesos expropiatorios, excepto cuando una ley especial o un tratado establece alguna previsión especial que se aplique con preferencia a lo dispuesto en ella, y siempre que la misma, por supuesto, se ajuste a lo dispuesto en la Constitución. Por lo demás, conforme a los términos del artículo 66 de la propia Ley de Expropiación, otras leyes pueden aplicarse supletoriamente en materia expropiatoria solo si regulan situaciones no previstas en la misma.

Ahora bien, los efectos de garantizar la propiedad privada, la Ley de Expropiación regula un detallado procedimiento con el objeto de asegurar que el Estado no pueda tomar posesión de los bienes expropiados, que en ningún caso le pueden ser transferidos ni pueden ser ocupados por el mismo, sino después que se haya pagado al propietario o expropiado la justa compensación, o su monto depositada ante la autoridad judicial competente.[9]

1. LAS FASES DEL PROCEDIMIENTO EXPROPIATORIO

Dicho procedimiento expropiatorio establecido precisamente como garantía de la propiedad, se desarrolla a través del cumplimiento de diversas fases, en las cuales intervienen todas las ramas del Poder Público; todo de acuerdo con el artículo 7 de la Ley de. Expropiación que dispone que:

"Artículo 7. Solamente podrá llevarse a efecto la expropiación de bienes de cualquier naturaleza mediante el cumplimiento de los requisitos siguientes:

1. Disposición formal que declare la utilidad pública.
2. Declaración de que su ejecución exige indispensablemente la trasferencia total p parcial de la propiedad o derecho.
3. Justiprecio del bien objeto de la expropiación.
4. Pago oportuno y en dinero efectivo de justa indemnización."

---

7 Véase en *Gaceta Oficial* N° 39.715 del 18 de julio de 2011

8 Decreto Ley No. 600 de 21 de noviembre de 2013, publicada en *Gaceta Oficial* No. 40.340 de 23 de enero de 2014.

9 Véase en general sobre dicho procedimiento: Allan R. Brewer-Carías *et al.*, *Ley de Expropiación por causa de utilidad pública o social*, Editorial Jurídica Venezolana, Caracas 2002.

Conforme a esta norma y a su desarrollo en el resto del articulado de la Ley las siguientes son las fases del procedimiento expropiatorio:

En *primer lugar*, está la *fase legislativa*, en la cual la Asamblea Legislativa debe necesaria e ineludiblemente intervenir declarando, mediante ley, el carácter de utilidad pública o interés social de determinadas actividades o bienes (Artículos 7.1 and 13, Ley E.), que es en los únicos casos en los cuales conforme al artículo 115 de la Constitución se puede decretar la expropiación de bienes. Esta declaración legislativa está formulada, incluso, en forma general respecto de muchas actividades y bienes que se enumeran en el artículo 11 de la propia Ley de Expropiación (básicamente referida a obras de infraestructura), y además, se ha formulado en innumerables leyes particulares.

De ello deriva que la causa *expropiandi* tiene que estar establecida en una ley, o en un decreto ley en caso de delegación legislativa (art. 203 Constitución), de manera que como de acuerdo con la Constitución sólo por causa de utilidad pública o social es que se puede decretar la expropiación de cualquier clase de bienes, sin tal declaratoria de la actividad o bienes como de utilidad pública o de interés social en una ley, en ningún caso puede ser decretada la expropiación de los mismos.

En *segundo lugar*, está la *fase ejecutiva o administrativa*, que se desarrolla en dos planos:

El *primero* de dichos planos se desarrolla, en el ámbito nacional, mediante la adopción de una decisión (acto administrativo) por parte del Ejecutivo Nacional, con forma de decreto, denominado Decreto de expropiación, de afectación o de ejecución de la expropiación (art. 5 Ley E.), en el cual deben determinarse los bienes específicos que están en manos de particulares, y que el Estado requiere para poder cumplir con determinadas actividades declaradas por ley como de utilidad pública o interés social (art. 7.2 Ley E.). Dicho decreto, como todo acto administrativo de carácter general, debe publicarse en la *Gaceta Oficial*.

El objetivo principal del Decreto es el de identificar con precisión los bienes a expropiar, pudiendo también contener los datos relativos al o los propietarios, si los mismos se conocen. Por ello, el hecho de identificarlos en ningún caso es vinculante ni tiene efectos en relación con los que en definitiva resulten ser parte expropiada en el procedimiento. El decreto de expropiación también debe identificar a la entidad pública o privada que actuará como parte o ente expropiante (arts. 6 y 3 Ley E.).

El *segundo* de los planos en la *fase ejecutiva o administrativa*, se desarrolla con un procedimiento administrativo que debe iniciarse por el ente expropiante inmediatamente después de publicado el Decreto de Expropiación, con la finalidad de buscar un arreglo amigable con el o los expropiados para adquirir la propiedad de los bienes afectados por el justiprecio que establezca la Comisión de Avalúos prevista en el artículo 19 de la Ley. Para tal efecto, la entidad expropiante debe publicar en un periódico de circulación nacional y otro de circulación local, un Aviso convocando a todos los que se consideren con derechos de propiedad o posesión sobre los bienes afectados de expropiación, o que en general aleguen tener cualquier tipo de derechos sobre los mismos (Artículo 22 Ley E.).

Y en *tercer lugar* está la *fase judicial*, que debe iniciarse cuando las partes no logran el antes mencionado arreglo amigable, en cuyo caso, el ente expropiante debe solicitar o demandar la expropiación ante el juez competente, iniciándose el juicio expropiatorio, en la cual debe identificarse el bien a expropiar y los propietarios, poseedores o arrendatarios si fuesen conocidos (art. 24 Ley E.). A los efectos del juicio, el juez competente debe, mediante edicto, emplazar a todos los presuntos propietarios, poseedores, arrendatarios, acreedores y en general, a todos los que tengan algún derecho sobre los bienes que se pretenda expropiar (art. 26 Ley E.). El procedimiento expropiatorio tiene por objeto final que el tribunal competente declare la necesidad del Estado de adquirir todo o parte de la propiedad o algún otro derecho, según lo alegado y probado en el procedimiento, identificando a las personas que por tal motivo deben ser indemnizados o compensados (artículo 34), conforme al precio que se establezca por la Comisión de Avalúos regulada en el artículo 19 de la Ley de Expropiación (arts. 34-44 Ley E.), proveyendo el tribunal lo correspondiente para asegurar el pago de la indemnización a quienes corresponda (art. 45 Ley E.).

Durante la fase judicial, y solamente después de iniciado el juicio expropiatorio, el ente expropiante en casos urgentes, puede solicitar autorización para la ocupación previa del bien expropiado, antes de concluir el juicio y antes de que se pague a quienes corresponda la indemnización correspondiente. Ello debe tramitarse mediante un procedimiento específico e incidental en el juicio de expropiación, que exige que el tribunal competente se asegure que la Comisión de Avalúos establecida en el artículo 19, la cual debe ser designada con la participación de las partes (expropiante y expropiado), establezca mediante un avalúo el justiprecio del bien expropiado.

Una vez realizado el avalúo y determinado el justo valor del inmueble, y una vez que su monto íntegro se haya consignado en efectivo ante el tribunal competente, el mismo puede autorizar a la parte expropiante para ocupar previamente el inmueble (art. 56 Ley E.).

En esos casos, la parte expropiada, a su sola discreción, tiene derecho de aceptar el monto de la compensación consignada por el expropiante en el tribunal, como la indemnización a la cual tiene derecho, en cuyo caso el juicio se da por terminado, y con la decisión del tribunal homologándolo, la propiedad de los bienes expropiados pasa al ente expropiante.

En estos casos de ocupación previa, el avalúo realizado por la Comisión de Avalúos no es impugnable por las partes; y una vez depositado el monto del mismo en el tribunal, el ente expropiante no puede retirarlo. A la vez, si el monto es aceptado por la parte expropiada, dicha aceptación o convenimiento no puede ser posteriormente revocada (art. 56 Ley E.).

Ahora bien, analizadas globalmente las diversas fases del procedimiento expropiatorio, se observa que la garantía básica de la propiedad privada a la cual el mismo responde es que incluso en casos de ocupación previa, solo después de que se ha pagado el monto de la indemnización correspondiente establecida por la Comisión de Avalúos regulada en la Ley, sea directamente como consecuencia del arreglo amigable o de la sentencia expropiatorio definitiva, sea indirectamente, mediante el depósito en el tribunal a disposición del expropiado al autorizarse la ocupación previa, es que la entidad expropiante puede tomar posesión del bien que se expropia (art. 45 Ley E.).

Es decir, es sólo mediante el pago de la indemnización correspondiente por la parte expropiante a la parte expropiada, que la primera puede ocupar o tomar posesión del bien expropiado, y que, además, se materializa la transferencia de la propiedad de los bienes expropiados de manos privadas al Estado (art. 46 Ley E.). Hasta ese momento, incluso si los bienes han sido previamente ocupados, y el monto del avalúo permanece depositado en el tribunal, la propiedad de los mismos sigue siendo de sus dueños.

De todo ello deriva que la más significativa garantía de la propiedad privada en el procedimiento expropiatorio es que el Estado no puede ocupar o tomar posesión de los bienes de propiedad privada afectados de expropiación antes de que los mismos no hayan sido evaluados por la Comisión de Avalúos prevista en la Ley, y antes de que el Estado no haya pagado en dinero efectivo el monto de la justa compensación al expropiado, o antes de que el mismo no se haya depositado en el tribunal competente y puesto a disposición del expropiado en caso de solicitud de ocupación previa de los bienes, para poder ser aceptado por el mismo.

En todo caso, por lo demás, como la parte expropiada permanece como propietaria de los bienes expropiados hasta que la justa compensación sea pagada, la Ley de Expropiación, autoriza a la parte expropiada durante el procedimiento expropiatorio, a transferir la propiedad a otros particulares, en el entendido de que cualquier trasferencia de la propiedad no suspende el juicio expropiatorio, pues el nuevo propietario se considera de pleno derecho como subrogado en todas las obligaciones y derechos del anterior propietario (art. 10 Ley E.)

2. Los principios relativos a la ocupación previa del bien expropiado

Como antes se ha dicho, de acuerdo con la Ley de Expropiación, en el procedimiento expropiatorio, el ente expropiante solo puede ocupar y tomar posesión de los bienes expropiados antes de la conclusión de juicio expropiatorio, en casos urgentes, mediante el procedimiento judicial de la ocupación previa regulado con detalle en la Ley de Expropiación, y por tanto de obligatorio cumplimiento.

Conforme al mismo, dicha ocupación sólo procede en la *fase judicial* del procedimiento, autorizada expresamente por el juez, y sólo después de que se ha efectuado el avalúo del bien expropiado por la Comisión de Avalúos establecida en el artículo 19 de la Ley, y el monto del justiprecio ha sido depositado en el tribunal competente (art. 56 Ley E.).

En efecto, para asegurar el cumplimiento de las políticas estatales, cuando la trasferencia de la propiedad de los bienes expropiados al Estado se considera indispensable y urgente y no se ha logrado un arreglo amigable con los propietarios para ejecutarla, la Ley de Expropiación dispone que el Estado, una vez presentada la demanda de expropiación, siempre puede solicitar al juez competente la ocupación temporal de los bienes expropiados.[10]

Esta ocupación temporal que sólo puede producirse una vez iniciado el procedimiento judicial expropiatorio, quedando por tanto excluida toda forma de ocupación administrativa de la propiedad de bienes en proceso de expropiación, requiere de dos condiciones ineludibles: i). que se evalúe el bien expropiado por una Comisión de Avalúos; a fin de determinar la justa compensación que corresponde al expropiado; y ii). Que se deposite el monto del avalúo o compensación en el tribunal competente, a disposición de poder ser aceptado por el expropiado.[11]

El procedimiento dispuesto para que pueda verificarse la ocupación previa está regulado detalladamente en los artículos 56 y 57 de la Ley de Expropiación,[12] conforme al cual la misma solo es posible cuando: (i) exista

---

10 El régimen de la ocupación previa fue establecido "por el legislador como un Sistema de garantías procesales a los efectos de salvaguardar los intereses y derechos que puedan ser afectados por la medida." Dicho procedimiento tiene el propósito "anticipar algunos de los efectos de la expropiación mediante un procedimiento expeditivo, en el cual el avalúo del bien expropiado y la consignación de la indemnización estimada por los avaluadores, en conjunción con la inspección ocular a que se refiere el artículo 52 de la Ley de la materia, integran un sistema de garantías procesales establecidas por el Legislador para salvaguardar los intereses o derechos que pudieren ser afectados por la medida." Sentencia de la Sala Político Administrativa de la antigua Corte Suprema de Justicia de 12 de mayo de 1969, en *Gaceta Forense* No. 64, 1969, pp. 157-159. Véase también en *Jurisprudencia de la Corte Suprema, T. VI*, p. 366).

11 "La Ley subordina, sin embargo, el ejercicio de ese derecho al cumplimiento de dos requisitos previos: el avalúo del bien de cuya expropiación se trate por una comisión constituida en la forma prevista en el artículo 16 *ejusdem*, y la consignación de una cantidad igual al monto del justiprecio realizado por los miembros de dicha comisión. Cumplidos esos requisitos, el Tribunal de la causa puede acordar la ocupación previa." Sentencia de la Sala Político Administrativa de la antigua Corte Suprema de Justicia de 12 de mayo de 1969, en *Gaceta Forense* No. 64, 1969, pp. 162-164 (Véase también en *Jurisprudencia de la Corte Suprema, T. VI*, p. 362).

12 La regulación de la ocupación previa en la Ley de Expropiación "no quiere decir que el procedimiento de la ocupación sea independiente del juicio de expropiación ni que puedan sustanciarse en procesos legales distintos. [...] En consecuencia, la expropiación y la ocupación no son juicios independientes el uno del otro que deban, por esta razón, acumularse en un momento dado, para evitar el riesgo de que se dicten sentencias contrarias o contradictorias en un mismo asunto, o sobre asuntos que tengan entre sí conexión. La

una causa de utilidad pública o interés social de las declaradas en el artículo 14 de la ley de Expropiación o en otras leyes particulares; (ii) que el ente expropiante haya calificado de urgente la realización de la actividad para lo cual se requiere la expropiación de los bienes expropiados;[13] (iii) que el ente expropiante haya solicitado al juez competente para conocer el juicio de expropiación, luego de intentada la demanda de expropiación; (iv) que los bienes expropiados han sido evaluados o justipreciados por la Comisión de Avalúos regulada en el artículo 19 de la Ley, que haya sido constituida en el tribunal, con la participación de la parte expropiante y la parte expropiada, estableciendo la justa compensación debida al expropiado; (v) que el ente expropiante haya consignado en el tribunal competente el monto de dicha compensación; (vi) que el tribunal de expropiación haya previamente notificado conforme al artículo 27 de la ley, a la parte expropiada, es decir al propietario y a los ocupantes, si los hubiere, del monto de la compensación depositado por el expropiante, cuyo monto puede ser aceptado por el expropiado como compensación; (vi) que el juez haya ordenado y se haya ejecutado, una inspección judicial de los bienes expropiados ara dejar constancia de todas las circunstancias de hecho que deben tenerse en cuenta para fijar el monto de la justa indemnización del bien de que se trate y que puedan desaparecer o cambiar de situación o estado por el hecho de la ocupación. Cumplidos todos los anteriores requisitos, es que el juez de la expropiación puede decretar la ocupación previa de los bienes expropiados.

En estos casos de ocupación previa, el monto del avalúo que deba hacer la Comisión de Avalúo designada con la participación de ambas partes, es el de la compensación que se debe al expropiado por la expropiación de sus bienes. Por eso, el artículo 56 de la Ley primero, habla de ese avalúo como la valoración o justiprecio del bien; segundo, indica que el monto del avalúo no es impugnable por ninguna de las partes; tercero, precisa que una vez consignado el justiprecio en el tribunal, el ente expropiante no lo puede retirar; y cuarto, el expropiado puede convenir en ese monto depositado como el monto de la compensación a la cual tiene derecho, pero una vez aceptada no puede revocar tal aceptación.

Si el convenimiento en el avalúo o justiprecio del bien reflejado en el monto depositado por parte del expropiado en el tribunal, no se produce, el monto del justiprecio efectuado por la Comisión de Avalúos y depositado para au-

---

ocupación es tan sólo una incidencia peculiar del juicio de expropiación, inconfundible con los casos a que se refiere el Artículo 222 del C. de P.C." Sentencia de la Sala Político Administrativa de la antigua Corte Suprema de Justicia, de 1 de febrero de 1962, en *Gaceta Forense* No. 35, 1963, pp. 70-72 (Véase también en *Jurisprudencia de la Corte Suprema, T. VI,* pp. 358-359)

13 "Urgencia que es, precisamente, lo que justifica y explica el procedimiento de la ocupación previa." Sentencia de la Sala Político Administrativa de la antigua Corte Suprema de Justicia de 15 de febrero de 1968, en *Gaceta Forense* No. 59, 1968, p. 113. (Véase también en *Jurisprudencia de la Corte Suprema, T. VI,* p. 373).

torizar la ocupación previa, como lo ha dicho la antigua Corte Suprema, viene a ser "un depósito adelantado del precio probable"[14] del bien expropiado hasta que se determine definitivamente al concluir el juicio de expropiatorio, configurándose en todo caso como una garantía de pago futuro del monto de la compensación. En esos casos en los cuales el expropiado no acepte el justiprecio consignado, el monto del mismo "constituye una garantía para el expropiado, y no el justiprecio definitivo"[15] que deberá fijarse al concluir el juicio.

Por último, el monto del justiprecio depositado en el tribunal cuando no se haya aceptado por el expropiado como compensación, y en definitiva la expropiación no se haya efectuado por cualquier causa y el bien es devuelto al propietario, el monto consignado servirá de garantía por los daños causados al bien expropiado por la ocupación previa efectuada.

Por todo ello, no hay duda en afirmar que conforme a la garantía del derecho de propiedad establecida en el artículo 115 de la Constitución y desarrollada por la ley de Expropiación, en Venezuela no hay posibilidad de ocupación administrativa de los bienes expropiados, sino sólo ocupación previa de los mismos decretada por el juez después que se ha producido el pago de la compensación debida, establecida por la Comisión de Avalúos, en forma indirecta mediante deposito del monto de la misma en el tribunal, y puesta a disposición de expropiado para su aceptación. Por ello es que la antigua Corte Federal y de Casación hace décadas afirmó que "La Constitución quiere que no se expropie sin el previo pago de la indemnización correspondiente, conjugando así el interés público con el derecho de propiedad."[16] En consecuencia, la misma Corte consideró "el pago de la indemnización, jurídicamente, como el hecho que determina la transferencia de la propiedad, es cuando

[14] En caso de urgencia, la previsión general de la Ley de Expropiación impone la necesidad de que "se haga un avalúo provisional del inmueble, y que, antes de la ocupación, se consigne en el Tribunal el monto de ese avalúo [...] siendo la consignación, en el caso de ocupación previa, un depósito adelantado del precio probable del inmueble." Sentencia de la Sala Político Administrativa de la antigua Corte Suprema de Justicia, de 21 de noviembre de 1961, en *Gaceta Forense* No. 34, 1961, pp. 101-102 (Véase también en *Jurisprudencia de la Corte Suprema, T. VI*, p. 360).

[15] "En cuanto a la cantidad consignada, según el avalúo de los peritos, cabe observar que dicha cantidad a los fines del artículo 51 de la citada Ley de Expropiación, constituye una garantía para el expropiado, y no el justiprecio definitivo." Sentencia de la Sala Político Administrativa de la antigua Corte Suprema de Justicia de 30 de enero de 1968, en *Gaceta Forense* No. 59, 1968, p. 71 (Véase también en *Jurisprudencia de la Corte Suprema, T. VI*, p. 373). En el mismo sentido, sentencia de Sala Político Administrativa de la antigua Corte Suprema de Justicia de 15 de febrero de 1968, en *Gaceta Forense* No. 59, 1968, p. 113 (Véase también en *Jurisprudencia de la Corte Suprema, T. VI*, p. 373).

[16] "La Constitución quiere que no se expropie sin el previo pago de la indemnización correspondiente, conjugando así el interés público con el derecho de propiedad." Sentencia de la antigua Corte Federal y de Casación, Sala Federal de 12 de abril de 1950, en *Gaceta Forense* No. 4, 1950, pp. 135-136. (Véase también en *Jurisprudencia de la Corte Suprema, T. VI*, p. 542).

éste se verifica, que se perfecciona el procedimiento expropiatorio." [17] Por ello, incluso, la misma Corte declaró que "la sentencia dictada en el juicio expropiatorio no es más que declarativa llegando sólo a materializarse la expropiación al ser cumplida la condición esencial de "indemnización previa" exigida en el precepto constitucional que rige la materia"[18].

Todo lo anterior, particularmente la exigencia legal de que para ocupar previamente el bien expropiado, el ente expropiante está obligado a consignar el monto de la compensación en el tribunal que acuerde la ocupación previa, que ha de ser establecida por la Comisión de Avalúo establecida en la Ley, ha pretendido ser burlado por el Ejecutivo Nacional y los entes expropiantes, pretendiendo la aplicación de la Ley de Defensa para el Acceso de las personas a los bienes y servicios, denominada a partir de 2014 como Ley Orgánica de Precios Justos, para justificar la ocupación administrativa de propiedades a expropiar, incluso antes de que se inicie el juicio expropiatorio, aplicando ilegal e ilegítimamente dicha Ley, y así, pretender obviar el cumplimiento con las condiciones establecidas en la Ley de Expropiación.

Ello exige analizar no sólo el objeto de dicha Ley y sus previsiones en materia expropiatoria, que se han conservado en la Ley Orgánica de Precios Justos de 2014, sino la práctica del gobierno buscando su aplicación en violación de la garantía de la propiedad prevista en la Constitución.

3. LA IMPROCEDENCIA DE MEDIDAS CAUTELARES INNOMINADAS PARA "OCUPAR" LOS BIENES EXPROPIADOS EN EL PROCEDIMIENTO JUDICIAL EXPROPIATORIO

De lo anterior resulta por tanto, que en materia expropiatoria, la ocupación de los bienes expropiados se rige por el procedimiento expropiatorio establecido en la Ley de Expropiación, como garantía de la propiedad privada, el cual no puede ser sustituido por ningún otro procedimiento judicial y menos, administrativo.

Ello implica, por tanto, que en el ámbito judicial, el Juez de la expropiación no puede acordar la ocupación previa de los bienes expropiados sino en aplicación del artículo 56 de la Ley de Expropiación que la regula, no pudiendo sustituir esa normativa, decretando la "ocupación temporal" de los bienes expropiados como medida cautelar innominada de acuerdo con el Código de Procedimiento Civil; pues el procedimiento establecido en el artículo 589

[17] "Caracterizado el pago de la indemnización, jurídicamente, como el hecho que determina la transferencia de la propiedad, es cuando éste se verifica, que se perfecciona el procedimiento expropiatorio. La sentencia dictada en el juicio expropiatorio no es más que declarativa llegando sólo a materializarse la expropiación al ser cumplida la condición esencial de "indemnización previa" exigida en el precepto constitucional que rige la materia." Sentencia de la antigua Corte Federal y de Casación, Sala Federal de 9 de mayo de 1949, en *Gaceta Forense* No. 2, 1949, pp. 27-28. (Véase también en *Jurisprudencia de la Corte Suprema, T. VI,* p. 550).

[18] Ídem.

del Código de Procedimiento Civil, al contrario de lo exigido por el artículo 56 de la Ley de Expropiación, no requiere que obligatoriamente la entidad expropiante que solicita la declaración judicial de la ocupación de los bienes expropiados, deposite previamente ante el tribunal el monto de la compensación debida al expropiado. Ello no está permitido en la Ley de Expropiación en la cual al contrario, a los efectos de garantizar el derecho de propiedad, establece con todo detalle el procedimiento de la ocupación previa, que en la materia tiene aplicación preferente en los términos del artículo 66 de la propia Ley de Expropiación.

Si el Juez de la expropiación adoptase una decisión judicial de esa naturaleza, fuera de las previsiones de la Ley de Expropiación, permitiendo al ente expropiante que tome posesión de los bienes expropiados sin exigirle la obligación de pagar la compensación que resulte del justiprecio establecido por la Comisión de Avalúos prevista en la ley (art. 19), mediante el depósito ante el tribunal, ello sería contrario a la garantía de la propiedad establecida en el artículo 115 de la Constitución y, en particular, violatorio del artículo 56 de la Ley de Expropiación dispuesto para desarrollar esa garantía en materia de ocupación previa de los bienes expropiados durante el juicio expropiatorio.

El uso de dicho procedimiento establecido para las medidas cautelares innominadas en el Código de Procedimiento Civil por parte de una entidad expropiante y de un tribunal de expropiación, para evadir la aplicación del artículo 56 de la Ley de Expropiación, sería, en definitiva, una burla a la misma, incurriendo en esos casos el tribunal de expropiación en ilegalidad por vicio de desviación de procedimiento.

En esta materia hay que recordar que conforme a la jurisprudencia tradicional del Supremo Tribunal y de la antigua Corte Primera de lo Contencioso Administrativo, el procedimiento en materia de expropiación difiere de las previsiones del procedimiento civil, las cuales no pueden aplicarse en materia expropiatoria, que debe regirse por las normas de la Ley de Expropiación. Así lo resolvió, por ejemplo, la Sala Político Administrativa de la antigua Corte Suprema de Justicia en sentencia de 2 de octubre de 1986, ratificada en sentencia No. 1902 de 21 de diciembre de 1999 en la cual expresó:

> "El desarrollo y reglamentación del dispositivo constitucional antes mencionado tiene su medio de expresión en la Ley de Expropiación por Causa de Utilidad Pública o Interés Social, donde se contemplan las normas a las cuales ha de ceñir su conducta el ente expropiante al hacer uso de ese precepto constitucional."[19]

Por ello, siendo el propósito fundamental de la expropiación garantizar el pago de una justa compensación al propietario de los bienes expropiados, el procedimiento de la Ley de Expropiación constituye la garantía de ello,

---

19 Véase en *Revista de Derecho Público*, No. 77-80, Editorial Jurídica Venezolana, Caracas 1999, pp. 438.

razón por la cual, como lo ha dicho la misma Sala Político Administrativa de la antigua Corte Suprema de Justicia en sentencia de 11 de octubre de 1995 expresó que:

> "El procedimiento expropiatorio difiere en grado sumo del ordinario, y tiene como objetivos fundamentales garantizar al propietario del bien expropiado el pago de una justa indemnización por la desposesión de que es objeto."[20]

Esa naturaleza especial de la expropiación explica que otras previsiones legales, incluso las de la Ley Orgánica que regula al Supremo Tribunal, no son aplicables en el contexto de la expropiación si difieren o contradicen l dispuesto en la Ley de Expropiación. Como lo expresó la Corte Primera de lo Contencioso Administrativo en sentencia de 27 de marzo de 2003:

> "el procedimiento de expropiación, dada su especial naturaleza, se encuentra regulado en la Ley Especial, es decir, en la Ley de Expropiación por Causa de Utilidad Pública o Interés Social, por lo que no resultan aplicables las normas previstas en la Ley Orgánica de la Corte Suprema de Justicia para la impugnación de los actos administrativos de efectos particulares."[21]

En consecuencia, en los términos del artículo 66 de la Ley de Expropiación, en materia de ocupación previa de los bienes expropiados regulada expresamente en el artículo 56 de la misma, el procedimiento general del Código de Procedimiento Civil para la adopción de medidas cautelares innominadas (Artículos 585-589) no puede ser aplicado por el juez de expropiación. Como ha sido decidido por la Corte Primera de lo Contencioso Administrativo, si el previo pago de la indemnización estimada no ha sido depositado ante el tribunal de expropiación, acordar la ocupación temporal violaría el artículo 56 de la Ley de Expropiación. La Corte Primera en sentencia de 26 de junio de 1995 en efecto dijo";

> "...mientras ésta [pago compensación] no se efectúe, no puede acordarse en la presente causa la ocupación previa solicitada, sin infringir el citado artículo 51. Norma esta que a los fines indicados dispone: '... siempre que el expropiante consigne'... 'la cantidad en que hubiere sido justipreciado el inmueble.'" [22]

Por ello también, la Sala Político Administrativa de la antigua Corte Suprema, en sentencia No. 6127 de 9 de noviembre de 2005, incluso recono-

---

20 Véase en *Revista de Derecho Público*, No. 63-64, Editorial Jurídica Venezolana, Caracas 1995, p. 489.

21 Véase en *Revista de Derecho Público*, No. 93-96, Editorial Jurídica Venezolana, Caracas 2003, p. 363.

22 Véase en *Revista de Derecho Público*, No. 63-64, Editorial Jurídica Venezolana, Caracas 1995, p. 491.

ciendo que "es un derecho del ente expropiante a ocupar anticipadamente el inmueble objeto de expropiación," estableció claramente que el mismo:

> "se encuentra subordinado al cumplimiento de los presupuestos exigidos por la Ley, tales como el avalúo previo, la inspección judicial y la consignación del monto reflejado en el avalúo, con el fin de dar inicio a la obra de utilidad pública o social, que bajo la premisa de *"urgencia"* debe realizarse."[23]

II. OBJETO Y ÁMBITO DE APLICACIÓN DE LA LEY PARA LA DEFENSA DE LAS PERSONAS EN EL ACCESO A BIENES Y SERVICIOS (LEY ORGÁNICA DE PRECIOS JUSTOS)

1. ANTECEDENTES

La Ley para la Defensa de las personas en el Acceso a Bienes y Servicios (en lo adelante *Ley de Defensa y Acceso*) fue sancionada inicialmente en mayo de 2008, sustituyendo y derogando dos leyes precedentes que fueron, la Ley de Protección al Consumidor y al Usuario, cuya última reforma había sido de 2004, y la Ley Especial para la Defensa Popular contra el Acaparamiento, la Especulación, el Boicot y cualquier otra conducta que afecte el Consumo de los Alimentos o Productos sometidos a control de precios de 2007.

En dicha Ley de 2008 se incorporó una norma contenida en su artículo 5 destinado exclusivamente a regular los bienes y servicios "de primera necesidad," que se definieron como "aquellos que por esenciales e indispensables para la población, atienden al derecho a la vida y a la seguridad del Estado, determinados expresamente mediante Decreto por el Presidente de la república en Consejo de Ministros."

Y sólo respecto de dichos bienes "de primera necesidad," en la norma se estableció, por una parte, la potestad del Ejecutivo Nacional de poder dictar medidas necesarias de carácter excepcional para garantizar el bienestar de la población, destinadas a evitar el alza indebida de precios, acaparamiento y boicot de productos o servicios declarados de primera necesidad o establecer reducciones en los precios de tales bienes; y por la otra, la declaratoria de utilidad pública e interés social de todos los bienes necesarios para desarrollar las actividades de producción, fabricación, importación, acopio, transporte, distribución y comercialización de alimentos, bienes y servicios de primera necesidad.

Esta última declaratoria de utilidad pública e interés social, por supuesto, no tendría nada de extraño, si no es que en el mismo artículo destinado a regular los "bienes y servicios de primera necesidad," la misma norma, en su último párrafo, agregaba que "el Ejecutivo Nacional podrá iniciar la expro-

---

[23] Véase en *Revista de Derecho Público*, No. 104, Editorial Jurídica Venezolana, Caracas 2005, p. 135.

piación de los bienes pertenecientes a los sujetos sometidos a la aplicación de la Ley, sin que medie para ello declaratoria previa de utilidad pública o interés social por parte de la Asamblea."

Al establecerse esta previsión, en cierta forma incomprensible, quizás el Ejecutivo-Legislador de 2008, no se percató que al dictarse la ley mediante un decreto ley habilitado, el Ejecutivo Nacional mismo estaba actuando como "legislador" y podía declarar los bienes como de utilidad pública y social, como en efecto lo hizo con los de primera necesidad, por lo que le bastaba extender tal declaratoria de utilidad pública e interés social a otros bienes sin necesidad de incurrir en el disparate de decir que se puede expropiar sin tal declaratoria violando, en la propia Ley, lo dispuesto en la Ley de Expropiación (art. 13) que impone la necesidad de la declaratoria legislativa de utilidad pública o interés social para que pueda ser decretada la expropiación de bienes.

Declarar de utilidad pública o interés social algunos bienes para permitir su expropiación y disponer que respecto de otros se puede proceder a la expropiación sin necesidad de tal declaratoria, es algo simplemente incomprensible y contradictorio, y además innecesariamente violatorio de la Ley de Expropiación y del artículo 115 de la Constitución.

La norma del artículo 5 de la Ley de Defensa y Acceso de 2008, fue reformada radicalmente por la Asamblea Nacional mediante Ley de Defensa y Acceso de 2010,[24] sustituyéndose su contenido, agregándose una nueva normativa en el artículo 6, que se le incorporó, en el cual se establecieron nuevas previsiones relacionadas con la expropiación, así:

Primero se declaró como de utilidad pública y social, en general, a "los bienes necesarios para desarrollar las actividades de producción, fabricación, importación, acopio, trasporte, distribución y comercialización de bienes y servicios", en una forma tal general que raya en el absurdo. Es elemental, por ello, para no caer en el absurdo, precisar que no se trata de cualquier clase de bienes, sino de bienes que estén destinado a la satisfacción de necesidades colectivas, sean o no de primera necesidad, que son los que regula la referida Ley.

Segundo, la norma incurrió en la misma redundancia que provenía de la Ley de 2008, al disponer a renglón seguido de la amplia declaratoria de utilidad pública o interés social, con lo que se habilita al Ejecutivo Nacional para iniciar procedimientos expropiatorios, que el mismo, sin embargo, "podrá iniciar la expropiación de los bienes pertenecientes a los sujetos sometidos a la aplicación de la presente Ley, sin que medie para ello declaratoria previa de utilidad pública o interés social por parte de la Asamblea Nacional" sin percatarse, esta vez la propia Asamblea Nacional, que ella misma era la que estaba sancionando la Ley, y que ya la misma en el primer párrafo del artículo, la propia

24 Véase en *Gaceta Oficial* 39.358 de 1 de febrero de 2010.

Asamblea había hecho tal declaratoria. Un disparate más, que, si no es porque ya estaba formulada la declaración en la misma norma, no hubiera sido otra cosa que una inconstitucionalidad contraria al artículo 115 de la Constitución.

Tercero, en otra novedad en la materia, el artículo dispuso una figura antes desconocida en el ordenamiento jurídico venezolano, y por demás incongruente, que es la previsión de una especie de expropiación "como sanción" que se puede decretar con ocasión de la comisión de conductas ilícitas en el marco de la Ley de Defensa y Acceso. A tal efecto, el tercer párrafo del artículo 6 de la Ley dispuso que "igualmente el Ejecutivo Nacional puede iniciar el procedimiento expropiatorio cuando se hayan cometido ilícitos económicos y administrativos de acuerdo a lo establecido en los artículos 144 de la Constitución (ilícito económico, especulación, acapara-miento, usura, cartelización, y delitos conexos) y los artículos 16 (imposición de condiciones abusivas a las personas), 53 (alteración de precios) y cualquiera de los supuestos ilícitos administrativos previstos en los artículos 46 (prohibición de doble marcaje de precio), 47 (prohibición de incremento de precio de bienes de existencia ya marcada), 65 (especulación), 66 (especulación comprando), 67 (acaparamiento), 68 (boicot) y 69 (prohibición de expendio de alimentos o bienes vencidos o en mal estado) de la presente Ley."

Se trata de una previsión específica relativa a la expropiación de bienes cuando se hayan cometido ilícitos económicos y administrativos precisamente identificados. En general, las leyes en esas materias, como es el caso de la propia Ley de Defensa y Acceso lo que han regulado como sanción para el caso de la comisión de ilícitos es el comiso o la confiscación, pero nunca la expropiación de los bienes incursos en ilícitos.

Cuarto, la misma norma, a renglón seguido, dispuso que "en todo caso" (que sólo se puede entender como referido a los casos en cuales se hayan cometido los ilícitos económicos y administrativos enumerados), la Administración puede tomar una serie de medidas preventivas administrativas, que son:

> "ocupación, operatividad temporal e incautación mientras dure el procedimiento expropiatorio, la cual se materializará mediante la posesión inmediata, puesta en operatividad, administración y el aprovechamiento del establecimiento, local, bienes, instalaciones, transporte, distribución y servicios por parte del órgano o ente competente del Ejecutivo nacional, a objeto de garantizar la disposición de dichos bienes y servicios por parte de la colectividad."

Dichas medidas, por supuesto, solo pueden justificarse porque se trata de casos en los cuales ha ocurrido la comisión de los mencionados ilícitos económicos y administrativos, que son los casos en los cuales la Ley indica que el Ejecutivo Nacional, además de velar por su corrección y represión mediante un procedimiento administrativo regulado en la misma, puede proceder a expropiar los bienes involucrados.

Quinto, finalizó la norma previendo otra novedad, que es que en los casos de expropiación "de acuerdo a lo previsto en este artículo," que se refiere exclusivamente a expropiaciones ejecutadas en los casos de comisión de ilícitos económicos y administrativos, se puede "compensar y disminuir del monto de la indemnización lo correspondiente a multas, sanciones y daños causados, sin perjuicio de lo que establezcan otras leyes."

Todo lo cual confirma que se trata de casos de expropiaciones decretadas en casos originados por la comisión de ilícitos económicos y administrativos, que son en los cuales pueden resultar las multas, sanciones y daños causados por tales conductas, que conforme a la norma podrían ser compensadas con el monto de la indemnización derivada de la expropiación.

Esta norma del artículo 6 de la Ley de Defensa, quedó materialmente con el mismo texto en el artículo 7 de la Ley Orgánica de Precios Justos de noviembre de 2014, en la cual se refundieron las normas de la Ley para la Defensa de las Personas en el Acceso a los Bienes y Servicios de 2010 y de la Ley de Costos y Precios Justos de 2011.

Con base en la normativa antes comentada de la Ley de Defensa y Acceso de 2010, y en una clara desviación de poder, se comenzaron a desarrollar en el país una serie de procesos expropiatorios, violándose la garantía establecida en el artículo 115 de la Constitución y las normas de la Ley de Expropiación de 2002, incluso respecto de bienes que no tienen relación alguna con los destinados a satisfacer necesidades de la colectividad que son los que protegía la Ley de Defensa y Acceso, y ahora protege la Ley Orgánica de Precios justos de 2014.

2. EL ARTÍCULO 6 DE LA LEY DE DEFENSA Y ACCESO (2010) Y EL ARTÍCULO 7 DE LA LEY ORGÁNICA DE PRECIOS JUSTOS

Como se ha dicho, la Ley de Defensa y Acceso de 2008, fue reformada en 2010, introduciéndose en la misma únicamente un nuevo artículo, que fue el artículo 6, en el cual se incorporaron referencias a la institución de la expropiación, y que es el que se comenzó a aplicar ilegítimamente a partir de ese año para tratar de justificar la posibilidad de una supuesta ocupación administrativa de la propiedad en los procedimientos expropiatorios en violación del artículo 56 de la ley de Expropiación y de la garantía de la propiedad establecida en el artículo 115 de la Constitución.

Dicho artículo 6 de la Ley de Defensa y Acceso de 2010 disponía lo siguiente:

> *Artículo 6°. Declaratoria de utilidad pública.* Se declaran, y por lo tanto son de utilidad pública e interés social, todos los bienes necesarios para desarrollar las actividades de producción, fabricación, importación, acopio, transporte, distribución y comercialización de bienes y servicios.

> El Ejecutivo Nacional podrá iniciar la expropiación de los bienes pertenecientes a los sujetos sometidos a la aplicación de la presente Ley, sin que medie para ello declaratoria previa de utilidad pública e interés social por parte de la Asamblea Nacional.
>
> Igualmente el Ejecutivo Nacional puede iniciar el procedimiento expropiatorio cuando se hayan cometido ilícitos económicos y administrativos de acuerdo a lo establecido en el artículo 114 de la Constitución de la República Bolivariana de Venezuela y los artículos 16, 53 y cualquiera de los supuestos ilícitos administrativos previstos en los artículos 46, 47, 65, 66, 67, 68 y 69 de la presente Ley.
>
> En todo caso, el Estado podrá adoptar la medida de ocupación; operatividad temporal e incautación mientras dure el procedimiento expropiatorio, la cual se materializará mediante la posesión inmediata, puesta en operatividad, administración y el aprovechamiento del establecimiento, local, bienes, instalaciones, transporte, distribución y servicios por parte del órgano o ente competente del Ejecutivo Nacional, a objeto de garantizar la disposición de dichos bienes y servicios por parte de la colectividad. El órgano o ente ocupante procederá a realizar el inventario del activo, y ejecutará las acciones necesarias a objeto de procurar la continuidad de la prestación del servicio o de las fases de la cadena de producción y distribución del consumo que corresponda.
>
> PARÁGRAFO ÚNICO. En los casos de expropiación, de acuerdo a lo previsto en este artículo, se podrá compensar y disminuir del monto de la indemnización lo correspondiente a multas, sanciones y daños causados, sin perjuicio de lo que establezcan otras leyes

Dicho artículo 6 de la Ley de Defensa y Acceso de 2010, al ser sustituida por la Ley Orgánica de Precios Justos de 2014, quedó como artículo 7, con la misma redacción salvo la eliminación de su segundo párrafo vacío y tautológico del artículo 6 precedente, en la forma siguiente:

> *Artículo 7. Declaratoria de utilidad pública.* Se declaran y por lo tanto son de utilidad pública e interés social, todos los bienes y servicios requeridos para desarrollar las actividades de producción, fabricación, importación, acopio, transporte, distribución y comercialización de bienes y prestación de servicios.
>
> El Ejecutivo Nacional puede iniciar el procedimiento expropiatorio cuando se hayan cometido ilícitos económicos y administrativos de acuerdo a lo establecido en el artículo 114 de la Constitución de la República Bolivariana de Venezuela y, cualquiera de los ilícitos administrativos previstos en la presente Ley.
>
> En todo caso, el Estado podrá adoptar medida de ocupación temporal e incautación de bienes mientras dure el procedimiento expropiatorio, la cual se materializará mediante la posesión inmediata, puesta en operatividad, administración y el aprovechamiento del establecimiento, local,

bienes, instalaciones, transporte, distribución y servicios por parte del órgano o ente competente del Ejecutivo Nacional, a objeto de garantizar la disposición de dichos bienes y servicios por parte de la colectividad.

El órgano o ente ocupante deberá procurar la continuidad de la prestación del servicio o de las fases de la cadena de producción, distribución y consumo, de los bienes que corresponda.

En los casos de expropiación, de acuerdo a lo previsto en este artículo, se podrá compensar y disminuir del monto de la indemnización lo correspondiente a multas, sanciones y daños causados, sin perjuicio de lo que establezcan otras leyes.

Analizaremos dicha previsión, refiriéndonos al artículo 6 de la Ley de Defensa y Acceso de 2010, en el entendido de que sus previsiones se conservaron en el artículo 7 de la Ley Orgánica de Precios Justos de 2014 que la derogó la anterior, para poder referirnos con coherencia a las decisiones del Tribunal Supremo sobre la misma, así como a los casos de su aplicación en materia expropiatoria. Todos los razonamientos que hacemos a continuación relativos al mencionado al artículo 6 de la Ley de Defensa y Acceso y al ámbito de aplicación de sus disposiciones, son por tanto aplicables, *mutatis mutandi*, al análisis del artículo 7 de la Ley Orgánica de Precios Justos de 2014, y a su ámbito de aplicación.

3. EL ÁMBITO DE APLICACIÓN DE LA LEY DE ACCESO Y DEFENSA

Lo primero que requiere precisarse, cuando uno analiza la Ley de acceso de las personas, es el ámbito de aplicación de la Ley (que es la misma de la Ley de Precios Justos), en el sentido de que analizada globalmente la misma se refiere a bienes y servicios destinados a satisfacer las necesidades de la población, de la colectividad u del colectivo como lo indican muchas de sus normas. Por tanto, el ámbito de aplicación de la ley no es ni puede ser cualquier clase de bienes, sino sólo aquellos destinados a la satisfacción de necesidades colectivas.

Esto incluso lo ha precisado la sentencia de la Sala Político Administrativa del Tribunal Supremo de Justicia, No. 1269 de 17 de septiembre de 2014,[25] al declarar sin lugar el recurso de nulidad intentado contra del Decreto No. 7712 de 10 de octubre de 2010[26] mediante el cual se decretó la expropiación de las Plantas de las Industrias Venoco, productoras de Lubricantes, motor para vehículos, aceites de motor y ligas de freno; que había invocado la aplicación

---

[25] Véase en http://historico.tsj.gob.ve/decisiones/spa/septiembre/168815-01269-189 14-2014-2011-0328.HTML Véase el comentario en Allan R. Brewer-Carías, "Notas sobre las implicaciones de la aplicación en paralelo del procedimiento sancionatorio regulado en la Ley de Defensa para el acceso de las personas a bienes y servicios, y del procedimiento expropiatorio regulado en la Ley de Expropiación: El caso Industrias VENOCO," en *Revista de Derecho Público*, No. 139, Editorial Jurídica Venezolana, Caracas 2014, pp. 137-144.

[26] Véase en *Gaceta Oficial* No. 39.528 de 11 de octubre de 2010.

del artículo 6 de la Ley de Defensa y Acceso para ocupar administrativamente los bienes afectados sin pago alguno de indemnización, no justiprecio alguno ni depósito de monto alguno ante un tribunal.

Sobre el mencionado objeto o ámbito de aplicación de la Ley de Defensa y Acceso, es decir, a qué tipo de bienes y servicios se puede aplicar dicha Ley, la Sala Político Administrativa del Tribunal Supremo comenzó en dicha sentencia, precisando que la misma se había dictado "atendiendo a la escasez de productos para la satisfacción de necesidades del colectivo, así como al aumento indebido de los precios, lo cual se aprecia de su exposición de motivos," (p. 23/44); agregando que en definitiva se trata de una ley "*especial en materia de protección de consumidores* y usuarios" (p. 27/44).

Por tanto, los bienes declarados en la Ley como de utilidad pública e interés social, que son los que conforman su objeto, identificados en el artículo 6 como "todos los bienes necesarios para desarrollar las actividades de producción, fabricación, importación, acopio, transporte, distribución y comercialización de bienes y servicios," si bien no son solo los que la propia Ley define como de "primera necesidad," tampoco son cualquier clase de bienes y servicios, de cualquier naturaleza, sino que son aquellos destinados a la satisfacción de necesidades del colectivo o necesidades de la colectividad; o en otras palabras de la Sala, aquellos *destinados a la satisfacción de necesidades colectivas o "del colectivo,"* (25/44), aquellos que "permiten que la población vea satisfecha sus necesidades básicas" (p. 25/44), aquellos "dirigidos a la satisfacción de necesidades del colectivo" (p. 25/44), o aquellos "que satisfagan las necesidades de la población"(p. 37.44),. Por ello, el Supremo Tribunal justificó la normativa de dicha Ley en el marco del "Estado Social", refiriéndose a una sentencia anterior (No. 85 de 24 enero-2002) (p. 34/44) con el propósito de

> "tutelar a personas o grupos que en relación con otros se encuentran en debilidad o minusvalía jurídica, reforzando su protección jurídico-constitucional ante otras fuerzas sociales o económicas en una posición jurí dico-económica o social de debilidad y va a aminorar la protección de los fuertes, tratando de armonizar intereses antagónicos." (p. 37/44).

III. LAS PREVISIONES RELACIONADAS CON LA INSTITUCIÓN DE LA EXPROPIACIÓN EN EL ARTÍCULO 6 DE LA LEY DE DEFENSA Y ACCESO Y SUS PREVISIONES (ARTÍCULO 7 DE LA LEY ORGÁNICA DE PRECIOS JUSTOS)

El artículo 4 de la Ley de Expropiación como se ha dicho, dispone que la expropiación forzosa de bienes solo puede llevarse a efecto con arreglo a sus propias previsiones "salvo lo dispuesto en las leyes especiales," en las cuales se pueden establecer disposiciones en la materia que pueden privar sobre lo dispuesto en la Ley general de Expropiación.

Ni Ley de Defensa y Acceso ni la Ley Orgánica de Precios Justos son algunas de esas leyes especiales en materia expropiatoria, ni tienen por objeto regular la expropiación, por lo que, en general, no pueden ser considerada como una "ley especial" en materia expropiatoria que pueda privar sobre la Ley de Expropiación.

En dichas Leyes, en realidad, la palabra "expropiación" solo se utiliza en un solo artículo de su texto, que es el artículo 6 de la Ley de defensa y Acceso, incorporado en la reforma de la Ley de 2010, que se conservó en el artículo de la Ley Orgánica de Precios Justos, en los cuales se establecen varias previsiones vinculadas con la expropiación, que analizaremos a continuación, precisando sin embargo de entrada que ninguna de ellas , salvo una relativa a deducciones al monto de la compensación a pagar en casos de expropiación, puede configurarse como disposición "especial" o prevista en una "ley especial" en relación con la ley general de expropiación, pues nada contienen, en realidad, en materia de procedimiento expropiatorio que se configure como tal especialidad.

1. LA PREVISIÓN SOBRE DECLARATORIA DE UTILIDAD PÚBLICA O SOCIAL Y SU AUSENCIA DE "ESPECIALIDAD"

En primer lugar, el artículo 6 de la Ley de Defensa y Acceso, establece la declaratoria de utilidad pública de los bienes y actividades regulados en la ley, en la forma siguiente:

> **Artículo 6:** Se declaran, y por lo tanto son de utilidad pública e interés social, todos los bienes necesarios para desarrollar las actividades de producción, fabricación, importación, acopio, transporte, distribución y comercialización de bienes y servicios. [...]

La norma se conservó con igual redacción en el primer párrafo del artículo 7 de la ley Orgánica de Precios Justos, con el único agregado lógico de extender la declaratoria de utilidad pública e interés social, no sólo respecto de "bienes" sino de los "servicios."

Sobre esta declaratoria de utilidad pública o interés social contenida en esta disposición, la Sala Político Administrativa en la antes mencionada sentencia 1269 observó que, con ella "lo que pretendió el Legislador fue prever que no era necesaria una declaratoria de utilidad pública e interés social posterior a la ya -general y previa- por él instaurada" (p. 24/44); teniéndose en cuenta lo antes indicado por la propia Sala Político Administrativa en el sentido que si bien dichos bienes y servicios no son sólo los declarados como de primera necesidad, sin embargo, son solo los considerados como necesarios o destinados a la satisfacción de necesidades colectivas o del colectivo.

Esta disposición declarando la utilidad pública de determinadas actividades en relación con determinados bienes y servicios, no contiene ninguna previsión que pueda considerarse como "especial" en relación con la Ley de

Expropiación, pues en realidad no es sino la materialización, en una ley particular, del requisito establecido en el artículo 7.1 de la Ley de expropiación en el sentido de que para que ésta proceda es necesario un "disposición formal que declare la utilidad pública" mediante ley (artículo 13 Ley. E).

2. La declaración de que se puede proceder a la expropiación de los bienes y servicios regulados en la Ley de Defensa y Acceso "sin que medie declaratoria de utilidad pública" y su ausencia de "especialidad"

En segundo lugar, el artículo 6 de la Ley de Defensa y Acceso dispone en su segundo párrafo que:

> Artículo 6. [...] "El Ejecutivo Nacional podrá iniciar la expropiación de los bienes pertenecientes a los sujetos sometidos a la aplicación de la presente Ley, sin que medie para ello declaratoria previa de utilidad pública e interés social por parte de la Asamblea Nacional." [...]

Este párrafo, con razón, se eliminó en el texto del artículo 7 de la ley Orgánica de Precios Justos.

En efecto de la simple lectura de esta previsión, lo único que resulta es su inutilidad y carácter tautológico. Si en el párrafo anterior del mismo artículo, antes transcritos se declara de utilidad pública e interés social los bienes y servicios a cargo de las personas sometidos a la ley, ya dicha declaración la ha formulado el legislados, por lo que obviamente no será necesaria una nueva y previa declaración de utilidad pública por parte del legislador, pues ya está formulada en la ley.

En consecuencia, esta norma no establece nada "especial" en materia expropiatoria o de procedimiento expropiatorio, siendo en realidad una previsión vacía e inútil.

3. La declaración de que se puede proceder a la expropiación de los bienes y servicios regulados en la Ley de defensa y Acceso en casos de comisión de ilícitos económicos y administrativos, y su ausencia de "especialidad"

El tercer párrafo del mismo artículo 6 de la Ley de Defensa y Acceso, contiene otra declaración sobre la posibilidad de iniciar el procedimiento de expropiación en la siguiente forma:

> Artículo 6. [...] Igualmente el Ejecutivo Nacional puede iniciar el procedimiento expropiatorio cuando se hayan cometido ilícitos económicos y administrativos de acuerdo a lo establecido en el artículo 114 de la Constitución de la República Bolivariana de Venezuela y los artículos 16, 53 y cualquiera de los supuestos ilícitos administrativos previstos en los artículos 46, 47, 65, 66, 67, 68 y 69 de la presente Ley." [...]

Esta norma se conservó, simplificada, en el segundo párrafo del artículo 7 de la Ley Orgánica de Precios Justos, expresando que:

"El Ejecutivo Nacional puede iniciar el procedimiento expropiatorio cuando se hayan cometido ilícitos económicos y administrativos de acuerdo a lo establecido en el artículo 114 de la Constitución de la República Bolivariana de Venezuela y, cualquiera de los ilícitos administrativos previstos en la presente Ley."

Sin embargo, de nuevo puede considerarse que se trata de una declaración inútil, pues con base en la Ley de Expropiación, el Estado puede iniciar el procedimiento de expropiación cuando para los fines de utilidad pública o interés social que persigue, necesite determinados bienes de articulares, por lo que nada agrega en materia expropiatoria, no conteniendo dicha norma nada "especial en relación con el procedimiento expropiatorio".

Sin embargo, en su mero carácter declarativo, estas normas de la Ley de Defensa y Acceso y de la Ley Orgánica de Precios Justos clarifican que el procedimiento expropiatorio que el Ejecutivo Nacional puede iniciar en el marco de la Ley es sólo cuando se hubieren cometido ilícitos económicos y administrativos de acuerdo a lo establecido en el artículo 114 de la Constitución de la República Bolivariana de Venezuela y en el resto de los ilícitos administrativos establecidos en la Ley, que la norma de la Ley de Defensa y Acceso enumeró al referirse a los artículos 16, 53 y cualquiera de los supuestos ilícitos administrativos previstos en los artículos 46, 47, 65, 66, 67, 68 y 69 de la Ley.

Estas normas establecen lo siguiente. En cuanto al artículo 114 de la Constitución, el mismo dispone el principio de que "El ilícito económico, la especulación, el acaparamiento, la usura, la cartelización y otros delitos conexos, serán penados severamente de acuerdo con la ley," a cuyo efecto precisamente, la Ley de Defensa y Acceso regula los diversos supuestos de tales ilícitos.

Así, el artículo 16 citado en la norma del artículo 6 dispone:

Artículo 16. Protección de intereses. Se prohíbe y se sancionará conforme a lo previsto en la presente Ley, todo acto o conducta ejecutado por las proveedoras o proveedores de bienes y por los prestadores de servicios, que impongan condiciones abusivas a las personas:

1. La aplicación injustificada de condiciones desiguales para proveer bienes o prestar un servicio, que ponga a las personas en situación de desventaja frente a otros.
2. La aplicación injustificada de condiciones desiguales para proveer bienes o prestar un servicio en atención al medio de pago.
3. La subordinación o el condicionamiento de proveer un bien o prestar un servicio a la aceptación de prestaciones suplementarias, que por su naturaleza o de conformidad con el uso correcto del comercio no guarde relación directa con el mismo.
4. La negativa injustificada de satisfacer la demanda de las personas.

5. La imposición de precios y otras condiciones de comercialización de bienes y servicios sin que medie justificación económica.
6. Las conductas discriminatorias.
7. El cobro a las personas de recargos o comisiones, cuando el medio de pago utilizado por éste sea a través de tarjetas de crédito, débito, cheque, ticket o cupón de alimentación, tarjeta electrónica de alimentación o cualquier otro instrumento de pago.
8. La modificación o alteración del precio, la calidad, cantidad, peso o medida de los bienes y servicios.
9. La negativa a expender, con o sin ocultamiento, productos o prestar servicios.
10. La restricción, con o sin ocultamiento, de la oferta, circulación o distribución de productos o servicios.

Se prohíbe y se sancionará a cualquiera de los sujetos de la cadena de distribución, producción y consumo, que entre ellos impongan condiciones abusivas que afecten a las personas o que tiendan al incremento indebido de precios, acaparamiento o boicot de productos o servicios.

Y el artículo 53, también citado en la norma del artículo 6, específicamente referido al tema de los precios, dispone lo siguiente:

Artículo 53. Del precio. En el precio de los bienes y servicios se deberá incluir toda tasa o impuesto que los grave y que deba pagar la persona.

El monto del precio deberá indicarse en moneda de curso legal, de manera clara e inequívoca y éste se expondrá a la vista del público, ya sea que se refiera a bienes o a servicios.

Ningún bien podrá ser expuesto a la venta sin que lleve marcado o impreso su precio de venta al público y la fecha en que se hizo el marcaje. El fabricante o productor debe marcar conforme a lo previsto en la presente Ley, la fecha de expiración del lapso durante el cual el producto es apto para el consumo. No podrán ser expuestos a la venta aquellos productos cuya fecha de expiración haya llegado a su límite.

En caso de productos de procedencia extranjera envasados en origen, deberá darse cumplimiento al marcaje de fecha de expiración, conforme a lo establecido en la presente Ley.

Como consecuencia de la protección general de intereses, de la prohibición de conductas y actividades que establecidas en los artículos 16 y 53, la misma Ley tipifica las diversas conductas que se consideran ilícitos, e indica, que además del procedimiento administrativo para sancionar tales ilícitos, además, en paralelo el Estado puede iniciar el procedimiento expropiatorio, refiriéndose específicamente a "cualquiera de los supuestos ilícitos administrativos previstos en los artículos 46, 47, 65, 66, 67, 68 y 69."

Estos supuestos de ilícitos administrativos que regulaba la Ley de Defensa y Acceso y que regula la Ley Orgánica de Precios Justos, son los referidos a la violación de la prohibición de doble marcaje de precio (art. 46), la prohibición de incremento de precio de bienes de existencia ya marcada (artículo 47), la especulación (artículos 65 y 66), el acaparamiento (artículo 67), el boicot (artículo 68) y la prohibición de expendio de alimentos o bienes vencidos o en mal estado (artículo 69). Sobre estos ilícitos, debe destacarse además que la Ley tipifica como delitos penados con sanción de prisión a la especulación (artículo 138: dos a seis años de prisión), el acaparamiento (artículo 138: dos a seis años de prisión), el boicot (artículo 140: seis a diez años de prisión), y la alteración fraudulenta de precios (artículo 141: dos a seis años de prisión).

De acuerdo con la Ley, por tanto, es en relación con estos supuestos de ilícitos administrativos y económicos que la misma declara que el Ejecutivo podrá iniciar el procedimiento de expropiación de los bienes pertenecientes a los sujetos sometidos a la aplicación de la Ley, y que por supuesto, los hayan cometido, lo que significa que en esos casos, dos procedimientos legales pueden desarrollarse en paralelo: en primer lugar, el procedimiento administrativo previsto en la Ley de fiscalización y sanción de las conductas mencionadas, y en su caso el procedimiento penal para la sanción y condena de los responsables de dichos ilícitos; y en segundo lugar, paralelamente, el procedimiento expropiatorio para el caso de que el Estado estime además que para el cumplimiento de sus actividades de utilidad pública e interés social, necesita apoderarse de los bienes pertenecientes a los sujetos sometidos a la Ley.

Lo importante a destacar en todo caso, es que se trata de dos procedimientos distintos: uno de carácter administrativo (y eventualmente penal por un lado) regulado por la ley de defensa y acceso, y otro que es el procedimiento expropiatorio, en todas sus fases, regulado en la Ley de Expropiación, y respecto del cual nada "especial" se establece en esta norma del artículo 6 la Ley de Defensa y Acceso.

4. LA DECLARACIÓN DE QUE EL ESTADO PUEDE ADOPTAR LAS MEDIDAS CAUTELARES PREVISTAS EN LA LEY DE DEFENSA Y ACCESO EN EL PROCEDI-MIENTO ADMINISTRATIVO SANCIONATORIO REGULADO EN LA MISMA Y SU AUSENCIA DE RELACIÓN CON EL PROCEDIMIENTO EXPROPIATORIO

El último de los párrafos del artículo 6 de la Ley de Defensa y Acceso, y tercer párrafo del artículo 7 de la Ley Orgánica de Precios Justos contienen otra declaración que por supuesto sólo puede referirse al procedimiento administrativo regulado en la propia Ley de defensa y Acceso o en la Ley Orgánica de Precios Justos, iniciado para fiscalizar y sancionar los antes mencionados ilícitos administrativos y económicos, la cual nada tiene que ver con el procedimiento expropiatorio que pueda iniciarse respecto de los bienes de los sujetos sometidos a la aplicación de la Ley. A tal efecto, dicha norma del artículo 6 de la Ley de Defensa y Acceso dispone lo siguiente:

> Artículo 6. [...] En todo caso, el Estado podrá adoptar la medida de ocupación; operatividad temporal e incautación mientras dure el procedimiento expropiatorio, la cual se materializará mediante la posesión inmediata, puesta en operatividad, administración y el aprovechamiento del establecimiento, local, bienes, instalaciones, transporte, distribución y servicios por parte del órgano o ente competente del Ejecutivo Nacional, a objeto de garantizar la disposición de dichos bienes y servicios por parte de la colectividad. El órgano o ente ocupante procederá a realizar el inventario del activo, y ejecutará las acciones necesarias a objeto de procurar la continuidad de la prestación del servicio o de las fases de la cadena de producción y distribución del consumo que corresponda". [...]

Esta norma permaneció con igual sentido y casi exacta redacción en la Ley Orgánica de Precios Justos de 2014, con el sólo agregado de que la incautación mencionada se refiere a "bienes", y la eliminación de la obligación del ente ocupante de "realizar el inventario del activo;" pero sin percatarse el "legislador" que el régimen de dichas medidas establecidos en los artículos 111 y siguientes de la Ley de Defensa Acceso de 2010, fue modificado y simplificado, e incluso calificadas con otra denominación en la Ley Orgánica de Precios Justos de 2014.

Ahora bien, las normas lo que disponen es que "en todo caso," en el cual se estén desarrollando los dos procedimientos antes mencionado, en paralelo, el procedimiento administrativo (y eventualmente penal) destinado a sancionar a los responsables de los ilícitos administrativos y económicos; y el procedimiento expropiatorio destinado a la adquisición forzosa de los bienes de los sujetos sometidos a la Ley y que obviamente hayan cometido esos ilícitos, el funcionario competente, por supuesto, en el curso del primero de dichos procedimientos que estaba a cargo del Instituto para la defensa de las personas en el acceso de los bienes y servicios" (Indepabis) hasta 2014 y después de esa fecha, a cargo de la Superintendencia Nacional para la Defensa de los Derechos Socio Económicos (SUNDDE),"podrá adoptar la medida de ocupación; operatividad temporal e incautación" que no son otras que las medidas preventivas administrativas que se regulan precisamente en el procedimiento administrativo de sanción establecido en los artículos 111 y 112 y 113 de la Ley de Defensa y Acceso de 2010, y de los artículos 39 y siguientes de la ley Orgánica de Precios Justos.

En esos casos, dispone la norma que dichas medidas del procedimiento administrativo de fiscalización y sanción se pueden adoptar, "mientras dure el procedimiento expropiatorio, la cual se materializará mediante la posesión inmediata, puesta en operatividad, administración y el aprovechamiento del establecimiento, local, bienes, instalaciones, transporte, distribución y servicios por parte del órgano o ente competente del Ejecutivo Nacional," y todo ello, con el único y preciso propósito de "garantizar la disposición de dichos bienes y servicios por parte de la colectividad."

Dichas medidas preventivas de orden administrativas, por tanto, hasta 2014 podían adoptarse exclusivamente por los funcionarios del Instituto para la defensa de las personas en el Acceso a los Bienes y servicios (Indepabis), que era la Administración competente para ello conforme se dispone en los artículos 110 y 111 de la Ley, y a partir de 2014 por la los funcionarios de la Superintendencia Nacional para la Defensa de los Derechos Socio Económicos (SUNDDE) que es la Administración competente para ello, en ambos casos, en el procedimiento de fiscalización y sancionatorio correspondiente que pueden iniciar, y que podrían durar "mientras dure el procedimiento expropiatorio."

Dichas Leyes no dispone, en absoluto, que dichas medidas preventivas puedan adoptarse "en el procedimiento expropiatorio" sino que una vez adoptadas por el Instituto para la defensa de las personas en el acceso de los bienes y servicios" (Indepabis) o la Superintendencia Nacional para la Defensa de los Derechos Socio Económicos (SUNDDE), como la autoridad competente en el procedimiento administrativo de fiscalización y sancio-natorio correspondiente, las mismas pueden durar "mientras dure" el procedimiento expropiatorio que se puede iniciar, y cuyo desarrollo ejecutivo, además está a cargo de una autoridad distinta de la que puede adoptar las dichas medidas preventivas, que es la entidad expropiante.

De ello resulta que la previsión final del párrafo cuarto del artículo 6 de la Ley de defensa y Acceso, cuando disponía que "el órgano o ente ocupante procederá a realizar el inventario del activo, y ejecutará las acciones necesarias a objeto de procurar la continuidad de la prestación del servicio o de las fases de la cadena de producción y distribución del consumo que corresponda," o del artículo 7 de la Ley Orgánica de Precios Justos cuando dispone que "l órgano o ente ocupante deberá procurar la continuidad de la prestación del servicio o de las fases de la cadena de producción, distribución y consumo, de los bienes que corresponda," al referirse en ambos casos al "órgano ocupante," por supuesto que se refiere al "Instituto para la defensa de las personas en el acceso de los bienes y servicios" (Indepabis) antes de 2014 y a la Superintendencia a partir de 2014, que son en el tiempo , los únicos órganos con competencia para dictar las medidas preventivas administrativas de ocupación en el procedimiento sancionatorio.

De todo lo anteriormente indicado resulta por tanto claro que el cuarto párrafo del artículo 6 de la ley de Defensa y Acceso y ahora del tercer párrafo del artículo 7 de la Ley Orgánica de Precios Justos, tampoco disponen nada "especial" respecto del procedimiento expropiatorio, pues lo que regula son medidas que pueden adoptarse en un procedimiento administrativo de sanción de conductas ilícitas de acuerdo con la Ley de Defensa y Acceso o la Ley Orgánica de Precios Justos, por la institución encargada respectivamente de ejecutar las actividades administrativas en dichas leyes, y que son objeto del procedimiento de fiscalización sancionatorio, cuando el mismo se realiza en paralelo con el procedimiento de expropiación de los bienes de los sujetos sometidos a las mismas, que por lo demás está a cargo de la entidad expropiante; en cuyo caso, lo único que dispone la Ley es que las medidas preventivas adoptadas en el procedimiento sancionatorio pueden permanecer en aplicación mientras dure el procedimiento expropiatorio. Ello en forma alguna modifica el procedimiento expropiatorio previsto en la Ley de Expropiación ni constituye nada "especial" respecto den ella de la normativa regulada.

5. LAS MEDIDAS PREVENTIVAS REGULADAS EN LA LEY DE DEFENSA Y ACCESO PARA SER APLICADAS EN EL PROCEDIMIENTO SANCIONATORIO PREVISTO EN LA MISMA, Y SU DESVINCULACIÓN CON EL PROCEDIMIENTO EXPROPIATORIO

Las medidas preventivas que regulaba la Ley de defensa y acceso, que podían adoptarse en los procedimientos sancionatorios en ella previstos, y que se enumeraban taxativamente el artículo 112 de la misma (tipos de medidas preventivas), eran las siguientes:

Primero, la *ocupación y operatividad temporal*, la cual se materializa "mediante la posesión inmediata, puesta en operatividad, administración y el aprovechamiento del establecimiento local, bienes y servicios por parte del órgano o ente competente del Ejecutivo Nacional, a objeto de garantizar la disposición de dichos bienes y servicios por parte de la colectividad."

A tal efecto, el órgano o ente ocupante debe proceder a realizar el inventario del activo, y ejecutará las acciones necesarias a objeto de procurar la continuidad de la prestación del servicio o de las fases de la cadena de producción y distribución del consumo que corresponda.

Se trata de una medida que por tanto tiene por objeto específico, el "garantizar la disposición de dichos bienes y servicios por parte de la colectividad," a cuyo efecto el ente ocupante debe ejecutar "las acciones necesarias a objeto de procurar la continuidad de la prestación del servicio o de las fases de la cadena de producción y distribución del consumo que corresponda." Esa es, por tanto, la única finalidad que puede tener la aplicación de la medida de ocupación temporal y operatividad temporal.

Segundo, la *toma de posesión* de los bienes y el uso de sus respectivos medios de transporte, pudiendo el Inbepabis, cuando se trate de bienes de primera necesidad, poner los mismos "a disposición de las personas," a través de los mecanismos que se consideren pertinentes.

Tercero, la *toma de posesión* de los bienes y de los medios de transporte con los que se suponga fundadamente que se ha cometido cualquiera de los supuestos de ilícitos administrativos de la especulación (artículos 65 y 66), el acaparamiento (artículo 67), el boicot (artículo 68) y la prohibición de expendio de alimentos o bienes vencidos o en mal estado (artículo 69), previo el levantamiento de acta en la cual se especifiquen dichos bienes. En aquellos casos que se trate de bienes de primera necesidad, el Instituto puede poner los mismos a disposición de las personas, a través del *comiso* inmediato de los bienes u otros mecanismos que se considere pertinentes.

Cuarto, *cierre temporal del establecimiento* o local, con la finalidad de que el presunto infractor subsane los supuestos que motivaron la aplicación de la medida. El lapso del cierre que se fije puede extenderse en caso de incumplirse o irrespetarse la medida preventiva.

Quinto, la *retención preventiva del medio de transporte* cuando existan suficientes elementos de la presunta comisión del delito de contrabando de extracción. En este caso el funcionario debe poner a la orden del Ministerio Público o a la orden de los organismos de seguridad del Estado, al conductor, propietario o cualquier otra persona relacionada con el ilícito, así como el respectivo medio de transporte.

Sexto, todas aquellas medidas que sean necesarias para garantizar el bienestar colectivo de manera efectiva, oportuna e inmediata.

Durante la vigencia de cualquiera de las medidas, los trabajadores seguirán recibiendo el pago de salarios y los derechos inherentes a la relación laboral y la seguridad social.

Por último, la medida preventiva adoptada surte efectos de manera inmediata, aun sin la presencia de la persona afectada.

En todo caso, las antes mencionadas medidas, conforme se dispone expresamente en el artículo 112 de la Ley, solo pueden "ser dictadas conforme" a lo establecido en el artículo 111 de la misma Ley, en el cual se establecen lo que se denomina como "supuestos de procedencia" de las mismas, y que consiste en la existencia siempre de un "peligro del daño," el cual viene determinado "por el interés individual o colectivo para satisfacer las necesidades en la disposición de bienes y servicios de calidad de manera oportuna, especialmente aquellos inherentes al derecho a la vida, a la salud y a la vivienda." A los efectos de la medida preventiva, como principio definió la Ley que "la presunción de buen derecho se origina en el derecho del pueblo a la construcción de una sociedad justa y amante de la paz."

Con base en este supuesto, la Ley otorga a los funcionarios autorizados del Instituto para la Defensa de las Personas en el Acceso a los Bienes y Servicios, amplias facultades para proceder a dictar y ejecutar las medidas preventivas, siempre conforme a las disposiciones del procedimiento administrativo regulado en la Ley, en cualesquiera de las siguientes situaciones:

> Primero, cuando el o los sujetos de la cadena de producción, distribución y consumo, prestadores de servicios, o terceros responsables "cierren, abandonen, restrinjan la oferta, se nieguen a expender bienes, obstaculicen el desarrollo normal de cualquiera de las etapas de la cadena, alteren las características de la prestación del servicio" de los considerados esenciales (artículo 7) o presuntamente hubieren omitido realizar "cualquier actividad para el normal desenvolvimiento de su proceso, en

cualquiera de las fases de producción, fabricación, importación, acopio, transporte, distribución y comercialización."

Segundo, cuando el requerido conforme a la ley, "no exhiba los libros y documentos pertinentes o no aporte los elementos necesarios para efectuar la fiscalización."

Tercero, cuando la declaración de los sujetos de la cadena de distribución, producción y consumo, de los prestadores de servicios, o terceros responsable, "no esté respaldada por los documentos, contabilidad u otros medios que permitan conocer los antecedentes así como el monto de las operaciones que deban servir para la determinación de su contabilidad."

Cuarto, cuando dichos sujetos "se opongan u obstaculicen el acceso a los locales, oficinas o lugares donde deban iniciarse o desarrollarse las facultades de fiscalización, de manera que imposibiliten el conocimiento cierto de las operaciones que allí se realicen."

Quinto, los mismos sujetos "lleven dos o más sistemas de contabilidad con distinto contenido;" "presenten los libros y registros de la contabilidad, la documentación comprobatoria o no proporcionen las informaciones relativas a las operaciones registradas;" omitan "el registro de operaciones o presunta alteración de ingresos, costos y deducciones;" lleven un "registro de compras, que no cuenten con los soportes respectivos;" o no cumplan con "las obligaciones sobre valoración de inventarios o no establezcan mecanismos de control de los mismos."

Sexto cuando haya omisión o presunta "alteración en los registros de existencias que deban figurar en los inventarios, o registren dichas existencias a precios distintos a los de costo;" se adviertan "presuntas irregularidades que imposibiliten el conocimiento cierto de las operaciones;" se. Advierta "riesgo de destrucción, desaparición o alteración de los bienes y de la documentación que se exija conforme a las disposiciones de esta Ley, incluidos los registrados en medios magnéticos o similares, así como de cualquier otro elemento probatorio relevante para la determinación de los hechos investigados."

Séptimo, cuando el caso que el infractor "persista en vender los alimentos o productos a precios especulativos," y cuando "se verifique la presunta violación de lo establecido en los artículos 16, 53 y cualquiera de los supuestos de ilícitos administrativos, tipificados como especulación (artículos 65 y 66), acaparamiento (artículo 67), boicot (artículo 68) y la prohibición de expendio de alimentos o bienes vencidos o en mal estado (artículo 69).

Todas estas conductas ilícitas dan origen a la apertura del procedimiento administrativo para sancionarlas; y el hecho de que en paralelo la ley disponga que en tales casos el Estado también puede iniciar un procedimiento de expropiación para adquirir los bienes afectos a las actividades sujetas a la

Ley, en el cual debe cumplirse con lo establecido en la Ley de Expropiación no cambia nada en cuanto a lo establecido en la misma, por lo que el mencionado párrafo cuarto del artículo 6 de la Ley, no contiene nada de "especial" en relación con lo establecido en la Ley de Expropiación.

En la Ley Orgánica de Precios Justos de 2014, se simplificaron las previsiones relativas a las medidas preventivas que se pueden adoptar en el procedimiento administrativo de fiscalización que debe llevar a cabo la Superintendencia Nacional para la Defensa de los Derechos Socio Económicos (SUNDDE), a cuyo efecto, el artículo 39 las reguló, con menos carácter garantista que la ley precedente, en la forma siguiente:

> Artículo 39. Medidas Preventivas. Si durante la inspección o fiscalización, la funcionaria o el funcionario actuante detectara indicios de incumplimiento de las obligaciones previstas en la presente Ley, y existieren elementos que permitan presumir que se puedan causar lesiones graves o de difícil reparación a la colectividad; podrá adoptar y ejecutar en el mismo acto, medidas preventivas destinadas a impedir que se continúen quebrantando las normas que regulan la materia. Dichas medidas podrán consistir en:
>
> 1. Comiso.
> 2. Ocupación temporal de los establecimientos o bienes indispensables para el desarrollo de la actividad, o para el transporte o almacenamiento de los bienes comisados.
> 3. Cierre temporal del establecimiento.
> 4. Suspensión temporal de las licencias, permisos o autorizaciones emitidas por la SUNDDE.
> 5. Ajuste inmediato de los precios de bienes destinados a comercializar o servicios a prestar, conforme a los fijados por la SUNDDE.
> 6. Todas aquellas que sean necesarias para impedir la vulneración de los derechos de las ciudadanas y los ciudadanos, protegidos por la presente Ley.

Cuando se dicte la ocupación temporal, tal medida se materializará mediante la posesión inmediata, la puesta en operatividad y el aprovechamiento del establecimiento, local, vehículo, nave o aeronave, por parte del órgano o ente competente; y el uso inmediato de los bienes necesarios para la continuidad de las actividades de producción o comercialización de bienes, o la prestación de los servicios, garantizando el abastecimiento y la disponibilidad de éstos durante el curso del procedimiento.

Cuando el comiso se ordene sobre alimentos o productos perecederos, podrá ordenarse su disposición inmediata con fines sociales, lo cual deberá asentarse en acta separada firmada por el representante del organismo público o privado.

6. EL ÚNICO SUPUESTO EN EL CUAL LA LEY DE DEFENSA DE ACCESO PREVIÓ UNA REGULACIÓN QUE PODRÍA CONSIDERARSE COMO "ESPECIAL" EN RELACIÓN CON LA LEY DE EXPROPIACIÓN RELATIVA AL MONTO DE LA COMPENSACIÓN A SER PAGADA AL EXPROPIADO

De todo lo anteriormente expuesto, resulta que de todo el contenido del artículo 6 de la Ley de Defensa y Acceso, la única previsión que establece una regulación sobre la expropiación que podría considerarse como una previsión "especial" en relación con el procedimiento expropiatorio de la Ley de Expropiación, es la contenida en el "Parágrafo único" final del artículo 6 de la Ley de Defensa y Acceso, en el cual se dispone una regulación sobre el monto de la compensación a ser pagada al expropiado, en los casos de expropiaciones de bienes de los sujetos sometidos a la aplicación de Ley.

El "Párrafo Único" de dicho artículo 6, en efecto, establece lo siguiente:

> "PARÁGRAFO ÚNICO. En los casos de expropiación, de acuerdo a lo previsto en este artículo, se podrá compensar y disminuir del monto de la indemnización lo correspondiente a multas, sanciones y daños causados, sin perjuicio de lo que establezcan otras leyes."

Una disposición con idéntico contenido se incluyó en el último párrafo del artículo 7 de la Ley Orgánica de Precios Justos.

Es decir, conforme a esta disposición, en los casos en los cual se inicie un procedimiento expropiatorio de bienes de los sujetos sometidos a la aplicación de la Ley, conforme a las previsiones del mismo artículo 6, es decir, en paralelo al procedimiento administrativo establecido para la aplicación de las sanciones por la comisión de los ilícitos económicos y administrativos previstos en la Ley de Defensa y Acceso, esta previsión autoriza al juez de la expropiación a quien corresponde proveer por la realización del justiprecio de los bienes a expropiar mediante la Comisión de Avalúo regulada en el artículo 19 de la Ley de Expropiación, a permitir que del monto total de la compensación o indemnización debida al expropiado por la expropiación de sus bienes, se pueda "compensar y disminuir" del mismo antes de que el tribunal acuerde el pago, los montos correspondiente "a multas, sanciones y daños causados."

Esta norma, en relación con las deducciones que a título de compensación pueden efectuarse al monto de la indemnización o compensación debida al expropiado, no prevista en la Ley de Expropiación, y es por tanto la única de las previsiones de la Ley de Defensa y Acceso y ahora de la Ley Orgánica de Precios Justos, que podría considerarse como de carácter "especial" en relación con las previsiones de la Ley de Expropiación.

IV. LA INCONSTITUCIONAL E ILEGAL PRÁCTICA DE TRATAR DE APLICAR A LOS PROCEDIMIENTOS DE EXPROPIACIÓN, COMO MEDIO PARA OCUPAR LOS BIENES EXPROPIADOS, LAS MEDIDAS PREVENTIVAS PREVISTAS EN LA LEY DE DEFENSA Y ACCESO, BURLANDO LO EXIGIDO EN EL ARTÍCULO 56 DE LA LEY DE EXPROPIACIÓN

Queda claro, en todo caso, de las previsiones de la Ley de Defensa y Acceso de 2010 y ahora de la Ley Orgánica de Precios Justos de 2014, que en materia de aplicación de sus disposiciones, dos procedimientos paralelos pueden tener lugar:

En primer lugar, el procedimiento administrativo de fiscalización previsto en dichas leyes, para velar por el cumplimiento de la ley, en el cual se autoriza al ente respectivo del Estado encargado de la ejecución de dichas leyes, el anterior Instituto para la defensa de las personas en el acceso de los bienes y servicios" (Indepabis)y actualmente la Superintendencia Nacional para la Defensa de los Derechos Socio Económicos (SUNDDE), para adoptar medidas preventivas, entre las cuales está la de ocupación y operatividad temporal de los bienes "para garantizar la disposición de los bienes y servicios por parte de la colectividad,"(Ley 2010), y "destinadas a impedir que se continúen quebrantando" las disposiciones legales (Ley 2014).

En segundo lugar un procedimiento de expropiación previsto en la Ley de Expropiación, que puede iniciarse por el Ejecutivo Nacional para la adquisición por el Estado de los bienes de los sujetos sometidos a la aplicación de la Ley de Defensa y Acceso o la Ley Orgánica de Precios Justos, cuyo desarrollo está a cargo del ente expropiante que se determine en el Decreto de expropiación, que es el que puede solicitar al juez de expropiación la ocupación previa de los bienes expropiados conforme a las previsiones del artículo 56 de la ley de Expropiación; y que, en todo caso, es una autoridad ejecutiva distinta sea al anterior Instituto para la defensa de las personas en el acceso de los bienes y servicios" (Indepabis) o al actual la Superintendencia Nacional para la Defensa de los Derechos Socio Económicos (SUNDDE), que nunca podrán tener la condición de ente expropiante.

En paralelo al desarrollo de dicho procedimiento expropiatorio, en el procedimiento administrativo sancionatorio previsto en las Leyes de Defensa y Acceso y en la Ley Orgánica de Precios Justos, pueden dictarse medidas preventivas siempre que se hayan cometido ilícitos económicos y administrativos, que pueden durar mientras concluye el primero.

Ahora bien, en contra de las regulaciones de dichos dos procedimientos que deben desarrollarse paralelamente, y que están a cargo de autoridades administrativas diferentes, en la práctica gubernamental de los últimos años, a partir de 2100, el Poder Ejecutivo ha ilegítimamente mezclado los mismos, y en una evidente desviación de poder en el procedimiento, ha pretendido sustituir la ineludible necesidad de que la ocupación previa de los bienes expropiados se realice conforme al artículo 56 de la Ley de Expropiación, previo justiprecio y pago del monto de la indemnización ante el juez competente; por la ocupación temporal regulada para otros fines sancionatorios en la Ley de Defensa y Acceso, actualmente la ley Orgánica de Precios Justos.

Ello ha ocurrido en múltiples casos, y en particular en el caso del Decreto No. 7712 de 10 de octubre de 2010,[27] mediante el cual el Ejecutivo nacional decidió proceder a la expropiación de los bienes de diversas empresas del grupo Venoco para lo que calificó la realización de la obra como "Soberanía en la elaboración y suministro de bases lubricanes, lubricantes terminado, aceites dieléctricos, rasas y liga para frenos" (art. 1), y que dio origen a la sentencia antes mencionada de 2014, que fijó el objeto y ámbito de aplicación de la Ley de Defensa y Acceso.

La base legal del Decreto para justificar la declaratoria legislativa de utilidad pública o interés social, fue el artículo 5 de la Ley de Expropiación y además, el artículo 6 de la Ley de Defensa y Acceso, pero en este último caso, sin indicar nada sobre posibles ilícitos económicos o administrativos por parte de las empresas afectadas, que era lo que podía justificar su invocación, ya que dicho artículo sólo se puede aplicar "cuando se hayan cometido ilícitos económicos y administrativos "(art. 6). El Decreto, sin embargo, de conformidad con dicho artículo 6 de la Ley de Defensa y Acceso, ordenó "la ocupación de los bienes" afectados de expropiación por parte de PDVSA "a los fines de su puesta en operatividad administrativa y aprovechamiento" (art. 6); es decir, ordenó la "ocupación administrativa" de bienes en un procedimiento expropiatorio, lo cual es contrario a la Ley de Expropiación, que solo permite la ocupación judicial de los bienes expropiados.[28] Además, la "ocupación administrativa" decretada también violó el al artículo 6 de la ley de Defensa y Acceso pues para poder dictar una medida preventiva de ocupación administrativa temporal conforme, debía previamente haberse abierto un procedimiento administrativo sancionatorio por el Instituto para la defensa de las personas en el acceso de los bienes y servicios" (Indepabis), por supuestos ilícitos económicos o administrativos que se hubiesen cometido, lo que no fue el caso. Además, la "ocupación administrativa" decretada también era contraria a los artículos 6 y 112,1 de la Ley, pues sólo podía haberse dictado para "garantizar la disposición de dichos bienes y servicios por parte de la colectividad," y no para poner "en operatividad, administración y aprove-

---

[27] Véase en *Gaceta Oficial* No. 39528 de 11 de octubre de 2010.

[28] Véase lo expuesto en los comentarios a la sentencia de la Sala Político Administrativa del Tribunal Supremo de Justicia No. 1269 de 17 de septiembre de 2014 (disponible en http://historico. tsj.gob.ve/decisiones/spa/septiembre/168815-01269-18914-2014-2011-0328. HTML), en Allan R. Brewer-Carías, "Notas sobre las implicaciones de la aplicación en paralelo del procedimiento sancionatorio regulado en la Ley de Defensa para el acceso de las personas a bienes y servicios, y del procedimiento expropiatorio regulado en la Ley de Expropiación: El caso Industrias VENOCO," en *Revista de Derecho Público*, No. 139, Editorial Jurídica Venezolana, Caracas 2014, pp. 137-144.

chamiento" las plantas por parte de PDVSA como lo dispuso el decreto No. 7712 de expropiación (2010).

SECCIÓN DÉCIMA SEXTA: *SOBRE LAS IMPLICACIONES DE LA APLICA-CIÓN EN PARALELO DEL PROCEDIMIENTO SANCIONATORIO REGULADO EN LA LEY DE DEFENSA PARA EL ACCESO DE LAS PERSONAS A BIENES Y SERVICIOS, Y DEL PROCEDIMIENTO EXPROPIATORIO REGULADO EN LA LEY DE EXPROPIACIÓN* (2014)

TEXTO PUBLICADO EN *REVISTA DE DERECHO PÚBLICO*, NO 139 (TERCER TRIMESTRE 2014, EDITORIAL JURÍDICA VENEZOLANA, CARACAS 2014, PP. 137-144.

De acuerdo con la Constitución y con la Ley de Expropiación por causa de utilidad pública o social, cuya última reforma es de 2002, el procedimiento expropiatorio se puede desarrollar respecto de toda clase de bienes, independientemente de los procedimientos sancionatorios que puede iniciar el Estado, respecto de los bienes de determinados sujetos, por violaciones a las disposiciones establecidas en leyes especiales. Ambos procedimientos puedes desarrollarse en paralelo, en el sentido de que además de sancionar la conducta ilícita de determinados sujetos, el Estado puede decidir expropiar sus bienes, pero cuidando de que cada procedimiento se desarrolle sujeto a su propio marco legal, no pudiendo confundirse ni mezclarse impropiamente los mismos, ni aplicar los instrumentos jurídicos establecidos en las diferentes leyes , para fines distintos.

Un campo en el cual ambos procedimientos - el sancionatorio y el expropiatorio - pueden desarrollarse en paralelo, es el establecido en la legislación dictada para la asegurar protección del derecho de las personas al acceso de bienes y servicios de calidad, contenida en la Ley de Defensa para el acceso de personas a bienes y servicios de 2010.[1] Dicha Ley fue inicialmente sancionada en mayo de 2008, sustituyendo y derogando dos leyes precedentes que fueron, primero: la Ley de Protección al Consumidor y al Usuario, cuya última reforma había sido de 2004, y segundo: la Ley Especial para la Defensa Popular contra el Acaparamiento, la Especulación, el Boicot y cualquier otra conducta que afecte el Consumo de los Alimentos o Productos sometidos a control de precios de 2007.

Conforme a dicha Ley de Defensa para el acceso, en el ámbito de su regulación y en relación con las actividades que protege se pueden desarrollar dos procedimientos paralelos: uno de carácter administrativo, de fiscalización y sanción de ilícitos económicos conforme a la propia Ley, y otro judicial para la expropiación de bienes, conforme a la Ley de Expropiación por causa de

1 Véase en *Gaceta Oficial* N° 39.358 de 1 de febrero de 2010

utilidad pública social de 2002, a la cual remite la Ley sin establecer normas especiales sobre la materia. Ello mismo se reguló en la Ley Orgánica de Precios Justos[2], cuyas disposiciones sustituyeron las de la Ley de Costos y Precios Justos de 2011[3], la cual, a su vez, sustituyó las normas de la mencionada Ley de Defensa para el acceso de personas a bienes y servicios de 2010.

Esos dos procedimientos que pueden desarrollarse en paralelo, ahora en el marco de la Ley Orgánica de Precios Justos, en efecto, son los siguientes:

En primer lugar, el procedimiento administrativo de fiscalización previsto en dichas leyes, para velar por el cumplimiento de las mismas, en el cual se autoriza al ente respectivo del Estado encargado de la ejecución de dichas leyes, es decir, el anterior Instituto para la defensa de las personas en el acceso de los bienes y servicios" (Indepabis) y actualmente, la Superintendencia Nacional para la Defensa de los Derechos Socio Económicos (Sundose), para en el marco de un procedimiento sancionatorio respecto de ilícitos económicos, poder adoptar medidas preventivas, entre las cuales está la de ocupación y operatividad temporal de los bienes "para garantizar la disposición de los bienes y servicios por parte de la colectividad,"(Ley 2010), y "destinadas a impedir que se continúen quebrantando" las disposiciones legales (Ley 2014).

En segundo lugar, un procedimiento de expropiación previsto en la Ley de Expropiación, que puede iniciarse por el Ejecutivo Nacional para la adquisición por el Estado de los bienes de los sujetos sometidos a los procedimientos sancionatorios en aplicación de las Leyes, cuya ejecución está a cargo, no del Indepabis o del Sundose, sino del ente expropiante que se determine en el Decreto de expropiación, que es el órgano u ente que puede solicitar al juez de expropiación por ejemplo la ocupación previa de los bienes expropiados conforme a las previsiones del artículo 56 de la Ley de Expropiación. Es decir, en estos casos el ente expropiante es una autoridad ejecutiva distinta al anterior Instituto para la defensa de las personas en el acceso de los bienes y servicios" (Indepabis) o al actual la Superintendencia Nacional para la Defensa de los Derechos Socio Económicos (Sundde), los cuales nunca podrían tener la condición de ente expropiante.

Como se dijo, en este último caso, en paralelo al desarrollo del procedimiento expropiatorio, en el procedimiento administrativo sanciona-torio previsto en la anterior Ley de Defensa y Acceso y en la actual Ley Orgánica de Precios Justos, pueden dictarse medidas preventivas siempre que se hayan cometido ilícitos económicos y administrativos, que pueden durar mientras concluye el primero.

Ahora bien, en contra de las regulaciones de dichos dos procedimientos que deben desarrollarse paralelamente, y que están a cargo de autoridades

---

2 Decreto Ley N° 600 de 21 de noviembre de 2013, publicada en *Gaceta Oficial* N° 40.340 de 23 de enero de 2014.

3 Véase en *Gaceta Oficial* N° 39.715 del 18 de julio de 2011

administrativas diferentes, en la práctica gubernamental de los últimos años, especialmente a partir de la sanción de la Ley de Defensa y Acceso 2010, el Poder Ejecutivo mezclado ilegítimamente dichos procedimientos, y en una evidente desviación de poder en el procedimiento (desviación del procedi-miento), ha pretendido sustituir la ineludible necesidad de que la ocupación previa de los bienes expropiados en un juicio de expropiación solo pueda realizarse conforme al artículo 56 de la Ley de Expropiación, previo justiprecio y pago del monto de la indemnización ante el juez competente; por una ocupación temporal pero indefinida regulada para otros fines sancionatorios, en la anterior Ley de Defensa y Acceso, y actualmente la Ley Orgánica de Precios Justos.

Ello ocurrido en múltiples casos, entre ellos, en el caso *Venoco* que dio origen a la sentencia de la Sala Político Administrativa del Tribunal Supremo de Justicia, N° 1269 de 17 de septiembre de 2014[4], dictada con ocasión de la impugnación del decreto de expropiación que se dictó afectando a las instalaciones de las industrias Venoco productora de lubricantes, aceites y liga de frenos, entre otros productos, que es la que motiva estos comentarios.

I. EL DECRETO DE AFECTACIÓN O EXPROPIACIÓN Y SUS VICIOS

En efecto, pocos meses después de sancionarse la reforma de la Ley de Defensa y Acceso de 2010, el Ejecutivo Nacional dictó el Decreto N° 7712 de 10 de octubre de 2010[5], mediante el cual decidió proceder a la expropiación de los bienes de diversas empresas del grupo Venoco para lo que calificó la realización de la obra como de: "Soberanía en la elaboración y suministro de bases lubricanes, lubricantes terminado, aceites dieléctricos, rasas y liga para frenos" (art. 1)

Dicho Decreto tuvo como base legal en cuanto a la declaratoria legislativa de utilidad pública o interés social, el artículo 5 de la Ley de Expropiación y el artículo 6 de la Ley de Defensa y Acceso, que declara la utilidad pública e interés social respecto de los bienes y actividades que regula. En el Decreto de Expropiación, sin embargo, nada se indicó como justificación de la misma, como procedimiento paralelo a los procedimientos sancionatorios, que exigía para proceder a la expropiación la identificación de posibles ilícitos económicos o administrativos que pudieran haber sido cometidos por parte de las empresas afectadas.

Ello, de entrada, vició de inmotivación el mencionado decreto de expropiación al invocar el artículo 6 de la Ley de defensa y Acceso, que solo podía aplicarse "cuando se hayan cometido ilícitos económicos y administrativos

4 Véase en http://historico.tsj.gob.ve/decisiones/spa/septiembre/168815-01269-18914- 2014-2011-0328.HTML

5 Véase en *Gaceta Oficial* N° 39528 de 11 de octubre de 2010

"(art. 6), sin indicar nada sobre los ilícitos en los que hubiera podido haber incurrido la parte expropiada.

En el Decreto se designó a la empresa Petróleos de Venezuela S.A. como ente expropiante (art. 2) para realizar el procedimiento expropiatorio (arts. 4 y 5); y finalmente, en su propio texto del Decreto, el Ejecutivo Nacional, sin competencia legal alguna para ello (pues ello solo corresponde al antiguo Indepabis o al Sundde), supuestamente de conformidad con el artículo 6 de la Ley de Defensa y Acceso ordenó "la ocupación de los bienes" afectados de expropiación por parte de PDVSA "a los fines de su puesta en operatividad administrativa y aprovechamiento" (art. 6).

Esta decisión contenida en el artículo 6 del Decreto 7712 de octubre de 2010, puede considerarse que estaba viciada de ilegalidad, por varias razones:

En primer lugar, por incompetencia manifiesta en la que incurrió el Presidente de la República al ejercer una competencia como es la de declarar medidas preventivas conforme a la Ley de Defensa y Acceso, que dicha Ley expresamente atribuía a las autoridades del Instituto para la defensa de las personas en el acceso de los bienes y servicios" (Indepabis).

Correspondiendo expresamente por ley a esta institución, dictar dichos actos administrativos, no podía el Presidente de la República dictarlos, por más superior jerárquico que era en la Administración Pública. La competencia, de acuerdo con la Ley Orgánica de la Administración Pública es de texto expreso, y solo puede ser ejercida por los órganos de la Administración Pública "bajo las condiciones, límites y procedimientos establecidos" de manera que conforme al artículo 26 de dicha Ley, "toda actividad realizada por un órgano o ente manifiestamente incompetente, o usurpada por quien carece de autoridad pública, es nula y sus efectos se tendrán por inexistentes

El Presidente de la República hubiera podido haber decidido el asunto por avocamiento, pero el artículo 41 de la Ley Orgánica de la Administración dispone que en todo caso de avocamiento por parte del Presidente de la República, respecto del "conocimiento, sustanciación o decisión de un asunto cuya atribución corresponda ordinariamente o por delegación a sus órganos jerárquicamente subordinados," solo puede hacerse "cuando razones técnicas, económicas, sociales, jurídicas o de interés público lo hagan necesario" debiendo realizarse ineludiblemente "mediante acto motivado que debe ser notificado a los interesados."

Nada de esto ocurrió al dictarse el decreto N° 7712 de octubre de 2014 de afectación de los bienes de las industrias Venoco, estando por tanto viciado de incompetencia manifiesta.

Además, en segundo lugar, el acto dictado por el Presidente de la República también estaba viciado de nulidad, por vicio en el procedimiento, pues un acto administrativo estableciendo una medida preventiva como la ocupación temporal conforme al artículo 6 de la Ley de Defensa y Acceso, solo podía dictarse una vez abierto un procedimiento administrativo de investigación y sancionatorio por la autoridad competente que era el Instituto para la defensa de las personas en el acceso de los bienes y servicios" (Indepabis), cuando se hubieran cometido alguno de los ilícitos económicos o administrativos sancionados en la Ley de Defensa y Acceso. En ninguno de los considerandos del mencionado decreto No. 7712 de octubre de 2010, se hizo referencia alguna a la supuesta comisión de algunos de dichos ilícitos, ni a la apertura de algún procedimiento sancionatorio, aun cuando en el "punto de cuenta" que originó el Decreto, como se reseñó en la sentencia, se hubiera hecho mención incidental a posibles irregularidades.

En tercer lugar, la medida preventiva de ocupación temporal y operatividad prevista en la Ley de Defensa y Acceso, sólo podía tener por objeto como lo disponían los artículos 6 y 112,1 de dicha Ley, para "garantizar la disposición de dichos bienes y servicios por parte de la colectividad." En el caso del decreto No 7712 de octubre de 2010, sin embargo, la medida fue dictada sólo para la "puesta en operatividad, administración y aprovecha-miento" por parte de PDVSA, sin 'más motivación, lo que no se ajustaba a lo dispuesto en la ley.

II. LA IMPUGNACIÓN POR ILEGALIDAD E INCONSTITUCIONALIDAD DEL DECRETO DE AFECTACIÓN O EXPROPIACIÓN, Y EL RECHAZO DE LA MEDIDA CAUTELAR SOLICITADA PARA PROHIBIR AL ESTADO OCUPAR LOS BIENES SIN CUMPLIR CON LO DISPUESTO EN LA LEY DE EXPROPIACIÓN

La parte expropiada en ese caso, ejerció un recurso contencioso administrativo de nulidad contra el decreto de afectación por ante la Sala Político Administrativa del Tribunal Supremo de Justicia, alegando otras ilegalidades, específicamente por considerar que los bienes afectados destinados a la elaboración de bases lubricantes, lubricantes, terminados aceites dieléctricos, grasas y ligas para freno, no estaban sujetos a la Ley de Defensa y Acceso y, por tanto, no estaban dentro de los declarados como de utilidad pública o interés social en dicha Ley, y que además, tal declaratoria solo se refería a los bienes declarados de primera necesidad.

Junto con la acción de nulidad, los recurrentes solicitaron al Tribunal Supremo, conforme al artículo 104 de la Ley Orgánica de la Jurisdicción Contencioso Administrativa, que dictase una medida cautelar de prohibición al Estado de entrar en posesión de los bienes de las empresas afectadas, hasta tanto se articulase el mecanismo legal de la ocupación previa previsto en el artículo 56 de la Ley de Expropiación; solicitando además, mediante el ejercicio del control difuso de la constitucionalidad de las leyes, la desaplicación del artículo 6 de la Ley de Defensa y Acceso.

La Sala Político Administrativa del Tribunal Supremo se pronunció en relación con la medida cautelar solicitada, mediante sentencia N° 81 de 6 de febrero de 2013[6], declarándola sin lugar, basándose, preliminarmente, en la consideración de que la declaratoria de utilidad pública en el caso se "presumía" satisfecha conforme a la declaración contenida en el artículo 6 de la Ley de Defensa y Acceso, pues el mismo se refería a "todo tipo de bienes y no solo los de primera necesidad" considerando la Sala que la regulación de dicha Ley "pareciera que no restringirse a los bienes de primera necesidad." De todo ello concluyó la Sala que en el caso "preliminarmente no se advierte la violación del derecho a la propiedad consagrado en el artículo 115 de la Carta Magna", declarando entonces sin lugar de la medida cautelar solicitada.

Esta sentencia, en todo caso, se observa que no fue dictada en un procedimiento expropiatorio, sino en el procedimiento de un juicio de nulidad contencioso administrativo respecto de un acto administrativo (decreto de expropiación), en la cual en ningún caso se pronunció la Sala sobre el planteamiento esencial que también formularon los recurrentes sobre necesaria aplicación del artículo 56 de la Ley de Expropiación para que se pudiera decretar la ocupación previa de los bienes a expropiar, y por tanto, la improcedencia de que en un procedimiento expropiatorio se pretendiera ocupar los bienes, con base en el artículo 6 de la Ley de Defensa y Acceso.

III. LA DECLARATORIA SIN LUGAR DE LA ACCIÓN DE NULIDAD EJERCIDA CONTRA EL DECRETO DE EXPROPIACIÓN DE LAS INDUSTRIAS VENOCO

La acción principal de nulidad ejercida contra del Decreto N° 7712 de afectación de expropiación de Industrias Venoco, que sus representantes habían intentado en 2011, fue decidida finalmente en el fondo mediante sentencia N° 1269 de 17 de septiembre de 2014[7], en la cual, la Sala Político Administrativa, en relación con la solicitud de desaplicación del artículo 6 de la Ley de Defensa y Acceso por violación del artículo 115 de la Constitución, se refirió únicamente a dicha norma en lo que concierne a la declaratoria de utilidad pública y social que contenía, destacando que con el mismo "lo que pretendió el legislador fue prever que no era necesaria una declaratoria de utilidad pública e interés social posterior a la ya -general y previa- por el instaurada," y que la misma no se "limita a una categoría de bienes y servicios sino que, en general, comprende aquellos dirigidos a la **satisfacción de las necesidades del colectivo**" (p. 25/44; 26/44), considerando que la adquisición forzosa se aplicaba a los bienes indicados en el decreto, es decir, lubricantes, grasas, aceite de motor y liga de frenos.

Para ello, la Sala destacó que entre los motivos del Decreto de expropiación, a los efectos de vincular los bienes producidos por industrias Venoco con los

---

6 Véase en http://www.tsj.gov.ve/decisiones/spa/febrero/00081-6213-2013-2011-0328.HTML

7 Véase en http://historico.tsj.gob.ve/decisiones/spa/septiembre/168815-01269-18914- 2014-2011-0328.HTML

regulados en la Ley de Defensa y Acceso, la Sala destacó que el "considerando" del Decreto había dispuesto:

> "Que la disposición oportuna y eficiente de bases lubricantes, lubricantes terminados, aceites dieléctricos, grasas y liga para frenos, *es de importancia medular en el mercado interno, en tanto que dicha disposición impacta directamente sobre actividades de distribución de insumos básicos, para la población, transporte público y funcio-namiento de buena parte del sector industrial, por lo que es fundamental para el Estado, garantizar en todo momento, una disposición adecuada y con precios justos de estos productos* (p. 6/44)

A esos efectos, la Sala Político Administrativa en su sentencia, fue reiterativa en circunscribir el ámbito de aplicación de la Ley única y exclusivamente a bienes y servicios que tienen relación con la **satisfacción de necesidades colectivas o de la colectividad**, tal como también lo destacó en el juicio, el abogado de la República al analizar el Decreto N° 7712 de expropiación y argumentar, como lo resumió la Sala en la sentencia:

> "que los bienes afectados por el Decreto impugnado fueron considerados por el Ejecutivo Nacional de importancia medular para el mercado interno *"en virtud de que los mismos impactan de manera directa sobre actividades de distribución de insumos básicos para la población, transporte público y funcionamiento del sector industrial (...). Resulta imperioso (...) hacer hincapié en lo* ***sensible que son todos los productos a los cuales hace referencia el Decreto, para el bienestar social de la población venezolana en general****. Garantizar el abaste-cimiento normal de dichos productos, es un compromiso del Estado venezolano; ya que en el escenario negado de ausencia de ligas de freno, aceites y/o lubricantes, la repercusión directa sería sobre la colectividad, que vería afectado desde el abastecimiento de productos básicos que son transportados por vehículos que utilizan estos lubricantes, aceites y ligas de frenos, hasta el transporte público y privado" (p. 15/44)*

La Sala también hizo referencia en su sentencia, a la apreciación final que hizo en juicio el abogado de la República, en el sentido de que:

> *"el Ejecutivo Nacional persigue la ejecución de la obra "Soberanía en la Elaboración y Suministros de Bases Lubricantes, Lubricantes Terminados, Aceites Dieléctricos, Grasas y Liga para Frenos", con el fin de "garantizar a todos los venezolanos el oportuno y eficiente suministro y abastecimiento de estos productos, en virtud que los mismos representan 'la sangre' de muchos de los procesos que movilizan a un país, léase, transporte público y privado, transporte de alimentos a lo largo y ancho del territorio nacional, industrias, fábricas, etc. La negada ausencia de este tipo de productos, resultaría gravísimo para el normal desenvol-vimiento del país, y allí la pertinencia de este Decreto de Afectación de Bienes"*.(p. 17/44)

En la sentencia, en todo caso, la Sala Político Administrativa siguió la misma línea de razonamiento de circunscribir el ámbito de aplicación de la Ley de Defensa y Acceso por las personas a bienes y servicios *que tienen relación con la satisfacción de necesidades colectivas o "necesidades del colectivo,"* argumentando sucesivamente en cuanto al motivo del Decreto de expropiación de industrias Venoco, estimando que con el mismo:

> "el Presidente de la República consideró -en pro del interés general- que la disposición oportuna y eficiente de bases lubricantes, lubricantes terminados, aceites dieléctricos, grasas y liga para frenos era de suma importancia en el mercado interno debido a que impacta directamente sobre la distribución de insumos básicos para la población, transporte público y funcionamiento de parte importante del sector industrial, resultando esencial para el Estado la garantía de una disponibilidad adecuada y con precios justos de los referidos productos, los cuales -a criterio de la Sala- permiten que la población vea satisfecha sus necesidades básicas" (p. 25/44).

La Sala Político Administrativa, en su sentencia, siguió reiterando el ámbito de aplicación de la Ley de Defensa y Acceso al ámbito de dichos y servicios *destinados a la satisfacción de necesidades colectivas,* al analizar los fundamentos del Decreto de expropiación en el caso de las industrias Venoco, indicando que dicho Decreto consideró que:

> 1)"*la disposición oportuna y eficiente de bases lubricantes, lubricantes terminados, aceites dieléctricos, grasas y liga para frenos, es de importancia medular en el mercado interno, en tanto que dicha disposición impacta directamente sobre actividades de distribución de insumos básicos, para la población, transporte público y funcionamiento de buena parte del sector industrial, por lo que es fundamental para el Estado, garantizar en todo momento, una disposición adecuada y con precios justos de estos productos*" (p. 31/44. También en pp. 33/44 y 37/44)

Por todo lo anterior, terminó la Sala Político Administrativa su sentencia N° 1269, coincidiendo:

> "con el argumento formulado por la sustituta del Procurador General de la República al afirmar, en la oportunidad de la audiencia de juicio, que los bienes objeto de adquisición forzosa "*representan 'la sangre' de muchos de los procesos que movilizan a un país, léase, transporte público y privado, transporte de alimentos a lo largo y ancho del territorio nacional, industrias, fábricas, etc. La negada ausencia de este tipo de productos, resultaría gravísimo para el normal desenvolvimiento del país, y allí la pertinencia de este Decreto de Afectación de Bienes*". (p. 37/44).

En esta forma, los bienes y servicios producidos por las Plantas Venoco (lubricantes, grasas, motor de vehículos y ligas de freno) objeto del Decreto de expropiación, a juicio del Tribunal Supremo, sin ser de los declarados como bienes de "primera necesidad," sin embargo sí podían considerarse como bienes necesarios para la satisfacción de necesidades colectivas por estar esencialmente vinculados al transporte de personas y de insumos para la producción de bienes de esa naturaleza.

Además, en la sentencia, refiriéndose en especial al caso de Industrias Venoco, la Sala analizó como fundamento fático del Decreto de expropiación, el "Punto de Cuenta" presentado por el Ministro respectivo al Presidente de la República en el cual se hizo referencia a que la empresa tenía "una posición de dominio que la convierte en un Monopolio," y en el hecho de que a pesar del carácter de esenciales de los productos producidos por la misma, quedaba en manos de una empresa privada "el mando de los precios, así como la realización de prácticas de acaparamiento y especulación, a expendas del suministro de materia prima por parte de Estado a través de PDVSA," por lo que se recomendaba tomar el control de la empresa (p. 33/44), sugiriéndose sin duda, en el caso, la comisión de ilícitos administrativos.

Solo basado en esto último es que puede entenderse que al declarar sin lugar la acción de nulidad intentada, la Sala haya expresado que al quedar firme el decreto impugnado, entonces "PDVSA "puede tomar posesión inmediata de los bienes objeto de adquisición forzosa de acuerdo con lo previsto en el artículo 6 de la Ley de defensa y Acceso, aplicable *ratione temporis*, como lo ordenó el aludido Decreto" (p. 43/44). Para lo cual, a lo largo de su decisión, la Sala dejó bien precisado que el caso sometido a su consideración y decidido en la sentencia, "no era un caso de expropiación o de procedimiento de expropiación," sino de "adquisición forzosa y ocupación temporal."

Así, la Sala dijo en su sentencia, *primero*, que en relación con el alegato del recurrente respecto del procedimiento expropiatorio y el artículo 6 de la Ley de defensa y Acceso, que "en el caso de autos no se está en presencia de una expropiación sino frente a una adquisición forzosa y una orden de ocupación de bienes afectados"(p. 25/44); *segundo*, sobre la afectación de los bienes de las empresas Venoco para la producción de lubricanes, grasas, aceites de motor y liga de frenos, la Sala Político Administrativa expresó que "insiste en que la controversia sometida a su conocimiento es una adquisición forzosa y no una expropiación" (p. 26/44); y *tercero*, al considerar que el Decreto de afectación No 7712 de los bienes de industrias Venoco "de conformidad con lo previsto en el artículo 5 de la ley de Expropiación, en sí no se traduce en el traslado inmediato del derecho de propiedad, sino que es el inicio de un procedimiento complejo regulado por el aludido instrumento legal y -en todo caso- no constituye objeto de la controversia sometida a conocimiento de esta Sala, pues lo que se pretende es la declaratoria de nulidad del decreto que ordenó la adquisición forzosa de los bienes propiedad o en posesión de las sociedades recurrentes" (p. 43/43 y 43/44).

Con todo ello, - y a pesar de lo difuso de la distinción entre "expropiación" y "adquisición forzosa" que esgrimió la Sala Político Administrativa para explicar que no estaba decidiendo en un juicio expropiatorio - lo que resultó claro fue por tanto que la Sala Político Administrativa no tomó decisión alguna en relación con algún supuesto procedimiento expropiatorio, no resolviendo aspecto alguno en relación con la necesidad o no de aplicar en los mismos el artículo 56 de la Ley de Expropiación para la ocupación previa de los bienes expropiados.

Y en cuanto a la referencia que la sentencia contiene sobre el artículo 6 de la Ley de Defensa y Acceso, sólo tiene relación con la declaratoria de utilidad pública e interés social que se establece en la misma, y tácitamente, en cuanto a la ocupación temporal de bienes que regula dicha norma, que solo podía encontrar justificación con la motivación fáctica del decreto vinculada con ilícitos administrativos y fiscales, sin considerar ni decidir, por supuesto, sobre si dicha ocupación podía sustituir a la ocupación previa regulada en materia de expropiación; y ello, porque como se ha visto, la Sala decidió que no estaba en presencia de un procedimiento expropiatorio.

SECCIÓN DÉCIMA SÉPTIMA: *SOBRE LA RETROCESIÓN EN LA EXPROPIACIÓN: LAS GARANTÍAS DE EJECUCIÓN Y DE DEVOLUCIÓN* (1988)

TOMADO DEL PRÓLOGO AL LIBRO DE JOSÉ ANTONIO MUCI BORJAS, *LA RETROCESIÓN EN LA EXPROPIACIÓN*, CARACAS **1988**, PP. **9-14.**

No es sólo que el tema de la expropiación forzosa, en general, ha sido poco tratado por la doctrina jurídica nacional, sino que algunos aspectos específicos de esta institución jamás se habían estudiado en el país.

Es este el caso, precisamente, del tema de la "Retrocesión en la Expropiación Forzosa", el cual por primera vez es estudiado sistemáticamente y en todos sus aspectos, en este trabajo (su primer libro) de José Antonio Muci Borjas.

El libro toca lo que en alguna oportunidad califiqué como la "garantía de devolución en la expropiación", que carecía de consagración expresa en el Derecho positivo hasta que se previó en el artículo 69 de la Ley Orgánica de Ordenación del Territorio de 1983.

Esta garantía de devolución es, precisamente, la figura de la retrocesión en la expropiación, que permite al antiguo titular de un bien que ya ha sido expropiado el readquirir la propiedad del mismo previa devolución de la indemnización recibida, cuando la causa de utilidad pública o social que motivó la expropiación desaparece.

Esta institución estuvo regulada en nuestro país, en el Derecho positivo, desde 1892 hasta 1946, lo que confirma la apreciación general (que a veces se tiene) de que la técnica legislativa de principios de siglo era muy superior a la contemporánea.

En todo caso, además de la garantía de devolución, las otras dos garantías básicas de los particulares frente a la expropiación han sido la garantía jurídica y la garantía patrimonial[1]. Ahora bien, este libro de José Antonio Muci Borjas, y el pedimento que me ha hecho para que se lo prologue, lo que he aceptado gustosamente, me dan la oportunidad para exponer lo que sería una cuarta garantía de los particulares frente a la expropiación, que podríamos denominar la "garantía de ejecución" de la expropiación.

---

1 *Véase Allan R. Brewer-Carías, "Las Expropiaciones Urbanísticas" en* Jurispruden-cia de la Corte Suprema 1930-74 y Estudios de Derecho Administrativo, *Tomo VI* (Propiedad y Expropiación), *Caracas 1979, pp. 52- 55; y Urbanismo y Propiedad Privada, Caracas 1980, pp. 413-415.*

En efecto, debe recordarse que el artículo 99 de la Constitución garantiza el derecho de propiedad, y el artículo 101 ratifica tal garantía al establecer que:

> "Sólo por causa de utilidad pública o interés social, mediante sentencia firme y pago de justa indemnización, podrá ser decretada la expropiación de cualquier clase de bienes".

En consecuencia, la garantía fundamental del derecho de propiedad es que su extinción y transferencia al Estado sólo puede hacerse mediando expropiación, institución regulada en la Ley de Expropiación por Causa de Utilidad Pública o Social, salvo que se utilice, por su puesto, otro medio traslativo de la propiedad que autorice el ordenamiento jurídico.

Ahora bien, la garantía del derecho de propiedad y de su posible expropiación, ante todo, implica que esta institución *sólo puede tener por objeto extinguir la propiedad,* por lo que una vez decretada, ella *debe ejecutarse.* Y así, si bien como lo ha dicho la antigua Corte Federal y de Casación, una vez decretada la expropiación, ésta ",se verifica por las buenas o por las malas" "quedando obligados *ipso facto* los propietarios a transmitir al Estado los bienes indispensables para la realización de la obra"[2]; en la misma forma, debe decirse que, decretada la expropiación, el ente expropiante también debe *quedar obligado ipso facto a ejecutarla,* es decir, a realizar todos los trámites para que la propiedad se transfiera al Estado.

No ha sido infrecuente, sin embargo, el que los entes públicos hayan incumplido con esta última garantía de la expropiación, y se hayan decretado expropiaciones que nunca se han ejecutado, en violación flagrante del derecho de propiedad. Ello resulta, por ejemplo, de la previsión del artículo 38 de la propia Ley de Expropiación que establece, en los casos de afectación para expropiación en planes urbanísticos, que "tampoco serán apreciadas las mejoras que efectúe el propietario de la cosa que se expropia después de la aprobación y publicación del plan general de acondicionamiento o modernización de una ciudad o agrupación urbana". Ello implica, por tanto, una virtual congelación de los atributos de la propiedad, inadmisible, y violatoria de la misma, cuando la ejecución de la expropiación no se efectúa nunca.

Esta situación muchas veces irregular, por inconstitucional, de lo que en alguna oportunidad denominé las "afectaciones eternas"[3], en todo caso, ha venido siendo corregida por el Legislador, para garantizar la propiedad, en diversas leyes recientes.

En primer lugar, se destaca el artículo 83 de la Ley Orgánica de Régimen Municipal dictada inicialmente en 1978, que obliga a los Concejos Municipales a indicar, en los planes de desarrollo urbano local que afecten terrenos de propiedad privada para usos recreacionales o deportivos, asistencia- les,

---

2 Sentencia de 14-3-52, *Gaceta Forense* No. 10, 1952, pp. 125 y 148.

3 Véase Allan R. Brewer-Carías, *Urbanismo y Propiedad Privada,* cit., pp. 435-452.

educacionales o para cualquier uso público, "el plazo dentro del cual el Municipio deberá adquirir esos terrenos plazo que no puede exceder de cuatro (4) años, "vencido el cual sin que el Municipio haya adquirido esos bienes, *se considerará sin efecto dicha afectación"*. En esta forma, la garantía de ejecución de la expropiación se buscó asegurarla a través del establecimiento de un plazo para las afectaciones expropiatorias urbanísticas, vencido el cual, queda sin efecto dicha afectación. Dicho plazo prefijado, sin embargo, fue eliminado en la reforma de la Ley Orgánica de 1988, con lo que se produjo un retroceso en el avance que se había logrado.

En segundo lugar, está el artículo 64 de la Ley Orgánica de Ordenación del Territorio de 1983, que establece, asimismo, la necesidad de que cuando la ejecución de los planes de ordenación del territorio "impliquen la extinción del derecho de propiedad" las autoridades *están obligadas a "proceder a decretar la expropiación"*, a cuyo efecto, el plan debe establecer un plazo para la ejecución de la expropiación, cónsono con la naturaleza y alcance de la actividad a realizar. No precisa la Ley la duración del lapso, pero prescribe que "si es superior a tres (3) años, la autoridad competente debe establecer un régimen transitorio de *uso efectivo* de la propiedad afectada'' a fin de no perjudicar el derecho del futuro expropiado. Precisa la Ley, por último, que vencido el plazo para ejecutar la expropiación, sin que se ejecute, la autoridad expropiante debe "indemnizar al propietario por las limitaciones al uso de propiedad", y debe reglamentar un *uso compatible* con los fines establecidos en el plan.

En tercer lugar, la reciente Ley Orgánica de Ordenación Urbanística de 1987, en su artículo 34, al referirse al contenido de los planes de desarrollo urbano local ha establecido como un contenido: "La identificación de los terrenos de propiedad privada que resultarán afectados por la ejecución del plan, indicando el *plazo* para la expropiación y *disponibilidad de recursos* para implantar el servicio o realizar la obra". En esta forma, a la necesaria indicación del plazo de ejecución, se agrega ahora otra manifestación de la garantía de ejecución de la expropiación, de fundamental importancia, y es el que para la afectación de propiedades con fines expropiatorios urbanísticos, la autoridad municipal debe disponer de recursos financieros para su ejecución.

En esta forma, el legislador ha venido corrigiendo la inconstitucional conducta que venía siendo observada por las autoridades públicas, y que consistía en decretar expropiaciones y afectar inmuebles de propiedad privada para ser expropiados, pero sin que la ejecución de la expropiación se realizara, quedando de hecho e inconstitucionalmente las propiedades, sometidas a una congelación en cuanto a su uso. Este no podía realizase y no se expropiaba al propietario, con evidente lesión del derecho de propiedad.

A la regulación positiva de las garantías jurídica y patrimonial, por tanto, se une ahora la de la garantía de ejecución de la expropiación, y además, la de la garantía de devolución identificada con la retrocesión en la expropiación, con su parcial tratamiento en la Ley Orgánica para la Ordenación del Territorio, y que José Antonio Muci Borjas analiza en este libro.

Esta consagración parcial de esta garantía de devolución, en todo caso, no es sino un signo del progreso legislativo, pues con razón sostiene José Antonio Alud Borjas la tesis, y ésta es la idea central del libro, de que la retrocesión en la expropiación es de la esencia misma de la institución expropiatoria, la cual deriva de su propia consagración constitucional, al condicionar el ejercicio de la potestad expropiatoria a la consecución de una finalidad de utilidad pública o interés social. Ello implica que el ex-propietario del bien expropiado se halla legitimado para demandar la devolución del mismo en caso de que los motivos de la expropiación no se cumplan, es decir, no se destine, efectivamente, el bien expropiado al fin de utilidad pública o interés social que justificó la expropiación.

Octubre de 1988

SEXTA PARTE

LA REVERSIÓN EN LAS CONCESIONES COMO FORMA DE ADQUIRIR LA PROPIEDAD POR PARTE DEL ESTADO

SECCIÓN DÉCIMA OCTAVA: *ALGUNOS PRINCIPIOS SOBRE EL RÉGIMEN JURÍDICO DE LA MINERÍA EN VENEZUELA: LA RESERVA, LA CONCESIÓN Y LA REVERSIÓN* (2022)

TEXTO PREPARADO PARA EL *LIBRO EN HOMENAJE A ENRIQUE PÉREZ OLIVARES*, UNIVERSIDAD MONTEÁVILA CARACAS 2022.

PROEMIO: REMEMBRANZA DE MI RELACIÓN CON ENRIQUE PÉREZ OLIVARES

Este trabajo sobre el régimen jurídico de la minería en Venezuela, que gira en torno a tres institutos fundamentales del derecho administrativo como es la reserva al Estado de bienes y actividades económicas, la concesión administrativa y la reversión como forma de extinción de la propiedad privada, lo dedico con todo afecto y cariño a la memoria de quien fue mi querido amigo, el profesor Enrique Pérez Olivares, con quien desde que nos conocimos mantuve siempre una estrecha amistad.

Lo conocí, en efecto, durante mis últimos años de la carrera de derecho en la Facultad de Derecho de la Universidad Central de Venezuela, hacia 1960, apenas había él regresado de sus estudios en Italia. En esos años Enrique asumió la dirección de la Escuela de Derecho, y desde allí siempre fue un factor de apoyo a todas las iniciativas estudiantiles que tuvimos en aquellos convulsos años de los inicios de la democracia en el país. Ya antes de graduarme en 1962, habíamos entablado amistad, la cual progresivamente se fortaleció con la amistad entre nuestras esposas, Marta y Beatriz, de manera que desde entonces además de frecuentarnos socialmente, no dejamos de tener contacto permanente en la Facultad, donde ambos seguimos de profesores por mucho tiempo.

Enrique, por otra parte, ya para cuando yo regresé de mis estudios en la Facultad de Derecho de la Universidad de París, desde el derecho mercantil que comenzó a cultivar en la facultad, ya estaba en la órbita del derecho administrativo, de manera que él fue miembro del Jurado de mi Tesis Doctoral en 1964, *Las Instituciones Fundamentales del Derecho Administrativo y la Jurisprudencia venezolana*, que salió publicada en la Colección de Tesis de Grado de la Facultad, y luego, en 1965, prologó mi libro *sobre La expropiación por causa de utilidad pública e interés social* que salió publicado en las Colección de libros del Instituto de Derecho Público.

Posteriormente, en alguna ocasión tuvimos la oportunidad de trabajar juntos en una opinión jurídica sobre un tema de interpretación de contratos administrativos que originó un trabajo académico conjunto que se publicó en coautoría con el título de: "El recurso contenciosoadministrativo de interpretación en el sistema jurídico venezolano" en la *Revista de la Facultad de Derecho*, N° 32, Universidad Central de Venezuela, Caracas, diciembre 1965, pp. 103-126. Posteriormente, de nuevo trabajamos en un estudio sobre la expropiación en Venezuela en conjunto con Tomás Polanco e Hildegard Rondón de Sansó, de lo que salió un trabajo publicado con la firma de todos con el título "Expropriation in Venezuela" en la obra colectiva coordinada y editada por A. Lowenfeld, *Expropriation in the America. A Comparative Legal Study*, New York 1971, pp. 199-240.

A pesar de que con el correr de los años tuvimos actividades académicas y profesionales diversas, permaneció entre nosotros el afecto de siempre. Por ello, me complace tener esta oportunidad de participar en esta obra colectiva en homenaje a un gran amigo y mejor persona, con este trabajo sobre temas de derecho adminitrativo que tanto cultivó.

INTRODUCCIÓN

El régimen de la minería en Venezuela ha estado siempre condicionado por la decisión política adoptada por el Estado de reservarse determinados bienes como son los yacimientos o minas y determinadas actividades, como es la exploración y explotación de los mismos, excluyéndolos en consecuencia del ámbito de la propiedad privada y del ámbito de la libertad económica de los particulares, produciéndose en ese caso, con dichos bienes y actividades, una auténtica *publicatio*.

En efecto, en cuanto a los bienes que han sido reservados al Estado, esos son las minas o yacimientos, es decir, los depósitos de minerales que se encuentren en el territorio nacional, los cuales desde comienzos del siglo XIX se han considerado como bienes del dominio público. Esa categorización ahora está expresamente declarada en la Constitución de 1999[1] (art 12), en la Ley de Minas de 1999[2] (art 2), y en la Ley Orgánica de Bienes Públicos,[3] quedando

1 La Constitución de 1999 fue la primera vez en el constitucionalismo venezolano en la que se declararon como del dominio público una serie de bienes, incluyendo los yacimientos mineros y de hidrocarburos. Véase Constitución de la República Bolivariana de Venezuela, de 20 de diciembre de 1999, en *Gaceta Oficial* N° 5.453 Extraordinario, de 24 de marzo de 2000, artículos 12, 304, 303 y 324.

2 Véase en *Gaceta Oficial* N° 5.382 Extraordinario, de 28 de septiembre de 1999.

3 Véase en *Gaceta Oficial* N° 6155, de 19 de noviembre de 2014, artículo 6. Véase también Allan R. Brewer-Carías, *Código de Derecho Administrativo*, Editorial Jurídica Venezolana, Caracas 2013, páginas 115 ss.

por tanto excluidos del ámbito de la propiedad privada, no siendo por tanto apropiables por los particulares.

Además, el Estado se ha reservado en relación con dichos bienes, determinadas actividades, que son la exploración con el objeto de identificar las zonas donde se ubican los minas o yacimientos de minerales; y la explotación de dichas minas o yacimientos, es decir, la actividad de extraer de los mismos el mineral que contienen, con el objeto de ser aprovechado, quedando dichas actividades, igualmente excluidas del ámbito de la libertad económica de los particulares. Dichas actividades fueron totalmente reservadas al Estado a partir del Decreto No 2.039 de 15 de febrero de 1977[4] dictado en ejecución de previsiones de la Ley de Minas de 1945 (art.11),[5] ratificándose dicha reserva posteriormente en la Ley de Minas de 1999 (arts. 1, 7, 25).

Ello implica, en consecuencia, que para que los particulares puedan realizar la actividades de explotación y exploración de minas o yacimientos, es decir, de determinados minerales en específicas áreas del territorio, el Estado tiene que concederle u otorgarle ese derecho a realizarla, que antes no tenían, mediante el otorgamiento de concesiones, las cuales le aseguran a los concesionarios el derecho de intervenir los yacimientos o minas, y extraer de los mismos los minerales concedidos, para ser aprovechados en calidad de bienes que pasan a ser propiedad privada de los concesionarios.

En el ámbito minero, dichas actividades reservadas al Estado se califican en general, siguiendo la clasificación universal de las actividades económicas, como *actividades primarias o principales* de minería. Estando reservadas al Estado, las cuales al término de las concesiones, pueden por supuesto continuar realizándose por el Estado o por un nuevo concesionarios, a cuyo efecto, el antiguo concesionario está obligado a traspasarle al Estado libres de todo gravamen y sin indemnización, todos los bienes afectos al objeto de las concesiones, que son los que se consideran indispensables para que pueda continuar la explotación.

Aparte de las actividades primarias o principales reservadas al Estado y que son las que los particulares pueden realizar solo mediante concesión, la Ley de Minas del 1999 identifica otras actividades relacionadas con la minería sin realizar reserva alguna, que califica como actividades *auxiliares o conexas con la minería,* (art. 86), enumerándose entre las mismas las actividades de *almacenamiento, tenencia, beneficio, transporte, circulación y comercio* de los minerales extraídos.

Se trata, por tanto, de actividades respecto de las cuales no se ha producido *publicatio* alguna, que no se realizan respecto de los yacimientos o minas sino solo respecto de los minerales extraídos por el concesionario de la explotación de aquellos, los cuales una vez extraídos tienen el carácter de bienes de

4 Véase en *Gaceta Oficial* N° 31.175, de 15 de febrero de 1977.

5 Véase en *Gaceta Oficial* N° 121 Extraordinario, de 18 de enero de 1945.

su propiedad privada del concesionario, respecto de los cuales tiene derecho exclusivo de disponer y utilizarlos como mejor le convenga.

Por ello, en contraste con las actividades reservadas al Estado, estas actividades auxiliares o conexas con la minería las pueden realizar los concesionarios y, además, cualquier otro particular, en ejercicio de su libertad económica, estando solo sometidas a la vigilancia e inspección del Estado. Dicho carácter no reservado de estas actividades auxiliares o conexas está incluso confirmado en la propia Ley, cuando precisa, al enumerarlas (art. 86), que el Estado puede reservarse alguna de ellas, respecto de determinados minerales; reserva que debe hacerse por acto ejecutivo expreso, es decir, mediante decreto dictado a tal efecto. Y así lo ha hecho el Estado en los últimos años, incluso mediante decretos con fuerza y valor de ley dictados mediante habilitaciones legislativas, por ejemplo en 2008, en relación con la industria del mineral de hierro,[6] y en 2011, respecto de la industria del oro.[7] Igualmente la ausencia de *publicatio* respecto de estas actividades conexas o auxiliares con la minería, deriva de la previsión de la última parte del mismo artículo 87 de la Ley que dispone que cuando algunas de dichas actividades "sean prestadas a terceros como actividad lucrativa, *revisten el carácter de servicio público* y, en consecuencia, estarán sujetas al pago de las tarifas que establezca el Ministerio de Energía y Minas." Es decir, la Ley no las reservó al Estado ni las declaró como servicio público, sino solo que a los efectos de establecer tarifas, cuando las actividades de almacenamiento, tenencia, beneficio, transporte, circulación y comercio de los minerales extraídos se presten a terceros como actividad lucrativa, entonces "revisten el carácter de servicio público."

Por otra parte, la Ley de Minas declara en general como "de *utilidad pública* la materia regida por esta Ley" (art. 3) lo que abarca todas las actividades primarias o principales y auxiliares o conexas con la minería.

Nuestro propósito en estas páginas es estudiar el régimen de la minería en Venezuela, en particular respecto de la reserva de actividades al Estado, la figura de la concesión minera, y respecto de ellas, la figura de la reversión de bienes como forma de extinción de la propiedad privada, para lo cual, consideramos esencial precisar en el derecho venezolano el alcance de la *publicacio* o reserva de bienes y actividades y la noción de utilidad pública.

---

[6] Ley Orgánica de Ordenación de las Empresas que Desarrollan Actividades en el Sector Siderúrgico en la Región de Guayana, Decreto Ley N° 6.058, de 30 de abril de 2008, en *Gaceta Oficial* N° 38.928, de 12 de mayo de 2008.

[7] Ley Orgánica que Reserva al Estado las Actividades de Exploración y Explotación del Oro así como conexas y auxiliares a esta, Decreto Ley N° 8.413, de 23 de agosto de 2011, en *Gaceta Oficial* N° 39.759, de 16 de septiembre de 2011.

I. SOBRE LA "PUBLICATIO" Y LAS NOCIONES DE "UTILIDAD PÚBLICA," "RESERVA AL ESTADO," "SERVICIO PÚBLICO" Y "DOMINIO PÚBLICO" EN MATERIA MINERA

1. SOBRE LA "PUBLICATIO" EN MATERIA DE ACTIVIDADES ECONÓMICAS, Y EN PARTICULAR DE LA EXPLORACIÓN Y EXPLOTACIÓN MINERAS

En materia económica, en Venezuela rige el principio de la libertad económica, garantizada en el artículo 112 de la Constitución que dispone el derecho de todas las personas a dedicarse libremente a la actividad económica de su preferencia, sin más limitaciones que las previstas en la Constitución y en las que establezcan las leyes, por razones de desarrollo humano, seguridad, sanidad, protección del ambiente u otras de interés social. En consecuencia, el derecho al ejercicio de la libertad económica siempre puede ser limitado por el Estado mediante leyes, lo que implica que solo el legislador puede dictar las leyes limitativas (reserva legal).

Ello no excluye, sin embargo, que el Estado no pueda reservarse determinadas actividades económicas, servicio, industrias o bienes, para su exclusivo desarrollo, en cuyo caso se produce lo que se ha llamado una "*publicatio*" en el sentido de que la actividad reservada excluye en principio la posibilidad de que los particulares la ejerzan, excepto si se les otorga el derecho de hacerlo mediante una concesión, por ejemplo.

De ello deriva, por ejemplo, que conforme lo ha expresado José Ignacio Hernández:

> "Es preciso observar, en este punto, que las actividades económicas responden, en una ***summa divisio,*** a una distinción dual: hay actividades económicas que han sido reservadas al Estado; junto a ellas, hay también actividades que no han sido reservadas, pero cuya ordenación y limitación asume la Administración. No existen categorías intermedias: o una actividad está reservada al Estado o no lo está. Reserva entendida, en última instancia, como la técnica más drástica de intervención del Estado, a través de la cual éste asume, para sí, la ***titularidad*** de determinada actividad económica, excluyendo a los particulares (Martín-Retortillo Baquer; Brewer-Carías). En las actividades reservadas, los particulares no tienen derecho alguno a desplegar su iniciativa: ese derecho ha de ser ***concedido*** por la Administración, cuando así haya sido admitido en el marco de la Ley concreta de reserva."[8]

---

[8] Véase José Ignacio Hernández, "Disciplina jurídico Administrativa de la Libertad Económica. La diatriba actual entre libertad económica y Estado Social," en *VII Jornadas Internacionales de Derecho Administrativo. Allan Randolph Brewer Carías. E principio de legalidad y el ordenamiento jurídico administrativo de la libertad económica*, FUNEDA, Tomo I, Caracas 2004, p. 200. El mismo autor comenta que: "En las actividades reservadas al Estado, como puede anticiparse, hay una significativa atenuación de esa cobertura legal, pues la intervención opera en áreas del quehacer económico que han sido excluidas de la libre iniciativa privada. La jurisprudencia venezolana (sentencia de la Sala Político-Administrativa de

Es en el contexto de las actividades *reservadas al Estado* entonces donde puede hablarse de que se produce una "*publicatio,*" término que conforme lo reseña el mismo José Ignacio Hernández fue "acuñado inicialmente por Villar Palasí, y tiene su origen en el Derecho Romano: la ***publicatio*** era el acto por el cual se sustraía a un bien del tráfico jurídico entre los particulares. La ***publicatio*** de actividades económicas equivale, entonces, a su reserva al Estado."[9]

La distinción se puede apreciar legalmente, por ejemplo, en las actividades mineras conforme a la Ley de Minas, en la cual se distinguen, por una parte, las actividades que se han reservado al Estado, por realizarse directamente sobre bienes declarados del dominio público como son los yacimientos o minas, como son las actividades de exploración y explotación mineras, que por estar reservadas al Estado los particulares solo pueden realizadas mediante concesión, y respecto de las cuales, por ello, se ha operado una *publicatio*; y por la otra, las otras actividades conexas o auxiliares con la minería, que no están reservadas al Estado, y que aun cuando estando sometidas al régimen de la ley que es de derecho público, para su realización sin embargo no se requiere concesión de parte del Estado, sino que se realizan solamente bajo la vigilancia del mismo.

Se trata de las actividades de beneficio, almacenamiento, tenencia, circulación, transporte y comercialización, interna o externa, de las sustancias extraídas" (art. 1, Ley de Minas) o, en otras palabras, las actividades de "almacenamiento, tenencia, beneficio, transporte, circulación y comercio de los minerales" (art. 86, Ley de Minas), que son actividades calificadas en la ley como conexas o auxiliares de la minería, que solo están sujetas "a la vigilancia e inspección por parte del Ejecutivo Nacional y a la reglamentación" por el mismo, previendo la Ley sin embargo, que las mismas, por no estar reservadas al Estado, "cuando así convenga al interés público, el Ejecutivo Nacional podrá reservarse mediante decreto" cualquiera de dichas actividades conexas o auxiliares con respecto a determinados minerales.

Si dicha reserva al Estado se produce, podría decirse entonces que respecto de las mismas se habría producido una "*publicatio.*" De lo contrario, no estando reservadas al Estado, los particulares, incluidos los concesionarios, pueden realizarlas en ejercicio de su libertad económica, por supuesto, sujetos a la vigilancia del Estado.

---

26 de marzo de 1993, caso *RCTV* y de la entonces Corte Suprema de Justicia en Pleno de 13 de febrero de 1997, caso ***Venevisión***) insistió sobre este punto, al sostener que la reserva destruye los derechos de los particulares, permitiendo a la Administración desplegar "potestades de intervención, notablemente más penetrantes que los que pudieran operar frente a un simple particular actuando en su condición ordinaria de ciudadano.". *Idem*, p. 200..

9 *Idem*, p. 201

2. SOBRE LA "PUBLICATIO" EN MATERIA DE BIENES Y LA NOCIÓN DE DOMINIO PÚBLICO, Y EN PARTICULAR DE LOS YACIMIENTOS O MINAS

En materia de bienes, el Código Civil los clasifica según las personas a quienes pertenecen en bienes que "pertenecen a la Nación, a los Estados, a las Municipalidades, a los establecimientos públicos y demás personas jurídicas y a los particulares" (art. 538).

Todos esos bienes, en general, de acuerdo con el Código Civil, se rigen por el régimen regulado en el mismo Código respecto de la propiedad privada, que incluso se aplica a los bienes del "dominio privado" del Estado (art. 544: "Las disposiciones de este Código se aplicarán también a los bienes del dominio privado, en cuanto no se opongan a las leyes especiales respectivas"), quedando exceptuados sin embargo, aquellos bienes pertenecientes a las entidades públicas, respecto de los cuales se haya producido una "*publicatio*" al haber sido reservados al Estado, al declráraselos como del dominio público y por tanto inalienables e imprescriptibles (art. 543 CC.), y en consecuencia encontrarse sometidos a un régimen de derecho público.

La enumeración clásica de bienes del dominio público en el Código Civil establecida desde finales del siglo XIX, que se refiere a "los caminos, los lagos, los ríos, las murallas, fosos, puentes de las plazas de guerra y demás bienes semejantes" (art. 539), se complementó durante el transcurso del siglo XX con nuevas regulaciones en leyes especiales, como la Ley Orgánica de Bienes Públicos de 2012, reformada en 2014[10] y con la previsiones constitucionales incorporadas en la Constitución de 1999, respecto de los yacimientos mineros declarados expresamente como bienes del dominio público. En esa misma línea, la Ley de Minas de 1999 estableció que "las *minas o yacimientos* minerales de cualquier clase existentes en el territorio nacional pertenecen a la República, son bienes del dominio público y por tanto inalienables e imprescriptibles."

Todos los bienes del dominio público, por tanto están reservados al Estado, y los mismos se clasifican en el Código Civil, como de uso público o de uso privado de los entes públicos del Estado (art. 540). Los primeros abarcan aquellos bienes de uso común a los que el público en general puede acceder aun cuando existan regulaciones estatales para su ejercicio, por ejemplo, el poder circular en las vías públicas o navegar en las aguas.

Los bienes del dominio público de uso privado del Estado, por otra parte, son aquellos respecto de los cuales el Estado se ha reservado su uso y explotación, no teniendo las personas derecho de uso de los mismos, como es el caso, por ejemplo, del uso y explotación de los yacimientos mineros, salvo cuando el Estado le concede a los particulares el ejercicio exclusivo de esas actividades que se ha reservado, mediante el otorgamiento de una concesión,

---

10 Véase en *Gaceta Oficial* N° 6155, de 19 de noviembre de 2014. Véase sobre esta Ley: también Allan R. Brewer-Carías, *Código de Derecho Administrativo*, Editorial Jurídica Venezolana, Caracas 2013 pp. 115 ss.

creando en cabeza del concesionario a través de esta figura jurídica el derecho que se le concede y que antes no tenía.

3. .SOBRE LA NOCIÓN DE "SERVICIO PÚBLICO" Y LA PUBLICATIO, EN PARTICULAR DE LOS SERVICIOS DE DISTRIBUCIÓN DE COMBUSTIBLES Y GAS PARA CONSUMO COLECTIVO EN MATERIA DE HIDROCARBUROS

La *publicatio* se puede producir, igualmente, por ejemplo, cuando se produce la declaratoria de alguna actividad como "servicio público," con la característica de que por disposición de ley expresa, el Estado se reserva expresamente dicha actividad con la ***explícita voluntad*** de retirarla del área del quehacer económico de la libertad de empresa.

Volviendo al ejemplo de las actividades mineras, como antes se dijo, la *publicatio* sólo ha operado respecto de las minas y yacimientos y de las actividades de exploración y explotación mineras, y no respecto de las actividades auxiliares o conexas, las cuales además de no estar reservadas al Estado, tampoco han sido declaradas como servicio público reservado al Estado, lo cual, por lo demás, en ningún caso podría derivarse de lo que se establece en el artículo 87 de la Ley cuando dispone que cuando algunas de las actividades antes indicadas (almacenamiento, tenencia, beneficio, transporte, circulación y comercio de los minerales):

> "sean prestadas a terceros como actividad lucrativa, *revisten el carácter de servicio público* y, en consecuencia, estarán sujetas al pago de las tarifas que establezca el Ministerio de Energía y Minas."

Esta previsión, como se ha dicho anteriormente, no declara a todas las actividades conexas o auxiliares a la minería como servicio público, sino sólo prevé que cuando alguna de ellas se realice por un particular, concesionario o no, "como actividad lucrativa," la misma "reviste el carácter de servicio público" a los efectos de que estén "sujetas al pago de las tarifas" que establezca el Ministerio de Energía y Minas.

Ello, por supuesto, tiene un alcance limitado en el marco de las regulaciones económicas, que es el de considerar que ciertas actividades auxiliares o conexas que realicen los particulares (concesionarios o no) como actividad lucrativa "revisten el carácter de servicio público" a los efectos de sujetar su pago a una tarifa fijada por el Estado; lo que en ningún puede llevar a considerar que se trata de declaratoria general de todas las actividades conexas o auxiliares como "servicio público", pues ello implicaría la reserva de las mismas al Estado, lo que no está previsto en la ley.

Esta noción de "servicio público," en el derecho venezolano, como en todos los derechos latinoamericanos, se refiere solo a las actividades *destinadas a para satisfacer necesidades colectivas*, conforme a declaración y regulación expresa en una ley,[11] como sucede por ejemplo con la actividad de transporte ferroviario regulado como de servicio público en la Ley del Sistema de Transporte Ferroviario Nacional,[12] o por ejemplo, en los artículos 4 y 60 de la Ley Orgánica de Hidrocarburos, o en los artículos 4 y 5 de la Ley Orgánica de Hidrocarburos Gaseosos.

En el ámbito de estas dos últimas leyes, en las cuales se declara, en general, a las actividades que regulan *como de utilidad pública o interés social,*[13] por ejemplo, solo se declaran como "servicio público" las actividades de suministro, almacenamiento, transporte, distribución y expendio de los productos derivados de hidrocarburos *para el consumo colectivo interno, por estar destinadas a satisfacer necesidades colectivas*, es decir, del público en general, a la colectividad en su conjunto, y que por tanto, requieren, por ello, de continuidad."[14] Como textualmente lo indica el artículo 60 de la Ley de Hidrocarburos: "*constituyen un servicio público* las actividades de suministro, almacenamiento, transporte, distribución y expendio de los productos derivados de los hidrocarburos, señalados por el Ejecutivo Nacional (conforme al artículo 59), destinados al consumo colectivo interno."

Esa declaración legal implica, por ejemplo, que conforme al artículo Art. 61 de la propia Ley Orgánica de Hidrocarburos, los precios de dichos productos deben ser fijados por el Ejecutivo Nacional por órgano del Ministerio de Energía y Minas. Dichos precios pueden fijarse mediante bandas o cualquier otro sistema que resulte adecuado, tomando en cuenta las inversiones y la rentabilidad de las mismas. Además, el Ministerio debe adoptar medidas para garantizar el suministro, la eficiencia del servicio y evitar su interrupción. Además, por tratarse de servicios públicos, las personas naturales o jurídicas que deseen ejercerlas deben obtener previamente permiso del Ministerio de Energía y Minas, y su cesión o traspaso requiere la autorización previa del Ministerio de Energía y Minas.

Disposiciones similares se encuentran incorporadas en la Ley Orgánica de Hidrocarburos Gaseosos de 1999, en la cual se declara, entre todas las actividades que regula, que sólo constituyen un "servicio público" aquellas relacionadas, directa o indirectamente, con el transporte y distribución de gases de hidrocarburos destinados al *consumo colectivo*. Por ello, también, la misma Ley establece que los almacenadores, transportistas y distribuidores

---

11 Véase Allan R. Brewer-Carías, *Administrative Law in Venezuela*, EJV International, 2015, pp. 209-212.

12 Véase *Gaceta Oficial* N° 37.313 de 30 de octubre de 2001

13 El artículo 4 de la Ley Orgánica de Hidrocarburos, y de la Ley Orgánica de Hidrocarburos Gaseosos establecen, con el mismo texto, que: "Las actividades a las cuales se refiere esta Ley, así como las obras que su realización requiera, se declaran de utilidad pública y de interés social."

14 Esto lo ha confirmado la Sala Político Administrativa del Tribunal Supremo en sentencia No. 255 de 09-02-2006 (caso *Estación San Luis Del Este II, C.A vs. Shell Venezuela Productos)*, en *Revista de Derecho Público*, No. 105, Editorial Jurídica venezolana, Caracas 2005, p. 178.

de hidrocarburos gaseosos tienen la obligación de prestar el servicio en forma. Tratándose de servicios públicos, el artículo 12 de la LOHG también autoriza al Ministerio de Energía y Minas para determinar los precios de los hidrocarburos gaseosos desde los centros de producción y procesamiento, atendiendo principios de equidad. Además, los Ministerios de Energía y Minas y de la Producción y el Comercio, conjuntamente, deben fijar las tarifas que se aplicarán a los consumidores finales y a los servicios que se presten de conformidad con la Ley.

De lo anterior resulta, por tanto, conforme a esos ejemplos regulatorios, que por voluntad expresa del legislador, en las leyes respectivas el Estado se reserva determinadas actividades destinadas a *satisfacer necesidades colectivas* de la población en general, que además, las asume como obligación prestacional, y que por tanto, los particulares no pueden realizar sino en virtud de una concesión o permiso del propio Estado. Esas son las actividades que pueden ser consideradas como "servicio público," lo que, por tanto, siempre requiere de un texto legal expreso que las califique, estableciendo además, el sentido de la reserva al Estado de las mismas.

Es decir, "servicio público" en el derecho venezolano son las actividades prestacionales que debe asumir el Estado *tendientes a satisfacer necesidades generales o colectivas, en cumplimiento de una obligación constitucional o legal* y en relación con las cuales, los particulares se encuentran limitados en cuanto a que no pueden desarrollarlas libremente, sea porque el Estado en algunos casos se las ha reservado, o sea porque el Estado las regula y ordena.[15] Por ello, cuando la Sala Político Administrativa del Tribunal Supremo de Justicia, ha buscado definir un contrato como "contrato administrativo," exige que "el objeto del contrato esté vinculado a la *prestación de un servicio público* que *tiende a la satisfacción de un interés general, como lo es la educación,"*[16] en el sentido de *necesidad colectiva, que interesa a toda la colectividad.*

De esta definición sobre lo que en Venezuela es un "servicio público," resulta entonces lo siguiente: en *primer lugar,* que siempre se trata de una actividad, consistente en *dar o hacer algo a favor de otros,* colectivamente, en suma, de prestar. Se trata, por tanto, de una actividad prestacional; pero no de cual-

---

15 Véase Allan R. Brewer-Carías, "Comentarios sobre la noción de servicio público como actividad prestacional del Estado y sus consecuencias," en *Revista de Derecho Público,* N° 6, EJV, Caracas, 1981, pp. 65-71; "El régimen constitucional de los servicios públicos," en *VI Jornadas Internacionales de Derecho Administrativo "Allan R. Brewer-Carías"*, Fundación de Estudios de Derecho Administrativo, Tomo I, Caracas 2002, p. 23; y en *Estudios de Derecho Administrativo 2005-2007*, Editorial Jurídica Venezolana, Caracas 2007, pp. 528 ss.; y Allan R. Brewer-Carías, *Administrative Law in Venezuela,* EJV International, 2015, pp. 209-212. Véase también, José Ramón Parada, *"Los servicios públicos en España"*, en *El derecho Público a comienzos del Siglo XXI. Estudios en Homenaje al Profesor Allan R. Brewer-Carías*, Madrid, 2003, pp. 1845-1869.

16 Véase la sentencia de la Sala Político Administrativa del Tribunal Supremo No. 592 de 07-05-2009 (Caso: *Universidad de Carabobo vs. Ministerio de Salud*), en *Revista de Derecho Público,* No. 118, Editorial Jurídica Venezolana, Caracas 2009, p. 291.

quier tipo de prestación sino de una que es de *interés público colectivo*, de toda la población, es decir, de la colectividad en general, por lo que los sujetos a los cuales se destina son todos, al público en general, como sería por ejemplo, el *servicio ferroviario de transporte, el servicio de correos, el servicio de protección a la salud, los servicios de transporte colectivo terrestre, los servicios de educación o el servicio de distribución de productos* derivados del petróleo o gas. Como lo ha dicho la Sala Político Administrativa del Tribunal Supremo de Justicia al referirse al servicio de agua potable y de saneamiento, los mismos "constituyen verdaderos servicios públicos, y como tales se encuentran dirigidos *a satisfacer necesidades de interés general o colectivo.*"[17]

En *segundo lugar*, esa actividad prestacional para ser considerada como "servicio público" por su vinculación al interés general, corresponde cumplirla *obligatoriamente* al Estado, es decir, a los entes públicos, por estar así establecido como *obligación en la Constitución o en las leyes*,[18] como la establecida en el artículo 60 de la Ley Orgánica de Hidrocarburos. Por tanto, no toda actividad prestacional de interés público que realicen los entes públicos puede considerarse como un "servicio público," pues hay prestaciones que no se imponen obligatoriamente al Estado, sino sólo aquellas que éstos asumen porque cumplen una obligación constitucional o legal. Por ello, precisamente es que los servicios públicos no pueden ser prestados libremente por los particulares, sino mediante concesión, licencia, permiso o autorización, como por ejemplo sucede con los servicios públicos domiciliarios y los servicios de policía, o los servicios de suministro de productos derivados en la industria petrolera, todos para satisfacer necesidades colectivas. Por ello, en las leyes que los regulan, como lo ha constatado la Sala Político Administrativa del

---

[17] Véase sentencia de la Sala Político Administrativa No. 224 de 07-02-2007 (Caso: *Armando Casal Casal; Interpretación del Art. 86 de la Ley Orgánica para la Prestación de los Servicios de Agua Potable y de Saneamiento*, publicada en la *Gaceta Oficial* N° 5.568 de fecha 31-12-2001. Véase, además, en *Revista de Derecho Público*, No. 109, Editorial Jurídica Venezolana, Caracas 2007, pp. 135 ss. En esta sentencia, la Sala agregó que "Estos servicios públicos, pueden ser de dos tipos: i) "*uti universi*" o ii) "*uti singuli*". En el primer caso, los gastos de organización y funcionamiento son cubiertos, en principio, mediante impuesto (*vgr.* servicios de seguridad y defensa de la nación, policía de seguridad, etc.), pues dichos servicios se encuentran directamente vinculados a la vida misma del Estado, siendo la comunidad el verdadero beneficiario. En el segundo de los casos, servicios "*uti singuli*", excepcionalmente, dichos gastos son pagados a través del impuesto. Por lo general, son pagados por el usuario en su totalidad (gas, teléfono, agua, transporte, etc.) o en parte (correos y telégrafos); pues, de lo contrario tales gastos, mediante el impuesto, recaerían sobre la totalidad de los habitantes en perjuicio de quienes no utilizan dichos servicios. (*Ver*. Miguel Marienhoff. *Tratado de Derecho Administrativo*. Tomo II)." *Idem* , p. 138.

[18] Por ello, en relación con la noción de servicio público, algunos autores han concluido que solo las actividades expresamente calificadas como tales en las leyes pueden ser consideradas como servicios públicos. Véase José Peña Solís, *Manual de Derecho Administrativo*, Vol. 3, Caracas 2003, pp. 336 ss.

Tribunal Supremo, se declara expresamente que tales servicios constituyen "servicios públicos" atribuyéndose al Estado su prestación.[19]

En *tercer lugar,* tratándose de una actividad prestacional que corresponde como obligación al Estado, de acuerdo al principio de alteridad, los usuarios, es decir, la colectividad o el público en general, tienen un correlativo derecho constitucional o legal a recibir la prestación, como sucede por ejemplo, con el derecho a la protección de la salud, que las personas incluso, pueden reclamar judicialmente. Por ello, el artículo 259 de la Constitución de 1999 le atribuye a la jurisdicción contencioso-administrativa competencia para resolver los "reclamos por la prestación de los servicios públicos" (Art. 259), lo que se regula en la Ley Orgánica de la Jurisdicción Contencioso Administrativa al considerar como sujetos a control "las entidades prestadoras de servicios públicos en su actividad prestacional" (Arts. 7.5; 9.5) estableciendo el procedimiento para conocer de "los reclamos por la omisión, demora o deficiente prestación de los servicios públicos"(Art. 65.1). Estos servicios públicos, por supuesto, no son cualquier prestación o actividad de interés general, sino las actividades prestacionales obligatorias impuestas al Estado respecto de las cuales los ciudadanos tienen derecho de percibirlos en forma regular y continua, teniendo el derecho además para reclamarlos judicialmente.

En *cuarto lugar,* desde el momento en el cual una actividad se configura legalmente como un servicio público a cargo de los entes públicos, la misma queda sustraída de las que pueden ser desarrolladas libremente por los particulares, en el sentido que esencialmente y conforme se establezca en las leyes (reserva legal), el Estado puede limitarlas y restringirlas, exigiendo por ejemplo, para que los particulares puedan desarrollarlos, una concesión, una autorización, un permiso, un registro o cualquier tipo de autorización o habilitación,[20] sometiéndose entonces la actividad a un régimen de derecho público.

En todo caso, la idea clave a los efectos de la conceptualización jurídica del servicio público, es la existencia de una obligación constitucional o legal a cargo del Estado para la realización de la actividad prestacional. Ello contribuye a deslindar los servicios públicos de las actividades prestacionales que el Estado asume y realiza como mero empresario pero que no se ejecutan en virtud del cumplimiento de una obligación constitucional o legal alguna, y respecto de las cuales también existe el derecho de los particulares a desarrollarlas libremente. Por ello, el servicio público así entendido, como obligación prestacional a cargo del Estado, sólo puede tener su origen directamente en

---

19 Véase en relación con el servicio público de electricidad, por ejemplo, la sentencia No. 846 de 31-05-2007 (Caso: *C.A. La Electricidad de Caracas vs. Ministro de Producción y el Comercio (Ministro del Poder Popular para las Industrias Ligeras y el Comercio)*, en *Revista de Derecho Público,* No. 110, Editorial Jurídica Venezolana, Caracas 2007, pp. 159-161.

20 Véase Allan R. Brewer-Carías, "Comentarios sobre la noción de servicio público como actividad prestacional del Estado y sus consecuencias" en *Revista de Derecho Público,* N° 6, Editorial Jurídica Venezolana, Caracas, 1981, pp. 68 ss.

la Constitución o en la ley,[21] como es el caso de las previsiones mencionadas, por ejemplo, de la Ley Orgánica de Hidrocarburos y de la Ley Orgánica de Hidrocarburos Gaseosos, pues sólo en los textos legales, conforme al principio de reserva legal previsto en la propia Constitución (Art. 112), es que puede limitarse o restringirse la libertad económica.[22]

Esta noción de servicio público en su sentido propio, como la actividad prestacional obligatoria del Estado destinada a satisfacer necesidades colectivas, es la que se sigue en el derecho venezolano, tanto en la doctrina de derecho administrativo[23] como en la jurisprudencia;[24] y también en el derecho administrativo comparado, donde a pesar de las sucesivas crisis de la noción,[25]

---

21 Véase José Peña Solís, *Manual de Derecho Administrativo*, Vol. 3, Caracas 2003, pp. 336 *ss.*

22 Precisamente por ello, la Ley Orgánica de Hidrocarburos reserva la calificación como "servicio público" única y exclusivamente a las actividades de suministro, almacenamiento, transporte, distribución y expendio de los productos derivados de los hidrocarburos que señale el Ejecutivo Nacional, destinados al *consumo colectivo interno* (Arts. 59, 60); y la Ley Orgánica de Hidrocarburos Gaseosos también reserva la calificación como "servicio público" única y exclusivamente a las actividades relacionadas, directa o indirectamente, con el transporte y distribución de gases de hidrocarburos *destinados al consumo colectivo* (Art. 5). En ambos casos, el elemento esencial es la actividad prestacional para la satisfacción de una necesidad colectiva o de consumo colectivo.

23 Véase Allan R. Brewer-Carías, "Comentarios sobre la noción del servicio público como actividad prestacional del Estado y sus consecuencias" en *Revista de Derecho Público*, N° 6, Editorial Jurídica Venezolana, Caracas 1981, pp. 65-71; "El régimen constitucional de los servicios públicos" en *VI Jornadas Internacionales de Derecho Administrativo Allan Randolph Brewer-Carías El nuevo servicio público. Actividades reservadas y regulación de actividades de interés general (electricidad, gas, telecomunicaciones y radiodifusión)*, Caracas 2002, Fundación de Estudios de Derecho Administrativo FUNEDA, Caracas 2003, pp. 19-49; José Araujo Juárez, *Derecho Administrativo General. Servicio Público*, Ediciones Paredes, Caracas 2010, 58-79; José Araujo Juárez, "Régimen Jurídico de los servicios económicos de interés general," en *El Derecho Público a comienzos del Siglo XXI: Estudios en Homenaje al Profesor Allan R. Brewer-Carías*, Ed. Civitas, Madrid, 2003, pp. 1969-1978; Eloy Lares Martínez, *Manual de Derecho Administrativo*, 12ª ed., Universidad Central de Venezuela, Caracas 2001, pp. 203-209; José Peña Solís, *Manual de Derecho Administrativo*, Vol. 3, Col. Estudios Jurídicos, Tribunal Supremo de Justicia, Caracas, 2003, pp. 325-345; José Ignacio Hernández G., "Un ensayo sobre el concepto de servicio público en el derecho venezolano," en *Revista de Derecho Público*, N° 89-92, Editorial Jurídica venezolana, Caracas, 2002, pp. 47-75.

24 Por ejemplo, en la sentencia de la Sala Político Administrativa del Tribunal Supremo de Justicia No. 1811 de 10-12-2011 (Caso: *Tadeo-Anzoátegui, C.A. vs. Municipio Turístico El Morro "Licenciado Diego Bautista Urbaneja" Del Estado Anzoátegui*), al considerar el servicio público de aseo consideró que en el mismo "priva el interés general de la comunidad sobre el particular de la contratista, tratándose de una necesidad básica de la población que comporta la protección de derechos humanos fundamentales, tales como: el derecho a la salud, a la vida digna de la sociedad y a la preservación del medio ambiente, consagrados en la Constitución de la República Bolivariana de Venezuela, en virtud de lo cual la autoridades deben actuar de manera célere y eficiente para garantizar la debida prestación del servicio." En *Revista de Derecho Público*, No. 120, Editorial Jurídica Venezolana, Caracas 2009 pp. 137-139.

25 Véase entre los más recientes ensayos en la materia: Jaime Orlando Santofimio, "Los servicios públicos: vicisitudes y fundamentos de un tema jurídico inconcluso e impreciso"

la misma no llega a ser identificada con cualquier actividad desarrollada por el Estado, pues carecería de todo sentido.

Al contrario se la vincula con una actividad prestacional para satisfacer necesidades colectivas que debe ser asegurada o asumida por el Estado; y este ha sido el sentido tradicional del término "*service publique*" en la doctrina francesa general de derecho administrativo,[26] incluso la más reciente influenciada por las exigencias del derecho comunitario europeo.[27] Igualmente ha sido el sentido tradicional en América Latina, por ejemplo, en la doctrina argentina.[28] Igual sucede con la doctrina del derecho administrativo anglosajón, donde la expresión "servicio público" tiene precisamente el particular significado relativo a "*public utility*,"[29] expresión que identifica

---

en *El derecho Público a comienzos del Siglo XXI: Estudios en Homenaje al Profesor Allan R. Brewer-Carías*, Ed. Civitas, Madrid, 2003, pp. 1882-1956; Diego Zegarra Valdivia, *El servicio Público. Fundamentos*, Palestra, Lima 2005.

26 Véase en general Guy Braibant y Bernard Stirn, *Le droit administratif français*, 5ᵉ éd., Col. Amphithéâtre, Presses de Sciences-Po - Dalloz, Paris 1999, pp. 139-143; René Chapus, *Droit administratif général*, T. I, 9ᵉ éd., Col. Domat Droit Public, Montchrestien, Paris, 1995, pp. 513-525; Pierre Delvolvé, *Le droit administratif*, 3ᵉ éd., Coll. Connaissance su droit, Dalloz, Paris 2002, pp. 42-47; Jacques Moreau, *Droit administratif*, Coll. Droit fondamental - Droit administratif, PUF, Paris, pp. 311-316; Jean Waline, *Précis de Droit administratif*, 22ᵉ ed., Coll. Droit public - Science politique, Dalloz, Paris 2008, pp. 339-359.

27 Véase en general, Stéphane Braconnier, *Droit des services publics*, 2ᵉ éd., Col. Thémis droit, PUF, Paris, 2007, pp. 157-184; Claudie Boiteau, «Vers une définition du service public (À propos de l'arrêt du Conseil d'État, Section, 22 février 2007, Association du personnel relevant des établissements pour inadaptés - APREI),» en *Revue française de droit administratif*, 2007, N° 4, pp. 803-811; Sabine Boussard, «L'éclatement des catégories de service public et la résurgence du « service public par nature », en *Revue française de droit administratif*, 2008, N° 1, pp. 43-49; Laetitia Janicot, « L'identification du service public géré para une personne privée, » en *Revue française de droit administratif*, 2008, N° 1, pp. 67-79; Michaël Karpenschif, «Vers une définition communautaire du service public, » en *Revue française de droit administratif*, 2008, N° 1, pp. 58-66; Christophe Le Berre, «La logique économique dans la définition du service public, » en *Revue française de droit administratif*, 2008, N° 1, pp. 50-57; Marceau Long. «Service public et réalités économiques du XIX siècle au droit communautaire, » en *Revue française de droit administratif*, 2001, N° 6, pp. 1161-1168; François Séners, « L'identification des organismes privés chargés d'une mission de service public, » Concl. Sur CE, Sect., 6/4/2007, Ville d'Ais-en Provence, » en *Revue française de droit administratif*, 2007, N° 4, pp. 812-820. Note Jean-Claude Nouence, pp. 821-827.

28 Véase por ejemplo, Agustín Gordillo, *Tratado de Derecho Administrativo*, Tomo 2 La Defensa del Usuario y del Administrado, 4ta Edición, Buenos Aires 2000, pp. VI-33 ss.; Juan Francisco Linares. *Derecho Administrativo*, Buenos Aires 1986, pp. 509 ss.; Benjanmín Villegas Basavilvaso, *Derecho Administrativo*, Vol. III (Primera Parte General, Instituciones Fundamentales), Buenos Aires 1951, pp. 4 ss.

29 Véase por ejemplo Peter L. Strauss et al., *Administrative Law. Cases and Comments*, University Casebooks Series, New York, 1995, pp. 339 *ss. Cf.* José Peña Solís, *Manual de Derecho Administrativo*, Vol. 3, Caracas 2003, p. 381. Conforme al *Black's Law Dictionary*, el término "*public service*" se aplica a las actividades o entidades "que especialmente satisfacen las necesidades del público en general o que conducen al confort y conveniencia de la comunidad entera, como las compañías de ferrocarriles, de gas, de agua o de luz eléctrica; y compañías que suministran transporte público." Si el servicio público es prestado por

a los servicios *prestados al público en general* por entidades o corporaciones públicas o mediante concesión de estas. En consecuencia, también en el derecho anglosajón, no toda actividad de interés público puede ser considerada como servicio público, sino sólo aquellas que consisten en una actividad de prestación de interés público destinada a satisfacer las necesidades colectivas o del público en general o de confort y conveniencia de la comunidad entendida como globalidad, como por ejemplo son los servicios de ferrocarriles, de transporte, de teléfonos, de gas, de electricidad, de agua, pueden considerarse como "servicios públicos."

En consecuencia, por ejemplo, una actividad prestacional de un servicio de transporte por parte de una empresa privada a una empresa del Estado, para garantizarle el transporte a su personal mediante aviones ejecutivos, no se puede nunca calificar como un "servicio público," pues es una actividad prestacional, de carácter comercial, si, ciertamente, de un "servicio," pero no "público" sino en beneficio solo y exclusivamente de una empresa del Estado para la realización de sus actividades cualquiera que ellas sean.

El criterio anteriormente expuesto y la definición de "servicio público", es la misma que la establecida por la Sala Político Administrativa de la anterior Corte Suprema de Justicia, en sentencia de 5 de agosto de 2004 (caso *DHL Fletes Aéreos C.A.)*, según lo indicado a continuación:

> "El servicio público puede ser definido como la actividad administrativa de naturaleza prestacional destinada a satisfacer necesidades colectivas de manera regular y continua, previamente calificada como tal por un instrumento legal, realizada directa o indirectamente por la Administración Pública y por tanto, sometido a un régimen de Derecho público. (José Peña Solís. "La Actividad Administrativa de Servicio Público: Aproximación a sus Lineamientos Generales", en *Temas de Derecho Administrativo. Libro Homenaje a Gonzalo Pérez Luciani,* Vol. I. Tribunal Supremo de Justicia. Colección Libros Homenaje N° 7, Caracas 2002. Pág. 433)
>
> Los servicios públicos contienen una serie de elementos que los caracterizan, entre los que están la actividad prestacional, la satisfacción de necesidades colectivas (o la vinculación al principio de la universalidad del servicio), la regularidad y continuidad del servicio, la calificación por ley de la actividad como servicio público (*publicatio*), la gestión di-

una empresa privada debe tener "una apropiada concesión del Estado para satisfacer la necesidad o conveniencia del público general, incapaz de ser satisfecha mediante a través de empresas privadas en competencia." Véase Allan R. Brewer-Carías, *Administrative Law in Venezuela,* EJV International, 2015, p. 210.

recta o indirecta de la Administración Pública, y su consecuencial régimen de Derecho público."[30]

En otra sentencia de la Sala Constitucional del Tribunal Supremo No. 825 de 6 de abril de 2004 (Caso: *Banco del Caribe C.A. Banco Universal vs. Superintendencia de Bancos y otras Instituciones Financieras*) al considerar que efectivamente la actividad de intermediación financiera que realizan los bancos está "vinculada con la preservación de un interés general," sin embargo, dijo la Sala, "no constituye una actividad de prestación de servicio público, ya que, entre otros aspectos de derecho sustantivo, no existe en la mencionada ley o en la Constitución una reserva a favor del Estado de dicha actividad económica, es decir, no existe *publicatio* de la misma que excluya la libre iniciativa económica en el sector (artículos 112 y 113 constitucio-nales)."[31]

En el caso de la Ley de Minas, conforme a lo anterior indicado, por tanto, no se ha declarado a ninguna actividad minera como "servicio público," como en cambio sí ocurrió por ejemplo en la Ley Orgánica de Hidrocarburos y en la Ley Orgánica de Hidrocarburos Gaseosos, y solo se estableció que ara el caso de que alguna de las actividades conexas que realice un particular, como por ejemplo podría ser el trasporte o almacenamiento, lo preste "a terceros como actividad lucrativa," la ley estableció no que son un servicio público, sino que "revisten el carácter de servicio público" a los efectos de la fijación de tarifas por el Estado, es decir, que por considerarse que "revisten el carácter de servicio público [...] en consecuencia, estarán sujetas al pago de las tarifas que establezca el Ministerio de Energía y Minas." Pero ello, por supuesto no significa que hayan sido reservadas al Estado ni declaradas como tales servicios públicos, como sin embargo sí ocurrió por ejemplo, en las Leyes Orgánicas de Hidrocarburos y de Hidrocarburos Gaseosos respecto de las actividades de prestación destinadas a la satisfacción de necesidades colecticas.

4. EL SIGNIFICADO DE LA DECLARATORIA LEGAL DE DETERMINADAS ACTIVIDADES COMO DE "UTILIDAD PÚBLICA O INTERÉS SOCIAL"

La declaratoria general en las leyes de determinadas actividades como de utilidad pública o interés social tiene el derecho administrativo venezolano

---

30 Véase sentencia No. 1002 de la Sala Político Administrativa del Tribunal Supremo de Justicia de 05-08-2004 (Caso: *DHL Fletes Aéreos C.A.. y otros*), en http://www.tsj.gov.ve/decisiones/spa/Agosto/01002-050804-1995-11546.htm

31 Véase sentencia No 825 de la Sala Constitucional de 06-05-2004 (Caso: *Banco del Caribe C.A. Banco Universal vs. Superintendencia de Bancos y otras Instituciones Financieras*), en *Revista de Derecho Público*, No. 97-98, Editorial Jurídica Venezolana, Caracas 2004, pp. 273-274; ratificada por sentencia de la Sala Constitucional No. 266 de 16-03-2005 (Caso: *Impugnación de los artículos 10 y 16 de la Ordenanza sobre Tarifas del Servicio de Aseo Urbano y Domiciliario en el Municipio Libertador del Distrito Federal*), en *Revista de Derecho Público*, No. 101, Editorial Jurídica Venezolana, Caracas 2005, p. 156.

tiene única y exclusivamente como razón de ser, la de permitir y, además, agilizar la iniciación del procedimiento expropiatoria por parte del Estado de determinados bienes de propiedad privada vinculados o necesarios para la realización de determinadas actividades reguladas en dichas leyes respectivas.

El fundamento de tal vínculo entre la declaración de utilidad pública o interés social y la potestad expropiatoria deriva en Venezuela, de la garantía constitucional del derecho de propiedad que impone la necesidad de que para que el Estado pueda decretar la expropiación de determinados bienes de propiedad privada, es condición constitucional y legal que la actividad específica que motive la expropiación, haya sido declarada previamente en una ley como de utilidad pública o interés social.[32]

Así lo dispone expresamente el artículo 115 de la Constitución al exigir que para decretar la expropiación de bienes de propiedad privada se exige la previa declaración mediante Ley como acto emanado de la Asamblea Nacional (art. 202 de la Constitución), de la "causa de utilidad pública y social"[33] que puede motivar y justificar la expropiación.

Esto mismo, conforme a la Constitución, como condición previa para poder decretarse la expropiación, se ha exigido tradicionalmente la Ley de Expropiación por causa de utilidad pública o interés social (Arts. 7.1 y 13),[34].

Por ello, la propia Ley de Expropiación, para agilizar el procedimiento de expropiación de bienes, incluye en su artículo 14, una declaratoria general de antemano respecto de una serie de actividades que se consideran como de utilidad pública o interés social, exceptuándolas con ello "de la formalidad [ulterior] de declaratoria previa de utilidad pública," incluyendo:

> "la construcciones de ferrocarriles, carreteras, autopistas, sistemas de transporte subterráneo o superficial, caminos, edificaciones educativas

---

[32] Sobre la evolución histórica del régimen de la propiedad privada y de la libertad económica, véase Allan R. Brewer-Carías, "El Derecho de Propiedad y la Libertad Económica. Evolución y situación actual en Venezuela," en *Estudios sobre la Constitución* (Libro-homenaje a R. Caldera), Tomo II, Universidad Central de Venezuela, Caracas 1979, pp. 1140 ss.

[33] Artículo 115 de la Constitución: "Se garantiza el derecho de propiedad. Toda persona tiene derecho al uso, goce, disfrute y disposición de sus bienes. La propiedad estará sometida a las condiciones, restricciones y obligaciones que establezca la ley con fines de utilidad pública o de interés general. *Sólo por causa de utilidad pública o interés social*, mediante sentencia firme y pago oportuno de justa indemnización, podrá ser declarada la expropiación de cualquier clase de bienes."

[34] Véase la Ley de Expropiación por causa de utilidad pública o interés social, en *Gaceta Oficial* N° 37.475 de 1 de julio de 2002. Véanse los comentarios a dicha Ley en Allan R. Brewer-Carías, "Introducción general "Introducción General al régimen de la expropiación," en el libro: Allan R. Brewer-Carías, Gustavo Linares Benzo, Dolores Aguerrevere Valero y Caterina Balasso Tejera, *Ley de Expropiación por Causa de Utilidad Pública o Interés Social*, Colección Textos Legislativos, N° 26, 1ª edición, Editorial Jurídica Venezolana, Caracas 2002, pp. 7-100.

o deportivas, urbanizaciones obreras, cuarteles, hospitales, cementerios, aeropuertos, helipuertos, los terrenos necesarios para institutos de enseñanza agrícola y pecuaria, las construcciones o ensanche de estaciones inalámbricas o conductores telegráficos; así como los sitios para el establecimiento de los postes, torres y demás accesorios de las líneas conductoras de energía eléctrica; acueductos, canales y puertos; los sistemas de irrigación y conservación de bosques, aguas y cualquiera otra relativa al saneamiento, ensanche o reforma interior de las poblaciones; la colonización de terrenos incultos y la repoblación de yermos y montes."

Respecto de otras actividades no comprendidas en esta enumeración, el requisito de que por ley se las declare como de utilidad pública y social para poderse iniciar un procedimiento expropiatorio, se ha cumplido a través de múltiples leyes especiales, de manera que sin otra ulterior declaratoria de "interés social o utilidad pública," se pueda proceder a iniciar el procedimiento expropiatorio.

Sólo para citar unos ejemplos, la declaración de "utilidad pública o interés social" se puede encontrar por ejemplo, en leyes de larga tradición como la Ley de Aguas[35] (art. 7), la Ley de Bosques[36] (arts. 4), la Ley de Minas[37] (art. 3), la Ley de Tierras y Desarrollo Agrario[38] (art. 68), la Ley del Sistema de Transporte Ferroviario Nacional[39] (art. 2), y la Ley Orgánica de Hidrocarburos[40] (art. 4). Más recientemente, en otras leyes relativas a actividades más específicas, algunas incluso ya derogadas, igualmente se encuentra la declaratoria de utilidad pública a efectos expropiatorios, como fue el caso de la Ley para la Defensa de las Personas en el Acceso a los Bienes y Servicios[41], en la cual se declararon como de utilidad pública e interés social todos los bienes necesarios para desarrollar las actividades de producción, fabricación, importación, acopio, transporte, distribución y comercialización de alimentos, bienes y servicios declarados de primera necesidad; la Ley de Salud Agrícola Integral,[42] en la cual se declaran de utilidad pública, interés nacional e interés social, los bienes y servicios propios de las actividades de salud agrícola

---

35 Véase en *Gaceta Oficial* N° 35.595, de 2 de enero de 2007

36 Véase en *Gaceta Oficial* N° 40.222, de 6 de agosto de 2013

37 Véase en *Gaceta Oficial* N° 40.222, de 6 de agosto de 2013

38 Véase en *Gaceta Oficial* N° 5.991 Extraordinario, de 29 de julio de 2010

39 Véase Decreto Ley N° 6.069 de 14-05-2008, en *Gaceta Oficial* N° 5.889 Extraordinario, de 31 de julio de 2008

40 Véase Reforma Parcial del Decreto Ley Orgánica N° 1.510 de 02-11-2001, en *Gaceta Oficial* N° 38.493, de 4 de Agosto de 2006.

41 Véase Decreto Ley N° 6.092 de 27-05-2008, en *Gaceta Oficial* N° 5.889 Extraordinario, de 31 de julio de 2008.

42 Véase Decreto Ley N° 6.129 de 03-06-2008, en *Gaceta Oficial* N° 5.890 Extraordinario, de fecha 31 de julio de 2008

integral, por lo que cuando medien motivos de seguridad, podrá sin mediar otra formalidad, decretarse la adquisición forzosa de la totalidad de un bien o de varios bienes necesarios para la ejecución de obras o el desarrollo de actividades de salud agrícola integral[43]; la Ley del Instituto Nacional de la Vivienda (INAVI)[44]), en la cual se declara de utilidad pública la construcción de viviendas de interés social cuya ejecución directa o indirecta corresponda al Instituto Nacional de la Vivienda; y la Ley Orgánica de Seguridad y Soberanía Agroalimentaria[45] en la cual se declaran de utilidad pública e interés social los bienes que aseguren la disponibilidad y acceso oportuno a los alimentos, así como las infraestructuras necesarias.[46]

En estos casos, así como en todos las demás leyes en las cuales se declare ciertas actividades como de utilidad pública o interés social, tal declaratoria simplemente tiene el propósito de permitir y agilizar los procedimientos expropiatorios, no implicando que todo lo que corresponda ser realizado en el marco de su regulación esté sometido necesariamente un régimen de derecho público, y que esa sola declaratoria pueda transformar todo el régimen jurídico de una actividad, sometiéndola al derecho público, como actividad reservada al Estado.

Es decir, la declaratoria de una actividad como de utilidad pública o interés social a los efectos de permitir y aligerar los procesos de expropiación de bienes de propiedad privada, no implica en forma alguna una *publicatio* de su régimen jurídico que excluya la actividad del ámbito de la libertad económica, pues con ello nada se reserva al Estado. Por ello, por ejemplo, la Sala Constitucional ha considerado que "para que haya servicio público, incluso, la ley debe haber reservado al Estado la actividad económica, de manera que exista "*publicatio* de la misma que excluya la libre iniciativa económica en el sector (artículos 112 y 113 constitucionales)."[47]

En consecuencia, por ejemplo, en relación con las actividades conexas o auxiliares a las actividades mineras que realicen los concesionarios o en general los particulares, que en sí mismas no son actividades reservadas al Estado, aun cuando sean conexas con éstas, el hecho de que la Ley declare todas

---

[43] Véase en *Gaceta Oficial* N° 5.890 Extraordinaria de 31-07-2008)

[44] Véase Decreto Ley N° 6.267 de 30-07-2008, en *Gaceta Oficial* N° 5.892 Extraordinario, de 31 de julio de 2008

[45] Véase Decreto Ley N° 6.071 de 14-05-2008, en *Gaceta Oficial* N° 5.889 Extraordinario, de 31 de julio de 2008

[46] Véase en *Gaceta Oficial* N° 5.889 Extraordinaria de 31-07-2008.

[47] Véase la sentencia No 825 de la Sala Constitucional de 06-05-2004 (Caso: *Banco del Caribe C.A. Banco Universal vs. Superintendencia de Bancos y otras Instituciones Financieras*), en *Revista de Derecho Público*, No. 97-98, Editorial Jurídica Venezolana, Caracas 2004, pp. 273-274. Ratificada por sentencia de la Sala Constitucional No. 266 de 16-03-2005 (Caso: Impugnación de los artículos 10 y 16 de la Ordenanza sobre Tarifas del Servicio de Aseo Urbano y Domiciliario en el Municipio Libertador del Distrito Federal), en *Revista de Derecho Público*, No. 101, Editorial Jurídica Venezolana, Caracas 2005, p. 156.

las actividades mineras como de utilidad pública, ello no implica que todo lo que se realice en relación con las actividades conexas o auxiliares (no reservadas al Estado), se haya excluido del ámbito de la libertad económica y haya pasado a estar sometido exclusivamente a un régimen de derecho público.

En consecuencia, el hecho de que la Ley de Minas, que es una ley que sin duda establece un régimen legal de derecho público, en su artículo 3 disponga que "Se declara de utilidad pública la materia regida por esta Ley," no significa que las actividades que regula y todos los bienes relativos a las mismas sean reservadas al Estado, y respecto de todos y todas se haya producido alguna "*publicatio*."

Ésta, en realidad, en el derecho venezolano sólo se produce respecto de bienes o actividades que el Estado se haya reservado, es decir, que haya excluido de las actividades que pueden realizar los particulares en ejercicio de su libertad económica,, y ello no ocurre por la sola declaración de "utilidad pública" de la materia que regula de la Ley, sino de otras expresas previsiones que en materia minera están en la propia Ley, como son la consideración de las minas o yacimientos de cualquier clase existentes en el territorio nacional como *bienes del dominio público*, que pertenecen a la República, y que son inalienables e imprescriptibles (art. 2); o la *reserva al Estado de las actividades de exploración y explotación* de las sustancias minerales ubicadas en las minas o yacimientos, las cuales solo pueden realizar los particulares mediante concesión otorgada por el Estado, que "otorgan derechos e imponen obligaciones a los particulares para el aprovechamiento de los recursos minerales existentes en el territorio nacional" (art. 24).

II. EL ÁMBITO DE LA *PUBLICATIO* EN MATERIA MINERA

Conforme a las nociones anteriores, en materia minera, en Venezuela puede decirse que se ha producido una *publicatio* o reserva al Estado solo sobre determinados bienes, que son los yacimientos o minas y sobre determinadas actividades que se desarrollan respecto de los mismos, que son las actividades primarias de exploración y explotación de yacimientos.

1. LAS MINAS O YACIMIENTOS MINEROS COMO BIENES DEL DOMINIO PÚBLICO

En cuanto a los bienes, en efecto, en materia minera lo primero que el Estado se ha reservado han sido las minas o yacimientos, que son bienes del dominio público.

Los bienes, en efecto, se han clasificado tradicionalmente en el Código Civil, según las personas a quienes pertenecen, distinguiéndose los bienes de propiedad de los entes públicos y los bienes de propiedad de los particulares;[48] y en cuanto a los bienes de los entes públicos, el mismo Código Civil los clasifica en bienes del dominio público o del dominio privado (art. 539), estando éstos últimos sometidos al mismo régimen de la propiedad privada.[49] En cuanto a los bienes del dominio público, estos son inalienables (art. 543) y, por supuesto, están sometidos a un régimen de derecho público.

Estos bienes del dominio público históricamente se enumeraron en el Código Civil, comprendiendo "los caminos, los lagos, los ríos, las murallas, fosos, puentes de las plazas de guerra y demás bienes semejantes" (art. 539), habiéndose complementado dicha enumeración, más recientemente, con nuevas regulaciones en leyes especiales y en la Constitución de 1999, entre las cuales se incluyeron expresamente los yacimientos mineros. Así, en contraste con la Ley de Minas de 1945 que solo indicaba que "todo lo concerniente a las minas, [...] depósitos o yacimientos minerales situados en Venezuela se declara de utilidad pública," (art. 1) en la Constitución de 1999 se dispuso que "los yacimientos mineros" son bienes del dominio público.

En línea con ello la Ley de Minas de 1999 se declaró que "las *minas o yacimientos* minerales de cualquier clase existentes en el territorio nacional pertenecen a la República, son bienes del dominio público y por tanto inalienables e imprescriptibles"[50].

De acuerdo al Código Civil, los bienes del dominio público pueden ser de uso público o de uso privado de los entes públicos del Estado art. 540). Los primeros abarcan aquellos bienes de uso común a los que el público en general puede acceder aun cuando existan regulaciones estatales para su ejercicio, por ejemplo, circular en las vías públicas o navegar en las aguas. Los bienes del dominio público de uso privado del Estado, por otra parte, son aquellos respecto de los cuales el Estado se ha reservado su uso y explotación, no teniendo las personas en principio derecho de uso de los mismos, como es el caso, por ejemplo, del uso y explotación de los yacimientos mineros. En estos casos, sin embargo, el Estado puede conceder a los particulares el ejercicio exclusivo de esas actividades que se ha reservado, mediante el otorgamiento de una concesión, *creando* en cabeza del concesionario a través de esta figura jurídica el derecho que se le concede y que antes no tenía.

El término "yacimiento" en este contexto, como dominio público conforme al Diccionario de la Real Academia Española, es el "sitio donde se halla

---

48 Según el artículo 538 del Código Civil, "Los bienes pertenecen a la Nación, a los Estados, a las Municipalidades, a los establecimientos públicos y demás personas jurídicas y a los particulares."

49 Véase Código Civil, artículo 544: "Las disposiciones de este Código se aplicarán también a los bienes del dominio privado, en cuanto no se opongan a las leyes especiales respectivas".

50 En su Preámbulo, la Ley de Minas de 1999 indica también que "la propiedad de los yacimientos [...] es siempre de la República". Ley de Minas de 1999, Exposición de Motivos, p. 2.

naturalmente una roca, un mineral o un fósil". En sentido similar, el mismo diccionario define a la "mina" como el "criadero de minerales de úti explotación"[51]. Conforme a estos conceptos, por tanto, lo que se ha declarado como del dominio público en Venezuela no son los minerales, sino los yacimientos o minas, es decir, los depósitos naturales de minerales[52].

2. LAS ACTIVIDADES RESERVADAS AL ESTADO EN RELACIÓN CON LOS YACIMIENTOS O MINAS: LA EXPLORACIÓN Y EXPLOTACIÓN DE LOS MISMOS

Pero aparte de la reserva estatal de determinados bienes en materia minera que han sido declarados como del dominio público, el Estado también se ha reservado determinadas actividades que se realizan sobre los mismos, como es su exploración y explotación, produciéndose también una *publicatio* respecto de las mismas.

En efecto, el régimen de las actividades económicas en Venezuela debe siempre distinguirse entre aquellas actividades que pueden ser realizadas libremente por los particulares conforme al principio constitucional de libertad económica (art. 112), de aquellas que el Estado se ha reservado expresamente para sí, conforme a la misma Constitución o mediante ley (art. 302), configurándose en este último caso, una intervención estatal que implica, respecto de dichas actividades, una excepción al principio de libertad económica[53]. Por ello, la primera gran división que tiene que hacerse respecto de las actividades económicas en Venezuela, es a los efectos de determinar, sin que quepan términos medios, si los particulares pueden ejercerlas libremente o si las mismas han sido reservadas al Estado[54] .

Respecto de aquellas actividades reservadas al Estado, si bien en principio no existe libertad económica en cabeza de los particulares para realizarlas,

---

[51] Véase "yacimiento", Real Academia Española, *Diccionario de la lengua española,* Edición del Tricentenario, Octubre de 2014,

[52] Véase "mina", Real Academia Española, *Diccionario de la lengua española,* Edición del Tricentenario, Octubre de 2014, Véase la misma definición desde el punto de vista jurídico y económico que da Víctor Hernández Mendible: "En sentido jurídico, se considera mina al criadero o depósito de sustancias minerales determinadas, susceptibles de apropiación," y en sentido económico, la mina es el depósito, acumulación o agrupación de sustancias minerales útiles, susceptibles de ser extraídas y aprovechadas mediante una explotación organizada." Véase Víctor Hernández Mendible "La participación privada en la actividad minera y las cláusulas ambientales, en *Regulación minero petrolera colombiana y comparada,* Universidad Externado de Colombia, Bogotá, pp.195-270.

[53] Véase Magdalena Salomón de Padrón, "Las Exclusiones de la Libertad Económica: Nacionalización y Reserva" en *VII Jornadas Internacionales de Derecho Administrativo Allan R Brewer Carías: El principio de la Legalidad y el ordenamiento jurídico-administrativo de la libertad económica,* FUNEDA, Caracas 2004, pp. 309 ss.

[54] Véase José Ignacio Hernández, "Disciplina Jurídico-Administrativa de la Libertad Económica" en *VII Jornadas Internacionales de Derecho Administrativo Allan R. Brewer Carías: El principio de la Legalidad y el ordenamiento jurídico-administrativo de la libertad económica.* FUNEDA, Caracas 2004, pp. 181 ss.

dicha reserva puede no ser excluyente, en el sentido de que de acuerdo con la regulación legal que se disponga, se puede permitir su realización por los particulares, siempre que el Estado les otorgue expresamente dicho derecho a realizarlas. Ello puede ocurrir mediante las concesiones, que tienen carácter constitutivo de derecho sobre una actividad reservada, creando precisamente en cabeza del concesionario el derecho que se otorga[55].

En cambio, respecto de las actividades que no han sido reservadas al Estado, existe libertad económica y los particulares tienen pleno derecho a ejercerlas, aun cuando dicho derecho puede estar sometido a las limitaciones que siempre deben imponerse mediante ley como exige la Constitución (art. 112). En tal sentido, con frecuencia, el ejercicio de las actividades económicas por los particulares está sujeto a la obtención de actos administrativos de autorizaciones, licencias o permisos que emite el Estado, y que tienen carácter declarativo de derechos.

El dominio público sobre los yacimientos mineros, que a pesar de su declaración reciente ha sido una tradición en Venezuela desde la constitución de la República hace doscientos años, ha implicado siempre que el Estado haya sido considerado como el "propietario de las minas", quedando reservada al Estado su exploración y explotación[56]. Al respecto, la actividad de "exploración" comprende según la definición del Diccionario de la Real Academia Española la acción y efecto de explorar, es decir, de reconocer, registrar, inquirir o averiguar con diligencia una cosa o un lugar. Por su parte, la "explotación" se refiere a la acción y efecto de explotar, es decir, de extraer de las minas la riqueza que contienen.[57]

La regulación de las actividades de explotación y explotación minera ha pasado de un régimen "regalista" en la Ley de Minas de 1945 a un régimen predominantemente "dominial" establecido en la Ley de Minas de 1999. Bajo el régimen regalista de la Ley de Minas de 1945, la exploración del territorio no estaba casi restringida. En dicho régimen, el interesado en conducir exploración debía únicamente dar aviso a la autoridad a cargo de las actividades mineras, la cual debía emitir un permiso de exploración, previa verificación del cumplimiento de los requisitos establecidos legalmente (arts. 116, 117,

---

55 En estos casos de actividades reservadas "los particulares no tienen derecho alguno a desplegar su iniciativa: ese derecho ha de ser *concedido* por la Administración, cuando así haya sido admitido en el marco de la Ley concreta de reserva." Véase José Ignacio Hernández, "Disciplina Jurídico-Administrativa de la Libertad Económica" en *VII Jornadas Internacionales de Derecho Administrativo Allan R. Brewer Carías: El principio de la Legalidad y el ordenamiento jurídico-administrativo de la libertad económica*, FUNEDA, Caracas 2004, p. 197.

56 Tal como se indica en la Exposición de Motivos de la Ley de Minas de 1999, "uno de los principios fundamentales que nutren las bases de esta Proyecto de Decreto-Ley, lo constituye la declaratoria expresa de que las minas son propiedad de la República."

57 Véase "explotación", Real Academia Española, *Diccionario de la lengua española*, Edición del Tricentenario, Octubre de 2014.

129 y 130). La explotación de las minas, en cambio, sí estaba sujeta a la obtención de concesiones las cuales se otorgaban después de que se presentara la notificación (denuncio) del hallazgo de un depósito mineral y de seguirse un minucioso trámite procedimental administrativo (art. 13).

Este régimen regalista para la exploración y explotación de yacimientos mineros, cambió a partir del 15 de febrero de 1977, cuando en el marco de lo establecido en la Ley de Minas de 1945, el Ejecutivo Nacional en el antes mediante el Decreto Ejecutivo N° 2.039 reservó al Estado las actividades de exploración y explotación de minerales, sujetando la realización de las mismas al otorgamiento de concesiones[58]. La consecuencia de ello fue que a partir de ese año 1977 no se permitieron nuevas notificaciones o denuncios respecto de yacimientos, y el Estado se reservó de manera general las actividades mineras de exploración y explotación, de forma tal que los particulares solamente pudieron realizarlas mediante concesiones de exploración y explotación emitidas por el Ministerio de Minas[59].

En 1999, la Ley de Minas de 1999 (art. 2) y en la Constitución de 1999 (art. 12) consolidaron el sistema predominantemente dominial y de actividad reservada, en línea con lo previamente dispuesto en el Decreto N° 2.039[60]. Al respecto, la Sala Constitucional del Tribunal Supremo indicó:

> "Todos los yacimientos minerales de cualquier clase son bienes del dominio público, propiedad de la República [...] su explotación sólo puede hacerse previa la obtención de la respectiva concesión. Al ser del dominio público, y por tanto, inalienables, no son susceptibles de ser propiedad particular."[61]

---

58 Véase Decreto N° 2.039 de 15 de febrero de 1977, en *Gaceta Oficial* N° 31.175, de 15 de febrero de 1977. La Ley de Minas de 1945 proveía, exclusivamente las *concesiones de exploración y explotación* (artículos 174 a 189).

59 Véase Decreto N° 2.039, artículo 1 y Normas para el Otorgamiento de Permisos de Prospección, Concesiones y Contratos Mineros, Resolución N° 528, de 17 de diciembre de 1986, en *Gaceta Oficial* N° 33.729, de 1 de junio de 1987 (artículo 1). Éstas fueron sustituidas en 1990, véanse Reglas sobre Otorgar Concesiones y Contratos de Minas, Resolución N° 115, de 20 de marzo de 1990, en *Gaceta Oficial* N° 34.448, de 16 de abril de 1990 (artículo 1).

60 Así lo destacó la Sala Político Administrativa del Tribunal Supremo al indicar que "si bien el sistema regalista rigió durante todo el siglo pasado, el mismo ha tendido a desaparecer y da paso al sistema dominial, conforme al cual el Estado, como dueño de las Minas, puede explotarla directamente o concederla facultativamente a terceros. En efecto, el sistema dominial es el que informa las disposiciones contenidas en el vigente Decreto con Rango y Fuerza de Ley de Minas". Véase Sentencia N° 598 de la Sala Político Administrativa del Tribunal Supremo de Justicia, *Régulo Belloso Baptista, Daniel Belloso Baptista, Enid Belloso De Molina, Mariela Inés Belloso, José Gregorio Belloso, Beatriz Delia Belloso Y Gladys Briceño De Belloso* (Registro N° 2007-0795), 10 de mayo de 2011, disponible en: http://historico.tsj.gob.ve/ decisiones/spa/mayo/00598-11511-2011-2007-0795.HTML.

61 Véase sentencia N° 1.520 de la Sala Constitucional del Tribunal Supremo de Justicia, *Asociación Cooperativa Mixta La Salvación* (Registro N° 00-1496), 6 de diciembre de 2000, disponible en: http://historico.tsj.gob.ve/decisiones/scon/diciembre/1520-061200--00-1496.HTM.

Tratándose las minas de recursos naturales propiedad del Estado, por tanto, su explotación como bienes del dominio público está sujeta conforme al artículo 113 de la Constitución de 1999 al "régimen de concesiones" que sólo pueden ser otorgadas por tiempo determinado, asegurándose "la existencia de contraprestaciones o contrapartidas adecuadas al interés público" (art. 113).

Este régimen constitucional ha sido desarrollado en la Ley de Minas de 1999, en el cual la realización de actividades mineras de exploración y subsiguiente explotación de yacimientos o minas del dominio público del Estado, pueden ser realizadas por los particulares mediante la obtención de "concesiones mineras". La Ley de Minas de 1999 prevé en sus artículos 25 y 7.b que las concesiones mineras reguladas en la misma son "únicamente" de exploración y subsiguiente explotación, no previéndose ningún otro tipo de concesión minera, principio que se reafirma en varios otros artículos de dicha Ley de Minas de 1999[62].

En materia minera, por tanto, es justamente la condición de las minas o yacimientos como bienes del dominio público y la reserva al Estado de las actividades de exploración y explotación lo que define el ámbito de las concesiones mineras[63]. La concesión es entonces el título mediante el cual se crea, en cabeza del particular o concesionario, el derecho concedido a realizar la

[62] En particular, artículo 1 ("Esta Ley tiene por objeto regular lo referente a las minas y a los minerales existentes en el territorio nacional, cualquiera que sea su origen o presentación, incluida su *exploración y explotación*"); artículo 7 ("La *exploración, explotación* y aprovechamiento de los recursos mineros sólo podrá hacerse mediante las siguientes modalidades: [...] b) Concesiones de *exploración y subsiguiente explotación*."); artículo 24 ("La concesión minera confiere a su titular el derecho exclusivo a la *exploración y explotación* de las sustancias minerales otorgadas"); artículo 29 ("El derecho de *exploración y de explotación* que se deriva de la concesión es un derecho real inmueble."); artículo 32 ("El título de las concesiones de *exploración y subsiguiente explotación* deberá contener los siguientes señalamientos"); artículo 39 ("El uso de sustancias explosivas y sus accesorios, en labores de *exploración y explotación* minera"); artículo 49 ("La concesión de *exploración y subsiguiente explotación*... [...] Los artículos 48 a 57, además, se refieren a las actividades de "*exploración*;" y los artículos 58 a 63 a las actividades de "*explotación*.") (énfasis añadido).

[63] Así lo acepta el Prof. Víctor Hernández Mendible, "la Ley declaró que "las minas o yacimientos minerales de cualquier clase existentes en el territorio nacional pertenecen a la República, son bienes del *dominio público* y, por tanto, inalienables e imprescriptibles" y seguidamente también declara de utilidad pública la materia minera. La intención expresa de la Ley es eliminar algunas de las tradicionales figuras del Derecho Minero en Venezuela, tal como se afirma en el texto de la exposición de motivos de la misma, al señalar que "el proyecto adopta el sistema dominial que comprende las dos modalidades mencionadas anteriormente, es decir, la explotación directa o *explotación mediante concesiones* facultativas, en consecuencia, esto provoca la eliminación del sistema regalista y desaparecen por tanto las figuras del denuncio, la exploración libre, la explotación exclusiva y el libre aprovechamiento.") ("La concesión minera es el acto jurídico unilateral expedido por el Ejecutivo Nacional, mediante el cual se otorgan a su titular los derechos exclusivos a la exploración y explotación y se le imponen obligaciones, para el aprovechamiento de los recursos o sustancias minerales, que se encuentren dentro del ámbito espacial concedido.") Véase Víctor Hernández Mendible, "La participación privada en la actividad

actividad reservada, que es la de explorar y explotar los yacimientos que previamente dicho concesionario no tenía. Éstas son, por otra parte, las actividades que - al ser reservadas al Estado y referirse y realizarse en relación con un bien de dominio público (el yacimiento o mina) - se califican como actividades *primarias* en relación con la minería[64].

III. EL APROVECHAMIENTO DE LOS MINERALES EXTRAÍDOS COMO DERECHO INHERENTE A LA EXPLOTACIÓN MINERA Y LA APROPIABILIDAD DE LOS MISMOS POR LOS CONCESIONARIOS

De lo anterior resulta por tanto, que conforme a las previsiones de la Ley de Minas de 1999, el Estado se ha reservado solamente las actividades de exploración y explotación de los yacimientos mineros como bienes del dominio público, sujetándose su realización por particulares a concesiones otorgadas por el Estado,[65] no pudiendo derivarse de la previsión del artículo 7 de la Ley de Minas de 1999 la supuesta existencia de una actividad adicional que pudiera estar reservada al Estado que sería la actividad de aprovechamiento de minerales extraídos como actividad distinta y ulterior de la extracción del mineral, como podría ser el procesamiento del mismo.

El artículo 7 de la Ley de Minas, en efecto dispone que

> "La *exploración, explotación* y aprovechamiento de los recursos mineros sólo podrá hacerse mediante las siguientes modalidades: [...]
>
> b) Concesiones de exploración y subsiguiente explotación."

Las dos primeras actividades mencionadas en el encabezamiento de la norma son las que ejercen sobre los yacimientos (propiedad pública) y la tercera, es la consecuencia de la explotación, que se ejerce sobre los minerales

---

minera y las cláusulas ambientales, en *Regulación minero petrolera colombiana y comparada*, Universidad Externado de Colombia, Bogotá, pp 195-270

64 La más precisa calificación legislativa de las actividades de exploración y explotación como "actividades primarias" en materia de minería, está en el artículo 6 de la Ley Orgánica que Reserva al Estado las Actividades de Exploración y Explotación del Oro, así como las conexas y auxiliares a éstas, de 2011, reformada en 2014, al definir como *actividades primarias* "la exploración y explotación de minas y yacimientos de oro," y *por actividades conexas y auxiliares*, "el almacenamiento, tenencia, beneficio, transporte, circulación y comercialización interna y externa del oro, en cuanto coadyuven al ejercicio de las actividades primarias." Ley Orgánica que Reserva al Estado las Actividades de Exploración y Explotación del Oro así como las conexas y auxiliares a éstas, Decreto Ley N° 8.413, de 23 de agosto de 2011, en *Gaceta Oficial* N° 39.759, de 16 de septiembre de 2011, artículo 6.

65 Sin perjuicio de las otras modalidades previstas en el artículo 7 de la Ley de Minas de 1999, artículo 7 ("La exploración, explotación y aprovechamiento de los recursos mineros sólo podrá hacerse mediante las siguientes modalidades: a) Directamente por el Ejecutivo Nacional; b) Concesiones de exploración y subsiguiente explotación; c) Autorizaciones de Explotación para el ejercicio de la Pequeña Minería; d) Mancomunidades Mineras; y, e) Minería Artesanal").

extraídos (propiedad privada), no pudiendo por tanto derivarse de la norma que existan tres actividades reservadas al Estado, sino solo de dos (exploración y explotación), siendo la tercera la actividad inherente a la explotación de los yacimientos que se realiza no sobre estos, sino sobre los minerales extraídos.

Se insiste, la Ley de Minas de 1999 sólo reconoce como actividades reservadas al Estado a la exploración y explotación de los yacimientos mineros como bienes del dominio público, no existiendo en la misma en general, alguna actividad reservada al Estado que se efectúe sobre los minerales extraídos, pues la referencia en el artículo 7 de la Ley de Minas de 1999 al "aprovechamiento" en forma alguna busca describir una actividad primaria separada y adicional a la exploración y explotación mineras, sino que refiere a la necesaria consecuencia de la explotación y en particular la necesaria finalidad económica que debe tener dicha explotación de los yacimientos por el concesionario privado, quien como concesionario tiene derecho de aprovecharse de los minerales extraídos.

Conforme el Diccionario de la Real Academia Española, por lo demás, "aprovechamiento" refiere a la "acción y efecto de aprovechar o aprovecharse", es decir, la utilización o extracción de bienes,[66] siendo dicho sentido precisamente el empleado en la Ley de Minas de 1999, refiriéndolo a la obligación que tiene todo concesionario de explotar el yacimiento minero de forma que genere un provecho económico tanto para el concesionario como, en consecuencia, para Estado.

En tal sentido el artículo 24 de la Ley de Minas de 1999 establece que la concesión minera "es el acto del Ejecutivo Nacional, mediante el cual se otorgan derechos e imponen obligaciones a los particulares para el aprovechamiento de recursos minerales existentes en el territorio nacional" (art. 24). En línea con ello, el artículo 58 Ley de Minas de 1999 refiere al elemento económico que debe guiar la explotación de las minas:

> "Se entiende que una concesión está en explotación, cuando se estuviera extrayendo de las minas las sustancias que la integran o haciéndose lo necesario para ello, con ánimo inequívoco de aprovechamiento económico de las mismas y en proporción a la naturaleza de la sustancia y la magnitud del yacimiento."

La referencia al aprovechamiento económico en la regulación del régimen de la minería, por tanto, no es para incorporar nuevas actividades primarias sobre los yacimientos, sino lo que busca es establecer el requisito de que la concesión sea explotada con una motivación económica, de forma tal que ello

---

[66] Véase "aprovechamiento", Real Academia Española, *Diccionario de la lengua española*, Edición Tricentenario, octubre 2014.

resulte eventualmente en un beneficio a la Nación[67]. El mismo artículo 58, al definir la explotación, pone énfasis en *la extracción y en el aprovechamiento de las sustancias minerales*, de modo que únicamente cuando ello estuviese sucediendo, o se estuviesen ejecutando las actividades materiales tendientes a ello "con ánimo inequívoco de aprovechamiento", es que puede hablarse de "explotación" en términos de la ley (art. 58). Todo ello implica que con ocasión de la explotación minera, la extracción o el desprendimiento de sustancias a realizarse debe tener como finalidad última la obtención de un beneficio económico, y no, por ejemplo, una finalidad de análisis o de investigación académica[68].

Por ello, cuando se habla de explotación de la mina, no se trata de que en el yacimiento se realice cualquier tipo de extracción para que pueda considerarse que la mina está efectivamente en explotación, sino que se exige que se trate de una extracción *calificada*, que es con miras al aprovechamiento económico de los minerales extraídos. Esa fue la orientación seguida por el Ministerio de Minas e Hidrocarburos al interpretar el concepto de explotación minera, según lo explicó Elsa Amorer al comentar un memorándum de ese Ministerio:

---

67 En ello es que ha insistido el Tribunal Supremo de Justicia, haciendo referencia a las normas constitucionales y legales que regulan los contratos del Estado, señalando que: "el contrato de concesión minera se ubica conforme a la doctrina de la Sala Constitucional de este Alto Tribunal entre los contratos de interés público nacional, vale decir, aquellos "*contratos celebrados por la República, a través de los órganos competentes para ello del Ejecutivo Nacional cuyo objeto sea determinante o esencial para la realización de los fines y cometidos del Estado venezolano en procura de dar satisfacción a los intereses individuales y coincidentes de la comunidad nacional y no tan sólo de un sector particular de la misma como ocurre en los casos de contratos de interés público estadal o municipal, en donde el objeto de tales actos jurídicos sería determinante o esencial para los habitantes de la entidad estadal o municipal contratante, que impliquen la asunción de obligaciones cuyo pago total o parcial se estipule realizar en el transcurso de varios ejercicios fiscales posteriores a aquél en que se haya causado el objeto del contrato, en vista de las implicaciones que la adopción de tales compromisos puede implicar para la vida económica y social de la Nación*". (Véase sentencia de la Sala Constitucional N° 2.241 del 24 de septiembre de 2002 y 953 del 29 de abril de 2003)." Sentencia N° 832 de la Sala Político Administrativa, (Registro N° 2002-0464), 14 de julio de 2004]. En la misma sentencia la Sala Político Administrativa agregó: "que "[l]a importancia de la explotación de la minas en la vida económica nacional se evidencia de la lectura del propio Texto Constitucional, cuando expresamente dispone lo siguiente: "*Artículo 311.- [...] El ingreso que se genere por la explotación de la riqueza del subsuelo y los minerales, en general, propenderá a financiar la inversión real productiva, la educación y la salud.* [...] *Artículo 113.* [...] Cuando se trate de explotación de *recursos naturales propiedad de la Nación o de la prestación de servicios de naturaleza pública con exclusividad o sin ella,* el Estado *podrá otorgar concesiones* por tiempo determinado, *asegurando siempre la existencia de contraprestaciones o contrapartidas adecuadas al interés público.*" (destacado de la Sala)."

68 En tal sentido, pueden extraerse materiales y sustancias de la mina para conocer su calidad, cantidad, presentación, etc., sin que ello pueda considerarse *explotación* de la mina o yacimiento.

"Se infieren dos situaciones para que una concesión se considere en *explotación*: primera, cuando de la concesión se estuvieren extrayendo las sustancias a que se refiere la Ley, y segundo, cuando se esté *haciendo lo necesario para lograr esa extracción* mediante las obras que según el caso fueren apropiadas para ello.

En lo que respecta al requisito de que la concesión se estuvieren extrayendo las sustancias a (*sic*) la que la Ley se refiere, [el Ministerio] fue del criterio de que la ley no pide cualquier tipo de extracción para que se configure la explotación; ella aspira a que se realice una *extracción en condiciones de ser económicamente aprovechable*, desprovista de las labores de análisis tendientes a conocer si un yacimiento es económicamente explotable, de las labores para cubicar el yacimiento y conocer las cantidades de mineral que encierra, o de cualquier otra actividad exploratoria, que no conlleve el ánimo de comerciar la sustancia.

Probados todos estos elementos, debe ser una extracción de mineral en cantidades suficientes para lograr un beneficio económico."[69]

En similares términos se ha pronunciado más recientemente el Ministerio de Energía y Minas:

"Para que la extracción del mineral configure la explotación requerida por le Ley, tiene que ser una extracción con ánimo inequívoco de aprovechamiento económico, actual o futuro, desprovista ya en lo fundamental de la labor de investigación de la substancia o el yacimiento y proporcionada a la naturaleza y magnitud de éste"[70].

De todo ello se deriva que el "derecho" de exploración y explotación dentro del ámbito espacial y temporal fijado por la concesión, es a su vez una obligación en el mismo sentido[71], bajo pena de caducidad de la concesión si se verifica que dicha exploración o explotación no están teniendo lugar (arts. 98.1, 98.3 y 98.4).

En este mismo sentido, la decisión antes citada de la Sala Político Administrativa del Tribunal Supremo de Justicia de 1962, destacó cómo el viejo

---

69 Véase Elsa Amorer, *El Régimen de la Explotación Minera en la Legislación Venezolana*. Colección Estudios Jurídicos N° 45, Editorial Jurídica Venezolana, Caracas 1991, pp. 84 y 85.

70 Véase dictamen de la Consultoría del Ministerio de Energía y Minas citado por Elsa Amorer en su obra *El Régimen de la Explotación Minera en la Legislación Venezolana*, Colección Estudios Jurídicos, N° 45, EJV, Caracas 1991, , página 83.

71 Los artículos 58 y 61 de la Ley de Minas de 1999 describen el contenido de la obligación de explotación del yacimiento minero, que se extiende a: extraer de la mina materiales o sustancias que la integran o hacer lo necesario para llegar a esa extracción; con ánimo inequívoco de sacar provecho económico de esas sustancias; en una cantidad proporcionada con la naturaleza de la sustancia y la magnitud del yacimiento; en un plazo no mayor a siete años contados a partir de la publicación del Certificado de Explotación; y de manera continua e ininterrumpida, salvo que medie autorización que lo permita, por un plazo que no puede ser superior a un año. Véase Ley de Minas de 1999, artículos 58 y 61.

Reglamento de la Ley de Minas (art. 120)[72] incluso incorporó criterios de eficiencia que se referían al aprovechamiento racional *de la mina* otorgada en concesión. La Sala dijo:

> "[A]coge la Corte el criterio sostenido por el Procurador cuando afirma, que el concepto de explotación que se contiene en el artículo 24 de la Ley de Minas, se encuentra desarrollado en el artículo 120 del Reglamento de dicha Ley, que establece: «Las concesiones deben trabajarse en conformidad con los principios económicos, de suerte que la explotación minera se efectúe eficientemente, con el mayor rendimiento y hasta la total extracción del mineral, si fuere posible"[73].

En términos similares, en la misma sentencia la Sala Político Administrativa se expresó destacando que:

> "El objetivo económico perseguido por el legislador al regular la *explotación minera,* no pudo ser otro que el de procurar a la Nación el mayor beneficio *a través del mayor volumen de explotación, sin dar base para que las minas concedidas permanezcan inactivas o con una extracción de mineral tan insignificante, en proporción a su reserva, que mantenga improductiva una riqueza necesaria para la evolución económica del Estado*"[74].

El aprovechamiento en materia minera, por tanto, es la acción de aprovechar o aprovecharse en el sentido de sacar utilidad de algo o de sacar provecho o rendimiento económico de algo, no pudiendo considerarse el mismo como una supuesta actividad primaria y separada de la exploración y la explotación.

Es por ello que la generalidad de las concesiones de explotación otorgadas conforme a la ley de Minas, el Estado les atribuyó a los concesionarios el derecho exclusivo de *extraer* y *aprovechar* el mineral concedido, en el área determinada, por un preciso de tiempo, en forma totalmente consistente con la regulación de la Ley de Minas de 1999, en la cual la actividad concedida se circunscribe a la explotación del yacimiento para extraer el mineral con finalidad de aprovechamiento económico.[75]

---

72 Decreto N° 305 de 28 de diciembre de 1944, en *Gaceta Oficial* N° 121, de 18 de enero de 1945, artículo 120.

73 Véase Sentencia de la Sala Político Administrativa de la Corte Suprema de Justicia de 7 de noviembre de 1962, citada por Elsa Amorer, *El Régimen de la Explotación Minera en la Legislación Venezolana,* Colección Estudios Jurídicos N° 45, Editorial Jurídica Venezolana, Caracas 1991, p. 89,

74 *Idem..*

75 Por ello, la Sala Político Administrativa de la Corte Suprema de Justicia, en sentencia de 21 de diciembre de 1967, al destacar el aspecto económico y social de la industria minera, indicó que: "cuando la Ley autoriza al Estado para que otorgue a los particulares concesiones mineras, no puede pensarse que lo hace con el fin único y exclusivo de constituir un derecho en beneficio sólo del concesionario, cualquiera sea la naturaleza jurídica de ese derecho. Es decir, no puede suponerse que el Estado entregue esa riqueza al concesionario

De ello deriva, entonces que el aprovechamiento siempre se realiza sobre los minerales extraídos, puede consistir en diversas actividades mediante las cuales el concesionario se pueda "aprovechar" de las sustancias o minerales extraídos del yacimiento, conforme a las características particulares de cada concesión y a la planificación técnica y económica de cada concesionario.

Y es precisamente, a tal fin, que en los artículos 1 y 86 de la Ley de Minas de 1999 se regulan una serie de actividades auxiliares o conexas que incluyen varias formas de aprovechamiento de material extraído, incluyendo el procesamiento.

La conclusión de todo lo anterior es, en consecuencia, que en el ordenamiento jurídico minero venezolano no existe base legal alguna para poder considerar que además de la exploración y explotación mineras de los yacimientos, como actividades mineras primarias que son las reservadas al Estado y que son también el objeto de las concesiones, habría adicionalmente una supuesta tercera actividad primaria que sería el "aprovechamiento" minero de minerales extraídos.

Por lo contrario, el régimen minero identifica el aprovechamiento como una consecuencia de la explotación minera, pudiendo manifestarse en la más variada forma en relación con los minerales o sustancias extraídos, incluyendo actividades de beneficio, refinación o procesamiento que siempre son actividades conexas con la minería, y que no son parte del objeto de la concesión.

Todo ello se ratifica, por lo demás, cuando se constata la base imponible del impuesto de "explotación" que regula la ley de Minas, y que conforme al artículo 90.2.c de la misma se calcula "sobre el valor comercial en la mina" *luego de extraído el mineral*, incluyendo "los costos en que se incurra *hasta el momento en que el mineral extraído*, triturado o no" sea trasportado a los efectos de ser *beneficiado*, es decir, antes de que "sea depositado en el vehículo que ha de transportarlo fuera de los límites del área otorgada o a una planta de *beneficio o refinación*, cualquiera sea el sitio donde ésta se localice, teniendo en cuenta su riqueza y el precio del mineral entre otros factores relevantes" (art. 90.2.c).

Se trata, por tanto, y ello deriva del nombre mismo, de un impuesto que grava la *explotación*, y por eso se calcula por el valor de la mina, es decir, del yacimiento una vez extraído el mineral concedido, teniendo en consideración los costos - incluyendo la trituración en su caso - en que se haya incurrido hasta que el mineral extraído sea transportado fuera de los límites de la concesión a una planta de beneficio.

Dicha norma, aun haciendo referencia a la "trituración" del material, no permite extender el concepto de explotación a actividades de procesamiento,

---

para que sea retenida por éste, indefinidamente ociosa y estéril en su patrimonio." Véase la cita de la sentencia en Elsa Amorer, *El Régimen de la Explotación Minera en la Legislación Venezolana*. Colección Estudios Jurídicos N° 45, Editorial Jurídica Venezolana, Caracas 1991, p. 96.

al dejar claro que el factor clave para determinar los costos de las actividades que están incluidos a los efectos de establecer el valor comercial del mineral en la mina, es que las mismas tengan lugar *antes* de que el mineral extraído "sea depositado en el vehículo" para su transporte "fuera de los límites del área otorgada o a una planta de procesamiento". Por tanto, la potencial inclusión de los costes de "trituración" no significa que incluya los de "procesamiento", "refinación" o "beneficio," por lo cual el impuesto es efectivamente solo de explotación y se paga sólo por la misma, aunque el Reglamento de la Ley de Minas de 1999 haya establecido que, en ciertos casos, se incorpore a la estructura de costos la trituración para calcular el valor comercial en la mina.[76]

Además, en cuanto a lo previsto en el artículo 91 de la Ley de Minas de 1999 sobre los criterios a tomar en cuenta por la Administración minera para calcular el "valor comercial de la mina" a los fines del pago del impuesto de explotación en aquellos casos de concesionarios que "comercialicen directamente con productos semielaborados, refinados o beneficiados del mineral explotado," ello no implica que el impuesto de explotación comprenda actividades distintas a la extracción del mineral, y que pueda estar destinado a gravar a los productos refinados o beneficiados (que no están dentro de la explotación). Dicha norma solo prevé una metodología o forma de calcular el "valor comercial de la mina" para gravar la explotación del yacimiento, precisamente porque su explotación es la actividad que se concede, y la que está sujeta al impuesto.

IV. LA DISTINCIÓN ENTRE LAS ACTIVIDADES MINERAS PRI-MARIAS Y LAS ACTIVIDADES AUXILIARES O CONEXAS A LA MINERÍA EN LA LEGISLACIÓN DE MINAS

En efecto, la Ley de Minas de 1999 es absolutamente precisa al distinguir entre las actividades primarias de explotación y exploración de los yacimientos, que son reservadas al Estado, y las actividades auxiliares y conexas a la minería, que en general se realizan, no en relación con los yacimientos, sino en relación con los minerales extraídos en su explotación. Estas últimas se encuentran reguladas expresamente en el Título V de la Ley de Minas de 1999, titulado "De las Actividades Conexas o Auxiliares de la Minería", cuyo artículo 86 prevé:

> "El almacenamiento, tenencia, beneficio, transporte, circulación y comercio de los minerales regidos por esta Ley, estarán sujetos a la vigilancia e inspección por parte del Ejecutivo Nacional y a la reglamentación y demás disposiciones que el mismo tuviera por conveniente dictar, en defensa de los intereses de la República y de la actividad minera. Cuan-

[76] Reglamento General de la Ley de Minas N° 1.234, *Gaceta Oficial* N° 37.155 de 9 de marzo de 2001.

do así convenga al interés público, el Ejecutivo Nacional podrá reservarse mediante decreto cualquiera de dichas actividades con respecto a determinados minerales."

El texto del artículo 86 de la Ley de Minas de 1999 reproduce la enumeración de actividades también dispuesta en artículo 1 de la misma ley[77]. Como se puede apreciar, las actividades descritas en estos artículos (almacenamiento, tenencia, beneficio, transporte, circulación y comercio/ comercialización de minerales), en ningún caso tienen por objeto intervenir directamente en la mina o yacimiento minero como bien del dominio público, sino que tienen lugar en relación con los "minerales" (según el artículo 86) o las "sustancias extraídas" (de acuerdo al artículo 1).

Por ello, las actividades conexas y auxiliares de la minería se refieren a procesos que involucran los materiales o sustancias extraídos que resultan de la explotación del yacimiento minero y que al haber sido separado de aquél, entran en el dominio privado del concesionario. Al no estar reservadas al Estado e involucrar bienes que no son de dominio público, la realización de estas actividades por particulares no requiere de concesión.

El artículo 86 de la Ley de 1999 es particularmente ilustrativo ya que, además de enumerar las distintas actividades conexas o auxiliares a la minería, precisa que las mismas se encuentran sujetas únicamente al régimen de "vigilancia e inspección del Estado". Ello contrasta claramente con el régimen de las actividades primarias de exploración y explotación que, como se dijo, son actividades reservadas y se encuentran sujetas al régimen de concesión. Es interesante notar igualmente que el artículo 86 de la Ley de Minas de 1999 reconoce que las actividades conexas no son actividades reservadas al Estado, al disponer expresamente la posibilidad de que el Estado pueda decidir reservarse alguna de ellas, cambiando en tal caso su régimen legal de actividad que cae dentro de la libertad económica por uno que sería entonces de reserva al Estado y, por tanto, objeto de concesiones, como ocurrido por ejemplo, en relación con las actividades conexas o auxiliares de la industria siderúrgica y del oro.

En tal sentido, en mayo de 2008 se dictó la Ley Orgánica de Ordenación de las Empresas que Desarrollan Actividades en el Sector Siderúrgico en la Región de Guayana, mediante la cual se reservó al Estado "la industria de la transformación del mineral del hierro en la región de Guayana, por ser ésta una zona en la que se concentra el mayor reservorio de hierro, cuya explota-

77 Véase Ley de Minas de 1999, artículo 1 ("Esta Ley tiene por objeto regular lo referente a las minas y a los minerales existentes en el territorio nacional, cualquiera que sea su origen o presentación, incluida su exploración y explotación, así como el beneficio, o almacenamiento, tenencia, circulación, transporte y comercialización, interna o externa, de las sustancias extraídas, salvo lo dispuesto en otras leyes").

ción se encuentra reservada al Estado desde 1975."[78]. Igualmente, en agosto de 2011 se dictó la Ley Orgánica que Reserva al Estado las Actividades de Exploración y Explotación del Oro así como las conexas y auxiliares a éstas, mediante la cual se reservó al Estado "las actividades primarias y las conexas y auxiliares al aprovechamiento del oro", definiéndose expresamente como "*actividades primarias,* la exploración y explotación de minas y yacimientos de oro, y por *actividades conexas y auxiliares,* el almacena-miento, tenencia, beneficio, transporte, circulación y comercialización interna y externa del oro, en cuanto coadyuven al ejercicio de las actividades primarias"[79]. Ello demuestra que cuando el Estado ha querido reservarse para sí ciertas actividades auxiliares a la minería en relación con determinados minerales, así lo ha hecho.

Como se ha dicho, entre las actividades auxiliares y conexas a la minería que enumeran los artículos 1 y 86 de la Ley de Minas de 1999 está la actividad de "beneficio" que - como término técnico de la minería y de acuerdo con el significado propio de la palabra - es equivalente al procesamiento, manufactura, transformación o refinación de los minerales extraídos. Por ello, incluso el término "beneficio" en la Ley de Minas de 1999 es utilizado como sinónimo de refinación en el lenguaje jurídico y técnico minero que emplea esta ley, lo que se confirma, por ejemplo, en el *Diccionario de la Real Academia Española* que explica que "beneficiar" consiste en la acción de "someter las sustancias útiles de una mina al tratamiento metalúrgico."[80] De igual manera, el *Webster New World, International Spanish Dictionary,* lo traduce al inglés como "*smelting, processing of ores,*"[81] todo lo cual se confirma en la jerga técnica de la minería al entenderse por "beneficiar" al mineral, el remover de los minerales extraídos las impurezas, tales como otros minerales o elementos no minerales. Es decir, desde el punto de vista etimológico y técnico minero:

> "El *beneficio* constituye el enlace tecnológico entre la extracción o arranque de materias primas minerales y su transformación en materiales de uso industrial. Las técnicas utilizadas sirven para concentrar el fino (material valioso) después de separarlo del material estéril que lo rodea. La gran variedad de materias primas y las grandes diferencias entre los yacimientos exigen una amplia gama de *técnicas de beneficio,* que van desde procesos simples de clasificación y lavado de arena y grava hasta sofisticadas técnicas de enriquecimiento de metales finamente interes-

---

78 Ley Orgánica de Ordenación de las Empresas que Desarrollan Actividades en el Sector Siderúrgico en la Región de Guayana, Decreto Ley N° 6.058, de 30 de abril de 2008, en *Gaceta Oficial* N° 38.928, de 12 de mayo de 2008.

79 Ley Orgánica que Reserva al Estado las Actividades de Exploración y Explotación del Oro así como conexas y auxiliares a esta, Decreto Ley N° 8.413, de 23 de agosto de 2011, en *Gaceta Oficial* N° 39.759, de 16 de septiembre de 2011,

80 Véase "beneficiar", Real Academia Española, *Diccionario de la lengua española,* Edición del Tricentenario, Octubre de 2014,

81 Véase "beneficiar" en *Webster New World, International Spanish Dictionary* Second Edition, Roger Steiner, Editor in Chief, Wiley Publizhing, Inc., New York, 2004, p. 980.

tratificados, pasando por los métodos relativamente complejos empleados en el procesamiento de la hulla."[82]

Por su parte, el *Diccionario Jurídico Inglés-Español de Mc Graw Hill*, traduce al inglés la palabra "beneficio" en el ámbito de la "minería" como:

> "*Benefaction, mining. Works for the preparation, treatment, first hand smelting and refining of mineral products, at any of their stages, with the purpose of recovering or obtaining minerals or substances, as well as to increase the concentration and purity of their contents.*"[83]

Es precisamente este significado etimológico y técnico-minero de la palabra beneficio el que se recoge en los artículos 1 y 86 de la Ley de Minas de 1999 (además de los artículos 66, 90.2.c y 113) como equivalente a procesamiento, tratamiento, transformación, refinación o manufactura de minerales. Debe destacarse además, que el propio artículo 90.2.c de la Ley de Minas de 1999 se refiere a beneficio como equivalente a "refinación."[84]

En definitiva, queda claro que la Ley de Minas de 1999 distingue con precisión entre las actividades primarias o reservadas y las actividades conexas o auxiliares. Dentro de estas últimas, se incluye bajo el concepto de "beneficio" a la actividad de procesamiento, transformación o refinación de los minerales extraídos de una explotación.

V. EL RÉGIMEN DE LA REVERSIÓN DE BIENES EN LAS CONCESIONES MINERAS

1. LA REVERSIÓN COMO FIGURA EXCLUSIVA DERIVADA DE LA CONCESIÓN Y LA DETERMINACIÓN DE LOS BIENES REVERSIBLES

La importancia de la relación que existe en el régimen minero entre la *reserva* al Estado de determinadas actividades y el otorgamiento de las mismas mediante *concesión* para su realización por los particulares, es que la misma condiciona la figura de la reversión de bienes en las concesiones, cuya determinación en consecuencia, al igual que la reserva y la concesión es ante todo una cuestión reglada, regulada en la Ley de Minas, y sobre lo cual la Admi-

---

82 Véase "Impactos Ambientales y Actividades Productivas. Minería "Beneficio y Transporte," Descripción del ámbito de actividad, en *Estrucplan on line*, 1 de agosto de 2003..

83 Véase "benefaction", Henry Saint Gahl, MacGraw-Hill's, *Spanish and English Legal Dictionary. Diccionario Jurídico Inglés-Español*, Mac Graw-Hill, 2004, p. 22.

84 Véase Ley de Minas de 1999, artículo 90 ("Los titulares de derechos mineros pagarán los siguientes impuestos: [...] 2) El impuesto de explotación [...] c) El tres por ciento (3%) calculado sobre su valor comercial en la mina, para otros minerales, el cual incluye los costos en que se incurra hasta el momento en que el mineral extraído, triturado o no, sea depositado en el vehículo que ha de transportarlo fuera de los límites del área otorgada o a una planta *de beneficio o refinación*, cualquiera sea el sitio donde ésta se localice, teniendo en cuenta su riqueza y el precio del mineral en el mercado comprador entre otros factores relevantes") (énfasis añadido).

nistración no tiene ningún poder discrecional para decidir al término de una concesión, cuáles son bienes reversibles y cuáles no.

La determinación de los bienes reversibles en una concesión, por otra parte, siendo una cuestión estrictamente de orden legal, no puede estar condicionada por elementos *fácticos* ni *técnico-minero*, sino sólo por la explotación minera objeto de la concesión, no abarcando los bienes que puedan haberse destinado por los concesionarios a realizar actividades auxiliares o conexas, como puede ser por ejemplo, la actividad de beneficio o refinación del mineral extraído mediante una planta de procesamiento metalúrgica. En consecuencia, los bienes reversibles en las concesiones, no son todos los que puedan estar vinculados con las actividades mineras (principales, accesorias o conexas) desarrolladas por el concesionario, ni aquellos respecto de cuya importación el concesionario haya podido obtener exoneración de impuestos de exportación. Al contrario, la figura de la reversión de bienes en Venezuela responde a un análisis eminentemente legal, que es lo que permite distinguir claramente las distintas categorías de bienes de una concesión.

Tal como lo hemos expresado en otro lugar,[85] la reversión de bienes en el derecho venezolano es una de las formas de extinción de la propiedad privada, esencialmente vinculada a las concesiones administrativas[86]. A través de las mismas, como se ha dicho, el Estado otorga a los particulares el derecho para la realización de actividades que se han reservado al mismo, como son la exploración y explotación mineras, y que conllevan la explotación de bienes del dominio público, como son los yacimientos mineros.

Por tanto, la figura de la reversión de bienes como forma de extinción de la propiedad privada, tiene aplicación en un contexto en el que exista una reserva de actividades al Estado o bienes declarados como del dominio público, y concesiones de explotación de dichas actividades reservadas o de los bienes del dominio público cuya explotación o uso es otorgada a un concesionario.

Al constituir la reversión una forma de extinción de la propiedad privada del concesionario, en la misma incide la garantía constitucional de la propie-

---

85 Véase Allan R. Brewer-Carías, "El régimen de la reversión en las concesiones administrativas en Venezuela, con especial referencia a las concesiones mineras," en *Revista de derecho tributario* No. 147, Julio-Septiembre 2015, Asociación Venezolana de Derecho Tributario, Legis, Caracas 2015, pp. 19-58.

86 La reversión en las concesiones administrativas consiste en que "una vez terminada la concesión, el concesionario debe traspasar los bienes afectados a la concesión al Estado, sin indemnización; y el fundamento de esta institución se considera que está en la naturaleza misma de la concesión: mediante ella, el Estado traspasa al particular concesionario, un privilegio para realizar una actividad de que aquél generalmente se ha reservado para sí, y la compensación por haber ejercido ese privilegio en base a un acto del Estado es que al concluir la concesión, reviertan a él todos los bienes afectos a la concesión." Véase Allan R. Brewer-Carías, "Adquisición de la propiedad privada por el Estado en el derecho venezolano," en *Jurisprudencia de la Corte Suprema 1930-1974 y Estudios de Derecho Administrativo*, Tomo VI: Propiedad y expropiación, Instituto de Derecho Público UCV, Caracas 1979, página 26.

dad, y en consecuencia, su necesaria regulación mediante ley (principio de reserva legal), con la posibilidad expresa de su inclusión en las cláusulas del contrato de concesión. De ello se deriva, además, que la reversión tiene que ser objeto de una interpretación restrictiva en su aplicación práctica, abarcando únicamente los bienes sin los cuales los derechos otorgados en concesión no pueden ser ejercidos por el Estado que los retoma.

De lo anterior resulta,[87] que la reserva al Estado de una actividad es el elemento primordial en la comprensión del alcance del principio de la reversión, siendo la causa misma de su existencia. Por ello, al extinguirse la concesión, el derecho otorgado al particular para ejercerla también se extingue, y nuevamente es el Estado quien, en virtud de la reserva, ostenta el derecho de ejecutar la actividad, el que puede realizarla. En tal sentido, la reversión supone el traslado de todos aquellos bienes que son imprescindibles para que, en caso de que sea factible, se pueda continuar llevando a cabo la actividad reservada, ya sea directamente por el Estado o mediante el otorgamiento de una nueva concesión a un particular.

En toda concesión, por tanto, al extinguirse la misma se plantea la necesidad de distinguir cuáles son los bienes reversibles y cuáles son los bienes no reversibles que quedan en la propiedad del concesionario saliente, y por ello los esfuerzos de la doctrina administrativa para poder establecer la distinción. En tal sentido es clásica la distinción establecida por André de Laubadère en materia de concesiones administrativas, en relación con el tema de la reversión, entre los siguientes bienes: "1) *biens demeurant la propriété du concessionnaire,* 2) *biens de retour,* y 3) *biens de reprise.*"[88]

Conforme a esta clasificación, en general seguida por toda la doctrina francesa, los primeros (*bienes propios*) son los bienes no reversibles, que son los adquiridos por el concesionario, que "no son parte integral de la explotación", es decir, que no están afectados al objeto de la concesión. Los segundos (*biens de retour*) son los bienes reversibles, que son todos aquellos que son "parte integral de la concesión", afectados por el concesionario a la realización del objeto de la misma, y que son los bienes necesarios o imprescindibles para la continuación de la actividad concedida. La tercera categoría (*biens de reprise),* son aquellos bienes de propiedad del concesionario, que no son reversibles, pero que por su utilidad relacionada con la actividad concedida, la Administración puede decidir adquirir, mediando una indemnización.

De acuerdo con lo anterior, el signo común de todas las clasificaciones es que los bienes reversibles en las concesiones administrativas son los bienes

---

87 Allan R. Brewer-Carías, "El régimen de la reversión en las concesiones administrativas en Venezuela, con especial referencia a las concesiones mineras," en *Revista de derecho tributario* No. 147, Julio-Septiembre 2015, Asociación Venezolana de Derecho Tributario, Legis, Caracas 2015, pp. 19-58.

88 Véase André de Laubadère, *Traité des contrats administratifs*, Librairie Général de Droit et de Jurisprudence, Tomo III, Paris 1956, pp. 211 a 222.

que, al concluir el plazo de la concesión, están afectos al objeto de la misma, es decir, a las actividades que constituyen el objeto del derecho reservado y concedido por la Administración al concesionario. En el caso de las concesiones mineras que conceden el derecho de exploración y explotación de yacimientos, los bienes que revierten al Estado a título gratuito sólo son aquellos que se encuentran afectados a dichas tareas de exploración y explotación de los yacimientos. En ningún caso, por tanto, la reversión gratuita puede abarcar bienes que no estén afectos al objeto de la concesión otorgada o estén destinados a actividades distintas a las que son objeto de la concesión.

Este es el sentido, además, de lo establecido, por ejemplo, en la Ley Orgánica sobre Promoción de la Inversión Privada bajo el Régimen de Concesiones de 1999 que regula las concesiones de obras públicas o de servicios públicos, al disponer en el artículo 48, el principio de que la reversión opera respecto de los bienes "afectos a la obra o al servicio"; y en el artículo 60, al distinguir entre los bienes reversibles y no reversibles, en dichas concesiones de obra pública o de servicios públicos, siendo los bienes reversibles los "que por cualquier título adquiera el concesionario para ser destinados a la concesión" o que se "incorporen o sean afectados a las obras"; mientras que los bienes no reversibles son "las obras, instalaciones o bienes que por no estar afectados a la concesión permanecerán en el patrimonio del concesionario."[89]

En definitiva, lo que revierte al Estado son los bienes afectados específicamente a la actividad que se otorgó inicialmente mediante el contrato de concesión, es decir la actividad reservada al Estado. Por ello, en Venezuela en forma alguna podría sostenerse que el artículo 60 de la Ley Orgánica sobre Inversión Privada habría establecido una presunción de que todos los bienes que se puedan encontrar en el área de la concesión o que pudieran estar vinculados con la ejecución de las actividades mineras que realice el concesionario estarían sujetos a reversión.

Al contrario, conforme a los principios recogidos en la Ley Orgánica sobre Inversión Privada, que si bien rigen básicamente para las concesiones de explotación de obra pública o de servicio público, conforme al artículo 4 de la misma ley, se aplican supletoriamente a "los contratos de concesión cuyo otorgamiento, administración o gestión se encuentre regulados por leyes especiales"; como es el caso, precisamente, de las concesiones mineras, las cuales se rigen preferentemente por lo dispuesto en la Ley de Minas de 1999, la reversión está condicionada por la afectación de los mismos al objeto de la concesión.

Como antes hemos indicado, en la Ley de Minas, desde su sanción en 1945 se reguló un sólo tipo de concesión minera de exploración y explotación de minas o yacimientos mineros como bienes del dominio público. Siguiendo la misma orientación de Ley de Minas de 1945, en la Ley de Minas de 1999 se

[89] Véase Ley Orgánica sobre Promoción de la Inversión Privada bajo el Régimen de Concesiones, en *Gaceta Oficial* N° 5.394 Extraordinario, de 25 de octubre de 1999, artículos 48 y 60.

reguló igualmente un sólo tipo de concesión de exploración y subsiguiente explotación de yacimientos. La consecuencia de ello es que las otras actividades conexas o auxiliares con la minería, como el "almacenamiento, tenencia, beneficio, transporte, circulación y comercio de los minerales" (art. 86) no se reservaron al Estado, ni son objeto de concesiones mineras. Por tanto, en el ámbito de las concesiones mineras, la reversión opera solamente respecto de los bienes afectados específicamente al desarrollo de las actividades reservadas de exploración y explotación de los yacimientos o minas.

Así surge del artículo 102 de esta la Ley de Minas de 1999 que dispone que las tierras y obras permanentes, y los bienes "adquiridos con destino a las actividades mineras" que realice el concesionario, se entiende, en ejercicio de los "derechos mineros" que le confiere la concesión de exploración o explotación, es decir, los bienes utilizados con destino al objeto de la concesión y que formen parte integral de ella, "pasarán en plena propiedad a la República, libres de gravámenes y cargas, sin indemnización alguna, a la extinción de dichos derechos" (art. 102). En el ámbito minero, éstos son los bienes reversibles, que forman parte de la concesión de explotación, por lo que todos los otros bienes adquiridos por el concesionario y no destinados a las actividades mineras otorgadas en la concesión, incluyendo las actividades auxiliares o conexas que no son parte del objeto de la concesión, no pueden considerarse como bienes reversibles. Dichos bienes, sin embargo, pueden ser adquiridos por el Estado pero siempre mediando el pago de una compensación.

Por ejemplo, respecto de las concesiones otorgadas conforme a la derogada Ley de Hidrocarburos de 1943,[90] conforme lo precisó la antigua Corte Suprema de Justicia, al extinguirse las concesiones de hidrocarburos, la reversión de bienes en dichas concesiones partía del supuesto de que la finalidad de la misma era "mantener sin interrupción la explotación" y operaba respecto de "los bienes integrantes de la concesión" o de "los bienes empleados en la explotación."[91] En dicha ley, el Estado no sólo se había reservado las actividades de exploración y explotación de los hidrocarburos, sino también las actividades de transporte, manufactura y refinación de los hidrocarburos. Conforme a ello, los particulares no podían realizar ninguna de estas actividades sino mediante concesión.[92] En esos casos, claro está, los bienes

[90] De allí los diferentes tipos de concesión, según su objeto, que reguló la Ley de Hidrocarburos de 1943: además de las concesiones cuyo objeto fue la exploración y explotación de los hidrocarburos, se regularon otras con otros objetos distintos, como fueron, las concesiones de manufactura y refinación, y las concesiones de transporte. Véase Ley Orgánica de Hidrocarburos de 1943, *Gaceta Oficial* de los Estados Unidos de Venezuela N° 31 Extraordinario, de 13 de marzo de 1943, artículos 12 a 27, 28 a 31, 32 a 37.

[91] Véase Sentencia de la Corte Suprema de Justicia, en *Gaceta Oficial* N° 1.718 Extraordinario, de 20 de enero de 1975, p. 24.

[92] De allí los diferentes tipos de concesión, según su objeto, que reguló la Ley de Hidrocarburos de 1943: además de las concesiones cuyo objeto fue la exploración y explotación de

integrantes o afectos a cada uno de esos tipos de concesión debían revertir al Estado al extinguirse las mismas.

Por último, debe observarse que en la Ley Orgánica sobre Inversión Privada que rige supletoriamente para todas las concesiones, se prevé que la reversión gratuita de los bienes efectivamente afectos a la concesión sólo tiene lugar cuando dichos bienes han sido totalmente amortizados. Así se establece en sus artículos 4 y 48, los cuales prevén que "*[e]l contrato establecerá* [...] *los bienes que por estar afectos a la obra o al servicio de que se trate revertirán al ente concedente, a menos que no hubieren podido ser totalmente amortizadas durante el mencionado plazo.*"

De esta norma resulta, al igual que de otras de la ley, que el régimen de las concesiones no sólo se estableció en beneficio del ente concedente, sino también del concesionario,[93] de manera que si bien se prevé la reversión de los bienes afectos a la obra o servicios concedidos, se dispone que la misma no procede respecto de aquellos bienes que, aun cuando fueran considerados reversibles, no hayan sido amortizados, es decir, cuyo valor no se haya podido depreciar completamente durante el tiempo de la concesión.[94]

Por ello existe en el ámbito del derecho de concesiones una estrecha vinculación entre los conceptos de reversión y de amortización. Tal como lo ha establecido la jurisprudencia venezolana, "la cláusula de reversión se basa de un lado en el hecho de que durante la ejecución del contrato la parte contratista pueda amortizar su inversión, y del otro lado, en el propósito de asegurar al ente contratante la posibilidad de continuar la explotación con los bienes revertidos."[95]

Por tanto, a pesar de que en el artículo 2 de la Ley se indica que la duración de la concesión deberá fijarse "durante un tiempo determinado, suficiente para recuperar la inversión", la ley no asume en forma automática que dicha amortización habrá necesariamente tenido lugar al finalizar la concesión de que se

---

los hidrocarburos, se regularon otras con otros objetos distintos, como fueron, las concesiones de manufactura y refinación, y las concesiones de transporte. Véase Ley Orgánica de Hidrocarburos de 1943, artículos 12 a 27, 28 a 31, 32 a 37.

93 Véase por ejemplo, como lo ha observado Manuel Rachadell, con la Ley "se persigue no es ya el beneficio del ente concedente sino el del concesionario," y por ello se pauta en el último aparte de la Disposición Transitoria Decimoctava que "La ley establecerá en las concesiones de servicios públicos, la utilidad para el concesionario o concesionaria y el financiamiento de las inversiones estrictamente vinculadas a la prestación del servicio, incluyendo las mejoras y ampliaciones que la autoridad competente considere razonables y apruebe en cada caso." Véase Alfredo Romero Mendoza, "Aspectos financieros de las concesiones" en *Régimen legal de las concesiones públicas. Aspectos Jurídicos, Financieros y Técnicos*, Editorial Jurídica Venezolana, Caracas 2000, p. 71.

94 Sobre el concepto de amortización véase por ejemplo, Carlos E. Rodríguez, *Diccionario de Economía*, 2009

95 Sentencia la Corte Segunda de lo Contencioso Administrativo, *Municipio Guaicaipuro del Estado Miranda vs. Parcelamiento Chacao*, (Registro N° AW42-X-2008-000022), abril de 2009, p. 6.

trate, y por eso precisa que si por cualquier causa los bienes afectos al objeto de la concesión no hubieren podido ser totalmente amortizados durante el mencionado plazo, entonces los mismos no revierten al Estado. Con ello, el Estado asegura que el concesionario, para asegurar la regular ejecución de una obra o prestación de un servicio hasta el final de la concesión, continúe haciendo las inversiones necesarias hasta ese momento y que el transcurso del tiempo o la proximidad a la terminación de una concesión no sean motivo de desinversión. Ello, además, en el espíritu de la previsión de la Ley Orgánica Sobre Inversión Privada, podría entenderse que busca disipar toda posibilidad de enriquecimiento sin causa para el Estado, en caso de que la amortización de la inversión no se haya podido lograr en el término fijado. Tal como explica María Amparo Grau, en los casos en que el concesionario demuestre que el bien a revertir no se encuentre totalmente amortizado, "la consecuencia sería la de que sobre la base de su consideración de utilidad o interés público pudiesen ser igualmente revertidos, previo el pago de la correspondiente indemnización."[96]

De lo anterior resulta que en el caso de las concesiones mineras, si bien se rigen primeramente por lo dispuesto en la Ley de Minas de 1999, las disposiciones de la Ley Orgánica sobre Inversión Privada son "de aplicación supletoria," como lo indica su artículo 4, lo que implica que los principios establecidos en dicha Ley de 1999, que no están regulados en la Ley de Minas, como el previsto en el artículo 48 sobre amortización, se aplican a las concesiones mineras. Ello es el caso de la no reversibilidad de los bienes que aun estando afectos al objeto de la concesión, no hayan podido ser amortizados en el plazo de la misma, en cuyo caso para ser transferidos al Estado en concesionario tendría derecho a ser compensado por la parte no amortizada.[97]

2. Los bienes destinados a las actividades auxiliares o conexas con la minería como bienes no reversibles

De todo lo anterior resulta, por tanto, que solo los bienes afectos al objeto de las concesiones, es decir, a la exploración y explotación de determinados minerales en determinadas áreas del territorio nacional son bienes reversibles conforme a la legislación minera, siendo por tanto, bienes no reversibles, los que hubiera podido destinar un concesionario para actividades conexas o auxiliares de la minería, que se realizan sobre el mineral extraído con ocasión

---

96 María Amparo Grau, "Extinción de las Concesiones" en el *foro Régimen Jurídico de la Contratación Administrativa,* 23 de junio de 2000, página 3.

97 Véase por ejemplo sobre la aplicación supletoria de la Ley a concesiones municipales regidas por la Ley Orgánica del Poder Público Municipal, incluso haciendo referencia al tema de los bienes no amortizados como no reversibles, en la sentencia del Juzgado Superior Estadal de lo Contencioso Administrativo de la Circunscripción Judicial del Estado Bolivariano de Mérida, *Carmen Victoria Carrasco contra el Concejo Municipal del Municipio Alberto Adriani Del Estado Mérida* (Registro Nº LE41-G-2012-000056) de 16 de noviembre de 2014.

de las concesiones de explotación, como podría ser, por ejemplo, la actividad de beneficio, procesamiento, transformación o refinación que pueda realizar un concesionario como parte de un proyecto minero que integre dichas actividades en adición a la explotación.

Sin duda, la incorporación de esas actividades auxiliares a la minería como es el beneficio, no son otra cosa que formas que tiene el concesionario y otros particulares para aprovecharse del mineral extraído. Es muy común, incluso, que respecto de los concesionarios, los mismos ofrezcan desarrollar algunas de dichas actividades en forma de ventajas especiales en el propio texto de las concesiones.

Para la realización de esas ventajas especiales, como actividades auxiliares o conexas de la minería, como podría ser por ejemplo el beneficio del mineral extraído, el concesionario podría construir e instalar una planta de metalurgia para producir un material derivado del mineral extraído, caso en el cual dicho bien no podría considerarse como bien reversible conforme a lo establecido en la Ley de Minas de 1999 y en los títulos de las Concesiones, pues no se encuentra afectada al objeto de la concesión. Como hemos dicho, la reversibilidad de los bienes en una concesión no se determina por su afectación a las actividades mineras que en general realice el concesionario y que puedan por ejemplo formar parte de un Proyecto Minero, o por su ubicación física en el perímetro de una concesión, sino a la actividad minera específica y primaria objeto de la concesión que es la explotación del yacimiento. Así, una planta de procesamiento metalúrgico, aun cuando pueda formar parte de un proyecto minero-metalúrgico específico, no está afectada al objeto de la concesión (explotación), sino a una actividad minera conexa o auxiliar como es el procesamiento o beneficio del mineral, no siendo en ese caso, un bien reversible, sino un bien de propiedad de la empresa concesionaria. Por lo tanto, es completamente irrelevante para determinar su reversibilidad (o no) conforme a la ley, que se pueda considerar desde el punto de vista técnico, que el proyecto minero que pudo haber definido el concesionario comprendía la construcción de una planta, y que desde el punto de vista económico la sola extracción del mineral no fuera tan productiva económicamente sin la transformación o refinación del mineral. En definitiva, en esta materia, lo que no se puede es confundir un proyecto minero-metalúrgico con una concesión de explotación minera. Por ello, puede perfectamente existir una concesión de explotación minera de un yacimiento o mina sin que el concesionario tenga que construir e instalar una planta de procesamiento metalúrgica del mineral extraído. En esos casos, el conce-sionario puede decidir, por ejemplo, que en un momento determinado es más rentable exportar el mineral extraído, o venderlo para que otra empresa lo procese o beneficie; incluso, en caso de decidir procesarlo o beneficiarlo, puede hacerlo con una planta localizada fuera del área de la concesión, de su propiedad o de un tercero, lo que confirma que procesamiento y explotación minera son dos actividades enteramente distintas a los efectos de la regulación.

En esos casos, conforme al ordenamiento jurídico venezolano, la planta de beneficio, refinación o procesamiento de mineral extraído del yacimiento que el concesionario pudiera haber instalado sería un bien propio del mismo para llevar a cabo un proceso ulterior de industrialización del mineral minado de las varias Concesiones que le fueron otorgadas. Esta actividad en ese caso sería realizada como una actividad auxiliar o conexa a la minería en los términos de los artículos 1 y 86 de la Ley de Minas de 1999 que tanto el concesionario, como cualquier otro particular, podrían ejercer libremente sometidos a la vigilancia del Estado. En tal sentido, una planta de ese tipo no sería un bien reversible, y en caso de ser considerado un bien útil a efectos de las actividades del Estado, tendría que ser adquirido por el Estado mediando el pago del precio respectivo, o expropiándolo mediante los mecanismos legales adecuados, pagando la indemnización correspondiente.

En el mismo sentido, por ejemplo, los minerales procesados como resultado del beneficio que de los mismos haya realizado el concesionario, y que hubieren podido haber quedado en el área de una concesión al término de la misma, también serían propiedad del concesionario y no serían bienes reversibles.

Debe tenerse en cuenta que si bien las minas o yacimientos son bienes del dominio público, impide al propietario del suelo y el concesionario minero pretender derechos de propiedad sobre el subsuelo,[98] una vez otorgada una concesión de explotación a un concesionario, el mineral extraído de las mismas, y por supuesto los productos y subproductos de los procesos de refinación o beneficio del mismo, son propiedad del concesionario. Es decir, en el derecho venezolano, los minerales extraídos de los yacimientos en ejecución de una concesión de explotación minera, no son bienes del dominio público, y mucho menos, el material o substancias minerales una vez beneficiados, procesados y transformados. Lo contrario sería equivalente al absurdo de considerar que como la "mina" es un bien inmueble (art. 547 Código Civil), entonces el material extraído de la misma e incluso el material procesado, seguiría siendo un "bien inmueble" por extensión.

Como hemos indicado, cuando se otorga una concesión de explotación de un yacimiento minero, se le confiere al concesionario el derecho exclusivo de extraer y aprovechar el mineral extraído, incluyendo el derecho de comercializarlo para obtener un beneficio económico del mismo, lo que el concesionario puede hacer a título de propietario del mineral extraído. Dicho mineral extraído y por supuesto, el producto de su transformación posterior, son bienes muebles de la propiedad privada del concesionario y por ello la Ley le permite aprovecharse de ellos. Ello deriva además del artículo 546

---

98 Véase Código Civil, artículo 549. Por ello, en la Exposición de Motivos de la Ley de Minas de 1999, se expresó: "Es bueno recordar que en ningún caso, los propietarios del suelo ni del subsuelo pueden reclamar la propiedad de los yacimientos que es siempre de la República."

del Código Civil que dispone que los bienes que sean producto del trabajo y de una industria lícita como las reguladas en la legislación de minas, son de propiedad de la persona que los produce; y además, de lo previsto en el artículo 522 del mismo Código, que como producto que proviene de las minas se considera como un fruto natural del titular del derecho real inmueble de explorar y explotar un yacimiento, y por tanto - nuevamente - propiedad del concesionario.[99]

En fin, una vez extraído el mineral de la mina o yacimiento, el concesionario tiene como consecuencia de su derecho a explotar la mina, el derecho de aprovecharse de ese fruto. Por tal razón, de acuerdo con lo establecido en el Código Civil, el fruto producto del trabajo del concesionario por la explotación del yacimiento o mina es, por accesión, de su propiedad privada; todo lo cual lo confirmó la Procuraduría General de la República en dictamen de 20 de octubre de 1971, al calificar a la concesión minera como un contrato especial "con una característica principal" que es:

> "que quien contrate con la República, esto es, el concesionario, *se aprovecha y apropia de los minerales extraídos* pagando una determinada suma (royalty) a la entidad pública propietaria de la mina objeto de convenio [...]. A nuestro juicio, en la definición de la concesión minera se debe hacer resaltar el carácter particular de éstas, es decir, que *el concesionario se apropia de las sustancias extraídas de la mina*, y ese criterio nos lleva a sostener que los principios acerca de la concesión en general y de la gestión administrativa directa, aplicables para otros sectores de derecho público [...] son aceptables en el derecho minero, pero con las adaptaciones necesarias."[100]

O sea, como ya se explicó, la Ley de Minas de 1999 y el Código Civil garantizan al concesionario de explotación de un yacimiento minero, el derecho exclusivo de extraer y aprovechar el mineral extraído en carácter de propietario del mismo, de manera que solo es dominio público minero el yacimiento o la mina, pero no el material extraído como producto de la explotación de la mina, del que se "hacen dueños" los concesionarios, porque "el mineral

---

99 Conforme al artículo 552 del Código Civil, en efecto, el concesionario también adquiere la propiedad por accesión de los minerales producidos en la concesión en ejercicio de sus derechos mineros. Dicha norma establece que "los frutos naturales" pertenecen "por derecho de accesión al propietario de la cosa que los produce" definiéndose como "frutos naturales" a "los que provienen directamente de la cosa, con o sin industria del hombre" como son precisamente "los productos de las minas o canteras." En tal sentido, todos los minerales extraídos de la explotación de las concesiones, en ejercicio de los derechos mineros, son bienes que pertenecen al titular de los derechos mineros derivados de la concesión.

100 Véase Elsa Amorer, *El Régimen de la Explotación Minera en la Legislación Venezolana*, Colección Estudios Jurídicos N° 45, Editorial Jurídica Venezolana, Caracas 1991, página 144 (énfasis añadido).

extraído es distinto de la mina, es solamente su fruto."[101]. En consecuencia, el mineral producto del procesamiento metalúrgica de materiales extraídos de un yacimiento por el concesionario, como bien de propiedad privada del mismo, no estando afecto al objeto de la concesión que es la explotación de determinados minerales en un área específica, n todo caso es un bien no reversible, propiedad de la empresa concesionaria y que no podía ser apropiado por el Estado sin compensación.

New York, enero de 2017

101 Véase Miguel A. Basile Urizar, "Consideraciones sobre la declaración de caducidad de las concesiones por no iniciar la explotación de la mina en la ley de Minas", en *Revista Electrónica de Derecho Administrativo Venezolano*, N° 5, enero a abril 2015, (citando a la vez a Ezequiel Monsalve Casado).

SECCIÓN DÉCIMA NOVENA: *RÉGIMEN DE LA REVERSIÓN EN LAS CONCESIONES ADMINISTRATIVAS* (2015)

TEXTO PUBLICADO EN *ESTUDIOS DE DERECHO PÚBLICO EN HOMENAJE AL* PROF *HORACIO CASSINELLI MUÑOZ* (ALICIA RODRÍGUEZ GALUSSO, COORDINA-DORA), UNIVERSIDAD CATÓLICA DEL URUGUAY, MONTEVIDEO **2016**, PP. **27-66**; Y EN *REVISTA DE DERECHO TRIBUTARIO* NO. **147**, JULIO-SEPTIEMBRE **2015**, ASOCIACIÓN VENEZOLANA DE DERECHO TRIBUTARIO, LEGIS, CARACAS **2015**, PP. **19-58**.

I. LA RESERVA AL ESTADO DE CIERTAS ACTIVIDADES Y LAS CONCESIONES ADMINISTRATIVAS COMO CONTRATOS PÚBLICOS

Las concesiones administrativas son contratos públicos o contratos estatales (contratos administrativos) celebrados por el Estado y una persona privada o concesionario mediante los cuales el Estado le otorga o concede el derecho de desarrollar determinadas actividades que han sido legalmente reservadas al Estado, y que por tanto no pueden ser desarrolladas libremente por las personas.

En estos casos, en virtud de la reserva al Estado, los particulares no tienen libertad económica para desarrollar las actividades reservadas, pudiendo solo en general hacerlo, mediante el título que les confiere la concesión.[1] Ésta, por tanto, es la que crea en cabeza del concesionario el derecho otorgado, en el sentido que es a través de dicho acto bilateral que el Estado otorga al concesionario el derecho a realizar una actividad que previamente éste no tenía[2].

---

1 En materia minera, por ejemplo, en virtud de la reserva al Estado de las actividades de exploración y explotación minera, además de poder ser estas desarrolladas "directamente por el Ejecutivo Nacional," puede desarrollarse por los particulares mediante "concesiones de exploración y subsiguiente explotación, "autorizaciones de explotación para el ejercicio de la Pequeña Minería," "Mancomunidades Mineras"; "Minería Artesanal." Artículo 2, Ley de Minas de 1999. *Gaceta Oficial* No. 5.382 Extra. De 28 de septiembre de 1999.

2 Véase en general, sobre las concesiones administrativas en Venezuela: Víctor R. Hernández Mendible, "La concesión de servicio público y la concesión de obra pública," en *Revista de la Facultad de Ciencias Jurídicas y Políticas*, Universidad Central de Venezuela, N° 113, Caracas 1999, pp. 53-91; Alfredo Romero Mendoza, (coordinador), *El régimen legal de las concesiones públicas. Aspectos jurídicos, financieros y técnicos*, EJV, Caracas 2000; Rafael Badell, *Régimen de las concesiones de servicios públicos y obras públicas nacionales*, en http://www.badell-grau.com/?pag=29&ct=189; Allan R. Brewer-Carías, "Notas sobre el régimen jurídico general de las concesiones administrativas en Venezuela," en *Libro Homenaje a la Ministra Margarita Beatriz Luna Ramos*, Facultad de Derecho y la Coordinación del Programa de Posgrado en Derecho, Universidad Nacional Autónoma de México, México

A pesar de tratarse de actos bilaterales o contratos del Estado, que se forman mediante acuerdo entre el Estado y el concesionario, las concesiones no siempre tienen la forma tradicional de los contratos como documentos suscritos entre ambas partes, pues en muchos casos, luego de que se logra el acuerdo necesario sobre los términos de la relación jurídica entre el Estado y los concesionarios, las mismas se publican como parte de un acto administrativo unilateral, como por ejemplo, una resolución ministerial, como es el caso en Venezuela de las concesiones mineras que con la denominación de "título de exploración," "certificado de explotación" o simplemente "Título Minero" se otorgan por el Ministro de Energía y Minas, y se publican mediante una Resolución Ministerial en la Gaceta Oficial. [3]

En todo caso, como acto bilateral, la concesión difiere de otras instituciones de derecho administrativo como las autorizaciones, que son actos administrativos unilaterales mediante los cuales se permite a una persona realizar ciertas actividades respecto de las cuales, aun cuando tiene derecho a realizarlas, no puede hacerlo en virtud de restricciones legales que imponen la intervención del Estado mediante la exigencia de una autorización previa para poder realizarla. Por ello, en forma contraria a las concesiones, la autorización solo tiene efectos declarativos, en el sentido de que solo declara que la persona autorizada puede realizar la actividad que previamente tenía derecho a realizar, y que solo estaba sujeta a la intervención del Estado. La misma, por tanto, al contrario de la concesión, no crea el derecho que autoriza a realizar.

En virtud de que el derecho otorgado al concesionario mediante la concesión para realizar una actividad que previamente ha sido reservada al Estado, la ley aplicable al contrato de concesión es ante todo la que regula la actividad reservada, complementada con las previsiones contractuales que se incluyan en el contrato de concesión. Dichas cláusulas, conforme al Código Civil, se considera que tienen "fuerza de ley entre las partes" (Artículo 1.159) y las partes están obligadas a cumplir las obligaciones en ellas establecidas "exactamente como han sido contraídas" (Artículo 1.264). Adicionalmente, de acuerdo con el artículo 1.264 del mismo Código, "el deudor es responsable por los daños en caso de contravención," estableciendo además, el artículo 1.160 del mismo Código, que "los contratos deben ejecutarse de buena fe" y las partes están obligadas "no solamente a cumplir lo expresado en ellos, sino a todas las consecuencias que se derivan de los mismos contratos, según la equidad, el uso o la Ley." Y "la Ley" conforme a esta norma del Código Civil se refiere, precisamente, a la ley aplicable al contrato que es la existente

---

2013, pp. 61-101, y en *Revista El derecho. Diario de Doctrina y Jurisprudencia. Administrativo*, Universidad Católica Argentina, Nº 13.290. Año LI, Buenos Aires 31 de julio de 2013, pp. 1-8.

[3] Véase por ejemplo, las diversas denominaciones en los artículos 32, 33, 34, 45, 47, 51, 62, 98, 107, 129, 131 y 132 de la Ley de Minas, *Gaceta Oficial* No. 5.382 Extra. de 28 de septiembre de 1999.

al momento de su celebración, excepto cuando una ley posterior establece disposiciones que se consideren como de orden público, las cuales entonces también son aplicables al contrato. [4].

En consecuencia, las relaciones jurídicas entre las partes en los contratos, incluyendo los contratos de concesión, se rigen por las previsiones de la ley que específicamente regula la materia reservada al Estado que los origina, por los términos de sus cláusulas, y supletoriamente, por las disposiciones del Código Civil o del Código de Comercio, y las otras leyes que le sean aplicables vigentes al tiempo de su celebración. En consecuencia, las partes, en principio, tienen libertad de decidir el contenido de las cláusulas del contrato dentro de los límites establecidos por la ley que los regula, y sujetas a las cláusulas que constitucional o legalmente deban incorporar a su texto. Sin embargo, en muchos casos esta libertad está limitada en la práctica administrativa, como sucede en materia de concesiones mineras, que en cierta forma se configuran como contratos de adhesión.

Por otra parte, precisamente en virtud de que el derecho otorgado al concesionario mediante la concesión es para realizar una actividad que ha sido previamente reservada por ley al Estado, una vez que la concesión termina, el derecho otorgado también se extingue, pudiendo el Estado, en consecuencia, decidir continuar realizando directamente la actividad reservada mediante sus órganos o entes, o proceder a otorgar una nueva concesión a un nuevo concesionario. En cualquier caso, al extinguirse la concesión, y a efectos de asegurar la continuación de las operaciones, las leyes o, en muchos casos, los contratos de concesión establecen la figura de la reversión, previendo que una vez que la concesión expire, todos los bienes adquiridos o utilizados por el concesionario para cumplir la actividad reservada que fue concedida y es el objeto de la concesión, deben ser obligatoriamente transferidos al Estado, en plena propiedad, libre de toda carga, sin compensación.

Una de las actividades económicas que han sido reservadas al Estado en el ordenamiento jurídico venezolano ha sido precisamente la actividad minera de exploración y explotación del subsuelo, el cual, en general ha sido considerado como del dominio público, tal como lo declara ahora expresamente el artículo 12 de la Constitución de 1999. En consecuencia, las actividades mineras de exploración y explotación del subsuelo en Venezuela solo pue-

[4] La aplicación obligatoria de determinadas provisiones de leyes a los contratos, y que constituye una limitación a la libertad contractual de las mismas, tiene su fundamento en el artículo 6 del Código Civil que dispone que por convenios entre particulares "no pueden renunciarse ni relajarse [...] las leyes en cuya observancia están interesados el orden público o las buenas costumbres." Este concepto de orden público en Venezuela, se refiere a situaciones en las cuales la aplicación de una ley interesa al ordenamiento jurídico general que es indispensable para la existencia de la comunidad, el cual, por tanto, no puede dejarse de lado por convenios privados, ni puede evitar ser aplicado alegándose supuestos derechos adquiridos. Véase sobre esta noción de orden público, Allan R. Brewer-Carías, *Administrative Law in Venezuela*, First Edition, Editorial Jurídica Venezolana, Caracas 2013, p. 134, par. 343.

den realizarse por las personas o empresas particulares mediante concesión minera otorgada por el Estado. Este fue, por lo demás, el régimen establecido en la Ley de Minas de 1945[5] (artículo 13), y es el que se establece en la Ley de Minas de 1999[6] (artículo 24).

En efecto, en el artículo 13 de la Ley de Minas de 1945, se establecía que el derecho de explotar los minerales del subsuelo por las personas privadas solo podía ser otorgado mediante concesión; y en el mismo sentido, el artículo 24 de la Ley de Minas de 1999 establece que el Ejecutivo Nacional puede otorgar a los particulares concesiones mineras que confieren a su titular, el derecho exclusivo a la exploración y explotación de las sustancias minerales otorgadas que se encuentren dentro del ámbito espacial concedido.[7]

En consecuencia, lo que básicamente ha sido reservado al Estado en la Ley de Minas desde 1945, ha sido fundamentalmente la actividad de explotación del subsuelo, es decir de los yacimientos o depósitos de minerales, entendiéndose en general en la legislación de minas por "explotación," la acción de cavar y extraer minerales del subsuelo.[8]

En cambio, en la legislación minera no se ha establecido nunca, en general, reserva alguna a favor del Estado respecto de las actividades de aprovechamiento, procesamiento y transformación (beneficio) de los minerales explotados, los cuales una vez extraídos del subsuelo, el concesionario tiene derecho de aprovecharse de ellos como disponga. Es decir, la Ley de Minas nada dispone sobre posibles concesiones para el procesamiento o trasforma-ción industrial de minerales extraídos, actividad que en general en Venezuela, como se dijo, no ha sido reservada al Estado.

Solo excepcionalmente y en casos específicos de nacionalizaciones, el Estado se ha reservado, además de la explotación de minerales, su industrialización y comercialización como ha sucedido, por ejemplo, con la industria siderúrgica para el procesamiento del mineral de hierro, la cual fue reservada al Estado mediante Decreto Ley N° 6.058 de 30 de abril de 2008, contentivo de la Ley Orgánica de ordenación de las empresas que desarrollan actividades en el sector siderúrgico en la Región de Guayana.[9] En esta Ley se reservó expresamente al Estado, por razones de conveniencia nacional "la industria de

---

5 Véase en *Gaceta Oficial* N° 121 Extra. de 18 de enero de 1945.

6 Véase en *Gaceta Oficial* N° 5.382 Extra. de 28 de septiembre de 1999.

7 Véase Allan R. Brewer-Carías, *Administrative Law in Venezuela,* Editorial Jurídica Venezolana, First Edition, Caracas 2013, p. 256 ss., par. 742, 744, 757.

8 Ello deriva del texto mismo de la Ley de Minas de 1999 cuando al referirse a las "concesiones de explotación" establece en su artículo 58 que "se entiende que una concesión está en explotación, cuando se estuviere extrayendo de las minas las sustancias que la integran o haciéndose lo necesario para ello, con ánimo inequívoco de aprovechamiento económico de las mismas y en proporción a la naturaleza de la sustancia y la magnitud del yacimiento."

9 *Gaceta Oficial* N° 38.928 de 12 de mayo de 2008.

la transformación del mineral del hierro en la región de Guayana, por ser ésta una zona en la que se concentra el mayor reservorio de hierro, cuya explotación se encuentra reservada al Estado desde 1975" (artículo 1). En sentido similar ocurrió, por ejemplo, con la "industria de fabricación de cemento" que se nacionalizó mediante Decreto Ley N° 6091 de 27 de mayo de 2008 (artículo 1),[10] y con la industria del oro, respecto de la cual, mediante Decreto Ley N° 8.413 23 de agosto de 2011, se reservaron al Estado, tanto las actividades primarias como las actividades conexas y auxiliares al aprovechamiento del oro; y a cuyo efecto, se definieron como "actividades primarias, la exploración y explotación de minas y yacimientos de oro," y como "actividades conexas y auxiliares, el almacenamiento, tenencia, beneficio, transporte, circulación y comercialización interna y externa del oro, en cuanto coadyuven al ejercicio de las actividades primarias" (artículo 2).[11]

En consecuencia, el principio general en el derecho venezolano en materia minera, con excepciones como las señaladas, es que solo la actividad de exploración y explotación de minerales ha sido en general reservada al Estado, debiendo dichas actividades de exploración y explotación de minerales desarrollarse por los particulares solamente mediante concesión minera otorgada por el Estado.[12]

Cualquier otra actividad, como la trasformación o manufactura de los minerales extraídos, en principio puede realizarse por los particulares en virtud de su derecho a la libertad económica sin necesidad de obtener concesión, salvo los casos en que dicha actividad industrial, respecto de determinados minerales, haya sido expresamente reservada al Estado.

II. LA REVERSIÓN EN EL RÉGIMEN LEGAL DE LAS CONCE-SIONES ADMINISTRATIVAS

1. LA INSTITUCIÓN DE LA REVERSIÓN EN RELACIÓN CON LAS CONCESIONES ADMINISTRATIVAS

Como se dijo anteriormente, la institución de la reversión es una figura propia de las concesiones administrativas, la cual por tanto, se aplica a todo tipo de concesiones (de servicios públicos, de obra pública o de explotación de bienes del dominio público, por ejemplo), y consiste en "la obligación del concesionario de entregar a la Administración la obra o servicio y todos los instrumentos necesarios: bienes, acciones y derechos para asegurar la

10 *Gaceta Oficial* N° 5886 Extra. de 18 de junio de 2008.

11 *Gaceta Oficial* N° 39.759 del 16 de septiembre de 2011. La Ley fue reformada mediante Decreto Ley No. 1395, *Gaceta Oficial* No. 6150 Extra de 18 de noviembre de 2014

12 La única excepción en la Ley de Minas de 1999 se refiere a la "minería artesanal," o "pequeña minería" que pueden realizarse por las personas particulares mediante autorización del Ministerio de Minas (artículos 6 and 68), lo que significa que dichas actividades de minería artesanal o pequeña minería no han sido reservadas al Estado.

continuidad de esa obra o servicio, una vez extinguida la concesión;"[13] en el entendido de que los bienes que revierten al Estado son solamente aquellos afectados a la realización de las actividades reservadas al Estado que constituyen el objeto de la concesión.

Esta institución, como se ha observado en la doctrina nacional, siguiendo al profesor Eduardo García de Enterría,[14] fue tradicionalmente considerada como una regla general en el derecho administrativo que incluso se consideraba que se encontraba "implícita en el contrato de concesión, al operarse su extinción por vencimiento del plazo, caducidad o rescate." Sin embargo, en el derecho administrativo contemporáneo esa tesis tradicional se considera como una "doctrina jurídica superada" estando en la actualidad la reversión regulada solo y expresamente, sea en las disposiciones legales sectoriales específicas, aplicables a determinadas concesiones, o sea en las propias cláusulas de los contratos de concesión.[15] Esta es, por lo demás, la orientación general de la doctrina del derecho administrativo contemporánea, expuesta por ejemplo en Latinoamérica por el profesor Juan Carlos Cassagne.[16]

---

13 Véase Carlos García Soto, "Reversión de bienes en el contrato de concesión," en la *Revista Derecho y Sociedad. Revista de los estudiantes de la Universidad Monteávila,* Caracas 2003, p. 95.

14 Véase Eduardo García de Enterría, "El dogma de la reversión de las concesiones,", en *Dos Estudios sobre la Usucapión en Derecho Administrativo,* Tecnos, Madrid, 1974, pp. 14-78. Este autor escribió que "En la terminología propia de la dogmática del negocio jurídico la conclusión es que en el Derecho español la reversión no es un elemento esencial, ni siquiera natural de la concesión, sino simplemente accidental, es decir, procede únicamente en caso de pacto expreso (por supuesto, sin perjuicio de las especies de concesión cuya regulación general establece la regla de la reversión; en supuestos concretos)" pp. 73-74

15 Véase Carlos García Soto, "Reversión de bienes en el contrato de concesión," en la *Revista Derecho y Sociedad. Revista de los estudiantes de la Universidad Monteávila,* Caracas 2003, p. 95.

16 Dice Cassagne: "El origen de la reversión que se conectaba con el desarrollo de la figura contractual de la concesión de obra pública, donde constituía una cláusula política destinada a resguardar la propiedad de la corona, ha sido actualmente superado sosteniéndose que, en definitiva, no es otra cosa que una cláusula económica. / En rigor, la reversión de los bienes del concesionario no puede considerarse una cláusula implícita del contrato de concesión o licencia, ya que la voluntad de perder el dominio no se presume (como en general la renuncia de derechos) y toda cláusula de renuncia al derecho de propiedad es de interpretación restrictiva." Véase Juan Carlos CASSAGNE, *Tratado de derecho administrativo,* Séptima edición actualizada, Lexis Nexis,Tomo II, Buenos Aires, p. 418. Consultado en: http://www.cubc.mx/biblioteca/libros/Cassagne,%20Juan%20C%20-%20Derecho %20 Administrativo%20T%20II.pdf En el mismo sentido, véase Miguel S. Marienhof, *Tratado de Derecho Administrativo,* Tomo. III-B, Abeledo Perrot, Buenos Aires 1970, p. 638.)

2. La institución de la reversión en jurisprudencia venezolana

Las características generales de la institución de la reversión antes referidas, han sido confirmadas en términos generales, por la jurisprudencia sentada por la antigua Corte Suprema de Justicia. En tal sentido, la Sala Político Administrativa de la misma, en sentencia de 12 de diciembre de 1963 se refirió al fundamento de la reversión en materia de concesiones argumentando que al ser "la actividad del Estado permanente," la reversión, al extinguirse la concesión, es lo que asegura "la continuidad administrativa de la explotación confiada temporalmente al concesionario." De ello derivó la Corte que la reversión es "una expectativa de derecho a favor de la Nación, que sólo se materializa al fin del término de la concesión, que alcanza sólo las obras permanentes que en ese momento existiesen en las áreas concedidas y que no afecta sin embargo el derecho que tienen los concesionarios, durante la vigencia de la misma, de hacer en dichas áreas todas las construcciones, modificaciones y demoliciones que puedan ser más convenientes a los intereses de la explotación."[17]

Con base en la misma argumentación, en la sentencia de la Corte Plena de la antigua Corte Suprema de Justicia de 3 de diciembre de 1974 dictada al decidir la acción de nulidad por inconstitucionalidad intentada contra la Ley de Bienes Afectos a Reversión en las Concesiones de Hidrocarburos de 1971,[18] la Corte, estimó que el principio de que al extinguirse la concesión "los bienes integrantes de la concesión pasarán al Estado sin indemnización alguna," deriva del hecho de que como la actividad del Estado es permanente, ha sido también supuesto y admitido, por tal razón, la continuidad de la actividad administrativa de la explotación confiada temporalmente al concesionario, la cual pasará directamente al Estado." [19]

Ello implica, como lo sostuvo la misma antigua Corte Suprema en su decisión, que la "finalidad original" de la reversión es que "los bienes empleados en la explotación" que son los que se hayan afectos al objeto de la concesión, deben restituirse "sin reserva alguna," razón por la cual "se ha aceptado la reversión, cuya finalidad original es mantener sin interrupción la explotación."

En dicha sentencia, la Corte resolvió sobre la pretensión de los impugnantes de que sólo los "bienes inmuebles" eran los sometidos a reversión, indicando que los bienes sujetos a reversión comprenden "todo lo que se haya adscrito a la explotación con destino fijo y permanente y para hacerla realizable."

---

17 Véase la sentencia de la Sala Político Administrativa de la antigua Corte Suprema de Justicia en *Gaceta Oficial* N° 27.344 de 15 de enero de 1964, p. 203.336; y en *Gaceta Forense* N° 42, Caracas 1963, pp. 469-473.

18 Véase en *Gaceta Oficial* N° 29.577 de 6 de agosto de 1971.

19 La sentencia se publicó en *Gaceta Oficial* N° 1718 Extra de 20 de enero de 1975.

La Corte, al analizar las normas de la Ley sobre Bienes afectos a Reversión, objeto de la impugnación, concluyó que en las mismas se hallaban:

> "circunscritas al propósito original perseguido al otorgarse la concesión, o sea, que al final de ellas, las tierras, instalaciones y equipos y demás bienes afectos a la explotación, pasarán al Estado sin indemnización alguna, para que quedara asegurada la vida de la concesión y pudiera la Nación reasumirla en condiciones que permitan la adecuada actividad de una gestión pública."

La Corte Suprema incluso destacó, como parte importante de los principios de la reversión y su regulación en la Ley que había sido impugnada, el hecho de que respecto de los bienes no reversibles, los concesionarios tenían, en dicho caso, la prerrogativa de poder probar la situación de los mismos como bienes no sujetos a reversión antes de que el Estado procediera a realizar la adquisición del bien al momento de la extinción de las concesiones.[20]

Es decir, que sólo los bienes que el concesionario ha afectado a la realización de las actividades que son el objeto de la concesión son los que están sujetos a reversión, por lo que frente a cualquier pretensión del Estado de revertir bienes que no son de los afectos al desarrollo del objeto de la concesión, el concesionario siempre tiene derecho a probar que no es un bien afecto al objeto de la misma y que por tanto, no es un bien reversible.

De todo lo anteriormente expuesto, y resumiendo lo expresado por la doctrina nacional, se puede decir entonces que la reversión en las concesiones administrativas, responde a las siguientes notas características: primero, que se trata de una institución vinculada al régimen de las concesiones administrativas mediante las cuales el Estado otorga a un particular el derecho o privilegio de realizar una actividad que está reservada al Estado; segundo, que opera al finalizar el término de duración de la concesión (por cualquier causa, entre otras, en caso de rescate anticipado); tercero, que como el derecho concedido regresa al Estado, la reversión tiene por objeto asegurar el mantenimiento sin interrupción de la actividad concedida al extinguirse la concesión; cuarto, que por tanto, la misma se refiere exclusivamente a los bienes afectos a la concesión, es decir, aquellos destinados esencialmente o necesarios para continuar con la realización de la actividad concedida; quinto, implica que el concesionario debe transferir al Estado los bienes afectos al objeto de la concesión, es decir, destinados a la actividad concedida; y sexto, que dicha trasferencia se debe producir sin que sea necesario pago alguno de indemnización de parte del Estado al concesionario (salvo lo que resulte aplicable cuando se trata por ejemplo, de un rescate anticipado de la concesión[21]). A lo anterior hay que agregar, como séptima característica, tal

---

20 Idem, pp. 19-23.

21 El artículo 53 de la Ley Orgánica sobre Promoción de la Inversión Privada bajo el Régimen de Concesiones de Venezuela de 1999, establece que en los casos de rescate anticipado

como se explica más adelante, que la transferencia de los bienes afectos a la concesión por vía de reversión sin pago de indemnización, no opera respecto de los bienes que el concesionario no hubiere amortizado totalmente durante el plazo de la concesión.

3. El ámbito de los bienes reversibles en las concesiones administrativas

En cuanto al alcance y sentido de la reversión en las concesiones administrativas, debe indicarse que al terminar la concesión por expiración del lapso de duración convenido (y además, por cualquier otra causa), dos tipos de bienes revierten al Estado: primero, los bienes del dominio público o de propiedad del Estado que se afectaron al desarrollo del objeto de la concesión, que deben devolverse al Estado junto con el derecho concedido u otorgado al concesionario; y segundo, los bienes que éste haya incorporado al desarrollo de las actividades objeto de la concesión para ejecutar dicho derecho concedido,[22] que también deben transferirse al Estado.[23] En el primer caso

---

de las concesiones por causa de utilidad o interés público, "procederá la indemnización integral del concesionario, incluyendo la retribución que dejare de percibir por el tiempo que reste para la terminación de la concesión," debiendo establecerse en el pliego de condiciones de la concesión, "los elementos o criterios que servirán para fijar el monto de la indemnización que haya de cubrirse al concesionario." *Gaceta Oficial* N° 5.394 Extra. del 25 de octubre de 1999.

22 Sobre esta situación dual, Roberto Dromi ha expresado en relación con la figura de la reversión en el derecho administrativo argentino, que si bien "los bienes estatales deben ser restituidos al Estado concedente, salvo disposición en contrario," en cambio "los bienes particulares del concesionario afectados a la prestación del servicio, si las partes no estipulan cuál será el destino de ellos al extinguirse el contrato, seguirán perteneciendo al concesionario," agregando que "No obstante, generalmente se pacta que esos bienes, al extinguirse la concesión, pasarán al dominio del Estado concedente con o sin indemnización en favor del concesionario." Sobre esta figura, sin embargo, advierte Dromi que "es común que se denomine a esto "reversión" de cosas o bienes del contratista al Estado. Ahora bien, como los bienes aludidos nunca fueron del Estado, se presta a confusión decir que se revertirán a él. Por ello es más propio decir transferencia de bienes del contratante al Estado." Véase Roberto Dromi *Tratado de Derecho Administrativo*, consultado en http:// uaiderechoadministrativo.wikispaces.com/file/view/TRATADO+DE+DER+ADMIN +DROMI.pdf/419922716/TRATADO+DE+DER+ADMIN+DROMI.pdf

23 Es por ello que, Esteban Arimany Lamoglia indica que el fenómeno de la reversión se produce al extinguirse la concesión, con dos significados bien distintos: "a) Por un lado, dicho fenómeno designa la idea de vuelta a la Administración del derecho al ejercicio del servicio que hasta entonces había ostentado el gestor del mismo, consolidándolo de este modo con la titularidad última que, en todo momento, aquélla retuvo; es, en definitiva, lo que podríamos denominar la reversión del título habilitante para el desarrollo de la actividad concedida. b) Por otro lado, bajo el mismo concepto de reversión, se alude al fenómeno traslativo, desde el concesionario a la Administración, de los derechos que el primero ostentó, durante todo el período concesional, sobre los elementos materiales adscritos a la explotación." Véase Esteban Arimany Lamoglia, *La reversión de instalaciones en la concesión administrativa de servicio público,* Bosch Barcelona 1980, pp. 6-7. De la misma manera lo señala Ismael Mata, para quien el concepto de la reversión es utilizado para referirse a dos situaciones diferentes: "1° El regreso a la Administración de la explotación

de bienes que siendo del Estado quedaron afectos al derecho concedido, es decir, a la concesión para ser utilizados por el concesionario, concluida la concesión, el Estado los recupera totalmente junto con la reversión del derecho concedido.[24]

En el segundo caso, según se establezca en la ley que regula la materia o en el contrato de concesión, también deben traspasarse al Estado concedente - esta vez en concepto de reversión stricto sensu - los bienes adquiridos o construidos y utilizados por el concesionario y que han estado afectados a la actividad objeto de la concesión (es decir, del derecho concedido y que el Estado recupera), a los efectos de que, como antes se dijo, pueda asegurarse, si es el caso, que la Administración del Estado pueda continuar realizando directa o indirectamente la actividad concedida.[25]

---

del servicio, es decir, el retorno del ejercicio, ya que la titularidad siempre estuvo en cabeza del Estado. 2° En segundo lugar, por reversión se entiende la transferencia al Estado de los bienes afectados a la explotación, en oportunidad de la extinción del título." Véase Ismael Mata, "Régimen de los bienes en la concesión de servicios públicos," en *Contratos Administrativos,* Jornadas Organizadas por la Universidad Austral, Facultad de Derecho, Editorial Ciencias de la Administración, División de Estudios Administrativos, Buenos Aires, 1999, pp. 296. Para el autor, sin embargo, cuando se trata de bienes aportados por el concesionario, "...carece de sentido expresar que revierten al Estado porque nunca le pertenecieron; lo correcto es decir que debe operarse su transferencia o cesión a favor del Estado". En este mismo sentido se pronuncia Miguel Marienhoff en su *Tratado de Derecho Administrativo,* Tomo III-B, Abeledo-Perrot, Buenos Aires, 1970, pp. 632 y ss., para quien a pesar de que gramaticalmente se acepta la reversión para hablar también de las cosas o bienes del cocontratante que al finalizar la concesión han de pasar al dominio del Estado, lo propio es hablar de transferencia,

24 Véase por ejemplo lo indicado por Diego José Vera Jurado, "El régimen jurídico del patrimonio de destino en la concesión administrativa de servicio público, en *Revista de Administración Pública,* N° 109. Madrid, Enero-abril 1986, pp. 18 y sig. En relación con esto, en estricto sentido, como lo señaló Carretero Pérez: "Los bienes que la Administración afecta a la explotación, sean de dominio público o de propiedad privada de la Administración, estos bienes son de la Administración y no revierten, sino que cesa la posesión del concesionario, que debe devolverlos sin derecho a indemnización." Véase Carretero Pérez, "La expropiación forzosa de concesiones," en *Revista de Derecho Administrativo y Fiscal,* N° 10, 1956, p 83.

25 Como también lo indica Gladis Vásquez Franco al referirse a la concesión de servicio público, "la reversión lleva consigo la obligación para el concesionario de entregar a la Administración concedente los bienes (obras instalaciones y demás elementos materiales) afectos al servicio, en las condiciones previstas en el clausulado concesional, de modo gratuito y en estado de conservación y funcionamiento adecuados, que permitan la continuidad del servicio. En el momento de la reversión la Administración ejerce el derecho de retorno y también el de recuperación, en relación con los bienes afectos al servicio concedido, que regresan a la esfera administrativa." Véase Gladis Vásquez Franco, *La Concesión administrativa de servicio público en el derecho español y colombiano,* Edit. Temis, Bogotá 1991, p. 130. Por su parte, sobre la reversión al Estado de los bienes afectos a la concesión de servicio público véase también Marçal Justen Filho, *Teoria Geral das concessões de serviço público, Dialética,* Sao Paulo, 2003, p. 569; y sobre los bienes afectos a la concesión de bienes de dominio público, véase Rafael Fernández Acevedo, *Las concesiones administrativas de domino público,* Thomson Civitas, Madrid 2007, pp. 419-420; y sobre la reversión de los bie-

La reversión, por tanto, solo opera sobre estos bienes afectos a la actividad objeto de la concesión (por ejemplo, la explotación de una obra pública, la prestación de un servicio público, o la explotación de un bien del dominio público), que son los que permiten al Estado, si es el caso, poder continuar realizando la actividad concedida,[26] y sin los cuales la misma no podría continuar realizándose. [27] Esos son los bienes reversibles en las concesiones administrativas, por lo que en consecuencia, la reversión no opera respecto de bienes del concesionario que se destinen a otras actividades distintas a las que son el objeto específico de la concesión, que son los bienes propios no reversibles en las concesiones administrativas.

Conforme a lo anterior, por ejemplo, en materia de concesiones mineras, la reversión no opera respecto de bienes destinados a todas las otras actividades que puede desarrollar el concesionario que sean distintas a las que se refieren a la exploración y explotación de los minerales concedidos, los cuales, por tanto, son bienes no reversibles pues no son necesarios para que - si

---

nes afectos a la explotación de la obra pública en los casos de concesiones de obra pública véase: Alberto Ruiz Ojeda, *La Concesión de Obra Pública*, Thompson Civitas, 2006, p. 719.

26 Como lo ha señalado Fernando Garrido Falla, esos bienes que revierten son aquellos es que "están de tal manera afectos a la concesión, que forman parte sustancial de ella" de tal forma, que "al finalizar el plazo por el que la concesión fue otorgada, tales bienes revierten a la "Administración concedente, precisamente por la misma razón de asegurar la continuidad del servicio, bien a cargo de la Administración (mediante explotación directa) o de nuevo concesionario." Véase Fernando Garrido Falla, "Efectos económicos de la caducidad de las concesiones administrativas," en *Revista de Administración Pública*, Nº 45, Madrid 1964, pp. -235 - 237. Es la misma distinción que recoge Gladis Vásquez Franco, *La Concesión administrativa de servicio público en el derecho español y colombiano*, Edit. Temis, Bogotá 1991, p. 235

27 En tal sentido la Procuraduría General de la República en Dictamen emitido en 1972 sostuvo que siendo que "...la finalidad que se persigue con el otorgamiento de las concesiones es la prestación de una actividad que corresponde a la Administración," de allí "la preocupación de que los bienes afectos a las concesiones [al terminar las mismas] pasen a propiedad del Estado, porque sin ellos no se podría continuar prestando el servicio." Véase Dictamen Nº 324, A.E. de 8 de marzo de 1972 en *20 Años de Doctrina de la Procuraduría General de la República 1962-1981*, Tomo III, Vol. I, Caracas1984, pp. 142 y ss. En el mismo sentido, Carlos García Soto ha señalado que con la reversión, por ejemplo, en las concesiones de servicio público, lo que se persigue es que al término del plazo de la concesión, el servicio "que el concesionario venía prestando siga operativo," para lo cual "es necesario que ciertos bienes afectos a la concesión no sean separados de ésta, sino que se mantengan a su servicio," por ser "indispensables para que la prestación sea viable," y para que la Administración pueda continuar explotándolo. Véase Carlos García Soto, "Reversión de bienes en el contrato de concesión," en la *Revista Derecho y Sociedad. Revista de los estudiantes de la Universidad Monteávila*, Caracas 2003, pp. 96, 99. En el mismo sentido puede consultarse a Manuel Rachadell, "Aspectos financieros de las concesiones," en Alfredo Romero Mendoza, (coordinador), *El régimen legal de las concesiones públicas. Aspectos jurídicos, financieros y técnicos*, EJV, Caracas 2000, p. 89; y Miguel Mónaco, "Destino de las Cláusulas de Reversión Incluidas en las Antiguas Concesiones para la Prestación de Servicios de Telecomunicación ante la Ley Orgánica de Telecomunicaciones," en la obra colectiva *Libro Homenaje a Gonzalo Pérez Luciani, Temas de Derecho Administrativo*, Vol. II, Colección Libros Homenaje del Tribunal Supremo de Justicia, Nº 7, Caracas, 2002, pp. 127.

es el caso -, el Estado pueda seguir realizando la actividad de exploración y explotación concedida. Entre estos bienes no reversibles por estar destinados a otras actividades distintas de las que son objeto de la concesión minera, estarían, por ejemplo, los bienes destinados a las actividades de manufactura o transformación industrial del mineral extraído que pueda realizar el concesionario. Ello es así, por supuesto, siempre que dichas actividades no hayan sido específicamente declaradas como parte de las actividades reservadas al Estado, y por ello, que hayan sido objeto de la concesión.

Ahora bien, por lo que se refiere a los bienes reversibles, es decir, a los destinados a la realización de las actividades objeto de la concesión, y que el concesionario debe adquirir o construir, se estima que conforme al término de duración de la concesión que se establezca en el contrato de concesión, para el momento en que fenezca y se efectúe la reversión, el concesionario ya debe haber recuperado en forma total la inversión que tuvo que realizar. De lo contrario, en virtud del principio del equilibrio económico de los contratos administrativos o contratos del Estado,[28] ello podría generar para el concesionario, el derecho de solicitar se le indemnice por la parte no amortizada de los bienes en cuestión.[29] Lo anterior puede considerarse como un principio bien arraigado en el derecho administrativo venezolano, el cual incluso ha sido recogido en el derecho positivo, en concreto, en la Ley Orgánica sobre Promoción de la Inversión Privada bajo el Régimen de Concesiones de Venezuela de 1999,[30] que excluye la aplicación del principio de la reversión de los bienes afectos por el concesionario a la obra o al servicio de que se trate, cuando los mismos "no hubieren podido ser totalmente amortizados" durante el plazo de la concesión (art. 48). En estos casos de bienes sujetos a reversión que no han sido completamente amortizados, en virtud del principio del equilibrio económico del contrato, para que ocurra su transferencia, el Estado tiene que cancelar al concesionario el monto equivalente a lo que faltase para la amortización.

Sobre esto, Manuel Rachadell ha observado, al analizar los aspectos financieros de las concesiones, que el tema del establecimiento del plazo de las concesiones está relacionado con el del tiempo de amortización de las inversiones que deba realizar el concesionario, particularmente en relación con los bienes afectos a la concesión y que están sujetos a reversión, de manera que

---

28 Véase sobre el principio, Allan R. Brewer-Carías, "Algunas reflexiones sobre el equilibrio financiero en los contratos administrativos y la aplicabilidad en Venezuela de la concepción amplia de la Teoría del Hecho del Príncipe", en *Revista Control Fiscal y Tecnificación Administrativa*, Año XIII, N° 65, Contraloría General de la República, Caracas 1972, pp. 86-93.

29 Véase en este sentido lo expresado por Miguel Marienhoff en su *Tratado de Derecho Administrativo*, Tomo III-B, Abeledo-Perrot, Buenos Aires, 1970, pp. 634 y ss.

30 *Gaceta Oficial* N° 5.394 Extra. del 25 de octubre de 1999.

cuando ésta opere al finalizar el plazo de la misma, las inversiones hayan sido debidamente amortizadas. Este principio que apunta hacia un beneficio del concesionario, observó Rachadell:

> "se pauta en el último aparte de la Disposición Transitoria Decimo-octava [de la Constitución de 1999] al disponer que "La ley establecerá en las concesiones de servicios públicos, la utilidad para el concesionario o concesionaria y el financiamiento de las inversiones estrictamente vinculadas a la prestación del servicio, incluyendo las mejoras y ampliaciones que la autoridad competente considere razonables y apruebe en cada caso".

Esta norma, que no tiene la naturaleza de disposición transitoria, lo que quiso decir es que la estructura de los precios o contraprestaciones que perciban los concesionarios de los usuarios o del ente concedente debe incluir tanto la utilidad como las sumas necesarias para la amortización de las inversiones que hagan aquéllos, las cuales deben limitarse estrictamente a las vinculadas a (con) la prestación del servicio, incluyendo las mejoras y ampliaciones de los servicios que se convengan."[31]

Agregó Rachadell en su comentario que "En definitiva, en la Disposición Transitoria se consagra, con menor amplitud, el mismo principio que aparecía en el artículo 38 del Decreto - Ley de 1994, y que fue suprimido en la reforma de 1999, conforme al cual: "El régimen económico financiero de la concesión debe permitir al concesionario la obtención de ingresos suficientes para que, en el plazo de la concesión, pueda cubrir los costos y obtener una remuneración justa y equitativa." [32]

En conclusión, al extinguirse una concesión administrativa, según se establezca en la ley o en las cláusulas del contrato, la reversión solo opera en relación con los bienes afectados específicamente al desarrollo de la actividad que es el objeto de la concesión, de manera que si es el caso, el Estado pueda continuar realizándola utilizando dichos bienes. Esos bienes, que son los bienes reversibles, son los que el concesionario deben transferir a la Administración libres de gravamen,[33] siempre que hubiesen sido amortizados

---

31 Véase Manuel Rachadell, "Aspectos financieros de las concesiones", en Alfredo Romero Mendoza (Coord.), *Régimen Legal de las Concesiones Públicas. Aspectos Jurídicos, Financieros y Técnicos,* Editorial Jurídica Venezolana, Caracas 2000, pp. 71-72.

32 Idem, p. 72.

33 Véase por ejemplo en Venezuela, Allan R. Brewer-Carías, "Adquisición de la propiedad privada por parte del Estado en el derecho venezolano" en la obra Allan R. Brewer-Carías, *Jurisprudencia de la Corte Suprema 1930-1974 y estudios de derecho administrativo,* Instituto de Derecho Público, Universidad Central de Venezuela, Tomo VI, Caracas, 1979, pp. 17-45. Dicho trabajo también se publicó en *Revista de Control Fiscal,* N° 94, Contraloría General de la República, Caracas 1979, pp. 61-84; y el libro: *Seminario Internacional sobre Derecho Urbano,* Asociación Colombiana de Ingeniería Sanitaria y Ambiental, Cali 1994, pp. 191-245.

por el concesionario. Todos los otros bienes del concesionario, en general, se consideran como bienes no reversibles.

4. Los principios relativos a la distinción entre bienes reversibles y no reversibles

De todo lo anteriormente expuesto resulta que el otorgamiento de una concesión administrativa a través de la cual se permite a un concesionario la realización de una actividad o explotación reservada al Estado, implica, en principio, la necesidad de establecer la empresa que prestará el servicio o explotará el objeto de la concesión, a cuyo efecto debe proceder a instalar, organizar y poner en funcionamiento los medios materiales y técnicos precisos para ello. Ese conjunto de bienes que son esenciales para cumplir con el objeto de la concesión son, como se ha dicho, los bienes sujetos a reversión en las concesiones administrativas.

Además de esos bienes, por supuesto, el concesionario puede adquirir y utilizar otros bienes distintos, destinados a actividades conexas, que no son el objeto de la concesión, y que por tanto, no están sujetos a reversión. En relación con esta distinción entre los diversos bienes que puede tener el concesionario, Carlos García Soto ha indicado que:

"La reversión implica una entrega gratuita de bienes, libres de gravámenes, porque, mediante ella, sólo se entregarán aquellos que ya hayan sido amortizados y sean indispensables para la gestión del servicio; son los llamados de retorno. Los bienes propios del concesionario y no indispensables para la prestación de la obra o servicio, y por ello no afectos a la reversión no pueden pasar a manos de la Administración, y aquellos útiles a la reversión, más no indispensables deben ser pagados mediante indemnización por parte de la Administración."[34]

En el régimen de las concesiones administrativas se distinguen, como se ha dicho, en general, dos tipos de bienes en posesión de los concesionarios: los bienes reversibles y los bienes no reversibles, teniendo en cuenta la afectación o no de los mismos a la realización del objeto de la concesión. Es en tal sentido que por ejemplo, Esteban Arimany Lamoglia ha distinguido los siguientes bienes generalmente involucrados en una concesión administrativa:

> "Primero, están una serie de bienes "necesarios para el desarrollo de la actividad concedida, que la Administración exige y el particular se compromete a aportar. Forman parte integrante de la concesión y están afectos al servicio público [o a la explotación del derecho concedido objeto de la concesión], siguiendo el régimen exorbitante propio de esta clase de bienes."

---

[34] Véase Carlos García Soto, "Reversión de bienes en el contrato de concesión," en la Revista *Derecho y Sociedad. Revista de los estudiantes de la Universidad Monteávila*, Caracas 2003, p. 97.

Segundo, están los bienes que "el concesionario suele incorporar voluntariamente a la empresa por él creada, bienes que no son necesarios ni útiles para la prestación del servicio [o la explotación del derecho concedido] [...] aunque de algún modo pueden complementarlo." Este tipo de bienes "no forman parte integrante de la concesión, no pueden considerarse afectos a la misma, por lo cual su régimen será siempre el común. De igual modo, nunca están sujetos a reversión, la Administración - si está interesada en ellos - sólo puede adquirirlos mediando el consentimiento de su titular."

Tercero, está un tercer grupo que está integrado por una serie de bienes, "útiles para la explotación, que el concesionario incorpora voluntariamente con vistas a la mejor prestación del servicio o [explotación del derecho concedido], excediéndose de sus obligaciones contractuales. [...] Es dudoso que este tipo de bienes deba considerarse como afecto a la concesión con el régimen privilegiado que tal situación comporta"[35].

De esta clasificación, Lamoglia concluyó considerando que entre los bienes utilizados "de algún modo en la explotación de un servicio concedido, se encuentra un grupo - sin duda el más importante - de incorporación obligatoria para el [concesionario] y afecto indefectiblemente a la concesión" que son los indicados en primer lugar, que son los bienes reversibles, en el sentido de que "sólo dentro del mismo se da la sujeción a reversión."[36] Se trata, en efecto, de los bienes afectos al objeto de la concesión, que son los necesarios, para la realización de las actividades inherentes a dicho objeto, como por ejemplo, la prestación del servicio público, la explotación de una obra pública, o a la explotación de un yacimiento minero.

En el mismo sentido fue que André de Laubadère estableció en materia de concesiones administrativas y en relación con el tema de la reversión, la clásica distinción entre los siguientes bienes: "1) biens demeurant la propriété du concessionnaire, 2) biens de retour, y 3) biens de reprise;"[37] la cual fue en general seguida por toda la doctrina francesa.[38]

---

35 Véase Esteban Arimany Lamoglia, *La reversión de instalaciones en la concesión administrativa de servicio público,* Bosch Barcelona 1980, pp. 53-54.

36 Idem, p. 55.

37 Véase André de Laubadère, *Traité des contrats administrattifs,* Librairie Général de Droit et de Jurisprudence, Tomo III, Paris 1956, pp. 211-202.

38 Véase en el mismo sentido, más recientemente, lo expuesto por Jean-Marie Auby, Pierre Bon, Jean-Bernard Auby, Philippe Terneyre, siguiendo la misma distinción, así: "1° Bienes de retorno [biens de retour] son aquellos que, en virtud del pliego de condiciones [Cahier de charges], deben volver obligatoria y gratuitamente a la autoridad delegante al término del contrato.// En virtud de ese retorno obligatorio, estos bienes son considerados ab inicio como propiedad de la persona pública delegante. Tales bienes pueden formar parte del dominio público si cumplen las condiciones exigidas al efecto; si no, pasan a formar parte del dominio privado del delegante. // 2° Son bienes de recuperación [biens de re-

Conforme a esta clasificación, que en todo caso, conforme a lo explicado por de Laubadère debe establecerse en las cláusulas del contrato (cahier des charges), los primeros (bienes propios) son los bienes no reversibles, que son los adquiridos por el concesionario, que "no son parte integral de la explotación," es decir, que no están afectados al objeto de la concesión. Los mismos permanecen en la propiedad del concesionario y solo podrían ser adquiridos por la autoridad concedente, mediando una indemnización. Los segundos (biens de retour) son los bienes reversibles, que son todos aquellos que son "parte integral de la concesión," generalmente de carácter inmobiliario, afectados por el concesionario a la realización del objeto de la misma, por ejemplo, para la prestación del servicio, para la explotación de la obra pública o para la explotación del bien del dominio público concedido, y que son los bienes necesarios o imprescindibles para la continuación de la actividad concedida. Estos bienes pasan a la Administración sin pago de indemnización alguna al finalizar la concesión; y ello precisamente, según lo explicado por de Laubadère, es lo que los distingue de la tercera categoría (biens de reprise), que son aquellos bienes de propiedad del concesionario, que por su utilidad relacionada con la actividad concedida, la Administración puede decidir adquirir, mediando una indemnización.[39]

---

prise] aquellos con respecto a los cuales el contrato solo prevé una recuperación facultativa a la cual podrá proceder el delegante, si lo quiere, mediando indemnización. Mientras la recuperación no tenga lugar, esos bienes son propiedad del delegatario; no pueden pues formar parte del dominio público. // 3° Una última categoría consiste en los bienes propios del delegatario: los inmuebles que ha construido o adquirido con sus propios fondos. Estos bienes son de su propiedad: no forman parte del dominio público". Véase Jean-Marie Auby, Pierre Bon, Jean-Bernard Auby, Philippe Terneyre, *Droit administratif des biens*, 5a edición, Col. Précis de Droit Public et Science Politique, Dalloz, Paris 2008, p. 108.

39 André de Laubadère, *Traité des contrats administrattifs*, Librairie Général de Droit et de Jurisprudence, Tomo III, Paris 1956, pp. 211-222. La distinción formulada por de Laubadère también influyó, por ejemplo, en la doctrina en la doctrina española. Así, por ejemplo, Fernando Garrido Falla distinguió entre "1. Bienes reversibles (biens de retour), es decir, aquellos que por estar afectados al objeto de la concesión deben pasar a ser propiedad de la Administración concedente una vez que expire el plazo concesional.; 2. Bienes accesorios o de reversión indemnizable (biens de reprise), aquellos que, por su utilidad para la explotación del servicio, son de reversión facultativa para la Administración, pero debiendo pagar su precio al concesionario [...].y 3. Bienes de propiedad del concesionario: aquellos que no forman parte de los dos grupos anteriores." Véase Fernando Garrido Falla, "Efectos económicos de la caducidad de las concesiones administrativas," en *Revista de Administración Pública*, N° 45, Madrid 1964, pp. 235-237. Es la misma distinción que recoge Gladis Vásquez Franco, *La Concesión administrativa de servicio público en el derecho español y colombiano*, Edit. Temis, Bogotá 1991, 143-144. Por su parte, Eduardo García de Enterría, aparte de los bienes que son del concesionario y son no reversibles, distinguió otras dos categorías de bienes: primero, "los bienes que por estar afectos al servicio deben ser entregados gratuitamente a la Administración concedente (biens de retour), salvo en el caso de que no hayan podido ser totalmente amortizados," y segundo, "aquellos otros que por su utilidad para el servicio puedan revertir a la Administración, previo pago de su precio al concesionario (biens de reprise)" Véase Eduardo García de Enterría y Tomás Ramón

La anterior clasificación ha sido adoptada en Venezuela por la Procuraduría General de la Republica, como órgano de asesoría jurídica de la Republica. La Procuraduría, en efecto, luego de admitir que la reversión en la concesiones, "puede ser total o parcial, esto es, del conjunto de bienes (obras, instalaciones y demás elementos materiales) afectados al servicio, o solamente de determinados bienes especificados en las cláusulas de la concesión,"[40] precisó que para la determinación de los bienes reversibles "se requiere de una cuidadosa distinción entre los diferentes bienes" adoptando para ello, el mismo criterio seguido por la doctrina francesa, de bienes reversibles (*biens de retour*), que pasan al Estado sin compensación; y bienes no reversibles (*biens de reprise*; y *biens propres*) que solo pueden ser adquiridos por el Estado mediando indemnización, así:

"1. Bienes reversibles (*biens de retour*), es decir aquellos que deben pasar a ser propiedad de la autoridad concedente una vez extinguida la concesión.

Pertenecen a este grupo, en primer lugar, las obras e instalaciones que el concesionario se obligó a construir, los bienes aportados por el concesionario o adquiridos por cualquier título, de derecho público -expropiación- o de derecho privado (compraventa), necesarias o imprescindibles al funcionamiento del servicios público concedido.

Otro grupo estará constituido, por aquellas dependencias del dominio del Estado que fueron puestas a disposición del concesionario; éstos, más que objeto de reversión propiamente dicha, son bienes en que simplemente cesa la ocupación del concesionario, por el carácter de accesoriedad y que, en consecuencia, deben revertirse a la autoridad concedente.

2. Bienes de rescate (*biens de reprise*), aquellos que, tratándose de una reversión total, a juicio de la autoridad concedente, son útiles para la explotación del servicio. En esta categoría, el elemento esencial y determinante es la idea de afectación al servicio público.

En materia de reversión rigen, como señala Villar Palasi (ob. Cit. P. 758) el principio de la unidad pertenencial, según el cual las obras e instalaciones objeto de la reversión, se delimitan por su afectación al servicio público de que se trate, así como el principio de unidad reversional, por el cual todos esos bienes, revierten a favor del beneficiario, sin posible división.

3. Bienes propiedad del concesionario (biens propes): aquellos bienes que no forman parte de los dos grupos anteriores, es decir, los bienes ad-

---

Fernández, *Curso de Derecho Administrativo*, Tomo I, Décimoquinta edición, Thompson Reuters-Civitas, Madrid 2011, p. 791

40 Véase Dictamen N° 325, de 22 de octubre de 1981 en *20 Años de Doctrina de la Procuraduría General de la República 1962-1981*, Tomo III, Vol. I, Caracas1984, pp. 164 y ss. En este mismo sentido véase Rafael Badell Madrid, *Régimen jurídico de las concesiones en Venezuela*, Caracas 2002, pp. 271.

quiridos por el concesionario que no forman parte integrante -por adscripción o por destino- de la explotación del servicio público. Tales bienes podrá adquirirlos la autoridad concedente, mediando una indemnización."[41]

Conforme a lo antes expuesto, el signo común de todas las clasificaciones mencionadas, así como de la doctrina y jurisprudencia anotadas, es que los bienes reversibles en las concesiones administrativas son los bienes que al concluir el plazo de la concesión, están afectos al objeto de la misma, es decir, los bienes afectos a la ejecución de las actividades que constituyen el objeto del derecho concedido por la Administración al concesionario (que antes no tenía y que adquirió con la concesión), como por ejemplo, el derecho a explorar y explotar determinados yacimientos mineros, el derecho a prestar un determinado servicio público, o a aprovechar un determinado bien del dominio público. En este último caso de las concesiones mineras, el derecho concedido es, en efecto, la exploración y explotación de minerales, por lo que los bienes que revierten al Estado a título gratuito solo son aquellos que se encuentran afectados a dichas tareas de exploración y explotación de los yacimientos. En ningún caso, por tanto, la reversión puede abarcar bienes que no estén afectos al objeto de la concesión otorgada o que el concesionario, por ejemplo, haya adquirido o construido durante el plazo de la concesión pero para ser destinados a actividades distintas a las que son objeto de la concesión administrativa, los cuales sin embargo pueden ser adquiridos por el Estado pero siempre mediando el pago de una indemnización.

V. EL RÉGIMEN DE LA REVERSIÓN CON ESPECIAL REFE-RENCIA A LA MATERIA DE HIDROCARBUROS Y MINERÍA

1. LA TRADICIÓN CONSTITUCIONAL

La institución de la reversión tiene una larga tradición en Venezuela, habiéndose regulado desde el siglo pasado, incluso en la Constitución, aun cuando en forma parcial y limitada.

En tal sentido, el artículo 70 de la Constitución de 1947 estableció lo siguiente:

> "Art. 70. Las tierras adquiridas por nacionales o extranjeros en territorio venezolano y destinadas a la explotación de concesiones mineras, comprendidas las de hidrocarburos y demás minerales combustibles, pasarán en plena propiedad al patrimonio de la Nación, sin indemnización alguna, al extinguirse por cualquier causa la respectiva concesión."

Esta norma solo se refirió a la reversión de las "tierras adquiridas" y destinadas a la explotación de las concesiones, y específicamente, sólo de las

---

[41] Idem, pp. 164-165.

concesiones mineras y de hidrocarburos reguladas en la Ley de Minas y en la Ley de Hidrocarburos.

Una disposición similar se recogió en la Constitución de 1961 en la cual se estableció que:

> "Art. 103. Las tierras con destino a la exploración y explotación de concesiones mineras, comprendidas las de hidrocarburos, pasarán en plena propiedad a la Nación, sin indemnización, alguna, al extinguirse por cualquier causa la concesión."

Esta disposición no fue incluida en la Constitución de 1999, en la cual, sin embargo, se estableció la declaratoria general de que los yacimientos mineros y de hidrocarburos como bienes del dominio público, y por tanto, inalienables e imprescriptibles (art. 12).

2. El régimen en las leyes especiales

Aparte de las normas constitucionales, en el derecho venezolano, diversas leyes especiales destinadas a regular el régimen de las concesiones administrativas, también han incorporado en general disposiciones relativas al régimen de la reversión de bienes, y si bien en algunas de ellas se han establecido algunos principios, en general remiten a lo estipulado en el contrato de concesión.

En relación con éstos, la cláusula de reversión se ha considerado como una cláusula obligatoria, en la cual debe regularse el alcance de la obligación para el concesionario de transmitir al Estado, libre de todo gravamen y en forma gratuita, los bienes afectos a la actividad objeto de la concesión una vez que ésta se extingue por cualquier causa,[42] y siempre que los mismos hayan sido amortizados, lo que no abarca, por supuesto, los bienes que pueda haber adquirido o construido el concesionario destinados a otras actividades distintas a las que constituyen el objeto especifico de la concesión.

Fue así que en la tradición legal venezolana, el régimen de la reversión vinculado con las concesiones administrativas desde antaño se estableció en

---

[42] Véase Allan R. Brewer-Carías, "Principios especiales y estipulaciones obligatorias en la contratación administrativa" en *El Derecho Administrativo en Latinoamérica,* Vol. II, Ediciones Rosaristas, Colegio Mayor Nuestra Señora del Rosario, Bogotá 1986, pp. 345-3789

diversas leyes especiales, ya derogadas, como en la Ley de Ferrocarriles de 1956,[43] y la Ley Forestal de Suelos y de Aguas de 1966.[44]

Igualmente, en la Ley Orgánica de Régimen Municipal de 1978, reformada en 1989, entre las condiciones mínimas que debían contener los contratos de concesión de servicios públicos municipales y de exploración de bienes del Municipio, se previó "el traspaso gratuito al Municipio, libre de gravámenes, de todos los bienes, derechos y acciones objeto de la concesión, al extinguirse ésta por cualquier causa" (artículo 42.10).[45]

Por otra parte, más recientemente, con la Ley Orgánica sobre Promoción de la Inversión Privada bajo el Régimen de Concesiones de 1999,[46] contrariamente a lo que generalmente se había previsto en las leyes mencio-nadas, el régimen de la reversión dejó de tener una base legal o estatutaria, y pasó a ser un régimen exclusivamente contractual, al disponer el artículo 48 de la misma que a efectos de la "reversión de obras y servicios," el contrato de concesión debe establecer el plazo de la concesión, las inversiones que debe realizar el concesionario, y además, indicar "los bienes que por estar afectos a la obra o al servicio de que se trate, revertirán al ente concedente, a menos que no hubieren podido ser totalmente amortizadas durante el mencionado plazo," de lo que resulta que son bienes no reversibles, todos aquellos bienes del concesionario que no estén afectos a la obra, servicio o explotación concedido.

La distinción deriva además, de las previsiones del artículo 60 de la misma Ley Orgánica al referirse a los "bienes incorporados a la concesión" y precisar, que "desde el momento de perfeccionarse el contrato de concesión, el concesionario tiene derecho al uso y goce de los bienes de dominio público o privado del ente concedente que sean destinados a la ejecución y desarrollo de las obras o servicios objeto de dicho contrato," agregando que "los bienes o derechos que por cualquier título adquiera el concesionario para ser destinados a la concesión pasarán a formar parte del dominio público desde que se incorporen o sean afectados a las obras, sea por adherencia o por destina-

---

[43]El Artículo 9 de dicha Ley disponía que: "En caso de concesiones extinguidas por vencimiento del término de su duración, la Nación readquirirá sin pagar indemnización alguna, todos los derechos concedidos y se hará propietaria de todas las obras, material rodante, construcciones e instalaciones efectuadas durante la concesión." Véase en *Gaceta Oficial* N° 25.425 de 7 de agosto de 1957. Sobre las cláusulas de reversión en las concesiones de servicio público, véase. *Doctrina PGR 1981,* Caracas, 1982, pp. 33-39; *Doctrina PGR 1972,* Caracas, 1973, p. 327.

[44] En el artículo 92 de la Ley se previó que concluido el tiempo previsto para la concesión, "todas las obras que hubiere hecho el concesionario quedarán en beneficio de la Nación." Véase en *Gaceta Oficial* N° 1.004 de 25 de enero de 1966.

[45] *Gaceta Oficial* N° 4.107 Extra de 15 de mayo de 1989. Las disposiciones se eliminaron de la nueva Ley Orgánica del Poder Público Municipal. Gaceta Oficial N° 6.015 Extra. de 28 de diciembre de 2010.

[46] *Gaceta Oficial* N° 5.394 Extra. del 25 de octubre de 1999.

ción" quedando "a salvo las obras, instalaciones o bienes que por no estar afectados a la concesión permanecerán en el patrimonio del concesionario según lo establezca el respectivo contrato." Éstos últimos son precisamente los bienes no reversibles.

A continuación, en todo caso, nos referiremos al tema de la reversión en materia de concesiones administrativas, en particular en relación con el régimen derivado de la tradición constitucional, y con el establecido en las leyes de hidrocarburos y de minas.

3. La reversión en las concesiones de hidrocarburos

La Ley de Hidrocarburos de 1943[47] distinguió, en relación con las concesiones de hidrocarburos, cuatro clases de concesiones: de exploración y subsiguiente explotación (arts. 12 a 21); de explotación (arts. 22 a 27); de manufactura y refinación (arts. 28 a 31), y de transporte (arts. 32 a 37); habiendo establecido, en relación con cada una de ellas, la institución de la reversión; previsión que se estableció, por tanto, antes de que se estableciera la institución en el artículo 70 de la Constitución de 1947, en la siguiente forma:

"Art. 80. La Nación readquirirá, sin pagar indemnización alguna, las parcelas concedidas y se hará propietaria, del mismo modo, de todas las obras permanentes que en ellas se hayan construido."

Sobre esta norma, y conforme el objeto de cada uno de los cuatro tipos de concesiones mencionadas (exploración, explotación, refinación o transporte), la Procuraduría General de la República estimo que para asegurar la explotabilidad por parte del Estado al terminar la concesión, "pasan al patrimonio nacional no solamente las parcelas (tierras) sino también las instalaciones permanentes, que son todos los bienes que forman parte integrante de la explotación del bien concedido."[48].

El alcance del artículo 80 de la Ley de Hidrocarburos posteriormente fue desarrollado, casi treinta años después, en la Ley de Bienes Afectos a Reversión en las Concesiones de Hidrocarburos de 1971[49], que fue dictada antes de que se produjera la reversión de las concesiones de hidrocarburos que se habían otorgado en los años cuarenta, en la cual, en relación con los bienes reversibles en las concesiones de hidrocarburos, se enumeraron en su artículo 1° los siguientes bienes: "tierras, obras permanentes, incluyendo insta-

---

47 La última reforma fue la de 29 de agosto de 1967. Véase en *Gaceta Oficial* N° 1149 Extra. de 15 de septiembre de 1967.

48 Véase Dictamen N° 324, A.E. de 8 de marzo de 1972 en *20 Años de Doctrina de la Procuraduría General de la República 1962-1981*, Tomo III, Vol. I, Caracas, 1984, pp. 141.

49 Véase en *Gaceta Oficial* N° 29.577 del 6 de agosto 1971. Véase en general sobre esta Ley: Arístides Rengel-Romberg, "El derecho de reversión en la legislación de minas e hidrocarburos", en su libro: *Estudios jurídicos: estudios procesales, escritos periodísticos, pareceres jurídicos,* Academia de Ciencia Políticas y Sociales, Caracas 2003, pp. 283 y ss.

laciones, accesorios y equipos que formen parte integral de ellas; y los otros bienes adquiridos con destino o afectos a los trabajos de exploración, explotación, manufactura, refinación o transporte en las concesiones de hidrocarburos" (dependiendo, por supuesto, del tipo de concesión de que se trate), incluyendo además, salvo prueba en contrario, "cualesquiera otros bienes corporales o incorporales adquiridos por los concesionarios."

El mencionado artículo 80 de la Ley de Hidrocarburos fue objeto de interpretación por la antigua Corte Suprema de Justicia en 1974 al resolver sobre la impugnación de la Ley de Bienes afectos a Reversión en las Concesiones de Hidrocarburos de 1971, precisando que la reversión sólo operaba sobre las tierras y las obras permanentes construidas en el área de la concesión, destinadas a la explotación de la misma, es decir, afectas o con destino a las actividades objeto de la concesión.[50]

El dato esencial para calificar un bien como bien reversible ya para ese entonces era que formase "parte integral" de la concesión y que, por tanto, estuviese "destinado o afecto a los trabajos propios de los títulos concedidos," es decir, del objeto de la concesión, teniendo en cuenta, como se dijo, que la Ley de Hidrocarburos distinguía cuatro clases de concesiones (de exploración y subsiguiente explotación; de explotación; de manufactura y refinación; y de transporte de hidrocarburos).

Por tanto, en relación con los bienes del concesionario que estuviesen destinados a otras actividades distintas al objeto de la concesión, cualquiera que fuese el mismo, estipuladas incluso en el contrato de concesión como "ventajas especiales," los mismos debían considerarse como bienes no reversibles. La Ley de Hidrocarburos de 1943, en efecto, en el parágrafo único de su artículo 5°, al prever la facultad del Estado para estipular ventajas especiales para la Nación con el solicitante en el contrato de concesión, estableció que las mismas podían consistir, entre otras, en "la obligación por parte del solicitante, de manufacturar o refinar, por sí mismo o por terceros, en plantas situadas en el territorio nacional, todos los productos que explote o parte de ellos,"[51] siempre que la concesión no fuera, en sí misma, una concesión de manufactura y refinación. En esos casos, por ejemplo, si se tratase de una concesión de explotación, los bienes destinados a cumplir con las obligaciones estipuladas en las ventajas especiales en materia de manufactura o refinación, no podían considerarse como bienes reversibles, pues no estaban destinados al objeto de la concesión que era la explotación.

---

50 La sentencia se publicó en *Gaceta Oficial* N° 1718 Extra de 20 de enero de 1975.

51 Artículo 5°, parágrafo único de la Ley de Hidrocarburos de 13 de marzo de 1943. Semejantes previsiones estaban contenidas en las Leyes de 1922, 1925 y 1928 según refiere José Ramón Ayala en su obra *Epítome de Legislación y Derecho Minero Venezolano*, Caracas, 1945, Tomo II, pp. 68

4. LA INSTITUCIÓN DE LA REVERSIÓN EN LA LEY DE MINAS DE 1945

El régimen de la minería en Venezuela se consolidó con la sanción de la Ley de Minas de 1945, [52] en la cual se estableció el principio de que el Ejecutivo Nacional podía decretar la reserva de "la exploración y explotación de todas las sustancias" o minerales regulados en la Ley, o de alguna de ellas, en todo el territorio nacional o en determinadas zonas. En esos casos, dispuso el artículo 11 de la Ley que entonces no podían hacerse los "denuncios de las sustancias que hayan sido o fueren objeto de la reserva en los territorios o zonas que ella comprenda" pudiendo sólo otorgarse "concesiones respecto de tales reservas," que podían ser las concesiones de exploración y subsiguiente explotación, y las concesiones de explotación (art. 174). En la Ley de 1945, se incorporó la previsión que permite identificar la "explotación" con la acción de extraer las sustancias minerales de los yacimientos, al precisar, su artículo 23, que "se entiende que la concesión esta en explotación cuando se estuvieren extrayendo de esta las sustancias a que se refiere la presente Ley, o haciéndose lo necesario para lograr su extracción mediante las obras que según el caso fueren apropiadas a este fin."

En relación con dichas concesiones de explotación, la Ley de 1945 también reguló la reversión en relación con las mismas, disponiendo en su artículo 61 lo siguiente:

> "Artículo 61: La concesión que vuelva a poder del Estado pasa a éste libre de todo gravamen, y con todas las obras y demás mejoras permanentes que en ella hubiere, además de la maquinaria, útiles, enseres y materiales que se encuentren abandonados dentro del perímetro de la concesión.

Parágrafo Único. Para los efectos de este artículo y del 53, el abandono de dichos elementos se considerará efectivo:

1° Por no efectuar su retiro antes de haber renunciado a la concesión;

2° Por no efectuar su retiro antes del vencimiento del plazo porque fue otorgada la concesión, y

3° Por no efectuar su retiro antes de que se declare la caducidad a que se refiere el Artículo 55."

De acuerdo con esta norma, lo que debía ser devuelto al Estado al extinguirse la concesión, era precisamente el derecho minero otorgado mediante la "concesión" (Título minero), y con ella, "todas las obras y demás mejoras permanentes que en ella hubiere."

Como se ha dicho, las concesiones en la Ley de Minas, a diferencia de las diversas clases que se regulaban en la Ley de Hidrocarburos, eran básicamente concesiones de explotación que otorgaban el "derecho de explotación

[52] Véase en *Gaceta Oficial* N° 121 Extra. de 18 de enero de 1945.

minera" (art. 13), por lo que la reversión operaba respecto de la "concesión" y respecto de los bienes afectos a la realización de las actividades inherentes a la explotación minera. Todos los otros bienes del concesionario que hubiesen estado destinados a otras actividades distintas a las actividades mineras de explotación, aun cuando estuviesen ubicados en el área de la concesión, no estaban sujetos a reversión, y por ello, los concesionarios tenían el derecho de retirarlos del perímetro de la concesión, una vez ésta terminada.

Si el concesionario no retiraba dichos bienes, de acuerdo con el mencionado artículo 61 de la Ley, se presumía entonces, *juris tantum*, que los mismos eran bienes abandonados, y pasaban al Estado al término de la concesión.

De esta previsión resulta por tanto, la distinción legal entre bienes afectos a la actividad minera inherente al derecho de explotación otorgado con la concesión, que son los que revierten al Estado; y bienes destinados a otras actividades auxiliares o conexas, distintas a la explotación, que no eran parte del objeto de la concesión. Los primeros debía ser revertidos al Estado al extinguirse la concesión; y los segundos continuaban siendo propiedad del concesionario, y como se dijo, lo que exigía la Ley era que fueran retirados del perímetro de la concesión por el concesionario, para que no fuesen considerados como bienes abandonados.

Las previsiones sobre la reversión establecidas en el artículo 61 de la Ley de Minas se desarrollaron mediante normas reglamentarias establecidas en el Decreto N° 2039 del 15 de febrero de 1977,[53] en el cual el Ejecutivo Nacional estableció la reserva general a favor del Estado de la exploración y explotación minera de todos los minerales en todo el territorio nacional, previendo el principio de la reversión al extinguirse la concesión por cualquier su causa (Artículo 2, 5). Ello fue a su vez desarrollado por las normas de la Resolución N° 115 de 20 de marzo de 1990[54] del Ministerio de Energía y Minas contentivas de las "Normas para el Otorgamiento de Concesiones y Contratos Mineros," y en la cual se precisó que los bienes que estaban sujetos a reversión eran "los bienes de la concesión" (en su artículo 19), siendo tales, los que el artículo 61 de la Ley de Minas identifica como "las obras y demás mejoras permanentes" afectos a la concesión, es decir, los destinados a la explotación minera.

Esta previsión de la Resolución N° 115 de 1990 es particularmente relevante en la materia, si se tiene en cuenta que las anteriores normas relativas a la misma como fueron la Resolución N° 528 de 17 de diciembre de 1986 (Normas para el Otorgamiento de Permisos de Prospección, Concesiones y Contratos Mineros) [55] y la Resolución N° 148 de 21 de marzo de 1978 (Normas

---

53 Decreto N° 2039 del 15 de febrero de 1977, *Gaceta Oficial* N° 31.175 de 15 de febrero de 1990

54 *Gaceta Oficial* N° 34.448 de 16 de abril de 1990.

55 *Gaceta Oficial* N° 33.129 de 1 de junio de 1987.

para el Otorgamiento de Concesiones Mineras)[56], eran más específicas al enumerar los bienes sujetos a reversión, incluyendo "las tierras, obras y demás mejoras permanentes, maquinaria, útiles, enseres y materiales, incluidos instalaciones, accesorios equipos, además de cualesquiera otros bienes afectos a la concesión o utilizados en operaciones conexas o derivadas de ella." Como puede observarse, la indicada Resolución N° 115 de 1990 (Normas para el Otorgamiento de Concesiones y Contratos Mineros) volvió al criterio de distinción establecido en el artículo 61 de la Ley de Minas de 1945, limitando el ámbito de la reversión sólo a las "obras de la concesión," así como a las "mejoras permanentes" de la misma.

5. La institución de la reversión en la Ley de Minas de 1999

A. La Ley de Minas de 1999 y el régimen de su aplicación respecto de las concesiones otorgadas con anterioridad

La Ley de Minas de 1999[57] derogó la de 1945 (artículo 136), con lo cual, a partir de su publicación, en principio, sus normas comenzaron a tener efecto y a aplicarse incluso a las concesiones mineras otorgadas con anterioridad (artículo 129). Es decir, conforme al principio lex posterior *derogat priori*, la Ley de Minas de 1999 derogó o modificó todas las previsiones de la Ley de Minas de 1945 que fueran contrarias a sus previsiones, salvo las excepciones precisas previstas en la propia ley de 1999.

A tal efecto, en el artículo 129 de la Ley de Minas de 1999 se establecieron las siguientes excepciones al principio de la aplicabilidad inmediata de la misma a las concesiones otorgadas con anterioridad: primero, el derecho a explotar las minas anteriormente otorgado, debía preservarse en cuanto a los minerales y forma de presentación, en los términos previstos en la concesión original; segundo, los nuevos impuestos establecidos en la Ley solo se aplicarían a los concesionarios después del transcurso de un año a partir de su publicación en la Gaceta Oficial; tercero, la duración de las concesiones quedaba conforme al plazo que se había establecido en el título original de la concesión, contado a partir de la fecha de la publicación del Título Minero; y cuarto: los concesionarios quedaron obligados a mantener las ventajas especiales ofrecidas a la República en los títulos originales de las con-cesiones[58]

En consecuencia, por ejemplo, las concesiones que fueron otorgadas con anterioridad a la entrada en vigencia de la nueva Ley de Minas de 1999, sus

---

[56] *Gaceta Oficial* N° 2.210 Extra. de 6 de abril de 1978.

[57] Véase en *Gaceta Oficial* N° 5.382 Extra. de 28 de septiembre de 1999.

[58] La Sala Constitucional del Tribunal Supremo se pronunció expresamente, en su momento, en sentencia N° 37 del 27 de enero de 2004, sobre la constitucionalidad del mencionado artículo 129 de la Ley de Minas de 1999. Véase Caso: Asociación Cooperativa Civil Mixta La Salvación SRL, (Registro N° 00-1496), disponible en http://www.tsj.gov.ve/decisiones/scon/Enero/37-270104-00-1496.htm

disposiciones se les comenzaron a aplicar a partir de su publicación, salvo en lo previsto en las excepciones del mencionado artículo 129.

B. *El tratamiento de la reversión en la Ley de Minas de 1999*

Siguiendo la orientación de la Ley de Minas anterior, en la Ley de Minas de 1999 se reguló un solo tipo de concesión, expresando su artículo 25 que "las concesiones que otorgue el Ejecutivo Nacional conforme a esta Ley serán únicamente de exploración y subsiguiente explotación, y su duración no excederá de veinte (20) años, contados a partir de la fecha de publicación del Certificado de Explotación en la Gaceta Oficial."

En relación a estas concesiones de exploración y subsiguiente explotación, la Ley de Minas de 1999 también reguló la figura de la reversión de los bienes adquiridos con destino a las actividades mineras concedidas, a cuyo efecto en el artículo 102 se dispuso lo siguientes:

"Artículo 102. Las tierras, obras permanentes, incluyendo las instalaciones, accesorios y equipos que formen parte integral de ellas, así como cualesquiera otros bienes muebles o inmuebles, tangibles e intangibles, adquiridos con destino a las actividades mineras, deben ser mantenidos y conservados por el respectivo titular en comprobadas condiciones de buen funcionamiento, según los adelantos y principios técnicos aplicables, durante todo el término de duración de los derechos mineros y de su posible prórroga, y pasarán en plena propiedad a la República, libres de gravámenes y cargas, sin indemnización alguna, a la extinción de dichos derechos, cualquiera sea la causa de la misma."

Dicha norma se complementó con la del artículo 103 de la misma Ley que dispuso que:

> "Artículo 103. El titular de derechos mineros deberá presentar al Ministerio de Energía y Minas un inventario detallado acerca de todos los bienes adquiridos, con destino a las actividades mineras que realice, afectos a ellas, bienes de los cuales no podrá disponer en forma alguna sin la previa autorización del Ministerio de Energía y Minas, dada por escrito".

Estas previsiones de la Ley de Minas de 1999, por tanto, en materia de reversión de bienes, derogaron las previstas en la Ley de 1945,[59] precisando que la reversión de bienes procede sólo respecto de los bienes adquiridos por el concesionario "con destino a las actividades mineras que realice" en virtud de la concesión de exploración y explotación otorgada, que es el objeto de la misma.

---

[59] La Ley de Minas de 1999, al derogar las previsiones sobre reversión de la Ley de Minas de 1945, también derogó tácitamente las previsiones en materia de reversión contenidas en la Resolución N° 115 de 1990, que fueran contrarias a sus normas.

Todos los otros bienes adquiridos por el concesionario y no destinados a las actividades mineras otorgadas en la concesión, incluyendo las actividades auxiliares o conexas que no son parte del objeto de la concesión, no pueden considerarse como bienes que sean "reversibles."

Estas actividades auxiliares y conexas de la minería, que no forman parte del objeto de la concesión minera, se han regulado en el artículo 86 de la Ley de 1999, al establecerse el ámbito de la potestad de control del Estado (vigilar e inspeccionar) en relación con las actividades de los concesionarios mineros, que no son sólo las actividades mineras que sean objeto de una concesión, sino las actividades que puedan realizar los concesionarios que sean distintas a las actividades mineras concedidas, que se denominan en la Ley como actividades conexas o auxiliares de la minería y que son "el almacenamiento, la tenencia, el beneficio, el transporte, la circulación y el comercio de minerales. La norma en efecto, prevé lo siguiente:

> "Artículo 86. El almacenamiento, tenencia, beneficio, transporte, circulación y comercio de los minerales regidos por esta Ley, estarán sujetos a la vigilancia e inspección por parte del Ejecutivo Nacional y a la reglamentación y demás disposiciones que el mismo tuviera por conveniente dictar, en defensa de los intereses de la República y de la actividad minera. Cuando así convenga al interés público, el Ejecutivo Nacional podrá reservarse mediante decreto cualquiera de dichas actividades con respecto a determinados minerales."

Esta distinción entre las actividades de explotación o extracción minera, y otras actividades conexas o auxiliares en materia minera, en las concesiones de explotación de minerales, deriva además, de otras previsiones de la propia Ley de Minas, como por ejemplo, las relativas al régimen tributario, y en particular, las que se refieren al "impuesto de explotación," que grava o se causa precisamente solo por la "extracción del mineral," que es la explotación, exigiendo que se pague "dentro los primeros quince (15) días continuos del mes siguiente al de la extracción que lo cause." En el caso de la explotación de minerales, por tanto, el artículo 90.2 (c) de la Ley precisa además, que el valor comercial de la mina sobre el cual debe aplicarse el porcentaje para el cálculo del impuesto, debe incluir "los costos en que se incurra hasta el momento en que el mineral extraído, triturado o no, sea depositado en el vehículo que ha de transportarlo fuera de los límites del área otorgada o a una planta de beneficio o refinación, cualquiera sea el sitio donde ésta se localice." Las actividades desarrolladas después de que el mineral extraído se deposite en los vehículos de transporte, son actividades conexas o auxiliares distintas de la explotación, que es el único objeto de la concesión, y que pueden realizarse tanto por el concesionario como por otras personas, dentro o fuera del área de la concesión, incluso mediante plantas industriales de beneficio o refinación.

Lo importante de la distinción legal establecida en estas normas entre las actividades que pueden realizar los concesionarios como consecuencia del objeto de la concesión y que son las reservadas al Estado, y las actividades conexas o auxiliares que también pueden realizar los concesionarios, distintas a las que son el objeto de la concesión, es que es el fundamento de la distinción respecto de los bienes diversos bienes del concesionario, y que son, por una parte, los afectados a la explotación minera (extracción del mineral) que son los bienes reversibles; y por la otra, los bienes destinados a otras actividades auxiliares y conexas, que son los bienes no reversibles.

La distinción que deriva de las norma antes citadas, entre las diversas actividades que pueden realizar los concesionarios, por supuesto, es sin perjuicio de que toda están sometidas a "la vigilancia e inspección" del Estado, lo cual también se encontraba previsto en la Ley de Minas de 1945. En todo caso, la disposición más precisa del artículo 86 de la ley de Minas de 1999, al regular las potestades de control del Estado, comenzó a regir con la entrada en vigencia de sus disposiciones, incluso respecto de las concesiones otorgadas con anterioridad, pues en todo caso se trata de una disposición de orden público, al regular las potestades de control del Estado, es una norma de orden público.

Se insiste, lo importante de la misma es la distinción que también se derivaba de la Ley de Minas de 1945,[60] entre las actividades que pueden realizar los concesionarios como consecuencia del objeto de la concesión (exploración y explotación de un yacimiento) y que son las reservadas al Estado, de otras actividades conexas o auxiliares que también pueden realizar los concesionarios, distintas a las que son el objeto de la concesión (como son las actividades de almacenamiento, tenencia, beneficio, transporte, circulación y comercio de los minerales extraídos), y que pueden desarrollarse libremente aun cuando bajo "la vigilancia e inspección" del Estado mientras no se reserven al Estado.

Por ello, esta previsión de orden público del artículo 86 de la Ley de Minas de 1999 es de importancia al momento de establecer la distinción entre los bienes reversibles de la concesión que son los afectos a objeto de la concesión (explotación de mineral), y los bienes no reversibles, que no están destinados al objeto de la concesión, y que por ejemplo están destinados al almacenamiento, la tenencia, el beneficio, el transporte, la circulación y el comercio

60 En la Ley de Minas de 1945, por ejemplo, se distinguía en las actividades de "exploración y explotación" de minerales que eran el objeto de las concesiones, de las actividades de "beneficio y transporte" de los minerales, que no era el objeto de la concesión. Ley de Minas de 1945, artículo 94.1. En todo caso, a los efectos del ejercicio de sus potestades de control, los concesionarios estaban obligados a informar al Ministerio de Energía y Minas sobre todas las actividades que realizasen, sin distinción entre aquellas que eran el objeto de la concesión, y las que eran auxiliares y conexas. Véase, Ley de Minas de 1945, artículos 94.6; 94.7.

de los minerales extraídos, que son bienes no reversibles y permanecen en propiedad del concesionario.

Sobre estos bienes no reversibles, por otra parte, debe observarse que en la Ley de 1999 se eliminó la previsión contenida en el artículo 61 de la Ley de 1945 en relación con la "presunción de abandono" respecto de bienes propiedad del concesionario no afectos a las actividades mineras objeto de la concesión, que sin embargo se consideraba que pasaban al dominio del Estado cuando no eran retirados oportunamente del perímetro de la concesión. En consecuencia, la posibilidad misma de que bienes no reversibles pudieran pasar a propiedad del Estado al término de las concesiones conforme a esa "presunción de abandono" no tiene aplicación alguna a partir de la entrada en vigencia de la Ley de 1999, aun cuando las concesiones hubiesen sido otorgadas con anterioridad.

C. *La distinción entre la actividad minera concedida y las actividades mineras auxiliares y conexas.*

Por otra parte, debe indicarse que la mencionada distinción en materia de concesiones mineras, entre las actividades mineras que debe realizar el concesionario en cumplimiento del objeto de la concesión, como sería el caso de la explotación o extracción de determinado mineral en las concesiones de exploración y explotación; y las que puede realizar el concesionario fuera del objeto de la concesión, como actividades auxiliares o conexas, como es el caso de las actividades de "almacenamiento, tenencia, beneficio, transporte, circulación y comercio de los minerales" reguladas en el antes mencionado artículo 86 de la Ley de Minas de 1999 (Título V: "De las actividades conexas o auxiliares de la minería"), y que es el fundamento de la distinción entre bienes reversibles, en el primer caso, y bienes no reversibles, en el segundo caso; también se encuentra en regulaciones vinculadas con la explotación minera, como las de hidrocarburos, donde se distingue entre la "actividad primaria" en la explotación de los hidrocarburos, y las "actividades auxiliares o conexas" con la industria de los hidrocarburos."

En efecto, en la Ley Orgánica de Nacionalización Petrolera de 1975,[61] y posteriormente, en la Ley Orgánica de Hidrocarburos de 2001,[62] además de la posibilidad para las empresas privadas de participación en las "actividades primarias" de explotación petrolera que estaban reservadas al Estado mediante Convenios de Asociación o Empresas Mixtas (que sustituyeron al régimen de concesiones); los particulares y empresas privadas también podían participar y siguieron participando, en las actividades no reservadas de la industria o del comercio de los hidrocarburos, mediante convenios opera-

61 Ley Orgánica que reserva al Estado la industria y el comercio de los hidrocarburos, *Gaceta Oficial* N° 1769 Extra 29 de agosto de 1975.

62 *Gaceta Oficial* N° 37.323 del 13 de noviembre de 2001.

tivos, particular-mente prestando servicios o realizando obras (actividades conexas) mediante contratos celebrados con las empresas del Estado[63]. Ese régimen de los hidrocarburos se reformó en posteriormente, en 2009, cuando se sancionó la Ley Orgánica que reserva al Estado bienes y servicios conexos a las actividades primarias de Hidrocarburos,[64] es decir, las actividades que antes no estaban reservadas, en particular, "los bienes y servicios, conexos a la realización de las actividades primarias previstas en la Ley Orgánica de Hidrocarburos" (Art. 1) que "anteriormente eran realizadas directamente por Petróleos de Venezuela, S.A., (PDVSA) y sus filiales, y que fueron tercerizadas, siendo esenciales para el desarrollo de sus actividades" (Art. 2). Con motivo de la reserva al Estado, la Ley partió de la misma distinción entre actividades primarias y actividades conexas o auxiliares.

La misma distinción se estableció más recientemente en materia de minería del oro, con motivo de la nacionalización de la misma efectuada mediante el Decreto Ley No. 8.413 de 23 de agosto de 2011, antes mencionado, en el cual se reservaron al Estado, tanto las "actividades primarias" como las "actividades conexas y auxiliares" al aprovechamiento del oro; y a cuyo efecto, se definieron como "actividades primarias, la exploración y explotación de minas y yacimientos de oro," y como "actividades conexas y auxiliares, el almacenamiento, tenencia, beneficio, transporte, circulación y comercialización interna y externa del oro, en cuanto coadyuven al ejercicio de las actividades primarias" (artículo 2).[65]

V. EL RÉGIMEN DE LA REVERSIÓN APLICABLE A LOS CONTRATOS DE CONCESIÓN MINERA

1. LAS CONCESIONES MINERAS DE EXPLOTACIÓN

De acuerdo con la Ley de Minas tanto de 1945 como de 1999, lo que en general otorga el Ministerio de Energía y Minas[66] a las empresas conce-sionarios, son concesiones mineras para realizar actividades mineras reservadas al Estado, consistentes en la "exploración y explotación" de determinados

---

63 Incluso, a tal efecto, se dictó la Ley de Regularización de la Participación Privada en las Actividades Primarias Previstas en el Decreto N° 1.510 con Fuerza de Ley Orgánica de Hidrocarburos, *en Gaceta Oficial* N° 38.419 del 18 de abril de 2006.

64 *Gaceta Oficial* N° 39.173 del 7 de mayo de 2009

65 *Gaceta Oficial* N° 39.759 del 16 de septiembre de 2011. La Ley fue reformada mediante Decreto Ley No. 1395, *Gaceta Oficial* No. 6150 Extra de 18 de noviembre de 2014.

66 El Ministerio de Energía y Minas se creó en 1976 en sustitución del Ministerio de Minas e Hidrocarburos que había sido creado en 1950. En esta Opinión legal, utilizaremos la denominación común de "Ministerio de Energía y Minas" a pesar de que posteriormente, el Ministerio a cargo de la materia minera haya cambiado de denominación en 2005 (Ministerio de Industrias Básicas y Minería), en 2007 (Ministerio del Poder Popular para Industrias Básicas y Minería), y en 2014 (Ministerio del Poder Popular para Petróleo y Minería). Véase Allan R. Brewer-Carías et al., *Ley Orgánica de Administración Pública,* Editorial Jurídica Venezolana, Caracas 2015.

minerales en determinadas áreas (parcelas) o yacimientos. En cuanto a "concesiones de explotación" las mismas consisten en el otorgamiento del derecho de excavar y extraer del yacimiento el mineral concedido, asignándose además al concesionario en general, el derecho exclusivo "de extraer, dentro de los límites de la correspondiente parcela de explotación, el mineral concedido" (artículo 188 Ley de Minas de 1945) por el período indicado en las concesiones.

Pero además de las actividades de explotación concedidas, conforme al texto que en general han tenido las concesiones y en cumplimiento de las Ventajas Especiales ofrecidas en general, los concesionarios también realizan operaciones distintas al objeto de las concesiones, a saber el procesamiento del material extraído y su comercialización, pudiendo incluso desarrollar com-plejos industriales para transformar el mineral en determinados sub-productos.

2. LAS CONCESIONES MINERAS Y EL RÉGIMEN DE LOS BIENES REVERSIBLES Y NO REVERSIBLES

Partiendo del principio de que las concesiones otorgadas por el Estado en materia minera, son "concesiones de explotación" de determinados minerales, siendo su objeto la extracción del mismo del yacimiento, en general, en los títulos mineros siempre se ha garantizado al concesionario el derecho exclusivo de extraer y aprovechar el mineral, con lo que queda claro su derecho exclusivo con exclusión de cualquier otra persona o empresa de esa actividad.[67]

Además, en general en materia de reversión, en lo Títulos Mineros ha sido común la previsión de un entendido de que las obras y demás mejoras permanentes, además de la maquinaria, útiles y materiales, incluyendo las instalaciones, accesorios y equipo y cualesquiera otros bienes utilizados con destino al objeto de la concesión y que formen parte integral de ella, sea cual fuere el título de adquisición, deben pasar en plena propiedad a la Nación libres de gravámenes o cargas, sin indemnización alguna, al extinguirse por cualquier causa la concesión.

Estipulaciones de este tipo que imponen que todos los bienes adquiridos por el concesionario y utilizados con destino al objeto de la concesión - que era la "explotación" del mineral especificado, debían revertir al Estado, en todo caso, han respondido siempre a lo previsto en la Ley de Minas de 1999, antes referido, en el sentido de que la reversión solamente se refiere a los bienes "adquiridos con destino a las actividades mineras" que es lo que constituye el objeto de la concesión (explotación del mineral).

---

[67] En este mismo sentido, por ejemplo, el artículo 24 de la Ley de Minas de 1999 dispone que "La concesión minera confiere a su titular el derecho exclusivo a la exploración y explotación de las sustancias minerales otorgadas que se encuentren dentro del ámbito espacial concedido." *Gaceta Oficial* N° 5.382 Extra. de 28 de septiembre de 1999.

Como resultado de lo anterior, al extinguirse las concesiones mineras, solo los bienes adquiridos o utilizados por el concesionario para la realización de las actividades objeto de la concesión que es la explotación de determinado mineral, pueden considerarse como bienes reversibles. Al contrario, cualquier otro bien adquirido o utilizado por el concesionario para actividades distintas de la explotación del mineral concedido, como las auxiliares o conexas en los términos del artículo 86 de la Ley de Minas, debían considerarse como bien no reversible.

Entre esas otras actividades distintas al objeto de la concesión que es la explotación o extracción del mineral específico, en muchos casos, las Ventajas Especiales que se han estipulo en los contratos de concesión, han buscado, por ejemplo, incorporar el valor agregado nacional para el beneficio o procesamiento del mineral, por ejemplo, mediante su refinación, manufactura o industrialización.

En general, esas esas actividades no están o han estado reservadas al Estado, y por tanto, no solo no formaron parte del objeto de las concesiones mineras, sino que pueden ser desarrolladas libremente por el concesionario, y sin necesidad de requerimiento adicional excepto, por ejemplo, las autorizaciones administrativas que pudieran requerirse establecidas en la legislación sobre ordenación del territorio o conservación y protección del ambiente.

En cumplimiento de esas estipulaciones, por ejemplo, si el concesionario desarrolla un proceso industrial para la producción de determinados subproductos, construyendo por ejemplo, una planta de procesamiento de su exclusiva propiedad en el área de las concesiones, dicha instalación al igual que los bienes y la maquinaria adquirida y utilizada para la actividad industrial de procesamiento, no pueden ser consideradas como bienes reversibles, pues los mismos fueron adquiridos para un objeto distinto al objeto de las concesiones.

Adicionalmente, por ejemplo, los depósitos de los subproductos resultantes de la actividad industrial antes de la extinción de las concesiones, y que se encuentren en el sitio de las concesiones o en cualquier otro sitio, también son de la exclusiva propiedad del concesionario, y debe ser considerado como un bien no reversible.

3. LA DISTINCIÓN ENTRE ACTIVIDAD DE EXPLOTACIÓN MINERA Y LAS ACTIVIDADES AUXILIARES Y CONEXAS

La distinción que antes se ha explicado y que está en la Ley de Minas, entre actividad de "explotación" minera que es el objeto de las concesiones mineras y las actividades auxiliares o conexas, también se ha regulado en general en el texto de los Títulos o concesiones las cuales como concesiones de explotación de determinados minerales, confieren al concesionario no sólo el derecho exclusivo de extraer el mineral, sino de aprovecharlo por periodo de tiempo de la concesión, dentro de sus límites, excluyendo, en esa forma, a cualquier otro particular.

A tal efecto, en general, en las cláusulas de los Títulos o concesiones mineras se agrega, además de las obligaciones de explotación, es decir, de extracción del mineral, algunas obligaciones por ejemplo para la realización por el concesionario de actividades de beneficio del mineral mediante el establecimiento de alguna industria vinculada con la transformación del mineral objeto de la concesión, que por ejemplo impliquen la incorporación del valor agregado nacional por ejemplo, por metalurgia, refinación, manufactura o industrialización; o en otros casos a realizar actividades de aplicación industrial del mineral, mediante el aporte de la tecnología adecuada.

En esos casos, las actividades de desarrollo industrial así establecidas en los Títulos o concesiones, no constituyen el objeto de las concesiones mineras que es siempre la explotación del mineral específico otorgado, sino que se trata de actividades conexas o auxiliares que el concesionario tiene derecho a realizar en forma exclusiva, y que por ejemplo son equiparables a las actividades de "beneficio" del mineral extraído a que se refiere el artículo 86 de la Ley de Minas de 1999. Ese beneficio del mineral que por ejemplo se realice en alguna planta que el concesionaria establezca, es una típica actividad auxiliar o conexa con el objeto de la concesión, por lo que no sólo el subproducto que se produzca, es de la exclusiva propiedad del concesionario pues ello no constituye es objeto de la concesión, sino que los bienes destinados y utilizados para la realización de dichas actividades conexas o auxiliares, deben considerarse como bienes que no están sujetos a reversión conforme a lo dispuesto en el artículo 102 de la Ley de Minas, siendo de la exclusiva propiedad del concesionario.

4. Las potestades de control del ente concedente respecto de las actividades del concesionario, y los Informes de actividades del concesionario

El régimen antes mencionado sobre las actividades que pueden considerarse como "primarias," como es la explotación del yacimiento del mineral concedido; y las que son actividades "auxiliares y conexas," y sobre la distinción entre en bienes reversibles y no reversibles en las concesiones mineras, no cambia en forma alguna, por supuesto, por el hecho de que los Informes que el concesionario debe presentar ante la autoridad concedente, por ejemplo, el Ministerio de Energía y Minas, los cuales deben comprender siempre todas las actividades que el concesionario realice, sin distingo, y no sólo las que se refieren al objeto de la concesión. Es decir, dichos Informe se tienen que formular sin que en los mismos se distingan cuáles actividades son las que responden al objeto de la concesión, como actividades "primarias"; y cuáles son las actividades auxiliares o conexas. Y lo mismo ocurre con los Inventarios de bienes que el concesionario debe elaborar y que también está en la obligación de acompañar a dichos Informes, referidos a los bienes que adquiere o utiliza para todas las actividades que realice, y en los cuales, por tanto, no se discriminan aquellos bienes afectos a las actividades de explotación del mineral concedido, de los que puedan ser utilizados para actividades auxiliares o conexas.

En efecto, el régimen general relativo a los Informes sobre las actividades y a los Inventarios de bienes que los concesionarios deben presentar ante el Ministerio de Energía y Minas, como consecuencia de las potestades de control de la autoridad concedente, en esta materia está previsto en los Artículos 37 y 103 de la Ley de Minas, en los cuales se dispone lo siguiente:

> "Artículo 37. El concesionario deberá informar mensual y anualmente, al Ministerio de Energía y Minas, acerca de las actividades cumplidas en los períodos respectivos, sin perjuicio de cualquier otra información que le exija dicho Ministerio. Los informes indicados se sujetarán a lo establecido en los reglamentos de esta Ley."

> "Artículo 103. El titular de derechos mineros deberá presentar al Ministerio de Energía y Minas un inventario detallado acerca de todos los bienes adquiridos, con destino a las actividades mineras que realice, afectos a ellas, bienes de los cuales no podrá disponer en forma alguna sin la previa autorización del Ministerio de Energía y Minas, dada por escrito."

De estas normas, que son típicas normas de "orden público" establecidas para regular el ejercicio de facultades de vigilancia y supervisión por parte de la Administración Pública en relación con la ejecución de concesiones mineras, se destaca la obligación que se impone a los concesionarios mineros "de informar mensual y anualmente, al Ministerio de Energía y Minas, acerca de las actividades cumplidas en los períodos respectivos," y de presentar al Ministerio de Energía y Minas "un inventario detallado acerca de todos los bienes adquiridos, con destino a las actividades mineras que realice, afectos a ellas," previendo además que el concesionario "no podrá disponer en forma alguna [de ellos] sin la previa autorización del Ministerio de Energía y Minas, dada por escrito."

Dichas previsiones legales fueron desarrolladas por el Reglamento de la Ley de Minas de 2001[68] al disponer en su artículo 33, en primer lugar, la obligación de los concesionarios de presentar mensualmente al Ministerio de Energía y Minas, "un informe detallado de las actividades del concesionario realizadas en el mes anterior," con especificación de los aspectos técnicos, en especial sobre el material removido y extraído; y los aspectos económicos, con los estados financieros; y en segundo lugar, la obligación de presentar anualmente al Ministerio, "un informe relativo a las actividades realizadas en el año anterior," que contenga los siguientes aspectos: técnicos, "tales como: producción y calidad del mineral producido, cumplimiento de

68 Decreto N° 1.234 de 6 de marzo de 2001, en *Gaceta Oficial* N° 37.155 del 9 de marzo de 2001.

ventajas especiales [...], inventario general de equipos pertenecientes a la concesión y contratados, procedimientos técnicos e industriales empleados para la explotación y beneficio de minerales," y económicos, "tales como: estado financieros auditados, [...] volumen y valor de las ventas nacionales y externas según destino y comprador, [...] elementos del costo por etapas del proceso productivo." Estas normas se aplican "sin perjuicio de lo establecido en la Ley de Minas, sus reglamentos y demás disposiciones aplicables," entre las cuales están las contenidas en las cláusulas de las concesiones, por lo que en la medida en que las mismas no fueran contrarias a las del Reglamento, también tendrían aplicación.

De estas normas resulta entonces que en la práctica y en relación los Informes mensuales o anuales que los concesionarios deben presentar ante el Ministerio de Energía y Minas a los efectos del ejercicio de sus facultades de supervisión y vigilancia, los mismos deben contener una relación detallada de absolutamente todas las actividades realizadas por los concesionarios, sin distinción alguna sobre su naturaleza u objeto, e independientemente de que se refieran al objeto mismo de las concesiones; y que a los mismos se anexe una lista de todos los bienes adquiridos y utilizados por el concesionario, sin distinción alguna sobre su naturaleza u objeto, e independientemente de que se trate de bienes reversibles o no reversibles.

5. La situación y naturaleza de los bienes afectos a actividades conexas o auxiliares, así como de los productos o subproductos de las mismas

Con base en esta distinción establecida en la Ley, por tanto, los bienes destinados o afectos al objeto de la concesión que es la explotación de mineral (recuérdese que la Ley de Minas define la explotación como la "extracción de las minas [de] las sustancias que la integran o hacer lo necesario para ello, con ánimo inequívoco de aprovechamiento económico de las mismas"), son los bienes reversibles; y en cambio, los bienes y equipos que son destinados por ejemplo a un proceso de aplicación industrial o de beneficio del mineral extraído, y que, por tanto, no son utilizados para el cumplimiento del objeto de la concesión, es decir, al no estar destinados al cumplimiento del objeto de las concesiones, son bienes que deben considerarse como bienes no reversibles.

Además, en relación con el mismo tema, tampoco podrían considerarse como bienes reversibles los minerales que ya se hubiesen extraído como consecuencia de la explotación, y que por ejemplo, al término de una concesión, quedasen en el sitio de la misma sin ser aún procesados los cuales quedarían como propiedad del concesionario al extinguirse la concesión, con fundamente en el artículo 546 del Código Civil que dispone que "el producto o valor del trabajo o industria lícitos... de cualquier persona, son propiedad suya, y se rigen por las leyes relativas a la propiedad en general y las especiales sobre estas materias." Por tanto, el producto derivado del trabajo e industria desarrollados por un concesionario con ocasión del ejercicio de los derechos mineros que le fueron concedidos por el Estado (la explotación de una mina), como es el material extraído, en si mismo es de la propiedad del concesionario.

Además, conforme al artículo 552 del Código Civil, el concesionario también adquiere la propiedad de dicho mineral extraído o producido en la concesión en ejercicio de sus derechos mineros, que deben considerarse como "frutos naturales" que pertenecen "por derecho de accesión al propietario de la cosa que los produce" definiéndose como "frutos naturales" a "los que provienen directamente de la cosa, con o sin industria del hombre" como son precisamente "los productos de las minas o canteras." En tal sentido, todos los minerales extraídos de la explotación de las concesiones, en ejercicio de los derechos mineros, son bienes que pertenecen al titular de los derechos mineros derivados de la concesión.

De ello se colige que si el mineral extraído por el concesionario de un yacimiento es de su propiedad, así como lo son los subproductos que deriven del beneficio de dicho mineral, al extinguirse las concesiones, dichos bienes siguen siendo de propiedad del concesionario, mientras no la ceda o abandone. Dichos bienes producidos por el concesionario, y que son de su propiedad, en consecuencia, conforme a la garantía del artículo 115 de la Constitución, no podían ser "adquiridos" por el Estado sino mediante el procedimiento de expropiación, y nunca por "ocupación" en aplicación del artículo 797 del Código Civil, que sólo se refiere a "las cosas que no son de la propiedad de nadie, pero que pueden llegar a serlo de alguien," a cuyo efecto enumera por ejemplo, a "los animales que son objeto de la caza o de la pesca, el tesoro y las cosas muebles abandonadas." Si el Estado se apropiase de ellos, se trataría de una confiscación pues el mineral extraído por el concesionario del yacimiento, aún no procesado, y los sub productos que por ejemplo haya producido en la instalación industrial que haya establecido para procesar el mineral extraído, son propiedad del concesionario y no podían considerarse como en situación de "propiedad de nadie."[69]

---

69 Como lo ha destacado Roberto Dromi en relación con Argentina, en casos de caducidad de contratos de concesión "En principio, los bienes del particular afectados a la ejecución contractual, siguen perteneciéndole, excepto en aquellos casos en que se hubiera convenido que los bienes afectados a la prestación queden en manos del Estado (a título de dueño o con un derecho de uso precario hasta que concluya la ejecución), en los supuestos de caducidad del contrato, sin indemnización alguna en favor del contratista (CSJN, Fallos, 141:212). No habiéndose previsto en el contrato cláusula alguna en relación a los bienes del particular, si el Estado se apodera de ellos deberá indemnizar al contratista por su valor pues de lo contrario se trataría de un despojo, en mérito a lo establecido por el art. 17 de la Constitución, que tutela el derecho de propiedad, no sólo respecto de las cosas afectadas a la prestación del servicio público, sino también de las obras que haya realizado el contratista y de que se hubiera apropiado el Estado.// La CSJN ha expresado: "La declaración de caducidad no autoriza de por sí la ocupación por parte de la autoridad concedente de los bienes propios del concesionario afectados a la prestación de los servicios que constituyen el objeto de la concesión. Una cosa es la concesión, otra los bienes

En efecto, el mencionado artículo 115 de la Constitución de 1999 establece la garantía del derecho de propiedad, disponiendo que solo "por causa de utilidad pública o interés social, mediante sentencia firme y pago oportuno de justa indemnización, podrá ser declarada la expropiación de cualquier clase de bienes." Para asegurar en la práctica administrativa estatal la vigencia de dicha garantía, la Ley de Expropiación por causa de utilidad pública y social[70] precisa que la expropiación es un medio extraordinario de adquisición de la propiedad privada por parte del Estado, concebida como una institución de derecho público, "sometida por el legislador al cumplimiento de formalidades específicas"[71] mediante la cual el Estado actúa en beneficio de una casusa de utilidad pública o de interés social, "con la finalidad de obtener la transferencia forzosa del derecho de propiedad o algún otro derecho de los particulares, a su patrimonio, mediante sentencia firme y pago oportuno de justa indemnización" (art. 2).[72]

---

del concesionario por más que estén afectados del modo que se acaba de indicar. A estos últimos los ampara la inviolabilidad de la propiedad que, en principio, sólo cede ante la expropiación por causa de utilidad pública formalmente declarada y previa indemnización (art. 17, CN)" ("Compañía de Electricidad de Corrientes c/Provincia de Corrientes", Fallos, 201:432. En igual sentido "Bracamonte, Juan A., c/Provincia de Tucumán", Fallos, 204:626)." Véase Roberto Dromi *Tratado de Derecho Administrativo*, consultado en http:// uaiderechoadministrativo.wikispaces.com/file/ view/TRATA-DO+DE+DER+ADMIN+-DROMI.pdf/419922716/TRATADO+DE+ DER+ADMIN+DROMI.pdf.

70 Ley de Expropiación por Causa de Utilidad Pública o Social, en *Gaceta Oficial* No. 37.475, de 1 de julio de 2002 (La Ley reformó la anterior de 1947 publicada en *Gaceta Oficial* N° 22.458 de 6 de noviembre de 1947, que había sido modificada parcialmente por Decreto Ley N° 184 de 25 de abril de 1958, *Gaceta Oficial* N° 25.642 de 25 de abril de 1958).

71 Como lo precisó la Sentencia de la antigua Corte Federal y de Casación, de 29 de octubre de 1948, en *Compilación Legislativa 1948-1949, Anuario 1948,* página 789, ya en 1948, recién adoptada la Ley: "La expropiación es un medio extraordinario de adquirir, sometido por el Legislador al cumplimiento de determinadas formalidades; ella es una institución de derecho público en el cual no tienen aplicación los principios del derecho común [...] dada la naturaleza extraordinaria del derecho a expropiar, es de fundamental interés público el que se verifique la expropiación con estricta sujeción a las disposiciones de la ley que la reglamenta" y que con el procedimiento el Tribunal declare "la necesidad de adquirir el todo o parte de la propiedad." Véase en Allan R. Brewer-Carías, *Jurisprudencia de la Corte Suprema 19301974 y Estudios de Derecho Administrativo*, Volumen VI, La Propiedad y la Expropiación por causa de utilidad pública e interés social, Ediciones del Instituto de Derecho Público, Facultad de Derecho, Universidad Central de Venezuela, Caracas 1979, páginas 394 s.

72 Ello lo ha ratificado más recientemente la Sala Político Administrativa de la Corte Suprema de Justicia en su sentencia de 24 de febrero de 1965, en la cual expresó que la expropiación de bienes de propiedad privada debe desenvolverse "a través de un procedimiento especial cuyo objeto esencial es llegar a la transferencia de dominio del bien expropiado." Véase, Sentencia de la Sala Político Administrativa de la Corte Suprema de Justicia, en *Gaceta Oficial* N° 27.676, de 24 de febrero de 1965, página 205.971, y también Allan R. Brewer-Carías, *Jurisprudencia de la Corte Suprema 19301974 y Estudios de Derecho Administrativo,* Volumen VI, La Propiedad y la Expropiación por causa de utilidad pública e interés social, Ediciones del Instituto de Derecho Público, Facultad de Derecho, Universidad Central de Venezuela, Caracas 1979, páginas 348 ss.

Toda expropiación, por tanto, como lo ha expresado la antigua Corte Suprema de Justicia, "supone justa compensación," de manera que en la expropiación, "la función del Juez se limita a la declaratoria de la necesidad de adquirir el todo o parte de la propiedad, o algún otro derecho, al correspondiente avalúo, y al pago, puesto que toda expropiación supone una justa compensación."[73]

La garantía de la propiedad, conforme a la Ley de Expropiación, por tanto, exige que el Estado deba pagar la justa compensación debida por la expropiación, no sólo para materializar la trasferencia de la propiedad privada al Estado (art. 46), sino incluso para que el Estado pueda tomar posesión u ocupar los bienes a expropiar, al establecer como único mecanismo para poder efectuar la ocupación de los mismos mientras dura el juicio de expropiación, la denominada "ocupación previa" (artículo 56), la cual debe siempre ser decretada por el juez competente de la expropiación una vez iniciado el juicio de expropiación, mediando el previo avalúo del inmueble para establecer la justa compensación por una Comisión de Avalúos designada con la participación del expropiado (art. 19), cuyo monto debe necesariamente depositarse en el tribunal competente y ser puesto a disposición del expropiado, quien tiene el derecho de aceptar el monto como el pago de la justa compensación (art. 56).

Por tanto, se violaría abiertamente esta garantía de la propiedad desarrollada en la Ley de Expropiación, si al término de una concesión, el Estado procediera a tomar posesión y ocupar bienes no reversibles de un concesionario, sin decretar ni ejecutar la expropiación de los mismos, sin intervención judicial, sin realizar el avalúo del bien expropiado y sin pagar o depositar en el tribunal correspondiente y a la orden del expropiado el monto de la compensación. Ello, en realidad se configuraría como una confiscación prohibida en el artículo 116 de la Constitución.

VI. CONCLUSIONES GENERALES

Las concesiones administrativas son contratos públicos o contratos del Estado (contratos administrativos) mediante las cuales en Estado confiere a un concesionario un derecho que antes no tenía, que por tanto se crea con la concesión en cabeza del concesionario, por referirse a actividades reservadas al Estado en la Constitución o en las leyes.

---

73 Véase, Sentencia de la Sala Político Administrativa de la antigua Corte Suprema de Justicia, de 10 de junio de 1968, en Gaceta Forense N° 60, 1968, páginas 173 s. Véase Allan R. Brewer-Carías, *Jurisprudencia de la Corte Suprema 19301974 y Estudios de Derecho Administrativo,* Volumen VI, La Propiedad y la Expropiación por causa de utilidad pública e interés social, Ediciones del Instituto de Derecho Público, Facultad de Derecho, Universidad Central de Venezuela, Caracas 1979, páginas 374. En igual sentido, Sentencia de la Sala Político Administrativa de la antigua Corte Suprema de Justicia, de 29 de abril de 1969, en *Gaceta Forense* N° 64, 1969, páginas 133 s. Véase Allan R. Brewer-Carías, *Jurisprudencia de la Corte Suprema 19301974 y Estudios de Derecho Administrativo,* Volumen VI, La Propiedad y la Expropiación por causa de utilidad pública e interés social, Ediciones del Instituto de Derecho Público, Facultad de Derecho, Universidad Central de Venezuela, Caracas 1979, página 427.

Una de esas actividades reservadas al Estado es la explotación minera, por lo que para que un particular pueda realizarla tiene que obtener una concesión minera de parte del Estado. En consecuencia, la Ley de Minas regula las concesiones mineras mediante las cuales se otorga a los concesionarios la actividad de explotación de determinados minerales, entendiéndose por "explotación" conforme al artículo 58 de la Ley de Minas, la extracción de mineral del yacimiento concedido. Con base en ellas, los concesionarios adquieren por tanto, el derecho exclusivo de extraer determinado mineral, y además, el derecho de aprovecharlo.

De acuerdo con las previsiones del artículo 102 de la Ley de Minas, al extinguirse las concesiones, los bienes adquiridos por el concesionario con destino a la realización del objeto de la concesión, es decir, la explotación del mineral concedido, deben ser revertidos al Estado, libres de todo gravamen. Esos son, en los términos de la mencionada norma de la Ley de Minas, los bienes que pueden ser considerados como bienes reversibles en dichas concesiones de explotación.

De acuerdo con lo dispuesto en la misma norma de Ley de Minas, además, los concesionarios pueden realizar otras actividades distintas de las actividades concedidas, es decir, de las actividades de explotación del mineral, que se pueden considerar como actividades auxiliares o conexas con la minería.

En este último vaso, los bienes adquiridos por el concesionario para ser utilizados en la realización de estas otras actividades distintas de la explotación del mineral concedido, como son las actividades de "almacenamiento, tenencia, beneficio, transporte, circulación y comercio de los minerales" que enumera el artículo 86 de la Ley de Minas, los bienes afectos a las mismas son bienes no reversibles, por lo que al extinguirse las concesiones, permanecen como propiedad del concesionario,

Lo mismo debe decirse respecto del mineral extraído del yacimiento respectivo en ejecución del objeto de las concesiones, que no ha sido procesado para el momento de la extinción de las concesiones, y además, de los productos y subproductos procesados por el concesionario, que también deben considerarse como bienes no reversibles, quedando como propiedad del concesionario conforme a lo regulado en el Código Civil.

New York, agosto 2015.

SÉPTIMA PARTE

CESIONES OBLIGATORIAS DE PROPIEDAD INMUEBLE A LOS ENTES PÚBLICOS POR RAZONES DE URBANÍSMO

SECCIÓN VIGÉSIMA. *LAS CESIONES OBLIGATORIAS DE LA PROPIEDAD PRIVADA A LOS ENTES PÚBLICOS POR RAZÓN DE URBANISMO, CON ESPECIAL REFERENCIA A LAS ÁREAS VERDES, ÁREAS EDUCACIÓN-NALES Y CALLES* (1978)

ESTE TEXTO TUVO SU ORIGEN REMOTO EN EL ESTUDIO SOBRE "LES CESSIONS OBLIGATOIRES DE PROPRIÉTÉ AUX ORGANISMES MUNICIPAUX POUR RAISONS D'URBANISME" PUBLICADO EN EL LIBRO: *MÉLANGES DÉDIÉS Á GABRIEL MARTY*, TOULOUSE **1978**, PP. **159-187**. UNA VERSIÓN EN CASTELLANO SE PUBLICÓ COMO: «LAS CESIONES OBLIGATORIAS DE LA PROPIEDAD PRIVADA A LOS ENTES PÚBLICOS POR RAZÓN DE URBANISMO, CON ESPECIAL REFERENCIA A LAS ÁREAS VERDES, ÁREAS EDUCACIONALES Y CALLES," EN *REVISTA VENEZOLANA DE ESTUDIOS MUNICIPALES*, ASOCIACIÓN VENEZOLANA DE COOPERACIÓN INTER-MUNICIPAL, N° **1**, CARACAS **1976**, PP. **13-54.**

I. INTRODUCCIÓN

La adquisición por los entes públicos de bienes de propiedad privada para fines urbanísticos, conforme al ordenamiento jurídico venezolano, además de realizarse a través de las formas permitidas por el derecho civil y mediante expropiación, puede tener su origen en las denominadas cesiones obligatorias y gratuitas de propiedad privada a entes municipales o nacionales con motivo de urbanismo[1]. Estas cesiones obligatorias y gratuitas están reguladas en el ordenamiento venezolano en las Ordenanzas sobre Arquitectura, Urbanismo y Construcciones en General del Distrito Federal, y del Distrito Sucre del Estado Miranda, y en la Ley de Educación. Estos instrumentos legales consagran, en efecto, la obligación para los propietarios que realicen urbanizaciones y parcelamientos, de ceder gratuitamente a los entes municipales una parte equivalente a aproximadamente el 48% de la superficie a urbanizar destinada a calles, parques y plazas públicas, y a ceder a la República parte de los inmuebles, con destino a actividades educativas.

---

1 Véase Allan R. Brewer-Carías, "Las cesiones obligatorias de propiedad privada a los entes públicos por razón de urbanismo, con especial referencia a las áreas verdes, áreas educacionales y calles" en *Revista Venezolana de Estudios Municipales.* AVECI, N° 1, Caracas 1976, págs. 13 y sigts.

El fundamento de estas cesiones forzosas, es indudable que debe situarse en una especie de contrapartida debida por el urbanizador por el mayor valor que el proceso de urbanización o parcelamiento dará al suelo urbano; se trata, en definitiva, de una contribución en especie, mal regulada, como tal, en el ordenamiento urbanístico. Sin embargo, este fundamento es, indudable-mente, la única forma de mantener una adecuación a la Constitución de dichas cesiones gratuitas.

En efecto, al autorizarse la construcción de una urbanización o el desarrollo de un parcelamiento, es indudable que el valor del suelo urbano, propiedad del urbanizador, aumentará considerablemente. No existiendo en nuestra legislación urbanística contribuciones especiales por plusvalía —salvo la prevista en la Ley de Expropiación por Causa de Utilidad Pública o Interés Social en los casos de expropiaciones para la construcción de obras públicas—, una vía indirecta adoptada por el legislador municipal para hacer contribuir hacia fines públicos parte de dicho mayor valor, es la imposición al propietario de la urbanización de dos obligaciones fundamentales; en primer lugar, la de correr con el costo de la urbanización, pues es el propietario urbanizador quien deberá construir, a sus expensas, todos los elementos esenciales de carácter público de la urbanización (por ejemplo, calles, avenidas, plazas, instalaciones para la distribución de aguas blancas y para la recolección de aguas negras y de lluvia; e instalaciones para la prestación del servicio de alumbrado público, para la distribución de energía eléctrica y para el servicio de teléfonos); y en segundo lugar, la de ceder obligatoria y gratuitamente a la Municipalidad, los bienes del dominio público municipal (calles, avenidas, plazas y jardines públicos) o afectados a los servicios públicos (conductores de aguas negras y de lluvia, y de cables para los servicios de teléfonos y electricidad, por ejemplo).

Este principio de la cesión obligatoria de terrenos de propiedad particular al Municipio como mecanismo indirecto de contribución al interés público debido al mayor valor que el proceso de urbanización reporta al particular, sólo previsto parcialmente en el derecho venezolano, ha sido objeto de regulaciones precisas en recientes legislaciones urbanísticas, como la contenida en la Ley de Régimen del Suelo, española. Dicha Ley expresamente señala que "los propietarios de fincas emplazadas en sectores que fueren objeto de urbanización, deberán subvenir a la misma en justa compensación a los beneficios que su ejecución habrá de reportarles, mediante la cesión de terrenos libres de gravámenes y costeamiento de las obras, del modo y en la proporción establecidos al regular cada sistema de ejecución de los planes...[2], aclarando, además, que "el terreno vial que los propietarios habrán de ceder gratuitamente será para cada manzana el correspondiente a la mitad de la anchura de la vía pública en todo el frente de su alineación" y que "el terreno destinado a parques y jardines públicos, de aportación obligatoria para los propietarios, será

2 Artículo 114.

igual al que represente una décima parte de la superficie edificable del sector para cuyo servicio se establezca"[3].

En el sistema italiano también se regula la "cesión gratuita" de los terrenos necesarios para obras de urbanización primaria (vías residenciales, espacios para estacionamiento y aparcamiento, alcantarillado, red de suministro de agua, red de distribución eléctrica y de gas, alumbrado público, zonas verdes), en la Ley Urbanística del 17 de agosto de 1954 modificada por la del 6 de agosto de 1967 en concordancia con la Ley del 29 de septiembre de 1964[4].

A diferencia del sistema de cesiones obligatorias de terrenos en el sistema español e italiano, como mecanismo para hacer que la plusvalía que adquieren los inmuebles con motivo de la urbanización revierta a la comunidad[5], el sistema francés no establecía nada al respecto, rigiendo el mecanismo expropiatorio para los casos en que debieran afectarse determinados inmuebles para vías de comunicación pública o espacios libres o áreas verdes de carácter público, previstos en los planes de urbanismo[6]. Sin embargo, a partir de la Ley de Orientación Inmobiliaria del 30 de diciembre de 1967, las cesiones obligatorias fueron previstas expresamente con motivo del otorgamiento de permisos de construcción[7]. La cesión, sin embargo, no puede exceder de 1/10 de la superficie del terreno objeto del permiso de construcción, y ella no puede estar motivada sino por la creación o ampliación de vías públicas.

Una última consideración respecto de la cesión obligatoria de inmuebles de propiedad particular a la Municipalidad para su destino a bienes del dominio público en el Derecho venezolano, es la de la constitucionalidad de dicha medida. Ciertamente que en virtud de su función social (en este caso, función urbanística), la propiedad está sometida a las restricciones, contribuciones y obligaciones establecidas por la Ley[8]. Sin embargo, prohibida como está la confiscación[9], toda cesión obligatoria del derecho de propiedad a un ente público debe hacerse a través del procedimiento expropiatorio, o de los otros admitidos por la Constitución o la Ley, es decir, mediante sentencia firme y el pago de una justa indemnización[10], salvo en los casos de reversión o de medidas sancionatorias. Por tanto, toda cesión obligatoria y forzosa de pro-

---

3 Artículo 116.

4 Véase dicha legislación en la *Revista de Derecho Urbanístico,* N° 5, octubre-noviembre 1967, p. 153.

5 Cfr. J. González Pérez, *Comentarios a la Ley del Suelo, cit.,* pp. 662 y ss.; Martín Tejerizo: "Las cesiones obligatorias en la Ley del Régimen del Suelo", en *Revista de Estudios de la Vida Local,* Madrid 1956, pp. 558 y ss.

6 *Cfr. R. Allard et G. Kienert, Le Droit Administratif du Domaine Public et de la Voirie, París 1967, p. 329.*

7 Véase el Código del Urbanismo, artículo L-332-6, parágrafo 1.

8 Artículo 99.

9 Artículo 102.

10 Artículo 101.

piedad privada al Estado o a los entes públicos sin que medie indemnización y sin que se siga el procedimiento expro-piatorio, sería inconstitucional. Las cesiones obligatorias, sin indemnización, de propiedad privada a la Municipalidad para la apertura de calles, plazas y avenidas, y para el establecimiento de áreas verdes públicas; en tal sentido, podrían ser consideradas como inconstitucionales y, por tanto, los artículos 101 y 112 de la Ordenanza sobre Arquitectura, Urbanismo y Construcciones en General del Distrito Federal, y los artículos 25 a 27 de la Ordenanza equivalente del Distrito Sucre del Estado Miranda, podrían considerarse como violatorios de los artículos 99 y 101 de la Constitución.

El único argumento que permitiría mantener la constitucionalidad de dichas normas, tendría que basarse en la consideración de la cesión obligatoria de terrenos particulares a los entes municipales, como una forma indirecta de contribución en especie para hacer revertir a la colectividad —uso público— el mayor valor (plusvalía) que adquiere la propiedad del urbanizador, por el hecho de la urbanización autorizada por el ente municipal.

Sin embargo, recientemente la Corte Suprema de Justicia, en sentencia de 10 de agosto de 1977, dictada con motivo de la declaratoria de nulidad parcial de la Ordenanza de Zonificación del sector El Paraíso del Distrito Federal, admitió la constitucionalidad de estas cesiones obligatorias de propiedad privada a los entes municipales, en razón de urbanismo, en base a los siguientes argumentos;

> "Pero hay una gran diferencia entre la situación jurídica de quienes, no obstante esas restricciones, conservan plenamente el derecho de propiedad con las ventajas o inconvenientes que ellas comportan, y aquellos que por una disposición del Municipio son inesperadamente convertidos en meros detentadores de un bien de su propiedad que dejará de serlo en el futuro y sobre el cual sólo a medias signen ejerciendo sus derechos como propietarios, al ser condenados *sine diem* a darles un uso distinto al que ya tenían.
>
> Esta es la situación que dicen confrontar los recurrentes desde que entró en vigor la Ordenanza cuya legalidad cuestionan, porque en el plano que forma parte de ella han sido destinados a zona verde terrenos de su propiedad ya construidos, en conformidad con disposiciones legales vigentes para la fecha en que obtuvieron el permiso de construcción.
>
> Semejante situación no es comparable con la de los promotores de desarrollos urbanísticos en la jurisdicción del Distrito Federal, quienes conocen por anticipado los trámites que tendrán que cumplir y las condiciones a que está sujeto el permiso para urbanizar o parcelar, incluyendo disposiciones como la que ordena 'la entrega inmediata, por documento registrado, de los terrenos destinados a áreas verdes, parques, jardines, escuelas y campos deportivos debidamente deslindados', los cuales deben tener —según la ordenanza respectiva— una superficie equivalente

al quince por ciento del área de terreno utilizado, cualquiera que ésta sea.

La Ordenanza impone tal obligación sin indemnización alguna, pero ello generalmente no implica sacrificio para la empresa urbanizadora, porque su costo quedará incluido en el precio de las parcelas, y se irá recuperando a medida que éstas se vendan a los compradores, quienes, en definitiva, no serán los propietarios pero sí los beneficiarios de las áreas verdes e instalaciones a que se refiere la citada disposición'.

La doctrina y la jurisprudencia están conformes en que obligaciones como las indicadas son verdaderas limitaciones legales al derecho de propiedad, no sujetas a indemnización a pesar de su carácter aparen-te-mente exorbitante, porque derivan de normas generales y abstractas que no afectan en concreto ningún derecho subjetivo, y a ellas se someten voluntariamente e incluso de buen grado los propietarios, al solicitar el permiso para urbanizar y al aceptar las condiciones que para otorgarlo les exijan las autoridades municipales, dados los enormes beneficios que pueden derivar de tal actividad"[11].

Ahora bien, tal como se señaló, en el ordenamiento jurídico venezolano se han establecido dos regulaciones respecto de estas cesiones obligatorias de la propiedad por razón de urbanismo, una municipal y la otra nacional, que se analizarán separadamente.

II. LAS CESIONES OBLIGATORIAS DEL SUELO URBANO DE PROPIEDAD PRIVADA A LOS ENTES MUNICIPALES POR RAZONES DE URBANISMO

1. Las cesiones de bienes afectados al uso público

Dentro de las limitaciones legales a la propiedad privada por razón de urbanismo, indudablemente que se destacan las cesiones obligatorias de parte de su propiedad, que un particular urbanizador debe hacer a los entes públicos municipales, con el objeto de construir las calles y avenidas, y los parques, plazas y jardines públicos. Se trata siempre de cesiones de bienes que han de estar destinados o afectados al uso público, y han tenido consagración, a nivel local, en el Distrito Federal y en el Distrito Sucre del Estado Miranda.

11 Consultada en original.

A. *EL RÉGIMEN EN EL DISTRITO FEDERAL*

En efecto, en las "Disposiciones generales sobre Urbanismo" de la Ordenanza sobre Arquitectura, Urbanismo y Construcciones en General del Distrito Federal, se establece expresamente que:

> "Toda persona natural o jurídica, que se proponga urbanizar o parcelar, debe fijar inicialmente un plazo máximo para la construcción de los servicios públicos y para la entrega a la Municipalidad de las avenidas, calles, plazas, ramales de cloacas, instalaciones de alumbrado público y demás construcciones que por su origen, naturaleza y destino no sean de propiedad particular sino que correspondan al uso público, así como también los acueductos y las fuentes que los alimentan, para que ella los administre como bienes del Municipio, sin que éste tenga que indemnizar nada al respecto".[12]

Estas circunstancias, según la Ordenanza, deben ser consideradas por la Dirección de Obras Municipales y de ser aceptadas por ésta, así se hará constar en el correspondiente permiso para urbanizar o parcelar.

Esta norma ha sido tradicional en la legislación del Distrito Federal y en la Ordenanza de Arquitectura, Urbanismo y Construcciones en General de 1° de abril de 1942, por ejemplo, estaba redactada así:

> "Artículo 126. Concluida la urbanización, las avenidas, calles, plazas, los ramales de cloacas y demás construcciones que por su origen, naturaleza y destino no sean de propiedad particular sino que correspondan al uso público, así como también los acueductos y fuentes que los alimentan, quedarán bajo la inmediata jurisdicción de la Municipalidad del Distrito Federal, para que los administre como bienes del Municipio, sin que tenga que indemnizar nada por este respecto".

Es de destacar que conforme a la norma de la Ordenanza de 1942, el traslado del dominio o la cesión obligatoria, se producía al concluir la urbanización y abarcaba bienes que por su naturaleza, origen y destino pasaban a ser bienes del dominio público de uso público.

Por tanto, no sólo era necesario que se construyera la urbanización, sino que se concluyera su construcción, para que se produjera la afectación de los bienes al uso público y por tanto para que se hiciese efectiva la cesión obligatoria. Desde la Ordenanza de 1958, en cambio, se estableció que la oportunidad para que se produzca la cesión obligatoria debe ser fijada por el urbanizador inicialmente, es decir, al iniciar la construcción de la urbanización conforme al permiso otorgado por la Municipalidad.

Pero la reforma de la Ordenanza en 1958, indudablemente motivada por los abusos cometidos por urbanizadores en la venta y construcción de áreas

---

12 Artículo 112.

previstas como verdes o no edificables en los planos de varias urbanizaciones de Caracas[13], agregó un nuevo elemento a la cesión obligatoria de bienes de propiedad particular a la Municipalidad, que abarca áreas que, aun cuando no se señala expresamente, también son áreas de carácter público, aun cuando no necesariamente son afectadas al uso público; áreas verdes públicas, parques públicos, jardines públicos, escuelas públicas y campos deportivos públicos.

En efecto, el artículo 101 de la Ordenanza, incluido en el mismo Capítulo XI sobre Disposiciones Generales de Urbanismo, establece expresamente que "para ser otorgado el permiso de urbanizar o parcelar, la Dirección de Obras Municipales exigirá la entrega inmediata, por documento registrado, de los terrenos destinados a áreas verdes, parques, jardines, escuelas y campos deportivos debidamente deslindados".

En este caso, la cesión obligatoria —se insiste— no abarca bienes necesariamente de uso público y en todo caso debe efectuarse aun antes de que se otorgue el permiso de urbanizar o parcelar mediante documento registrado.

Debe aclararse, en todo caso, que la cesión obligatoria no abarca todas las áreas verdes, todos los campos deportivos o todas las escuelas de una urbanización o parcelamiento, sino sólo las áreas verdes públicas, los campos deportivos públicos y las escuelas públicas.

Un campo deportivo de un colegio privado, por ejemplo, o un inmueble destinado a una escuela privada, no tienen por qué ser cedidos a la Municipalidad.

De acuerdo a los señalados artículos 101 y 112 de la Ordenanza de 1973, entonces, antes de que se otorgue el permiso respectivo, deben cederse a la Municipalidad "los terrenos destinados a áreas verdes, parques, jardines, escuelas y campos deportivos" mediante documento registrado; y en el permiso de urbanización deben hacerse constar los bienes del dominio público de uso público que deben ser cedidos posteriormente a la Municipalidad, sin que medie indemnización. Indudablemente que esta limitación de la propiedad particular, que afecta su misma titularidad, va más allá de las regulaciones y limitaciones al uso e inclusive de las obligaciones *non aedificandi*. Aquí se trata de una cesión obligatoria de parte de la propiedad privada a un ente público sin que medie el procedimiento expropiatorio —única forma de cesión forzosa de la propiedad privada a los entes públicos de acuerdo a nuestra Constitución— y sin indemnización alguna.

---

13 Véanse, por ejemplo, los documentos de la Sindicatura Municipal del Distrito Federal, en *Compilación Municipal*, Dictámenes de la Sindicatura Municipal, tomo V, Caracas 1967, pp. 98 *y* ss.

B. EL RÉGIMEN EN EL DISTRITO SUCRE DEL ESTADO MIRANDA

Tal como se señaló anteriormente, en el Distrito Sucre del Estado Miranda, la Ordenanza sobre Arquitectura, Urbanismo y Construcciones en General de 1958, no establecía nada en relación a las cesiones obligatorias de parte de los inmuebles de una urbanización con destino a áreas verdes y vías de comunicación. Las cesiones, sin embargo, se efectuaban, en virtud de ser una exigencia impuesta al urbanizador por vía de práctica administrativa, como condición para el otorgamiento del permiso de parcelamiento o urbanización. Hasta 1978, en esta materia sólo regía la Ordenanza sobre Zonificación del Distrito, que establecía que:

> "Las áreas que se reserven en los planos reguladores de las urbanizaciones para parques, jardines, campos de juego y escuelas, serán del dominio público y el Concejo Municipal será el administrador, no pudiendo en ningún caso enajenarlas ni venderlas, salvo lo establecido en materia de escuelas por la Ley de Educación"[14].

En la Ordenanza sobre Urbanismo, Arquitectura y Construcciones en General del Distrito Sucre, de 1978, sin embargo, se han previsto expresamente las normas sobre cesiones obligatorias de parte de la propiedad privada a los entes públicos, con motivo de construcción de urbanizaciones o parcelamiento en la forma siguiente:

En efecto, para la tramitación de los Anteproyectos ante la Dirección General de Desarrollo Urbano, deberá agregarse, conforme a lo establecido en el ordinal 6° del artículo 12, los siguientes recaudos el cual prevé la cesión gratuita de parte de la propiedad privada a los entes públicos:

> "Memoria Descriptiva, Tabla de *Usos de Tierra, Cálculo de las áreas de las diferentes zonas y sus porcentajes con relación al área bruta, áreas de uso público y de uso privado (entre otras; áreas recreacionales, comerciales, sociales, asistenciales, públicas, residenciales, vialidad, área para la ubicación de centrales telefónicas, estaciones de servicios, gasolineras, etc.), densidad de población y población escolar, reglamentación propuesta por la cual regulan las futuras construcciones en la Urbanización. Todos los porcentajes anteriores, deberán estar de acuerdo como mínimo con los índices exigidos por los respectivos organismos Nacionales y Municipales. Las áreas públicas requeridas en este aparte deberán ser desarrolladas y construidas por cuenta del propietario de los Desarrollos Urbanísticos o nuevos Desarrollos Residenciales en el Distrito Sucre, de acuerdo a las respectivas normas de construcción* Nacionales, *Estatales y Municipales, y los proyectos correspondientes* deberán ser aprobados por la Dirección General del Desarrollo Urbano. *Estas construcciones deberán ser transferidas a la Municipalidad como requisito indispensable para el otorgamiento, bien de la Cédula de Habitabilidad, en el caso de desarrollos residen-*

---

[14] Artículo 235.

ciales, o del Permiso General de Construcción, en el caso de Urbanizaciones. Los propietarios de Urbanizaciones podrán presentar fianza a satisfacción de la Cámara Municipal que garantice el desarrollo y construcción de los servicios requeridos. Las áreas para la ubicación de Centrales Telefónicas deberán ser cedidas gratuitamente a la C.A.N.T.V.".

Por otra parte, para la obtención del Permiso General de Construcción en las Parcelas que integran el parcelamiento, deberá cumplirse previamente con la cesión referida, a cuyo efecto, conforme a lo previsto en el artículo 16, ordinal 7° deberá enviarse a la Dirección General de Desarrollo Urbano, el siguiente documento:

"Documento protocolizado por ante la Oficina Subalterna de Registro correspondiente del Distrito Sucre del Estado Miranda, traspasando todos los terrenos de las Áreas Verdes y Servicios Comunales, Educacionales, Públicos, Parques, áreas Recreativas, Áreas Deportivas, Avenidas y Calles, y Zona de Reserva Especial, a la Municipalidad del Distrito Sucre".

Sin embargo, la Ordenanza, siguiendo la orientación del artículo 235 de la Ordenanza de Zonificación, prevé expresamente la afectación de las vías de comunicación y de las áreas verdes públicas al uso público, aun antes del otorgamiento del referido documento, en la siguiente forma:

Artículo 25. Una vez ejecutada, dentro de las obras de urbanismo, la vialidad de una Urbanización, queda establecido el carácter público de las vías y áreas verdes, aun antes de pasar a propiedad de la Municipalidad por el respectivo documento registrado.

En todo caso, el carácter gratuito de la cesión se prevé expresamente en el artículo 26 de la Ordenanza, cuyo parágrafo único señala lo siguiente:

Artículo 26: ...Parágrafo Único: Serán entregadas a la Municipalidad del Distrito Sucre del Estado Miranda, las Avenidas, Calles, Plazas, Parques, Sistemas de Servicios Públicos y demás construcciones que por su origen, naturaleza y destino no sean propiedad particular, sino que correspondan al uso público o privado de la Municipalidad, para ser administrados como bienes de ésta, sin que tenga que indemnizar nada al respecto.

Por último, es de destacar que la Ordenanza recoge la prohibición establecida en la Ley de Venta de Parcelas, de vender las áreas destinadas a áreas verdes y servicios comunales, en la siguiente forma:

Artículo 29. *Conforme a lo establecido en la Ley de Ventas de Parcelas, queda prohibida la venta de parcelas ubicadas en zonas que aparezcan en los planos aprobados y en el Documento de Urbanización o Parcelamiento y sus anexos, destinados a áreas verdes u otros servicios comunales de carácter público. Es nulo, de acuerdo con la Ley, cualquier acto o documentos otorgados en contravención a tal disposición, por cuyo motivo el adquiriente de la parcela así vendida no podrá, en ningún caso, obtener permiso alguno relacionado con dicha parcela, quedando a salvo las acciones que puedan corresponderle contra el vendedor.*

Ahora bien, dentro de las cesiones gratuitas a efectos urbanísticos, interesa insistir en aquellas que afectan inmuebles destinados a áreas verdes y a vías de comunicación, las cuales presentan peculiaridades en su regulación.

2. LAS CESIONES OBLIGATORIAS DE INMUEBLES CON DESTINO A ÁREAS VERDES

A. LA DETERMINACIÓN DE LAS ÁREAS VERDES EN EL ORDENAMIENTO URBANÍSTICO

A pesar de la extensa definición de términos que para su aplicación e interpretación recoge la Ordenanza sobre Arquitectura, Urbanismo y Construcciones en General del Distrito Federal[15], la misma no define la expresión "área verde" a pesar de que la utiliza en diversas ocasiones[16]. Es sólo la Ordenanza sobre Zonificación del Departamento Libertador del Distrito Federal, la que define las "áreas verdes" como las zonas "constituidas por aquellas áreas destinadas a parques, plazas, jardines, campos deportivos o recreacionales", en las cuales "se permitirá la construcción, reconstrucción o modificación de edificaciones, que sean directamente complementarias de esa actividad" [17].

Las áreas verdes, por tanto, son zonas en las cuales existe la obligación *non aedificandi,* salvo por lo que se refiere a determinados tipos de construcciones directamente complementarias de los jardines, parques, plazas y campos deportivos o recreacionales.

No se trata, por tanto, de áreas que necesariamente tienen que ser de propiedad municipal o del dominio público, sino que bien pueden estar constituidas como áreas verdes, inmuebles de propiedad privada. En la determinación de las áreas verdes que realiza la Ordenanza sobre Arquitectura, Urbanismo y Construcciones en General del Distrito Federal, se distinguen, por tanto, las áreas verdes públicas y las áreas verdes privadas.

En efecto, la citada Ordenanza define los términos de "plaza" y "parques", que la Ordenanza de Zonificación incluye dentro de las áreas verdes, en los siguientes términos: "Parque: Todo espacio arbolado de libre acceso a la comunidad y destinado a solaz de una población; y "Plaza: es un espacio libre que sirve de solaz al público o que tiene por objeto descongestionar o regularizar el tránsito". De acuerdo a estos dos términos, es indudable que dentro del concepto de área verde, existen áreas verdes públicas (parques y plazas) afectadas al uso público.

15 Artículo 287.

16 Por ejemplo, artículo 84, letra G, y artículo 101.

17 Artículo 207.

En el mismo sentido, la "Zona P" de acuerdo a la Ordenanza de Zonificación del Distrito Sucre del Estado Miranda, está constituida por aquellas áreas "dedicadas exclusivamente a parques de uso *público,* plazas, áreas libres y campos deportivos *públicos*"[18].

Pero indudablemente que el concepto de área verde no se agota en estas áreas verdes públicas, sino que también pueden haber áreas verdes privadas: no todo campo deportivo o recreacional está abierto y afectado al uso público; sino, al contrario, la norma con los campos deportivos y recreacionales, es que sean de propiedad privada (un colegio, por ejemplo), y de uso particular.

Por otra parte, es indudable que las denominadas por la Ordenanza sobre Arquitectura, Urbanismo y Construcciones en general del Distrito Federal, como "zonas de reforestación y que señalan los planos reguladores[19] se incluyen también dentro de las áreas verdes, puesto que en ellas no se puede construir o abrir calles. Asimismo, las áreas comprendidas entre los bordes superiores del cañón de las quebradas, en las cuales queda terminantemente prohibida la apertura de calles y la construcción de casas o edificios de cualquier clase[20], también pueden considerarse como área verde. Se asimilarían también a las áreas verdes "todos los cerros y demás terrenos que por su condición topográfica así lo ameriten, aun cuando en aquellas partes más próximas a los centros poblados la reforestación se hará en forma de parques públicos"[21]. En general, estas áreas verdes son áreas verdes privadas, porque abarcan propiedades particulares, aun cuando pueden convertirse en públicas cuando se construya un parque público.

Por otra parte, al regularse el ámbito de áreas verdes que toda población o urbanización deba tener, la Ordenanza citada del Distrito Federal es reiterativa: "Las ciudades y poblaciones deberán tener un mínimo de quince por ciento de su superficie dedicada a parques, jardines públicos y campos de juegos"[22], aclarando además en los casos de parcelamiento, que "del área de terreno utilizable, cualquiera que ésta sea, deberá disponer a reservarse a no menos de 15% para parques y jardines, campos de juego y escuelas"[23].

En estos casos, las áreas verdes pueden ser tanto públicas como privadas, particularmente en relación a los campos de juego y los jardines; pero no necesariamente tienen que ser públicas. De allí que tenga sentido el artículo 207 de la Ordenanza de Zonificación del Departamento Libertador del Distrito Fe-

---

18 Artículo 176.

19 Artículo 4°.

20 Artículo 7°. En igual sentido, el artículo 178 de la Ordenanza de Zonificación del Distrito Sucre, y el artículo 43 de la Ordenanza sobre Urbanismo, Arquitectura y Construcciones en General del mismo Distrito.

21 Artículo 14.

22 Artículo 15.

23 Artículo 120.

deral, al establecer una obligación *non aedificandi,* que se destina, básicamente, a las áreas verdes privadas.

Por último, la Ordenanza señalada también emplea el término "área verde" identificado completamente con las áreas privadas (área no edificable en un terreno de propiedad particular, sea debido a la densidad de construcción, sea debido al retiro obligatorio, y que se destina a jardines privados), al prohibir "la instalación de toldos en el área que haya sido definida en el permiso original del edificio como estacionamiento, área de recreo infantil o área verde"[24].

Esto no significa, por supuesto, que el área que haya sido definida en el permiso original de un edificio como área verde, tenga que estar afectada al uso público o sea de propiedad municipal. Al contrario, se trata de un área de propiedad privada con una limitación legal al uso.

B. Las clases de áreas verdes

De la enumeración anterior de las diversas referencias y determinaciones que sobre las áreas verdes hace el ordenamiento municipal del Distrito Federal, se deduce que el área verde, desde el punto de vista urbanístico, es un área arbolada o de reforestación en la cual existe ante todo una obligación *non aedificandi* que le impide al propietario, sea quien sea, efectuar construcciones y abrir calles. La determinación de una zona como área verde, equivale en la práctica, al establecimiento de una limitación legal a la propiedad, similar a la establecida en la Ley Forestal, de Suelos y Aguas, respecto de las Zonas Protectoras y los Parques Nacionales. En estos casos, los inmuebles incluidos en el área verde pueden continuar siendo de propiedad particular, y si se los quiere afectar al uso público (solaz), deben ser adquiridos por la autoridad municipal, sea mediante expropiación, o mediante la cesión obligatoria.

En todo caso, parece conveniente insistir en esta distinción entre áreas verdes privadas y áreas verdes públicas, que surge de la Ordenanza sobre Arquitectura, Urbanismo y Construcciones en General del Distrito Federal.

a. Las áreas verdes privadas

Constituyen áreas verdes privadas o de propiedad particular, según lo dispuesto en la Ordenanza de Zonificación del Departamento Libertador, aquellas no afectadas a un uso público y destinadas más bien a jardines, campos recreacionales o deportivos[25] o zonas de reforestación sobre las cuales no se permitirá construcción, reconstrucción o modificación de edificios, salvo los que sean directamente complementarios de esos jardines y campos deportivos o recreacionales. Se trata, por tanto, de terrenos de propiedad particular y

---

24 Artículo 84, letra g.

25 Artículo 207.

de uso privado, sometidos a una limitación legal a la propiedad que implica una obligación de no edificar.

En una zona urbana, estas áreas privadas son las siguientes:

En primer lugar, todas aquellas áreas comprendidas en una declaratoria de Parque Nacional o Zona Protectora conforme a la Ley Forestal de Suelos y Aguas. Conforme a esta Ley, en efecto, las áreas situadas en Parques Nacionales sólo podrán utilizarse "para solaz y educación del público, para turismo e investigación científica"[26] y "las limitaciones que la creación de un Parque Nacional en terrenos de propiedad privada impongan al ejercicio de los derechos de ésta, no causarán ninguna indemnización[27]. Sólo excepcionalmente, el Ejecutivo Nacional podrá determinar para cada Parque Nacional las zonas de propiedad privada que serán objeto de expropiación"[28]. En cuanto a las Zonas Protectoras, éstas son las que están en contorno a un manantial y de los lagos y lagunas; las zonas a ambos lados y paralelamente las filas de las montañas y a los bordes inclinados de las mesetas; las zonas a ambas márgenes de los ríos y las que determine el Ejecutivo Nacional para la protección de Cuencas Hidrográficas, para la formación de cortinas rompeviento, y para la regulación del clima y del medio ambiente[29]. En las zonas protectoras no se podrá destruir la vegetación en forma alguna[30] y su declaratoria "tiene el carácter de limitación legal a la propiedad predial"[31] y no ocasionará obligación alguna para la Nación de indemnizar a los propietarios de las zonas afectadas[32].

En estos casos de Parques Nacionales o Zonas Protectoras, las áreas de propiedad privada que abarquen, siguen siendo de propiedad privada, y se asimilan a las áreas verdes en cuanto a la obligación *non aedificandi*. En el caso del área urbana de Caracas, el Parque Nacional de El Avila abarca innumerables áreas de propiedad privada, y la Zona Protectora del Área Metropolitana de Caracas (Cinturón Verde) establecida por Decreto N° 1.046 de 19 de julio de 1972, también limita la propiedad privada en grandes extensiones. En todos estos casos, urbanísticamente se está en presencia de casos de áreas verdes privadas.

Dentro de esta misma categoría de áreas verdes privadas están las denominadas en la Ordenanza sobre Arquitectura, Urbanismo y Construcciones en General del Distrito Federal, como "zonas de reforesta-ción"[33] y las áreas

---

[26] Artículo 12.

[27] Artículo 15.

[28] Artículo 15.

[29] Artículos 17 y 18.

[30] Artículo 19.

[31] Artículo 19.

[32] Artículo 20.

[33] Artículo 4°.

comprendidas entre los bordes superiores del cañón de las quebradas[34], en las cuales queda prohibida toda construcción.

En segundo lugar, también se podrían considerar como áreas verdes privadas, todas aquellas así determinadas en un permiso de construcción dado a un inmueble y que se deben destinar a jardines, aun cuando de carácter privado.

En este sentido es que el artículo 84, literal "g" de la Ordenanza utiliza la expresión "área verde", y el artículo 122 utilizaba el término "jardines".

En tercer lugar, se consideran como áreas verdes privadas todas aquellas zonas comprendidas dentro del 15% de superficie de una población o de una urbanización[35] que deben destinarse a campos de juego privados (de un colegio privado, por ejemplo) o a jardines privados, y que por tanto no tienen que ser cedidos, en forma alguna a la Municipalidad.

En cuarto lugar, se consideran como áreas verdes privadas los terrenos de las urbanizaciones "que por su condición topográfica así lo ameriten[36] *y* todas aquellas zonas de áreas verdes que no están destinadas al uso público y sobre las cuales, por tanto, la Municipalidad puede otorgar un permiso de uso, extensivo para reforestar, a los propietarios colindantes, siempre que no hayan sido cedidos a la Municipalidad conforme a lo previsto en el artículo 101 de la misma Ordenanza sobre Arquitectura, Urbanismo y Construcciones en General del Distrito Federal. Estas áreas verdes, a partir de la reforma de la Ordenanza de 1958, deben ser cedidas gratuitas y obligatoriamente a la Municipalidad por documento registrado.

En todo caso en que ello no se haga así, es decir, cuando no se opere el traslado del dominio a la Municipalidad mediante documento registrado, las áreas verdes referidas continúan siendo áreas privadas, propiedad del urbanizador, por supuesto, sometidas a una limitación *non aedificandi.*

En relación a esto, el Síndico Procurador Municipal en su exposición ante el Concejo Municipal del Distrito Federal del 24 de marzo de 1959 sobre la "Situación Jurídica de las Urbanizaciones del Distrito Federal", al referirse a la situación anterior a la Ordenanza de 1958, señalaba lo siguiente:

> "Las áreas verdes se acostumbraba a recibirlas mediante documento autenticado que luego se lleva como escritura pública al registro, allí es donde está el registro de inmuebles. Para que una persona frente a un tercero sea propietaria de un bien inmueble, es necesario que aparezca como tal en el Registro Público, pero las zonas verdes recibidas por los Gobernadores de turno de la época de la dictadura, mediante documento autenticado que generalmente no eran registrados. Quién sabe

34 En igual sentido, véanse los artículos 177 y 178 de la Ordenanza de Zonificación del Distrito Sucre.

35 Artículos 15 y 120.

36 Artículo 14.

cuántos terrenos pertenecientes a zonas verdes fueron vendidos por los mismos urbanizadores, porque hasta tanto el Registrador no tenga pruebas de que un terreno pertenece a un ente público o privado, no tiene bases para impedir que los antiguos dueños sigan vendiéndolo. Recomendamos que las áreas verdes fuesen recibidas por el correspondiente documento público y así lo oficiamos al Gobernador"[37].

De allí que la Ordenanza, desde la reforma de 1958, contiene una norma[38] que exige que las áreas verdes sean entregadas por documento registrado a la Municipalidad, antes de que sea otorgado el permiso de urbanizar o parcelar. Por supuesto, antes de la entrada en vigencia de la reforma de la Ordenanza de 1958, toda área verde no afectada al uso público que no fue cedida por documento registrado a la Municipalidad, y por tanto que no pasó a ser de propiedad municipal, era un área verde privada, sometida solamente a una limitación *non aedificandi,* pero en ningún momento podría ser considerada como un bien de la Municipalidad.

B. LAS ÁREAS VERDES PÚBLICAS

Por otra parte, constituyen áreas verdes públicas aquellas zonas de propiedad de un ente público, destinadas generalmente al uso público o a solaz del público.

En una zona urbana, estas áreas verdes públicas son las siguientes:

En primer lugar, las constituidas por los Parques Nacionales que abarcan inmuebles de propiedad pública, como por ejemplo el Parque del Este. Para la construcción de este Parque, el Ejecutivo Nacional expropió las áreas de propiedad privada que lo componen y creó, para administrarlo, el Instituto Autónomo Administración del Parque del Este, transformado recientemente en Instituto Nacional de Parques[39].

También se incluyen en esta categoría de áreas verdes públicas, aquellas áreas de otros Parques Nacionales, como el Parque Nacional de El Avila, que fueron adquiridas por el Estado. Es el caso, por ejemplo, de los terrenos del Teleférico de El Avila en la parte alta de la montaña. Por último, también se incluirían en esta categoría los parques públicos que se formen de acuerdo a lo previsto en el artículo 14 de la Ordenanza sobre Arquitectura, Urbanismo y Construcciones en General del Dis-

---

37 Véase Compilación Municipal, *Dictámenes de la Sindicatura Municipal,* tomo V, Caracas 1967, p. 107.

38 Artículo 101.

39 Véase en *G. O.* N° 30.223 del 5-10-73.

trito Federal, siempre que la Municipalidad, por ejemplo, adquiera los terrenos que sean necesarios a ese fin[40].

En segundo lugar, todas aquellas áreas verdes que sin estar destinadas al uso público, por ejemplo las situadas en terrenos de las urbanizaciones que por su condición topográfica así lo ameriten, hayan sido identificadas como tales en las Ordenanzas de zonificación o en los permisos de urbanización, siempre que hayan sido cedidas a la Municipalidad por documento registrado conforme a lo previsto en el artículo 101 de la Ordenanza sobre Arquitectura, Urbanismo y Construcciones en General del Distrito Federal.

En tercer lugar, las áreas verdes destinadas al uso público, es decir, los parques, plazas y jardines públicos que conforme al respectivo permiso de construcción de la urbanización, por estar afectadas al uso público, deben caer bajo la jurisdicción de la Municipalidad para que los administre como bienes municipales, y no pueden ser de propiedad privada, conforme a lo previsto en el artículo 112 de la citada Ordenanza.

En estos casos, a pesar de la afectación, debe producirse la cesión formal por documento público. En este caso, la afectación al uso público, conforme a lo previsto en el permiso de urbanización, produce la obligación de la cesión, y para que surja el dominio municipal, resulta indispensable el que se produzca cesión por documento registrado. Por supuesto, esto está limitado a las áreas verdes de uso público, previstas y aprobadas en el permiso de urbanización, tal como las define la propia Ordenanza: "Parque: todo espacio arbolado de libre acceso a la comunidad y destinado a solaz de una población. "Plaza: es el espacio libre que sirve de solaz público o que tiene por objeto descongestionar o regularizar el tránsito"[41].

En este sentido, la nueva Ordenanza de Urbanismo, Arquitectura y Construcciones en General del Distrito Sucre del Estado Miranda, señala expresamente que "queda establecido el carácter público de las vías y áreas verdes, aun antes de pasar a propiedad de la Municipalidad por el respectivo documento registrado"[42], con lo cual se está señalando sólo la afectación al uso público de las áreas verdes: el surgimiento del dominio municipal sobre dichas áreas, se producirá al "pasar a propiedad" de la Municipalidad por documento registrado.

En cuarto lugar, los terrenos destinados, en una urbanización, a escuelas públicas y campos deportivos públicos, siempre que hayan sido ce-

---

40 Véase también el artículo 26, parágrafo único, de la Ordenanza sobre Urbanismo, Arquitectura y Construcciones en General del Distrito Sucre del Estado Miranda.

41 Artículo 287.

42 Artículo 25.

didos, tal como lo exige el artículo 101 de la Ordenanza del Distrito Federal, mediante documento registrado a la Municipalidad.

De acuerdo con esta enumeración, por tanto, sólo pueden ser consideradas como áreas verdes de propiedad pública (áreas verdes públicas) las que hayan sido cedidas formalmente al Municipio, conforme a las previsiones del respectivo permiso de urbanización, de acuerdo a lo previsto en los artículos 116, letra "g", y 118, letra "a" de la Ordenanza sobre Arquitectura, Urbanismo y Construcciones en General del Distrito Federal[43]; y en el mismo artículo 16, ordinal 7°, de la Ordenanza respectiva del Distrito Sucre, las que hayan sido adquiridas mediante expropiación, o las que estén destinadas o afectadas al uso público, como las plazas o parques, de acuerdo a los planos de la urbanización respectiva[44] que se trasladan a la Municipalidad en la oportunidad que se determine de acuerdo a lo previsto en el artículo 112 de la Ordenanza del Distrito Federal, mediante formal cesión[45].

No basta, pues, para que exista una zona verde pública, el que una Ordenanza de zonificación prevea el uso de una zona como verde: será indispensable para que esa zona sea área verde pública, el que sea cedida forzosamente o sea expropiada por la Municipalidad. Este es el caso, por ejemplo, de las áreas verdes declaradas en la Urbanización El Pinar, Sector El Paraíso, Parroquia San Juan de Caracas, mediante acuerdo del Concejo Municipal del Distrito Federal[46]. En este caso debía aplicarse el artículo 15 de la Ordenanza que exige que la Municipalidad dicte las medidas conducentes a la construcción de los parques o jardines públicos, lo más pronto posible, por supuesto previa expropiación.

Como se vio, sin embargo, estas zonificaciones fueron declaradas inconstitucionales por la Corte Suprema de Justicia en su citada sentencia del 10 de agosto de 1977. Mientras ello sucedió, dichas propiedades a lo sumo, podían considerarse como áreas verdes privadas, es decir, limitaciones a la propiedad privada que impedían modificar las construcciones existentes.

C. *La adquisición de las áreas verdes por la Autoridad Municipal*

En todo caso, para que una zona de terreno que pueda considerarse como área verde, sea de propiedad Municipal, el ente público debe haberlo adquirido por alguna de las maneras de adquirir la propiedad que establece la Ley[47].

---

43 Mediante cesión obligatoria por documento público, conforme al artículo 101 de la misma Ordenanza.

44 Artículos 116, letra g), y 118, letra a).

45 En el Distrito Sucre, la cesión se debe producir antes de la obtención del Permiso General de Construcción en las Parcelas.

46 *Gaceta Municipal Extraordinaria, N° 310 del 11-4-73.*

47 *Cfr. Yves Lenoir, Les Domaines de l'Etat et des autres Collectivités publiques, París 1966, pp. 111 y ss.*

Estas son, ante todo, las previstas en el Código Civil, y en particular, por sucesión, por efecto de los contratos y por medio de la prescripción. Además, de acuerdo a lo previsto en el mismo artículo 796 del Código Civil, la propiedad puede ser adquirida "por la Ley", cuando, por ejemplo, es la propia Ley la que declara unos bienes como del dominio público[48]; y, por otra parte, conforme a la Ley, en virtud de procedimiento expropiatorio conforme a lo previsto en el artículo 547 del Código Civil, en el artículo 101 de la Constitución y en la Ley de Expropiación por Causa de Utilidad Pública o Social, y en virtud de las cesiones obligatorias que prevén las Ordenanzas sobre Arquitectura, Urbanismo y Construcciones en General, del Área Metropolitana de Caracas. La confiscación, permitida excepcionalmente en materia de enriquecimiento ilícito[49], en ningún caso sería una manera de adquisición de la propiedad por entes municipales, sino que estaría reservada a la República.

De lo anterior resulta que para que la Municipalidad del Distrito Federal, por ejemplo, adquiera la propiedad de un inmueble y pueda afectarlo al uso público, tiene que haber adquirido la propiedad necesariamente mediante alguna de las maneras de adquirir la propiedad; de lo contrario, no se originaría la propiedad municipal.

En el caso de las áreas verdes, por ejemplo, si la Municipalidad no ha adquirido su propiedad mediante las formas previstas en el Código Civil, sólo tiene dos maneras de adquirirlas de acuerdo al Derecho Público que la rige: la expropiación y la cesión obligatoria. Precisemos en particular estas dos maneras de adquirir la propiedad municipal.

A. *LAS CESIONES URBANÍSTICAS*

Hemos señalado que de acuerdo a la Ordenanza del Distrito Federal de 1942, por ejemplo, las cesiones urbanísticas obligatorias de propiedad privada a la Municipalidad, estaban reguladas en la forma siguiente;

> *Artículo 126.* Concluida la urbanización, las avenidas, calles, plazas, los ramales de cloacas y demás construcciones que por su origen, naturaleza y destino no sean de propiedad particular sino que correspondan al uso público, así como también los acueductos y las fuentes que los alimentan, quedarán bajo la inmediata jurisdicción de la Municipalidad del Distrito Federal, para que los administre como bienes del Municipio, sin que tenga que indemnizar nada por este respecto.

De acuerdo a esta norma, y dejando aparte las consideraciones sobre su posible inconstitucionalidad ya señaladas, para que se operara la cesión obli-

---

48 Es el caso, por ejemplo, de la declaratoria general de las aguas como del dominio público. Véase Allan R. Brewer-Carías, *Derecho y Administración de las aguas y otros recursos naturales renovables.* Caracas 1976, pp. 99 y ss.

49 Artículos 102 y 250 de la Constitución.

gatoria debían reunirse las siguientes: en primer lugar, que se tratase de la construcción de una urbanización, naturalmente permisada, y construida de acuerdo al permiso municipal respectivo; en segundo lugar, que se hubiese concluido la construcción de la urbanización; en tercer lugar, que se tratase necesariamente e indispensablemente de bienes destinados al uso público, como los señalados en dicho artículo, así como de "los acueductos y las fuentes que los alimentan"; en cuarto lugar, presumiblemente de acuerdo a lógica urbanística, que dichos bienes afectados al uso público estén determinados en el respectivo permiso de urbanización y existan efectivamente para el momento de la cesión obligatoria, es decir, después de concluida la urbanización, y en quinto lugar, que se produzca el traslado del dominio mediante un título registrado. Tal como lo señala Marienhoff: "Para que la Administración Pública pueda afectar válidamente una cosa al uso público, es indispensable que dicha cosa se halle en poder del Estado en virtud de un título jurídico que le haya permitido adquirir el dominio de esa cosa. La doctrina está conteste en ello"[50]. Las Ordenanzas lo que establecen es una obligación al propietario de ceder su propiedad a la Municipalidad, por lo que "la cesión debe producirse mediante documento auténtico. Esto se deduce, también del criterio de la Sindicatura Municipal del Distrito Federal, en donde se expresa que la "cesión se efectúa en el momento de la "entrega" por documento autenticado, de la Urbanización a la Municipalidad[51].

Hasta 1958, esta era la única norma de la Ordenanza del Distrito Federal que regulaba la cesión obligatoria de bienes destinados al uso público de parte de los urbanizadores a la Municipalidad. En esos bienes destinados al uso público, por supuesto, estaban comprendidas las áreas verdes públicas (destinadas al uso público); plazas, parques y jardines públicos, previstas en el permiso de construcción de la urbanización y efectivamente construidas. Por tanto, si en una determinada urbanización, a pesar de lo previsto en el permiso de construcción, no se construyeron los parques, plazas y jardines públicos, las áreas de terreno donde originariamente éstos estaban previstos, no pasarían a la propiedad de la Municipalidad, por estar ausente el elemento esencial que motiva la cesión obligatoria: la afectación al uso público. Asimismo, si a pesar del permiso de urbanización, la urbanización no se constituyó, indudablemente que tampoco se produciría la cesión obligatoria por haber faltado todos los elementos previstos en la norma citada, para que se produzca la cesión obligatoria.

Al contrario, si en el permiso de la urbanización respectiva se habían demarcado áreas verdes privadas (no destinadas al uso público como parques, plazas o jardines), la cesión obligatoria no se producía, y si la Municipalidad no las adquiría por las maneras normales de adquisición del derecho de pro-

---

50 Véase Miguel S. Marienhoff, *Tratado del Dominio Público,* Buenos Aires 1960, p. 167.

51 Véase *Compilación Municipal.* Dictámenes de la Sindicatura Municipal, Caracas 1967, pp. 85, 87, 106 y 107.

piedad previstas en el Código Civil o por expropiación, esas áreas permanecen en poder de los urbanizadores, como pro- piedad privada de ellos (áreas verdes privadas). Por supuesto, si la urbanización, a pesar del permiso de urbanización, nunca llegaba a ejecutarse y construirse, con mayor razón los terrenos de propiedad particular, en los cuales las áreas verdes privadas estaban previstas (dibujadas y demarcadas en el plano no ejecutado) seguirían siendo de propiedad particular exclusivamente.

A partir de la reforma de la Ordenanza del Distrito Federal de 1958, se introdujeron dos modificaciones a la regulación de las cesiones obligatorias: en primer lugar, se modificó el señalado artículo 127, el cual apareció redactado en los siguientes términos:

> *Artículo 112.* Toda persona natural o jurídica, que se proponga urbanizar o parcelar, debe fijar inicialmente un plazo máximo para la construcción de los servicios públicos y para la entrega a la Municipalidad de las avenidas, calles, plazas, ramales de cloacas, instalaciones de alumbrado público y demás construcciones que por su origen, naturaleza y destino no sean de propiedad particular sino que correspondan al uso público, así como también los acueductos y las fuentes que los alimentan, para que ella los administre como bienes del Municipio, sin que ésta tenga que indemnizar nada al respecto.

Tales circunstancias serán consideradas por la Dirección de Obras Municipales y de ser aceptadas por ésta, así se harán constar en el correspondiente permiso para urbanizar o parcelar".

Este artículo, en realidad, no cambió sustancialmente ninguna de las condiciones señaladas anteriormente para que se produjera la cesión obligatoria de acuerdo con lo señalado y lo previsto en la Ordenanza, sino que más bien los precisó y perfeccionó.

Estableció, en efecto, una obligación adicional al propietario de indicar la oportunidad de la entrega de los bienes a la Municipalidad, es decir, de la cesión; y precisó que la indicación de los bienes a cederse y la oportunidad de la cesión debían ser aceptadas por la Municipalidad, lo cual debía constar en el permiso de urbanizar o parcelar.

Por supuesto, la cesión de acuerdo a este artículo, debía realizarse después de concluida la urbanización, salvo que por lo que respecta a determinados bienes a los que se refiere el artículo 101 de la Ordenanza, introducido como nuevo artículo, en la reforma de 1958.

En efecto, este artículo 101 al cual ya nos hemos referido, establece lo siguiente:

> "*Artículo 101.* Para ser otorgado el permiso de urbanizar o parcelar, la Dirección de Obras Municipales exigirá la entrega inmediata, por documento registrado, de los terrenos destinados a áreas verdes, parques, jardines, escuelas y campos deportivos debidamente deslindados".

De acuerdo a dicho artículo, que necesariamente se refiere a áreas verdes públicas, parques (públicos), jardines públicos, escuelas públicas y campos deportivos, tal como antes se señaló, la cesión obligatoria debe realizarse antes de que se otorgue el permiso de urbanizar o parcelar respecto de bienes que no necesariamente estarán destinados al uso público, como por ejemplo ciertas áreas verdes públicas, y las escuelas públicas (que una vez construidas son bienes del dominio público de uso privado de la Municipalidad)[52]. En cuanto a las áreas verdes, además de los parques y plazas que sí estarían destinados al uso público, parece que la intención de este artículo es que se cedan a la Municipalidad, todas las áreas verdes de una urbanización, por ejemplo las que se forman por una configuración topográfica que las hace inedificables; con excepción, por supuesto, de aquellas áreas verdes estrictamente privadas con las que se configuran jardines privados en parcelas determinadas. Por supuesto, si por cualquier razón no se produce la cesión mediante documento registrado a la Municipalidad de dichos terrenos, con excepción de los que se destinen posteriormente al uso público (parques, plazas y jardines públicos) que deberían cederse necesariamente de acuerdo a lo previsto en el artículo 112 de la Ordenanza, todos los demás terrenos destinados a áreas verdes, escuelas o campos deportivos, seguirán en propiedad del urbanizador mientras no se cedan por documento registrado a la Municipalidad, aun cuando aquél no puede enajenarlas conforme lo dispone la Ley de Venta de Parcelas.

Por supuesto, en estos casos la Municipalidad podría exigir judicialmente la entrega obligada. En todo caso, en el supuesto del artículo 101, ni siquiera se produce la afectación al uso público de los terrenos (con excepción a los destinados a plazas y jardines públicos), pues aquí la cesión obligatoria se establece no para asegurar el uso público, sino para asegurar que en el futuro, los inmuebles destinados a áreas verdes, escuelas y campos deportivos continúen con ese destino. Tal como lo señala Jesús González Pérez, "dada la función que en la urbanización cumplen las zonas verdes, parece ser que ésta se cumple en tanto constituyan dependencias del dominio público como si continúan siendo de propiedad privada (copropiedad) de los propietarios, de las distintas parcelas, siempre que conserven su destino"[53].

Lamentablemente, sin embargo, en más de una oportunidad fue la misma autoridad municipal, particularmente en el Distrito Sucre del Estado Miranda, quien después de recibir terrenos destinados a áreas verdes, campos deportivos, escuelas c inclusive a parques públicos, les cambió el uso (la zonificación) y las enajenó a particulares.

En todo caso, en el supuesto del artículo 101, la cesión obligatoria aunque previa, debe referirse a terrenos de una urbanización, destinados a áreas verdes, parques, jardines públicos, escuelas públicas y campos deportivos pú-

---

52 Véase también el artículo 16, ordinal 7°, de la Ordenanza sobre Urbanismo, Arquitectura y Construcciones en General del Distrito Sucre del Estado Miranda.

53 Véase Jesús González Pérez, *Comentarios a la Ley del Suelo,* Madrid 1968, p. 670.

blicos, "debidamente deslindados" como tales en un permiso de urbanizar o parcelar concreto.

Si por cualquier causa la urbanización o parcelamiento permisado no se construye, la cesión efectuada por documente público dejarla de tener efecto, pues siempre se trataría de una cesión obligatoria condicionada a que se construya la urbanización o parcelamiento.

B. LA EXPROPIACIÓN

Si no se ha producido la adquisición de áreas verdes por vía de la cesión obligatoria, y por tanto a título gratuito, la Municipalidad sólo tiene la vía de la expropiación, mediante el pago de la correspondiente indemnización, para adquirir la propiedad de áreas verdes de cualquier naturaleza.

Esto se produciría necesariamente en diversos casos. En primer lugar, cuando después de constituida y terminada una Urbanización, la Municipalidad decide cambiar el uso de una zona de terreno y destinarla a un parque o una plaza.

En estos casos, la Municipalidad deberá expropiar a los propietarios para poder afectar el bien al uso público.

En segundo lugar, cuando por efecto de un cambio de zonificación, a una zona urbana se le asignan los usos: AV (Áreas Verdes); AVRE (Áreas Verdes con Reglamentación Especial); ARAV (Áreas Recreacionales con Areas Verdes), de acuerdo con los Capítulos XXII, siguientes de la Ordenanza de Zonificación del Distrito Federal. Para hacer efectivo el cambio de uso, si el uso anterior era de otra naturaleza (vivienda, por ejemplo), la Municipalidad tendrá que expropiar a los propietarios y destinar el bien al nuevo uso[54]. En estos casos, el fundamento de que se requiere expropiación está en que se trata de una limitación singular, excepcional, anormal a la propiedad, que afecta a un propietario o grupo de ellos, pero que no afecta igual a todos[55].

Mientras no se verifique la expropiación quedan limitados en su derecho a construir o desarrollar sus propiedades más allá de como estaban construidas o desarrolladas para el momento del cambio de uso, lo cual, como se vio, origina una situación anómala e inconstitucional.

Tal como el Síndico Procurador Municipal del Distrito Federal lo ha señalado en 1961: "En el mismo año de 1958 se dicta una resolución sobre Zonificación, en la que se declaran zonas verdes que deben existir en el área del Distrito Federal, concretamente en el Departamento Libertador. Dentro de esa zonificación se incluyeron como zonas verdes numerosas áreas de terreno de

---

54 Cfr. R. Allard et G. Kienert, *Le Droit Administratif du Domaine Public et de la Voirie,* París 1967, p. 329. Esta es la doctrina, ya comentada, sentada por la Corte Suprema de Justicia en sus citadas sentencias del 10-8-77 y de 16-6-80.

55 Cfr. Jesús González Pérez, *Comentarios a la Ley del Suelo,* Madrid 1968, p. 424.

propiedad particular, muchas de las cuales ya estaban construidas. Dichas áreas para ser consideradas definitivamente como del dominio público municipal, forzosamente deberán ser adquiridas, bien por vía extrajudicial o bien por la expropiación por causa de utilidad pública o social"[56].

En tercer lugar, cuando el Estado decide establecer un Parque Nacional y destinarlo al uso público, en cuyo caso también tendrá que expropiar a los propietarios del inmueble (por ejemplo, el Parque del Este).

3. Las cesiones obligatorias de inmuebles con destino a calles

A. *La cesión de inmuebles para calles a efectos urbanísticos*

El proceso de determinación de las calles y avenidas de una urbanización, no sólo es previo al otorgamiento del permiso correspondiente para urbanizar o parcelar, sino que debe además formar parte del respectivo Plano de Urbanización.

En efecto, en el "procedimiento previo para parcelar terrenos" previsto en el Capítulo XII de la Ordenanza sobre Arquitectura, Urbanismo y Construcciones en General del Distrito Federal, se exige que el anteproyecto respectivo debe "mostrar las calles y avenidas proyectadas" y dar los datos sobre el área de terrenos disponibles, "para vías de circulación"[57]; y otro tanto debe hacerse en el proyecto respectivo[58].

En todo caso, se especifica que "del área de terreno utilizable, cualquiera que ésta sea, deberá disponerse a reservarse no menos de: 53% para calles y avenidas, y 10% para parques, jardines, campos de juegos y escuelas"[59].

En esta forma, y determinado en el proyecto de urbanización y parcelamiento las áreas destinadas a calles y avenidas, una vez aprobado este proyecto y ejecutadas las obras de urbanización, es indudable que dichas calles y avenidas han quedado afectadas al uso público vial y la propiedad de las partes de los inmuebles afectados ha debido ser cedida a la Municipalidad en forma gratuita[60].

Sin embargo, debe quedar claro que la obligación de ceder gratuitamente determinados inmuebles a la Municipalidad para calles y avenidas, o para otros fines públicos, es una obligación que se establece para el propietario urbanizador, como consecuencia de la urbanización permisada, y no abarca sino los inmuebles afectados a calles y avenidas en el proyecto aprobado y

---

56 *Compilación Municipal. Dictámenes de la Sindicatura Municipal, Tomo V, Caracas* 1967, p. 90.

57 Artículo 116, letras b) y g).

58 Artículo 118, letra a).

59 Artículo 120.

60 Esto se evidencia, además, del artículo 16, ordinales 7°, 25 y 26, de la Ordenanza sobre Urbanismo, Arquitectura y Construcciones en General del Distrito Sucre del Estado Miranda.

permisado por la autoridad municipal. La obligación de ceder la propiedad del Estado tiene, por tanto, un límite y abarca unos inmuebles previamente determinados, y todo traspaso de dicho límites así como toda afectación a vías públicas de otros inmuebles distintos, debe ser indemnizada por el Estado mediante el procedimiento expropiatorio. Tal como lo señala J. González respecto a las cesiones obligatorias por razones urbanísticas en el derecho español: "La gratuidad de la cesión rige dentro de los límites normales. Cuando se traspasan éstos, cuando el terreno destinado a viales y zonas verdes excede de lo que ha de considerarse una razonable proporción respecto de la zona edificable, el propietario vendrá obligado a la cesión, pero tendrá derecho a indemnización"[61]

Por tanto, si posteriormente al otorgamiento del permiso respectivo, y a la realización de las obras de urbanización, la Municipalidad construye, de hecho, una vía pública en lugar distinto a las originalmente previstas, o si dicha vía pública se construye en lugar distinto al originalmente permisado, no habiéndose realizado las obras de urbanización permisadas, la Municipalidad deberá adquirir, mediante expropiación, indemnizando al propietario, el área de terreno necesaria para la construcción de la vía, y éste tendrá derecho a exigir y reclamar dicha indemnización.

Por otra parte, la obligación de cesión está condicionada por el acto administrativo de permiso de la urbanización. Sólo se concretarizará dicha obligación, si la urbanización permisada se ejecuta. En cambio, si el acto administrativo que autoriza la cesión caduca y la urbanización permisada no se construye ni se realizan las obras de urbanismo autorizadas, es indudable que la obligación de cesión desaparece totalmente, pues es una obligación condicionada a que el permiso no caduque y a que la urbanización permisada se construya.

Por tanto, puede decirse que, inclusive en los casos de calles y avenidas, a pesar de la afectación al uso público, la titularidad dominical de la Municipalidad sobre las mismas sólo surgirá cuando se efectúe la cesión conforme a las exigencias de la Ordenanza: permiso de urbanización aprobado y ejecución de dicho permiso por el urbanizador. Si no se construyó la urbanización permisada, y de hecho la autoridad municipal construyó una calle con otro trazado, los terrenos sobre la cual se construyó seguirán siendo de propiedad privada, aun cuando sin protección posesoria (interdictos) debido a la afectación al uso público.

B. La existencia de calles de propiedad privada

Conforme al Código Civil, en efecto, las calles, indudablemente que en principio son bienes del dominio público[62]. Sin embargo, para que las calles

61 *Op. cit., p. 669.*

62 Artículo 539.

sean realmente bienes del dominio público municipal, y por tanto, formen parte del patrimonio municipal, no sólo es necesario que las mismas estén afectadas (afectación actual) al uso público, sino que la propiedad de la superficie del terreno que ocupan haya sido transferida por algún título al ente público municipal. Si no hay tal transferencia o cesión, a título oneroso o gratuito o por expropiación, no hay dominio público y lo que habrá es una propiedad privada afectada al uso público.

Esto, en materia de calles, está regulado en el Código Civil al aceptar la figura de calles de propiedad privada pero afectadas al uso público.

En efecto, y para citar en primer lugar una figura regulada en el Código Civil, debe destacarse el derecho que éste consagra[63] a favor del propietario de un predio enclavado entre otros ajenos, y que no tenga salida a la vía pública, "a exigir paso por los predios vecinos". Si para ejercer este derecho de paso se ha construido un camino en propiedad privada, ese camino aun cuando esté afectado al tránsito y uso públicos, es un bien de propiedad privada y nunca es del dominio público. Tan es así que conforme al propio Código Civil, "si el paso concedido a un predio enclavado deja de ser necesario por su reunión a otro predio, puede quitársele en cualquier tiempo, a instancia del propietario que lo sufra"[64], en cuyo caso, el propietario de éste puede ejercer libremente sus derechos de propiedad sobre lo que antes era un camino.

En el mismo sentido, el Código Civil regula como servidumbre discontinua, la de paso[65], y por tanto, el camino que se construya por un fundo para ejercer la misma, es de propiedad privada, aun cuando eventualmente pueda estar afectado el tránsito público. Extinguida la servidumbre, el propietario reasume el pleno dominio sobre su propiedad.

En tercer lugar es de destacar la posibilidad que tiene todo propietario de construir un camino en su propio fundo, conforme a lo previsto en el artículo 554 del mismo Código Civil. Este camino construido en su propio fundo, no sólo se presume hecho por el propietario, sino que le pertenece. Si el mismo, por decisión propia, queda abierto al uso y tránsito público, dada la afectación al uso público no podrá ser cercado ni eliminado; pero cesada la afectación al uso público, el propietario puede realizar en el mismo todas las modificaciones que juzgue convenientes.

Que es posible la propiedad privada de calles que estén afectadas al uso público, no existe la menor duda. Basta recordar lo establecido en el artículo 46, de la Ley Orgánica de la Procuraduría General de la República:

> "Los bienes, rentas, derechos o acciones pertinentes a la República, no están sujetos a embargos, secuestros, hipotecas, ejecuciones interdictales, ni en general a ninguna medida de ejecución preventiva o definiti-

63 Artículos 659 y ss.

64 Artículo 664.

65 Artículo 710.

va. Los jueces que conozcan de ejecuciones de sentencias contra la República, suspenderán en tal estado los juicios y notificarán al Ejecutivo Nacional, por órgano del Procurador General de la República, para que fije, por quien corresponda, los términos en que haya de cumplirse lo sentenciado".

"Cuando se decrete alguno de los actos arriba indicados sobre bienes de otras entidades públicas o de particulares, que estén afectados al uso público, a un servicio público o a una actividad de utilidad pública nacional, antes de su ejecución el juez notificará al Ejecutivo Nacional, por órgano del Procurador General de la República, a fin de que se tomen las medidas necesarias para que no se interrumpa la actividad a que esté afectado el bien. Vencidos sesenta (60) días a contar de la fecha de la notificación sin que el Ejecutivo Nacional se haya pronunciado sobre el acto, el Juez podrá proceder a su ejecución".

Pero además debe señalarse que conforme a la Ordenanza sobre Arquitectura, Urbanismo y Construcciones en General del Distrito Federal de 1942, los propietarios que construyeran urbanizaciones debían ceder gratuitamente a la Municipalidad los terrenos ocupados por las calles que se fueran a construir. Una vez efectuada la cesión, esas calles pasaban a ser del dominio público municipal; pero mientras la cesión no se produjese, las calles permanecían como bienes de propiedad privada afectadas al uso y tránsito públicos.

El artículo 126 de la Ordenanza de 1942, en este sentido, establecía lo siguiente: "Concluida la urbanización, las avenidas, calles, plazas, los ramales de cloacas y demás construcciones que por su origen, naturaleza y destino no sean de propiedad particular sino que correspondan al uso público, así como también los acueductos y fuentes que los alimentan, quedarán bajo la inmediata jurisdicción de la Municipalidad del Distrito Federal, para que los administre como bienes del Municipio, sin que tenga que indemnizar nada por este respecto".

La Ordenanza vigente establece una mayor precisión para que se opere esta cesión obligatoria y gratuita, y en sus "Disposiciones generales sobre urbanismo" artículo 112, prevé expresamente lo siguiente: "Toda persona natural o jurídica, que se proponga urbanizar o parcelar, debe fijar inicialmente un plazo máximo para la construcción de los servicios públicos y para la entrega a la Municipalidad de avenidas, calles, plazas, ramales de cloacas, instalaciones de alumbrado público y demás construcciones que por su origen, naturaleza y destino no sean de propiedad particular sino que correspondan al uso público, así como también los acueductos y las fuentes que los alimentan, para que ella los administre como bienes del Municipio, sin que éste tenga que indemnizar nada".

Una situación similar se regula en la nueva Ordenanza sobre Urbanismo, Arquitectura y Construcciones en General del Distrito Sucre del Estado Miranda. Conforme al artículo 26, parágrafo único, "serán entregadas a la Municipalidad del Distrito Sucre del Estado Miranda, las Avenidas, Calles, Plazas, Parques, Sistemas de Servicios Públicos y demás construcciones que por su origen, naturaleza y destino no sean propiedad particular, sino que correspondan al uso público o privado de la Municipalidad para ser administrado como bienes de ésta, sin que tenga que indemnizar nada al respecto".

Esta entrega, conforme a la propia Ordenanza debe hacerse por la vía de cesión obligatoria y gratuita. Sin embargo, como lo señala el artículo 25 de la misma Ordenanza: "Una vez ejecutada, dentro de las obras de urbanismo, la vialidad de una urbanización, queda establecido el carácter público de las vías y áreas verdes, aun antes de pasar a propiedad de la Municipalidad por el respectivo Documento registrado".

En consecuencia, las calles, al ser construidas, quedan afectadas al uso público, aun sin ser parte del dominio público municipal, es decir, sin que hayan pasado a ser propiedad de la Municipalidad, y sigan siendo propiedad del particular urbanizador. Por tanto, mientras no se produzca esta entrega formal, los bienes, jurídicamente hablando, son bienes de propiedad privada, pero afectados al uso público.

En todos estos casos, de bienes de propiedad privada afectados al uso público, por supuesto, el ejercicio de los derechos de propiedad por su dueño están limitados, precisamente por la afectación al uso público, aun cuando no por ello, el bien llega a convertirse en un bien del dominio público municipal.

Estas limitaciones a la propiedad privada se evidencian en el propio caso contemplado en el artículo 46, citado, de la Ley Orgánica de la Procuraduría General de la República.

Pero la jurisprudencia de la Corte Suprema ha ido más allá, y en ciertos casos, a pesar de que se trate de un bien de propiedad privada, si de hecho ha quedado afectado al uso público, ha establecido que el propietario no tiene derecho a reivindicarlo conforme lo prevé el artículo 548 del Código Civil. En particular, y en relación a una calle construida en terrenos de propiedad privada, pero abierta al uso y tránsito públicos, la Corte Suprema en sentencia del 17 de febrero de 1970 de la Sala Político-Administrativa ha señalado que el propietario, sin dejar de serlo, no tiene derecho a reivindicar la franja de terreno que la misma ocupo, no porque no sea de su propiedad, sino por la afectación al uso público, *y* tan sólo podrá solicitar una indemnización por el valor del bien al ente público, es decir, a transferir su propiedad al Estado, previa una contraprestación pecuniaria[66].

Conforme a lo anteriormente señalado, por tanto, puede admitirse que no todas las calles son del dominio público municipal, sino que también puede haber calles de propiedad privada afectadas al uso y tránsito públicos. La situación jurídica de ambos bienes es radicalmente distinta; la calle del dominio público es inalienable; en cambio, la calle de propiedad privada, sí es

[66] Véase en *G. O.* N° 29.180 del 2-4-70, p. 217.953.

enajenable por su propietario; en caso de desafectación al uso público, la calle del dominio público entra al patrimonio municipal como un bien del dominio privado de la Municipalidad respectiva; en cambio, si la desafectación al uso público opera en una calle de propiedad privada, el propietario readquiere el ejercicio pleno de sus derechos de propiedad, que se encontraban limitados por la afectación al uso público.

En todo caso, mientras dure la afectación al uso público el ejercicio de los derechos de propiedad por el dueño de una calle construida en propiedad particular, se encuentran limitados en la forma señalada.

III. LAS ÁREAS VERDES MUNICIPALES (PÚBLICAS) Y LAS CALLES COMO BIENES DEL DOMINIO PUBLICO DE USO PUBLICO

1. EL DOMINIO PÚBLICO URBANÍSTICO

Los bienes de las Municipalidades, de acuerdo al Código Civil son bienes del dominio público o del dominio privado. Son bienes del dominio público: los caminos, los lagos, los ríos, las murallas, fosos, puentes de las plazas de guerra y demás bienes semejantes[67]. Los bienes del dominio público municipal, son de uso público o de uso privado de las Municipalidades[68] y los bienes que dejen de estar destinados al uso público, pasan del dominio público al dominio privado[69]. Esta es la normativa básica que regula los bienes del dominio público municipal.

En efecto, la determinación de qué bienes son públicos y cuáles son privados constituye una cuestión de derecho "civil", pues significa establecer la distinción o clasificación básica en la condición legal o naturaleza jurídica de los bienes[70] y estando reservada la legislación civil al Poder Nacional[71], es indudable que sólo el Poder Nacional puede establecer la clasificación y los criterios para delimitarla. De allí las disposiciones citadas del Código Civil.

Por supuesto, una vez establecido, como lo ha hecho el Código Civil, cuáles son los bienes que integran el dominio público, es indudable que éste constituye una institución de derecho público, y más precisamente, de derecho administrativo[72]. Serán, por tanto, los criterios del derecho administrativo, los que pueden contribuir a la adecuada interpretación de las previsiones del Código Civil, sobre todo en la determinación de los "demás bienes semejantes" a que hace referencia el artículo 539 del Código Civil, y de la afectación al uso público a que hacen referencia los artículos 540 y 541 del mismo Código.

---

67 Artículo 539.

68 Artículo 540.

69 Artículo 541.

70 Cfr. Miguel S. Marienhoff, *Tratado del Dominio Público*, Buenos Aires 1960, pp. 122 y 124.

71 Artículo 136, ordinal 24, de la Constitución.

72 Cfr. Manuel Ballbé, *Concepto del Dominio Público*, Barcelona 1945, pp. 54 y 55.

En el campo urbanístico, en este sentido, indudablemente que pueden identificarse los bienes del dominio público municipal urbanístico con ayuda de las normas de las Ordenanzas sobre Arquitectura, Urbanismo y Construcciones en General. Así, cuando el artículo 112 de la Ordenanza del Distrito Federal se refiere a "las avenidas, calles, plazas, ramales de cloacas, instalaciones de alumbrado público y demás construcciones que por su origen, naturaleza y destino no sean de propiedad particular sino que correspondan al uso público[73] indudablemente que contribuye a identificar aquellos "demás bienes semejantes" afectados al uso público a que se refieren las normas del Código Civil.

En esta forma, de acuerdo a las disposiciones de las Ordenanzas, son bienes del dominio público urbanístico municipal, por su afectación al uso público, los siguientes: las calles (vías destinadas al uso público, cuyo ancho es menor de 20 metros), las avenidas (unas calles de más de veinte metros), las aceras (la parte de las calles destinada a tránsito de peatones), los parques (espacio arbolado de libre acceso a la comunidad y destinado a solaz de una población), y las plazas (espacio libre que sirve de solaz público, o que tiene por objeto descongestionar o regularizar el tránsito)[74].

Por otra parte, también son bienes del dominio público urbanístico municipal, por su afectación a un servicio público, los siguientes: los ramales de cloacas (servicio de alcantarillado) y las instalaciones de alumbrado público (servicio público de alumbrado). Todos estos bienes, "por su origen, naturaleza y destino" están afectados al uso público y no son de aquellos que son normalmente de propiedad privada, por lo cual deben ser cedidos obligatoriamente a la Municipalidad, conforme a lo señalado anteriormente, de acuerdo a lo previsto en el artículo 112 de la Ordenanza del Distrito Federal y al artículo 26, parágrafo único de la Ordenanza del Distrito Sucre.

Por tanto, de acuerdo a lo señalado, no todas las áreas verdes son áreas verdes públicas, ya que existen también, como se vio, áreas verdes privadas, y dentro de las áreas verdes públicas no todas son bienes del dominio público; sólo lo son, aquellas áreas verdes destinadas (afectadas) a un uso público (parques, plazas y jardines públicos) y que han sido adquiridas formalmente por la autoridad municipal.

En cuanto a las calles, tal como se señaló, no todas las vías de comunicación son del dominio público, a pesar de su afectación al uso público. Sólo lo serán, aquellas que hayan sido adquiridas formalmente por la autoridad municipal. De resto, se tratará de calles de propiedad privada pero afectadas al uso público.

---

73 En igual sentido, el artículo 26, parágrafo único, de la Ordenanza del Distrito Sucre.

74 Las definiciones se toman del artículo 287 de la Ordenanza del Distrito Federal.

2. LA AFECTACIÓN DEL DOMINIO PÚBLICO URBANÍSTICO

En efecto, es indudable que la nota característica del dominio público es la afectación[75]; es decir, el destino de un bien al uso público o a un servicio público. Por supuesto, esta afectación al uso público tiene que ser una afectación efectiva y actual, es decir, no puede ser potencial ni futura; de lo contrario, no existiría el régimen de la dominialidad pública[76].

El bien tiene que estar destinado efectivamente al uso público, es decir, tiene que ser efectivamente usado por el público (una calle o una plaza, por ejemplo), aun cuando ello no tiene que ser constante; basta que se efectúe el uso público en cualquier momento que se desee o con la intermitencia requerida por la índole de la utilización. Por otra parte, la afectación debe ser actual, por lo que no se admiten "cosas públicas futuras": o son públicas en un momento determinado, o no lo son.

Por tanto, por ejemplo, sí un área verde pública (una plaza, por ejemplo) así prevista en el plano de una urbanización o en un Plano de zonificación, fue cambiada de uso por la Municipalidad, (eso significa que la "desafectó" del uso público) y la enajenó a particulares, a pesar de que en el plano original de la urbanización estaba demarcada como plaza, la desafectación le hace desaparecer la calidad de bien del dominio público, de uso público. Por otra parte, aun cuando no hubiese habido una desafectación municipal formal, si una plaza es invadida ilegítimamente por un urbanizador y éste construye en ella, o si es invadida por múltiples pequeños ocupantes, la plaza deja de ser plaza, es decir, deja de ser bien del dominio público (deja de estar afectada al uso público), sin perjuicio de que la Municipalidad tenga posibilidad de ejercer las acciones posesorias o policiales que juzgue convenientes para proteger su dominio y hacer efectivo, eventualmente, el uso público degradado. Por tanto, cuando un determinado bien no está afectado al uso público en una forma efectiva y actual, ese bien no es un bien del dominio público de uso público.

En el mismo sentido, por ejemplo, si una calle fue dibujada en un plano de un permiso de urbanización y luego la urbanización no se construyó ni se hizo esa calle, es indudable que los inmuebles sobre los cuales pasaba, en el plano, la calle, no han sido nunca bienes del dominio público, pues respecto de ellos nunca se ha efectuado la afectación al uso público. Dichos inmuebles siempre han sido, en este caso, de propiedad privada y nunca de propiedad municipal, pues nunca fueron afectados al uso público.

En el mismo sentido, si una calle fue desafectada de hecho o formalmente por la autoridad pública, del uso público, ese inmueble no será ya un bien del dominio público. Será una franja del dominio privado de la Municipalidad,

---

75 Cfr. Manuel F. Clavero Arévalo, *La Inalienabilidad del Dominio Público*, Sevilla 1958, pp. 45 y ss.; Eduardo García de Enterría, "Sobre la imprescriptibilidad del dominio público", en *Dos estudios sobre la usurpación en Derecho Administrativo*, Madrid 1974, p. 95.

76 Cfr. Miguel S. Marienhoff, *Tratado del Dominio Público*, Buenos Aires 1960, pp. 156 a 166.

siempre que haya entrado a formar parte del patrimonio municipal, por cualquier título; o será una franja de propiedad particular, si la antigua calle se había construido en terrenos de propiedad particular y no había sido transferido del dominio a la Municipalidad.

3. La adquisición del dominio público urbanístico

Pero en todo caso, debe quedar claro, tal como se dijo, que un bien determinado no puede afectarse legítimamente a un uso público, en otras palabras, un bien no puede adquirir la categoría de bien del dominio público de uso público, si dicho bien no se encuentra en poder del ente público (la Municipalidad) en virtud de un título jurídico que le haya permitido adquirir el dominio de ese bien. "Tal exigencia —afirma Marienhoff— es fácilmente comprensible pues el Estado no puede afectar al uso público cosas que no le pertenezcan. Si la Administración Pública afectare al uso público cosas ajenas, es decir de los administrados o particulares, sin contar con la conformidad de éstos o sin cumplir con los requisitos establecidos en la Ley fundamental, vulneraría la garantía constitucional de inviolabilidad de la propiedad. ...El medio jurídico en cuyo mérito el Estado adquiera la propiedad de la cosa, puede ser indistintamente de derecho público, por ejemplo, expropiación, o de derecho privado, por ejemplo compra-venta, donación, cesión, pues lo que somete una cosa al régimen dominial, no es el medio por el cual fue adquirida esa cosa por el Estado, sino su "afectación" al uso público[77]. Por tanto, si un bien determinado no ha sido adquirido por el Estado no puede ser afectado a un uso público; y si lo es por vías de hecho, el Estado debe resarcir los daños y perjuicios que cause al propietario.

En el supuesto de las áreas verdes públicas que debieran ser cedidas a la Municipalidad al concluirse una urbanización, de acuerdo al artículo 126 de la Ordenanza del Distrito Federal de 1942, por ejemplo, las mismas no se pueden considerar como bienes del dominio público de uso público por el hecho de que se hayan dibujado en un plano o en el permiso de urbanizar o parcelar. Es necesario, primero que la urbanización se hubiese concluido de acuerdo al permiso respectivo, y que el urbanizador hubiese cedido a la Municipalidad los inmuebles destinados al uso público; sólo después de ello, es que podría considerarse que un área verde es del dominio público municipal, Al contrario, si no se produjo la cesión, no podría hablarse de área verde del dominio público municipal, aun cuando hubiese una afectación al uso público de hecho; y si no se construyó la urbanización puede decirse que nunca existió el área verde pública, tanto por falta de afectación (nunca estuvo afectada al uso público) como por ausencia total de cesión a la Municipalidad. El hecho de que un permiso de urbanización contenga la demarcación de determinadas áreas verdes, con la sola demarcación no basta, para que estas áreas pasen

---

77 Cf r. Miguel S. Marienhoff, *Tratado del Dominio Público, cit.*, pp. 167 y 168.

al dominio público municipal: es necesario que se construya la urbanización conforme al plano aprobado y al permiso otorgado; es necesario que se produzca la cesión de los inmuebles a la Municipalidad y es indispensable que exista una afectación de los inmuebles al uso público (área verde pública) en forma efectiva y actual. De lo contrario, no sería más que un absurdo pretender que por el hecho de haberse demarcado en un plano de un permiso de una urbanización, unas áreas verdes, los inmuebles afectados por la demarcación pasaran a sor bienes del dominio municipal, aun cuando la urbanización nunca se construyó, nunca se cedieron los inmuebles a la Municipalidad y nunca estuvieron afectados al uso público como áreas verdes públicas.

El mismo requisito y supuesto so da en la afectación de una calle al uso público. La Municipalidad sólo puede afectar una calle al uso público, cuando ha adquirido el inmueble por el cual transcurre la calle, por vía legal. Esta adquisición puede haberse efectuado, como es lo normal, por la cesión obligatoria que el propietario o urbanizador debe hacer de los bienes necesarios para "avenidas y calles" tal como lo exigía el artículo 126 de la Ordenanza del Distrito Federal de 1942, y lo precisa el artículo 112 de la Ordenanza vigente.

Sin embargo, para que dicha cesión obligatoria se produjera, antes de 1958 no sólo era necesario que la urbanización se hubiese construido, sino que se hubiese realizado de acuerdo a los planos aprobados y permisados por la Municipalidad. Debe tenerse en cuenta que sólo estarían afectados a la medida de cesión obligatoria, aquellos inmuebles destinados a avenidas y calles establecidas en el permiso de urbanizar o parcelar aprobado.

Al contrario, si después de realizada una urbanización y cedidas obligatoriamente las calles y avenidas delineadas en el permiso de urbanizar, posteriormente la Municipalidad decide abrir otra nueva calle o avenida, por lugar distinto a los ya utilizados conforme a los planes originales, es indudable que la Municipalidad tendría que expropiar los inmuebles necesarios para abrir y construir dicha calle.

Por supuesto, esto mismo sucedería en el caso de que, habiendo sido permisada una urbanización conforme a unos determinados planos, la urbanización no se construye (y por tanto, no se construyen y ceden las calles y avenidas previstas ni se opera ninguna cesión obligatoria), y posteriormente la Municipalidad decide abrir y construir una avenida o calle por lugar distinto, inclusive, de los originalmente previstos en el permiso caducado. Aquí también para la construcción de la calle o avenida, la Municipalidad debe adquirir los inmuebles necesarios del propietario, es decir, debe expropiarlos.

En el mismo sentido, en el supuesto de calles interiores de propiedad privada, el hecho de que aparezcan demarcadas como tales calles en un plano de zonificación de la ciudad, elaborado con procedimientos aerofotogramé-tricos, y que eventualmente tengan servicios de alumbrado público, no basta para que pueda considerarse a las mismas como bienes del dominio público municipal. Es necesario, para que pasen al patrimonio municipal, que hayan sido adquiridas por cualquier título legal, por la Municipalidad.

Si la utilización de la propiedad privada se ha realizado de hecho y la construcción de la calle se realiza por vías de hecho, sin título jurídico alguno, es indudable el derecho del particular a ser indemnizado por el apoderamiento de su propiedad. Es más, en estos casos se ha llegado a admitir la procedencia de acciones posesorias y petitorias. Tal como lo señala Marienhoff: "Las acciones petitorias que los administrados o particulares promueven contra el Estado, respecto a bienes incorporados al dominio público, son procedentes, si tal incorporación ha sido realizada sin la observación fiel del respectivo procedimiento establecido por la Constitución, pues en tal caso la Administración, al incorporar el bien al dominio público, habrá ultrapasado los límites jurídicos puestos a su actividad en interés de los particulares o administrados, realizando así un acto ilícito[78]. Esta doctrina, en Venezuela, es derecho positivo, pues la Ley de Expropiación por causa de utilidad pública o social establece expresamente que "todo propietario a quien se prive de su propiedad, sin llenar las formalidades de este Decreto, puede usar todas las acciones posesorias o petitorias que le correspondan, a fin de que se le mantenga en uso y goce de su propiedad y debe ser indemnizado de los daños y perjuicios que le acarree el acto ilegal"[79]. Además, dicha Ley hace responsables personalmente a los funcionarios que actúan ilegalmente: "El Juez o funcionario público de la Nación, de los Estados, del Distrito Federal o de los Territorios Federales, que tomare u ordenare tomar la propiedad o derechos ajenos sin cumplir los requisitos establecidos por las leyes, responderá personalmente del valor de la cosa y de los perjuicios que cause, a reserva de ser juzgado conforme a lo establecido en el Código Penal"[80].

Como conclusión, puede señalarse entonces que para que una calle se considere como un bien del dominio público municipal, no sólo debe efectivamente estar afectada al tránsito y uso públicos, sino que la faja de terreno en la cual está construida tiene que haber sido adquirida por la Municipalidad. De lo contrario, si la calle se construyó en terrenos de propiedad privada, por el propio propietario o de hecho por la Municipalidad, sin que hubiere operado la correspondiente cesión de la propiedad a la Municipalidad, la calle continuará siendo un bien de propiedad privada, pero afectada al uso público y por ello, conforme a la jurisprudencia venezolana, sin protección posesoria (interdictos) debido a la afectación al uso público.

Esta posición jurídica, de que los bienes no pueden llegar a ser incorporados al patrimonio de los entes públicos sino cuando han sido adquiridos por éstos por algunos de los medios autorizados por el ordenamiento jurídico, es la que ha mantenido la Corte Suprema de Justicia en sentencias recientes, del 10 de agosto de 1977, al declarar la nulidad de parte de la Ordenanza de Zo-

---

78 Véase Miguel S. Marienhoff, *Tratado del Dominio Público, cit.*, p. 237.

79 Artículo 4°.

80 Artículo 55.

nificación de El Paraíso, emanada del Concejo Municipal del Distrito Federal. En dichas sentencias, la Corte Suprema sostuvo lo siguiente:

"Es cierto, como ya se ha dicho, que el constituyente faculta a las autoridades municipales para establecer limitaciones a la propiedad mediante actos normativos generales, como lo son las Ordenanzas, y para afectar bienes de propiedad particular a fines de utilidad pública o social en los correspondientes decretos de expropiación, pero no hay en nuestro derecho norma alguna que atribuya a las municipalidades el poder de destinar a uso público determinado un sector ya urbanizado de la ciudad, sin antes haberlo adquirido del propietario por alguno de los medios ordinarios que establece al efecto el Código Civil o siguiendo el procedimiento extraordinario regulado en la Ley de la materia para lograr su expropiación"[81].

IV. LAS CESIONES OBLIGATORIAS DE INMUEBLES A LA REPUBLICA CON FINES EDUCACIONALES EN DESARRO-LLOS URBANÍSTICOS

En términos generales, puede señalarse que la figura de las cesiones obligatorias de propiedad privada a los entes públicos por razones urbanísticas, dado que el urbanismo ha sido una materia que carece, en Venezuela, de una normativa nacional, generalmente ha sido un fenómeno local. Normalmente es a nivel de las Ordenanzas Municipales, tal como se ha visto anteriormente, que se regula la cesión de la propiedad privada, forzosa y gratuita, para la formación de bienes del dominio público: calles y áreas verdes.

Sin embargo, a nivel nacional, la Ley de Educación, desde 1955[82], ha establecido una cesión obligatoria de inmuebles de propiedad privada a la República para el establecimiento de escuelas, es decir, con fines educacionales, pero también dentro de procesos urbanísticos.

En efecto, el artículo 16 de la Ley de Educación de 1955[83], establecía lo siguiente:

"Las personas que se ocupen, por cuenta propia de la construcción de barrios o urbanizaciones, donarán a la Nación terrenos suficientes y adecuados para la edificación de escuelas y parques de recreo, en proporción a su población escolar y de conformidad con las Ordenanzas Municipales respectivas.

---

81 Consultada en original.

82 En el Estatuto Provisional de Educación de 1949 se estableció solamente, en su artículo 21, que: "En la construcción de barrios y urbanizaciones se reservarán terrenos para la edificación de escuelas primarias y parques de recreo, de acuerdo con la población escolar que deben contener y con las Ordenanzas Municipales".

83 Véase en *G. O.* N° 24.814 del 5-8-55.

Los Organismos Oficiales que realicen labores similares a las expresadas en este artículo, estarán obligados, además, a construir, a sus expensas, locales apropiados para escuelas en la proporción correspon-diente y de acuerdo con las normas que previamente fije el Ministerio de Educación."

Esta norma consagraba, sin duda, una cesión obligatoria de propiedad privada a la República por razón de urbanismo y con fines educacionales. Respecto a esta figura jurídica, se pueden replantear todos los problemas jurídicos a que hemos hecho referencia anteriormente en relación a la cesión obligatoria de propiedad privada a entes municipales.

En efecto, ante todo, a pesar de que la Ley de Educación utilizaba el término, no se estaba en presencia de una "donación". De acuerdo a los artículos 1.431 y siguientes del Código Civil, la donación es esencialmente voluntaria, como todo contrato, y exige la presencia de un *animus donandi,* lo cual estaba ausente en la obligación establecida en la vieja Ley de Educación[84]. Por tanto, esta Ley lo que establecía era una cesión obligatoria de propiedad privada a la República por razón de Urbanismo.

La Ley de Educación había sido reglamentada, en este aspecto, por el Decreto N° 347 de 20 de agosto de 1974[85], al establecer lo siguiente:

> *Artículo 8°* Los propietarios de terrenos destinados a la construcción de urbanizaciones deberán donar a la República un lote que se utilizará para la construcción de edificaciones educacionales y parques de recreo, conforme a lo establecido en la Ley de Educación.
>
> *Artículo* 9° La ubicación y superficie de lote para edificaciones educacionales y parques de recreo serán determinadas tomando en cuenta los criterios de localización de los servicios comunales y la población escolar estimada de la urbanización, conforme lo establezcan los Ministerios de Obras Públicas y de Educación. El lote correspondiente será señalado por los propietarios en el plano de urbanismo o parcelamiento a que se contrae el literal d) del artículo 2° de la Ley de Venta de Parcelas.

Por otra parte, en relación a estos inmuebles objeto de cesión obligatoria, se establecía la necesidad de que ella se efectuase como condición para la obtención de los permisos respectivos por parte de las autoridades nacionales con competencia urbanística, en la siguiente forma:

> *Artículo 10.* Los propietarios a que se refiere el presente Decreto indicarán en el Documento de Urbanización o Parcelamiento establecido en

84 Cfr. el criterio de la Consultoría Jurídica de la Contraloría General de la República de fecha 13-2-76, en *Dictámenes de la Consultoría Jurídica de la Contraloría General de la República 1969-1976*, tomo IV, Caracas 1976, pp. 132 y ss.

85 Véase en *G. O.* N° 30.491 del 4-9-74.

el artículo 2° de la Ley de Venta de Parcelas, los datos de registro del instrumento de donación en favor de la República.

La prueba de la donación será requisito indispensable para obtener los correspondientes permisos para los proyectos definitivos por parte de los organismos de la Administración Pública Nacional componentes en materia de urbanismo.

Ahora bien, tal como señalamos, la nueva Ley Orgánica de Educación sancionada el 9 de junio de 1980[86] ha ampliado considerablemente las obligaciones de los particulares urbanizadores, respecto de su propiedad, por razones de urbanismo derivadas del fomento a la educación, en la forma siguiente:

> *Artículo 111.* Las personas naturales o jurídicas que se ocupen por cuenta propia del parcelamiento de terrenos o de la construcción de barrios o urbanizaciones de viviendas unifamiliares o multifamiliares que tengan la magnitud y destino señalada por el reglamento, *tendrán la obligación de construir,* en la oportunidad y de acuerdo con las especificaciones que establezca el Ministerio de Educación, *locales suficientes y adecuados para que la Nación pueda prestar los servicios de educación preescolar y básica.*
>
> Las viviendas multifamiliares construidas sin formar parte de conjuntos de edificios y cuya magnitud, localización y destino determine el reglamento, *deberán contar con locales apropiados para el funciona-miento de un plantel de educación preescolar.* Los cuales formarán parte de los bienes comunes del inmueble y *serán ofrecidos al Ministerio de Educación para dicha uso.* Los propietarios, fuera del horario escolar, podrán utilizarlos para actividades compatibles con el fin señalado.
>
> Las disposiciones de este artículo están referidas a las necesidades previsibles de los habitantes del barrio, urbanización o edificio, según el caso.

No solo se trata ahora, de una cesión de terrenos en forma obligatoria, sino de una obligación de construir y edificar instalaciones escolares, en urbanizaciones y de ofrecer en uso a las autoridades educativas, determinadas partes de inmuebles.

Ahora bien, en relación a esta cesión obligatoria y gratuita, para compaginar esta obligación que implica la extinción de la propiedad, con los dispositivos constitucionales, hay que entender que, en realidad, lo que establece la Ley es una contribución en especie de la propiedad privada por concepto de los beneficios que el urbanismo tendrá con motivo del permiso de urbanización. Si se tratase de una donación convenida y aceptada por el propietario, el problema constitucional no se plantearía.

En este sentido, por ejemplo, Marienhoff, al señalar que el medio jurídico mediante el cual puede el Estado adquirir la propiedad de una cosa, puede

---

86 Véase en *G. O.* N° 2.635 Extra., de 28-7-80.

ser de derecho privado, por ejemplo, compra-venta, donación, cesión, etcétera; agrega que: "Por aplicación de tales ideas, se ha declarado que el permiso otorgado por una Municipalidad —y aceptado por el interesado— para dividir un inmueble en lotes, supeditado dicho permiso a la condición de que dentro de la superficie a dividir se reservaría, gratuitamente, la tierra necesaria para calles, no es violatorio de garantía constitucional alguna y da como resultado que el Estado adquiera el dominio del terreno ocupado por esas calles"[87].

Sin embargo, también en este caso, el traslado del dominio de las parcelas reservadas a fines educacionales del urbanizador a la República no se produce en virtud de la Ley, sino que requiere de un acto formal de cesión que debe ser registrado. Por tanto, mientras no se formalice la cesión obligatoria, la propiedad del inmueble reservado en el parcelamiento para fines educacionales, no se traslada a la República. En todo caso, aun cuando no se haya producido el traslado del dominio del propietario al Estado, aquel no puede enajenar el inmueble reservado para fines educacionales en virtud de lo previsto en la Ley de venta de parcelas de 9 de diciembre de 1960[88], cuyo artículo 14 establece lo siguiente:

> Queda prohibida la venta de parcelas ubicadas en zonas que, en los documentos protocolizados según el artículo 2° de esta Ley (Documento de Urbanización o Parcelamiento), aparezcan destinadas a áreas verdes o a otros servicios comunales. En consecuencia, será nulo cualquier acto o documento otorgado en contravención a lo dispuesto en este Artículo y su protocolización se tendrá como inexistente.

Es decir, la identificación de la parcela destinada a fines educativos en los planes aprobados de la Urbanización, una vez protocolizado el Documento de Parcelamiento o Urbanización, hace surgir una limitación a la disponibilidad de la propiedad de dicha parcela, hasta tanto no se formalice la cesión de la misma al Estado. Toda venta efectuada por el propietario en contravención con ello, es nula e inexistente.

Por otra parte, y efectuada la cesión obligatoria del inmueble al Estado mediante documento protocolizado, ello no implica que dichos inmuebles entren a formar parte del dominio público. Hemos señalado que conforme al Código Civil, los bienes son del dominio público cuando están afectados al uso público, a un servicio público o a la defensa nacional[89]; por tanto, aparentemente, mientras no se produzca la afectación, es decir, mientras los inmuebles cedidos no estén definitivamente afectados a los servicios educativos, los bienes serán del dominio privado del Estado.

---

87 Véase *Tratado del Dominio Público, cit., p. 168, nota N° 51.*

88 Véase en G. O. N° 26.428 del 9-12-60.

89 Artículos 540 y 541.

V. APRECIACIÓN FINAL

No hay duda que en virtud de su función social urbanística, la propiedad está sometida a una serie de limitaciones legales que afectan básicamente su uso. El ordenamiento jurídico nacional y local ha venido consagrando, sin embargo, limitaciones a la propiedad que implican la cesión obligatoria a entes públicos de parte de la propiedad privada, en los casos de urbanización y parcelamientos, para ser destinados a escuelas, vías de comunicación, parques, plazas y jardines de carácter público.

La Constitución garantiza el derecho de propiedad de manera que sólo permite la extinción de la titularidad de la propiedad[90] como consecuencia de la expropiación[91], la reserva-nacionalización[92], la reversión[93] y la confiscación en casos excepcionales[94]. El ordenamiento jurídico permite, además, construir sobre bases sólidas derivadas de la potestad sancionadora del Estado, la figura del comiso, como extinción de la propiedad sobre bienes muebles por razón del orden público y sin indemnización[95].

Pero salvo las figuras de la confiscación y del comiso, del análisis del ordenamiento constitucional podría señalarse que éste no admite cesiones obligatorias de la propiedad privada, sin indemnización, a los entes públicos. Frente a ello, sin embargo, surgen los diversos supuestos estudiados de cesiones obligatorias y gratuitas de la propiedad privada a los entes públicos por razón de urbanismo. Por ello, la única forma concordante con el ordenamiento jurídico, conforme a lo cual podría sostenerse la constitucionalidad de esas medidas, es asimilarlas a una contribución impuesta a la propiedad, pagadera en especie, por el mayor valor que adquiera ésta en virtud de los procesos de urbanización. Al propietario de un parcelamiento o urbanización, por la plusvalía que adquiere el inmueble derivado de la decisión del ente municipal de asignarle un uso urbanístico determinado, se le impone una contribución que en lugar de pagarla en dinero, la debe pagar en especie, construyendo las vías públicas respectivas (dominio público vial) y cediendo a la Municipalidad los inmuebles en donde aquéllas se construyan y los destinados a áreas verdes públicas (parques, plazas) y a la República, determinados inmuebles destinados a escuelas.*

---

90 En general, véase Allan R. Brewer-Carías, "Adquisición de la propiedad privada por parte del Estado en el Derecho Venezolano", en *Revista de Control Fiscal,* N° 94, Caracas 1979, págs. 61 y sigs.

91 Artículo 101.

92 Artículo 97.

93 Artículo 103.

94 Artículos 102 y 103.

95 Véanse, por ejemplo, los argumentos de la Corte Suprema de Justicia sobre la constitucionalidad del comiso, en sentencia de la Sala Político-Administrativa del 20-12-67, en *Gaceta Forense,* N° 58, 1967, pp. 168 y 169.

* En este sentido, en el artículo 179 de la Constitución de 1999, al regularse los ingresos de los Municipios, se establece entre ellos:

En todo caso, el problema a plantearse está en determinar quién paga la contribución efectivamente. En realidad, no es el urbanizador quien en definitiva la paga, sino que el "costo" de las cesiones gratuitas de inmuebles a entes públicos se incorporan al precio de venta de las parcelas de la urbanización. Es decir, la "contribución", en definitiva, se traslada a los compradores de parcelas, quienes la pagan en el precio de compra de las mismas. Como consecuencia de ello, las cesiones gratuitas de parte de su propiedad que hacen los urbanizadores a los entes públicos, las financian los propietarios de parcelas, siendo éstos, por tanto, los reales cedentes.

La misma figura de la contribución por plusvalía en especie que permite sustentar, como hemos visto, la constitucionalidad de las cesiones obligatorias de propiedad privada, queda desvirtuada, pues quien en definitiva la paga no es quien obtuvo la plusvalía (el urbanizador), sino los compradores de parcelas.

Esto confirma la apreciación de que la figura de las cesiones obligatorias de la propiedad privada a entes públicos por razones urbanísticas, requiere de una urgente regulación en la Ley nacional de ordenación urbanística —como todo el proceso de desarrollo urbano—, que regularice no sólo su constitucionalidad, sino su efectividad. Un instrumento de redistribución de plusvalías originadas por actos municipales de autorización de urbanización, en beneficio de la colectividad, en definitiva, por fallas de regulación, viene a revertir en contra de la colectividad compradora de la urbanización.

Por ello, con razón, dada la situación actual, los verdaderos cedentes de los inmuebles a los entes públicos para calles, parques o escuelas, deberían ser las asociaciones de propietarios de las urbanizaciones y no los urbanizadores.

Caracas 1980

"2. La contribución especial sobre plusvalías de las propiedades generadas por cambios de uso o de intensidad de aprovechamiento con que se vean favorecidas por los planes de ordenación urbanística."

OCTAVA PARTE

LA CONFISCACIÓN DE LA PROPIEDAD PRIVADA

SECCIÓN VIGÉSIMA PRIMERA: *LA PROHIBICIÓN DE LA CONFISCACIÓN Y SUS EXCEPCIONES* (2000)

TEXTO TOMADO DEL LIBRO ALLAN R. BREWER-CARIAS, LA CONSTITUCIÓN DE 1999. DERECHO CONSTITUCIONAL VENEZOLANO, EDICIÓN DE LA ACADEMIA DE CIENCIAS POLÍTICAS Y SOCIALES, EDITORIAL JURÍDICA VENEZOLANA, CARACAS 2022, PP. 809, 835-837.

Después de garantizar la propiedad privada y establecer que el Estado puede extinguirla forzosamente mediante pago oportuno de justa indemniza-ción decretada por sentencia firme en un juicio de expropiación (art. 115), la Constitución de 1999 prohíbe en su artículo 116 que se decreten o ejecuten confiscaciones de bienes, es decir, que se produzcan "*expropiaciones sin indemnización,*" o si se quiere conforme al sentido de la palabra confiscación en el Diccionario de la Real Academia Española, que se proceda a "incautar o privar de posesiones o bienes para su incorporación al erario público, sin compensación."

La Constitución establece, sin embargo, excepciones a este principio, al permitir en el mismo artículo 116 la extinción forzosa del dominio o de la propiedad de bienes, sin compensación, aun cuando siempre "mediante sentencia firme," respecto de: (i) los bienes de personas naturales o jurídicas, nacionales o extranjeras, responsables de delitos cometidos contra el patrimonio público; (ii) los bienes de quienes se hayan enriquecido ilícitamente al amparo del Poder Público; y (iii) los bienes provenientes de las actividades comerciales, financieras o cualesquiera otras vinculadas al tráfico ilícito de sustancias psicotrópicas y estupefacientes; excepciones que se repiten en el artículo 271 al disponer que "previa decisión judicial," serán confiscados los bienes provenientes de las actividades relacionadas con los delitos contra el patrimonio público o con el tráfico de estupefacientes.

En esta forma se ampliaron considerablemente los supuestos en los cuales procedía la confiscación conforme a la Constitución de 1961, pero no se hace referencia a las medidas aceptadas por el derecho internacional público, como se especificaba en el artículo 102 de la misma.

Además, respecto del tema de la confiscación, el artículo 317 de la Constitución, establece en forma expresa, lo que constituye una novedad en nuestro ordenamiento constitucional, que es el principio de que "ningún tributo puede tener efecto confiscatorio". Ello lo propusimos repetidamente en los debates[1], siguiendo la tendencia existente en el derecho comparado[2].

La Sala Constitucional en sentencia N° 307 de 6 de marzo de 2001 (Caso: *Ordenanza sobre Patente de Industria y Comercio del Municipio San Joaquín del Estado Carabobo)* tuvo ocasión de tratar el tema de las tributaciones confirmatorias, a admitir que el *desideratum* establecido en el artículo 317 de la Constitución se hace extensivo a las sanciones o mecanismos coercitivos empleados por el legislador a los efectos de obtener, por parte de los sujetos pasivos o deudores tributarios, el exacto cumplimiento de su obligación fiscal. La Sala, en efecto, al analizar las multas establecidas en la Ordenanza y la denuncia de su carácter confiscatorio, señaló:

> "Sobre este particular, observa esta Sala Constitucional que el *principio de no confiscación* se encuentra consagrado en el ordenamiento constitucional venezolano como una garantía de eficacia del derecho a la propiedad, derecho este, también de configuración constitucional. Así, en la Constitución de la República Bolivariana de Venezuela, se estableció dentro del Capítulo VII *"De los derechos económicos"*, en los artículos 115 y 116 el derecho a la propiedad y la correlativa garantía de no confiscación, en los términos que a continuación se exponen... Asimismo, dicho derecho se encuentra igualmente consagrado en normas legales preconstitucionales... (art. 545 del Código Civil.
>
> Por su parte, el artículo 317 constitucional consagra la no confiscación como postulado expreso que todo legislador tributario debe atender, es decir, todo órgano titular de la potestad de legislar en materia tributaria se encuentra en el deber de respetar, en sus actos normativos, ese principio de no confiscación contemplado en la Carta Magna. Resulta casi innecesario advertir que aun cuando el comentado artículo 317 señale que *"ningún tributo tendrá efectos confiscatorios"*, tal *desiderátum* se hace extensivo a las sanciones o mecanismos coercitivos empleados por el legislador a los efectos de obtener, por parte de los sujetos pasivos o deudores tributarios, el exacto cumplimiento de su obligación fiscal, de lo contrario, se perdería la armonía existente con el resto de la normativa constitucional...

---

1 Véase, Allan R. Brewer-Carías, *Debate Constituyente*, Tomo II, p. 279; y Tomo III, pp. 70 y ss.

2 Véase Allan R. Brewer-Carías, "Les protections constitutionnelles et légales contre les impositions confiscatoires", *Rapports Generaux. XIII Congrès International de Droit Comparé*, Montreal 1990, pp. 795 a 824. Véase también en Allan R. Brewer-Carías, *El Poder Público: Nacional Estadal y Municipal*, Tomo II, *Instituciones Políticas y Constitucionales*, Universidad Católica del Táchira-Editorial Jurídica Venezolana, Caracas, San Cristóbal 1996, pp. 85 y ss.

Con base a las normas anteriormente expuestas, contempladas en la máxima Ley nacional, se observa que si bien la propiedad es un derecho sujeto a determinadas limitaciones que deben encontrarse acorde con ciertos fines, tales como la función social, la utilidad pública y el interés general, tales limitaciones deben ser establecidas con fundamento en un texto legal, siempre y cuando las referidas restricciones no constituyan un menoscabo *absoluto o irracional* del aludido derecho de propiedad. Esto es, que imposibilite de tal forma la capacidad patrimonial de los particulares que termine extinguiéndola.

En el ámbito tributario, la vulneración del derecho de propiedad se pone de manifiesto cuando tal como asienta el tratadista Héctor Villegas, "el Estado se apropia indebidamente de los bienes de los contribuyentes, al aplicar un gravamen en el cual el monto llega a extremos insoportables, desbordando así la capacidad contributiva de la persona, vulnerando por esa vía indirecta la propiedad privada, e impidiéndole ejercer su actividad". (Villegas, Héctor. *Relatoría General de las XIV Jornadas Latinoamericanas de Derecho Tributario* celebradas en Buenos Aires del 4 al 7 de Septiembre de 1989, tema: "Las Garantías Constitucionales ante la Presión del Conjunto de Tributos que Recaen sobre el Sujeto Contribuyente", p. 27).

En tal sentido, esta Sala observa que la vulneración del derecho de propiedad como consecuencia del pago de un tributo confiscatorio, ha sido expresamente proscrito por el Constituyente de 1999, en el ya citado artículo 317 constitucional que establece -se reitera- que *"ningún tributo puede tener efecto confiscatorio"* y tiene su fundamento directo en la norma consagrada en el artículo 316 de la Constitución de la República Bolivariana de Venezuela, que dispone que *"el sistema tributario procurará la justa distribución de las cargas públicas según la capacidad económica del o de la contribuyente, atendiendo al principio de progresividad, así como la protección de la economía nacional y la elevación del nivel de vida de la población"*.

Siendo esto así, surge evidente la conclusión de que a los Poderes Públicos les está prohibido el establecimiento de tributos o sanciones tributarias -siendo que estas últimas son formas coercitivas de procurar la efectiva recaudación de las contribuciones de los particulares a las cargas públicas- que puedan amenazar con absorber una parte sustancial del derecho a la propiedad del contribuyente, con la negativa consecuencia que tal situación conlleva, al extinguir la fuente generadora del tributo y posterior daño que tal situación ejerce en la ya mermada economía del país."[3]

---

[3] Véase en *Revista de Derecho Público*, 85-88, Editorial Jurídica Venezolana, Caracas, 2001.

Sección Vigésima Segunda: *Confiscación y comiso como sanción penal y la llamada "extinción de dominio"*

I. UN NUEVO "DERECHO CONSTITUCIONAL" A LA PROTEC-CIÓN PATRIMONIAL Y DE OTROS INTERESES DEL ESTADO

La Asamblea Nacional ilegítimamente electa en 2020,[1] ha sancionado una Ley Orgánica de Extinción de Dominio, mediante la cual ha regulado la institución de la confiscación que se prevé por vía de excepción en el artículo 116 de la Constitución.

La Sala Constitucional del Tribunal Supremo de Justicia, designada con base en la inconstitucional Ley Orgánica del Tribunal Supremo de Justicia sancionada igualmente por esa ilegítima Asamblea Nacional en enero de 2022,[2] el día 28 de abril de 2023, en cuestión de horas, al recibir ese mismo día el oficio de la Asamblea Nacional remitiéndole el texto de la mencionada Ley Orgánica de Extinción de Dominio que se había sancionado el día anterior, 27 de abril de 2023, declaró "la constitucionalidad del carácter orgánico" de la misma, conforme lo exige al artículo 203 de la Constitución.[3] El mismo día, además, la Ley fue publicada en Gaceta Oficial.[4]

La Sala basó su consideración sobre dicha declaratoria de constitucio-nalidad del carácter orgánico de la Ley, en el hecho de que la misma es un cuerpo normativo que regula materias vinculadas con "el desarrollo de los derechos constitucionales" como lo exige la norma constitucional.

La Ley, sin duda, desarrolla aspectos medulares que se refieren al derecho constitucional a la propiedad privada, garantizada en el artículo 115 de la

---

1 Véase Allan R. Brewer-Carías, y José Ignacio Hernández, *Venezuela. La ilegítima e inconstitucional convocatoria de las elecciones parlamentarias en 2020,* (Presenta-ción: Asdrúbal Aguiar), Iniciativa Democrática de España y las Américas, Editorial Jurídica Venezolana International, 2020.

2 Véase Alan R. Brewer-Carías, "Sobre los once (11) vicios de inconstitucionalidad de las sentencias de la Sala Constitucional que declararon la "constitucionalidad" de la reforma de la Ley Orgánica del Tribunal Supremo de Justicia (Comentarios a las sentencias Nos. 81 y 83 de 15 y 21 de marzo de 2022), en *Boletín de la Academia de Ciencias Políticas y Sociales, Homenaje a José Guillermo Andueza,* No. 168, abril-junio 2022, Caracas 2022 pp. 335-368.

3 Véase sentencia No. 315 de 28 de abril de 2023; disponible en http://historico.tsj. gob.ve/decisiones/scon/abril/324581-0315-28423-2023-23-0453.HTML

4 Véase *Gaceta Oficial* No. 6745 Extra de 28 de abril de 2023.

Constitución, limitándolo, lo que resulta de lo que se declara en el artículo 2.2 de la propia Ley, al especificar, entre sus finalidades, entre otras, el:

> "Reafirmar la aplicación y reconocimiento del derecho a la propiedad, teniendo presente que los bienes adquiridos con recursos de origen ilícito no adquieren legitimidad ni consolidan el derecho de propiedad, por lo que no pueden gozar de protección Constitucional o legal,"

Y, además, al precisar en el artículo 6, que:

> "La extinción de dominio tendrá como único límite el derecho de propiedad lícitamente obtenido como valor constitucional y cuyos atributos se ejerzan de conformidad con la función social prevista en la Constitución de la República Bolivariana de Venezuela y las leyes;"

Sin embargo, para el asombro de cualquier lector medianamente enterado del tema, la Sala Constitucional, en una omisión evidentemente inconstitucio-nal, al dictar su sentencia no hizo referencia alguna a dicho derecho de propiedad ni mencionó siquiera el artículo 115. Es decir, tratándose de una ley que regula la extinción de dominio, es decir, de la propiedad privada sobre bienes, la Sala Constitucional debió al menos haber mencionado el texto de dicha norma que establece que:

> *Artículo 115.* Se garantiza el derecho de propiedad. Toda persona tiene derecho al uso, goce, disfrute y disposición de sus bienes. La propiedad estará sometida a las contribuciones, restricciones y obliga-ciones que establezca la ley con fines de utilidad pública o de interés general. Sólo por causa de utilidad pública o interés social, mediante sentencia firme y pago oportuno de justa indemnización, podrá ser declarada la expropiación de cualquier clase de bienes

Ahora bien, ignorando dicha previsión y el derecho mismo a la propiedad privada que en la misma se garantiza, y a pesar de que la Ley Orgánica busca regular mecanismos de extinción de la propiedad privada a favor del Estado sin compensación, la Sala Constitucional en su análisis de la "constitucio-nalidad" del carácter orgánico de la Ley, para determinar si la misma se enmarcaba en el "desarrollo de derechos constitucionales" (art. 203, Cons-titución), solo hizo referencia a otro "nuevo" derecho constitucional que dedujo del texto fundamental, que calificó como el "derecho constitucional a la protección de los derechos económicos, del patrimonio público así como de otros intereses, por parte del Estado," que regularía el artículo 116 de la misma Constitución; "derecho constitucional a la protección patrimonial y de otros intereses del Estado" que según la Sala Constitucional, "constituye un derecho irrenunciable con clara incidencia en el resto de los derechos fundamentales."

Para haber deducido la existencia de ese derecho constitucional, la Sala Constitucional solo hizo referencia al artículo 116 de la Constitución que, en realidad, lo que hace es prohibir la confiscación, y establecer los casos excepcionales en los cuales puede decretarse, así:

> "*Artículo 116. No se decretarán ni ejecutarán confiscaciones de bienes sino en los casos permitidos por esta Constitución. Por vía de excepción podrán ser objeto de confiscación, mediante sentencia firme, los bienes de personas naturales o jurídicas, nacionales o extranjeras, responsables de delitos cometidos contra el patrimonio público, los bienes de quienes se hayan enriquecido ilícitamente al amparo del Poder Público y los bienes provenientes de las actividades comerciales, financieras o cualesquiera otras vinculadas al tráfico ilícito de sustancias psicotrópicas y estupefacientes*".

En el marco de ese "nuevo" derecho constitucional "a la protección patrimonial y de otros intereses del Estado," la Sala, "sin que ello constituya pronunciamiento adelantado sobre la constitucionalidad del contenido del texto normativo," consideró que el mismo era el propio para una "ley orgánica," destacando, entre las características fundamentales de la Ley sancionada, las siguientes:

1. Que el texto legislativo "resulta trascendental para el ejercicio y desarrollo integral del *derecho constitucional a la protección de los derechos económicos, del patrimonio público, así como de otros intereses, por parte del Estado*, entre otros vinculados al mismo."
2. Que el instrumento normativo "se perfila a coadyuvar en la prevención de actividades delictivas, especialmente las relacionadas con la corrupción, la delincuencia organizada, el financiamiento al terrorismo, la legitimación de capitales y tráfico ilícito d sustancias psicotrópicas y estupefacientes, que tienen un impacto negativo sobre la sociedad."
3. Que las normas de la ley buscan "fortalecer las capacidades del Estado para combatir con eficiencia estas *prácticas delictivas* incorporando al ordenamiento jurídico venezolano un *instrumento de política criminal* como la "extinción de dominio", que complementa el conjunto de medidas institucionales y legales adoptadas por la República Bolivariana de Venezuela en esta materia, conforme a la previsión referida a los derechos económicos (artículo 116)" que no son otras que las que se refieren a la *confiscación* que la único que en esa norma se regula.
4. Que la Ley "viene a desarrollar la *severidad de las penas que deben imponerse por la comisión de ilícitos* económicos de conformidad con lo dispuesto en el artículo 114 de la Constitución de la República Bolivariana de Venezuela;" norma que declara que los siguientes *delitos* serán penados severamente de acuerdo con la ley: "el ilícito económico, la especulación, el acaparamiento, la usura, la cartelización y otros delitos conexos."

Conforme al anterior marco de razonamiento de la sentencia No. 315 de la Sala Constitucional, por tanto, lo que se ha regulado en la Ley Orgánica de Extinción de Dominio de abril de 2023 no es otra cosa sino una modalidad de *confiscación* conforme a lo regulado en el artículo 116 de la Constitución, impuesta como consecuencia de la comisión de delitos, es decir, como sanción penal; a pesar de que la idea inicial que pudo haber existido cuando se presentó el Proyecto de Ley ante la Asamblea Nacional hubiese sido otra, más vinculada quizás con las legislaciones de otros países latinoamericanos, que han regulado sobre extinción de dominio, sin vinculación con delitos y penas.[5]

Esa institución desarrollada en otras latitudes, con ese mismo nombre, lo cierto es que con la sentencia de la Sala Constitucional ha sido totalmente desnaturalizada,[6] y convertida en una modalidad de la confiscación, como una de las formas de extinguir la propiedad privada a favor del Estado en el marco del artículo 116 de la Constitución. Institución que por lo demás, sea cual fuere la naturaleza que se adopte, requeriría para su aplicación de un sistema político de Estado de derecho, donde la piedra angular sea la autonomía y separación de poderes, entre ellos del Poder Judicial.[7] Con un Poder Judicial, cuya independencia y autonomía ha sido demolida en Venezuela en las últimas dos décadas,[8] esta ley, distorsionada y todo, es un instrumento que puede agravar los problemas que llevaron a su sanción

II. LA PROHIBICIÓN CONSTITUCIONAL DE LA CONFISCACIÓN Y SUS EXCEPCIONES COMO SANCIÓN PENAL

En efecto, después de garantizar la propiedad privada y establecer que el Estado puede extinguirla forzosamente mediante pago oportuno de justa indemnización decretada por sentencia firme en un juicio de expropiación (art. 115), la Constitución de 1999 prohíbe en su artículo 116, que se decreten o ejecuten confiscaciones de bienes, es decir, que se produzcan "expropiaciones sin indemnización,"[9] o si se quiere conforme al sentido de la palabra confiscación en el *Diccionario de la Real Academia Española,* que se proceda a

---

5 Véase por *ejemplo Rafael Simón Jiménez Tapia y Emilio J. Urbina Mendoza, El comiso autónomo y la extinción de dominio en la lucha contra la corrupción,* Editorial Jurídica Venezolana, 2020,

6 Véase los comentarios a la sentencia de la Sala Constitucional en Emilio J. Urbina, "Justicia constitucional y la extinción de dominio en América Latina. Una ata lección para su configuración en Venezuela, a propósito de la sentencia 315 de 28-04-2023 de la sala Constitucional del Tribunal Supremo de Justicia", abril 2023 (Consultado en original).

7 Véase Ramón Escovar León, "Ley Orgánica de Extinción de Dominio," en *El Nacional,* mayo 2, 2023, disponible en https://www.elnacional.com/opinion/la-ley-organica-de-extincion-de-dominio/

8 Véase Allan R. Brewer-Carias, *La demolición de la independencia y autonomía del Poder Judicial en Venezuela 1999-2021,* Colección Biblioteca Allan R. Brewer-Carías, Instituto de Investigaciones Jurídicas de la Universidad Católica Andrés Bello, No. 7, Editorial Jurídica Venezolana, Caracas 2021.

9 Véase Allan R. Brewer-Carias, *La Constitución de 1999. Derecho Constitucional Venezolano,* Edición de la Academia de Ciencias Politicas y Sociales, Editorial Jurídica venezolana, Caracas 2022, pp. 809, 835-837.

"incautar o privar de posesiones o bienes para su incorporación al erario público, sin compensación."

Sin embargo, la Constitución establece excepciones a este principio, al permitir en el mismo artículo 116, la extinción forzosa del dominio o de la propiedad de bienes, sin compensación, aun cuando siempre "mediante sentencia firme," respecto de: (i) los bienes de personas naturales o jurídicas, nacionales o extranjeras, responsables de delitos cometidos contra el patrimonio público; (ii) los bienes de quienes se hayan enriquecido ilícitamente al amparo del Poder Público; y (iii) los bienes provenientes de las actividades comerciales, financieras o cualesquiera otras vinculadas al tráfico ilícito de sustancias psicotrópicas y estupefacientes. Estas excepciones que se repiten en el artículo 271 al disponer que "previa decisión judicial," serán confiscados los bienes provenientes de las actividades relacionadas con los delitos contra el patrimonio público o con el tráfico de estupefacientes.

En esta forma se ampliaron considerablemente los supuestos en los cuales procedía la confiscación conforme a la Constitución de 1961, pero sin hacer referencia a las medidas aceptadas por el derecho internacional público, como se especificaba en el artículo 102 de aquella.

Además, respecto del tema de la confiscación, el artículo 317 de la Constitución, establece, en forma expresa, lo que constituye una novedad en nuestro ordenamiento constitucional, que es el principio de que "ningún tributo puede tener efecto confiscatorio". Ello lo propusimos repetidamente en los debates[10], siguiendo la tendencia existente en el derecho comparado[11].

La Sala Constitucional en sentencia N° 307 de 6 de marzo de 2001 (Caso: *Ordenanza sobre Patente de Industria y Comercio del Municipio San Joaquín del Estado Carabobo)* tuvo ocasión de tratar el tema de las tributaciones confiscatorias a admitir que el *desiderátum* establecido en el artículo 317 de la Constitución se extiende a las sanciones o mecanismos coercitivos empleados por el legislador a los efectos de obtener, por parte de los sujetos pasivos o deudores tributarios, el exacto cumplimiento de su obligación fiscal. La Sala, en efecto, al analizar las multas establecidas en la Ordenanza y resolver la denuncia de su carácter confiscatorio, señaló:

> "Sobre este particular, observa esta Sala Constitucional que el *principio de no confiscación* se encuentra consagrado en el ordenamiento constitucional venezolano como una garantía de eficacia del derecho a la propiedad, derecho este, también de configuración constitucional. Así,

---

10 *Véase,* Allan R. Brewer-Carías, *Debate Constituyente,* Tomo II, p. 279; y Tomo III, pp. 70 y ss.

11 Véase Allan R. Brewer-Carías, "Les protections constitutionnelles et légales contre les impositions confiscatoires", *Rapports Generaux. XIII Congrès International de Droit Comparé,* Montreal 1990, pp. 795 a 824. Véase también en Allan R. Brewer-Carías, *El Poder Público: Nacional Estadal y Municipal,* Tomo II, *Instituciones Políticas y Constitucionales,* Universidad Católica del Táchira-Editorial Jurídica Venezolana, Caracas, San Cristóbal 1996, pp. 85 ss.

en la Constitución de la República Bolivariana de Venezuela, se estableció dentro del Capítulo VII *"De los derechos económicos,"* en los artículos 115 y 116 el derecho a la propiedad y la correlativa garantía de no confiscación, en los términos que a continuación se exponen... Asimismo, dicho derecho se encuentra igualmente consagrado en normas legales preconstitucionales... (art. 545 del Código Civil).

Por su parte, el artículo 317 constitucional consagra la no confisca-ción como postulado expreso que todo legislador tributario debe atender, es decir, todo órgano titular de la potestad de legislar en materia tributaria se encuentra en el deber de respetar, en sus actos normativos, ese principio de no confiscación contemplado en la Carta Magna. Resulta casi innecesario advertir que aun cuando el comentado artículo 317 señale que *"ningún tributo tendrá efectos confiscatorios"*, tal *desiderátum* se hace extensivo a las sanciones o mecanismos coercitivos empleados por el legislador a los efectos de obtener, por parte de los sujetos pasivos o deudores tributarios, el exacto cumplimiento de su obligación fiscal, de lo contrario, se perdería la armonía existente con el resto de la normativa constitucional...

Con base a las normas anteriormente expuestas, contempladas en la máxima Ley nacional, se observa que si bien la propiedad es un derecho sujeto a determinadas limitaciones que deben encontrarse acorde con ciertos fines, tales como la función social, la utilidad pública y el interés general, tales limitaciones deben ser establecidas con fundamento en un texto legal, siempre y cuando las referidas restricciones no constituyan un menoscabo *absoluto o irracional* del aludido derecho de propiedad.

Esto es, que imposibilite de tal forma la capacidad patrimonial de los particulares que termine extinguiéndola.

En el ámbito tributario, la vulneración del derecho de propiedad, se pone de manifiesto cuando tal como asienta el tratadista Héctor Villegas, "el Estado se apropia indebidamente de los bienes de los contribuyentes, al aplicar un gravamen en el cual el monto llega a extremos insoportables, desbordando así la capacidad contributiva de la persona, vulnerando por esa vía indirecta la propiedad privada, e impidiéndole ejercer su actividad". (Villegas, Héctor. *Relatoría General de las XIV Jornadas Latinoamericanas de Derecho Tributario* celebradas en Buenos Aires del 4 al 7 de Septiembre de 1989, tema: "Las Garantías Constitucionales ante la Presión del Conjunto de Tributos que Recaen sobre el Sujeto Contribuyente", p. 27).

En tal sentido, esta Sala observa que la vulneración del derecho de propiedad como consecuencia del pago de un tributo confiscatorio, ha sido expresamente proscrito por el Constituyente de 1999, en el ya citado artículo 317 constitucional que establece -se reitera- que *"ningún tributo puede tener efecto confiscatorio"* y tiene su fundamento directo en la norma consagrada en el artículo 316 de la Constitución de la República Bolivariana de Venezuela, que dispone que *"el sistema tributario procurará la justa distribución de las cargas públicas según la capacidad económica del o de la contribuyente, atendiendo al principio de progresividad, así como la protección de la economía nacional y la elevación del nivel de vida de la población"*.

Siendo esto así, surge evidente la conclusión de que a los Poderes Públicos les está prohibido el establecimiento de tributos o sanciones tributarias -siendo que estas últimas son formas coercitivas de procurar la efectiva recaudación de las contribuciones de los particulares a las cargas públicas- que puedan amenazar con absorber una parte sustancial del derecho a la propiedad del contribuyente, con la negativa consecuencia que tal situación conlleva, al extinguir la fuente generadora del tributo y posterior daño que tal situación ejerce en la ya mermada economía del país."[12]

III. LA CONFISCACIÓN Y EL COMISO COMO SANCIÓN PENAL Y LA LLAMADA "EXTINCIÓN DE DOMINIO" EN EL PROYECTO DE LEY DE EXTINCIÓN DE DOMINIO (2023)

La confiscación (del latín *confiscation*), es decir, la "acción y efecto de confiscar," por tanto, en Venezuela, tradicionalmente se ha considerado que solo puede ser el resultado de un pena accesoria de una condena penal impuesta por determinados delitos; institución a la cual se asimila la clásica del "comiso" (del latín tardío *commissum*), regulada desde siempre en los ordenamientos en el sentido del mismo *Diccionario de la Real Academia Española*, como una "pena o sanción consistente en la apropiación por el Estado," de bienes de un sujeto, también conocida como "decomiso."

El sentido de todas estas expresiones en el mundo del derecho apunta a identificar, como se ha dicho, el proceso de apoderamiento o el acto de incautar o privar de posesiones o bienes de propiedad privada, por parte del Estado de bienes, para su incorporación al erario público, sin compensación, siempre mediante una decisión judicial decretada como sanción por delitos cometidos o actividades ilícitas realizadas y, en particular, como pena accesoria.

Además de las previsiones constitucionales antes mencionadas, respecto de estas instituciones hay abundantes previsiones de larga tradición en el ámbito legislativo, en particular, al regular la confiscación y comiso como sanciones penales.

En efecto, comenzando por el Código Penal, entre las penas accesorias, no corporales, en el mismo se incluye "la perdida de los instrumentos o armas

---

12 Véase en *Revista de Derecho Público*, 85-88, Editorial Jurídica Venezolana, Caracas, 2001, p. 227. Disponible en: https://revistadederechopublico.com/wp-content/ uploads/2020/10/85-86-87-88-Revista_derecho_publico-N_85-88_enero_diciembre _2001.pdf

con que se cometió el hecho punible y de los efectos que de él provengan" (arts. 10,11), precisando sobre ello que:

> "Artículo 33. Es *necesariamente accesoria a otra pena principal*, la perdida de los instrumentos o armas con que se cometió el hecho punible y de los efectos que de él provengan; y se la ejecutara así: las armas serán *decomisadas* de conformidad con el Capítulo I del Título V del Libro Segundo de este Código; y los demás efectos serán asimismo *decomisados* y rematados para adjudicar su precio al respectivo Fisco Nacional, del Estado o Municipal, según las reglas del artículo 30."

Específicamente, en los casos de delitos de corrupción de funcionarios (arts. 198-202), el Código establece que "el dinero u objeto dados serán *confiscados*" (art. 230); en el caso de soborno de testigos, peritos o intérpretes, que "todo lo que hubiere dado el sobornador será *confiscado*" (art. 247); en los casos de delitos consistentes en el comercio, la importación, la fabricación, el porte, la posesión, el suministro y el ocultamiento de las armas clasificadas como de guerra o prohibidas (arts. 275, 277 y 278), que "las armas materia del proceso se *confiscaran* y se destinaran al Parque Nacional (art. 279); en los casos de delitos de falsedad en pasaportes, licencias, certificados y otros actos semejantes (arts. 327, 331), si el hecho se hubiere cometido mediante dinero u otras dádivas, entregadas o prometidas, que el dinero o los otros presentes, "todo lo dado será *confiscado*;" en los casos de faltas por juego de suerte y azar, que el dinero del juego y todos los objetos destinados al efecto, serán *confiscados* (art. 534); y en los casos de faltas consistentes en la posesión injustificada de objetos y valores, que "el dinero y los objetos sospechosos serán *confiscados*" (art 540).

Por otra parte, el artículo 103 del mismo Código Penal establece que si bien la muerte del procesado extingue la acción penal y la pena, sin embargo, ello "no impide la *confiscación* de los objetos o instrumentos con que se cometió el delito;" y el artículo 107 dispone que "ni la amnistía ni el indulto o gracia, ni el perdón de la parte ofendida dan derecho a la restitución de las armas o instrumentos *confiscados*."

En cuanto al comiso, el mismo tiene una larga tradición reguladora en materia de Aduanas, la cual se refleja en las disposiciones de la Ley Orgánica de Aduanas al tipificar el delito de contrabando, disponiendo como sanción que:

> "Artículo 110: Además de la multa prevista en los artículos anteriores, se impondrá también el *comiso* de los efectos objeto del contrabando, así como el de los vehículos, semovientes, enseres, utensilios, aparejos y otras mercancías usadas para cometer, encubrir o disimular el contrabando."

En los últimos lustros, la institución de la confiscación ha sido, además, detalladamente regulada en leyes penales especiales, como por ejemplo, la Ley contra la Corrupción, en cuyo artículo 55 se dispone que:

> "Los bienes que constituyen el enriquecimiento ilícito, por el sólo hecho de la *sentencia ejecutoriada, pasarán a ser propiedad de la entidad* afectada, cuando se le produjere un perjuicio económico. En los demás casos, *ingresarán a la Hacienda* Pública Nacional.

La Ley agrega, además, que en los casos en los cuales un funcionario público reciba retribuciones por sus servicios (arts. 68); o reciba retribuciones por retrasar u omitir el ejercicio de sus funciones (art. 69), el dinero u objetos dados "serán *confiscados,* previa *sentencia firme* que así lo acuerde" (art. 72)

Por último, el artículo 103 de la misma ley establece que en la *sentencia definitiva,* el Juez podrá ordenar, según las circunstancias del caso, "la *confiscación* de los bienes de las personas naturales o jurídicas, nacionales o extranjeras, que incurran o sean responsables de delitos" establecidos en la Ley, que afecten gravemente el patrimonio público, a cuyo efecto solicitará ante las autoridades competentes, la repatriación de capitales de ser el caso.

La norma agrega que "asimismo, el Juez podrá ordenar, según la gravedad del caso, la *confiscación* de los bienes de las personas que hayan *incurrido en el delito* de enriquecimiento ilícito tipificado en el artículo 52 de esta Ley, y consecuencialmente la repatriación de capitales."

En la misma línea de la Ley Anticorrupción, la Convención de las Naciones Unidas contra la Corrupción de 2003, de la cual Venezuela es parte, entre las definiciones establecidas en la misma, está la referida el término *decomiso,* entendiéndose por tal: "la privación con carácter definitivo de bienes *por orden de un tribunal* u otra autoridad competente" (art. 2.g).

A tal efecto, en el artículo 31 de la Convención se prevé que cada Estado Parte debe adoptar las medidas que sean necesarias para autorizar el *decomiso*: "a) Del producto de delitos tipificados con arreglo a la presente Convención o de bienes cuyo valor corresponda al de dicho producto; b) De los bienes, equipo u otros instrumentos utilizados o destinados a utilizarse en la *comisión de los delitos* tipificados con arreglo a la presente Convención."

Por otra parte, en el artículo 54 de la Convención se presupone en general que el decomiso de bienes se debe decretar mediante *sentencia judicial penal,* al establecerse como excepción que también podría decretarse "sin que medie una condena, en casos en que el delincuente no pueda ser enjuiciado por motivo de fallecimiento, fuga o ausencia, o en otros casos apropiados" (art. 54).

En la misma orientación de la Ley Anti Corrupción, la Ley de Drogas 2010, que regula y sanciona el tráfico ilícito de drogas y sustancias estupefacientes, entre las definiciones que formula en su artículo 2, está precisamente la referida al término *confiscación,* entendido como:

"una *pena accesoria*, que consiste en la privación de la propiedad con *carácter* definitivo de algún bien, por *decisión de un tribunal penal*" (art. 3.5).

También se define en la Ley el término *comiso*, como:

"la privación definitiva del derecho de propiedad sobre cualquier bien que haya sido abandonado en los términos previstos en esta Ley, *decretado por un juez o jueza de control* a favor del Estado" (art. 3.8)

Además, el artículo 178 de dicha Ley, al referirse a las *penas accesorias*, identifica entre ellas a "la *confiscación* de los bienes muebles e inmuebles que se emplearen en la comisión de los delitos previstos en esta Ley, así como los efectos, productos o beneficios que provengan de los mismos" (art. 178.4); y el artículo 183 de la Ley precisa que "*cuando exista sentencia* condenatoria definitivamente firme, se procederá a la *confiscación* de los bienes muebles e inmuebles incautados preventivamente."

En esta misma orientación, la Ley Orgánica contra la Delincuencia Organizada y Financiamiento al Terrorismo de 2012 define la *confiscación* como "una *pena accesoria* que consiste en la privación de la propiedad con carácter definitivo sobre algún bien, por decisión de un tribunal" (art. 4.7); y el *decomiso* como "la privación definitiva del derecho de propiedad sobre cualquier bien que haya sido abandonado o no reclamado en los términos previstos en esta Ley, *decretado por un juez o jueza* a favor del Estado."

Esta Ley, al regular las sanciones a las personas jurídicas, dispone en su artículo 32 que el juez competente podrá *imponer en la sentencia definitiva*, entre diversas las sanciones reguladas (de acuerdo con la naturaleza del hecho cometido, su gravedad, las consecuencias para la empresa y la necesidad de prevenir la comisión de hechos punibles), " la *confiscación* o *decomiso* de los instrumentos que sirvieron para la comisión del delito, de las mercancías ilícitas y de los productos del delito en todo caso" (art. 32.3); estableciéndose igualmente que "los capitales, bienes o haberes objeto del delito de legitimación de capitales serán *decomisados* o *confiscados*" (art. 35).

En todas las previsiones legales antes analizadas, siguiendo el sentido incluso de la etimología de las palabras, en términos generales, las expresiones confiscación y comiso o decomiso puede decirse que tienen el mismo significado, constituyéndose siempre como mecanismos para la asegurar la extinción forzada de la propiedad privada a favor del Estado, sin compensación, decretada mediante sentencia judicial, como pena accesoria en procesos penales.

En términos más contemporáneos, dichas instituciones son formas de "extinción de dominio," tal como por ejemplo, se utilizó este término en la "Ley Modelo sobre Extinción de Dominio" elaborada por el la Oficina de Naciones Unidas contra la Droga y el Delito (Programa de Asistencia para América

Latina y el Caribe).[13] En este texto se precisa el concepto de la "extinción de dominio" así:

> "La extinción de dominio es una consecuencia patrimonial de *actividades ilícitas* consistente en la declaración de titularidad a favor del Estado, de los bienes a que se refiere esta ley, *por sentencia de autoridad judicial, sin contraprestación, ni compensación* de naturaleza alguna" (art. 2).

El concepto plasmado en dicha Ley Modelo es, sin duda, equivalente al antes analizado de confiscación o comiso en el ordenamiento venezolano, particularmente en cuanto a que la misma solo puede decretarse mediante sentencia judicial, y es el resultado de actividades delictivas o ilícitas. Por ello, el artículo 2 de la misma Ley Modelo agrega que "la extinción de dominio es de naturaleza jurisdiccional, de carácter real en cuanto se dirige contra bienes," agregando la norma sin embargo, que "se declara a través de un procedimiento autónomo, e independiente de cualquier otro juicio o proceso." Con esta regulación, que podría ser constitucional en otros países, se ha querido "desligar" la extinción de dominio respecto de la condena penal y del su carácter de pena accesoria, como sanción penal, que por ejemplo se establece en todo el ordenamiento jurídico.

Sin embargo, aun previéndose que el proceso judicial para la extinción de dominio pueda ser autónomo, en la Ley Modelo solo se puede proceder una vez que se han declarado determinadas actividades como "*ilícitas,*" siendo la extinción de dominio una consecuencia patrimonial de las mismas. Así lo reafirma el artículo 6 de la Ley Modelo, cuando define los "presupuestos de la extinción de dominio" determinando que solo procederá, entre otros, sobre:

> "a. Bienes que sean producto de *actividades ilícitas.* b. Bienes que sean instrumentos de *actividades ilícitas.* c. Bienes que sean objeto material de *actividades ilícitas.* d. Bienes que provengan de la transformación o conversión parcial o total, física o jurídica del producto, instrumentos u objeto material de *actividades ilícitas.* e. Bienes de *origen lícito* utilizados para ocultar bienes de *ilícita procedencia.* f. Bienes de *origen lícito* mezclados con bienes de *ilícita procedencia.* g. Bienes que constituyan un incremento patrimonial *no justificado,* cuando existan elementos que permitan considerar razonablemente que provienen de *actividades ilícitas* [...].

Tiene que existir, por tanto, una decisión judicial que declare que determinadas actividades realizadas por un sujeto son actividades ilícitas, es decir delictivas, y ese sujeto sea condenado por ello, para que la medida se pueda materializar.

En la orientación de la dicha Ley Modelo, puede decirse que en la Asamblea Nacional ilegítimamente electa en 2020, en marzo de 2023, se comenzó a

---

13 Disponible en: chrome-extension://efaidnbmnnnibpcajpcglclefindmkaj/ https:// www.unodc.org/documents/legal-tools/Ley_Modelo_Sobre_Extincion_de_Dominio.pdf

discutir un Proyecto denominado de "Ley de Extinción de Dominio," que fue aprobado en primera discusión con el objeto, de "establecer mecanismos que permitan la identificación, localización y recuperación de los *bienes relacionados o derivados de actividades ilícitas* y la extinción de los derechos relativos al dominio de los mismos a favor de la República, sin contraprestación ni compensación alguna" (art. 1) .

En el Proyecto se definía, además, a la "Extinción de dominio" como:

> "la declaración de titularidad a favor del Estado de los bienes de personas naturales o jurídicas relacionados con *actividades ilícitas*, mediante *sentencia firme*, sin contraprestación, ni compensación de naturaleza alguna, salvaguardando los derechos de terceros de buena fe."

A tal efecto, el artículo 5 del Proyecto de Ley definía como *actividad ilícita*, a los *delitos* a los que se refiere el artículo 116 de la Constitución así:

> "toda *actividad tipificada como delictiva* en la legislación contra la corrupción, la delincuencia organizada, el financiamiento al terrorismo, la legitimación de capitales y tráfico ilícito de sustancias psicotrópicas y estupefacientes, aun cuando no se haya dictado sentencia,"

El marco del Proyecto de Ley, por tanto, "*actividad ilícita*" eran las que constituyen los *delitos tipificados* en la legislación vigente relativos a la corrupción, la delincuencia organizada, el financiamiento al terrorismo, la legitimación de capitales y tráfico ilícito de sustancias psicotrópicas y estupefacientes.

En consecuencia, los bienes que podían ser objeto de extinción de dominio, conforme al artículo 8 del Proyecto de ley eran, entre otros, aquellos:

> "1. Bienes que sean derivados u obtenidos directa o indirectamente de *actividades ilícitas*; 2. Bienes utilizados o destinados a ser utilizados, de cualquier forma para *actividades ilícitas*; 3. Bienes que sean objeto material de *actividades ilícitas*; 4. Bienes que provengan de la transformación o conversión parcial o total, física o jurídica de bienes derivados u obtenidos directa o indirectamente de *actividades ilícitas*, utilizados o destinados a ser utilizados, de cualquier forma, en su totalidad o en parte, para *actividades ilícitas* u objeto material de *actividades ilícitas*; 5. Bienes de origen lícito utilizados para ocultar bienes de *ilícita procedencia*; 6. Bienes de origen lícito mezclados con bienes de *ilícita procedencia*; 7. Bienes que constituyan un incremento patrimonial no justificado, cuando existan elementos que permitan considerar razonablemente que provienen de *actividades ilícitas*."

De todo ello resultaba evidente que, conforme a estas regulaciones del Proyecto, se buscaba que se pudiera decretar judicialmente la extinción de dominio respecto de bienes relacionados con todas esas *actividades ilícitas que por definición de la propia Ley constituían delitos tipificados* en las leyes,

Siendo ello así, no se entendía en el Proyecto, ni en nuestro criterio tenía sentido alguno, el agregado de la frase final del artículo 5 del Proyecto, cuando al definir la "*actividad ilícita*" como "*delictiva,*" lo que implicaba condena penal por el delito cometido, sin embargo, agregaba que podía haber *actividad ilícita* - decía el Proyecto - "aun cuando no se haya dictado sentencia."

Si la actividad ilícita es la actividad tipificada como delito, solo después de una condena es que la misma se materializa, no antes.

Por ello, no se entendía cómo podía haber una forma de identificar una *actividad ilícita delictiva* para proceder a la extinción de dominio de bienes de una persona, sin que se hubiera dictado sentencia condenatoria penal. Se insiste, solo una vez que una actividad delictiva es declarada como ilícita judicialmente, es que podría procederse a confiscar bienes de propiedad privada o a la "extinción de dominio."[14]

En otras palabras, si de acuerdo con el Proyecto, la *actividad ilícita* conforme a la definición legal era una actividad que necesariamente debía ser tipificada como delictiva, para que se materializase respecto de una persona y sus bienes, tenía que ser declarada en relación con la misma, mediante sentencia judicial de condena, por lo que en ningún caso podría decretarse la extinción de dominio sin dicha decisión judicial previa penal de condena. Por ello, no era admisible, conforme al ordenamiento venezolano, la previsión del artículo 7 del Proyecto, que en cambio sí podría aplicarse en otros ordenamientos, que declaraba que la acción para la declaratoria de la extinción de dominio siendo que podía ejercerse aún cuando no hubiera habido condena, y era "distinta e independiente de la persecución y responsabilidad penal." Al contrario, solo después de declarada la responsabilidad penal es que se podría proceder a ejecutar la medida de confiscación o extinción de dominio.

Por otra parte, una Ley de Extinción de Dominio en los términos de la "Ley Modelo sobre Extinción de Dominio" elaborada por el la Oficina de Naciones Unidas contra la Droga y el Delito, está concebida para poder aplicarse solo en un régimen político donde la garantía de la autonomía o independencia del Poder Judicial esté asegurada; y donde la independencia y autonomía de los órganos de control, como el Ministerio Público y la Contraloría General de la República también esté asegurada. Es decir, en un régimen donde prevalezca el Estado de derecho y la transparencia y la rendición de cuentas sean la norma.

---

14 Véase sobre el tema toda la muy elaborada argumentación que han formulado Rafael Simón Jiménez Tapia y Emilio J. Urbina Mendoza, en su reciente libro sobre: *El comiso autónomo y la extinción de dominio en la lucha contra la corrupción,* Editorial Jurídica Venezolana, Caracas 2020; y en particular el reconocimiento que hacen de la "fragilidad" que significaría la inclusión de la llamada "extinción de dominio" en el ordenamiento venezolano conforme a las previsiones existentes en la Constitución y las leyes, considerando como lo ideal que se proceda previamente para ello a una reforma constitucional. pp. 217 ss.

Sin embargo, en un país como Venezuela, que lamentablemente goza del grave récord de estar en el último lugar del rango de todos los países del mundo en los índices del Estado de derecho, particularmente en materia de *control sobre los poderes del gobierno*,[15] y en la *confiabilidad respecto del sistema de justicia penal*;[16] y en los últimos rangos en los índices de *transparencia* en el mundo (junto con Somalia, Siria y Sudán del Sur),[17] de *Gobierno abierto* (junto con Irán, la República Islámica, Egipto)[18] y de *respeto a los derechos humanos* (junto con China, Egipto, Myanmar, Irán);[19] una Ley de ese tipo no sólo es un peligro total respecto de la garantía del derecho de propiedad,[20] sino del propio funcionamiento del Estado pues podría ser el instrumento utilizado por grupos de poder para multiplicar la corrupción que se buscaría sancionar, que podría conducir a asegurar el uso y usufructo de los bienes mal habidos por razones delictivas, por otros ilegítimos nuevos titulares vinculados a la burocracia estatal, convirtiéndose el aseguramiento de bienes con base en el supuesto "derecho a la protección de los derechos económicos, del patrimonio público así como de otros intereses, por parte del Estado," en un monumental reparto de bienes como un botín.

IV. EL RÉGIMEN DE LA EXTINCIÓN DE DOMINIO EN LA LEY ORGÁNICA DE 2023 COMO UNA MODALIDAD DE CONFIS-CACIÓN

El Proyecto de Ley de Extinción de Dominio fue finalmente objeto de la segunda discusión, dando lugar a la sanción de la Ley respectiva, con el carácter de Ley Orgánica, la cual conforme a la sentencia de la Sala Constitucional No 315 de 28 de abril de 2023, es un instrumento legal que ha sido sancionado para "*coadyuvar en la prevención de actividades delictivas*," especialmente a las que se refiere el artículo 116 de la Constitución, vinculadas con "la corrupción, la delincuencia organizada el financiamiento al terroris-

15 *WJP* Rule of Law Index, Constraints Government Powers 2022; disponible en: https://worldjusticeproject.org/rule-of-law-index/global/2022/Constraints% 20 on%20 Government%20Powers/

16 WJP Rule of Law Index, Criminal Justice 2022; disponible en: https://world justiceproject. org/rule-of-law-index/*global*/2022/Criminal%20Justice/

17 CORRUPTION PERCEPTIONS INDEX 2022; disponible en: https://www. transparency.org/en /cpi/2021?gclid=CjwKCAjwo7iiBhAEEiwAsIxQEWnQOlud6NkLhwqWEVpvx2B-gRz7cp0dqiV8SC9HLm3MarJEG2zj1BoCyDEQAvD_BwE

18 WJP Rule of Law Index, Open Government 2022; disponible en: https://world justiceproject.org/rule-of-law-index/*global*/2022/Open%20Government/

19 WJP *Rule* of Law Index, Fundamental Rights 2022; disponible en: https://world justiceproject.org/rule-of-law-index/global/2022/Fundamental%20Rights/

20 Véase el comentario de Acceso a la Justicia: "Cinco razones para preocuparse por el proyecto de Ley de Extinción de Dominio impulsado por el oficialismo en Venezuela,", 18-4-2023. Disponible en: https://accesoalajusticia.org/cinco-razones-preocuparse-proyecto-ley-extincion-dominio-impulsado-oficialismo-venezuela/

mo, la legitimación de capitales y, tráfico ilícito de sustancias psicotrópicas y estupefacientes;" y que tendría por objeto a juicio de la sala Constitucional, "fortalecer las capacidades del Estado para combatir con eficiencia estas *prácticas delictivas*, incorporando al ordenamiento jurídico venezolano un *instrumento de política criminal*" con el objeto de "desarrollar la *severidad de las penas que debe imponerse por la comisión de ilícitos* económicos" conforme al artículo 114 de la Constitución, como son los delitos identificados como "el ilícito económico, la especulación, el acaparamiento, la usura, la cartelización y *otros delitos conexos*."

La Sala Constitucional, en esta forma, enmarcó el régimen de la Ley Orgánica de Extinción de Dominio, como regulador de una confiscación como consecuencia de actividades que constituyen delitos en el ordenamiento penal y, por tanto, con el carácter de sanción penal, buscando hacer más severas las penas como pieza de una política criminal.

1. Objeto y finalidad de la ley

De acuerdo con el artículo 1 de la Ley Orgánica, su objeto es, *por una parte*, establecer mecanismos que permitan "la identificación, localización y recuperación de los bienes y efectos patrimoniales *originados por actividades ilícitas o destinados a éstas*," y *por la otra*, asegurar "la extinción de los derechos y atributos relativos al dominio de los mismos a favor de la República, mediante sentencia, sin contraprestación ni compensación alguna," es decir, mediante la confiscación de los mismos impuesta por sentencia penal de condena por la comisión de delitos como lo exige el artículo 116 de la Constitución.

2. Definición de extinción de dominio y su vinculación con actividades ilícitas

Por ello, conforme a ese objeto, esta extinción de dominio se define en la Ley, como comprendiendo:

> "la declaración de titularidad a favor del Estado de los bienes y efectos patrimoniales de personas naturales o jurídicas relacionados con *actividades ilícitas*, mediante *sentencia firme*, sin contraprestación, ni compensación de ninguna naturaleza, salvaguardando los derechos de terceros de buena fe" (art. 5.3).

La institución que se regula, por tanto, solo en relación con "bienes y efectos patrimoniales relacionados o derivados de *actividades ilícitas*" (art. 4), según se repite más adelante en el artículo 8 de la Ley Orgánica al disponer que *la extinción de dominio podrá declararse respecto de bienes:*

"1. Derivados u obtenidos directa o indirectamente de *actividades ilícitas*, en los términos previstos en esta Ley.

2. Utilizados o destinados de cualquier forma para *actividades ilícitas*, en su totalidad o en parte.

3. Que sean objeto material de *actividades ilícitas.*
4. Que provengan de la transformación o conversión parcial o total, física o jurídica, de los bienes previstos en los numerales 1, 2 y 3 de este artículo.
5. De origen lícito utilizados para ocultar bienes de *ilícita procedencia.*
6. De origen lícito mezclados con bienes de *ilícita procedencia.*
7. Que constituyan un incremento patrimonial no justificado, cuando existan elementos que permitan considerar razonablemente que provienen de *actividades ilícitas.*
8. Que constituyan un incremento patrimonial de toda persona, natural o jurídica, relacionada directa o indirectamente con una persona sometida a la acción de extinción de dominio, siempre que exista información razonable de que dicho incremento patrimonial se deriva de *actividades ilícitas* anteriores a la referida acción.
9. Que constituyan un incremento patrimonial de toda persona, natural o jurídica que haya podido lucrarse o beneficiarse de los bienes, frutos, productos, ganancias, rendimientos o permutas provenientes de *actividades ilícitas,* sin que se demuestre suficiente y fehacientemente el origen lícito de dicho incremento patrimonial.
10. Que constituyan ingresos, rentas, frutos, productos o ganancias derivados de los bienes relacionados directa o indirectamente con *actividades ilícitas.*
11. De origen lícito, cuyo valor sea equivalente a cualquiera de los bienes descritos en los numerales anteriores, cuando no sea posible su localización, identificación, incautación, aseguramiento preventivo o decomiso.
12. De origen lícito, cuyo valor sea equivalente a cualquiera de los bienes descritos en los numerales anteriores, cuando se acredite el derecho de un tercero de buena fe sobre dichos bienes."

Esta noción de *actividad ilícita,* en la Ley Orgánica se vincula en la ley Orgánica a *actividades delictivas,* es decir, tipificadas como delitos en la legislación penal, entendiéndose en la definición de tales actividades ilícitas conforme al artículo 5.1:

> "Toda actividad *tipificada*[21] en la legislación contra la corrupción, la delincuencia organizada, el financiamiento al terrorismo, la legitimación de capitales y tráfico ilícito de sustancias psicotrópicas y estupefacientes, *aun cuando no se haya dictado sentencia* en el proceso penal corres-pondiente" (art. 5.1).

[21] En el Proyecto aprobado en primera discusión a la palabra "tipificada" se agregaba la frase: "como delictiva."

En esta definición, por supuesto, la última frase de que podría haber alguna actividad ilícita - que es la tipificada como delito -, *"aun cuando no se haya dictado sentencia en el proceso penal correspondiente,"* - que proviene de la Ley Modelo utilizada para la elaboración del Proyecto de Ley discutido -, introduce un contrasentido en el régimen legal establecido, pues podría implicar que se pudieran confiscar bienes, como sanción penal, sin que haya habido condena penal, lo que sería inconstitucional por violar el artículo 116 del texto fundamental. Es decir, si la actividad que puede originar la aplicación de la ley y la extinción de dominio es la *actividad ilícita,* y si la *actividad ilícita* es la *tipificada como delito* en el ordenamiento penal, no podría haber certeza de que la misma ha ocurrido como tal "actividad ilícita" sino cuando haya habido una condena penal que decrete su comisión mediante sentencia, imponiendo la pena correspondiente al delito, incluyendo la confiscación de bienes.

Dejando a salvo este contrasentido inconstitucional, que tendrá que ser precisado incluso por la Sala Constitucional cuando se pronuncie sobre la constitucionalidad del texto de la Ley verificando si la misma se enmarca en el régimen constitucional vigente, en consecuencia, la extinción de dominio, primero, solo opera respecto de bienes relacionados con *actividades ilícitas,* que tienen que haber sido previamente y necesariamente tipificadas como delitos en diversas leyes de carácter penal, debiendo decretarse la extinción de dominio necesariamente y solo mediante sentencia firme, sin compensación alguna, lo que asimila la institución a la confiscación que regula el artículo 116 de la Constitución, después de que se ha condenado a una persona por dichos delitos.

3. FINALIDAD DE LA LEY Y MODIFICACIÓN DEL RÉGIMEN LEGAL DE LA PROPIEDAD PRIVADA

El texto legal, con el objeto definido y en el marco establecido en su articulado antes mencionados, define en su artículo 2 su finalidad, consistente en:

Primero, en "Incrementar la efectividad de la acción del Estado contra la corrupción, la delincuencia organizada, el financiamiento al terrorismo, la legitimación de capitales y tráfico ilícito de sustancias psicotrópicas y estupefacientes (art. 2.1); y

Segundo, en "generar las condiciones para que los bienes y efectos patrimoniales relacionados o derivados de actividades ilícitas objeto de la extinción de dominio sean destinados a financiar las políticas públicas nacionales de protección y desarrollo del Pueblo venezolano" (art. 2.3).

Con estos fines, la Ley Orgánica establece una nueva definición del derecho de propiedad que se garantiza en la Constitución y se regula en el Código Civil, al disponer que la misma, sobre bienes, solo se reconoce cuando son adquiridos con recursos de origen lícito, por lo que sobre "los bienes adquiridos con recursos de origen ilícito" no se consolida el derecho de propiedad, ni puede gozar de "protección constitucional o legal" (art. 2.2). Por supuesto, para que esta norma tenga alguna aplicación, es imprescindible que haya habido una decisión judicial penal que haya declarado el origen ilícito de los recursos, como consecuencia de haber condenado penalmente por la comisión de actividades delictivas, pues son estas las que en la ley califican de ilícita una actividad.

Una vez condicionada la existencia de la propiedad y su reconocimiento, a la adquisición de la misma con recursos de origen lícito, conforme al artículo 6 de la ley, se declara que el "único límite" de la extinción de dominio es el "derecho de propiedad lícitamente obtenido como valor constitucional y cuyos atributos se ejerzan de conformidad con la función social prevista en la Constitución de la República Bolivariana de Venezuela y las leyes."

En esa misma línea, además, la norma dispone que "una vez demostrada la ilicitud de origen de los bienes afectados en el proceso de extinción de dominio" que solo puede declararse mediante sentencia, "se entenderá que el objeto de las convenciones o negocios jurídicos que dieron lugar a la adquisición es contraria al régimen constitucional y legal de la propiedad," siendo la consecuencia de esta previsión, que "los actos y contratos que versen sobre dichos bienes en ningún caso constituyen justo título y se considerarán nulos."

Estas normas, sin duda, por su generalidad e imprecisión, al afectar el régimen de la titularidad del derecho de propiedad, darán origen a innumerables controversias civiles que solo una sabia aplicación de la ley podrá resolver.

De lo contrario lo que puede producirse será el socavamiento total de las bases del régimen jurídico de la propiedad privada.

Ello implica que en la aplicación de la Ley debe tenerse como norte el principio de que todo lo referido a la titularidad de la propiedad -solo reconocida con base en la licitud del origen de los recursos para adquirirla y que sea reconocida-, no puede ser sino la consecuencia de una decisión judicial previa, de condena penal, que con base en la calificación de actividades como ilícitas, es decir, tipificadas como delito, declare la extinción de dominio, es decir, la confiscación de los bienes afectados a la actividad declarada como ilícita.

4. LA ACCIÓN JUDICIAL DE EXTINCIÓN DE DOMINIO

Si conforme a la Ley la extinción de dominio sólo puede decretarse respecto de bienes vinculados a actividades ilícitas, es decir, aquellas que constituyen delitos tipificados en la legislación penal, para que pueda ejercerse una "acción judicial de extinción de dominio," que en la ley se la califica como acción "de naturaleza civil" o "de naturaleza jurisdiccional, real y de contenido patrimonial" (arts. 11, 12), tiene que haber habido necesariamente una sentencia penal previa que haya declarado la comisión del delito de que se trate y condenado a los responsables.

Es decir, la acción de extinción de dominio, estando regulada en la Ley Orgánica como una confiscación, requiere necesariamente los resultados de un proceso penal previo. Por esta razón, conforme al artículo 28.2 de la Ley Orgánica, el Ministerio Público, para intentarla, solo puede invocar como fundamento de la acción, que la actividad específica relacionada con los bienes identificados es una *actividad ilícita* declarada como tal por un tribunal penal; para que luego, conforme al artículo 12 de la ley, la *"autoridad jurisdiccional"* competente para conocer de la acción de extinción de dominio (que son los Tribunales que cree el Tribunal Supremo de Justicia" (art. 12), pueda proceder a confiscar:

> "mediante sentencia, [y] declarar a favor de la República y como parte integrante del Tesoro Nacional, la titularidad de los bienes, frutos, productos, ganancias, rendimientos o permutas que se presuman pro-ve-nientes de actividades ilícitas o destinados a ellas, de conformidad con esta Ley" (art. 12).

Teniendo en cuenta toda esta normativa, no es sino otro contrasentido lo establecido en el artículo 11 de la Ley cuando declara que "la acción de extinción de dominio se ejercerá por el Ministerio Público y se sustanciará por las normas contenidas en esta Ley, *independientemente de la acción y procedimientos penales que se hubieren iniciado o terminado."*

Si con ello se quiso indicar que se puede proceder a la confiscación de bienes por la comisión de delitos, sin que haya habido una previa condena penal por ello, la previsión de este artículo 11 sería inconstitucional, pues en Venezuela, conforme al artículo 116 de la Constitución que conforme lo resuelto por la Sala Constitucional del Tribunal Supremo es el fundamento de la Ley Orgánica, solo procede la confiscación de bienes mediante sentencia firme que imponga la condena penal.

Por otra parte, si en el proceso penal respectivo se impuso mediante sentencia definitivamente firme la condena penal, y la pena accesoria de confiscación, entonces, obviamente, ello no permitiría que se ejerza ninguna acción de extinción de dominio, como lo aclara la segunda parte del artículo 16 de la Ley Orgánica cuando dispone que:

> "Las decisiones pronunciadas en un proceso penal no afectarán el ejercicio de la acción de extinción de dominio, salvo que los bienes objeto de la acción ya se hubiesen decomisado o confiscado como consecuencia de una condena penal definitivamente firme."

Por último, debe observarse, por último, que como la intención de la Ley ha sido establecer una acción de naturaleza civil para la extinción de dominio, que con todos los condicionantes antes mencionados se ejerce "independien-temente de la acción y procedimientos" (art. 11), se ha dispuesto para tal fin, la creación de una jurisdicción especial de tribunales por parte el Tribunal Supremo de Justicia (art. 12), y se ha asignado el ejercicio de la acción de extinción de dominio al Ministerio Público en la línea de sus competencias constitucionales (art. 285.5), para lo cual deben crearse "fiscalías especiali-zadas en materia de extinción de dominio, tomando en cuenta la naturaleza civil de la acción de extinción de dominio" (art. 11).

La Ley Orgánica de Extinción de Dominio, como puede apreciarse de los comentarios anteriores, no sólo es un cuerpo normativo complejo, que pretende regular un instrumento "nuevo" de lucha contra la corrupción, y los otros delitos a que se refiere el artículo 116 de la Constitución, que no es otra cosa sino una "confiscación," que va a exigir mucha sabiduría en su aplicación, para que no se convierta en un instrumento más de persecución, y a la vez de corrupción.

Hay que recordar incluso que como lo dice el artículo 6:

> "La extinción de dominio procederá, aunque los presupuestos fácticos exigidos para su declaratoria hubieren ocurrido con anterioridad a la entrada en vigencia de esta Ley."

Pero solo puede proceder cuando esos "supuestos fácticos" de las actividades ilícitas tipificadas como delitos hayan sido determinados por el juez penal competente, mediante condena penal.[22] De lo contrario la Ley puede dar lugar a un "festín" de reparto de un "botín" mal habido como instrumento político de persecución.

Nueva York, 2 de mayo de 2023.

---

22 Según informó la prensa, parecería incluso que el proceso de "incautación" de bienes a sectores vinculados con la corrupción, se produjo por vía ejecutiva antes de que la Ley Orgánica hubiese sido promulgada. En el diario *Últimas Noticias* del 28 de abril de 2023, en efecto se indicó que "El gobernador del estado Miranda, Héctor Rodríguez, entregó bienes y materiales incautados a sectores vinculados con la corrupción en un galpón que se encuentra en el Eje Guarenas-Guatire, de esa entidad central. La acción se produjo durante el acto de Promulgación de la Ley Orgánica de Extinción de Dominio." Disponible en: https://ultimasnoticias.com.ve/noticias/politica/incautan-bienes-y-materiales-a-corruptos-en-miranda/

SECCIÓN VIGÉSIMA TERCERA: *LA "ESTATIZACIÓN" DE LA INDUSTRIA PETROLERA EN 2006-2007 CON LA TERMINACIÓN UNILATERAL Y ANTICIPADA DE LOS CONTRATOS OPERATIVOS Y DE ASOCIACIÓN RESPECTO DE LAS ACTIVIDADES PRIMARIAS DE HIDROCARBUROS* (2007)

ESTE TEXTO TIENE SU ORIGEN EN EL ESTUDIO SOBRE "LA ESTATIZACIÓN DE LOS CONVENIOS DE ASOCIACIÓN QUE PERMITÍAN LA PARTICIPACIÓN DEL CAPITAL PRIVADO EN LAS ACTIVIDADES PRIMARIAS DE HIDROCARBUROS SUSCRITOS ANTES DE 2002, MEDIANTE SU TERMINACIÓN ANTICIPADA Y UNILATERAL Y LA CONFISCACIÓN DE LOS BIENES AFECTOS A LOS MISMOS," PUBLICADO EN EL LIBRO: EN VÍCTOR HERNÁNDEZ MENDIBLE (COORDINADOR), *NACIONALIZACIÓN, LIBERTAD DE EMPRESA Y ASOCIACIONES MIXTAS*, EDITORIAL JURÍDICA VENEZOLANA, CARACAS 2008, PP. 123-188.

A partir de 2006, el Estado venezolano, después de haber establecido el marco para la desnacionalización de la industria petrolera, comenzó un proceso de "estatización" petrolera mediante la eliminación progresiva, mediante ley, de la participación del capital privado en las actividades de la industria petrolera que se había desarrollado antes de la entrada en vigencia de la Ley Orgánica de Hidrocarburos de 2001,[1] lo que condujo incluso a la confiscación de bienes de propiedad privada en forma no autorizada por la Constitución. Como se dijo, para el momento en el cual se dictó esa Ley Orgánica, los particulares podían participar y participaban en la realización de las actividades de hidrocarburos a través de dos modalidades previstas en la legislación anterior: los Convenios Operativos con las empresas del Estado, y los Convenios de Asociación Estratégicas y de Explotación a Riesgo y Ganancias Compartidas que se habían suscrito bajo la vigencia de la Ley que reserva al Estado la Industria y el Comercio de los Hidrocarburos de

[1] Véase sobre este proceso: Allan Brewer-Carías, "La estatización de los convenios de asociación que permitían la participación del capital privado en las actividades primarias de hidrocarburos suscritos antes de 2002, mediante su terminación anticipada y unilateral y la confiscación de los bienes afectos a los mismos", en Víctor Hernández Mendible (Coordinador), Nacionalización, Libertad de Empresa y Asociaciones Mixtas, Editorial Jurídica Venezolana, Caracas 2008, pp. 123-188. Véase también Allan R. Brewer-Carías, "La terminación anticipada y unilateral mediante leyes de 2006 y 2007 de los convenios operativos y de asociaciones petroleros que permitían la participación del capital privado en las actividades primarias suscritos antes de 2002", en *Revista de Derecho Público*, No. 109 (enero-marzo 2007), Editorial Jurídica Venezolana, Caracas 2007, pp. 47-54. Véase también, "The 'Statization' of the Pre 2001 Primary Hydrocarbons Joint Venbure Exploitations: Their Unilateral termination and the Assets' Confiscation of Some of the Former Private parties" en Oil, Gas & Energy Law Intelligence, www.gasandoil. com/ogel/ ISSN: 1875-418X, Issue Vol. 6, Issue 2, (OGEL/TDM Special Issue on Venezuela: The battle of Contract Sanctity vs. Resource Sovereignty, ed. By Elizabeth Eljuri), April 2008.

1975, los cuales, dado el principio general de la irretroactividad de las leyes, continuaron en vigencia como contratos válidamente suscritos por el Estado conforme al artículo 5 de aquella Ley, aún después de la entrada en vigencia de la nueva Ley.

El proceso de eliminación de la participación del capital privado en la industria que había sido posible conforme a los contratos suscritos antes de 2001, se verificó mediante tres instrumentos legislativos: el *primero* dispuso la extinción, es decir, la terminación unilateral anticipada de los Convenios Operativos que existían, vía la *Ley de Regularización de la Participación Privada en las Actividades Primarias Previstas, abril 2006*; el *segundo* dispuso la terminación unilateral anticipada de los Convenios de Asociación y de Explotación a Riesgo que existían y que se habían suscrito entre 1993 y 2001, previéndose sin embargo, en este último caso, la posibilidad de que dichos convenios de asociación se pudieran convertir en empresas mixtas con capital del Estado en más del 50% del capital social (Arts. 22 y 27 al 32 LOH), mediante el *Decreto-Ley 5200, Ley de Migración a Empresas Mixtas de los Convenios de Asociación de la Faja Petrolífera del Orinoco, así como de los Convenios de Exploración a Riesgo y Ganancias Compartidas,* febrero 2007; y el *tercero* dispuso la "confiscación" de los intereses, acciones, participación y derechos de las empresas que formaban parte de dichos Convenios y Asociaciones, cuando no hubiesen acordado migrar a las referidas empresas mixtas, mediante la *Ley sobre los Efectos del Proceso de Migración a Empresas Mixtas de los Convenios de Asociación de la Faja Petrolífera del Orinoco; así como de los Convenios de Exploración a Riesgo y Ganancias Compartidas,* octubre 2007.

Conforme a las dos primeras leyes, al extinguirse los contratos administrativos existentes, puede decirse que se dispuso la expropiación de los derechos contractuales que correspondían a las empresas privadas contratantes; expropiación que, sin embargo, se efectuó directamente mediante la Ley, sin seguirse el procedimiento general establecido en la Ley de Expropiación por causa de utilidad pública y social. Ello, sin embargo, conforme al artículo 115 de la Constitución, generaba derechos en cabeza de las empresas contratantes a ser justamente indemnizadas por los daños y perjuicios producidos por dicha terminación anticipada y unilateral de los contratos administrativos válidamente suscritos por el Estado.

Sin embargo, conforme a la última de las leyes mencionadas, lo que podía ser entendido como un proceso de expropiación, por terminación unilateral y anticipada de contratos, se convirtió en una "confiscación" de derechos en el caso de las empresas que no llegaron a un acuerdo con el Estado para seguir operando bajo el esquema de empresas mixtas.

I. LA EXTINCIÓN DE LOS CONVENIOS OPERATIVOS

En efecto, en cuanto a los Convenios Operativos que se habían suscrito conforme a la legislación anterior, entre las filiales de PDVSA y empresas privadas, el 18 de abril de 2006 se dictó la *Ley de Regularización de la Participación Privada en las Actividades Primarias Previstas*[2], cuyo específico objeto que se definió como "regularizar la participación privada en las actividades primarias," condujo a la extinción, mediante Ley, de los Contratos Operativos existentes, dado que el Legislador consideró que su ejercicio había:

> "sido desnaturalizado por los Convenios Operativos surgidos de la llamada apertura petrolera, al punto de violar los intereses superiores del Estado y los elementos básicos de la soberanía" (art. 1).

En consecuencia, el artículo 2 de la Ley declaró que el contenido de los referidos Convenios Operativos surgidos de la llamada apertura petrolera, era "incompatible con las reglas establecidas en el régimen de nacionalización petrolera", disponiendo que "*quedarán extinguidos* y no podrá continuarse la ejecución de sus preceptos, a partir de la publicación de esta Ley en la *Gaceta Oficial*" (art. 2).

Es decir, a partir del 18 de abril de 2006, mediante una ley de la Asamblea Nacional se puso fin y se extinguieron los Convenios Operativos que existían, es decir, dándose por terminados en forma unilateral y anticipada a unos contratos administrativos que habían sido válidamente suscritos. No se trató, en este caso, de una rescisión unilateral del contrato por parte de la Administración contratante, que eran las empresas filiales de PDVSA, sino de una terminación anticipada y unilateral de dichos contratos por decisión del órgano legislativo del Estado, a través de una Ley.

En estos casos, la responsabilidad del Estado por los daños causados por la terminación unilateral y anticipada de los contratos y el derecho de los cocontratantes a ser indemnizados era incuestionable, conforme al régimen de los contratos administrativos, configurándose como una expropiación de derechos contractuales, así la decisión hubiera sido tomada mediante acto legislativo.

Dicha Ley, además, dispuso hacia el futuro que

> "[...] ningún nuevo contrato podrá otorgar participación en las actividades de exploración, explotación, almacenamiento y transporte inicial de hidrocarburos líquidos, o en los beneficios derivados de la producción de dichos hidrocarburos, a persona alguna de naturaleza privada, natural o jurídica, salvo como accionista minoritario en una empresa mixta, constituida de conformidad con la Ley Orgánica de Hidrocarburos en la cual el Estado asegure el control accionario y operacional de la empresa" (Art. 3).

---

2 Véase en *Gaceta Oficial* N° 38.419 de 18 de abril de 2006.

Es decir, se ratificó legislativamente el principio que se había dispuesto en la Ley Orgánica de 2001 de que la participación del capital privado en las actividades primarias sólo podía realizarse mediante la constitución de las empresas mixtas reguladas en la Ley, que era lo que se proponía incluir en la rechazada reforma constitucional de 2007.

La consecuencia de la declaratoria de extinción de los Convenios Operativos existentes, además de la obligación para el Estado de indemnizar a los antiguos contratistas por los daños y perjuicios ocasionados por la terminación anticipada y unilateral de los Convenios y la expropiación de los derechos contractuales, sobre lo cual, sin embargo, nada dispuso el texto de la Ley; fue que conforme se dispuso en su artículo 4:

> "[...] la República, directamente o a través de empresas de su exclusiva propiedad, reasumirá el ejercicio de las actividades petroleras desempeñadas por los particulares, a los fines de garantizar su continuidad y en razón de su carácter de utilidad pública e interés social, sin perjuicio de que se establezcan para tal efecto empresas mixtas sujetas a la aprobación de la Asamblea Nacional, previo informe favorable del Ejecutivo Nacional por órgano del Ministerio de Energía y Petróleo y de la Comisión Permanente de Energía y Minas de la Asamblea Nacional".

A tal efecto, la Asamblea Nacional ya había adoptado en marzo de 2006 el "Acuerdo mediante el cual se aprueban los Términos y Condiciones para la creación y funcionamiento de las Empresas Mixtas."[3]

II. LA TERMINACIÓN ANTICIPADA Y UNILATERAL DE LOS CONVENIOS DE ASOCIACIÓN Y DE LOS CONVENIOS DE EXPLORACIÓN A RIESGO Y GANANCIAS COMPARTIDAS Y LA POSIBILIDAD DE SU TRANSFORMACIÓN EN EMPRESAS MIXTAS

A propuesta del Poder Ejecutivo, la Asamblea Nacional sancionó una Ley Habilitante el 1 de febrero de 2007[4] mediante la cual se autorizó al Presidente de la República a dictar normas que permitieran al Estado:

> "asumir directamente, o mediante empresas de su exclusiva propiedad, el control de las actividades realizadas por las asociaciones que operan en la Faja Petrolífera del Orinoco, incluyendo mejoradores y las asignaciones de explotación a riesgo y ganancias compartidas, para regularizar y ajustar sus actividades dentro del marco legal que rige a la industria petrolera nacional, a través de la figura de empresas mixtas o de empresas de la exclusiva propiedad del Estado".

Con esta delegación legislativa se buscaba, en primer lugar, que el Estado asumiera "el control de las actividades realizadas por las asociaciones

---

[3] Véase en *Gaceta Oficial* Nº 38.410 de 31 de marzo de 2006.

[4] Véase en *Gaceta Oficial*. Nº 38.617 de 1 de febrero de 2007.

que operan en la Faja Petrolífera del Orinoco, incluyendo mejoradores y las asignaciones de explotación a riesgo y ganancias compartidas," lo que en sí mismo era innecesario, pues dicho control ya existía conforme al esquema de toma de decisiones regulado en los Convenios de Asociación, aun cuando el Estado tuviera minoría accionaria en los mismos.

Pero, además, en segundo lugar, lo que se buscaba con la delegación legislativa era hacer lo que el Legislador con la Ley Orgánica de Hidrocarburos de 2001 no hizo, y no podía hacer, por no poder atribuirle efectos retroactivos a la misma, y era aplicar la Ley Orgánica de 2001 a los Contratos de Asociación que habían sido suscritos válidamente conforme a la legislación anterior. Por ello la habilitación buscó "regularizar y ajustar sus actividades dentro del marco legal que rige a la industria petrolera nacional, a través de la figura de empresas mixtas o de empresas de la exclusiva propiedad del Estado".

En ejecución de tal delegación legislativa, el 26 de febrero de 2007, mediante Decreto Ley No. 5.200, el Ejecutivo Nacional dictó la *Ley de Migración a Empresas Mixtas de los Convenios de Asociación de la Faja Petrolífera del Orinoco, así como de los Convenios de Exploración a Riesgo y Ganancias Compartidas,*[5] con la cual se dispuso la terminación unilateral y anticipada de los convenios de asociación suscritos entre 1993 y 2001, lo que implicaba, para los contratistas que no acordaran los términos unilaterales fijados por el Estado, la expropiación de sus derechos contractuales y el derecho consecuente a ser justamente indemnizados por los daños y perjuicios causados por la ejecución de dicha Ley.

1. LA TERMINACIÓN ANTICIPADA DE LOS CONVENIOS DE ASOCIACIÓN Y LA BÚSQUEDA DE SU MIGRACIÓN A EMPRESAS MIXTAS

En efecto, dicha Ley dispuso que:

> "las asociaciones existentes entre filiales de Petróleos de Venezuela, S.A. y el sector privado que operan en la Faja Petrolífera del Orinoco, y en las denominadas de Exploración a Riesgo y Ganancias Compartidas, deberán ser ajustadas al marco legal que rige la industria petrolera nacional, debiendo transformarse en empresas mixtas en los términos establecidos en la Ley Orgánica de Hidrocarburos" (art. 1).

Esto significó, pura y simplemente, darle efectos retroactivos a la Ley Orgánica de Hidrocarburos de 2001, al imponer unilateralmente a los Convenios de Asociación suscritos conforme a la legislación anterior, la obligación de ajustarse a la nueva Ley.

A tal efecto, en esta Ley, de nuevo, se dispuso la terminación unilateral y anticipada de contratos administrativos que habían sido válidamente celebrados como Convenios de Asociación entre 1993 y 2001, entre las filiales de

---

5 Véase en *Gaceta Oficial* N° 38.623 de 16 de febrero de 2007.

PDVSA y diversas empresas privadas para la realización de actividades primarias; disponiéndose, además, que las mismas no sólo debían ajustarse al marco legal de la Ley Orgánica de 2001, a la cual *ex post facto* se le dio efectos retroactivos, sino que:

> "todas las actividades ejercidas por asociaciones estratégicas de la Faja Petrolífera del Orinoco, constituidas por las empresas Petrozuata, S.A.; Sincrudos de Oriente, S.A., Sincor, S.A., Petrolera Cerro Negro S.A. y Petrolera Hamaca, C.A; los convenios de Exploración a Riesgo y Ganancias Compartidas de Golfo de Paria Oeste, Golfo de Paria Este y la Ceiba, así como las empresas o consorcios que se hayan constituido en ejecución de los mismos; la empresa Orifuels Sinovensa, S.A, al igual que las filiales de estas empresas que realicen actividades comerciales en la Faja petrolífera del Orinoco, y en toda la cadena productiva, serán transferidas a las nuevas empresas mixtas".

Es decir, no sólo se decidió unilateralmente la terminación anticipada de los contratos, sino que se dispuso que en caso de que los inversionistas privados socios en los Convenios que se extinguían estuviesen de acuerdo con la transferencia de los mismos a las nuevas empresas mixtas, los mismos lo que podían era ser accionistas de las empresas mixtas con menos del 40% del capital social, teniendo como accionista por parte del Estado a la Corporación Venezolana del Petróleo, S.A. u otra filial de Petróleos de Venezuela, S.A., con una participación accionaria mínima del 60% del capital social (art. 2).

En caso de que el inversionista socio de un Convenio de asociación acordase ser accionista minoritario de la nueva empresa mixta, dispuso el artículo 6 de la Ley, que:

> "[...] por tratarse de una circunstancia especial de interés público, y de conformidad con lo dispuesto en el único aparte del artículo 37 de la Ley Orgánica de Hidrocarburos, la escogencia de los socios minoritarios en el proceso de migración de las asociaciones será directa".

La aplicación de esta excepción a la selección mediante concurso competitivo como lo exigía la Ley Orgánica de 2001, por supuesto, sólo hubiera podido ocurrir si la empresa privada que era parte o socio del Convenio de asociación hubiera decidido continuar en la operación, formando parte, como accionista minoritario, de la nueva empresa mixta. De lo contrario, conforme a la Ley Orgánica de Hidrocarburos, si no se trataba de la empresa que era parte de un antiguo Convenio sino de un nuevo accionista privado de la nueva empresa mixta que asumiera la operación de un antiguo Convenio de asociación, la misma tendría que seleccionarse mediante procedimientos competitivos (art. 37).

Para el caso de que las empresas accionistas de los Convenios de Asociación que se terminaban unilateral y anticipadamente mediante esta Ley de Migración, no acordaren con el Ejecutivo Nacional formar parte como accionistas de las nuevas empresas mixtas, el efecto de la Ley fue el de la expropiación de sus derechos contractuales, teniendo las mismas, conforme al artículo 115 de la Constitución derecho a ser justamente indemnizadas por los daños y perjuicios causados por la terminación unilateral y anticipada de los Contratos.

2. La asunción inmediata de la operación por el Estado

La decisión legislativa de poner fin unilateral y anticipadamente a los contratos de asociación implicó la necesidad de asegurar la inmediata asunción por parte del Estado, de la operación industrial concreta de cada Convenio de asociación.

A tal efecto, la Ley dispuso que la empresa estatal accionista de las posibles empresas mixtas fuera la Corporación Venezolana del Petróleo, S.A. o la filial de Petróleos de Venezuela, S.A. que se designase al efecto, la cual debió conformar dentro de los 7 días a partir de la fecha de publicación de Decreto-Ley, es decir, para el 5 de marzo de 2007, "una Comisión de Transición para cada asociación", disponiéndose que la misma se debía incorporar "a la actual directiva de la asociación respectiva, a fin de garantizar *la transferencia a la empresa estatal* el control de todas las actividades que las asociaciones realizan", en un proceso que culminó el 30 de abril de 2007 (art. 3).

A tal efecto, la Ley dispuso que las empresas del sector privado que fueran parte en los convenios de asociación debían cooperar con la Corporación Venezolana del Petróleo, S.A. para efectuar un cambio seguro y ordenado de operadora (art. 3).

Sobre la situación de los trabajadores de la nómina contractual de las asociaciones que debieron ser transformadas, la Ley dispuso que, a partir de la entrada en vigencia de la misma, aquellos gozarían de inamovilidad laboral y estarían amparados por la Convención Colectiva Petrolera que regía para los trabajadores de Petróleos de Venezuela, S.A. (Art 10).

El artículo 2 de la Ley, por otra parte, atribuyó al Ministerio del Poder Popular para la Energía y Petróleo la potestad de determinar unilateralmente, en cada caso,

> "la valoración de la Empresa Mixta, la participación accionaria de la filial de Petróleos de Venezuela, S.A. designada a efecto, y los ajustes económicos y financieros que fueren procedentes" (art. 2).

Es decir, el Estado, unilateralmente, a través del Ministerio respectivo, debía determinar la valoración de la nueva empresa mixta a ser establecida para sustituir a cada Convenio de asociación; el porcentaje de participación accionaria que en cada empresa mixta sustitutiva de cada Convenio de asociación que debía corresponder a la filial de PDVSA que fuese a ser accionista, que en ningún caso podía ser inferior al 60% del capital social; y "los ajustes económicos y financieros que fuere procedentes".

Por otra parte, la Ley dispuso expresamente en su artículo 7, que la infraestructura, los servicios de transporte y mejoramiento de las asociaciones en la Faja Petrolífera del Orinoco y en las denominadas de Exploración a Riesgo y Ganancias Compartidas, serían "de libre utilización de acuerdo con los lineamientos que, mediante Resolución, emita el Ministerio del Poder Popular para la Energía y Petróleo," a cuyo efecto, "los costos derivados de la utilización de tales servicios, serán determinados de mutuo acuerdo por las partes, a falta de lo cual, el Ministerio del Poder Popular para la Energía y Petróleo fijará las condiciones para su prestación."

3. EL PLAZO PARA QUE LAS EMPRESAS PRIVADAS DECIDIERAN SU INCORPORACIÓN A LAS EMPRESAS MIXTAS

A pesar de que la Ley dispuso la transferencia inmediata de los Convenios de Asociación al Estado, y la consecuente asunción por la empresa estatal correspondiente de la operación de los Convenios, el artículo 4 de la Ley concedió a las empresas del sector privado que habían sido parte en los extinguidos Convenios de asociación de la Faja Petrolífera del Orinoco, y de las denominadas de Exploración a Riesgo y Ganancias Compartidas, un período de cuatro (4) meses a partir de la fecha de la publicación de la Ley (26-2-2007), es decir, hasta el 26 de junio de 2007, "para acordar los términos y condiciones de su *posible participación* en las nuevas Empresas Mixtas", se entiende, con el Ministerio respectivo, disponiéndose que además, en su caso, se le concederían "dos (2) meses adicionales para someter los señalados términos y condiciones a la Asamblea Nacional a fin de solicitar la autorización correspondiente de conformidad con la Ley Orgánica de Hidrocarburos".

Ahora bien, transcurrido el plazo antes indicado de 4 meses, que venció el 26 de junio de 2007, "sin que se hubiera logrado acuerdo para la constitución y funcionamiento de las Empresas Mixtas", entonces, la República, a través de Petróleos de Venezuela, S.A. o cualquiera de sus filiales, debía *asumir directamente las actividades* ejercidas por las asociaciones a fin de preservar su continuidad, en razón de su carácter de utilidad pública e interés social (Art. 5).

La Ley dispuso, además, que los actos, negocios y acuerdos que se realizasen o suscribieran a los efectos de constituir las Empresas Mixtas dispuestas en la Ley, así como las cesiones, transferencias de bienes y cualesquiera otras operaciones que generasen enriquecimiento o supusieran la enajenación, transmisión o venta de bienes destinados a conformar el patrimonio de dichas empresas, estarían exentos del pago de impuestos, tasas, contribuciones especiales o cualquier otra obligación tributaria creados por el Poder Nacional.

Nada dispuso la Ley de Migración sobre los derechos a ser indemnizadas de las empresas privadas que no hubieran llegado a un acuerdo para continuar como socios de las nuevas empresas mixtas. Sin embargo, como se ha dicho, la consecuencia de la aplicación retroactiva de la Ley de 2001 a los

Convenios de Asociación suscritos válidamente con anterioridad a la misma, se configuró como una terminación anticipada y unilateral de los dichos Convenios de Asociación, y como una expropiación, por Ley, de los derechos contractuales de los contratantes en dichos Convenios, lo cual conforme al artículo 115 de la Constitución, les originó el derecho a ser justamente indemnizados por los daños y perjuicios causados.

4. LOS DERECHOS DE LAS NUEVAS EMPRESAS MIXTAS

Por otra parte, artículo 8 de la Ley dispuso que el Ejecutivo Nacional, mediante Decreto, debía transferir a las Empresas Mixtas resultantes del proceso de migración "el derecho al ejercicio de sus actividades primarias, pudiendo igualmente adjudicarles la propiedad u otros derechos sobre bienes muebles o inmuebles del dominio privado de la República que sean requeridos para el ejercicio eficiente de tales actividades." Estos derechos, sin embargo, pueden ser revocados, "si las operadoras no dieren cumplimiento a sus obligaciones, en forma tal que impida lograr el objeto para el cual dichos derechos fueron transferidos" (art 8).

Igualmente, mediante Resolución, el Ministerio del Poder Popular para la Energía y Petróleo debía delimitar "las áreas en las cuales las Empresas Mixtas desarrollarán sus actividades primarias, las cuales se dividirán en lotes con una extensión máxima de cien kilómetros cuadrados (100 km^2)" (Art. 9).

5. EL RÉGIMEN JURÍDICO APLICABLE Y LA JURISDICCIÓN

Por último, el artículo 13 de la Ley de Migración dispuso que

> "Todos los hechos y actividades vinculados al presente Decreto-Ley se regirán por la Ley Nacional, y las controversias que de los mismos deriven estarán sometidas a la jurisdicción venezolana, en la forma prevista en la Constitución de la República Bolivariana de Venezuela."

En relación con esta norma, por una parte, debe recordarse que todos los efectos que produzca cualquier ley dictada en Venezuela, en virtud del principio de la territorialidad, en principio se rigen por la legislación nacional; de manera que, si nada se dispone expresamente en contrario en el texto de la ley, todas las situaciones jurídicas derivadas de cualquier ley, se rigen por la "Ley Nacional."

Pero, además, la Ley dispuso, aún con redacción deficiente, que las controversias que se derivasen de sus disposiciones estarían sometidas a la jurisdicción venezolana, y de nuevo, ello no podía ser de otra forma, salvo que el legislador renunciase expresamente a la jurisdicción venezolana. Por tanto, las controversias que surgieran con ocasión de la migración de las antiguas Asociaciones a las nuevas empresas mixtas, o los acuerdos que hubieran podido haber llegado los antiguos socios de los Convenios de Asociación al incorporarse, conforme a las previsiones de la Ley, como socios minoritarios de las nuevas empresas mixtas, solo podían ser resueltos por la jurisdicción nacional.

Además, por ejemplo, las controversias derivadas de las decisiones contenidas en el Decreto Ley y su aplicación, sin duda, en principio estaban también sometidas a la jurisdicción venezolana, por ejemplo, en cuanto a la posibilidad de impugnación por razones de inconstitucionalidad de las normas de la Ley de Migración ante la Jurisdicción Constitucional, o de la impugnación de los actos administrativos que conforme a ella dictase el Ejecutivo Nacional, ante la Jurisdicción Contencioso Administrativa.

Pero ello no implicaba, en forma alguna, la anulación de las cláusulas que podían tener los Convenios de Asociación cuya terminación anticipada y unilateral se resolvió por la Ley, por ejemplo, relativas a la sumisión de las controversias que derivasen de la ejecución, cumplimiento e incumplimiento de los Convenios de Asociación, a la jurisdicción arbitral de la Cámara Internacional de Comercio de Nueva York, fuera de Venezuela, como lo autorizaba el artículo 151 de la Constitución. Es decir, los contratistas, en esos casos, tenían derecho a que las controversias que se derivasen de la ejecución, cumplimiento, incumplimiento y terminación anticipada y unilateral de aquellos Contratos de asociación, como contratos administrativos que eran, en caso de contener cláusulas arbitrales o de aplicación de la legislación o de una jurisdicción extranjera, fueran resueltas en la forma dispuesta en los mismos. De lo contrario se trataría de darle efectos retroactivos a la Ley de Migración, lo cual estaba y está prohibido en el artículo 24 de la Constitución que prohíbe que se den a las disposiciones legislativas efectos retroactivos.

El artículo 13 de la Ley de 2007, por tanto, no podía interpretarse, como una normativa que pudiera significar la "anulación" de las propias cláusulas contractuales anteriores relativas a la solución de controversias establecidas en los Convenios de Asociación que se dieron por terminados, derivadas precisamente, por ejemplo, del incumplimiento de los Convenios por parte del Estado, como el que resulta de su terminación anticipada.

III LA "CONFISCACIÓN" DE LOS INTERESES, ACCIONES, PARTICIPACIONES Y DERECHOS DE LAS EMPRESAS QUE NO LLEGARON A UN ACUERDO CON EL ESTADO DE MIGRAR HACIA EMPRESAS MIXTAS

1. LA EXTINCIÓN DEFINITIVA DE LOS ANTIGUOS CONVENIOS Y ASOCIACIONES

De acuerdo con lo antes expuesto, conforme a la *Ley de Migración a Empresas Mixtas de los Convenios de Asociación de la Faja Petrolífera del Orinoco, así como de los Convenios de Exploración a Riesgo y Ganancias Compartidas* (Decreto Ley 5200) de febrero de 2007, en relación con las actividades que ejercieron las antiguas asociaciones estratégicas de la Faja Petrolífera del Orinoco, constituidas por las empresas Petrozuata, S.A.; Sincrudos de Oriente, S.A., Sincor,

S.A., Petrolera Cerro Negro S.A y Petrolera Hamaca, C.A; los convenios de Exploración a Riesgo y Ganancias Compartidas de Golfo de Paria Oeste, Golfo de Paria Este y la Ceiba, así como las empresas o consorcios que se hubieran constituido en ejecución de los mismos; la empresa Orifuels Sinovensa, S.A, al igual que las filiales de estas empresas que realizaban actividades comerciales en la Faja petrolífera del Orinoco, y en toda la cadena productiva, que se ordenó que fueran transferidas a nuevas empresas mixtas; resultó la constitución de algunas de dichas empresas mixtas, en las cuales participó el capital privado.

En estos casos, conforme a la *Ley sobre los Efectos del Proceso de Migración a Empresas Mixtas de los Convenios de Asociación de la Faja Petrolífera del Orinoco; así como de los Convenios de Exploración a Riesgo y Ganancias Compartidas* de 5 de octubre de 2007,[6] los convenios que habían dado origen a las asociaciones a las que se refirió la Ley de Migración a Empresas Mixtas de los Convenios de Asociación de la Faja Petrolífera del Orinoco, así como de los Convenios de Exploración a Riesgo y Ganancias Compartidas, "quedaron extinguidos" a partir de la fecha de publicación del "decreto que dispuso la transferencia del derecho a ejercer actividades primarias a las empresas mixtas que constituyeron conforme con lo previsto en dicha Ley" en la *Gaceta Oficial* de la República (art. 1).

En cuanto a los convenios en los que, conforme a la misma *Ley de Migración a Empresas Mixtas de los Convenios de Asociación de la Faja Petrolífera del Orinoco, así como de los Convenios de Exploración a Riesgo y Ganancias Compartidas* (Decreto Ley 5200) de febrero de 2007, ninguna de las empresas privadas que fueran parte en las asociaciones correspondientes, hubiera alcanzado un acuerdo de migración a empresa mixta dentro del plazo establecido en el Artículo 4 de dicha Ley, conforme a lo dispuesto en la *Ley sobre los Efectos del Proceso de Migración a Empresas Mixtas de los Convenios de Asociación de la Faja Petrolífera del Orinoco; así como de los Convenios de Exploración a Riesgo y Ganancias Compartidas* de 5 de octubre de 2007, dichos convenios quedaron extinguidos "a partir de la fecha de publicación" de dicha Ley en la Gaceta Oficial de la República (art. 1).

Como se dijo, la *Ley de Migración* (Decreto Ley 5.200) nada indicó sobre los derechos a indemnización y compensación de las empresas privadas que no hubieran llegado a un acuerdo para continuar como socios de las nuevas empresas mixtas, en virtud de la terminación anticipada y unilateral de los Convenios y Asociaciones, que tenían de acuerdo con lo dispuesto en el artículo 115 de la Constitución. Sin duda, se trataba de una expropiación realizada por ley especial al margen de la Ley general de expropiación, que implicaba, de acuerdo con la Constitución, el derecho de las empresas privadas a ser indemnizadas.

---

6 Véase en *Gaceta Oficial* N° 38.785 del 8 de octubre de 2007.

Sin embargo, en lugar de procederse a ello, el Estado optó por definitivamente "confiscar" dichos derechos, al declarar pura y simplemente extinguidos los convenios a partir de la publicación de la *Ley sobre los Efectos del Proceso de Migración a Empresas Mixtas de los Convenios de Asociación de la Faja Petrolífera del Orinoco; así como de los Convenios de Exploración a Riesgo y Ganancias Compartidas* de 5 de octubre de 2007.

2. LA CONFISCACIÓN DE DERECHOS DE LAS EMPRESAS PRIVADAS QUE HABÍAN PARTICIPADO EN LOS CONVENIOS Y ASOCIACIONES APELANDO AL PRINCIPIO DE LA "REVERSIÓN"

A los efectos de materializar dicha confiscación, el artículo 2 de la *Ley sobre los Efectos del Proceso de Migración,* dispuso expresamente que "los intereses, acciones y participaciones" en las asociaciones referidas en el Artículo 1 de la Ley de Migración en las sociedades constituidas para desarrollar los proyectos correspondientes, y en "los activos utilizados para la realización de las actividades de tales asociaciones, incluyendo derechos de propiedad, derechos contractuales y de otra naturaleza," que hasta el día 26 de junio de 2007 (conforme al plazo establecido en el Artículo 4 de la referida Ley):

> "correspondían a las empresas parte del sector privado con las cuales no se logró un acuerdo de migración a empresa mixta, quedan transferidos, con base en el principio de reversión, sin necesidad de acción o instrumento adicional, a las nuevas empresas mixtas constituidas como resultado de la migración de las asociaciones respectivas, salvo lo previsto en el Artículo 3 de la presente Ley".

Esta disposición, de acuerdo con el régimen constitucional venezolano comportó una confiscación de dichos bienes lo cual está prohibido en la Constitución (art. 115).

Es decir, el Estado, mediante Ley, ordenó la trasferencia forzada de bienes de propiedad privada a las nuevas empresas mixtas constituidas sin indemnización ni proceso, en todos los casos en los cuales *algunas* de las otras empresas privadas del respectivo convenio o asociación hubieran acordado formar parte de las empresas mixtas. En el artículo 4 de la Ley se aclaró, que en esos casos, "las transferencias de intereses, acciones, participaciones y derechos" en ella previstas, "no generarán obligaciones tributarias en la República Bolivariana de Venezuela para ninguna persona o entidad".

Por otra parte, conforme al artículo 3 de la *Ley sobre los Efectos del Proceso de Migración,* en los casos en que "*ninguna* de las empresas que constituían la parte privada del convenio de asociación hubiera alcanzado un acuerdo de migración a empresa mixta dentro del plazo establecido," "los intereses, acciones, participaciones y derechos" de las mismas se ordenó que debían mantenerse "en propiedad de la filial de Petróleos de Venezuela, S.A. que hubiera asumido las actividades de la asociación de que se trate, hasta que el

Ejecutivo Nacional determine la filial que en definitiva deberá asumir tales actividades".

Se trató, en todo caso, como se dijo, de una transferencia forzada de bienes de propiedad privada al Estado decretada por el Legislador, sin indemnización ni proceso algunos, lo que se configuró como una *confiscación* prohibida en el artículo 113 de la Constitución, y la cual en forma alguna podía justificarse recurriéndose al "principio de la reversión," figura que era totalmente inaplicable en esos casos, y que está esencialmente asociada a la figura de las "concesiones" administrativas que ya no existían en materia de hidrocarburos.

En efecto, uno de los principios más clásicos del derecho administrativo en relación con concesiones de servicios públicos, de construcción y uso de obras públicas y de explotación de bienes del dominio público, ha sido el de la necesaria reversión del servicio o de la obra construida, a la Administración concedente, una vez extinguida la concesión. Se trató de un principio que buscaba asegurar la continuidad en la prestación del servicio, del uso de una obra pública o de una explotación de bienes públicos, independientemente de la participación del concesionario, una vez extinguida la concesión.

Sin embargo, al tratarse de un medio de extinción de la propiedad privada del concesionario sobre los bienes afectos al servicio o de las obras construidas, la garantía de la propiedad y de la reserva legal imponen la necesidad de que el principio de la reversión tenga que estar establecido en texto legal expreso.[7] En materia de concesiones de hidrocarburos, por ejemplo, el principio estaba establecido en la propia Constitución de 1961 (art. 103) y en la vieja Ley de Hidrocarburos (art. 80), conforme a las cuales, por ejemplo, se dictó la "Ley sobre bienes afectos a reversión en las concesiones de hidrocarburos" de 1971.[8] En ausencia de texto legal expreso, por tanto, la reversión sólo podía proceder si se la había regulado expresamente en el contrato de concesión.[9]

Esta, por lo demás, es la orientación que se siguió en la Ley Orgánica sobre Promoción de la Inversión Privada bajo el régimen de Concesiones,[10] al disponer en el artículo 48 relativo a la "reversión de obras y servicios" que es el respectivo *contrato* el que debe establecer, entre otros elementos, "los bienes

---

[7] Incluso, en ese sentido, fue que la Constitución de 1961 estableció el principio de la concesión en materia de concesiones de hidrocarburos, en relación con las tierras (inmuebles) afectados a las mismas.

[8] Véase en *Gaceta Oficial* N° 29.577 de 6 de agosto de 1971.

[9] Como lo han dicho E. García de Enterría y T.R. Fernández, la reversión, bajo esta perspectiva, "pierde su antiguo carácter de elemento esencial de toda concesión y pasa a ser considerada como un elemento accidental del negocio, esto es, procedente únicamente en caso de pacto expreso, como una pieza más, allí donde esté concebida de ese modo, de la fórmula económica en que toda concesión consiste", en su *Curso de Derecho Administrativo. I.*, Decimotercera Edición, Thomson-Civitas 2006, p. 763.

[10] Véase en *Gaceta Oficial* N° 5394 Extra. de 25 de octubre de 1999

que por estar afectos a la obra o al servicio de que se trate revertirán al ente concedente, a menos que no hubieren podido ser totalmente amortizadas durante el mencionado plazo." A tal efecto, la norma también dispuso que durante un período prudencial anterior a la terminación del contrato, el ente concedente debía adoptar las disposiciones encaminadas a que la entrega de los bienes a ser revertidos, se verificase en las *condiciones convenidas* en el contrato. Igualmente, dicha norma dispuso que el contrato debía expresar "las obras, instalaciones o bienes que hubiere de realizar el concesionario *no sujetas* a reversión, las cuales, de considerarse de utilidad o interés público, podrán ser objeto de reversión previo pago de su precio al concesionario."

En consecuencia, si no hay una disposición legal que establezca la reversión de bienes en concesiones de servicios públicos, de obras públicas o de uso o explotación de bienes del dominio público, o si dicha reversión no está prevista en el contrato de concesión, al terminar la concesión, el concesionario no está obligado a revertir a la Administración ningún bien que se haya adquirido o construido o que haya estado afecto a la concesión, ni puede la Administración pretender apropiarse o tomar posesión de los mismos. Solo podría hacerlo mediante expropiación, conforme a la Constitución y la Ley. De lo contrario se trataría de una confiscación prohibida en la Constitución, como fue la que se decretó en la *Ley sobre los Efectos del Proceso de Migración*, la cual, por lo demás no se refería a "concesiones de hidrocarburos," las cuales habían desaparecido del ordenamiento jurídico desde hace décadas.[11]

3. EL RÉGIMEN JURÍDICO APLICABLE Y LA JURISDICCIÓN

Al igual que lo que dispuso la *Ley de Migración* (art. 13), el artículo 5 de la *Ley sobre Efectos del proceso de Migración* dispuso también que "todos los hechos y actividades objeto de la normativa" que contenía, "se regirán por las leyes de la República Bolivariana de Venezuela, y las controversias que de los mismos deriven estarán sometidas a su jurisdicción, en la forma prevista en la Constitución de la República Bolivariana de Venezuela."

En relación con esta norma, como ya se indicó, todos los efectos que produzca cualquier ley dictada en Venezuela, en virtud del principio de la territorialidad, en principio se rigen por la legislación nacional; de manera que, si

---

11 En la sentencia de la antigua Corte Suprema de Justicia de 3 de diciembre de 1974 (Caso: *impugnación de la Ley de Bienes afectos a reversión en las concesiones petroleras*), al referirse a la reversión establecida en el artículo 103 de la Constitución y 80 de la Ley de Hidrocarburos, la Corte dijo que "ambas leyes contemplan el traspaso de los bienes al Estado sin indemnización alguna al extinguirse la concesión, y es evidente también que tanto la confiscación por la cual se incautan determinados bienes de una persona sin indemnización alguna, como la expropiación, que supone un procedimiento especial mediante indemnización, son figuras distintas a la reversión, en virtud de la cual los bienes pertenecientes al concedente, como los del concesionario, afectos a la concesión, vuelven a manos de aquél cuando por cualquier causa la concesión llega a su fin". Véase en *Gaceta Oficial* N° 1718 Extraordinaria, de 20 de enero de 1975, pp. 22-23.

nada se dispone expresamente en contrario en el texto de la ley, todas las situaciones jurídicas derivadas de cualquier ley, se rigen por la "Ley Nacional."

Pero, además, esta Ley también dispuso con redacción deficiente, que las controversias que se derivasen de sus disposiciones estarían sometidas a la jurisdicción venezolana, y de nuevo, ello no podía ser de otra forma, salvo que el legislador renunciase expresamente a la jurisdicción venezolana. Por tanto, las controversias que surgieran con ocasión de la migración de las antiguas Asociaciones a las nuevas empresas mixtas, o los acuerdos que pudieran haber llegado los antiguos socios de los Convenios de Asociación al incorporarse, conforme a las previsiones de la Ley, como socios minoritarios de las nuevas empresas mixtas, solo podían ser resueltos por la jurisdicción nacional.

Además, por ejemplo, las controversias derivadas de las decisiones contenidas en Ley y su aplicación, sin duda, en principio estaban también sometidas a la jurisdicción venezolana, por ejemplo, en cuanto a la posibilidad de impugnación por razones de inconstitucionalidad de las normas de la Ley de Efectos del proceso de Migración ante la Jurisdicción Constitucional, o de la impugnación de los actos administrativos que conforme a ella dictase el Ejecutivo Nacional, ante la Jurisdicción Contencioso Administrativa.

Pero ello no implicaba, en forma alguna, la anulación de las cláusulas que pudieran tener los Convenios de Asociación cuya terminación anticipada y unilateral condujo a disponer la transferencia forzada de bienes de propiedad privada al Estado, por ejemplo, relativas a la sumisión de las controversias que derivasen de la ejecución, cumplimiento e incumplimiento de los Convenios de Asociación, a la jurisdicción arbitral de la cámara de Comercio Internacional de Nueva York, fuera de Venezuela, como lo autorizaba el artículo 151 de la Constitución. Es decir, los contratistas, en esos casos, tenían derecho a que las controversias que se derivasen de la ejecución, cumplimiento, incumplimiento y terminación anticipada y unilateral de aquellos Contratos de asociación, como contratos administrativos que eran, en caso de contener cláusulas arbitrales o de aplicación de la legislación o de una jurisdicción extranjera, fueran resueltas en la forma dispuesta en los mismos. De lo contrario se trataría de darle efectos retroactivos a la Ley sobre Efectos del proceso de Migración, lo cual está prohibido en el artículo 24 de la Constitución que prohíbe que se den a las disposiciones legislativas efectos retroactivos.

El artículo 5 de la Ley de Efectos de 2007, por tanto, tampoco podía interpretarse, como una normativa que pudiera significar la "anulación" de las propias cláusulas contractuales anteriores relativas a la solución de controversias establecidas en los Convenios de Asociación cuyos derechos privados se confiscaron, derivadas precisamente, por ejemplo, del incumplimiento de los Convenios por parte del Estado, como el que resulta de esa confiscación.

Y por ello, precisamente, en muchos casos, los antiguos socios privados en los Convenios de Asociación de la Apertura Petrolera acudieron en reclamo de sus derechos ante la jurisdicción de los tribunales arbitrales de la Cámara de Comercio Internacional de Nueva York, como estaba previsto en los contratos, siendo de destacar, entre otras, las decisiones adoptadas en los casos:

ICC Arbitration Case No. 15416/Jrf/Ca (Dec. 2011), *Mobil Cerro Negro Ltd. V. Petroleos de Venezuela S.A.;*[12] y,

ICC Arbitration Case 20549/ASM/JPA (C-20550/ASM), *Phillips Petroleum Company Venezuela Limited Conocophillips Petrozuata B.V. v. Petróleos de Venezuela, S.A., Corpoguanipa, S.A., Pdvsa Petróleo, S.A.* (24 April 2018).

Las catastróficas consecuencias de estas condenas arbitrales contra PDVSA, por la irresponsabilidad de quienes tomaron las decisiones que condujeron a los procesos arbitrales, las cuales, por lo demás aceleraron el colapso de la industria petrolera, se pueden apreciar de la siguiente información que apareció en el diario *El País*, de Madrid, el 11 de mayo de 2018, en la cual se resume la grave situación en la cual para ese momento se encontraba la empresa, por las demandas intentadas por las empresas *Phillips Petroleum Company Venezuela Limited Conocophillips Petrozuata B.V*, en ejecución del fallo arbitral antes indicado, emitido en contra de *Petróleos de Venezuela, S.A., Corpoguanipa, S.A., Pdvsa Petróleo* el 24 de abril de 2018:

"Conoco Phillips pone a Venezuela contra la pared.

Un tribunal internacional obliga a PDVSA a pagar 2.000 millones de dólares por perjuicios y contempla embargos a activos y crudo venezolano.

Conoco Phillips pone a Petróleos de Venezuela (PDVSA) en una situación crítica. La victoria de la tercera mayor petrolera estadounidense por la demanda interpuesta ante la Cámara Internacional de Comercio obliga a la firma estatal venezolana a pagarle 2.040 millones de dólares por los daños producidos tras la nacionalización unilateral. Una de sus consecuencias inmediatas del fallo reviste una enorme gravedad para el Gobierno de Nicolás Maduro: la sentencia abre las compuertas para la confiscación de crudo y el embargo de activos internacionales pertenecientes a esta nación, colocando, como mínimo, retardos en la comercialización de su petróleo.

La bajada en los bombeos venezolanos de crudo -en su nivel más bajo en 70 años- como consecuencia de la corrupción, y las enormes deudas que acumula PDVSA -que han triturado su otrora posición de solvencia- se suman a este revés judicial y sitúan al régimen venezolano, dependiente como nunca de sus ingresos petroleros, frente a un potencial problema de flujo de dinero en el corto y el mediano plazo.

De momento, el triunfo de la ConocoPhillips en el arbitraje ha servido para que PDVSA no pueda operar con normalidad en el abastecimiento de sus buques en los terminales de la estatal venezolana en las islas de Bonaire y San Eustaquio (limítrofes con Venezuela, pertenecientes a la Corona holandesa).

---

12 Véase en https://arbitrationlaw.com/sites/default/files/free_pdfs/mobil_cerro_ne-gro_ltd._v._petroleos_de_venezuela_sa_award_icc_arbitration_case_no._15416.pdf

Tampoco podrá hacerlo en la estratégica Refinería Isla (en Curazao), a través de la cual PDVSA atiende despachos enviados a naciones como China y la India. En Caracas temen que lo mismo pueda ocurrir con las propiedades de PDVSA en Aruba, a través de su filial Citgo. PDVSA ha desviado las rutas de sus buques con destino a Curazao como medida de último minuto para impedir su confiscación. Si Petróleos de Venezuela no acata lo que el tribunal determina, no se puede descartar, incluso, la toma de buques con crudo venezolano en alta mar.

El potencial embargo de activos venezolanos internacionales se produce en un contexto de enorme desorden financiero que ha evidenciado la administración de Maduro, cuyo Ejecutivo tiene vencidos pagos de onerosos préstamos por otros conceptos, y que colocaron a Venezuela en una situación de *default* técnico desde finales del año pasado.

Conoco Phillips también demandó al estado venezolano ante el CIADI (el Centro Internacional de Arreglo de Diferencias sobre Inversiones, dependiente del Banco Mundial), por violaciones al tratado bilateral de Inversiones firmado entre Venezuela y Holanda. En ese proceso ya se determinó que el país latinoamericano incurrió en faltas por la expropiación de dos activos de Conoco Phillips -las instalaciones de Petropiar y Petrozuata, en la faja petrolífera del Orinoco- y que está a la espera de que se determine el monto de la indemnización.

El Ministerio de Energía y Petróleo de Venezuela emitió un ambiguo comunicado, en el cual protesta por la decisión del tribunal y enjuicia los motivos de la multinacional petrolera con sede en Houston para la demanda, pero se compromete "a resolver de forma legal y pacífica las controversias haciendo uso de las instancias destinadas para tales fines". La reacción oficial incluyó un pronunciamiento adicional de PDVSA a través de la cuenta de Twitter de la compañía, en la cual se afirma que la nación honrará sus compromisos. Para sorpresa de muchos, sin embargo, estos tuits fueron borrados poco después de haber sido publicados.

El motivo del contencioso judicial encuentra su raíz en el proceso de nacionalización de activos en la Faja Petrolífera del Orinoco, decretado por Hugo Chávez en 2007, con ocasión de la creación de la nueva ley de Hidrocarburos. Eran otros tiempos: los márgenes de rentabilidad de la industria venezolana eran todavía apreciables, con el precio del petróleo por encima de los 100 dólares por barril, y la nación estaba embriagada por una ola de nacionalismo económico.

"Goodbye, good luck, and thank you very much" ("Adiós, buena suerte y muchas gracias"). Con esas palabras, en una cadena de televisión del año 2007, el entonces presidente Chávez decidió dar por terminados los contratos de operación que justificaban la presencia de esta y otras multinacionales en los yacimientos de la faja del Orinoco, que fueron promovidos, sobre todo, durante el mandato de Rafael Caldera (1994-1999), en el marco de un proceso conocido como la Apertura Petrolera, que fue muy criticado por la dirigencia chavista por "entreguista"

Para seguir operando en la explotación de los cuantiosos crudos extrapesados de la faja del Orinoco, estas compañías fueron obligadas a migrar a un sistema de empresas mixtas, en las cuales podrían seguir en el país, pero tuteladas con la mayoría accionaria de PDVSA. Algunas de las principales multinacionales del sector - Chevron, British Petroleum (BP), Statoil y Total -, aceptaron los términos operativos dispuestos por el Gobierno chavista, pero Conoco, y Exxon Mobil, permanecieron renuentes.

Aunque PDVSA ha prometido que pagará, los analistas ven con enorme cautela que esto ocurra en lo inmediato, en virtud del pronunciado deterioro financiero y operativo de la corporación y el estado de quiebra del país.

De hecho, desde que nació la diferencia, en época de vacas gordas, el Ejecutivo de Chávez se mostró dispuesto a cancelar algún acuerdo, que llegó a ejecutar con otras compañías expropiadas durante su mandato, que en esta ocasión no pudo llegar a concretarse por discrepancias en los montos. Los observadores no descartan que ambos factores intenten concretar una modalidad pactada."[13]

Sobre lo que significaba esta situación, Juan Carlos Zapata, escribió el 11 de mayo de 2018 una columna titulada "La crisis ya pasó: Ahora lo que viene es la hecatombe," en la cual expresó, entre otras cosas, lo siguiente:

> "Si la caída de la producción petrolera ya es un problema mayor que se manifiesta de manera paulatina pero que en el tiempo se acelera, el embargo de activos por parte de esta multinacional es de impacto de corto plazo sobre las exportaciones y las cuentas. Es de tal magnitud que la respuesta del Gobierno ha sido cautelosa. Sabe que confronta una situación que lo desborda, que le afecta casi el 20% de las exportaciones, y este porcentaje pesa en un entorno de escasez de divisas. Conoco no desmayará hasta hacer efectivo el cobro de los 2.000 millones de dólares del laudo arbitral que le dio la razón. ¡2.000 millones de dólares para un Gobierno en problemas! Y aún después del cobro, quedarán las secuelas. Un aviso para otras empresas en conflicto con PDVSA y Venezuela, y un aviso para que el Gobierno, ya cercado, tome precauciones. Las precauciones se traducen en problemas. En trancas previsibles.

[13] Véase el texto del reportaje de Alonso Moleiro y Florantonia Singer, "Conoco Phillips pone a Venezuela contra la pared," en *El País*, 11 de mayo de 2018, enhttps://elpais.com/internacional/2018/05/11/america/1526069049_337653.html. Véase además, Lucia Kassai, "PDVSA Learns That Conoco Pain May Be Worse Than U.S. Sanctions," en *Bloomberg*, 10 de mayuo de 2018, en https://www.bloomberg.com/news/articles/2018-05-10/pdvsa-learns-that-conoco-pain-may-be-worse-than-u-s-sanctions; "Corte de Curazao autoriza a Conoco Phillips embargar activos de Pdvsa," en La Patilla.com, 12 de mayo de 2018, en https://www.lapatilla.com/site/2018/05/12/corte-curazao-autoriza-a-conoco-phillips-embargar-activos-de-pdvsa/

Un experto petrolero resumió la situación así: "Muy grave. Las exportaciones hacia China e India se verán afectadas el ser bloqueada la capacidad de almacenamiento de PDVSA en Bonaire, Curazao y San Estaquio. Allí es donde cargan los grandes tanqueros. Aunque lo de China es amortizar deuda, lo de India sí son ventas en efectivo."

Pero es que las exportaciones ya venían cayendo. Con menos producción hay menos crudo que vender. Según cálculos, en abril se redujeron las ventas en un 20% en comparación con 2017. Habrá que esperar mayo. Tal vez sea un 25% o un poco más. El profesor Francisco Monaldi declaró a una agencia internacional que "La situación de Conoco, tal y como está, con Venezuela inhabilitada para utilizar sus tanques de almacenamiento en el Caribe, es peor que las sanciones norteamericanas."[14]

En fin, las catastróficas consecuencias del desmantelamiento de la Apertura petrolera en 2007, sin apego a la Constitución, a la ley y a los Convenios de Asociación, como lo ha resumido José Guerra:

> "una deuda que Pdvsa debe y tiene que pagar se ha transformado en un problema mayúsculo que está estrangulando buena parte de las exportaciones petroleras que se embarcan desde esas islas.
>
> Se enfrenta así Venezuela y Pdvsa al siguiente dilema: si no pagan a Conoco Phillips, esta compañía con seguridad va a embargar las refinerías y se va a apoderar de los tanqueros de Pdvsa o cualquier otro activo. Si paga, como ha dicho que está dispuesto hacerlo, ello va a motivar que todos los acreedores sigan el ejemplo de Conoco Philliops para cobrar lo adeudado. Ello es importante por la cantidad de litigios pendientes por más de US$ 10.000 millones en juicios pendientes y por los pagos atrasados de bonos tanto de la estatal petrolera como la República por más de US$ 2.000 millones.
>
> El punto crítico es que hoy Venezuela no tiene cómo pagar por la irresponsabilidad con la cual se actuó en 2007 y durante el festival de endeudamiento externo que sufrió la nación entre 2007 y 2011 y que tiene hipotecado al país. Chávez murió, pero los que azuzaron para que se expropiaran las empresas petroleras y endeudaron al país, están vivos y van a tener que responder ante el tribunal de la historia, que tarde llega pero llega.
>
> Allí están los videos cuando desde las instalaciones de la Faja del Orinoco se expropiaron las empresas y todos le aplaudían a Chávez aquellas acciones insensatas sin que nadie se atreviera a alertarlo o contradecirlo sobre su inconveniencia. El problema no es Conoco Phillips sino

14 Véase en KonZapata.com., 11 de mayo de 2018, en https://konza-pata.com/2018/05/la-crisis-ya-paso-ahora-lo-que-viene-es-la-hecatombe/

quienes, en aquellos tiempos de locura, nos llevaron a esta situación de quiebra y ruina nacional."[15]

[15] Véase José Guerra, "El Caso Conoco Phillips," en La patilla.com, 13 de mayo de 2018, en https://www.lapatilla.com/site/2018/05/13/jose-guerra-el-caso-conoco-phillips; y en *Venezuela Unida*, 13 de mayo de 2018, en https://venezuela-unida.com/jose-guerra-el-caso-conoco-phillips/

SECCIÓN VIGÉSIMA CUARTA: *EL JUEZ CONSTITUCIONAL EN VENE-ZUELA COMO INSTRUMENTO PARA ANIQUILAR LA LIBERTAD DE EXPRESIÓN PLURAL Y PARA CONFISCAR LA PROPIEDAD PRIVADA: EL CASO RCTV* (2007)

Texto del artículo sobre "El juez constitucional en Venezuela como instrumento para aniquilar la libertad de expresión plural y para confiscar la propiedad privada: El caso RCTV", publicado en la *Revista de Derecho Público*", No. 110, (abril-junio 2007), Editorial Jurídica Venezolana, Caracas 2007, pp. 7-32.

La Sala Constitucional del Tribunal Supremo de Justicia de Venezuela con la complicidad de la Sala Político Administrativa del mismo Tribunal, en mayo de 2007, de nuevo, en lugar de proteger los derechos constitucionales de las personas, han conspirado como instrumentos controlados por el Poder Ejecutivo, para secuestrarlos y violarlos. El más alto nivel del Poder Judicial, así, ha lavado y avalado las arbitrariedades gubernamentales cubriéndolas con un velo de judicialidad, tal como ha ocurrido en el caso del cierre de la más importante estación de televisión del país, por cierto, crítica al gobierno del Presidente H. Chávez (Radio Caracas Televisión, RCTV).

En ese caso, la conspiración judicial ha tenido por objeto aniquilar la libertad de expresión del pensamiento plural y decretar impunemente la confiscación de bienes de propiedad privada, que ni el Ejecutivo ni el legislador podían hacer por prohibirlo la Constitución (art. 115), en ambos casos, violando expresas disposiciones constitucionales pero con el agravante de que los conspiradores en este caso, han actuado impunemente, porque saben que sus actuaciones no pueden ser controladas.

En efecto, en varias decisiones judiciales dictadas en mayo de 2007, en lugar de controlar las sucesivas arbitrarias e inconstitucionales amenazas y decisiones del gobierno de no renovar la concesión de uso del espacio radioeléctrico que la empresa RCTV tenía desde hace más de medio Siglo, no sólo el Poder Judicial rehusó sistemáticamente efectuar control alguno de las actuaciones del Poder Ejecutivo, sino que como dócil instrumento del gobierno, validó el cierre del canal de televisión, avalando el atentado que ello significó a la libertad de expresión y, además, como la entidad estatal (Fundación TEVES) que creó el gobierno para sustituir a RCTV no estaba en capacidad de transmitir efectivamente una señal de televisión con cobertura nacional, decidió, incluso en un caso, de oficio, y peor, que como si fuera gobierno arbitrario, confiscar los bienes de la empresa RCTV que cesaba en su actividad; asignándoselos "en uso temporal" indefinido y gratuito a la entidad oficial que comenzó a transmitir la señal de televisión en el mismo espacio radioeléctrico.

Para entender semejante atropello a la Constitución y a los derechos constitucionales de RCTV, cometido por el órgano judicial encargado de garantizar su supremacía, es conveniente hacer referencia a los antecedentes del caso, así como a las acciones judiciales que se intentaron buscando infructuosamente la respuesta del Poder Judicial en protección de legítimos derechos constitucionales que en este caso habían sido violados.

I. ANTECEDENTES

Las actividades privadas en materia de telecomunicaciones, en especial de las audiovisuales, se realizan en Venezuela conforme a un régimen jurídico que regula tanto las actividades de telecomunicaciones en si mismas, como el uso de bienes del dominio público, cuando ello se requiera para la realización de aquellas. En ambos casos, las transformaciones del mundo contemporáneo en la materia, han provocado una evolución de dicho régimen jurídico de las telecomunicaciones que se ha caracterizado por las siguientes orientaciones:

En cuanto a la regulación de las actividades de las telecomunicaciones en sí mismas, el régimen jurídico de las mismas, en las últimas décadas, muestra una evolución en cuanto al grado de intervención del Estado, que ha pasado de constituir una actividad que hasta el último tercio del Siglo XX siempre y en general había sido considerada como una actividad reservada al Estado, en la mayoría de los casos con la categorización de servicio público, y que en algunos casos excluía toda actividad privada en las mismas; a la actividad de interés general de la actualidad, en la cual los particulares tienen derecho a realizar las actividades, aún cuando sometidos a cierto control por parte del Estado mediante el cual se los autoriza o habilita a desarrollarlas.

En cuanto a la regulación del uso del dominio público para las actividades de telecomunicaciones la evolución del régimen relativo a su regulación ha pasado de ser, uno que por ejemplo, sólo se refería a la utilización del dominio público terrestre, aéreo y marítimo para la prestación de servicios de telecomunicaciones mediante la instalación de cables (subterráneos, aéreos y marítimos); a la regulación contemporánea adicional, del uso del bien del dominio público denominado espectro radioeléctrico para trasmitirlas por ondas.

El cambio efectuado en relación al régimen de las actividades de telecomunicaciones ocurrió en Venezuela con la Ley Orgánica de Telecomunicaciones de 2000 que estableció el principio de la libertad económica de las telecomunicaciones, eliminando la reserva de las mismas que antes tenía el Estado e incluso la misma denominación de "servicios públicos" de las mismas que disponía la vieja Ley de Telecomunicaciones de 1941.

Conforme a la nueva Ley, las actividades relativas a las telecomuni-caciones pasaron entonces de ser actividades públicas que estaban reservadas al Estado, a actividades privadas realizadas por los particulares en ejercicio del derecho a la libertad económica (art. 112 de la Constitución), en concurrencia con el Estado. En otros términos, incluso si algunas de dichas actividades de telecomunicaciones pudieran considerarse como servicios públicos, lo importante es que no se trata de servicios reservados al Estado los cuales, por tanto, pueden ser desarrollados libremente por los particulares, sujetos sólo a autorizaciones o habilitaciones administrativas. En realidad, la Ley Orgánica sólo estableció una reserva al Estado que ha quedado reducida a "los servicios de telecomunicaciones para la seguridad y defensa nacional" (Art. 8).

Tratándose entonces en general de actividades no reservadas al Estado, el artículo 1° de la Ley Orgánica precisa que el objeto del marco de su regulación es "garantizar el derecho de las personas a la comunicación y a la realización de las actividades económicas de telecomunicaciones para lograrlo, sin más limitaciones que las derivadas de la Constitución y las leyes".

La consecuencia de esta liberalización del régimen de las telecomuni-caciones fue la previsión de que para su ejercicio por los particulares, sólo se requiere de la obtención previa de la correspondiente habilitación admi-nis-trativa y, de ser necesaria, la concesión de uso y explotación del espectro radioeléctrico, en los casos y condiciones que establece la ley, los reglamentos y las Condiciones Generales establecidas por la Comisión Nacional de Telecomunicaciones CONATEL (art. 5). Con ello, se insiste, respecto del régimen de las actividades de telecomunicaciones, la Ley Orgánica eliminó la reserva al Estado y el régimen general de concesiones (salvo por lo que se refiere al uso del dominio público del espectro radioeléctrico), sustituyéndolo por un régimen de libertad económica sólo limitada por la naturaleza de las actividades al ser de interés general, exigiéndose la obtención, para su realización, de una autorización administrativa.

Dado el cambio radical del régimen de las telecomunicaciones que pasó de la reserva al Estado, la calificación de las mismas como servicios públicos y su ejercicio mediante concesiones administrativas, hacia un régimen de concurrencia en los que los particulares tienen libertad económica; la calificación de las actividades como de interés general y su ejercicio mediante habilitaciones o autorizaciones administrativas, condujo a la Ley Orgánica a establecer en sus disposiciones transitorias, un régimen de transformación de las antiguas concesiones y permisos otorgados de conformidad con la legislación anterior, en las habilitaciones administrativas, concesiones u obligaciones de notificación o registro establecidos en la nueva Ley Orgánica (art. 210), basándose todo el régimen en el principio del respeto de los derechos adquiridos y en la adaptación de las viejas concesiones a la habilitaciones administrativas y concesiones previstas en la nueva Ley.

Esa transformación se reguló en la Ley Orgánica, con carácter obligatorio, y en el procedimiento administrativo para lograrla se hizo participar a los interesados a cuyo efecto fueron llamados a solicitar la transformación de sus títulos jurídicos dentro de un plazo que estableció CONATEL (art. 210,7). Dicho procedimiento, que debía estar regido por los principios de transpa-rencia, buena fe, igualdad y celeridad (art. 210,1), debía necesariamente concluir en el lapso de dos años siguientes a la publicación de la Ley, con un acto administrativo de trasformación dictado por CONATEL, en el cual se debía sustituir la concesión o permiso inicial por una habilitación administrativa y concesión conforme a la nueva Ley. La transformación no debía implicar el otorgamiento de más facultades para la prestación de servicios al público, que las que al momento tenían los operadores de telecomunicaciones de conformidad con sus respectivos títulos jurídicos (art. 210,3). La Ley dispuso, además, expresamente, que "mientras ocurre la señalada adecuación, todos los derechos y obligaciones adquiridas al amparo de la anterior legislación, permanecerán en pleno vigor, en los mismos términos y condiciones establecidas en las respectivas concesiones y permisos (Art. 210).

Conforme a esta previsión, RCTV solicitó oportunamente la transfor-mación, la cual nunca fue decidida por el Estado, con lo cual siguió operando conforme a su vieja concesión la cual tenía una duración de 20 años, de acuerdo a lo establecido directamente en el Decreto N° 1577 de 27-05-1987 (artículos 4 y 1°), concluyendo el 27-05-2007; oportunidad en la cual RCTV en virtud de la abstención de la Administración de transformar la concesión, tenía el derecho preferente conforme al Decreto 1577, de que se le extendiera la concesión por otro período de 20 años (artículo 2).

El Estado venezolano, sin embargo, por manifestaciones directas del Presidente de la República, del Ministro de la Comunicación e Información, el Ministro de Telecomunicaciones e Informática y de la Comisión Nacional de Telecomunicaciones, desde finales de 2006 difundió en forma pública que RCTV cesaría de transmitir su señal de televisión el día 27 de mayo de 2007, cuando venciera la vieja pero vigente concesión que tenía. Al inicio, la razón de la medida anunciada fue neta y exclusivamente política, lo que era contrario a la Ley, y al final, las amenazas se convirtieron en actos administrativos concretos conforme a los cuales se habría decidido no renovar la concesión a la empresa, porque el Estado había decidido utilizar el espacio radioeléctrico que RCTV tenía asignado desde hace cinco décadas, para establecer una televisión de servicio público estatal. RCTV tenía derecho a la renovación, pues conforme al régimen de liberalización de las telecomunicaciones dispuesto en la Ley Orgánica de 2000, la renovación de los actos de habilitación no es el resultado de decisiones administrativas discrecionales sino regladas, a la cual tienen derecho los titulares de las mismas si se verifican los supuestos para su procedencia.

Ello provocó que se ejercieran por ante las Salas Político Administrativa y Constitucional del Tribunal Supremo de Justicia, diversos recursos buscando la protección del juez constitucional, por la vía del amparo constitucional o de la acción contencioso administrativa con pretensión cautelar de amparo.

El lamentable resultado fue la negativa sistemática del juez constitucional de proteger los derechos constitucionales de los recurrentes y, al contrario, ver cómo la Sala Político Administrativa y la Sala Constitucional, actuaron confabuladas para conculcar los derechos constitucionales a la libertad de expresión plural del pensamiento, el debido proceso, el derecho a la defensa y el derecho a la propiedad privada.

II. DE CÓMO EL JUEZ CONTENCIOSO ADMINISTRATIVO RENUNCIÓ DELIBERADAMENTE A PROTEGER LA LIBERTAD DE EXPRESIÓN Y OTROS DERECHOS CONSTITUCIONALES ABIERTAMENTE AMENAZADOS DE SER VIOLADOS POR EL JEFE DE ESTADO Y SUS SUBORDINADOS

En efecto, ante la arbitrariedad que se venía anunciando, el 9 de febrero de 2007 la empresa RCTV, sus directivos, sus periodistas y sus trabajadores intentaron ante la Sala Político Administrativa del Tribunal Supremo una acción de amparo contra la amenaza de violación de sus derechos constitucionales por parte del Presidente de la República y el Ministro del Poder Popular para las Telecomunicaciones y la Informática, al haber declarado pública y reiteradamente, fundándose en motivaciones políticas (todo lo cual llegó incluso a recopilarse y publicarse en un *Libro Blanco* editado en marzo de 2007 por el Ministerio de Telecomunicaciones), la voluntad del Poder Ejecutivo de que a partir del 28 de mayo de 2007, RCTV dejaría de operar como estación de televisión abierta en VHF; amenaza que se consideró inminente, posible e inmediata, y mediante la cual el Jefe de Estado y sus subordinados violaban:

> "(i) la libertad de pensamiento y expresión garantizada por el artículo 57 de la Constitución República Bolivariana de Venezuela (...) y el artículo 13 de la Convención Americana sobre Derechos Humanos (...) (ii) el derecho al debido proceso, expresado en el derecho a la presunción de inocencia, el derecho a la defensa y el derecho a ser oído por una autoridad imparcial, garantizado por el artículo 49 de la Constitución y el artículo 8(2) de la Convención Americana y (iii) el derecho a la igualdad y la no-discriminación, garantizado por el artículo 21 de la Constitución y el artículo 24 de la Convención Americana, todo de conformidad con el artículo 27 de la Constitución, en concordancia con los artículos 1, 2 y 5 de la Ley Orgánica de Amparo sobre Derechos y Garantías Constitu-cionales" (...)".

La Sala Político Administrativa, mediante sentencia N° 920, EXP: 07-0197 de 17-5-2007 declaró inadmisible la acción, para lo cual comenzó por precisar que en materia de telecomunicaciones, a juicio de la Sala, el órgano competente para pronunciarse en relación a la posible situación jurídica de la concesión que tenía RCTV, respecto del uso y explotación de un bien del dominio público como lo es el espectro radioeléctrico, era la Comisión Nacional de

Telecomunicaciones (CONATEL), razón por la cual consideró que la acción de amparo resultaba "inadmisible, toda vez que la lesión no es inmediata, posible y realizable por el ciudadano Presidente de la República Bolivariana de Venezuela Hugo Rafael Chávez Frías, en lo que respecta a la pretensión dirigida contra su persona como presunto agraviante". La Sala, aquí, incurrió en su primer error de crasa ignorancia sobre las disposiciones de la Ley Orgánica de Telecomunicaciones, conforme a las cuales, en forma expresa, la competencia en materia de habilitaciones y concesiones para televisión corresponde al Ministro de Telecomunicaciones.

Ahora bien, reducida la acción de amparo por decisión de la Sala sólo contra el Ministro y Presidente de CONATEL, la Sala Constitucional se refirió a dos actos administrativos dictados por el Ministro el 28 de marzo de 2007, después de que se había intentado la acción, contenidos en la Resolución N° 002 y en el Oficio N° 424, mediante los cuales se habría dado respuesta a la solicitud que había presentado Radio Caracas Televisión RCTV, C.A., el 24 de enero de 2007, en cuanto a la transformación y renovación de su concesión. En el último de dichos actos, el Ministro había indicado ("resuelto") que:

> "la presente comunicación tiene carácter mero-declarativo, esto es, que no crea, modifica o extingue la situación jurídica respecto a la concesión de RCTV que se vence el 27 de mayo de 2007 a las 12 p.m. hora legal de Venezuela, por el transcurso del tiempo de vigencia establecido en el artículo 1 del Decreto N° 1.577 contentivo del Regla-mento sobre Concesiones para Televisoras y Radio Difusoras, lo cual incluye las frecuencias accesorias otorgadas a nivel nacional para la explotación de la concesión cuya vigencia expira".

Para la Sala Constitucional, este acto administrativo indicaba que había "cesado la circunstancia generadora de la presunta infracción constitucional en el presente caso", pues conforme al artículo 6,1 de la Ley Orgánica de Amparo, "para que resulte admisible la acción de amparo es necesario que la lesión denunciada sea presente, es decir, actual", concluyendo entonces que como:

> "el hecho denunciado como lesivo lo constituye una presunta omisión atribuida al Ministro del Poder Popular para las Telecomunicaciones y la Informática, sin embargo, durante la tramitación del proceso de amparo el presunto agraviante produjo la respuesta omitida, por lo que, desde el mismo momento en que se dictó el acto administrativo resolviendo la solicitud planteada, cesó la lesión denunciada por los quejosos".

En consecuencia, la Sala resolvió en este caso, que había sobrevenido "la causal de inadmisibilidad prevista en el numeral 1 del artículo 6 de la Ley Orgánica de Amparo sobre Derechos y Garantías Constitucionales, por haber cesado la presunta infracción constitucional denunciada". Así, la Sala, deliberadamente, se rehusaba a proteger derechos constitucionales violados.

Pero sin embargo, el juicio no concluyó allí, como era la lógica procesal, lo que implicaba el archivo del expediente, sino que la Sala Constitucional, luego de declarar inadmisible la acción, entró a formular consideraciones que nadie le había solicitado, indicando que en la Resolución N° 002 dictada por el Ministro del Poder Popular para las Telecomunicaciones y la Informática el 28 de marzo de 2007, se había determinado:

> "declarar terminado el procedimiento administrativo iniciado según la solicitud formulada por Radio Caracas Televisión, en fecha 6 de mayo de 2002, relativa a la transformación de su concesión, por decaimiento del objeto de dicha solicitud. En consecuencia, dicha concesión se mantendrá en vigencia hasta su vencimiento el 27 de mayo de 2007, en aplicación de lo dispuesto en el artículo 1 del Decreto N° 1.577 contentivo del Reglamento sobre Concesiones para Televisoras y Radio Difusoras".

Por ello, a propia iniciativa, resolvió informarles a los solicitantes que la vía idónea para accionar en protección de los derechos constitucionales contra actos administrativos, era la acción contencioso administrativa, y como en el caso, RCTV, como era lógico, ya había intentado ante la Sala Político Administrativa del Tribunal Supremo de Justicia, el 18 de abril de 2007, el "recurso contencioso administrativo de nulidad conjuntamente con acción de amparo cautelar y medidas cautelares innominadas ante la referida Sala Político Administrativa el 17 de abril de 2007, contra los actos administrativos contenidos en el Oficio N° 424 y la Resolución N° 002 dictados por el Ministro del Poder Popular para las Telecomunicaciones y la Informática el 28 de marzo de 2007", concluyó que en el caso a RCTV también se aplicaba la causal de inadmisibilidad prevista en el artículo 6,5 de la Ley Orgánica de Amparo. Respecto de los demás accionantes se les indicaba que podían "hacerse parte en el mencionado juicio a los fines de tutelar sus derechos e intereses".

En esta forma, la Sala Constitucional, en un juicio de amparo que se había intentado el 9 de febrero de 2007, sólo vino a decidir sobre su admisibilidad el 17 de mayo de 2007, es decir, tres meses después, habiendo sido su deliberada inacción la que provocaría la sobreviniencia de la causal de inadmisibilidad de la acción de amparo. De haberla decidido oportunamente, como se lo imponía la Constitución y los derechos reclamados, no habría habido motivos para declararla inadmisible.

En todo caso, al declarar inadmisible la acción intentada contra la amenaza de violación de la libertad de expresión, y la lesión efectiva del derecho al debido proceso y a la defensa, pues se había decidido no renovar la concesión sin procedimiento previo alguno, el juez constitucional, después de ilegítimamente conspirar para provocar el surgimiento de alguna causal de inadmisibilidad, renunció a proteger la libertad de expresión plural en Venezuela.

III. DE CÓMO EL JUEZ CONTENCIOSO ADMINISTRATIVO TAMBIÉN DELIBERADAMENTE RENUNCIÓ A PROTEGER CAUTELARMENTE LA LIBERTAD DE EXPRESIÓN Y OTROS DERECHOS CONSTITUCIONALES ABIERTAMENTE VIOLA-DOS POR CONATEL

El 17 de abril de 2007, como se había reseñado en la sentencia antes comentada de la Sala Constitucional, efectivamente, RCTV, sus directivos, sus periodistas y empleados habían interpuesto un recurso contencioso administrativo de anulación con solicitud de amparo cautelar y, subsidiariamente, medida cautelar innominada, contra los actos administrativos contenidos en Resolución N° 002 y Oficio N° 0424 ambas de fecha 28/03/07 dictadas por el Ministerio del Poder Popular para las Telecomunicaciones e Informática, antes mencionados, mediante los cuales se había resuelto declarar el decaimiento por falta de objeto de la solicitud formulada por RCTV en 2002, para la transformación de su título de concesión otorgado de acuerdo con la legislación anterior, en los títulos de habilitación para la prestación de servicios de telecomunicaciones y concesión para el uso y explotación del espectro radioeléctrico, de conformidad con lo previsto en el artículo 210 de la Ley Orgánica de Telecomunicaciones; así como la desestimación de las solicitudes presentadas por RCTV el 24 de enero de 2007 para la renovación o extensión de la concesión para prestar el servicio de televisión abierta hasta 2027.

Mediante sentencia N° 00763, EXP: 2007-0411, de 23-05-2007 la Sala Político Administrativa admitió "provisoriamente el recurso contencioso administrativo de nulidad incoado" para entrar a conocer de la solicitud de amparo cautelar que se había formulado conjuntamente con la acción de nulidad, la cual declaró sin lugar, renunciando así la Sala Político Adminis-trativa, también deliberadamente, a proteger los derechos constitucionales que se habían denunciado como violados, y que fueron el derecho a la libertad de pensamiento y expresión, consagrado en los artículos 57 de la Constitución de la República Bolivariana de Venezuela y 13 de la Convención Americana sobre Derechos Humanos, pues con las decisiones recurridas se impedía a los recurrentes difundir libremente ideas, opiniones, informaciones, contenidos de entretenimiento, publicidad y propaganda mediante las frecuencias asignadas a RCTV, en todo el territorio nacional, así como también se restringía el derecho de expresión, la comunicación y la circulación de ideas y opiniones, lo que está prohibido en el artículo 13 de la Declaración de Principios sobre Libertad de Expresión adoptada por la Comisión Interamericana de Derechos Humanos; y además, la violación del debido proceso y de derechos de contenido patrimonial, como la propiedad y la libertad económica.

Esta petición de amparo, tenía por objeto el que la Sala Político Administrativa ordenara al mencionado Ministro, que se abstuviese "de tomar cualquier medida que impida que RCTV siga funcionando como estación de televisión abierta en VHF en las frecuencias que venía operando en todo el territorio nacional" mientras se decidiera el recurso contencioso adminis-tra-tivo de nulidad y que, además, tomase "todas las medidas necesarias a los fines de que RCTV siga funcionando como estación de televisión abierta en VHF en las frecuencias que venía operando en todo el territorio nacional mientras se decide en forma definitiva esta demanda de anulación".

Sobre estas peticiones, la Sala Político Administrativa decidió con toda simpleza, como sigue:

Sobre la violación alegada del derecho a la libre expresión del pensamiento, la Sala concluyó que sólo "mientras dure la concesión" era que:

> "los recurrentes podrán ejercer el derecho a la libertad de pensamiento y expresión empleando la frecuencia radioeléctrica asignada a RCTV, C.A. bajo el título jurídico que deriva de la concesión; lo cual en modo alguno implica una presunta violación al referido derecho, toda vez que los recurrentes podrán *dentro de la diversidad de los medios de difusión*, exponer sus ideas, opiniones e informaciones".

Agregó además la Sala, con toda simpleza, como si ella lo creyera, que RCTV "tiene al igual que otros generadores de contenidos, la libertad de seguir ejerciendo dicho derecho a través de muchas otras formas de difusión, como lo serían los operadores de servicios de televisión por suscripción."

Y concluyó sobre la violación de este derecho en su ámbito social, esto es, el derecho de todos los miembros de la sociedad a recibir ideas, informaciones y opiniones, que:

> "mediante los actos administrativos impugnados no se impide de manera alguna que la sociedad venezolana pueda recibir ideas, opiniones, informaciones, contenidos de entretenimiento, publicidad y propaganda, habida cuenta de la existencia de *muchos otros canales televisivos y medios de comunicación social* de propiedad privada -que son la mayoría de los existentes en el país- a través de los cuales se transmiten tales contenidos, dentro del contexto de un Estado democrático y social de derecho y de justicia, razón por la cual debe desestimarse la presunta violación alegada sobre este particular. Así se declara."

En cuanto a la violación del derecho al debido proceso, frente al alegato de que al haberse dictado los actos impugnados "tanto el Ministro como otros altos funcionarios del Ejecutivo Nacional, habrían anunciado públicamente con anterioridad a la emisión de los actos recurridos, la desestimación de la solicitud de "extensión y renovación" de la concesión a RCTV", la Sala, simplistamente se limitó a considerar que para:

> "evidenciar la supuesta violación a ser oído por una autoridad imparcial, sería necesario efectuar un estudio minucioso de los actos admi-

nistrativos impugnados así como de las actuaciones de las autoridades mencionadas, y confrontarlos con los argumentos expresados por la parte actora y las normas de rango legal referidas por los recurrentes, lo cual sólo podrá realizarse en la oportunidad de la sentencia definitiva, pues le está vedado al Juez que conoce del amparo cautelar pronunciarse sobre la legalidad; por tanto, se desecha la denuncia en referencia. Así se declara."

En cuanto a la violación del derecho a la defensa, por la negativa del Ministro del Poder Popular para las Telecomunicaciones y la Informática de evacuar pruebas de informes promovidas por RCTV, y permitirle el acceso al expediente, con motivo de la solicitud que había sido presentada el 24 de enero de 2007, la Sala simplemente se limitó a considerar que:

> "un pronunciamiento sobre la presunta violación del derecho a la defensa en este caso, implicaría examinar la Comunicación Nº 0424 a la luz de los argumentos expresados por la parte actora y las normas de rango legal aplicables, lo cual se verificará con ocasión de la sentencia definitiva; por tanto, se desecha la denuncia en referencia. Así se declara."

Y respecto de la mencionada solicitud de RCTV de 24 de enero de 2007 en la cual había solicitado al Ministerio que completara el proceso de transformación y se emitieran los nuevos títulos de RCTV, es decir, la concesión de uso y explotación del espectro radioeléctrico y la correspondiente habilitación administrativa, y se reconociera su derecho adquirido a la extensión de los títulos de RCTV por un período adicional de veinte años, la Sala simplemente se limitó a decidir que lo pretendido por RCTV:

> "comportaría realizar un estudio de la normativa legal aplicable al caso de autos, referida por la empresa en su solicitud, a los fines de determinar si, efectivamente, era necesario el inicio de un procedimiento administrativo para tramitar la solicitud formulada el 24 de enero de 2007, lo cual será decidido en la oportunidad de dictarse sentencia definitiva, por lo que debe desestimarse la presunta violación alegada al derecho a la defensa. Así se decide.

En relación con la denuncia de violación del derecho a la presunción de inocencia, en virtud de que tanto las declaraciones manifestadas públicamente por autoridades pertenecientes al Ejecutivo Nacional como los actos administrativos recurridos, constituían una sanción por la supuesta comisión de infracciones al Código Penal, la Ley Orgánica de Telecomunicaciones, la Ley de Responsabilidad Social en Radio y Televisión y otras disposiciones legales, sin que ello se hubiese demostrado en forma alguna, la Sala simplistamente se limitó a señalar que en los actos impugnados no encontró "señalamiento alguno por parte de la Administración, donde se evidencie que el contenido de los referidos actos comporte una sanción a la empresa recurrente por el incumplimiento de normas legales", declarando que "no ha quedado demostrada la violación alegada por los recurrentes sobre la presunción de inocencia de su representada. Así se declara".

Sobre la violación del derecho a la igualdad y no discriminación, conforme a la cual los recurrentes alegaron que a RCTV se la había tratado "de forma desigual con respecto a operadores que se encuentran en idéntica situación que RCTV, C.A. y a los cuales se les ha dado un trato diferente y más beneficioso", la Sala se limitó simplemente a señalar que de las pruebas cursantes en el expediente, no se desprendía lo afirmado, y que los recurrentes no habían demostrado "la condición de igualdad de circunstancias y de discriminación que dice tener frente al resto de los operadores; por lo que se desestima el alegato relativo a la presunta violación del derecho a la igualdad y no discriminación. Así se declara."

Sobre la violación alegada de la garantía de irretroactividad de la ley, al desconocerse el derecho de preferencia de RCTV para la extensión por 20 años de su concesión de televisión abierta en VHF, dado que la Ley debía aplicarse respetando y reconociendo los derechos adquiridos por los operadores bajo el régimen anterior, la Sala se limitó también simplemente a señalar que para determinar dicha violación del principio de irretroactividad, debía necesaria-mente examinarse el contenido del Decreto N° 1.577 a la luz de la vigente Ley Orgánica de Telecomunicaciones y otras disposiciones de rango inferior al mencionado texto legal", lo que "no corresponde ser examinada en esta etapa del proceso. Así se declara."

Sobre la violación alegada del derecho de propiedad y no confiscación, en virtud de que con la negativa de transformar los títulos otorgados al amparo de la legislación anterior a la Ley Orgánica de Telecomunicaciones, así como la negativa de extender o renovar la concesión bajo el argumento de que el Estado se iba a reservar la explotación y uso de la frecuencia utilizada por RCTV, se desconocían los derechos de RCTV para continuar operando esa frecuencia, así como los beneficios económicos que dicha actividad le reporta, la Sala se limitó, igualmente en forma simplista, a advertir que el espectro radioeléctrico es un recurso limitado de telecomunicaciones y un bien de dominio público inalienable e imprescriptible, cuyo titular es la República:

> "la cual ejerce sobre dicho bien los atributos propios de esa titularidad; es decir, su uso, goce y administración, de conformidad con la Ley; por lo que esta Sala estima infundada la denuncia de violación del derecho de propiedad. Así se declara."

Y sobre la afectación del derecho de propiedad sobre los bienes utilizados para la explotación de la concesión distintos del espectro radioeléctrico, la Sala también en forma insólitamente simplista, se limitó a observar:

> "que el vencimiento de la concesión como mecanismo de extinción natural de la misma con un plazo de duración conocido de antemano por el concesionario, en modo alguno puede entenderse como un supuesto

de lesión del derecho de propiedad sobre dichos bienes, por lo que se rechaza tal argumento. Así se declara.

La Sala, por otra parte, observó que en este caso "a pesar de estar en presencia del posible vencimiento de una concesión, hasta el presente no se ha invocado la figura usual de la reversión de los bienes afectos a la concesión en beneficio del concedente." Es decir, la Sala aprovechaba una decisión judicial para enviarle un "mensaje" al Ejecutivo sobre algo que hasta ese momento "no se había invocado", particularmente porque no procedía.

En cuanto al alegato de la empresa recurrente de que la pérdida de ciertos beneficios económicos (lucro cesante y recuperación de la inversión) que la iban a afectar si se ejecutaban los actos impugnados, la Sala se limitó simplemente a señalar que:

> "la determinación de tal pérdida comporta necesariamente el análisis de la existencia o no de un derecho de preferencia a favor de la empresa recurrente para obtener la extensión o renovación de la concesión a partir del 28 de mayo de 2007, día siguiente a aquel en que vence la concesión otorgada; razón por la cual no puede la Sala en esta etapa cautelar emitir pronunciamiento alguno con fundamento en un pretendido derecho que constituye parte de lo que debe dilucidarse en la decisión definitiva, debiéndose desestimar el alegato formulado sobre este punto. Así se declara."

En cuanto a la violación alegada al derecho a la libertad, en virtud de que la ejecución de las decisiones impugnadas impedirían que RCTV pudiese ejercer la actividad que venía desarrollando, sin que se hubiese configurado el incumplimiento de la ley ni verificado un supuesto normativo que justificase dichas decisiones, la Sala, luego de analizar el carácter de dominio público del espacio radioeléctrico, se limitó a señalar también en forma insólitamente simple, que los argumentos sobre la disponibilidad de la frecuencia usada por la empresa:

> "están sujetos a las pruebas que se promuevan y evacúen en el transcurso del proceso de nulidad, razón por la cual su alegato no debe ser considerado en esta etapa procesal a efectos de evidenciar la supuesta violación del derecho a la libertad económica. Así se declara."

Sobre el alegato de que la autoridad administrativa tenía la obligación de respetar el objeto, cobertura y lapso de vigencia de la concesión otorgada bajo la normativa legal anterior a la Ley Orgánica de Telecomunicaciones, y que por tanto debía haber transformado los títulos de RCTV, la Sala, también con una simpleza pasmosa, se limitó a indicar:

> "que de las pruebas cursantes en autos no se deduce que la circunstancia de la no transformación de los mencionados títulos, haya impedido que la sociedad mercantil actora continúe operando la frecuencia

radioeléctrica hasta la fecha del vencimiento de la concesión, lo cual fue expresamente reconocido por la Resolución Nº 002 recurrida. Así se declara."

Y en cuanto a la denuncia relativa a que la Administración tendría que respetar el derecho de RCTV a la extensión por veinte (20) años de la concesión, con base en el artículo 3 del Decreto Nº 1.577, la Sala se limitó a indicar también simplemente:

> "que tal argumento requiere necesariamente un pronunciamiento sobre las normas legales aplicables al caso de autos, lo que -tal como antes se ha señalado- le está vedado al juez de la causa en esta etapa cautelar, limitada a la protección de los derechos constitucionales."

Como consecuencia de todo lo anterior, la Sala Político Administrativa concluyó que en el caso sometido a su consideración no se verificó la presunción de buen derecho exigida a los fines de acordar la protección cautelar, con lo que, sin verificar el cumplimiento del *periculum in mora* ni el *fumus boni iuris*, pura y simplemente declaró improcedente la acción de amparo constitucional interpuesta en forma conjunta con el recurso contencioso administrativo de nulidad de los actos impugnados.

La orden ejecutiva había sido dada, y la simpleza de los argumentos lo que confirman es la sumisión del órgano judicial a los dictados del Poder Ejecutivo.

IV. DE CÓMO EL JUEZ CONTENCIOSO ADMINISTRATIVO EN LUGAR DE PROTEGER LOS DERECHOS DE LAS PERSONAS, PRETENDIÓ SUSTITUIRSE EN LA ADMINISTRACIÓN Y PRE-TENDIÓ CUBRIRLE DE OFICIO SUS CARENCIAS ARGUMEN-TALES

Pero después de haber declarado sin lugar la protección cautelar de amparo a los derechos constitucionales que se había formulado conjuntamente con la acción de nulidad contra los actos administrativos impugnados dictados por CONATEL, la Sala Político Administrativa pasó a formular, **de oficio**, unas consideraciones teóricas sobre el régimen de concesiones en materia de telecomunicaciones, pretendiendo así suplir lo que quizás percibía como eventuales carencias argumentales de las autoridades administrativas. El juez contencioso administrativo, así, se pretendió convertir en Administración, incurriendo en una ilegitimidad judicial.

En efecto, en la antes referida sentencia de 23-05-2007, la Sala Política Administrativa emitió un "*obiter dictum*", que significa "algo dicho al pasar" o incidentalmente, es decir, algo "dicho sea de paso", en el cual indicó que "la *concesión* es una forma contractual empleada por la Administración para la gestión de los *servicios públicos*, la cual comporta una delegación que efectúa el Estado a otra persona a su propio riesgo, para el funcionamiento de dichos servicios por un tiempo expresamente acordado", respecto de la cual "resaltan los elementos de temporalidad, exacta delimitación y beneficio económico para el concesionario por el uso y explotación del bien público que con motivo de la concesión se le haya asignado" agregando que "una vez expirado el término de vigencia se produce de pleno derecho la extinción de la relación y, usualmente, la reversión de los bienes afectos a la concesión".

Concluyó la Sala indicando que:

> "el derecho a la libertad de pensamiento y expresión de RCTV, C.A. empleando la frecuencia radioeléctrica que le fue asignada, tiene como límite la duración de la concesión, por lo que en modo alguno, existe en su caso la violación del referido derecho constitucional. RCTV, C.A. puede seguir expresando sus ideas, opiniones o informaciones y demás contenidos a través de muchos otros medios de difusión que se encuentran al alcance de los particulares, conforme al ordenamiento jurídico venezolano."

Con este "dicho sea de paso" del juez contencioso administrativo, el Tribunal Supremo tomó dos iniciativas de oficio, sobre temas que no habían sido ni eran objeto del debate en el juicio, y adelantó opinión sobre el fondo del juicio. De nuevo, el juez contencioso administrativo pretendió guiar a la Administración y suplirle sus supuestas carencias.

1. EL TEMA DEL SERVICIO PÚBLICO Y LAS TELECOMUNICACIONES

En efecto, en primer lugar, la Sala en su "dicho sea de paso", calificó la concesión de uso del espacio radioeléctrico para transmitir televisión como una "concesión de servicio público", lo cual no es jurídicamente correcto.

Es cierto que históricamente, las actividades de telecomunicaciones habían sido consideradas en muchos países y en épocas distintas como actividades de servicio público, las cuales incluso durante muchas décadas fueron reguladas como actividades reservadas al Estado, y que los particulares en algunos casos podían prestar mediante el régimen de concesión de servicio público otorgada por el Estado.

Todo ello, sin embargo, cambió en el mundo contemporáneo, donde ahora prevalece el criterio de que el hecho de que una actividad sea declarada como servicio público no siempre implica una reserva de la misma a favor del Estado, existiendo por tanto, por una parte, servicios públicos reservados al Estado y servicios públicos no reservados al mismo, pudiendo ser los primeros prestados por los particulares en régimen de concesión, y los últimos prestados en régimen de concurrencia y en relación con los cuales los particulares tienen derecho y libertad económica de realizarlas.

Por otra parte, la reserva al Estado de las actividades de telecomuni-caciones, por su complejidad y desarrollo creciente, también fue eliminada, y las mismas ahora se consideran como actividades respecto de las cuales los particulares tienen derecho y libertad económica de realizar, sometidos a restricciones y limitaciones propias de su consideración como actividades de interés general. Este es el régimen que se establece precisamente en la Ley Orgánica de Telecomunicaciones, conforme a la cual las actividades de telecomunicaciones no son actividades que estén reservadas al Estado, por lo que incluso si se las llegara a calificar como "servicios públicos", serían de los servicios públicos concurrentes en relación con los cuales los particulares tienen derecho y libertad económica para realizarlas, sujetos a las limitaciones y restricciones establecidas en la Ley Orgánica de Telecomunicaciones de 2000, particularmente en cuanto a la obtención de una autorización o habilitación por parte del Estado, a través de CONATEL.

En relación con estas actividades, por tanto "la concesión de servicio público" no existe, pues las mismas no están reservadas al Estado, y se prestan mediante autorización o habilitación; y sólo en los casos en los cuales sea necesario utilizar bienes del dominio público (como el espacio radioeléctrico) para realizarlas, lo que se requiere es una "concesión de uso del espacio radioeléctrico", es decir, una concesión respecto de un *bien* del dominio público, tal como se regula en la Ley Orgánica de Telecomunicaciones. Por tanto, es un error jurídico del juez contencioso administrativo pretender considerar la concesión que tenía RCTV como una "concesión de servicio público". El juez contencioso administrativo pretendió ilegítimamente sustituir a la Administración, y se equivocó jurídicamente.

2. EL TEMA DE LA REVERSIÓN EN LAS CONCESIONES

Pero el error jurídico del juez contencioso administrativo en su actuación de oficio no sólo se quedó en haber calificado erradamente la concesión para transmisiones de televisión, conforme al régimen liberal de la Ley Orgánica de Telecomunicaciones de 2000 como una "concesión de servicios públicos", sino en haberse referido, en este caso, ilegítima y erradamente a la institución de la reversión en las concesiones.

En efecto, es su "dicho sea de paso", de oficio y sin que el tema se hubiese siquiera mencionado en las actas procesales, la Sala Político Administrativa, al referirse a que una vez expirado el término de vigencia de una concesión de servicio público "se produce de pleno derecho la extinción de la relación", agregó que también se producía "usualmente, la reversión de los bienes afectos a la concesión."

Con ello, el juez contencioso administrativo pretendió también sustituirse a la Administración, pretendiendo suministrarle argumentos que supuesta-mente consideró que la Administración no había esgrimido en el caso en sede administrativa, con lo cual incurrió en una nueva ilegitimidad y en otro error jurídico, pues contrariamente a lo que indica, al extinguirse las concesiones de telecomunicaciones o de cualquier otra actividad, la reversión no opera "usualmente" sino sólo cuando la ley o el propio título de la concesión lo indica expresamente.

Es cierto que uno de los principios más clásicos del derecho adminis-trativo en relación con concesiones de servicios públicos, de construcción y uso de obras públicas incluso en bienes del dominio público, había siempre sido el de la necesaria reversión del servicio o de la obra construida a la Administración concedente una vez extinguida la concesión. Se trató de un principio que buscaba asegurar la continuidad en la prestación del servicio público o del uso de una obra pública, independientemente de la participación del concesionario, una vez extinguida la concesión.

Sin embargo, al tratarse de un medio de extinción de la propiedad privada del concesionario sobre los bienes afectos al servicio o de las obras construidas, la garantía constitucional de la propiedad y de la reserva legal, progresivamente impusieron el principio de que la reversión debía estar establecida en texto legal expreso. Incluso, en ese sentido, fue que la Constitución de 1961 estableció el principio de la reversión en materia de concesiones de hidrocarburos, en relación con las tierras (inmuebles) afectados a las mismas.

En ausencia de texto legal expreso, por tanto, la reversión sólo podría proceder si en el contrato de concesión se la dispone y regula. La reversión, en efecto, perdió su antiguo carácter de "elemento esencial" de toda concesión y pasó a ser un elemento de la relación que opera únicamente en caso de pacto expreso.

Esta, por lo demás, es la orientación que se siguió en la Ley Orgánica sobre Promoción de la Inversión Privada bajo el régimen de Concesiones (*G.O.* N° 5394 Extra. de 25-10-1999), al disponer en el artículo 48 relativo a la "reversión de obras y servicios" que es el respectivo *contrato* el que debe establecer, entre otros elementos, "los bienes que por estar afectos a la obra o al servicio de que se trate revertirán al ente concedente, a menos que no hubieren podido ser totalmente amortizadas durante el mencionado plazo". A tal efecto, la norma también dispone que durante un período prudencial anterior a la terminación del contrato, el ente concedente debe adoptar las disposiciones encaminadas a que la entrega de los bienes a ser revertidos se verifique en las *condiciones convenidas* en el contrato. Igualmente, dicha norma dispone que el contrato debe expresar "las obras, instalaciones o bienes que hubiere de realizar el concesionario *no sujetas* a reversión, las cuales, de considerarse de utilidad o interés público, podrán ser objeto de reversión previo pago de su precio al concesionario."

En consecuencia, si no hay una disposición legal que establezca la reversión de bienes en concesiones de servicios públicos, de obras públicas o de uso del dominio público, o si no está dicha reversión prevista en el contrato de concesión, al terminar la concesión el concesionario no está obligado a revertir a la Administración ningún bien que se haya construido o que haya estado afecto a la concesión, ni puede la Administración pretender apropiarse o tomar posesión de los mismos. Solo podría hacerlo mediante expropiación, conforme a la Constitución y la Ley. De lo contrario se trataría de una confiscación prohibida en la Constitución.

En el caso de la concesión de uso del dominio público radioeléctrico de RCTV, nada se había dispuesto, por lo que sugerir como lo hizo el juez contencioso administrativo que "usualmente" ocurría la reversión en las concesiones resolviendo un caso concreto de la concesión que tenía RCTV, se constituyó en una incitación a la confiscación de bienes, que la Administración se había cuidado de ni siquiera plantear, pero que luego ejecutaría la Sala Constitucional, precisamente porque nadie puede controlar sus decisiones.

3. DE CÓMO EL JUEZ CONTENCIOSO ADMINISTRATIVO, IMPUNEMENTE, AL DECLARAR SIN LUGAR UNA MEDIDA CAUTELAR, RESOLVIÓ EL FONDO DEL ASUNTO PLANTEADO

Por último, la Sala Político Administrativa, en su "*obiter dictum*" adelantó abierta e impunemente opinión sobre el fondo de la cuestión en cuanto a la nulidad alegada por violación del derecho a la libertad de pensamiento y expresión de RCTV, al indicar respecto de RCTV que "en modo alguno existe en su caso la violación del referido derecho constitucional".

En efecto, en su "dicho sea de paso", de oficio, el juez contencioso administrativo agregó lo siguiente:

> "Así, destaca la Sala que el derecho a la libertad de pensamiento y expresión de RCTV, C.A. empleando la frecuencia radioeléctrica que le fue asignada, tiene como límite la duración de la concesión, por lo que en modo alguno, existe en su caso la violación del referido derecho constitucional. RCTV, C.A. puede seguir expresando sus ideas, opiniones o informaciones y demás contenidos a través de muchos otros medios de difusión que se encuentran al alcance de los particulares, conforme al ordenamiento jurídico venezolano."

El juicio que cursa ante la Sala Político Administrativa y donde se dictó la sentencia sobre la negativa de las medidas cautelares solicitadas, tiene precisamente por objeto determinar el derecho que RCTV tenía a continuar operando el canal de televisión y así, ejercer su derecho a la libre expresión del pensamiento, para lo cual se impugnaron los actos administrativos mediante los cuales decidió, por una parte, no continuar el procedimiento de transformación de la concesión de RCTV para seguir operando, y por la otra, no renovarle la concesión a que tenía derecho. Es decir, el juicio trata, precisamente, del derecho de RCTV a seguir operando después del 28 de mayo de 2007, cuando vencía su concesión, mediante su adaptación y/o renovación.

Sobre esto, el juez contencioso administrativo, en su sentencia, de oficio y sin debate judicial, incidentalmente, "diciendo algo de paso", simplemente dijo que la concesión de RCTV vencía al término que tenía de la concesión, es decir, tenía "como límite la duración de la concesión" que era hasta el 27 de mayo de 2007; y decidió de una vez por todas, que "en modo alguno, existe en su caso la violación del referido derecho constitucional; y que RCTV" supuestamente, sin concesión, podría "seguir expresando sus ideas, opiniones o informaciones y demás contenidos a través de muchos otros medios de difusión que se encuentran al alcance de los particulares, conforme al ordenamiento jurídico venezolano".

Con esta decisión emitida de paso y de oficio, la Sala Político Administrativa insólitamente y contra todos los principios del debido proceso, ya ponía fin al juicio, sin declararlo expresamente.

Con esta decisión judicial, por otra parte, el juez contencioso administrativo convertido en coadyuvante de la Administración, le lavaba el camino que requería el Ejecutivo para no renovar la concesión a que tenía derecho RCTV, y sentaba criterios que hasta ese momento no se habían planteado, como los relativos a la reversión de bienes en este tipo de concesiones.

V. DE CÓMO EL JUEZ CONSTITUCIONAL EN SUPUESTA PROTECCIÓN DE INTERESES DIFUSOS EN CONFLICTO, RESOLVIÓ INCLUSO DE OFICIO, CONFISCAR LOS BIENES DE RCTV Y ASIGNARLOS EN USO GRATUITAMENTE, *SINE DIE*, A UNA ENTIDAD DEL ESTADO

Aparte de las acciones ejercidas por RCTV, sus directivos, periodistas y empleados, en mayo de 2007 se ejercieron una serie de acciones por grupos de usuarios de las telecomunicaciones, contra el Presidente de la República y el Ministro de las Telecomunicaciones, la mayoría tendientes a que se asegurara la continuidad de las transmisiones de la señal en el canal que tenía asignado RCTV, y que fuera esta empresa la que continuara transmitiendo la señal; y una que buscaba asegurar que fuera la nueva entidad estatal creada al efecto, Fundación TEVES, que iba a trasmitir la nueva señal, la que lo hiciera con cobertura nacional.

1. La acción intentada para asegurar que la nueva entidad estatal pudiera comenzar a transmitir la señal del Canal 2 después del 27 de mayo de 2007, con cobertura nacional

El 22 de mayo de 2007, en efecto, varios Comités de Usuarios de las telecomunicaciones actuando en representación de sus intereses colectivos y de los derechos e intereses difusos del pueblo venezolano, intentaron por ante la Sala Constitucional del Tribunal Supremo, una acción de amparo constitucional "para la protección del derecho fundamental a la confianza legítima, del derecho fundamental a la no discriminación, y del derecho fundamental a obtener una televisión de servicio público de calidad" conjuntamente con medida cautelar innominada, contra el Ministerio del Poder Popular para las Telecomunicaciones y la Informática, el Ministerio del Poder Popular para la Comunicación y la Información y, la Fundación Televisora Venezolana Social (TEVES).

El argumento básico de los demandantes en esta acción de amparo fue que según los anuncios del Ministro de Telecomunicaciones, la nueva televisora en el inicio de sus operaciones sólo iba a ser vista en el centro occidente del país, lo que consideraron que era "evidencia manifiesta de que el Ejecutivo Nacional no ha tomado todas las medidas necesarias... para garantizar a todos los ciudadanos el disfrute, a nivel nacional, de las transmisiones de la nueva estación de televisión de servicio público, a partir del día 28 de mayo de 2007". Ello, consideraron los recurrentes, era una violación de los derechos constitucionales a la confianza legítima, a la no discriminación y a obtener una televisión de servicio público de calidad, supuestamente garantizados por los artículos 22, 19, 108 y 117 de la Constitución, señalando que "Nuestra expectativa es (...) a disfrutar, insistimos por ser un derecho, de un servicio de televisión de servicio público (sic) de calidad, como al efecto fue ofrecido por el Ejecutivo Nacional al pueblo venezolano (...)". Alegaron, además, que el anuncio de que la transmisión a nivel nacional de la señal del nuevo canal, se realizaría mediante el sistema de televisión por cable suponía *una "clara discriminación de cara al acceso universal a dicho servicio"*.

En su demanda de amparo, los accionantes solicitaron como medidas cautelares innominadas que se permitiera:

> "de manera temporal a la Fundación Televisora Venezolana Social (TEVES), el acceso, uso y operación de la plataforma, conformada por transmisores, antenas y torres repetidoras ubicadas en distintos sitios del territorio nacional, que viene siendo utilizada por la sociedad mercantil Radio Caracas Televisión RCTV, C.A., para el uso y explotación de la porción del espectro radioeléctrico bajo la concesión que vence el próximo 27 de mayo de 2007, independientemente de sus propietarios o poseedores" y que "se le ordene a (...) RCTV (...), permitir a la Fundación Televisora Venezolana Social (TEVES), el acceso, uso y operación de la plataforma de transmisión y repetición para facilitar (...), que las transmisiones de la nueva televisión (...) sean en todo el país, en virtud que dichos equipos e infraestructura, legal y técnicamente, sólo pueden ser utilizados bajo la frecuencia del canal 2 (...)".

Sin embargo, era evidente que para asegurar la continuidad de la transmisión de la señal de televisión en este caso, no era necesario que se le asignara al Estado el uso de los bienes de propiedad de RCTV; al contrario, como lo advirtió el Magistrado Pedro Rafael Rondón Haaz en el voto disidente que formuló respecto de la decisión de la Sala, el asegurar que con la continuidad de las transmisiones:

> "se habría garantizado con mucho mayor eficacia si, como medida cautelar, se hubiese permitido a la actual operadora del espectro radioeléctrico la continuación provisional de sus actividades hasta cuando se produjese la decisión de esta causa -o de cualquiera de las otras en donde tal medida fue expresamente solicitada- porque resulta evidente que resultaría mucho más sencillo que RCTV simplemente continuase en la ejecución de sus actividades ordinarias que la ocupación de su

propiedad por parte de un tercero que debe empezar de cero. Así, si el derecho difuso cuya protección se pretende es la del disfrute de la señal abierta que actualmente transmite RCTV "a nivel nacional, bajo condiciones de calidad, en los mismos términos [en] que se venía prestando", la medida congruente, la que habría satisfecho el carácter instrumental inmanente a toda cautela, habría sido la que se expuso supra y no la que se acordó."

Y es que en efecto, la Sala Constitucional mediante sentencia Nº 956 EXP: 07-0720 de 25 de mayo de 2007, al declarar admisible la acción intentada contra el Ministerio del Poder Popular para las Telecomunicaciones y la Informática y la Fundación Televisora Venezolana Social (TEVES), resolvió la medida cautelar solicitada acordando, ni más ni menos, la confiscación de los bienes de propiedad privada de RCTV, empresa que no es parte en el juicio, y a la cual en violación a sus derechos al debido proceso y a la defensa no sólo no se la citó no oyó, sino que ni siquiera se le permite por si misma hacerse parte en el juicio.

El juez constitucional fue increíblemente cuidadoso en disponer el procedimiento a seguir, dándole a los demandantes cinco días de despacho para promover pruebas (artículo 862 CPC), ordenando que se emplazara al Director de CONATEL y al Presidente del Instituto para la Defensa y Protección al Consumidor y el Usuario (INDECU), en virtud de que "en el presente caso, existe un grupo de legitimados pasivos, y dado los efectos *erga omnes* que podría producir el fallo si fuese declarado con lugar". La Sala ordenó igualmente que se publicara "un edicto en uno de los diarios de mayor circulación nacional, llamando a los interesados que quieran hacerse partes coadyuvantes u oponentes, o en defensa de sus propios derechos o intereses," pero con la expresa advertencia de que "los intervinientes solamente podrán en igual término, alegar razones que *apoyen las posiciones de aquellas* con quienes coadyuvarán"; y de que "los coadyuvantes con las partes, tratándose de una acción de intereses difusos, sólo podrán promover pruebas con relación a los alegatos de las partes con quienes coadyuven." Es decir, antes de resolver confiscarle los bienes a RCTV, la Sala había resuelto que esa empresa no podía alegar, probar o defenderse por si misma sino apoyando las posiciones de los demandantes o de los demandados.

Todo ello lo advirtió el Magistrado Pedro Rafael Rondón Haaz quien en el voto disidente que formuló respecto de la decisión antes indicada, advirtió que la sentencia nada decía:

> "acerca de la ausencia, dentro de los demandados, de RCTV, a quien se pretende se ordene que permita a TEVES el uso de sus equipos e instalaciones, sin que siquiera se la traiga a juicio para la legítima defensa de sus derechos, entre otros, en forma ostensible, el de propiedad. Así, puesto que de ella se pretende una conducta determinada o que a ella sea condenada, ha debido ser llamada a juicio como legitimada pasiva."

Concluyendo su voto disidente expresando que:

> "En consecuencia, la medida cautelar que fue solicitada ha debido ser negada por la Sala porque no era la adecuada para garantizar el fin para el cual fue dictada y porque implica la desposesión de todos los bienes indispensables para el ejercicio de la actividad económica de su preferencia de un **tercero ajeno a la litis, sin límite, sin procedimiento y sin contraprestación alguna y sin siquiera llamarlo a juicio**".

2. LA CONFISCACIÓN DE LOS BIENES DE RCTV POR LA CONFUSIÓN CONCEPTUAL DEL JUEZ CONSTITUCIONAL DE LO QUE ES EL "SERVICIO UNIVERSAL DE TELECOMUNICACIONES"

Pero fijados los términos adjetivos del caso, la Sala Constitucional pasó a resolver la medida cautelar, advirtiendo que el artículo 27 de la Constitución "le consagra al juez constitucional la potestad de restablecer inmediatamente la situación jurídica infringida o la situación que más se asemeje a ella"; observando además que en ciertas ocasiones, el objeto de la tutela constitucional requiere de una protección expedita, para lo cual precisamente se erigen las medidas cautelares dentro de los procedimientos judiciales.

Advirtió también la Sala, que el juez constitucional posee amplios poderes inquisitivos en aras de mantener el orden público constitucional, poderes que "no se restringen a la calificación de una determinada pretensión, sino a la posibilidad de acordar las medidas conducentes para garantizar los derechos constitucionales violados o amenazados de violación ... aun de oficio", y no sólo "fundadas en el derecho, en atención a lo alegado y probado en autos, sino también en criterios de justicia y razonabilidad que aseguren la tutela efectiva de quien haya demostrado su legítima pretensión en el asunto a resolver".

Pasó así la Sala a efectuar la ponderación de intereses necesaria para acordar y justificar una tutela cautelar, para "equilibrar muy bien los intereses generales involucrados en la situación específica respecto de los intereses particulares, a fin de no afectar la globalidad de los intereses públicos supremos tutelados". Ello llevó a la Sala, en este caso, a realizar dicha ponderación de intereses conforme a las características particulares de una actividad como las telecomunicaciones, "sometida a un régimen estatutario de derecho público -Ley Orgánica de Telecomunicaciones-, regido por los principios constitucionales establecidos en los artículos 108 y 117 de la Constitución".

Ahora bien, el primero de dichos artículos establece la obligación del Estado de garantizar "servicios públicos de radio, televisión y redes de bibliotecas y de informática, con el fin de permitir el acceso universal a la información". Según la Sala, en desarrollo de los mencionados postulados constitucionales la Ley Orgánica de Telecomunicaciones, tiene precisamente por "objeto establecer el marco legal de regulación general de las telecomunicaciones, a fin de garantizar el derecho humano de las personas a la comunicación y a la realización de las actividades económicas de telecomunicaciones necesarias para lograrlo, sin más limitaciones que las derivadas de la Constitución y las leyes" (art. 1), destacando entre los objetivos de la Ley Orgánica el "hacer posible el uso efectivo, eficiente y pacífico de los recursos limitados de telecomunicaciones tales como la numeración y el espectro radioeléctrico, así como la adecuada protección de este último" (art. 2,7); e "incorporar y garantizar el cumplimiento de las obligaciones de Servicio Universal, calidad y metas de cobertura mínima uniforme, y aquellas obligaciones relativas a seguridad y defensa, en materia de telecomunica-ciones (art. 2,8).

De estas normas dedujo la Sala que el Estado está supuestamente obligado a "procurar la satisfacción eficaz del servicio universal de telecomunicaciones y asegurar a los usuarios y consumidores un servicio de calidad, en condiciones idóneas y de respeto de los derechos constitucionales de todas las partes involucradas, por ser los medios de comunicación un medio de alcance e influencia en diversos aspectos de la sociedad y que pueden incidir tanto en la calidad de vida de aquélla, como en derechos concretos"; agregando que dicha obligación no resulta sólo en "la simple facultad de otorgar una concesión del uso del espacio radioeléctrico", sino "en situaciones de necesidad asegurar a un determinado medio de comunicación o a diversos medios, mecanismos jurídicos o fácticos de facilitación estructural que permitan su funcionamiento de una manera eficaz y adecuada para la prestación del servicio público"; considerando que puede "el Estado en virtud de ello, hacer uso de aquellos mecanismos establecidos en el ordenamiento jurídico para mantener en un momento determinado la actividad operacional de tal servicio".

Luego pasó la Sala a considerar "lo dispuesto en el artículo 49 de la Ley Orgánica de Telecomunicaciones, el cual consagra una obligación estatal de garantizar la efectiva protección del *servicio universal de telecomunicaciones*, en los siguientes términos:

> "El Estado garantiza la prestación del Servicio Universal de Telecomunicaciones. El Servicio Universal de Telecomunicaciones es el conjunto definido de servicios de telecomunicaciones que los operadores están obligados a prestar a los usuarios para brindarles estándares mínimos de penetración, acceso, calidad y asequibilidad económica con independencia de la localización geográfica.
>
> El Servicio Universal tiene como finalidad la satisfacción de propósito de integración nacional, maximización del acceso a la información, desarrollo educativo y de servicio de salud y reducción de las desigualdades de acceso a los servicios de telecomunicaciones por la población".

De esta norma, que sin duda, se refiere a **los servicios de telefonía**, la Sala dedujo un "deber del Estado de garantizar el servicio universal de telecomunicaciones -vgr. transmisiones en señal abierta en frecuencia VHF- "lo que en el caso pensó que implicaba "el mantenimiento de una estructura operacional suficiente o adecuada que permitan una eficaz 'penetración, acceso y asequibilidad', en el desarrollo de la actividad."

Aquí es necesario detenerse un instante: la Sala Constitucional, incomprensiblemente, o deliberadamente, confundió todo en materia de telecomunicaciones, y de una norma que está destinada a asegurar el servicio universal de telefonía, dedujo un supuesto "servicio universal de televisión". La norma citada por la Sala, es decir, el artículo 49 de la ley Orgánica, es copia del artículo 37,1 de la Ley General de Telecomunicaciones española, la cual a su vez, es copia de las Directrices de la Unión Europea en la materia, y sólo se refiere a los servicios de telefonía. La norma persigue que en las habilitaciones para servicios de telefonía, siempre se asegure el servicio telefónico básico (universal), es decir, la transmisión de voz, fax y datos de baja velocidad con calidad de voz, que es el que tiene que ser asequible a todos, con independencia de su lugar de residencia y poder adquisitivo, y que tiene que contener unas prestaciones y una calidad prefijadas.

Al aplicar una norma que regula los servicios de telefonía a la televisión (recuérdese incluso que en España la televisión no está regulada en la Ley General), la Sala Constitucional llegó a conclusiones falseadas y distorsionadas, entre las cuales está que a la nueva operadora del canal de televisión que tenía RCTV debía asegurársele "el actual alcance y calidad de señal que mantenía la operadora de dicho servicio en el ejercicio de sus funciones y deberes de operador televisivo, conforme a la respectiva concesión."

De allí dedujo la Sala arbitrariamente que se podía concebir que:

> "la Administración pueda hacer un uso temporal de los bienes afectos a la prestación del mencionado servicio, en aras de mantener a buen resguardo los derechos de los usuarios a la prestación de un servicio público en condiciones de calidad, ya que, en virtud del carácter obligatorio en la prestación de éste, no puede el Estado permitir el cese funcional en la prestación del mismo (*vgr.* servicio de salud, agua, electricidad)."

Entonces la Sala concluyó en los términos de los accionantes, citando declaraciones de autoridades ejecutivas, en el sentido de que

> "la posible transmisión que efectuará la Fundación Televisora Venezolana Social (TEVES), como consecuencia de la habilitación expedida por CONATEL de radiodifusión sonora y televisión abierta, con atributo de televisión abierta en VHF -en virtud del conocimiento que posee esta Sala por hecho público, notorio y comunicacional-, no contará con la infraestructura necesaria para la transmisión a nivel nacional, bajo condiciones de calidad, en los mismos términos que se venía prestando".

Con base en esta premisa, entonces, dado que en este caso no cabía reversión, ni ello lo había acordado el Ejecutivo, para asegurar el propósito fijado por el juez constitucional, y ya que no había forma de quitarle sus bienes a

RCTV, la Sala procedió a confiscárselos, asignándosele el uso de los mismos, *sine die*, y de manera gratuita a CONATEL, para lo cual la Sala acordó:

> "de manera temporal y a los fines de tutelar la continuidad en la prestación de un **servicio público universal**, el uso de la frecuencia que ha sido asignada para televisión abierta en la red de transporte y teledifusión que incluye entre otros, microondas, telepuertos, transmisores, equipos auxiliares de televisión, equipos auxiliares de energía y clima, torres, antenas, casetas de transmisión, casetas de planta, cerca perimetral y acometida eléctrica, sin que ello implique menoscabo alguno a los derechos de propiedad que puedan corresponderle a Radio Caracas Televisión, C.A., sobre dicha infraestructura o equipos, salvo aquellos que legal o convencionalmente sean propiedad de la República..."

Como se dijo, esta medida cautelar constituye una confiscación de los bienes de RCTV, pues despoja a dicha empresa sin formula de juicio de su propiedad, sin límite de tiempo. Como bien lo observó el Magistrado Pedro Rafael Rondón Haaz en el voto disidente que formuló respecto de la decisión antes indicada, la Sala con la medida cautelar acordada

> "asignó" a CONATEL "el derecho de uso" de los equipos propiedad de RCTV -suerte de expropiación o, a lo menos, de ocupación previa con prescindencia absoluta del procedimiento aplicable- para acordar su uso "al operador que a tal efecto disponga".

Ello, según el Magistrado disidente,

> "implica la sustracción de un atributo del derecho de propiedad (el uso) de Radio Caracas Televisión RCTV C.A. sobre los bienes que fueron afectados, sin que se exprese ninguna fundamentación de naturaleza legal, la cual es la única fuente de limitación a la propiedad privada, siempre con los fundamentos que la Constitución Nacional preceptúa.

Para tal efecto, el juez constitucional, sustituyéndose en la Adminis-tración, pasó a enumerar todos los lugares del territorio nacional donde se encontraban ubicados los equipos, apreciando en sustitución del Legislador, que el "el derecho de uso" de los equipos que oficiosamente asignó a CONATEL como ente regulador del servicio de telecomunicaciones y sin que hubiera ley alguna que regulara esa figura, supuestamente autorizaban a dicha Comisión a "acordar su uso, de manera temporal, al operador que a tal efecto disponga, conforme a lo establecido en la Ley Orgánica de Telecomu-nicaciones".

La Sala, finalmente, sustituyéndose una vez más en las autoridades ejecutivas, ordenó al Ministerio de la Defensa "custodiar, controlar y vigilar de forma constante el uso de instalaciones y equipos tales como microondas, telepuertos, transmisores, equipos auxiliares de televisión, equipos auxiliares de energía y clima, torres, antenas, casetas de transmisión, casetas de planta, cerca perimetral y acometida eléctrica, ubicados en a nivel nacional y necesarios para el uso de la frecuencia que ha sido asignada para televisión abierta en la red de transporte y teledifusión."

3. LA NUEVA CONFISCACIÓN DE LOS BIENES DE RCTV POR EL JUEZ CONSTITUCIONAL, PERO ESTA VEZ DE OFICIO, Y POR LA MISMA CONFUSIÓN CONCEPTUAL DEL JUEZ CONSTITUCIONAL DE LO QUE ES EL "SERVICIO UNIVERSAL DE TELECOMUNICACIONES", CONTRARIAMENTE A LO QUE LOS RECURRENTES HABÍAN SOLICITADO

Además de la acción referida en el numeral anterior, cursaban ante la Sala Constitucional, como se dijo, una serie de acciones intentadas por otros sujetos y Comités de Usuarios para la defensa de sus derechos colectivos y de los intereses difusos de la población venezolana.

Una de dichas acciones fue interpuesta el 24 de mayo de 2007 por un grupo de ciudadanos actuando "en su propio nombre y de la sociedad venezolana", así como por el vocero principal de un comité de usuarios (OIR). Se trataba de una acción de amparo por intereses difusos y colectivos ejercida conjuntamente con medida cautelar innominada, esta vez contra el Presidente de la República y Ministro del Poder Popular para las Telecomunicaciones y la Informática, por la violación de los derechos constitucionales a la libertad de expresión e información, establecidos en los artículos 57 y 58 de la Constitución de la República Bolivariana de Venezuela.

En este caso, los demandantes formularon su pretensión contra las constantes amenazas de cierre del canal 2, RCTV, emitidas de manera reiterada por los funcionarios demandados desde diciembre de 2006 hasta el presente, "cierre que sin duda restringiría los derechos constitucionales a la libertad de expresión e información del pueblo venezolano" al verse "privados de la posibilidad de disfrutar de un canal de televisión del que todo el pueblo ha disfrutado desde hace 53 años en forma ininterrumpida, y que cuenta con la más variada programación tendiente a satisfacer las exigencias del pueblo venezolano"; considerando además, que el cierre anunciado "tiene su causa, no en supuestos incumplimientos de las normas de telecomunicaciones que no harían posible la renovación de la concesión, sino que responde a un castigo a dicha planta televisiva por incluir dentro de los mensajes que transmite, mensajes que el gobierno considera adversos" lo que convertía el supuesto en "un claro caso de violación a la libertad de expresión", especialmente de los accionantes y del colectivo venezolano. Los accionantes, dada la inminencia de la amenaza de violación de los derechos constitucionales que denunciaron por las amenazas constantes y reiteradas de cierre de RCTV, las cuales se materializarían el día 27 de mayo de 2007, solicitaron:

> "se declare medida cautelar innominada a favor del pueblo venezolano, en virtud de la cual se le permita a dicho canal continuar con la trasmisión de su programación mientras dure la tramitación del presente procedimiento".

En este caso, por tanto, la acción de amparo en representación de intereses difusos, se introdujo con el petitorio cautelar que la Sala Constitucional le permitiera a RCTV continuar con la trasmisión de su programación mientras durase el juicio.

En sentencia Nº 957 recaída en este caso (expediente: 07-0731) el 25 de mayo de 2007, la Sala Constitucional admitió la acción interpuesta sólo respecto del Ministro del Poder Popular para las Telecomunicaciones y la Informática, pues en cuanto al Presidente de la República, la Sala la declaró inadmisible, "toda vez que no tiene atribuida competencia legal alguna en esta materia", pues de manera equivocada la Sala nuevamente consideró que sólo competía a CONATEL, todo lo concerniente al otorgamiento, uso, revocatoria y demás relaciones que se produjeran entre el Estado y la concesionaria en ejecución del correspondiente contrato de concesión, así como cualquier forma de extinción de ésta.

Al admitir la acción, y antes de pronunciarse de oficio sobre la confiscación de los bienes de RCTV, la Sala también fijó, deliberadamente, las reglas adjetivas del procedimiento a seguirse, de manera de cercenarle a RCTV su derecho al debido proceso y a la defensa.

En tal sentido, dispuso que se le concedía a los demandantes cinco días de despacho para promover las pruebas, con la carga de su preclusión de no hacerlo dentro del referido lapso; que como en el caso existía un grupo de legitimados pasivos, y dado los efectos *erga omnes* que podría producir el fallo si fuese declarado con lugar, debía emplazarse al Director de CONATEL y al Presidente del Instituto para la Defensa y Protección al Consumidor y el Usuario (INDECU) ; y que debía publicarse un edicto en la prensa llamando "a los interesados que quieran hacerse partes coadyuvantes u oponentes, o en defensa de sus propios derechos o intereses", pero con la advertencia de que "los intervinientes solamente podrán en igual término, alegar razones que apoyen las posiciones de aquellas con quienes coadyuvarán"; y que "los coadyuvantes con las partes, tratándose de una acción de intereses difusos, sólo podrán promover pruebas con relación a los alegatos de las partes con quienes coadyuven".

En esta forma, ilegítimamente se aseguraba que RCTV no pudiera comparecer por si misma y alegar y probar con independencia de los accionantes, ya que la medida cautelar que seguía recaería sobre sus bienes, confiscándolos, para lo cual no se había asegurado su derecho a la defensa.

En efecto, lo insólito de esta sentencia, es que la medida cautelar que los accionantes habían solicitado consistía en que:

> "Vista la inminencia de la violación de los derechos constitucionales denunciados por las amenazas constantes y reiteradas de cierre de Radio Caracas, las cuales se materializarían el día 27 de mayo de 2007, solicitamos se declare medida cautelar innominada a favor del pueblo venezolano, en virtud de la cual **se le permita a dicho canal continuar**

> **con la trasmisión de su programación** mientras dure la tramitación del presente procedimiento...".

La Sala, sin embargo, decidió esa petición en el sentido contrario a lo solicitado, y actuando de oficio, para lo cual copió exactamente las mismas motivaciones que utilizó para acordar la medida cautelar de confiscación de los bienes de RCTV y la asignación del uso de los mismos, *sine die*, y gratuitamente a CONATEL en la sentencia N° 956 de la misma fecha 25 de mayo de 2007. En tal sentido, la Sala incurrió en los mismos inexcusables errores de aplicar a la televisión las normas sobre el servicio universal de telecomunicaciones relativos a la telefonía, que antes hemos comentado.

Además, la Sala, habida cuenta de que la solicitud de medida cautelar lo que buscaba era asegurar que **se le permitiera a RCTV continuar con la trasmisión de su programación** mientras durase el juicio, puntualizó en este caso, que

> "todos los usuarios tienen derecho a acceder y disfrutar de la prestación de un servicio público universal de telecomunicaciones, el contenido del mencionado derecho conforme a los artículos 108 y 117 de la Constitución, comporta en principio, no la continuidad de un determinado operador de radiodifusión sonora y televisión abierta en VHF, sino la posibilidad de que los aludidos usuarios puedan efecto-vamente acceder en condiciones de igualdad y con el mantenimiento de un estándar mínimo de calidad al correspondiente servicio, al margen de la vigencia o no del permiso o concesión a un operador privado específico."

De esta manera, la Sala ignoró la solicitud concreta y específica de que se acordara una medida cautelar que asegurara que **se le permitiera a RCTV continuar con la trasmisión de su programación** mientras durase el juicio, respecto de la cual no emitió pronunciamiento alguno, y pasó a decidir **de oficio** en virtud de que el Ministro de Telecomunicaciones y la Informática y Director de CONATEL, no podía garantizar que la posible transmisión que efectuará la Fundación TEVES, como consecuencia de la habilitación expedida para radiodifusión sonora y televisión abierta, con atributo de televisión abierta en VHF, en los mismos términos que se venía prestando por RCTV, lo que en este caso, ni se había dicho ni se había alegado; acordando:

> "de manera temporal y a los fines de tutelar la continuidad en la prestación de un servicio público universal, el uso de la frecuencia que ha sido asignada para televisión abierta en la red de transporte y teledifusión que incluye entre otros, microondas, telepuertos, transmisores, equipos auxiliares de televisión, equipos auxiliares de energía y clima, torres, antenas, casetas de transmisión, casetas de planta, cerca perimetral y acometida eléctrica, **sin que ello implique menoscabo alguno de los derechos de propiedad** que puedan corresponderle a Radio Caracas Te-

> levisión, C.A., sobre dicha infraestructura o equipos, salvo aquellos que legal o convencionalmente sean propiedad de la República..."

El Magistrado Pedro Rafael Rondón Haaz formuló un voto disidente de la mayoría sentenciadora en esta decisión, advirtiendo que:

> "Implica la sustracción de un atributo del derecho de propiedad (el uso) de Radio Caracas Televisión RCTV C.A. sobre los bienes que fueron afectados, sin que se exprese ninguna fundamentación de naturaleza legal, la cual es la única fuente de limitación a la propiedad privada, siempre con los fundamentos que la Constitución Nacional preceptúa".

Dicho Magistrado luego pasó a considerar que la Sala, en forma contradictoria había:

> "declarado 'PROCEDENTE la medida cautelar solicitada' pero, en forma incongruente, acordó una medida completamente distinta, opuesta a los intereses de los demandantes"; agregando con razón, que "es de la esencia de las medidas cautelares, de todas ellas, nominadas o no, el que sean congruentes con la pretensión y, por ende, con la eventual decisión de fondo, ya que su justificación y finalidad es garantizar la eventual eficacia de tal acto decisorio".

Luego, acotó el Magistrado en su voto disidente a la sentencia de la Sala, que:

> "Desde este ineludible punto de vista, resultaba jurídicamente imposible, por razón de la instrumentalizad de toda cautela en relación con la sentencia de fondo, que, a un tiempo, se declarase la "procedencia" de la medida que se pidió con la demanda y lo que se acordase fuese no sólo ajeno, sino contrario a la pretensión principal, por lo que la medida cautelar que se pronunció no debió ser acordada".

En todo caso, mediante la sentencia, el juez constitucional, sustituyéndose en la Administración, como en el caso antes comentado, siguió con la enumeración de los sitios y lugares donde se encontraban esas instalaciones; e igualmente sustituyéndose en el Legislador estableció que "el derecho de uso" de los equipos necesarios para las operaciones anteriormente mencionadas que de oficio asignaba a CONATEL como ente regulador del servicio de telecomunicaciones y sin que hubiera ley alguna que regulara esa figura, supuestamente autorizaban a dicha Comisión a "acordar su uso, de manera temporal, al operador que a tal efecto disponga, conforme a lo establecido en la Ley Orgánica de Telecomunicaciones".

La Sala finalmente, también sustituyéndose a las autoridades ejecutivas, ordenó al Ministerio de la Defensa "custodiar, controlar y vigilar de forma constante el uso de instalaciones y equipos tales como microondas, telepuertos, transmisores, equipos auxiliares de televisión, equipos auxiliares de energía y clima, torres, antenas, casetas de transmisión, casetas de planta, cerca perimetral y acometida eléctrica, ubicados en a nivel nacional y necesarios para el uso de la frecuencia que ha sido asignada para televisión abierta en la red de transporte y teledifusión."

Es decir, en este caso, los recurrentes acudieron ante el juez constitucional en busca de una protección a sus derechos y los derechos de los venezolanos, los cuales consideraban asegurados temporalmente con que se permitiera a RCTV seguir transmitiendo su programación mientras durara el juicio, y se encontraron con que el juez constitucional, sin considerar en forma alguna su petitorio, de oficio, acordara una medida cautelar que aseguraba todo lo contrario, es decir, la cesación de las transmisiones de RCTV, la confiscación de sus bienes, la asignación de su uso a CONATEL, para que esta se los permitiera usar a la nueva entidad estatal trasmisora TEVES, de manera que pudiera cubrir nacionalmente con su programación.

VI. REFLEXIÓN FINAL

El caso RCTV, como resulta del análisis que hemos hecho anteriormente en forma detallada de las decisiones judiciales emitidas, sin duda muestra el grave quiebre del Estado de derecho en Venezuela, así como la lamentable pérdida del rol fundamental del Poder Judicial como garante del mismo. Las sentencias del Tribunal Supremo de Justicia y, en particular, las de la Sala Constitucional, ponen en evidencia cómo en lugar de proteger los derechos constitucionales a la libertad de expresión plural del pensamiento, al debido proceso y a la propiedad privada, han conspirado, como instrumentos controlados por el Poder Ejecutivo, para aniquilarlos, secuestrarlos y violarlos, cubriendo con un velo mal cosido de juridicidad, las arbitrariedades gubernamentales.

Lo grave de la actuación, en todo caso, es que el atropello a la Constitución, y entre otras violaciones, la confiscación de la propiedad privada, lo que está prohibido por la Constitución, se ha cometido por el Poder Judicial, lo que hace que las violaciones queden formalmente impunes, pues el juez constitucional en Venezuela no tiene quien lo controle.

Tan graves han sido estas violaciones al Estado de Derecho, que con muy pocos días de diferencia, las instituciones más importantes del pensamiento jurídico del país se han pronunciado públicamente, protestando por la demolición del Estado de Derecho.

La **Academia de Ciencias Políticas y Sociales**, en efecto, el día antes a que se publicaran las sentencias de la sala Constitucional, con fecha 24 de mayo de 2007, emitió un "**Pronunciamiento sobre la presunta extinción de la concesión de la televisora RCTV"**, en el cual, entre otros aspectos de importancia, señaló lo siguiente:

- Que se ha irrespetado el principio de imparcialidad que sujeta a la Administración Pública (artículo 12 Ley Orgánica de la Administración

Pública y 30 Ley Orgánica de Procedimientos Administrativos), pues se adelanta una posición tomada, con anterioridad a la oportunidad que corresponde (que sería el momento de evaluar imparcialmente, la eventual solicitud de renovación de la concesión, si ese fuera el caso);

- Que se ha irrespetado el debido proceso (articulo 49 Const.), pues es evidente que se ha decidido anticipadamente imponer una sanción (excluir a la empresa del acceso a la concesión), sin abrir el procedimiento debido para tal fin, con lo cual se viola también el principio de igualdad (pues en caso de que concurriera a un eventual procedimiento de asignación de la concesión, ya se sabe excluida de antemano), y se evidencia el vicio de desviación de poder en la decisión, pues se emplea la potestad de atribuir la concesión, no para la finalidad que la norma persigue (administración del espectro radioeléctrico), sino para castigar (sin procedimiento y sin tener cualidad para ello);
- Que se ha irrespetado el art. 19 de la Declaración Universal de los Derechos Humanos y el art. 13 de la Convención Americana sobre Derechos Humanos, en cuyo desarrollo fue aprobada por la mencionada Comisión la "Declaración de Principios sobre la Libertad de Expresión". Esta Declaración, en su Principio 13, proclama: "... el otorgamiento de frecuencias de radio y televisión, entre otros, con el objetivo de presionar y castigar o premiar y privilegiar a los comunicadores sociales y a los medios de comunicación en función de sus líneas informativas, atenta contra la libertad de expresión y deben estar expresamente prohibidos por la ley....";
- Que se ha incumplido el trámite formal de transformar los títulos otorgados a RCTV con anterioridad a la entrada en vigencia de la nueva Ley Orgánica de Telecomunicaciones (publicada en Gaceta Oficial N° 36.970 de la República Bolivariana de Venezuela. Caracas 12 de junio de 2000) y, en consecuencia, se ha incumplido la obligación de otorgar a RCTV la concesión y habilitación administrativa ajustadas a los términos de la referida Ley;

La **Facultad de Ciencias Jurídicas y Políticas de la Universidad Central de Venezuela**, por su parte, en comunicado "**A la Opinión Pública Nacional. Ante el quebrantamiento absoluto del Estado de Derecho**" de 30 de mayo de 2007, expresó, entre otros importantes aspectos que:

> Observamos con estupor que mediante una medida cautelar se lesiona el derecho de propiedad de una persona ajena al juicio, a quien se le arrebatan judicialmente sus bienes para que sean usados por una fundación creada por un ente público...
>
> De acuerdo con los principios que informan el Estado Democrático y social de Derecho y de Justicia, ningún órgano del Poder Judicial puede afectar, de forma como se ha hecho, el derecho de propiedad, pues

> la ocupación temporal y la ocupación previa, sólo tienen cabida en un proceso de expropiación...
>
> El error que muestra la sentencia queda claramente evidenciado con la sola lectura del artículo 588 del Código de procedimiento Civil. Por ello la medida cautelar acordada deviene en un error inexcusable, y en el marco del principio de la responsabilidad, propio del ejercicio de la función pública, incluyendo a la judicial, constituye una clara demostración de abuso de poder por parte de la Sala Constitucional...
>
> Que ningún criterio de "justicia y razonabilidad" pueden justificar la "confiscación temporal", sin límite de tiempo, de bienes pertenecientes a personas extra`~nas al juicio, y no se necesita mayor preparación para entender que los magistrados que suscriben la sentencia no fueron justos ni razonables".

El **Colegio de Abogados de Caracas**, también hizo público un "**Comunicado a la Opinión Pública**" en fecha 1° de junio de 2007, en el cual expresó lo siguiente:

> La Junta Directiva del Ilustre Colegio de Abogados de Caracas, ante el clamor de la inmensa mayoría de nuestros agremiados, por la sistemática violación de las disposiciones constitucionales y legales, concretadas en la masiva violación de los Derechos Humanos, bien por acción u omisión de los órganos del Poder Público, que sometidos al Poder Ejecutivo, aplican con discriminación la Constitución y las Leyes de la República, haciendo inexistente el Estado de Derecho, con lo cual han dejado en total desamparo a la ciudadanía, presa de las arbitrariedades ejecutadas por el Poder Ejecutivo, que ahora pretende imponer una hegemonía comunicacional, un solo pensamiento, una sola opinión y una única voz informativa a su favor, mediante la aplicación distorsionada de la Ley, la promulgación de leyes represivas y la Criminalización de la Disidencia, en un claro atentado contra la Libertad de Expresión, evidenciado en forma más clara mediante EL CIERRE del canal de televisión RCTV, bajo pretextos de rango legal, motivado en elementos políticos, conculcando así el derecho que tenemos los ciudadanos del País de elegir libremente los medios televisivos, bajo la premisa de la pluralidad informativa que debe imperar en toda Democracia; cohonestada esta arbitrariedad, con las insólitas decisiones de las Salas Constitucional y Político Administrativa del Tribunal Supremo de Justicia, donde se cometió la gravedad de Confiscar el Espectro Radio-Eléctrico de la ciudadanía y los Bienes de R.C.T.V., a través de un fraude Judicial y Constitucional, en beneficio del Ejecutivo Nacional, convirtiendo a Las Leyes y al Poder Judicial en el brazo ejecutor de las políticas represivas, que se deciden en las Altas Esferas del Poder Ejecutivo, todo lo cual es propio de un RÉGIMEN TOTALITARIO, que vulnera La Dignidad Humana, condición imprescindible de cualquier Sociedad Civilizada.

Posteriormente, los **Colegios de Abogados de Venezuela representados por sus Presidentes,** emitieron el 8 de junio de 2007 una **"Declaración conjunta"**, en la cual expresaron lo siguiente:

> Rechazamos categóricamente la presión oficialista ejercida sobre el Poder Judicial, producida por un hecho de inusual gravedad que se materializó en un discurso público pronunciado por el Presidente de la República el 24 de marzo de 2007 en el Teatro Teresa Carreño, cuando afirmó sin ambages ni comedimientos que **constituía una traición al pueblo, una traición a la revolución, el dictar decisiones judiciales que neutralizaran actos del Gobierno, si estas se hacían de espaldas al líder de la "revolución"**, lo que evidencia una vez más la inherencia del Presidente en asuntos que son de la exclusiva competencia del Poder Judicial.
>
> Repudiamos categóricamente el contenido de las decisiones Nos. 956 y 957 emanadas de la Sala Constitucional en fecha 25 de mayo de 2007, según las cuales, mediante torcidas interpretaciones jurídicas, acuerda medida cautelar consistente en la **confiscación de los bienes por tiempo indefinido de una persona jurídica que no era parte en el juicio, acto que constituye sin lugar a dudas abuso de poder por parte de la Sala Constitucional** además de un **error inexcusable de derecho** por parte de los Magistrados de la alta Sala al obviar los requisitos legales exigidos por la Ley para hacer procedentes las medidas cautelares; incurriendo en consecuencia en los supuestos de responsabilidad personal tipificados en los artículos 255 in fine y 49 numeral 8 de la Carta Magna, por la clara **violación de los artículos 49 numeral 1 y 257 de la Constitución de la República al haber conculcado el Derecho a la Defensa y al Debido Proceso** a la empresa propietaria del medio televisivo.
>
> Lamentamos que con estas decisiones judiciales, el país haya dejado de tener una Sala Constitucional capaz de imponer en forma independiente la interpretación de la Constitución y su efectividad, lo que implica que el Texto Fundamental se encuentra herido de muerte, ya que decisiones como éstas, ligan la suerte de la Norma fundamental a la sola voluntad del Presidente de la República, porque se ha impuesto por simple prevalencia fáctica, la interpretación que ha convenido en cada momento, pasando a ser la Carta Magna instrumentalizada políticamente por el sector oficialista, convirtiendo los conflictos constitucionales en fracturas irrestañables del consenso básico que nuestra Constitución estaba llamada a asegurar.
>
> En virtud de las sentencias dictadas por el Tribunal Supremo de Justicia, donde la Sala Constitucional colude con el Poder Ejecutivo Nacional para perjudicar a un tercero, configurándose de esa manera un fraude constitucional, que contienen errores inexcusables por ignorancia crasa del derecho e incurren en confiscación de bienes y abuso de poder, los Colegios de Abogados de Venezuela, interpondremos por ante el Con-

sejo Moral Republicano, la solicitud de apertura de un procedimiento destitutorio contra los Magistrados de la Sala Constitucional, firmante de esa sentencia, y solicitaremos le sea dado el mismo trato diligente que le dispensaron al procedimiento en la destitución de anteriores Magistrados. Denunciamos que en nuestra Patria no existe Separación de Poderes, no hay Estado de Derecho, ni Justicia, libertad, ni igualdad y en consecuencia de ello la gran conclusión es que en Venezuela NO EXISTE DEMOCRACIA.

Ante estas manifestaciones de las instituciones más importantes del pensamiento jurídico del país, es difícil agregar algo más en estas reflexiones finales sobre este atropello, salvo referirnos a lo expresado también públicamente por el **Consejo Universitario de la Universidad Central de Venezuela**, en **Declaración** de fecha 30 de mayo de 2007, que está precedida de la frase de Simón Bolívar sobre que: "La Justicia es la reina de las virtudes republicanas y con ella se sostiene la igualdad y la libertad", en la cual entre otros conceptos señaló sobre "la decisión del Ejecutivo Nacional de suspender la concesión de Radio Caracas Televisión (RCTV) a partir del 28 de mayo del presente año", que:

> Las instituciones no pueden ser sancionadas en función de la real o supuesta participación de alguno de sus integrantes en hechos punibles. Las sanciones recaen sobre los sujetos y no sobre las instituciones. La argumentación política como justificación para suspender la concesión violenta lo establecido por el artículo 19 de la Declaración Universal de los Derechos Humanos sobre libertad de expresión y, particularmente, la Declaración de Principios sobre la Libertad de Expresión de la Comisión Interamericana de Derechos Humanos de la Organización de Estados Americanos que taxativamente señala: "... el otorgamiento de frecuencias de radio y televisión, entre otros, con el objetivo de presionar y castigar o premiar y privilegiar a los comunicadores sociales y a los medios de comunicación en función de sus líneas informativas, atenta contra la libertad de expresión y deben estar expresamente prohibidos por la ley.

Nueva York, Junio de 2007

Régimen jurídico de la propiedad privada en el derecho administrativo
de Allan R. Brewer-Carías se imprimió en la República Argentina
en marzo de 2025.

www.ingramcontent.com/pod-product-compliance
Lightning Source LLC
LaVergne TN
LVHW060307051026
849517LV00003B/1024
* 9 7 8 9 5 6 4 0 7 6 0 5 8 *